最新版

世界五千年

陈增爵 沈宪旦 孙晓文等 编著

上

少年儿童出版社

图书在版编目（CIP）数据

最新版世界五千年（上、中、下）/陈增爵等编著. —
上海：少年儿童出版社，2012.1
ISBN 978-7-5324-8941-1

Ⅰ.①最… Ⅱ.①陈… Ⅲ.①世界史—通俗读
物 Ⅳ.① K109

中国版本图书馆 CIP 数据核字（2011）第 222358 号

最新版

世界五千年（上、中、下）

陈增爵 沈宪旦 孙晓文 等 编著

戴晓明 谢 颖 贾培生 插图

费 嘉 装帧

出版人 冯 杰

责任编辑 谢瑛华 马淑艳 美术编辑 费 嘉 技术编辑 谢立凡
责任校对 陶立新 黄亚承 王 曙 沈丽蓉 黄 岚

出版发行 上海少年儿童出版社有限公司
地址 上海市闵行区号景路159弄B座5-6层 邮编201101
印刷 上海展强印刷有限公司
开本 850×1168 1/32 印张 44.75 字数 1144 千字
2012 年 1 月第 1 版 2024 年 2 月第 17 次印刷
ISBN 978-7-5324-8941-1 / K·241
定价 58.00 元

本书撰稿

陈增爵　沈宪旦　孙晓文　龚　文　陈　闯
崔略商　束　赟　顾云卿　吴海勇　虞　骏
彭茂宇　杨　杨　青　岩

出版说明

世界历史就是人类文明发展的历史。远古时期，我们的祖先们栉风沐雨，披荆斩棘，创造出了光辉灿烂的古代文明。从那时起，人类文明的足迹开始扩展到世界各地，世界的历史也从远古一步步走到了今天。回顾这五千余年的世界史，无数的盛衰兴亡惹人深思，无数的风云人物令人赞赏……人类创造力之伟大，在世界历史的发展过程中一览无余。

英国哲学家培根说："读史使人明智。"阅读历史，不是为了掌握一门技能，也不是为了彰显自己的渊博，而是为了充实头脑，学习做人做事的道理，从而更好地把握人生，面对未来的挑战。

早在上世纪八十年代，少年儿童出版社就出版了《世界五千年》，旨在向广大青少年读者普及人类数千年的泱泱历史。这套书受到了读者的热烈欢迎，并且多次重印，后来又于2004年推出了新版，内容更加充实，文字表述也更加准确流畅。此次推出的版本是在前一个版本的基础上，经篇目更新后推出的最新版，把历史的足迹延续到了二十一世纪的第一个十年。

在这刚刚过去的十年间，人类文明的步伐从未停止前进，许多重大的历史事件相继发生，我们所处的世界正在悄然发生着改变。本着与时俱进、推陈出新的宗旨，此次增加的篇目涵盖了二十一世纪以来发生的许多重大事件和重要变化，内容涉及政治、经济、文化、科技、环保等多个领域。同时，根据阅读的需要,最新版还对原有的一些篇目进行了修改,使其内容更加贴近现实,知识呈现更具时代性和科学性。

历史是人类知识的宝库,《最新版世界五千年》就犹如一把引领小读者开启这座宝库的金钥匙。它继承了老版通俗易懂、深入浅出的语言风格,融真实性、思想性和生动性于一体,堪称是一套经典的历史普及读物。

目　录

1

人类的起源

在三百五十万年前的非洲，一个温暖的下午，湖边有一群羚羊正在饮水，它们瞪着警惕的眼睛，不时地抬起头来，向四周张望。

突然，它们发现草丛在晃动，有一只动物靠近了湖边，羚羊群中出现了轻微的骚动。摇动的草丛中，露出了一个黑褐色的小脑袋，头上的一对眼睛向四周扫视着。原来这是一只猿猴的脑袋，它长着倾斜的前额、凸起的眼眶、扁平的鼻子、突出的大嘴。

这只动物在草丛中缓慢地移动着，当它来到湖边时，它停了下来，扫视着周围的地面，察看是否有食肉的猛兽。然后，它迈出大胆的一步，从草丛中钻了出来。它不像其他的猿类，四脚着地爬行，而是直立着身子向前走，两只手臂不是耷拉在地上，而是在身子两边摆动着。它个子十分矮小，只有一米多一点，约三十公斤，这是一只约二十岁的雌性动物。

对于羚羊来说，这只矮小的动物一点也不可怕，它们觉得没有任何危险，于是又转过身去饮水了。

就是这个能站立的小家伙，冒着危险走出丛林，跑到河边来喝水。它代表着从猿到人进化过程中的转折点，因为它属于一群人们称为南方古猿的动物。考古学家在埃塞俄比亚发掘出它的化石，还给它起了一个好听的名字——"露西"。

南方古猿是一种充分发育的两足动物，就是说，它们从树上来到地面上生活，除了极特别的情况，它们通常用两条腿走路。尽管

这些南方古猿外表与现在的大猩猩、黑猩猩和狒狒很相像，但它们已是直立走路，有着灵巧的双手，它们已经走在向现代男人和现代女人进化的道路上了。

我们都知道，人类的祖先是猿类。而最早的猿类生活在非洲，距今已有几千万年，它们是一些四脚行走的动物，居住在广袤的森林中。大约距今一千五百万年前，地球的气候发生变化，逐渐地变得四季分明，气候干燥了，雨林稀少了，这使生活在森林中的猿类被迫来到地面生活，它们逐渐养成了直立行走的习惯，而把双手解放出来从事其他活动。这些在地面活动的南方古猿，生活在距今五百万到一百万年前，并且从非洲迁徙到了欧亚大陆。

到公元前 230 万年前后，一个新的物种从南方古猿中产生了。那就是人，而不是猿，也称为"能人"。"能人"是一种既食草又食肉的生物，它们的大脑容量比南方古猿大百分之五十。"能人"身上的体毛已很稀少，用双脚走路，有更灵巧的双手，使用天然的工具，并且已有丰富的语言。

从"能人"到现代人，还经历了几个发展阶段。

最早的"能人"，也称"手艺人"，生活在距今二百万年前左右，以"坦桑尼亚能人"和中国的"元谋人"为代表。他们能够砸碎石头，取得尖锐的碎片来切割食物和削尖木棍，是熟练的石头手艺人。

"直立人"出现在距今大约一百五十万年前，如印度尼西亚的"爪哇人"、中国的"北京人"、欧洲的"海德堡人"等。"直立人"对环境的适应能力比"能人"更高，他们主要以打猎为生，已懂得用削尖的木棒与野兽进行搏斗，是勇敢的猎手。"直立人"已掌握了火的使用。

"智人"生活在距今大约十几万年前，如中国的"丁村人"、"长阳人"和德国的"尼安德特人"。他们在体质上与现代人已无

多大差别。

"晚期智人"也被称为"现代人",他们是五万年前的法国"克罗马农人"、一万八千年前的中国"山顶洞人"。他们的大脑容量又比能人多了一倍,容貌也与现代人没有什么区别了。

从猿逐步进化为人,劳动起了决定性的作用。劳动不仅创造了灵活的双手,发达了大脑,劳动还创造了语言。

人类的祖先,在漫长的历史岁月中,栉风沐雨,披荆斩棘,努力地改造着自然,创造出光辉灿烂的古代文明。

在世界各地,人类的祖先遗留下众多的历史遗产。其中最为著名的是五千年前古代文明的四大中心:尼罗河畔的古埃及、幼发拉底河和底格里斯河流域(今伊拉克一带)的苏美尔和巴比伦、印度河和恒河流域的古印度以及黄河和长江流域的中国。这四大文明中心保存着丰富的历史古迹、众多的地下文物和大量的文字典籍。我们的故事,就从五千年前的古埃及开始。

2

尼罗河的赠礼

尼罗河是埃及的母亲河，它孕育了灿烂的古代埃及文明。公元前五世纪，古希腊历史学家希罗多德游历埃及后，发出这样的感叹："埃及是尼罗河的赠礼。"

全长六千六百七十一公里的尼罗河，是世界上最长的河流。它贯穿埃及全境，穿越金色的撒哈拉大沙漠。尼罗河发源于非洲西部的高地，它从南向北，奔流而下，急匆匆地穿行于崇山峻岭之间，经过六道湍急的瀑布后，缓缓进入一条狭窄的河谷，一路浩浩荡荡地流向地中海。在临近入海口的地方，尼罗河分出多条支流，形成扇状，冲出一片土壤肥沃、绿草如茵的三角洲。埃及文明，就在这片三角洲谷地中诞生。

大约在公元前四五千年前，古埃及人在尼罗河谷地定居下来。古埃及人身体强壮，有宽阔的双肩、狭窄的腰身和深褐色的皮肤。埃及早期居民的生活非常艰苦。尼罗河两岸尽是沼泽，长满芦苇和纸莎草；而离河远的地方又是干燥的沙漠。所以，人们只能在地势较高的河岸边，用泥砖和芦苇搭起小屋。这些小屋非常简陋，没有窗户，只有一道用草帘做的小门。

白天，妇女们在空地上垒起炉灶烹煮食物，制作陶器；男子到旷野中狩猎，去河边捕鱼，在河岸放牧猪羊。不过，他们更多的时间，是进行原始的农业耕种。他们用笨重的石制工具，在河畔清除荆棘，开挖沟渠，在翻松的土地上撒下麦种，然后再把猪羊放到田

里践踏，把种子踩到泥土里。

日复一日，年复一年，埃及人用自己勤劳的双手，与大自然进行着不屈不挠的斗争。终于，他们渐渐掌握了尼罗河的脾性。

每到夏季，埃及气候炎热干旱。从撒哈拉沙漠吹来的热风，像火一样烘烤着大地。漫天的黄沙似乎要吞没一切。这种令人窒息的日子是在每年的五月和六月，要五十多天才能结束。此时，人们每天都在默默地祈祷，盼望着尼罗河水的泛滥。

七月，雨季开始了。从北方吹来清凉的风，炎热逐渐散去。这时，尼罗河上游的山区暴雨倾盆，洪水奔涌，水量急剧增加。尼罗河奔腾咆哮，夹带着大量的腐烂植物和矿物质倾泻而下。在最初几天里，河水完全成了浑浊的绿色洪流。尼罗河泛滥了，埃及人民把河水泛滥的第一夜称为"第一滴水之夜"。这一夜，人们划着小舟，举着火把，齐集河中，庆祝哈辟神（尼罗河神）的节日。

"绿尼罗河"终于过去了，河水继续上涨。又过了一二十天，大量的泥沙卷入河中，水色又开始变为红色。

九月，尼罗河水势最大，吞没全部谷地。人们只能凭借小舟来往于各高地之间。直到十月底，河水泛滥期才逐渐结束，河水下落，流入河床。这时河水变成清澈的浅蓝色。十一月，人们开始在退去洪水的土地上耕耘。泛滥的河水为大地覆盖了一层厚厚的淤泥，土地变得非常肥沃。

第二年的三月到六月是收获季节。古埃及人随着尼罗河每年定期的泛滥，辛勤地耕耘、播种、收获，终于将这里建成了古代著名的粮仓。

由于埃及的自然条件，它的农业生产与人工灌溉紧密相连。尼罗河泛滥时，人们要疏通渠道，排出积水；而干旱无雨时节，人们又要从尼罗河引水灌溉。这样巨大的工程，绝非一家一户所能完成，它需要联合众人的力量。因此，埃及在很早的时候，就出现了

联合。若干氏族联合为公社，若干公社又联合为州，使埃及形成大约四十几个州。每个州都有自己的名称、都城、军队和政权。各州都是独立的王国，彼此间常常为了争夺河水、土地，甚至为不同的信仰而斗争。有时，两个州之间的战争是为了一种鱼，一个州崇拜这种鱼，将它奉为神鱼；而另一个州却吃这种鱼。双方为此会大打出手。

经过长期的战争和兼并，到公元前4000年左右，埃及出现了两个独立的王国。南方的上埃及以蜜蜂为国徽，国王戴圆锥形的白色王冠，以秃鹰为保护神。北方的下埃及以纸莎草为图腾崇拜，国王头戴红色王冠，以眼镜蛇为守护神。

上下埃及打了很多仗。大约在公元前3100年，美尼斯（又称那尔迈）担任了上埃及的国王。美尼斯是一个非常强悍的人，又很有政治头脑。他率领一支强大的军队顺尼罗河而下，终于征服了下埃及。埃及统一的历史事件被刻画在"那尔迈青石板"上。在石板的右上方，象征南方的秃鹰站在一束纸莎草上，一只爪子抓住了北方的眼镜蛇；在石板的中央是头戴圆锥形王冠的美尼斯，他正手持权杖击打下埃及的俘虏。

美尼斯自称为上下埃及之王。他有时戴白冠，有时戴红冠，有时两者合戴，象征上下埃及统一。为了便于统治全国，他把都城迁到上下埃及接壤的"白城"，后来又称之为孟斐斯。从此，埃及进入王朝时期，美尼斯也成为埃及第一王朝的第一个统治者。

埃及统一以后，一套专制统治机构逐步建立。国王是埃及的最高统治者，国王之下还有宰相、大法官、大祭司、掌玺大臣等。此外，还设有各种官吏。为了确定租税数额，每年国王都要派官吏清查全国的土地、人口、牲畜和所有财富。

国王被认为神圣不可侵犯，传说他是太阳神之子。石刻或壁画的国王形象是一个巨神。后来，人们尊称国王为"法老"（意为"宫

殿"，相当于中国古代称皇帝为"陛下"）。大臣朝见法老要匍匐在宝座前面，吻国王脚前的地，他们死后也要葬在法老金字塔周围，继续在阴间为法老服务。

从美尼斯开始，一直到公元前十一世纪，两千年里埃及共经历了前王国、古王国、中王国、新王国、后期埃及等几个历史时期。以后，埃及先后遭到利比亚、亚述等的入侵，从而一蹶不振。到公元前七世纪，埃及重获独立。后来，它又被波斯帝国、希腊、马其顿所占领，公元前 30 年并入罗马版图。

埃及是有着悠久历史的文明古国，有过文明鼎盛时期，也有过遭受外来侵略的时候。但无论在何时，埃及人始终相信，他们的精神不会死去。就像那波涛汹涌的尼罗河，它的泛滥会带来一定损失，尼罗河也会退潮，但尼罗河永远存在！正因为如此，古埃及人才把最美的诗歌献给它：

> 尼罗河啊，我赞美你，
> 你从大地涌出、川流不息。
> 你灌溉土地，养活了埃及；
> 你献出小麦，使众神欣喜。
> 一旦你的水流减少，
> 人们就停止了呼吸。

3

不朽的金字塔

埃及有句俗话："一切都怕时间，时间却怕金字塔。"

埃及金字塔是古代世界的建筑奇迹。站在开罗的高处向西远望，就可以看见，在远处的沙漠边缘，几座巨大的锥形建筑物，傲对碧空，巍然屹立。这就是著名的金字塔。

金字塔是古代埃及国王的陵墓。由于这种陵墓的底座是四方形，愈向上愈窄，一直到塔的尖顶，因为四边都形似汉字的"金"字，中文就称它为金字塔。

埃及人自古就有灵魂不灭的观念。他们认为，人死后，必须保护好尸体。在另一个世界里，灵魂将进入尸体，使死者复活。自然，法老也认为，他生前是国王，死后也会复活，在阴间继续享有人间的一切荣耀。

当时，流传着这样一个神话：

在很久以前，有一个名叫奥西里斯的国王，教会人们种地、酿酒、做面包，因此人民很崇敬他。但是，他的弟弟塞特想篡夺王权，阴谋杀害他。

一天，塞特请奥西里斯赴宴。塞特事先按哥哥的身材做了一只非常漂亮的箱子。进餐时，塞特指着箱子对作陪的人们说："谁能躺进这个箱子，就把它送给谁！"

别的客人躺下去，都不合适。轮到奥西里斯，他刚躺进去，塞特就关上箱子，锁紧后把箱子扔进了尼罗河。

奥西里斯的妻子伊西丝焦急万分，四处寻找，最终找到了丈夫的尸体。但是塞特仍不罢休，他在半夜里偷走了尸体，并残忍地将哥哥的尸体剁成十四块，扔到埃及各地。伊西丝历经艰辛，又将这些碎块找了回来，含泪埋葬了。

奥西里斯的儿子自幼勇敢好强，他长大成人以后打败了塞特，为父亲报了仇。他又同母亲一起把奥西里斯的尸体碎块挖出来，缝合在一起，做成了干尸"木乃伊"。借助神的力量，父亲又在阴间复活了，做了阴间的法老，专门审判死人。

奥西里斯的神话让古埃及人深信不疑。在这种观念的支配下，把尸体制成"木乃伊"的风气在古埃及十分盛行。

每一个古代埃及法老去世后，都要把奥西里斯的神话重演一次。首先，是寻尸仪式。因为奥西里斯的尸体是寻找才得到的，所以每个国王死后，也都要装模作样地寻找一次。而在"找到"之后，还需要由王后和王子装作"验明无误"。第二步，清身仪式。即解剖尸体，取出内脏和脑髓，再用香料填进去，然后按原样缝好；再把尸体浸在一种防腐液里，就做成了干尸"木乃伊"。七十天后，把尸体取出，裹上麻布，再在外面涂上一层树胶，以免尸体接触空气。这样"木乃伊"就制成了。第三步，是复活仪式，就是一边念诵咒语，一边为"木乃伊"开眼、开鼻、开口，将食物塞进它的嘴里。古埃及人相信，这样"木乃伊"就复活了，能像活人一样呼吸、说话、吃东西。最后，是安葬仪式，"木乃伊"被庄严地装入棺材，送进金字塔墓室。据说，如此一来，死去的国王就会像奥西里斯一样，复活成为阴间的统治者，并且永远庇护着他的子孙。金字塔就是死而复活的国王永远的宫殿。

最初，国王死后葬在用泥砖砌成的长方形坟墓里，叫做"马斯塔巴"（意为石凳）。后来，在第三王朝（约公元前2700～前2600年）时，有一个名叫伊蒙霍特普的建筑师，他发明了一种新的建筑法：他用

石块先建成一个巨大的"马斯塔巴",再在上面加上五个一层比一层小的"马斯塔巴",建成一个高达六十米的梯形金字塔。这就是我们现在看到的金字塔的雏形了。

以后,历代法老争相效仿,都给自己筑金字塔,并且越造越雄伟。

第四王朝（约公元前 2600～前 2500 年）的法老斯尼弗鲁,下令为自己修建了高达一百米的金字塔,它的四面是平整的斜面,看上去更为美观。

斯尼弗鲁的儿子叫胡夫,决心要给自己造一个无与伦比的金字塔,因此花费了巨大的人力物力。据历史学家希罗多德记载,胡夫强迫所有的埃及人为他工作。每十万人组成一组,每组服役三个月,轮流替换。这些埃及人在尼罗河右岸的山里开出巨大的石块。石块采下以后经过修整,用沙子加水磨光,然后用船把石材送过尼罗河,再用木橇运到开罗西郊的吉萨。

仅仅为了运送石料,就花费了十年时间修筑道路。修筑金字塔的地下室和通道又用去十年,然后才开始砌金字塔。当时没有起重设备,聪明的埃及人想了个办法:先把底层砌好,然后堆起一个与它同样高的土坡,再用同样的方法一层一层砌上去。金字塔建成后,再把外面的土山挖掉,让金字塔显露出来。

胡夫金字塔整整建造了三十年,它是埃及人民汗水和智慧的结晶!

胡夫金字塔是一座锥形金字塔,原高一百四十六点五米,几千年的风吹雨打使它的顶端腐蚀了近十米。这座金字塔是精确地按照几何原理建造的。它的底面是一个标准的正方形,边长二百三十米,各面以五十一度的角度倾斜向上,最后到达尖顶。它占地五万二千九百平方米,共用了二百三十万块巨石垒砌而成。巨大的石灰石块的表面被砍凿得非常平整,石块之间甚至连刀片都插不进去。

胡夫金字塔的四面正好对着东西南北四方。金字塔里共有三处墓室。从北面十三米高的入口处进入，沿着一条不到一人高的甬道一直向下，走过约一百米，就能见到一个长方形的石室。由于胡夫不喜欢这个墓室，于是又在下坡甬道的中间，另开了一条上坡的甬道，通向"王后墓室"。上坡甬道的上端是一条大走廊，高达八米。过了大走廊又出现一个墓室，胡夫石棺就安放在这里，人们称它为"法老墓室"。这个墓室高约六米，它的顶盖由重达四百吨的石板建造，墓室之上还有五层房间。最高一层顶盖是三角形的，为的是承受上面的巨大压力。胡夫金字塔规模宏伟、结构复杂、计算精密，虽历经五千年而不朽，令人赞叹不已。

胡夫死后不久，他的儿子哈夫拉也在吉萨建造了一座金字塔，虽比胡夫的塔低三米，但外表更精美，内部有走廊、庙堂及各种雕刻，宛如一座巨大的宫殿。尤其在塔的旁边有座巨大的"狮身人面像"，长约五十七米，高约二十米。希腊人称它为"斯芬克斯"。整个狮身人面像除狮爪用石块砌成之外，其余是在一块巨大的天然岩石上凿成，独具匠心。

后代的法老虽然也建造了许多金字塔，但是越造越小。由于法老墓中的巨大财富吸引了无数盗墓者，金字塔遭到了破坏。因此，到公元前 1500 年左右，法老们停止建造金字塔，开始在深山里开凿秘密陵墓。

至今，埃及尚存七十九座金字塔，散布在尼罗河的下游地区，犹如群山的尖峰，高耸晴空，成为古代埃及灿烂文化的象征。

4

图坦卡蒙的宝藏

1922 年 11 月 26 日下午，在古埃及法老陵墓比较集中的"国王山谷"。

在早已被挖得千疮百孔的山岩峭壁上，一道向下的阶梯刚刚被发掘出来。两个神情紧张的男子站在阶梯的尽头，他们正面对着一扇在三千三百年前就被封死的墓门。在这扇石门的后面，可能存放着数不清的财宝，但也可能是一个一无所有的洞穴。

古埃及的少年法老图坦卡蒙几乎早已被人遗忘，他的秘密陵墓更是无人知晓。图坦卡蒙是古埃及十八王朝（公元前 1550～前 1307 年）的法老，他九岁继位，十九岁去世。他是一个政绩平平、无所作为的少年国王，关于他的生平，史料中少有记载。

英国考古学家卡特为寻找图坦卡蒙的陵墓已有三十余年。他坚信这次发掘一定会有所收获。他的合伙人卡诺冯，是一位英国贵族，为资助卡特已花掉巨额资金。这次卡诺冯是孤注一掷，如果这扇门后面还是空墓，那么，他再也无力资助卡特了。

卡特用一个凿子，小心翼翼地在墓门的一角撬开一个小洞，卡诺冯从他的肩头向里探望。随着一片片灰泥的剥落，这两个人的心情愈来愈紧张。墓门上的洞，一点点地扩大了，卡特把手电筒伸进去照射，可他的手却颤抖着。过了片刻，卡诺冯终于用他那因激动而嘶哑的嗓音对卡特说："你看见什么了？"

卡特转过身来，两眼发直，结结巴巴地说："我看到了一些绝

妙的东西，全都是稀世珍宝！"

卡特又把洞口弄大了些，这样，两个人就可以同时向墓内张望。手电筒的光亮照到哪里，哪里就出现珍宝器物：身穿金制短裙、手执仪仗与真人一样高的乌木雕像、饰有巨大镀金狮子和怪兽的卧榻、金碧辉煌的国王宝座、金光闪闪的双轮马车、美丽的珠宝首饰盒、精致的雪花石膏花瓶，更有数不清的箱笼和匣子……

古老神秘的图坦卡蒙之墓终于重见天日。这是二十世纪最伟大的考古发现，它使人们了解了公元前十四世纪埃及法老生活和殡葬的真实情况。在这里总共发现了三千多件珍贵文物。仅把这些宝物登记造册，并转移到开罗博物馆，就用了十年时间。众多的宝物中，最引人注目的是法老的包金宝座、用黄金珍宝装饰的法老黄金面具，以及彩绘的木箱等。这些都是古埃及艺术的瑰宝。

图坦卡蒙的陵墓由四个墓室组成，基本上没有受到过破坏。虽然有迹象表明，在图坦卡蒙下葬后不久，曾有盗墓贼进入过前面的两个墓室。不过，从散落在地上的零散珠宝来看，他们没有偷窃到手就受惊逃跑了。从那以后墓就再次被封死了。

后面的两个墓室没有被人动过，由两个武士雕像守卫着。里面放着至高无上的宝物——四口棺椁，由一口水晶棺和三口包金木棺组成。水晶棺角上刻着一个女神的雕像，她伸展着手和翅膀，包围了水晶棺，仿佛在保护它不受侵犯。

打开沉重的水晶棺盖后，里面是依次相套的三层包金木棺，木棺做成人体的形状，棺盖是图坦卡蒙法老的脸。眉毛、眼皮由深蓝色的玻璃做成，眼白用石膏做的，瞳仁用火山玻璃制作，手中的权杖和鞭子是用镶了蓝玻璃的金子制作而成的。

移去三层木棺后，人们惊奇地发现里面还有一个纯金棺材，重达一百多公斤。在这口黄金棺材里，安放着图坦卡蒙的木乃伊。图坦卡蒙的脸上戴着一个表情悲哀但又宁静的金制面具。他的颈上套

着用珠子穿成的项链，一个用鲜花扎成的花环放在胸前。人们可以清晰地分辨出是矢车菊、百合花和荷花，这些花虽然都已枯萎，却还保持着若有若无的颜色。

墓室内的一面墙上有一幅壁画，画的是国王站在两个神之间，这两个神正在接收他进入死者的世界。在这幅画中，国王戴着黑色的假发和镶满珠宝的圆项圈，穿着上等亚麻布制的短裙，显得既年轻又威严。

图坦卡蒙的宝座，是木制的扶手靠背椅。扶手处是戴着王冠的双翼神蛇，上面还有法老的铭文。椅子腿的上部是黄金做的狮首，下部是狮子的身子，椅脚是狮爪，充分显示了法老的威严。椅背上的浮雕是皇宫庭院的一角，法老和王后盛装相对，左右是饰有花纹的圆柱，椅背顶部是光芒四射的太阳光环，象征太阳神赋予法老生命。

图坦卡蒙墓内还有一件珍贵的文物，就是彩绘木箱。绘画的主题是法老猎狮图。站在马车上的法老在画面中央，左面是法老的随从，右边是狮子群，法老的两匹骏马装饰豪华，而受伤的狮群姿态各异，整个画面线条流畅生动。

1922 年，图坦卡蒙墓葬的发现轰动了全世界，成百名记者云集埃及卢克索附近的发掘现场，大批旅游观光客蜂拥而来。直到现在，图坦卡蒙国王的陵墓依然是最吸引游人的地方之一。

5

罗塞塔石碑

1799 年 8 月的一天，在尼罗河口的罗塞塔城附近，一队拿破仑士兵正在炎热的阳光下修筑工事。突然"当"的一声，一个士兵的铁铲碰到一块坚硬的东西，他俯下身子用手摸了摸，惊喜地喊道："看啊，我可能发现了埋藏宝物的石箱！"

随着他的喊声，疲惫不堪的士兵们又都兴奋起来，七手八脚地帮着挖掘下去。然而，挖出来的并不是什么宝物，只是一块上面布满文字的大石板。

"又是一块没用的破石板！"这些法国人懊丧地嘟囔着。原来，他们跟随拿破仑远征埃及以来，对那些布满奇形怪状符号的石刻，早已屡见不鲜了。这时，一个名叫布萨的带队军官没有去休息，他仔细观察着这块石板，琢磨着它的来历。他发现这块石板同以往见到的并不完全相同，石板上有三种文字刻成的铭文，最下面的铭文竟是人们熟悉的古希腊文。布萨意识到这块石板的重要性，他立刻向上司报告了这个发现。

很快这件事就被拿破仑知道了。此时，拿破仑正在进行远征埃及的战争，但他十分重视收集古埃及的文物，随军带去了由一百七十五名学者组成的庞大的考察团。他立刻将这块石刻交给法国考古学家。

这是一块黑色玄武岩石刻，长约一百十五厘米，宽约七十三厘米，厚约二十八厘米。

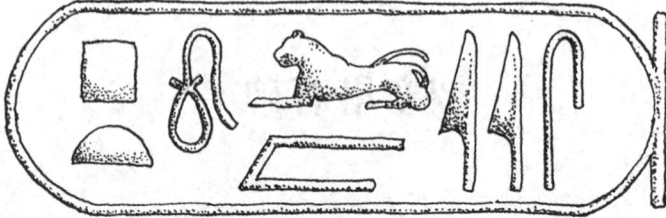

PTOLMYS

PTOLEMAIOS

ΠΤΟΛΕΜΑΙΟΣ

经学者们鉴定，铭文的上部是古埃及的象形文字，下部是古希腊文字，夹在中间的是世俗体文字（古埃及后期的一种草书文字）。由于石刻中有古希腊文，学者们弄清楚了碑文的内容。原来，这块石碑是公元前196年僧侣们刻的，内容是为了感谢法老给神庙的赏赐，他们决定将法老的生日作为节日来庆祝。石板上三种铭文的内容是完全相同的。学者们希望借助古希腊文，来对埃及象形文字进行译读。

古代埃及文字是世界上最古老的文字之一。它与苏美尔人的楔形文字、中国的甲骨文一样，都产生于原始社会中最简单的图画，所以叫象形文字。最早的埃及象形文字产生于公元前3000年，大约在古王国时期。这种图形文字也称为"圣书体"，有许多是鸟、兽和人物形象，常常被刻画在石板或木板上，还要非常仔细地涂上颜色，描上细带。刻画之后的象形文字，已不仅仅是文字，同时也是一幅幅的彩色图画。

到中王国时期（公元前2040～前1640年），从象形文字中发展出一种更容易书写的草书体，称为"祭司体"。到后期埃及又出现更"草"的字体——"世俗体"。世俗体已没有图画的特点，书写形式更简单，普通老百姓也会读写。在古埃及，这几种文字可以同时使用。

后来，埃及遭到外族入侵。科普特文和阿拉伯语取代了古埃及文。慢慢地，古埃及文在此后的一千五百年时间里，便不再有人使用和认识了。从古罗马时代一直到文艺复兴时期，欧洲人对埃及文化十分欣赏，但谁也不知道那些碑刻上美丽的象形文字的含义。

罗塞塔石碑被运到欧洲，引起了人们研究古埃及文字的兴趣。有人发现象形文字中有一些椭圆形的圆框，对照已认出的古希腊文的专有名词"托勒密"、"亚历山大"，可以认定圆框中的象形文字符号一定是国王的名字。

最终，一个叫商博良的法国学者破解了古埃及象形文字的秘密。

商博良是一个语言天才，九岁就开始学习古希腊文和拉丁文，以后又掌握了希伯来文、阿拉伯语、科普特语和波斯语等。他二十二岁时成为语言学博士。

1808 年，商博良开始研究罗塞塔石碑。他先找出写有"托勒密"名字的椭圆形框，对照希腊文，用拉丁字母读出了托勒密的名字。为了验证正确与否，他选用了一块方尖碑上刻有女王克里奥佩特拉的名字进行对照，从那个名字上他认识了几个新的符号，并肯定了两个名字中间同时出现象形符号的读法。后来，他又陆续读出了"亚历山大"、"恺撒"等许多人的名字。经过反复的比较，商博良逐渐从读出人名，发展到读出个别的词，最后读出整句的话。

商博良还发现，埃及象形文字、祭司体、世俗体只不过是一种文字的三种形式，它们是可以互相转换的。

1822 年 9 月，商博良从一个建筑师那里得到两张象形文字拓本，这是从一个埃及神庙的浅浮雕上弄下来的。商博良很快就从拓本中读出了新王国时代的两个国王的名字："图特摩斯"和"拉美西斯"。商博良确信他已基本掌握了古代埃及文字的奥秘。

1822 年 9 月 29 日，商博良满怀喜悦地在法兰西学院向学术界公布了他研究罗塞塔石碑的成果。从此，这一天，便被定为埃及学诞生的日子。商博良被公认为是古埃及语言学的奠基人，而罗塞塔石碑也被誉为"通往古埃及文明的钥匙"。

从 1822 年商博良成功破译象形文字，经过几代埃及学家们的艰苦努力，人们对古埃及文字的认识水平不断提高。古埃及人的各种文献不断地被译读出来，这使人们能够对古埃及人的政治、经济、宗教、文学、科技乃至日常生活进行全面的研究。这样，古埃及文明的全貌到十九、二十世纪逐渐重见天日。

6

从太阳历到公历

今天是哪年？哪月？哪日？要回答这些问题，我们只要看一下日历就行了。可是你知道日历是怎样产生的吗？

日历的故事可以追溯到人类的远古时代。那时，人们只是计算天数，然而，他们的一天与我们现在的一天概念是不同的。他们只是将日出至日落的这段时间称为"一天"，而晚上则是忽略不计的。

与此同时，我们的祖先也注意到了月亮的变化：先是一轮圆月，接着月亮越变越小，最后几乎完全"失踪"了。不过在这以后，月亮又渐渐长大，又"还原"成一轮圆月，这个过程是一个很好的计时长度，但是要以此为单位制定历法仍感时间太短了。

很快，人们又发现，季节之间的安排是有规律可循的。早在距今六七十年前，古埃及人已经在尼罗河两岸定居，从事农耕。他们根据尼罗河水的涨落，适时地进行农业生产。先是尼罗河水泛滥的季节。当河水退入河床，农田里留下一层肥沃的淤泥，此时就是播种和管理庄稼生长的季节。最后来临的是收获季节。于是，古埃及人把这一周期看做是"一年"。"年"的概念便产生了。一年可以分为三个季节——泛滥季、播种季、收获季，每个季节的长短大约是四次月圆周期。

不过，在很长的一段时期中，人们无法使年、月、日协调起来。由于从一次月圆到另一次月圆需要二十九点五天，天数自然无法与月数吻合。同时天也无法跟年吻合，因为地球绕太阳一周实际

上需要三百六十五天五小时四十八分四十六秒。此外，月和年也矛盾重重，因为月亮每年环绕地球十二至十三次，不是一个整数。

为了解决年、月、日的矛盾，聪明的古埃及人创造了一种叫太阳历的历法。

埃及人发现，尼罗河的泛滥十分有规律，因此有人把河水每次泛滥的时间刻在岸边的岩石上，然后进行比较，他们发现两次泛滥时间大约相隔三百六十五天。另外，还有人发现，当尼罗河水涨到古埃及首都孟斐斯城附近时，天空中的天狼星和太阳会同时出现在东方的地平线上。于是，古埃及人就把这一天定为一年的开始。一年共有三百六十五天，一年又分成十二个月，每月三十天，剩下五天作为年终节日，是献给冥王奥西里斯家族诸神的。一天还被分成二十四小时，白天十二小时，夜晚十二小时。这就是著名的古埃及太阳历。

由于太阳历每年比地球绕太阳运行一周要少四分之一天，这种差距最初是微不足道的，每四年只相差一天。但是，到后来，差错越聚越多。至公元前十三世纪，已相差了四个月。古埃及人经过长期的观测，终于发觉天狼星和太阳同日升起的周期为三百六十五点二五〇七天。到公元前238年，托勒密（亚历山大大帝的部将）统治埃及时，曾颁布诏书，下令每四年增加一天。但这一规定没有被埃及人接受，他们依然使用自己的传统历法。

在公元前46年，罗马独裁者儒略·恺撒决定编制新历法，取代已混乱不堪的旧历。这时，他的妻子、"埃及艳后"克里奥佩特拉来到罗马，带来了许多埃及科学家和工匠。恺撒请来埃及天文学家索西琴斯，接受了他的建议，以埃及太阳历为蓝本制定新历。

索西琴斯提出，应该将一年看做三百六十五点二五天，而不是传统的三百六十五天。根据他的建议，恺撒规定新历设立平、闰年，平年三百六十五天，闰年三百六十六天，每四年安排一闰年。

这样，较好地解决了每年"短缺"那四分之一的问题。

恺撒的天文学家们经过精心计算，决定将一年分成长度大致相等的十二个月，五个三十一天的大月和七个三十天的小月。在古罗马，2 月份是处决犯人的月份，不太吉祥，当然是天数越少越好。于是恺撒下令把原先是三十天的 2 月份中抽掉一天，加到另一个小月上。这样一年就有六个大月和六个小月。

为了纪念这次改历，恺撒将自己诞生的 7 月命名为"恺撒月"。恺撒死后，他的接班人奥古斯都为显示自己的权威，也模仿恺撒，把自己的出生月份 8 月改成大月，但需要从其他月份中抽出一天。他自然又打起 2 月的主意，他从已"残缺"的 2 月里抽出一天，增加到 8 月中。这样，一年便有了七个三十一天的大月，而 2 月却除了闰年外只有二十八天了。这就是罗马帝国的新历法，也叫"儒略历"。

儒略历比起埃及的太阳历，是个进步，但与太阳年的时间相比，还是有微小的误差。儒略历一直被沿用了一千六百年，大约有十天的误差又被累积起来。原因是：一年的长度并不是索西琴斯所说的三百六十五点二五天。如果人们每四年给 2 月增加一天，那么就意味着增加二十四小时，然而实际上只应该增加二十三小时十五分四秒！这样，每过一年就会产生十一分十四秒的误差，看起来不大，然而经过了一千六百年的累积，误差就大得惊人了。

1582 年，罗马教皇格列高利十三世采纳了意大利天文学家雷夫埃斯的建议，宣布改历，首先撤消了比太阳年时间迟了十天的历法日期，从原有的日历中减去十天，规定这一年的 10 月 5 日，改为 10 月 15 日。同时把置闰的方法改为以公元纪年为标准：如果年份数虽能被四整除，同时也能被一百整除，此年不算闰年；但年份数能被四百整除的例外（算闰年），根据这个法则，公元 2000 年是闰年，但 2100 年和 1900 年都不算闰年。这样的规则，要三千多年才会比太阳年多计一天，这就是现今世界上通用的格列高利历法，又叫公历。

7

苏美尔的曙光

在现今伊拉克的沙漠里，有两条大河在蜿蜒流淌。东边的叫底格里斯河，西边的叫幼发拉底河，两河之间的土地叫美索不达米亚平原。这两条河由西北流向东南，最后一同流入波斯湾。

两河的沿岸是一片片麦田，下游一带遍布枣林。一队队骆驼商队缓步其间，远处的沙漠里不时露出一些巨大的丘岗。走到丘岗近处，在风化了的瓦砾堆中还躺着一些石板，石板上刻着像尖楔一样的符号。人们并不知道，在这滚滚的沙丘上，曾经产生了人类最古老的文明。这就是距今已有六千多年的苏美尔文明，它比我们已知的任何文明都要古老。

苏美尔的发现与一个名叫萨才克的法国人的活动是分不开的。

1877 年，一个秋日的黄昏，太阳还未落山，一个法国人骑着马走进两河流域的一个村落。他叫萨才克，是法国领事馆的一位官员。他非常热衷于研究两河流域的古代文明，并从发掘中寻找乐趣。

此时他正走向村长家，沿途他不时地向村民打招呼。到了村长家，只见村长家已是高朋满座，大家饶有兴趣地向这个法国人打听考古趣闻。

谈论中，一个村民对他说："先生如此喜欢古迹，离我家不远处就有一个。您一定会感兴趣的。我每次经过那里时，总能看到一些雕像的碎片。"

萨才克眼睛一亮，决定立刻前去探察。

第二天一早，萨才克便骑马上路，按照村民所指的路线西行。不久，他在一片灌木丛中，发现一个不起眼的土丘。他骑马走近土丘，并绕着土丘慢慢走了一圈。

正像那位村民所说的，那里不仅满地都是陶器、泥板和雕像的碎片，在土丘脚下还躺着一块巨大的石块。萨才克下马对石块仔细地观察，原来这是一座雕像，并且在雕像的臂膀处还有一段铭文。这座雕像似乎没有完工便被扔在这里。雕像的雕刻手法十分原始、粗糙。

"这是谁刻的呢？为什么如此巨大的雕像会躺在这里？"萨才克百思不得其解。"这周围肯定还有其他文物。"一个念头在他脑海中闪过。

他立刻动手，在土丘上没挖多久就发现了大面积的建筑物和各种器物碎片。他越挖越觉得这是个不平常的发现。萨才克决定回一趟巴黎，以证实自己的想法。他挑选了一些挖出的古物，装箱运回了法国巴黎。

当萨才克向学识渊博的罗浮宫博物馆馆长出示他的发现时，馆长差一点惊奇得叫出声来。馆长一眼瞧出这些古物的不凡之处，尽管它们显得粗糙笨拙，但这肯定是人类早期的艺术，一个不为人们所知的古老民族的艺术。

馆长证明萨才克的猜想完全正确，这确实是一项了不起的发现。他对萨才克说暂时不要公开他的发现，继续回去发掘，直到挖掘得差不多时再向外界公布这惊人的消息。

萨才克回到美索不达米亚继续工作。随着发掘到的古物日益增多，向外界宣布惊人发现的这一天来临了。萨才克以激动的口气发布了这一消息："考古学终于又向前跨了一大步。我认为我发现了美索不达米亚平原上最古老的居民——苏美尔人。"

这则消息好比一枚重磅炸弹，在全世界掀起了波澜。

通过对古物的研究，人们知道了苏美尔人是两河流域的最早居民，是他们创造了比古埃及更久远的文明。人类文明的历史由此向前推进到六千年以前。

聪明的苏美尔人创造了一套文字，它是刻在泥板上的，被称为楔形文字。考古学家通过对楔形文字的译读，渐渐了解了苏美尔的历史。

苏美尔人是最早的农人。他们定居在两河流域，开掘沟渠，修建了复杂的灌溉网，成功地利用了两河湍急的河水，发展农业生产。他们驯养牛犁田耕地，用管状播种机播种。稻麦收获后，又使用木制的打谷机给谷物脱粒。由于使用先进的灌溉和耕作方法，农作物产量非常高，可以养活众多人口。随着人口增加，城镇渐多，终于产生了最初的文明。

到公元前3000年时，苏美尔地区已出现了十二个城邦国家。

苏美尔人建立了早期的法律体系。在出土的苏美尔楔形文字泥板文书中，有百分之九十的内容与法律有关。苏美尔人的法律几乎无所不包，著名的汉穆拉比法典即是苏美尔法典的修订本。

在数学方面，苏美尔人发明了六十进位制，这在世界上是绝无仅有的。原始时代的人们用手指计算数字，数到十就得重新数起，很自然就产生了十进位法。富有想象力的苏美尔人，在计数时把五个手指和一年的十二个月份结合起来，五乘以十二等于六十，因此产生了六十进位制。一个圆周分为三百六十度，一小时分为六十分钟，一分钟分为六十秒。这些计算单位至今仍被使用，成为数学发展的基础。

苏美尔人很早就知道使用铜和锡，慢慢地还懂得了把这两种金属混合在一起，制造出了合金——青铜。青铜犁取代了木犁和石犁，耕地的效率大大提高了。

古代的苏美尔人是一个神奇的民族，他们的许多发明丰富了我们的生活。轮子的发明，就是苏美尔人对人类文明作出的杰出贡献。

大约在公元前4000年，苏美尔人开始用木材和石料制成轮子，用来制陶。在一个竖轴上固定一个水平的圆盘，形成一个转轮，工匠们把一团泥放在圆盘上，转动圆盘，可以方便地制作圆形器皿。后来，人们获得灵感，将转轮稍加改进制成轮车，发明了新型运输工具。大约在公元前3300年，苏美尔人制作了世界上的第一辆四轮车，由四头驴牵拉。不过这时的轮子是用两块半圆形木头做成的。

苏美尔人留给了后人许多文学遗产，有谚语、神话和史诗。有些谚语特别有趣，反映了当时的社会风气。如一则谚语这样说："妻子是丈夫的未来，儿子是父亲的靠山，儿媳是公公的克星。"另一则谚语是生活经验的总结："鞋子是人的眼睛，行路增长人的见识。"《吉尔伽美什》则是苏美尔人创作最成功的一部史诗，也是人类历史上第一部史诗。

公元前2300年，两河流域南部的阿卡德（在今伊拉克境内）人征服了苏美尔城邦。以后，巴比伦人、亚述人和迦勒底人又相继成了美索不达米亚平原的主人。

8

"麻雀脚印"与楔形文字

1616 年，一些意大利人来到波斯（今伊朗）。他们在游览古迹时，发现在不少崖壁上刻着一些奇怪的图画。它们就像许许多多只麻雀留下的一片片脚印，神奇而有趣。初次看到这些"麻雀脚印"，人们以为是一种装饰图案。许多古代陶器上也有类似的图案。

有一个叫彼得·德拉瓦勒的人却颇有心思，他将这些"麻雀脚印"抄下来带回了欧洲。他经过仔细琢磨，认定这不是一般的饰纹，而是古波斯铭文。这是一种木楔形状的文字，人们将它称作"楔形文字"。

后来，越来越多的古代碑刻和铭文被带到欧洲，很多欧洲学者试图解读这种文字。但是，没有人能解开这种文字的秘密。

十九世纪初，有一位英国青年军官被派往波斯，他叫罗利生。罗利生对古代波斯语言十分着迷。离开罗利生住地不远处，有一座高高的大石崖，上面有著名的贝希斯顿大石刻。在高达四百五十米的崖壁上，刻着一篇宽二十米、高四米的铭文。这是用内容相同的古波斯文、埃兰文、巴比伦文三种楔形文字刻成的，在铭文上雕刻着波斯皇帝大流士事迹的大幅浮雕。它刻于公元前 520 年，铭文夸耀了大流士一年十九战，生俘九王的赫赫战功。但由于年代久远，又在高高的山崖上，人们无法看清它的铭文，自然也没人知道它讲些什么。

罗利生对贝希斯顿石刻铭文产生了浓厚兴趣。在一个晴朗的日

子，他攀上崖顶，左手攀住岩石，右手拿出笔和记录本，并将记录本塞入岩石缝隙中，然后右手执笔，开始了抄写碑文的工作。经过几天的艰苦努力，他终于完成了这项工作。

接着，罗利生着手破译这些文字。他把翻译人名作为突破口，足足苦干了三年，终于在 1846 年破译了碑文的波斯语部分。那些令人眼花缭乱的"麻雀脚印"终于成为能被读懂的文字。全世界为之轰动。

在罗利生和其他学者的努力下，不久之后，埃兰文和巴比伦文也被破译。此时，在伊拉克又发现了亚述帝国的古代图书馆，出土了满满两屋子的刻有楔形文字的泥板。

通过对泥板上的楔形文字译读，一段遥远的古代历史呈现在人们面前。

原来，楔形文字是由苏美尔人发明的。早在公元前 4000 年，苏美尔人在开发两河流域的同时，就创造了这种文字。由于两河流域缺少像木片、石块那样的书写材料，但却有着大量的泥土，人们就地取材，用泥土捏成一块块的平板，然后用细绳在上面画格子，再用削成三角形尖头的芦苇杆或木棒，压出图形，再把它晾干，要长久保存的，就烧制成硬泥板。

最先这种文字是象形文字。例如 ⚲ 表示"鸟"，⚮ 表示"鱼"，⚘ 表示"谷物"，⚴ 表示"脚"等。若要表示复杂的意义，就用两个符号合在一起，如"野牛"就是"牛"加"山"，"哭"是"眼"加"水"等。

这种文字是用棒在泥板上压刻，只适合书写短的、直线的笔画。长的、曲线图形就改变为许多短的直线。例如"公牛"⚲ 写成 ⚴。又由于书写时用棒角按压，在按压的地方痕印比较深和粗，棒抽出时留下的痕印就比较细窄。所以，这种文字符号每一笔画的开始部分都较粗，末尾部分都较细，像木楔一样，因而被称为楔形

文字。

　　大约在公元前2000年，楔形文字由象形文字演变成抽象符号，这大大减少了字符数目。此时，楔形文字大约有六百个字符。楔形文字成为标准字形，后来在石块上刻字，也同样刻成这种形状。

　　学会书写和阅读楔形文字，需要在学校中经过多年的严格训练。苏美尔人创办了世界上最早的学校，被称为"埃都巴"，意思是泥板房。"埃都巴"是为培养书吏而建立的。学生们大都出身于富有家庭。最初的学习，是临摹符号，记忆大量单词。当学生们凭记忆能正确地书写数百个符号，就算掌握了入门知识。下一步要学习语法，接着学习书写句子和故事，最终能书写契约和其他文书。

　　学生们读的"书"也是泥板做的。每块泥板重约一公斤，五十页课本，就有五十公斤重。这种书有规则地安放在特制的架子上。

　　学生的学习生活很单调，对他们的要求却很严格。有一个学生仅在一天内就受到了四次惩罚。他的越轨行为有：在街头闲逛，上课讲话，不能熟练地在泥板上书写让老师满意的楔形文字。

　　尽管老师经常用教鞭管教学生，但贿赂老师的事情还时有发生。这是一个发生在五千年前的真实故事：一个学生因违犯校规常常受到鞭打，他实在受不了了，就恳求父亲把老师请到家里去。父亲答应了儿子的请求。老师来到了学生家，坐在尊贵的位子上，学生站在边上伺候着。开始时，老师叫学生向他父亲展示在学校里所学的技巧。

　　接着轮到他父亲。他给老师穿上一件新衣服，又送给老师一件礼物，还给老师的手指上套了一枚戒指。老师被这种慷慨行为征服了。他绝口不提学生在学校的劣迹，反倒称赞他："你在学校表现不错。""你已经成为一个有学问的人了。"从此，这个学生不再担心老师会责罚他。

　　学生们不停地抄写这些故事和复制各种契约。他们的书法变得

更加熟练和完美。学生毕业后工作有保障，并且在特权阶层中有一席之地。他可能成为一名秘书、书吏或一名官员。

苏美尔人发明的这种文字后来被阿卡德人所接受。接下来的巴比伦人、亚述人和波斯人也先后采用这种文字。到公元前 1500 年左右，整个西亚地区都使用了楔形文字。

后来，腓尼基人在楔形文字的基础上，创造了腓尼基字母文字。它更简单，易于掌握，很快为人们所接受。到公元前后，楔形文字最终被人们所遗忘。

9

汉穆拉比法典

大家都知道有一句俗语："以眼还眼，以牙还牙"，比喻用对方使用的手段来还击对方。这在法律上叫同态复仇法。这句俗语的起源与一部古巴比伦的法典还有关联呢。

古巴比伦王国位于两河流域的中央。"巴比伦"一词本是"神之门"的意思。很明显，这里是西亚的交通要冲，地理位置非常优越。公元前1792年，汉穆拉比成为古巴比伦国王。汉穆拉比是一位很有才干的国王。他勤于朝政，注重发展经济、调整国内各阶层的利益。他在位的四十年间，把巴比伦变成了一个强盛的国家。

汉穆拉比还十分关心国家的法律问题，为此每天都要处理许多的案件。很多人把一些鸡毛蒜皮的事情都拿来跟国王申诉，因此案子多得简直让国王应付不了。是否应该制定一部有效的法律治理国家呢？汉穆拉比仔细思索了许多日子。

他让大臣把过去的一些法律条文收集起来，再加上当时社会上已形成的习惯法，编成了一部法典。那时没有纸张和书籍，为了方便人们阅读和参考，汉穆拉比命人把法典刻在一根石柱上，竖在巴比伦马都克大神殿里。

这是一根圆形黑色玄武岩石柱，高二点二五米，底部圆周一点九米，顶部圆周一点六米。在石碑上半部刻着两个人的浮雕像：一个人坐在宝座上，手里拿着一根权杖，他就是古巴比伦神话中的太阳神沙马什；另一个站着的人是汉穆拉比，他双手打拱，感谢太阳

神将统治权赐给他。在石碑的下半部，刻着的就是汉穆拉比制定的那部法典，是用楔形文字精工雕刻的。这部法典一共有二百八十二条，大约有八千字。这就是历史上著名的汉穆拉比法典，也是世界上最早的一部比较系统的法典。

在巴比伦社会中，除了奴隶主和奴隶外，还有自由民。这部法典有很多是用来处理自由民内部关系的，处理的原则就是"以眼还眼，以牙还牙"。

比如，两个自由民打架，一个人被打瞎了一只眼睛，作为赔偿，对方也要被打瞎一只眼睛；被人打断了腿，也要把对方的腿打断；被人打掉牙齿，就要敲掉对方的牙齿。甚至有这样的规定：如果房屋倒塌，压死了房主的儿子，那么，建造这所房子的人得拿自己的儿子抵命。

法典对奴隶主、自由民、奴隶有着不同的处罚方式。如果奴隶主把一个自由民的眼睛弄瞎，只要拿出一定数量的银子就可了事；如果奴隶主弄瞎奴隶的眼睛，就不用任何赔偿。如果自由民弄瞎奴隶的眼睛，只要赔一头耕牛眼睛的价钱。

法典规定，奴隶如果不承认他的主人，只要主人拿出他是自己奴隶的证明，这个奴隶就要被割去双耳。属于自由民的医生给奴隶主治病，也是胆战心惊的。因为，如果奴隶主在开刀的时候死了，医生就要被剁掉双手。

为了维护奴隶主的统治，法典还规定了一些更为严厉的条款：逃避兵役的人一律处死；破坏水利设施的人将受到严厉处罚直到处死；帮助奴隶逃跑或藏匿逃亡奴隶，都要处死；违法的人在酒店进行密谋，店主如果不举报，店主也要被处死。

正是依靠这部法典，汉穆拉比建立起了严密的奴隶制统治。

两河流域古时候战火连天，古巴比伦王国在汉穆拉比死后便逐渐衰弱。这部刻在石碑上的法典也没了踪影。

直到 1901 年，在伊朗一个叫苏萨的古城旧址，来了一队法国的考古队。他们在遗址四周仔细地探察着。一天，他们发现了一块黑色玄武岩，上面有一些浮雕像，只可惜是一断块。几天以后考古队员又发现两块断石，他们把三块石头拼合起来，恰好是一个椭圆形的石碑。大家兴奋不已。当人们清理干净石块上的泥土后，发现圆柱上刻有优美的楔形文字。经考古学家辨认，这无意中发现的石碑，就是失踪千年之久的汉穆拉比法典！

那么人们不禁要问，这部法典石碑怎么会从巴比伦"跑到"伊朗的苏萨呢？

原来苏萨也是一座古代都城。公元前 3000 多年，埃兰（在今伊朗胡泽斯坦省）人在此建立了一个强大的国家，并以此作为都城。公元前 1163 年，埃兰人攻占了巴比伦后，就把汉穆拉比法典石碑作为战利品带回了苏萨。后来，埃兰王国被波斯灭亡。公元前六世纪时，波斯帝国定都苏萨，这样石碑又落到了波斯人手中。

开始，谁也不清楚这是什么东西，但大家都清楚这是一块重要的石碑。考古队员决定将它由伊朗运回巴黎，进行仔细研究。此碑至今仍藏于巴黎的罗浮宫博物馆内。

10

大卫统一以色列

犹太人，古称希伯来人，也叫以色列人。他们的祖先是生活在两河流域的游牧民族。他们曾迁移过许多地方，到过巴勒斯坦、埃及，在埃及差点沦为奴隶。后来，他们在首领摩西的率领下，逃出埃及，又重返巴勒斯坦的土地。

巴勒斯坦位于地中海岸边，是亚、非、欧三大洲的交通要道。这里最早的居民是迦南人，之后又来了海上民族非力斯人。"巴勒斯坦"地名的原意就是"非力斯人的土地"。以色列人把巴勒斯坦称为"流着牛奶和蜂蜜的土地"。公元前 1025 年左右，他们在巴勒斯坦建立了第一个希伯来人的王国。为了能在巴勒斯坦站稳脚跟，以色列人必须同非力斯人战斗。

故事发生在公元前 1000 年的某一天。

在巴勒斯坦的一个山谷地带，非力斯人与以色列人两军对峙。以色列人的首领名叫扫罗。

这时，从非力斯人军营中走出来一个大汉，名叫歌利亚。只见他身材魁梧，虎背熊腰，头戴铜盔，身披铠甲，肩扛铜矛。歌利亚大步走上来，对着以色列军队立定高声叫道：

"你们这些扫罗的奴才，不是要打非力斯人吗？我就是非力斯人啊，你们怎么不来打呀？要是好汉的话，快点派个人来与我战斗。如果他敢与我战斗，把我杀死，我们就做你们的仆人。如果我胜了他，你们就做我们的奴隶，服侍我们。"

歌利亚喊了一阵子，对方没有一个人出来，他又叫道：

"你们赶快叫一个人出来，与我战斗，否则就是胆小鬼！"

就这样，歌利亚天天出来叫骂，骂得以色列人个个胆战心惊。扫罗手下无一将士敢出来迎战歌利亚。

正在此时，扫罗军营来了一个年轻人，他叫大卫，是来给他的当战士的哥哥们送食品的。大卫是个牧童，长得眉清目秀，又聪明过人。他见过三个哥哥后，听到军营外面有人在高声叫骂，问清了缘由，便愤愤不平地要去迎战歌利亚。扫罗王知道了，就把大卫叫到面前。大卫对扫罗说："我们何必怕那非力斯人呢，我们应该和他去战斗！"

"这可不是闹着玩的，"扫罗对大卫说，"你可不能和非力斯人战斗。你太年轻，而那歌利亚从小就是战士，他武功高强，力大无比。"

"我可不怕他，"大卫对扫罗说，"我在放羊时，有次来了一只狮子，从羊群中叼走了一只羊羔，我就跑去追赶它、击打它，从它口中救出羊羔。"

"你这么小就敢斗狮子？"扫罗问他，"狮子不咬你吗？"

"咬我？"大卫继续说，"那我就揪住它的胡子把它打死。我曾经一人赤手空拳打死过狮子，打死过熊。那非力斯人再敢来对阵叫骂，我一定叫他与狮子和熊一样！"

听见这样的豪言壮语，扫罗动了心。他对大卫说："好吧，你可以出去战斗，愿上帝与你同在！"

扫罗王把自己的铜盔给大卫戴上，把自己的铠甲给他披挂整齐。大卫觉得这些装备太笨重了，妨碍他走路，他又脱了盔甲，仍旧穿上他的牧羊服。

大卫到溪水中捡了五块鹅卵石，装在口袋里，手里拿着牧羊杖和甩石鞭，然后从以色列军营中走下山谷，一步一步走近正在叫骂

着的非力斯人。

那非力斯人也向着大卫走过来。歌利亚看见大卫满脸稚气、细皮嫩肉的样子，不过是个放羊娃，哪把他放在眼里。

两个人在两军阵前的山谷中，面对面地立定了。歌利亚对大卫说："放羊娃娃，你拿着棍子到我这里来，难道我是狗吗？是不是以色列人都死绝了，叫一个娃娃出来迎战！"

大卫对歌利亚说："你来攻击我，是靠刀枪和铜戟；我攻击你，是靠着我们的上帝耶和华。"

歌利亚迈着大步走过来。大卫也快步向他跑去，一边跑一边从口袋里摸出一块鹅卵石，搭在甩石鞭上。只见大卫用力一甩，"哧溜"一声，像一道流星，那鹅卵石飞了出去，正中歌利亚的前额！歌利亚大叫一声，扑倒在地。非力斯人全都惊呆了，谁也不敢上前。大卫手里没有刀，他就踏在歌利亚身上，从歌利亚腰间的刀鞘中拔出刀，割下他的头，把头提在手里。

看见讨战叫骂的勇士死了，非力斯人顿时溃散了。扫罗率领以色列人呐喊着，追杀过去，一鼓作气攻下了非力斯人的几个城池，被杀的非力斯人成千上万。

当扫罗、大卫和以色列战士从战场上凯旋时，以色列妇女从城里出来，欢天喜地，唱歌跳舞，迎接扫罗王和杀敌英雄大卫。妇女们同声歌唱：

扫罗杀敌千千！
大卫杀敌万万！

后来，扫罗王继续征战非力斯人，他和三个儿子都战死沙场。扫罗死后，以色列的十二个部落开会，部落长老一致同意把王冠给大卫戴上。大卫登基时，年仅三十岁。他决心继承扫罗的事业，把

非力斯人赶出巴勒斯坦。

这时在巴勒斯坦的中部有一个重要的城市，叫耶布斯，还在迦南人统治下。大卫的下一个目标就是夺取耶布斯。耶布斯的迦南人最终向以色列人投降了。大卫将耶布斯改名为耶路撒冷（意为和平之城），作为以色列的首都。

大卫把盛放犹太教圣经的约柜运到耶路撒冷，还为它设计了一座华丽的宫殿。大卫宣布犹太教为国教，耶和华神是以色列人唯一的上帝。从这时起，这座伟大的城市——耶路撒冷，成了犹太民族的精神中心。

大卫在位四十年，没有一年不出征。他打败了非力斯人、迦南人、亚玛力人。以色列王国的版图空前扩展，北起黎巴嫩，南至埃及边境。

据《圣经》记载，大卫还是一个多才多艺的人，他写了很多优美的诗篇，还擅长演奏竖琴。所以，大卫在历史上不仅是英雄，而且也是杰出的诗人，以色列人以大卫王而骄傲。

大卫王死后，他的儿子所罗门继位。所罗门王是一位和平统治者，又是一位外交家、建设者。他在位四十年，没有打过一次大仗。在他的统治下，以色列逐渐由贫穷走向富强。

11

"紫红之国" 腓尼基

腓尼基位于地中海东海岸的一个狭长地带，公元前 3000 年左右，这里形成一个奴隶制商业城邦国家。迦南是它古老的名称。到公元前九世纪，希腊人开始称它为"腓尼基"。说起来还有一个有趣的故事。

据说，有一个住在地中海东岸的牧人，他养着一条猎狗。有一天，猎狗从海边衔回一个贝壳，它使劲一咬，嘴里、鼻上立刻溅满了鲜红的水迹。开始牧人以为狗的脸部被贝壳刺破了，就用清水给它冲洗伤口。可洗后狗的脸上还是一片鲜红。贝壳里难道有红色颜料？牧人暗暗思量着。

于是他拿起贝壳仔细察看，原来是从贝壳中流出的紫红色汁液把狗嘴染红了。这种贝壳在腓尼基的浅海非常多见。于是人们便用这种染料来染各种织物。而经这种染料染过的布匹，颜色美丽而且将这种布放入沸水中或冷水中洗涤，都不会褪色。甚至布已经磨穿了，颜色依然亮丽如新。

这种染料得到了人们的喜爱，特别是东方国家的帝王和掌管祭神活动的祭司们都乐于购买。因为这种染料是迦南特有的，于是人们把出产这种紫红色染料的迦南称作腓尼基，意为"紫红之国"。时间一长，人们反而把它的本名淡忘了。

腓尼基的国名富于浪漫色彩，它的国土也很有特色。

腓尼基的土地呈狭长形，长约二百公里，宽约二十公里。它西

面临海，地中海削入内地，形成了大大小小的海湾。它北接小亚细亚（今土耳其的亚洲部分），南面是巴勒斯坦，东面到达黎巴嫩山。

腓尼基境内的土地并不肥沃，只有不大的地方适合耕种。但聪明的腓尼基人充分利用大自然的赐予，开辟了田园，种植了葡萄和橄榄。在谷地和山坡上，鲜花盛开，景色美丽，那里长满了椰枣、月桂、无花果、橡树和其他很多的树木。

在沿海地带，人们不仅捕鱼、卖鱼，还有人专门从海滩的沙石中寻找财富。他们将洁白的沙子熔化后吹制成各种玻璃器皿。更有许多人不惜冒着生命危险，身上绑着石块潜入海底捞取那奇异的贝壳。

腓尼基人还是出色的航海家。他们依靠自己在手工业方面的高超技术，利用本国多港湾的地理条件，凭借森林中的黎巴嫩雪松制造海船，勇敢地告别故乡，去进行海外冒险生涯。

公元前十五世纪，腓尼基人的商船已驰骋于整个地中海了。到公元前九世纪，他们的航海商业活动达到了繁荣阶段。

腓尼基人世代与狂涛巨浪搏斗，是他们第一次发现直布罗陀海峡，又沿欧洲海岸到达英格兰，并深入到波罗的海；他们还曾到过达达尼尔海峡。

公元前七世纪，腓尼基的航海家受埃及法老的委托，完成了环绕非洲大陆的航行。

当时，腓尼基人准备好三艘航船。它们都是船头尖尖的双层划桨船，船尾向上翘起。上层的船员掌握航行的方向，下层的船员负责划桨。船上装满航行需要的粮食与准备交换的商品后，就从埃及的港口启航了。

船队沿着尼罗河的支流前进，然后驶入阿拉伯海湾的一片绿水中。航船行驶了四十天，到达一个村庄。当地的居民个个皮肤黝黑，身体半裸。他们热情地请船员们饱餐了一顿。善于经商的腓尼

基人不失时机地在地上陈列出种种货物：绛红色的布匹，琥珀镶的项圈，金银制的杯子，锋利的匕首。村民们吃惊地看着这些从没见过的漂亮东西，争着拿出猎来的动物作为交换。但是腓尼基人对动物不感兴趣，只要一种芳香四溢的树脂——没药。他们心里很清楚，埃及的僧侣愿意拿出许多金银来交换这种珍贵的药材。

不久，腓尼基船队来到一片荒漠的海岸，岸边看不到一个人，海员们下船到岸上休息。一个船员发现沙滩上放着一堆白得耀眼的象牙，还有一些豹皮。

"这是什么东西？"这位船员不解地问道。

一个有经验的船长解释道："这里的人要和我们交换商品，但又害怕我们，所以把他们的货物放在沙滩上，自己藏起来，指望我们用货物同他们交换。"

"真是交上好运了！"船员们把岸上最好的一百二十根象牙装上船，在沙滩上放了一些美丽的串珠、五彩的珐琅容器和青铜斧头作为回报。

"这下我们发大财了！"船员们兴高采烈地离开了海岸。

航行了十二个月之后，一件怪事发生了，中午的太阳竟从北面照射过来。原来，腓尼基人一直生活在北半球，从来没有越过赤道，只知道中午前后的太阳是从南边照过来的。现在他们航行到了南半球，因此看到这种现象就奇怪极了。

储存的食品很快耗尽，船员们只好上岸打猎，获取食物；并且在地里种上了大麦和小麦。在炽热的太阳照射下，不出三个月，麦子就成熟了。船员们收割了粮食，随后继续向前航行。

"大地向西转弯了！我们可以回家了！"终于有一天，船队来到非洲大陆的最南端，海岸开始折向西方，这已是航行的第二年了。

航船开始向北航行。当第二年航行结束的时候，中午的太阳光

又从南方照来了——他们回到了北半球。

经过三年艰苦的航行，腓尼基船队又回到了埃及。

腓尼基航海家们这次环绕非洲的航行，距今已有两千六百年，它是人类航海史上的一个里程碑，比近代葡萄牙人达·伽马对非洲航路的开辟还早两千多年。

腓尼基人对人类文明最杰出的贡献是发明字母文字。由于航海和贸易的需要，腓尼基人早在公元前 1500 年，就开始使用简便易写的字母文字。这种文字是楔形的，有二十二个辅音字母，但没有元音字母。每个辅音字母都可以读出几种不同的发音。

大约在公元前十世纪，古希腊人接受了腓尼基字母，再加上元音发展成为古希腊字母文字。古希腊字母文字后来又传入意大利半岛，形成了拉丁字母体系。而希腊、拉丁字母则是以后一切西方国家字母的基础。

腓尼基虽然在公元前六世纪就被波斯帝国兼并而灭亡了，但腓尼基人对世界文明作出的伟大贡献，永远值得人们纪念。

12

尚武的亚述

公元前 734 年，通往叙利亚京城大马士革的道路上，匆匆行进着一支大军。这是一支由战车兵、骑兵、步兵、工兵等多兵种组成的亚述军团。

队伍行进到一条河边停顿下来。工兵立刻来到河边，迅速地吹起了羊皮囊，把它们绑在一起，又在上面铺上木板，不多久，一座军用浮桥就造好了。步兵过去了，骑兵过去了，连战车和巨大的攻城机械也安安稳稳地渡过了河。浩浩荡荡的亚述兵团径直向大马士革城进发。

亚述位于两河流域北部。早在公元前 2000 年，以亚述城为中心，形成了亚述国家。它先后被阿卡德王国和古巴比伦王国征服过，还遭到过四邻的入侵。直到公元前九世纪，亚述打败了周围国家，成为中东首屈一指的军事大帝国。

由于经常受到周围国家的威胁，亚述历代统治者特别崇尚武力。亚述军队分为战车兵、骑兵、重装步兵、轻装步兵、工兵、辎重兵等。打仗时，亚述就以这些兵种适当编组。亚述本土多山，盛产铁矿，冶金业发达，军队的武器大都是用铁制成。亚述战士的盔甲，其防护力之强，已与中世纪欧洲骑士所穿铠甲不相上下。亚述人还擅长制造攻城器械，著名的有攻城锤、云梯、投石机等。

亚述军队南征北战，攻陷了许多历史名城。这一次进攻的目标是大马士革城。

　　此时，大马士革王登上了城墙上最高的塔楼，远远望见亚述军团铺天盖地涌来，有五千辆战车，骑兵像海滩上的砂石那样多。他知道将免不了一场恶战。大马士革城内只有两千辆战车，士兵也只有亚述的一半。国王想，拼死一战或许能保住这座城市。

　　在城外的原野上，两军拉开了阵势，准备展开决战。

　　"开始进攻！"随着亚述王一声令下，亚述战车首先向前挺进。沉重的车轮在大地上碾过，每辆战车上有两名战士，一个人拉开了弓箭，另一个人一手拿盾牌，一手拉马缰。战车之后是骑兵，只见他们策马挺矛冲了过去。一时间，车轮声、马铃声、喊杀声交织成一片。

　　双方的战车和骑兵开始互相冲击。随后，双方的步兵又厮杀在一起。

　　大马士革军抵挡不住人数占优势的亚述人的猛烈进攻，阵脚渐渐乱了，他们不得不在城上弓箭手的掩护下向城里退去。大马士革王下令，关闭城门，拒敌于城外。城内的粮食储备足可以坚持几年，他决定固守城池。

　　亚述国王下令围城，大马士革被围一年多。公元前732年，亚述王做好各项准备后，开始强攻。

　　亚述人先在城墙下修筑一条斜坡，上面覆上石板，然后将重型攻城器械移上斜坡直到城墙下。

　　"先用攻城锤！"亚述王下令道。

　　这是亚述人发明的一种攻城器，它有上下两层，上层装有一个长长的金属锤，蹲在下层的士兵可以操纵金属锤撞击城墙。几台攻城锤被推到城墙下。"轰隆隆！轰隆隆！"在攻城锤的撞击下，城墙上的砖石纷纷落下。

　　"再上投石机！"亚述王又下命令。

　　这是一种靠机械力量推动的投石机。亚述人将牛筋制成绳索，

用木制绞盘将其用力绞紧，而后骤然放开，投出的巨大石块便被抛到敌城堡上。

几十台投石机抛射出的石块、油桶像冰雹一样落在城墙上，许多大马士革士兵被击倒了。

在巨大的攻城机械的轰击下，不久，城墙出现了一条裂缝。终于，裂缝成了一道大口子，亚述士兵像潮水一样冲入城内。

凶残的亚述人展开了一场大屠杀，无论是士兵还是百姓，落在亚述人手里就只有死路一条。亚述士兵放火焚烧了大马士革宫殿，抢劫了每一户人家的财产，割下死者的头颅堆成了小山。妇女小孩被掳走为奴，还有成千的战俘被钉死在木桩上。大马士革处在一片哭喊声中，四处一片火海。亚述王在占领全城后，把大马士革国王也杀了。然后，亚述人带着抢掠的财宝、俘获的奴隶凯旋而归。

亚述帝国虽然幅员辽阔，军力强大，但它是借助血腥掠夺、残酷镇压而建立的，其实是外强中干的。

亚述的最后一位著名国王叫亚述巴尼拔，在他的统治下，亚述帝国的版图空前地广大。亚述巴尼拔受过良好的教育，博学多才，还在皇宫中建立了世界上最早的图书馆，里面藏有几万块泥版文书。浮雕上显示他的武艺也是十分惊人的，他可以单人用匕首与狮子搏斗。

在亚述巴尼拔统治时期，亚述帝国已开始动摇。为了稳固自己的统治，他竟下令把敢于反抗他的人，无论老人、妇女、儿童都斩尽杀绝。在遗留下的泥版文书上，他大言不惭地吹嘘："我在一月内，就把埃兰王国从大地上消灭掉了。我使这个国家的土地上没有人的声息，没有马匹、牛羊的足迹。让凶猛的野兽、毒蛇自由地在那里栖息。我连他们城市的灰烬都运到了亚述。"

亚述的残暴不仅没能把人民吓倒，反而激起了越来越猛烈的反抗浪潮。在亚述巴尼拔死后，庞大的亚述帝国迅速土崩瓦解了。

　　首先是埃及宣布独立，紧跟着的是叙利亚和腓尼基。公元前626年，新巴比伦也争得独立，并与伊朗高原的米底人结成反亚述同盟。公元前612年，联军攻陷亚述首都尼尼微，将城市洗劫一空。最后一代亚述王为了不被生擒，纵身跳入火海。公元前605年，亚述军队与联军在卡尔赫美什进行了最后一战，一个显赫一时的军事帝国就永远灭亡了。

13

巴比伦的空中花园

历史上曾经存在过两个巴比伦国。汉穆拉比时代的巴比伦是古巴比伦王国；第二个巴比伦国，也称新巴比伦王国，它是来自西亚的闪族迦勒底人所建立的。

提起新巴比伦王国，令人浮想联翩的首先是空中花园。它被古希腊人誉为当时世界七大奇迹之一。

空中花园是怎样建造起来的呢？

公元前612年，新巴比伦王国军队与伊朗高原的米底组成联军，一举攻下了亚述帝国的首都。为了巩固双方的友好同盟，两国国王决定，巴比伦王子与米底公主订婚。

公元前604年，巴比伦老国王去世。王子即位，称作尼布甲尼撒二世。不久，米底公主赛米拉斯做了他的王后。国王向公主夸耀，他有天下最华丽的宫殿，天下最巨大的财富，公主想要什么都可以得到。

米底公主美丽可人，深得国王的宠爱。可是时间一长，公主愁容渐生。

一天，尼布甲尼撒二世无意中听到公主在对天哭诉："在这里，所有的景色都平淡无奇，呆板乏味，难道这里果真找不到一座可供我攀登的山岭吗？我渴望重见家乡的山峦和盘山小道！这里的古板风光快把我憋出病来了！"

原来，公主害了思乡病。只见她茶不思，饭不想，日渐消瘦，

这下可急坏了国王尼布甲尼撒二世。他对公主说："我曾经许诺过，你要什么，我就给你什么。我决不食言，你会得到一座美丽的花园的，就像你家乡的山岭一样。"

于是，国王请来了许多建筑师和工匠，让他们在京城里建造一座大假山。经过几年的营造，这座举世无双的大假山终于造好了。

这是一座每边长一百二十米、高二十多米的大假山。它的底部由一组两列共十四间拱顶厅房组成，呈正方形，中间有回廊相连。在房顶上再用石柱和石板一层一层建上去，像塔那样层层收缩，直至高空。每一层石板上都浇铸了一层铅，再铺有浸透柏油的柳条垫，以防渗水。然后，才在上面一层一层地培上泥土，种上许多奇花异木。工匠们还在上面开辟了幽静的山间小道，小道旁是潺潺流水。由于花园比宫墙还要高，远远望去，整个花园就像悬挂在半空中，因此被称为"空中花园"，又叫"悬苑"。

高空种了花木，浇水成了大问题。聪明的工匠在顶上设计了机械的提灌设备，用螺旋泵不断地从幼发拉底河里取水。当时，这是一项史无前例、难度极高的大工程啊！

据说，米底公主看到这一切，从此愁眉舒展，思乡病一下子全好了。

其实，空中花园只是巴比伦城的一个组成部分。尼布甲尼撒二世把巴比伦城建成了当时世界上最宏伟的城市。

整个城市规模宏大，占地约达一万五千七百英亩。一条长约二十公里的城墙围绕着整个城市。城墙非常宽厚，上面的一条大道可供四匹马并行。内城共有三百六十座塔楼，平均四十多米一座。整个城墙分为内外两重。外城墙又分为三重，最厚的达八米，最薄的也有三米。城墙之间隔着壕沟。全城开有一百多座城门，每座城门的门框、横梁和大门，全部用铜铸成。城上还有一套复杂的水力防御装置，万一敌人入侵城下，就放水淹没城外土地。

巴比伦城的北门最为著名，它叫伊什塔尔门。伊什塔尔是巴比伦神话中掌管战争和胜利的女神。整个城门是由两个形式和规模完全一样的门并联组成，高十二米。每道门有四个望楼，望楼和望楼之间有拱形过道相连。墙壁是用色彩艳丽的彩釉砖砌成。门墙和塔楼上嵌满青色的琉璃砖，砖上饰有野牛和龙等兽类的浮雕。每块浮雕高约九十厘米，总共有五百七十五座浮雕。整座伊什塔尔门色彩绚烂夺目，雄伟端庄。

进入伊什塔尔门，是一条从南到北的中央大道。它像一条中轴线将城内星罗棋布的建筑依次联结起来，形成规整对称的格局。这条大道是供宗教游行用的，称为"圣道"。它是用一米见方的大理石铺成，中央石板为白色和玫瑰色，两边则是红色。石板上刻有楔形文字的铭文。白色和金色的狮子像雕刻在圣道两边的墙上，形态各异，生动逼真。圣道的尽头，矗立着一座直径六七十米的大神庙，并建有一座耸入云端的七级寺塔。

整座巴比伦城屹立在黄色的两河平原上，显得宏伟华丽，难怪有一位古希腊历史学家衷心赞叹："就其壮丽而言，它是我们所知道的任何其他城市难以相比的。"

然而，由于巴比伦城是用泥砖作建筑材料，没有古埃及的巨石建筑来得坚固和恒久。公元前539年，波斯人占领巴比伦城，巴比伦城开始失去往日的辉煌。到公元前四世纪，亚历山大大帝时期，巴比伦城逐渐沦为战场，城市居民逐渐离去，巴比伦城开始沙漠化。再后来，滚滚黄沙完全掩埋了昔日辉煌无比的巴比伦城。直到二十世纪初，这颗被掩埋了两千多年的两河明珠，才被考古学家发掘出来，重见天日。

14

三大宗教的圣地

"世界若有十分美，九分尽在耶路撒冷。"

"耶路撒冷啊，我若忘了你，让我的手断；你若不是我的欢乐源泉，让我的齿寒。"

古老的《圣经》用这样的语句描绘耶路撒冷。

在希伯来语中，耶路的意思是城市，撒冷是和平，耶路撒冷即和平之城。然而五千年来，这座和平之城成为兵家必争之地，它被四方群雄征服过三十七次，曾被战火十八次夷为平地，但它仍在废墟上得到再生。

耶路撒冷，又是一座神圣之城，它是犹太教、基督教、伊斯兰教三大宗教的圣地。

耶路撒冷，位于地中海与死海之间的山区，海拔八百米，现约一百七十平方公里。它最早是由迦南人约在公元前 3000 年建立，距今已有五千多年历史了。以后又被非力斯人占领。公元前 1000 年，大卫战胜非力斯人，建立起以色列王国，定都耶路撒冷。

大卫王死后，他的儿子所罗门继位。所罗门王动用二十万人，花了七年时间，建造了第一座犹太教圣殿。

这座圣殿位于耶路撒冷的锡安山上，外面有一道椭圆形的石头围墙，里面有一座高大的殿堂，殿堂中央供放着装有经书的柜子。殿堂内墙壁、门窗、柱子、祭台全都涂上了一层厚厚的金粉，显得金碧辉煌。在圣殿落成的庆典上，所罗门王向以色列人的上帝耶和

华祈祷："我已建造了一所圣殿，作为您的永久居所。"

圣殿的建成，使所罗门王声威大震。圣殿成了犹太人宗教活动的中心。从此，耶路撒冷成为犹太教的圣地。

公元前586年，新巴比伦王国攻占了耶路撒冷，一把火烧了犹太教圣殿，成千上万的犹太人被俘后押往巴比伦，这就是历史上著名的"巴比伦之囚"。

又过了五十年，波斯帝国灭了新巴比伦王国，大批犹太囚徒返回耶路撒冷。这些犹太人花费了二十年时间，重建了犹太教圣殿，这就是犹太教第二圣殿。

到了公元一世纪，耶路撒冷又被罗马军队毁灭，第二圣殿成了废墟。几十万犹太人被卖为奴隶，其余的被驱逐出巴勒斯坦。从此，犹太人开始在世界各地流浪迁徙。

后来，一些犹太人在第二圣殿外墙废墟上，用石块垒起一堵长四十八米、高十八米的大墙。来自世界各地的犹太人，常聚集到这堵墙下流泪哭泣，缅怀先辈。此墙是犹太教最神圣的地方，被称为"哭墙"。

对基督教徒来说，耶路撒冷也是他们心目中的圣地。

相传公元一世纪，上帝使犹太少女玛利亚怀孕。不久，她来到了耶路撒冷的一个叫伯利恒的小镇，由于找不到住所，玛利亚在一个马棚里生下了耶稣。当时有天使前来宣告，这个叫耶稣的小男孩是救世主，也就是基督，是上帝派来拯救人类的。

耶稣在耶路撒冷长大。公元30年，耶稣自称救世主，带领门徒四处传播上帝的福音。同时，耶稣还治病救人，据说他能使病孩痊愈，瞎子复明。耶稣的传教遭到罗马当局的仇视。他们勾结耶稣十二门徒之一的犹大，设计逮捕了耶稣，最后把他钉死在十字架上。人们把耶稣埋葬在耶路撒冷。耶稣在死后的第三天复活了，升上了天堂。耶稣的信徒们相信他会重返人间，创建天国。基督教就

是耶稣和他的信徒们建立起来的。后来，基督教成为罗马帝国境内最大的宗教。

公元 335 年，古罗马皇帝的母亲巡游耶路撒冷时，在耶稣墓地上建了一座圣墓教堂。基督徒将耶路撒冷奉为圣地。如今，在耶路撒冷老城里，还能找到不少《圣经》里提到的地方。

阿拉伯人把耶路撒冷称为"古德斯"，意为"圣城"。

伊斯兰教认为，穆罕默德是继摩西、耶稣后，上帝派往人间的最后一位先知。公元七世纪，穆罕默德在阿拉伯半岛传教。在麦加城，他的传教活动遭到了贵族的反对。

相传在一个月光皎洁的夜晚，天使给穆罕默德送来一匹马，这是一匹漂亮的银灰色牝马。穆罕默德飞身骑上这匹马，一路奔驰到耶路撒冷。在耶路撒冷，马蹄一脚踏上一块圣石，顿时，骏马直向七重天飞腾而去。在天上，穆罕默德接受了真主安拉的启示，又连夜赶回了麦加城。如今，在耶路撒冷金顶清真寺的岩石上，还清晰地留下了他升天时的马蹄印。这次神奇的"夜行和登天"，生动地记载在伊斯兰教《古兰经》的《夜行篇》中。

这样，耶路撒冷成为伊斯兰教第三大圣地，其地位仅次于麦加和麦地那。早期的穆斯林信徒，他们朝拜的方向就是耶路撒冷。后来，阿拉伯人在耶路撒冷建起了宏伟的清真寺，吸引着无数的穆斯林前往朝拜。

耶路撒冷成为三大宗教圣地后，犹太教、基督教、伊斯兰教三大教派之间不断发生战争，各自都想独占圣地。它一次次地被战争摧毁，又一次次奇迹般地从战火中复兴，始终吸引着世人关注的目光。

15

哈拉巴文化

夏日的印度河沿岸酷热无比，已经有好些日子没下雨了，天空中也看不到一丝云彩，灼热的阳光毫无阻拦直射着大地。

在五千年前印度河边的一座古城里，人们为消除炎热，洗去身上的汗污，纷纷来到城市中央的一座建筑物里。原来这是一个宽大而富丽的公共浴室。在浴室的中央有一个长约十二米、宽约七米的长方形浴池。

浴室里已是人声鼎沸。人们一面尽情地沐浴，一面热情地互相交谈着。不敢到深水池里沐浴的人，可以在大池边的一些小池里洗澡。

这个浴池有系统的供水、排水和储水的设备。在附近的一个房间里，有一口大井专门供水。浴室的地底，有青砖砌成的排水沟。大浴池北有八间小浴室，室内高台上放有水罐，里面盛着热水供人选用……

如此舒适的浴室，竟是距今五千年的古印度文明遗迹。但是，长久以来，堪与古埃及相媲美的古印度文明并不为世人所知。

直到 1922 年，考古学家陆续在印度河流域开展发掘工作，结果发现了许多城市和村落的遗址，其中最大的两座城市，一座叫哈拉巴，一座叫摩亨佐·达罗。学者们称这种文明叫哈拉巴文化。

哈拉巴和摩亨佐·达罗都是建在高地上的城市。城墙周长约五公里，城里住着三到四万居民。

　　这两座古城分卫城和下城两部分。卫城是城堡区，四周有又高又厚的砖墙和塔楼。卫城中央的建筑物是一个砖砌的大谷仓，占地几千平方米。谷仓下建有通风管道，能使空气在下面流通，这样可以防止谷物发霉。这类通风的谷仓，在古代遗址中是仅有的发现。

　　下城是居民住宅区。市内街道四通八达。这些街道排列整齐，主干道有十米宽，可以并排通行八辆大车。看来，当时来往的车辆和行人是很多的。为便利交通，在十字路转弯处，房屋的墙角都砌成了圆形。在街道上，每隔一段距离，就有路灯杆，晚上点灯后人们也可以出行。居民的住宅家家有水井和庭院，这些建筑都是用相同尺寸的砖块修建，并用泥灰抹平。

　　城里的排水和卫生设施更令人惊奇。每家都建有浴室，浴室的地面被铺成斜面，屋角有砖砌的排水道。洗澡水从屋内的水井中汲出，很多房屋内都有井。人们不使用浴缸，而是用手举起水罐把水浇在身上冲洗。

　　令人吃惊的是，古印度人竟使用抽水马桶。抽水马桶设在二楼，污水通过墙壁中的陶土管道排到下水道。从各家流出的污水，流到屋外蓄水槽内沉淀污物后再流入地下水道。地下水道纵横交错，遍布整个城市。许多人家还有从高楼倾倒垃圾的垃圾管道。这样精心规划的城市建设在古代世界是绝无仅有的。

　　哈拉巴和摩亨佐·达罗两座城市相距遥远，一个在印度河上游，一个在印度河下游，但是城市布局是如此地相似，很可能是出自同一个建筑师的设计。除此之外，在印度河流域还发现有几十处城镇和村落。

　　五千年前的古代印度人，他们在河谷地区耕种田地，驯养牲畜，制造陶器，过着富足的安居生活。人们已开始掌握青铜器冶炼技术。他们用青铜斧和石斧砍伐森林，开垦农田，获取建筑材料和燃料。考古发掘还出土了很多的青铜镰、锯、小刀、钓鱼钩、剑头

和矛头等。

古印度人还有一项重要的农业发明——种植棉花，并把棉花纺织成布。当时的哈拉巴街头，人们的标准着装是身披棉腰布，头上戴着染色的棉披篷。

文字是人类进入文明时代的一个重要标志。古代印度河流域已经有了文字。不过这种字大多刻在石头印章上，因此称为印章文字。像苏美尔人一样，古印度商人在自己的财产上打上戳记。每个商人都有自己的印章。这种印章在考古发掘中共发现两千多枚。

印章用冻石雕刻而成。一般是正方形或长方形，也有圆形和椭圆形等。印章背后有印钮，中间有孔，可以用绳子串在颈上或手腕上。

印章上刻有许多形象生动的浮雕，有公牛、水牛、山羊、大象、犀牛、虎、鳄鱼、羚羊等；有的还刻画着一些神怪动物，如独角兽、多头兽等。

刻画最好的是牛。艺术家用不同的线条巧妙地表现牛的筋肉、骨骼等，形象十分逼真生动。如水牛微微抬着头，仿佛在炫耀它那一对强劲的牛角。野牛的肩背弯成弓形，显得十分勇猛。

有一枚印章描绘了树上有一个人，屈身面向一只老虎，好像是要递给老虎什么东西似的。另一枚印章上刻画一头野牛向六个人攻击，把他们一个个冲倒在地。在古印度，野水牛被认为是最凶猛的动物，经常置人于死地，因此人们对它非常畏惧，把它看成是死神的坐骑。

出土的每枚印章上都有图画文字书写的铭文，已发现的铭文符号共有二百五十个。直到今日，考古学家也没有读懂铭文的意思。

印章的文字都很简短，只用一到两行，不超过二十个符号。内容大都是主人的名字或是一些箴言。哈拉巴文化遗址中没有发现比印章铭文更长的书写文字。

可是，哈拉巴文化大约从公元前十八世纪突然地衰落了。人们不知道它衰落的确切原因。可能是气候变化，季风降雨东移，使印度河谷变得过于干旱，无法维持文明的存在。也有人认为，外族的入侵造成了哈拉巴文化的毁灭。

16

印度的种姓制度

古老的佛经中记载着这样一个故事：

在古印度的一个城镇里，一个理发师的儿子，悄悄地爱上了一位离车族的姑娘，两人情投意合。有一天，这位小伙子告诉他父母，说他打算和这位姑娘成亲。小伙子满以为父母会为此事而感到高兴，但想不到父母坚决反对。

他父亲劝告他说："我的孩子，这件事根本办不到，因为这不符合我们的风俗。你是理发师的儿子，属低级种姓（首陀罗），而离车族的姑娘属高级种姓，她是刹帝利的女人，你们两个根本不相配。因而她是不能与你成亲的。你死了这条心吧，我重新给你找一个首陀罗人的女儿为妻。"

听了父亲的一番话，理发师的儿子怔住了。他茶不思、饭不想，整日思恋着那姑娘。最后，年轻人在绝望中忧郁而死。

人们不禁要问，为什么两个不同种姓的年轻人不能结婚？这要从古印度的种姓制度谈起。

印度是世界文明古国之一，它与古代埃及、中国、巴比伦同为人类文明的发源地。印度得名于它境内的一条河流——印度河。在古代，今天的南亚次大陆统称为印度，大体包括现在的印度、巴基斯坦、孟加拉、尼泊尔等地。古印度的文明是从印度河流域开始的。

早在公元前 3000 年，印度河流域就生活着原始居民，叫达罗

毗荼人。他们从事农业和手工业生产，形成了独特的文化和习俗，后来又出现了城市，还创造了自己的文字。达罗毗荼人创造的文化叫哈拉巴文化。

公元前 2000 年左右，属于印欧语系的一些白种人部落，从中亚高原南下，进入印度河流域。这些人自称为"雅利安人"，意为"出身高贵的人"。

雅利安人从事畜牧，擅长骑射，有父系氏族组织，崇拜多神。虽然在文化上落后于印度的土著居民，可是他们却蔑视当地的土著人，将土著人称为"达萨"，意为"敌人"。他们说达萨是"黑皮肤的人"，"没有鼻子的人"，雅利安人高鼻梁，自认为比达罗毗荼人高贵。

后来，经过无数次的战争，雅利安人逐渐征服印度，战败的达罗毗荼人被雅利安人所奴役。"达萨"的概念也从敌人转变为奴隶。于是，在古印度出现了最早的等级区分：白皮肤的雅利安人和黑皮肤的达萨。这可以说是种姓制度的起源。

种姓一词的原意是"品质、颜色"，在古印度的梵语中叫做"瓦尔那"，所以种姓制度也叫瓦尔那制度。

在征服印度的过程中，雅利安人也分化为几个阶层：祭司贵族、武士贵族和一般平民。为了便于统治，雅利安统治者按肤色和出身，在印度建立了一套种姓制度。

按照种姓制度，印度人被分为四个等级。第一等级是婆罗门，他们是由原来主持祭祀的贵族发展而来，以祭司为职业，掌握神权和垄断文化，能主宰一切，地位最高。

第二等级是刹帝利。他们是由原来的武士发展而来的，都是军事贵族，可以做国王和各种官吏，掌握军政大权。但刹帝利的地位要比婆罗门低一等级。婆罗门就公开宣扬，一个一百岁的刹帝利见到一个十岁的婆罗门，也要像儿子对待父亲那样毕恭毕敬。

第三等级叫吠舍，都是农民、手工业者和小商人。他们必须向国家纳税，用来供养婆罗门与刹帝利。

第四等级是首陀罗，他们大部分是被征服的本地居民，许多人是奴隶，也有雇工。他们的社会地位最低，婆罗门不屑与他们接触，甚至连宗教活动都不许他们参加。

为了巩固和加强种姓制度，印度的统治者制定了许多"达磨"（即法律）。规定每一种姓的人只能从事自己的职业，严禁低级种姓从事高级种姓的职业。为了维护高级种姓的纯洁性，法律规定同种姓的人才能结婚，低种姓的男子绝对不能娶高级种姓女子为妻。正是因为这种不合理的法律，出现了前面介绍的有情人不能成眷属的悲剧故事。

如果低级种姓的男子娶高级种姓的女子为妻，那他们就犯下了不可饶恕的罪行，他们的子女将成为"不可接触的人"，意为"贱民"。他们的地位还不如首陀罗，在社会中最受歧视。

法律规定，贱民只能从事清扫垃圾、搬运尸体、看守坟墓的工作，或当刽子手。这些是最脏、最被人瞧不起的职业。他们只能住在村外，穿死人的衣服，用破碗吃饭，戴铁制的装饰品。工作时要佩戴贱民的标记，走路时要边走边敲木棒，好让人们听到声音后马上躲开，以免看到或碰到他们。因为在高等种姓看来，凡是看到或碰到贱民，都是污秽的，不吉利的。

佛经中有这样一个故事。有两个婆罗门的妇女到城里去，正在路上走着，偶然看见两个进城赶集的贱民。这两个婆罗门妇女立即决定不进城了。她们掉转头跑回家，用香水洗了自己的眼睛。因为她们觉得自己的眼睛被贱民玷污了。

还有一则故事说，有一个年轻的婆罗门，在旅途中十分饥饿。这时，一同赶路的贱民拿出自己的食物给他吃，饥不择食的婆罗门立即狼吞虎咽地吃了。回家后，他想，自己是婆罗门，怎么能吃贱

民的食物呢？他越想越后悔，忍不住地大口吐食物，最后大口吐血而死。

　　愚昧和罪恶的种姓制度，在印度流传了几千年，印度人民为彻底铲除它的黑暗影响，付出了不懈的努力。

17

释迦牟尼的故事

中国古代著名神话小说《西游记》中，有一个神通广大的孙悟空。他能降妖除魔，法力无边，但是，连孙悟空也跳不出如来佛的手掌心。这如来佛是谁？他就是佛教的创始人释迦牟尼。

释迦牟尼意为"释迦族的圣人"，他姓乔答摩，名悉达多。悉达多于公元前565年农历四月八日诞生于一个刹帝利家庭中，他的父亲净饭王是印度半岛北部的一个小国（在今尼泊尔境内）的国王。按印度风俗，婴儿要出生在外婆家里。悉达多的母亲怀孕后，在回娘家的途中路过一个花园，在树下休息时就生下了他。他母亲却得了病，第七天就死了。所以悉达多是由他姨妈抚养长大的。

小王子从小非常聪慧，喜爱学习，文武功课，样样娴熟。作为王子，悉达多的生活非常舒适。父王为他建造了适合不同季节居住的三座宫殿，冬天可御寒，夏天可避暑，雨天可防潮。他衣着华贵，饭食丰盛，生活无忧无虑。父王对他寄予厚望，希望他能在自己百年之后继承王位，成为一统天下的"转轮王"。十九岁时，他又娶了邻国美貌的公主为妻，不久又有了一个可爱的男孩。此时，在外人看来悉达多享尽了人生的荣华富贵与天伦之乐。

然而，悉达多并不喜欢安逸的生活。他更喜欢一人独自冥想，思考人生问题。

一次，他驾马车出游，遇到一个年迈体衰的老者，就像朽木一样，行将入土。这使他受到很大触动，他懂得了人终将会老。第二

次外出，他又碰到了一个身上长满脓疮、因高烧而不停颤抖的病人，从中他知道了人都将得病的道理。第三次出去，他看见了一具即将被火化的尸体，这使他懂得人终有一死。第四次外出他发现了希望。他看见一个快乐的僧人，身穿朴素的黄袍，手拿破碗，沿街乞讨。看到此景，悉达多终于明白，人可以在与世无争中获得安乐，这才是自己应该走的路。

王宫内的舒适生活，不再给他带来乐趣。他整日苦苦思考着，人世间为什么有生、老、病、死种种痛苦？怎样才能摆脱这些痛苦？他读了许多书，但都找不到答案。因此，他决定放弃王位的继承权，去出家修行。

悉达多二十九岁那年的 12 月 8 日深夜，回到宫内的卧室，他想拥抱一下可爱的儿子，但又怕惊动熟睡的妻子，动摇了自己出走的决心，于是转身走出门去，悄悄地骑马飞奔出城。

悉达多先来到邻国摩揭陀国，找到当地最有名望的学者，向他们学习哲学，然而没有得到满意的结果。然后他又到密林深处向苦行僧学道，体验最大的苦行。就这样，他奔波了六年，没洗过一次澡，人瘦得只剩　把骨头，但一直没能找到解决人间痛苦的方法。

后来，他来到一条河边，准备下河去洗个澡，把几年来积在身上的污垢统统洗净。河边的牧牛姑娘给他喝了一些牛奶，悉达多终于恢复了元气。他看到一棵巨大的菩提树，于是来到了树下，席地盘膝而坐，开始沉思默想。

经过七天七夜的忘我静思，悉达多终于大彻大悟，一直困扰他的人生难题迎刃而解。悉达多得道成佛了，并创立了佛教的基本教义，因而又被称作"佛陀"（意思是觉悟者）。这一年他三十五岁。

悉达多在得道后，开始向众人宣传自己的学说。他反对把人分成等级，提倡众生平等，同情不幸的人们。同时宣传因果报应，认为这世做了善事，后世就有好报；这世做了坏事，后世就有恶报。

他提出通向人生自由之路既不能自我放纵、迷恋享乐，也不能自我克制、消耗体力和精力，而应该采取中间道路，即接受佛教思想。

悉达多以毕生精力在恒河地区传教四十五年，收的弟子据说有一千多人，上至国王、婆罗门，下至乞丐、首陀罗。除给自己的弟子讲道外，他还徒步漫游，以传播自己的思想。在晚年生活中，常伴他左右的是一名叫阿难的弟子，悉达多的许多说教都是靠他的记忆背诵而流传开来的。

佛陀允许弟子们用自己的方言宣传佛教，这样可使当地的百姓容易听懂。这使得佛教受到各地百姓的欢迎。

佛陀还为弟子制定了戒律，规定"云游乞食"、"雨季安定"、"犯过忏悔"等制度。弟子们过着比较清苦但有组织的集体生活。

公元前485年，佛陀快满八十岁了，这时，他已非常衰老，浑身是病，但还四处传教。2月15日那天，他的病情加剧了，弟子们在两棵娑罗树之间挂起绳床，悉达多侧身躺了上去，支着右手。此时，有一个叫须跋陀罗的婆罗门前来听佛法。悉达多不顾弟子的劝阻，坚持为他说法，然后，静静地合上双眼。

释迦牟尼的遗体火化之后，骨灰结成了颗粒，佛教把这种颗粒称为"舍利"。后来，八个国家的国王分取舍利。为了表示对释迦牟尼的景仰，他们把舍利珍藏在特地建造起来的高塔中供奉。这种塔用金、银、玛瑙、珍珠等七种宝物装饰，被人称为"宝塔"。

从公元前三世纪孔雀王朝阿育王开始，佛教开始向印度境外传播，向北传到中国，再传向朝鲜、日本等国，所传佛教叫大乘佛教；向南传到斯里兰卡，向东传到泰国、缅甸、老挝和柬埔寨，所传佛教叫小乘佛教。公元八世纪，印度国内的婆罗门教重新得势，改名为印度教。因而，在佛教的发源地印度，反而很少有人信仰佛教了。

现在，起源于印度半岛的佛教，已成为世界三大宗教之一。

18

阿 育 王

在我国浙江宁波附近，有一座远近闻名的佛教名刹，叫阿育王寺。这座佛寺始建于公元三世纪，是我国早期的佛寺之一，因寺内藏有一颗释迦牟尼的真身舍利（顶骨）而驰名中外。可是阿育王是古印度的国王，为什么遥远的中国会有以他的名字命名的寺院呢？

这要从阿育王信奉佛教谈起。

公元前四世纪，在印度兴起了强大的孔雀王朝，阿育王就是孔雀王朝的第三位国王。阿育王是一位富有传奇色彩的国王。有一个佛教故事是这样讲述的：

有一个叫阇耶的小男孩，一天正在街上玩耍，忽然遇见佛陀向他乞讨。这男孩想给佛陀一些施舍，可他身上什么东西也拿不出。于是他天真地从地上捧起了一把沙土，奉献给了佛陀。这个奉献沙土的男孩，后来就转生成为孔雀王朝的国王阿育王。

据说年轻时的阿育相貌很丑，并且脾气倔强，所以长期得不到父王的喜爱。但是阿育天资聪敏，魄力非凡。在王族中，他并不是第一继承人。父王死后，经过四年的宫廷权力斗争，他才于公元前268 年登基。

即位后的阿育王异常残暴，他在宫内建了一座地牢，把不服从他统治的人统统投入地牢。这座人间地狱内设有刀山剑树、沸腾铁锅等许多酷刑，有许多同他作对的人被酷刑折磨而死。

当时的印度，孔雀王朝虽是一个大帝国，但是南部海边的羯陵

伽和另外几个小国还没有并入孔雀王朝的版图。年轻的阿育王雄心勃勃，要让印度的东、南、西、北统一起来，全部接受他的统治。因此，他即位后不久，便发动了对羯陵伽的战争。战争开始后，一封封前线战报送到了阿育王面前：

"禀告国王陛下：圣朝十万步兵，五万骑兵，四百辆战车和五百头战象已踏上羯陵伽国土……"

"禀告陛下：圣军军威大振，不到一天，杀死敌军五千人，俘获战车、战马、战象、金银、妇女、牲畜无数……"

"捷报！圣军全面出击，连日来，又杀敌五万，俘虏十万，反抗者皆已处死……"

"捷报！敌军都城已被攻破，敌国王被俘获，但他宁死不屈，现已在囚禁中自尽身亡……"

阿育王看着这一份份捷报，起先十分得意，但看到战争越来越残酷，杀戮的人越来越多，他有些坐立不安了。这时，有人来报告，城里发生了一件奇怪的事。几天前，抓到了一名佛教僧侣，因怀疑他是羯陵伽的间谍，所以把他投入地牢。可怪事发生了，当这个僧侣被扔进铁锅里，水竟然无法烧沸，好像有法力在保护着他不受伤害。

阿育王听报后，不禁联想起刚刚结束的战争。这场战争给羯陵伽人民带来了深重的灾难。他感到武力能征服国土，却不能征服人心，敌国国王自杀就是例子。自己杀人如麻，而佛法却在护佑众生灵。此时，他的内心动摇了。

阿育王即位之前，当过西印度的一些大城市的总督，那里文化繁荣，宗教盛行。许多贵族子弟都在此接受教育。他从小就非常崇敬佛祖释迦牟尼，喜欢听大人讲这位圣人怎样苦苦修炼，终于得道成佛的故事。现在，阿育王突然变了个人似的，为自己的暴虐开始忏悔，转而皈依佛教，可以说是"放下屠刀，立地成佛"了。

他要做的第一件事，就是立即下令取消地牢，修改法律，对犯人从宽发落；将战俘全部释放，发还羯陵伽人土地，为此还发出一封文书表示歉疚。

接着，他身体力行，穿上佛教袍服，开始吃素诵经，放弃一切打猎活动。他发布诏书，要求臣民做到尊敬并服从父母、年长者和老师；慷慨地对待婆罗门、佛教僧侣和其他出家人；忠于朋友、尊重奴隶和仆人；怜悯穷人和不幸的人；不杀生，放弃战争。

后来，他还做了许多有利于百姓的事。如在大路两旁植树挖井，建筑旅舍，方便来往旅客；建立大批医院方便人民就医，甚至还建了不少兽医院；他还向各宗教寺院施赠钱财。

阿育王把他的政令镌刻在全国的山岩、石柱和洞壁上，这就是著名的阿育王铭文。现在还有几十个地方保存着这种石刻铭文。有一根至今保存完好的圆石柱，高十五米，重达五十吨，柱的顶端雕有非常精美的狮子像，柱身上刻着阿育王的诏令：

"国王陛下因征服羯陵伽而感到悔恨，因为征伐一个国家，势必发生杀戮、死亡和俘虏。因此国王陛下深感悲痛……"

"国王陛下认为：真正的征服应该用佛法来收服人心……"

阿育王立佛教为国教，在全国各地广建寺院寺塔，对佛教的传播产生了深刻的影响。他派出许多佛教团到波斯、埃及、叙利亚、缅甸、中国和世界各地传教，弘扬佛法。他下令天下建"八万四千塔"，将佛祖舍利分葬塔中，供天下人朝拜。传说在中国就建了十九塔，而宁波阿育王寺塔中就藏有阿育王所赠舍利，因此该寺被称为阿育王寺。

在阿育王统治的三十多年间，孔雀王朝成了印度历史上第一个强大的帝国。但是，公元前232年阿育王去世后，被征服的小国又纷纷宣布独立，印度半岛又重新回到分裂的状态。

19

米诺斯的迷宫

有个地方叫克里特，
在酒绿色的海中央，
美丽又富裕，
四面是海洋，
人口多得数不清，
九十座城市林立在海上。

这是希腊著名诗人荷马在史诗《奥德赛》中所咏唱的。他赞美的这个繁华地方，就是位于地中海中央的克里特岛。诗人的描述或许有点夸张，可是在十九世纪，也就是大规模考古发掘前，人们对于克里特的远古历史，只知道荷马史诗的叙述和有关米诺斯王的传说。

相传在远古的时候，有一个叫米诺斯的国王，统治着克里特岛，他是当时地中海地区最强大的国王。他请著名的建筑师代达罗斯为他修建王宫。这座王宫不仅豪华壮丽，而且其中有无数的宫殿和纵横曲折的通道。每一个进入王宫的陌生人都会迷失在宫中，再也别想出来，因此被称作迷宫。有一年，米诺斯王的儿子在雅典被人谋害，为了报复，米诺斯王向雅典宣布：每九年雅典必须送七对童男童女给米诺斯。米诺斯王把他们送入迷宫，让他们被迷宫中饲养的一只人身牛头的怪物——米诺斯牛吃掉。米诺斯的这一决定让

雅典人又震惊又害怕。

这一年，又轮到雅典人进贡。有童男童女的父母们，都害怕自己会抽到不幸的签，全城充满了哭泣哀嚎声。雅典国王爱琴的儿子提修斯为了解救蒙受灾难的人民，挺身而出，宣布自己情愿作为贡品到克里特去，并且要杀死那吃人的牛精。老国王爱琴只有这一爱子，但是他的悲痛也不能改变提修斯的决心。于是老国王只好按照风俗习惯，在驶往克里特的船上挂上绝望的黑帆，送儿子和童男童女出海。提修斯和他的父王约定，如果他们能平安归来，就把船上的黑帆换成白帆，使人们远远地就能知道，他们活着回来了。

没有想到，提修斯到达克里特后，克里特国王的女儿对他一见钟情。为了挽救提修斯的性命，美丽的公主送给他一把魔剑和一个线团。智勇兼备的提修斯一进入迷宫，便把线团的一头系在迷宫入口处，随后徐徐放开线团，顺着复杂的通道，一步步走向迷宫深处。终于，他与米诺斯牛狭路相逢，使尽全力抓住了它的角，一剑将它刺死。然后他领着被关在迷宫里的童男童女，沿着线成功地走出迷宫。出来以后，他们立刻来到海边，把克里特人的船底都凿穿了，以防止米诺斯王派人追击。之后他们和米诺斯国王的女儿，登上自己的船起航回国。

几天的航行过去了，雅典已经隐约在望。可是兴奋异常的提修斯忘了换下黑帆。爱子心切的国王爱琴早已来到海边，从高处望着辽阔的大海。当他看见挂着黑帆的船出现时，以为儿子已经遇难了。悲痛到极点的国王纵身一跃，跳入大海。从此，爱琴国王投海自杀的那个海，被称为爱琴海。

起初，由于人们无法证实这些传说，只是把它当做一个动人的故事。后来，德国考古学家施里曼探索荷马时代的遗址，发现了特洛伊城。于是，人们开始寻找传说中的米诺斯王宫。

从 1900 年开始，英国考古学家伊文思在克里特岛进行发掘。

终于，他在岛的北端发现了米诺斯王宫的遗址和大量古代文物。古老的传说得到了证实。

米诺斯的王宫建在克里特岛北面的克诺萨斯。整个王宫依山而建，总面积约两万平方米，面对着一片油绿的橄榄林。进了宫门，有一条用石板铺成的通道，通道的尽头，是一个长方形的庭院。庭院四周是国王宝殿、王后寝宫，含有宗教意义的双斧宫，建在山坡上的楼房以及储藏室、仓库等，总计有一千五百多间宫室。各建筑间利用长廊、门厅、复道、阶梯等互相联接，迂回曲折，显得扑朔迷离，难怪传说中说它是迷宫，真是名不虚传。

王宫最富丽的地方是王后的居室。室内排列着上粗下细的圆柱，地面上铺着平整的石板，尤其是四壁夺目的彩画，历经了三千六百多年，但是它的色泽还很鲜艳。有一幅画，画着流动的海涛，波浪上有掠水的飞鱼。另一幅是茂密的森林，林中有飞鸟穿行，还有欢乐的舞蹈图，图中的少女头戴花冠，束腰垂发，飘逸的长裙衬托出美妙的舞姿。

走出北宫门，宫外是一座剧场，场边有白石砌成的台阶。从壁画可知，当时在这里表演"跳公牛"的杂技戏。观众是一些达官贵人，男子穿着紧身的胸衣，脚下穿着花鞋，两臂套着金镯；妇女们袒胸露臂，穿着阔幅长裙。表演开始了，只见一个杂技演员抓住进攻的公牛的牛角，一个筋斗纵身跃过牛头。接着一些演员表演在牛背上倒立，另一些则先站立在牛背上，然后一个筋斗跳进同伴的臂弯。最后，有一个男子腾空飞跃公牛，以手支撑一下牛背，翻身跃下。这些演员的熟练技巧，让现代人看了都十分惊奇。

不过在宫中发现的两千多块泥板，更让考古学家们感兴趣。这种泥板是用黏土干燥后制成的。泥板上刻着许多由线条构成的文字。这就是线形文字。线形文字共有一百三十多个符号。考古学家们花了不少心血，到 1953 年，才对其中的一部分文字译读成功。

原来，泥板上记载着王宫进出财物的账目，使用的是十进位的计算法。这种线形文字与古希腊使用的文字十分近似。

在克里特岛的考古发现，使人们了解了上古时期爱琴海地区的文明。大约在公元前 1600 年，米诺斯王朝达到鼎盛时期。它不仅控制了整个克里特岛，还向周围地区扩张。当时，克里特与希腊半岛、埃及和小亚细亚等地都有贸易往来。手工业和农业都有了很大发展。

可是，在公元前 1450 年，一场灾难降临克里特。远在克里特岛以北一百十五公里的铁拉岛火山喷发。火山爆发引起了高达六十米的海啸，摧毁了克里特人的家园，使众多居民丧生。希腊人乘机进攻，最终占领了克里特全境。克里特文明从此衰落，被人遗忘。

不过，迷宫一词，如今已成为形容错综复杂、变幻莫测的局面或结构的同义语。

20

特洛伊木马

古希腊是西方文明的发源地。在它漫漫的历史长河中，汇集了许多优美动人的故事传说，寓历史于神话，令人神往。《荷马史诗》中的《伊利亚特》就描述了上古时在特洛伊（今土耳其希沙立克）进行的一场大战，其中发生的"木马计"更是令人称奇。

传说，在很久很久以前，海洋女神特提斯举行了一次盛大的宴会，邀请了所有的希腊女神参加，惟独没有请不和女神厄里斯。这可惹恼了不和女神，她决定让这次宴会不欢而散。

宴会正在进行中，厄里斯不请自来，扔下一个金苹果，上面刻着"送给最美丽的女人"几个字。这下引起轩然大波。女神们都认为自己最美丽，应该得到金苹果，为此吵得不可开交。

这其中，天神宙斯的妻子赫拉，智慧之神雅典娜，还有爱神阿芙洛狄特吵得最厉害，她们互不相让，最后找到众神之王宙斯为她们裁判。宙斯让她们去找特洛伊王子帕里斯，让这个青年人为她们裁判。

三位女神来到帕里斯面前。天后赫拉说："帕里斯，你如果让我得到这只金苹果，我就让你统治大地上最富有的王国。"

雅典娜则对他说："我让你成为人类中最智慧、最刚毅的人。"

最后轮到爱神阿芙洛狄特，她对王子说："你不要被那些不可靠的诺言迷惑。你若把金苹果给我，我会送给你一样东西，她会给你带来无尽的快乐。我要把世上最美丽的女人给你做妻子。"

这些话打动了帕里斯，于是他把金苹果给了漂亮的爱神。

这下，可把赫拉和雅典娜气坏了，她们恨透了帕里斯，恨透了他的国家特洛伊，发誓要向特洛伊报复。

一天，特洛伊的老国王告诉自己的孩子们，希腊人早年抢走了自己的姐姐，他希望孩子们能从希腊把亲人找回来。年轻气盛的帕里斯接受了这个任务。老国王为他准备了一支舰队，满怀希望地送帕里斯踏上了征途。

帕里斯先来到了希腊的著名城邦斯巴达。这时正好国王出访在外，由王后主持国事。这位王后名叫海伦，她接见了帕里斯。

当帕里斯见到貌若天仙的海伦后，不由得如痴如醉，爱神对他的许诺又回响在他的耳边，这不正是爱神答应给他的世界上最美丽的女人吗？一时间，几乎昏了头的帕里斯满脑子都是爱神的诺言，早把父亲的重托抛到了九霄云外。他竟然指挥手下把海伦劫走，乘船返回特洛伊去了。

一场大战不可避免地爆发了。

斯巴达国王发誓要报仇雪耻。他先去找自己的哥哥、迈锡尼国王阿伽门农，哥俩四处奔走，联络各地人马。结果，他们共调集了十万大军，由阿伽门农任统帅，乘坐上千条快船，浩浩荡荡杀向特洛伊。

众神也分成两派，赫拉和雅典娜自然站在希腊人一边，阿芙洛狄特和太阳神阿波罗则支持特洛伊人。希腊和特洛伊双方在特洛伊城外摆开战场。

特洛伊城有着高大坚固的城墙，堡垒森严，而且背倚山坡，面向平原，易守难攻。

希腊联军以船队为基础，在海边扎下了大营。很快，双方就在平原上展开了激战。两支大军中都有许多能征善战的勇士，作战都异常勇猛。结果，双方都死伤惨重，连帕里斯也战死了。

这场战争打了整整十年，但是谁胜谁负仍不见分晓。在特洛伊城内，有人竭力主张把海伦交出去讲和。但海伦已经有了第三个丈夫，而且是特洛伊的一位将领，所以根本行不通。希腊一方，也有人主张撤军。但复仇的火焰正在绝大部分将领的胸膛中燃烧，所以也不行。

这时，希腊军中的智多星奥德修斯想出一条妙计。他说，让我们造一个巨大的木马，在马腹中尽可能地装满希腊勇士。其余的人烧毁营帐，坐上船只，假装撤退回国。让特洛伊人把木马作为战利品拖回城。当夜深时分，敌人熟睡后，木马中的勇士就悄悄出来，杀敌人一个措手不及。

过了几天，木马造好了，一切按计划进行。

那天早晨，平时沸腾的战场，突然变得异常宁静。特洛伊人从城墙上发现，希腊联军的营帐已经拆毁，大批战舰已远离海岸。战场上没有一个人的影子。

特洛伊士兵小心翼翼地出了城，搜索着附近的山林，但是，什么也没有找到。

"希腊人逃回去啦！我们胜利啦！"特洛伊人狂呼着拥出城来。

"这是什么？"一个士兵突然指着海滩边一只硕大的木马，惊奇地问道。这木马比两个人还要高，身躯庞大，头高高地昂着。

"这恐怕是希腊人祭祀天神的木马，体积太大他们无法带走。让我们把它拖回城，让城里的百姓也瞧瞧这巨大的战利品。"一个将军说道。

于是，兴高采烈的特洛伊人把木马当做战利品拖回了城。当晚，特洛伊全城欢庆胜利。人们高举着满斟葡萄酒的杯子，兴奋地互相祝酒。

夜深了，全城居民都熟睡了。二十个全副武装的希腊勇士从木马中钻了出来，打开城门，早已等候在城外的希腊大军一拥而入，

开始了一场残酷的大屠杀。从深夜到天明，城中充满了哭喊和悲号，没有战死的特洛伊人成为俘虏，海伦也被抓住带到船上。无数的金银财宝被搬走了。

特洛伊城被抢劫一空，希腊人还在城中放大火，整座城市陷入一片火海之中……

几千年过去了，"木马计"的故事一直流传到今天。它提醒人们，必须防止敌人的攻心战术。

21

荷马史诗

相传，公元前十二世纪末，希腊人渡海攻打小亚细亚的特洛伊城，双方战死无数英雄。这就是精彩动人的特洛伊战争故事。那么，这个故事出自哪里呢？它出自著名的《荷马史诗》。大约在公元前八世纪，希腊有一位盲诗人名叫荷马，他根据民间传说，精心创作，终于写成两大史诗——《伊利亚特》和《奥德赛》。

荷马双目失明，四处漂泊，背着古代希腊的乐器——七弦竖琴，吟唱着古老的英雄传说。他的诗在竖琴的伴奏下，美妙动听，吸引了一批又一批的听众。荷马虽然没有留下文字著作，但他的说唱诗歌《荷马史诗》却一代又一代地流传至今。

《伊利亚特》讲述的是希腊人远征特洛伊的故事；而《奥德赛》叙述的是特洛伊战争结束后，一位希腊英雄在还乡途中的历险故事。前者歌颂英雄的威武和功勋，后者歌颂英雄的机智与才能。

我们先来介绍《伊利亚特》。为什么要叫《伊利亚特》呢？因为特洛伊又叫伊利昂，《伊利亚特》就是"伊利昂战记"的意思。这部史诗的故事是这样的：

希腊人远征特洛伊城，而特洛伊人严阵以待，双方打了数个回合。希腊人虽然连连取胜，但却不能攻克城池，战争变成了持久战。

不知不觉中九年过去了，第十年发生了戏剧性的变化。希腊联军的主将阿喀琉斯英勇善战，屡建奇功。一次，在分战利品时，联

军统帅阿伽门农夺走了阿喀琉斯心爱的女奴，这使阿喀琉斯大为恼怒，从此拒绝出战。特洛伊人本来最害怕的希腊将领就是阿喀琉斯，现在，阿喀琉斯不出战了，特洛伊人就乘机反攻，获得大胜。

眼看希腊人就要全军覆没，阿喀琉斯的部将帕特洛克十分痛心，他来找阿喀琉斯，请求把盔甲借给他，让他去应战。特洛伊人看到阿喀琉斯的盔甲，以为帕特洛克就是阿喀琉斯本人，吓得纷纷逃跑，希腊人总算转危为安了。

特洛伊的王子赫克托智勇双全，他发现帕特洛克并非阿喀琉斯本人，便冲上前去，将一柄标枪投向帕特洛克后背，将他杀死。

帕特洛克是阿喀琉斯最亲密的伙伴，他的死使阿喀琉斯悲痛万分。他决定与阿伽门农重归于好，重新参加战斗，为战友复仇。他狂怒地向特洛伊军进攻，所向无敌。最后他与赫克托决战，并将赫克托杀死。阿喀琉斯把赫克托的尸体系在战车上，拖回希腊兵营。

深夜，月光如水。赫克托的父亲来到了阿喀琉斯的营帐，他亲吻阿喀琉斯的双手，老泪纵横地说："天神般的阿喀琉斯，想想您的父亲，可怜一下我吧。没有什么比看到自己的儿子死在自己之前更心痛的了。请您将赫克托的尸体还给我吧。"

阿喀琉斯被特洛伊国王深厚的父爱所感动。他让女奴洗净赫克托的尸体，涂上橄榄油，裹上衣服，亲手将赫克托放在马上，交给赫克托的父亲。双方约定，停战十二天，分别为赫克托和帕特洛克举行葬礼。

十二天后，双方又恢复了战斗。阿喀琉斯虽然英勇，但也有打盹的时候。一天，那个抢走海伦的特洛伊花花公子帕里斯，借助太阳神阿波罗的力量，向正在打盹的阿喀琉斯射了一支暗箭，将他杀死。原来，阿喀琉斯小时候，他的母亲提着他的脚跟，把他放到冥河中沐浴，他因此可以刀枪不入，但他的脚跟被母亲握住，没有被魔水浸过，因而他的脚最容易受伤。帕里斯的箭就射在他的脚跟

上！现在，"阿喀琉斯的脚跟"，在欧洲人的语言中就是"致命伤"的意思。

阿喀琉斯死后，希腊人采用了奥德修斯的"木马计"，才攻破了特洛伊城，结束了十年苦战。下面就是《奥德赛》的故事：

希腊人攻陷特洛伊城，大肆地杀戮和掠夺后，胜利回国了。归途中，他们触犯了天神，希腊的船队被海风掀翻，很多人淹死了。奥德修斯带领着剩下的少数人，历尽艰险，在海上整整漂流了十年。他们历经惊险，受尽磨难。在途经一个海岛的山洞时，他们险些被独眼巨人吃掉，靠着奥德修斯的聪明机智才逃出山洞。在经过赛棱岛时，奥德修斯又设法避免了女妖的歌声诱惑，据说，这歌声能使人忘记一切，忘记家乡和亲人。后来，他们又经过了风之国、女神的海岛、冥土、危险的礁山等许多奇异的地方，几次死里逃生。

终于，奥德修斯回到了自己日思夜想的祖国。他狂吻着祖国的土地，心中的喜悦无法形容。可是没想到，自己家里还有一番风波等着他。

奥德修斯自从离开家门已有二十年（十年战争，十年旅程），家乡的人都认为他已经死了。许多贵族恶少图谋奥德修斯的家产，纷纷向奥德修斯的妻子求婚，甚至公然住在奥德修斯家里，吃喝玩乐。但是奥德修斯的妻子坚信丈夫一定能活着回来，她拒绝一切求婚者，耐心地等待着。

奥德修斯回到家乡听到这个消息，非常气愤，决心惩罚这些恶少。他先是悄悄地见到自己的儿子，父子俩商定了计策。

第二天是一个节日，许多贵族恶少又来赴宴。奥德修斯的儿子在宴会上宣布，谁能拉开他父亲出征前留下的大弓，并一箭射穿十二个斧柄孔，谁就有资格向他母亲求婚。结果那些贵族青年没有一个能拉开大弓。

这时，化装成乞丐的奥德修斯出现了，他拿起大弓，一下子就拉开了，接着又一箭射穿了十二个斧柄孔。随后，奥德修斯拿着大弓站在门口，和儿子一道把一支支利箭射向大厅里的恶少们，把他们全都杀死了。奥德修斯终于和自己忠贞的妻子团聚了，并且重新成为伊塔刻岛的国王。

《荷马史诗》不但是一部伟大的文学作品，而且是一部很有价值的历史文献。史诗反映的公元前十二世纪到公元前八世纪的希腊历史，也因荷马史诗而被称为"荷马时代"。

22

勇敢的斯巴达

"起床！"队长喊道。男孩们迅速地从睡觉的草席上爬起来，一天的训练生活开始了。此时，天刚蒙蒙亮。

孩子们跟着队长到冰冷的河水里洗过澡后，就吃下一小块面包，这是每天早晨发给他们的早餐。

这些穿着破烂衬衫的孩子，站好了队，等待队长的命令。不论冬夏，他们都赤着脚，剃着光头，穿着破衬衫去参加远距离行军或进行军事操练。今天，队长要把孩子们带到圆柱大广场上去参加格斗训练。

现在，两个孩子站了出来，在教练的指导下，准备拳击。起初，他们打得很勉强，彼此都不忍心下重手，因为两人之间并没有仇恨。

"打，狠狠地打，不要怜悯对方。"教练喊道。

精瘦的高个子孩子脸上受到一击，一只眼睛被打伤了，还流着鼻血，但还在奋力还手。

"别住手！好好地教训他一下。"教练在边上鼓动着。

矮壮的男孩在教练鼓舞下，继续挥动拳头，没命地朝对方打击。终于，高个子躺在地上不动了。这场拳击结束了，另外两个孩子又站了出来继续格斗……

斯巴达的孩子们从七岁就开始接受这种严酷的训练，一直要延续到三十岁。

斯巴达是古希腊两百多个城邦中最大的一个。所谓城邦，其实

就是一个小国家，它以城市为中心，周围有若干村镇。

斯巴达位于伯罗奔尼撒半岛的东南部。公元前八世纪，来自北方的多利亚人征服了这里的一些部落，建立了斯巴达城。这支入侵的多利亚人被称作斯巴达人。

斯巴达人建立了强大的武装，他们把当地的原有居民变成了奴隶，称他们为"希洛人"。在斯巴达，土地被平均分给每个斯巴达家庭，不许买卖。从事农业、手工业和商业劳动的主要是奴隶，而斯巴达人要干的只是随时准备镇压奴隶的反抗。斯巴达国家力图把每一个男子训练为一个武士；而把每一个斯巴达女子训练成养育战士的母亲。整个斯巴达社会就像是一座大军营。

对于一个斯巴达男孩来说，他出生后要过的第一关，是必须通过长老的检查。只有被认为是健壮的，才准许父母养育，否则就得抛到山谷里去。

一个婴儿被判定为"合格"而留下来后，训练就开始了。母亲会用酒来给出生不久的婴儿洗澡，她们认为这样可以考验孩子的体格。病弱的任他在酒里晕死，强壮的经过考验后将变得非常结实。

在以后的养育上，斯巴达人也与众不同。他们不用襁褓，这样可以使孩子的体形自由发展；他们也不把好的食品给孩子吃；孩子不许吵闹，不许啼哭，而且不能惧怕黑暗和孤独。

孩子长到七岁时必须离开家庭，送到少年团里去参加体育锻炼。大人们很少教他们读书写字，但要他们认真背诵荷马史诗、爱国诗歌，在七弦琴的伴奏下熟练地演唱。

人们常常看到，在一个年龄稍大的男孩率领下，孩子们顶着烈日，行走在荆棘丛生的路上，以此来培养他们吃苦耐劳的精神。

随着年龄的增长，少年团的训练越来越严格，他们成年赤脚走路，穿粗糙单薄的衣服，晚上就睡在干草垫上。

为了考验少年们的肉体忍受能力，每年他们必须经受一次鞭答

的考验。这种鞭笞通常安排在节日敬神时进行。孩子们跪在神像面前，让皮鞭重重地抽打在身上。这时不许孩子们哭，能忍得住鞭打的，才被认为是有毅力的。

有这样一个故事：一个孩子偷到了一只活狐狸，在上学路上把它藏在上衣贴胸的地方。上课时，狐狸开始用锋利的爪子在男孩的胸部乱抓乱挠。尽管疼痛难忍，孩子却纹丝不动，最后活活让狐狸咬死。

能够经受痛苦而不哼一声的男孩，被誉为"小斯巴达"。

到二十岁的时候，斯巴达青年要离开少年团进入军营生活，接受正规的军事训练。斯巴达军队的战术以步兵为主，把军队编成方阵，每个方阵就是一个有机的整体。因此，这就要求每个战士不但要有强健的体魄和勇敢的精神，还要有严格的组织性和纪律性。为了适应这种需要，每个青年都要接受长达十年的严格训练。直到三十岁，他们才可以成家，但仍需每天接受训练。到了六十岁，才可以结束这种军旅生涯。

斯巴达尚武的风气，也表现在对女孩子的教育上。女孩虽然留在家里，但她们必须参加竞走、格斗、投标枪、掷铁饼等各种体育训练。她们经过这样的训练，就能锻炼出健壮的身体，将来出嫁后就能生育出强壮的孩子。

在斯巴达，做母亲的并不怕看到儿子在战争中负伤，她们所怕的是养出来的儿子太柔弱，或者在战场上丢了武器，身上没有一点伤痕。斯巴达的母亲常以儿子战死沙场而自豪，她们把斯巴达的荣辱看得比儿子的性命还重要。一次，有一位母亲去询问战争的情况，别人告诉她，她的五个儿子都战死了，但她却说："这并不是我要问的，我要问的是斯巴达人胜利了没有。"

斯巴达人被培养成了勇敢善战、刻苦耐劳的战士。他们在战斗中永不退却，直到最后一口气。因此斯巴达的步兵被认为是全希腊最优秀的步兵。

23

改革家梭伦

雅典是古希腊的另一个重要城邦。在它的强盛时期，曾一度几乎控制了整个希腊。在希波战争中，它还击败了不可一世的波斯大军。这一切都与梭伦有着密切的关系。

公元前 600 年的一天，在雅典的中央广场，有一位三十岁左右的男子在如痴如醉地大声念诗，一面还用双手不停地捶打着自己的胸口。人们出于好奇，都围上来观看，只听他狂热地念道：

啊，美丽的萨拉米，你使我们着迷。
自从你同我们分离，
我们一刻也没有忘记你。
起来，让我们向萨拉米进军。
我们要将雅典人身上的耻辱血洗！
啊，让萨拉米回到我们手里！

人群愈聚愈多，有人认出他来了："这不是诗人梭伦吗？"

"他胆子真够大，这几天连续在这里公开朗诵收复萨拉米岛的诗句。"

"瞧他模样，肯定是疯了，不然当局早把他抓起来判处死刑了。唉，可怜的梭伦。"

为什么公开提出收复萨拉米岛要被处死呢？原来，不久前雅典

与邻邦麦加拉争夺萨拉米岛，雅典遭到了失败。在雅典人中蔓延着一股厌战的情绪，因而当局制定了这样一条法令，谁要是再谈论这件事，就要处以死刑。

梭伦出身于贵族家庭，他是雅典最有名的诗人，早年做过商人，十分富有。他知道萨拉米岛地处雅典出海口，对雅典的海外贸易极其重要。他曾经从历史传统、风俗习惯考证萨拉米岛本应属雅典所有。他对当局的这种懦弱行为深感不满。于是，他想出了一个巧妙的方法：即装作精神失常的样子，到广场上朗诵自己的诗篇。这样既能逃避不公正的法令，又能激发起雅典人的爱国热情。

这一举动果真有效。禁令被废除了，与麦加拉的交战又开始了。梭伦因为勇敢而被推举为指挥官，他再一次展示了他的聪明才智。他让一些雅典青年男子身藏短剑，装扮成风流女郎，在海滩上嬉戏玩耍；又派人前去引诱麦加拉人离开萨拉米，到海滩去俘获这些"女郎"，然后乘机率军夺取了那个岛屿。梭伦一下子声望大增。不久，他被选为雅典的执政官。

公元前六世纪的雅典，处在一个动荡不安的时期。贵族富人占有最好的土地，贫苦农民由于还不起债而成为奴隶，广大平民则被剥夺了政治权利。梭伦在诗中描述道："灾祸走进了每一家，院门也挡不住它；它飞过高墙，即使主人逃到屋子的角落里，它也还是能把他找到。"所有雅典人把希望寄托在梭伦身上。富人愿意他执政，因为他是富裕的；穷人也愿意他执政，因为他是诚实的。

梭伦经过深思熟虑，终于推出了他的改革方案。

公元前594年的一天早上，成千上万的雅典人来到雅典的中央广场，他们中间有贵族、奴隶主，更多的是农民、手工业者。因为这天，首席执政官将要在这里宣布一项重要的法令。

梭伦登上讲坛，走到一个大木框的前面。只见他用手轻轻一按，架在木框中的一块木板翻过身来，木板上刻的一项新的法律条

文，立刻吸引住了众人的目光。

"根据新的法律规定，所有人欠的债务一律解除！"梭伦指着木板高声说道，"从现在开始，由于欠债而卖身为奴的公民，一律释放！所有债契全部作废，被抵押掉的土地归还原主！因欠债而被卖到外邦做奴隶的公民，由雅典城邦拨款赎回！这项新法律的有效期为一百年！"

广场上立刻欢声雷动，特别是那些欠债的农民，更是大声地欢呼叫好。当然，贵族、财主们不高兴了。梭伦作出了榜样，他带头放弃了别人欠他父亲的一大笔钱，并鼓励富人们也这样做。

梭伦还采取了一系列措施来发展生产，振兴雅典。他规定：奖励人们植树造林、开凿水井；打死一只危害家畜的狼可得相当于五只羊的奖励；如果父亲没有教会儿子一门谋生的手艺，就不得强迫儿子赡养他；外来移民中，熟练的工匠可以优先取得雅典公民权。

在政治方面，梭伦把雅典公民划分为四个等级。谁的财产多，谁的等级就高，享有的政治权利也就越多。第一等级的公民，可以担任执政官、国库官等最高的职位；第二、第三等级的公民，可以担任一般官职；而贫穷的第四等级公民，则不能担任任何官职。他还规定：雅典所有成年的公民，无论贫富，都有参加公民大会的权利，城邦的所有领导人都由公民大会选出。

梭伦的这些改革措施，创立了新的政治制度和国家机构，奠定了雅典民主政治的基础。同时，他的改革改善了广大平民的经济地位，缓和了阶级矛盾，促进了社会生产力的发展。

梭伦在任职期满后，便放弃全部权力，离开雅典远游去了。公元前560年，这位古代民主政治的奠基者溘然长逝。他的遗体被焚化，骨灰撒在他曾为之战斗过的萨拉米岛上。

梭伦改革后一百年，雅典终于成为一个经济繁荣、国力强大、政治民主、文化昌盛的奴隶制国家。

24

伊索寓言

你听过《狐狸和乌鸦》的故事吗？这个故事说的是：有一天，乌鸦找到了一片肉。它叼着肉站在树枝上，心里很高兴。这时候，狐狸也在找吃的，它抬起头，看见乌鸦嘴里叼着肉，馋得直流口水。狐狸想了想就笑着对乌鸦说："您好，亲爱的乌鸦。您的孩子好吗？"乌鸦看了狐狸一眼，不做声。狐狸接着又说："亲爱的乌鸦，您的羽毛真漂亮，麻雀比起您来，可就差多了。您的嗓子真好，谁都爱听您唱歌。您唱几句吧。"乌鸦听了狐狸的话，得意极了，就唱起歌来。"哇……"它刚一张嘴，肉就掉下来了。树下的狐狸叼起肉就走了。

这个故事启示人们，虚荣心是要不得的。

还有一个叫《狼和小羊》的故事：有一次狼来到小河边，看见小羊正在那里喝水，狼想找借口把小羊吃掉，它对小羊说："你把我喝的水弄脏了！你安的什么心？"小羊回答说："您站在上游，我在下游喝水，怎么会把您喝的水弄脏呢？"狼气冲冲地说："就算这样，你总是个坏家伙！我听说，去年你在背地里说我的坏话！"小羊连忙分辩说："那是不可能的事，去年我还没有生下来哪！"狼不想再争辩了，它恶狠狠地说："你这个小坏蛋！说我坏话的不是你就是你爸爸，反正都一样。"说着就向小羊扑过去，把它吃掉了。

这个故事告诫人们，坏人要做坏事，总是千方百计地要找借口的。

《狐狸和乌鸦》和《狼和小羊》，都是《伊索寓言》中的故事。伊索是公元前六世纪的古希腊人，他是奴隶主家里的一个奴隶，但由于他的才智出众而获得自由。有人说他相貌丑陋，上肢短小，下肢是罗圈腿。但伊索思维敏捷，足智多谋，能言善辩。一次他与其他奴隶运货到一个市场去，其他奴隶都挑轻的货物，伊索在必须驮运的货物中挑选了一大筐面包，这筐面包比其他人的筐子重一倍。他受到了同伴的嘲笑。但是，一路上他运的面包成了大家的食物，等到天黑时，一筐面包已被吃光，筐子就空了。

伊索在获得自由后，又游历了希腊各地。他是一个讲寓言故事的高手，经常把听到的和自己创作的寓言，讲给周围的人听。这些寓言有许多反映了奴隶和平民对奴隶主贵族统治的不满和反抗，表达了受压迫者的聪明才智和生活理想。

如《龟兔赛跑》劝告人们不要骄傲；《农夫和蛇》告诉我们，决不要怜悯蛇一样的恶人；《狐狸和葡萄》嘲笑无能者的自我安慰；《鹰和螳螂》赞美了劳动者的聪明和智慧，等等。

《熊和旅行人》的故事也十分有趣：有两个人在森林中旅行，遇到了一只熊。这只熊正在找吃的，看见他们就追了过来。两个人想爬上树去躲避熊。高个子会爬树，很快爬了上去，矮个子不会爬树，他想让高个子拉他一把，可高个子只顾自己继续往上爬。当熊逼近时，矮个子已无法逃脱，他突然想起，熊是不吃死人的。于是装死躺下。熊走到矮个子身边，用鼻子闻了他一遍就走开了。高个子看到熊走远了，就下树问矮个子："刚才熊在你耳朵边说了些什么？"矮个子说："熊告诉我，以后千万不要跟那种遇到危险只顾自己逃命的人做朋友。"

这个故事告诉了人们交朋友的原则。

后来伊索来到了一个叫特尔菲的城邦，他可能发表了一些言论得罪了当局，因而被抓了起来。大约在公元前560年，他被特尔菲

人投到山崖下摔死了。

伊索虽然死了，但他创作的寓言故事却一直在民间流传着。不过伊索在世时，以及他死后很长一段时间，他的寓言还没有编成书。直到公元前三世纪，也就是在伊索死后的三百年，一个希腊人把当时流传的两百多个寓言汇集成册，题名为《伊索故事集成》。可惜这本书未能保存下来。

到公元十世纪初，有一个获释的希腊奴隶，大体取材于《伊索故事集成》，用拉丁文写了寓言一百余篇；同时，还有一个人用希腊文字写了寓言一百二十二篇。到公元四世纪，又有一个罗马人用拉丁文写了寓言四十二篇。后来，又有人加进了许多印度、阿拉伯和基督教的故事。经过这样多次收集整理、改写增删，就成了我们今天所读到的《伊索寓言》。其中有的是伊索创作的，有的是他同时代的人或后人创作的，其中不免夹杂着一些糟粕。但是，《伊索寓言》毕竟保存了许多有深刻意义的故事，直到今天，仍然使我们得到启发和教育。

25

古代奥运会

　　一个阳光明媚的夏日，在古希腊的奥林匹亚，正在举行着一场盛大的竞技会。来自各城邦的数百名运动员摩拳擦掌，跃跃欲试。参加比赛的运动员身上涂满了橄榄油。他们健壮的体魄、古铜色的皮肤，在阳光照耀下闪闪发光。运动场四周的看台上，聚集着成千上万名观众，他们正在为参赛的运动员鼓掌呐喊。

　　"奥林匹克"因古希腊的奥林匹亚而得名。这是古希腊人祭拜至高无上的神——宙斯的地方。它位于伯罗奔尼撒半岛的西部，是一小块被群山环抱的平原。这里有繁茂的橄榄树和葡萄树，风景十分优美。

　　关于古代奥林匹克运动会的产生，流传着几种故事和传说。一种说法是，希腊大力神赫拉克里斯打败了其他神，就在奥林匹亚举行体育竞技，以祭奠他的父亲宙斯神。另一种说法是，赫拉克里斯和他的兄弟们在奥林匹亚山下发生了争论，于是就比武较量，由此逐步地演化成为古代奥运会。

　　有历史记录的奥林匹克运动会开始于公元前 776 年，每隔四年在夏季举行一次。起初是一天，后来由于项目增多，延长为五天。开始只有短跑一项比赛，后来逐渐增加了长跑、跳远、标枪、铁饼、角力、赛马、赛车、五项全能等。它是全希腊最重要的体育运动会，全希腊最优秀的运动员和最富有的贵族都被吸引来参加。

　　运动会的前一个月，各城邦之间就停止战争，这被称为"神圣

休战"。这样，从各地赶来的参赛者不会有任何风险。令人惊讶的是，即使是外敌入侵的危险时刻也是如此。公元前480年，波斯大军横扫希腊北部，进而逼近南下的交通要道温泉关时，驻守此地的希腊人仅有几千人，而此时正值奥林匹克运动会，很多城邦拒绝派兵参战，最后斯巴达王李奥尼达只得孤军奋战，血洒温泉关。

由此可见奥运会在古希腊人心目中的重要地位。各城邦领袖倡导体育比赛，是因为他们可以从运动员中挑选出强悍的士兵。斯巴达人常说："人民的身体、青年的胸膛便是我们的国防。"

平民们乐于参加竞赛，不仅可以锻炼出健美的体魄，得到娱乐和精神享受，而且可以过上一段和平生活。

每次赛会举行前，参加运动会的选手各自在自己的城邦先训练九个月。训练时有一定的规则，要按时就餐，不能贪食；用铁棒和冷水锻炼肌肉；不得寻欢作乐。参赛选手有一定条件，必须是希腊的自由民。奴隶和妇女是不能参加和观看比赛的。赛前最后一个月，选手们来到伊利斯城邦（靠近奥林匹亚）体育馆向裁判报到，接受教练员严格的训练，最后由裁判决定是否有参赛的资格。

赛会的第一天，并不举行比赛，而是进行隆重的祭神仪式。人们向宙斯神奉献上一头野猪，祈求宙斯神的保佑。全体选手在神像前宣誓："永不用不正当的方法从事竞赛。"

接着由裁判官宣布选手名单，询问有没有人怀疑这些选手的公民资格。如果他们不是希腊人，或是奴隶、曾经被判过罪的，都没有权利参加竞技比赛。

第二天的一早，人们兴高采烈地来到竞技场，这是一个建造在山坡上的圆形运动场，可以容纳两万观众。突然，嘹亮的号声响起。一个传令官走上前来，高声喊道："请参加赛跑的人上场！"

参加赛跑的运动员被分成五组进行短跑比赛，赛跑起跑用直立式，运动员赤身裸体参赛。起跑时选手们在石板上并列一行，各自

将脚踏入石板的凹槽内。

只听裁判员一声令下，运动员们似离弦之箭，飞也似的向前跑去。在运动场的另一端，设立一根石柱。选手们跑到那里转弯，再往回跑，一直跑向终点（也就是起点）。短跑的距离是一百九十二米。

在短跑比赛结束后，接着进行各种距离的赛跑。然后是最受人们欢迎的摔跤比赛。双方运动员头戴青铜头盔，手扎带铁刺的皮带，如果能把对手摔到地上三次的，就是胜利者。

以后的几天，又进行掷铁饼、投标枪和跳远比赛。掷铁饼的运动员，要把右手握着的沉重的铁饼，在空中转几个圈，随后用左手支住右腿膝盖，挺直身子，奋力地把铁饼掷出去。掷标枪不但要比谁掷得远，还要命中一定的目标。跳远比赛很有趣，运动员双手要握着梨形哑铃，前后摆动以加大前冲的力量。

赛车和赛马被安排在竞技会的最后一天。赛车的赛程约为十四公里，由四匹马拉的战车在赛场两石柱间往返十二次，场面紧张，扣人心弦。赛马的骑手胯下的坐骑没有鞍镫，接近终点时，骑手必须敏捷地跳下马来，紧握缰绳，这时，赛马飞驰，骑手必须抓住它跑到终点。

赛会结束时举行隆重的授奖仪式。古代奥运会没有第二名和第三名，每一项竞赛只有一名冠军。冠军享有莫大的荣誉。他首先被戴上一顶橄榄树枝编成的花冠，传说这橄榄树是宙斯亲手种植的，因此这种花冠是神圣的，比任何珍宝都宝贵。其次，冠军的名字将被载入史册，他的形象被刻在陶器、青铜器和大理石上。冠军还有资格与国王并列，在战场的最前列同敌人战斗；在所有的剧场看戏时享有前排的位置。最后，冠军还有一项殊荣：可以在城邦的公共食堂免费就餐，他可以一辈子在此享用美食！据说有一个来自罗得岛的老人，他两个儿子同时在赛会中获得冠军，他高兴得哭了；当他的两个儿子拥抱他，并把他们的两顶花冠戴在他头上的时候，他

竟当场死去，是高兴死的。

古代的奥林匹克运动会一共举行了二百九十三次，延续了千年之久。公元前六至五世纪，是它的全盛期。罗马征服希腊后一段时间内仍继续举行，但是到公元 392 年，古罗马皇帝禁止在奥林匹亚进行竞赛，还劫走了奥林匹亚神庙的宙斯塑像，把神庙和有关建筑全部烧毁，奥林匹亚遭到了一场浩劫。此后的公元 521、522 年，奥林匹亚连遭地震，遗址终于被掩没在厚厚的泥土之下。

奥林匹克运动会中断了一千五百多年。后来，经过法国人顾拜旦的倡议和努力，公元 1896 年，奥运会又在雅典得以恢复，以后仍为四年一次，分别在不同国家举办，而且参加者是各会员国运动员。这就是现代奥林匹克运动会。

26

大流士一世

两千五百年前的初春，在通往波斯帝国首都的条条驿道上，行进着一支支朝贡的队伍。其中有来自帝国西部色雷斯（今保加利亚）的马队，来自东部巴克特利亚（在今伊朗）的驼队，来自埃及的大群劳工队伍，来自亚述的战车队，来自印度的牛车队。他们随行带着各种贡品，有贵重的金属、乌檀木、象牙、珍贵的毛皮；有各种珍稀动物；甚至还有五百名来自巴比伦的太监。

朝贡的目的地是伊朗高原的波斯波利斯，这里建有宏伟的宫殿和固若金汤的宝库。各省总督们将在这里奉上贡品，献给"波斯之王、伟大的王、万王之王、宇宙之王"——大流士一世。

每年春分，是波斯新年的第一天。当太阳普照大地时，朝觐活动达到高潮。只见大流士头戴高高的金质皇冠，身穿绛红色的长袍，腰系金丝做成的腰带，手握宝石镶嵌的黄金权杖，留着鬈曲的长胡须，在一群高擎羽伞的随从、侍卫的簇拥下，威风凛凛地缓步而行。多达一万名的帝国臣民不远万里跋涉到这里，列队站立在大王宫前，接受大流士一世的接见。

人类有史以来，从没有任何人像大流士一世那样，能够统治如此辽阔的土地，支配如此众多的财富。在波斯帝国鼎盛时期，统治的面积达五百多万平方公里，统治的人口达一千多万，每年的税收相当于五十万公斤白银。

其实，波斯是一个形成很晚的民族国家。居鲁士是波斯帝国的

创建者。波斯人原来居住在伊朗高原的南部，被北部的米底人统治。公元前550年，居鲁士起兵灭了米底王国，建立了一个强大的波斯帝国。很快，波斯走上了扩张的道路。

首先，居鲁士进军小亚细亚，一直打到爱琴海边。随即挥师南下，征服了腓尼基和巴勒斯坦。公元前539年，居鲁士灭亡了中东强国新巴比伦王国。波斯的领土从波斯湾一直延伸到地中海。接着，居鲁士的儿子冈比西斯又率大军南下，于公元前525年征服了埃及，从而使波斯成为地跨西亚、北非的帝国。

公元前522年，冈比西斯暴亡，大流士被波斯王公推举为新国王，称为大流士一世。他继位后，先花三年时间平定了国内的叛乱。接着，他开始南征北战，不仅巩固了他前辈的征服成果，还于公元前517年征服了遥远的印度河地区。以后，又征服了巴尔干半岛的色雷斯等地区。这样，大流士一世建立了地跨亚非欧三大洲，包括巴比伦、埃及、印度三大文明发源地的大帝国。

为了纪念他的伟大胜利，大流士一世在贝希斯顿山（在今伊朗西部）的岩壁上，用三种文字刻下了他的赫赫战功。在巨型石刻的上方，刻着大流士一世的全身像，昂首挺胸，一副胜利者的骄傲姿态。在大流士一世的脚下，刻着一个跪着的俘虏。旁边还有九个反抗他的国王，脖子被绳索捆着，双手绑在背后。

波斯帝国的疆域空前庞大，但是，大流士一世却把它治理得井然有序。他知道，仅靠高压统治和恐怖政策，并不能让帝国长治久安，亚述就是前车之鉴。于是，他采取了新的统治方式，把整个波斯帝国划分为二十多个行省，并派总督前去管理。一般情况下，大流士很少干预各行省的内政，只要求各省按时缴税纳贡。他鼓励人们扩大生产和从事贸易，将埃及和两河流域的先进文化传播到波斯帝国的各个地区。因而，人民的生活有了很大的改善，帝国的财富也迅速地积累。大流士一世主张靠法律治国，他说："这样，强者

就不会欺负弱者。"

为了方便各地贡品的运输，并使帝国的边疆与中央的联系更紧密，大流士一世在帝国境内修建了庞大的驿道网。其中最著名的一条交通大道就是全长两千多公里的"御道"，从帝国首都苏萨（波斯的四个首都中的一个，位于今伊朗胡泽斯坦省迪兹河沿岸）出发，一直通到爱琴海边。这条驿道上，每隔二十五公里（相当于人一天所走的路程）就建有一个客栈，给长途旅行者提供食宿。整条驿道共设置了一百十一个客栈。在这条交通大道上，国王信使昼夜奔驰，商旅行人络绎不绝。

大流士一世统一了全国的货币制度。他规定，中央铸造金币。这种金币被称作"大流克"，每枚重八点四克，含纯金百分之九十八。金币的正面是大流士一世像，背面是一个弓箭手像。地方行省铸造银币，自治城市铸造铜币。"大流克"成了那个时代的世界货币，波斯以外的许多国家都可以流通。

为了对外扩张和统治的需要，大流士一世拥有一支数量庞大的军队。军事长官由国王任命，对国王负责，与地方总督各不相属。军队由多兵种组成，包括重装步兵、轻装步兵、骑兵、战车兵、海军、象兵、工程兵、辎重兵等。其中，最具战斗力的是由一万名波斯人组成的"不死队"（即这一万人中每死一人，立即有人补上，总保持一万人）。

波斯帝国的版图在不断扩大，帝国的财富与日俱增。大流士一世有了花不完的钱。于是，他开始扩建和装饰帝国的统治中心。波斯帝国首都已由一个增至四个。它们是埃克巴塔那、巴比伦、苏萨和波斯波利斯。苏萨是帝国的行政中心，大流士一世对它进行大规模改造，还建造了一座辉煌的王宫。这座王宫用精雕的石柱、珍贵的镶嵌品、精美的木材、巴比伦的浮雕砖装饰。大流士一世下令："要让耀眼的光辉完全展示出来。"

最能显示帝国威严的是新城波斯波利斯，它建在一块十五米高的土地上，四周有石墙围护起来，外面有双层楼梯。进贡者穿过楼梯，再经过由两座大石牛镇守的凯旋拱门，便可来到一个大广场。广场周围排列着宫殿、宝库和"拜见厅"，这些宏伟建筑都由柱廊大厅构成。波斯波利斯的宏伟建筑，能与雅典的帕特农神庙和巴比伦的空中花园相媲美。

但是，大流士一世并不满足这一切成就。他的最大的理想是征服希腊，控制欧洲。公元前500年，他开始远征希腊，但却遭到了挫折。在公元前490年的马拉松战役中，波斯军队被希腊人打败。大流士一世怀着天大的遗憾，于公元前486年去世。

大流士一世即位时，接过的是一个半解体的、乌合之众的国家；而他死去时，却给波斯人留下了一个紧密团结的大帝国。

27

马拉松战役

公元前 490 年 9 月 12 日，雅典城中央广场上聚满了民众。此时，在城东北海边的马拉松平原上，雅典军队与波斯军队正在激战，这是一场关系到雅典能否保持独立、自由的战斗。时间在一分一秒地过去，人群沉默着，大家怀着忐忑不安的心情等待着战斗的结果。突然，一个满身血迹的战士——"快跑能手"斐迪皮茨，冲进了广场，他激动地喊道："我们胜利了，大家欢乐吧！"

听到这一振奋人心的消息，广场上立刻爆发出一阵阵热烈的欢呼声。而斐迪皮茨却因创伤和过度疲劳，倒在地上牺牲了。

从公元前 492 年起，发生在爱琴海（地中海的一部分，在今希腊与土耳其之间）地区的希波战争，是以雅典为核心的希腊城邦反抗波斯侵略的战争。马拉松之役是希腊人以少胜多、以弱胜强的一次重要战役。

那年，位于现在伊朗高原的波斯帝国，派出大批战舰入侵希腊，拉开了希波战争的序幕。不料波斯海军在途中突然遭到了飓风的袭击，三百艘战舰全部沉入海底。波斯舰队未经交战就这样覆灭了。

波斯国王大流士一世十分恼怒。第二年，他又派出使者到希腊各城邦要求"土和水"，意思是要他们俯首投降。一些城邦害怕波斯帝国，拱手献出了"土和水"，表示屈服。但是希腊的两个最大城邦雅典和斯巴达却断然拒绝。雅典人把波斯使者扔下悬崖。斯巴

达人则把使者押到井边，指着井水说："这井里有水又有土，你要多少就拿吧！"说罢就把他抛进井里。波斯国王闻讯勃然大怒，他立即派最有战斗经验的老将军率领大军，第二次远征希腊。

公元前490年，强大的波斯舰队横渡爱琴海，在雅典城东北六十公里的马拉松平原登陆。在这生死存亡的紧急关头，雅典一面紧急动员，加强备战，一面派"快跑能手"斐迪皮茨到斯巴达求援。斐迪皮茨日夜兼程，只用了两天时间跑完了一百五十公里的路程，及时到达斯巴达。不料，斯巴达以自古以来的风俗为借口，要等月圆时才能出征（当时才是一个月的第九天）。

雅典得知这不愉快的消息，并不气馁，推举坚决抗战的米太亚得为总司令，决心依靠自己的力量抗击敌人。雅典军队只有一万人，而波斯军队据说有十万人。面对强敌的逼近，米太亚得对战士们说："雅典是戴上奴隶的枷锁，还是永葆自由，关键在你们身上！"

战士们斗志大增。9月12日，雅典军队在米太亚得的率领下，奔赴马拉松平原与波斯军队决战。马拉松平原是一个三面环山的河谷，如果它失守，雅典就会被波斯扫平。此时，米太亚得深知波斯军队数倍于己，而且装备精良，擅长在平地作战，并惯用中央突破的战术。他根据作战双方的情况，把雅典的精锐步兵布置在马拉松山坡两翼，正面战线上兵力相对比较薄弱。

战斗开始了，雅典军队首先从正面佯攻，波斯军队不知是计，立即进行反击，很快突破雅典军队的正面阵线。雅典军队且战且退，波斯军队步步紧逼，但队伍却越拉越长。正当波斯军队得意洋洋的时候，埋伏在两翼的雅典军队在米太亚得指挥下，犹如神兵天降，战士们个个奋勇当先，从山坡上冲杀下来，挥刀掷矛，杀得敌人落花流水，尸横遍地。

波斯军队慌忙向海边撤退，一路上士兵自相践踏，死伤累累。

雅典军队紧追不舍，又展开一场争夺波斯战舰的战斗。有一名叫基纳尔的雅典战士，在夺船的时候，被敌人用斧子砍掉了一只手，但他奋不顾身，用另一只手抓住了敌船，终于把这艘敌船夺了过来，最后他光荣地牺牲了。在马拉松战役中，雅典共俘获七艘敌舰，打死波斯官兵六千四百人，而雅典只牺牲了一百九十二名将士。

米太亚得再次选中斐迪皮茨，让他把胜利的捷报尽快告知雅典人。这位长跑健将其实已经受了伤，但还是毅然接受了任务，飞快地从马拉松向雅典中央广场跑去……

马拉松战役的胜利，使整个希腊免遭波斯帝国的侵占和奴役，也极大提高了雅典在希腊的政治地位，还促进了整个希腊半岛经济文化的繁荣。

为了纪念马拉松战役和希腊英雄斐迪皮茨，1896 年，在雅典举行的现代第一届奥林匹克运动会上，设置了一个新的径赛项目，这就是马拉松长跑。运动员从马拉松起跑，大致沿着当年斐迪皮茨经过的路线，终点是雅典，全程为四十公里。1924 年，这段距离又被进行了仔细测量，确定为四十二公里又一百九十五米。这就是今天世界各国通用的马拉松长跑的距离。

28

血战温泉关

在希腊半岛中部一个叫温泉关的山口，有一座古老的坟墓，墓前的纪念碑上刻着这样的文字：

> 过路的客人啊！请告诉斯巴达同胞，
> 我们在这里尽忠死守，流尽了最后一滴血。

公元前480年，这儿进行过一场悲壮的战斗。斯巴达国王李奥尼达率领三百名战士，奋勇抵抗人数多达十倍的波斯侵略军，最后全部英勇战死。这就是举世闻名的温泉关血战。

公元前492年，亚洲西部的波斯帝国，依仗强大的武力向外扩张，在希腊地区挑起了一场延续十四年之久的战争，史称希波战争。公元前490年的马拉松战役，雅典军队打败了波斯大军，希腊各城邦士气大振，民族精神空前高涨，时刻准备抗击波斯人的再次入侵。

波斯国王薛西斯征服希腊的野心不死。经过几年的精心准备，公元前480年春天，他亲率百万大军，渡过了达达尼尔海峡，进军欧洲。波斯军沿爱琴海北岸，浩浩荡荡向西进发，希腊许多城邦遭到蹂躏，整个希腊面临灭亡的危险。

大敌当前，只有联合起来，团结一致共同抗击侵略，才能保卫民族独立和自由。雅典联合了三十多个希腊城邦，在科林斯召开大

会，决定组成反波斯同盟。联军的统帅是斯巴达国王李奥尼达。一场大战就要展开了。

薛西斯率波斯大军进入希腊北部后，希腊联军北上迎敌。他们以三百多名斯巴达重装步兵为核心，共有四五千人驻守温泉关。

温泉关地处中希腊的北部，是进入中希腊的唯一险关。它的西面，是高耸的大山，难以攀登。东面直到海边，是一片沼泽，无法通过。中间有一条狭窄的通道，只能容一辆车通过。因此，只要有少量军队在此把守，即使再强大的敌人也难以通过。这真是一夫当关，万夫莫开！

驻守温泉关的希腊军队，由斯巴达国王李奥尼达指挥。李奥尼达是一个坚强勇敢、富有战斗经验的指挥官。当波斯大军逼近时，有人提议撤退，但李奥尼达毅然决定，凭借有利地形，与侵略者血战到底。

薛西斯率波斯大军来到温泉关，在关口的北面安营扎寨。他派出了一名侦探，让他侦察一下希腊人正在干什么。侦探回来报告说，斯巴达人把武器堆在壁垒外边，有的在梳头，有的在做操，似乎没有准备打仗。薛西斯估计，希腊人可能害怕他，正打算撤退。他哪里知道，斯巴达人有个习惯，每当准备牺牲的时候，都要整理自己的头发。现在他们梳发，正是准备同波斯决一死战。薛西斯白白等了几天，不见希腊人撤退，他着急了，下令军队开始进攻。

第一天，波斯军队轮番进攻，但所有的冲锋都被打退了，薛西斯恼羞成怒，决定让他的"不死队"显一显身手。薛西斯想，"不死队"一上场，一定马到成功。他命人把他的王座搬上了高坡，他坐在那儿准备看好戏。

无奈"不死队"人数虽多，可是山道狭窄，无法施展威力，打了半天，没能前进一步。突然，斯巴达人开始后退了，"不死队"呐喊着向前猛冲，薛西斯以为这次"不死队"必胜无疑。谁知，斯

巴达人跑了一段猛然转过身来，挥舞着大刀，奋勇地向波斯士兵砍去，"不死队"队员纷纷倒下。原来斯巴达人并非真正败退，不过是使了一个诱敌之计，杀了个回马枪。薛西斯目睹了这一幕，急得三次从王座上跳起来。

波斯人又一连进攻两天，毫无进展。正当此时，有一希腊人求见薛西斯。原来此人是个叛徒，他声称，自己可以带波斯人穿过一条山路，从背后包抄关上守军。薛西斯大喜，立即命令"不死队"星夜兼程，穿过崎岖的山路，很快来到希腊联军的背后，然后直扑希腊大营。

李奥尼达得知敌人已摸到背后的消息，深知自己腹背受敌，再战必败。为了减少损失，他命令希腊联军赶快撤退。他自己却决定留下来，率领自己的三百名斯巴达勇士与敌人战斗到底。

这一天，波斯军队从正面发动进攻。坚守阵地的斯巴达战士们，认为与其束手待毙，不如拼个你死我活。于是，他们在李奥尼达的率领下，挥动长矛利剑，冲出壁垒，在开阔地带同波斯军队厮杀起来。他们长枪断了，就用刀砍；大刀断了，就用拳脚、用牙齿同敌人肉搏。在希腊人的英勇冲杀下，不少波斯人被赶到海里，溺水而死。还有很多波斯人在混战中互相践踏，送了性命。

李奥尼达遍体鳞伤，血透铠甲，但仍拼力厮杀，直至战死。为了夺回李奥尼达的尸体，斯巴达战士奋不顾身，连续四次打退敌人的进攻，终于把李奥尼达的尸体抢回来藏了起来。此时，活着的斯巴达人已经越来越少了。

就在此时，从背后偷袭的波斯"不死队"从山上包抄下来，守军腹背受敌，完全陷入了绝境。但勇敢的斯巴达人没有一个人投降，没有一个人逃跑，最后全部壮烈牺牲。波斯人也付出了惨重的代价，数千士兵战死，薛西斯的两个兄弟也葬身此地。

温泉关战役，虽然波斯人取得了最后胜利，但斯巴达人血战到

底、视死如归的精神，却让薛西斯不寒而栗。他明白了，征服希腊并不像他想象的那么容易。

攻占温泉关后，波斯大军长驱直入，直取雅典。雅典人早已将妇孺老幼转移到海岛上，能作战的男子都登上了战舰。就在这年秋天的萨拉米湾海战中，波斯人的舰队全军覆没，希腊军队从此转入反攻。

打败了波斯帝国的侵略后，希腊人把李奥尼达和他的三百名勇士，隆重地安葬在温泉关上，在墓碑上刻下了那几行流传千古的碑文，作为永久的纪念。

29

萨拉米大海战

公元前 480 年初秋的一个夜晚，雅典海军统帅地米斯托克利紧锁双眉，烦躁地在军舰甲板上来回踱步。一阵海涛涌起，凉丝丝的浪花溅到他身上。不久前发生的事又在他眼前浮现。

希波战争已经打了整整十二年。自温泉关失守后，整个希腊已危在旦夕。为了保存实力，他说服了绝大多数雅典人，主动放弃家园，有组织地撤退。妇女和儿童撤到附近的岛上，全体男子上舰船作战。这样，雅典成了一座空城。于是，波斯大军越过温泉关后，兵不血刃进占雅典。波斯国王薛西斯命令把雅典城洗劫一空，以洗雪当年马拉松之耻。如今，雅典城已陷落在入侵者的铁蹄之下……

想到这里，地米斯托克利把脚一跺，望着银色的月光长叹道："神啊，难道你真要让你的雅典臣民灭亡于血火之中，难道你真要让这美丽城邦碎身于爱琴海的狂涛？假如你真有此意，那我便和你也要一决胜负！"

说着，他拔出利剑，向茫茫的大海投去。

"报告，联军总司令部通知你去开会。"

传令兵的声音把他从沉思中唤醒。他示意传令兵退下，然后跳上小艇，驶向希腊联军总司令部。此刻，联军总司令部灯火通明，正在召开紧急军事会议。主持会议的是斯巴达将军，他竭力主张在陆地上建立坚固的围墙，以此阻止波斯军队的推进。一些城邦的将军也认为在海上同波斯军作战没有出路。

地米斯托克利站了起来，说出自己的主张："我并不想完全放弃在陆地上的抵抗。但是，自从李奥尼达国王阵亡后，敌人在陆地上的优势正与日俱增，因此，希腊在陆地孤注一掷的拼搏是愚蠢的。我们的未来应该在海上。我们应把舰队开到萨拉米海湾集中，在那里同敌人决战。"

他停了一会又说："萨拉米海湾狭窄，敌方舰只虽多但无法摆开，而且体大笨重，转动不灵，优势无法发挥；相反，希腊战舰数量虽少，但体积小，转动灵活，可以充分发挥其战斗力。我们完全能以小克大，以少胜多。"

然而，希腊联军的大多数将领持反对意见。科林斯城邦司令甚至嘲笑地米斯托克利，说已经丧失了城邦的人，就不配多说话。地米斯托克利发火了，他跳起来吼道："我们放弃自己的家园，是为了不做奴隶。这只是暂时的放弃。雅典是一个强大而辽阔的城邦，联军舰队中有两百艘三层战舰是我们的。退一步讲，如果陆上的战事于我不利，我们完全有能力把我们的家属载在军舰上，像我们的先辈一样去意大利寻找新的土地。"

说到这儿，他用愤怒的目光扫视了一下周围的将军们，然后又用坚定的语气说道："当你们失掉雅典舰队的时候，你们会记起我的话来的。"

这番话，在座的人都能掂出它的分量。将军们心里明白，倘若雅典海军撤出联军舰队，而单靠斯巴达和科林斯微弱的海上力量，去抵挡庞大的波斯舰队，那简直是无法想象的事。一阵短暂的沉默过后，会议终于通过地米斯托克利在萨拉米决战的提议。大家回各自舰队做大战前的准备。

地米斯托克利回到自己的旗舰上，召开了雅典舰队舰长联席会议。他在会上作了具体战斗部署。最后，他坚毅地说："除了战胜，就是舰队和全希腊的灭亡。"

为了能诱敌深入，地米斯托克利实施了一项大胆的计划。

地米斯托克利把自己的忠实奴仆波斯人西京叫来，命他乘快舟到波斯人那里，对波斯舰队指挥官或者波斯王本人说，地米斯托克利暗中期待波斯获胜，要求波斯立即进攻斯巴达和科林斯的舰队。希腊人内部不和，波斯很容易击溃他们。

西京走后，地米斯托克利感到非常疲倦，他已经两天两夜没有合眼，一坐到躺椅上双眼就不知不觉地合上了。

第二天拂晓，有探子来报："昨夜波斯舰队开始包围萨拉米，准备截断希腊舰队的退路。"

地米斯托克利听后非常兴奋。他所期待的正是敌人来萨拉米，这样既可实现在此与波斯人决战的计划，又可迫使希腊联军内部加强团结，背水一战。

9 月 20 日黎明，太阳从水天连接处跳了出来，满天的朝霞像一团团火焰在燃烧。世界古代史上一场规模空前的海战即将拉开帷幕。薛西斯觉得胜券在握，吩咐把自己的黄金宝座安放在海边的高地上，从这里可以俯瞰萨拉米海域的全景。

波斯舰队首先出动，一千艘战舰分成两支庞大的分舰队，从两边驶进萨拉米海峡。由于海峡很窄，而且弯曲多暗礁，所以进入海峡的舰只没能保持住队形，前前后后挤满了海峡。这时又起了风，卷起一道道波浪扑进海湾，高挂风帆的波斯战舰像醉汉一样摇晃不定。波斯舰队出现了混乱。

正在密切观察敌情的地米斯托克利发现了战机。他马上高声喊道："前进，希腊的儿子们！为了祖先的坟墓，为了希腊诸神的祭坛而战斗！"

严阵以待的三百八十艘希腊战舰齐声呼应，声如奔雷，霎时万桨翻飞，如脱缰的野马，争先恐后地朝敌舰冲去。激烈的海战开始了。

雅典舰队在地米斯托克利的指挥下，充分发挥快速灵活的特点，在波斯舰群中横冲直闯。雅典军舰忽而紧贴敌方小舰船舷擦过，将敌人一边木桨齐齐切断；忽而靠近敌军大舰，进行接舷搏斗；忽而瞅准机会，发动凶猛的撞击。

一些波斯军舰见势不妙，急忙掉转船身迎战，但不等它们完全掉过船身来，全速前冲的雅典战舰已把尖硬的铁角撞进它们的船腹。雅典重装步兵挽盾持剑，奋勇跃上敌舰甲板，同敌军展开激烈的厮杀。希腊步兵擅长单兵格斗，波斯兵难以招架，被杀得尸横甲板，血流满船。

本来大型的波斯战舰，在海战中应有一定的优势，但由于这里是海峡，水面狭窄，所以波斯战舰失灵了，互相失去呼应，甚至自相撞击。波斯舰队船只沉的沉、逃的逃，毫无还手之力。

时近黄昏，萨拉米海峡中一片凄惨的景象，到处漂浮着死尸、破船板和断桨，一些正在下沉的船只露出歪斜的桅尖。夕阳将海面映得一片血红，仿佛整个海峡全是血水。坐在高地观战的薛西斯，从头至尾目睹了波斯舰队惨败的经过，想到自己征服希腊的雄心壮志化为泡影，真是欲哭无泪，只好下令撤军返回波斯。

萨拉米海战是希波战争中具有决定性意义的海战，也是人类历史上最早的著名海战。这场战役以希腊联军的完全胜利而告结束。联军共击沉波斯军舰二百艘，俘获五十艘，而自己仅损失四十艘。雅典沸腾了，整个希腊半岛沸腾了，人们衷心地把象征英明伟大的花环，献给希腊人民的优秀儿子——地米斯托克利。

30

雅典卫城与雅典娜

古希腊有许多美丽的神话，有一个就是关于雅典娜与雅典的故事。这个有趣的故事是从雅典娜的诞生开始的。

据说，希腊人的众神之王宙斯，与智慧女神墨提斯结婚了。但宙斯顾虑重重，担心墨提斯生出的儿子，会比自己更强大，日后可能夺取自己的王位。他越想越害怕，就在妻子怀孕的时候，施展法术，张口把墨提斯吞进了肚子。从此，宙斯就得了头痛病，脑袋越肿越大，他既不能吃饭，也不能睡觉。最后，他叫人拿来一把斧子把自己的脑袋劈开了。不料，从裂缝中蹦出一个全副武装的女孩，她就是雅典娜。雅典娜不仅具有父亲的威力，而且具有母亲的智慧。宙斯十分宠爱她。

有一天，雅典娜出游人间，看到希腊中部的一个城市，一派繁荣兴旺的景象。她自言自语道："我要用我的名字给这个城市命名，让我来庇护这座城市吧。"

不料，此话传到了海神波塞冬的耳中，正巧他也看上了这座城市，也想把它作为自己的庇护地。他们俩为此事争吵起来，谁也不肯让步。这件事让宙斯知道了，急忙招来众神召开会议，让众神作出公断。众神商量了一阵，决定让他俩比试一番，谁能给人类带来一件有用的东西，这个城市就归谁保护。

比试开始了。先上场的是波塞冬，只见他威风凛凛，手握三叉戟，把它往地上用力一插，立即山崩地裂，从大地的裂缝中跳出了

一匹烈马，风驰电掣地向天空奔去。这是战争的象征，波塞冬给人类带来的礼物是互相征战。

轮到雅典娜出场了，众神目不转睛地注视着她。只见她用长矛在地上轻轻一点，地上很快长出了一棵绿色的橄榄树，树上挂满了香甜的果子。雅典娜兴高采烈地喊道："伟大的神王宙斯！尊敬的众神！我给人类带来的礼物比波塞冬的好！他所给的战马，将给人类带来战争和痛苦。而我带来的橄榄树，是和平、幸福、自由和丰收的象征。难道这个城市不该用我的名字来命名吗？"

宙斯和众神听了连连点头。于是，这个城市便被命名为雅典。

雅典位于希腊亚提加半岛的南端，大约在五千年前，这里就有人类居住了。公元前十四世纪，迈锡尼人在爱琴海边的一座小山上定居下来，修筑城堡，抵御外族入侵。这里就是后来的雅典卫城。

几个世纪以后，雅典陆续建起了许多宏大的建筑物。这里不仅有高大雄伟的宫殿、金碧辉煌的庙宇，还有巨大的露天剧场、宽阔的街道，更有无数造型优美的石雕像。到公元前五世纪伯里克利统治时期，雅典卫城建起了令人叹为观止的宏伟建筑群。

卫城坐落于 座小山顶上。人们要进入卫城，首先要爬过一段长长的阶梯，才能到达山门的入口处。山门内有一条宽敞的中央通道，通道两旁是两排高大的圆柱。过了中央通道，就来到卫城广场。广场的右侧，便是庄严雄伟的帕特农神庙，它是卫城的主体建筑。广场的左侧，是一座较小规模的伊瑞克先神庙。两座神庙虽然是不对称的建筑，但却十分和谐。

帕特农神庙又叫雅典娜神庙，是专门供奉雅典的保护神雅典娜的庙宇。帕特农神庙建于公元前447年，历时十五年，于公元前432年竣工。它是在当时最有名的雕刻家菲迪亚斯的指导下完成的。

帕特农神庙是一座长方形的建筑，周长近二百米。神庙的外围，有四十六根白色大理石圆柱支撑着屋顶。在三角形屋顶下方，

是长达一百六十米的内墙浮雕。整个浮雕群表现了雅典人民的庆典游行，这是在纪念每四年一次的雅典娜节。浮雕生动地刻画了骑马的英俊青年、昂首飞奔的骏马。浮雕中人的体态、马的运动以及飘扬的衣襟都刻画得十分逼真和生动。

神庙屋顶下有两座三角形山墙。东山墙雕刻着雅典娜女神诞生的情景，其中有奥林匹斯山神、骑在马上的日神和月神。雕刻家把奥林匹斯山神表现为一个英俊青年，他面容端庄，身体强健，精力充沛，生气勃勃；而日神和月神则表现了曙光初露时的寂静气氛。西山墙上，刻画了雅典娜与波塞冬争夺雅典的场面，生动地反映了雅典诞生的历史传说。

进入神庙大殿，里面最显著的位置上，供奉着雅典娜女神雕像。女神像高达十二米，黄金象牙镶嵌着她的全身，整座雕像显得辉煌灿烂。女神的姿势是昂然挺立，身披铠甲，一手扶着盾牌，另一手上站立着一尊较小的胜利女神像，她拿着一顶桂冠，准备替雅典娜戴上，这象征胜利和光荣。这尊雕像工艺高超、细腻，称得上是一件完美的艺术珍品。

在蓝天白云的映衬下，帕特农神庙显得更加宏伟和端庄。整个建筑的雕刻和装饰，都是那么的精致和富有魅力。由于四周使用了圆柱廊，使得建筑的内外融为一体；阳光照射下来，使人倍感温暖和亲切。古希腊自由和民主的精神，在这里得到了形象的表达。

帕特农神庙是雅典的骄傲，也是伯里克利当政时雅典繁荣的真实反映。当时，有一位作家参观神庙后感慨不已，他风趣地说："如果你不曾到过雅典，那你一定是傻瓜；如果你到过雅典而不赞叹它，那你一定是蠢驴；如果你自愿离开雅典而不留恋它，那你一定是一匹笨骆驼。"

31

伯里克利时代

"伯里克利，你以为只要顺从百姓的意愿，就能使客蒙威信扫地！这绝对不可能。谁要是这样想，一定是白痴。"

公元前五世纪的某天，当雅典执政官伯里克利刚走出会议厅时，一个名叫克诺菲斯的贵族在他身后叫骂着。

"太可耻了，你这傻瓜！你自己出身贵族，你父亲打败过波斯人，而你却向平民妥协，一味地迎合他们，巴结他们，哪有一丝贵族气派。真是在给你祖宗丢脸!"

一路上，伯里克利只管低头走路，并不与克诺菲斯理论。克诺菲斯见伯里克利不睬他，更提高了嗓门，跟在他后面，用恶毒的语言继续辱骂他。

当伯里克利来到家门口时，已是夜幕降临了。克诺菲斯站在他家门外，仍然不停地叫骂。伯里克利叫了家里的一个佣人，让他备了一个火把，把克诺菲斯礼貌地送回家。

在那个年代，古希腊没有比伯里克利更出名的人了。

伯里克利是雅典杰出的政治家。他从公元前 443 年到公元前 429 年，连续十四年当选为雅典的首席将军。伯里克利是雅典的名门之后，他父亲曾经担任过雅典军队的统帅，母亲是著名改革家克里斯梯尼的侄女。门第加财富，使伯里克利从小受到良好的教育。他不仅知识渊博，文武双全，而且具有出众的口才。还不满三十岁，他已在雅典的政治舞台上崭露头角了。

伯里克利还是一个廉洁奉公、刚直不阿的人，他深受雅典人民的爱戴。他执政的年代被誉为"伯里克利时代"。

伯里克利生活十分简朴，很少参加酒宴，从不到别人家吃饭。他在从政的三十年里，只有一次接受了邀请，参加了他的一个亲戚的婚礼。但是，在客人们开始喝酒的时候，发现伯里克利早已离开了。

伯里克利刚开始从政时，国内当权的是一个名叫客蒙的贵族。客蒙十分赞赏斯巴达的贵族政体，而反对在雅典实行民主政治。

一次，斯巴达发生了大地震，城邦几乎全被震毁，因此死了许多斯巴达人。斯巴达国内的奴隶见机会来了，趁机举行了起义。奴隶们抢夺武器、杀死主人。斯巴达人的处境十分危急，他们派人向雅典求援。

许多雅典人反对援助斯巴达，因为斯巴达是雅典的竞争对手。有人这样说："雅典犯不着去帮助自己的世代仇敌，让它化为灰烬好了，这是雅典人求之不得的。"

但是客蒙热情地表示雅典应派兵去帮助斯巴达。他说："要知道，如果斯巴达灭亡了，希腊就只孤零零地剩下一个雅典了。"

最后还是客蒙的意见占了上风。雅典派出了重装步兵去支援斯巴达。在雅典人到达斯巴达后，斯巴达奴隶主并不相信雅典人是来帮助他们的，反而叫他们离开斯巴达。

这件事对雅典来说是莫大的耻辱，雅典与斯巴达之间的关系终于破裂了。雅典公民用"陶片放逐法"，放逐了斯巴达的同情者客蒙。于是，就出现了开头的一幕。

什么是"陶片放逐法"呢？这是古希腊的一种特殊的投票方法。投票时，将可能危害国家的人的名字记在陶片上，在公民大会上表决。当某人的票数超过半数，就被放逐国外十年。

客蒙被放逐后，伯里克利成为雅典政坛上的新星。

伯里克利剥夺了贵族会议的权力，实行了一种新型的民主政治。他倡议建立由全体男性公民组成的公民大会，一切国家大事均由公民大会决定。雅典的执政官也由公民大会选举产生，执政官任期一年。

伯里克利自豪地说："我们的政体确实可以称为民主政体，因为政权不是掌握在少数人手里，而是掌握在多数人手中。一个公民只要有任何特长，他就会受到提拔，担任公职。"

雅典进入了它的黄金时代，民主深入民心。从此，伯里克利成了雅典最有权威的政治家。每年他都被人们选为首席将军，主持最重要的国务活动。

伯里克利的民主政治，带来了雅典经济的空前繁荣。它的手工业和商业最为发达。雅典生产的"红花"陶瓶远近闻名。这种陶瓶是在红色陶土的瓶身上，绘上黑而发亮的漆画，这些绘画图案形象生动，花纹优雅美丽。

雅典的海港十分繁忙，数不清的船只进出港湾。码头上堆满了从埃及、西西里和黑海沿岸运来的粮食；来自波斯和迦太基的毛毯；来自马其顿的亚麻衣料和造船材料；还有来自阿拉伯的香料……

兴旺发达的商业为雅典创造了大量的财富，雅典城内出现了许多辉煌的建筑和精美的雕塑。

此外，雅典人还创造了兴旺发达的科学文化，使雅典成了"希腊的学校"。周围城邦的人纷纷前来参观学习。

在这里，人们可以倾听名师苏格拉底的教诲，参加哲学家阿克萨哥拉和德谟克里特的辩论；能欣赏到精彩的戏剧；观赏到精美绝伦的艺术品。

在伯里克利时代，希腊古典文明达到了顶峰。而所有这一切，都与伯里克利的开明统治是分不开的。

32

伯罗奔尼撒战争

波斯人被赶走之后，希腊人并没有迎来他们梦寐以求的和平。此时，希腊的城邦国家，主要结成了两个集团：一个是以斯巴达为首的城邦集团，因斯巴达地处伯罗奔尼撒半岛，叫做"伯罗奔尼撒同盟"；一个是以雅典为首的城邦集团，因同盟的金库设在提洛岛上，叫做"提洛同盟"。

公元前431年至前404年，雅典和斯巴达为争夺霸权，同室操戈，进行了长达二十七年的战争，史称伯罗奔尼撒战争。战争开始时，双方时打时和，互有胜负。战争的转折点是西西里之战，厄运接连降临到雅典人的头上，最后以雅典人的失败投降而告结束。

公元前416年某天，一条帆船在雅典的一个港口靠岸，船上跳下几个人来，穿过港口市区和两道城墙，来到雅典城。这几个人是来自意大利西西里岛一个名叫阿基斯泰城邦的使者，他们的城邦正在遭受叙拉古（仅次于雅典、斯巴达的希腊第三大城邦，位于西西里东南）等城邦的进攻，危在旦夕，因而派他们到雅典来请援兵。

这几个人的到来，在雅典引起了激烈的争论。原来在伯罗奔尼撒战争爆发之初，西西里的多数城邦，包括叙拉古在内，都加入了斯巴达的同盟。雅典人对此耿耿于怀，一直想派舰队进驻西西里岛。现在阿基斯泰派人上门求援，这正是个插足西西里的好时机。

在是否进军西西里的问题上，雅典统治者中有两派截然不同的意见。在一次公民大会上，主张与斯巴达友好相处的尼西阿斯将军

说："雅典远征西西里，这是一种冒险行为。我们要看到，在叙拉古的背后，有斯巴达在支持。要是我们贸然行动，会遭到整个伯罗奔尼撒同盟的反对，到时我们将难以招架！"

主战派代表亚西比得将军则大声反驳："雅典公民们，我们的父辈不怕任何敌人才战胜了波斯，并且建立了一个帝国。谁也不知道我们的帝国应该有多大，历史要求我们征服新的土地。要是夺取了西西里，我们就可以利用这一胜利，成为希腊真正的霸主！"

公民大会的表决结果，亚西比得的主张获得通过。

公元前 415 年夏天，一百艘雅典三层战舰启航了。它们绕过伯罗奔尼撒半岛，到达与南意大利隔海相望的科西拉，同等在那里的同盟军汇合。尼西阿斯和亚西比得都是这支舰队的指挥。

这支舰队十分庞大，它拥有战舰一百三十四艘，重装步兵五千人，轻装步兵一千三百人，加上面包师、石匠、木工等辅助人员，总数不下三万人。此外，还有无数想发战争财的商人，为了买卖军需品、战利品和俘虏，乘船尾随于舰队之后。这支舰队从科西拉西渡，浩浩荡荡，很快来到了西西里岛，在叙拉古城附近海岸登陆扎营。

就在这时，一艘雅典快船捎来命令，要亚西比得立即离开舰队回国受审。原来，就在雅典舰队出发之前，雅典街上的赫尔美神像（希腊神话中的手工业和商业之神）在夜间被人捣毁。亚西比得的政敌说，这件事是亚西比得指使人干的，他们要求亚西比得回国接受审判。亚西比得知道，这是他的政敌企图剥夺他的领兵权，进而在政治上除掉他。于是，他假装要接受审判，交出兵权，随快船回国，在返回途中，他设法逃跑了。雅典人得知这一情况，缺席判了他死刑。

当亚西比得听到雅典对他的处罚时，愤怒地说："我要让他们知道，我还活着。"

他怀着报复的心情投奔了斯巴达人。他向斯巴达人提出一项建议，速派舰队前往西西里，以解叙拉古之围。斯巴达人接受了这项建议，并派吉利普斯率援军前往西西里。

再说此时的雅典舰队统帅尼西阿斯，见叙拉古城墙坚固，易守难攻，于是下令雅典人在城外筑起一道围墙，使叙拉古成为一座孤城。围墙刚建到一半，斯巴达援军赶到。叙拉古人与斯巴达人里应外合，将雅典人打得大败。

终于，尼西阿斯决定从西西里撤军。公元前 413 年 8 月 27 日夜里，正当雅典人准备撤退时，忽然发生了月食。那时雅典人十分迷信，认为这是不吉之兆，决定过三个九天之后再撤军。叙拉古就是利用这二十七天，将雅典舰队驻扎的海港完全封锁了。

二十七天过去了，雅典人的粮食断绝了，出口也被封死了。雅典人不愿坐以待毙，决定不惜一切代价，全力夺取海港出口。于是，一百一十条雅典战舰一齐出动，直向海港出口冲去。

叙拉古人气势正盛，哪肯放走敌人，他们立即出动一百多艘战舰阻击敌人。港口的直径约二三公里，二百多条战舰拥挤在这里，没有回旋余地。只要双方的战舰一接近，各自的标枪手、弓箭手、投石手，立即向对方投射；只要双方战舰一接触，士兵们马上冲上敌舰展开肉搏战。"冲啊！杀啊"的呐喊声不绝于耳。"轰隆！哗啦"的撞击声此起彼伏。一群群战士倒在舰上，一艘艘战舰沉入了海底。

战斗持续了一整天，最后叙拉古人和盟军粉碎了雅典人的抵抗，把他们赶到岸上。

此时，雅典人失去了舰队，脑中只有一个字——"逃"，只想通过陆路逃向西西里岛的西部。

这是一个十分悲惨的场面。雅典战士看到自己战友的尸体躺在那里，无人掩埋，心中充满了恐惧和悲伤。那些被遗弃的伤病员更

为可怜，他们抱着同伴的脖子，哀求把他们带走。而同伴们根本顾不上，只好以泪洗面，强忍着悲痛把他们甩开。

雅典人在尼西阿斯的率领下，向西部转移。路上，全军保持一个大的空心方阵形，重装步兵在外，其他人员在内。由于敌人的围追堵截，这支队伍行军速度极慢，四天才走了十公里。

到了第五天，雅典人的先头部队落入敌人埋伏圈，死伤惨重。走投无路的尼西阿斯，只好率残部七千余人向敌人投降。叙拉古人抓住了尼西阿斯，立即将他处死。

被俘的雅典人大部分被卖为奴隶，剩余的两千多人被投入叙拉古城的一个石坑当中服苦役。这个石坑原本是个采石场，白天阳光暴晒，晚上寒气侵袭，不少人得病死亡。死者的尸体、活人的排泄物，都堆在石坑中，惨不忍睹，臭气熏天，雅典人在这里尝尽了人间的痛苦。

西西里的战败，是雅典有史以来最大的一次失败。它丧失了最精良的陆军和几乎全部舰船，从而丧失了海上的霸权。雅典急剧地衰落下去了。

到公元前 404 年，雅典终于向斯巴达投降。"提洛同盟"被解散，残余舰只被迫交出，从前的一切占领地被迫放弃。伯罗奔尼撒战争结束了，希腊城邦由盛转衰，昔日的繁荣景象不复存在。终于，在公元前 336 年，整个希腊地区被北面的马其顿征服了。

33

"历史之父" 希罗多德

意大利南部有一个叫图里叶的古城，终年绿树成阴，鲜花常开。在古城里有一座坟墓，墓碑上刻着这样的文字：

> 这里埋葬的人叫希罗多德，他是吕克色斯的儿子。
> 他用优美的语言撰写历史，他的作品将流芳百世。
> 希罗多德成长在故乡多利亚，为了躲避流言蜚语，
> 他来到了图里叶，并把图里叶当做他的第二故乡。

这不多的几句话，概括了希罗多德的一生。希罗多德是古希腊历史学的奠基人，他撰写了史学名著《历史》，早在古罗马时代，就被人们尊称为"历史之父"。

希罗多德出生于小亚细亚的一座滨海城市。这是一个希腊移民建立的城市，名叫哈里卡那索斯。父亲吕克色斯是当地的贵族，希罗多德从小就受到了良好的教育。少年时代的希罗多德喜欢读书，对当时广为流传的荷马史诗，他特别爱读，史诗中的许多段落他都能够背诵。他向往自己能成为荷马那样的诗人。

后来，他的家族卷入了一场政治斗争，希罗多德本人也受株连，被迫出走。这时希罗多德大约三十岁，他开始四处漫游。在十年时间里，他到过许多地方，足迹北到黑海沿岸，南达埃及，东至两河流域，西抵意大利。当时的交通不便，长途旅行十分艰辛，但

希罗多德不怕艰险，克服了旅途中的重重困难。每到一地，他总是实地访问当地的名山大川，凭吊名胜古迹，通过向导和翻译，认真了解当地的风俗习惯、社会状况，采访各种民间传说，大力搜寻历史故事，并且作了记录整理。这十年的漫游，扩大了他的眼界，丰富了知识，对他后来写作《历史》有着直接的帮助。

有一次，他来到了巴比伦城，参观了一场有趣的婚配活动。在市政厅的中央，坐着几十个准备出嫁的姑娘，在她们周围站着几十个求婚的男子。这时，主持人宣布婚配活动开始。他先让一位最漂亮的姑娘站起来，然后叫求婚的男子们出价，一时间，喊价声此起彼伏。一位出价最高的男子娶走了这个姑娘。接着，依次拍卖第二位、第三位漂亮姑娘……最后，剩下几个丑姑娘和跛腿姑娘。主持人把拍卖漂亮姑娘获得的钱，都交给了这几个姑娘作嫁妆。这样，所有的姑娘都嫁出去了。希罗多德很有兴趣地记录下了这个场面。

在埃及，希罗多德沿着尼罗河上行，一直到达埃及的最南端。他仔细考察了尼罗河定期泛滥的特点。尼罗河两岸的埃及人民在肥沃的土地上种植粮食，年年获得丰收。希罗多德看到这一切，不由得发出了感叹："埃及是尼罗河的赠礼。"

大约在公元前447年，希罗多德来到希腊的雅典。当时的雅典，正是希腊文明的中心，又在杰出的政治家伯里克利的领导之下，经济发达，政治民主，文化昌盛，一派欣欣向荣的景象。希罗多德对雅典的民主政治十分崇拜，他积极投身到雅典的文化活动中去。他经常在公众面前朗读自己的作品，他的诗歌也常常获奖，因此很快出名了。在伯里克利的支持和鼓励下，他决心写一部叙述希腊战胜波斯的历史著作。

希罗多德为写这本书，再次出游，访问了希腊的许多城邦，并循着希波战争的路线，实地考察了一些重要战场。随后，希罗多德来到了意大利南部的新城邦——图里叶，他成了图里叶的公民。在

这里，他潜心撰写《历史》，并安度晚年。希罗多德于公元前 425 年去世，五年后，这部巨著问世。

《历史》，又名《希波战争史》。它的前半部分记述了作者的旅行和旅途中的见闻，以此作为背景，逐步地向读者展示了战争的起因。后半部分描述了希波战争的宏伟场景。

希罗多德是一个伟大的历史学家，也是一个进步的思想家。他以极大的热情颂扬了雅典的民主政治。他通过书中人物的对话，最早提出了"法律面前人人平等"的口号。对于希波战争的性质，他以明确的态度谴责了波斯国王。他写道："如果波斯国王是一个正直的人，那么除了自己的国土之外，他就不应该再贪求任何其他的土地。"

希腊是一个小国，但它是一个自由的国家。当外敌入侵时，它的人民义无反顾地为自由而战。希罗多德记录了希波战争中的一件事：

一次，一名波斯军官押着几名被俘的希腊人去见波斯国王。途中，这名军官劝说他们投降波斯。这几个希腊人回答说："你们非常熟悉奴隶制度，但却从未体验过自由，所以不知道自由是多么甜蜜。如果你们体验过自由的甜蜜，你们就会劝告我们，不但要拿起长矛，而且还要带上利斧为自由而战斗。"

希罗多德告诉我们一个基本的信念，每一个人都有每一个人的价值，无论他是多么的弱小。他讲了这样一个故事：

在希腊一个叫科林斯的城邦，有一天，城邦统治者得到神的指示，必须处死一户人家的孩子，因为若让这个孩子长大，他将毁灭科林斯城。于是，城邦统治者派了十个人去寻找这孩子，并打算处死他。

这些人找到了小孩家，小孩的母亲以为这些人是来做客的，立刻从房间里把孩子抱出来与客人见面，并把孩子放在其中一人的怀

里。这十个人曾经在路上一致同意，不论是谁，凡是第一个抱住小孩的人，必须把孩子摔死在地上。哪知道这孩子一到了客人的怀里，就对他微笑，第一个人怎么也下不了狠心，于是就把孩子交给了另一个人。这样小孩从一个人手里转到另一个人手里，在十个人中转了一遍，谁也不愿意摔死他。最后，他们把孩子交给他的母亲，离开了小孩家。

希罗多德用生动的笔墨，描写了希腊战士为自由而战的勇气。在介绍温泉关战役时，他写道："希腊人从掩护自己的堡垒中出来，向死亡冲杀过去。这时候，对面的波斯军官们挥舞着鞭子，抽打士兵，逼迫他们前进。"

在讲述萨拉米海战开始的时候，希腊的指挥官对士兵说："同波斯人一开战，别的什么也不要想，就想想自由！"

正是靠着对自由的信念，弱小的希腊城邦最终战胜了强大的波斯帝国。

希罗多德还是一个有着广阔胸襟的人，对波斯人民和东方各民族不抱偏见，他认为各民族应该取长补短。他指出：埃及的太阳历要比希腊的历法准确；希腊人使用的日晷最早是巴比伦人发明的；希腊字母是从腓尼基字母借用来的。

希罗多德的《历史》，是留给后人不可多得的宝贵遗产。

34

苏格拉底之死

公元前 399 年，这原本是一个很平常的年份，但因为一个人，这个年份将被载入史册。这一年，古希腊的大哲学家苏格拉底被法庭处死了。

苏格拉底没有留给我们著作，他的生平和思想，都是靠他的学生柏拉图和色诺芬等人记载下的。

苏格拉底出身平民，他的父亲是一个石匠。他从小跟父亲学手艺，掌握了一手熟练的雕刻技术。本来苏格拉底有可能成为一个雕刻家的，但他的兴趣并不在雕刻石头，工作之余，他总是挑灯夜读，朗诵那脍炙人口的荷马史诗和其他著名的诗篇。有时候，他还出入雅典剧院，欣赏埃斯库罗斯的悲剧，或者徘徊于市政广场，缅怀英雄们的业绩。

史书记载，苏格拉底的长相丑陋，秃脑袋、大扁脸、突眼睛、朝天鼻，还有一张奇大无比的嘴巴。但苏格拉底对自己的相貌却有着与众不同的看法："实用才是美的。一般人的眼睛深陷，只能往前看；而我的眼睛可以侧目斜视。一般人的鼻孔朝下，因而只能闻到自下而上的气味；而我可以闻到整个空气中的美味。至于大嘴巴、厚嘴唇，可以使我的吻比常人更加有力、接触面更大。"

他的怪模样常常成为朋友们的笑柄，但他从不介意。

他虽然很贫困，但对自己的石匠工作并不十分卖力，只要收入够一家糊口就不多干了。他宁愿上街去和人聊天。

他总是在天亮前起床，匆匆忙忙地吃些浸了酒的面包，穿上长袍，披上件粗布斗篷，便出门去了。他常在商店、寺庙、朋友家、公共浴室，或者是一个街口与人辩论。雅典当时辩论成风，形成热潮。

他的妻子是个爱唠叨的女人，而且脾气暴躁，常为一点小事就拿苏格拉底出气。有时候，他妻子当街怒骂他，苏格拉底只是低头聆听着，并不回嘴。这时，连他的学生们都看不下去了。但事后苏格拉底对学生们说："我每天要同各种人打交道，如果我能忍受她的坏脾气，那么，在与别人的交谈中，就不会有什么事能令我不快了。"

苏格拉底生活在雅典的全盛时期。这时雅典的经济、政治和文化都达到了前所未有的繁荣。正是在这种情况下，苏格拉底开始了他在哲学领域里的遨游。他既不局限于前人的知识，也不满足于自己所学，他整日思考、探索，甚至达到了废寝忘食的地步。终于，他取得了非凡的成就，提出了一系列哲学命题，成为西方一代哲学大师。

他在讲授哲学、探讨道德问题时，并不是一味地说教，而是谈吐优雅，性情温和，绝不自以为是，好为人师。他思路敏捷，语言生动，充满幽默，洞察秋毫。

苏格拉底的谈话方法，也被人称为"苏格拉底方法"，就是引导人们去不断思索。他总是装出自己什么也不懂的样子，引起别人提出问题，然后他不断地反问请教，启发对方去怀疑自己的前提，发现真理。他认为，自己的任务就是充当"智慧的助产士"。

在辩论中，他常常走到讲话人的前面，不管他是一位伟大的演说家还是什么人，问他究竟是否知道自己在谈论什么。

一次，一个著名的政治家在演说。演说的内容是如何爱国，讲到最后，那人却滔滔不绝地大谈勇气，大谈为国献身的光荣。这时

苏格拉底走上前去问他："这位先生，请原谅我打断您的讲话。请问，您说的勇气，究竟是指什么呢？"

"勇气就是要在危急的时刻坚守岗位。"那人简短地回答。

"但是正确的战略要求你撤退呢？"苏格拉底又问道。

"那——那就是另一回事了。当然，在这种情况下，你不应该再坚守岗位了。"

"这么说，勇气既不是坚守岗位，又不是撤退了？那么，您说的勇气到底是什么呢？"

这个演说家皱眉头了："你赢了。说实话，我也不太清楚。"

"我也不清楚，"苏格拉底说，"不过，我觉得勇气是去做合理的事情，不管是否危险。"

"这话说得不错。"人群中有人喊道。

苏格拉底继续说："勇气就是在危险的时刻，保持头脑的清醒，镇定而沉着。从这一意义来说，它的反面就是感情的过度冲动，以至失去理智。"

苏格拉底是这样说的，也是这样做的。公元前406年，他六十二岁，在雅典的最高行政机构五百人院任职。这一年，雅典正在与斯巴达进行战争。雅典海军在一次海战中击败斯巴达海军而获大胜，但由于突然来了暴风雨，指挥官把打捞阵亡将士的工作给耽搁了。这引起死者家属的不满。这时，反对派趁机攻击当政的十位将军，法庭表决的结果，十位将军因玩忽职守罪被判死刑。苏格拉底独自一人反对众人的意见。他认为，不管他们是否有罪，把个别人作为一个整体来审判是不公正的。因此，他决定不参与表决。

苏格拉底坚持自己的信仰，并不惜为此献出自己的生命。

在学生们眼里，苏格拉底是一个最和蔼可亲的人。但在那些保守派眼中，他是一个危险分子。他的执着、正直得罪了不少人，最终招来了杀身之祸。

公元前 399 年的一天，一位悲剧作家状告苏格拉底。他对法官说："法官大人，我认为苏格拉底从不敬神，而且还向年轻人宣扬他那离经叛道的主张。"

苏格拉底拒绝认罪，他在法庭上发表了慷慨激昂的演说："诸位先生，你们谁都清楚，我的言行一直有利于国家，有利于社会。法庭不仅不应该审判我，而且应该赐给我荣誉，让我到卫城的圆顶餐厅上免费就餐。"

陪审团认为苏格拉底太顽固，竟敢蔑视法庭，决定判处他死刑。

他的学生们到监狱去看望他，并极力劝说他逃走。苏格拉底却说："我一生都享受了法律的利益，我不能在晚年做不忠于法律的事。服从法律是每个公民的天职，尽管法律也有不对的地方。作为一个好公民，我必须去死。"

最后的时刻到了，他的学生围拢过来，心情沉重地看着即将死去的老师。在太阳落山之前，苏格拉底叫人拿来一杯毒药。当狱卒带着毒药进来后，他以平静的语调对他说："你应该知道怎样做，来吧，告诉我怎么做。"

狱卒答道："你喝下这杯毒药，然后站起来散散步。等你感觉到脚发沉时再躺下，麻木感就会传到心脏。"

苏格拉底从容不迫地照着他的话做了。最后躺在床上他想起了一件事，急忙拉下了盖在脸上的布说："克里托，我欠了阿斯克里皮乌斯一只鸡。记住，一定要替我还他一只鸡。"

克里托与阿斯克里皮乌斯都是苏格拉底的学生。苏格拉底关照完这件事，便安详地闭上眼睛，又盖上蒙脸布。一代哲学大师便永远离开了他心爱的学生们。

35

西方医学的奠基人

古代西方人治疗疾病，靠的是求神。那时，庙里的祭司和僧侣就是医生。有人生了重病，只能被送到神庙中去。祭司就用施法术或念经祈祷来替病人治病。有时干脆在病人头上钻个洞，说是可以把鬼赶出去。这样的治病，结果自然是可悲的。那时真正的医生并不被人们重视，而且还要受到祭司的仇视。

虽然，那时医学被禁锢在迷信和巫术之中，但是，古希腊还是有人探索医疗之道。当时就出了一个有名的医生叫希波克拉底，他不相信有能治病的神。为了解除疾病给人们带来的痛苦，他就努力研究人生病的原因。

关于希波克拉底的生平，留下的史料很少，与他同时代的柏拉图曾两次提到他，称他为"科斯岛的神医"。亚里士多德称他为"伟大的医生"。

直到他逝世五百多年后，才有人给他写传记。

希波克拉底于公元前460年出生于小亚细亚的科斯岛。他家是个医学世家。他从小跟着父亲学医，长大成人后，又独自四处行医。他到过希腊各城邦、小亚细亚和北非等地，也曾在科斯岛的医学学校教过医学。他是古希腊医学的杰出代表，享有很高的声誉。他一生行医和研究医学，直到九十岁才去世。

希波克拉底是第一个能用自己的看法去考察病人的医生。由于他的大胆创新，使医学与哲学分离开来，从他以后，医学才成为一

门独立的学科。

希波克拉底留下了十分丰富的医学著作,《希波克拉底文集》共有七十卷,流传至今的有六十卷。它涉及解剖学、病理学、各科临床诊断、外科手术、饮食与药物治疗、预后、医务道德等许多方面。希波克拉底的医学著作,对欧洲医学产生了深远的影响。在近代医学产生前,它一直被当做医学教学的基本材料而广泛流传。

经过长期的研究和观察,希波克拉底提出了著名的体液学说,以此来解释人的肌体特征和疾病的成因。他认为,复杂的人类机体是由血液、黏液、黄胆和黑胆四种体液组成的。它们都是腺的分泌物。他又认为,这四种体液在人体内的混合比例是不同的。因此,他把人分为四种气质类型,多血质、黏液质、胆汁质、抑郁质。他认为正是由于这四种液体的不平衡才引起疾病。

希波克拉底记录了许多疾病的症状,研究了发病的原因,其中对尿路结石的研究最为有名。他认为,尿路形成结石,是由于喝了不干净的水。结石就是由尿中最混浊的部分凝结而形成的。凝结物的变大变硬,堵塞了尿道,使得小便不畅,并且引起剧烈疼痛。因此,他认为人们应该喝干净的水。

大约在公元前431年左右,雅典发生了瘟疫。患病的人发高烧,呕吐不止,口内出血,身上长疮,不久便溃烂。人们求神问卜都无济于事。瘟疫很快在全城蔓延,到处都有尸体,尸体躺在地上无人埋葬。雅典政府首脑伯里克利也不幸染病去世。

此时,希波克拉底正在外地。对瘟疫,人们惟恐躲避不及,许多雅典人纷纷逃出城外。但希波克拉底听到这个消息后,没有丝毫犹豫,立即赶回雅典。他一边治病救人,一边进行疫情调查。他发现全城中只有铁匠没有传染瘟疫,因而联想到铁匠天天要与火打交道,或许高温和火可以防疫。于是他号召人们在全城燃起火堆来扑灭瘟疫。

在长期的医疗实践中，希波克拉底重视亲身调查研究。一次，希腊有名的哲学家德谟克里特由于专心致志地研究，不理家业，他的族人为了霸占他的财产，以疯癫和败家的罪名对他提出控告。希波克拉底得知消息后，立即赶到德谟克里特的家，为他治病和进行调查。

会面之后，德谟克里特侃侃而谈，谈到了哲学、政治和国内外情况，也谈到了医学。他用原子论来解释疾病，认为瘟疫是通过原子传染的。希波克拉底立刻明白了，在他面前的根本不是疯子，而是一个智慧出众的思想家。在法庭上，希波克拉底作证："他不是疯子"，"如果有什么毛病，那是你们，而不是德谟克里特"。

最后法庭宣告德谟克里特无罪。以后，这两位巨人经常见面、通信。

希波克拉底对人体很有研究。他说："人体之所以温暖，是内部发生了一种热力所致，如果这种热力消失，人就死了。"

他还认为，这种热力是心脏发生的。在那时，能估计得这样准确，实在是一件了不起的事情。

希波克拉底也是第一个研究关于病人饮食问题的医生。当时的医生总使病人挨饿。可是他却不是这样，如果病人不能正常吃饭时，他甚至拿甜麦粥和蜂蜜水给病人吃。对于发热病，他也有自己的看法，病人的身体因发热而虚弱了，就应该减少活动量，更不能让病人吃得太多太饱。而当时的医生医治发热病，总是使病人多运动和多量的饮食。

希波克拉底没有解剖过人体，没有用过显微镜，也不懂得化学，对于微生物的作用也是一无所知。在这种情况下，希波克拉底却提出"疾病是自然界中某种物质的传染"这一观点，使人们对疾病不再恐惧，使医学逐渐脱离宗教迷信，而把医学当做一门独立学科，确实是难能可贵的。

此外，希波克拉底还提出很多富于哲理的忠告，如"人生短促，技艺长青"、"顽疾需猛药"、"相信自然的康复力"、"无故困倦是疾病的前兆"、"暴食伤身"、"简单而可口的饮食比精美但不可口的饮食更有益"等。这些格言一直脍炙人口，在今天仍闪耀出智慧的光芒。

36

柏拉图与《理想国》

柏拉图，是希腊最伟大的思想家之一。他出身于贵族家庭，有着富裕的家境、堂堂的仪表和健全的身体，因为他头大肩宽而得了"柏拉图"这个绰号。柏拉图从小受到良好的教育。二十岁时，他拜六十二岁的大思想家苏格拉底为师。柏拉图对苏格拉底衷心敬佩，惟命是从。像众星捧月一样，他和其他的同学围绕着圣哲苏格拉底，穿行于大街小巷，逢人发问，辩疑解惑，传播智慧。

柏拉图生于公元前 427 年。在他生活的时代，雅典的全盛时期已成了远去的彩云。长时间与斯巴达的争霸战，使雅典一片混乱和动荡。十八岁时，柏拉图曾穿上戎装，征战沙场，但最后惨败的却是雅典。这使得全雅典人包括柏拉图在内都感到无比的沮丧和失望。

为什么曾经是那样强大的雅典会日渐衰落，连遭败绩呢？柏拉图多次与苏格拉底共同探讨这一问题。

苏格拉底认为祸根就是雅典的民主政体。在这种制度下，未受过教育的、容易冲动的群众抽签轮流执政，一些政客、阴谋家肆意挑拨离间，群众受他们的影响，随意举荐、罢免甚至处死统治者和将军，其结果是祸国殃民。

柏拉图深为老师的高论所折服。但他们都没想到，苏格拉底为了这些"高论"，把性命都搭上了。公元前 399 年，苏格拉底被雅典民主派处死。

恩师苏格拉底的死让柏拉图更加痛恨民主政体，他发誓要寻找一种最理想的国家。于是，他开始环游古希腊人所知的世界，先后到过意大利、西西里岛、埃及、克里特等地。

十二年以后柏拉图回到雅典，此时的他已经博学多闻、满腹经纶了。不过，他仍然承认苏格拉底是至高无上的精神导师。他决定向青年们讲述苏格拉底思想，其实是借苏格拉底之口宣传柏拉图主义。为此，公元前 387 年，柏拉图在雅典的公园里开设了一个学园。

在学园里，柏拉图授徒讲学，同时著书立说。柏拉图学园是当时雅典的最高学府，许多富家子弟前来就学，亚里士多德便是其中的一个。

柏拉图一生写了四十篇著作，大部分被保存下来。其中《理想国》是他的代表作，此书以对话体形式，借苏格拉底之口，描绘了柏拉图心目中的理想王国。

在柏拉图看来，国家是由人组成的，所以，理想的国家必须先要有理想的人。

怎样算理想的人呢？柏拉图认为，每个人都有欲望、感情和知识。一个理想的人，他的欲望、感情应受知识的指导。而在国家中，也应当由最有知识的人来领导。谁最有知识呢？柏拉图认为是哲学家。他认为，哲学家成为国王，能使政治权力和聪明才智合而为一。否则，国家乃至全人类都会永无宁日。

如何培养统治者呢？

柏拉图认为，婴儿一生下来，就要作为国家的财产把他们集中起来培养。在最初的十年要以体育为主，首先把身体练好。这种身体的训练应是非常严格的，只许吃不加任何佐料的烤鱼肉，不能吃点心。这样培养的孩子以后就不会生病。

但孩子身体强健还远远不够，还要使他们有温和的情绪，这就

要用音乐来熏陶，但不应用靡靡之音。具体用什么音乐应由音乐家来选择。在音乐之外，还要进行道德教育，使他们树立信仰。

在这种最初级的培训中淘汰下来的人只能做普通劳动者，而及格的人再经过十年教育和训练，包括身体、思想、品格等方面，接着进行第二次筛选，落选的就去当兵。

但怎样使落选的人心悦诚服地接受其命运呢？柏拉图认为，这时就要给他们说明，这是神把他们造成了不一样的人。他们中的部分人是用黄金造成的，是治理国家的统治者。另一部分人是神用白银造成的，其职责是保卫国家，最后一部分人是神用铁或铜造成的，他们的任务就是用劳动来供养前者。他认为这三种人应该各安其位，各从其事，服从神的安排。

接着，对第二次筛选出来的及格者进行深造。这些人已满三十岁，智能发达，思想成熟，此时可教他们哲学，使他们思想贤明，作风干练，具有领导者的风采。

当他们读完五年哲学课程后，还要进行社会实践，也就是到社会上去工作，经受种种诱惑和考验。这段时间长达十五年，期间再进行一次筛选。剩下的都是些"精英"了，从政的准备工作才告一段落。这时"精英"们已年届五十，将登上国家统治者的宝座。

但统治者不许有私产，他们要像士兵一样，共同吃住。国家中所有的男孩都是兄弟，所有的女孩都是姐妹，生下的孩子都是国家的财产。家庭的取消也取消了财产争夺的根源。国家中人人各安其位，各尽其职，这也是柏拉图梦想中的人间天堂。

当时，曾有人对柏拉图所设计的理想国能否实现提出疑问，对此，柏拉图回答说：理想的东西不一定就能实现，但我们不能因此就说它不好，正如一幅极美的美人画，人可能长不了这样美，但谁又能说它不好、不美呢？柏拉图所鼓吹的理想国家，实际上就是贵族寡头统治下的斯巴达。他想在雅典建立斯巴达式的统治，以对抗

雅典的民主政治。

柏拉图对他设计的理想国寄予很大的希望。他曾不顾高龄，渡海前往西西里岛的叙拉古进行讲学，试图说服该国的国王试行一下他的主张，但却被该国政府逮捕，拍卖为奴。幸遇朋友慷慨解囊，他才得以赎身，返回雅典的故乡。

以后，柏拉图在他的学园里继续讲授哲学，著书立说。柏拉图是欧洲哲学史上客观唯心论、先验论的鼻祖。他认为在物质世界外，还有一个理念世界。物质世界是不真实的，只有理念的知识才是真实的，获得这种知识的唯一办法是靠回忆。这种回忆知识的本领并非所有的人都具备，只有少数有天赋才能的人，如哲学家之类的人才具备。由此，柏拉图得出了最后答案，理想的国家"应该由贤人和智者来统治"。

公元前 347 年，柏拉图参加了一个弟子的结婚喜筵。宾客们饮酒作乐，声音嘈杂。这位八十岁的老哲学家感到有点吃不消了，他便退到旁边的房间小睡片刻，但竟一睡而长眠不醒，与世长辞。

37

大思想家亚里士多德

公元前 367 年仲夏的一天，一个穿着讲究的青年来到雅典柏拉图学园，拜柏拉图为师。他的到来在学生中引起了一阵骚动。他态度温和、举止文雅、彬彬有礼，是个地道的富家贵族子弟。更使同学们惊奇的是，这位年仅十七岁的青年上知天文、下知地理、博古通今、才华横溢，连他的老师柏拉图也惊叹不已。他就是后来对欧洲文化产生深远影响的大思想家亚里士多德。

亚里士多德出生于显赫的家庭，他的父亲是马其顿国王的御医。受父亲的影响，他从小就对医学、解剖学、生物学很感兴趣。在柏拉图学园，他勤奋学习，博览群书。虽然亚里士多德敬佩柏拉图，但从不盲目崇拜，他常常对老师的观点提出异议。他有一句名言："我爱我师，但我更爱真理。"

在柏拉图学园，亚里士多德一学就是二十年，直到柏拉图死后，才离开雅典。

到公元前 343 年，亚里士多德已是一位享有盛名的哲学家了。一天，他收到了一封聘书，是马其顿国王腓力二世寄来的，请亚里士多德教导他的儿子亚历山大。聘书写道："我有一个儿子，我感谢神灵赐我此儿。我希望您的关怀和智慧将使他配得上我，并无愧于他未来的王国。"

这样，亚里士多德就成了亚历山大的私人教师。

公元前 336 年，亚历山大继承了马其顿王位，并开始军事扩

张，征服了大片土地。亚里士多德则返回雅典，在雅典东北部的一片小树林里开办了一个学园，从此开始了他的用知识征服世界的生涯。

亚里士多德的教学方式很奇特，不是在课堂上讲授，而是带着学生们在树林里边散步边讲学，同时还欣赏着四周的美景，十分逍遥自在，所以，人们称他们师生为"逍遥学派"。

亚里士多德提出对学生必须进行"智育、德育、体育"三方面的教育，同时提出了划分年级的学制理论。他主张，国家应该为七岁到十四岁的儿童办小学，让他们学习体操、语文、算术、图画和唱歌。对于十四岁到二十一岁的青少年，国家应该让他们在中学学习历史、数学和哲学。德育是为了培养自尊心和勇敢豪放的性格，体育是为了培养强健的体魄。青年在中学毕业以后，国家还要对其中的优秀分子继续培养。他创办的学园就是为了培养优秀青年。

亚历山大大帝十分尊敬他的老师，他说："生我身者是父母，生我智慧者是亚里士多德。"因此，他大力支持亚里士多德办学，先后提供了八百塔伦特（古希腊货币名，约合今四百万美元）的经费，让亚里士多德进行科学研究。亚里士多德在学园里创建了欧洲第一个图书馆，其中珍藏了许多自然科学和法律方面的书籍。

亚历山大还命令全国的猎人、园丁和渔夫，都必须贡献出亚里士多德所需要的动、植物标本。据说，亚里士多德曾指挥上千人分散到希腊和亚洲各地，为他采集各地的动植物标本。亚里士多德在学园里开展生物学的研究，时常解剖各种动物。在生物学领域内，他的最大贡献是在对动物所作的观察和分类上。他按照繁殖的形式把人归于胎生动物。他还从更广的意义上把动物分成有血和无血的两大类。

亚里士多德创建了许多哲学和科学的术语，我们今天谈科学时几乎仍离不开他所发明的专门术语，如格言、范畴、能力、动机、

终点、原理、形式、逻辑等等。亚里士多德还建立了一门新科学——逻辑学，即研究正确思维方法的科学。

他曾生动地给他的学生们介绍逻辑学命题"三段论"。他说，我们希腊人有个很有趣的谚语：如果你的钱包在你的口袋里，而你的钱又在你的钱包里，那么，你的钱肯定在你的口袋里。这三句话第一句就是大前提，第二句是小前提，第三句就是结论。这就是一个非常完整的"三段论"。

亚里士多德一生写过四百部著作，虽然已遗失不少，但保留下来的书仍然非常丰富。他的著作涉及政治学、物理学、医学、心理学、逻辑学、伦理学、历史学、天文学、数学、生物学、戏剧学、诗学等方面，所以人们说他是百科全书式的大哲学家、科学家。

公元前 323 年夏天，亚历山大大帝在巴比伦病逝。消息传到希腊，被马其顿征服的雅典人欢呼雀跃，他们可算找到了出气的机会。又因为亚里士多德曾担任亚历山大的老师，所以人们把怒火全发泄到了他的头上。人们控告他不敬神。亚里士多德听到消息，知道大祸就要临头，他不愿落得与苏格拉底同样的下场，便匆匆地逃往外地避难。第二年，这位古希腊伟大的思想家抑郁成疾，与世长辞，时年六十三岁。

38

古希腊的戏剧

在古希腊，看戏是人们日常生活不可或缺的一部分。

大约在公元前 500 年的一天，当雅典人正在观看戏剧的时候，木制的看台突然坍塌，伤了一些人。雅典人引以为戒，在卫城的南坡上用石头建造了一座新剧场，专献给酒神。自此以后，类似的剧场在各城邦相继出现。

雅典的这座酒神剧场，建在山坡上，可以容纳近两万人。观众席就设在斜坡的阶梯上，它呈半圆形，因此又称为圆形剧场。剧场中央是一个圆形的舞台，演员和歌队在此演出。舞台后面的斜坡上有一座建筑，是演员们的更衣室；它还可以把舞台上演员的声音收拢在剧场内，具有现在的扩音设备的作用呢。

古希腊人还为戏剧创造了各种布景。剧场在更衣室前面的廊柱之间放置了大块的木板，在上面画房屋、岩洞、大海等各种各样的景物，有的柱子还可以转动，这样上面的布景就可以随剧情的发展而切换。剧场里除了固定舞台外，还有一个活动台，将布景或剧中人物升到空中，非常地生动灵活。

酒神剧场正好处于城乡的分界处，它的右边是熙熙攘攘的市场与港湾，左边则是一望无际的乡村。为了便于观众了解剧中人物的身份，剧场在更衣室的两边各设一个进出口，让从乡下来的人物由左边进出场，城中或海上来的人物是从右边进出场。

起初，剧场不卖票，观众可随便进入。但这带来一个问题，即

观众抢座位，秩序不易维持。于是便开始卖票收费，每张票大约为普通民众半天的收入。票价虽不算贵，但对于那些赤贫的公民来说，仍然是负担不起的。为了让所有公民都能看到戏，伯里克利当政时通过了一项重要的法令：在公共节日演戏时，给每位公民发放津贴，每次津贴相当于公民一天的生活费。这样极大地调动了公民看戏的积极性，促进了戏剧事业的发展。

在古希腊，一部戏剧的演员只有三位。剧中的人物由他们轮流扮演，演员戴着面具演出。演员的出场费是城邦发给的，歌队的费用则由富裕公民赞助。虽然演员们的收入不算多，但他们每场演出都尽心尽力。当他们演到精彩之处时，常常博得观众的阵阵掌声与叫好声，甚至观众还发出"再演一遍"的欢呼声。有时，观众也对一些戏剧喝倒彩，甚至将石头、水果掷到舞台上。据说，有个三流演员承认，他在一次演出中，观众边叫嚷边投掷白无花果和其他水果，收集起来足够开一家水果店。还有一次，一位观众竟把石头扔向场中，把一位演员打晕了。

为了讨观众的欢心，让他们安静地看戏，并让他们发出欢呼声，剧作家们总是苦心孤诣地去揣摩剧中的每一句对话，细心构思每一个故事情节。因此，古希腊剧本是用一种通俗的诗体写出来的，每一个词句都写得那样优美，每一段对话都安排得那样巧妙，我们可以把它当戏剧看，也可以当诗读。

酒神节那天为公共假日。当天的开幕典礼中有一项隆重的仪式，人们穿着五彩缤纷的衣裳，举着各种象征性的道具，庆祝孕育万物的春天来临。接着，在卫城南面山坡上举行宰杀公牛献祭仪式。随后，在剧场里演戏，一天上演许多出戏，一连演出三天。表演从清晨开始，一直演到傍晚。希腊人观戏很热闹，仿佛是在举行一次热闹的集会，边嗑瓜子、喝酒，边听戏。亚里士多德说：一出戏演得好坏，从观众吃掉东西的多少可以看出。

古希腊培养出了大批杰出的悲剧家和喜剧家。他们都有很高的艺术造诣。著名的悲剧家有三人：埃斯库罗斯、索福克勒斯和欧里庇得斯，杰出的喜剧家是阿里斯托芬等。

每年一度的酒神节戏剧演出中，都要评出参加演出作品的第一名，并授予奖品。

埃斯库罗斯在公元前484年的戏剧比赛中，第一次获奖，以后又得奖十六次，被誉为"悲剧之父"。埃斯库罗斯出身贵族家庭，曾参加过希波战争中的马拉松、萨拉米等战役。相传他一生写了九十部悲剧，但留传下来的只有七部。他的作品充满正义感和爱国热情。

埃斯库罗斯最优秀的作品是《普罗米修斯》。根据希腊神话，普罗米修斯把天上的火偷来送给人类，还把科学、艺术、医术等传授给人类，使人类有了知识和智慧。众神之王宙斯为这事很恼怒，他把普罗米修斯绑在高加索的悬崖上，每天派一只鹰来啄食他的肝脏，晚上又使肝脏长好，使他不断遭受难熬的痛苦。但他毫不妥协，拒绝了宙斯派来的使者的威胁利诱。他宣称憎恨所有的神，并预言宙斯将要被推翻。

在公元前468年的戏剧演出比赛中，二十八岁的索福克勒斯击败了埃斯库罗斯而获奖。相传索福克勒斯一生写过一百二十部戏剧作品，得奖五次，但只有七部流传至今。他的代表作《俄狄浦斯王》曾感动了一代又一代的观众。

剧本描写俄狄浦斯应了神的预言，长大后杀了父亲又娶了母亲，自己却毫无所知。为了平息特拜国内流行的瘟疫，按照神的指示，他千方百计寻找杀害前国王（他的父亲）的凶手，结果发现他要找的凶手竟然是他自己。悲痛万分的王后（他的母亲和妻子）自尽了。俄狄浦斯王百感交集，终于刺瞎了自己的眼睛。这部悲剧表现了人与命运的冲突。

就在索福克勒斯获奖的二十七年后，欧里庇得斯又击败了他，获得了戏剧比赛的第一名。欧里庇得斯是雅典民主制时期的后期诗人。他也得过五次奖，给我们留下了十八部作品，其中最优秀的是悲剧《美狄亚》。故事是这样的：伊阿宋是传说中的一个令人敬爱的英雄，在科尔喀斯国王的女儿美狄亚的帮助下，取得了金羊毛，并娶美狄亚为妻。后来伊阿宋变心了，要把美狄亚遗弃，美狄亚决心报复伊阿宋。她为了报仇，也为了让自己的孩子不死在更残忍的敌人手里，终于亲手杀死了自己的两个儿子。

在戏剧比赛中，喜剧家阿里斯托芬也先后七次获奖。他共创作了四十四部喜剧，现存十一部。阿里斯托芬的喜剧绝大部分是描写现实的。他的作品情节离奇，语言生动。如《骑士》直接嘲弄了当权人物。而《鸟》以神话幻想为题材，描写了林中飞鸟建立了一个理想的社会——"云中鹁鸪国"，在这儿大家都是平等的，没有压迫和奴役。

古希腊人开创的戏剧艺术，后来经过罗马人的摹仿，广泛流传并一直延续至今。它奠定了西方戏剧艺术的基础。现在，各国的表演艺术家还经常将古希腊戏剧搬上舞台演出。

39

亚历山大的远征

打开世界地图，你会看到尼罗河三角洲上有一座大城市，名叫亚历山大。这是座古老的城市，已经有二千三百多年的历史。你如果再翻到年代久远的地图，会发现从尼罗河口到两河流域、伊朗、阿富汗直到印度河流域，曾星罗棋布地坐落着一座又一座名叫亚历山大的城市。如果把这些城市（共十六座）连接起来，你就会发现一个古代最伟大的征服者的足迹。他就叫亚历山大。

亚历山大是希腊北部的马其顿人，他于公元前356年出生于马其顿的都城培拉，他的父亲是马其顿国王腓力二世。母亲是伊庇鲁斯国王的女儿。

亚历山大从小兴趣广泛又聪明勇敢。有一次，有人卖给腓力二世一匹良种马，但这匹马性情暴烈，没有人能驾驭它。亚历山大当时才十二岁，他要求试一试，并说如果失败了由他付钱。大人们都嘲笑他。但是他敏锐地发现了别人没有注意到的地方：这匹马害怕自己的影子。他镇定地把马头朝向太阳，使马平静下来，接着纵身一跃骑上马飞驰而去。这样，亚历山大赢得了这匹名叫布斯法鲁斯的马，此后许多年这匹马一直是他战斗中的坐骑。

亚历山大驯服烈马的故事，很快就传开了。当时有人问他想不想参加奥林匹克竞技会，他回答说："我知道我可以取胜，但我不会去参加比赛，除非所有参加竞技会的都是国王。"

亚历山大渴望建立功勋，扬名四海。

十三岁时，腓力二世为他聘请了希腊著名学者亚里士多德，向他传授哲学、医学、文学等知识。亚历山大特别爱好希腊文学，亚里士多德为他注解了一本荷马史诗《伊利亚特》，这本《伊利亚特》从此成了他最珍爱的作品，在以后的征战中一直携带在身边。

少年时代的亚历山大，就随父亲南征北战，积累了丰富的政治、军事经验，也在心底埋下了征服世界的梦想。他十分钦佩智勇双全的父亲腓力二世，可是每当他得到父亲征战获胜的消息，亚历山大就愁眉不展，满怀心事。母亲觉得很奇怪，问儿子为何这样。少年王子回答说："母后啊，父王要是这样不断地胜下去，征服世界的伟大事业哪还有我的份哪！"

公元前338年，腓力二世决定控制整个希腊地区。马其顿军队与希腊联军在希腊中部展开了一场大战。亚历山大指挥左翼军队，给了联军以沉重打击，显示了他的军事才干和毅力。这场战役后，马其顿成了全希腊的盟主。

公元前336年，腓力二世在参加他女儿的婚礼上，被一个心怀不满的青年贵族刺杀。二十岁的亚历山大继位成为马其顿国王。这时，希腊被征服的城邦发动了反马其顿统治的叛乱，但年轻的亚历山大在短短的两年里就平息了叛乱。他将带头造反的城邦底比斯彻底毁灭。从此以后，没有希腊城邦再敢公开对抗这位年轻的国王了。

亚历山大从继承王位起，就一直考虑着征服波斯。公元前334年，亚历山大率领马其顿希腊联军，踏上了东征之途。但是，和拥有百万雄师的波斯帝国相比，这是一支微不足道的远征队伍，他只有三万步兵、五千骑兵和一百六十艘战舰。出征之前，亚历山大把自己所有财产全部分赠给部下和朋友。当有人问他给自己留下什么时，亚历山大答道："希望。"

他就这样满怀着征服的"希望"开始了远征。

第一次与波斯军队的大战发生在格拉尼卡斯河畔。战斗开始后，亚历山大率领马其顿骑兵发起进攻。亚历山大一马当先，冲入河流，一跃登上东岸，头盔上两根羽毛像两面白色旗帜一样在风中飘动。波斯将士见敌军主帅带头冲锋，立即争先恐后围堵上来，都想斩杀亚历山大以建头功。一场围绕亚历山大的激战开始了。

双方的骑兵纠缠搏杀在一起，尘土飞扬，杀声震天。突然，在一次猛烈的刺杀中，亚历山大的矛折断了。他一面用断矛抵挡波斯人的砍杀，一面大喝："拿矛来！"

亚历山大身旁的一名卫士立即将自己的矛递给他，谁知也是一柄断矛。正在这危急的时刻，他的一位将军冲了过来，高叫一声："陛下接着！"将自己手中的长矛掷出。

亚历山大刚刚一把抓住，波斯国王的女婿提里达就冲了上来。亚历山大拍马迎上，一矛刺中提里达面部，将他挑下马来。波斯将领罗沙克趁机偷袭，一斧砍在亚历山大头上，将头盔连同羽毛劈成两半，所幸亚历山大没有受伤。只见亚历山大迅疾转身，一声大吼，一矛贯穿罗沙克胸甲，刺入其心脏。

就在这时，另一位波斯将领斯皮特达驰至亚历山大背后，举起战斧猛地砍下。亚历山大此时正在拔矛，来不及注意身后。就在这千钧一发之际，亚历山大的部将克雷塔纵马赶到，将手中利斧奋力掷出。这一斧不偏不倚，将波斯人握斧的手臂齐肘斩落，一名马其顿骑兵趁机冲上，一矛刺进斯皮特达背后。

波斯军由于连损三员大将，士气受到影响，开始向后退却。马其顿军乘势追杀，波斯军全线溃败。

公元前 333 年，在波斯的伊苏斯会战中，亚历山大以四万兵力，击溃了波斯六十万大军，取得了更辉煌的胜利。波斯国王大流士三世狼狈逃窜，甚至连母亲和妻女都成了俘虏。

随后，亚历山大又击败波斯海军，长驱直入埃及。在埃及，他

自称是太阳神"阿蒙"之子，表示尊重埃及的古老传统。他还亲自勘查设计，在尼罗河三角洲建立了亚历山大城。埃及祭司们为他加封"法老"称号。

公元前331年，亚历山大重返波斯。大流士三世派出使者谋求和平，把他的女儿嫁给亚历山大，还拿出一万金币和帝国土地的三分之一。众将不禁怦然心动。

"如果我是亚历山大，我会接受的。"马其顿大将帕曼纽建议道。

"如果我是帕曼纽，我也会接受。"亚历山大回答道。

这年年底，两军在两河流域的高加米拉村决战。亚历山大以四万七千人歼灭了波斯的三十万大军。大流士三世东逃，后被其部下杀死。至此，称雄数百年的波斯帝国灰飞烟灭，亚历山大成了波斯的统治者。

征服波斯并未使亚历山大满足。他稍事休整，随即率军经阿富汗南下入侵印度。在付出沉重代价后，终于占领了印度河地区，并在当地建立起两座亚历山大城。

亚历山大准备向恒河进军，将东征进行到底。他号召士兵们："生时勇往直前，死后流芳百世。"

但此时马其顿军远离家乡，征战已有八年，征程五万里，战士们已经疲惫不堪。印度的热带气候，可怕的毒蛇，流行的传染病，这一切都影响了士兵们的情绪。他们思念远方的家乡和亲人，公开拒绝继续远征，亚历山大被迫班师回国。

公元前325年，亚历山大回到了帝国的新都巴比伦。近十年的东征宣告结束。

亚历山大好像是为了战争而生的，和平的生活似乎不适合他。回巴比伦不久，他便感染了恶性疟疾，一病不起。公元前323年6月13日，亚历山大病逝，年仅三十三岁。临终前，他的将军们围

着他问谁是继承者，亚历山大眼望天庭，说出了临终遗言："他将是最强者。"

　　亚历山大死后，横跨三大洲的帝国不再是一个整体了，将领们纷纷拥兵自立，互相残杀，最后分裂成几个希腊化的国家。亚历山大庞大的帝国只存在了短短的十三年。

40

阿基米得的"支点"

公元前 212 年的一天，在西西里岛的叙拉古城里，一位老人正在花园里的一块沙地上，专心致志地做着一道几何题。这道几何题他已经苦思冥想好长时间了。这位老人名叫阿基米得，已经七十五岁了，是一位天才的数学家。此时，他并不知道外面发生的事。

原来，罗马军队对叙拉古城包围了两年，久攻不下。就在这天早晨，罗马军队终于攻破了叙拉古城。罗马军团的指挥官叫马赛拉斯，早已知道阿基米得是一位伟大的数学家，又擅长制造攻城机械，于是，就派了一个士兵去请他。

这个士兵来到阿基米得家中，要阿基米得立刻跟他走，去见军团指挥官。此时阿基米得正在做着那道几何题呢。

"让我把这道题解开后再跟你走，请你稍等一会儿吧。"阿基米得说。

"你说什么？让我等你！这绝对不可能。"这个鲁莽的士兵勃然大怒，拔出佩剑来，一剑刺死了阿基米得。

马赛拉斯听说阿基米得死了，感到十分惋惜，下令严惩那个士兵。他为阿基米得举行了隆重的葬礼，并为他建造了陵墓。

阿基米得出生在希腊的第三大城邦叙拉古。他从小热爱学习，善于思考，喜欢辩论。早年他来到埃及的亚历山大求学。当时，亚历山大是托勒密王朝的首都，也是一个希腊化的城市。在亚历山大，建有世界上最大的图书馆，藏书多达五十万卷。这里的学术气

氛浓厚，许多希腊的年轻人来此深造。阿基米得在这里学习了哲学和数学、天文学、物理学等科学知识，掌握了丰富的希腊文化遗产。后来，他返回了叙拉古，专心致志地从事科学研究。阿基米得在几何学、物理学、工程学等方面都作出了杰出的发明和贡献。

当时在几何学方面，有一个难题一直困扰着学者们：如何计算圆形的面积？

阿基米得想出了一个巧妙的方法。他利用无数个多边形来求证——通过成倍地增加边数而接近圆，最终求证出圆面积公式。同样，他还用无数个宽度相等的矩形，论证了椭圆面积公式。进而，阿基米得发现了球与圆柱体的关系：一个球的体积是一个外切圆柱体体积的三分之二。

阿基米得还是流体静力学的创始人。

一次，叙拉古国王要打造一顶金王冠。他找来了城里有名的金匠，给了他一些金子。他担心金匠可能会私吞金子，特地用秤称了一下金子的重量。过了几个月，金王冠打造好了。国王看着金光灿灿的王冠，爱不释手。可是，他又心怀疑虑，金匠是否欺骗了他，在金冠中掺入了银子？国王已经付给了金匠很高的工钱，他不想再损失金子了。

这时，国王想起了叙拉古的大学问家阿基米得，于是，他把阿基米得请到了王宫，想请阿基米得鉴定一下金王冠中是否掺入了银子。同时，国王又告诉阿基米得，不能损坏王冠的一丝一毫，因为他实在太喜欢这顶金王冠了。

阿基米得把金王冠拿回了家。他小心翼翼地捧着金王冠，苦思冥想，绞尽脑汁。几天后，阿基米得去街上浴室洗澡，当他躺进盛满温水的浴缸时，浴缸中的水溢了出来，他感到自己的身体微微上浮。这时，一个灵感突然闪过了他的脑海：相同重量的物体，由于其比重的不同，排出的水量也不同……

阿基米得猛地从浴缸中跳了起来，全然不顾自己还未穿衣服，高兴地大喊："找到了！找到了！"

他兴奋地跑上大街，一口气奔回了家。他的仆人气喘吁吁地追到了家，看到阿基米得正在做试验。他把王冠放进盛满水的盆中，量了溢出的水，又把同样重量的纯金放在盛满水的盆中，发现溢出的水比刚才溢出的少。问题解决了！这个试验证明，王冠中掺有银子。阿基米得把试验结果告诉了国王，国王被他的聪明才智折服了。

阿基米得的这个试验意义重大，他发现了流体静力学的基本原理——物体在水中所产生的浮力，等于它所排开的水的重量。这个原理，通常被人们称为"阿基米得原理"。

国王对阿基米得的才华十分赞赏，经常把他作为贵宾请到宫里。阿基米得不失时机地向国王和大臣们展示他的新发现。有一天，阿基米得把他刚发现的杠杆原理告诉了国王。他认为，只要力臂足够长，一个力可以推动任何重物。他十分自信地对国王说："如果给我一个支点，我就可以移动地球！"

国王和大臣们将信将疑。阿基米得把他们带到了王宫附近的一条河边，一条大船正搁浅在岸上。阿基米得在船身下安装了杠杆滑轮装置，接着，他用力按动杠杆，只见船身缓缓地向前移动，十几分钟以后，船慢慢地进入河里。围观的群众发出了欢呼声，国王和大臣们也心服口服。

阿基米得经常把他的发明运用到实践中去。还在亚历山大求学时，他经常到尼罗河畔散步。在久旱不雨的季节，他看到农民在尼罗河边一桶一桶地提水浇地，非常吃力。于是，他设计制造了一种螺旋提水器，通过旋转螺杆把水从河里抽上来，省了许多气力。在今天的埃及，人们仍在使用这种螺旋提水器。

为了保卫叙拉古不受外敌侵犯，阿基米得还发明和制造了许多

护城机械。

公元前三世纪末，罗马和迦太基为争夺地中海的霸权，爆发了第二次布匿战争。叙拉古站在迦太基一方。公元前214年，罗马军队开始进攻叙拉古。就在罗马舰队逼近叙拉古城时，一些粗梁突然从城墙旁伸出来，撞沉了罗马的军舰；一些起重机式的机械从城墙上伸出机械爪，抓住敌舰，掀翻过来。原来，阿基米得多年前造的护城机械发挥了作用。罗马海军遭到沉重打击，军团指挥官马赛拉斯改变战略，佯装撤退。

到了晚上，马赛拉斯派出步兵悄悄逼近城墙，他以为阿基米得的机械无法发挥作用了。可是，阿基米得早就准备了投石机等短距离器械，再次打退了罗马人的进攻。这时，罗马人一筹莫展，望城兴叹，甚至谈虎色变，草木皆兵，一看到城墙上出现绳子或木梁，就以为又是阿基米得开动机器了，惊叫着："阿基米得来了！阿基米得来了！"抱头鼠窜。

马赛拉斯不能取胜，只好采用长期围困的办法，这样整整过了两年，到公元前212年才占领了叙拉古。

阿基米得虽然被一个鲁莽的罗马士兵杀死了，但无论是叙拉古人还是罗马人，都对他怀有深深的敬意。根据阿基米得生前的愿望，人们在他的墓碑上，刻了一个由圆柱体所包围的圆球，标明其体积比为3：2，以纪念这一奇妙的发现。

41

古代世界七大奇迹

古代腓尼基有一位叫安提巴特的旅行家，在公元前三世纪访问了地中海沿岸地区。他在著作中描述了他所看到的当时世界七大建筑，他赞美那是人间奇迹。于是，"世界七大奇迹"的说法由此一直沿袭下来。

七大奇迹按建筑时间先后排列如下：（一）埃及金字塔；（二）巴比伦的空中花园；（三）以弗所的月亮女神庙；（四）奥林匹亚的宙斯神像；（五）摩索拉斯国王陵墓；（六）罗德岛的太阳神巨像；（七）亚历山大港灯塔。

可惜的是，七大奇迹中除了埃及的金字塔外，其余六个因地震、火灾或年久沉陷，今天都已不复存在。我们前面已介绍过古埃及金字塔和巴比伦空中花园，下面将介绍余下的建筑奇迹。

以弗所的月亮女神庙

以弗所位于小亚细亚的沿海地区，这是一个希腊移民建立的城邦国家。当地的居民很早就崇拜月亮女神阿泰米斯。按照希腊神话，阿泰米斯是宙斯与丽达的女儿，她是一位月神，又是湖泊泉水神和狩猎神。

以弗所的月亮女神庙建于公元前550年，这座庙从开工到竣工费时一百二十年，它是古希腊所有神庙建筑中最宏大的一个。女神庙长一百米，宽五十米，它的面积是雅典卫城雅典娜神庙的三倍。庙的四周有二十米高的柱子一百二十七根，分内外两圈排列。柱上

雕刻着精美的希腊神话故事。这座神庙内外造型浑然一体，具有很高的建筑艺术价值。

奥林匹亚的宙斯神像

在古希腊伯罗奔尼撒半岛西部有一片宽阔的平原，平原的东、南、北三面群山环抱，它的中央点缀着一座不大的圆形山丘，这里环境优美，风景如画，是古希腊人心目中的圣地，叫做奥林匹亚。公元前776年，第一届奥林匹亚竞技会在这里举行。

所有希腊城邦都派出代表来这里参加竞技会，不久，神祠、庙堂就一个个在这里建立起来了。在这些建筑中，最大的一座就是宙斯神庙。这座宏伟的神庙大约建于公元前460年，庙长六十四米，宽八米，高二十米，东西山墙上都装饰着大理石浮雕。人们穿过入口，进入主厅，透过弥漫的烟雾，一尊巨大的宙斯神雕像便映入眼帘。宙斯是古希腊神话中的众神之王，祭祀宙斯是奥林匹亚竞技会的一个重要活动项目。

宙斯神像是一尊高约十五米的坐像。底座高三米，正身高十二米。雕像全身用乌木雕成，外饰黄金珠宝。宙斯的眼睛是宝石的，头上戴着金制花环。他的右手托着黄金象牙制成的胜利女神像，左手握一根精雕细镂的金属拐杖。底座上装饰着美丽的浮雕，它描绘着美神阿佛洛狄特从海中浮升的情景。

这尊巨像是谁雕塑的呢？人们在雕像的脚部找到了雕刻家的名字。他叫菲迪亚斯，是古希腊最著名的雕刻艺术大师。他在完成雅典卫城帕特农神庙中雅典娜神像的雕塑后，又来到奥林匹亚雕塑宙斯神像，先后花了八年时间，在公元前450年最终完成。宙斯神像和雅典娜神像是菲迪亚斯最杰出的代表作。

可是到公元三世纪，宙斯神像遭到了破坏，公元五世纪又经历一场地震，它被彻底震毁了。

摩索拉斯国王陵墓

在爱琴海东岸的小亚细亚半岛上，有一座历史名城叫哈里卡那索斯，这里是古希腊历史学家希罗多德的故乡，这里还耸立着一座举世闻名的建筑——摩索拉斯陵墓。

摩索拉斯是哈里卡那索斯的国王。他为了宣扬自己的威严和财富，于公元前395年下令兴建自己的陵墓。他决心把陵墓建成独一无二的建筑，于是请来了许多技艺高强的希腊建筑师参与建陵。

陵墓是一座神庙风格的大理石建筑物，它耸立在长方形的底座上。底座是巨石建筑，约三十米宽、四十米长、十五米高，外面镶满了白色的大理石。底座上四面竖着三十六根圆柱，圆柱高十二米，用来支撑上面沉重的墓顶。墓顶是金字塔式的造型，由二十四道台阶构成。墓顶上还有一台座，上面载着一辆作急驰状的四匹马拉的战车，摩索拉斯国王和王后的大理石塑像就立在战车上。塑像人物头发后披，容貌庄严，雕刻精细。整座陵墓，从底座到立像高达五十米。

摩索拉斯陵墓体积宏大、结构奇巧、装饰富丽。它一直完好地保存到公元七世纪，后来毁于地震。

罗德岛的太阳神巨像

罗德岛位于爱琴海东部，是爱琴海的大岛之一。罗德岛曾是埃及与马其顿两强争夺的地方。公元前四世纪末，马其顿大军围攻罗德岛，但岛上居民倾向埃及，全力防守，终获胜利。为了庆祝这次伟大胜利，罗德岛人从公元前292年开始，用缴获的马其顿兵器熔铸太阳神阿波罗巨像，历时十二年建成。负责建筑巨像的是希腊著名雕刻家卡瑞斯。

关于这座巨像的站立姿势，史料中有两种不同记载。一种记载说，巨像高三十六米，阿波罗手持火炬，两腿分立，两脚踏在港口两边石台之上，胯下可通行往来船舶。另一种记载称，像高三十二米。阿波罗双脚并立站在港口一侧，右手举到前额，搭起凉棚，两

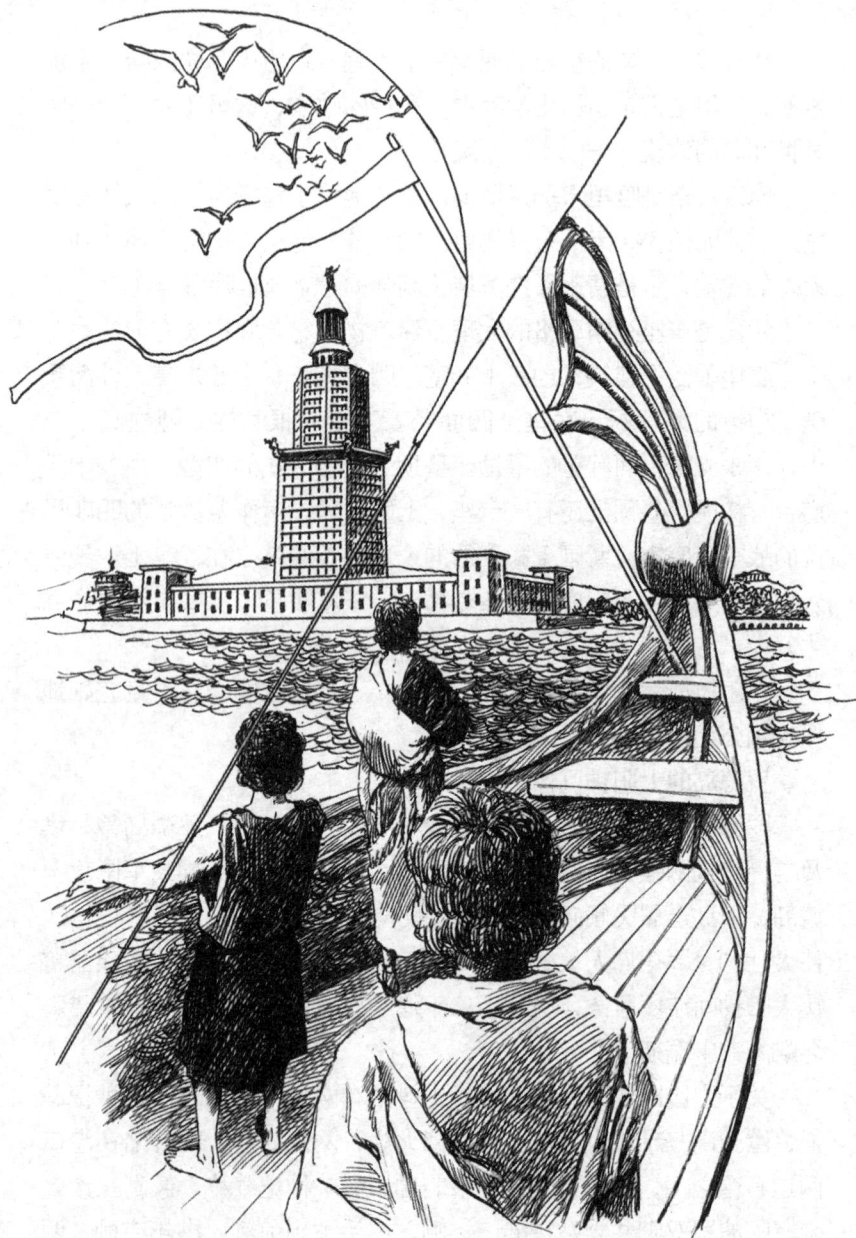

眼远眺前方；左胳膊腕搭披衣，披衣拖到地面，起支撑巨像作用。

但是巨像只站立了五十多年，在公元前 224 年的一场地震中被震塌了。

亚历山大港灯塔

古代埃及的建筑奇迹，除了巍峨的大金字塔外，还有一座气势磅礴的灯塔——亚历山大港灯塔。这座灯塔仅比胡夫大金字塔低十米，是古代世界第二高的建筑物。

公元前 332 年，马其顿国王亚历山大远征埃及，战后在埃及地中海边建起了一座城堡，即亚历山大城。由于海上航运的需要，埃及人又在附近的法罗斯岛上建造灯塔。从此，夜里在海中来往的航船，有了明确的方向。

这座灯塔高达一百三十五米。塔身共分四部分组成。最底层是塔基，高约七十米，呈正方形，由底往上逐渐缩小。第二部分为八边柱状，高四十米。第三部分为圆柱形，高二十米，由八根花岗石石柱支撑着圆形塔顶，它是夜间导航的灯室。塔顶之上还有一尊海神波塞冬的青铜像。塔内有螺旋形楼梯直通灯室，塔外有升降的吊车往上输送燃料。为了引导远处的船舶航行，在塔的顶层建有燃烧炉，夜间燃起大火，方圆几十里均可看到。

公元 700 年，亚历山大发生地震，灯室塌毁。不久又修复。公元 1100 年，灯塔再次遭强烈地震，整个塔身都被震毁，只剩塔基。这座灯塔一直使用了一千四百年左右。由于该塔建在法罗斯岛，后来西方词语"灯塔"也读作"法罗斯"（英语 pharos，法语 phare）。

42

罗马城与母狼

在意大利首都罗马的街头，人们随处可以看到与狼有关的雕像。走进罗马卡彼托林博物馆，人们的视线集中在一尊母狼的青铜雕像上。这只母狼两耳竖起，嘴巴微张，尖牙半露，圆睁的双眼警惕地注视着前方。在它的腹下，有两个可爱的男婴，他们仰着头，正在吮吸着母狼的乳汁。据说，那两个吃狼奶的孩子就是罗马人的祖先。这里面还有一个有趣的传说呢。

传说希腊人用十年时间攻陷了特洛伊城。有些特洛伊人侥幸逃脱出来，他们坐船漂流到意大利半岛上。当他们在台伯河上岸后，发现这里森林密布，土壤肥沃。于是，这些特洛伊人在这里定居下来，并建立了自己的王国——亚尔巴龙伽。

许多年后，亚尔巴龙伽发生了一件不幸的事。当时的亚尔巴龙伽王的弟弟阿穆留斯篡夺了王位。阿穆留斯并不害怕老朽无能的哥哥，所以留下了他的性命。他担心的只是哥哥的后代报仇。为了避免这种危险，他不顾罪上加罪，在一次狩猎时，杀害了他哥哥的儿子；还强迫他哥哥的女儿西尔维亚到庙里去当女祭司，而女祭司是不能结婚的。他以为这样一来，他的哥哥就不会有后代，他的王位就稳固了。

可是，由于神意的安排，战神玛尔斯竟来和西尔维亚结合，使她生下了一对双胞胎儿子。阿穆留斯听到这个消息后十分惊恐，下令处死孩子的妈妈，并让一个女奴将双胞胎扔到台伯河去，以防他

们长大后复仇。

这时台伯河正在泛滥，大水不断上涨，沿岸白浪滔滔。女奴不敢走到水里，她把装着孩子的篮子放在河边就走开了。她心想，河水再涨高些，孩子就会被水淹死。可是河水并没有冲走篮子，反而把篮子冲到岸边。

这时，一件神奇的事情发生了。一头母狼来到河边喝水，它发现了正在啼哭的孩子，不但没有伤害他们，反而慈爱地用舌头舔干他们的泪水，温存地用奶水把他们喂饱。不久，一个牧羊人看到这神奇的景象，十分惊讶，他把两个孩子带回自己家中抚养，给他们起了名字，一个叫罗慕路斯，一个叫勒莫。

后来，牧羊人经过多方打听，终于弄清这对双胞胎男孩原来是老国王的后代。为了孩子的安全，牧羊人对此一直守口如瓶，从未对别人讲起过此事。

在牧羊人的精心养育下，这对孪生兄弟长大了。他们健壮勇敢，力大无比，武艺出众。直到这时，牧羊人才把他们的身世秘密告诉了他们。兄弟俩听了以后，决心杀死阿穆留斯，为自己的母亲和舅舅报仇雪恨。

两兄弟同心协力，经过不懈的努力，终于杀死了阿穆留斯。他们又找到了隐居乡间的外公，把王国的政权交还给他。罗慕路斯和勒莫做完这些事后，不愿再留在亚尔巴龙伽，决定到他们得救的地方——帕拉丁山冈建立一座新城。

可是，他们俩在建城的问题上发生了争执。争执的原因是，他俩是孪生，该用谁的名字命名新城，由谁统治这个城市呢？两个人争吵起来，越吵越厉害，失去理智的罗慕路斯竟失手杀死了自己的弟弟。接着，他把勒莫埋葬在与帕拉丁山遥遥相对的阿芬丁山。

之后罗慕路斯举行了新城的奠基仪式。他把一对公牛和母牛套在犁上，赶着它们绕着帕拉丁山冈，犁出了一道深深的犁沟。到了

预定开设城的地方，他把犁头抬起，城墙的轮廓就这样确定了下来。罗慕路斯成为这新城之王。他还用自己的名字为新城命名：罗马城。据说这件事发生在公元前 753 年 4 月 21 日，这一天也成了罗马人的开国纪念日。

罗马城终于建立起来了，但城市的人口很少。因为这是座新的城市，来到这里的大多是逃亡者、流浪汉甚至流氓、盗贼。他们多为男子，崇尚武力，凶狠好斗，附近部落的人都不愿把姑娘嫁到罗马来。

罗慕路斯想出了一个聪明的法子。他向周围的部落发出邀请，罗马将在 8 月 18 日举行盛大的节日赛会，欢迎附近的人们前来参加，到时还有宴会款待大家。罗马人为节日做了精心的准备。

节日这天，罗马城内热闹非凡。周围的部落来了许多人，从邻近萨宾部落来的人特别多，他们带着妻子和儿女一起来了，赛会进入了高潮，来宾们又吃又喝，又玩奇妙的游戏，大家开心极了。突然，罗慕路斯发出暗号，早已准备好的罗马青年立即拔出剑来，呼喊着冲进玩乐的人群中，每人抓住自己早已看中的萨宾姑娘，带回自己家里成亲。受辱的萨宾人退出了赛会，他们发誓要报复罗马人。

一年以后，怒气冲冲的萨宾人终于准备停当，大军开始向罗马城进攻了。双方军队在罗马城旁的一个峡谷中，摆开了阵势。一场残酷的血战眼看就要爆发了，空气中充满着紧张的气氛。

就在这危急时刻，从山冈上冲下一群被罗马人抢走的萨宾妇女。只见她们高声喊叫，泪流满面，怀抱着刚吃奶的孩子，冲到了两军阵前。她们跪在地上，苦苦哀求双方不要互相残杀。因为不管哪一方得胜，她们都是受害者，或者是失去父亲兄弟，或者是失去丈夫，成为寡妇。她们的眼泪和哀求深深感动了双方战士，他们不约而同地扔下了手中的刀和剑，彼此和解了。罗马人和萨宾人订下

和约，两个部落合而为一，从此以后都住在罗马城，互相帮助，互相保护。

　　这就是关于罗马建城的故事传说。事实上，罗马城位于台伯河畔，这里土地肥沃，植被丰富，适宜从事农耕与畜牧业。公元前十世纪初左右，原始的村落出现在这里。到公元前五到四世纪，通过不断的联合与兼并，罗马的先人筑起城墙，修建广场，打下了今日罗马城的基础。母狼育婴以及罗马建城的传说，反映了罗马先民们的创业艰辛，也表现了罗马人对祖先、对母狼的感激之情。

43

海上强国迦太基

迦太基的旧址在今天北非突尼斯城外的一个半岛上。迦太基是古代地中海的一个海上强国,曾经与希腊、罗马争夺过地中海的霸权。

迦太基地处北非,建城者却不是非洲人,而是西亚的航海民族腓尼基人。传说迦太基起源于"一张牛皮",这是怎么一回事呢?

在公元前九世纪初,当时腓尼基人的推罗国王临终时留下遗言:让儿子皮格马利昂与女儿爱丽沙同为王位继承人。但是,皮格马利昂却想独占王位。于是,他设计杀死了当大祭司的姐夫,夺取了推罗的王位。他还想进一步加害他姐姐。爱丽沙被迫带了一些忠于她的人乘船出逃。

爱丽沙的船队经历了漫长的航程,终于在公元前814年,抵达了北非的一个港口。爱丽沙一行人受到了当地土著人的欢迎,土著人想同他们做生意,以为这些人住几天就会离开。

爱丽沙发现此地土地肥沃,物产丰富,尤其这儿有一个优良的港湾,她觉得这是一个避难的好地方,于是她对土著首领说:"我们来自遥远的地方,一时难以回故乡。请卖给我们一小块土地,哪怕是牛皮大的一块地,让我和伙伴有个栖身场所。"

"不就是牛皮大的一块地吗?"土著首领心想。

于是,土著人给了他们一张牛皮,让他们按牛皮大小丈量土地。爱丽沙十分聪明,她拿起剪刀,将牛皮剪成一条条细带,围了

一块足以让全体人员安身的地皮。她将这块地方命名为"迦太基"（意为"新城"）。她给了土著首领许多金钱，还答应以后每年向他们缴纳赋税。土著人同意让爱丽沙一行人定居下来。

周围的人们把迦太基人称为布匿人。布匿人在开始的几个世纪中只从事海上贸易。布匿"新城"坐落在地中海地区的中心地带上，很快发展成为北非最繁华的大都会。

迦太基城到公元前六世纪至前五世纪，进入极盛时期。它拥有几十万人口，欧亚非商贾云集。不列颠的锡、西班牙的白银、非洲内陆的黄金和象牙源源不断地流入迦太基。市内的房屋鳞次栉比，那时已有六层高的建筑物出现。市中心的比尔萨山冈上，矗立着卫护全城的太阳神、月亮神神庙。

迦太基城也是一个巨大的堡垒，它筑有三道平行的城墙。外墙高达十六米，每隔六十米就有一座炮楼。外墙呈拱顶状，下分两层。上层为兵营、马棚，可容纳两万名步兵、四千名骑兵和四千匹战马，下层是战象棚。迦太基人作战往往让上百头大象排成行，尾随象队的士兵用长矛和铃声将其激怒，群象直插敌阵，为步兵踩出一条血路。

为了商业发展的需要，迦太基修建了巨大的海港，一个是圆形的军港，另一个是长方形的商港。港口挖建在城墙之内，商港内侧套着军港。船只从海上进入商港只有一条宽二十米的水道，如出现敌情，就用粗绳索将其封闭，而由商港进入军港又须通过一条狭窄的船渠。

迦太基建城后不久，罗马开始兴起。迦太基在海上和非洲称霸，罗马则在陆上和欧洲逞威。罗马奴隶主集团不断对外扩张，决心与迦太基争夺地中海的霸权。公元前264年，两大强国开始刀兵相见，历史上叫做布匿战争。这场大战前后进行了三次，共持续了一百十八年之久。

第一次布匿战争是双方争夺西西里岛。一开始，迦太基强大的海军占尽优势。罗马人为了弥补自己士兵不善水战的不足，设计制造出乌鸦式战舰。这种战舰船头装有一只"乌鸦嘴"，在海战中接近迦太基的战舰，并在两舰相撞前伸出长长的"乌鸦嘴"，"咔嚓"一声咬住对方的船舷。其实，这"乌鸦嘴"是一座带着铁钩的吊桥，咬住敌舰后，富有陆战经验的罗马人冲上敌舰甲板，横砍竖劈，刀光剑影，毫无陆战经验的迦太基划桨手只有招架之功，没有还手之力。果然，罗马人靠着乌鸦式战舰获得大胜，西西里岛归罗马所有。

迦太基不甘心失败，而罗马人又贪得无厌，公元前218年，双方又爆发第二次布匿战争。尽管迦太基有汉尼拔那样杰出的军事家，但迦太基政府对汉尼拔心怀疑忌，不给支援。最后迦太基战败，被迫解散军队，烧毁战舰，还向罗马交纳巨额赔款。

迦太基人虽然在军事上已无力对抗罗马，但经济上依然繁荣。这是罗马所不能容忍的。罗马的一个叫卡东的元老是迦太基的死敌。他每次在元老院发表演讲，总是以"必须摧毁迦太基"作为结束语。终于在公元前149年，罗马军团兵临迦太基城下，第三次布匿战争爆发。

这一次，迦太基全城老少面对来犯之敌，同仇敌忾，奋起保卫祖国。他们拆下自己的屋梁，用来建造一支突围的舰队。妇女们剪下头发编结缆绳，连首饰都拿出来熔制兵器。罗马军团围攻了两年未能得逞。第三年，城内闹饥荒，最终城墙被攻破，但激烈的巷战又持续了六昼夜。

迦太基的最后一批保卫者被围在城内的比尔萨山冈上，指挥官哈斯推拔眼看陷入绝境，准备向罗马人投降。他的妻子知道后命人烧起火堆，登上神庙的平台，她高声痛斥了罗马人和背叛祖国的丈夫，抱着两个孩子纵身跃入火堆。上千名勇士宁死不降，也都纷纷

跳入火海自焚。

罗马军进城后恣意放火杀戮，六十万迦太基人，幸存者仅五万，而且全部被卖为奴隶。迦太基城被夷为平地。罗马人为了使它永远成为不毛之地，翻耕土地，遍撒盐巴。公元前 146 年，布匿文明中断了。罗马成为地中海地区的唯一霸主。

44

迦太基名帅汉尼拔

公元前 237 年的一天，迦太基远征军的将士，正在神庙中举行祭神仪式。一名九岁的英俊少年，跟着一位名叫巴尔卡的将军，来到了祭台前。只见少年把手放在祭台上，用庄严但还有一点稚气的语调宣誓："待我长大成人，誓与罗马血战到底！"宣誓完毕，将军搂着少年，跨上战马，率军踏上了征程。这位少年就是将军之子，以后在意大利纵横驰骋十六年、屡败罗马的一代名将汉尼拔。"汉尼拔誓言"也因此名垂千古。

汉尼拔的童年是在战乱中度过的。当时，迦太基和罗马之间正在进行着第一次布匿战争。他的父亲、姐夫先后率领迦太基人与罗马人战斗。汉尼拔在二十六岁时，就被任命为迦太基驻西班牙的军队统帅。

汉尼拔从小随父征战，得到父亲和姐夫的精心指导，受到严格的军事和外交训练。长期的戎马生涯，培养了他身先士卒的战斗作风，他冲锋在前，撤退在后；他平易近人，与普通士兵睡在一块。所有这些，都说明汉尼拔具有一个卓越将领的优秀品质，智勇双全，威望极高。

公元前 218 年，罗马人又挑起第二次布匿战争。罗马军队兵分两路，一路开赴西班牙攻打汉尼拔，一路渡海进攻北非的迦太基本土。罗马人以为，汉尼拔一定会放弃西班牙，驰援北非本土。他们做梦也没有想到，汉尼拔竟然置本土于不顾，率军长途奔袭罗马的

后方——意大利北部。

这年 4 月，汉尼拔亲率由九万步兵、一万两千骑兵、三十八头战象组成的大部队，从西班牙出发，跨越阿尔卑斯山，进入意大利腹地。这次远征最艰难的路程是通过冰雪覆盖、山高坡陡的阿尔卑斯山脉。

一天，部队行进在阿尔卑斯山的一条山路时，一道巨大的岩壁挡住了去路。岩壁的一边是陡峭的山坡，一边是万丈深渊。开路的士兵使出浑身的力气，也只在山壁上凿出一些浅浅的白点。汉尼拔让士兵们砍来一些树木，靠在山壁上焚烧，一直烧到冰层融化、山壁发红时，再用水浇洒。一阵唑唑的声响过后，岩壁的表层崩裂了，他又叫士兵用大锤把岩壁砸碎，然后开出一条道来。这条穿越阿尔卑斯山的通道，后来被人称为"汉尼拔通道"。

汉尼拔的部队历经艰难险阻，遭受了巨大的人员伤亡，终于在公元前218 年 9 月底走出深山，到达意大利的波河地区。这时，他的部队只剩下两万步兵、六千多没有马的骑兵和一头战象了。

汉尼拔出其不意地越过阿尔卑斯山，使罗马人大吃一惊，急忙调来大军阻挡他。第二年的 6 月，汉尼拔采取迂回战术，绕过有罗马重兵防守的阵地，在一片三面环山、背后临湖的峡谷地带设下埋伏，把四个罗马军团引入了其中。

接下来的战斗中，三万罗马军队被包围在湖边。趁着清晨的浓雾，埋伏在附近的迦太基士兵杀了出来。不到三个小时，战斗便结束了，罗马士兵几乎被全歼。这就是有名的特拉西美诺湖之战。

公元前216 年 8 月，汉尼拔占领了罗马的重要粮仓坎尼。8 月2 日，著名的坎尼之战爆发。这是西方古代史上最著名的战例之一。

这场战役开始时，汉尼拔约有四万步兵和一万骑兵，因为在异国他乡长期奔波，这些部队已是疲惫之师。而罗马人有八万步兵和

六千骑兵，都是精锐之师，并且休整了很长时间，斗志旺盛。但这并不能阻止汉尼拔赢得胜利。

汉尼拔精心布阵，正中是两万名老弱步兵，排成半月形，凸出的一面对着敌人，两旁才是战斗力强的步兵；在半月形阵势的两端，是精锐的骑兵。尤其他还注意到，那个地区在中午时分常常刮猛烈的东风，因此他背风列阵，想借东风助一臂之力。

罗马人则按传统方式布阵，将八万步兵排成七十列，以密集的队形摆在中央，两旁配置骑兵，准备以优势兵力猛烈冲击敌军，一举获胜。

上午八点多钟，广阔的战场上响起了刺耳的军号声。紧接着，十几万人发出了震撼原野的呐喊声。一场规模空前的血腥搏杀开始了。

罗马人率先发起进攻。步兵排着密集的方阵，全力向迦太基步兵的中央猛攻。正如汉尼拔预料到的那样，他那两万名老弱步兵抵挡不住，便向后退却。这样，半月形的阵势弯了进去，原来凸向罗马人的部分，开始变成凹进的了。罗马人越是前进，迦太基兵马越是从两侧向内收缩。这正是汉尼拔的计谋，让罗马人往"口袋"里钻。当罗马人钻进"口袋"里一定深度时，汉尼拔又指挥他的精锐步兵和骑兵迅速挤压敌军的两翼。

时近中午，汉尼拔期待的东风果然刮起来了。风势猛烈，尘土漫天，"口袋"里的罗马人迎风作战，被沙土迷住了眼睛，既不能躲避敌人的武器，又不能准确地砍刺敌人，而且彼此互相碰撞，顿时阵势大乱。而迦太基人由于背对东风，借助风势大量杀伤敌人。

这时，汉尼拔的骑兵已经完成对敌人的包围，把"口袋"扎紧。被围住的罗马军队人数众多，但被挤成了一团，中间的军队没法发挥力量，而边上的队形也被冲乱，穿甲戴盔的重装步兵失去了轻装步兵的保护，这些罗马军的主力顿时成了让汉尼拔军砍杀的

羔羊。

战役的结果令人难以置信，八万罗马大军几乎被全歼，执政官鲍路斯战死。而汉尼拔总共只损失了六千人。据说汉尼拔从敌人手指上收集的金戒指就有三斗之多。

汉尼拔在意大利南征北战十六年，一次又一次地战胜了罗马，从来也没有失败过，但是始终没有把罗马征服。由于缺乏攻城的器械，他也没有进攻过罗马城。

年复一年，汉尼拔的处境越来越困难。他得不到迦太基本土的支援，部队越来越少了。公元前202年，汉尼拔与罗马人在扎马城附近展开决战，他有生以来第一次、也是最后一次被击败了。迦太基被迫付出大笔黄金作为赔款；所有的战舰，除保留了十艘外，一概交出；割让西班牙等所有属地。

第二次布匿战争就这样结束了，迦太基从此不再是强国，而成为罗马的一个附属国。

罗马人并不放过汉尼拔，要迦太基人把他交出来。汉尼拔被迫从非洲逃到了亚洲。然而，冷酷的罗马人继续追捕他，向敢于收留他的一切国家发出战争威胁。公元前187年，走投无路的汉尼拔宁死不肯做俘虏，在一个山洞里服毒自尽。

45

格拉古兄弟

公元前 133 年年初的一天，人们早早地来到了罗马的中心广场，为的是聆听新任保民官的演说。人群熙熙攘攘，在广场中央的讲台上，一个年近三十的年轻人正在向公众发表激动人心的演讲：

"漫游在意大利的野兽，都有一个可以栖身的窝巢；但那些为意大利战斗而不惜牺牲的人们，除了阳光和空气以外却一无所有。他们携妻带子，无家可归，到处流浪。他们虽然被称作罗马的主人，自己却没有哪怕是一小块土地，这难道公平吗？"

"不！"听众们激动地高呼着。

演讲的年轻人叫提比略·格拉古，他是二十天前刚当选的保民官。保民官是罗马共和国的一种特殊官职，负有维护平民利益的职责。提比略当选后，在公民大会上提出了一项土地改革方案，正在为此方案的通过进行演讲。

提比略·格拉古，也叫大格拉古，出身于罗马贵族家庭，他的父亲曾做过两任执政官。他还有一个弟弟叫盖约·格拉古，也称小格拉古。格拉古兄弟从小就受到了良好的教育，他们十分欣赏希腊的民主政治和平等的思想。

格拉古兄弟青少年时代就关心政治，时常参加一些政治活动。当时，一个罗马人要想投身政治，必须经常在公共场所发表演说，以此赢得公众的赞赏。青年时代的格拉古兄弟都是一流的演说家，他们演讲时，周围常常聚满了听众。

兄弟俩的外貌很相似，宽阔的肩膀，显得结实有力；浓密的卷发，更添奕奕神采；一双淡蓝色的眼睛，炯炯有神。兄弟俩在性格上是不同的，哥哥提比略沉着文雅，平易近人，讲演时站着不动，语言和蔼，有条有理，娓娓动听。可是弟弟就不同了，盖约的脾气暴躁，性急如火，讲演的时候在台上走来走去，一刻也不能安静，有时慷慨激昂，甚至破口大骂。为了克制自己这烈火般的性格，他就让一个仆人跟在身边，手里拿着一把琴，每当他讲演嗓音变得粗暴时，仆人就拨动一下琴弦，发出柔和的音乐，让他的语调变得柔和些。

不过，两人的性格有好多地方是相同的，比如，兄弟俩都非常勇敢豪放，为人正直，嫉恶如仇，在敌人面前毫不畏惧。同时，两人在生活上十分简朴，从不追求个人享受。这些品德在青年贵族中是非常难能可贵的。

当时，在罗马共和国，土地问题是头等重要的问题。两百年来，罗马在征服意大利、地中海地区的过程中，农民从军出征，土地无人耕种，很多土地被兼并了，当农民回到家乡时，已无地可耕种。因此，失地农民强烈要求重新获得土地。并且，罗马的兵役法规定：服兵役的人必须自备服装和武器。由于农民破产，他们无力再去当兵，罗马共和国正面临兵源枯竭的局面。

为了改变这种局面，新任保民官提比略提出一个土改方案：每个家庭最多可以占有二百五十公顷土地，多占的土地交给国家，然后把这些土地分为小块，再由国家分配给无地农民。

这个法案得到了大多数平民的支持，但却遭到了许多大贵族的反对，因为他们不想交出哪怕一小块土地。贵族们的反抗变得越来越激烈。有些贵族装疯卖傻，蓬头垢面，身穿破衣烂衫，装出一副可怜的样子，在大街上游逛，企图得到人们的同情。贵妇们也穿起丧服，披头散发，从一个神庙跑到另一个神庙，祈求神灵保佑。更

有一些贵族，暗中收买了刺客，企图伺机杀死提比略。

机会终于等到了。保民官的任期是一年，又到了选举新保民官的时候了。提比略为了不让土改方案中途夭折，决定再次参选。然而，再次竞选保民官违反罗马宪法，这给元老院贵族们除掉提比略提供了一个借口。

在选举保民官的那天，成千上万的平民聚集在罗马的中心广场上，聆听提比略发表演说。而广场内外，也来了许多反对派贵族，他们正寻找机会制造混乱。

正在这时，有一个人来到会场，他告诉提比略说："富豪们已经组织了武装，要来杀掉你，你们快做准备。"

站在远处的人不明白发生了什么事，就大声地询问，因为人声嘈杂，提比略用手指了一下自己的脑袋，意思是说他的生命受到了威胁。群众顿时冲动起来，把在场的贵族们都赶跑了。

此时，元老院也在开会商量对策。一个从广场逃回来的贵族报告说："提比略罢免了所有的保民官，自任为下一届的保民官；他在台上一再用手往自己头上指，要求给他戴上王冠，做罗马的国王。"

元老们一听就暴跳如雷，大祭司长更是高声喊道："凡是要维护法律的，跟我来！"说完，他就撩起长袍，带头向广场跑去。元老们也都把长袍撩到肩上，怒冲冲地跟在后面。

大祭司长是宗教的最高首领，元老们也都是一些有声望的人，他们气喘吁吁地冲进会场，后面还跟着一大群打手。人们先是一惊，恭敬地给他们让路。但是他们一进会场，就向提比略猛扑过去，这时人们才清醒过来，急忙反击，于是双方展开了激战。元老院贵族和打手们提着棍棒，向提比略一顿劈头乱打，而平民们赤手空拳进行抵抗。打手们渐渐占了上风，改革派伤亡惨重，有三百多人惨遭杀害，他们的尸体被扔进了台伯河里。

就这样，一场平民争取土地的改革运动被贵族残酷镇压了。

提比略遇害后，他的弟弟盖约强忍悲痛，从正在服役的军队中回到家里。表面上，他不再抛头露面，既不参加任何政治活动，也不去为他哥哥申辩。但事实上，盖约对哥哥的改革事业坚信不移。盖约虽然痛恨元老院的暴行，但他不露声色，以便等待时机，实现他的政治理想。

公元前 126 年，盖约被选为财务官，这一年他刚好二十七岁。元老院对他存有戒心，不敢让他留在罗马，而把他派到撒丁尼亚省管理财务。

两年后，盖约返回罗马。公元前 123 年，在他哥哥死后的第十年，盖约在平民的支持下竞选保民官。在选举的那一天，人们从四面八方涌入会场，广场上人山人海，彩旗迎风飘扬，人们急切地期待着盖约做他们的保民官。选举结果，盖约·格拉古当选为公元前 123 年的保民官。

盖约上任后推行更激进的改革，给平民供应平价粮食，给予全体意大利人以罗马公民权。这些政策自然受到了反对派贵族的强烈反对。

过了两年，改革派与元老们在一次会议上争吵起来，平民们因愤怒打死了一名反对派人士，这给了贵族们报复的绝好机会。第二天，反对派贵族一面举行游行反对盖约，一面组织暴徒对改革派展开屠杀。盖约被迫逃进罗马附近的丛林，身边只跟着一个仆人，这时追兵已经逼近。盖约绝不甘心被敌人俘虏，于是命仆人将自己杀死。在随后的大屠杀中，盖约的支持者们有三千多人被杀。

格拉古兄弟为了平民的事业，献出了年轻的生命。罗马人民为纪念他们，精心制作了两尊塑像，树立在罗马城内风景最优美的地方，供后人瞻仰。

46

从共和到独裁

　　马略和苏拉都是罗马著名的将军，他们都先后担任过罗马执政官和军队领袖。两人的出身各不相同。马略出身低微，但作战勇敢，富于谋略，在军中很快得到提拔；苏拉比马略小十九岁，出身贵族家庭，因战功卓著而掌握军权。

　　他们彼此的见解也不相同。马略喜欢站在平民士兵们一边，而苏拉却喜欢与元老们呆在一起。起初，两人相安无事。不久，他们之间的矛盾就上升为平民与贵族之间的矛盾，两人各为一方首脑。最终两人反目为仇，兵戎相见。

　　他们的故事要从朱古达战争讲起。

　　公元前111年，罗马同北非努米底亚国王朱古达进行了一场战争。朱古达知道不能跟罗马军队硬拼，于是就给罗马军官送去许多银子。这些收了敌人银子的军官打起仗来自然不卖力，而且故意打败仗。因为打了败仗就有银子，何乐而不为呢？结果，在北非的罗马军队士气涣散，屡战屡败。

　　在北非的城市里，出现了这样的场景：罗马士兵在街上闲逛着，有的士兵高声地与小贩讨价还价，有的在酒店喝得酩酊大醉，有的则在妓院与妓女鬼混；还有些士兵正在抢劫，互相争夺牲畜和奴隶，然后把抢来的物品与商人换酒喝；更有些士兵把马匹和武器卖了，来换取奢侈品。

　　昔日纪律严明、战无不胜的罗马军队成了乌合之众。这支军队

已毫无战斗力，遇敌一触即退，屡战屡败，原先的英雄气概已荡然无存。

北非的战事很快就传到了罗马元老院里，元老们议论纷纷。这时他们想起了马略，便任命他为执政官，让他前去北非统兵，与朱古达作战。

公元前107年，当选为执政官后的马略统率大军到达北非。这时，朱古达也想用金钱收买他。但马略与其他将军不同，他战斗的目的是为了罗马的荣誉，而不是个人的腰包。马略与朱古达展开了真正的战争，只用了两年就把他征服了，并让朱古达系着锁链在罗马游街示众。

马略的赫赫战功，使他在罗马人民中享有崇高的威望，罗马人民又连续选他当了七年执政官。面对朱古达战争中暴露出的军队腐败问题，马略做了一件重要的事情：进行军事改革。

以前，罗马军队实行的是征兵制。参加军队的人必须有财产，因为政府不但不发军饷，士兵还得自己购买武器。这样一来，一些穷人想参军，也没有办法。马略的军事改革，就是把征兵制改为募兵制。规定只要是罗马公民，有无财产均可当兵，从军之后一律由国家提供武器装备，还发给优厚的军饷。为国家服役十六年后，可以从国家分得一份土地。同时，马略还对军队加强军事训练，实行严格的军纪。这样，罗马诞生了一支职业化的军队。

那时，苏拉是马略手下的一名副官，在对日耳曼人的战争中崭露头角，他受到了元老们的器重。公元前88年，苏拉当上了执政官。苏拉既有野心又工于心计，渐渐地与马略产生了矛盾。

两人在一件事情上闹翻了。当时，亚洲有一个叫米特拉达梯六世的国王起来反抗罗马，在罗马的土地上攻城略地，所向披靡。罗马决定派大军镇压。马略和苏拉都争着当统帅出兵亚洲。他俩都暗地打过算盘，征服亚洲不仅可以成为凯旋的大英雄，而且可以获得

丰厚的战利品。罗马公民大会和骑士们推举马略当统帅，但元老院贵族却授权苏拉领兵远征。双方为此事争执不下。

先是苏拉一派取得了优势。苏拉大开杀戒，领兵冲入罗马城里，杀了大批的马略支持者。按照传统，军队不允许进入罗马城，苏拉领兵进入罗马，开了一个恶劣的先例。

苏拉还想出了一个毒招，他在罗马街头贴出公告，宣布马略一派的人为"罗马人民的公敌"。任何人，甚至是奴隶，都可以随意杀死这些人，不但不会受惩罚，还能获得被杀者财产的一部分，奴隶可以获得人身自由。结果，马略的支持者们血流成河，屠杀他们的人则一夜暴富。苏拉以为大局已定，便率军前往亚洲，去镇压造反的米特拉达梯六世了。

谁知马略事先得知消息，带着一小批心腹逃到了非洲，在那里招兵买马，壮大实力。不久就带了一支军队打了回来，占领了罗马城。他同样宣布苏拉和他的支持者们为"罗马人民的公敌"，苏拉党人大批被杀，流血报复持续了五天五夜。公元前86年，马略又当上了执政官。

这时，苏拉正与米特拉达梯国王作战，根本顾不上后院。等他击败米特拉达梯以后，率领着胜利之师回到了罗马，此时的苏拉拥有步兵三万、骑兵六千和许多战舰，实力大大增强了。听说苏拉回来了，许多贵族前来投奔，其中包括名将庞培和克拉苏等人。

苏拉以征服者的姿态进入罗马城。这时，马略已经因病去世。马略余党虽然进行了反抗，但是寡不敌众。苏拉再次宣布公敌名单，对马略余党进行了残酷的镇压，有五千多人被屠杀。"公敌"的住宅被烧毁，财物被洗劫，土地被充公。苏拉还释放了一万名"公敌"的奴隶，让他们成为公民，成为自己的支持者。

苏拉在马略党人的血泊上，建立了自己的独裁政权。他牢牢地控制了元老院，总揽了全国的军政和司法大权，并得到一个称号：

终身独裁官。他是第一个获得这个称号的罗马人。以前罗马独裁官的任期是有限的，一般不超过半年。

在他的独裁统治下，原来属于公民大会的许多权力交给了元老院。这时的罗马显然与原来共和制的罗马不同了，它不再是"共和的"，而是"专制的"。

然而奇怪得很，苏拉在当了几年独裁者后，出人意料地辞去了官职。他把权力交到了元老们手中，退休回到了自己的庄园，过起了隐居生活。一年后，苏拉在他的乡间别墅平静地死去，终年六十岁。

元老院为苏拉举行最隆重的葬礼，他的遗体被放置在镏金马车上，在声势浩大的送殡队伍护送下，巡游了整个意大利。

马略与苏拉的争斗，使罗马丧失了无数的精英，更动摇了罗马的共和制度。以后的罗马历史将是独裁取代民主、专制帝国取代共和国。

47

斯巴达克起义

公元前73年夏天，在罗马中部卡普亚城的角斗学校，发生了一次暴动。七十八名角斗奴和训练师，以菜刀、烤肉铁叉和棍棒为武器，杀死了卫兵，冲出学校大门，直奔城外的维苏威火山。这次暴动的领导者，是古罗马的奴隶起义领袖斯巴达克。

斯巴达克是希腊色雷斯人，是色雷斯最强大的部落首领。当罗马入侵他的家乡时，他奋起抵抗。但小小的色雷斯如何抵挡得住罗马大军，他被俘虏了。由于他身体强健，臂力过人，被卖给一个随军的角斗士老板。角斗士是什么？就是以互相残杀来给罗马人取乐的人，比奴隶和牲畜还要低贱。

做了角斗士的斯巴达克在角斗中所向无敌，曾在一次角斗中独杀四名对手！因此按照角斗规矩，狂喜的观众当场高喊："自由！自由！"斯巴达克就这样自由了。他被一所角斗学校聘为教练。在这里，他认识了许多角斗士，并赢得了他们的尊敬。于是，他串联了几十个角斗士和教练，揭竿起义了。

斯巴达克最初率领起义军驻扎在维苏威火山中，这并未引起罗马元老院太大的注意。当时，逃几个奴隶是十分平常的事。起义军便乘此大好时机，聚集力量。在短短的几个月的时间里，他们缴获了当地驻军的大量武器，还从附近的庄园补充了大批给养。

因为起义军纪律严明，深得奴隶和平民的支持，队伍迅速壮大起来，很快就发展到万余人。

起义军的势力越来越大，这引起了罗马元老院的恐慌。元老院派大法官克罗狄率三千名官兵前去镇压。克罗狄封锁了通往维苏威山顶的唯一山道，企图困死起义军。山顶上长着很多野葡萄，角斗士们砍下葡萄藤，编成绳梯直通山底，他们顺利地爬到山下。罗马人丝毫未觉察到这个情况。起义军迂回到罗马人背后发起了突然攻击，杀得罗马军队丢盔弃甲，溃不成军。克罗狄急忙跳上一匹还来不及装上鞍子的马，慌忙逃回罗马。

公元前72年秋天，罗马元老院经过一番筹划，又派执政官瓦里尼率两个军团共一万两千人前去镇压。瓦里尼采用分进合围的战术，妄图消灭起义军。

斯巴达克针对敌人的弱点，制定了集中优势兵力、逐个击破的方针。结果起义军连获胜利，罗马人则损兵折将，瓦里尼也受了重伤。

起义军军威大振，成批的奴隶和自由民踊跃参加进来，队伍迅速扩大到十二万人，控制了南意大利的许多地区。他们招募工匠，大造武器，还发展了骑兵部队。

虽然此时的起义军纵横驰骋，所向披靡，但斯巴达克清醒地认识到，他还不能向罗马进军，同它抗衡。斯巴达克决定北上，向阿尔卑斯山进军。

公元前72年，斯巴达克的起义军冲破了敌人的围追堵截，向阿尔卑斯山挺进。这时，起义军内部发生了分歧，有的将领认为自己人数众多，又打过几次胜仗，变得骄傲起来。他们要求改变原来越山北上的计划，转而回师南下，攻打罗马城。起义队伍出现了分裂，一个将领率领一万多人离开了斯巴达克，向南进攻，但不久就被罗马军队击溃。

斯巴达克率领起义军沿亚得里亚海向北挺进，一路上势如破竹，迅速攻下了穆提那城。起义军朝思暮想的阿尔卑斯山就在眼前

了。只要翻过这座高山，就能回到各自的国家了。

可是，起义军却在这时突然改变了原定计划，他们烧毁了一切多余物资，杀掉不需要的马匹，挥师南下。

起义军为什么要改变计划呢？后人认为可能是节节胜利使起义军增加了战胜罗马的信心。若是翻越阿尔卑斯山，山顶终年积雪，气候恶劣，一定会遇到很大障碍，就是越山出境后也是前途难料。所以当大军来到阿尔卑斯山下的时候，战士们认为自己完全可以打败罗马，他们强烈要求斯巴达克改变原定计划，带他们直捣罗马。斯巴达克为防止再次分裂，顺应了众人意见，决定南下。

起义军又一次出现在亚得里亚海岸，罗马统治者惊恐万分，立即宣布国家处于紧急状态。这情形就像当年迦太基名将汉尼拔直捣罗马一样，以至于谁也不愿担任这一年的执政官。

元老院费尽周折，最终选定了大奴隶主克拉苏为执政官，由他率领八个军团的兵力前往镇压起义军。元老院赋予他"狄克推多"（即独裁者）大权。克拉苏为了扭转形势，提高战斗力，在军中恢复了"什一死刑"，即凡临阵脱逃而被抓获的士兵，用抽签的方式十人杀一。他要让士兵们懂得，军令比敌人更可怕。然而，罗马军队仍然屡遭败绩，无法阻止斯巴达克继续南下。

当斯巴达克率领起义军冲破层层封锁，来到亚得里亚海岸的布林的西港，准备从那里渡海到东方，转而各回自己的家乡，这时，起义军内部又发生了分裂，两位将军不愿离开意大利本土，也不听斯巴达克的劝告，擅自带领两个军团单独行动，结果很快被克拉苏全歼。

公元前71年冬，斯巴达克起义军同克拉苏的罗马军团在意大利南部的阿普里亚进行了最后的决战。

在持续八九个小时的血战中，斯巴达克身先士卒，视死如归。他骑着黑色骏马，冲在最前列，带领起义军拼命厮杀。斯巴达克本

想杀死罗马的最高司令官克拉苏,但始终没有找到。在杀死两个罗马军官后,他不幸被标枪击中了大腿,翻身落马,众多的罗马士兵将他包围了起来。但斯巴达克面对群敌,毫不畏惧,他像一头愤怒的雄狮,一手举盾,一手执剑,一条腿跪在地上,顽强地与敌人战斗。最后,这位奴隶起义领袖终于倒在了众多敌人的剑下。

起义军最终因寡不敌众而失败了。一些奴隶逃出战场,奔往山中,克拉苏追到那里。结果有六万名起义者牺牲,另有六千名被俘。克拉苏残酷地杀害战俘,他把六千名战俘,全部钉死在从卡普亚到罗马城沿路的十字架上。

斯巴达克起义虽然失败了,但他的功绩将永载史册。这次起义对罗马社会产生了强烈的震撼。受到沉重打击的罗马统治者开始认识到,现有的共和体制已不适应镇压奴隶和维护统治的需要了。因此,一个新的军事独裁的帝国即将诞生。

48

伟大的恺撒

地中海的海盗们根本不知道，他们所抓获的是一个多么危险的人物。这位年轻的罗马人皮肤白皙、眼睛深陷、鼻梁挺直，显然是一位贵族。海盗们向他勒索了二十塔伦特（古罗马金币名称）赎金，就把他给释放了。这位叫恺撒的人临走时，当着海盗的面哈哈大笑，他告诉他们，他的身价至少值五十塔伦特，还发誓说他马上要回来把他们全部吊死！

海盗们都当他是一个摆臭架子的阔佬，谁也没把他的话当真。获释之后，年轻的恺撒说到做到，他领了一支海上巡逻队，赶上了海盗船，抓住了那些海盗，亲眼看着他们一个个被吊死。离开时，他还从海盗身上搜回了那二十塔伦特。

这件事发生在公元前 76 年，恺撒只不过二十出头，然而却是一个成熟的男子汉了。

恺撒出身于罗马最高贵的家族，从小受过良好的教育。他博学多闻，口才超群。不仅如此，这位风度翩翩的贵族还是一个精明的政治家，一个接一个的职位被他弄到手。他与什么人都来往，不管是上层人物还是下层平民。他经常举行盛大宴会，花起钱大手大脚，结果弄得债台高筑。

但不久他得到个肥缺，到富裕的西班牙任总督。正当他准备启程时，债主们逮住了他，眼看他脱不了身，罗马的大富豪、镇压斯巴达克起义的克拉苏解囊相助，他才得以赴任。

在西班牙，恺撒建立了一支军团。他不避酷暑严寒，顶风冒雪，率领这支军团逐一征服西班牙的独立部落，迫使他们向罗马纳贡。

回到罗马后，恺撒当上了罗马执政官。公元前60年，他与罗马最有权势的庞培和克拉苏结成联盟，史称"前三头"同盟。不久恺撒又出任高卢总督。

但是，恺撒清醒地认识到，论军功他远不及庞培，论财富根本不能同克拉苏相比。要成为罗马的老大还有很长的路要走。几年前，他在西班牙的一座神殿里突然看见亚历山大大帝的雕像，他久久凝视着这个死时才三十三岁的伟人，不禁感叹道："亚历山大在这个年纪已经征服了全世界，而我现在却依然默默无闻。"

他要像亚历山大大帝那样进行远征，建立军功，成为世界的统治者。

此时，东方已被庞培征服。因此恺撒把目光转向西方，以征服高卢来作为获得更高权力的跳板。

恺撒担任高卢总督时，高卢（今法国、比利时等地）大部分地区还未被罗马征服。高卢土地肥沃，物产丰富。居民分为许多部落。高卢人骁勇强悍，作战勇敢。他们有一个让人害怕的风俗：许多人家房屋的栅栏上，挂着风干了的被砍下的仇敌的脑袋。高卢人以此而自豪。

面对勇猛的高卢人，恺撒发挥出了他杰出的军事才能。一方面，恺撒利用高卢部落之间的矛盾，挑动他们自相残杀。另一方面，他随时激励罗马将士的勇气，关心部队的给养和津贴。一遇危险，他总是身先士卒，冲锋在前，高举的战刀寒光闪闪，血红的斗篷在战火中飘扬。在仅仅三四年的时间里，他就征服了全部的高卢土地。

此后的几年，恺撒又击退了日耳曼人的入侵，把罗马的西北边

境一直推到莱茵河岸（在今德国境内）。他一举占领了英吉利海峡对岸的不列颠岛，使英国人开始接触到罗马文明。

在征服高卢期间，恺撒掠夺了丰富的战利品。恺撒的威名盖过了庞培。他本人还用流畅的散文写成《高卢战记》，这本书一直为世人广泛传诵。

在恺撒远征高卢时，克拉苏已在西亚的战争中战死。现在，恺撒的政敌只有一个，就是庞培。而且，罗马元老院贵族支持庞培。公元前49年，元老院命令恺撒解散军队，回到罗马，否则以罗马的"公敌"论罪。

恺撒对元老院命令的答复是率军队进军罗马。1月10日，恺撒带领军队，渡过作为意大利边界的卢比孔河，向罗马进军。据说，他曾站在卢比孔河边久久地迟疑不决，因为按照罗马法律，罗马的将军是不许带兵进入罗马城的。最后恺撒说了句："骰子已经扔下，就这样吧。"

恺撒下令军队渡河，以强行军向罗马挺进。从此，恺撒渡过卢比孔河成为一句成语，意思就是下定决心，勇往直前。

对于这样坚决的行动，庞培和元老院贵族们毫无思想准备，他们慌了手脚，纷纷逃出了罗马，逃出了意大利。

恺撒兵不血刃占领了罗马，很快被选为执政官。接着，恺撒追击庞培。经过一场大战，庞培的军队被打垮，庞培本人逃亡埃及，在那里被埃及人杀死。

但是，恺撒并不因此而停止进攻，他追踪到埃及。在埃及，他遇到了"埃及艳后"克里奥佩特拉七世，并为之倾倒。

公元前45年，恺撒带着"埃及艳后"返回意大利，罗马为他举行了空前盛大的凯旋仪式。庆典仪式持续了四天，展示的财宝多到了令人咋舌的地步，其中仅金王冠就有二千八百多顶，金银一百三十多万公斤，还有无数的俘虏。

凯旋仪式后，恺撒就用这些财富慷慨地犒赏全体军民。从普通平民、士兵到将军，每人都得到不同数量的一份。恺撒还举办了盛大宴会和演出招待罗马民众。

公民大会和元老院把所有的荣誉都加在恺撒身上，他被推举为终身独裁官、为期十年的执政官、终身保民官，还获得"祖国之父"的光荣称号。只有一个荣誉没有给他，那就是国王，或者说，皇帝。罗马名义上还是共和政体，实际上恺撒已是极权的君主。

在恺撒当权的短暂日子里，他作出了重大改革。他改革元老院，把议员的人数增加到九百人；授予获得自由的奴隶和高卢人以公民权；提高各行省和城市的地位；给予受迫害的犹太教以合法地位；将八万老兵和居民安置到各个殖民地。

然而，无论恺撒的成就多么伟大，对他来说，危险迫在眉睫。转眼间到了公元前44年3月15日，元老院贵族们不满恺撒改变古老的共和传统，他们害怕恺撒废除共和制度，决定刺杀恺撒。

这天，恺撒去元老院开会。阴谋者开始行动，先由其中一人走到恺撒面前，为自己的弟弟求情，其余的人也聚拢过来。突然，他们拔出短剑向恺撒猛刺。恺撒愤怒地大喊，奋起抵抗。当他看见他平时器重的布鲁图斯也在刺客之中时，就停止了抵抗，裹好斗篷倒在庞培雕像的脚下，身受二十三处刀伤而死。

恺撒虽死，但他创建的伟业并未消失。今天西方的文明，就是在他的罗马帝国的古老基石上建立起来的。

49

元首屋大维

公元前31年9月2日下午，在希腊西部的亚克兴海面上，出现了两支浩浩荡荡的海军舰队。右边的一支是元老院派出的罗马舰队，舰队的指挥官叫屋大维。他脸色冷峻，目光坚毅，披着红色斗篷，站在旗舰上。一阵海风吹过来，斗篷上的红绸带拂动着他的脸颊。望着浩瀚的大海，他暗暗下定决心：这次如果不取得胜利，不将他的政敌的头颅砍下，决不回罗马。

左边的是一支联合舰队，由埃及女王克里奥佩特拉七世和罗马前执政官安东尼率领。从舰船数量上来比，联合舰队稍占优势，共有近百艘战舰。

双方舰船一遭遇，立刻展开了一场激战。由于双方势均力敌，一时间杀得天昏地暗。屋大维一个箭步冲到船头，拔出佩剑，朝空中一挥，罗马士兵见指挥官下了命令，纷纷冲到船舷旁，用弓箭朝敌人射去。敌人有的还没反应过来，片刻工夫就倒下一片。但敌人调整队形后，就开始反击。

有几只船拼命朝屋大维的旗舰撞去。只听几声巨响，战舰搅在了一块。安东尼的士兵跳上了屋大维的战舰上。顿时，船上响起了兵器的撞击声，被砍翻的士兵掉进海里，鲜血染红了海水。

正在双方酣战之际，"呜！呜"的号声划破天际。原来是埃及女王的收兵号声，六十艘埃及船随着女王撤离海战战场。为何埃及女王突然率舰队离开战场？至今仍是个谜。安东尼抛下自己的舰

队，乘着快船去追女王。屋大维一鼓作气，收拾了安东尼撤下的舰队。

第二年夏天，屋大维率大军进攻埃及，并取得了决定性的胜利。安东尼和克里奥佩特拉双双自杀了。屋大维成了罗马的唯一主宰。这一年，他年仅三十二岁。

屋大维是恺撒姐姐的外孙，从小聪明伶俐，深受恺撒的喜欢，被他收为养子，并立为继承人。恺撒把屋大维送到亚得里亚海滨的一所军营锻炼，以便继承自己的事业。

公元前 44 年，恺撒被共和派贵族刺杀。噩耗传来，年仅十八岁的屋大维星夜兼程赶回罗马。

这时，在罗马掌权的是恺撒的部将、执政官安东尼。安东尼没有把年轻的屋大维放在眼里。屋大维转而向军队寻求支持。他把自己继承的恺撒遗产分发给士兵，很快在他周围就聚集起一支装备精良的部队。

公元前 43 年，屋大维联合安东尼、李必达（恺撒的部将，在罗马西部省份握有兵权），结成"三头政治"（也称为后三头政治），掌握了罗马的最高统治权。他们仿效苏拉的手法，在"为恺撒复仇"的口号下，发表宣言，杀戮三百个元老、两千个骑士，并没收他们的财产，以犒赏士兵。

接着三巨头又铲除了庞培的残余势力。在这些屠杀过程中，屋大维的羽翼渐丰，他毫不留情地突然解除了"战友"李必达的军权。

公元前 42 年，安东尼出任罗马东部行省总督，去了埃及。在埃及，他疯狂地爱上了埃及女王克里奥佩特拉，一切惟她是从，并打算同她结婚。安东尼用罗马的大军帮她扫除敌人，把罗马在东方的领土送给她，还要把女王的儿子立为继承人。

消息传到罗马元老院，引起元老们的愤怒。元老院宣布剥夺安

东尼的权力，派屋大维率舰队去讨伐安东尼和埃及女王。于是，便出现了开头的一幕。

安东尼的死，为屋大维建立独裁统治铺平了道路。当屋大维满载荣耀回到罗马时，他依旧披着那件红斗篷，站在马车上，向道路两旁欢迎他的百姓和元老们挥手致意。他决定把和平带给罗马人民，让公民第二天到罗马的战神庙前集中。

太阳刚刚爬上树梢，屋大维就在大家的簇拥下来到了神庙前。这是一座供奉战神玛尔斯的庙宇，每当罗马军团出征或凯旋时，人们都要到此祝祭。现在，屋大维站在神庙前，自豪地宣布："罗马从此迎来和平，从今以后供着战神的神庙将被关闭。"

神庙前的人们欢呼雀跃起来。

屋大维在巨大胜利面前，仍保持着清醒的头脑。他吸取恺撒的教训，在元老院会议上公开宣称，愿意恢复共和制度。公元前28年，屋大维改组元老院，自任"元首"，意思是"第一公民"或"首席元老"。从此，元首这个词在世界上得到推广。

公元前27年1月13日，屋大维在元老院宣布交出权力，还政于民，元老院为此授予他"奥古斯都"（意为"神圣"、"伟大"）尊号。实际上，他兼任执政官、大祭司和终身保民官等要职，集大权于一身。

屋大维是一个机智善断、作风稳健的政治家。他所开创的"元首政治"，实际上是披着共和制外衣的君主制。他虽然没有称帝，但实际上是罗马帝国的第一个皇帝。罗马帝国的开创年代就是公元前27年。

屋大维执政时奉行的总原则就是维护国内和平。他认为罗马长期内乱的根本原因，是宗教的衰弱和道德的败坏。为此，他下令修建庙宇，塑造神像；同时还恢复传统的道德。他颁布法律，奖励生育，惩治放荡行为。他自己身体力行，革除一切浮华礼仪，只住简

陋的房子，睡低矮的床，穿妻子、女儿做的衣服，生活得像一个元老院贵族，而不像一个帝王。

罗马国内的和平，使地中海地区人民享受到前所未有的安定生活。他们的生命财产、商旅运输得到保障，农业、手工业、贸易得到迅速发展。"条条道路通罗马"，那里每天行进着无数的商队。而地中海上也是百舸争流，成千上万的船只运载着粮食、美酒、橄榄油、毛织品、金属器皿等，往来穿梭，呈现一派繁荣的景象。文艺上也是百花盛开，罗马最伟大的作家维吉尔、奥维德等人都是出现在这个黄金时代。

在屋大维的主持下，罗马又建造了新的公共浴室、王宫、凯旋门、剧院和高架引水渠。为此，他骄傲地说："我接受了一座用砖建造的罗马城，而留下了一座大理石的城。"

在屋大维统治的四十四年内，他住在帕拉丁山顶上一所简陋的住宅里。这个身材瘦小、性情孤独的人，在幕后操纵着西方世界最强大的帝国。公元 14 年 8 月 18 日，他以七十七岁的高龄病逝了。据说，他在弥留之际，曾对前去探望的朋友们说了几句话：

"我的喜剧演得好吗？如果我演得好，那就为我鼓掌吧，大家高兴地为我送行吧！"

屋大维死后，罗马为他举行了隆重的葬礼。他死去的这一个月也以他的名字来命名，称为"奥古斯都"（August）。

尽管屋大维的许多继承者是疯子和暴君，但他留下的大帝国还是延续了几个世纪。

50

暴君尼禄

"一些基督徒被用兽皮蒙起来，让群狗撕得粉碎；一些则被钉在十字架上，身上涂满柏油，在夜间当做火把点燃；还有一些被驱赶进斗兽场，相互格斗直至倒地身亡……"一位罗马历史学家这样写道。

谁是这场大屠杀的指使者呢？是罗马皇帝尼禄。公元 64 年，罗马城内燃起大火，尼禄说基督徒是纵火犯，趁机对他们报复。

尼禄是靠宫廷政变当上皇帝的。公元 37 年，尼禄出身于罗马的贵族家庭，三岁时父亲就去世了。他的母亲叫阿格丽品娜，是一个工于心计的女人，又嫁给了当时的罗马皇帝。阿格丽品娜的权力欲极大，当了皇后以后，便鼓动老皇帝废太子，转而立她的儿子尼禄为王储。为了防备老皇帝改变主意，她又把老皇帝给毒死了。她给了近卫军巨额的金钱，于是在欢呼声中，年仅十六岁的尼禄登上了王位。

尼禄所继承的罗马帝国幅员辽阔，从不列颠到摩洛哥，从大西洋到里海。一切权力都集中到罗马皇帝手中，他既是政府首脑，又是立法者；既是大法官，又是大祭司。

年轻的尼禄一登上王位，就考虑除去他的王位竞争对手，老皇帝的太子。为此，他从一个巫婆那里弄到了一种烈性毒酒，在一次宴会上，他把毒酒给太子喝，看着太子浑身发抖，慢慢死去。所有在座的人都吓呆了，而尼禄却解释说："他发癫痫病了。"

接着，他又兴高采烈地继续吃饭。这是他第一次杀人的尝试。

此时，尼禄还不能尽情地享受君权。他母亲阿格丽品娜与他共掌大权，经常以女皇身份自居。这引起尼禄的憎恨，他终于对母亲下了毒手。一次在海滨举行的宴会结束后，他派船送母亲回家。他预先在船上做了手脚，当船在深水中航行时突然沉没。他母亲大难不死，游到了海岸上。尼禄仍不死心，很快就派刺客把母亲刺死了。

尼禄的家庭生活也是杀气腾腾的。他十五岁时就同老皇帝前妻生的女儿结了婚。但是他讨厌这个文静的姑娘，不久就把她放逐到一个岛上，后来又派人杀死了她。他的第二个妻子有一次指责他回家太晚，尼禄竟暴跳如雷，抽刀把她杀了。他的第三个妻子是有夫之妇，尼禄把她的丈夫除掉后才把她搞到手。

从当时铸造的钱币上看，尼禄脖子粗短，眉毛粗松，鼻子扁平。他接受朝见时，常常穿着晨衣和拖鞋，袒胸露腹，腆着大肚子的身体架在两条细长的腿上。

尼禄有一定的艺术天赋，能作画，识音律，能流利地讲拉丁语和希腊语。他经常登台表演，唱歌弹琴，自娱自乐。他在御花园里建造了一个露天剧场，时常邀请老百姓进来听他唱歌。但他唱歌时要关上剧场的出口，不让听众出去，有一次一个孕妇竟把婴儿生在了剧场内。

尼禄掌权后的第七年，罗马城内烧起了一场大火。大火熊熊，连续烧了六天，罗马城中十四个区只烧剩下四个区。许多人在这场大火中丧生，更多的人失去了家园。人们议论纷纷，说这是尼禄皇帝想建造新的罗马城，同时，观赏一下大火燃烧的场面，特意派人放的火。甚至有人声称看见尼禄站在火海之上的一个高塔上面，穿着戏服，漫不经心地弹着竖琴，唱着他自编的"特洛伊陷落之歌"。火灾过后，尼禄大肆捕杀"嫌疑犯"，为火灾寻找替罪羊。他控告

基督教徒放火，残酷迫害基督教徒。

紧接着，尼禄开始重建一个崭新的罗马城，笔直的大街，有着圆柱门廊的平顶建筑出现了。他将新城区命名为"尼禄城"。在烧光了的市中心，尼禄为自己建造了一座"金屋"，周围环绕着葡萄园、树林、大大小小的湖泊。通向主建筑的通道长达几公里，两侧华柱成行。整座建筑物内部用黄金、宝石和珍珠来装饰。餐厅有象牙镶边的天花板，天花板能转动，从顶上可喷洒香水或洒下阵阵玫瑰花瓣雨。当尼禄看到这座富丽堂皇的宫殿时，他赞叹道："这才像个人住的地方。"

与此同时，舆论越来越对他不利。人们公开地说，尼禄放火就是为了取得空地来建造这座新宫殿。尼禄勃然大怒，下令处死那些反对他的人。恐怖的气氛笼罩着整个罗马城。当时只要怀疑谁，就可以把他处死。许多人被砍头，还有些人被迫自杀，或者服毒，或者自己切开血管而死。

老百姓早已受够了尼禄的荒淫无道之苦，元老院贵族也都鄙视尼禄。尼禄的塑像遭到涂抹，墙上写着谩骂他的话。此时罗马国库空虚，租税加重。最后，驻在高卢和西班牙的罗马军队起来造反。军队开始向罗马进军，罗马的官员纷纷叛逃。

尼禄乞求宫廷近卫军帮他逃走，但遭到拒绝。他只能匆匆披上一件旧斗篷，骑上一匹马，由四个侍从陪同，半夜逃出罗马城。他逃到了一个以前解放的奴隶的家中，乞求帮助。这时，一个传令兵送来了一个通令：元老院已宣布尼禄为公敌，并判他鞭刑处死。

此时，天色已近黎明，远处传来阵阵马蹄声。尼禄拿起了匕首，试了一下尖刃，但又没有勇气使用它。他把匕首放在了一个侍从手中，又把它引向自己的喉管。据说他在咽气的时候还叹息道："唉！多么伟大的一位艺术家要死了！"

这是公元 68 年发生的事。

51

耶稣的传说

《圣经》是基督教的经典。在《圣经》中，记载了耶稣的传说。

巴勒斯坦地区的耶路撒冷城里住着一位叫约瑟的木匠，为人善良正派。他的未婚妻玛丽亚没有过门就怀孕了，让约瑟很不高兴，想悄悄地解除这个婚约。一天晚上，上帝的使者在约瑟的梦中显灵了，对他说："不必担忧，尽管娶回你的未婚妻玛利亚，因为她的身孕是从上帝圣灵而来，她将生一子，你应给他取名耶稣，耶稣是上帝的儿子，是来解救世上百姓苦难的。"

约瑟接受了上帝的旨意，把玛丽亚娶了回来。就在玛利亚快要临产的时候，罗马总督要清查户口，命令百姓返回原籍，登记注册。约瑟的故乡是伯利恒，他便带着妻子玛利亚回伯利恒去了。

但是，当他们抵达伯利恒时，旅店里已住满了人，他们只得在旅店的马棚内休息。当晚，玛利亚一阵阵腹痛，生下了一个男孩，她用布包了婴儿，放进马槽内。约瑟就给他取名耶稣。

耶稣诞生的那个夜晚，伯利恒的牧羊人正愉快地躺在草地上，只听见天上飘来一阵美妙悦耳的音乐。东方有三个博士，看见夜空里一颗明亮的新星落向伯利恒，不由欢呼道："救世主基督降生人间了！"

三个博士兴高采烈地去城里寻找耶稣。犹太王希律知道这件事后，却坐卧不安。他认为耶稣的降生将威胁到他的统治，于是下令

将伯利恒两岁以内的男孩全部杀掉，斩草除根。约瑟和玛利亚知道后，抱着耶稣连夜逃往埃及。

后来，耶稣全家又回到了玛利亚的老家拿撒勒居住。

耶稣没有上过学，他的知识是从平时的生活中学来的。他的父母每年都要去耶路撒冷圣殿朝拜，耶稣跟着一起去，从而知道了犹太人的历史、风俗和苦难。

耶稣三十岁那年，有一天，他走到约旦河边，教士约翰把他放入河水中，给他做了洗礼。据说，耶稣从此得到了上帝的圣灵。他还被引到旷野里，四十天不吃不喝，与凶猛的野兽为伴。他经受住了这些考验。

耶稣开始四处传教，在传教的过程中收了十二个门徒。追随耶稣的人也越来越多。一天，耶稣登上高山，向追随者们训话："你们听着，凡是虚心的人都是有福的，天国将属于他们；凡是和睦的人都是有福的，他们将被视为上帝的儿子；凡是被人辱骂、被人欺负的人都是有福的，他们死后将在天上得到赏赐；凡是仇恨别人的人，一定要受到上帝的审判！"

耶稣开导大家，要爱邻居，爱自己的仇敌，不要同恶人对抗。有人打你的右脸，你就再把左脸凑过去给他打；有人抢你的外衣，你就把内衣也拿给他。

耶稣带着门徒一个城市一个城市地传教。一天，跟着他的五千人没饭吃了，而门徒手里只有五个饼、两条鱼，一筹莫展。耶稣沉着地拿过饼和鱼，一块一块地掰下来，分给众人吃，可饼和鱼就是掰不完，结果五千人全都吃饱了。

耶稣还给贫苦的人们看病。有一个麻风病人跑来哀求耶稣给他治疗，耶稣充满怜悯地伸出手去抚摸他。在场的人都惊呆了，除了耶稣，有谁敢抚摸一个麻风病人！奇迹出现了，这个麻风病人的皮肤又变得洁净，彻底治好了。

耶稣还能让哑巴开口，使盲人复明，据说无论什么病，他都能治愈。他还常常用通俗、生动的比喻，劝说人们去恶行善，信仰上帝。他说："不要贪财！富人要升入天堂，比骆驼穿过针眼还要难。"

耶稣的影响越来越大，这让统治者非常惊恐。耶稣的十二个门徒中，有个叫犹大的，平时十分贪财。他跟要谋害耶稣的祭司和官吏达成了交易，祭司长给了犹大三十块银币，犹大一口答应帮助他们抓住耶稣。

耶稣已经预感到自己受难的日子就要到了。晚上，他与十二个门徒共进了最后的晚餐。耶稣宣布："你们中有一个人出卖了我。"

门徒们又吃惊，又忧伤，纷纷问："主啊，不是我吧?"

心怀鬼胎的犹大溜走了。耶稣用慈爱的目光，最后一次看了他的门徒们，深情地说："我爱你们，正如父亲爱我一样。你们生活在我的爱中，遵守我的命令。你们要彼此相爱，像我爱你们一样，这是我的命令。一个人为朋友牺牲自己的生命，人间没有比这更大的爱了。"

第二天早上，耶稣正要带着门徒出去，犹大带着一大群人闯进耶稣的住所，按照事先与祭司长约定的暗号，犹大走到耶稣面前，亲吻他。

官兵们一见，马上冲上去抓住耶稣。一个门徒怒不可遏，一刀砍下了一个士兵的一只耳朵。耶稣立刻阻止道："把刀收起来，凡动刀，必死于刀下。"

那个门徒只好把刀收了起来。耶稣被抓走了。最后，他被罗马总督彼拉多处死。耶稣是被钉死在十字架上的，有两个囚犯同时被钉死。

据说，耶稣三天之后复活了，那是春分月圆以后的第一个星期日。耶稣复活的那一天，以后就成了基督教的复活节。耶稣诞生的

12 月 25 日，便是现在的圣诞节。耶稣出生的那一年，已被世界各国普遍地作为公元纪年的标志。

耶稣的传说记录在《圣经》的《新约全书》中。《圣经》包括《旧约全书》和《新约全书》。《旧约全书》也就是犹太教的《圣经》，是基督教从犹太教那儿继承下来的。《新约全书》则记载了耶稣的言行。自从罗马帝国公元前一世纪侵入巴勒斯坦地区以来，罗马帝国原来是禁止和镇压基督教的。因为它宣扬的天国思想，痛恨富人、反对罗马帝国统治的思想，吸引了大批社会底层的犹太民众成为它的信徒，不利于罗马帝国的统治。但到了公元四世纪，罗马帝国风雨飘摇，感到基督教可以利用，就把它定为国教。

基督教从此传向全世界，成为世界三大宗教之一。

52

庞贝古城之谜

　　庞贝位于罗马城的东南方，距罗马约二百四十公里，它北靠峻峭威严的维苏威火山，西临碧波荡漾的那不勒斯湾，方圆约一平方公里，住着两万居民。它原本是一个不起眼的古罗马小城，但一场意想不到的灾难，却使它成了一个举世闻名的胜地。

　　公元 79 年 8 月 24 日，下午一时左右，离城约十公里的维苏威火山突然爆发了。附近的人们看到，先是有一片奇特的云彩从山顶冉冉升起，向四周扩散，接着传来震耳欲聋的爆炸声，维苏威火山上红光四射，巨龙般的火柱随之冲天而起。转眼之间，天色昏黑，大地颤抖，平时宁静的那不勒斯湾也激荡起狂怒的浪涛。火山喷出的炽热熔岩，落地时已凝固成石块，大量的石块混合着火山灰，一下子覆盖了火山附近的地面。空气中弥漫着呛人的硫磺和浓烟味。火山喷出的大量热蒸汽形成暴雨，又引起山洪的暴发。山洪裹挟着大量的石块和火山灰，变成一股巨大无比的泥石流，顺着山谷奔泻而下……看到这种景象，火山边上的庞贝城顿时陷入一片恐慌，尖叫声、哭喊声响成一片，人们纷纷逃离。

　　维苏威火山的这次大爆发持续了十八个小时，巨量的火山灰、熔岩和泥石流，将庞贝城埋入了深达六米的地下。在这次灾难中，大多数的居民及时逃离了，但仍有两千人遇难。他们有的是为了寻找亲人，有的可能是舍不得自己的财产，有的是因为年老体衰，还有的则是至死尚未获得自由、被镣铐牢牢锁住的奴隶。

庞贝就这样在地图上消失了。一千多年过去了，庞贝渐渐被人们遗忘。只是人们在翻阅古书的时候，才会看到有个庞贝古城。

十八世纪初，一位意大利农民在维苏威火山东南地区修筑水渠时，从地下挖出了一些古罗马的钱币和大理石雕像碎块。1763 年，当考古人员在这里发掘出一块刻有"庞贝"字样的石块时，人们才意识到这里便是被湮没的庞贝古城。

经过二百多年的发掘，这座在地下沉睡近两千年之久的古城，已有五分之四重见天日。它不仅使人们可以领略到古罗马的城市生活，而且它还是古代文物的宝库。它是意大利最吸引游客的旅游胜地之一，每年有差不多二百万游客来此观光。

庞贝古城位于威苏维火山的南坡，周围地区是一片平原。平原上到处遍布着柠檬林和葡萄园，一片金光灿烂。这座小城四周有石砌城墙，设有七个城门，十四座塔楼，颇为壮观。

纵横各两条笔直的大街构成了城内的主干道，使全城呈井字形。全城分为九个地区，每个地区的街巷交织。大街上铺的是十米宽的石板，两旁是人行道。街巷的路面也是用石块铺成的。城市中最宽阔的大街叫丰裕街，石板路面上有被当年车辆碾出的条条车辙，街的两边是酒馆、商店和住宅。人们不难想象出当年的繁华景象：嘶叫的牲口，大声吆喝的马车夫，各式小贩与奴隶熙来攘往，穿着阔绰的商人，趾高气扬的政客，香气袭人的贵妇坐着轿子招摇过市。墙上画的招牌写着"代人打扫房屋"、"出售陈年美酒"、"政治候选人的美德"等等。

丰裕街直通大广场。大广场三面围墙，是长方形的，广场四周建有许多宏伟的建筑。这里是庞贝政治、经济和宗教的中心。广场上装点着名人塑像，广场的两侧是两座神庙，分别供奉罗马神话中的众神之王朱庇特和太阳神阿波罗两位巨神。

广场的东南是一座大会堂，那是庞贝的最高建筑，里面设有法

院和市政厅。此外还有一座两层楼商业大厦，当地生产的葡萄酒、玻璃制品、东方的香料、宝石以及中国的丝绸等商品，都能在这里洽谈成交。

广场的东北是商场。这里店铺林立，商品琳琅满目。有人在墙上涂写着"赚钱即欢乐"。在一间酒吧间里设有 L 形的大理石柜台，那里出售各种饮料。在小酒店的墙壁上，还可以看到书写的价目表、客人们的欠账数字等。在一家面包房的烤炉里，还发现了一块烤熟的面包，面包外形完好，上面还印着面包商的名字。

在庞贝城的东南角，有两座露天剧场。一座用来演出戏剧，另一座是小演奏厅，专门用于笑剧和音乐演出。这里还有一座宏伟的竞技场，可以容纳两万人。它是角斗士浴血搏斗的场所。在这里发现了精美的剑和头盔，墙上还刻着角斗士名星的名字，如"加拉德斯，大英雄，令人心碎"、"弗里克斯将与熊格斗"，等等。

庞贝城内，富豪的住宅也不少。这些豪宅的大门，大都有大理石圆柱和雕花的门楼。整个建筑围绕一个正厅。正厅很凉爽，高度可达十米。屋顶上有一个开口，雨水从这里流下，流进室内一个大理石盆里。在围绕正厅的屋子当中，有一间房特别宽敞，既是办公室，又是起居室，主人在这里接待来客和起居休息。很多房间的墙上绘有栩栩如生的壁画，地板上装饰镶嵌画。在一家豪宅中，发现了一幅闻名世界的镶嵌画：亚历山大大帝与波斯大流士三世战斗图。画宽六点五米，高三点八米，用一百五十块彩色玻璃和大理石片镶嵌而成。

发掘庞贝古城时，发现了许多遇难者的遗体，他们有一部分竟奇迹般地"复活"了。原来，他们的身体被火山熔岩包裹，人体腐烂了，在凝固的熔岩中留下了人体的空腔。考古学家把石膏液灌进空腔中，等石膏液凝固后，再剥去外面的熔岩，一具具遇难者临终前的石膏像就出现了，一个母亲倒下时与她的女儿紧紧抱在一起，

一个乞丐手里拿着一个装满小钱的钱袋，还有几个用铁链锁着的角斗奴隶蜷缩在墙角……

庞贝古城的发掘，使人们仿佛走进梦中，也像逆着时间往回走，来到了公元一世纪古罗马帝国的城市观光。

53

罗马帝国的分裂

公元 395 年 1 月，信使骑着快马在驿道上飞奔，他们传递着一个惊人的消息，罗马皇帝狄奥多西在米兰"驾崩"。

不久，帝国最高当局根据皇帝的遗嘱，做出了一个重大决定：将帝国版图划分为东西两部分，由他的两个儿子分别统治。十八岁的长子阿卡狄乌斯统治东罗马帝国，以君士坦丁堡为首都；年仅十岁的次子霍诺利乌斯则接任西罗马的皇位，以拉韦纳（在今意大利东北部）为首都，但名义上的首都仍是罗马。从此以后，东、西罗马帝国分治的局面便正式固定下来。

罗马帝国虽然到此时才分裂，但分裂的倾向却早已显露。

从公元三世纪开始，罗马帝国开始出现统治危机。国家大权落到了宫廷禁卫军手中。禁卫军原本是屋大维建立用来保卫皇帝的，他们现在与其说是皇帝的保卫者，不如说是伤害者，甚至随意立帝、废帝。例如公元 235 年到 284 年这四十九年间，他们废了足足二十四个皇帝，这些皇帝成了宫廷禁卫军的傀儡。

公元 284 年 11 月 17 日，宫廷禁卫军队长戴克里先，被士兵们推举为罗马帝国新的皇帝。这天，戴克里先头戴皇冠，身穿紫金色丝织衣服，脚蹬着镶宝石的红色半高统鞋，接受朝臣和军官的拥拜。他在宦官的簇拥下，像东方君主一样，要所有受他接见的人，必须俯身跪拜，并亲吻他的长袍下摆。他自称他的权力起源于罗马神话中的众神之王朱庇特神，不受任何限制，对臣民握有生杀之

权。他把自己的称号由过去的"元首"改称为"君主"。这标志着罗马帝国完成了由元首制到专制君主制的转变。

此时，戴克里先在小亚细亚的尼科美地城，建立起新的首都。他意识到，罗马帝国疆土庞大，他一个人难以统治帝国全境，因此委托他的朋友马克西米安治理帝国的西部。于是马克西米安将意大利北部的米兰作为自己的首都。第二年，戴克里先任命马克西米安为"奥古斯都"，这样帝国有了两个最高统治者，所有的命令都用他们两人的名义发出。

转眼到了公元293年，这两个"奥古斯都"又各任命了一个"恺撒"，作为自己的副职。出于巩固皇室统治的考虑，两个"奥古斯都"还把自己的女儿分别嫁给两个"恺撒"。此后，这四个人分别治理帝国的一部分。这一制度在历史上称为"四帝共治制"，它在一定程度上有利于巩固边防，但却损害了帝国的统一，为后来的分裂埋下了隐患。

由于戴克里先设立两个"奥古斯都"，原来统一的罗马帝国实际上分成了东罗马与西罗马两部分。东罗马包括希腊及其以东的地方，西罗马则包括意大利及其以西的地方。戴克里先自己治理东罗马，而另一个"奥古斯都"治理西罗马，只是西罗马皇帝要服从东罗马皇帝。

公元305年，戴克里先和马克西米安在同一天宣布退位，他们的女婿继位后，又各自任命了自己的助手。戴克里先想，这样一来，帝国将坚不可摧，不会发生内乱。可是在他退位以后，帝国又陷入了群雄相争的内乱之中。

公元306年，君士坦丁在军队的支持下当上了西罗马帝国的"奥古斯都"。随后，君士坦丁又进行了十八年的帝位争夺战，于公元323年再度恢复了帝国的统一。

此时，帝国西部逐渐地衰落，而东部却保持了相对的繁荣。于

是，帝国重心开始东移。罗马也渐渐失去了昔日政治中心的作用。君士坦丁宣布把首都从罗马迁到黑海沿岸的希腊殖民地拜占庭，并将拜占庭改名为君士坦丁堡。这里经济文化发达，扼守水陆要冲，战略地位十分优越。

君士坦丁是个急性子的人，他以几乎疯狂的速度推进新都的建设。从帝国各地赶来的建筑师和工匠都云集在新都，港口停泊着无数货船，船上满载着来自罗马、雅典及各大城市的艺术珍宝。珠宝数目如此之多，以至有人愤愤地批评道："几乎所有的其他城市都被掏空了。"

与君士坦丁在台伯河畔的出生地一样，新都也有七座山丘。除了大量的教堂、法庭和浴池外，他还在山坡周围兴建了一座竞技场、一座集会广场和一座元老院。所有的公共建筑物雄伟壮观、设计巧妙，还附有花园和小树林。

公元330年5月11日是乔迁新都的好日子。那天举行了隆重的庆典，接着的是四十天的娱乐活动、马戏表演和各种宗教仪式。君士坦丁堡成了当时罗马帝国最繁华的城市。

君士坦丁大帝原来信仰多神教。这时他的宗教信仰发生了转变。据说还在早先的一次征战中，一天他看见天空中显现出十字架，十字架在阳光照耀下闪闪发光，上面刻着"以此克敌"的字样。第二天晚上，耶稣基督在君士坦丁梦中现身，解释了十字架的意义，并吩咐他在士兵们的盾牌上装饰基督的象征，这将保佑他们取得胜利。君士坦丁遵照梦嘱这样做了，果然大获全胜。这场战争后不久，君士坦丁接受了基督教的洗礼，他虔诚地说道："这是一个我期待已久的时刻，我渴望它的来临，我期待上帝的拯救。"

君士坦丁正式皈依基督教，从此，基督教成为罗马帝国内占统治地位的宗教。

公元337年君士坦丁死后，他的几个儿子开始争权夺利的斗

争。帝国又分裂成东西两部分。尽管在 394 年，皇帝狄奥多西一度统一了罗马帝国，但不到一年，随着他的猝然去世，帝国最后还是分裂了。

罗马帝国的版图从此被分为两块，东罗马帝国的领土包括希腊、小亚细亚、叙利亚、巴勒斯坦和埃及；西罗马帝国的领土包括意大利、高卢、不列颠、西班牙等地。在文化上，东罗马主要以希腊语为主，西罗马依然通行拉丁语。

西罗马帝国在公元 476 年宣告灭亡，而东罗马帝国一直延续到公元 1453 年。

54

"永恒之城" 的陷落

公元 410 年 8 月 24 日，欧洲历史上发生了一件翻天覆地的大事。罗马帝国的首都"永恒之城"罗马，被阿拉里克率领的西哥特人所占领，大火焚烧了三天三夜。这件事强烈地震动了罗马，加速了西罗马帝国的最后灭亡。

在罗马帝国的晚期，帝国的欧洲部分，沿莱茵河到多瑙河的漫长边界上，经常遭到蛮族的侵扰。

所谓"蛮族"，是相对于古希腊、罗马人而言的，希腊、罗马人创立了发达的奴隶制文明，他们把当时欧洲其他较落后的民族，统统称为"蛮族"，也就是野蛮人的意思。

蛮族种类很多，日耳曼人就是其中一支。他们形成了很多部落联盟，较为著名的有东哥特人、西哥特人、汪达尔人、勃艮第人、法兰克人、盎格鲁人和撒克逊人等。

在公元五世纪初的时候，罗马帝国已处于风雨飘摇之中，国内的奴隶、贫民起义和蛮族入侵交汇在一起，冲击着腐朽的帝国。此时的罗马帝国，东西两部分由两个皇帝统治着，他们是老皇帝狄奥多西的两个儿子。哥哥统治东罗马帝国，弟弟统治西罗马帝国。

统治西罗马帝国的皇帝霍诺利乌斯，即位时年仅十岁。老皇帝临终前委托军队统帅斯提里科辅佐朝政。斯提里科是一位蛮族出身的将领，因作战勇敢而官居高位。当时罗马统治者为镇压国内人民的起义，在军队中雇佣了许多蛮族人。罗马军队中四分之三的士兵

是蛮族人，许多蛮族人担任了高级军官。

公元401年，西罗马帝国遭到了外族入侵，由阿拉里克率领的西哥特人侵入了意大利。不久前，阿拉里克刚被西哥特人推举为部落领袖，他趁罗马帝国分裂之时发动进攻，在这以前，从来没有任何"蛮族"侵入过意大利本土。西罗马帝国全国震动。罗马城内有钱的奴隶主和贵族纷纷准备外逃，连皇帝也打算逃到高卢去。

这时，倒是军队统帅斯提里科沉着、冷静，认真分析了形势，火速从莱茵河和不列颠调来驻军，用来保卫意大利。此时，阿拉里克前锋直抵罗马城，斯提里科带着军队迅速赶到。402年4月，在罗马城附近的波连提亚，斯提里科趁西哥特人正在庆祝复活节的时候，袭击了阿拉里克。阿拉里克仓促应战，结果被打败。

罗马城解了围，皇帝下令进行庆祝。罗马人举行了游行庆典，大圆形斗兽场进行了角斗表演。这是罗马历史上最后一次角斗士竞技比赛。

阿拉里克在第一次进攻罗马受挫后，决定重整旗鼓，再次进军意大利。罗马军队统帅斯提里科看得很清楚，阿拉里克虽然被打败，但还有很大的力量，随时可能再来侵犯。帝国虽取得了胜利，但已精疲力竭，无力再战。所以他决定和阿拉里克结成联盟。不久，阿拉里克同意结盟，在得到了一批黄金后退出了意大利。

但是，罗马的元老院贵族十分憎恨阿拉里克，因此对签订和约的斯提里科也很反感。他们在军队里和社会上散布谣言，说斯提里科想与西哥特人合谋篡夺帝国皇位。公元408年8月，皇帝霍诺利乌斯听信了谗言，下令处死他的忠诚将领斯提里科。接着在元老们的煽动下，罗马军队集体屠杀蛮族士兵的妻子儿女。这引起了三万名蛮族士兵的无比愤怒，他们投奔阿拉里克，要求他带领他们去攻打罗马。

这一年，阿拉里克率军第二次突入意大利。意大利北部和中部

的城市一个接一个被占领。阿拉里克直逼罗马，并把它包围了，切断了它同外界的一切联系。罗马全城发生粮荒，成千的人被饿死。元老院被迫派出使臣向阿拉里克求和。

阿拉里克趁机来了个"狮子大开口"，他对罗马使臣说："要想和平，可得付出代价。"

"请问和平的代价是什么？"使臣问道。

"罗马必须拿出五千磅黄金、三万磅白银、四千件丝袍、三千件上等皮袄、三千磅胡椒，同时释放所有的外族奴隶。"

听了这些苛刻的条件，罗马使臣暗吸一口凉气。为了压低价码，他以威胁的口吻说道："可城里还有很多军队，他们会拼死抵抗的。"

"那好啊，草长得越密，割起来就越省力。"阿拉里克冷笑着回答。

眼见此事已无可挽回，这位罗马使臣只得答应了阿拉里克的条件。随后阿拉里克遵约解除了对罗马的包围。

但是西罗马帝国皇帝不久又后悔了，原因是他终于等到了他哥哥从东罗马派来的四千援军，还等到了从非洲运来的大批粮食。他觉得自己有能力挑战阿拉里克了。于是，他撕毁和约，并扬言要采取军事行动。

阿拉里克被激怒了。他决定第三次进攻罗马城。这次，他作了充分的准备，集合起各路蛮族大军共有三十万人。在部队出发前，阿拉里克激励部下："勇士们，我将带领你们去攻陷罗马。为了教训那些狂妄自大、忘恩负义的罗马人，我允许你们在破城后，可以任意抢劫三天！"

公元 410 年 8 月 24 日夜，阿拉里克的大军兵临罗马城下。罗马元老院在绝望的情况下，仍然准备作殊死抵抗，企图延缓自己的灭亡。但是，城内的奴隶开始起义了，他们打开了城门，蛮族士兵

在起义奴隶的引导下，冲入了城内。

罗马，数百年来从未被外族入侵过，因此，它被誉为"永恒之城"。如今，"永恒之城"已躺在西哥特人的脚下！蛮族士兵挨家挨户抢劫珠宝、黄金，将它们占为己有。较贵重的银器、丝绸衣服则堆到车上。士兵们还点燃熔炉，熔掉神像，以获取黄金。许多建筑物被焚烧。对稍有不从的罗马人，格杀勿论。奴隶们趁机对他们的主人进行复仇，许多元老被处死，一些贵族被抓起来卖为奴隶。罗马成了人间地狱。

"永恒之城"的陷落，震动了西罗马的奴隶主阶级。他们惊恐万状，大批逃离意大利，流亡到非洲、地中海的岛屿上，不少人沦落为乞丐，流落街头。罗马的奴隶制度和奴隶主阶级，受到了毁灭性的打击。

阿拉里克洗劫了罗马城以后，继续向意大利南部推进，但不久他在征战途中病逝。随后，西哥特人进入西班牙，到419年，他们在那里建立了西哥特王国。

罗马失陷后，西罗马帝国还苟延残喘了几十年。但此时的罗马皇帝，已成了外族军事首领的傀儡。终于在公元476年，日耳曼雇佣军统帅奥多亚克废除了年仅六岁的西罗马末代皇帝，宣告了罗马帝国的彻底灭亡。从此，欧洲历史进入了封建统治的中古时代，被称为中世纪。

55

罗马的文化遗产

　　从公元前753年罗慕路斯建立罗马城开始，到公元476年罗马城被蛮族人攻陷为止，古罗马文明延续一千二百多年。古罗马创造出高度发达的物质文明和灿烂的文化，对后世的历史发展产生了深远的影响。

　　首先，在语言文字方面，现在西欧各国使用的字母，都是古罗马的拉丁字母。现在一些西方主要国家的语言，如英语、法语、意大利语、德语、西班牙语等，也都是直接发源于古罗马的拉丁语。就是我们的现代汉语也直接受益于古罗马文明，汉语拼音所使用的也是拉丁字母。

　　历法方面，尽管古代埃及产生过太阳历，古巴比伦创造出阴历，中国古代使用过农历，对现今人们生活影响最大的却是古罗马使用的历法。公元前一世纪，恺撒全面修订历法，制定了著名的"儒略历"。这部历法把每年分为十二个月，大月三十一天，小月三十天，平月为二十八天，一年共三百六十五天。每隔四年置一闰年，闰年为三百六十六天。公历中的七月、八月（July，August）的名称，也是以罗马帝国的缔造者恺撒和奥古斯都的名字命名的。

　　宗教方面，基督教是世界三大宗教之一，它成为世界性的宗教是在后期罗马帝国时代。罗马人原先是信仰多神教的，基督教在创始之初受到罗马人的排斥，耶稣给钉死在十字架上，尼禄对基督徒血腥迫害。但在帝国后期，社会危机日益严重，人们对政府失去信

心，转而信仰宣传平等、仁爱思想的基督教，信仰基督教的人越来越多，政府已无法禁止了。终于，君士坦丁皇帝接受了基督教。公元392年，皇帝狄奥多西把基督教定为国教。从此，基督教以更快的速度传遍全世界。

法律方面，罗马人创造了伟大的罗马法，它是今天世界大多数国家法律体系的基础。

早在公元前五世纪制定的"十二铜表法"，是古罗马的第一部成文法。这部罗马法对买卖、借贷、租赁、遗授与继承都作出了具体细致的规定。帝制建立后，皇帝的命令也具有法律效力。公元438年，《狄奥多西法典》颁布，它汇集了公元四世纪以来皇帝的法令，共十六卷。以后，东罗马帝国大规模地进行罗马法典的编纂工作，如《查士丁尼民法大全》是奴隶制时代最完备的成文法典。它包括了所有权、债权、婚姻与家庭、犯罪与刑罚等方面的内容。罗马法对后来欧洲许多资本主义国家的法律，特别是民法的发展有着很大的影响。

罗马在共和时代就出现法学家。法学家常在法庭上充当原告或被告的辩护人。近代的律师，尤其是美国的法官，就经常引用罗马法学家创造的格言。

古罗马文学方面，诗歌、戏剧、散文、演说、史学都有一定的成就。

古罗马传下来最早的文学作品是戏剧。剧作家普劳图斯一生写了一百多部喜剧，遗憾的是留传下来的仅有二十部，其中有《孪生兄弟》、《吹牛的将军》和《一坛黄金》等，作者体现出了同情奴隶、嘲笑权贵和富人的进步思想倾向。

屋大维统治的时代，被称为罗马文学的黄金时代。三大诗人在这时脱颖而出。其中，维吉尔模仿荷马史诗，写成《伊尼依特》，他的作品曲折生动。贺拉西擅长韵律，文辞优美，著名作品有《颂

歌》、《讽刺诗》等。奥维德以写牧歌、爱情诗见长，其《变形记》感情真切动人。这三位诗人在文艺复兴时代受到广泛颂扬。

古罗马还涌现了一位杰出的历史学家阿庇安。他留下了一部卷帙浩繁的《罗马史》，共有二十四卷，记叙了九百年罗马的历史。这是反映罗马历史的第一手资料。

恺撒不仅是军事家和政治家，而且还是一位卓越的历史学家、散文家。他以朴实、流畅的文笔写了一部《高卢战记》，是罗马征服高卢的战争纪实，具有很高的军事价值和史学价值，文学上的价值也不低。

此外，西塞罗给我们留下了文辞华丽的哲学论文和政治演说。

古罗马文明的一个最重要的遗产是建筑工程。傲视古今的圆形斗兽场，气贯长虹的高架引水渠，典雅壮丽的立柱长廊，精美绝伦的拱顶建筑，平坦笔直的条条大道，它们的全方位开放式的布局，无不反映出罗马人傲视四海、气吞八方的气概。

古罗马最宏伟的建筑，是留存至今的科洛西姆圆形大斗兽场。它是斗兽、赛马、竞技、阅兵等活动的场所。它建于公元 72 年，历时十年才建成。它占地两万平方米，是一个上下四层的椭圆形建筑，高约五十米，可容纳一万观众观看角斗士表演。

帝国时代的罗马城，建有三十道城门。城内有数百座神庙，九个大剧场，两个圆形大竞技场，十六所大型公众浴室以及许多宫殿、凯旋门和纪功柱等。古罗马的许多遗迹都保存至今。

在公元二世纪，帝国境内的大道已有三百七十二条之多，总长度达八万公里。"条条大路通罗马"，便是对罗马帝国便捷的交通的真实写照。

在罗马城的郊外，古罗马人为了农业灌溉的需要，还修建了独特的高架引水工程——水道桥。水道桥的建筑形式同桥梁一样，下面有许多半圆形的拱门，上面是一条有凹槽的水沟，可以将水源从

一地引往另一地，提供灌溉用水。有的水道桥采用三层高架引水渠，建筑形式更为精巧。当时罗马共建有十一条这样的引水渠。

罗马还兴建了相当数量的公共浴室，这不仅是休闲娱乐的地方，还是公众集会的场所。公元四世纪，罗马城的公共浴室已超过一千家，其中特大型的有十几家。像卡拉卡拉浴室可以容纳一千人沐浴，而戴克里先浴室更可容纳三千人，占地十一公顷。这些公共浴室里还设有美容院、酒吧、餐馆、会客室、花园、游廊等。

为了纪念帝王的功勋，在帝国时代又兴起两种建筑，就是凯旋门和纪功柱。建于公元 81 年的"提图斯皇帝凯旋门"最为著名。上面用浮雕描写提图斯战胜犹太人的情景。在一块高二点四米的浮雕板上，刻着皇帝在四马战车上的凯旋盛况。矗立在罗马广场中央的则是"图拉真纪功柱"，高四十米，有盘旋而上的连环式浮雕，非常精巧，长达二百米，描绘了古罗马皇帝图拉真进行历次战争的情景，其中人物有两千五百之多，雕刻技术十分纯熟。

56

日耳曼人涌入罗马

在罗马帝国的东北方，居住着许多日耳曼部落。日耳曼人身材高大健壮、长脸高鼻、金发碧眼、皮肤白皙。他们受希腊罗马古典文化的影响很少，处于原始部落状态。罗马人把他们称为"野蛮人"或"蛮族"。这些"野蛮人"分成许多部族，有东哥特人、西哥特人、汪达尔人、法兰克人、盎格鲁人、撒克逊人等。从公元四世纪开始，这些日耳曼人向南迁徙，进入罗马帝国境内。他们是未来德国人、法国人、英国人的祖先。

这些日耳曼人经济、文化比较落后，军事力量却很强大。全体成年男子都是战士。开部落会议时，赞成某件事时大家就敲打武器，不赞成时就乱喊乱叫。他们种地不施肥，收割完庄稼后就让土地荒废，再去开垦别的土地种植庄稼，因此，需要不断地掠夺新的土地。作战时，临阵脱逃者要被绞死，畏惧不前者要被淹死，所以个个勇猛非凡。

本来日耳曼人生活在多瑙河以北，罗马人统治中南欧洲，罗马人与日耳曼人相安无事。一些日耳曼人由于打仗勇敢，还被罗马人雇佣，成为罗马的边防军。但是，来自亚洲的一股旋风打破了欧洲的平静生活。

这股旋风的制造者是我们非常熟悉的一个民族——匈奴。

匈奴本来是生活在蒙古草原上的游牧民族，他们身着短衣，从小生活在马背上，个个都是勇敢的战士。匈奴人身材短小粗壮、圆

脸扁鼻、胡须稀疏、凶猛剽悍。像所有的游牧民族一样，他们的爱好一是打猎，二是征服。

早在战国时代，匈奴就入侵中国。公元一世纪，匈奴战败。南匈奴迁入长城，归顺了当时的汉朝政府。北匈奴被迫西逃，穿越中亚细亚（今亚洲中部地区），跃过乌拉尔山，不远万里，来到了欧洲。这些被汉朝军队打得抬不起头来的匈奴人，到了欧洲可是如虎入羊群。一位罗马历史学家是这样描述匈奴人的："一旦发怒，他们便奋起而战，排着楔状队形，发出种种狂叫，投入战斗；他们敏捷灵活，有意分散成不规则的队形，兵锋所至，杀戮骇人……他们没人能说出自己的起源，因为母亲怀他在一处，生他则在遥远的另一处，抚养他又在更远的一处。"

公元 374 年，匈奴人强渡顿河，突入东哥特境内（今乌克兰一带），东哥特人哪是他们的对手，结果，东哥特人被打败，其首领绝望地自杀了。

第二年，匈奴人又去惹西哥特人，双方血战于德涅斯特河（在今摩尔达维亚）。匈奴人避开正面进攻，迂回到西哥特军队背后，迅速将其击溃。西哥特人首领率领两万男女老少，逃到了多瑙河边，向罗马帝国请求避难。罗马皇帝瓦伦斯觉得他们也是不错的战士，可以替罗马人守卫边疆，就同意了，让西哥特人渡过多瑙河，进入罗马定居。这是最早迁入罗马帝国的一支日耳曼人。

到达罗马后，罗马人不仅收缴了西哥特人的武器，还把他们当奴隶来使唤，残酷地压迫、剥削他们。西哥特人忍无可忍，奋起反抗，与罗马军队展开战斗。昔日所向披靡的罗马大军，在西哥特人的面前却不堪一击。公元 378 年，在亚得里亚堡一役中，罗马军队遭到惨败，三分之二的部队被消灭，罗马皇帝瓦伦斯被赶到一间茅屋里，被活活烧死。继任的皇帝狄奥多西被迫与西哥特人订立和约，把现今南斯拉夫的土地割给他们，还免了他们的捐税。

　　如此一来，西哥特人就将罗马帝国的边界线撕开了一个缺口，"野蛮"的日耳曼人各部族，开始肆无忌惮地向罗马帝国发动攻击。从此，西方历史翻开了新的一页。

　　匈奴人占领了多瑙河流域之后，在今天的匈牙利一带，建立了一个由匈奴人和被他们征服的日耳曼人组成的帝国。欧洲许多国家的国王和部落酋长，都向匈奴帝国臣服了。

　　公元五世纪中叶，匈奴帝国出现了一个伟大的王——阿提拉。他先率大军南下进攻东罗马帝国，东罗马皇帝卑躬屈膝地请求饶恕，并向阿提拉献上一笔巨款。

　　让东罗马乖乖地屈服后，阿提拉开始攻击西罗马帝国。他向西罗马提出"和婚"，也就是要求娶西罗马皇帝的妹妹为妻，目的是要分享西罗马帝国的领土。西罗马帝国拒绝了，阿提拉便率兵杀入西欧，从北到南席卷了今天的法国，最南面直抵奥尔良，在与法兰克人、西哥特人和罗马帝国的联军打了一场大战后，又攻入了意大利，一路势如破竹，直抵罗马城下。由于教皇的哀求，他像在东罗马一样，没有继续打下去，而是与教皇签了和约。

　　公元453年，阿提拉去世了，匈奴帝国很快崩溃，匈奴人就在今天匈牙利一带定居下来。由于匈奴人数较少，逐渐被当地的日耳曼人、斯拉夫人同化了。现在的匈牙利人据说是匈奴人的后裔。

　　前面说过的亚得里亚堡战役，敲响了罗马帝国的丧钟。公元395年，罗马帝国正式分为东西两部分。公元410年，西哥特人又一次兵临罗马城下，毫不手软地发动了总攻，打下了罗马城。

　　罗马，这座"永恒之城"，沦陷在了"野蛮人"手中。

　　后来，这些西哥特人占领了罗马帝国在西班牙和高卢的领土，建立了西哥特王国。

　　西哥特人之后，另一支日耳曼人汪达尔人又攻入了西罗马，他们一直打到非洲，在北非迦太基建立了汪达尔王国。公元455年，

这些汪达尔人又横渡地中海，像西哥特人一样打下了罗马城。他们在罗马大肆烧杀抢掠，辉煌的罗马帝国宫殿被拆毁，连同帝国国徽一同运往迦太基，装饰那里的王宫；无数的书籍、艺术品被焚毁。毁灭文化的"汪达尔主义"由此而得名。

差不多与此同时，盎格鲁人、撒克逊人渡过北海，进入距罗马帝国最远的行省——不列颠（今英国）。在不列颠岛上建立了七个"蛮族"国家。

经过这些"野蛮人"的破坏之后，罗马帝国元气大伤。帝国的领土只剩下意大利一地。连年的战争耗尽了帝国的资源，也使宫廷雇佣的日耳曼将领权欲越来越大，到后来，罗马皇帝竟成了他们的傀儡。公元 476 年，罗马日耳曼雇佣军将领奥多亚克发动政变，废黜了年仅六岁的末代皇帝罗慕洛，西罗马帝国正式灭亡了。

十年后，原来居住在莱茵河下游的法兰克人，在部落领袖克洛维的带领下，击败高卢北部残存的罗马军队，建立了法兰克王国。

这样，罗马在诞生了千年之久、称雄了几百年之后，在"蛮族"的打击下，终于寿终正寝了。从此，西欧社会跨入了新时代。

57

法兰克王国的崛起

公元 476 年，西罗马帝国灭亡，取而代之的是一些日耳曼人的"蛮族"国家。主要有：西哥特王国，它占有了欧洲西部，包括现在的西班牙和法国西部；东哥特王国，它占领了意大利；法兰克王国，它占有了现在的法国与德国的大部分。

在这三个"蛮族"国家中，以法兰克的势力最强。法兰克人生性强悍，能征善战，是天生的战士，他们最心爱的武器是战斧。当时的作家这样描写法兰克战士：

"他们好像游戏一样地扔自己的战斧，远远飞砍敌人，常常百发百中。他们灵巧地用盾牌护身，冲向敌人，快如疾风，几乎要抢在掷出去的标枪的前头。他们的爱好就是打仗。只有死亡才能使他们倒下。要他们恐惧是办不到的。"

公元三世纪，当罗马帝国日薄西山时，法兰克人乘机崛起，渡过莱茵河，到处抢占罗马人的地盘。他们南边紧挨着罗马帝国的高卢行省，所以第一个征服的就是高卢。此时的法兰克人分为两大支，住在莱茵河中游地区的称"河滨法兰克人"，住在莱茵河三角洲一带的称"海滨法兰克人"。

公元 481 年，"海滨法兰克人"克洛维继承了父亲的王位。他立下大志，要壮大自己的力量，统一法兰克。五年后，二十一岁的克洛维从高卢北部动身，向南部的罗马残余部队发动进攻，双方在巴黎南部的苏瓦松展开激战，结果，罗马军队被杀得大败，法兰克

人夺取了高卢南部的大片土地。

苏瓦松战役是一场决定性的战役。它为法兰克王国的建立奠定了基础，克洛维也成为名副其实的国王。

在苏瓦松战役后不久，发生了一件事。一天，克洛维的部下从教堂里抢了一只精美的花瓶。教堂的主教恳求他归还，克洛维答应了。随后在战利品分配大会上，克洛维除了拿到他应得的那一份外，还要求得到那只花瓶。但是那个抢得花瓶的法兰克战士不仅拒绝，而且当场用战斧劈碎了这只花瓶。克洛维没有做声，他收拾起碎片，重新粘好花瓶，然后送还给了教堂。

一年之后，在一次军事会议上，他认出了那个劈碎花瓶的人。他借口那个人的武器佩带不端正而大声斥责他，并且将那个人佩带的战斧掷在地上。待那人俯身去拾战斧时，克洛维抢先一步，拾起斧子，对准他的脑袋劈将下去，口中说道："这就是你以前对待那只花瓶的样子！"

在场的部下无不为之震惊，从此谁也不敢再反对克洛维了。

随后，克洛维除了带领法兰克人攻城略地之外，还做了一些影响深远的事。

当时，西哥特国王有两个儿子不和睦。老大总是要伤害老三，还把老三的女儿赶出了王国。这个名叫克洛提尔的女子流落到了法兰克。克洛维听说克洛提尔非常漂亮，就把她娶过来做了妻子。克洛提尔是个虔诚的基督教徒，她一次次地劝丈夫改信基督教，可克洛维只是一笑了之。此时的克洛维还信奉多神教。

三年后，克洛维在征服莱茵河中部地区的阿勒曼尼人的战争中，他的军队遭到惨败。直到这时，他才想起求助于妻子信奉的上帝。他率三千名士兵到教堂受了洗礼，皈依了基督教。随后他的战斗便转败为胜。

克洛维皈依基督教，既得到了教会支持，又提高了他在法兰克

人心目中的地位。

此时，克洛维的岳父，也就是西哥特王的三儿子戈迪吉塞尔，想借用女婿的力量去打败自己的哥哥，替自己报仇。他还许诺，如果克洛维打败他哥哥贡多巴德，就把自己的一部分土地划给克洛维。这真是天上掉下来的馅饼，克洛维满口答应。

公元 500 年，克洛维的军队出现在贡多巴德的领土上，贡多巴德急忙应战，可他哪里是羽翼已丰的克洛维的对手。克洛维没费多长时间，就打败了贡多巴德。以后，克洛维又联合河滨法兰克人，对西哥特国发动了进攻，最后克洛维杀死了西哥特国王阿拉里克，夺取了西班牙和高卢南部的许多地方。

现在，克洛维称霸欧洲的最大阻力就是昔日的盟友：河滨法兰克人。克洛维决定使用卑劣的手法除掉河滨法兰克的首领。

他想出一条毒计。他派人找到首领的儿子克洛德里克，然后摆出一副神秘的样子，俯在克洛德里克的耳边，轻声问道："你说，现在这里，谁的权力最大？"

"那还用讲，肯定是我的父亲！"克洛德里克回答。

克洛维摇了摇头，说："唉，你真傻。要是叫我看，除了你，没人比你的权力大，只是……"他欲言又止。

克洛德里克露出了奇怪的神色，他问道："请大王指点迷津。"

"如果你父亲去世了，那河滨法兰克人的权力不全都归你所有了吗？"

克洛德里克恍然大悟，他兴奋地对克洛维说："谢谢你提醒我，我明白怎么做了。"

不久，克洛德里克就杀死了自己的父亲。他急匆匆地把这一消息告诉了克洛维。为了向克洛维表示感谢，他想送给克洛维一些财宝。

克洛维婉言谢绝了他的盛情，只是派出使者到他那儿祝贺。当

使者到科隆向克洛德里克祝贺时，趁他不备，竟抽出匕首将其刺死。

克洛德里克被杀后，克洛维立即向河滨法兰克人声明，他并没有参与谋杀的勾当，他愿意接纳河滨法兰克人成为他的臣民。失去了首领的河滨法兰克人，无奈之下只得归顺了克洛维。

就这样，克洛维完成了法兰克的统一大业。公元507年，他在巴黎建都。他所建立的墨洛温王朝，一直延续到八世纪中叶。

58

"丕平献土"和教皇国

在现今意大利的首都罗马，有一个叫梵蒂冈的教皇国。它是一个城中之国，仅占地零点四四平方公里，是世界上最小的国家。它可是世界天主教的中心，教皇是这个国家的统治者。别看它现在只是弹丸之地，在中世纪，教皇国可是意大利中部的一个不算小的国家。它的起源要追溯到公元八世纪，当时的法兰克国王"矮子丕平"，把意大利中部的一大块土地赠送给罗马教皇，不久以后就形成所谓的教皇国。

早在公元 511 年，法兰克王国的创始人克洛维去世了。他在世时，热切地盼望能有儿子，去世时却又嫌儿子太多。他有四个儿子。他怕儿子们为王位的继承而引发内乱，于是将国土分作四份，每个儿子各得一份。这时的法兰克，没有什么长子继承制，分开的几个部分仍是一个国家。

克洛维开创的墨洛温王朝，历时二百四十一年，历经二十八位国王。每代国王死后，都继承了克洛维定下的老规矩：国土由儿子均分。

墨洛温王朝的后期，国王一个比一个懒，因而被称为"懒王"。他们不问国家大事，整天沉迷于基督教或者美女、美酒之中，王国大权渐渐旁落到"宫相"手中。宫相最初是王国的管家，只是国王的仆人，后来因其地位特殊，渐渐执掌机要，不仅控制内政，而且掌握军权，让国王成了纯粹的木偶。到公元 737 年，查理·马特成

为法兰克王国唯一的宫相,独掌朝纲。

查理·马特是一个有雄才大略的人。此时,欧洲面临阿拉伯人的入侵。查理·马特起兵抵抗,公元 742 年在波瓦都战役中,击溃了入侵的阿拉伯人,这次胜利使查理·马特威名大振。

查理·马特死后,按惯例把国家平分给两个儿子卡罗曼和丕平。这卡罗曼是个虔诚的基督徒,没过几年就看破红尘,放弃统治权,到修道院做修士去了。整个法兰克王国便落到丕平一人手里,这丕平就是历史上大名鼎鼎的"矮子丕平"。

这时,法兰克名义上还由克洛维建立的墨洛温王朝统治,丕平只是宫相。他深知要想名正言顺地登基称王,教会的支持不可缺少。事情竟有这般巧合,那边罗马教皇受到北部伦巴底人的侵扰,迫切希望丕平能伸出援手,将伦巴底人赶出教皇辖地。双方互有所求,一拍即合。

公元 751 年,矮子丕平遣使臣去见教皇。使臣见过教皇后,神态怪异地问教皇:"现下既有手握大权之人,又有自诩为王却绝无实权之人,此两人中谁应该称王?"

教皇闻听此言,立刻心领神会,但却在故作沉吟之后才答道:"掌握实权的来当国王要比虚拥王位而无实权的为好。"

使者将教皇的答复向矮子丕平禀告后,矮子丕平笑逐颜开,当即在苏瓦松召开贵族会议。会上,丕平将教皇的意思告诉众人,于是,他顺利地被贵族们推选为国王。贵族们按照日耳曼人部落的习惯,敲打盾牌,欢呼喝彩,把矮子丕平高举在盾牌之上,以示拥护。教皇还派特使前来,为丕平举行了加冕礼。这是历史上第一次教皇为国王举行加冕。

矮子丕平将墨洛温王朝的末代国王削发为僧。从此,法兰克王国开始了一个新的王朝——加洛林王朝,这是发生在公元 751 年的事。

丕平在教皇的支持下,当上法兰克国王。当然,他也没有忘记

报答教皇。在公元 754 年、756 年两度出兵意大利，大败伦巴底人，逼其交出了以往侵占去的土地。为了感谢教皇对自己即位活动的支持，矮子丕平随即将这些地域慷慨地赠送给了教皇。这便是流传史册的"丕平献土"。教皇于是以此为基础，在意大利中部建立起政教合一的教皇国。教皇国便是今日梵蒂冈城国的前身。

然而，"丕平献土"却引起了东罗马帝国的抗议。建都拜占庭的东罗马帝国，向来自认为是古罗马帝国的当然继承者，提出丕平应将意大利中部领土归还拜占庭。罗马教皇为了确保得到领土的合法性，竟然伪造了一封罗马皇帝君士坦丁大帝的书信。

这封写于公元四世纪的信中称，君士坦丁大帝忽然得麻风病，宫廷祭司对皇帝说，必须用儿童的热血洗澡才能治愈这种病。大帝不忍心杀害无辜的儿童，没有依从。有一天，君士坦丁梦见天主告知他，只有接受基督教会洗礼才能除病。他决定试验一番，请来罗马主教为他施法。当他跳入水池时，天空忽然显现出一只手，神采四射，向他伸来。一出水面，身上麻风病全好了。于是君士坦丁决定重谢罗马教会，迁都拜占庭（后改名为君士坦丁堡），把罗马地区交给罗马主教管辖。

当时教皇并没有拿出君士坦丁的亲笔信，只是口头说说，用于欺骗东罗马帝国。后来又伪造了这封信。东罗马帝国不知底细，在这封所谓的"君士坦丁赠礼"的伪书信面前，除了哀叹，没有别的办法。这样，丕平的献土和伪君士坦丁书信相结合，奠定了教皇国的基础。

直到文艺复兴时期，意大利人洛伦佐·瓦拉经过考证，才揭开这个历史谜团。原来这封写于公元四世纪的书信，竟然使用的是公元九世纪的拉丁语，里面充满了"蛮族言词"（即日耳曼语言）。瓦拉指出，君士坦丁在位时，还是拉丁文繁荣之时，在这个"学术时代怎能写出野蛮人的言词"！显然书信是伪造的，是教皇用来欺骗世人的。

59

查理大帝

12 月 25 日，是基督教传统的节日——圣诞节。然而公元 800 年的圣诞节却非同寻常。这一天，在意大利的罗马城，发生了一件举世瞩目、影响深远的大事：一个"蛮族"人的国王，被罗马教皇破天荒地戴上一顶金皇冠，加冕为"罗马人的皇帝"。这个人，就是欧洲历史上赫赫有名的查理大帝。

查理于公元 742 年出生在一个法兰克贵族家庭中，他的父亲便是大名鼎鼎的"矮子丕平"。公元 751 年，矮子丕平与教皇相勾结，废黜了墨洛温王朝的末代国君，取而代之，创建了加洛林王朝。作为王子，查理从小就跟在父亲身边，出入宫廷，巡游各地；骑马打猎，从军作战，各方面都受到了很好的锻炼。查理身材魁梧，体格强壮，精于武艺，很早就显露了军事上的才干。

公元 768 年，矮子丕平去世。遵照遗嘱，查理和弟弟卡洛曼平分了法兰克王国。不久，卡洛曼患病去世，查理合并了全部国土，成为加洛林王朝的第二代国王。

查理不知疲倦地南征北战。他在位四十六年，先后发动了五十五次征服战争，除了英格兰人以外，他几乎和西欧所有的民族打过仗。

查理当政后的第一次出征，是在公元 774 年进攻意大利北部的伦巴底王国。说起来，那伦巴底国王还是查理的岳父大人呢。那么，查理为何要攻打伦巴底呢？冰冻三尺，非一日之寒。原来，查

理弟弟卡洛曼死后，其妻子对查理并吞丈夫遗留下的国土深感不满，于是，率领儿子们逃往意大利，向伦巴底国王寻求"保护"。后来伦巴底人进犯罗马，查理应教皇请求，派军镇压。伦巴底人战败，国王的女儿被查理强索为妻。但查理并不喜欢这位姑娘，只是想羞辱一下她父亲。不到一年，查理就抛弃了伦巴底妻子，另结新欢。伦巴底国王非常恼怒，发誓要报复。而查理干脆先下手为强，于是，立即发兵征讨伦巴底。

公元774年，查理率大军翻越阿尔卑斯山进攻伦巴底。这是一支用铁武装起来的大军，有一首诗这样描写：

> 他（查理）头上戴着铁盔，
> 手上罩着铁手套，
> 他的胸膛和肩膀裹在铁甲里。
> 他左手高擎一支铁矛，
> 右手握着一把无敌的铁剑，
> 骑在一匹铁黑色的战马上。
> 整支大军都仿效他的穿戴，
> 田野里和大道上充满着铁器，
> 连太阳的光芒都被铁的闪光反射回去。

进入伦巴底后，查理采取分兵奇袭和围困迫降的战术，征服了伦巴底人。随后，他将伦巴底国王送进修道院当了修士，让自己的儿子当了伦巴底的总督。就这样，查理把意大利北部并入了他的版图。

公元778年，查理越过比利牛斯山，进攻西班牙地区的阿拉伯人。回师途中，后卫部队在比利牛斯山的一个峡谷遭到当地人伏击。查理的部将罗兰英勇奋战，不幸阵亡。这一事迹被编成著名史

诗《罗兰之歌》。诗中，罗兰被颂扬为中世纪骑士的楷模，查理则是骑士应为之效忠的封建君主的典范。

查理时间最长的一次征服战争，是进攻北方的萨克森人，他采取了残酷的镇压手段，对萨克森人大量屠杀并强行迁移。他还强迫所有萨克森人信仰基督教，不信基督教者均被处死。这场战争时间长达三十三年，直到公元804年，萨克森人终于被征服。

经过数十年的征战，查理在欧洲大陆建立了一个庞大的帝国，其疆域之大，完全可与昔日的罗马帝国相媲美。赫赫的战功和强盛的国势，使查理踌躇满志。国王的称号与他的权势似乎不相适应了，恺撒大帝才是他效法的榜样。一次偶然的事件，为他弃王称帝铺平了道路。

公元799年，罗马贵族们声称教皇利奥三世生活放荡、品行不端，发动了政变。他们将教皇逮捕入狱，还扬言要挖出他的眼珠，割掉他的舌头。但是，一天深夜，利奥三世越狱逃跑了，他直奔正在征战的查理的营帐，乞求保护。公元800年12月，查理亲自带兵把利奥三世护送回罗马，还把反对教皇的贵族处以重刑。

利奥三世对查理感恩不尽，视同再生父母，他抓住一切机会报效查理的恩典。

12月25日圣诞节那天，当查理跪在罗马的圣彼得大教堂做祈祷时，教皇突然把一顶金皇冠戴在查理的头上，并高声宣布："上帝为查理皇帝加冕，这位伟大的带来和平的罗马人皇帝，万寿无疆，永远胜利！"

在场的僧侣、贵族齐声欢呼，祝贺查理成为"罗马人皇帝"。这样，查理就成了古罗马帝国的合法继承人，法兰克王国也变成了新的"罗马帝国"。

从此，人们将查理称为查理曼。"曼"字的意思是"伟大的"，也可直译为"大帝"。查理的加冕，是世界中世纪史上的一件大事。

它表明教权和王权开始共同统治欧洲。利奥三世曾在教堂安放了一幅画，描写圣彼得正把披风送给教皇，把旗帜送给国王，画上写着："圣彼得把生命赐给教皇利奥，把胜利赠给皇帝查理！"

查理的业绩不仅限于军事征服，在法律、经济，尤其在文化教育方面都有杰出建树。

公元八世纪时，古代希腊、罗马的文化已被人们遗忘，查理帝国的臣民大都目不识丁。查理感到没有文化知识，就不能很好地管理国家，于是就在宫廷里办起了学校，培养人才。

在宫廷学校里，除了贵族子弟外，他还招收了一些出身寒门的学生。他亲自检查学生的作业，他发现出身寒门的学习成绩较好，便高兴地说："我的孩子们，由于你们竭尽全力学习，取得了好成绩，我很高兴。我将赐给你们主教的管区和华丽的修道院。"

对那些学习成绩差的学生，他训斥道："你们这帮贵族的大少爷，仗着出身和财产，不努力学习。我发誓，除非你们好好学习，否则绝对得不到我的任何恩宠！"

查理说到做到，时常把学得最好的穷孩子提拔上来，委以重任。

查理大帝还颁布了不少法令，要求教会和修道院传授和学习文化。他下令抄写大量古希腊和古罗马的文稿，为保存和传播古典文化作出了贡献。由于查理大帝统治的王朝叫加洛林王朝，这些成就后来被称为"加洛林文艺复兴"。

公元814年，查理大帝去世，享年七十二岁。他的儿子，性格柔弱的路易继承帝位。路易凡事依赖教士，所以被称为"虔诚者路易"。虔诚者路易死后，他的三个儿子为争夺帝位互相厮杀。直到公元843年，查理大帝的三个孙子在凡尔登集会，签了个《凡尔登条约》，商定将帝国分为三个部分。后来，这三个部分基本上形成了近代西欧的三个国家：德国、法国和意大利。

60

中世纪的骑士

　　如果你读过西班牙作家塞万提斯的著名小说《堂吉诃德》，一定记得那位自命为骑士的乡绅堂吉诃德。书中描写了骨瘦如柴的堂吉诃德，骑着一匹瘦骨伶仃的老马，与风车大战的情景。这位堂吉诃德还闹出许多笑话。他把客店主人当做封建领主，一定要他封自己为骑士；还把胖胖的牧猪女当做贵妇人，向她献上盲目的爱情与忠诚……堂吉诃德的种种荒唐举动，让人感到滑稽可笑，但在中世纪，这可是一种道德高尚的"骑士精神"，受到人们赞赏呢。

　　骑士是中世纪欧洲出现的一个特殊阶层。它最早出现在法兰克王国，随着法兰克封建制度的确立，在十一世纪，形成比较完善的骑士制度，到十四世纪以后，骑士制度逐渐衰落。

　　那么，骑士阶层是如何产生的呢？

　　在法兰克王国建立初期，国王依靠中小地主组成的骑兵队镇压内乱，对外扩张。为了长治久安，国王改变了以往无条件分赠土地的制度，把战争中夺来的土地分封给前线作战的将领，受封土地的将领要对国王尽一定的封建义务，必须宣誓效忠于国王。接着，国王下面的大封建主、将领们，也把自己的土地作为采邑（封地）的形式分封给自己的下属，这样层层分封，形成国王以下的公、侯、伯、子、男、骑士几个等级，这就是封建等级制度。骑士，其实就是最低等级的贵族，他们既无爵位，又无封土，他们的职业就是骑马出征。

十一世纪，西欧城市兴起，封建主已把土地掠夺殆尽，这时确立了长子继承制。父亲的爵位、土地只传给他的大儿子，其余的儿子不能从父亲那儿分得遗产，他们只有一条谋生途径，就是成为骑士。但是，要成为骑士还必须由某个贵族，如伯爵或公爵来加封。他们在获封骑士的同时，往往还能获得一个或几个小庄园，他们就可以靠这些庄园来过日子。如果他们想获得更大更多的庄园，唯一的途径就是掠夺。他们可以自己去抢，也可以跟着他们的领主去战斗，从战争中获得战利品。

在相当长的一段时间内，骑士这个称号象征着一种荣誉，因此，西欧的大小封建主，大都自认为是光荣的骑士。他们以自己的封建领地为基础，与国王一道以刀剑统治国家。骑士的生活充满了冒险，他们的生活目的似乎就是为国王而战，为信仰而战，为爱情而战。

作为一名骑士，在他的一生中将经历无数次战斗，因此，每一个贵族子弟从小就得接受成为骑士的训练。

在中世纪，贵族家的男孩子到了七八岁，就要被父母送到比自家高一等级的领主家当侍童。侍童要追随领主夫人左右，按照主人们的吩咐服役，侍奉主人；学习吟诗、唱歌和弹奏乐器，熟悉宫廷以及贵族交往的礼节；还学习下棋、骑马、游泳、投枪、击剑和角力。十四岁后当领主的侍从，也就是预备骑士了。平日里侍从主要服侍女主人或其女儿用餐，向她们学习各种礼节，同时也要学会对贵妇人殷勤有礼，处处要"女士优先"，并且树立起一种为淑女献身的精神。只有当主人出发作战时，侍从才跟在主人身边，为主人看管甲胄、武器和马匹，同时学习打仗。直到二十一岁，才够资格通过封授仪式，成为一名真正的骑士。

骑士封授仪式是这样的，将要成为骑士的年轻人，先要进行沐浴清洁，然后进入教堂，在里面彻夜不眠地看守他的盔甲和武器，

并做祈祷。第二天早晨，他便回到城堡里，再参加受封骑士仪式。老骑士帮助他穿上盔甲和佩好剑。然后，受封者单膝跪地，向领主宣誓，要忠于主人，保护宗教和妇女，要行侠仗义，扶弱济贫。宣誓以后，领主用手掌或剑背在他背上轻拍两下，以表承认。从此，年轻人就取得了骑士的称号，成为一名真正的骑士。

取得骑士称号以后，这些贵族子弟往往要游历一番，建功立业，获得勇敢的名声。尤其是那些没有领地，等级最低的骑士，更是以打家劫舍为生，以比武格斗为乐。为了表现自己的勇敢或是为博取女人欢心，甚至两名陌生骑士途中相遇，也会狠斗一场，有时打得头破血流甚至死亡。

有一首描写骑士生活的诗这样描述："我是一名骑士，骑马出行，寻找一个男子，像我一样武装起来，愿与我格斗。他要是能打倒我，就会提高他的声誉；我要是能战胜他，就会被看做是英雄，我将得到前所未有的尊敬。"

按照惯例，一个骑士不能对一个毫无准备的对手发起攻击，而必须让对方做好战斗前的准备。例如，1327年苏格兰国王布鲁斯遵照惯例，派人告诉英格兰国王爱德华，他"将进兵英格兰，把它付之一炬"。对一个真正的骑士来说，搞突然袭击是一种可耻的行为。

还有一个惯例，当一名骑士俘虏了另一名骑士之后，必须将俘虏待如上宾，即使双方原来是死对头也应如此。百年战争期间，英王爱德华三世在1384年的除夕夜，邀请被俘的法国骑士出席晚会。

骑士有一套骑士道德，即"骑士精神"，它的主要内容是荣誉、效忠、护教、行侠和崇尚女性。这些在中世纪的欧洲文学作品中，如法国的《罗兰之歌》、德国的《尼伯龙根之歌》和英国的《亚瑟王传奇》，得到生动形象的描写。其中尊重女性是骑士的一个重要信条，是骑士终身追求的理想。

年轻的骑士不仅宣誓保护女性，而且还要选择一位贵妇或者一位贵族少女作为自己崇拜的偶像。骑士要对意中人无比尊敬和绝对服从，骑士的意中人可以对骑士发号施令，提出种种难以做到的要求；骑士则必须听从其命令，甘冒一切危险，忍受种种折磨，而毫无怨言。这就是所谓的"骑士之爱"。由此而产生一种"骑士风度"，也就是把贵妇看做高人一等的人，在她们面前要鞠躬低头，吻她们的手；在出入时，让她们先走；当有妇女在场时，举止要庄重，谈吐要优雅，等等。这成为中世纪欧洲上流社会的一种风尚。后来，近代上流社会沿袭这种"女士优先"的风尚，被称为"绅士风度"。

中世纪是黑暗和混乱的年代。但也有一些闪光的东西，骑士精神中就有亮点，它现在已演绎成男士对女性的尊重与奉献精神。

61

诺曼征服

在中世纪的历史上，英法两国的关系非常密切，也时常发生冲突。英国是一个岛国，法国位于欧洲大陆的西部，两国之间横隔一条英吉利海峡（法国人称为拉芒什海峡）。英吉利海峡很窄，游泳高手可以游过去，船只更不用说了。所以英国和法国，自古以来人民就有紧密的联系。

公元十世纪，欧洲大陆的法兰克王国分裂成许多公国，其中最强大的是西部的诺曼底公国（位于今法国）。1066 年，发生了一件重大历史事件：诺曼底公爵威廉趁英吉利王国内讧，渡海进攻，打败了英国；不久进入伦敦，加冕为英吉利国王。这件事历史上称为诺曼征服。

事情还得从头说起。在西罗马帝国崩溃时，英国也遭受了"蛮族"入侵，建立了七个盎格鲁—撒克逊人的小国。约公元九世纪，丹麦人入侵英国，这时，威塞克斯国的阿尔弗雷德大王奋起抗争，捍卫了民族独立。1042 年，阿尔弗雷德大王的后代爱德华继承了英国王位。1066 年，爱德华死了，他妻子的兄弟哈罗德被推举为王。这样的王位安排，引起了海峡对岸的诺曼底公爵的不满。

诺曼底公爵威廉是个私生子，因而时常遭到别人的冷眼，这使得他的性格变得刚毅而冷酷。他十六岁时已熟练地掌握了格斗的技巧，并不止一次地躲过了暗杀。靠着他的铁腕统治，诺曼底公国成了西欧最强大的国家。他对海峡对岸富庶的英国，觊觎已久，早就

想把它弄到手。还在两年以前，威廉对哈罗德就有过救命之恩。当时，哈罗德在法国游玩时，遭人绑架，是威廉把他救了出来。为了感谢威廉的救命之恩，哈罗德曾对天发誓："我——哈罗德发誓，当我王爱德华百年之后，我将运用我在英国的权力和影响，使威廉——我亲爱的兄弟成为英格兰国王。"

可是，当英王爱德华去世后，哈罗德却忘了以前的誓言，自己加冕称王，这使得等候继承权的威廉怒不可遏。威廉决心征服英吉利，把刀剑指向毁誓的人。

威廉为这次渡海远征，做了充分的准备。他在诺曼底大肆招兵买马，许诺在征服英国后，将赏赐手下大量的土地和黄金。整个1066年春天和夏天，他都在制造船只，筹集军需品。到了8月，威廉已经万事俱备，七百艘帆船沿海岸一字排开，七千名士兵整装待发。只等海上风顺，便可出兵。

然而偏偏事与愿违。威廉需要南风将他的大军送过海峡，此时正是夏末秋初时分，海峡中总是东北风劲吹，浪高涌大，单凭人力划桨驾船绝对无法到达对岸。威廉大军只好眼睁睁坐以待"风"，一等便是整整六个星期。

可是，出乎人们意料的事发生了。就在威廉焦急地等待南风到来之时，在英国却发生了另一场争夺王位的战争。原来，挪威国王哈德拉德也想当英国国王。9月中旬，哈德拉德率大军在英国北部登陆，一路烧杀抢掠，直向英国中部约克郡杀来。英王哈罗德立即率军北上迎敌，两军在约克郡的斯坦福桥遭遇。经过激战，挪威国王被杀，哈罗德大获全胜。

就在哈罗德获胜两天之后，英吉利海峡的风向转变了，刮起了强劲的南风。9月28日，威廉率领大军起航，乘着大风顺利地渡过海峡，在对岸登陆。威廉刚刚踏上泥泞的英吉利海滩，一不小心摔了一跤。众将以为这是不祥征兆，岂料威廉哈哈大笑："此为吉兆，

你们看，我的双手已经抱住了英格兰。"

威廉站起后环顾四周，却是静悄悄杳无人迹，他心里疑惑，不知英国人摆的什么阵。很快探子来报，伦敦以南并无英军，所有军队都随哈罗德北上与挪威人打仗去了。威廉听了，长吁了一口气，伸手向天，感谢上帝的安排。

此时，哈罗德正在约克郡庆祝胜利。一匹快马自南方飞奔而来，骑手下马后气喘吁吁地向他报告："那私生子登陆了！"

哈罗德闻讯，大惊失色。他命令疲惫不堪的部队立即开拔，向伦敦急行军。

10 月 14 日，威廉与哈罗德在哈斯丁摆开阵势。威廉的七千大军沿着山脚排开，兵分三路，左翼、右翼以及威廉亲自指挥的中军。

哈罗德的英军部署在对面的山坡上。一万余人排成几个密集方阵。方阵最外一层的士兵，身穿锁子甲，人人手擎一块大盾牌，块块盾牌紧密相连，组成刀枪不入的铜墙铁壁，将方阵内的士兵遮护得严严实实。最里层的一个方阵当中，高高飘扬着金线织就的英国王旗，王旗下，哈罗德叉腰仗剑，威风十足。

战斗开始了。威廉先命弓弩手向英军放箭。只见万箭齐发，冰雹般射向敌阵，不料碰在英军的盾牌墙上，却纷纷折断落地，英军毫发无伤。威廉又命重装步兵发起冲击，无奈方阵里的英军突然刺出长矛，许多重装步兵的铠甲被刺穿，负伤的不在少数。

威廉见步兵进攻不能取胜，急命骑兵上阵。这骑兵可是诺曼人的制胜法宝。而英军并无骑兵，上阵全靠步兵作战。步骑相遇，威廉的骑兵风驰电掣，让人猝不及防；再说人在马上，占尽高度优势。

那边哈罗德远远地见骑兵奔来，急令各方阵靠紧，密集队形，盾牌手们臂膀相挽，盾牌如瓦片般相叠，密不透风。诺曼骑兵再厉

害，撞在这盾牌墙上，也是英雄无用武之地！而盾牌后的英国兵趁机扔出手斧和标枪，杀死了不少诺曼骑兵。

眼看太阳偏西，威廉久攻不下，不免心急火燎。只见他眉头一皱，计上心来。他重新布置阵势，弓箭手后撤，所有骑兵集中中路，重装步兵调往两翼。当号旗一展，全体骑兵一齐冲上山坡。刚到方阵前面，又是一阵呐喊，全体诺曼骑兵调头后撤。哈罗德以为敌人已溃不成军，遂下令英军下山追击。哪知这是威廉的"佯败"战术。

见敌人果然中计追下山坡，方阵散乱，威廉又命骑兵回马稳住阵脚，两翼重装步兵一齐掩杀过来。可怜英军顺坡而下，收脚不住，前面的撞在骑兵枪剑之上，当场毙命；两边的被重装步兵砍杀，死伤无数。

哈罗德惊得目瞪口呆，急令剩余部队重新集结。万余兵马，只剩下三四千人。哈罗德将剩余部队集中到山顶，以他为核心围成一圈，周围仍然是坚固的盾牌墙。

此刻，夜幕降临。威廉见英军围成一个圆圈，顿时又生一计。他命弓箭手后撤一百步，然后斜斜地向高处射箭。这样，他们的箭跃过盾牌墙落到了方阵内英军的头上。挤成一团的英军躲无法躲，藏无处藏，中箭者无数。这时，突然一支飞箭自天而降，恰好刺入哈罗德右眼窝，他来不及哼一声便扑倒在地，气绝身亡。国王一死，英军将士四散溃逃。

诺曼底公爵威廉终于征服了英国。1066 年 12 月 25 日，他乘战胜之余威，登基成为英国国王，称威廉一世，又称"征服者威廉"，同时兼任诺曼底公爵。他建立的王朝被称为诺曼王朝。威廉没收了英格兰人的土地，重新分封给诺曼的贵族和功臣，在英国实行了封建制。从此，英国历史揭开了新的一页。

62

阿拉伯帝国的兴起

七世纪初，穆罕默德创立了伊斯兰教，他用伊斯兰教义把阿拉伯半岛的各个部落，逐渐凝聚成了一个强大的民族。到公元 632 年穆罕默德去世时，已经统一了阿拉伯半岛的大部分。

穆罕默德逝世后，他的岳父伯克尔继承了他的事业，称"哈里发"，也就是"先知的继承者"的意思。伯克尔平息了一些部落的叛乱后，决定把伊斯兰教传播到阿拉伯半岛之外，同时向四周扩张领土。在不到三十年的时间里，阿拉伯人就打败了周边强敌，建立起庞大的阿拉伯帝国。

阿拉伯人对外扩张的第一步，是夺取东罗马帝国属地叙利亚，这是东罗马最富裕的地区。为此，哈里发派出了号称"真主之剑"的大将哈立德。

当时，哈立德远在伊拉克。公元 634 年 3 月，当哈立德接到命令后，他决定冒险穿越沙漠，直扑叙利亚首都大马士革，出其不意地进攻东罗马军队。

哈立德率领八百名骆驼兵，进入了人迹罕至的大沙漠。起先，部队靠宰杀随行的骆驼充饥。后来，在向导的指引下，哈立德在沙漠中成功地找到水源。经过十八天的艰苦行军，终于走出了大沙漠。哈立德避开了东罗马军防守严密的要塞后，如神兵天降，突然出现在大马士革城下。

东罗马慌忙派出一支军队迎战，经过几次短暂的交锋后，东罗

马军便被击溃。哈立德的军队开始包围这座历史名城。

经过几个月的围困，大马士革城内弹尽粮绝，一片恐慌。城内德高望重的大主教决定派出使臣，与哈立德谈判。

使臣来到哈立德的军营，他对将军说："尊敬的将军，我们的主教怜悯城内数十万百姓的生命。请问将军，若是我们停止抵抗，打开城门，我们的生命是否能够得到保护？"

哈立德沉思了片刻，一字一句地对使臣说："奉真主之名，我哈立德回复大主教，圣教将士和平进入城市后，你们的生命和财产将受到保护，你们的教堂和宗教也将会保留。你们唯一要做的，就是应按时缴纳人丁税。"

使臣回去后，把这个信息告诉了大主教。大主教认为哈立德的条件可以接受，于是就下令打开大马士革城门。哈立德的骑兵浩浩荡荡地进了城。

面对大马士革的失手，东罗马帝国皇帝焦急万分，他决定尽力制止阿拉伯人的进犯。公元 636 年，他调来一支十万人的大军，由他的弟弟率领，开赴叙利亚战场。

哈立德此时只有二万五千名穆斯林（信仰伊斯兰教的人，意为"顺从者"）战士，兵力上显然不能同东罗马大军相抗衡。于是，他采取了一个以逸待劳的作战计划。哈立德将大部分部队调到约旦河支流雅穆克河畔休养待命，只派出小股的骑兵前去骚扰敌军。一直拖到8 月 20 日，才决定与敌人展开决战。

八月份的天气极其炎热，酷热的风挟着大量沙尘，吹得人睁不开眼。此时进行决战，其实是哈立德的一着妙棋。他所以等了两个月，一是为了避开敌军的锐气；再有就是为了等待这样一个炎热的天气。这对于生活在炎热沙漠中的阿拉伯人来说不算什么，但对远道而来的东罗马军队，就实在是难以忍受了。

就在东罗马士兵被热风吹得昏头昏脑时，哈立德下令发动进

攻。东罗马军队使用铁索相连，组成坚固的方阵，教士树起许多十字架，诵读《圣经》，祈祷助威。然而，无论坚固的方阵还是教士的祈祷都无济于事。穆斯林战士奋勇拼杀，攻势锐不可当。东罗马人阵脚大乱，溃不成军。

在热风及阿拉伯军队的冲击下，东罗马人死伤极为惨重。一部分逃得快的，虽然躲过了阿拉伯人的刀枪，但逃到雅穆克河边，渡河时却被淹死了不少。一些渡过河的逃兵也未能逃脱厄运。原来，足智多谋的哈立德早已在河岸布下大量伏兵，那里成了东罗马军人的屠场。经过几天战斗，东罗马军队被消灭了七万多，连他们皇帝的弟弟也被打死了。

雅穆克河战役的失败，使东罗马帝国丧失了叙利亚这一富庶的行省。东罗马皇帝听说叙利亚失陷后，感慨又无奈地说道："叙利亚，如此美好的锦绣河山，还是归于敌人了。"

阿拉伯人在占领了叙利亚后，乘胜进军，不久，小亚细亚的大部分地区都被征服。

公元 661 年，阿拉伯帝国正式形成，首都由麦地那（在今沙特阿拉伯）迁到大马士革。以后，阿拉伯军队同时向北、东、西三个方向大举扩张，向东占领了喀布尔（在今阿富汗）、撒马尔罕、布哈拉、花剌子模（前苏联中亚地区）；向西征服了迦太基和西哥特；向北侵入高卢，在波瓦都战役中，遭到法兰克王国宫相查理·马特抵抗，入侵西欧的势头被阻止。

到八世纪初，阿拉伯帝国势力达到了鼎盛期，其疆域东起印度河流域，西临大西洋，成为一个横跨亚、非、欧三洲的大帝国。中国史书将其称为大食帝国。

63

阿拉伯数字的来历

我们都知道，数学计算的基础是阿拉伯数字：1、2、3、4、5、6、7、8、9、0。离开这些数字，我们无法进行计算。其实，这些阿拉伯数字并不是阿拉伯人发明创造的，而是发源于古印度，后来被阿拉伯人掌握、改进，并传到了西方，西方人便将这些数字称为阿拉伯数字。以后，以讹传讹，世界各地都认同了这个说法。

阿拉伯数字是古代印度人在生产和实践中逐步创造出来的。

在古代印度，进行城市建设时需要设计和规划，进行祭祀时需要计算日月星辰的运行，于是，数学计算就产生了。大约在公元前3000年，印度河流域居民的数学就比较先进，而且采用了十进位的计算方法。

到公元前三世纪，印度出现了整套的数字，但在各地区的写法并不完全一致，其中最有代表性的是婆罗门式：

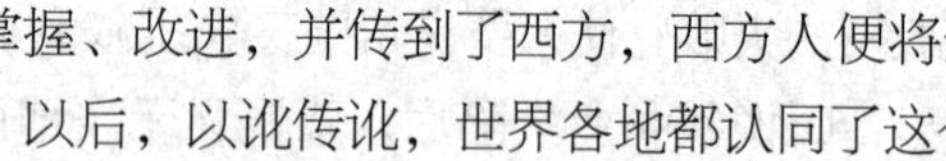

一 二 三 Y Ɩ ᶌ ᒿ ᒣ ᒥ ᒿ ᑲᴏ ᒻ ᑕ ᒣ

1 2 3 4 5 6 7 8 9 10 20 30 40 50 60

这一组数字在当时是比较常用的。它的特点是从"1"到"9"每个数都有专字。现代数字就是由这一组数字演化而来。在这一组数字中，还没有出现"0"(零)的符号。

　　"0"这个数字是到了笈多王朝（公元 320—550 年）时期才出现的。公元四世纪完成的数学著作《太阳手册》中，已使用"0"的符号，当时只是实心小圆点"·"。后来，小圆点演化成为小圆圈"0"。

　　这样，一套从"1"到"0"的数字就趋于完善了。这是古代印度人民对世界文化的巨大贡献。

　　印度数字首先传到斯里兰卡、缅甸、柬埔寨等印度的近邻国家。

　　公元七到八世纪，地跨亚非欧三洲的阿拉伯帝国崛起。阿拉伯帝国在向四周扩张的同时，阿拉伯人也广泛汲取古代希腊、罗马、印度等国的先进文化，大量翻译这些国家的科学著作。公元 771 年，印度的一位旅行家毛卡经过长途跋涉，来到了阿拉伯帝国阿拔斯王朝首都巴格达。毛卡把随身携带的一部印度天文学著作《西德罕塔》，献给了当时的哈里发（国王）曼苏尔。曼苏尔十分珍爱这部书，下令翻译家将它译为阿拉伯文。译本取名《信德欣德》。这部著作中应用了大量的印度数字。由此，印度数字便被阿拉伯人吸收和采纳。

　　此后，阿拉伯人逐渐放弃了他们原来作为计算符号的 28 个字母，而广泛采用印度数字，并且在实践中还对印度数字加以修改完善，使之更便于书写。

　　阿拉伯人掌握了印度数字后，很快又把它介绍给欧洲人。中世纪的欧洲人，在计数时使用的是冗长的罗马数字，十分不方便。因此，简单而明了的印度数字一传到欧洲，就受到欧洲人的欢迎。可是，开始时印度数字取代罗马数字，却遭到了基督教教会的强烈反对，因为这是来自"异教徒"的知识。但实践证明印度数字远远优于罗马数字。

　　1202 年，意大利出版了一本重要的数学书籍《计算之书》，书

中广泛使用了由阿拉伯人改进的印度数字，它标志着新数字在欧洲使用的开始。这本书共分十五章。在第一章开头就写道："印度的九个数目字是'9、8、7、6、5、4、3、2、1'，用这九个数字以及阿拉伯人叫做'零'的记号'0'，任何数都可以表示出来。"

随着岁月的推移，到十四世纪，中国印刷术传到欧洲，更加速了印度数字在欧洲的推广与应用。印度数字逐渐为全欧洲人所采用。

西方人接受了经阿拉伯传来的印度数字，但他们当时忽视了古代印度人，而只认为是阿拉伯人的功绩，因而称其为阿拉伯数字，这个错误的称呼一直流传至今。

64

《一千零一夜》

传说古代东方有个国王叫山鲁亚尔，他残暴、嫉妒，因为怀疑王后不贞，就把她杀了。从此，他每天要娶一个少女做妻子，过了一夜，第二天早晨就杀死她。许多女子为此惨遭不幸。老百姓害怕极了，纷纷携带女儿逃之夭夭。但是国王依然命令宰相每天送一个少女进宫。这一天宰相找遍全城，没有找到一个女子，他只能满腹忧愁地回到家里。

宰相有两个女儿，大的叫山鲁佐德，小的叫敦亚佐德。大女儿山鲁佐德年轻貌美，博学机智。当她知道了事情的真相，决心拯救天下姐妹的生命，于是自愿嫁给国王。她带着妹妹一起进了宫。每天晚上，山鲁佐德给妹妹讲一个故事，让国王坐在边上"旁听"。每到天明，山鲁佐德要被处死的时候，故事就讲到了最动人、最有趣的地方，国王忍不住想继续听下去，只好让她多活一天。就这样，她一连讲了一千零一个晚上。国王听了许多故事，终于醒悟了，不但没有杀死山鲁佐德，还正式立她为王后，与她恩爱地生活在一起。

下面就是山鲁佐德讲的一个故事，名字叫"渔翁的故事"。

从前有个老渔翁，靠打鱼谋生。他有个习惯，每天只打四网鱼，便心满意足，不再多打。一天，他去海边打鱼，第一网打上来的是一头死驴，第二网捞上了一个破瓮，第三网是一些碎玻璃和贝壳。他有些着急了，仰起头望着天空说："真主啊，求你把鱼儿赐

给我吧!"说罢,渔翁撒下了第四网。可是,当他收网上来一看,竟然是一个胆形的铜瓶,瓶口用锡封着。

渔翁望着铜瓶,喜笑颜开,说道:"这个瓶子拿到市上,可以卖它十个金币呢。"他抱着瓶子摇了摇,感到很沉重,里面似乎塞满了东西。他自言自语地说道:"这瓶里到底装了什么东西?我要打开看个清楚,然后再拿去卖。"他于是拿出身边的小刀,撬去瓶口上的锡块,然后把瓶放倒,看看有什么东西倒出来。

过了一会儿,瓶里冒出一股青烟,飘飘荡荡地升到空中。烟雾逐渐聚成一团,最后变成了魔鬼。这魔鬼长着城堡似的头颅,铁叉似的手臂,山洞似的大嘴,石头似的牙齿,灯笼似的眼睛,非常凶恶丑陋。魔鬼龇牙咧嘴地威胁渔翁:"你听着,我要杀死你!告诉我吧,你希望怎样死法?"

渔翁吓呆了,说:"我把你从瓶里放了出来,救了你,你为什么还要杀我?"

"我把我的故事告诉你吧。我是一个无恶不作的魔鬼,被苏里曼大圣抓住关在这个瓶子里,用锡封了口,盖上印,然后扔进了大海里。我在海中过第一个世纪的时候,心想,谁要是把我救出去,我一定报答他,让他一生有享不完的福。一百年过去了,但没有人来救我。当第二个世纪来临之际,我发誓谁救了我,我就替他开发地下的宝藏。但还是没有人来救我。后来第三个世纪到了,我发誓更好地报答恩人,满足他提出的任何三种愿望。可是整整四百年过去了,始终没有人来救我。我非常恼火,决定杀死解救我的任何人,不过,允许让他自己选择怎样死法。现在你救了我,你说,你想怎样死法?"

"魔爷,我好心对待你,你怎能以怨报德呢?"渔翁又怕又怒地说。

"别多说啦,反正你非死不可!"

渔翁暗暗思忖，难道我就斗不过一个魔鬼吗？于是他对魔鬼说："我有一事弄不明白，能不能让我知道实情后再死呢？"

"你说吧，不过简单点。"

"这瓶子那么小，根本容纳不下你的一根手指，怎么能容纳你魔爷这庞大的身体呢？"

"你不相信当初我是住在这个瓶里的吗？"

"我没有亲眼看见，是绝对不能相信的。"

这时魔鬼就一扭身体，变成了一团青烟，随后缩成一缕，很神奇地钻进了瓶子。渔翁等到青烟全部进入瓶中，就迅速拾起盖印的锡封，把瓶口塞紧，然后大声说道："魔鬼！你希望怎么死法？我要把你远远抛入大海中，永远不让你出来！"

这回轮到魔鬼在苦苦哀求了："好心的渔翁，原谅我吧，刚才我是跟你开玩笑的。你放我出去，我一定会加倍地报答你的恩情！"

"卑鄙无耻的魔鬼，你净是谎言！我再也不让你骗人了。"

说罢，渔翁拾起了铜瓶，使劲一扔，把它抛入远处的大海里。

下面是一个"无赖和厨子的故事"。

从前有个无赖，穷得一无所有，饥寒交迫。有一天，他睡到日上三竿才起床，饥肠辘辘，但一个小钱也没有。于是，他只能漫无目的地到街上溜达，他在一家饭店门前停住了脚步。他见饭店锅中热气腾腾，肉香扑鼻，于是大摇大摆地走进饭店，向厨子打个招呼，说道："给我五角钱的肉，五角钱的饭菜。"

厨子称了肉，预备了饭菜，一齐端到无赖面前。他开怀大吃大喝，一会儿吃得点滴不剩。肚子吃饱了，但他感到很尴尬，发着愁不知怎样付账。他转着眼睛，东看看，西望望，最后他发现有一只打翻了的火炉。出于好奇心，他伸手提起火炉，见下面露出一条血淋淋的马尾巴。他发现了厨子把马肉混在牛肉中卖的秘密。于是，他很有把握地点点头，泰然自若地走出饭店。

厨子见他吃了饭不付钱，拔腿就走，就喊道："站住，你这个混蛋！你吃了咱的饭不给钱，若无其事地就走啦？"

"你才是混蛋，胡说八道！"

厨子抓住无赖的衣领，大声喊道："各位弟兄！你们来看吧，我碰到了这个倒霉家伙，吃了饭，不付钱就走。"

人们闻声赶来，都埋怨无赖，说道："你吃了多少，付钱给人家吧。"

"我进馆前已经付过一块钱啦。"

"你要是付过半分钱，那么让我的饭店遭火灾！"

"你这傻瓜，其实我给过你一块钱。"无赖大骂厨子，厨子跟他大吵起来，最后两人你一拳、我一拳地打起架来。人们忙着劝架，有人问道："为什么打架？这到底是什么缘故？"

"哼！"无赖说，"自然是有缘故的，就是为了一条尾巴的缘故。"

听到无赖提起尾巴，厨子立刻明白其中的缘故，随即说道："哦！你提醒我啦，你确实付过一块钱，是我忘记了。来吧，我把余款退给你。"

……

一千零一夜的故事，内容包罗万象，变化多端，引人入胜，大都来源于古代波斯、埃及和伊拉克的民间神话和传说。它从八世纪起，经过许多人记录整理，提炼加工，前后经历了七八百年，到十六世纪才汇编成册。它反映了中世纪阿拉伯地区的社会生活，显示了古代阿拉伯人民的智慧和想象力，具有浓厚的生活气息，是伊斯兰文化的结晶。

中国古代把伊斯兰教的圣地麦加一带称为"天方"。因此，《一千零一夜》又被译为《天方夜谭》。

65

基辅罗斯

在公元八到九世纪的时候，今天的俄罗斯境内生活着斯拉夫人。斯拉夫人是欧洲人数众多的一个民族。当西欧查理曼帝国一分为三时，斯拉夫人还只是些分散的部落。这些部落互相争斗不断，甚至没有一个部落强大到能够称霸。

也就是在这个时候发生了一件古怪的事：这些互相争斗的斯拉夫人部落，也就是后来的俄罗斯人部落，请求北欧人（又称诺曼人）的头领留里克来统治他们。他们对留里克说："尊敬的大王，我们的国家辽阔而富饶，但却没有秩序，请来管理和统治我们吧！"

留里克心想，如此好事岂有推卸之理？于是，他带着一批北欧海盗，来到一个叫诺夫哥罗德的城市，在那里做了统治者。留里克是斯拉夫人的第一个王。这时的诺夫哥罗德还只是个公国，因此统治者称大公。这是发生在公元 862 年的事。

留里克死后，奥列格继位。这个奥列格是个天生的北欧海盗，一天不打仗就不舒服。他率军南下，征服了斯拉夫人的又一个重要城市基辅。奥列格将基辅作为国家的中心。从此，北欧人建立的斯拉夫人国家，就以基辅为名，称为"基辅罗斯"。

奥列格依仗武力，不断地征服其他斯拉夫人部落，使基辅罗斯成为东欧的一个大国。

奥列格一次外出，踩了一条毒蛇被咬后，不久死去，他的继承人是伊戈尔大公。伊戈尔贪婪成性，他继续进行征服，并向被征服

地区的居民索取贡物。

每年 11 月，伊戈尔大公就要派兵到各地去"索贡巡行"，即挨家挨户向人民征收贡品——毛皮、蜂蜜、野味等，还把敢于反抗者作为俘虏抓走。这种活动往往要持续整个冬天。

伊戈尔大公开始时把索贡权委托给他的家臣斯维涅尔特。这件事引起伊戈尔亲兵的不满，他们向大公请求："斯维涅尔特捞得太多了，而我们却两手空空。大公！和我们一起去征收贡物吧，你会大有收获，我们也沾沾光。"

伊戈尔开始亲自"索贡巡行"。公元 945 年冬，伊戈尔和亲兵队到德列夫利安人部落索取贡品。当他们携带大量贡品返回基辅的途中，伊戈尔仍然觉得贡品太少，决定再去搜刮一次。

在贪欲的驱使下，大公带着不多的亲兵又回到村庄上。德列夫利安人被激怒了，他们说："豺狼如果有了来找牛羊的习惯，就会不断地再来，除非把它杀掉，否则牛羊将被吃光。"

德列夫利安人奋起自卫，消灭了伊戈尔的亲兵队，还将伊戈尔一顿乱棒打死。

伊戈尔死后，他的儿子年纪还小，由他的遗孀奥丽佳摄政。奥丽佳决心向德列夫利安人复仇。她策划了一场骗婚计。

奥丽佳派出使臣对德列夫利安人说："我们的女大公新近丧夫，她想让你们派出最优秀的领袖向她求婚。"

德列夫利安人不知这是奥丽佳的计谋，派出首领前去求婚。不料"求婚者"被奥丽佳活活烧死。接着，她又派出大批亲兵，血洗了德列夫利安人的许多部落。

公元 965 年，奥丽佳的儿子维托斯拉夫成为基辅大公，他像他父亲伊戈尔一样侵略成性。公元 968 年，维托斯拉夫率军入侵保加利亚，占领了保加利亚首都。但不久被东罗马帝国军队打败，维托斯拉夫在撤军途中遭袭被杀。

接着，弗拉基米尔当上了基辅罗斯大公。弗拉基米尔在位时做了一件对俄罗斯影响重大的事，改信东正教。

当时的基辅罗斯人还信仰原始的宗教，常常被邻国人讥为野蛮人。这时，有许多外国的传教士来基辅罗斯传教，奉劝罗斯人改信他们的宗教，如犹太教、伊斯兰教、天主教、东正教等等。

弗拉基米尔大公便派人详细了解各个宗教的情况，最后得出结论说：犹太教不行，因为它的耶和华神太没力量，不能让犹太人保住他们的巴勒斯坦；伊斯兰教也不行，因为它不准信徒喝酒，喝酒对俄罗斯人来说如同生命一样重要；统治西欧的天主教也不行，因为"在那里看不到荣誉"，教皇的权力要超过国王。他最后选定的宗教是东正教。

他派往东罗马帝国考察东正教的使者回来后告诉他，当他们走过君士坦丁堡圣索菲亚大教堂时，"不知道是在天上，还是在人间，如此美丽、如此壮观的景致，我们难以形容。"

圣索菲亚教堂是东罗马帝国最大的教堂，也是整个基督教世界最金碧辉煌的教堂。弗拉基米尔决定率领俄罗斯人改信东正教。

公元 988 年，弗拉基米尔宣布东正教为基辅罗斯国教。他下令将原先崇拜的各种神像扔进第聂伯河，全体基辅市民跳进第聂伯河洗个澡，就算接受了洗礼，成了真正的东正教徒了。接着，基辅罗斯各地城乡居民也先后在河中受洗，皈依东正教。

选择东正教也使基辅罗斯人接受拜占庭（东罗马帝国）文化，拜占庭文化在当时是非常先进的。由此，俄罗斯人从"野蛮人"进步为"文明人"。到 1015 年弗拉基米尔去世时，基辅已从一个小城变成文化的大都市，那里有八个大市场、四十座令人眼花缭乱的东正教教堂。

弗拉基米尔死后，留下了十二位王子，他们为争夺王位而血腥厮杀。最后雅罗斯拉夫战胜他的兄弟夺得王位。雅罗斯拉夫为俄罗

斯制定了第一部法典《罗斯法典》。

雅罗斯拉夫于 1054 年死后，基辅罗斯发生了内乱，分裂成许多小公国。在互相的征战中，基辅罗斯国力趋于衰微，此时，南方草原上的突厥游牧部落波洛伏齐人乘虚入侵。内忧外患使得基辅罗斯的人民苦不堪言，他们盼望能有一位民族英雄挺身而出，救民于水火之中。

1185 年，一位叫做伊戈尔·斯维雅托斯拉维奇的王公，怀着救国救民的雄心发动了对波洛伏齐人的战争。可惜他势单力薄，尽管全军奋力苦战，终究因实力相差悬殊，而以失败告终了。

为了赞颂伊戈尔的英勇精神和爱国情怀，一部慷慨激昂、催人奋进的史诗诞生了。这部名叫《伊戈尔远征记》的长诗有许多篇章今天依然脍炙人口。

> 伊戈尔望了望光辉的太阳，
> 他看见自己的军队已为黑暗所笼罩（1185 年 5 月 1 日曾发生日食）。
> 于是他对自己的武士说道：
> "啊，我的武士们和弟兄们，
> 与其被俘，不如战死。
> 弟兄们，让我们跨上骏马，
> 去望一望那蓝蓝的顿河。
> 我愿，在波洛伏齐草原的边境决一胜负。
> 俄罗斯人，我愿同你们一道，
> 或者抛下自己的头颅，
> 或者用头盔畅饮顿河之水。"

可惜，由于基辅罗斯内部的分裂，几个公国各自为政，彼此不

和，再也没有力量去抵抗入侵者了。继突厥人之后，蒙古人又大举入侵基辅罗斯。1240 年，拔都率领的蒙古军队占领了基辅。两年后，拔都在伏尔加河的下游萨莱建都，建立金帐汗国，基辅罗斯最终灭亡。

66

大化革新

公元 645 年，日本发生了一次宫廷政变，随后进行了大化革新。这个事件对日本社会产生了深远的影响。

当时统治日本的是皇极女天皇，但她是一个傀儡，国家的实权掌握在奴隶主大贵族苏我虾夷手中。

苏我虾夷专横跋扈，权势极大，朝廷中大事由他一人说了算。苏我虾夷还大兴土木，把自家官邸建造得如同皇宫。他甚至不经女天皇批准，将最高官阶的紫冠授予他的儿子苏我入鹿。苏我入鹿是出名的恶少，而且阴险狡猾，他阴谋诛杀了前皇太子。这父子俩控制着朝廷，左右着女皇，一心想有朝一日取而代之。

朝廷中有两人看不惯苏我父子这般猖狂，一个是中大兄皇子，一个叫中臣镰足。中大兄皇子天资聪颖、性情果断，对苏我氏一家的残暴看在眼里，记在心头，总想寻找机会将其除掉，可惜身边没有相助之人。中臣镰足出身名门望族，足智多谋且胆识过人，他在暗中积蓄力量，准备推翻苏我氏专制统治。

他们两人在一次宫廷游戏中相识，共同的志向使他们成为莫逆之交。两人开始寻找机会。他们先把宫廷侍卫争取过来，再联络朝中重臣，共同策划诛杀苏我氏的大计。

公元 645 年 6 月 12 日，机会终于来了。那天是高句丽、百济、新罗等朝鲜三国使臣向天皇进献礼品的日子。中大兄皇子与中臣镰足早已计议停当，准备借机下手。

这天清晨，庄重的鼓乐声从皇宫的太极殿内传出，文武百官列队走进殿堂，根据官阶大小站成两排。皇极女天皇也登上了宝座。苏我入鹿大模大样地站在百官之前，眯着眼听朝官宣读朝鲜三国进贡礼品报表。那报表十分冗长，读得入鹿直犯困。

大殿两侧的帷幕后边，藏着手执利剑、长矛的中大兄、中臣镰足，宫廷侍卫连子麻吕等人，气氛极为紧张。按照事先约定，在朝官读完报表之时，乘苏我入鹿不备，由连子麻吕冲出将其刺杀。可连子麻吕惧怕苏我入鹿的威严，眼见礼品报表快读完了，也迟迟不敢动手。正在唱读的朝官也很紧张，声音发颤，两手发抖。苏我入鹿不觉起了疑心，忽然睁开双眼，一把抓住朝官的手，喝道："为何浑身颤抖？不成体统！"

说时迟，那时快，中大兄皇子从帷幕后跃出，举矛刺入苏我入鹿右肩。苏我入鹿吃了一惊，正想反抗，这时中臣镰足也从旁边冲出，挥剑砍断苏我入鹿的一只脚。

苏我入鹿疼痛难忍，大叫一声，带伤跳到女皇座前，叩头作揖道："臣不知罪，乞望陛下明示。"

皇极女天皇惊呆了，待回过神来，问中大兄皇子发生了什么事。中大兄大声答道："苏我入鹿丧尽天良，企图篡位，无恶不作。今若不杀此贼，国法难容。"

皇极女天皇听罢，半晌不做声，挥挥手，默默退殿。

朝廷侍卫官连子麻吕迅速冲上前。苏我入鹿一看大势已去，仰天长叹："天亡我也！"

连子麻吕一剑刺入他的心脏，苏我入鹿顿时丧命。

苏我虾夷得到儿子被杀的消息，立即调兵遣将，准备反扑。无奈苏我父子平日作恶太多，家臣、卫兵早有不满，此时纷纷出逃。苏我虾夷见众叛亲离，走投无路，政变第二天，不待中大兄皇子率军队围攻，便在自己的"皇宫"里自杀了。

第三天，中大兄皇子拥立他的叔叔为孝德天皇，仿照中国唐朝建年号"大化"（意为"伟大的变化"），迁都难波（今大阪）。

新天皇登基，立即论功行赏。中大兄皇子被立为皇太子（几年后，中大兄即位称天智天皇），辅助政事；中臣镰足为内大臣；另外两位政变有功之臣任左右大臣。封赏完毕，天皇率群臣在大树下宣誓："皇天借我等之手诛苏我逆贼。今后君臣一心，励精图治，共创皇国伟业。"

公元 646 年正月初一，孝德天皇发布《改新之诏》，仿效中国盛唐封建制国家的形式，展开了一系列的改革：

建立中央集权的国家制度，废除贵族奴隶主的世袭特权，多数官吏由国家任命。

实行征兵制，军队直属中央指挥。

土地收归国有，成为公地。天皇是全国土地的最高所有者，部民（奴隶）归属国家，改称公民。过去的贵族不再私家占有土地，而成为政府官吏，从国家那里得到俸禄。

仿照中国唐代均田制，实行"班田收授法"。政府给年满六岁的良民，每隔六年授田一次；土地不许买卖，死后必须归还国家，受田人必须承担国家下达的租税和劳役。

这就是日本历史上著名的大化革新。通过大化革新，日本废除了部民制，打击了旧贵族特权，建立了封建国家土地所有制，由奴隶社会进入了封建社会。

67

西欧城市的兴起

公元五世纪西罗马帝国灭亡后，在相当长的时期内，西欧几乎没有城市。古罗马时代发展起来的城市遭到蛮族入侵的破坏，大都成了一片废墟。因为蛮族不需要城市。他们攻入罗马帝国的城市后，就拆毁教堂、宫殿和剧场，取下这些建筑物的石块，去造房子和防御工事。少数的罗马城市被改建成城堡，成了封建国王或主教的驻地。

后来，随着生产力的发展，手工业从农业中独立出来，手工业者需要常常到集市上出售自己的产品。贸易开始复兴了，许多商人也带着外地商品到集市上来出售。时间一久，手工业者也来集市上开作坊，商人们则住下来开设商店。这些集市就成了西欧城市的雏形。公元十一世纪以后，西欧开始出现以工商业为中心的城市。

开始时，这些城市的规模很小，一般居民仅在一万人左右。但到了十二世纪，欧洲相对和平的局面促进了商业的大发展，意大利的佛罗伦萨、米兰、威尼斯和法国的巴黎成为欧洲最大的城市，各拥有近十万人口。

为了防御敌人的进攻，中世纪的西欧城市建得就像一座座堡垒。每座城市都筑有坚实的城墙，通常还环绕着护城河，要想进入城内，必须从吊桥上通过。

城市内最高的建筑是教堂的塔楼，其次是一些领主的住宅塔楼，这是城市内第一批的石头建筑。远远望去，这些塔楼高高耸立

在城市的上空，与周围的空旷田野形成鲜明的对照。

走进城门，就是非常拥挤的建筑。庭院和房屋常常紧紧挨着。一幢幢的楼房排列在狭窄而弯曲的街道两旁，它们上下左右相互错落，上层楼比底层楼要突出一些。有一些豪华的房屋，建造了拱形的窗户。初期的城市房屋，内部的设施与农村的并没有差别，屋内的家具仅有一些箱子、长凳和短床。由于房屋基本上是木制的，很容易发生火灾，万一失火，往往整个街区就化为灰烬。

用现代人的眼光看，中世纪的城市仍然是半乡村、不够文明的。道路大多是泥土路面，尘土飞扬，热闹的地方才铺些鹅卵石。在坑坑洼洼的路面上，挤满了赶车的、骑马的和步行的人。

城里最宽阔的地方是市场。它位于城市的中心，有一块面积较大的广场。广场的四周，首先建立起市议会、法庭、铸币所、关税所，接着又聚集起市民的住宅、店铺和各种货摊。这里还有供城市用水的水井。随着城市的发展，手工业分化的加大，一些城市里出现"新市场"，如鱼市、干草市、马市等等。

城镇是富商们集中的居所。某些城市因其特产而远近闻名，米兰的铠甲，佛罗伦萨的毛织品，伦敦和科隆的黄金制品都为这些城市赢得了美誉。

对乡下农奴来说，城市有着强大的诱惑力，它已成为逃亡农奴的庇护所。德国有一句谚语："城市的空气使人自由"。因为按照惯例，一名农奴逃出来，在城市里居住满一年零一天，就能获得自由。甚至那些自由农民也来到城市寻觅致富良机。

城里的手工业者，为了保障自己的利益，往往同一行业结成联盟，也就是行会。如制革匠组成制革匠行会，首饰匠组成首饰匠行会，等等。每个行会都选举自己的首领，有自己的会所。这种行会每个城市往往有几十个。每个手工业者都隶属于一个行会，否则他就无法在城市里干活。行会有严格的行规，它规定了所属成员的工

场规模、作坊的人数、学徒的期限、产品的质量和售价。行会还有军事组织的功能，一旦有敌人入侵，他们就要负责守城。

只有技术熟练的师傅才能成为行会成员。师傅可以开设手工作坊，收几个学徒和帮工，进行小商品生产。学徒的学习期长达四到十年，期满后再以帮工身份在师傅作坊工作几年。帮工有少量工资。帮工经行会审查通过，才可自开作坊，成为作坊师傅。如德国金匠行会规定：要想当金匠师须制造出三件"代表作"，一是精工的戒指；二是订婚的手镯；三是剑柄上用的烤蓝色的环。经工匠们组成的评审会批准后，还要举办宴会。总之要成为一名工匠，十分艰难。

城市里的统治阶级是由商人和行会师傅组成的自由民。他们为逃亡农奴或农民提供工作机会，并积累了许多财富。但是市民在法律上隶属于地区封建领主，即王公贵族、大法官或主教，还须向领主缴纳赋税。城市市民为了摆脱封建束缚，与领主进行了长期的斗争，最终赢得了胜利。城市有了自治权，所有市民变成了自由的人。市民成立了市议会，选举出市长和法官来管理城市，甚至还组织起军队来保卫城市。

68

卡诺莎之行

公元 1077 年 1 月的下旬，欧洲的阿尔卑斯山区，鹅毛般的雪花漫天飞舞，刺骨的寒风发出阵阵呼啸。在一条蜿蜒曲折的山道上，行进着十几个骑马的人。他们顶风冒雪，艰难地翻越这座高大的山脉。

为首的是一位二十七八岁的青年人，只见他双眉紧蹙，心事重重，不住地扬鞭策马前进。

这位青年人是德意志国王亨利四世。他是一位精明能干、不达目的誓不罢休的人。当时的欧洲，正在闹着一场纠纷。德国国王和罗马教皇都在争夺天主教主教的授职权，这其实是一场争夺欧洲最高统治权的斗争。

1056 年，亨利四世即位时，年仅六岁。罗马教廷抓住国王年幼的机会，准备实行教会独立，反对主教由国王授权，想借此削弱德国国王的权力。

1073 年，五十三岁的主教希尔德布兰德当选为教皇，即格列高利七世。他个子矮小，声音尖细，但意志坚强，从不妥协。他认为教皇权力由上帝所授，高于一切。教皇不但有权任免主教，还可以废除君主，惩处和审判国君。反之，谁都无权审判教皇。在 1075 年，他发布了一道敕令：再次重申任命和撤换主教的权力属于教皇，世俗君主无权干涉教会事务。

此时的亨利四世已经二十多岁了，他想通过主教的授职权控制

住德国的主教们，因为这些主教也是些大贵族，控制住主教也就能控制住德国。他当然受不了教皇对他权力的限制，双方因此针锋相对，爆发了激烈的冲突。

亨利四世全然不把教皇敕令放在眼里，委派了他的许多支持者去当各地主教。教皇得知后怒不可遏，写信警告亨利四世，要他马上忏悔，交出主教任免权。亨利四世一不做二不休，在1076年1月召开了宗教会议，公开宣布废黜教皇。他还给住在罗马的格列高利发去一封侮辱的信。信的开头称："希尔德布兰德，你现在已不是教皇，而只是一名假冒的僧侣。"结尾则称："朕，亨利，神授的国王，命令你立即从圣彼得（耶稣十二门徒之一）宝座上滚下来！"

但是亨利过低估计了教皇的力量，格列高利根本不怕亨利的威胁。他以牙还牙，也召开宗教会议，宣布"绝罚"：开除亨利的教籍，废除其王位。

"绝罚"是天主教会一项极重的处分，凡受此处分者，任何人不可与他往来，只有受处分者向教皇或主教悔罪并求得赦免后，才能撤销处分。

亨利四世处于一种极危险的境地，由于"绝罚"而成为孤家寡人，国内诸侯纷纷闹事叛乱，他的王位岌岌可危。他终于明白，除了与教皇和解外别无他法。于是，亨利四世带着少数随从，只身前往意大利向教皇悔罪，这样就出现了开头的一幕。

而格列高利开始时并不知亨利此行的目的。他正离开罗马北上进行巡视，没走多远便听说亨利已越过阿尔卑斯山要与他见面。他吃惊不小，以为亨利要同他算账，因此急忙躲进亚平宁山中的卡诺莎城堡。这卡诺莎城堡围着三层围墙，十分安全。教皇在城堡内焦急地等待着。

不多久，亨利四世一行也来到卡诺莎城堡外。在进入城堡之前，他翻身下马，脱下厚厚的衣帽，把一条表示悔罪的毡毯裹在身

上，不顾从天而降的雪花，缓步走进城堡第一道围墙。

亨利四世又脱去靴子，光着脚站在城堡内第一层墙内的雪地上。他痛哭流涕地忏悔着，不时还拍打着胸前，苦苦哀求教皇赦免他。当教皇知道自己已是胜利者时，却拒绝接见亨利，他想好好教训一下这毛头小伙子。

一天、二天、三天过去了，亨利仍然站在雪地里忏悔，丝毫没有离开的迹象。一些主教和修道院长看着亨利真诚悔过的样子，开始为他向教皇求情。

到第四天，教皇决定传见他。这时亨利四世眼含泪水，战战兢兢地说："教皇陛下，我的主人，我已经认识到我的罪过，这次特地来向您忏悔，祈求您的宽恕。"

教皇的怒气还没有完全消除，他冷冷地回答："上帝是非常宽容和慈爱的。我们曾经很友善地告诫过你，希望你不要滥用上帝给你的权力，来阻碍教会的自由。可是你不仅不感谢上帝的恩典，反而固执己见，一再分裂教会。为此，我们不得不遵奉上帝的旨意，对你进行绝罚。"

亨利四世听了教皇的严厉训斥，不敢争辩，只是不停地伏地痛哭。这时，教皇身边的主教和亨利身旁的贵族纷纷代亨利求情。最后，教皇心软了下来，说："看来你的忏悔是真诚的。作为上帝的使徒，我不能拒绝一名忏悔者。为了上帝的慈爱，我决定让你重新回到教会的怀抱中来。但是，你必须在上帝面前立下誓词，痛改前非。"

亨利四世谢过教皇的恩典，当场写了一份誓词，表示愿意遵照教皇的旨意，改正以前的过错。

亨利四世这才带了随从离开卡诺莎城堡。"卡诺莎之行"后来就成了忍辱投降的代名词。

但是，卡诺莎的屈辱并没有带来和平。亨利四世以暂时的妥协

赢得了喘息之机。他以合法的地位回到德国后，立即着手扑灭反对派的叛乱。等到局势稳定和实力增强后，他重新展开与教皇的斗争。1084年，他率军占领罗马，第二次废黜教皇，另立新教皇，并举行加冕仪式，正式成为神圣罗马帝国的皇帝。教皇没命地向南逃跑，第二年便死于意大利南部。他留下遗嘱，嘱咐他的继承人要继续对皇帝进行斗争，绝不让步。

以后，教皇和皇帝虽然都已易人，但这场权力斗争还是没有结束。直到1122年，双方在德国西部的沃尔姆斯城订立"沃尔姆斯宗教协定"，才取得妥协。双方同意，德意志境内的主教不再由皇帝直接任命，而通过教士选举产生，但这种选举必须由皇帝或他的代表出席才有效。主教在领地上的政治权力由皇帝授予，象征是权节；宗教权力由教皇授予，象征是指环。

69

欧洲大学的产生

中世纪的西欧，文化教育非常落后，完全被教会把持。教会为了加强封建统治，避免任何反抗意识的产生，有意使人民处于长期愚昧之中。教会禁止一切违背宗教神学的思想存在。教士们刮去古代羊皮纸手稿上的学术著作，改为抄写宗教神话；教会开列大批禁书目录，封锁文化传播。教皇格列高利一世竟公开宣称："不学无术是信仰虔诚之母"。

结果，在中世纪初期，不仅普通百姓全都是文盲，王公贵族也往往目不识丁。社会上只有少数高级教士，由于阅读圣经和宣传教义的需要而掌握拉丁文。

教会是中世纪初期唯一设有学校的地方，教会学校的培养目标是训练为教会服务的工具。学校的教科书只有一本，那就是《圣经》。人们只知信仰上帝，不知道世上还有其他书籍，更不知还有文学、艺术、科学。中世纪初期的欧洲，人们生活在无知的黑暗之中。

但是，随着历史的发展，这种情况也发生了一些变化。尤其是阿拉伯人的入侵和十字军的东征，它使人们接触到了东方文明和基督教以外的世界，使教会垄断文化的局面打开了缺口。

特别是十一世纪以后，随着西欧社会经济的发展，出现了一些新兴城市，市民阶层需要新的文化生活，迫切要求提高文化水平。于是，在西欧的一些城市开始出现城市学校，它们不再受教会的控

制。这些学校，就是后来中世纪大学的基础。

十一世纪末，意大利出现的波伦亚大学是中世纪欧洲的第一所大学。十二世纪，法国巴黎大学、英国牛津大学相继出现。到十五世纪时，欧洲已有四十多所大学。在这些大学中，以法国的巴黎大学最为典型和著名。

巴黎大学形成于十二世纪上半叶。1200 年，法兰西国王腓力二世颁布诏书，批准了巴黎大学的成立。巴黎大学集中了来自欧洲各地的求学者。据说有个时期，巴黎大学的学生达到五万多人。巴黎大学的成员不仅有学生和教师，而且还有为学校服务的人，如书铺老板、送信人、药商，包括旅店老板等，都属于大学的成员。教师则根据他们的专长和执教能力，分别组成不同的团体，它相当于现代大学中的"系"。各系中选出的"首席"，就是后来"系主任"的前身。

当时，巴黎大学设有四个学科：文艺、医学、法律和神学。文艺学科是初级科，学生要学习"七艺"：语法（包括拉丁语和文学）、辩证法（逻辑学）、几何（包括地理和自然历史）、修辞（包括散文、诗的写作和法律知识）、天文学（包括物理学和化学），还有算术和音乐。读文艺学科的人数最多，毕业后可以得到学士学位。其他三个学科是高级科，初级科毕业的学生才有资格升入高级科，读完后可以获得硕士学位。巴黎大学与其他大学一样，各科的学习年限较长，文艺科一般要学五至七年。其他三科，每一科也要学习五至七年。

早期的巴黎大学有一位很有名望的教师，名叫阿贝拉尔。阿贝拉尔常常提出一些有争议的观点，从而得罪了当局。当他被禁止在法国土地上从事教学活动时，他就爬上一棵树，学生们簇拥在树下听他上课；当他后来又被禁止在空中上课时，他开始在船上讲课，学生们则聚集在岸上听他讲课。由于他声誉卓著，欧洲各国的学生都慕名前来听课，同样也吸引了各地的教师来巴黎大学执教。

巴黎大学创立初期，学校内具有较浓厚的民主气氛。学生和教师之间的关系都是相当民主的，享有同等权利，并共同选举大学校长。学校由校长领导，不受任何上级管辖。这种大学自治的特点，恰恰表现了它是城市市民反抗封建教会斗争的产物。

欧洲另一所古老的大学是英国的牛津大学。传说牛津城的创始人是一位性情豪放的撒克逊女王，名叫弗莱兹怀特。她嫁给阿加国王不久，国王疾病缠身。弗莱兹怀特祈求上帝救助她的丈夫，许愿建一座修道院来报答。公元 727 年，修道院在泰晤士河畔落成。此后，牛津城在修道院墙外一点点扩展开来。1168 年，由于英王亨利二世与法国国王发生争执，许多英国的教师和学生离开了巴黎大学来到牛津，建立起牛津大学。

牛津大学的特点是拥有众多的学院。最初的学院被称为"学馆"，是来自某一地区的学生组成的同乡会。每个学馆都有自己的宿舍、食堂、小教堂和教师，以后慢慢地变成教学中心，学馆成为"学院"。牛津的学院是由英国各地的贵族、教会捐赠而建立的。学院在招生、管理和教学等方面拥有自主权。牛津大学的重大事务由各学院院长分工负责。现在，牛津大学拥有三十五个学院。

1379 年，牛津大学开始实行导师制度，这个制度一直延续至今。导师很像过去贵族家庭的家庭教师，每周和学生会面，不但负责帮助学生完成学业，还关心学生品格、性情的培养和锻炼。

牛津大学虽然在一个小城市形成，但也经历了城市当局和市民的长期斗争，甚至发生多次武装冲突。在 1209 年的一次武装冲突中，逃散的一部分师生来到卡姆河畔的剑桥镇，仿照牛津大学开始组建剑桥大学。1218 年剑桥大学得到英国国王的确认。

现在的剑桥大学是一所综合性大学，全校共有三十一个学院，六十二个系，一万多名学生。剑桥素来以它的优秀教学质量著称于世，几百年来为世界培养出众多的杰出人才。牛顿、达尔文、凯恩

斯、培根、弥尔顿、拜伦等人都在剑桥大学毕业或执教。仅三一学院就有二十多人荣获诺贝尔奖。因此，剑桥大学有"伟人的母亲"之称。

　　西欧中世纪大学的出现，是世界教育史上一个划时代的历史事件，它不仅打破了教会对文化教育的垄断，也为后来的文艺复兴运动做了必要的准备，从而推动了欧洲社会的进步。

70

十字军东征

1095 年 11 月 27 日清晨，在法国克莱蒙城郊外的空地上，聚集着大批的教士、封建主、骑士和普通百姓。这时已是初冬，寒风中人们正在交头接耳，议论纷纷。

太阳升高了，一阵号角伴着鼓声响了起来，人们望见一队人举着一个巨大的十字架，从远处缓缓走近。在他们的后面，跟着一辆装饰华美的大马车。空地的中央是一个用石头和泥土垒起的高台，众人把十字架抬上了高台，七手八脚将它竖立在台子中央。

马车在高台边停了下来，只见教皇乌尔班二世从车中走出，登上了高台。二百多名手执长矛的卫兵守护在台子的四周。人们停止了议论，把目光都投向了教皇，等待着教皇发表重要的演说。

站立在巨大十字架前的教皇，挺了挺身，举起手中的《圣经》，用铜钟般的声音说道："上帝的孩子们！现在在东方，一些叫什么伊斯兰教的异教徒们，正在迫害我们的东正教兄弟。耶稣圣墓的所在地——耶路撒冷已被那些异教徒们占领，这是何等的奇耻大辱啊！那些异教徒是一群十恶不赦的暴徒。主已经在召唤我们到耶路撒冷去，去消灭那些恶魔，去解放圣地！为解放圣地而战的人，将来他的灵魂都可以升入天国！"

听众狂热的宗教情绪被煽动起来，人们狂热地喊着："到耶路撒冷去！解放圣地！"

"消灭异教徒！拯救东方兄弟！"

教皇放下《圣经》，又高高举起胸口的十字架继续说道："孩子们！那东方的国家，遍地是牛乳和蜂蜜，随手都可拾到黄金和宝石！谁到那里都会成为富翁。去吧，把十字布染红，戴在你们身上，你们就是上帝的'十字军'，主会保佑你们无往而不胜的！"

听得如痴如醉的骑士、封建领主和农民们，争先恐后拥上前，向教皇的随行人员领取一块红布做的十字，缝在自己的衣服上，作为参加远征的标志。十字架是基督教的象征，参加远征的人们被称为"十字军"。

教皇还对参加十字军的人许诺，他们在远征期间可以不还欠债，由教会保护他们的家庭和财产。教皇还欺骗人们，说有罪的人参加圣战可以得到上帝的赦免；农奴参加远征，可以得到人身自由。

教皇的号召很快传遍了西欧各地。饱受灾荒之苦的农民、渴望到东方发财的骑士以及一心想扩充自己势力的封建领主们，纷纷组成了十字军。

最早踏上征途的是一批法国、德国的农民。他们变卖仅有的财产，来不及等待骑士队伍，第二年春天就出发了。这些穷人十字军衣衫褴褛，有的还拖家带口，既没有整齐的装备，又没有足够的给养，靠沿途抢劫才勉强生存。这批乌合之众历尽艰辛到达小亚细亚草原时，他们遇到的是突厥（土耳其）人训练有素的骑兵。一场恶战之后，穷人十字军大部分被歼灭，只有少数人侥幸逃回。

1096年秋天，由西欧骑士组成的有组织的十字军，开始第一次东征。他们由封建领主率领，武器精良，组织严密，总数约有四万人。到1097年春，各路骑士到东罗马帝国首都君士坦丁堡会合，随即渡过博斯普鲁斯海峡，踏上艰苦的征途。他们时而越过陡峭的山脉，时而穿过广阔的沙漠。这些平日里养尊处优的欧洲骑士，此时身着重装铠甲，冒着酷热，忍饥挨饿，生活苦不堪言。而且，突

厥人对十字军的入侵采取焦土政策，留给他们的只是一片瓦砾。骑士们不得不忍受饥渴，许多人和马在灼热的阳光下倒毙。直到1099年7月，十字军才到达它东侵的目的地——耶路撒冷。

当时耶路撒冷城内只有一千名穆斯林守军，而围城的十字军达到四万人。十字军尝试着第一次攻城，他们有着狂热的斗志，但缺乏攻城的器械，这次攻城失败了，十字军死伤惨重。此时，十字军干渴难耐，因为穆斯林在方圆几公里的井里都下了毒，井水根本不能喝。

正当十字军一筹莫展之时，一支热那亚舰队运来了投石机和建造攻城塔的材料。这种攻城塔是一种活动堡垒，可以接近耶路撒冷的城墙。

十字军迅速行动起来，在造好两座攻城塔之后就展开第二次进攻。一座攻城塔被城上扔下的火炬烧毁了。另一座攻城塔推进到城墙的北面，这一次，十字军冲上了城墙，在城头升起十字旗。十字军冲进城市，杀死他们遇到的每一个人。全城的金银财宝被抢劫一空，七万多穆斯林和犹太人被杀害。为了寻找更多的黄金，有的十字军还剖开死人的肚子，从中取出死者生前吞下的金币。在著名的阿克萨清真寺，躲在里面的一万多无辜平民被杀死，血流成河。

这就是所谓的"拯救"圣地行动。

十字军在他们占领的地区建立起十几个十字军国家，最大的叫耶路撒冷王国，此外还有安条克公国（在今土耳其）、的黎波里伯国（在今黎巴嫩）等。

然而，这些国家并不稳固。到1187年时，东方国家人民在能征善战的领袖萨拉丁的领导下，消灭了十字军主力，收复了耶路撒冷。西欧封建主和教会组织的第二次、第三次十字军东侵，也都以失败告终。

十三世纪初，教皇组织了第四次十字军东征。原本十字军进攻

的方向是埃及，但十字军到达威尼斯时，威尼斯商人向他们怂恿和挑唆，十字军便把进军矛头转向东罗马帝国。这批所谓的基督教骑士，竟然会不顾情义，去进攻和掳掠与他们同样信奉基督的国家。

1204 年 4 月 13 日，十字军在歼灭东罗马帝国舰队后，攻入拥有四十万居民的君士坦丁堡。他们大肆屠杀、恣意抢劫，纵火焚烧三天三夜，把拥有丰富藏书的君士坦丁堡图书馆付之一炬，还将圣索菲亚大教堂镶满宝石的圣台砸成碎块。十字军暴徒们还到处挖掘陵墓，盗取宝藏，牵着骡马进教堂，运走了难以计数的艺术珍宝。君士坦丁堡满目疮痍，一片废墟，一代名城遭到了毁灭性的破坏。这充分暴露了十字军丑恶的侵略面目。

十字军东征前后共进行了八次之多，延续的时间长达二百年之久。1291 年，穆斯林攻克十字军的最后一个据点阿克城（在今地中海东岸），至此，十字军东征宣告结束。这场将近两个世纪的十字军东征，给地中海以东地区的人民带来无比深重的灾难，也给西欧人民心中留下了无法抹去的创伤。

71

英法百年战争

　　1066 年，发生了著名的"诺曼征服"事件。来自法国的封建主打败了英国国王，成了英国的统治者。"征服者威廉"的后裔不仅占有了英国的土地，而且以法王封臣的身份，在法国还占有大量的土地。英法两国为了王位继承权和土地问题，经常发生战争。

　　1328 年，法国国王查理四世去世，他的侄子腓力六世继位。这时，英国的国王是爱德华三世，他说自己是法王查理四世的外孙，有权继承法国的王位。但这只是借口，真正的原因是英王想夺取法国的纺织业中心地区佛兰德尔。1337 年 11 月，爱德华三世向腓力六世下了挑战书，英法百年战争从此开始。这场战争延续了一百十六年之久。

　　英法之间的第一场大战发生在海上，时间是 1340 年的夏天。在佛兰德尔北面的港口外，法军集结了二百多艘船只准备入侵英国。英国舰队虽然在数量上处于劣势，但英军的弓箭手站在船尾特地搭建的平台上，利用大弓放箭，速度比法军雇佣来的热那亚弓箭手快得多。

　　在这种密不透风的箭雨下，法军士兵乱作一团，还未来得及逃跑，英军的船只已靠近了。士兵用铁钩子钩住船，登上敌舰，用长矛和利剑展开搏击战，同时从平台上向下投掷石块。经过数小时的激战，最终法军战败了，大部分法国船只被击沉或被俘获。许多法军士兵为躲避箭雨的攻击纷纷跳到海里，连海面都被鲜血染红了。

英军重创法军舰队，赢得这场海战的胜利，成了英吉利海峡的主人。在接下来的几十年里，英军始终控制着海峡，而且可以不受阻碍地将大批军队运到法国本土，战争从此在法国领土上展开。

1346 年，英法两军在克勒西（位于法国东北部的一个小镇）附近进行了第二场大战。

在这次会战中，以自由农民组成的弓箭手和手执长刀的英国步兵，大战骑马披甲的法国骑士。英国的弓箭手，是一支有组织的训练有素的军队。他们的强弓硬箭，能在一百五十米的距离内，射穿一个身披铠甲的骑士的大腿和马鞍。弓箭手每分钟能射出十支箭。而法军以封建骑士为主，虽然作战勇猛，但军纪很差。雇来的热那亚弩手，使用的弩弓过于笨重，一分钟最多只能发射两支箭。

战斗一开始，法军以密集的骑兵队形，气势汹汹地向英军发动猛烈冲击。但英军阵前纹丝不动，他们沉着地等到敌人冲到弓箭的有效射程时，万箭齐发，射向敌人。刹那间，法国骑士人仰马翻，惨叫声、呻吟声混成一片，许多骑兵尚未冲到英军阵前，就丧命于飞箭之下。一些骑士的战马被射倒了，他们只能下马作战，但沉重的铁甲使他们行动艰难，只能被手执长刀的英国步兵任意砍杀。剩下的那些疲惫不堪的法国骑士，乱成一团，再也顾不上交战，调转马头，狼狈逃窜。

战场上的喊杀声渐渐平息下来，英军阵前布满法军丢下的头盔、武器和死马。一千五百多具法国骑士的尸体倒在地上，而英军只不过损失了四十多人。第二年，英军夺得加来港，这个海港成为英国在欧洲大陆上的统治据点。

1347 年底，双方所有的冲突被迫停止，原因是黑死病袭击了欧洲。鼠疫在四年内夺走了两千万人的生命，占欧洲人口的三分之一以上，英法两国死亡人数也多得惊人。

直到 1356 年双方才恢复元气，重新开战。两军在普瓦提埃城

附近发生了第三次大战役。英军由爱德华三世的长子"黑太子"率领，法王约翰二世（腓力之子）亲自披挂上阵，统率全军。

"黑太子"年仅二十六岁，因为总是身穿一副黑盔甲而得名。他十六岁时就参加了克勒西战役，初尝战争的血腥滋味。

"黑太子"率领部队穿越法国中部时，他发现背后有一大队法军在紧追，不久，法军于 9 月 17 日在普瓦提埃城附近追上了他。这天是星期日，法王约翰二世犯了一个致命的错误，没有在当天发动进攻。这使得"黑太子"有时间把部队布置在沼泽地和树林里，这些地方不利于骑兵发挥作用。

第二天，英军的弓箭手躲在树林里放箭，又一次重创了法国骑士。战斗持续了八小时，英军弓箭手在箭用光之后就与敌人展开了肉搏战，最后获得了胜利。法军损兵折将过半，大批骑士当了俘虏，连法王本人也被"黑太子"生擒了。

当"黑太子"押送着法王和许多法国贵族凯旋而归时，在伦敦受到了狂热的欢迎。狭窄的街道上铺上了鲜花，战马也身披彩旗，人们情绪激动，欣喜若狂，从城门到威斯敏斯特的王宫虽然只有三公里远，队伍却花了几小时才走完。

普瓦提埃战役后，双方签订和约，法国被迫将其领土总面积的三分之一多割让给英国，并付出了巨款赎回国王。而英王也放弃对法国王位的要求。百年战争暂告一段落。

以后的几十年时间里，双方的国王换了几任，大小战争又打了几场。到 1415 年，英国占领了法国的首都和整个的北方，法国王子率领一部分军队退守南方，从此形成南北对峙的局面。

1428 年，英军向南进攻，攻打通往南方的门户——巴黎南面的奥尔良城。这时的奥尔良城是法兰西的心脏，要是被英国人占领了，法国就将灭亡！英军进展顺利，不久就包围了奥尔良，大有一举拿下的气势。

这时，出现了法兰西历史上最有奇迹性的一幕，一个农民的女儿，年仅十六岁的贞德拯救了法国。

贞德的勇气，激发了法国人民的爱国精神。她牺牲后，在为贞德复仇的口号下，法国军民攻克一座座被英军占领的城镇。到1453年，法军几乎收复全部失地，英法双方签订了结束百年战争的和约。这场战争以封建战争开始，却以民族战争结束，法兰西完成了民族统一的大业。

72

圣女贞德

贞德是一个普通的法国农家姑娘，1412 年 1 月 6 日生于法国洛林地区的一个乡村中。当时的法国四分五裂，正处于一片血腥的混乱之中。英法战争已经进行了七十五年，法国的半壁河山已落入英国人的手中。

童年时代的贞德耳闻目睹了这种战乱生活。在她家门前不远处的道路上，常常可以看到全副武装的英军通过；她也常听大人们愤怒地抨击英军的种种暴行。贞德是一个勤劳的女孩，常替父亲放羊。她没有上过学，但母亲教她读懂了《圣经》，她很早就成了一个虔诚的基督徒。

十六岁那年，她挺身而出，去解救被英军包围的奥尔良城，并且将已经被剥夺了法国王位继承权、正躲在一个城堡里的查理王子带出来，让他正式加冕称王。

贞德主动向查理王子请战。查理半信半疑，但这时他需要借助人民的力量抗击英军，于是查理王子交给贞德一支军队，还替她换上一身光芒闪闪的铠甲。贞德让人到教堂取来一柄宝剑，又制作了一面象征法国王室的白色百合花旗。她身佩宝剑、手执百合花旗，率领着六千法军，浩浩荡荡向奥尔良进军。

英军早已把奥尔良城围得水泄不通，还环绕城墙修筑了十多座堡垒。贞德策马来到其中一座堡垒跟前，将一封书信系在箭上射了上去。

"上帝派使者贞德前来告知你们，立即撤出法兰西，并且赔偿我们的损失。否则，你们将大祸临头！"

英军根本不把贞德放在眼里。贞德一声令下，率领她的法兰西战士们向英军奋勇冲去。正当她攀着梯子登上堡垒时，突然被箭射中，士兵们把她抬下战场。贞德硬是用自己的双手将箭从身上拔了下来。眼看已是日落时分，阵地上双方鸣号收兵。此时，贞德却鼓起勇气，挥动百合花旗高声喊道："胜利是你们的，冲上去！"

只见她纵身一跃，带领几名战士冲向英军的主堡垒，迅速攀上去，一举拿下了主堡垒。其他的法军战士一鼓作气，攻占了其余的堡垒。奥尔良城就这样得救了。

奥尔良城内钟声齐鸣，此起彼伏。贞德骑着战马，带领法军精神抖擞地开进城内。这时候，奥尔良城沸腾了，人们争相目睹这位女英雄的英姿。在短短的几天之内，这位十七岁的牧羊女就指挥法军创造了奇迹，一举扭转了百年战争的形势。

人们称赞贞德为"奥尔良的女儿"。她的名字从此在法兰西家喻户晓。

解放奥尔良之后，贞德立即着手她的第二项工作，支持查理王子登基称王。按照传统，法国国王必须在兰斯大教堂进行加冕典礼。尽管在通往兰斯（在巴黎以东约一百公里）的大道上，有许多英军严密设防的城堡，但贞德无所畏惧。哪里有激烈的战斗，哪里就一定有她的旌旗在招展。她不断地鼓舞将士们："勇敢杀敌，一切顺利！"她指挥法军所向披靡，不久就攻占了兰斯城。兰斯的一个英国守将在投降书中写道："向世界最勇敢的女子投降。"

1429 年 7 月 17 日上午，晴空万里，阳光灿烂，查理王子终于在盛大的加冕典礼中登上王位，史称查理七世。

登基后的查理七世，怯懦的本性开始暴露。他想和谈，不想再与英国人打下去了。而贞德强烈要求乘胜进攻巴黎。

查理七世顾忌贞德的威望，表面上接受了贞德的建议，实际上却并不支持。这年八月，贞德率军进攻巴黎，因为孤军作战，久攻不下，伤亡惨重，只好撤退到离巴黎不远的康边城。

康边城里的法军指挥官怕敌人趁势攻进城堡，当贞德率军退到康边城下准备进城时，城门突然紧紧关上了，吊桥也被拉起。贞德的退路被切断，不幸被追上来的敌人抓住了。抓她的不是英国人，而是英国人的帮凶——法国勃艮第人。

贞德被俘后，勃艮第人将她出卖给了英国人。查理七世竟然无动于衷，不去营救贞德。

贞德受尽了严刑拷打，但她始终坚贞不屈。险恶的英国人又故意把贞德交给宗教法庭审判。法官审问贞德："你知罪吗？竟敢女扮男装！"

"我穿男装是为了骑马杀敌。"贞德回答说。

"上帝憎恨英国人吗？"

"我不知道上帝对英国人是爱还是恨，但我确信，侵略者除了被杀死的外，统统都要被赶出法国。"

"现在还敢狡辩？看你分明是个女巫，等着你的将是火刑柱！"

"为了我的祖国法兰西，我无所畏惧！"

1431 年 5 月 30 日上午，面色苍白的贞德被押到广场上。广场周围的屋顶上都站满了人。

贞德镇定自若地登上高高的火刑柱。火势越烧越旺，很快，大火便吞没了她的整个身体。

贞德没有死，她永远活在法国人民的心中。在贞德爱国主义精神的鼓舞下，法国人民团结奋战，终于在 1453 年取得抗英战争的胜利。

73

吴哥宝窟

1861 年 1 月的一个下午,在柬埔寨茂密的热带森林中,一个名叫亨利·穆奥的法国博物学家正在汗水淋淋地开路前进。当他从榕树的气根和缠绕的藤蔓中钻出来时,突然,眼前朦朦胧胧出现了一座巨大石头建筑的轮廓。绵延的灰色城堡似乎伸向了天际,壮丽的平台回廊飘浮在半空,还有五个形似含苞莲花的高塔刺破青天。整个灰色的建筑被夕阳辉映得通红。

穆奥忘记了自己此行的目的是找寻稀有的昆虫,花了几天时间考察这些建筑。他兴奋地在笔记本上记下:"这座建筑完全可以与所罗门圣殿相媲美。它是历史留给我们的最宏伟、最重要、艺术上最完美的古代遗迹。"

穆奥的赞美并不过分。他偶然发现的是高棉帝国神话般的首都吴哥的遗迹。中世纪的高棉帝国疆土庞大,一度包括了现在的整个柬埔寨,以及部分的泰国、缅甸、老挝和越南,它创造了东南亚自古以来最灿烂的文明。

高棉帝国从公元 802 年兴起,建都吴哥地区,在繁荣昌盛了六百年后,于 1432 年又迅速地消亡了。热带雨林吞噬了它昔日的繁华,只在吴哥地区留下几百座石头建筑。这些建筑是如此宏伟的灿烂,相比之下,那些受人称颂的希腊、罗马遗迹都相形见绌了。

在湄公河的河谷里,高棉人清除了丛林,种植了无边无际的水稻,还修筑了一批铺有石块路面的道路网。他们还兴修水利,建立

起复杂的灌溉系统，把全国的水库河渠串连起来，使农作物免受旱涝灾害。结果，这里的水稻一年可以三熟，不仅养活了众多的人民，而且还给王室和寺庙提供了用之不竭的财源。

高棉帝国最强大的国王叫阇耶跋摩七世（1181—1219年），他想建造一座坚不可摧的王都，于是，集中了大量的雕刻匠、装饰匠和奴隶，开始了这项浩繁伟大的工程。在花费了大量的财力、物力后，终于建成了吴哥通王城（也叫大吴哥）。

吴哥通王城意为"伟大的都城"。它呈方形，每边长三公里，整个城周长达十二公里左右。城墙高八米，全部用巨石砌成。全城共有五道城门，门高约二十米。有一个城门叫"胜利门"，城门上有四个面向四方的菩萨头像，它们面含笑容，凝视四方，神态安详，可能是王都的保护神。城门两侧各有一只石象，象有三个头，长牙着地，鼻子在莲花中卷着，十分威严。吴哥通王城周围有护城河环绕，城内有广阔的街道、众多的宫殿、宝塔和寺庙。城内的大金塔高达四十五米。

在现今柬埔寨吴哥地区，除去吴哥通王城，在大约四十五平方公里的范围内，还分布着各种建筑物六百多座。其中最著名的就是吴哥窟，也就是法国人穆奥发现的那座宝窟。

吴哥窟（也称小吴哥）是全世界最大的宗教建筑，占地超过一平方公里，它使用了超过三千万立方米的石材，它的体积是埃及金字塔的十倍。这座神庙建于十二世纪上半叶，供奉着印度教的大神毗湿奴金像，后来这座神庙成为佛教徒的圣地。它的中心神殿上有五座镀金的宝塔，高达六十五米，象征着佛教的宇宙中心和众神之家——须弥山；它的外墙表示世界的边缘，四周环绕着大海。

人们可以想象吴哥窟当年的朝圣景象。信奉佛教和印度教的朝圣者，沿着一条长约六百米宽阔的通道进入圣地，这条通道象征着通往天堂的彩虹桥，途中还须穿过有七头蛇雕像守护的大门，然后

进入围城。最后朝拜者登上层层台阶，来到一个建于高台上的圣坛前进香，这个圣坛上耸立着代表众神之家的须弥山的五个镀金尖塔。

吴哥窟的伟大不仅在于寺庙建筑的本身，还在于回廊上的石刻浮雕，它表现了高棉工匠们卓越的艺术才能。

最低层的回廊高二米，四周长约八百米。所有壁面都布满精巧的石刻浮雕。由于回廊有屋顶覆盖，所以，石刻至今保存得很完整。浮雕的题材大多取材于印度的神话故事。这种浮雕被称为"石头上的电影"，以连环画的方式讲述着一个个神话故事。还有一些浮雕描绘了战斗场景，如在金边湖上展开的水战，双方军队乘着多桨的战船，厮杀成一团。在激烈的水战中，受伤的士兵倒挂在船旁，被鳄鱼咬住……

吴哥窟的石料来自四十多公里外的扁担山。那里出产的一种质地极好的砂岩石，是很理想的雕刻材料。它石质松软，颗粒细密，便于精雕细刻。采用这种石料，艺术家们运用纯熟的手法，刻出了一幅幅逼真的瑰丽画卷。

数百年来，吴哥宝窟隐藏在浓密的森林中。二十世纪开始，人们有计划地把这座城市从森林的巨掌中解救出来，这是一项长久而艰巨的工作。高大的榕树和木棉树将根枝伸进了每一个裂缝，裂开了石柱门框，推倒了巨石，还将宏伟的神殿缠绕了起来。

现在，那些摆脱了植物围困的古建筑又受到新的威胁，占庙由于失去几百年来缠绕着、保护着它的植物，受到了热带暴雨的侵蚀；松软的砂岩在细菌的攻击下已开始分解。唯一的解救办法是把这些建筑的石头一块块拆下来，在加固的水泥地基上再建起来，并在四周铺设排水管道。患了"石头病"的建筑，还须涂上特制的化学保护剂。

一直到今天，拯救吴哥宝窟的工作仍在继续中。

74

蒙古旋风

十三世纪初，默默无闻的蒙古人突如其来地闯入了历史，在杰出的统帅成吉思汗及子孙的领导下，不到五十年时间，就征服了当时"文明世界"的大部分地区。那么，这股横扫欧亚的蒙古旋风是如何兴起的呢？

蒙古是中国北方的一个游牧民族，他们在大草原上放牧牛羊，哪里有丰茂的水草，就把帐篷装上马车，迁移到哪里。因此整个村庄常常在流动。他们的大部分时光都在马背上度过，每个成年男子都是优秀的骑兵和弓箭手。

1206 年，蒙古各部落召开部落首领大会，共推铁木真为"大汗"（皇帝），尊号"成吉思汗"（大地之主）。蒙古就这样成为一个统一的国家，开始向外侵略扩张。首先，蒙古南下，大败金国，占领了中都（今北京），把宏伟的宫殿抢掠一空，所有的房屋被夷为平地。接着，蒙古军队挥师西进，直指中亚。

一次边境事件成了成吉思汗西侵的借口。

1218 年，一支四百五十人的蒙古商队来到中亚的花剌子模（位于今哈萨克斯坦、土库曼斯坦、阿富汗、伊朗北部的一个国家）经商，竟被诬陷为间谍，在边境城市全部被杀害。只有一个替商队赶骆驼的人逃了回去，把消息报告给成吉思汗。

成吉思汗勃然大怒，发出"你要战，便就战"的最后通牒，然后率领二十万蒙古大军，带着四个儿子，从新疆北部出发，横越帕

米尔高原，浩浩荡荡向花剌子模杀来。花剌子模是中亚的一个伊斯兰国家，它经济发达，人口众多，物产丰富，有许多城墙高大、易守难攻的城市。

第二年秋天，蒙古军队逼近花剌子模的一个边境城市，城里的人们变得紧张不安起来，议论纷纷："听说蒙古军队要打过来啦！"

"不久前，他们刚刚打败了强大的金国，占了金国的都城。据说中都到处是堆积如山的人骨。"

"难道真主的军队会打不过蒙古人吗？"

"蒙古人是游牧民族，他们来似天坠，去如闪电。看来一定有一场大仗要打，不知我们的城墙是否能够挡住这些野蛮人的进攻？"

花剌子模的老百姓惊恐不安，他们的国王更是日夜忧虑。他不但担心蒙古军队的进犯，还害怕集中军队抗敌会使领兵将领势力大增，战后与自己争权夺利。因此，他将四十万军队分散到各个城市，让这些城市各自为战，指望蒙古军攻不破主要城堡后，会自行退走。

花剌子模的边境城市只有三万守军，没有援军和存粮，只能依靠坚固的堡垒死守。蒙古军队数倍于城内守军，而且有马队从后方源源不断地运来作战物资。这个城市已经被围攻五个月了。

攻了一段时间后，蒙古军在城外架起了新式攻城武器——火炮与大型投石机。蒙古军队哪里来的这些武器呢？原来，自从几年前蒙古军攻打金国、占领中都以后，学习那里汉人的先进技术，学会了使用火炮等新式武器；而且这次进攻花剌子模，随军同行的还有一万个汉人工匠，他们能熟练地使用和维修攻城器械。

"轰！轰！轰！"

蒙古人的攻城大炮和投石机吼声震天，不久，城墙一角就被轰开了一个大口子，城上的守军也给投石机投出的巨大石块砸死。

蒙古士兵潮水般从缺口冲入城内。剩余的花剌子模军队又在城内要塞坚守了一个多月，最后终于粮尽弹绝，全部战死。

就这样，蒙古军攻克了一座又一座城市。蒙古军攻城前，先下最后通牒，只有毫不迟疑地开城投降，才不屠城。如果稍遇抵抗，城破之后便把居民先赶到旷野中几天，把城市洗劫一空，然后杀死守城军士，把工匠挑出来分给贵族带回草原，把妇女和儿童分给士兵，把部分战俘和少年编为"队伍"，攻城时用皮鞭和马刀强迫他们爬云梯，让他们为蒙古人进攻送死。

1221年初，蒙古军开始进攻花剌子模都城。成吉思汗先派出他的长子术赤和次子察合台率军攻打，但连攻数月未能攻克。于是他又命三子窝阔台统一指挥全军，发动更猛烈的攻击。守城军民在坚守了半年多后，城池终于被攻陷。但是守军拒不投降，又与蒙军展开巷战。经过七天七夜激战，蒙军付出巨大代价后，才占领全城。破城后，蒙古军残杀了城内的几十万男子，将妇女和儿童掳为奴隶。随后，又放了一把大火，烧毁了所有建筑。蒙古人还不罢休，又掘开了大河的堤岸，向城内灌水。往昔繁华的花剌子模京城，变成了水乡泽国。

灭亡了花剌子模以后，蒙古旋风继续向西方扫荡，越过高加索，进入顿河、伏尔加河一带。到十三世纪三十年代，蒙古的疆域已扩展到中国的黄河流域、朝鲜半岛、中亚和伊朗大部、西伯利亚南部，形成了一个庞大的帝国。

为了统治这个庞大的帝国，成吉思汗在1227年去世前，将帝国分给他的四个儿子。

长子术赤，领有俄罗斯、里海、咸海一带；次子察合台分得花剌子模以东的中亚一带；三子窝阔台分封在蒙古以西、天山一带；四子拖雷领有蒙古本部及中国北部。以后随着征服地区的扩大，形成了四大汗国：即窝阔台汗国、察合台汗国、钦察汗国和伊儿汗国。后来，窝阔台汗国并入了察合台汗国。拖雷的儿子忽必烈灭亡了南宋，建立了元朝。

75

俄罗斯的统一

　　十三世纪中叶，成吉思汗的孙子拔都率领强大的蒙古军队，一举击败基辅罗斯公国。1242 年拔都在伏尔加河下游的萨莱建立起庞大的钦察汗国。因为蒙古人住在金黄色的帐篷里，所以俄罗斯人又称钦察汗国为"金帐汗国"。

　　此时，俄罗斯各公国都沦为金帐汗国的附庸，长期向大汗称臣纳贡。金帐汗国的大汗为便于统治，在各国王公中挑选一个代理人，封他为"全俄罗斯大公"，凌驾于其他王公之上，由他代表蒙古人向十二个俄罗斯公国征收贡赋。

　　到了十四世纪，莫斯科公国崛起。由于莫斯科地处交通要道，伏尔加河等大河都从附近流过，周围又有森林、沼泽作屏障，离蒙古人统治中心很远，在这里做生意比较安全，因而它逐渐兴盛起来。1325 年，伊凡·卡利达任莫斯科公国大公，他是一位很有谋略的人。他表面上装得非常温顺，千方百计地取悦金帐汗国，不时地把金银财宝献给大汗，由此取得"全俄罗斯大公"的称号。但伊凡在背地里不断扩充自己的领土和势力，到他死时，莫斯科公国的疆域已扩大了好几倍。

　　1359 年，伊凡的孙子季米特里·伊凡诺维奇担任莫斯科大公，莫斯科公国的实力更加强大了。

　　季米特里继位时年仅十岁，但他的志向很高。他从小随军出征，习惯了戎马生涯，成年后，终于成为一名能征善战的大公。他

大力加强莫斯科的城防，用石头城墙代替原来不坚固的木质城墙。他还严格训练军队，寻找机会准备摆脱蒙古人的控制。

这时，金帐汗国内讧不断，开始衰落，就连大汗也不停地更换。季米特里觉得这是一个千载难逢的好时机，于是率领他的军队，一举赶跑了驻在境内的蒙古兵，宣布莫斯科公国从此独立。

对于莫斯科公国的反叛行为，金帐汗国的大汗马麦汗十分震怒，他立即派遣军队去讨伐。结果，在一次会战中，蒙古军陷入重围，被季米特里杀得大败而回。

马麦汗闻讯后恼怒地说："处死那些任性的奴隶！把他们的城市，所有的基督教堂化为灰烬！我们要靠俄罗斯的金子才能活下去！"

他准备同莫斯科公国决一死战。

1380 年 9 月，马麦汗亲自率领十五万大军浩浩荡荡杀向莫斯科。

季米特里迅速派出特使，日夜兼程赶到俄罗斯各公国请求援助。很快，他联合起十万兵力，渡过顿河，开进了库里科沃原野。一场大战即将展开。

库里科沃是一个不太大的原野，四周山岗起伏，沟壑纵横，沿顿河一侧丛林密布，原野的中央是一片沼泽地。这种地形极不利于蒙古骑兵的合围战术，却为俄罗斯联军的埋伏提供了良好条件。

9 月 8 日晨，大雾弥漫，季米特里利用地形特点，精心布阵。在中央是大团队，两边是右翼团队和左翼团队，在大团队前面是先遣团队。另外，他还将一些精锐骑兵埋伏在后方的丛林里。整个阵地绵延约十公里。

时近中午，库里科沃原野上空的浓雾渐渐消散。蒙古军向前推进，在离俄罗斯联军不远的地方停了下来。按照常规，俄军中冲出一位骑兵勇士向蒙古军挑战，蒙古军也出来一位勇士应战。在两军

中间的空地上，两位勇士骑在马上，杀向对方。几个回合下来，双方都受伤落下马来。这时，嘹亮的军号响起了，呼喊声、马嘶声、兵器撞击声交织在一起，双方会战正式开始了。

蒙古兵以排山倒海之势发起猛攻，一鼓作气，先后击退了联军的先遣团队和左、右翼团队。紧接着，蒙古兵分几路向俄罗斯联军的大团队发起更为猛烈的冲锋，企图一举突破联军阵地，直捣中军大营。然而，由于原野上多是沼泽，骑兵行动缓慢，一连几次冲锋都没能得逞。

傍晚时分，蒙古兵的轮番冲锋已经持续了三个多小时，攻势渐渐减弱。战场上，经过多次冲锋和肉搏，双方死伤累累。库里科沃原野上，几公里宽的地带上都被鲜血染红了。伤者在呼号，尸体成了堆。俄罗斯联军损失惨重，连季米特里本人也在交战中受了伤，大公旗帜也被蒙古人砍倒。

天色暗下来了。蒙古骑兵趁着黄昏时微弱的暮色，准备发起最后一次攻击，彻底击败俄军。而季米特里立即组织反击，并且有计划地把蒙古军吸引到联军主力的后方，那里有精锐的骑兵埋伏着。一场恶战在原野上展开，蒙古军撕开了俄军左翼的一个口子，企图借机绕到联军主力的后方，一举包围全歼联军主力。

就在这千钧一发之际，季米特里迅速将丛林中的骑兵队调出。这些俄军骑兵就像猛虎下山一样向蒙古军后方扑去，蒙古军猝不及防，迅速溃败。这时，站在山冈上观战的马麦汗惟恐蒙古军被全歼，赶紧下令全线撤退。于是，蒙古军舍弃了无数的行军帐篷和粮草辎重，仓皇而逃。

俄罗斯联军一鼓作气，追出一百多里，才收住脚步。

库里科沃大战，俄蒙双方都受到很大损失，死伤人数达十几万人。但最终俄罗斯联军战胜了强大的蒙古军队。

由于这场大战的胜利，季米特里大公被俄罗斯人赞誉为"顿河

英雄"。库里科沃之战的胜利，打破了蒙古人不可战胜的神话，从根本上动摇了金帐汗国的统治，也让俄罗斯人民看到了独立的曙光。

后来，王位传到伊凡三世手里，莫斯科公国在他统治时期变得更加强大了。十六世纪初，他的儿子瓦西里三世最终完成俄罗斯的统一大业。

76

奥斯曼帝国的兴起

在亚洲与欧洲交界的达达尼尔海峡西岸，有一个叫加利波里的城堡，它是拜占庭帝国（东罗马帝国）的一处要塞。土耳其人已经将它围困了很长时间，由于城堡有坚固的城墙，一时难以攻克。

1354 年 3 月 2 日深夜，一场突如其来的强烈地震降临到这里，加利波里的城墙轰然倒塌了，接着天空又下起倾盆大雨，城内的居民和士兵在睡梦中惊醒后四散奔逃。趁着余震和大雨，城外的土耳其人从城墙的坍陷处攻了进来，未遇到任何抵抗，很快就占领了全城。这是土耳其人入侵欧洲的第一个落脚点。土耳其苏丹（国王）觉得，这次胜利是神的相助："真主站在我一边，显示出他的意愿，使城墙倒塌。我的部队已占领了全城，我们要感谢安拉。"

土耳其人属黄色人种，他们本是突厥部落的一支（土耳其就是突厥二字的转音）。他们是为了躲避蒙古铁骑，才来到小亚细亚半岛的。在这里，土耳其人信奉了伊斯兰教，建立了几个酋长国。其中有一个酋长国名叫"卡伊"。

公元 1281 年，奥斯曼成为卡伊酋长国的首领，从此掀开了土耳其历史新的一页。人们称这个酋长国为奥斯曼土耳其国。

奥斯曼是一位传奇般的人物。年轻时，他曾想娶一位有名望的宗教领袖之女为妻，但被拒绝。后来有一天，他对那位宗教领袖说，自己晚上做了一个梦，梦见他的腰部生出了一棵树，树叶都变成了剑刃，指向君士坦丁堡方向。那位宗教领袖懂得解梦。这个梦

的意思很明显，它预示着奥斯曼的子孙会统治全世界。于是宗教首领把女儿嫁给了奥斯曼，并亲自为他佩戴一把武士之剑——以后历代奥斯曼统治者都要佩带的武器。

年轻的奥斯曼富有谋略。十三世纪初，拜占庭帝国遭到西方十字军入侵，国土四分五裂。尽管土耳其离拜占庭的一些城市很近，奥斯曼完全可以乘人之危去弄块地盘。但是，他在掌权的前二十年时间里，并未尝试去进攻它们，而是养精蓄锐，冬天练兵，夏天到肥沃的草场上去休养生息。他的军队人数在不断壮大。

直到 1301 年，羽翼丰满的奥斯曼军队才与拜占庭军队第一次交锋。奥斯曼先用弓箭骚扰敌军，然后采取猛攻战术，一举突破了敌军的防线。

接下来，他又征服了附近的突厥人各酋长国，宣布成立独立统一的公国。1326 年夺取了拜占庭的布鲁萨城，并将其定为国都。

攻克布鲁萨之后不久，奥斯曼就去世了，他被埋葬在布鲁萨，坟墓面朝着君士坦丁堡方向。当他的儿子成为苏丹，佩带上他那柄双刃武士剑时，满朝大臣悲从中来，齐声痛哭。因为是奥斯曼率领他的人民，把一个弱小部落逐步发展成为一个强大的民族。人们在他的墓碑上刻着这样一句话："愿他如奥斯曼一样伟大。"以此来激励以后的奥斯曼统治者。

奥斯曼的继承人是他的次子乌尔汗，乌尔汗的才干丝毫不亚于他的父亲。乌尔汗任命他的哥哥当宰相。乌尔汗兄弟俩将首都布鲁萨建设成一个贸易中心。来自欧洲的羊毛衣料、来自中国的丝绸、来自北方蒙古汗国的毛皮、来自南方阿拉伯地区的香料和糖都在这里进行交换，通过贸易增强了奥斯曼国的经济和政治实力。

他们还聘请希腊人任顾问，在造船、手工业和建筑方面出谋划策。在征服的城市里，他们建造了宏伟的清真寺、大量的救济所和客店，吸引了大批移民的到来。

一位叫伊东·巴图塔的阿拉伯旅行家 1333 年来到布鲁萨，他看到的这座城市"集市繁荣，街道宽阔"。乌尔汗本人亲自接见了他。他这样形容乌尔汗："乌尔汗是突厥国王中最伟大的一位，他拥有最大的财富、土地和军队。他拥有将近一百座要塞，他的大部分时间都在这些要塞之间来回巡视，他从未在一座城市里住过一整月。乌尔汗同他的父亲一样，坚持武士精神，与异教徒作战，不是在宫殿里而是在马背上统治国家的。"

乌尔汗还建立了一支常备军。这支常备军的规模初期并不大，只有一万人，但装备精良，训练严格，仍然采用突厥的战斗体制。战士要终身服役，不得建立家庭，但待遇优厚，享有特权，并且每个人都以征战为荣。

一位法国目击者这样描写奥斯曼军队："当战鼓擂响，他们会以迅雷不及掩耳之势发动袭击，决不后退，直到军令发出，否则决不停息。他们的武装轻便，一夜之间可以走完欧洲军队三天走完的路程。"

有了这台无坚不摧的战争机器，乌尔汗很快攻占了拜占庭在小亚细亚的全部领土。接着，他又把战争之矛指向欧洲。1354 年，土耳其人渡过达达尼尔海峡，趁着地震，占领了拜占庭要塞城市加利波里，将它变为进军欧洲的桥头堡。

1360 年，乌尔汗的儿子继承王位，称穆拉德一世苏丹。在他的指挥下，拜占庭境内的名城一座座相继陷落。这样，拜占庭帝国仅仅保留着君士坦丁堡一座城池和几块属地。1363 年，拜占庭被迫求和，降为奥斯曼帝国的一个属国，在土耳其人的包围之下苟延残喘。

77

君士坦丁堡的沦亡

公元 1451 年，十九岁的穆罕默德成了奥斯曼土耳其的最高统治者。这位新苏丹年纪虽轻，但渴望名垂青史。他的最大理想就是要攻占拜占庭的首都君士坦丁堡，把它变成伊斯兰教的中心。

君士坦丁堡是一座千年古都，位于欧洲大陆的南端。它北临金角湾，南靠马尔马拉海，东与小亚细亚半岛隔海相望，只有西面与陆地相连。这是一座易守难攻的城堡，四周修建了坚固的城墙，城墙上每隔一百多米就筑有一座堡垒。几个世纪以来，君士坦丁堡城墙成功地抵御了二十二次外敌入侵。

苏丹穆罕默德具有非凡的军事和外交才能。他在还没有做好战争准备的时候，先散布和平的言论。他强调将遵守以往与拜占庭签订的和约，绝不侵犯拜占庭领土。

但是他另一方面则在加紧备战。他很快组成一支十万人的庞大军队。这些土耳其军队纪律严明，装备齐全。其中最勇敢的是一万二千名士兵组成的近卫军军团。近卫军士兵从小离开家庭，从军习武，勇猛过人，在最激烈的战斗中才出现他们的身影。

苏丹深知君士坦丁堡固若金汤，如何攻克它是一个十分棘手的问题。在反复考虑并与大臣们商量后，他决定造一种威力巨大的火炮，来轰塌君士坦丁堡的城墙。

在匈牙利工程师的指导下，几个月后这种大炮终于制成了。试射那天，苏丹亲临现场观看。随着一声惊天动地的巨响，硕大的石

弹将远处的一段城墙打得粉碎。效果真是好极了。

接下来的问题是，如何将巨炮运到前线？为此，苏丹动用了六十头牛，拉着大车将大炮缓缓运往前线。不久后，三十门巨炮被放置到城墙的四周。

同时，苏丹还装备了一支由一百二十五艘军舰组成的巨型舰队，封锁了海峡的西侧，彻底阻止外来供应船援助拜占庭。

1453 年 4 月 6 日，土耳其人的巨炮开始轰击君士坦丁堡正面城墙，战斗打响了。君士坦丁堡的防御部队由七千人组成，其中包括两千名外国志愿军。守城战士组织严密，装备的守城武器有标枪、弓箭、投石器、原始火药枪、火炮等。

连续几天的炮轰，城墙的外墙被轰开几处缺口，成群的土耳其士兵冲向缺口。拜占庭士兵在城墙上用火药枪和火炮不断进行还击，许多土耳其士兵毙命，血流满地。白天的无数次进攻都被打退。到了夜晚，守城战士偷偷出城修补缺口。他们用木板和围栅挡住缺口，再在上面堆上装满泥土的袋子和木桶。第二天，土耳其的火炮会再次将缺口炸开；而到晚上，守城者又会将缺口补上。就这样，战争进入僵持状态。

正面强攻不行，土耳其士兵又开始挖掘地道，准备从护城河和城墙的下面钻进城里。但是，城里居民发现了土耳其人的行动，用水和火把挖了一半的地道破坏了。

除了陆战，海上也发生了战斗。一天，四艘支援君士坦丁堡的热那亚军舰，冲破土耳其海军的封锁，驶入了马尔马拉海。苏丹立即派出几十艘战舰进行拦截，但被热那亚水兵击沉了好几艘。那四艘军舰最后驶进金角湾，靠上了君士坦丁堡的码头。

援兵和给养的及时到来，使得全城军民欣喜若狂。他们在城墙上大声嘲笑土耳其海军无能。第二天，土耳其海军司令就被苏丹革职了。

　　表面上看，战事似乎朝着有利于拜占庭的方面发展。但就在此时，苏丹总结了教训，一个大胆的计划在他心中形成。

　　在君士坦丁堡的北面有一条狭长的海湾，叫金角湾。金角湾的入口处，拜占庭军队拉了一条粗大的铁链以阻挡土耳其舰队的进入。苏丹决定绕过阻拦的铁链，从海湾对岸的陆地上，用人力将战船从山坡上拖过去，出其不意地进入海湾，攻击君士坦丁堡防守较薄弱的一翼。

　　4月22日晚，土耳其海军的八十艘船悄悄绕过金角湾口，靠上了岸边。接着土耳其人人拉马拖，将船拖到岸上。然后，土耳其人又在陆地上铺设了一条木板滑道，木板上涂上大量的油脂，这样可以减少拖船的摩擦。一夜工夫，这些船只通过滑板，翻越山坡，终于运进了金角湾。

　　第二天一大早，君士坦丁堡的守卫者看到金角湾里出现了敌军舰队，他们简直不能相信自己的眼睛，难道这些船是从地下钻出来的吗？

　　就在人们疑惑吃惊之际，土耳其舰队已开始在君士坦丁堡的另一端开始了炮轰，拜占庭人只好从越来越少的防守人员中抽调一部分去抵抗。

　　最后的决战时刻来临了。穆罕默德苏丹对士兵们喊道："真主的士兵们，你们即将赢得最后的胜利！在你们的面前，是一座建筑宏伟、财宝无数的城市。破城之后，你们可以尽情地劫掠三天，城中的一切财物、珠宝，以及人口都属于你们。而我，只要得到征服这座城市的荣誉！"

　　5月29日清晨，土耳其士兵从海上和陆上两个方向发起猛攻。在君士坦丁堡全长六公里的城墙下，数万土耳其士兵奋力攻城。所有的战鼓敲起，所有的军号吹响，鼓舞着进攻者爬上城墙。而君士坦丁堡城内，所有的教堂钟声敲响，激励着守城者奋勇抵抗。

　　战斗进入了白热化状态。在炮火的掩护下，土耳其人一批批在黑暗中向前冲去，但又一批批被挡了回来。这时，苏丹打出他的王牌，他命令精锐的近卫军军团参战。这些人身披金光闪亮的铠甲，头戴以羽毛装饰的头盔，轮番向前冲杀。在他们的猛烈攻击下，君士坦丁堡越来越危急了。拜占庭帝国的皇帝也亲临城头，指挥战斗。

　　就在此时，发生了一件令人意想不到的事。在北面的城墙某处，一名拜占庭士兵出击后返回，未将城墙上的出击口小门锁紧。几个土耳其近卫军士兵发现了这个致命的失误，他们强行从这个出击口进入，并打开了一条进入城内的通道。很快，增援部队未遭任何抵抗进入了城内。

　　"土耳其人进城了！"这喊声比巨炮的威力还大，它彻底摧毁了守军的抵抗意志，他们纷纷逃离战场。拜占庭皇帝意识到大势已去，他紧握利剑，冲向迎面杀来的敌人，死得非常壮烈。

　　土耳其人像潮水一样涌入城市。他们大肆洗劫，许多居民沦为奴隶，豪华的宫殿烧起大火，无数的艺术珍品化为灰烬，所有教堂、修道院遭到破坏。不到半天，城市各处挂满了无数的小旗子，每面旗说明该处房屋已被彻底洗劫。举世闻名的圣索非亚教堂被改为清真寺。没过多久，奥斯曼土耳其帝国就把都城迁到君士坦丁堡，并将它改名为伊斯坦布尔（意为伊斯兰之城）。

　　君士坦丁堡陷落了，有一千多年历史的拜占庭帝国（东罗马帝国）终于灭亡了。

78

玛雅文明

美洲原是一片荒原和丛林，没有远古人类的足迹。大约在两三万年前，亚洲一些蒙古人部落，越过亚洲大陆东北部的白令海峡，来到了美洲的阿拉斯加，以后逐渐散布到美洲全境。这些来自亚洲的蒙古人被称为印第安人，他们创造了发达的美洲文化，最著名的有三个——玛雅文明、阿兹特克文明和印加文明。

古代玛雅人居住在今天的墨西哥南部、危地马拉和洪都拉斯地区。公元四世纪到九世纪，玛雅文明发展到鼎盛时期。

高超的建筑艺术是玛雅人的出色成就之一。

在洪都拉斯西部的科潘地区，有一座玛雅古城遗址。它坐落在一个深山峡谷中，面积约十五公顷，有金字塔、广场、三十六块石碑、六座寺庙和大量的祭坛等。这些建筑上雕刻着形态生动的神、人或动物图案，以及许多象形文字。一座寺庙的台阶上有人身狮首像。它口里衔着蛇，一只手里攥的也是蛇，另一手则拿着火炬——雨神的象征。这是一座天文气象的祭祀庙宇。

在科潘遗址的广场中央，有两座极其相似的庙宇。每座占地约三百平方米。庙的墙壁和门框上刻着人物、魔鬼及其他各种图案，有条地道把两座庙宇沟通起来。地面上，两庙之间是个石铺球场。球场两端各有一块方石，方石中间有一个圆洞，用作"球篮"。每逢祭祀仪式，玛雅人便在此举行球赛，借机选拔和培养勇士。有关这座古城的最后一次记载是公元805年。

在墨西哥尤卡坦半岛另有一处著名的玛雅文明遗址,名叫奇钦伊查。这里有一座被称为"库库尔坎"的著名金字塔。"库库尔坎"在玛雅文中意为带羽毛的神蛇。这座金字塔呈方形,高三十米,分九层,最上层是一座六米高的祭坛。金字塔四面各有九十一级石砌台阶。台阶总数加上一个顶层正好代表一年三百六十五天。台阶两侧有宽一米多的边墙。北面阶梯的边墙下端雕刻着带羽毛的蛇头,高约一点四米,长约一点八米。

每年春分、秋分两天下午,"库库尔坎"出现蛇影奇观。太阳开始西下的时候,阳光通过呈阶梯状的金字塔西北角,投射到北坡西边墙上,映现出七个等腰三角形。在人们的视觉中,边墙从上到下,由笔直逐渐变为波浪状,直到蛇头,好像一条巨蟒从塔顶向下爬行。随着太阳落山,蛇影渐渐消失。玛雅人信仰太阳神,认为羽蛇是太阳的化身。每当"库库尔坎"金字塔出现蛇影奇观时,玛雅人便纵情歌唱,翩翩起舞。

玛雅人不但是高超的建筑师,而且是天才的画家。他们留下了许多美丽生动的图画。1946 年在墨西哥博南帕克神庙发现了一幅巨型壁画。

画面上有一位玛雅人的首领站在中央,头戴高帽,颈戴金项链,身穿兽皮衣,手握一根权杖。两位威风凛凛的将军,正在向首领汇报。将军们昂首挺胸,威武雄壮,头戴巨冠。巨冠上饰有龇牙咧嘴的动物形象。地上还有许多战俘,赤身裸体地躺着、跪着。这显然是一幅得胜献俘图。

玛雅人的天文历法也达到极高水平。他们使用一种太阳历,把一年分为十八个月,每月二十天,外加五天作为禁忌日,共三百六十五天,闰年加一天。玛雅天文学家对太阳年的计算误差只有十七秒,简直达到难以置信的准确程度。他们的计数法是根据手和脚的二十个指头而产生的,为二十进位制。他们用"点"表示一,用

"横"表示五，画一个"贝壳"表示零。玛雅人使用零的符号要早于欧洲整整八百年。

玛雅人还创造了自己的象形文字，有八百个书写符号，三万个词汇，一般是刻在祭坛、陶器和石柱上的铭文。玛雅人把他们的文化、历史用毛笔记在兽皮上，编写成书。这些书由祭司用不同的颜色写成，色彩绚丽，图文并茂。

在玛雅城里，每隔二十年就要建立一些石柱，石柱上刻有题词，记载重要事件的内容和日期，因此，玛雅文明是有确切纪年可考的。

玛雅人的农业，对全世界人民作出了巨大的贡献。他们首先培育了玉米、马铃薯、西红柿、向日葵、烟草等农作物。如今，这些农作物已经传播到全世界，成为各国人民日常的食品了。

不久前，考古学家在洪都拉斯出土的一个玛雅陶瓶中，发现了制造巧克力的原料——可可的残余物。这证明，早在公元前500年，玛雅人就用可可制造美味的巧克力了。

然而，使人惊奇的是，丰富多彩的玛雅文明，到公元九世纪末，西班牙人入侵美洲之前的六百年的时候，突然中断和消亡了。玛雅的遗迹，大都湮没在人迹罕至的丛林深处。玛雅文明的兴衰至今依然是不解之谜。

79

阿兹特克文化

大约在十二世纪，印第安人阿兹特克部落为了躲避敌人的追击，从北方的故乡迁徙到墨西哥河谷。传说有一天，战神对正在寻找栖息地的阿兹特克人说："你们去寻找一只鹰，它栖息在一株仙人掌上，口中还衔着一条蛇，找到之后，那个地方就是你们居住的地方。"阿兹特克人遵照战神的指示，来到了特斯科科湖畔的一个岛上，果然看到一只鹰叼着一条蛇站在仙人掌上的奇特景象。于是他们便在此居住下来，并把这里称为"特诺奇蒂特兰"，意为"仙人掌之地"。在十六世纪初西班牙人入侵美洲之前，阿兹特克统一了周围的部落，发展到鼎盛时期，全国有人口六百万。都城特诺奇蒂特兰有三十万人口，是当时世界上最繁华的城市之一。

阿兹特克人以务农为主，主要种植玉米、豆类、蔬菜、棉花和烟草。由于小岛的面积有限，他们在岛屿四周建了许多人工岛。他们先在湖面上打桩，然后扎上木筏，铺上河泥，最后在上面种植庄稼，这种人工岛是浮在湖面上的；或者在沼泽地带筑起挡土墙，在挡土墙间堆上许多芦苇作基础，再在芦苇上铺上湖底的沃土。人工岛的边缘和角落种有柳树，以防泥土流失。这些人工岛，阿兹特克人称为"查那巴斯"，欧洲人则形象地叫它"水上花园"。

阿兹特克人以擅长于城市建筑而著称，在设计和建筑首都特诺奇蒂特兰中充分反映出他们的聪明才智。他们在特斯科科湖畔定居不久，就开始建造都城，到 1487 年才正式竣工，前后用了二百余

年的时间；他们先在岛的中央建起庙宇，以此为中心修筑两条南北、东西交叉的大道，大道将全城分为四个市区。他们在市区中心，也是全城制高点建筑了以神庙为主体的建筑群，其中有国王和贵族居住的许多房屋和宫殿。

阿兹特克国王居住的王宫令人叹为观止。宫殿四壁饰满羽蛇浮雕，栩栩如生。房间里到处挂满绚丽多彩的地毯和布帘，就连木柱子上都雕满了花鸟虫鱼。在国王就餐的大厅里，还有一扇金制的屏风挡在餐桌前，为的是不让朝臣看见国王进餐的样子。在王宫里，还有一座专供国王一人赏玩的庞大园林，里面饲养着几乎所有中南美洲的野生动物，其中包括成群的貘、美洲豹和养在坛子里的响尾蛇。园林里栽种着来自各地的奇花异草。据说当时的国王蒙特祖马的生活非常奢侈，他住的宫殿有一百多间屋子，有一千多个服侍他的女奴，他每顿饭要吃三十多种菜肴。吃饭时，还有歌唱、舞蹈和杂技节目的表演。

特诺奇蒂特兰市中心最主要的建筑是神庙，在广场中心屹立着二十座大小不等的庙宇。这些庙宇被称作美洲金字塔。它们也用石块垒成，但造型与埃及金字塔不同，顶部不是尖的而是平的，四面均是等腰梯形。最大的一座金字塔是祭奉战神威齐波罗奇特利的，高约四十六米，占地约八千一百平方米。金字塔四面都有石砌台阶，从地面到塔顶共一百十四级。塔身分四层，每层都有"回"形平台把四面台阶连成一片。金字塔顶端的平台上建有两个庙堂，堂内有神像、祭台和祭器。阿兹特克人有以活人作为祭品的习惯。每次出征前和战争胜利归来，总要把人当祭品押上祭坛，用刀挖出心脏来敬献给战神。

阿兹特克人很重视自己的外表穿戴。男人们大多披挂宽大的斗篷和绶带，妇女则穿拖到地面的长袍。他们的衣服有棉布的，但大多数是用野鸡、鹦鹉和蜂鸟等珍贵鸟羽精心编缀起来的。鸟羽编织

是古代美洲特有的工艺之一。阿兹特克人，不论男女都戴头饰、手镯、脚镯、耳环和鼻环。这些饰物一般都用金银和珠玉制成。金匠的工艺技术精湛，他们铸造的金鸟，头、舌和四肢都可以活动。他们还制作一种花边状的项圈，用珍珠、绿松石珠、红色小贝壳和小金珠串成项圈，每隔一段距离就用一个金环结起来，最外圈是一排二十四只小金铃。当人们集会的时候，便是一片金光银影，令人眼花缭乱。

每隔五天，阿兹特克人便来到城北的市场进行交易，这个市场常常聚集起三到五万人。人们携带着蜂蜜、香草、布匹、陶器和羽毛织物来这里，进行贸易。阿兹特克人没有货币，一般都是以实物交易，有时也用珍贵的可可豆和装满金粉的鹅毛杆进行交换。

阿兹特克人在文字上的发展，没有玛雅人那样成熟，仍使用绘画文字。但他们在医学方面却有相当成就。他们知道许多草药的用途，如用洋地黄治心脏病，用奎宁治疟疾，还能用一种草药制作麻醉剂，这在当时是很先进的。

1519 年，西班牙殖民者侵入特诺奇蒂特兰，并将它一把火烧毁。阿兹特克人成千上万被屠杀，阿兹特克文明的发展从此中断。以后，墨西哥人在特诺奇蒂特兰的废墟上建立起了墨西哥城。

80

印加帝国

在拉丁美洲安第斯山高原，有一块叫库斯科的谷地，海拔约有三千四百米，这里是印加文明的摇篮。从公元 1000 年至 1534 年，库斯科一直是印加帝国的首都，十六世纪印加帝国处于鼎盛时期，它的领土面积达到一百万平方公里，包括厄瓜多尔、秘鲁、玻利维亚以及智利和阿根廷的部分地区。

库斯科是高原城市，在印第安语中的原意就是"离太阳最近的城市"。有关库斯科的起源，印加人中流传着这样一个神话传说。

很久很久以前，创造之神比拉科查在的的喀喀湖心太阳岛上创造了一对青年男女，男的叫曼科·卡帕克，女的叫玛玛·奥柳，两个人互生情意，终成眷属。创造神传授给他们各种技艺，赐给他们神奇的金杖，并告诉他们四处寻找金杖沉没之地，然后在那儿定居。这对年轻人遵照神的指示，带着金杖，浪迹天涯。有一天，他们来到了库斯科盆地，像往常一样将金杖插入地里，顷刻之间，金杖消失得无影无踪，他们终于找到了神灵指引的地方，于是便在这里安居乐业，生息繁衍，建立起库斯科城。曼科·卡帕克成了第一个印加国王。此后，历代印加帝王不断兴建，库斯科规模不断扩大，名扬天下，被印加人视为神圣之地。

城内最大的宗教中心是科里坎查太阳神庙，印加人最崇拜太阳神，他们认为自己是太阳的儿女。太阳神庙是一座长七十米、宽六十米的长方形建筑物，四周建有王宫和祭司的官邸。整个庙宇用精

心修整的、平坦而巨大的石板砌成，为了让空气流通，屋顶造得很高。大殿的四周墙壁从上到下全部镶上厚厚的纯金片，所以这座神庙得名"金宫"。在神庙正面墙壁上有太阳神像，它是个绘有男子脸形、周围放射出光芒的用黄金制成的圆盘。它面朝东方，在受到初升的太阳光直接照射时，就放射出万道金光。在太阳神像的左右两侧，按照古代习俗在金御椅上供奉着历代印加王的木乃伊，远远望去，它们就像真人。大殿中央置有一个华丽的御椅，举行典礼时，印加王便坐在御椅上。印加帝王在这里以太阳神的化身自居，向全国发号施令，从而把全体印第安人凝聚在一起。

太阳神庙的附近建有五座正方形的小神庙，分别供奉众星神、雷神和闪电神等。这些神庙的墙壁也都是用金银宝石装饰的。

太阳神庙的西部有一座献给太阳神的"黄金花园"，园中的花草树木、飞禽走兽全都是用黄金白银制成，甚至有一片用金银制成的玉米田。玉米的叶、穗、茎用白银铸成，而玉米穗的须则用黄金丝制成，它们被焊接在一起。一位西班牙参观者描写道："黄金花园里的植物，完全按照自然大小和姿态制作，带有叶子、花和果实，有的正在吐蕾，有的花半开，有的盛开了。花园中金银制的小鸟栖于林梢鸣叫，蝴蝶和蜜蜂在花丛中采蜜……各种动物形象栩栩如生，使人真假难辨。"相传西班牙殖民者进入花园后，信以为真，直到用手采摘花朵时才发觉全是黄金和白银制品。

印加人除了修建宏伟的宫殿和神庙外，还以首都为中心，建设了通往全国的道路网，有两条主要道路，一条沿太平洋由北向南而行，全长五千六百公里，另一条由西向东从太平洋岸边通到高原地区，全长四千公里。这两条大道贯穿了整个国境，沿途还修了不少支线。这些道路宽达五到八米，逢山筑隧道，遇水架桥梁，遇到河面较宽时，则利用"吊桥"或渡船。路面平坦坚固，还有专人负责养护路面。

　　为了快速传达信息，印加王拥有一支信使兵团，信使兵团的工作是跑步快速传递信息。沿路每隔两三公里便设有一个驿站。信使到达一个驿站前先用海螺鸣号告知，驿站闻讯后准备另一个信使接替跑步送信。这种传递信息的体系很有效，每天能传二百五十公里。

　　印加人没有创造出文字，他们发明了被称为"基普"的结绳记事法。他们在一条主绳上系上很多小绳，以绳上打结的多少来表明数字，用颜色和长度的不同来记事。

　　印加是世界农业文明的创造地之一。在安第斯山上修有层层梯田，筑有长长的引水渠槽。他们使用青铜制造刀、镰和锄等农具，还懂得使用羊粪和鸟粪作肥料，以提高农业产量。印加农民培植了四十多种农作物，如玉米、花生、木瓜、番茄、马铃薯等，对世界农业的发展有着巨大的贡献。

　　像阿兹特克一样，印加帝国在 1500 年发展到鼎盛期。但是他们在殖民者的洋枪火炮攻击下，不堪一击，不到四十年两大帝国都落入西班牙殖民者手中，这不能不说是一个历史的悲剧。

81

哥伦布发现新大陆

"啊！看见海岛了。"一位水手突然激动地大叫起来。大家兴奋地拥到船前的甲板上。哥伦布立刻双膝跪下，感谢上帝。他让船队朝海岛驶去，但船队行驶了几个小时也没有看到什么海岛，他们先前目睹的所谓海岛只不过是地平线上一缕和陆地相似的云彩。

水手们再也忍不住了，满腔的怨气一下子都爆发出来。他们吵吵嚷嚷地围住哥伦布，有的甚至嚎啕大哭："海军上将先生，我们在海上航行两个多月了，陆地在哪里啊？"

"你究竟要把我们带到哪里去啊？我们还有老婆孩子，不想死在海上，现在就回家去。"

水手们愤怒地嚷嚷着。他们觉得，越往西越离家乡远了，说不定再也回不了西班牙。有人提出，要是哥伦布不立即返航，就把他扔进海里。

这时，哥伦布虽然忧心忡忡，但向西航行的信念仍然坚定不移。他平静地向大伙讲西航的种种好处，并保证说："希望你们能相信我，三天之后我们必定能到达陆地。那时，我会加倍付给你们工资。"

克里斯托夫·哥伦布，1451年出生在意大利海滨城市热那亚，是一位纺织匠的大儿子。当时的热那亚是一个航海业兴盛的城邦，来往船只很多，哥伦布从小就对航海产生了浓厚的兴趣，学到了不少航海知识，还学会了绘制海图。十八岁时，他成了一名水手，到

过英国、几内亚和冰岛等地。一个偶然的机会，他读到了《马可·波罗游记》，从此他认为东方是"充满黄金和财富"的天堂。因此，他渴望到东方去寻找黄金和财富。

当时，地理学家托斯堪内里提出了地圆说，认为从欧洲向西航行可以到达亚洲。哥伦布对此深信不疑。他根据托斯堪内里的原理，绘制了一张地图，把印度画在了美洲的位置上，认为欧洲西海岸到印度大陆不过五千英里。

为了实现横渡大西洋远航亚洲的计划，哥伦布不断地游说各国给予支持，最终西班牙王后伊莎贝拉答应资助他，给了他一笔钱。

经过半年的准备，1492 年 8 月 3 日拂晓，刚被封为海军上将的哥伦布率领船队，从西班牙南端的帕洛斯港扬帆出发了。这是一支由八十七人分乘三艘木帆船的船队，其中的"平塔"号和"尼雅"号较小，"圣玛丽亚"号最大，它长约二十米，宽约六米，排水量一百三十吨。哥伦布就是站在这条船的甲板上指挥航行的。

现在，哥伦布刚平息了众人的怒火。第二天，即 10 月 11 日，就看见海水里漂浮着一些带有树叶的树枝，还看见一群候鸟飞过，这说明离陆地不远了。当晚，水手们又发现远处的海面上有亮点在闪烁，他们认为那可能是灯光。人们迫切地希望能找到陆地。

船队破浪前进。10 月 12 日清晨两点钟，一个水手从"平塔"号的桅杆上首先发现了陆地。他高声大叫："陆地！陆地！"这时，船上的人对天放炮，把发现陆地的好消息通知另外两艘船。水手们欣喜若狂，欢呼雀跃，兴奋得不能入睡，都站在船头等待着黎明的到来。

天亮后，船队靠上了一座小岛。哥伦布带领船员们，踏上了出海七十天来第一次遇到的陆地。上岸以后，大家高兴得泪流满面，跪在地上，抚摸着土地。哥伦布把这个岛命名为圣萨尔瓦多岛，意为"救世主岛"，它就是现在加勒比海上的巴哈马群岛中的华特

林岛。

这时，船员们周围聚集起了许多土著居民，他们身体半裸，脸上涂着油彩，头上插着鲜艳的羽毛。土著人用警惕的目光注视着这些白种人。哥伦布吩咐水手们把身上的玻璃项链取下套在土著人的颈上。土著居民一见他们并无恶意，就取来了淡水和食物。哥伦布认定土著人是印度人，于是称他们为"印第安人"，也就是印度人的意思。这个错误的名称一直沿用到现在。

第二天，哥伦布带领众人在岛上转了一圈，他们在岛上并没有找到香料和黄金。于是，他雇佣了当地的六名居民做向导，于 10 月 14 日离开圣萨尔瓦多岛，向西南继续航行。不多几天，船队到达了巴哈马群岛中最大的古巴岛。哥伦布在这里看到了欧洲人从未见过的玉米、马铃薯、烟草等，他将这些植物的种子带回西班牙，后来传播到全世界。

哥伦布饶有兴致地探索着岛上的一切，他尤其关心的是能否找到黄金。可是，他万万没有料到，一场灾难正等待着他。

10 月 25 日，"圣玛丽亚"号猛地一震，"不好！"水手们惊叫起来，原来船触礁了，再也无法航行。哥伦布只好决定返航。他在岛上留下三十九名水手，为他们扎好营房，并留够一年的食物。1493 年初，哥伦布和剩余的水手驾着幸存的两艘小船返航。途中，他们遭到了飓风的袭击，但是船只却奇迹般地挺了过来，海浪把哥伦布一行送到欧洲海岸。

1493 年 3 月 15 日，哥伦布的船队回到了西班牙。帕洛斯港人声鼎沸，鼓乐齐鸣，人们簇拥在街道两旁，欢迎哥伦布的归来。

哥伦布的前面走着几个印第安人，他们头上插着羽毛，身上佩戴着鱼骨和金属片做成的装饰品。接着是水手们抬着的各种奇异的植物，手里还提着装在笼子里的鹦鹉。哥伦布走在队伍的最后，在鼓乐声中向群众招手致意。这是哥伦布一生中最得意的时刻。当他

来到王宫，在国王和王后面前跪下时，国王和王后立刻让他坐在他们旁边，并让人把他的酒杯斟得满满的。

后来，哥伦布又三次出海航行，又发现了加勒比海地区所有的重要岛屿，他还到过中、南美洲的一些海岸。只是，他的几次远航都没能找到梦寐以求的黄金。他后来渐渐受到人们的冷落，并且身染重病，卧床不起。1506 年 5 月 20 日，哥伦布在极度失意中离开了人世。

令人遗憾的是，哥伦布至死都认为他到达的是印度，他见过的土著人是印度人。后来，意大利航海家亚美利哥仔细考证后指出，哥伦布到的不是印度，而是欧洲人从未见过的一块新大陆。于是，这块新大陆就以他的名字来命名，叫"亚美利加洲"，即美洲。

哥伦布在人类历史上首次完成了横渡大西洋的航行，为以后全部发现美洲大陆奠定了基础，也为麦哲伦环球航行提供了必不可少的资料，他的功绩是永远值得人们纪念的。

82

人类的首次环球航行

十五世纪末，西方航海家进行了一次又一次的远航探险，一个重要目的，就是想寻找一条能够顺利到达"东方香料群岛"的新商路。1498 年，达·伽马由非洲南端到达印度之后，各国对东方的贸易竞争达到了高潮。1505 年，葡萄牙派遣一支船队到东印度群岛建立贸易区。随船去的，有一位二十四岁的年轻葡萄牙士兵，他就是麦哲伦。

麦哲伦是葡萄牙人，当他看到一些人从东方发财回来，非常羡慕，也想到东方去碰运气。

他在东方参加了多次殖民地战争，曾三次负伤，成了跛子。麦哲伦在葡属东印度群岛一呆就是八年，这既增长了他的航海知识，又使他认识到，美洲西面的大洋就是亚洲东面的大洋。他相信地球是圆的，向西航行也一定能到达香料群岛（在今印度尼西亚）。因此，他决定进行一次环球航行。

麦哲伦兴奋地向葡萄牙国王提出自己与众不同的设想，希望国王支持他的向西航行计划。可是，葡萄牙国王拒绝了他的请求。麦哲伦转而去请求西班牙的国王。他向国王呈献了绘制得非常详细的彩色地球仪，上面标明拟定的航线。西班牙国王急于在同葡萄牙的竞争中取胜，于是批准了他的航海计划，让他着手组织一支船队，准备出航。

1519 年 9 月 20 日，在西班牙塞维利亚城的外港，一支船队扬

帆起航。这支船队由五条大船、二百六十五人组成。每条船都装着各种商品，还装备了火枪火炮。

船队离开西班牙后，在茫茫的大西洋中航行，一直向西走了整整七十天，11 月 29 日到达巴西。他们沿着巴西海岸向南行驶，寻找通往"大南海"（太平洋早先的称呼）的海峡。

第二年的 3 月底，船队到达阿根廷的南部。船员们疲惫不堪，加上这时寒风逼人，风雪交加，麦哲伦下令在此抛锚过冬。

船员们离开阳光明媚的西班牙有半年多了，已经筋疲力尽。停泊期间，多次寻找通往"大南海"的海峡都没有成功。面对这荒无人烟的土地，天寒地冻，粮食越来越少，船员中灰心、失望和不满的情绪日益增长，结果几个船长联合起来发动了叛乱。他们控制了三条船，坚决不服从麦哲伦的指挥，并勒令麦哲伦前来谈判，这时形势十分危急。

但麦哲伦却镇定自若。为了迷惑叛乱者，他派人送去一封信给叛乱者，表示愿意谈判，与此同时他又组成一个十五人的武装小分队，伺机行动。当一个叛乱船长态度傲慢地阅读麦哲伦的来信时，送信者突然拔出暗藏的短剑刺进了他的咽喉，武装小分队迅速夺回了这三条船。一场叛乱很快平息了。

在圣胡利安港过冬的日子里，麦哲伦曾派一艘船向南探路，不幸被浮冰撞碎沉没了，船只剩四艘了。

到了 1520 年 8 月，位于南半球的圣胡利安港进入早春时节，冰雪消融，船队继续向南航行。

船队向南航行了两个月后，到达南纬五十二度的地方，驶入了一个宽阔的海口。为了弄清航路，麦哲伦派两艘船去探测。到了第八天，突然听到"轰！轰"的鸣炮声，原来，探测船沿着海口向前行驶了两天，发现水是咸的，而不是淡水，由此推断这里一定是海峡。探测船便返航鸣炮，向大家报告这一令人振奋的消息。

海峡通道忽宽忽窄，曲折难行。为航行安全，麦哲伦派出一条船去探路，可是再次发生意外，有人囚禁了船长，驾船掉头逃回了西班牙。现在，麦哲伦的船队只剩下三条船了。

这三条船在漫长的海峡中走了二十八天，直到 11 月 28 日，终于发现了海峡的西口。当浩瀚无边的"大南海"出现在眼前的时候，船员们在甲板上欢呼、跳跃："大南海，我们终于见到你了！"

一向沉稳的麦哲伦竟抑制不住内心的激动，流出了眼泪。人们为了纪念麦哲伦的功绩，后来就把这条海峡命名为麦哲伦海峡。它在南美洲的南端。

麦哲伦知道，到了这儿，只实现了他计划的一部分。他最终的目的，是要通过这条航线到达东方的"香料群岛"，再回到西班牙，那才算是完成这次远航的任务呢。于是他下令船队向西北航行。

船队在"大南海"航行了三个月零二十天，一直是风平浪静，太平无事，所以，他们就把这个大海洋命名为太平洋。

虽然没有狂风暴雨、惊涛骇浪威胁船队，但是饥饿和疾病却夺走了不少海员的生命。在太平洋航行的日子里，粮食吃光了，淡水没有了，人们只好饮用变质的淡水，吃皮带、老鼠甚至木屑充饥。因为吃不到新鲜的蔬菜，很多人得了坏血病，牙床肿胀，有十九人因此而死亡。但麦哲伦仍然很坚定，他要继续前进。

船队终于到达了菲律宾群岛。麦哲伦在岛上竖起十字架，宣布这里归西班牙国王所有。他还以西班牙王子菲利普的名字命名，这就是今天菲律宾地名的由来。

在这里，麦哲伦见到了中国和阿拉伯的船只，知道终于到了他梦寐以求的亚洲。麦哲伦欣喜若狂。他想在这里建立殖民地，为此，他在菲律宾群岛插手了当地两个部落的战斗。在帮助其中一个部落进攻另一个部落的时候，麦哲伦被当地人杀死了。

麦哲伦的助手卡诺带领剩下的两条船、一百十三人逃离了这个

群岛。他们漂向东南，到达了他们日思夜想的目的地——香料群岛（又称摩鹿加群岛）。他们用低价换取了大批香料，装了满满的两船，然后穿越马六甲海峡，经过印度洋向西航行。

但在回国途中，他们又被葡萄牙海军抢走一条船。1522 年 9 月 6 日，这些绕地球一周的人们回到西班牙的塞维利亚港时，只剩下一条船和十八名海员了。

麦哲伦的壮举轰动了整个欧洲。地理学上千百年来争论不休的问题迎刃而解了。既然一艘船从西班牙出发，一直向西航行，最后又回到了西班牙，这就雄辩地证明：地球是一个由海洋环抱的圆球。

83

但丁和《神曲》

　　十四世纪初，欧洲进入文艺复兴时代，这是一场新兴的资产阶级思想文化运动。它的中心，最初在意大利，后来扩及德国、英国、法国、西班牙等地。文艺复兴的概念最初是意大利的艺术家们提出来的，意思是主张复兴古希腊、古罗马时期的古典文化。其实它并不是单纯的复古，而是反封建的新文化的创造。

　　文艺复兴运动以人文主义为思想核心。它以人为中心，主张人的尊严和价值。它歌颂爱情，要求个性解放，发展个人才智，提倡冒险精神。它提倡人性，反对神性；提倡人权，反对神权。总之，人文主义反映了新兴的资产阶级的要求。

　　但丁就是早期意大利文艺复兴的杰出代表人物。他的长诗《神曲》，无情地批判了中世纪封建社会的种种罪恶，表达了人类对理想世界的追求，使人们看到了新思想文化的一缕曙光。恩格斯称赞他是中世纪的最后一位诗人，同时又是新时代的最初一位诗人。

　　但丁于1265年诞生于意大利最大的手工业、商业城市佛罗伦萨。他是古罗马人的后裔，曾祖父参加过第二次十字军东征，立下战功，受封为骑士。后来家道中落，到他父亲时，已沦为普通市民，他的父亲是法庭的文书。

　　但丁的少年时代在故乡度过。他很早就开始学习拉丁文、诗学、修辞学和古典文学作品。青年时代的但丁更是博览群书，多才多艺，对各门学科都有很深的研究。他特别推崇古罗马诗人维吉

尔，把维吉尔当做自己的精神导师。

在但丁的一生中，有两件事对他的影响最大。第一件是爱情。青少年时代的但丁，曾热烈地爱慕着一个名叫贝娅特丽齐的少女。

但丁与贝娅特丽齐的第一次相遇是在 1274 年。那年春天，九岁的但丁跟着父亲去贝娅特丽齐家赴宴，第一次见到了同是九岁的贝娅特丽齐。她容貌清秀，仪态端庄，身着红衣，谈吐不凡。但丁一见面就喜欢上了这个女孩。随着年龄的增长，但丁一直把贝娅特丽齐当做自己的爱慕对象。

九年后，但丁又一次在街上意外地碰到了她。那天，十八岁的贝娅特丽齐穿着雪白的衣服，高贵而端庄，与两位女友正在逛街。但丁有些不知所措，站在边上忘了打招呼。倒是贝娅特丽齐微微一笑，大方地向但丁致意，还热情地向他施了一礼。诗人非常激动，觉得自己已到天堂的边际了。此后，他们两人再未相见，但是但丁已深深地陷入对贝娅特丽齐的思念之中。

后来，二十一岁的贝娅特丽齐与一个银行家结婚。不幸的是，1290 年贝娅特丽齐就因病去世了，死时才二十四岁。对贝娅特丽齐的死，但丁悲痛万分，感到一切都失去了生气。一年后，但丁写诗赞美贝娅特丽齐，抒发自己对她真挚的爱恋之情，寄托自己的哀思。这部诗集取名为《新生》。诗人在诗中说贝娅特丽齐就是"爱情的化身"。她有"说不尽的温柔，说不尽的高雅"，她的光辉"竟使天上增加了荣耀"。但丁在《新生》一书中发誓，要创作一部绝世之作。诗人后来在伟大的长诗《神曲》中，实现了自己的诺言。在《神曲》中，贝娅特丽齐成为但丁游历天堂的引路人。

对但丁影响巨大的第二件事，是他积极投身于佛罗伦萨的政治斗争。

1300 年，但丁作为医药行会的代表，参加佛罗伦萨最高行政会议，当选为六名行政官之一，任期两个月。当时的意大利正处于

分裂状态，而佛罗伦萨又是政治斗争激烈的城市。城里的政治势力分为黑白两党。黑党代表的是贵族的利益，支持教皇；白党代表商人利益，反对教皇。但丁坚决地站在白党一方，反对教皇拥有世俗权力，这使教皇大为恼怒。但丁期满卸任后，黑党当政。黑党对但丁大肆迫害，竟将他终身流放，永远不许回佛罗伦萨。

但丁从此开始流亡生活。其间，他周游意大利各地，访友讲学，熟悉了社会各阶层，丰富了人生阅历，加深了对国家面临的社会政治问题的认识。1304 年，但丁意识到返回家乡的希望已不存在，便决心著书立说。晚年的但丁，定居于古城拉韦纳，并受到拉韦纳统治者的保护和支持。在拉韦纳，但丁生活安定，他把绝大部分精力用于《神曲》的创作。

《神曲》不是用拉丁语，而是用意大利方言撰写而成。"神曲"的意大利语原意是"神圣的喜剧"。《神曲》全长一万四千多行，分为《地狱篇》、《炼狱篇》、《天堂篇》三部分。每篇三十三歌，加上序曲，共一百歌。

> 在我人生旅程的中途，
> 我从一座幽暗的林中醒来，
> 我在里面迷失了正确的道路。

全诗以中世纪文学特有的幻游形式开始，叙述但丁在"人生的中途"所做的一个梦。在梦中，但丁在一个黑暗的森林中迷了路。黎明时分，他沐浴着阳光朝山顶攀登。突然，在他的面前出现了三头猛兽——豹、狮、狼。诗人惊慌呼救，这时出现了古罗马诗人维吉尔，他受但丁情人贝娅特丽齐的委托，前来搭救但丁。

但丁在维吉尔的带领下游历了地狱和炼狱，地狱共九层，上宽下窄，像一个大漏斗。地狱阴森恐怖，凄惨万分，凡生前做过坏事

的人的灵魂都被罚在地狱中受刑，并根据罪孽的大小安排在不同的层次，罪孽越重，越在下层，所受的刑也越重。例如，但丁把迫害过他的教皇安排在第八层地狱，让他头朝下地埋在地洞中。

炼狱里的灵魂罪孽较轻。炼狱是一座浮在海上的山，也分为七层。生前犯有罪过、但可以得到宽恕的灵魂，在那里忏悔罪过、断除孽根后，他们可以升入天堂。

在炼狱山顶上的地上乐园，维吉尔隐退，贝娅特丽齐来到诗人身边，引导他游历天堂。天堂庄严光辉，充满欢乐和爱，住着生前正直行善的人。天堂也分为九重。九重之上是上帝的天府，天府是上帝和天使们的住所，充满着光芒和爱，这里才是人类的理想境界。

《神曲》虽然描写的是梦幻世界，却是现实的反映。一行行优美的诗句，无不带有诗人强烈的爱憎情感。地狱是现实的社会，披着宗教外衣的教皇、教士干着不可告人的卑鄙勾当，使世界陷入悲惨的境地。天国是人们争取实现的理想境地。炼狱是从地狱到天堂的必经之路，那里充满苦难，但有光明的未来。

1321 年，《神曲》的最后一篇《天堂篇》脱稿不久，但丁不幸染上疟疾，于同年 9 月 14 日逝世于拉韦纳。拉韦纳人民隆重地安葬了但丁。

几百年以后，佛罗伦萨终于想起了自己的伟大诗人，佛罗伦萨人想把但丁的遗骨迁回去，但迁葬一事遭到了拉韦纳人民的坚决反对。他们认为但丁是属于他们的。拉韦纳人民毫不客气地对佛罗伦萨人说："诗人活着的时候，你们拒之门外；诗人死了，你们却要迎回他的遗骨！"因此，诗人的遗骨至今仍然安葬在拉韦纳。

84

薄伽丘与《十日谈》

薄伽丘是意大利文艺复兴的先驱，与但丁、彼特拉克（意大利诗人，著有大量的十四行抒情诗）并称为文艺复兴时代的三大文豪。

薄伽丘的父亲是意大利佛罗伦萨的一个富商，母亲是法国人。1313 年薄伽丘出生在法国，不久，母亲就去世了，父亲把他带回佛罗伦萨，由继母抚养。家境的富裕，使薄伽丘受到了良好的教育。薄伽丘从小就喜爱文学，特别是和诗歌结下了不解之缘。他七岁的时候，就能随口说出儿歌似的小诗，被小伙伴们称为"诗人"。

十四岁时，父亲把他送到那不勒斯学习经商，当推销员。但是薄伽丘酷爱读书，对推销商品毫无兴趣。"这个小淘气，"父亲抱怨道，"买的书比他卖的货要多。"

薄伽丘不仅熟悉文学作品，也熟悉生活。他喜欢与书籍为伴，也喜欢与女孩子在一起。至于薄伽丘家的生意，"让我爸爸去料理吧——他的血管里流着金黄色的液体，我的血可是红的。"

父亲没有能把儿子培养成商人，失望之余，决心让他成为律师，便把他送进那不勒斯大学。薄伽丘对法律课程感到厌烦。当时，学校里大多数学生，在但丁的影响下，都在探讨地狱、炼狱和天堂的奥秘。在这三门课程外，薄伽丘还加了一门功课——探索人间的奥秘。

这时的那不勒斯国王是一位开明君主，他的宫廷里聚集着一大批文人学者，著名诗人彼特拉克也是宫廷的座上客。薄伽丘有机会

参加宫廷的社交活动，结识了许多文人学者，扩大了文化方面的见识，特别是他与彼特拉克志同道合，情谊深厚。

在那不勒斯，薄伽丘开始了他的文学创作活动。同时，他又狂热地爱上了罗伯特国王的私生女玛丽亚。这一段浪漫生活，在他后来的创作中留下了深深的痕迹。他给玛丽亚起了个富有诗意的名字：菲亚美达（意为小小的火焰）。薄伽丘写了一部以她的名字命名的小说；在《十日谈》里，有一个主人公也用了她的名字。

1348 年到 1353 年，薄伽丘完成了他最出色的作品《十日谈》，这是一部短篇小说集。它故事生动有趣，情节离奇，充满了人文主义的精神。

《十日谈》的书名有什么来历呢?

原来，在 1348 年，一场可怕的鼠疫降临到佛罗伦萨，城内十室九空。在一个夏日的黄昏，城里的七个少女到教堂去祈祷，她们又碰到三个男青年。这三男七女决定离开这恐怖的城市，一起到郊外一处风景优美的别墅避难。他们在乡间终日闲暇无事，为了消遣时光和排忧解闷，除了欢宴歌舞、欣赏风景之外，便是讲故事，每人每天轮流讲一个故事，十天之内，总共讲了一百个故事，故名《十日谈》。

《十日谈》里的故事，像《天方夜谭》那样，取材于许多国家的民间故事。但是薄伽丘把这些故事情节移到意大利，注入了新的人文主义血液，增加了生活的气息。《十日谈》是欧洲的第一部现实主义小说，它嘲笑了教会的丑恶，歌颂了爱情的真诚，赞扬了人们对幸福生活的追求。

其中有一个这样的故事。

有一个国王想勾引一个女人。他急于想得到这个女人，于是就把她的丈夫送到十字军里，而且，不经邀请就到她家里来吃饭。

女主人无法违背国王的命令，又不愿屈服于他的淫威，就准备

了一桌全鸡宴。摆在桌上的鸡，每一只都用不同的方法烹调。当国王看到满桌的鸡，没有其他菜时，感到很诧异："夫人，你们这里除了鸡就没有别的食品了吗？"

"有的，陛下。但是天下的女人，也像鸡一样，尽管穿着不同的衣服，其实都是一样的。"

国王明白了她的意思，立刻回到了自己妻子的身旁。

还有一个犹太人亚伯拉罕的故事。

有个商人叫亚伯拉罕，他诚实可靠。亚伯拉罕是犹太教徒，他的朋友杨诺想让他改信基督教。杨诺对亚伯拉罕说，只有信基督教，死了以后才不会下地狱受罪。亚伯拉罕表示，他只信仰自己的宗教，不愿意改变信仰。

几天后，杨诺又来劝说亚伯拉罕改信基督教。亚伯拉罕经不起好朋友的相劝，同意改变信仰，做个基督教徒。

"但是在这以前，"亚伯拉罕说，"我要到罗马去一趟，去见见教皇和红衣主教，看看他们的作风。如果他们的所作所为，比犹太教神圣和高明，我就改信基督教。否则，我还是信奉我的犹太教。"

杨诺听了，十分不安。"我算是前功尽弃了。"他自言自语道，"如果亚伯拉罕到了罗马，看到教士们的种种罪恶，他不仅不肯做基督徒，即使是个基督徒，也要改信犹太教了。"

所以，杨诺就劝他不要去罗马，说是路途遥远，要花不少钱，但亚伯拉罕决心已定。

亚伯拉罕骑马来到罗马，开始观察教皇和红衣主教们的言行，也仔细地了解教士们的日常生活。他惊奇地发现，教会里的人，上上下下都在干坏事。他们搜刮钱财，敲诈勒索，买卖人口，迷恋美色，无恶不作。"他们不仅拿普通人的血做交易，甚至也拿基督徒的血做交易。"亚伯拉罕看清了基督教会的黑幕后，就回到家乡。

合乎逻辑的结尾应该是这犹太人从此远离基督教。但是，薄伽丘最后来了个惊人之笔，把一则故事变成了一篇杰作。

亚伯拉罕对他的朋友说："我要成为基督徒！"

他解释说："因为，既然教士们这样地败坏基督教，想使基督教信誉扫地，但是事实上基督教却发展得很迅速，这就不难看出，是上帝把基督教作为最神圣的一种宗教在加以保护的。"

《十日谈》问世以后，受到封建教会的极端仇视。教会还时常派人上门去辱骂和威胁薄伽丘。有一次，他愤怒极了，甚至想把所有的著作，包括《十日谈》全部烧毁，幸好他的朋友彼特拉克苦苦相劝，《十日谈》才得以留存至今。1374 年，彼特拉克去世，薄伽丘非常悲痛，忧郁成疾。第二年，这位文学大师也与世长辞了。

85

蒙娜丽莎的微笑

在法国巴黎罗浮宫博物馆里，经常有成群的人簇拥着，观赏一幅少妇的肖像画。她那优美、端庄，发自内心的微笑，猛然看去，给人一种柔和和温馨的感觉；当你一看再看，走近画像仔细瞧时，又觉得她的微笑是那样的神秘和深邃。长期以来，这幅肖像画一直以一种不可思议的力量，抓住了观众的心，使人浮想联翩。它就是文艺复兴时期的著名画家达·芬奇的杰作《蒙娜丽莎》。

1452 年，达·芬奇出生在意大利佛罗伦萨附近的一个小镇上。达·芬奇的父亲是当地有名的律师。优越的家庭环境，使达·芬奇从小接受了良好的教育。

达·芬奇勤奋好学，善于思考。父亲希望他成为一个学识渊博的律师，但是，达·芬奇特别爱好绘画，时常到街上去写生，邻居们都称赞他是小画家。十四岁那一年，全家来到了佛罗伦萨。在达·芬奇的一再央求下，父亲把他送到一个艺术工场去学艺。他的老师就是这个艺术工场的著名画家和雕塑家维罗基奥。

起初，老师只让他学画鸡蛋。达·芬奇按照要求，每天对着鸡蛋画，画了一天又一天，他有些不耐烦了。他问老师："为什么老是画鸡蛋呢？"

维罗基奥告诉他："画蛋可不简单呀，在一千个鸡蛋中，没有两个形状完全相同；即使是同一个鸡蛋，如果变换一个角度，或者照射的光线不同，它的形状也不同了。这是绘画的基本功，这可以

训练手和笔，让它们熟练地服从大脑的指挥。"

达·芬奇豁然开朗。从此，他刻苦练习绘画的基本功，绘画技巧突飞猛进。

不久，维罗基奥接受市政厅的委托，要完成一幅《基督受洗》的油画。在画两个天使时，他对天使的造型犹豫不决。这时，达·芬奇要求试一下。结果他把画面上的天使画得充满了灵性。作品展出时，人们一致认为这是维罗基奥画过的最好的人物造型，维罗基奥非常惭愧。据说从此以后他放弃绘画，只是专心搞他的雕塑去了。

终于，达·芬奇结束了十年的学徒生活。强烈的求知欲望，驱使他对几何、物理、化学、天文、生物学都产生了浓厚的兴趣。他白天在野外观察写生，晚上在灯下埋头读书学习。一次，达·芬奇为了了解人体，特意买下一具尸体。在地下室微弱的灯光下，他一边解剖，一边做笔记。

1495 年，达·芬奇为米兰的一个修道院制作壁画《最后的晚餐》。这是《圣经》中的一个故事。画面讲述的是，耶稣在餐桌上，对他的十二个门徒说："你们中间有一个人出卖了我。"话音刚落，全场震惊。餐桌上坐着的十二个门徒，有的大惊失色，有的义愤填膺，有的感到绝望，有的则想为自己申辩。只有一个门徒神情紧张，身体后仰，右手紧握着钱袋。他就是收受统治者三十块银币后，将耶稣出卖的叛徒犹大。在犹大的背后，是黑暗的阴影。而在耶稣的背后，却是开启的窗户，一片阳光照射进来。犹大的卑劣形象与耶稣的庄严、肃穆、泰然自若的神情，形成了强烈的对比。达·芬奇对邪恶的憎恨和对真理的赞美，在这幅名画中表达得淋漓尽致。

在创作《最后的晚餐》的过程中，达·芬奇通常在拂晓时分就来到修道院，爬上脚手架，在墙壁上辛勤地作画，直到暮色降临才

停止一天的工作。他的绘画速度很慢，常常要对前一天画好的部分不断地进行修改。为了寻找可供参考的模特，他有时几天不能动手。修道院副院长以为他工作拖拉，便去向米兰大公告状。当大公找达·芬奇问话时，他回答说："这幅画还有两个头像没有画好，一个是耶稣，很难从人间找到这样神圣的仪容来做模特儿；另一个就是犹大，他的叛徒嘴脸很难表现。如果副院长催得太急的话，我只好照他那副尊容来画了。"

大公听了哈哈大笑，并没有责备他。就这样，这幅画整整画了四年才最终完成，现在，这幅画还在那家修道院的墙上。

1503 年，达·芬奇开始创作《蒙娜丽莎》。这是一幅人物肖像画。蒙娜丽莎是佛罗伦萨一位富商的妻子，也是达·芬奇的好友。达·芬奇刚开始为她画像时，她年仅二十四岁。据说，在这之前不久，蒙娜丽莎心爱的女儿刚刚夭折，因此她整天闷闷不乐。为了让模特能微微一笑，画家一边为她画像，一边请人在她身边奏乐，或雇小丑在她旁边表演，想方设法地引出女模特发自内心的微笑。这微笑似乎在她脸上一掠而过，既显示了她内心的激动，又没有失去安详的表情。画家画出了蒙娜丽莎内心深处微妙的心理活动。

《蒙娜丽莎》是达·芬奇最喜爱的作品，一直把它留在自己身边。直到他去世后，法国国王弗朗西斯一世花了一万二千里弗（法国金币名），才从达·芬奇弟子那儿买下它，从此它被收藏在法国的艺术宫殿罗浮宫中。

达·芬奇的晚年，在米兰工作了十七年，后又到过威尼斯和罗马。最后他在法国定居，成为法国国王的宫廷画师。

晚年的达·芬奇把自己一生在科学和绘画上的经验，加以整理，写成了五千多页的手稿。这些手稿几乎涉及了当时所有的学科，简直就像一座巨大的宫殿。

1518 年，达·芬奇的右手不听使唤了，他的身体越来越虚弱，

这是他长期劳累的结果。此时的达·芬奇只能在床上仰卧了。1519年5月2日，达·芬奇在法国与世长辞，终年六十七岁。

86

"画圣"拉斐尔

走进德国德累斯顿美术馆，人们可以看到一幅文艺复兴时期的名画，它叫《西斯廷圣母》。画中的圣母是那样的纯洁端庄，充满慈爱，仿佛正从天堂向人间走来。参观的人们都在这幅画前驻足不前，流连忘返。这是举世闻名的意大利文艺复兴时期的画家拉斐尔的代表作。

拉斐尔与达·芬奇、米开朗琪罗，被誉为意大利文艺复兴时期的"三杰"。但是这三位大师的艺术风格却各具特色。有人形象地比喻说，达·芬奇的作品犹如深深的海洋，米开朗琪罗的创作就像险峻的高山，而拉斐尔的手笔仿佛是明朗开阔的原野。

拉斐尔于 1483 年出生于意大利中部一个叫乌尔比诺的城市。他的父亲是一位宫廷画师，在当地小有名气。父亲成了拉斐尔的启蒙老师。拉斐尔的幼年是不幸的，当他年仅八岁时，母亲就去世了；十一岁时，他又失去亲爱的父亲。好心的乌尔比诺公爵夫人收养了他。

1500 年，拉斐尔来到培鲁基诺的画坊，向著名画家培鲁基诺学习绘画。拉斐尔在画坊受到严格的训练，不仅学习放大草图、素描构图等绘画技巧，而且还学习透视学、解剖学、建筑学、文学和哲学等各方面的知识。由于他善于学习，有很强的模仿能力，他的习作跟老师的作品达到了真假难分的程度。如果不署名，他的作品常常被人们认为是培鲁基诺的作品。

拉斐尔二十一岁时，来到了佛罗伦萨。在这座文化名城里，居住着意大利的艺术大师，到处都留下了巨匠们的传世杰作。乔托（意大利文艺复兴时期画家和建筑师）的钟楼高高耸立，基培尔提（佛罗伦萨著名雕塑家）的青铜门浮雕闪闪放光，米开朗琪罗的《大卫》雕像已矗立在市政厅广场上，而达·芬奇的杰作《蒙娜丽莎》即将问世。他目睹这些伟大艺术家的巨作感到振奋，仿佛走进了一座艺术宫殿。拉斐尔决心向当代最有成就的艺术大师们学习，进一步提高绘画技巧。

从此，拉斐尔埋头钻研大师们的绘画和雕塑艺术。他仔细研究和临摹了达·芬奇和米开朗琪罗的作品，受到了很大的启迪和鼓舞，并开始在自己的绘画中形成独特的柔和、典雅的风格。

在佛罗伦萨期间，拉斐尔创作了许多幅非常优美的圣母画像。

圣母玛利亚的形象，一直是中世纪画家们的表现题材。但由于基督教神学的影响，拉斐尔之前的画家们，所画的圣母苍白消瘦、僵硬呆板，一副受苦受难的模样。而拉斐尔画的圣母像的最大特点是，满含着人文主义的理想，体现了人间的美好。在他的高超的画笔下，圣母不再是一个纯粹的宗教人物，而是成了一个普通的人间少妇，她年轻、端庄、美丽、丰润、健康，眉宇间洋溢着母亲的慈爱和幸福。她身边的年幼的耶稣，一改满脸的苦难相，而被描绘成一个天真活泼的孩子。圣母和圣子，完全是一对现实生活中的母亲与孩子。画家正是借圣母之名，歌颂了普通女性的美。

拉斐尔这时期创作的圣母像，以《花园中的圣母》最有代表性。创作这幅画还有一段趣闻。一天，拉斐尔在花园中散步，看见一位美丽的少女正在花丛中剪枝，艺术家被她那富于魅力的形象所吸引，立即敏捷地将这位姑娘的形象速写下来。不久，他用这位少女做模特儿，创作了这幅名画。因这姑娘是园丁的女儿，故这幅画又称《美丽的园丁之女》。

1508 年夏秋之际，拉斐尔受教皇的邀请，来到罗马工作。教皇给拉斐尔的任务是，在进入教皇宫的签字大厅内画四幅寓意壁画，题名为"神学"、"哲学"、"法学"和"诗学"。这些壁画虽然是为罗马教廷服务的，但拉斐尔巧妙地将人文主义精神和希腊古典的艺术美融入到壁画中。

这四幅壁画中最具代表性的是题为"哲学"的壁画。这幅画是以柏拉图创办雅典学院为题材，所以也称《雅典学院》。拉斐尔在这幅壁画中，将不同时期的人物集中于一个空间，把古代希腊、罗马和当代意大利的五十多位哲学家、科学家、艺术家和名流荟萃一堂，在一间宏伟的大厅里，他们展开了热烈的讨论。

在画面的中央，衬着明亮光辉的天空背景，古典哲学的两个伟大代表柏拉图和亚里士多德正步入大厅。左边是苏格拉底正在同一组人交谈，左下边是以数学家毕达哥拉斯为主的一组人。右边画着天文学家托勒密、物理学家阿基米得等人。拉斐尔还把自己和朋友画在上面。在广大的空间里，他们有的在激昂地演说，有的在苦苦地思索，有的在谦虚地求教，有的在热心地讲解，洋溢着浓郁的学术气息。画中的人物众多，但十分和谐与平衡，反映了人类追求真理的探索精神。

在罗马期间，拉斐尔画了著名的《西斯廷圣母》。这幅画是拉斐尔为西斯廷教堂所创作的。

在这幅画中，我们看到，帷幕刚刚揭起，一位身披长袍、赤足的母亲，怀抱婴儿，从云端冉冉地降临人间。人群欢声雷动，热烈地迎接圣母的到来。画面左侧跪着教皇，仰望圣母表示自己的崇敬心情，并以手示意，好像是把圣母介绍给观众。右侧蹲着的是一位女圣徒，她内心充满喜悦，把头刚从圣母的方向转过来，注视着下面的两个小天使。画面下端的两个小天使活泼可爱，他们翘首仰望圣母，又若有所思。这两个小天使，据说拉斐尔是根据他对门面包

房的两个小男孩画成的。

这幅画在 1754 年被人用两千威尼斯金币（相当于七十公斤重的黄金），从西斯廷教堂的修士手里买走，给了德国德累斯顿美术馆。

拉斐尔虽然受到教皇的器重，但他对教会的黑暗腐败非常不满。有一次，两个红衣主教对他的创作品头论足，说他把圣彼得和圣保罗两个圣徒的脸画得太红了。拉斐尔当即讥讽道："我是故意画得这么红的，两位主教大人，他们在天堂里看到你们这样的人在治理他们的教会，所以他们脸红了。"

拉斐尔不仅是一位绘画大师，还是一位杰出的建筑师。1514 年，教皇委任他为圣彼得大教堂的建筑总监，并负责整个罗马城的古迹保存和发掘工作。拉斐尔深入研究建筑学，提出了许多创见。他雄心勃勃，曾想重新恢复古罗马城市昔日的辉煌。为此，他付出了一生的最后五年。

1520 年初春，拉斐尔由于长期劳累过度，身体虚弱，不幸得了恶性感冒，因高烧不退，于 4 月 6 日他生日的那天，突然逝世。令人惋惜的是，他只活了短短的三十七年。

拉斐尔是一位多产的艺术大师，短促的一生创作了近三百幅作品。他独创了自己典雅通俗的风格，并把绘画艺术推进到新的高峰，因此被誉为"画圣"。

87

雕塑巨匠米开朗琪罗

近几个月来，谁也不知道在佛罗伦萨的一个院子里发生了什么事。人们在院子围墙外经过时，总是能听到铁凿敲打石头的叮当声。在这个院子里放着一块奇特的大理石。那还是以前的一位雕刻家雕凿报废后扔下的，石头底部还凿开了一个三角形的裂缝。尽管有几个雕刻家曾来看过石头，想把它利用起来，但都感到无从下手，又摇着头走开了。

一个寻常的星期一，1501 年 9 月 13 日上午，一个叫米开朗琪罗的年轻小伙子手持铁凿，大步来到这块大石头跟前。从此，他在那里苦干了两年半的时间，得到的报酬是四百个金弗罗林（金币名称，约合二千美元）。市政府的官员对作品很满意，决定将它放到市政厅的广场上。

四十个人动用绞盘和滚木干了四天，才把这尊叫《大卫》的塑像移到了广场。大卫是《圣经》中的以色列民族英雄。人们看到，这是一尊高达五点三米的大理石裸体男子立像。米开朗琪罗把牧羊少年大卫，雕刻成一个即将出征的健美的青年形象。他双目炯炯，凝视前方，左手握着甩石鞭，右手拿着一块石头，准备给敌人以致命的打击。

米开朗琪罗将石块上的缺陷都加以利用。石头又高又薄，正好雕刻勇士那高大的身躯；而底部的三角形裂缝，又恰好成了两条粗壮大腿中间的空隙。大卫雄健四肢上的每一块肌肉、每一条血管都

雕刻得惟妙惟肖，人们仿佛可以看到热血正在勇士的躯体里奔流。它是文艺复兴时期对人的尊严和力量的颂歌。

米开朗琪罗 1475 年出生于佛罗伦萨附近的卡普勒斯镇。父亲是镇上的官员。他六岁的时候，母亲就去世了。米开朗琪罗在学校的学习很糟糕。他爱画画，回到家里还往墙上画，为此，他挨过父亲的多次打骂。

米开朗琪罗十三岁的时候，被父亲送进佛罗伦萨的一个画室学艺。有一天，几个学徒在欣赏老师的一幅妇女肖像画时，米开朗琪罗拿起铅笔，在画上改了几笔。老师虽然发现这鲁莽的孩子改得很对，却不能容忍画室有这样一位天才的学生，于是把他赶出了画室。

他又来到佛罗伦萨富商美第奇开设的一个雕塑工场学艺。这是一所真正的艺术学校，收藏了大量的古代和现代的雕塑作品，经常有学者大师来此工作。米开朗琪罗在这里学习了三年，接触人文主义学者，学习和临摹艺术大师的作品。他在这里学到了柏拉图的伟大思想，熟悉了但丁的非凡诗句，也受到了主人洛伦佐·美第奇的器重。

1492 年，洛伦佐去世。他的儿子不知道给米开朗琪罗安排什么工作，一个冬天的早晨，竟让他在花园里堆一个大雪人。于是年轻的雕塑家匆匆逃离了佛罗伦萨，流落到罗马。

在罗马，米开朗琪罗完成了他的一件杰作《哀悼基督》。圣母玛利亚的膝上抱着死去的耶稣，给人的感觉是既悲哀又优美。当这件雕塑陈列在罗马圣彼得大教堂时，全城为之轰动，人们认为这一杰作一定出自名家之手，绝没想到是一个刚满二十五岁的青年的作品。于是，米开朗琪罗在夜里偷偷溜进圣彼得大教堂，在雕像上刻上了自己的名字。这是一尊唯一有米开朗琪罗签名的雕塑。

1508 年，罗马教皇宫中的西斯廷教堂要画壁画。这时的米开

朗琪罗已是著名的雕刻家。一些嫉妒他的人，故意向教皇提议让米开朗其罗来画，企图让他出丑。米开朗琪罗一再声明，自己是雕刻家，绘画不是他的本行。但教皇固执地坚持要他来画，米开朗琪罗推辞不过，被迫接受了任务。

这是一项令人望而生畏的绘画任务。西斯廷教堂像一个黑暗狭窄的盒子，高度超过了宽度。天花板被屋顶天窗分割得支离破碎，形成许许多多不规则的曲线和三角形。所有这八百多平方米的天花板都要绘上拱顶画。

在四年的时间里，米开朗琪罗攀着梯子爬上脚手架，仰面朝天地躺着作画。他每天工作十几个小时，像服苦役一样地辛勤创作，常常废寝忘食。当 1512 年底最后完成这幅作品时，年仅三十七岁的米开朗琪罗竟变成了一个弯腰弓背的"老头"。

这幅巨型绘画取材于《圣经·创世纪》，名称就叫《创世纪》。人们抬头观看这幅巨画时，好像看见《圣经》中上帝创造世界及人类始祖的故事正在天空中上演，依次是上帝创造天地、人类坠落（亚当受诱惑吃禁果后坠落人间）、大洪水（诺亚时期的大洪水）的故事。画面上有三百多个主要人物，个个庄重威严，栩栩如生。每幅画都充满着雕塑般的力量。《创世纪》轰动了整个意大利，被认为是世界历史上最伟大的美术作品。

1516 年，米开朗琪罗完成了又一件著名雕塑《摩西》。摩西是古代犹太人领袖，带领在埃及受奴役的犹太人逃出埃及。《摩西》雕像雄伟异常，他的一条腿缩向后面，手里握着铭刻着法典的石板，仿佛马上就要从座椅上站起来，率领人民投入战斗。据说，米开朗琪罗完成这尊雕像后，用木槌敲了它一下，命令道："好了——你站起来吧！"

米开朗琪罗六十多岁时，又开始新的工作——当建筑师。他设计和主持了罗马圣彼得大教堂的建筑工程。其中的大教堂圆屋顶是

他的代表之作。直到今天，这座高达一百三十三米的教堂圆顶，几乎在罗马城的每个角落都能看到。

1564 年 2 月，雕塑家、绘画家、建筑师米开朗琪罗死在自己的工作室，终年八十九岁。教会原想把他安葬在圣彼得教堂，而米开朗琪罗故乡的人们，设法把他的遗体偷偷地运了回去，隆重地安葬在佛罗伦萨的名人墓地——圣克罗切教堂。

88

塞万提斯和《堂吉诃德》

在西班牙中部有一个叫拉曼查的地方，这一带空旷辽阔，除了稀疏的村落、缓缓旋转的风车，以及零星的牧人、羊群之外，几乎再没有别的什么了。

一天，在拉曼查的一条大道上，来了两个人。一个是身体瘦削的骑士堂吉诃德，他骑着一匹瘦马，穿着一副旧铠甲，一手拿着一块盾牌，一手握着一柄长枪。另一个是他的侍从，骑着驴子的农夫桑丘。这两个人正漫无目的地闲逛着。

这时候，他们发现平原上有三四十架风车。堂吉诃德一见就对他的侍从说："真是交上了好运！你瞧，桑丘，那边出现了三十多个可怕的巨人。我要去跟他们打，把他们一个个杀死，咱们得了战利品，可以发财。这是正义的战斗，消灭他们是为上帝效劳。"

桑丘说："您仔细瞧瞧，那不是巨人，是风车。那些胳膊似的东西是风车的翅翼，给风吹动了就能推转石磨。"

堂吉诃德说："你真是外行，不懂冒险。他们确是货真价实的巨人。你要是害怕，就站在一边祷告吧，我一个人单干，跟他们大伙儿拼命好了。"

说着，他拍马上前，径直朝前冲，嘴里直嚷道："你们这伙没胆量的下流东西！不要跑！来跟你们厮杀的，不过是个单枪匹马的骑士！"

这时微微刮起一阵风，转动了那些庞大的翅翼。堂吉诃德一边

高喊着，一边端着长枪，飞马向第一架风车冲上去。他一枪刺中了风车的翅膀，不料翅膀在风里转得正猛，把长枪打成几段，一股劲把堂吉诃德连人带马直扫出去；堂吉诃德滚翻在地，狼狈不堪。等到桑丘赶上来营救时，堂吉诃德已经爬不起来了……

这是著名长篇小说《堂吉诃德》中的一个有趣片断，它的作者是文艺复兴时期的西班牙作家塞万提斯。

1547 年，塞万提斯出生于西班牙中部的一个没落贵族之家。全家靠父亲看病卖药的微薄收入维持生活。塞万提斯童年记忆中印象最深的，就是父亲把家中的一点衣物收拾起来拿去典当，紧接着因欠债被法官关进监狱。父亲走后，小塞万提斯跟着他的两个姐姐一起生活，在饥饿和泪水中受尽了煎熬。

一家人省吃俭用，让塞万提斯上了几年中学。年轻的塞万提斯非常好学，如饥似渴地吸收着知识，哪怕是路上拾起的字纸，他也要细看一番。

塞万提斯二十二岁时到文艺复兴的发源地意大利，在罗马当了一名红衣主教的随从。后来，他应征入伍，参加了西班牙驻扎在意大利的军队。

不久，土耳其舰队入侵地中海，西班牙与意大利的威尼斯组成联合舰队共同抗敌。塞万提斯当上了西班牙一艘战舰上的水兵。1571 年，雷邦多海战爆发。战斗刚一打响，正在发着高烧、躺在船舱里休息的塞万提斯，立刻冲到舱外。他刚冲到甲板上，就被两颗子弹射中胸膛，接着左臂也受了伤。虽然联合舰队获得大胜，但塞万提斯的左臂却落了个终身残疾。

1575 年，塞万提斯怀揣军功章，从驻地返回西班牙。不料，途中他遇上了阿拉伯海盗，被掳掠到北非阿尔及利亚服苦役。五年以后，亲友好不容易付出一大笔赎金，塞万提斯才得以赎身回国。

塞万提斯回到了阔别十余年的祖国。他是一位残疾的老兵，指

望能受到国王加封。但他白白地等了几年，最后只好拿起笔来，开始写点东西。他写了一些剧本，但微薄的稿酬无法维持全家生活。为了糊口，他又谋得了一个税务员的职位，后来又当过军需官。由于塞万提斯不会算术，弄错了好几笔账，被关进了监狱，后来缴了罚款才被放出。

在狱中，塞万提斯学会了盗贼和凶手的行话。他想到了西班牙的平原和大道上，那里有闲逛的赌徒、教会名流、一无所有的流浪汉、女扮男装的侠女、吉普赛马贩子、酗酒成性的赶驴者，他们都曾经是他路途上的伙伴。塞万提斯构思着要把他们写进书里去。

出狱以后，塞万提斯再度拿起笔来，准备创作酝酿已久的小说。很快，一个充满幻想的老骑士堂吉诃德出现了。

堂吉诃德是拉曼查的一个穷乡绅，阅读骑士小说入了迷，失去了理智，决心像骑士那样，行侠仗义，闯荡天下。他把自己装扮成一个游侠骑士，把邻村的一个挤奶姑娘作为意中人，还找了邻居桑丘做自己的侍从，前后三次周游天下。由于他一心只想建立骑士功勋，竟把幻想当现实，将风车当巨人、旅店当城堡、羊群当敌人，不顾一切，提矛冲杀，结果到处碰壁，干了许多蠢事，闹了不少笑话，吃尽了苦头。但他仍执迷不悟，险些丧命，最后被人送回家。临终时他才醒悟，痛骂骑士小说对人的毒害；于是立下遗嘱，不许他唯一的亲人外甥女嫁给骑士，否则就别想继承他的遗产。

开始写小说的时候，塞万提斯只是要对风靡一时的骑士文学嘲弄一番，但是，五花八门的社会生活很快进入了堂吉诃德的视野。小说塑造了几百个生动的人物，在读者面前展开一幅广阔的西班牙社会生活画卷。

当塞万提斯握着鹅毛笔不停地写作时，他的周围却传来一阵阵嘈杂声。原来，他当时居住在沿街的一所下等公寓里，一家七口都挤在二楼的几间小房里。楼下是一家小酒馆，而楼上则是一家妓

院。从小酒店到妓院，每天吵吵嚷嚷，上上下下都要把他家的住房当过道。而塞万提斯写稿的书桌，恰恰就放在这个过道上。正是在这种嘈杂喧闹、极端困难的条件下，他的传世名著《堂吉诃德》第一部于1605年出版了。

这部小说在西班牙获得极大的成功。第一版在几个星期内就卖完，同年又在西班牙重印四次，不久被译成英、法文出版。应读者的强烈要求，塞万提斯答应再写一部续集。正当他要动笔的时候，他得知《堂吉诃德》已有续集在书店出售。一个自称阿维纳奈达的作者竟然嘲笑他是个穷鬼，并以拙劣的笔法、污秽的词句把堂吉诃德和桑丘描写成疯子和傻子。塞万提斯一怒之下，不到一年时间就写成了续集。续集在1615年出版。

第二年，即1616年4月23日，69岁的塞万提斯告别人世。这一天，恰巧英国大文豪莎士比亚也与世长辞。

由于塞万提斯在《堂吉诃德》中辛辣地讽刺了天主教会等封建势力，教会对他恨透了。因此，塞万提斯死后落葬时，教会连一块墓碑都没让立。但他的名著早已家喻户晓，深入人心。在他逝世两百多年后，人们在西班牙首都马德里的广场上为他建立了纪念碑，纪念碑雕塑的就是堂吉诃德和桑丘这两个不朽的人物形象。

89

戏剧之王莎士比亚

莎士比亚于 1564 年出生在一个商人家庭。四岁时，父亲被选为一个小镇的镇长。那时，常有剧团来小镇巡回演出。小莎士比亚深深地喜欢上了戏剧，他觉得戏剧神奇极了，便经常和小伙伴们一起，学着剧中的人物和情节演起戏来。

但不幸的是，他父亲经商失败，十四岁的莎士比亚只好离开学校，给父亲当助手。十八岁时他结了婚，不到二十一岁，已有了三个孩子。

1586 年，莎士比亚随一个家乡的戏班子步行到了伦敦。他希望能在伦敦找到一份工作，以便养家糊口。当时伦敦是个新兴的工商业城市，人口近二十万，开设了好几家剧院。

一次，泰晤士河对岸的一家剧院正需要一个看马人，莎士比亚谋得这个差使后，干得非常出色。骑马来的观众都愿意把马交给他看管。工作之余，莎士比亚就悄悄地看舞台上的演出，还坚持自学文学与历史，并自修了希腊文和拉丁文。

莎士比亚不仅头脑灵活，而且口齿伶俐。当剧团需要雇用一些临时演员跑龙套时，莎士比亚便获得了显示自己才华的机会。开始，他不过演些次要角色。后来，由于他出色的理解力和精湛的演技，终于被剧团吸收为正式演员。

那时，由于剧团之间的互相竞争，经常要上演新戏，所以对剧本的需要非常迫切。莎士比亚大量阅读各种书籍，了解了英国的历

史，他开始创作起历史题材的剧本。

莎士比亚二十七岁那年，完成了历史剧《亨利六世》。剧本上演后，大受观众好评。他在伦敦戏剧界崭露头角。

1595 年，莎士比亚写了一个叫《罗密欧与朱丽叶》的悲剧。剧本上演时，不少观众被感动得热泪盈眶。它的故事是这样的：

在意大利的维罗那城里，蒙太古家族与凯普莱特家族是势不两立的仇敌。

一天，凯普莱特家举办了一次盛大的化装舞会。蒙太古家的独生子罗密欧戴着假面具前来参加舞会。他与凯普莱特家的独生女儿朱丽叶一见钟情，坠入爱河。

在劳伦斯神父的帮助下，两人悄悄地举行了婚礼。不幸的是，两家不久又发生仇杀事件。朱丽叶的表兄在决斗中被罗密欧刺死，罗密欧因此被赶出城市。朱丽叶被父亲许配给了另一个贵族青年。

朱丽叶深深地爱着罗密欧，坚定不移。在神父的安排下，她喝下了一瓶安眠药，能假死四十小时，同时神父派人通知罗密欧立即赶来。谁知送信人没有及时送达。而罗密欧听说朱丽叶已经死去，急速赶回，他悲愤交加，服毒自尽。朱丽叶苏醒过来后，见爱人已死，便拔出罗密欧的匕首自杀了。悲剧发生后，两家人都感到追悔莫及，最终消除了几代的仇恨，重新和好。

莎士比亚在这部悲剧里，揭露了封建制度的冷酷，歌颂了坚贞美好的爱情。

1599 年，莎士比亚所在的剧团建成了环球剧院，他投资并当上了股东。他还在家乡买了住房和土地，以供养老之用。当时英国王朝更替，社会动荡，莎士比亚的两个好友为了改革政治，发动叛乱，结果一人被送上绞架，另一人被投入监狱。莎士比亚悲愤不已，倾注全力写成剧本《哈姆雷特》，并亲自扮演其中的幽灵。

故事讲的是，哈姆雷特本来是个无忧无虑的丹麦王子。他在国

外读书期间，阴险的叔父为了篡夺王位，竟杀死了哈姆雷特的父亲，还霸占了他的母亲。哈姆雷特一回国，他父亲的鬼魂就把自己的被害经过一五一十告诉了他，要儿子为他复仇。

于是，哈姆雷特开始装疯卖傻，同时寻找机会，了解事实的真相。他又请来戏班子，将父亲鬼魂讲的情节编成戏，叫戏班子演出给叔父和母亲看。果然，在演出过程中，他的叔父惊慌失色，哈姆雷特证实了杀害父亲的凶手就是叔父。

哈姆雷特决心报仇。他单独去见他母亲，发现帷幕后有人，认为是叔父在偷听，便一剑刺去，却错杀了他情人奥菲利娅的父亲。

叔父视哈姆雷特为眼中钉，肉中刺，便把哈姆雷特送到英国，想叫英王杀害他。哈姆雷特在途中发现了这个阴谋，立即赶回丹麦。回国后他才发现，自己的情人奥菲利娅由于父亲丧生，爱人又远去英国，发疯后落水身亡。哈姆雷特痛悔莫及。

叔父又唆使哈姆雷特情人的哥哥与哈姆雷特决斗，双方最后都中了毒剑。哈姆雷特临死前终于刺死了叔父，他的母亲也饮毒酒死去，四人同归于尽。

《哈姆雷特》以古代丹麦为背景，影射的却是英国的现实生活。阴险无耻的叔父，代表了腐朽黑暗的封建势力；热爱生活、敢于抗争但又优柔寡断的哈姆雷特，则代表具有人文主义思想的新兴的资产阶级。

以后，莎士比亚又写出了《奥赛罗》、《李尔王》和《麦克白》。这些悲剧连同《哈姆雷特》，被誉为莎士比亚的四大悲剧，是莎士比亚最重要的戏剧作品。

莎士比亚的作品情节生动，语言精炼，笔调幽默辛辣，广泛反映了当时英国的社会风貌。他塑造了哈姆雷特、奥赛罗、麦克白、夏洛克、罗密欧和朱丽叶等许多著名的人物形象。莎士比亚是最伟大的戏剧天才。他的朋友本·琼生说，莎士比亚"不属于一个时

代，而属于所有的世纪"。

1616 年 4 月，莎士比亚的好友来他的老家斯特拉福镇看望他，大家开怀畅饮。莎士比亚多喝了几杯酒，不幸得病，卧床不起，于 4 月 23 日溘然长逝。

90

哥白尼的天文革命

公元 1473 年 2 月 19 日，波兰维斯瓦河畔的托伦城诞生了一个漂亮可爱的男婴。这个男婴名叫尼古拉·哥白尼，后来成为近代天文学的奠基人。

哥白尼的父亲是个商人，曾任托伦市市长，母亲是本城一个富商的女儿。但是，在哥白尼幼年时，父母就双双去世。好心的舅舅务卡施伸出了援助之手，把四个外甥接到自己家里抚养。

务卡施舅舅是个牧师，也是一个人文主义者。他的家里常有一些学者名人来闲聊。这些客人大多通晓天文地理、文学音乐，他们谈笑风生，妙语连珠，常常聊到半夜。每当舅舅与客人们忘情地畅谈时，哥白尼总是静静地坐在大人们的身边，眨巴着蓝色的眼睛，仔细听那些令人神往的故事和独特的见解。这样日积月累，一些知识就沉淀在哥白尼的脑海里，神秘的大自然激起了他那强烈的好奇心。

光阴似箭。一晃，哥白尼长成了一个英俊少年。舅舅考虑到外甥的前途，决定将来让他到教会工作。为此，他把哥白尼送到克拉科夫去上大学。

克拉科夫是当时波兰的经济、文化中心，地处东、西欧交通要冲，较早受到意大利文艺复兴思潮的影响。哥白尼兴趣广泛，如饥似渴地吸收着新思想、新知识。他对学校的天文学和几何学特别感兴趣，一捧起书本就舍不得放下。

哥白尼在克拉科夫大学研究了古罗马天文学家托勒密的天文学理论，学会了利用天文仪器进行观察。

1495 年，哥白尼来到文艺复兴的发源地意大利，先后在几所著名的意大利大学学习。1499 年，二十六岁的哥白尼受聘到罗马大学教授天文学。

在欧洲的大学里，天文学都是按照托勒密的"地球中心说"（也叫"地心说"）来讲授的。最早提出"地球中心说"的是古希腊哲学家亚里士多德。公元二世纪，托勒密使它系统化了。托勒密认为地球是一个静止球体，居于宇宙的中心，日月星辰都环绕地球运转。这种理论后来被罗马教会看中，说什么地球是上帝创造的，它是宇宙的中心。上帝"按照自己的形象"创造了人，把人安排在地球上。日月星辰也都是上帝创造出来装饰宇宙的。所以，教会一千多年来，一直把托勒密的"地心说"奉为经典，不允许人们有丝毫的怀疑。

哥白尼在研究中发现，早在公元前三世纪，古希腊哲学家阿里斯塔库斯就提出了与亚里士多德相反的观念。他认为，宇宙的中心不是地球而是太阳，地球只是围绕太阳运行的一个星体。哥白尼通过对前人著作的钻研和天文测量的实践，越来越对"地球中心说"产生了怀疑。

1506 年哥白尼离开意大利，回到波兰，在弗赖堡大教堂当教士。从此，他获得了一定的报酬和充裕的时间，专心从事他所热爱的科学研究工作。

弗赖堡濒临波罗的海，是个小小的渔港。教堂建在一座小山包上，周围有坚固高大的城墙，墙上筑有箭楼。哥白尼搬进了城门上的一间箭楼，一住就是三十年，直到去世。

这座箭楼三角形的楼顶向前倾斜，几乎伸到城墙的外边。楼的上层有三个窗口，从那里可以看到辽阔的天空，外边有一个小阳

台，每当在窗口观察天象受到限制时，他便跑到阳台上，那里一览无余，是观天的好地方。哥白尼日复一日地在这个简陋的住所凝视宇宙，常常忘了吃饭睡觉。

哥白尼自己动手做仪器，他制作了测量行星距离的"三弧仪"、测量月球和行星位置的"捕星器"和测定太阳高度的"象限仪"。

哥白尼在阳台上设置了一个小小的天文台，用这些简陋的天文仪器进行天体观察。就是在严寒的冬夜，只要星星在夜空中闪烁，哥白尼就抓住机会，穿上皮袄，束紧风帽，把笨重的仪器搬到箭楼的阳台上，通宵达旦地观察。

1525 年秋天，哥白尼开始在弗赖堡聚精会神地写他那本不朽名著《天体运行论》。这本书中选用的二十七个观测事例，有二十五个就是他在箭楼上亲自观察记录下来的。

这时，他住的箭楼上来了一个女管家，名叫安娜。她金发碧眼，皮肤白皙，漂亮迷人。她的家庭很富有，有许多富家子弟对她竞相追逐。但是极有主见的姑娘不去理会那些花花公子，而一心一意地爱着才华横溢的哥白尼。尽管当了教士的哥白尼没有结婚的权利，但勇敢的安娜还是抛弃了世俗的偏见，与哥白尼住在一起。哥白尼身边添了一个温柔可爱的女子，更加灵感倍增，写作的速度加快了。

《天体运行论》是一部长达六卷的巨著。在书中，哥白尼大胆地提出：

太阳是宇宙的中心，所有行星都围绕太阳运转；地球不是宇宙的中心，而是绕太阳运转的一颗普通行星。

人们每天看到太阳由东向西运行，是由于地球每昼夜自转一周的缘故，而不是太阳在移动。

天上的星体看上去在不断移动，也是因为地球本身在转动，而不是星体围绕着静止的地球转动。

月亮是地球的卫星，一个月绕地球转一周。

哥白尼在书中有力地批判了托勒密关于地球是静止的理论。他指出，地球运动时，地球上的人似乎觉得整个宇宙在转动，这正如人在行船时，不觉船动而觉得陆地和城市后退一样。地球不动是假象，地球围绕太阳转动是确实无疑的。

哥白尼的学说被称为"太阳中心说"（也称"日心说"），它否定了统治一千多年的"地心说"。这是天文学上一次重大的革命，大大扩展了人类的视野，使人类对宇宙有了全新的认识。

由于担心教会的迫害，他迟迟不敢将书稿送去付印出版。直到1542 年，他已是六十九岁的老人，自知将不久于人世时，才同意把《天体运行论》书稿送到德国纽伦堡出版。

1543 年 5 月 24 日，《天体运行论》的样书从纽伦堡寄来了。此时，躺在病榻上的哥白尼已无力翻阅此书，他只是摸了摸书的封面，就告别了人世。

哥白尼是波兰人民的光荣和骄傲。1830 年，波兰人民在华沙竖立起了哥白尼的纪念像。在盛大的揭幕典礼上，波兰诗人激动地朗诵道："这个喜庆的日子终于来临了！哥白尼曾以半个世纪的工夫凝眸注视太阳，今天太阳终于把它仁慈的光芒倾注在他的身上……"

91

伽利略的新发现

在意大利中部的比萨城内，有一座举世闻名的斜塔，它是比萨大教堂的钟楼。斜塔是八层圆柱形的大理石建筑，高达五十五米，由于它看上去岌岌可危，但却斜而不倒，因而引来无数游客前来参观。

1590 年的一天，在比萨斜塔下聚集了一群人，他们不是来参观斜塔的，而是来观摩一场物理实验的。

比萨大学的年轻教授伽利略，通过多次试验，发现不同重量的物体从同一高处下落，只要所受空气阻力、风力等相同，那么速度是相同的，会同时落地。他把这称作自由落体定律。为了使人们接受他的论点，他决定在比萨斜塔上做一次公开的实验。

千百年来，人们都认为古希腊思想家亚里士多德的论点是正确的。亚里士多德曾在《论天》一文中写道："重物要比轻物下落得快。"比萨大学的教授们也对此深信不疑，他们来此是要看伽利略出丑的。

这天，伽利略和他的助手，以及两个见证人一起，登上斜塔的顶楼。他一手拿着一个十磅重的铅球，另一个手拿着一磅重的铅球。

"请大家看清楚了，我把铅球扔下来！"

说罢，他把手一松，只见两只铅球同时落在地上。他再做了一次实验，结果还是相同。在场观众都惊呆了，他们在想，亚里士多

德怎么会说错呢？几个固执的老教授不相信自己的眼睛，竟胡说什么伽利略在施展魔法，铅球才同时落地。

伽利略 1564 年诞生在意大利比萨城的一个没落贵族家庭，父亲是当时有名的音乐家，也是杰出的数学家。1581 年，十七岁的伽利略考入比萨大学，遵从父命学医。但在大学里，伽利略爱上了数学。

一天傍晚，伽利略与同学们一起来比萨大教堂祷告。他看到教堂里悬挂在空中的大吊灯，被点灯人扯到一边，加满灯油点着了灯，然后放开了手。于是，吊灯随着吊链在半空中荡来荡去，在人们头顶上静静地划着弧线，弧线渐渐变得越来越短……

这时，伽利略望着竟忘记了祈祷。一般常识认为，一个吊着的物体摆动的幅度越大，所需的时间就越长。但年轻的伽利略发现事实并非如此。他观察得非常仔细，没有钟表，他就用自己的脉搏来测量，事实证明他的观察是正确的。

他十分激动，回到家里后，他找来一些一样长的绳索，系上同样重量的重物，让它们来回摆动，再加以比较。他发现每次摆动往来所需时间总是相等的。就这样，他发现了著名的摆锤的等时性定律。后来出现的挂摆时钟，就是根据他发现的这个原理制造出来的。

在比萨大学，他根据阿基米得的浮力原理和杠杆原理，发明了一套根据重量分析金属的天平，从而名声大振。1589 年，二十五岁的伽利略获得比萨大学数学教授的职务。

伽利略还对大炮的炮火着了迷。当时炮手们已知道，要击中远处的目标，必须抬高瞄准器。但抬高多少，只是靠估计。伽利略证实，弹道是一条抛物线。他通过一系列的运算告诉炮手，要命中一个已知距离上的目标，瞄准器需要抬高多少。就这样，他发现了物体运动的奥秘——惯性。

伽利略的科学发现，被比萨大学的教授们认为是一种狂妄的表现，在他们看来，所有的科学问题都已被亚里士多德彻底解决了，因而拼命攻击伽利略。伽利略愤然辞去比萨大学的职务。

1592 年，伽利略移居威尼斯。在友人的帮助下，他来到帕图亚大学任教。这里有优厚的薪金和良好的研究环境，他在帕图亚工作了十八年，度过了他生命的黄金时代。

在学术空气自由的帕图亚大学，每逢他上课时，大厅里都会挤得水泄不通。远至瑞典和苏格兰的学生也慕名而来，他们中间的许多人，后来成了著名的学者。伽利略告诉他的学生们，宇宙中没有任何东西是一成不变的，所有东西、所有原子、所有星球都在运动。

1609 年，伽利略听说荷兰人发明了望远镜，他通过别人的一点描述，凭着自己独特的天赋，成功地研制出世界上第一架天文望远镜，它可将物体放大三十三倍。他给这架望远镜取了一个漂亮的名字"老发现者"。当威尼斯总督和议员们跟着伽利略，气喘吁吁地爬上钟楼楼顶，果然他们通过望远镜，清楚地看到了帕图亚的街道以及街上的行人。议会经过投票表决，决定给伽利略加薪。

在那个值得纪念的夜晚，当伽利略转动着"老发现者"搜索天空的时候，他发现，月球表面并不像亚里士多德所说的那样平滑，而是呈现不规则的凹凸起伏；银河也不是人们所说的某种云彩，而是由千千万万颗暗淡的星星所组成！

伽利略在一年之内还作出了其他惊人的发现：

木星旁边有四颗运转着的卫星；

地球并不是各天体围着旋转的唯一中心；

太阳也像地球一样，是绕着自身的轴旋转的；

太阳上面有黑子；

土星周围有光环……

1610 年，威尼斯出版了他的《星际使者》，向全世界宣布了他的发现。有人赞叹说："哥伦布发现了新大陆，伽利略发现了新宇宙。"

当时的天主教会反对哥白尼的"日心说"。他们认为地球是宇宙的中心，太阳围绕着地球转动，而地球是不动的。1611 年，伽利略发表《关于太阳黑子的通信》一文，明确表示支持哥白尼的"日心说"。因此教会在 1616 年给伽利略下了一道禁令：不准讲授哥白尼的学说。

在伽利略的请求下，教皇曾前后六次召见他。他小心翼翼地向教皇介绍了哥白尼的学说。教皇同意他把对"日心说"赞成和反对的论点一起写出来，但不允许他作出地球是绕着太阳转动的结论。此后，伽利略花了六年时间，写成了《关于两种世界体系的对话》一书。这本书把哥白尼学说，当做"一种纯数学假说来叙述"，骗过了教会的检查机构，于 1632 年在佛罗伦萨出版发行。

但是，教会的权威人士很快发现，伽利略在书中仍支持哥白尼的学说，于是，把他押上了宗教法庭。当时的伽利略已年近七十，身患重病，体质虚弱。在法庭上，他的精神和肉体受尽了折磨。1633 年 6 月 22 日，他被迫双膝跪地发誓：哥白尼的理论纯粹是一派胡言乱语。他保证以后永远不再宣传和谈到它，违犯了甘愿受死。

据说，伽利略刚宣布完他的誓言，就低声咕哝道："不管怎么说，地球毕竟是在运动着的。"这说明伽利略并没有放弃自己所坚持的学说。

伽利略被判处终身监禁，监外执行。他的晚年境遇极为凄凉，只有他的女儿在他身边照料他。1634 年，他的女儿先他而死，他更加孤独和痛苦。1642 年 1 月 8 日，伽利略含冤离开了人世。

92

知识就是力量

"知识就是力量",是一句至理名言。它激励着人们掌握知识,向科学进军。这句名言是近代实验科学的创始人、英国科学家培根提出的。

1561 年,弗兰西斯·培根出生在英国伦敦的一个贵族家庭。他的父亲博学多才、精明能干,是英国女王伊丽莎白的掌玺大臣;母亲是一位颇有名气的才女,精通几国语言,曾将不少拉丁文名著翻译成英文。培根的父母十分崇尚教育,他家的餐厅壁炉上面长年悬挂着一张"教育使人进步"的条幅。培根就是在这样的家庭环境中成长起来的。

培根从小身体不好,性格内向。但是他酷爱学习,喜欢思考问题,常常独自一人躲在僻静的角落里埋头苦读。父亲十分钟爱他,经常带他到王室去游玩。伊丽莎白女王见他举止文雅,谈吐不凡,也非常喜欢他,亲热地称他为"小掌玺大臣"。

十三岁时,父亲送他到剑桥大学读书。一次,他在校园里散步,心中感到很烦恼,因为在大学里没有学到自己感兴趣的知识。他读的剑桥大学,虽说是欧洲的一流大学,但也被"经院哲学"(一种为神学辩护的哲学,专门论证宗教教条的正确)统治着。学校里充斥着神学的争辩,思想僵化,方法老套。他觉得在这样的学校学习简直是有害而无益。

这时,培根看见地上有一队蚂蚁正在搬家,众多蚂蚁忙忙碌碌

地工作着。培根仔细地凝视了很久，若有所思地对自己说："对！我也应该这么做，抛弃那些高谈阔论，从事情的最细微处着手，用实践去验证一切！"

培根立志从事实验科学以后，在实验室和图书馆内默默地度过了十几年。他根据自己的亲身观察和实践，总结了不少科学结论。

1597 年，培根的处女作《论说文集》问世。该书出版后，风靡一时，多次再版，从而激发了培根的创作热情。1625 年再版时，这部书已由最初的十篇论文增至五十篇。在这部著作里，培根将自己对社会的认识和思考，以及对人生的理解，浓缩成许多绝妙的、富有哲理的格言和警句，寓意深刻，耐人寻味。例如：

"没有友谊，则世上不过是一片荒漠。"

"最能使人心神健康的预防药就是朋友的忠言规劝。"

"顺境的美德是节制；逆境的美德是坚忍。"

"过分求速是做事情最大的危险之一。"

1620 年，培根的又一部新书问世了，这就是他的代表作《新工具》。在这本书里，培根最早提出了"知识就是力量"的口号。他认为，只有掌握科学知识，才能改造和利用自然，让自然为人类服务。他还提出科学实验的重要性，强调只有通过科学实验，才能最终获得知识。因而，培根被人们认为是近代实验科学的奠基人。

为了表彰培根作出的贡献，英国国王詹姆斯一世授予他子爵封号，并封给他大法官的职位。名誉和地位并没有使培根停滞不前。他把人们思想上的一些谬误、偏见，总结为四种"假象"。

一天，国王召见培根。他问培根："培根先生，听说您最近总结出了人生的四种'假象'，我很想听听你的见解。"

培根回答说："陛下，臣所说的四大'假象'，第一种是'种族假象'，即混淆人类本性和事物的本性，而以人的感觉作为万物的标准；第二种是'洞穴假象'，就是人们根据自己的性格爱好、

所受的教育以及所处的环境来认识事物；第三种是'市场假象'，也就是咬文嚼字，玩弄概念；第四种是'剧场假象'，即恪守传统、迷信权威。陛下，这四种'假象'都是阻碍人们获得科学知识的囚笼。"

听罢这一席话，国王对培根的智慧更加赏识。

培根离开王宫，又回到实验室。他在思考新的问题，如何用科学的方法来获取知识？他认为，要发现事物的奥秘，除了进行深入的观察，还应掌握一套科学的方法。培根把这套方法总结为归纳、分析、比较、观察和实验的理性方法，并称之为"归纳法"。

1621 年，培根六十大寿，在生日晚会上，一位贵妇人问培根："培根先生，您的归纳法，如果用形象的言语来表达，应该怎么讲？"

贵妇人似乎想给培根出一个难题。

培根幽默地答道："不做只收集材料的蚂蚁，也不做从自身抽丝结网的蜘蛛，要做既采蜜又加工的蜜蜂。"

1626 年 3 月底的一个寒冷的日子，培根乘马车郊游。当时他正在研究冷热理论及其实际应用问题。当路过一片白皑皑的雪地时，他突然心血来潮，决定就地进行一次实验。他从一位农妇那里买来一只母鸡，当场将鸡杀掉，并亲自动手将雪填进鸡的肚子。不幸的是，他虚弱的身体禁不住风寒，支气管炎病复发了。回家后，培根的病情急剧恶化，于 1626 年 4 月 9 日清晨病逝。

93

血液循环之谜

血液在人体内是怎样流动的呢?

这在今天已是一个很普通的科学常识了。然而,科学家为了揭开人体血液流动的秘密,花了两千多年时间,并且付出了血的代价。

早在公元前四世纪,古希腊哲学大师亚里士多德就认为,心脏通过血管来运送血液,但血液只存在于静脉中,而动脉里充满着由肺进入的空气。

公元二世纪,古罗马有一个名医叫盖伦,他通过对动物的活体解剖,来研究血液运行的情况。他在活的动物身上,把一段动脉上下两头结扎住,然后把这段动脉剖开,发现动脉里也是血液而不是空气。但他认为心脏只有两个心室。

文艺复兴运动时期,大科学家达·芬奇悄悄地解剖了三十多具尸体,第一次画出了优美而准确的心脏瓣膜图。他还发现心脏有四个腔(左心房、右心房、左心室、右心室),而不是盖伦说的只有两个腔(左心室、右心室)。

1533 年,法国科学家塞尔维特秘密出版了一部书,在书中他第一次提出人体心脏与肺部之间的血液小循环(肺循环),这是一个重大的发现。但教会认为他的发现是异端邪说,竟宣布他为异教徒,并处以火刑。1553 年 10 月 27 日,塞尔维特在日内瓦被活活烧死。

与塞尔维特同时代的意大利医学家法布里夏斯，在 1574 年发表了《论静脉瓣》一书，他指出静脉中有瓣膜存在，就好像水闸的闸门一样，能控制住血液，使它朝心脏方向流动。

最后发现了血液循环规律的是法布里夏斯的学生威廉·哈维。

哈维于 1578 年生于英国肯特郡。他天资聪颖，勤学好问。十六岁时，哈维以优异成绩考入著名的剑桥大学，攻读文学、哲学、医学和自然科学。哈维学习十分刻苦，三年后获得文学学士学位。但由于学习生活过分紧张，他终于病倒了，只能返乡治病。当时的医疗水平还很落后，母亲为他请来的是一个江湖医生，只会用放血的方法进行"治疗"。哈维饱受病痛的折磨，长期卧床，这时他暗下决心，立志弃文从医，在医学方面做一番事业，造福于民。

1600 年，哈维身体刚刚康复，就风尘仆仆地来到意大利帕多瓦大学求学。这是一所有几百年历史的著名大学，人才荟萃，名师济济。在神学统治的中世纪欧洲，教会极力宣扬"上帝厌恶流血"，反对人体解剖。因此当时欧洲几乎所有的大学，都严禁人体解剖实验。惟独帕多瓦大学例外，它十分重视人体解剖实验。哈维认为这里正是他研究医学的最理想的地方。他有幸成为著名医学家法布里夏斯的学生。在名师的指导下，哈维在学业上进步很快，尤其在解剖学方面更是出类拔萃。1602 年，他获得了帕多瓦大学医学博士学位。

后来，他回国在一所医院里工作。他工作勤勤恳恳，不图名利，以救死扶伤为己任，无论贫富贵贱，来者不拒，表现出崇高的医德。他还常常免费为穷人治病。

哈维早就想研究血液的流向问题。在帕多瓦大学求学时，他曾将这个问题向法布里夏斯提出过。老师未能帮助他解开这个疑团。他决心自己进行探索。

哈维动手在自己家中建起了实验室，从此开始了艰辛的实验。

他有时一头钻进实验室里三十六个小时不出来，他的妻子无可奈何，只能默默地将饭菜放到他的书房里。哈维先后解剖了八十多种动物，终于发现了血液运动的规律。

一次他和助手在一条狗身上做著名的绳子扎结手术。哈维对助手说："你瞧，我用绳子结扎动脉。你看看会有什么情况出现？"

"先生，我看见绳子结扎的上方，那儿的动脉膨胀起来了！"助手回答道。

"对，这是靠近心脏的动脉，里面充满了血液，而且每一次心跳就有一次脉搏。"

"真是太奇妙了！您看结扎的下方那段动脉瘪了下去。"

"是啊，这段动脉远离心脏，里面既没有血液，也没有脉搏。这说明动脉里的血是从心脏来的。"

不久，哈维又用同样的方法观察静脉，结果所发生的情况正好相反，静脉里的血液一律朝心脏回流。

哈维还将数学方法运用于血液循环的研究。他发现人的每次心跳，从心室中排出的血为两盎司。如果一个人每分钟心脏跳动七十二次，那么每小时为四千三百二十次，这样每小时从心室排出的血液就有八千六百四十盎司，即五百四十磅（合二百四十五公斤），约相当于一个人体重的三倍。如此大量的血液离开心脏后流到哪里去了呢？这些血液又来自何处？唯一正确的解释是：血液做着循环运动，流出心脏和流回心脏的是同一部分血液。

通过一系列的实验，哈维终于发现了血液的循环规律。他认为，心脏就像一只"泵"，当它收缩的时候，就把血液压出来进入动脉；当它舒张的时候，里面又充满了血液。血液都是朝一个方向流动的，它从心脏流出，经过动脉遍布全身，再经过静脉流回心脏，如此周而复始，永远不停。哈维的这一发现，终于揭开了千百年来的血液循环之谜。

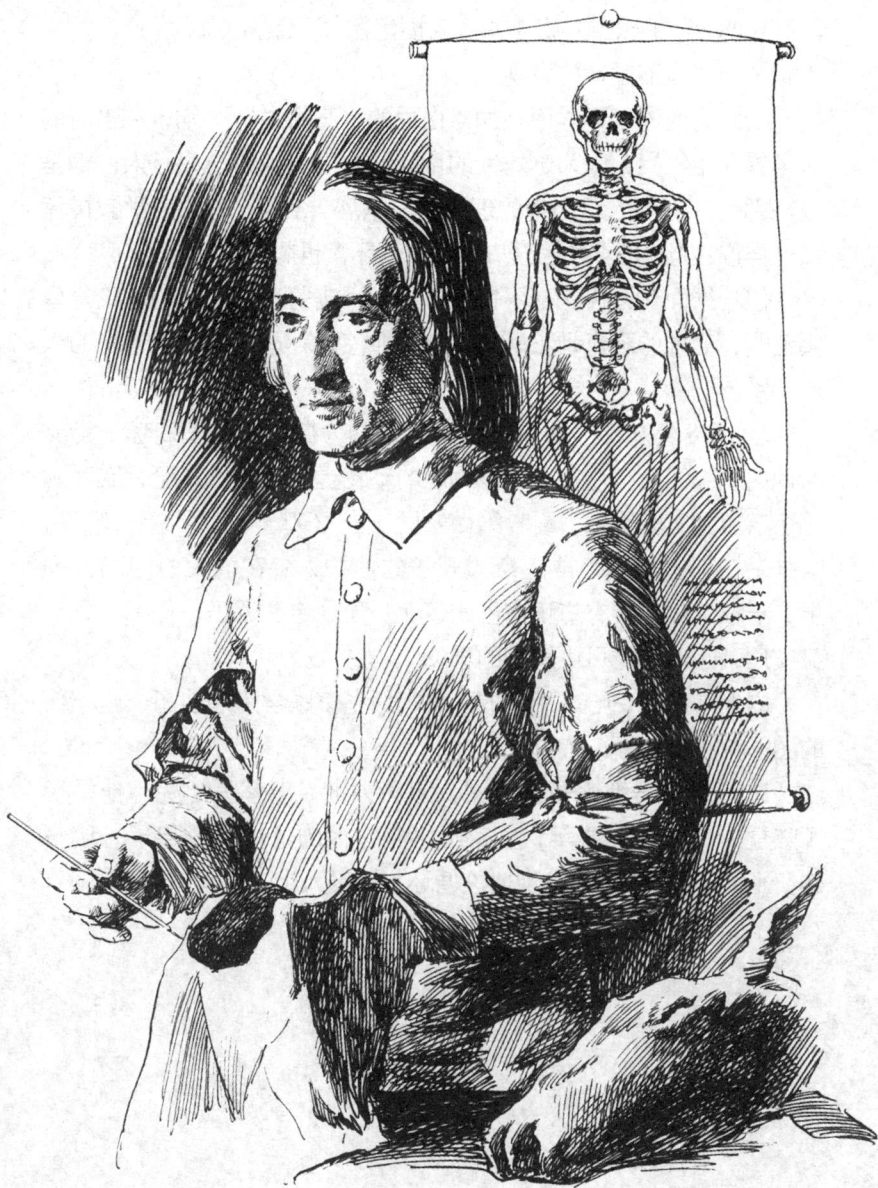

1628 年，哈维在德国法兰克福出版了《论心血运动》一书，正式公布了血液循环的发现。

哈维的血液循环学说犹如哥白尼的"日心说"一样，在当时的医学界和生物界，成为爆炸性的奇闻。人们议论纷纷，有人说他是"江湖骗子"，有人认为他的理论是"有害无益"。有的大学教授竟然这样说："以前的医生不知道血液循环，也照样看病。"

但哈维面对谗言，毫不畏惧，经常用实验来证明他的理论。事实证明，哈维的观点是正确的，他的血液循环理论被越来越多的人所接受。

从 1618 年起，哈维就被英国国王聘为御医。英王查理一世支持他的研究工作，还把皇家动物园的动物提供给他做实验，有时国王还亲自到实验现场，看哈维做实验。当 1642 年英国内战打响后，哈维站在王室一边，被任命为王子的保护人。在炮火纷飞的战场上，哈维一刻也没有忘记自己的事业。无论走到哪里，他都不顾自身安危，四处寻找可供解剖的动物。

内战结束后，哈维用他的积蓄，为皇家医学院建造了一座宏伟的图书馆和会议厅。

1657 年，哈维因长期劳累，因病去世。皇家医学院为他举行了隆重的葬礼。1883 年，皇家医学院在他的墓地上竖起了一块石碑，上面的题词是："发现血液循环，造福人类，永垂不朽！"

94

宗教改革家马丁·路德

在布满车辙的道路上，挤满了周围乡村的农民，他们有的步行，有的骑马，川流不息地向德国的一个城镇维登堡涌去。在维登堡市场的中央，大名鼎鼎的红衣主教特策尔已搭起了一个讲坛，上面树起了一个带有教皇像的大十字架。绣着金钱的天鹅绒软垫上放着几份证书，证明他是经教皇本人授权的。讲坛旁摆着一个橡木做的钱柜，两个表情木然的僧侣在看管着钱柜。

原来，罗马教皇以修缮圣彼得大教堂为借口，正派手下人分赴德国各地出售所谓的"赎罪券"。

很快，讲坛周围已挤满了农民和市民。特策尔开始演讲了：

"孩子们，上帝是仁慈的，他在尘世间的代表——教皇陛下，派我来这里为你们赎罪。"

"人类犯的滔天大罪一天有多少？一年有多少？一生有多少？真是无穷无尽，罪人要在炼狱中受到最严厉的惩罚。可是靠这些'赎罪券'，你一次就能终身免除全部惩罚。"

见人们半信半疑，主教又干咳了几声，继续说道："请把购买赎罪券的钱币投到这个柜子里来吧！钱币落入钱柜，'丁当'一响，你们的灵魂就可以从炼狱跳上天堂！"

一些虔诚的教徒听了主教的话后，哆嗦着从口袋里摸出钱，投入钱柜。他们小心翼翼地收好"赎罪券"，指望着死后灵魂能进天堂，不再受罪。

可是，也有人在悄声议论："胡说！我们可不能上当！这是骗钱的把戏！"

"按他的说法，上帝岂不是太贪财了！"

这是发生在 1517 年 4 月一件事。到了这一年的 10 月 31 日，维登堡大教堂门口聚集起了更多的人，他们不是来做弥撒的，而是来看教堂大门旁边贴出的一张文告：

"关于赎罪券的效能……"有人大声念着，"……很显然，当钱币投入钱柜丁当作响的时候，增加的只是教皇贪婪爱财的欲望……"

"教皇在一切富人中是最富有的人，他的钱比伊朗高原米底国王的还要多，为什么他自己不出钱造教堂呢？为什么要穷苦百姓筹集募捐呢……"

每念完一条，人们便齐声叫好："好啊！说到我们心里去了。"

教堂里的神父挤进人群，看到文告的作者署名"马丁·路德"，他立即去向主教报告此事。

马丁·路德 1483 年出生在一个富裕的市民家庭。他幼年在教会学校受教育，后进入爱尔福特大学，学习法律和哲学。路德口若悬河，滔滔不绝，在学校里就得了"哲学家"的外号。后来他又进入神学院学习，1512 年被委任为维登堡大学神学教授。路德从小就信仰基督教，曾在修道院做过修道士。

一次，路德因事到了罗马，他目睹了罗马教廷的腐败、高级教士生活的奢华，没想到圣洁之地会那么肮脏。他对罗马作了这样的描述："如果有地狱的话，那么罗马就是地狱，基督徒愈接近罗马，就愈变坏。"

从此，路德开始思考怎样才能让基督教进行改革。

路德在家乡看到主教们出售"赎罪券"的丑恶行径，更是义愤填膺。他劝告人们不要购买那骗人的玩意，可还是有不少人受骗上

当。马丁·路德思索再三，决定拿起笔作武器，在教堂门口贴出了这张《关于赎罪券的效能》的文告，这份文告共有九十五条，所以又被称为《九十五条论纲》。

《九十五条论纲》一贴出来，人们争相传抄，精明的书商又将它印成小册子出售。不到一个月，路德的小册子就传遍了整个西欧。人们开始对教会神权进行反抗。

论纲公布之后，买"赎罪券"的人明显地少了，人们对教会的不满情绪日益增加。教皇慌了神，决定收买路德。他提出只要路德收回论纲，他可以封路德为红衣主教。路德拒绝了。

教皇一计不成，又生一计。他派教廷驻德国的特使、红衣主教卡叶坦劝说路德，要求路德承认错误，放弃自己的观点。但不料路德滔滔不绝地引用《圣经》中的话为自己辩护，卡叶坦被驳得无话可说。教皇十分恼怒，准备把路德抓起来。路德闻讯后，连夜躲到了一个安全的场所。

第二年6月，在维登堡大学二百多名手执武器的学生护卫下，马丁·路德来到大城市莱比锡，与教皇的神学家们展开一场公开的辩论。只见路德手捧《圣经》，目光坚定，直截了当地指出："教皇不是上帝的代表，他也犯过错误。他当年把捷克的神学家胡司判为异端就是错误。我相信上帝，但不相信罗马教皇。"

"人的得救不在于参加不参加宗教仪式，买不买'赎罪券'，而决定于对上帝的信仰！"

"真理的根据，不是教会或者教皇的意思，而是《圣经》。"

马丁·路德的一席话把在场的听众彻底地征服了。莱比锡辩论过后，德国上下产生空前反响，不但是广大的百姓，而且连一些贵族、诸侯也对路德的观点表示赞同。

教皇怒火中烧，他派人颁布诏书，限马丁·路德六十天之内悔过，否则就革除他的教籍。对一个修道士来说，这是最严厉的处罚

了。但路德却坚定不移地说："我坚持我的观点，决不后悔！"

六十天很快过去，期限到了。这一天，在路德住所前面的大街上，聚集着维登堡市的许多市民和学生，他们高唱圣歌向路德表示支持。马丁·路德环视了一下围拢的人群，激动地说：

"一百多年前，捷克的胡司教授，为了反对教皇出售'赎罪券'搜刮教徒钱财，被教皇判为异端，用大火活活烧死。现在，同样的命运又落到我身上。但是，我相信上帝、相信真理，我决不会妥协！我要把这不公正的诏书，当着你们的面烧毁，以表达我对教皇的抗议！"

说完，他果真把教皇的诏书点燃烧毁了。广场上沸腾了，人们激动不已，高举双手尽情欢呼。从此，马丁·路德成为德国宗教改革的著名领袖。拥护路德主张的教派就称为"新教"，以区别于罗马教皇的天主教。

后来，教皇果真开除了路德的教籍。但是这已经没有任何意义了，马丁·路德的思想犹如一支火炬，引导人们摆脱封建教会统治的黑暗。

马丁·路德又做了些有意义的工作，他花了十年时间把希伯来文的《圣经》翻译成德文，从此，德国人可以更清楚地读懂《圣经》的原意，不再受那些教士摆布了。他又穿上修道士的袍服，在维登堡各地传道，向人们传播新的宗教思想。

1525 年，路德做出一个大胆的举动，与修女保拉结婚，向中世纪的教士独身习俗挑战。马丁·路德于 1546 年去世。友人送他的挽联这样写着："你是学生的良师，教会的良医。"

95

"羊吃人" 的灾难

绵羊是温顺的动物，它只吃草，怎么会吃人呢？但这是发生在中世纪英国的真实事情。请看英国著名的人文主义思想家托马斯·莫尔，在他的《乌托邦》一书中这样写道："绵羊本来是那么驯服，吃一点就满足，现在它们却变得很贪婪和凶狠，甚至要把人吃掉，它们要踏平我们的田野、住宅和城市……"

这究竟是怎么一回事呢？

原来，在十五世纪开始，随着新航路的开辟，海外贸易扩大了，人们对呢绒的需求日益增张，从而使得毛纺织业繁盛起来。毛纺织业的原料——羊毛的价格也不断上涨。

英国原本是一个传统的养羊大国。因为，英国是岛国，气候温和，雨水充沛，草木茂盛，适合畜牧和养羊。英国农民几乎每户都以养羊为副业，为国内外呢绒工场提供羊毛原料。

现在，养羊业与农业相比，变得越来越有利可图，一些有经济头脑的英国贵族就开始投资养羊业。但养羊需要大片的土地作牧场。贵族们先是用篱笆把荒地或公共土地围起来做牧场，接着又把原来租种他们土地的农民赶走，甚至把他们的房屋拆除，把所有可以长草的土地都圈占起来养羊，这就是英国历史上有名的"圈地运动"。

一时间，在英国到处可以看到被木栅栏、篱笆、沟渠和围墙分成一块块的草地。对贵族来说，圈地养羊既省钱又省劳力，原来需

要二十人耕种的土地，改为牧场后只需一个牧羊人，而牧羊人的工资又是农村劳工中最低的。当时流行这样一句话："绵羊的蹄子把沙子变成黄金。"

如此一来，大批被赶出家园的农民流离失所，无家可归，只能四处流浪，不少人甚至病倒饿死。这便是托马斯·莫尔所描述的"羊吃人"的现象。

1547 年，英王爱德华六世登基。当时的英国，到处都是失地流浪的农民，他们找不到工作，有不少人沦为盗贼和乞丐，社会秩序十分混乱。英王因此宣布反对"圈地运动"。但一心想发财的贵族们谁也不肯歇手，圈地活动有增无减。

于是国王转而颁布法令，禁止农民流浪乞讨。法令规定：只有年老和丧失劳动力的人才能乞讨，而且必须持有政府发放的乞讨执照。凡是身强力壮的流浪汉，一律逮捕，并加以鞭打，然后遣送回原籍。第二次违令被捕，除了受鞭刑外，还要割去半只耳朵。谁要是第三次违令被捕，则判处死刑。

后来，国王又颁布了更为严厉的法令：凡流浪三天不干活者，就在胸前打上烙印，送回原籍，套上锁链强迫劳动；凡拒绝强迫劳动者一经别人告发，就判为告发者的奴隶；奴隶逃亡超过十四天的，就被判为终身奴隶，并在前额和背上打上烙印；如果逃亡三次的，则以叛逆罪处死。这样一来竟有十万流浪汉被判处绞刑！

终于，被逼得无以为生的失地农民开始造反，其中最有名的是罗伯特·凯特领导的起义。

1549 年夏，在英国东部的诺福克郡，当地政府逮捕了几百个无业流民，准备马上处以绞刑。这些流浪汉被关押在相互连通的四间大石屋中。

在被关押者中有一个长得结实的年轻人，他就是罗伯特·凯特。他悄悄对身边的一个关押者说："兄弟，看来这一两天之内，

我们都要被处死。我认识你，你叫康士恩，是远近闻名的石匠。你年轻，又有手艺，怎么就这样白白死了呢？"

康士恩摇了摇头，无可奈何地说："唉！这日子叫人怎么过呢？家里的田被占了，又找不到活干，只好出来流浪。流浪又招惹谁了，竟然说我们是罪犯。"

"兄弟，我已经约了几个人，准备今天夜里冲出去！"

"几个人怕不行吧？"

"依你说怎么办？"罗伯特·凯特问道。

"依我看，我们几百个被关押的兄弟一起杀出去，反正待在这里也是等死。"康士恩一咬牙，说道。

"好！我们去分头组织。"

他们两人把暴动的想法告诉了众人，流浪汉们都觉得等死不如造反，于是大家纷纷想办法砸断了铁链。罗伯特·凯特和康士恩带头从屋顶的天窗中爬了出去，转到石屋的前院，趁两名看守不备，用石块砸死了他们，然后又找到钥匙打开了石屋的铁门，放出了所有被关押的流浪汉。

众人操起棍棒、石块，在罗伯特·凯特率领下，直扑诺福克郡兵器库，夺取了许多武器，又向诺福克郡首府进军。

罗伯特·凯特的起义队伍不断壮大，沿途有大批失业工人、破产手工业者参加。到 7 月初，队伍迅速扩大到两万人。起义队伍势如破竹，到 7 月底，就攻占了诺福克郡首府诺里季城。凯特宣布废除圈地，还地于民。

英国政府惊恐万状，一方面派人与起义军商量，假意答应起义者提出的要求，另一方面派出了沃里克伯爵率一万五千名雇佣军前往镇压。

沃里克是一个久经沙场的老将，他手下的骑兵也都训练有素。不久，他们就将罗伯特·凯特的农民军包围起来。经过两天的战

斗，起义军大部分逃散了，剩下的一小部分，集中在旧车辆构成的工事后面，准备抵抗到最后。沃里克对起义军许诺说："只要放下武器，就让你们安全离去。"

凯特最后率领残余部队停止了抵抗，但他们全部被抓了起来。罗伯特·凯特以及三百名起义军，最后还是被送上了绞架。

被起义吓坏了的诺福克郡地主贵族们，还嫌沃里克伯爵心慈手软，杀得太少。据说，沃里克对他们说："你们想把农夫们杀光了，自己去种田吗？"

这次起义是英国历史上规模较大的一次农民起义，虽然失败了，但在一定程度上遏制了诺福克郡的圈地运动，保存了那里的许多自耕农。这些自耕农后来成为十七世纪英国资产阶级革命时期议会军的主力。

96

血腥的殖民

这是西方历史上最不光彩的一章。

十五世纪末开始的地理大发现，包括达·伽马到达印度、哥伦布发现新大陆、麦哲伦环球航行等活动。地理大发现的直接结果就是殖民帝国的建立。欧洲最著名的殖民帝国，有以下四个：葡萄牙、西班牙、荷兰和英国。

这些国家的殖民地，往往比本国领土大上几十倍，甚至上百倍。殖民地的人民也多于本国的好几倍。欧洲的殖民者，依靠先进的武器和工具，对殖民地人民进行最野蛮、最血腥的统治。因此，这些殖民地的被征服史是用血与泪写成的。

葡萄牙是欧洲的一个弹丸小国，但却是最早进行海外殖民的国家。葡萄牙位于欧洲的最西端，西面就是辽阔的大西洋，葡萄牙人很善于航海。1497 年 7 月，航海家达·伽马从葡萄牙扬帆南下，沿非洲西海岸航行，十一月绕过南非的好望角，到了非洲东海岸。然后在一个阿拉伯领航员的指引下，达·伽马船队穿越了广阔的印度洋，于 1498 年到达了印度。达·伽马的这次远征，开辟了通往印度的新航路，还运回大量香料、丝绸、宝石、象牙等物品，获得纯利竟达远航费用的六十倍！

1502 年，达·伽马奉命向印度洋作第二次航行。这一次，他升任葡萄牙海军上将，率领着二十艘船只组成的舰队，沿路到处耀武扬威。

在印度洋上，他遇到了一艘商船，船上有四百名非洲的摩尔人，他们是去麦加朝圣的。达·伽马喝令这艘船停下，然后率领葡萄牙人上了船，强迫船上所有的人交出一切财物，随后下令放火烧船。商船船长哀求达·伽马："阁下，你把我们全毁了，什么也得不到。你可以把我们戴上镣铐，把我们送回岸边。如果我们不能让你的船不费分文地装满香料，你就可以下令烧死我们。请想想，我们是举手投降的，并没有丝毫反抗。请你凭着人类的良心看着办吧！"

达·伽马的良心是坐在自己的船舱里，通过舷舱欣赏大火吞噬商船的景象。妇女紧紧地搂住儿童，用最动听的语言苦苦哀求饶命。其他人则绝望地想扑灭船上的大火。最后，达·伽马下令开炮轰击，把熊熊燃烧的船沉入海底。

达·伽马的这种暴行，以后成了葡萄牙人对付被抓商船的惯例，有时在烧船前还要把船上的人割耳、割鼻、挖眼；在岸上对付土著人也是如此。

葡萄牙人想通过这条新航线，垄断东西方的香料贸易。为此，他们攻占了作为贸易必经之处的咽喉要地：非洲南端的好望角、进入波斯湾的霍尔木兹海峡、连通两大洋的马六甲海峡。随后，葡萄牙人还攻占了印度的果阿，把它作为在印度进行贸易的基地。这样，葡萄牙人就基本上完成了他们的殖民帝国蓝图，帝国的面积并不大，但它包括了东西方贸易的每一个咽喉要地。

这时，西班牙也开始殖民掠夺，并与葡萄牙发生冲突。1494年，在罗马教皇的仲裁下，西班牙与葡萄牙签订了一个条约，在佛得角群岛以西约两千公里的地方划一条线，规定线的西边属西班牙，以东属葡萄牙。这就是所谓的"教皇子午线"。这样葡萄牙就获得了几乎整个亚洲和非洲，外加南美洲的巴西。西班牙则获得除巴西外的整个南北美洲。

西班牙征服美洲靠的是两个殖民头子：科尔特斯和皮萨罗。

科尔特斯于 1519 年带着十一条船和七百来名士兵，还有几匹马，从古巴出发，前往美洲阿兹特克帝国。

科尔特斯一到阿兹特克，便把许多印第安人的首领请来，在他的营帐前会谈。为了炫耀武力，他命令一门加农炮开火。"轰隆"一声，炮弹蹿出炮管，飞行时发出刺耳的声音，跃过山顶。听到这么巨大的响声，印第安人个个胆战心惊。

印第安人从来没有见过马。科尔特斯在印第安人面前牵来一匹种马（雄马），随后又偷偷在他们后面放上一匹牝马（母马），于是种马猛烈地刨地嘶鸣、狂乱不已，眼睛瞪着印第安人，其实是望着传来牝马气味的方向。印第安人却以为这匹种马是在向他们怒吼。

然后，科尔特斯告诉印第安人，说他们已是西班牙人的臣民，命令他们放弃原来的宗教。这批印第安人在科尔特斯的连哄带吓下，愿意臣服西班牙殖民者。

科尔特斯不费什么力气就一直打到阿兹特克的首都特诺奇蒂特兰。阿兹特克王蒙特祖马对西班牙人毫无戒心，十分友好。科尔特斯竟利用印第安国王的天真，将他囚禁起来，然后就假借蒙特祖马的名义大肆搜刮金子和银子。当西班牙人为了抢劫金子竟然破坏印第安人的神庙时，他们终于起来反抗了。可是长矛、弓箭哪是火枪、大炮的对手，最后反抗者被杀尽，特诺奇蒂特兰被夷为平地。以后，殖民者在特诺奇蒂特兰的废墟上建立墨西哥城，成为这一大块殖民地的首府，科尔特斯就是第一任总督。

另一个殖民者皮萨罗在 1531 年来到印加帝国，他的部队只有一百多人、两门火炮和几匹马。

当皮萨罗来时，老印加王刚死，他的两个儿子为争王位打得不可开交。结果哥哥赢了，杀了弟弟。这个新印加王对殖民者表示欢迎，亲自去看望这些新来的"客人"。皮萨罗竟不客气地将这位好

客的国王逮捕起来，关进了一间屋子。这间屋子长七米、宽五米、高三米，体积约一百立方米。皮萨罗对印加王的臣民说，如果他们想救国王的命，就得用黄金把这间屋子填满。

五个月后，印加人运来了工艺精美、金光灿灿的黄金器物，把房间填得满满的。皮萨罗迫不及待地建起了几座熔炉，将黄金器物和饰品统统熔化，制成金锭，以便运输和分赃。印加人天真地相信殖民者像他们一样会守信用，但他们错了。得到如此巨大的财富后，皮萨罗根本没有释放印加王，而是直截了当地将他绞死，临死前还逼他改信了基督教，说是这样可以免除下地狱受苦。

灭亡印加帝国后，皮萨罗就把这里变成了一个新殖民地，就是现在的秘鲁。

在西班牙人到达美洲的最初五十年中，被屠杀的印第安人数达一千二百万以上。

葡萄牙、西班牙的殖民掠夺充满着血腥，可是随后的殖民者做起了更为邪恶的生意——贩卖非洲黑奴。参与贩奴的国家有葡萄牙、法国、荷兰等，不过最大的奴隶贩子是英国人。

英国最早的黑奴贩子是霍金斯，早在 1562 年他就把一批黑奴运到美洲，经过两次这样的贩运之后，他一下子成为全英国最有钱的人。

贩运黑奴可以牟取高达几十倍的暴利。在非洲，最多花三十英镑可以买到一个黑人，运到美洲后至少可以卖上二百英镑。还有什么生意比这更赚钱呢？

最初，殖民者亲自抓捕黑人，但经常遭到黑人们的激烈抵抗，伤亡太大，捕获不多。后来，他们改变策略，在非洲西海岸设立收购奴隶的商站，唆使部落酋长到内地捕掠奴隶，然后用枪支、甜酒、玻璃珠等东西，从部落酋长手中换取奴隶。捕获的奴隶先被关在沿海商站的地牢里，等候贩奴船转运。

在贩奴船上，船舱里拥挤不堪，空气闷热污浊，饮食和卫生条件极其恶劣，传染病时常流行，奴隶死亡率高达百分之三十到五十。

黑奴贸易给西方，尤其是英国带来了巨额财富，为他们早期资本主义的发展提供了原始资本。在黑奴贸易中，共有一千万黑人被卖到美洲做奴隶，但非洲因此而损失的人口超过一亿。也就是说，殖民者为了把一个黑人从非洲运往美洲做奴隶，要杀害九个人！

以上只是西方列强血腥殖民活动的一个缩影。

97

莫卧儿王朝的建立

1505 年 1 月，一队人马冲出了阿富汗的喀布尔城，向东奔驰而去，不一会就把白雪皑皑的兴都库什山远远抛在后面。几天以后，他们进入了印度北部的大平原。这个远征队的首领是二十一岁的巴卑尔，他是中亚费尔干纳王国的统治者。巴卑尔从未到过印度，他在日记中写道："在印度看到的是另一个世界：花草鲜美，林木茂盛，遍地飞禽走兽，这令我们惊讶不已。"

巴卑尔这一次来印度是抢掠，不久他就带着丰富的战利品回到阿富汗。可是印度的无穷财富深深地吸引了他，他下决心要将印度据为己有。二十年后，他又带着队伍回到了这个地方，建立起庞大的莫卧儿帝国。

巴卑尔出身于突厥化的蒙古贵族家庭。他是帖木儿的六世孙。帖木儿身经百战，凶猛异常，十四世纪在中亚建立起一个非常强大的国家。但不久帖木儿帝国就分裂了，费尔干纳就是分裂出的一个小王国。巴卑尔母亲的家世可以追溯到成吉思汗。巴卑尔在出身血统上是蒙古人，"莫卧儿"是阿拉伯语"蒙古人"之意，所以巴卑尔在印度开创的帝国被称作莫卧儿帝国。

1494 年，年仅十一岁的巴卑尔就继承了费尔干纳王位。他精通骑射，又善于从政，一生几乎都是在流亡和征战中度过。但他也有相当高的文化修养，他终身都记日记，给后人留下了一份详尽的史料。他几次带兵攻打旧时帖木儿帝国首都撒马尔罕，但都失败

了。于是他把注意力转向东方。

当时的印度，气候干燥炎热，地貌崎岖不平，但地域广大，物产丰富，人口众多。从 1505 年开始，巴卑尔先后四次入侵印度。

十六世纪初，整个印度四分五裂。北印度处在阿富汗人建立的洛提王朝统治之下。易卜拉欣·洛提，是该王朝第三代国王，他性情暴虐，杀戮朝臣，引起国内强烈仇恨，其统治摇摇欲坠。巴卑尔见时机已到，便在 1525 年 11 月，率领一支两万五千人的部队向印度进军。易卜拉欣也率领十万大军离开首都德里，迎击入侵者。1526 年 4 月，两军在帕尼帕特相遇。

帕尼帕特位于朱木拿河边，只要夺取此地，就可以进入一望无际的大平原，这里常常是决定印度命运的地方。

易卜拉欣的军队人数是巴卑尔的四倍，还有战象千头。因此巴卑尔采取守势，挖战壕，设障碍，将七百辆战车连在一起，留出空隙让他的骑兵穿过。战车后设步兵，手持火绳枪，还布置了新近才从奥斯曼帝国购得的野战火炮。

巴卑尔做好了迎击进攻的准备，可是八天过去了，并无动静。4 月 20 日，巴卑尔派人进行了一次偷袭，未能成功，不过他达到了预期的目的——促使对方采取行动。

4 月 21 日清晨，易卜拉欣的阿富汗军队出动了。他们向巴卑尔军方向迅速扑来，然而就在快要到达莫卧儿人防御阵地的时候，前锋部队犹豫起来，放慢了脚步。后面的队伍继续压向前方。士兵们挤在一起，开始出现混乱。巴卑尔抓住战机，向传令兵布置："立即让两翼的骑兵和弓箭手包抄过去，从后面杀伤敌人。正面的步兵和炮兵用密集的火力向敌人开火，让他们尝尝大炮轰击的滋味！"

"轰隆隆！轰隆隆！"巴卑尔的大炮声震天空。

"嗖嗖嗖！嗖嗖嗖！"莫卧儿弓弩手的弓箭满天飞。

阿富汗人挤在一起，既无法挥动武器，又无法前进或后退。他

们的战象受到炮火的惊吓，到处狂奔，踩死踩伤了很多自己人。

战斗进行到中午，阿富汗人彻底溃败，两万士兵阵亡，其余的全部逃跑了。易卜拉欣本人也在混战中被杀，头颅被割下呈送给了巴卑尔。

帕尼帕特战役胜利后的第六天，巴卑尔率领大军开进了德里。1526 年 4 月 27 日，在德里大清真寺的礼拜仪式上，他被宣布为"印度斯坦的皇帝"。这样，莫卧儿帝国开始统治印度。

以后，巴卑尔又打了两次胜仗，消灭了阿富汗人在印度的残余势力，巩固了他在印度的统治。

1530 年，巴卑尔因病去世。皇位传给了他的儿子胡马雍。然而胡马雍的皇位并不稳固，他的三个同父异母的兄弟密谋篡位。胡马雍又与他们进行了长期的战争，有一次甚至被赶出了印度。最终，胡马雍收复了他在印度的领地，恢复了莫卧儿帝国。

1556 年，胡马雍重登帝位才六个月，在一次意外事故中摔死了。他的儿子，年仅十三岁的阿克巴继承了莫卧儿帝位。阿克巴是莫卧儿帝国又一位杰出的统治者。

阿克巴幼时未受到良好的教育，但却锻炼了一副强壮的体格。他在将军巴伊拉姆汗的辅佐下，开始治理莫卧儿帝国。他刚继位时，莫卧儿帝国的领土很小，首都德里被阿富汗贵族希姆占领。

希姆聚集起十万军队、一千五百头战象，想一举消灭弱小的莫卧儿人。而阿克巴的军队总共只有两万人。一些大臣劝阿克巴退出印度，回喀布尔休养生息。但巴伊拉姆汗将军力排众议，提议调动一切力量与希姆决战。阿克巴采纳了这建议。

决战的地点，是德里以北的帕尼帕特，三十年前阿克巴的祖父巴卑尔取得重大胜利的地方。

1556 年 11 月 5 日，第二次帕尼帕特战役打响。战斗开始时，希姆派出战象进行冲锋，莫卧儿军有些慌乱。但莫卧儿军很快稳住

阵脚，发挥了侧翼进攻的优势，同时由弓箭手组成的射骑队展开进攻。战局发生改变，阿富汗人开始溃退，希姆本人也被乱箭射死。

第二次帕尼帕特战役的胜利，使莫卧儿人军威大振。很快，莫卧儿人攻占了德里。以后，莫卧儿帝国走上了不断扩张的道路。

1560 年，阿克巴亲政。他建立起完备的中央集权制度。君主有至高无上的权力，下设四个大臣，分管财政、军事、工商业和司法。全部政府官员都授予军阶，按军事方式编制起来。军阶分三十三级，最高级可指挥一万三千人，最低级可指挥十人。

阿克巴虽是一个正统的伊斯兰教徒，但在宗教问题上却比较宽容。他废除了对非伊斯兰教徒征收的人头税，政府中也任用了许多印度教徒，甚至还请来了基督教牧师布道。他注意革除印度教社会陋习，下令允许寡妇改嫁，废除寡妇殉葬制度。

阿克巴亲自处理帝国政务，有条不紊。他每天黎明就起床，日出后在皇宫窗台前向市民互道早安。然后上朝，朝廷上有各种人，有富人也有穷人，有男人也有女人，有印度人也有穆斯林，阿克巴耐心地倾听人们的上诉，认真审理案子。中午时分，阿克巴退朝，去处理后宫事务。下午，他召开宫廷会议，处理日常的国家事务，发布命令，讨论官职任命。然后，他视察马厩，检查一下大象和马匹，也查看一下作坊或工作室。傍晚他在自己的书房接见大臣和心腹顾问，处理机密事宜。他建立的日常工作制度，也传给了莫卧儿帝国的后继者们。

在阿克巴统治印度的四十多年时间里，他通过战争和怀柔两种手段，不断地扩大帝国领土。他不仅统一了北印度，而且还占有了南印度的部分地区。

1605 年，阿克巴去世。在他统治期间，他把一个年轻脆弱、内外交困的国家，变成了一个繁荣富强的帝国。

此后，杰汉基、沙吉汗、奥朗则布相继成为莫卧儿的统治者，

此时的莫卧儿帝国仍很强盛。但是到了十八世纪中叶，欧洲列强涌入，争相攫取印度的财富。首先来的是商人，接着来的是军人。终于，在 1857 年，莫卧儿的末代皇帝被英国人驱逐到了缅甸。

98

伊凡雷帝

在莫斯科红场的南面，有一处美丽的彩色建筑，叫圣·瓦西里大教堂。它由九座圆顶高塔组成，中间一塔稍大并高高隆起，四周八座小塔紧紧围绕。每座塔各有不同形状的圆顶，各塔塔身花纹奇异，色彩绚丽，整个建筑仿佛是一座童话中的城堡。这是俄国沙皇为纪念征服喀山王国而建造的，它于1560年竣工。因为这座建筑太美丽了，沙皇伊凡四世不想让他的建筑师再造出比这更辉煌的建筑，竟然下令弄瞎了建筑师的眼睛！这个沙皇在俄国历史上以暴虐著称。

1530年8月25日，莫斯科克里姆林宫诞生了一位小王子，他就是后来的沙皇伊凡四世。这时，阵阵雷声在莫斯科上空轰鸣，万里晴空中，一道闪电击中了克里姆林宫。这是一个不祥之兆。俄罗斯贵族派出一个代表团，来到俄罗斯东边的喀山汗国，请求可汗解释这个天象。这时，善解天象的可汗妻子说："沙皇已经在你们中诞生，他生有两排牙齿，一排用来吞食我们，一排用来吞食你们。"

因为这位未来的沙皇诞生在雷鸣之时，脾气又暴躁，后来被称作"伊凡雷帝"。

伊凡四世从小多灾多难，三岁时，他的父王便因病去世，八岁时，代他执政的母亲又被人毒死，剩下他孤单单一人。那些宫廷大贵族从来不把年幼的伊凡四世放在眼里，成天在他面前争权夺利，大吵大闹，甚至威胁他、侮辱他，把他当做克里姆林宫的"囚徒"。

这使得伊凡四世从小对那些贵族老爷充满仇恨，并且变得特别残忍。少年时的伊凡四世经常残忍地将小鸟拔掉羽毛、挖掉眼睛，看着它们慢慢死去；或者把小猫、小狗从塔楼上扔下，从中寻找乐趣。好在他的启蒙老师、大主教马卡林教他读书、写作，使他成为一位有文化知识的俄罗斯统治者。马卡林还向他灌输树立君王的权威、建立东正教大帝国的思想。

1547 年，伊凡十七岁了，到了登基的年龄。克里姆林宫大教堂举行了隆重的加冕仪式，大主教马卡林把一顶从东罗马帝国传下来的皇冠戴在他头上。为表明自己已拥有无限的权力，他采用了"沙皇"的称号。沙皇一词并非伊凡的创造，它来源于古罗马皇帝的称号"恺撒"（俄语"沙"是从拉丁文"恺撒"一词转音而来)，伊凡四世成了俄国第一位沙皇。

年轻的伊凡虽然加冕称帝，但宫中掌握实权的是大贵族格林斯基家族。格林斯基是伊凡的舅舅，一直在各地横征暴敛，独断专行，莫斯科人民为此怨声载道。

伊凡加冕后的第五个月，一场可怕的大火降临在莫斯科。时值盛夏，久旱未雨，火势凶猛，城市大部分被焚，一千七百人被烧死，大批居民流离失所。这时流言四起，人们传说是格林斯基家族的人放的火。于是暴怒的群众将仇恨都集中到格林斯基身上，他们冲进克里姆林宫，找到格林斯基家族中的一人，当场用石块将其砸死。市民又将格林斯基家的住宅洗劫一空，并杀死了所有能找到的格林斯基的家族成员。面对怒不可遏的群众，沙皇伊凡四世发誓将惩处格林斯基家族。群众这才散去。

伊凡四世被这次人民造反吓得胆战心惊，他得出一个教训：应该自己行使权力来治理国家，再也不能让大贵族为所欲为。于是，伊凡四世开始进行政治改革。他大力加强皇权，削弱和打击大贵族势力，提高中小贵族、城市商人的地位。他统一了全国的法律，起

用中小贵族担任法官；还颁布《兵役条例》，规定凡拥有一百五十俄亩土地的人出一名骑兵服兵役，增加了沙皇军队的力量。

伊凡四世稍稍稳固了自己的统治后，便开始向周边地区扩张，以扩大沙皇俄国的版图。

伊凡的侵略矛头首先指向伏尔加河中游的喀山汗国。喀山汗国是蒙古人建立的封建国家，由于地处交通要道，商业繁荣、土地肥沃、物产丰富，俄罗斯历代统治者都对它垂涎三尺。伊凡四世曾三次派兵入侵喀山，但都以失败告终。但他野心不死，在对军队进行改革后，又开始第四次入侵。

1552 年，伊凡四世亲自率领十五万大军、一百五十门火炮，还运来了移动攻城塔，于 8 月下旬直逼喀山城下。喀山守军不过三万，只有火绳枪，但喀山军民不畏强暴，奋起抵抗。经过一个月的攻城战，俄军仍然不能破城。

这时，伊凡想出一计，他命人从城外抓来三百四十人作为人质，押到城下要挟喀山守军投降。可喀山守军拒绝投降。恼羞成怒的伊凡下令在城下处死全部人质。随后，俄军又发动了更为猛烈的进攻。喀山军民英勇不屈，誓死抗敌。俄军每前进一步，都要付出很大的代价。

最后，俄军破坏了地下水道，切断了喀山水源，并花了十天时间，挖开一条直到城墙底下的二百米的秘密通道。俄军在炸毁一段城墙后，冲进城内。10 月 2 日，喀山城终于被攻陷。喀山守军大部分被杀，妇女、儿童被俘，财物被劫，房屋被焚。喀山汗国被纳入俄国的版图，伊凡四世随即自称"喀山沙皇"。

以后，伊凡又占领了伏尔加河下游的阿斯特拉罕汗国。为了取得波罗的海的出海口，伊凡又与波兰、瑞典打了一场长达二十五年的战争，结果以失败而告结束。

伊凡四世在对外扩张的同时，在国内则致力于打击世袭大贵族

的权力，为此他精心设计了"特辖制"。

1564 年 12 月 3 日，沙皇及其家属突然乘马车从克里姆林宫出走。沙皇这次出走不同寻常，行动严守秘密，气氛格外阴沉，预示着一场严酷的争斗即将到来。

一个月后，当大贵族和主教的代表找到沙皇，恳请他复位时，伊凡痛斥大贵族对他不忠。他表示同意复位，但必须给他非常权力，以处置不听话的大贵族。第二年 2 月中旬，沙皇回到首都，宣布实行"特辖制"。

他先把全国领土划为普通区和特辖区。特辖区主要在俄国中部，约占全国一半土地。这些地方富饶、繁荣，具有重要军事意义。特辖区内土地一律变成王室的财产，由沙皇分封给对他忠诚的中小贵族。而特辖区内大贵族一律移居到边远地区。

然后，伊凡四世建立特辖军，以清除不忠于沙皇的大贵族。特辖军骑兵由一千人组成，其成员都经过严格挑选。特辖军身穿黑色服装，在马鞍边上挂着一个狗头和一把大刷子，表示扫除一切叛逆分子。在沙皇的直接指挥下，特辖军镇压和屠杀了许多大贵族集团。

伊凡四世生性多疑，反复无常，又极端残忍。他依靠特辖军，前后共杀死四千名大贵族，杀害的平民百姓更无法计算。但在长期的国内斗争和对外战争中，他变得精神失常。一次，他在暴怒之下失手打死了自己的儿子，随后又悔恨不已，刚过五十岁就已显著衰老，神情呆滞。1584 年 3 月 19 日，伊凡四世在下棋时突然倒地而亡，死因不明，至今仍是个历史悬案。

99

尼德兰革命

1566 年早春的一天，浩瀚的大西洋波澜不兴，一艘西班牙商船正在海面上缓缓行进着，船上满载着从美洲抢掠来的金银财宝。水手们很兴奋，因为再有半天的航程，就可以返回西班牙港口了。

这时，远处的海面上出现了几个小黑点，很快越变越大，正朝着西班牙商船驶来。瞭望的哨兵登上了桅杆，仔细地观察着。

"报告长官，是一些小渔船。"

西班牙船长松了一口气，他最担心的是碰上英国的海盗船。可这些渔船虽然破旧，速度倒是挺快的。不一会儿，渔船就驶近了。还没等西班牙船长反应过来，周围的渔船上就发出喊声："我们是'海上乞丐'，立刻停船让我们上船！"

渔船上伸出无数的火枪和火炮，对准了西班牙船只。说时迟，那时快，一些"乞丐"已用钩子钩住商船，敏捷地爬了上去。

西班牙人此时毫无防备，只能乖乖束手就擒。西班牙船长垂头丧气地站着，眼睁睁地看着满船的财物被搬到渔船上。随着一声哨响，渔船又都离开商船，向着大洋远处驶去……

消息传到西班牙，国王腓力二世怒不可遏："该死的尼德兰'乞丐'！你们将会为此付出沉重的代价。"

"尼德兰"是荷兰语"低地"的意思，它包括现在的荷兰、比利时、卢森堡和法国北部的部分地区，人口约有三百万，大小城市一百四十座，人称"城市之国"。

新航路发现以后，欧洲的商业中心转移到大西洋沿岸，促进了尼德兰经济的发展。其中的阿姆斯特丹城以航运业和捕鱼业著称，佛兰德尔地区以毛纺织业闻名，安特卫普则是南方最大的港口城市，经济往来极为繁忙。

十六世纪初，尼德兰归西班牙王国统治。西班牙国王在尼德兰推行专制政策，横征暴敛，拼命搜刮，当时西班牙国库收入的半数来自尼德兰。

西班牙是一个天主教国家，而尼德兰人大部分信仰新教。西班牙国王为了维护专制统治，在尼德兰设立宗教裁判所，残酷迫害新教徒。国王颁布诏令：对于那些传播新教，或接触新教书籍的人，男的杀头，女的活埋或被烧死。

尼德兰从贵族、市民到广大劳苦大众，全都忍无可忍。终于，到 1566 年，人们纷纷组织起来，砸天主教堂，捣毁圣像、圣物，焚毁地契，冲击监狱，掀起了一场声势浩大的起义。西班牙贵族辱骂造反的尼德兰人是"乞丐"，而起义者则高呼"乞丐万岁"，还把"乞丐"的标志——一个讨饭袋绣在衣服上，以此作为起义的标志。

西班牙国王为镇压起义，派出了以残暴闻名的阿尔法公爵到尼德兰任总督。1567 年，阿尔法率领着一万八千名西班牙士兵到达尼德兰，在许多大城市布防，开始镇压革命运动。

阿尔法一到尼德兰，就设立一个名叫"防暴委员会"的特别法庭，大批逮捕起义者，不经审判就处以死刑。尼德兰各地布满了绞架和断头台，火刑柱的浓烟弥漫大地，先后有八千人惨死在阿尔法的屠刀下。刽子手们到处杀男人，烧女人，砍贫民，绞贵族，连安特卫普的一个市长也给杀了。一时间，尼德兰到处是腥风血雨。

紧接着，阿尔法在尼德兰加紧搜刮钱财，征收苛捐杂税。他扬言："宁把一个贫穷的尼德兰留给上帝，不把一个富裕的尼德兰留

给魔鬼。"

但是，尼德兰人民并没有被西班牙的白色恐怖所吓倒。他们在海上和密林中组织起游击队，自称"海上乞丐"和"森林乞丐"，到处打击敌人。

1572年4月，一支由二十四艘战船组成的"海上乞丐"游击队，向尼德兰北部城市布里尔发起攻击，很快攻占全城。阿尔法的军事防线被撕开了一个大缺口，海上游击队在尼德兰本土建立了据点。

1572年7月，尼德兰北方各省已基本独立，贵族奥兰治亲王威廉被推举为总督。

在南方的密林中，活跃着一支支"森林乞丐"游击队，他们不断地袭击西班牙驻军，让他们不能安生。南方的"森林乞丐"与北方的"海上乞丐"互相呼应，使阿尔法腹背受敌，顾此失彼。

1574年5月，西班牙军队经补充后卷土重来，包围尼德兰的滨海城市来登。来登市民坚持抵抗达数月之久。当城中弹尽粮绝，西班牙人派出使者，让来登人开城门投降，来登人回答道：

"只要你们还听得见城里有狗吠猫叫的声音，就知道城市守得住。为了保卫我们的妇女、我们的自由和我们宗教，免受外国暴君的摧残，我们宁可吃掉自己的左手来保全右手，也决不投降！"

后来，"海上乞丐"掘开堤坝，打开水闸，用洪水淹没敌军，敌人伤亡惨重，被迫撤退。

为了巩固革命成果，1579年初，北方各省与南方的部分城市组成乌特勒支同盟。同盟宣布永不分裂，制定统一的最高权力机关。1581年，它们宣布不承认西班牙对尼德兰的统治权，成立联省共和国。因为各省中荷兰省地域最大，经济也最发达，所以联省共和国后来改称为荷兰共和国。从此，尼德兰分成两部分，北部形成独立的荷兰共和国，南部仍然处在西班牙统治之下。

直到 1609 年，西班牙同北方缔结了休战协定，这实际上是承认了共和国的独立。而尼德兰的南部后来则形成比利时和卢森堡。

尼德兰革命是人类历史上第一次成功的资产阶级革命。通过革命，建立了欧洲第一个资本主义共和国。但这次革命只是区域性的，对世界历史的影响较小；所成立的共和国只是一个贵族式的共和国，保留了很多封建残余。所以，我们说它是中世纪最后一场革命，它给人们带来资本主义即将开始统治世界的信息。

100

"无敌舰队"的灭亡

1588 年 7 月中旬的一天，一支庞大的西班牙舰队浩浩荡荡地向英国海域进发。这支舰队拥有大小舰只一百三十艘，舰载火炮三千门，陆海军人员共三万人，西班牙人骄傲地称它为"无敌舰队"。7 月 21 日，"无敌舰队"驶进英吉利海峡。

英国女王伊丽莎白得知敌舰来犯，立刻派遣早已等候多时的英国舰队前去拦截。

第二天清晨，西班牙舰队司令西多尼亚公爵，登上旗舰瞭望台，观察英国舰队动向。他看了一会儿，脸上露出了笑意，轻松地对部下说："哈哈，伊丽莎白肯定把造军舰的钱花在做华丽的衣服上了。你们瞧，她的舰船数量倒不少，只可惜太小了。那也能称作舰队吗?"

随即，他命令舰队全速逼近英国舰队，一场大海战即将展开。

这场海上冲突是如何引发的呢?

事情还得从地理大发现谈起。哥伦布发现美洲后，西班牙人到处抢占殖民地。到十六世纪中叶，西班牙的殖民势力范围已扩大到欧美亚非四大洲。西班牙依靠庞大的舰队，垄断了许多地区的贸易，干预欧洲各国事务，不断发动战争，一时间竟然成为世界霸主。而此时的英国，通过圈地运动、海外贸易、殖民掠夺，羽翼渐渐丰满，也想称霸天下。这样，两个扩张中的帝国，不可避免地要发生冲突。

西班牙国王腓力二世处心积虑地想控制英国。早在 1568 年，英国（当时称英格兰）的邻邦苏格兰国内发生政变，苏格兰女王玛丽逃到英国，投靠她的亲戚——伊丽莎白女王。但她一到英国，就被伊丽莎白软禁起来。而玛丽是西班牙国王腓力二世的求婚对象。于是，玛丽被囚禁后，腓力二世便开始了营救活动。他秘密联合英国国内的天主教徒，发动武装暴动，企图救出玛丽，让她当英国女王。但是这次武装暴动很快被伊丽莎白镇压下去。腓力二世并不死心，多次派遣间谍去英国谋刺女王。

伊丽莎白很幸运，几次暗杀都被她摆脱了。可是，她知道，只要玛丽还活着，腓力二世就不会停止阴谋活动。但若将玛丽处死，西班牙就可能公开发动反对英国的战争。如何处置玛丽，成了伊丽莎白非常头疼的问题。

转眼间，玛丽被伊丽莎白囚禁快二十年了。这天，国务大臣匆匆地来找女王。

"陛下，有好消息了。"他有些喜形于色，"玛丽与外国勾结的密信，已被我们派出去的间谍查获。这下我们有处死玛丽的借口了。"

"可处死她会引来西班牙人的舰队。"女王不安地说。

"英国与西班牙迟早会开战，我们的皇家海军早已准备就绪。只有打败西班牙的无敌舰队，我们才能掌握制海权，从而无敌于天下。"

"我绝对相信我们无畏的海军将士，但这可是一场空前的大战啊。"

"看在耶稣基督的分上，陛下，你应该像一个伟大的国王一样发挥你的力量来保护自己，果真如此，则一切毫不可怕。反之，危险就在眼前。"

伊丽莎白终于不再犹豫，下令处死玛丽。

玛丽一死，西班牙国王腓力二世本想指望玛丽颠覆英国的企图破灭，除了对英宣战，没有第二条路可走。他立即行动起来，用了整整一个夏天，集合起庞大的"无敌舰队"，并且任命西多尼亚公爵任舰队总司令。可惜这西多尼亚公爵，本是个陆军将领，不但没有海战经验，甚至还会晕船。

腓力二世此次与英国交战，不仅是因为伊丽莎白处死玛丽，更是因为伊丽莎白纵容英国海盗，抢劫西班牙从殖民地运载金银的船只，使西班牙蒙受了巨大的损失。有人形容，这些英国海盗的抢劫活动，就像一根绞索套在了西班牙国王的脖子上。因而，腓力二世发誓要不惜一切代价，征服英国，消灭伊丽莎白。

海战在 7 月 22 日凌晨爆发。英国舰队抢占了上风的位置，排成一字长蛇的纵队，一面行驶，一面从远距离发炮轰击。一时间，炮声隆隆，水柱冲天，好几艘西班牙军舰中弹起火。

西班牙人又将战舰排成几路纵队，快速前冲，企图以巨大的舰身撞击英舰。不料，英国战舰灵巧地躲开西班牙舰队，根本不让西班牙战舰靠近。不仅如此，这些小巧灵活的英国舰只，原本大都是海盗船，竟能够横过来开炮，而且火力猛，弹无虚发。不一会儿，又有几艘西班牙战舰被击沉。这时，西多尼亚公爵才领教这些英国"小船"的厉害。

原来，海盗出身的英国海军将领豪金斯，为了迎战西班牙舰队，将英国战舰进行改进，增加了舰的长度，去掉了船楼结构，把许多火炮装在舷窗内而不是装在甲板上，使它的火力强度和准确性大大提高。此外，他们还尽量避免与西班牙舰队近战，而采用远距离炮击。相比之下，西班牙军舰既高又大，行动缓慢，自然成了英军"小船"炮击的靶子。

激烈的战斗持续了一整天，"无敌舰队"几艘分舰队的旗舰被击伤，退出了战斗，还有几艘军舰被击沉。接下来的几天战斗中，

英国人仗着高超的航海技术，想战则战，想走则走。他们可以用舷炮远距离打击西班牙人；而西班牙人拿手的接舷战却无法施展，火炮射程又近，常常打不中英舰。交战的第六天，"无敌舰队"躲进多佛尔海峡（英法之间连接北海和英吉利海峡的海上通道，法国人称为加来海峡），在此等待援军的到来。

7月28日午夜，月黑风高，云雾重重。西班牙舰上的水手均已酣睡。英国人巧施妙计，把八艘小船装上沥青、油脂和柴草，趁着顺风点燃后向西班牙舰队驶去。顿时，一片火海，烈焰熊熊，"无敌舰队"陷入了混乱中，在断缆开航时各船乱成一团，有的着火烧毁，有的相撞沉没。剩下的西班牙舰只乘着风势向北逃窜，准备绕过苏格兰、爱尔兰回国。可是这些舰只在海上遇上了大风暴，不少舰只沉没了，有的甚至被刮到了挪威海岸。

到1588年10月，西多尼亚公爵带领残部，历经千辛万苦回到西班牙时，仅剩下四十三艘残破舰船，"无敌舰队"几乎全军覆没。西班牙从此一蹶不振。而英国一跃成为海上强国，开始走上了称霸世界的道路。

101

"长期议会"和《大抗议书》

英国伦敦。坐落在泰晤士河西岸的威斯敏斯特宫庄重典雅。时值深秋,雾气从河面升起,弥漫开去。更确切地说升腾、弥漫的不是雾气而是杀气,就在这里,议会下院议员皮姆、汉普顿、马尔腾等人为代表的共和派与国王查理一世的专制王权的斗争,从今天起进入白热化。这天是 1640 年 11 月 3 日。

刚愎自用的查理一世终于在停止议会十一年后再度召集这次议会。他是想让议会通过他讨伐苏格兰的经费筹集方案。由于他强令苏格兰民众改变他们多年的宗教信仰,独尊英国国教,激起了苏格兰人的强烈反抗。想不到议会开会不久,皮姆等议员就提出要起诉查理一世的宠臣斯特拉福伯爵。

当时英国议会中的上院,百余名议员都是贵族。下院里,代表新兴资产阶级利益的皮姆等议员才七十多位,在下院五百多位议员中只占少数,但是共和派议员却得到伦敦民众的支持。成千上万名民众,将要求惩处反动首脑人物斯特拉福伯爵的请愿书投向下院。下院以绝对多数票通过了判处斯特拉福伯爵死刑的提案。提案送达上院,贵族议员傲慢地拒绝讨论:"就这样判处一位大臣死刑,有悖于我们贵族的高贵精神。"

可是神色紧张的门卫报告:"宫门已被无数市民包围。那些人狂热地高呼'制裁、制裁'的口号呢!"

"不得了了!那些粗野的人竟然拦住我的马车,质问我是否投

票赞成处死斯特拉福伯爵。他们还说如果我反对，今晚就捣毁我的住所……"一个满脸惊慌的议员进门后，气喘吁吁地说道。

整整两天，伦敦市民上街游行，齐声痛骂拒绝处死斯特拉福伯爵的议员是"卖国贼"！所有的店铺都关了门。民众的压力终于灭掉了上院的气焰。但是，投票赞成处死斯特拉福伯爵的议会提案，必须经过国王签署。查理一世当然要拯救自己的宠臣。于是，民众又涌向王室当时居住的白厅，一拨一拨衣着破旧的平民涌进宫廷花园。王后、公主们吓得手脚发软。于是，国王被迫让步。

处死斯特拉福伯爵那天，伦敦有二十万人兴高采烈地赶去观看。

在民众的力量推动下，共和派议员皮姆等人又通过议会，相继逼查理一世签署了好几项抑止王权、有利于新兴资产阶级发展的提案。其中有"三年法案"。它规定议会必须定期召开，两届议会期间相隔时间不得超过三年；还有提案规定不经过议会同意，国王不得收税；过去在议会停止期间国王征收的"船税"被宣布为非法。同时议会又要求国王释放一些被关押的共和派人士，取消多个封建王权的特权机构，等等。还有一项提案规定，非经议会同意，国王不得下令解散议会。就这样，这次从 1640 年 11 月 3 日起召集的议会，断断续续一直存在到 1653 年，被后世史书称为"长期议会"。

"长期议会"又拟了一篇《大抗议书》。提出《大抗议书》是为了维护议会的权益，所以它列举了查理一世过去长期不召集议会、滥用权力的一系列行为，共二百零四项；还提出工商业自由、成立长老派教会组织等。其中只有很小篇幅提及英国手工业者和农民的贫苦生活现状，而且全文语气极为恭顺，处处充斥着对国王感恩戴德的词语。但是，讨论《大抗议书》时却横生风波，从 1641 年 10 月 20 日起足足花了一个月时间，八易其稿，还是争论不休。

原来，议会内占大多数的贵族议员，亲眼目睹共和派议员由于

得到广大民众的支持，一次次逼得国王让步，因此兔死狐悲，深感民众力量的可怕，担心自己的贵族权益也会丧失，便阻挠《大抗议书》顺利通过。11 月 22 日表决那天，从下午起直到黄昏，还是争论不休。某些情绪激烈的贵族居然取下帽子，拔出佩剑砍向地面，表示反对。

这时，一位衣着朴素、衬衣领不那么挺括的议员，激昂地大声说道："如果今天我们否决了《大抗议书》，明天我就卖掉一切财产，离开英国，我不想再看到英国。我知道还有许多诚实的人也将这样做……"

这位坚决支持《大抗议书》的议员，就是从二十八岁起，在 1628 年和 1640 年两度从汉丁顿地区入选议会的克伦威尔。直到午夜，议会才以十一票的微弱优势，通过了《大抗议书》。

可是，国王拒绝接受《大抗议书》。1642 年 1 月 4 日，查理一世亲率三百余名武装卫士，直闯议会所在地。途中，他们遭到成群结队的市民、水手、脚夫和伦敦郊区农民多次阻拦。按照英国当时法律，国王率兵冲进议会抓人是违法的。但查理一世气急败坏，他想抓住皮姆等五个共和派议员，杀一儆百。可是皮姆等五人已经不知去向。

"鸟……儿飞走……了!"查理一世结结巴巴地说。他天生口吃，即使经过治疗后，仍只有平心静气时才能说话流利。

查理一世的军队回王宫途中，有民众向国王座车投进一个纸团。打开一看，上面写的字是："以色列人，回你们的帐幕去!"这句话是史籍中，公元前十世纪犹太部落民众嘲笑无能平庸的国王罗波安的时候使用的。

皮姆等人是在民众掩护下躲藏起来才脱险的。几天后，民众又簇拥着皮姆等五人，以胜利者的姿态回到威斯敏斯特宫，他们受到民众的夹道欢迎。一路上，人们高呼："保卫议会，保卫王国!"

"与议会同生死!"此起彼伏,声震长空。

查理一世眼看伦敦的局势已无法控制,1642年1月10日,他只得匆匆逃离首都,那些顽固的保王贵族议员们也相继退出议会,跟着离开伦敦。议会随即命令英国武装部队应服从议会调遣。查理一世则组织保王的贵族武装。1642年8月,查理的保王军队在英格兰中部的诺丁汉树起军旗。

从议会、王宫的唇枪舌剑,到战场的刀光剑影,英国资产阶级革命就这样开始了。

102

查理一世被押上断头台

英国国王查理一世逃出伦敦后，在诺丁汉集结起忠于他的贵族武装——王军。王军与忠于议会的议会军多次交战。尽管忠于议会的军队兵员较多，但他们是由英国各郡地方武装联合组成的，装备和军服各式各样，作战能力也参差不齐。议会军与王军作战最初时往往是胜少负多。惟独议员克伦威尔在他家乡汉丁顿郡建立的军队常打胜仗。这支由平民与自耕农组成的骑兵有很强的战斗力，而且纪律严明，被称为"铁军"。

克伦威尔出身乡绅之家。他曾在剑桥大学读书，两次当选议员，是议会下院中代表新兴资产阶级利益、反对封建王权的政治家，又具有出色的军事才干。

1644 年 7 月 2 日，英格兰北部的马斯顿荒野里，王军与议会军两军对峙，一场决战即将展开。但直到黄昏，谁都没有冒险发动进攻。

眼看太阳下山，乌云渐起。往常，夏天常有阵雨。在雨中开战，谁都占不了便宜，王军统帅罗伯特亲王估计对手也多半这样想，就传令准备安营做饭。他计划明天与对手决一胜负。不料此时议会军却突然发动了攻击。

王军仓促组织反击。正拼杀时，一队骑兵挥刀杀入，他们高喊着："天兵杀过来了，天兵杀过来了。"个个勇猛非凡，毫无畏惧地将王军的骑兵、步兵冲得阵势大乱。这支骑兵就是克伦威尔的

"铁军"。

王军中有支"白衣军"——因为军服是用没染色的白羊毛织成的，正在围攻议会军的步兵方阵，眼看即将取胜，想不到"铁军"从背后杀来。"白衣军"腹背受敌，死伤惨重。在夜晚的月光下，伤亡倒地的白衣军横七竖八，如同一块块裹尸体的白布散落在荒野里，让人感到战场的恐怖。

马斯顿荒原一战，王军大败。奉命追击的一支议会军队伍行动迟缓，英王查理一世乘机逃脱。在战斗中脖子负了轻伤、用布包着的克伦威尔，有几分恼怒地追问那支队伍的将领曼彻斯特伯爵，为什么不及时阻击？

"你知道什么？我们打败国王九十九次，他与他的后代仍是国王，我们只要被国王打败一次，我们就会被绞死，我们的子孙将成为奴隶。"

"如果是这样，我们当初就不该拿起武器。"克伦威尔气愤地回敬道。

经过克伦威尔等人的强烈要求和提议，五个月后，议会通过了《克己法案》，这一法案规定议员不得担任军队将领。那些思想保守，有意与国王妥协的议员就此被取消了对军队的控制权。克伦威尔用兵有方，成为议员中唯一的可率军作战的将领。同时，议会军也开始改组，在"铁军"基础上扩编，成立了一支有七千多骑兵和一万四千余名步兵组成的"新模范军"。他们是从出身低微的平民、自耕民和手工业者中招来的，入伍前必须宣誓忠于国家和议会。"新模范军"军纪严明，作战勇敢，并且一律穿红色军服，他们是英国历史上第一支国家常备军。

"新模范军"的司令由非议员又不是贵族的费尔法克斯担任。他要求克伦威尔出任他的骑兵统帅。经过多次战斗后，议会组建的"新模范军"果然屡屡取胜，攻下了王军大本营牛津城。查理一世

剃去头发，刮掉胡子，乔装改扮，仓皇逃走。他写的请法国、爱尔兰、丹麦等国派兵干涉英国的信件，来不及烧毁，落入议会军队之手。

有了查理一世里通外国的证据，英国议会下院投票通过组成法庭，审判从苏格兰"引渡"回来的查理一世。审判在1649年1月20日进行。

"查理·斯图亚特，你所犯下的罪行，引发了英国大地上的战事与流血，本法庭将审讯并判决你。"

没戴假发套、身穿黑衣的查理一世作为一名被告出庭。他强作镇定地反问法官："是谁给予你们这么大的权力？"

"是英格兰的民众。是英国国家的议会。"

原来，查理一世被押回英国后，他曾经希望英国议会中那些思想保守、主张与王权妥协的议员们掌权，那么自己还有机会东山再起。他还逃跑，与苏格兰贵族勾结，组织保王势力与议会军再次作战。克伦威尔率领"新模范军"一次又一次粉碎了他的阴谋和保王军的进攻。议会上院里的那些贵族议员，坚持拒绝批准下院成立审判查理一世的法庭。下院里，代表新兴资产阶级的众多议员，经过激烈的讨论后，通过投票干脆取消了上院。从1649年2月7日起，那些贵族议员与上院一起，从威斯敏斯特宫内消失了。

法院收集的证人和证据，充分证明了查理一世破坏法制，挑动反对议会的二次内战，推行暴政，使成千上万的英格兰人在战争中丧命，犯下了"暴君、卖国贼、杀人犯和国家公敌"的罪行，理应判处死刑。

一个严寒的冬天，查理一世被押上断头台。行刑官手起斧落，英国第一个被公开处死的国王就这样结束了生命。

查理一世的被处死，标志着英国封建制度的结束。英国议会下院宣布取消君王制，成立英吉利共和国，这是英国资产阶级革命取得的胜利成果。

103

"护国主"克伦威尔

1649年8月13日，一支载满着一万两千多名士兵的船队从英格兰的港口，横渡圣乔治海峡，驶向爱尔兰的都柏林。一位身材魁梧、衣着华贵的统帅，威风凛凛地站在主舰的甲板上，他就是克伦威尔。自从半年前查理一世被送上断头台处死后，他成为没有国王的英吉利共和国最有实权的人物。

一阵风浪袭来，船身剧烈摇晃。克伦威尔顿时脸色惨白，晕乎乎地直想吐。他赶紧躲进船舱内，思考着如何镇压爱尔兰民众的反英大起义。

舰队到达都柏林后，克伦威尔先发表了一篇讲话："我带兵来这里，是来进行一项神圣的工作。我要传播基督的福音，使血迹斑斑的爱尔兰土地，恢复原先的幸福与安宁……"

然后，克伦威尔又发兵攻打德罗盖达城。他将攻城大炮运到城下，集中炮火轰开了城墙，杀死了手持武器抵抗的两千多名爱尔兰士兵。对于固守在教堂里的守军，他用火攻，烧了教堂，击毙了从火堆中逃出来的爱尔兰士兵。他又将这种"屠城"的残杀情况，通告爱尔兰各城守军，威胁他们交出城池，举手投降。

九个月后，镇压了爱尔兰民族起义的克伦威尔又匆匆赶回英格兰。因为议会让他回来带兵出征苏格兰。苏格兰拥护王权的封建贵族，已拥立查理一世的儿子查理二世当新的国王。

克伦威尔率领一万六千名士兵进军苏格兰。英勇善战的苏格兰

人顽强抵抗。苏格兰士兵熟悉地形，经常在凌晨时分袭击英格兰军队的后卫部队。

这天，克伦威尔的一万余士兵被两万多苏格兰人阻挡在海边的邓巴城郊。决战前夜，克伦威尔打着火把，骑马来回奔跑，调动布置自己的部队。

第二天天刚亮，克伦威尔的六个骑兵团和三个步兵团就发动了攻击。苏格兰人措手不及，匆忙集中兵力反击。一阵激烈的拼杀后，克伦威尔将四个团的后备队再次投入战场。这时，朝阳从海面升起，克伦威尔喊道："上帝高高升起了。让他的敌人见鬼去吧！"

训练有素的英格兰士兵奋勇拼杀，苏格兰军队被击溃了，阵亡三千多人，还有九千余人被俘。而投入进攻的英格兰士兵一共才一万一千多人。

"克伦威尔比魔鬼还可怕。《圣经》上说世人抗拒魔鬼，魔鬼就会离开你。可你如果抗拒克伦威尔，他却向你迎面扑来。"邓巴城郊的战斗后，一个苏格兰传教士惊魂未定地这么说道。

经过几次大的战斗，拥护查理二世的苏格兰人被彻底打败，查理二世逃往国外。爱尔兰和苏格兰的土地都被并入英吉利共和国内。

战功显赫的克伦威尔得意洋洋地回到伦敦。议会把汉普登宫奖励给他，作为他的别墅。可是克伦威尔却又有了个新的念头。

12 月里的一天，一些议员与几位大臣被召集到议长府邸聚会。一进门，他们才发现真正的召集者是克伦威尔。他说今天是自己召集手下的高级将领开会，同时邀请你们几位来，是请大家一起议一议，英格兰究竟建立共和体制好，还是封建君主体制好？

"英格兰数百年来就是君主制。如果从继承传统的角度看，建立君主制更好。得要有一个好君王啊。"那是议员和大臣的意见。

"不！为了推翻君主制，我们的将士流血苦战，如今已经宣布

共和体制，为什么要改回去呢?"军官们坚持共和制。

他们可能并不完全明白克伦威尔想成为一国之君的真实想法。克伦威尔知道自己当君王，必然会遭到议会中那些忠于王权和忠于共和议员的双重反对。于是他让忠诚于他的一些高级军官出面。

这天，克伦威尔召集军官们开会，又特地邀请一些议员参加。

"关于解散议会，制定新宪法的问题，我们早就向议会送上请愿书，为什么迟迟不给我们答复!"一位军官高声责问后，马上得到了其他军官的赞同。

"我们已经组织一个委员会，正开始讨论。明天，我想我们会加快进行这件事的。"紧张的气氛使这些议员深感不安。

次日，议会果然加紧讨论此事。但这时，门被粗暴地推开了，克伦威尔怒气冲冲进来:"你们在这里呆得时间太长了，应该让位给更合适的人。你们这些酒徒、色鬼、恶魔，不配再担任议员!我以上帝的名义让你们滚开!"

在克伦威尔身后，是几十名全副武装的士兵。

从1640年11月开始的这届议会长达十三年，史称"长期议会"，就这样被克伦威尔驱散了。这天是1653年4月20日。

后来，克伦威尔授意组成的一届新议会，也因未能符合他的意愿，再次被他解散。

八个月后，在没有议会的情况下，由克伦威尔手下高级将领成立的"军官议会"拟出一个《施政文件》，这是英国历史上第一个以文件形式出现的成文宪法。《施政文件》宣布克伦威尔成为终身制的"护国主"，并规定英国国家政权由"护国主"、议会和国务会议共同掌管。事实上"护国主"是英国的独裁者。议会决议和国务会议委员人选，都必须经过"护国主"批准才能生效。

1653年12月16日，克伦威尔举行宣誓仪式。

"由于国会处在解散状态，而国家的形势迫切需要一个强有力

的统治，请阁下接受‘护国主’的职位。"兰伯少将说完后，一名高级军官宣读《施政文件》。克伦威尔随后举起右手，宣誓自己忠于并遵守《施政文件》。他解下自己的佩剑，取过兰伯少将呈上的另一把剑挂在腰间。这样便象征着"护国主"今后将按宪法，而不按军事指挥权来统治英国。

克伦威尔郑重其事地做完这一切，心中欣喜万分。不久后他又设法让议会通过决议，宣布"护国主"是世袭的。克伦威尔从此成为不是国王的国王，独裁统治英国达五年之久。

104

"光荣革命"与《权利法案》

盛夏里的一天，荷兰的海港有艘来自英国的船靠岸。只见一名海员步履匆匆下船后，走上码头，他看看四周没人注意他，就快步走出码头，消失在商贩叫卖声十分喧闹的街头。

荷兰王宫。执政的威廉亲王刚走出妻子玛丽的房间，就有随从报告说，有名海员刚从英国赶来，有重要机密一定要当面呈见亲王。

"从英国来？"威廉亲王暗想。当今英王詹姆士二世是自己妻子玛丽的父亲。他要是有事，也不可能让一名海员来转告啊！亲王有几分疑惑地命卫士将那海员带进宫来。此人举止彬彬有礼，恭敬地向亲王行礼后，从贴身衣袋里掏出一封信，双手呈上。

威廉打开信看后大吃一惊。原来这是一封邀请书："为了英国国家的安全和法制，特呈请殿下率兵渡海来到伦敦，代替年迈的国王詹姆士二世，治理英国。"

"邀请书"下面签名的是英国几位当权大臣，还有海军、陆军将领以及伦敦大主教。

"请亲王殿下不必怀疑。我的真实身份是英国海军将官赫伯特。"那位海员打扮的人说。这是 1688 年 7 月里的一天。

这些年来，英国政局一直不平静。

自从"护国主"克伦威尔病死以后，他的儿子缺乏克伦威尔的军事才干和政治威望，很快就被迫辞去世袭的"护国主"职位。英

国政局群龙无首，军队将领争权夺利。原本就是保王势力成员之一的英军驻苏格兰司令蒙克乘机带兵进入伦敦，成立以保王贵族为主的新一届议会。被克伦威尔数次打败、流亡在法国的查理一世的儿子查理二世，被蒙克等保王贵族们迎回，立为国王。

复辟上台的查理二世登基后半年，就开始疯狂报复、迫害参加过英国资产阶级革命的人。1661年1月，那些保王党人在查理二世支持下竟然挖开坟墓，将克伦威尔等主张共和的将领、议员的尸体拉出来，吊在绞刑架上示众，还砍下头颅，挂在威斯敏斯特宫前。连已去世的克伦威尔母亲、妻子和女儿的尸体也不放过。

查理二世让保王贵族们组织法庭。当年判处查理一世死刑的那些法官，被宣判犯有重罪而遭到杀害。查理二世在外交上与法国加强联系，利用法国天主教支持封建王朝的势力，巩固自己在英国的统治。他的复辟王朝威胁着在英国革命中崛起的资产阶级和新贵族的利益。

查理二世死后，他的弟弟继承王位，被称为詹姆士二世。詹姆士二世在打击资产阶级和新贵族利益方面比查理二世更厉害。他起用不少维护封建王权的天主教徒担任朝廷要职。

当时英国维护封建王权的贵族们都世代信奉天主教，主张共和的许多资产阶级议员和在英国革命中发达起来的新贵族都是新教徒。自从1648年处死查理一世后，英国政局是信奉新教的议员、将军们占主导地位。可是詹姆士二世却要让信奉天主教的保王贵族逐步掌握实权，他甚至命令新教教堂内要公开朗读有利于天主教的《容忍宣言》。伦敦七位新教的主教由于上书反对这种做法，被詹姆士二世抓起来关入狱中。他还要让法庭追究他们所犯的罪。但是法官尽管想按照詹姆士二世的旨意行事，开庭后也无法证明七位主教上书有罪，当法庭宣布他们无罪开释时，等候在法庭外的近万名市民齐声欢呼。詹姆士二世的倒行逆施，使政府中的大臣们深感不

安。就在七位主教无罪释放的当天夜晚，一些信奉新教的贵族和军队将领起草了一份邀请书，让海军将官赫伯特乔装打扮送往荷兰，请同样是新教教徒的威廉亲王来英国统治。

威廉亲王当然不会放弃当英国国王的机会。1688 年 11 月 5 日，他率领三十艘军舰、六百条船运输的一万两千名士兵，在英格兰西部德文郡的图尔港登陆。詹姆士二世得到消息，慌忙调兵抵抗，但是议会不拥护他，百姓反对他，军队当然也不愿替他卖命。派去的军队不但不抗击，反而由将领带领，一批批归顺威廉亲王。连詹姆士二世任命的英军总司令约翰·丘吉尔也带领两名军官向威廉投降。一队荷兰卫兵奉命将詹姆士二世押往罗切斯特，途中他们故意放这位战败的国王逃往法国，这是威廉亲王对他岳父网开一面的安排。

威廉亲王兵不血刃，半个月就进军伦敦。英国的贵族与议员们组成的协商会议在 1689 年 2 月 6 日通过决议，宣布詹姆士二世"退位"，由威廉和玛丽夫妇作为英国国王与女王共同统治英国。这次英国君王更替的政变，被后来的历史学家称为不流血的"光荣革命"。

半个月后，伦敦举行了威廉和玛丽的君王加冕典礼，典礼极其隆重。

这天，衣着华贵的威廉夫妇先听一名议会秘书大声宣读《权利宣言》。内容包括：从今以后英国国王不能是天主教教徒，也不能与天主教徒结婚；国王未得议会同意不得征税；未得议会同意，和平年代国王不得招募军队；议会由选举产生并经常开会，议员有言论的自由等等。这项《权利宣言》是为维护资产阶级和新贵族的政治利益，对国王权力进行限制，由协商会议制定的。后来《权利宣言》以法令形式颁布，被称为《权利法案》。

"我以我自己及我妻子的名义宣布，我们将衷心接受这个宣言

……我们将以英国议会制订的法律作为治理这个国家的准则……"
听秘书朗读完《权利宣言》后，威廉面色严肃地如此当众宣布，然后戴上王冠。

由于玛丽女王不理朝政，实际上英国由威廉统治。从1640年开始的英国资产阶级革命，虽然没有彻底摧毁封建势力，但毕竟建立了保证维护资产阶级利益的政权。从此，英国成为世界上第一个有君王，然而王权在议会和法律制约下的资产阶级君主立宪制国家。

105

牛 顿

"嗨！这是谁做的小玩具啊！"几个孩子围在边上舍不得离开。这座小小的玩具磨盘，和镇上真的磨盘一模一样。阵风吹来，照样能旋转；麦子倒进去，照样能磨出面来。只是没有风的时候就没办法了。怎么能让它在没有风的时候也能转动自如呢？这个磨盘的发明人，一个瘦弱而聪明的少年来了。只见他把风磨的叶片拆下来，装上一只笼子形状的大轮子，又在笼子形状的大轮子里面关进去一只白老鼠。白老鼠好奇地走了几圈，就飞快地踩动轮子，少年赶紧把麦子倒进磨盘，黄澄澄的面粉就这样磨出来了。

少年的双眼放出喜悦的光彩，周围的小伙伴们一片欢呼。

这个少年叫艾萨克·牛顿。他的特点是特别会动脑筋，曾做过日晷等许多小玩意。因为上学学费贵，他就不再上学，成了一名牧童。但他常常边放牧边看书，以至于羊吃了庄稼都不知道。他的母亲十分生气，镇上的学校校长却深为感动，从经济上帮助牛顿。这样牛顿得以再次进入校门，并且渐渐显露出自己的才华，成了学校的优秀学生，而且对很多科学问题都有浓厚的兴趣。

1661 年，经学校推荐，牛顿进入著名的剑桥大学三一学院。在大学里，他如饥似渴地读了许多大科学家的名著，引起了校长的注意。这位校长本人是一位著名的数学家，他无私地把自己多年的数学心得教给了牛顿，并让他担任自己的科研助手。这一切，为牛顿将来在科学上的成功打下了坚实的基础。在校期间，牛顿开始记

录名为《流水账》的学习笔记，随时记下一些思考时的心得。这些智慧的种子后来长成了参天的科学大树。

春天来了，剑桥大学附近的街市星期日有热闹的集市，牛顿与他的同学也来集市逛逛。他走过一个卖玩具和饰物的摊位时，一个三棱镜吸引了他。牛顿买下了三棱镜，回到学校就进了实验室。

牛顿早就注意到彩虹这一自然现象，但虹的本质是什么？他要搞个水落石出。他布置了一间暗室，只让一束阳光进入室内，阳光在墙上投射出一片白光。

牛顿在投射进来的光束中放上那个三棱镜，刹那间，墙上出现了一段人造彩虹。原先白光的位置上，现在分布着一条彩色光带，依次为红、橙、黄、绿、蓝、靛、紫七种色彩。牛顿赞叹着彩光的亮丽。他把三棱镜取走，彩光又变成了白光。这个现象屡试不爽。然而，为什么会这样呢？为了找到原因，牛顿又买了一个三棱镜，进行实验。

这就是著名的光的折射实验。牛顿通过这一实验，不仅发现了光的折射规律，而且发现了太阳的光谱。他提出了光的颜色学说，后来进一步提出了光的微粒学说，还由此发明了世界上第一架反射望远镜，可以清楚地看到木星及其卫星。

然而这些光学发明与牛顿在力学上的成就相比，只能算是小巫见大巫。牛顿把他在《流水账》中的思考笔记整理出来，提出了著名的力学三大定律，为运动、力、时间、空间等下了定义，建立了经典力学体系。在计算物体的运动时，他发明了微积分这个极为重要的数学工具，为变量数学作出了巨大的贡献。

一个春天的下午，牛顿在一棵苹果树下思考引力问题。突然，"噗"的一声吸引了他的注意，原来是一只苹果掉在了地上。苹果落地，这个千百年来人们熟视无睹的现象，对一个善于思考的人却是一个发明的契机。牛顿想，苹果为什么不往天上飞而往地下掉

呢？为什么不向前后走也不向左右跑呢？他马上想到，一定有某种力在吸引着苹果，而且这种力和质量有关。然而，这是一种什么样的力呢？顺着这条思路走下去，从苹果想到月球，从地球想到太阳，他终于发现了万有引力。

牛顿能有这么多发现，当然与他保持经常思维的习惯有关，但有时因为过于投入，也会闹出笑话。有一次他请朋友吃饭，刚要开始，他忽然想起自己在楼上还藏有一瓶好酒，于是请朋友稍等，他上楼去取酒。谁知牛顿走过实验室门口时，忽然想起了一个新的实验方法，于是马上推开实验室的门，一头扎了进去，做起实验来。而他那位可怜的朋友却还在楼下眼巴巴地等待着美酒呢！那位先生面对着满桌佳肴，忍饥挨饿，咽着口水。后来实在饿得不行了，他只得上楼去找牛顿，发现牛顿正干得欢呢！

"我当你在取酒呢！原来你在酿酒啊！"朋友说道。

牛顿这才如梦初醒，连声向朋友道歉。

正因为牛顿有这种专注投入的精神，他才有可能成为一名杰出的大科学家。

1686 年 4 月 28 日，牛顿关于力学的系统理论著作《自然哲学的数学原理》写完。当天晚上，伦敦皇家学会的会议厅内聚集了许多英国一流的科学家。主持会议的皇家学会负责人宣读这本书的几个选段，与会者听了都感到深受启迪。尽管牛顿本人没有在场，但《自然哲学的数学原理》阐述的理论，为人类的力学研究奠定了基础，成为世界科学史上的经典著作。

106

揭示财富奥秘的亚当·斯密

十八世纪二十年代，英国苏格兰的小镇柯卡尔迪有一家铁匠铺。五个健壮威猛的铁匠在这里干着制作铁钉的活儿，天天如此，月月如此。

有一天，一个小男孩偶然路过这里，就被铁匠铺炉火熊熊、热气腾腾的情境吸引住了。那个长相清秀的孩子着迷似的看着五个铁匠的分工：第一个把铁丝抽出，第二个把铁丝拉直，第三个把铁丝断开，第四个把铁丝烧红，第五个则挥动铁锤，把烧红的铁丝打成铁钉。"叮当！叮当"的声响，灼热的红光，五条身强力壮的汉子，这些在小男孩眼里看来，是那么有趣。

这个叫亚当·斯密的孩子当然没有想到，铁匠铺的景象在四十多年后会被他再现于惊世巨作《国富论》中。

亚当·斯密于1723年6月生于英国柯卡尔迪，他是个遗腹子。父亲生前是军事法官。斯密从小文静内向，喜欢思考，受到良好教育；后来进入格拉斯哥大学学习，并赴牛津大学深造。1748年至1763年，他在格拉斯哥大学任教期间，写出了成名作《道德情操论》。书中，他运用比喻提出了"内在的人"的概念，提出了在"人人为自己"的利己活动背后，道德通过每人内在的良知而起着调节作用。此书一出版便引起轰动。亚当·斯密成了英国第一流的哲学家，在海峡对岸的法国，他的书也同样畅销。斯密本人也因此当上了格拉斯哥大学的校长。

　　亚当·斯密经过多年研究写出的《国富论》于 1776 年 3 月问世。该书第一章讲述劳动分工对生产发展的作用。文章生动地再现了斯密当年所见的铁匠铺场景。书中从生产铁钉的分工现象，统计出十个工人一天可以生产出铁钉四万八千枚，远远大于一人从头包到底的效益，指出了分工是劳动生产力提高的最根本原因。

　　斯密生活的年月，正值欧洲各国相继完成了农业革命，进入殖民地大扩张的时代。生产力迅速发展，财富不断增长，却没人提出适应这个时代的新的经济观念。当时，人们对经济的认识还比较肤浅，以为财富的增长意味着获得更多的金银；以为世界的财富总数是一个恒量；以为一国财富的增多必然意味着另一国财富的减少，等等。

　　《国富论》的出现对上述观念形成强烈的冲击。该书是斯密花了十二年的时间阅读和思考的结果。斯密指出：金银不是财富增长的源泉，只有包含着人类劳动的商品才是财富的源泉；一国的富强也不意味着另一国的贫困。他还区别了生产性劳动和非生产性劳动，总结了"重农主义"和"重商主义"的观点，指出"人人为自己"的利己行为通过市场这只"看不见的手"的调节，产生了出乎意料的结果——人与人之间的互利，以及与社会利益的协调和一致，等等。

　　《国富论》开创了现代意义上的经济学这门学科。它的划时代意义是十分明显的，人们把它比喻为经济领域中的"牛顿定律"。《国富论》还总结了诸如货币、资本、价值、市场、公共财政等一整套概念和规则，这些经济学的原理从此影响了人类世界长达二百余年。直到二十世纪中叶，它的一些论点才为凯恩斯的政治经济学理论所修正。

　　该书第一版半年后便销售一空。但斯密并未以此为满足，而是不断补充和增订。当时他已被任命为苏格兰的海关关长，工作变得

非常繁忙。因此他只好利用业余时间，抓紧分分秒秒来思考问题。

据说有一次斯密去海关，守门的警卫对他行持枪礼致敬。他竟把手杖随手托起，也还之以持枪礼。那警卫大吃一惊，赶忙后退一步给他让路，没想到他也后退一步重复警卫的动作。警卫赶紧把他引入大楼。他也乖乖地紧跟警卫，迈着与警卫相同节奏的步伐走到了会议厅门口，警卫再次后退一步向他敬礼，他也后退一步向警卫敬礼。旁人看到这一幕大为惊奇，上前问斯密在干什么时，斯密这才如梦初醒。原来他如此投入地陷于沉思中，压根就没想到自己刚才的动作，如同演了一场滑稽戏。

长期紧张的工作与思考损害了亚当·斯密的健康，他于1790年7月逝世。然而后人只要提起《国富论》，就会想起亚当·斯密——现代经济学的始祖。

107

一脚踢出了"珍妮机"

影响世界历史进程的英国工业革命，是被一个男子"一脚踢出来"，然后才开始的。这个故事还是真实的呢！

事情要从 1764 年里的一天说起。英国兰开郡有个纺织工詹姆斯·哈格里夫斯，那天晚上他回家，开门后不小心一脚踢翻了他妻子珍妮正在使用的纺纱机，当时他的第一个反应就是赶快把纺纱机扶正。但是当他弯下腰来的时候，却突然愣住了，原来他看到那被踢倒的纺纱机还在转，只是原先横着的纱锭现在变成直立的了。他猛然想到：如果把几个纱锭都竖着排列，用一个纺轮带动，不就可以一下子纺出更多的纱了吗？

哈格里夫斯非常兴奋，马上试着干，第二年他就造出用一个纺轮带动八个竖直纱锭的新纺纱机，功效一下子提高了八倍。为了纪念自己的妻子，机器被他取名为"珍妮机"。由于当年他没能申请到专利，因此只能自己生产"珍妮机"来赚钱。"珍妮机"不但效率高，而且纺出的纱质量也比较好，因此哈格里夫斯的生意不错，"珍妮机"也渐渐流传开来了。

这天夜晚，哈格里夫斯夫妇晚餐后正在谈论"珍妮机"给他俩带来的日渐富裕。突然一阵杂乱的脚步声出现在他家门口，然后，门被粗暴地撞开，一群怒气冲冲的男男女女冲进来。他们不由分说，将房里制作好的"珍妮机"通通捣毁："你制作的害人机器见鬼去吧！"甚至有人还放火，点燃了哈格里夫斯的房屋。他们夫妇

俩被赶出了兰开郡的小镇。

原来，英国工业革命发生后，大量失去土地的农民涌入城市，为工场主打工谋生。当时英国占领了印度作为殖民地，印度生产的棉纺织品价廉物美，热销一时，引发了英国本土棉纺业的繁荣。但是，织布机械由于机械工人凯伊发明飞梭技术，生产率大大提高。织布需要的棉纱，却还是依靠众多家庭手工业的纺车慢慢纺出来。所以棉纱供不应求，收购价格较高。"珍妮机"的发明使棉纱产量上升，于是，织布厂收购棉纱价格下跌。那些没有使用"珍妮机"的纺纱工人不但产量低，而且棉纱又卖不出好价钱。日子久了，他们的怒气爆发，才有捣毁机器那一幕的发生。

哈格里夫斯夫妇不得不流落诺丁汉街头，但他俩还是努力改进"珍妮机"。1768年，哈格里夫斯获得了专利；到了1784年，"珍妮机"已增加到八十个纱锭。四年后英国已有两万台"珍妮机"了。

工业革命不断地催生出新的发明。1769年，理查德·阿克莱特发明了卷轴纺纱机。它以水力为动力，不必用人操作，而且纺出的纱坚韧而结实，解决了生产纯棉布的技术问题。但是水力纺纱机体积很大，必须搭建高大的厂房，又必须建在河流旁边，并有大量工人集中操作。于是，1771年，他建立起有三百名工人的工厂；十年后工人增加到六百名。纺织业就这样逐渐从手工业作坊过渡到工厂大工业，到1800年，英国已有这样的工厂三百家。但这种机器纺出的纱太粗，还需要改进。童工出身的塞缪尔·克隆普顿于1779年发明了走锭精纺机。它结合"珍妮机"和水力纺纱机的特色，又称"骡机"。这种机器纺出的棉纱柔软、精细又结实，很快得到应用。到1800年，英国已有六百家"骡机"纺纱厂。

英国纺纱业的大发展，使织布业反倒显得落后了。1785年，牧师卡特赖特发明水力织布机，使织布工效提高了四十倍。到1800年，英国棉纺业基本实现了机械化。

　　纺纱机、织布机由水力驱动，使工厂必须建造在河边，而且受河流水量的季节差影响，造成生产不稳定，这就促使人们研制新的动力驱动机械。1785 年，瓦特的改良蒸汽机开始用做纺织机械的动力，并很快推广开来，引起了第一次技术和工业革命的高潮，人类从此进入了机器和蒸汽时代。到 1830 年，英国整个棉纺工业已基本完成了从工场手工业到以蒸汽机为动力的机器大工业的转变。

　　蒸汽机作为动力，从纺织业开始，逐渐被广泛应用于采矿、冶金、磨面、制造和交通运输等各行各业。1807 年，美国人富尔顿发明汽船。1814 年，英国人斯蒂文森发明火车。当进入十九世纪四十年代，英国的主要产业均已采用机器，完成了工业近代化，成为世界上第一个工业化的资本主义国家。

　　就这样，从工场手工业过渡到机器大工业的工业革命，是先从英国的纺织业开始的。继而，工业革命的先进技术又被美、法、德、俄等欧美列强广泛吸收和采用，大大提高了劳动生产力，又促进了商业和运输业的发展，加速了城市化的进程，极大地改变了人类的生活。

瓦特与蒸汽机

一个文弱的孩子守在炉子旁，呆呆地看着炉子上煮水的水壶。水快开了，强大的水汽直往上冒。尽管壶盖紧紧地盖着，可还是颤颤巍巍地动了起来。水汽越来越多，越来越强，先是从盖的边缘往外冒，接着是集中力量把壶盖往上顶。一下，两下……终于，强大的蒸汽把壶盖顶起，直冲向炉子上方。

"詹姆斯，我从来没看到过你这样的孩子。半个小时过去了，你一言不发，一会儿把水壶盖盖上，一会儿又取下……你不能去看看书，或者做些有意义的事情吗？"孩子的姑妈责备地说。

她当然不可能想到，这个叫詹姆斯·瓦特的孩子今后做的最有意义的事情，就是从看这水壶的蒸汽开始的。

瓦特从小热爱学习，善于观察。他的学习成绩非常优秀，数学成绩总是全班第一。回家后还主动找书看，研究天文、化学、物理等学问，并逐渐掌握好几种语言。此外，他动手能力也很强，经常到他父亲的工场里去看大人们干活，或者当个小帮手，学点修理仪器、制作模型等技术。

他十七岁那年，父亲因轮船失事牵连而破产了，家道一落千丈。上大学根本不可能，他还得设法养活自己和贴补家用。于是，这个聪明的孩子只得去当学徒谋生。他先后到了格拉斯哥、伦敦等地去学艺，以便将来成为一名工匠，可以靠手艺养活自己。

伦敦的冬天又阴又冷，晚上九点以后，屋子里更是冷如冰窖。

工作了一整天的瓦特推开租用的小屋简陋的门，疲乏地躺到床上，可是他只稍稍放松了一下，马上像弹簧一样地蹦起来，走向桌子跟前。桌子上，一大堆拆洗了一半的仪器，今天必须装好，明天还得送给客户呢！他啃了些干面包，喝了点水，马上又精神抖擞地干了起来。瓦特一旦投入了工作，很快就陶醉其中了，也根本忘记了时间，一直干到装配结束，才感到周身疲乏。他甚至来不及梳洗一下，一歪在床上就睡着了。他实在太累了。

在伦敦的一年学徒期间，瓦特不但拿不到一分钱的报酬，而且还要付学费。师傅只供他吃饭。他每周工作五天，从清晨一直到晚上九点。周末的两天和晚上，他从工场揽一点活来干，这样才能缴学费和有一点生活费。这种日以继夜的苦干锻炼了他的本领，但也极大地消耗了他的体力，以至于学徒生活结束之后，瓦特休息了整整一个夏天才调养过来。

那时的瓦特不但技术优秀，而且基础扎实，一些复杂的仪器如经纬仪、罗盘、四分仪等等都可以拿得下来了。他精湛的手艺渐渐引起了人们的赏识，格拉斯哥大学的教授迪克特地聘请他为大学的仪器修理工。一些来大学实验室参观的科学家看到这个修理工心灵手巧，与他交谈之下发现他的知识很丰富，于是，这些科学家就成为瓦特的新朋友了。

当时，铁匠纽可门发明的蒸汽机已经出现了。但这种蒸汽机相当粗糙，应用范围又很窄。1764 年，瓦特帮助学校修复了一台纽可门式蒸汽机。在修理时，爱动脑筋的瓦特发现这台机器效率不高，于是他萌发了改造蒸汽机的愿望。经过反复思考，他发现其效率不高的原因在于冷却过程是在汽缸里完成的，而冷却过程完成后还得把汽缸重新升温，这一过程浪费了很大的热量。瓦特的天才性创造就是制作了一个分离式冷凝器，让冷却过程在汽缸外进行。这种改良后的蒸汽机可以节约四分之三的能源，而功率却得到了

提高。

纽可门式蒸汽机的第二个缺陷是只能做往复运动而无法做旋转运动，这就大大限制了它的使用范围。瓦特对此又进行了艰苦的研究和试验。在这期间，瓦特遇到了一系列的不幸。1773 年，为他提供研究资金的工业家罗里克破产了，研究经费因此中断。同年，妻子又去世了，留下了好几个年轻的孩子。尽管这样，瓦特仍然没有停止研究。他搬到了伯明翰，找到了新资助人，继续研究。1784 年，他发明了平行传动装置，使蒸汽机开始能做旋转运动。继而在 1788 年，他又发明了离心式调节阀。1790 年，他设计制作了汽缸示动器，使蒸汽机得到了极大的完善，广泛地应用于各行各业。

千百年来，人们只知道肌肉力（人力、畜力）和自然力可以作为动力，可以做从收割、打铁到推磨、拉车等各种工作，但是肌肉力和自然力都是受到自然界限制的。如何克服这种限制呢？瓦特用他完善的蒸汽机，使能源突破了自然力和肌肉力的限制，完成了人类历史上一次巨大的能源改革，极大地推动了工业革命的进程。所以今天，我们一提到蒸汽机，首先想到的是瓦特，而不是纽可门。

109

斯蒂文森和"旅行者"号机车

1799 年里的一天，英国的一所煤矿职工子弟学校像往常一样上课了。但今天的课堂上却有点不同寻常：来了一个高大健壮的小伙子，看上去只有十七八岁的模样。"这样的大龄学生和我们这些七八岁的同学一起上课？"少年们相互间交换着意味深长的眼光。但这小伙子却丝毫不理会这些，径自走到后排坐下，并认认真真地开始听起课来。

这位大龄学生，就是后来被称为"火车之父"的乔治·斯蒂文森。他出身于一个煤矿工人之家。由于家里贫困，他十四岁就开始在煤矿上干活了。一直到十七岁，他还是一个文盲。可是这个青年有个与众不同的优点，那就是当他发现某一个必须改变的问题时，就会马上着手想方设法去改变它。

斯蒂文森聪明好学，很快就读完了子弟学校的课程。他继续在煤矿工作，并能把学到的知识应用到工作中去，所以不久他便当上了煤矿的机械师。几年以后，斯蒂文森又通过自学成了工程师。

那时煤矿已废除了马拉的矿车，而代之以蒸汽机作动力的蒸汽机车了，也已经出现了矿用的铁路。斯蒂文森每天出入于矿山，他成天看到拉矿石的蒸汽车在铁路上来往穿梭，一个想法突然跳出来了：蒸汽车既然能拉煤，能不能用来载人呢？其实这个问题不是没有人想过，而且已经有人干过了，英国的一个名叫特莱维茨克的矿山牧师就尝试过。他于 1801、1803、1804、1808 年先后制造又改

进、装配出四辆蒸汽机车，但不是因行进时水烧干而烧毁机车锅炉，就是车轮打滑出轨而撞毁，试验一次次都失败了。连续的失败使特莱维茨克心灰意冷，最后彻底放弃了。

在1812年的伦敦工业展览会上，斯蒂文森无意中见到了陈列品中那辆特莱维茨克制作的蒸汽车，欣喜万分。他左看右看舍不得离开，足足看了三小时，研究载人用的蒸汽车也就是火车的念头更强烈了。从此，他把业余时间和精力完全投入在这上面，阅读了大量的书籍。

1814年，斯蒂文森装配出了世界上第一辆有实用价值的蒸汽机车——"半统靴"号。那车外形像一只平放的柏油桶，下面有四只轮子，车顶有一根烟囱，拖着八节货车车厢和一节客车车厢，车速是每小时四英里。试车那天，车的确开动起来了。但是机车颠簸得非常厉害，简直像在轨道上跳，还不断发出巨大的撞击声，烟囱中大量火星四处飞扬，蒸汽机车还时不时地发出又尖又响的啸叫声。

"半统靴"号引来了很多人观看，可是附近的牛、马都被那啸叫声吓得惊慌失色，四处狂奔。机车一次次来回跑着，围观的人渐渐变成抗议的人。人们被这巨大的响声所激怒，飞舞的火星也随时有引发火灾的危险，颠簸的车厢更是随时可能翻车。愤怒的人们对他吼道："你再不解决这吓人的怪叫声，我们就要采取行动，彻底砸毁你的机车！"

机车只得停驶。但斯蒂文森不甘心失败，他一定要设法让机车稳当安全地跑起来。于是，他又花了整整一年的时间，对机车加以改进。他用导气管把喷出的蒸汽废气引到烟囱里面去，这样不仅减少了噪声，而且加快了炉内的空气循环，使煤烧得更旺，还增加了机车的牵引力；在机车底部，他加装了减震弹簧，增加了机车的稳定性和抗震性；机车车轮的功能也大大得到提高。

1825 年，英国政府决定在"煤都"达林顿和海港斯托顿之间铺一条铁路来运煤。开始是准备用马拉车来运煤的，那时已是总工程师的斯蒂文森抓住机会，向有关机构再三建议，使用经改良的新式铁轨：长达十五英尺，设有导向凸缘的熟铁轨，并在铁轨的枕木下加铺小石子使铁轨平稳。他还到处游说，要求人们使用他改良后的机车，"一台机车等于五十匹马，行驶起来又安全"。他的执着努力终于感动了有关政府要员。

这一年的 9 月 27 日，春风满面的斯蒂文森登上了机车驾驶台。世界上第一列火车的试通车开始了。随着汽笛一声长鸣，一股白汽喷上蓝天，斯蒂文森摘下帽子向大家挥舞，人们则报以热烈的掌声。慢慢地，机车开出了车站。这列名为"旅行者"号的机车，身挂三十多节车厢，载客四百多位，还拉运了煤与其他物品，平稳行驶，时速已达十五英里。当时还有人不服气，骑着马与火车比速度，结果大败而归。这是世界上第一次出现人制造的机械车速度比马的速度快的情景。

斯蒂文森并没有满足，机车进一步得到改进。四年之后，也就是 1829 年，他造出了"火箭"号，不仅载重量得到大幅增加，最高时速达到了二十九英里。

从"旅行者"号机车开始，火车渐渐取代了马车，成为人类在陆地上旅行和运输货物的主要交通工具。

110

彼得大帝

在俄罗斯圣彼得堡的涅瓦河畔，有一座巨大的塑像。那是一个头戴桂冠的骑士，他骑坐的骏马扬起前蹄，后蹄踩着一条巨蛇。他就是俄国历代沙皇中第一个被称为"大帝"的彼得一世。

1689 年 9 月，十七岁的彼得在大贵族支持下，将野心勃勃、把持朝政多年的同父异母姐姐索菲娅关进修道院，才真正成为掌握政权的沙皇。

让众多大臣纳闷的是，彼得当朝后便将日常政务交给自己母亲、太后纳塔莉娅和几个他信任的贵族大臣处理，自己离开克里姆林宫。他有时指挥亲信士兵组成的团队进行军事演习式的游戏，更多时间他则出现在莫斯科的侨民区——日耳曼村。

日耳曼村里聚集着许多外国人，其中有医生、工程师、教师、商人、军官。与这些来自世界各地、掌握专业知识的人广泛接触，能长见识，所以彼得常来这里。他还虚心地向他们学习航海、天文、几何、数学等知识。这都是过去他很少听说过的。

原来，当时以莫斯科为首都的俄国非常闭塞、落后。农奴制束缚下的农业发展缓慢，工业与手工业水平与西欧相比差距很大，贵族子弟中也有相当多人是不识字的文盲。连莫斯科都没几所学校，医生更是缺乏。这一切，都让彼得深感俄国的落后面貌必须改变。

入夜，克里姆林宫内，烛光下，彼得让侍从展开地图。他看到俄国北方唯一通海的港口阿尔汉格尔斯克港。他回忆起几个月前带

着百多名官员曾到达那里的情景，那是彼得第一次看到海洋。令他深深震动的是，港口有不少船，却没有一艘是俄国的。港口堆积的大量木材、皮毛等俄国特产，都是俄国人用人拉马运才送到这里。这些货物统统由外国商船运出去，卖贱卖贵全由外国商人说了算。况且这个港口一年有九个月冰冻着。

彼得眼光往下看，南边的亚速海、黑海，土耳其把持着。往西，波罗的海又是瑞典人控制。俄国要发展，要进步，首先要有船，要有海军，要有通向海洋的海港……想着想着，彼得不禁捏紧了拳头。

彼得在 1695 年发动了争夺出海口的第一次战争，攻打土耳其控制的亚速城堡，但却被土耳其人打败。没有海军是这一仗战败的原因之一。因此彼得一世就大力抓造船、造军舰。他命令集中全国人力和材料，用皮鞭监督工程进度，同时他自己也像一名木匠一样流着汗亲自参加造船。

"只有陆军的君王是只有一只手的人，同时又有海军，才是双手俱全的人。"彼得在心里念叨着这句话。

一年半后，俄国建立了它历史上的第一支舰队。然后彼得再次发兵攻打亚速城堡。尽管这次取得了胜利，但是要战胜控制黑海的土耳其，俄国现有的舰只和造船技术力量还远远不够。看来，必须出国学习先进技术，同时用外交手段与西欧国家联络，共同对付土耳其。于是，彼得一世果断地宣布，派俄国名门贵族出身的子弟五十人组成留学生团，去威尼斯、荷兰和英国，学习航海和造船技术。他们没有完整地掌握技术不得回国；一旦发现有擅自回国者，将罚没其全部家产。然后他又决定组织一个高级使团出访欧洲各国。他本人将以使团随员身份，隐藏其中参加。

彼得的这两个决定，在贵族官吏中招来了一片反对声。当时的俄国人认为离开俄国去异国他乡，是违背祖宗教诲的行为，沙皇陛

下隐藏身份出国，更是有失帝王的威严。

这天，几位贵族元老大臣在莫斯科郊外的一座修道院忧心忡忡地聚会。他们共同商量后决定冒死进谏，劝阻彼得出国。第二天，一位白发苍苍的贵族带着几位老臣求见沙皇。彼得一世一听就明白了他们的来意，断然颁旨，将头脑守旧的贵族大臣软禁几天：

"朕不想见他们。请他们去普列奥布拉任斯基村休息些日子吧。"普列奥布拉任斯基村是当年索菲娅公主软禁彼得与他母亲的地方。彼得计划先在使节厅举行告别宴会，第二天也就是1697年2月24日，他随同总人数为二百五十人的庞大使团出访欧洲。

一切准备就绪，突然近卫军队长紧急求见："陛下，臣得到可靠消息，射击军上校齐克列尔已纠集一些武装卫士，将在告别宴会中暗杀陛下！"

彼得一世听后，脸部肌肉抽搐着，表情古怪。这个齐克列尔当年就是索菲娅公主篡夺朝政时的亲信，射击军是索菲娅将彼得母子软禁在普列奥布拉任斯基村的武装卫队。少年时度过的那段提心吊胆的日子，顿时重现在彼得眼前。正因为少年时代频频遭受这种刺激，彼得才会染上每当痛苦时，脸部肌肉立即抽搐的古怪毛病。想到这些，彼得传令近卫军立即捉拿齐克列尔等叛乱分子。严刑审问后，那些乘权贵大臣反对彼得出访之际图谋暴动的贵族、军官全部被处死。

"据他们招供，陛下，您的岳父和几个叔叔也是反对陛下出访的，如何处置？"近卫军队长为难又小心翼翼地问。

"哼！统统赶出皇宫，严加看管。"彼得一世毫不留情。

然后，彼得隐身其中的使团出访欧洲。在阿姆斯特丹，他参观了造船厂。彼得又打扮成木匠在船厂虚心学习。在伦敦，彼得偷偷混进议会上院听议会的辩论。在柏林，彼得在武器制造工厂贪婪地问这问那。一直到维也纳，彼得才以沙皇身份与奥地利皇帝商谈结

盟反对土耳其的事宜。

一年多后，彼得一世率使团回到莫斯科，在普列奥布拉任斯基村接见文武大臣。彼得身穿简洁的服装而不是俄国传统的长袍，热情又不失威严地讲述欧洲的先进文明。随后，他又严肃地说："各位大臣留的长胡子，就是守旧、落后的表现……"

说完，他拿出剪刀，不由分说将一位大臣的胡子剪掉了。在场的贵族们大惊失色。

这么多年来，俄罗斯人一直认为胡子是"上帝给男人最珍贵的装饰品"。可彼得认为要改变俄国落后的面貌就必须从改变陈规陋习做起。他下令剪去长胡子，贵族不得穿宽大长袍，而要穿简洁的服装。他又改革军队，扩建海军；还下令办印刷厂印报纸，开办一批技术学校，建立科学院，改变历法。他还在涅瓦河口建立了新城——彼得堡，命令居民迁入彼得堡居住，最后将首都从莫斯科迁到彼得堡。因为彼得堡地处通波罗的海的芬兰湾，便于对外交往，吸取学习世界先进科学文化，改变俄罗斯落后的面貌。就这样，俄罗斯从彼得一世开始，政治、经济、文化、科学得到了极大的发展，与西欧各国的差距迅速缩短了。

一天，彼得一世亲自带人在彼得堡大街上种树。好多军官和士兵看到沙皇这么做，也感动地加入了植树的行列。彼得抬头看到有个军官在一旁没动手，却在狡猾地笑。彼得没有立即下令惩罚他，而是意味深长地说："你是在笑我，看不到这些树长大成林的日子吧。不错，但我还是要这么做，因为我们的后代可以用这些木材造军舰。你是个鼠目寸光的傻瓜，我不是为自己，而是为俄罗斯的利益而这么做。"

这一席话，让那军官听得面红耳赤，也让民众对俄罗斯的兴旺增加了信心。

111

叶卡捷琳娜女皇

一支由三十辆雪橇组成的车队，在俄罗斯大地日夜行驶。车队中，一位不到二十岁的姑娘身裹厚厚的皮大衣，看着车外被白雪覆盖的田地、森林，心中暗暗吃惊俄罗斯土地的辽阔。她是普鲁士的公主索菲亚，因许配给俄国大公彼得·乌尔里希为妻，正赶赴莫斯科。她的行装只有两三条裙子、一些衬衣、一打袜子和手绢。这是1744 年 2 月里一个寒意重重的日子。

当时俄国执政的叶丽萨维塔女皇，专横跋扈，却是彼得大帝的女儿。叶丽萨维塔准备把皇位传给自己的外甥彼得·乌尔里希大公。索菲亚今后就是皇后了。索菲亚是个德国人，没有任何俄国贵族的势力可以依靠，这门亲事是福还是祸？索菲亚为此冥思苦想。

进了俄国皇宫，成天在叶丽萨维塔挑剔、苛刻目光的监视下，丈夫彼得大公又只顾玩木偶兵、与情妇鬼混，索菲亚干脆一门心思学习俄罗斯语言、风俗习惯；并且改信俄国的宗教——东正教，改用俄语的名字叶卡捷琳娜。她经常半夜起床，温习俄语语法和词组，结果着凉生了肺炎，一度病危。

太子妃叶卡捷琳娜因学习俄语生病的消息传开后，叶丽萨维塔女皇很感动，朝中贵族大臣们也对这个来自德国的女人产生了好感。叶卡捷琳娜还读孟德斯鸠、伏尔泰关于政治、民俗的著作，伏尔泰的著作使她着了迷。她又与宫中一些老年贵族妇女交谈，不但提高了俄语水平，也了解了俄国宫廷的历史和许多秘闻。这一切使

叶卡捷琳娜在朝廷内外建立了良好的口碑，同时她也暗中物色了一些亲信。

叶丽萨维塔病重去世，大公彼得成为新沙皇彼得三世。彼得三世个性古怪，对姨妈叶丽萨维塔毫无感情。在悼念已故女皇期间，他在灵柩前做鬼脸、说笑话、还举行演出娱乐活动，要求参加者不许穿黑色的服饰，自己当众狂欢。而叶卡捷琳娜却天天去教堂跪在叶丽萨维塔灵柩前祈祷，甚至痛哭。于是，从贵族大臣到平民百姓都对皇后非常敬重。同时人们对新沙皇彼得三世却暗暗不满，因为彼得三世上台后与俄国世敌普鲁士极其友好，下令俄军改穿普鲁士军服，实行普鲁士军纪。他命令解散成立半个世纪的近卫军。他攻击教会，宣布没收东正教教会的部分财产。这些做法使俄国贵族、教会、军队都非常恼火。彼得三世甚至还准备废黜皇后叶卡捷琳娜。

工于心计的叶卡捷琳娜决定先下手为强。1762 年 6 月 28 日，她在亲信奥尔洛夫兄弟组织的近卫军支持下，发动政变，宣布彼得三世退位，皇后成为叶卡捷琳娜女皇。

叶卡捷琳娜女皇先将彼得三世关押在洛普莎别墅，然后又说他暴病亡故。女皇重赏支持她上台的功臣；叶丽萨维塔时代及彼得三世当朝的大臣一律留用；撤销彼得三世没收教会财产的法令；对普鲁士、法国、奥地利、英国同时保持友好态度。这些措施稳定了政局和人心。

为了解决国库财政空虚的危机，叶卡捷琳娜女皇宣布，名门望族垄断某些商业取得的利润，必须上缴国库；同时又提高税率，发行大量纸币，出售国债。她自己还在议会上宣布："朕决定放弃使用议会资金！"

原来这笔议会资金是那些垄断商业部门捐献给历代沙皇任意使用的一笔钱，总额占俄国财政预算的十三分之一。皇帝带头节约开

支，贵族大臣们即使反对也不敢多言。财政困难得到了缓解。

"我但愿上帝交付给我的这个国家兴旺，因为只有国富，我才能富裕……沟通里海和黑海的联系，再打通它们与北方各海的联系，扩展与中国和东印度诸岛的贸易，我的俄罗斯就能强大得超过欧、亚任何国家……"夜晚九时，叶卡捷琳娜女皇写完这些表示她施政方针的文字后，在宫中疲倦地放下笔。她从早晨五点起，就连着审批公文，连吃饭都没好好休息一下。她就是这样度过自己的执政初期。

一场天花袭击俄国，叶卡捷琳娜决定引进疫苗接种，抵御天花。俄国民众却根本不信这方法。这天，英国著名的疫苗接种专家应女皇邀请来到圣彼得堡。叶卡捷琳娜女皇说由自己亲自试一试疫苗。当英国专家用手术刀在叶卡捷琳娜胳膊上划了一下时，整个宫廷都激动万分。整整九天，宫廷内外都为女皇陛下祈祷。"那个英国江湖骗子要是因此让我们陛下毁了容，他和他的子孙将永远被诅咒！"不少人怒气冲天地骂着。

但是，一天天过去了，女皇安然无恙。人们被事实所折服，疫苗便推广开了。科学技术知识也逐渐在俄国得到了进一步传播。弃婴收容所、助产士学校、医院和贵族女子学校，陆续在俄罗斯出现。

叶卡捷琳娜与伏尔泰通信长达十五年，与狄德罗谈论教育、文化问题，以开明君主的形象出现。俄国广大农奴却仍在地主压迫、剥削下痛苦地生活着。1767年，叶卡捷琳娜女皇颁布一条法令："凡是未经主人许可而向女皇递送诉状者，呈递人与诉状起诉人皆将被鞭打，并流放他乡，终身服苦役。"

她又将大量土地和农奴赏赐给她的不少宠臣。俄国贫富悬殊、民不聊生的局面激起了多次农民起义。叶卡捷琳娜不得不出动重兵，她甚至让身经百战的著名元帅苏沃洛夫带兵，残酷地镇压了普

加乔夫起义。

　　控制俄国政局后，叶卡捷琳娜女皇发动了六次侵略战争，与普鲁士、奥地利瓜分了波兰；战胜土耳其，建立了黑海舰队，打通了自彼得大帝以来俄国一直想取得的黑海出海口；将克里米亚收入俄国版图；与瑞典作战，确保了俄国在波罗的海的地位。俄罗斯的领土大大扩展了。

　　"我这个德意志的公主两手空空来到俄国，可是为俄国取得了克里米亚和波兰，这些可以说是我的嫁妆吧！"叶卡捷琳娜女皇得意洋洋地这样夸耀自己。

　　一位沙俄外交官员却评论道："我们不得不承认，叶卡捷琳娜女皇在执行自己的计划时所采用的方法，远离了正直与诚实的品德，而这些品德是各国应保持的始终不渝的政治准则……"

112

普加乔夫起义

俄国名将苏沃洛夫接到叶卡捷琳娜女皇急调他回莫斯科的诏令。半个月后他从对土耳其作战的战场上赶到莫斯科。只见皇宫前的广场上放着大炮，喀山等地的贵族地主带着家眷，衣冠不整，如逃难似的涌进首都，他们被普加乔夫农民军的迅猛攻击吓破了胆。据说攻下喀山后，普加乔夫的军队将直闯莫斯科。难怪首都的贵族大臣们都一个个神情紧张，仿佛大祸临头似的。

一支农民组成的军队，竟然让女皇不得不调俄军名将来抗击！苏沃洛夫在莫斯科总督那里拿了一份全权处置普加乔夫农民军的委任书，便身裹士兵斗篷，乘坐一辆轻便马车，带着十几名卫士，在1774 年 8 月 24 日那天出发，赶去伏尔加河下游的重要城市萨拉托夫。普加乔夫的农民起义军主力据说就在那一带。

途中，苏沃洛夫开始综合他听说的关于普加乔夫的传说和俄军情报部门提供的材料，心中默默地分析他将面对的作战对手。

一年多前，俄罗斯东南的乌拉尔地区出现一个自称是彼得·费多罗维奇皇帝，即彼得三世的人。他说十多年前叶卡捷琳娜为了篡位当女皇，宣称彼得三世退位，并暴病而死。其实她将彼得三世关押起来，彼得三世设法逃了出来。那人自称自己就是隐姓埋名逃出来的彼得三世，如今决定起兵报仇，夺回皇位。他将带着农民们打回莫斯科。他重当皇帝后，民众一定会过丰衣足食的好日子的。其实，彼得三世确实已死。据可靠情报，那个自称彼得三世的人，其

实是个叫普加乔夫的农民。他参过军，有作战经验，为人豪爽仗义，因此得到农民的热烈拥护。

苏沃洛夫的思考突然被打断了。卫士们看到一彪武装人马如一阵狂风急骤冲来，迅速包围了马车。苏沃洛夫看到其中有些人穿着顿河哥萨克的传统服装。一个看上去是头目模样的人举枪对准马车中的苏沃洛夫问道："你们是什么人？"

卫士们被这伙人的气势镇住了，根本不敢拔枪抵抗。苏沃洛夫顿时明白自己遇到了普加乔夫的部下。他立即向卫士使了个眼色，狡黠地回答："彼得·费多罗维奇皇帝手下的人。"

"不对吧？我们的人从不带刺刀的。"那头目用怀疑的目光盯着卫士的刺刀。自从彼得大帝改革军队以后，俄军一律配备刺刀。

苏沃洛夫机警地说："我们这些人奉命去执行一项特别任务……"他胡乱搪塞了几句。那头目才挥挥手，带着武装队伍离去。

苏沃洛夫总算领教了普加乔夫农民军的厉害。看来，俄军波将金将军与普加乔夫交手后，向女皇递上的报告没有夸大其词。那报告上写道："普加乔夫这个恶魔虽被击溃，但随时可能卷土重来。他渡过伏尔加河时身边只有五十多人，到阿拉特里就成了五百人了。到了萨兰斯克就聚集到一千二百人，在奔萨和萨拉托夫又有一千多人跟随着他，而且他还弄到了火炮和弹药……"

这些年来，叶卡捷琳娜女皇为筹集军费和获得更多金钱供自己和皇室享用，强行增加税收，还任意将土地及大量农奴封赏给自己的宠臣。农民日子过得越来越苦。乌拉尔山的矿工实在受不了牛马不如的生活，被迫罢工反抗，遭到了女皇军队的镇压。顿河地区的哥萨克人生性自由，女皇实行限制他们自由的歧视政策，激起他们的反抗。如今，有个自称彼得三世的人说跟他去打天下就能过上幸福生活，允诺给哥萨克自由、平等，自然就得到民众的拥戴，成群结队的农奴、矿工、哥萨克跟着普加乔夫起义了。他们包围地主庄

园，杀死那些压迫他们的贵族地主，夺回财物，拉走牲畜，声势浩大。

由于普加乔夫的农民起义军以灵活的方式作战，今天出现在这里，明天又出现在那里，沙俄军队一时无法招架。好不容易调动军队击溃了这里的起义队伍，可普加乔夫又在另一地方出现，一发号召，又有许多民众跟着他造反。

经过苏沃洛夫等能征惯战的将领调动军队集中攻击，普加乔夫起义军终被击败了。由于起义军内部叛徒的出卖，俄军抓住了普加乔夫。

苏沃洛夫第一次看到这个难以对付的对手，只见普加乔夫壮实的中等身材，圆脸，一头不驯服的黑发，胡子茬又密又长，眼睛黑亮，即使戴着镣铐，他还是保持自信的神态。

陆军上将帕宁傲慢地审问普加乔夫："你怎么敢拿起武器，公然与我对抗？"

"公爵阁下，我已经带兵反抗女皇了。对你，我还能怎样呢？"普加乔夫毫无畏惧，用嘲弄的语气反诘道。

被激怒的帕宁将军气得忘记了自己的贵族身份和此刻的地位，竟然如同见到红布的公牛，捏紧拳头朝被镣铐锁着的普加乔夫扑了过去。

1775年1月10日，莫斯科波克罗夫大教堂前的广场上，白雪被鲜血染红。农民起义领袖普加乔夫被当众处死。据说沙俄政府对这种犯上作乱的暴徒，将处以四马分尸、再斩首的残忍刑法。叶卡捷琳娜女皇为了显示自己的仁慈，改为先斩首，再四马分尸。其实，她是害怕更多农民像普加乔夫一样起来反抗她的统治。

为了消除民众对普加乔夫的怀念，俄国政府下令将普加乔夫起义时风起云涌的地区亚伊克城和亚伊克河，分别改名为乌拉尔斯克和乌拉尔河；而且明令禁止人们再提起"普加乔夫"这个名字。帕

宁还下令将每个有人参加普加乔夫起义的村庄，都放上绞架，威吓人民不准再造反。

苏沃洛夫在处理那些农民起义省份的事务时，明智地加以安抚而不是镇压。好多年后，他在自己的回忆录中写道："……我曾经用了那个恶人的名字，但今天回想起来，我并不觉得惭愧。"

这是一段很值得回味的文字记载。

最新版

世界五千年

陈增爵 沈宪旦 孙晓文等 编著

中

少年儿童出版社

113

十二月党人

在西伯利亚矿山深处,

请你们保持高傲的忍耐,

你们的辛劳不会白费,

也不会空怀崇高的进取心。

……爱情和友谊

将会冲破幽暗牢门,来到你们身旁。

犹如我这自由的歌声一样,

飞进你们服苦役者的牢房。

……

这首悲壮的诗,是俄国著名诗人普希金献给俄国最早结成秘密组织起义,反抗沙皇专制统治的贵族革命者的。

1825 年 12 月 26 日,是新沙皇尼古拉一世举行登基仪式的日子。这个身材高大、矫揉造作,装出威严模样的尼古拉坐上皇位,实在有几分心虚。他的大哥沙皇亚历山大一世突然死亡,因为他没有儿子,按理应由二哥,当时任华沙总督的康斯坦丁继位。可是,据说康斯坦丁声言放弃皇位,这才轮到尼古拉一世登基。因为为人粗野、独断专行,尼古拉知道自己在彼得堡的近卫军中缺乏威信。甚至彼得堡总督米洛拉多维奇将军都说,尼古拉即位称帝,他不敢保证首都治安的稳定。

果然，尼古拉在当天上午十时，对向他宣誓效忠的贵族大臣说："哪怕我只做一个钟头的皇帝，我也要尽职。"这时，圣彼得堡参议院广场上，彼得大帝铜像前，有八百余名近卫军士兵手执武器列成方阵。还有一些军队也陆续赶来。军官们对部下鼓动道："康斯坦丁已被关进了牢房。我们决不向尼古拉宣誓效忠。"反对沙皇的起义就这样开始了。

原来，指挥起义的是一些反对专制统治，要求在俄国实行宪法、废除农奴制的贵族军官组织的秘密团体。他们的计划是在尼古拉即位之际，发动武装起义。首先占领参议院广场，强迫参议院宣布在俄国废除农奴制、实行民主宪法、召开制宪会议，阻止尼古拉当沙皇；然后就夺取冬宫，逮捕皇室成员，占领涅瓦河口的军事要塞和军火库，控制邮政局和其他政府机关。

不巧的是，这天尼古拉一世一早就命令参议院成员向自己宣誓效忠。贵族议员在仪式举行完后已经各自散去。尼古拉一世的登基诏书也已经在城内散发。起义计划的预定步骤被打乱了。同时，不知什么原因，负责指挥起义队伍的特鲁别茨科依上校也一直没出现在广场上。一时起义部队无人领导，白白在广场上挨冻，没有发动军事攻击。

尼古拉一世虽然不全知晓这些，可早已慌了手脚。他无法调动近卫军，只得匆忙发令调首都卫戍部队。下午二时，大批忠于尼古拉的军队赶到，将起义军队包围起来时，广场的起义官兵们已有三千多人了。因为原计划集结的各支反对尼古拉的近卫军都赶到了广场。

"叶甫盖尼将军，你现在最好把皇室成员护送出去，离开彼得堡。"尼古拉强作镇定地命令。

首都卫戍部队发起了攻击，立即被起义士兵击退。一些胆大的百姓也用木柴在背后投掷卫戍部队。

总督米洛拉多维奇将军被皇帝命令到广场去劝说起义军，他是参加过 1812 年俄国抗法卫国战争的名将，或许有些威望，可以安抚军心。但是，起义军官用手枪击伤了他。

"只有用大炮轰击了。"尼古拉一世悍然下令。

"可是，陛下，广场上有大炮却没有炮弹呀！"

下午五时，去远处军火制造厂拉炮弹的马车终于赶到。排炮开始向起义军队发起两轮炮击。冬天，天黑得早。大炮的轰击火光中，在广场冻饿了一天的起义官兵一片混乱，有不少人逃到冰冻的涅瓦河上。

"朝涅瓦河上的叛乱者开炮！"冰层被炮弹炸裂开了，不少士兵掉进冰河中死去。反对沙皇的贵族革命起义就这样被残酷地镇压了下去。

"叶甫盖尼，我最不明白的是，当时他们怎么没有马上抓我们俩，把我俩当场枪毙了？"尼古拉一世事后还心有余悸地对叶甫盖尼将军说。

在彼得堡，对起义者的全面搜捕展开了。在乌克兰，起义者在南部的暴动计划也被沙皇军队镇压了下去。

因为这次起义发生在 12 月，所以起义者被称为"十二月党人"。被抓捕的十二月党人几乎全部是贵族，相当多还是军官。一百二十一名"叛乱者"中，十三名有上校军衔。

尼古拉一世亲自参加对十二月党人的审讯。他软硬兼施，威逼他们认罪。他一会儿许诺给某人的家属发一笔安抚费；一会儿竟然流着眼泪，对某人诉说俄国的不幸局面。尼古拉一世对其中的别斯土舍夫少尉说："只要你今后坚决效忠我，我可以原谅你。"

"陛下，这正是我们抱怨的，也是我们暴动的原因。你是沙皇，可以随心所欲，想怎样做就怎样做。这是越权的行为……我想还是让法律决定吧。"别斯土舍夫回答。

尼古拉一世下令，判处一百多人流放西伯利亚服苦役。他冷冷地说："我在位一天，他们就休想离开西伯利亚。"另有五人被判处死刑，其中有少尉别斯土舍夫、彼斯杰尔上校和诗人雷列耶夫。

在彼得堡的保罗要塞，处决彼斯杰尔上校和诗人雷列耶夫的绞索断了。两具尸体从空中沉重地摔下，四肢摔断了。行刑者又将鲜血淋淋的尸体套上绳子，残忍地再次吊起来示众。

雷列耶夫生前写过一首长诗，诗中借主人公的自由，表示自己为反抗暴政将义无反顾：

> 如果有谁最早站起来，
> 去反抗压迫人民的人们，
> 我知道毁灭将等待着他。
> 命运已经注定我应该死去，
> 但请告诉我，何时，何地？
> 曾经有过不需要牺牲就能获得的自由？

十二月党人失败的重要原因，是他们只相信自己而不发动广大民众参与革命。但是，他们的勇敢精神以及沙皇对他们的疯狂迫害，呼唤着俄罗斯人民起来反抗暴政。

114

"五月花"号

英国的普利茅斯港迎来了极不平凡的一天。一大群清教徒（基督教新教中的一派）从德尔夫特、哈勒夫特等地远道赶来。他们明天将搭乘"五月花"号帆船到新大陆去冒险。虽说只有六十六人，但是他们拖儿带女，带着行李；还有不少亲朋好友前来送行，此去天涯海角，他们要陪伴亲人度过这最后的一夜。其实，这一夜谁也没有睡，他们一次次地倾心交谈、叙旧、祈祷……

很快，天亮了，出发的人要上船了，可是送行的人还希望再谈一会，再多看几眼，再拥抱一下，因为到新大陆去的确是极大的冒险，而且对很多人来讲，这辈子永远不可能再见面了，实在是生离死别啊！

时间终于到了，人们紧紧地、长时间地拥抱、吻别，千叮咛万嘱咐，个个泪如雨下，叹息声声，使周围的人都唏嘘不已。随着开船的信号发出，他们全体下跪，虔诚祷告。牧师含着热泪，仰望上空，祈求上帝赐福保佑。历史将永远记住这一天——1620 年 9 月16 日，"五月花"号驶离普利茅斯，驶向新大陆的未知世界。

途经南安普敦港时，"五月花"号遇到了来自荷兰的"顺利"号。"顺利"号载着三十五名清教徒，也是到新大陆去的。因为"顺利"号又破又旧，所以这三十五名乘客干脆也登上了"五月花"号。这样船上共有一百零一名乘客了，其中包括一些妇女和儿童。他们多数是清教徒，是为了躲避宗教迫害而远赴重洋的。另外

还有一些贫穷的工匠和农民。

航行虽然充满了希望，但每年的九十月份恰巧是一年中最不利于航行的季节。海上时而狂风大作，时而惊涛骇浪，可谓前途茫茫，生死未卜。船上的生活条件极为艰苦，甚至不如囚犯。一些人很快就病倒了，也有不少人因饥饿、分娩而死亡。死者的尸体被无奈的同伴们抛入大海。船上的十八名妇女，后来只剩下四人。狂风不仅延长了他们的行程，还把船往北吹去。

经过四十多天的航行，终于，他们远远地看见了陆地，不由欣喜万分。但后来发现这不是他们要去的弗吉尼亚，而是在弗吉尼亚北面六百四十四公里处的马萨诸塞。

眼看快要到美洲了，船上一名叫威廉·布雷德福特的男子发起倡议：为了今后我们齐心协力建设共同新家园，我们应该订立一个共同的契约。他的建议很快得到大家的赞同。于是在 1620 年 11 月 11 日，船上仅存的四十一名成年男子一起商定了今后共同遵守的自治纲领，这就是著名的"五月花公约"。公约如下：

"以上帝的名义，阿门。

"……

"为了上帝的荣耀，为了我们的国王与基督信仰和荣誉的增进，我们漂洋过海，以在弗吉尼亚北部开拓最初之殖民地，因此在上帝面前结盟：同心协力为较佳秩序与生存建立一个文明政体。为使上述目的得以顺利进行，要随时制定、拟定和设计那种公认最合适殖民地全体人民利益的公平法律、条例、法令、法规以及设立治理机构。我们全体保证遵守与服从。"

接下来是四十一名男子的签名。

"五月花公约"用文字形式确立了在上帝与法律面前人人平等的资产阶级民主权利，后来成为美国建国史上一个极为重要的文献；也是以后无数自治公约的第一个，并在很大程度上成为英国的

北美殖民地社会成员遵守的共同模式。这个公约是教会盟约形式的民主协议，表明了移民们对自由民主的向往以及希望政府来源于人民之中的愿望。它对以后的《独立宣言》甚至美国宪法都有重大影响。因为这一公约，"五月花"号上的移民们被称为"移民始祖"，尽管他们所建立的普利茅斯定居点实际上是北美大陆的第二块殖民地。第一块殖民地是弗吉尼亚的詹姆城。

虽然到达了新大陆，但等待这些历尽艰辛、筋疲力尽的拓荒者们的，并没有温暖的住所、可口的食品，而是荒原、森林和野兽。他们面临着饥饿、寒冷和死亡的威胁。但是，回身望去，他们横渡过来的茫茫大洋已经变成了千重波峰、万里鸿沟，把他们与文明世界完全隔绝了。他们除了背水一战，艰苦创业外别无他法。

实际上，第二年的大饥荒使幸存下来的人口又死去一半。后来多亏当地印第安人的帮助与指点，才使来自"五月花"号的居民能够生存下来，繁衍下去，最终建立起理想的社会和国家。

115

列克星敦的枪声

10 月，北美纽约的气温谈不上燥热，可在纽约举行的会议气氛，却仿佛热得要爆炸了。因为英国政府颁布法令，要求北美殖民地必须实行"印花税法"。分布在北美洲各地的十三个殖民地中有九个派出代表聚会在这里讨论此事。1765 年的 10 月是一个多事之秋。

"去年他们征收了'糖税'，让我们经营糖与咖啡生意的，甚至卖麻布、丝绸的都要交税。现在又要征什么'印花税'，简直毫无道理。"一位代表说。

"是啊。英国政府在伦敦，我们在北美洲。我们签订合同、办理执照、颁发文凭、印刷出版报纸杂志和书籍，凭什么都要贴上向他们购买的印花票，支付给伦敦这笔税金呢？"另一位代表也气愤地说道。

"问题的关键是在议会里，没有代表我们北美殖民地民众利益的议员。按照英国法律，征税必须听取代表被征税的民众议员的意见。征'印花税'，未经我们民众代表同意，剥夺了法律赋予我们的自由，是违法的暴政行为！"一位代表咬文嚼字，说出了反对"印花税"的合法理由。

"印花税"本来就被北美殖民地的广大民众抵制，当这次会议发出"要自由，不要'印花税'"的号召后，北美大陆立刻掀起了反对征"印花税"、抵制使用英国货物的抗议浪潮。北美民众成立

了"自由之子"、"自由之女"社等抗英组织，投入抗议活动，一些出售"印花税"票的英国官员被愤怒的民众捉起来，他们身上被涂上柏油，粘上鸡毛后，又被拖上街示众。如此强烈的抗议浪潮使英国政府不得不在半年后就宣布废除"印花税法"。

但是，为了填补与法国交战引发的国库亏空，英国政府仍然想方设法加强掠夺北美殖民地民众创造的财富；同时限制北美大陆的殖民地发展工业，又巧立名目，再次征收赋税。英国还向北美大陆派去大量军队，控制民众反抗的局面。1770年3月，驻波士顿的英军与当地民众发生冲突时，竟然开枪射击手无寸铁的平民，造成民众五死六伤。

"波士顿惨案"激起了波士顿及北美各殖民地民众的极大愤慨。各殖民地都组织集会，声讨这骇人听闻的暴行。波士顿市民发起组织了"通讯委员会"，目的是加强联络，共同对付英军。其他各殖民地的"通讯委员会"也相继成立。十三个殖民地的"通讯委员会"逐渐成为北美民众团结起来反抗英国政府暴政、争取自由的领导机构。

1773年，英国政府又决定在北美殖民地实行"茶叶税法"。征收"茶叶税"，事实上是强迫北美民众饮用英国在东印度公司储存的茶叶，同时还要民众掏钱交税，当然遭到人们的反对。费城、纽约、波士顿等港口拒绝给运英国茶叶的货船卸货，那些船只好停在港口里。

就在这一年的12月16日夜里，一些印第安人突然出现在波士顿的码头。他们悄悄进入满载茶叶却没人卸货的英国轮船货舱，将茶叶一箱箱抛进大海。原来他们是打扮成印第安人的波士顿"自由之子"成员。

"白天，我们八千多市民集会，要求你们原船离开波士顿，将这些茶叶运回英国。你们不理睬。那么好吧，我们只得自己动手

啦!"那些"自由之子"们干完后,脱去印第安人服装,痛快地离去。

发生在波士顿的茶叶倾倒入海事件传到伦敦,英国政府极为恼怒。三个月后,英国接连颁布五项苛刻的法案,内容包括封锁波士顿港口;未得到殖民地总督许可禁止市民集会;英军士兵在北美犯罪,当地法律无权追究等。英国政府再次增派兵员,任命英军驻北美殖民地总司令盖奇担任波士顿市所在的马萨诸塞总督,以便直接动用武力镇压北美民众的反抗。

北美民众为了争取自由,开始组织民兵。尽管他们武器简陋,但英勇果断,随时可以为争取自由而投入战斗。这些民兵被称为"一分钟人"——一旦遇到紧急情况,他们在一分钟后就能拿枪集合起来。

1774 年 9 月,十三个殖民地的代表聚集费城开会,通过了《权利宣言》。这个宣言宣布:北美大陆的殖民地人民理应享有生命、自由和财产的权利,在伦敦的英国政府无视民众这些权利,施行暴政,必须谴责;封锁波士顿港等五项法案是"不可容忍法案",英政府必须废除。

这次会议的宣言署名者为"大陆联盟",代表了十三个北美殖民地民众团结起来、争取自由的严正立场。这次会议因此也被称为"大陆会议"。大陆会议从此逐渐成为北美十三个殖民地民众争取自由、独立运动的最高领导机构。

驻北美的英军总司令盖奇对北美民众的反英独立运动不敢掉以轻心,他的侦察人员报告,波士顿附近的康科德可能藏有北美民兵的一些枪支弹药。盖奇决定派军队连夜从波士顿出发,捣毁民兵的武器储存点。

1775 年 4 月 18 日夜,英军的夜袭队伍刚出发,波士顿的"自由之子"等组织得到英军将袭击康科德的消息,非常着急。康科德

还有两位领导北美自由运动的重要人物，必须通知他们撤离。赶去报信的波士顿银匠里维尔等几人在夜色中骑马急驰。他们要抄小道赶在英军到达前，先到康科德。他们在途中路过列克星敦村，当地的"一分钟人"立即拿起武器，埋伏在村口准备狙击，拖延英军进兵的时间。

第二天清晨，薄雾笼罩。数百名穿红色军服的英军在雾气中倒是惹人注目，可英军却没有发觉村口路边、林中民兵的枪口。直到听到"离开此地"的喊声时，英军才知道遇到了北美民兵。

英军军官根本没把对手放在眼里，几支旧猎枪怎么能与训练有素的士兵对抗？他拔出指挥刀命令："继续前进！"

双方就这样交火了。"一分钟人"熟悉地形，枪法又准。英军士兵连夜奔袭，疲劳轻敌，一交手英军就死的死，伤的伤。

英军仗着人多势众，还是冲破了列克星敦民兵的狙击线。英军冲进康科德镇搜查，却一无所获，因为民兵武装早已转移、撤离。英军只得调头返回波士顿。这段路对英军来说才真正是苦难的历程，石头边、草丛里，树边、村口，突然会飞出一颗颗子弹，准确地击中一名名英军士兵。在"一分钟人"神出鬼没的袭击下，二十五英里的路途对英军来说简直是死亡之路。多亏盖奇从波士顿又派出不少英军，还拉来两门炮增援，这支八百人的军队才以死亡两百多名士兵的重大代价返回波士顿。

列克星敦的枪声，宣告北美殖民地民众武装争取独立的斗争正式开始。

116

美国第一人华盛顿

列克星敦之战发生后的第二十天，第二届大陆会议在费城召开了。北美十三个殖民地民众代表在会上讨论的议题之一就是：争取北美自由和独立，需要建立一支军队。马萨诸塞的波士顿附近已聚集了近两万名民兵，他们就是组建这支"大陆军"的基础。可是由谁出任大陆军总司令呢？

马萨诸塞的代表、律师约翰·亚当斯的建议，几乎毫无异议被一致通过，大陆军的统帅应该是弗吉尼亚的代表乔治·华盛顿。

"我深知这项任命的荣誉。尽管我深感不安，惟恐自己的能力和军事经验难以胜任。然而，我将为这项神圣使命而竭尽全力。"个头不高、体格健壮、四十多岁的华盛顿说这番话，并不完全是出于谦逊。他深知要指挥一群有为自由奋战的激情、却毫无正规战斗经验的民兵，去战胜一支训练有素、能征善战的军队，有多么的艰难。因为他比较了解驻北美的英军实力。

二十四年前，当过三年土地测量员的华盛顿，因为熟悉当地地理，被驻北美英军编入军队，成为陆军少校。当时为了与法国争夺北美土地，驻北美的英军经常与法军交战。一次法军设下埋伏，华盛顿所在的英军部队中了圈套。英军将领布雷多克在激战中阵亡，担任他副手的华盛顿临危不惧，果断指挥英军士兵浴血奋战，终于突围而出。这一仗，华盛顿的军帽被子弹洞穿，他的战马两次被击中。华盛顿因为这一战功被英军升为陆军准将。可是他没多久就辞

去军职，回乡料理自己的庄园去了。因为他时时感到英军部队里对殖民地出生将士的不信任和猜忌。

从 1775 年 5 月开始，华盛顿着手训练大陆军。一年以后的一天凌晨，大陆军围攻波士顿的战役打响了。

驻守波士顿的英军根本没把那些没有统一军服的北美民兵放在眼里。可是一交火，英军就遭到炮击，这是怎么回事？英军指挥官拿起望远镜瞭望，这才发现城南多彻斯特高地上突然出现大陆军修筑的炮垒。轰击英军的炮弹就是从那里发射的。原来，昨夜华盛顿派遣大陆军士兵趁夜色潜入那里，筑好炮垒，架起了居高临下轰击英军的大炮。波士顿的英军防地完全被大陆军炮火所控制。眼看守城无望，英军只得仓皇撤离波士顿。

尽管波士顿之战使大陆军士气大振，但毕竟英军实力较强。接下来双方半年中五次交战，大陆军连连告败。华盛顿鼓励士兵为自由而战，不要气馁，要在撤退中寻找战机，向英军发起攻击。

1776 年 12 月的圣诞之夜，寒风刺骨。华盛顿率领大陆军冒着严寒，夜渡冰块漂浮的特拉华河。他们要在黎明前攻击有一千多英军防守的特兰敦。寒冷使行军速度减慢，登岸时已是凌晨，赶到特兰敦估计将是上午，不能如期攻击，但撤回又有可能被英军发觉。华盛顿果断决策，继续前进。当大陆军在上午八时进攻特兰敦时，躲在房内御寒的英军毫无戒备，迅速溃败，近千名英军当了俘虏。特兰敦之战，及时扭转了大陆军的连败势头，从此大陆军在独立战争中越战越勇。

1781 年 9 月，在弗吉尼亚的港口城市约克镇，大陆军包围了八千英军。炮声隆隆，子弹横飞，英军在康华利将军指挥下顽固抵抗。华盛顿为了取得攻击最佳效果，亲临交火第一线观察战况。

突然，英军一颗子弹呼啸着射到华盛顿身边的大炮炮身，掉落下来。他身边的士兵万分紧张："将军，我们此刻不能没有你呀！"

士兵扯着他的手臂要他后撤到安全的地方去。

"不必紧张。你瞧，这颗子弹是强弩之末，已经没有杀伤力了。"华盛顿镇定自如地继续观察，指挥战斗。

终于，英军无法突破大陆军包围，竖起了降旗。

一个月后，在约克镇广场，举行了英军受降仪式。身穿红色军服的数千名英军神色迷茫地放下武器，队形不整，垂头丧气地行走着。四周是服饰凌乱却士气高涨的大陆军士兵。

大陆军在华盛顿率领下取得约克镇之战的胜利后，英国在军事上已不可能控制北美大陆。它被迫于 1783 年 9 月签订和约，承认北美殖民地民众建立的美利坚合众国的独立。

华盛顿在北美独立战争胜利后，主动辞去军队总司令之职，回到农庄。他本想离开政坛，在园艺种植中平静地生活，然而，独立战争胜利后北美大陆成立的联邦政府软弱无力，十三个州如同十三个独立国家各自为政，美利坚合众国缺乏一部有制约力的宪法。华盛顿热爱家乡故土，决心呼吁各政界人士团结合作，建立一个有强健法制的美国。

经过华盛顿的努力，1787 年 5 月，在费城召开了制宪会议。四个月后，会议讨论制定的美利坚合众国宪法草案被通过。从此美国建立了立法权、司法权和行政权三权分立、相互制约的联邦共和制政府。

1789 年，德高望重的华盛顿被推选出任美国第一届总统。四年后他因治国有方，在选举中连任第二届总统。又过了四年，按照华盛顿的政治经验和出色政绩，他如参加第三届总统选举，仍会以优势当选。但是华盛顿却发表了致美国人民的告别辞："我已下定决心，谢绝任何将我列为候选人的盛情。我越来越确定自己的退休是必要的，而且是会受欢迎的。我应当退出政坛……"

六十五岁的华盛顿第三次在功成名就之际辞去官职，不仅显示

出他卓越的民主意识，而且也为美国总统连任不超过一届开创了先例。因为美国宪法赋予总统的权力相当大，年限的限制，有利于保证执政者不至于大权独揽，侵害政治民主。

1799 年 12 月 14 日，华盛顿因病逝世。美国民众万分悲痛。英国军舰降半旗，法国政府机构悬挂十天黑纱，世界各国都深切悼念这位出色的政治家。

"他是独立战争时期的第一人，和平时期的第一人，美国同胞心目中的第一人……"美国国会追悼他时，有位政治家在演讲里如此评价这位伟人。

117

杰弗逊和《独立宣言》

1775 年 5 月 10 日，北美洲的费城召开第二届大陆会议，会议议题是已经打响第一枪的美国独立战争如何继续进行。弗吉尼亚州代表杰弗逊从威廉斯堡足足坐了十天马车才赶到。当这位红头发、高个头、体形瘦弱的绅士进入会场时，立即引发与会者一阵轰动。

"是他。这就是《英属美洲权利概论》的作者。"

"是吗？想不到他笔锋如此犀利，可又那么年轻。"

在北美十三个州，乃至英国的政界人士，几乎没有人不知道那篇洋洋洒洒六千余字的《英属美洲权利概论》。它批驳了英国政府所谓的"北美人是英国人后裔，英国政府为北美人立法是天公地道"的谬论，理直气壮地宣称："作为自由的人民，我们有权利要求承认自然法则赋予我们的权利，而不是长官的恩赐。"文章结尾更是掷地有声："上帝赐予我们生命，同时也赐予我们自由，武力能毁灭它们，但无法阻止它们结合。"

当经过激烈争论，第二届大陆会议决定将反抗英国统治、争取独立的斗争进行到底，并发表宣言昭示世界时，由杰弗逊、富兰克林等人组成宣言起草委员会的结果几乎是众望所归的事。

6 月盛夏，暑热烘烤着费城。杰弗逊呆在一幢楼房的二楼，全神贯注地伏案疾书。足足花了十七天，他才写就一篇仅一千五百余字的宣言。宣言开篇即庄严宣告：

"我们认为这些真理是不言而喻的：人人是生而平等的，他们

都被造物主赋予某些不可转让的权利，其中包括生命权、自由权和追求幸福的权利……任何形式的政体妨碍这种目的时，人民有权利去改变它，或废除它……"

宣言斩钉截铁地宣告："这些联合起来的殖民地从此成为，而且名正言顺地应当成为自由独立的合众国，它们与大不列颠国之间的一切政治联系亦应从此完全废止。"

1776 年 7 月 4 日，这篇以《独立宣言》名义发表，实质上可以认为是反映资产阶级上升时期人民要求民主主权的宣言书，经过五十六名代表签署通过。顿时，费城街头，独立运动的战士朝天鸣枪，教堂敲钟，人们一片欢呼，庆贺美国的独立。今天，7 月 4 日已成为美国的国庆日。

杰弗逊在《独立宣言》中运用了法国启蒙思想家卢梭的"社会契约说"和英国哲学家洛克的"天赋权利说"。但他变动了洛克主张的"追求财产"，改为"追求幸福"。同样，本着他一贯坚持追求自由的政治主张，1776 年 10 月，杰弗逊回到弗吉尼亚，他要全力投入家乡的立法工作。他全力主张通过了废除封建色彩浓厚的长子继承法和限嗣继承法；作为一名优秀的律师，他花了三年时间让州议会通过了《弗吉尼亚宗教自由法规》，因为他认为过去多年来要求弗吉尼亚人民必须信奉英国国教的规定，违背了人们的自由选择权利。

1801 年 3 月 4 日，许多政界要人聚集在尚未完全修建好的美国国会大厦门前。这天，新当选第四届美国总统的杰弗逊的宣誓就职仪式在此举行。眼看仪式举行时间快到了，可街上却没见马车驶来。要知道，前任总统四年前可是乘坐豪华马车来的哟。这时，人们才看到街上有个衣着朴素的人步行过来，原来杰弗逊是从自己寓所里步行走来这里，参加宣誓仪式的。人们不由得更生敬意。

杰弗逊上任后，立即废除前任总统四项限制民主权利的法令，

又通过了实施节约国库开支、削减军费等措施，尤其是他设法巧妙地从法国拿破仑手中买下路易斯安那约一百多万平方英里的土地，使美国日后经济发展有了良好的基础。凭借出色的政绩，杰弗逊连任一届总统。1809 年，他放弃了再连任一届总统的任何努力。因为他认为如连任两届总统很可能会危害政治民主。从此，除了战时的特殊情况，美国总统最多只得连任一届成了惯例。

离开政坛后，杰弗逊又将精力投入到创办弗吉尼亚大学的事务中，从定校址到派人越洋前往欧洲聘请专家任教，他事事关注。1825 年 3 月，八十二岁的杰弗逊终于看到了弗吉尼亚大学的开学仪式。1825 年 7 月 4 日，他去世了。这天正巧是《独立宣言》发表四十九周年。

杰弗逊的墓碑上镌刻着他生前自拟的文字："美国《独立宣言》的起草人、弗吉尼亚宗教自由法规作者和弗吉尼亚大学之父。"尽管杰弗逊的民主自由思想，未能突破种族歧视的局限，在他执政时也曾剿杀印第安人，诱买印第安人土地，但他仍是资产阶级民主主义者中一位杰出的政治家。

118

启蒙运动

如果你去法国巴黎游览，走进国家图书馆，就可以看到一件奇特的展品：一只盒子，里面装着一颗人的心脏。这只盒子上面刻着一句话：

"这里是我的心脏，但到处是我的精神。"

这就是法国伟大的思想家、被誉为"启蒙运动的王子"伏尔泰的心脏，以及他极具个性的留言。

据说，法国大革命爆发后，被软禁在宫中的法国国王路易十六读到了伏尔泰和卢梭的著作，不禁哀叹："这两个人灭亡了法国。"

这句话只说对了一半。由伏尔泰、卢梭等人的思想研究成果掀起的启蒙运动，不仅深刻地影响了法国，更影响了欧洲及整个世界的历史进程。

伏尔泰的真名叫弗朗索瓦·马利·阿鲁埃，1694 年生于巴黎的一个平民家庭中。他才华出众，特别喜欢对看不惯的事物发表议论。他二十一岁时，就因为写了一首讽刺诗，得罪了摄政王而遭到流放。可伏尔泰坚持不平则鸣，继续用讽刺诗抨击黑暗的专制王朝。有一天他在散步时遇到摄政王，摄政王说要给他看一件他从来没有见过的东西。

"什么东西？"伏尔泰问道。

"巴士底狱。"摄政王阴冷地回答。

两天后，伏尔泰就被关进了巴士底狱。那一年他才二十二岁。

伏尔泰被关了十一个月。但是他居然利用狱中的时间写出了长篇史诗《亨利亚特》，出狱后还立即以伏尔泰的笔名，发表了悲剧《俄狄浦斯》。该剧表面上是反对天上的神，但却点明要害："一个国王对他的臣民来说是一个被崇拜的神"，鲜明地表达了反封建的主题。

《俄狄浦斯》在1718年11月开始公演。听说悲剧作者刚从巴士底狱出来，吸引了不少好奇的人，他们看了以后又都被伏尔泰的才华所征服。于是，《俄狄浦斯》连演了四十五场，场场爆满，观众竟达二万七千多人次。一时间，巴黎的街谈巷议都少不了谈论《俄狄浦斯》。

《俄狄浦斯》的成功使伏尔泰获得了名声。但是因为得罪封建贵族，他第二次被关入巴士底狱。由于朋友相助，伏尔泰被保释出狱，他于1726年渡海去了英国。

八年以后，一本由二十五封书信介绍英国先进的政治体制和科学、文艺成果，批评法国封建专制制度的书《哲学通信》在法国出版。法国当局极为恼怒，下令查禁此书，通缉作者。

《哲学通信》的作者就是伏尔泰。他在英国三年，敏锐地感受到英国当时资产阶级政治制度的优越性，远远胜过法国的封建专制统治。他深受以牛顿为代表的自然科学以及英国文学艺术成果的影响，经过思考和分析后，写成了《哲学通信》。它如同投向封建制度的第一发炮弹，尽管当局查禁，《哲学通信》一年里还是印刷了十次，在欧洲思想文化界影响极大。

从此以后，伏尔泰写了大量文学、史学、科学和哲学作品，如《老实人》、《天真汉》、《牛顿哲学原理》、《路易十四时代》、《哲学词典》等。这些著作介绍了先进的科学文化知识；又以机智嘲讽的风格，批判了法国教会的虚伪、封建专制制度的腐朽。从此伏尔泰的才华和声望如日中天。连普鲁士国王弗里德里希和俄国女皇叶

卡捷琳娜都将他待为上宾，企图利用他的名声，塑造自己贤明君王的形象。

伏尔泰六十八岁时，听说了一件宗教迫害案，极为气愤，声称："我要向全欧洲控诉"，经过他出面全力调查，终于为冤死的人卡拉平了反。1778年伏尔泰逝世，仇视他的封建贵族和教会不准在公墓里安葬他。十三年后，法国大革命时代的民众为伏尔泰补行国葬。他的灵车上写着："他使人的理性飞速发展；他为我们的自由铺平了道路。"

与伏尔泰齐名的卢梭出生在瑞士日内瓦的一个贫寒家庭。十二岁辍学后，他当过钟表店学徒、家庭教师、乐谱抄写员等。他刻苦自学，阅读古希腊名人传记，同时贫困、不安定的流浪生活又让他时常体会到生活中的种种不公平。1749年，三十七岁的卢梭偶然看到了法国第戎科学院的征文题目。刹那间，燃起了他灵感的火苗，他立即作文应征，以一篇《论人类不平等的起源》荣获一等奖，卢梭从此一举成名。以后，他又写出了《社会契约论》等多本名著。

卢梭对社会中不公平现象的思考和切中要害的分析，某种程度上与他流浪生活中的见闻有关，他忘不了青年时代流浪在法国与瑞士边境小镇的那个中午。

那天，他走得又累又饿，看到路边一间农舍，就走进去掏出钱说希望能吃一顿午餐。那农夫上下打量他一番，冷冷地说："我只有牛奶和黑面包。"

卢梭只得用牛奶与黑面包充饥。农夫在一边看到这个年轻人饥不择食的模样，又看看卢梭简陋的服装、和善的目光，便改换了语气说："别忙，我还有好吃的东西呢。"

农夫又拿出火腿、鸡蛋和酒，让卢梭大感意外。

"小伙子，不要见怪。刚才我把你当做税务官的探子呢！"

农夫告诉卢梭，因为那些税务官挖空心思要农户交税，他只得把较好的食物藏起来。封建制度对平民百姓的压迫和欺辱，就这样形象地印在了卢梭心间。

从《论人类不平等的起源》到《社会契约论》，卢梭提出人类三个阶段的不平等，分别起源于私有制的形成、国家的出现和暴政的盛行。他认为一切权力应属于人民。当权力被统治者篡夺并用来压迫人民、奴役人民时，他认为人民有权利举行起义，有权用暴力来消灭篡权者。卢梭的思想后来被浓缩成著名的法国资产阶级大革命口号——自由、平等、博爱，而且对世界各国的资产阶级革命运动产生了深刻的影响。

卢梭的著作《爱弥尔》、《新哀洛绮丝》和《忏悔录》，文笔优美，不仅当时广为流传，而且成为影响深远的传世经典名作。

启蒙运动还有两位颇具影响力的人物：狄德罗和孟德斯鸠。狄德罗因编纂《百科全书》而出名。这部规模达十七卷、还有十一卷插图的《百科全书》篇幅浩大，力求总结当时先进的哲学、科学、技术知识。狄德罗满腔热情地传播知识，宣扬唯物主义，对各种宗教迷信和偏见发动了猛烈的进攻。如在"圣餐"的条目下，只写着"参阅食人俗"等。孟德斯鸠因写《波斯人俗札》而一举成名。孟德斯鸠博览群书，花了整整二十年的时间写成了《论法的精神》，提出了防止专制独裁的著名的司法、立法、行政三权分立学说，这个学说日后成为大多数近代资产阶级国家政体的理论基础。此书是十八世纪最具影响力的政治经典作品。

启蒙运动是人类历史上继文艺复兴之后又一次伟大的思想解放运动。它高举科学和理性的大旗，提倡唯物主义和人道主义，将人们从中世纪的愚昧和迷信中唤醒。启蒙运动提倡的思想，成为资产阶级革命的重要源头之一。

119

攻占巴士底狱

　　巴黎市郊东部，有座阴森森的古堡。它像一头巨大的怪兽瞪着平民百姓。八个高大塔楼、宽阔的深水壕沟，1382 年建造的这座巴士底城堡到了十六世纪，成为法国专制君王关押政治犯的牢房，所以被人们称为巴士底狱。

　　1789 年 7 月 14 日清晨，成群结队的巴黎民众涌向巴士底狱。他们要攻占这座象征法国专制王朝的魔窟。

　　就在二十多天前，法国国王路易十六在凡尔赛宫召开三级会议。那个时代，法国国家权力由国王和封建贵族、宗教僧侣掌握。这次三级会议的召集，就是国王想在封建贵族和宗教僧侣，当时被分别称为第一等级、第二等级的代表支持下，向第三等级的代表施加压力，要第三等级拿出钱来，解决国王、贵族胡乱花钱造成的国库空虚的财政危机。第三等级的成员，包括新兴资产阶级、农民、城市平民、手工业者和自由职业者等等。他们是当时法国社会财富的创造者，可在政治上没有实际权利，以前一直得听国王、贵族的吩咐行事。然而在这次三级会议上，第三等级的代表不再那么顺从了，他们要求限制国王权力，把三级会议变成法国的最高立法机关。国王路易十六怎么能允许这种敢于犯上作乱的行为呢！在巴黎广大民众支持下，第三等级的代表在网球场单独举行会议，邀请包括一些自由派贵族在内的第一、第二等级代表参加。这场政治斗争到了 7 月 11 日，形势突变。国王调集军队来凡尔赛宫，准备以武

力威胁，解散第三等级召集的国民议会。巴士底狱塔楼也架起了大炮。

巴黎人民对路易十六的昏庸统治早就强烈不满了。市民们纷纷涌上街头，与军队发生冲突。7月13日，巴黎上空响起了警钟，手工业者、小商人、职员和大学生们手持斧头、短刀，冲进军火库，夺取了几万支枪。武装的民众几乎控制了巴黎所有的街区。到了第二天清晨，只剩下巴士底狱还在国王军队手中。

"到巴士底狱去！到巴士底狱去！"武装民众黑压压地冲了过去。

"开炮！"巴士底狱守卫司令命令道，于是塔楼的大炮向民众轰击，守军从堡垒窗口开枪射击。武装民众在街垒后开枪还击，一些同情民众的士兵也加入攻击巴士底狱的行列。由于巴士底狱围墙厚，门外有又深又宽的壕沟，守军已经拉起吊桥铁索。再多的民众也无法攻下这座古堡。

"他们有炮，我们也有炮！"几尊锈迹斑驳的古炮不知从哪里被找到拉来了。谁当炮手呢？"我来！"一名小酒铺的伙计自告奋勇。古炮的威力太小了。武装民众一个个被守军的炮火、枪弹击伤。

"我们要真正的大炮！让那些站在我们这边的士兵兄弟来吧！"

"木匠！架起云梯，烧这些国王走狗！"火把点了起来，云梯运来了，但是隔着壕沟，无法靠近巴士底狱。这时已混战了大半天了。

突然，一片欢呼声响起："我们的大炮来了，我们的枪手来了！"同情民众的炮兵拉着大炮出现了。炮火猛烈地轰击巴士底狱。炮弹击中吊桥的铁索，吊桥坠落下来。民众踏上吊桥冲过壕沟，杀进巴士底狱。守军无奈地挂起了白旗。

路易十六在凡尔赛宫听到民众攻占巴士底狱的消息，气急败坏地说："这简直是造反！"

"不，陛下。这是一场革命。"一位贵族回答。这个贵族已感受到法国资产阶级大革命的威力了。

革命烽火也相继在法国全国燃起。各地城市民众涌上街头，占领市政府。农民们也拿起农具造反，烧毁地主庄园。

路易十六和封建贵族在强大的民众面前只得让步，承认了国民议会。后来国民议会又改称制宪会议，专门讨论制定宪法，限制封建国王的权力。巴黎成立了由资产阶级代表组成的市政厅，管理巴黎市，还组织了国民自卫军。曾经参加美国独立战争、担任过华盛顿副官的拉法耶特出任国民自卫军司令。

"我宣誓，愿把自己的生命献给保卫自由的事业。"三十二岁的拉法耶特当场持剑在手、郑重宣誓。他下令拆毁巴士底狱，又决定采用蓝、白、红三色帽徽作为国民自卫军的徽章。

拉法耶特原先是法国三级会议中第一等级贵族的代表。他赞成第三等级，原因之一是参加北美独立战争的经历，使他拥护自由、平等、博爱的资产阶级革命口号。就在民众攻打巴士底狱的前几天，国民议会开会时，拉法耶特掏出一份纸质泛黄的文件，这是他从美国费城带回，珍藏十年的材料。然后，他一字一句地朗读起来。他朗读的这份《欧洲人权和公民权宣言》，日后成为《人权宣言》的草稿。《人权宣言》的第一句就是："人生来是自由的，权利上是平等的。"

法国制宪会议通过了《人权宣言》，倡导自由、平等、博爱，推翻了千年来的封建特权和贵族等级制度。它不但动摇了法国封建王朝，也使俄国、普鲁士和奥地利的王室感到震惊。

尽管拉法耶特是《人权宣言》的起草者之一，但他本质上是主张君主立宪的贵族。攻下巴士底狱后，法国的政权落到拉法耶特等君主立宪派人士的手中。路易十六表面顺从，暗中却筹划着向革命民众反扑的阴谋。

120

《马赛曲》的诞生

"前进，祖国女儿，众同胞，光荣的日子来到了。暴君举起染血的旗帜，对着我们冲来了……武装起来，同胞，把队伍组织好，前进，前进，用肮脏的血做肥田的粪料！"一支从马赛赶来的义勇军，唱着这首歌，出现在巴黎。

这是法国人民奋起抗击普鲁士、奥地利军队，保卫国家的特殊时刻。1792 年 7 月 11 日在法国大革命中诞生的政府发布"祖国在危险中"的法令，要求法国各地民众，凡适龄的人都准备投入战斗。这支从马赛赶来的民众义勇军五百多人足足步行了二十多天赶到巴黎。在途中一唱起这首歌，他们就感到热血沸腾。

普奥军队为什么要进攻法国呢？这要从差不多一年前的一个夜晚说起。那晚，在邻近法国北部边境的小镇瓦伦，有一辆急速行驶的马车被邮站站长拦了下来。虽然车上乘客持有外国人身份证明，又是平民打扮，邮站站长还是认出了其中的一男一女正是法国国王路易十六和王后。原来，他俩想乔装改扮，逃到外国，然后在欧洲各封建王室支持下带兵杀回来，镇压法国大革命。不料被识破，只得灰溜溜地被武装农民押回巴黎。

国王外逃的消息激起巴黎市民的极大愤怒。当时任国民自卫队司令的拉法耶特出面保护了国王王后。路易十六回到巴黎后，如同热锅上的蚂蚁，时刻想着复辟的鬼主意。

奥、普、俄、西班牙等国王室没多久都收到路易十六的密信，

请他们派兵干涉法国政局。生怕法国大革命成功，引发自己国内民众造反的共同利益，使欧洲封建王室产生兔死狐悲之感。于是，由普、奥军队组成的联军充当干涉法国大革命的先头部队。

路易十六和王后探听到法军的防御计划，立即密报普奥军队，因此法军防线连告失守。普奥军队攻下了凡尔登要塞，逼近巴黎。

在这种严峻形势下，法国各地民众组织的义勇军纷纷赶赴巴黎。

这天，驻防法国东部边境城市斯特拉斯堡的工兵上尉鲁日·德·李尔，接到凯勒曼将军的一封信，请他在 4 月 24 日到圣埃蒂安广场去参加欢送义勇军出征的晚会，并希望他在会上能朗诵一首鼓舞士气的诗歌。

李尔是个多才多艺的军官，能写诗谱曲，又会演奏小提琴。他知道这个晚会是斯特拉斯堡市长狄特里希组织的，狄特里希也喜欢诗歌和音乐，于是，李尔写了首富于爱国激情的小诗，准备到欢送晚会上去朗诵。

4 月 24 日，李尔来到了欢送义勇军的会场。他聆听着狄特里希市长的慷慨陈词，尤其是狄特里希讲，即将出征巴黎的义勇军没有足以鼓舞斗志的歌曲可唱，未免让人遗憾。听到这里，李尔不由心中一动："我难道不能为义勇军写一首激昂向上的歌曲吗？这是我的责任呀！"

晚上，李尔回到家里，激动的心情久久不能平静。他一口气写了六段歌词，并用分节歌的形式谱了曲。一首影响法国历史和世界历史的歌曲就这样诞生了：

> 前进，祖国女儿，众同胞，
> 光荣的日子来到了。
> 暴君举起染血的旗帜，

对着我们冲来了，

……

武装起来，同胞，

把队伍组织好，

前进，前进，

用肮脏的血做肥田的粪料！

这首歌曲原名叫《莱茵军团战歌》，它很快传播开来。马赛的五百多名义勇军就是一路唱着这支铿锵有力、激情洋溢的战歌，克服疲惫酷热，连续行军二十多天，在 7 月 30 日赶到巴黎的。

这时，普奥联军步步进逼，巴黎危在旦夕。8 月 10 日，全城警钟长鸣，巴黎人民再次举行起义。马赛义勇军高唱着《莱茵军团战歌》，与起义的民众一起冲进路易十六居住的杜伊勒里宫，将企图复辟封建王朝的路易十六夫妇抓了起来。

从此，这首歌曲名声大振，因为是马赛的义勇军把它带来的，它被改名为《马赛曲》。

9 月 20 日，法国的义勇军在色当的瓦尔密高地与普奥联军展开决战，这是法军由守转攻的关键一仗，士气高涨的法军奋勇搏杀，取得大胜。

第二天，由普选产生的国民公会作出决议，废除封建专制的君主制度，建立共和国。9 月 22 日，法兰西第一共和国宣告成立。1795 年，法国政府决定，将《马赛曲》定为国歌，让人们永远记住义勇军在捍卫民族独立、保卫祖国的神圣事业中建立的功勋，记住法国大革命艰苦卓绝的奋斗历程。

《马赛曲》壮丽激昂的曲调，早已被热爱自由光明的世界各国人民所喜爱。

121

审判路易十六

　　瓦尔密之战胜利后，巴黎的国民公会宣布法兰西第一共和国成立。对被废黜的路易十六及其王室成员如何处置这个问题，在国民公会上多次讨论过。成员大都来自法国的吉伦特省、代表工商资产阶级利益的吉伦特派反对审判路易十六。左派雅各宾派坚决要求公审路易十六，说："有一名锁匠讲，自己曾被带进王宫，在宫内设立了一个秘密铁柜……应该通过公审原国王，搞清这件事。"

　　在雅各宾派代表坚持下，国民公会派人进入杜伊勒里宫路易十六原先居住的房内，果然搜查到了这个秘密铁柜，在柜中找到一些秘密文件，都证明了路易十六一直通过保王贵族，与国外反动势力保持密切联络关系。

　　面对这些文件，吉伦特派不敢再反对审讯路易十六了。

　　1792 年 12 月 11 日，国民公会大厅成了公审的法庭。沮丧的路易·卡佩，即路易十六被带入法庭，要求他面对国民公会派出的代表，一一对秘密铁柜中保存的文件作出解释。"我记不清了……那是些由大臣们负责的事……"路易·卡佩推得一干二净，对国民公会代表提出的三十三条罪行顽固地否认。"那文件上你的签名不是假的吧！"被废的国王无言以对。他沉默片刻，又要求宽延四天时间，让他可以给自己找一位辩护者。

　　审判进行到第十五天，路易·卡佩的辩护者塞兹又一次要求发言："国民公会是无权让它的代表审判国王的。路易·卡佩在位期

间，是法国历代君王中最公平的一位，是他召开了三级会议，也听取三级会议代表的意见……"

"不！国王与外国势力密切联络，要求他们派兵干涉法国，就是叛国行为。当了国王，犯叛国罪不能例外，同样要受惩罚。"国民公会的代表一一驳斥塞兹的辩护理由。

1793 年 1 月 14 日，国民公会根据审判的记录，由代表投票决定路易·卡佩是否有罪，是否由国民公会判决他。结果，绝大多数代表认为路易·卡佩有罪，国民公会判决他是合适的。

接下来在如何定路易十六的罪名，如何惩罚他的问题上，国民公会里展开了激烈的辩论。同时，街头也发生了骚乱。主张处死路易十六的民众占了绝大多数，他们甚至挤到国民公会会场的走廊里高呼："死刑！死刑！"

国民公会里，代表们在激烈辩论后，最终还是以投票方式表决。代表之一马拉提议：要以公开表明自己态度的唱名方式进行投票表决。

表决从开始到结束，延续了一个昼夜，结果七百二十一票中，有三百八十七票赞成立即判处犯叛国罪的路易·卡佩死刑。

几天后，是按期执行前国王路易十六死刑的日子。那天是星期日，巴黎笼罩在白蒙蒙的冷雨中。路易十六脸色苍白地走出囚室，他看到有两位身穿黑色法衣的天主教教士走了进来。他们是奉命来带路易十六去刑场的。

路易十六悄悄拿出自己写的遗书，交给其中一位教士，被那教士拒绝："我只是来带你上断头台的。"

原来他是札克·卢，一名热烈拥护法国大革命的天主教神父。法国民众攻占巴士底狱后，他在自己主持的宗教仪式中，欢呼："最腐败的专制垮台了！"不久，天主教会解除了他的神父职位。如今他是巴黎市府委员，后来又成为革命派的头领。

路易十六被押上马车，由一队武装士兵沿途警戒着，驶向革命广场。将近上午十点钟，马车赶到广场，路易十六跪着进行临终前的宗教仪式，然后被反绑双手，推到断头台前。

"我是无罪的！我无罪而死。从断头台我将接近上帝……"路易十六挣扎着向围观的人们声嘶力竭地叫喊着，可是行刑队的队长桑泰尔高声发令："鼓手！"国民自卫军鼓声齐起，路易十六微弱的声音淹没在正义的鼓声中。

断头台上，路易十六——路易·卡佩身首异处，这天是 1793 年 1 月 20 日。处死路易十六九个月后，法兰西第一共和国又宣布废除多年的历法，实行共和历法。9 月 22 日法兰西第一共和国成立之日，作为新历法的开头日——元旦。一年分为十二个月，分别依次称为葡月、雾月、霜月、雪月、雨月、风月、芽月、花月、牧月、获月、热月、果月。

新生的法兰西第一共和国只生存了十多年，野心勃勃的拿破仑就发动了"雾月十八日政变"，先取得"第一执政"的头衔，然后又称帝。法国政治体制又从共和国变为帝国。

122

罗伯斯比尔——
从革命到毁灭

法国国王路易十六加冕典礼举行的这天，天空阴沉沉的，但巴黎路易国王学院的门口还是热闹异常。因为加冕典礼之后盛大的入城式队伍将从这边经过。

"来了！来了！"人们骚动起来，但很快又安静下来。雄壮的军乐队开路，缀满了鲜花的皇家马车缓缓地驶过来了。马车在学院门口稍稍停了一下，只见一个个子不高、衣着华丽的大学生从人群中走了出来。他向国王、王后行了礼，然后下跪，大声背诵了一段诵词。这时天突然下雨了，但那学生的情绪却丝毫未受影响，仍然声音响亮。国王和王后对他报以和善的微笑，路旁的人也都对他投去赞许的目光。

然而，谁也没有想到，十八年后的 1793 年，就是这名大学生的极力主张，结果国王和王后被送上了断头台。

这名穿着借来的礼服的大学生马克西米利安·罗伯斯比尔，那年只有十七岁，是国王学院的优秀生。1781 年毕业后，他开始了律师生涯，但他主要的兴趣却在社会科学方面。罗伯斯比尔阅读了大量著名思想家的著作，特别欣赏卢梭的思想，并且潜心研究社会政治理论，把大量时间投入到对时局的关注上。1789 年，未满三十一岁的罗伯斯比尔通过竞选当上了全国三级会议的代表，后来又成为国民公会的议员。

在议会上，罗伯斯比尔发言不多，可是往往一语中的。凭着雄

辩的口才、犀利的观点以及正直的人品，他很快就成为颇具影响力的议员之一。那时法国大革命已经开始了，民众要求共和、反对封建王朝的呼声一浪高过一浪。1791 年，被民众力量吓坏了的国王路易十六写信请求外国军队进驻法国，自己却化了装企图逃跑，终于在边界上被抓住了。

对于如何处置国王，已经控制法国政局的资产阶级革命力量各派别意见不一。罗伯斯比尔彻底抛弃了对国王的幻想，在制宪会议上作了一次极有分量的发言。他认为路易十六勾结外国军队来镇压人民，已经对人民犯下了滔天大罪。他慷慨激昂地说道："路易应该死，因为祖国需要生！"

罗伯斯比尔主张立即判处国王死刑的这一句名言使民众的情绪沸腾到了极点，全国上下立即传遍了"处死国王"的呼声。于是，在 1793 年 1 月，路易十六被送上了断头台。

处死国王、废除王权之后，经过武装起义，代表工商资产阶级利益的吉伦特派被推翻。法国新政权由以罗伯斯比尔为代表的小资产阶级激进分子掌管，由于这些人常在巴黎的雅各宾修道院聚会，所以被称为雅各宾派。

雅各宾派掀起的革命暴风雨吓坏了欧洲各国的封建王朝，外国封建势力纷纷派兵干涉法国大革命；同时法国国内各派政治力量斗争激烈，商人乘机哄抬物价，经济与治安一片混乱。

针对这错综复杂的局面，雅各宾派推出了当时世界上最激进的资产阶级宪法，公布了土地法令，实行经济统制政策，颁布"全面最高限价法令"，以稳定局面。这些措施赢得了广大民众的支持，社会混乱的局面得到控制。已成为雅各宾派领袖人物之一的罗伯斯比尔，成为当时最高权力机关公安委员会的首脑。

法国大革命取得了初步胜利，但参与革命的各派力量的斗争却越来越激烈。罗伯斯比尔为了实现他的政治主张，即卢梭的人民主

权、人民暴力革命和人民公仆的思想，开始实行"革命民主专政"的恐怖政策。1794 年 6 月，执政的雅各宾派公布了新的法令，废除被告预审制，甚至规定在缺乏证据的情况下，法庭可以根据"内心的确定"来定案。如此种种极端的法令很快地导致斗争的扩大化，法国近代史上的"大恐怖"开始了。

从 6 月 10 日至 7 月 27 日，在不到七星期的时间里，就有一千三百七十六名男女被砍头，每天都有人在证据不足的情况下被处死。掉落的人头如同屋顶落瓦，造成巴黎人人自危、草木皆兵的恐怖局面。人们不敢上街，不敢说错一句话。社交生活完全停止。国民公会形同虚设，委员们不敢投票。雅各宾派专政变成了恐怖暴政的代名词。

从巴黎开始向全国扩散的恐怖暴政，严重地损害了法国大革命。然而罗伯斯比尔没有清醒过来，仍然在忙于清除反对自己的左派和右派力量。1794 年 7 月 27 日的国民公会上，好几位国民代表在一片混乱中提议逮捕罗伯斯比尔。接着大会迅速投票表决，通过决议，逮捕了罗伯斯比尔和他的三个战友。

平时极其自信、自尊心极强的罗伯斯比尔忍受不了这突如其来的变故，举枪自杀，但由于他没有拿稳枪，子弹只打伤了脸颊和下巴。第二天下午，四辆囚车把罗伯斯比尔等人送到革命广场断头台。在途中，他听到旁观者高呼："打倒极权！"沿途不少原来的贵族、上流社会人士在看热闹，广场四周的窗口都高价出租以供人观看，许多妇女甚至穿上节日的盛装，如同去赴宴一般。当年那些被罗伯斯比尔的演讲鼓动得热血沸腾、热情拥戴他的人，今天却兴高采烈地来看他的死刑！

罗伯斯比尔面对这一切，心中或许五味杂陈，感慨万千。当行刑者举起罗伯斯比尔的头颅示众时，人群中爆发出一阵阵欢呼，恐怖时代终于结束了！

　　法国资产阶级革命家罗伯斯比尔的悲惨结局告诉人们，无节制的权力会导致疯狂，缺乏深谋远虑、仓促制定的政治措施，即使是良好的愿望也不会产生符合客观实际的效果。政治家的决策，必须反映广大人民的共同意愿，人民的拥护是政权稳固的基础。任何违背历史潮流的人物，哪怕他再杰出，他的结局也一定是悲剧性的。

123

弗里德里希大帝

如果不是父亲威廉一世的强烈反对，他的儿子弗里德里希二世很可能就成为一名优秀的音乐家了。

弗里德里希自幼聪慧机敏，显露出了出众的音乐才能，吹得一手很好的长笛；而且喜欢收集名画，写诗作曲。但他的父亲、普鲁士国王威廉一世则相反。这位普鲁士国王性情粗鲁残暴，惯用棍棒、体罚来管教臣民，"治理"国家。那时，普鲁士是德意志帝国下面的一个邦国，原本并不强大，威廉一世凭借他的铁腕，将普鲁士推上了强国之路。他对人们称呼他为"士兵国王"感到非常自豪，竭力向儿子灌输军国主义思想，决意要把儿子培养成一名标准的普鲁士军人。

于是，酷爱艺术的儿子与崇尚强权的父亲发生了激烈的冲突，闹得不可开交。结果，1730 年 3 月，十八岁的弗里德里希干脆逃往国外，但在过边境线时被守军截住。威廉一世龙颜大怒，下令将桀骜不驯的儿子关进牢房；陪伴弗里德里希同行的好朋友凯特则被处死。

父子两人的这场尖锐对立，以一年后儿子的让步而告终。弗里德里希答应学习军事，老国王这才把儿子接回了王宫。

经历了这场风波后，弗里德里希似乎成熟了许多。他把精力投入到了学习之中，尤其是在 1736 到 1740 年这四年间，他如饥似渴地阅读了许多哲学、历史、文学著作。二十六岁那年，他写信给自

己的崇拜偶像、法国启蒙思想家伏尔泰，从此，两人以散文和诗的形式保持书信往来，伏尔泰还帮助这位普鲁士王子修改和润色法文文稿。弗里德里希二世即位后不久，曾邀请伏尔泰来访，这位启蒙巨人在波茨坦客居了三年。自然，聪明的弗里德里希二世心里明白，这非常有助于树立他开明专制君主的形象。

弗里德里希的下属对此最有发言权。他们发现，平时温文尔雅、风流倜傥的王子一到军营观看演习操练，或者外出视察，监督税收，就完全变成了另外一个人。这时的弗里德里希一丝不苟，严厉地要求下属遵守秩序和纪律，无条件地服从他的命令。他们预感到，这将是一位说一不二、果断威严的君王。

1740 年，威廉一世去世，弗里德里希二世登基。他在位达四十六年，刚登基时普鲁士军队只有九万人，到 1786 年则达到二十万人。他深知，军队是他开疆拓土、侵略扩张的最重要的工具，因此，不惜以国民收入的五分之四充作军费，投入到军队的建设中。在他强有力的组织下，普鲁士军队成了欧洲大陆上一支装备精良、战术先进、纪律严明、训练有素的劲旅。

1740—1742 年和 1744—1745 年，弗里德里希二世指挥他的军队，两次对奥地利发动西里西亚（在今波兰西南部、捷克北部和德国东部）战争，最终打败了奥地利，普鲁士终于占有了土地肥美、物产丰饶，面积约三万五千平方公里，有"奥地利王冠上的明珠"之称的西里西亚，国土一下子扩大了三分之一。

弗里德里希二世从此被普鲁士人奉若神明，尊称为弗里德里希大帝（又称腓特烈大帝）。

奥地利人咽不下这口气，1756 年 8 月，普鲁士与奥地利重新开战，七年战争（1756—1763 年）爆发。法国与奥地利结成同盟，俄国与瑞典不愿看到普鲁士强大，也加入到了法奥同盟中；而普鲁士只有英国一个盟友。

在七年战争中，普鲁士四面受敌，处境非常不利。虽然弗里德里希二世以他的军事指挥才能，一度挡住了敌军。但战局很快急转直下，1760 年，俄军攻占了东普鲁士后，长驱直入，一度占领了柏林；法、奥军队乘机来击，使普军雪上加霜。弗里德里希二世濒临绝境，他在给兄弟的信中沮丧地写道："谁也不来帮助我们……我看不出有任何拖延或者防止我们灭亡的可能性。"

极度绝望的弗里德里希二世甚至准备退位了。这时，发生了一件意想不到的事。1762 年 1 月，俄国女皇叶丽萨维塔去世，即位的彼得三世是弗里德里希二世的狂热崇拜者，他立即下令俄军撤兵，并在 5 月 5 日单独与普鲁士签订和约，归还所有被俄军占领的地区；还出兵帮助普军攻打奥军，使普军转败为胜。

1763 年 2 月，普鲁士与奥地利签订《胡贝尔茨堡和约》，普鲁士对西里西亚的绝对占有权得以确认。普鲁士由此跃居欧洲军事强国之列，迈出了雄踞德意志、争霸欧罗巴的重要一步。

弗里德里希二世有句名言："国王是国家的第一仆人。"他在统治期间，减轻了农民负担，修筑公路，开凿运河，促进了采矿、纺织、造纸和玻璃工业的发展，建立了简便而有效的税收制度，使国力迅速上升。他还对普鲁士的法律进行改革，取缔了中世纪遗留下的多种酷刑，选拔了一批受过良好教育、公正廉明的法官。他受启蒙思想的影响，提倡科学和艺术，聘请许多具有启蒙思想的学者到他设立的科学院中任职。普鲁士的初等教育在他统治期间也有所发展。

与这些文治相比，弗里德里希二世的武功更加显赫。1772 年，他伙同沙皇俄国和奥地利第一次瓜分波兰，夺得了波兰约三万六千平方公里的土地。1786 年弗里德里希二世病逝后，普、俄、奥又在 1793 年、1795 年两次瓜分波兰。1740 年弗里德里希二世上台时，普鲁士的国土为十一万八千九百平方公里，到十八世纪末，则

扩张到三十万五千六百平方公里，人口从二百二十四万增加到八百六十八万，普鲁士成为德意志境内最大的邦国。

弗里德里希二世的军事思想则给后人留下了一份有价值的遗产。他推崇进攻，认为战争的目的就是消灭敌人的有生力量，主张选择有利战机，集中优势兵力，分割敌军，各个击破。拿破仑就从他的这种战略思想，以及他所创立的炮兵与骑兵结合的战术中，得到借鉴，进而称雄欧洲大陆的。

124

战争巨人拿破仑

法国大革命引起了欧洲各国封建王室的惊恐。在他们支持下，法国保王贵族势力在法国南部发动叛乱，占据了战略要地土伦军港。英国和西班牙的十多艘军舰也开进土伦。收复土伦，成为法国革命政府的当务之急。政府派出两支法国军队围攻土伦，还让特派员萨利切蒂赶去督战。

土伦原本难攻易守，保王军队又有英、西军舰相助，所以更加猖狂。攻不下土伦，萨利切蒂也束手无策。这天部下报告有人来访。随即，一位个头不高、脸色苍白、鼻梁笔挺的青年军官走了进来，他带科西嘉土音的问候使萨利切蒂顿感亲切。他俩都是科西嘉人。来客是奉命去阿尔卑斯山地区的炮兵尉官拿破仑·波拿巴。他路过此地，听说同乡兼至交萨利切蒂在这里，就来相聚。

看到萨利切蒂愁眉不展，拿破仑询问原因后立即转身观看土伦地图。对了，萨利切蒂猛然想起，拿破仑读过军校，因成绩优秀被保送巴黎军官学校，最出色的科目之一就是地理，而且又拥护法国大革命，于是就向他求助。

拿破仑看着土伦港口地形图，略作沉思，那双如鹰隼般锐利四顾的蓝眼睛顿时神采飞扬。他指着地图上土伦港口的里卡尔半岛，向萨利切蒂说出了先攻占里卡尔半岛，然后在半岛上集中炮兵火力，就可内轰土伦城保王军，外击英西舰队的取胜之道。萨利切蒂大喜过望，立即向法军司令全力推荐拿破仑，请他出任攻击土伦的

炮兵指挥。

1793 年 12 月 16 日，按拿破仑的作战方案，法军经过三个梯队的冲锋，拿下了里卡尔半岛。拿破仑参加第三梯队作战时受了轻伤，他军裤沾着血迹，但仍沉着指挥法军用里卡尔半岛的所有大炮轰击敌军，果然立即见效。土伦终于收复。

一份土伦之战的报告被送到巴黎公安委员会，其中写道："……无法用文字形容拿破仑这一战的功绩，他具备伟大的知识以及同样伟大的智慧和勇气，遗憾的是，用这些语言对于极有天赋的将才而言，仅仅是一种空泛的评价……"

三天后，公安委员会命令陆军部将尉官拿破仑破格提升为将军。凑巧的是当时法国最有权力的公安委员会核心人员罗伯斯比尔的弟弟，正巧在土伦。他把亲眼目睹的拿破仑功绩，也详细地用书面报告送达巴黎。

两年后，时刻企图复辟封建王朝的贵族保王党势力又在巴黎煽动民众游行示威。当时巴黎卫戍司令梅努暗中支持保王势力。梅努被撤职后，新上任的司令巴拉斯面临极其严峻的局面，明天，保王势力两万多人将向巴黎革命政府所在地发动攻击，而自己眼下能调动的只有六千人。无奈之际，他突然想到土伦之战的功臣拿破仑。

由于罗伯斯比尔兄弟俩被杀害，拿破仑也受牵连。他只好无奈地在地形测量部的办公室消耗光阴。巴拉斯命人火速将拿破仑找来，告诉他目前危急局面。拿破仑思索片刻，说如果所有人员听他指挥，他可以镇压这场叛乱："请放心，一切结束后，我才会将剑入鞘。"

第二天，拿破仑连夜调来的炮群在国民议会的广场上向保王武装轰击。不到中午，叛乱武装就抛下几百具尸体，仓皇逃窜。拿破仑随即出任巴黎卫戍司令，半年后又升任法军远征意大利军团总司令。从此，这位出色的军事统帅在欧洲战场上几乎所向无敌。

意大利之战，奥军名将维尔姆泽兵败被围，只得投降。拿破仑又远征埃及，占领开罗。然后拿破仑返回法国，发动"雾月十八日政变"，三十岁时就成为法国权力无边的"第一执政"。他用军事占领扩大法国的势力，改变了欧洲各国多年来的疆域。拿破仑的东征西讨，沉重打击了欧洲封建势力。英、奥、俄、普鲁士等国的君主连续组织多次同盟，但兵员众多的同盟军在拿破仑快速机动、集中兵力、各个击破的战略攻势前，一败再败。

1804年4月，法国议会授予拿破仑世袭皇帝的称号。法国大革命建立起来的共和国又变成了专制帝国，野心勃勃的拿破仑当了皇帝。他用与贵族妥协的办法，维护新生资产阶级利益。他公布了维护资本主义制度的《民法典》，沉重打击了封建所有制和等级制度。

这年12月2日，巴黎圣母院举行隆重的法兰西皇帝加冕仪式。千百年来，欧洲各国信奉天主教的君王登基时，都要由罗马教皇亲手将皇冠戴在他头上。这仪式具有强烈的象征意义，表示君王的权力是由上天的神赐予的，不是任何人都能称王的，所以百姓必须对他服从、效忠。这个"君权神授"的仪式，也使欧洲封建社会中宗教势力异常强大，长期无人敢于动摇其地位。

自恃战功赫赫的拿破仑，似乎漫不经心地出现在加冕仪式上。年迈的教皇从罗马专程赶来。他念着经文，慢悠悠地捧起金灿灿的皇冠，正要将它戴到拿破仑的头上时，拿破仑突然伸手从教皇手中取过皇冠，自己给自己戴上，脸上流露出骄横的神色。仪式神圣的气氛瞬间就被破坏了。看到这一幕，四周的大臣、僧侣，不是表情尴尬，就是马上扭过头，表示没看到。

这一幕，不知是不是拿破仑有意当众表明他对法国宗教特权的蔑视。其实三年前，他就下令通过与教皇订立"政教协议"，规定天主教不是国教，而是大多数民众信仰的宗教。法国教会必须听从国家、政府。这一手，也是拿破仑作为资产阶级代表人物，对封建

体制的削弱。

　　或许这一幕发生时，拿破仑想到的，是自己出生于科西嘉小城阿雅克修。父亲病故后，家中曾负债累累。他是从平民中崛起的，没有什么波旁王室之类的贵族门第，全凭自己的战功才做的皇帝，与"君权神授"毫无关系。

　　平民出身的拿破仑战功辉煌，与他能不分门庭、大胆起用作战勇敢的将士密不可分。那时，欧洲各国军队中的将官，大多是出身名门的贵族子弟。而拿破仑手下的元帅，有目不识丁的勒费弗尔、父亲是士兵的拉纳，勇敢的骑兵元帅缪拉也是从士兵中破格提升的。"不想当元帅的士兵就不是好兵。"拿破仑的这句格言，使他在军队中几乎得到从士兵到将帅的一致拥戴。

　　1812 年 6 月，拿破仑率六十八万大军攻打俄国，遭到库图佐夫等将领率领的俄国军民的顽强抵抗。半年后，在俄罗斯的刺骨寒风中，拿破仑带着一千余近卫军官兵率先仓皇逃离俄国，仅有三万余名残兵败将跟着他。

　　"一位好统帅的品质综合，好比一个正方形。它的'底'和'高'应该始终相等。这'底'是指性格、勇敢、英勇精神和果断；这'高'是智慧等智力因素。倘若'底'长于'高'，统帅就会迷恋战斗，比理智实际需要的走得更远；相反如果'高'大于'底'，统帅就缺少勇气来实行自己的计划……"

　　拿破仑曾用这个生动的比喻解说军事统帅的整体素质。可惜，他自己往往过于迷恋战争。兵败俄国回到巴黎后，拿破仑在莱比锡一战中又败给了组成第六次反法同盟的各国联军，被迫退位，流放厄尔巴岛。路易十八在法国复辟了波旁王朝。

125

奥斯特里茨战役

1805 年 12 月 1 日的夜晚。在摩拉维亚（今捷克东部）的布尔诺东边，小村奥斯特里茨附近的荒野里，众多军队在此集结，营火如同天上繁星一般，闪烁在坡地河谷间。法军与俄、奥联军在这里遭遇。明天双方将一决胜负。

虽不是严冬时节，寒气却已在浓浓夜色里侵袭着露宿的士兵。一些法军士兵围着篝火烧烤着土豆。他们长途奇袭，从刚拿下的维也纳赶到这里。由于粮食供应不足，八个士兵才能分到一个面包，所以只得吃土豆充饥。

一阵皮靴声响，走来了一群军官。其中一个个头不高的，径直弯腰伸手从灰烬中拨出一个土豆，掰开，咬了一口，问营火边的士兵："你对这玩意可满意？"

"嗨，总比没有强啊！"那士兵大大咧咧地说完，这才发现那人竟然是拿破仑，慌忙起身立正致敬，"陛下，我不知道是您……"

"很好。"拿破仑毫不在意，挥手指着远处星星点点的敌军营火，"我的朋友，明天请帮我把那些畜生撵走……"

阵地上顿时响起了"皇帝万岁"的欢呼声。不知是谁下的命令，士兵纷纷在刺刀上扎捆干草点燃，拿破仑巡视到哪里，哪里就闪亮起一簇簇火光。

拿破仑满意地回到他的宿营处，那是个小木棚，棚子里放了不少干草。他躺在草上打了个盹后，命随从递上酒，边饮边思索明天

这一仗该如何打。

确实，俄奥联军兵力大大超过法军。三万奥军，五万余俄军，三百五十门火炮，光火炮就比法军多百余门。法军士气虽旺，可远离故土，能集结的所有兵力，包括近卫军在内也只有六万多名。对方统帅又是名将库图佐夫，不好对付啊。

拿破仑思索良久，决定将自己的军队分成南北两翼，南弱北强。他在北翼依托一个小丘指挥，设下预备队，包括从士兵升为元帅的缪拉的骑兵军、乌迪诺元帅的投弹兵师及贝西埃尔指挥的近卫军。北翼的前锋是勇猛无比的拉纳元帅率领的第五军和贝尔纳多特元帅的第一军。南翼是苏尔特元帅的第四军，达武元帅的第三军则是南翼的预备队。南翼可依托的是一连串湖泊与沼泽地。拿破仑昨日白天就看到，可以俯控这片战场的普拉岑高地上黑压压的，俄奥联军已占领了它。

12月2日，天刚破晓，俄奥联军的骑兵、步兵在奥国列士敦士登亲王和俄国巴格拉齐昂亲王率领下直扑法军北翼，南翼的法军也遇到俄奥联军三路纵队的强攻。俄奥联军的目的是以三万优势兵力攻下法军南翼，切断法军后撤维也纳的退路，再包围法军。战火初起，法军南翼很快就被对方突破，拿破仑急令达武元帅的第三军支援，忠心耿耿的达武率法军全力反击。眼看对法军南翼的攻击一时出现胶着状态，在普拉岑高地上的俄国沙皇亚历山大按捺不住了，急忙要身边的联军统帅库图佐夫率领普拉岑高地上的全部兵力冲下去，全力击溃法军南翼。

在冬日的雾气中，满头白发的库图佐夫此刻心情极为复杂，自己尽管是战场指挥，可一个将军与俄皇、奥皇同时在场，他怎能驾驭全局呢？回想作战前夕，他就建议眼下不要匆忙决战，待更多援军赶来方有可能歼灭法军。他对拿破仑的善于用兵比较了解。然而沙皇亚历山大对平民出身的拿破仑极为痛恨，这家伙从法国大革命

中乘势而起，毫不留情地东征西战，将欧洲贵族王室一个个打下台，说不准自己也早晚会面临拿破仑的攻击，不抓住此时战胜他就是丧失时机啊！

那些求胜心切的年轻贵族军官同样认为目前法军兵力较少，值得决战。库图佐夫心中明白，一旦冲下可俯控战场的这块高地，很可能是凶多吉少，但皇命难违，他只得下令。

见到俄奥联军离开高地，拿破仑立即下令法军冲上普拉岑高地。

这时，沙皇才恍然大悟。他与库图佐夫急忙调集大批军队，连自己的禁卫军也投入进去了。他要全力夺回高地。于是，法俄两军的骑兵在这里展开反复争夺，可法军终于牢牢守住了高地，切断了奥俄联军的联系。北翼的拉纳元帅第五军在缪拉的骑兵军支援下，一鼓作气击退了俄奥联军，随即赶来围攻想夺回高地的俄皇和库图佐夫的军队。

一场恶战中，库图佐夫受伤，沙皇亚历山大险些被俘，联军败下阵来。占领高地的法军用骑兵从背后袭击正在攻击法军南翼的俄奥联军，俄奥联军撤退。在越过冰封的湖泊与沼泽地时，法军又调集大炮一阵猛轰。俄奥联军不是溺水身亡，就是被炮火击中。就这样拿破仑以少胜多，用伤亡八千余人的代价，战胜了近九万兵力的俄奥联军。联军伤亡一万五千人，被俘一万一千，还有一百多门大炮及粮草弹药也成为法军的战利品。

史称"三皇会战"的奥斯特里茨战役，是体现拿破仑军事天才的典型战例。消息传到英国伦敦，英国首相威廉·皮特听后，懊丧地走到墙上张挂的欧洲地图前，说："看来这幅地图十年里没有任何用处了。"

代表新兴资产阶级革命力量的拿破仑，用战争摧毁了欧洲一个又一个国家的封建王朝，欧洲各国的领土疆域被拿破仑的军队任意改变，老的地图当然无法反映了。

126

兵败滑铁卢

地中海的厄尔巴岛很小，岛上却住着个大人物——当过法兰西皇帝，现在被逼退位的拿破仑。

一天夜里，有条小船从法国漂向厄尔巴岛。船还没靠上厄尔巴岛，船上有个人就急不可耐地跳下海。他游上岸，浑身湿淋淋地直奔拿破仑的住所。这是 1815 年 2 月 12 日夜晚发生的事。

此人是法国兰斯省副省长夏布洛，他奉同样拥护拿破仑的法国外交大臣马雪之命，秘密赶来向拿破仑报告近日法国情况。十个月前，欧洲反法同盟联军扶植的路易十八当上法国国王后，保王贵族开始疯狂报复。地主们算计着收回大革命时被没收的庄园；军队将官对路易十八这外国人扶植的国王根本看不起；农民又要交纳拿破仑当政时废除的苛捐杂税；普、俄、英、奥等国代表在维也纳开会，为维护本国利益而勾心斗角。

"陛下，现在是您重返巴黎的好时机呀！"夏布洛激动地劝说。

"我不能老死在这个岛上，将事业结束在沉寂中。"拿破仑向随他一起来岛生活的母亲说道。

"去吧！孩子，完成你的使命。"拿破仑的母亲深知儿子对权力的渴望。

拿破仑悄悄带兵乘船离岛。跟随他的士兵，只有当时来岛守卫他的四百名卫士和七百名自愿随他来厄尔巴岛的近卫军老兵。3 月 1 日，他带着一千多人在法国南部戛纳附近的儒安登陆。为了避免

途中与各地守军交战，拿破仑绕山路走近道，迅速奔向巴黎。二十天后，拿破仑的军队居然达到了上万人。因为途中遇到对复辟王朝极为不满的农民，农民就拿起武器跟着他；有些地方守军见到他，立即欢呼："皇帝万岁！"便成队成营立刻归顺了他们昔日的统帅。

3月20日夜晚，拿破仑进入巴黎。许多市民欢呼着、叫唤着甚至哭泣着迎接拿破仑的军队，因为路易十八的倒行逆施，使他们生活得更苦。路易十八和他的亲信贵族听到拿破仑回来的消息，却没命地逃离巴黎。

维也纳的皇宫中，奥地利皇帝弗兰茨正得意洋洋地与参加维也纳会议的普、英、俄等国的亲王大臣们交谈着。舞曲响了起来，来自欧洲的各国官员与打扮得花枝招展的贵妇淑女双双起舞。突然，一个脸色惊慌的奥地利官员走到奥皇面前，悄声说了几句，奥皇霎时脸色突变。不一会儿，周围的王公贵族们也神情紧张地小声交谈着，因为他们相继得到了拿破仑已重返巴黎的报告。

决不能让这个"科西嘉怪物"重霸欧洲！英、普、奥、俄等国组成第七次反法同盟，结集七十万人马，从三面分头进攻巴黎。

拿破仑同样烦恼。虽然巴黎民众欢迎他，但他征集兵马却困难重重。一个多月后他才勉强聚集起忠于他的二十八万军队，其中大部分又分散在法国各地，武器和马匹也很缺乏。他手中能集中使用、有较强战斗力的主力部队才十二万人。拿破仑只有集中兵力，趁联盟军队来不及汇合时，各个击破，才有机会取胜。拿破仑决定先攻击普鲁士老将布吕歇尔的军队，防止他与威灵顿将军率领的英国军队汇合。

法军与普军一交战，拿破仑就觉得普军兵力远远超过他的估计。由于拿破仑的近卫军奋勇进攻，普军败退了，但是布吕歇尔率普军主力悄悄地向威灵顿的英军靠拢。这个七十多岁的普鲁士老将又派出一支小部队引诱法军。上了当的格鲁希将军带了三万法军追

击小部队，法军兵力被削弱了。

1816 年 6 月 18 日，在比利时的滑铁卢，拿破仑率法军向威灵顿的英国军队发起全面进攻。威灵顿拼命抵抗，才没有被法军围歼。当夜，大雨倾盆。次日清晨，滑铁卢又大雾弥漫。拿破仑计划在中午时分进击英军。

"陛下，应将格鲁希的三万余人调回后再打，取胜就是必然的了。"一位将军提议。

"你们不要因为与威灵顿交手中吃过亏就害怕了，威灵顿不可怕，英国更没什么了不起，一顿午饭的时间我就可以打败他们。"拿破仑对胜利充满信心，他也相信格鲁希击溃普鲁士的布吕歇尔后，会立即赶来的。他万万没想到，威灵顿已经得到布吕歇尔快骑传来的信件，保证将攻击法军右翼。

中午，法军一百五十多门大炮齐轰，英军阵地一片混乱。然后法军左翼在拿破仑弟弟热罗姆率领下发动攻击。拿破仑让热罗姆停止进攻，巩固阵地。好大喜功的热罗姆却一味逞强，孤军深入，反而被英军的反攻打得惨败，同时又延误了右翼的进攻节奏。

下午，拿破仑又用重炮猛轰，右翼四个师的法军投入冲锋。英军拼死抵抗，用骑兵冲击法军步兵。拿破仑立即将自己的骑兵投入，双方反复搏杀，未分胜负。法军内伊元帅率一万名轻骑兵冲向英军，遭到英军炮火轰击。他的战马中弹倒下，内伊跳上另一匹战马，冲上去，战马又被击伤倒下，内伊骑上第三匹马，仍率队猛冲。眼看威灵顿的中央防线即将被突破，但是法军已没有后备队投入了。

"即使拼到最后一人，也要拖到布吕歇尔的普军赶来。"威灵顿此刻明白，这一刻谁坚持到底，谁就会胜利。果然在英军即将全线溃退之际，普军赶到了。格鲁希的三万法军却迟迟没出现。英军见援兵到来，斗志倍增。法军遭到英、普军队的前后夹击，只得撤

退。在激战中又失去战马的内伊元帅，手执断剑，被硝烟熏黑的脸流露出无奈的神情。他眼看着到手的胜利失去了。

拿破仑命令手下将领聚集部队，可是被击溃的法军已无法抗拒英普军队的冲击了。拿破仑沮丧地输了这一仗，三万余法军伤亡。6 月 21 日，拿破仑败退到巴黎。半个月后，反法同盟联军进入巴黎。法国波旁王朝的路易十八再次复辟。

或许，在滑铁卢之战中，格鲁希的部队及时赶来，拿破仑就能取胜。然而拿破仑失败的根本原因在于他野心太大。他自己承认："我失败的原因就在于我自己，不在于别人……我想包揽的事情过多了……"

拿破仑被流放到大西洋靠近非洲南部的圣赫勒拿岛。六年后，这个曾改变欧洲地图的人死去。

127

周旋于列强之间的梅特涅

1810 年 11 月里的一个晚上，法国巴黎。帝国大法官康巴塞雷斯的府邸正举办化装舞会。法国当朝权贵与各国驻法使节都与夫人应邀出席。正在巴黎的奥地利外交大臣梅特涅夫人爱琳诺也到场。她刚跳完一曲，又有一位个头不高、衣着华贵的先生彬彬有礼地邀她共舞。这种场合拒绝邀请是很失礼的。舞曲一起，爱琳诺就感觉舞伴的舞技拙劣，还边舞边拥着她朝客厅边走去。

那人竟拖着她进入客厅暗处一间空房间，随手关上门又取下假面具。爱琳诺惊魂未定，很快又大吃一惊，此人居然是当今法国皇帝拿破仑。

"夫人，很抱歉。我如此粗野，只是想问你，如果我向贵国公主玛丽·路易丝求婚，是否可得到答允?"

"陛下，我……我无法知道。"

"好吧，请夫人向您的丈夫转达我这个问题。请再次原谅我的失礼。"拿破仑转身迅速离去。

一年半前，法奥交战。奥地利战败，首都维也纳被法军占领，不得不签订割地赔款的条约。爱琳诺像许多奥地利人一样，对让他们忍辱蒙羞的拿破仑又怕又恨，因此，她认为拿破仑刚才的这番举措极为荒唐。可她丈夫梅特涅听她说完先略有所思，转瞬就面露喜色。自从四年前作为奥国驻巴黎大使起，他就不断收集各种情报，了解法国宫内的事。他知道拿破仑因皇后约瑟芬不能生育，准

备与她离婚，然后再娶一个与他地位相当的女子。估计是俄国拒绝了拿破仑向沙皇妹妹安娜的求婚，恼怒的拿破仑才转向奥国。奥地利皇室出自哈布斯堡王朝名门，然而当时奥国国力日益衰弱。从法国大革命中崛起的拿破仑，代表新兴资产阶级力量东征西战，欧洲各国封建王朝虽多次联合反法作战，均以兵败告终。梅特涅认为这次奥地利如果与法国联姻，奥地利的封建王朝至少得以延续。

"如今是法强我弱。仅凭我国二十多万军队，又没有可靠盟友，我奥地利如继续与拿破仑作对是愚蠢的。联姻就可使法国将攻击矛头转向俄国，奥地利则可以逸待劳，保存实力。"梅特涅如此这般劝说奥皇，终于成功地撮合了这门亲事。

奥法联姻后，1812 年 6 月，拿破仑果然发兵征战俄国，他要求奥国出兵三万担任进攻的左翼。梅特涅口头应允，却让奥军回避与俄军交战；同时又暗中与英、俄及普鲁士联系，保证只要自己在任奥外交大臣一天，奥地利就不会真正与拿破仑联手。

拿破仑的六十八万大军被俄国的防御战略与严寒气候折腾得只剩三万残兵败将，狼狈而退。奥军的三万兵马却几乎完好无损。梅特涅这时却开始考虑如何防止俄国建立霸权。

1813 年 6 月 22 日，梅特涅以调停者的身份，应邀来到德累斯顿的马科得尼宫。面对按剑在手、怒气冲冲的谈判对手拿破仑，梅特涅不动声色。这瞬间，或许梅特涅回忆起自己四十年生涯中的难忘片断。

为了成为外交官，梅特涅十六岁求学于巴黎的斯特拉斯堡大学，可目睹了巴黎民众攻陷巴士底狱的起义，贵族出身的他却无法容忍如火如荼的法国资产阶级大革命；他二十一岁就跨入外交官行列，出使英国，但拿破仑指挥的法军攻占他家乡，他父亲的贵族领地、臣仆与财产丧失得一干二净；他三十六岁出任奥驻法大使，因为暗中传送情报，鼓动奥军分兵攻击法国三个属国，被拿破仑在杜

伊勒里宫当着各国使节的面痛骂一通，然后被限制行动自由，甚至成为拿破仑的阶下囚被关押。即使如此，他仍保持贵族世家的风度与外交官的尊严。今天，他终于能以平等的地位与拿破仑对话和谈判了。

梅特涅之所以能有今天，是因为他牢记在美因兹大学选修过的福格特教授的历史课程。福格特提倡政治上采取保守调和原则，各主权国保持实力平衡的"欧洲新实力均衡"理论，被梅特涅成功地运用于实践中。他以敏锐的判断、多变的手段巧妙周旋于各大国之间，日渐衰弱的奥地利全凭这套"大国均势"外交策略，才得以维持欧洲强国的体面。

如今梅特涅是劝说拿破仑与欧洲各国妥协。按照"大国均势"的策略考虑，他感到此刻不能再削弱法国。骄横的拿破仑却说不怕战争："我是靠打仗才有今日的。对一个像我这样的人而言，成百万人的生命不算什么……"

"您急于挑动战争，那么您同欧洲交锋的时刻已经来临。可是被打败的将不是欧洲。"梅特涅傲慢地用欧洲代言人的身份发出声音。

"我同奥国公主的婚姻是件愚蠢的事。"

"那可是征服者拿破仑自己决定的呀！"梅特涅诙谐地回答道。

这场被称为"外交滑铁卢"的谈判长达九个钟头。双方唇枪舌剑十多个回合，就如拿破仑发起了十三次挑战，梅特涅应战了十三次。眼看无法达成协议，梅特涅最后说："陛下，我来这里就预感到您将输了。现在我该走了。我认定您陛下是输定了。"

1813 年 8 月，俄、普、奥、英等国组成第六次反法同盟，梅特涅又玩弄外交手腕，逼迫俄国同意让奥地利施瓦岑伯格亲王出任反法联军统帅。1814 年 3 月，反法联军攻占巴黎，拿破仑宣布退位。梅特涅又利用奥国出任反法联军统帅的身份，于 1814 年 10 月在维

也纳召开会议。出席这次会议的欧洲各国君臣表面上欢声笑语，暗中却勾心斗角，都要争夺扩展在欧洲的实力地位。梅特涅一边用欢宴歌舞装点盛会，一边暗中在他的书房里与英、法、俄、普的代表共同协商欧洲政治局面的均衡，使他的手腕与"新实力均衡"理论得到充分施展。最终欧洲大陆的各国封建王朝统治得到恢复与巩固，奥地利在欧洲，特别是在意大利和德意志邦联中的优势得以确保。同时欧洲也暂时避免了重大战争和冲突。

1821年，梅特涅升任奥地利首相。从此他更全力维护封建君主体制，联络各国组成"神圣同盟"，凶横地镇压欧洲各国人民反封建的民主革命运动。1848年，在革命浪潮中，梅特涅被迫下台，逃亡英国。

作为一个效忠封建王朝、镇压资产阶级革命的人物，梅特涅的下场并不光彩，但他推行的"大国均势"外交策略，成为世界政治和外交史上的范例。美国著名外交家基辛格就在自己的政治生涯中，推行类似梅特涅方式的外交策略。

128

克劳塞维茨写《战争论》

1792 年，德国哈韦尔河畔的波茨坦城。

当时，这里是普鲁士王国的夏宫所在地。驻军之一的费迪南德亲王团外出巡行时，路过街道的市民多半会看到一幅令他们印象深刻的景象：一个体形瘦弱、单薄的少年士官生，掌着军旗吃力地行走在军队中间。用金银丝绣着纹章的军旗在他手中相当沉重，似乎他用尽全身力气才能保持旗帜不至歪斜。然而，他仍保持军人的步伐行进着。这场面让市民先有几分惊讶，转而对这少年的坚毅萌生出一丝敬意。

这个少年就是十二岁便被父亲送入军营的卡尔·冯·克劳塞维茨。他没有任何人的关照，全凭自身的努力，赢得军队中士兵们的尊敬，同时也养成了他内向、甚至有几分孤僻的个性。

克劳塞维茨的父亲曾是名少尉军官。作战负伤致残后，在小城布尔格当了名收税官。在克劳塞维茨的童年记忆里，来自己家中的那些父亲的朋友也多半是军官。遗憾的是他感到这些军官尽管军服笔挺，却说不上文明、谈吐高雅，更谈不上有学问了。

如果要成为一名真正合格的军人，应该要有学识。但父亲并没让克劳塞维茨受多少教育，就把他送到了军营。

经过严格的军营生活，晋升为见习军官的克劳塞维茨在 1793 年普法美因兹（今德国西南部城市）交战时，初次经受了炮火洗礼。兵力占优势的普军排成步兵方队前进，法军却以散兵战术迎战，用

准确的子弹狙击，使得普军伤亡不小。一天夜里，法军还组织了一次夜袭，造成普军大本营一片混乱，损兵折将。由于得到美因兹当地居民的支持，法军在普军的强烈炮火攻击下，直到弹尽粮绝方从容撤退。这一切使十三岁的克劳塞维茨陷入沉思中。

那是个风起云涌、英雄辈出的年代，拿破仑凭他出色的军事才干，指挥法军与欧洲各国联军交战，几乎是每战必胜。克劳塞维茨对这些战斗经过，无论是自己参与的还是听说的，都饶有兴趣地加以分析、研究。

1801 年，克劳塞维茨通过考试进入柏林军官学校学习。当时任校长的沙恩霍斯特将军主张革除陈旧的教条，在校内他成立了"军事协会"。会员们运用近期战争实例，研究讨论战争的军事理论。这天沙恩霍斯特引来了一位新成员，对大家说："这个青年军官的勤勉、学识与判断力，将无愧于我们协会。"

克劳塞维茨就这样参加了协会。他不卑不亢的态度与富有见解的言论，使同学们产生良好的印象；同时他也结识了一些主张革新的普鲁士军官、将领，如格乃泽瑙将军等人。

两年的军校学习生活丰富了克劳塞维茨的军事理论知识，磨炼了他的个性。经沙恩霍斯特推荐，毕业后的克劳塞维茨成为奥古斯特亲王的副官。他随同奥古斯特亲王参加了 1806 年的普法战争，由于战败，又跟着奥古斯特亲王一起成为法军战俘，被押解到巴黎。后来双方交换战俘，克劳塞维茨回国了。

半年后，克劳塞维茨写出了一篇结合他对巴黎的见闻和思考，长达十多页的文稿《关于普鲁士未来反法战争行动》。凭着苦学钻研和爱国热忱，他又参加了由沙恩霍斯特、格乃泽瑙等将领主持的普鲁士军队革新、改组工作。

由于懦弱保守的普鲁士王朝屈服于拿破仑的淫威，一些爱国军官，如沙恩霍斯特、格乃泽瑙、克劳塞维茨愤而辞职。1812 年 2

月，克劳塞维茨执笔写的《三个信条》一文，表达了他们坚持抗击拿破仑军队的爱国信念，强调了普鲁士应该进行军事改革的迫切性。三个月后，克劳塞维茨转投俄国。在俄军中他又一次亲历战场烽烟，与俄军将士共同抗击拿破仑法军的入侵。回国以后，他最终以普军第三军参谋长之职，参加了击败拿破仑的最后一战。

1830 年，已是柏林军官学校校长的克劳塞维茨奉调去炮兵监察部。临行前夕，克劳塞维茨捧出一叠厚达三千余页的书稿。他抚摸着，陷入沉思中。他经历的百余次大小战役、半辈子戎马生涯，一幕幕仿佛重现眼前，尤其是在俄罗斯大地上发生的斯摩棱斯克城的争夺战、波罗金诺的炮战、拿破仑与库图佐夫指挥下法俄两军的交锋，迂回防御，追击，犹如生动画卷，历历在目。

半晌，他把书稿收全包封，交给妻子说："我一直想修改完这些书稿，却忙得没能动手改完……这部书说不上是完整的理论大厦，只是建筑理论大厦的材料……我想，在我离开这个世界以后才是出版这部书的合适时机吧！"

这部书稿就是《战争论》。它汇集了克劳塞维茨对一百三十余个战例的分析、研究，对战争与政治的关系、战争理论、战斗、防御等进行了辩证讲述，见解精辟。

1831 年 11 月，克劳塞维茨因病去世，他的遗孀在整理书稿时，发现了一页克劳塞维茨写的《说明》："尽管这部著作没有完成，我仍然坚信，每个没有偏见、渴望真理和追求信念的读者，在读已誊写清楚的前六篇时，会看到这些经过多年的思考和对战争的热忱研究所获得的果实，或许还会在书中发现一些可能在战争理论中引起一场革命的主要思想……"

她似乎明白了丈夫为什么坚持在他故世后才能出版此书的原因。书中指出民众的拥护是战争制胜因素之一，还对法国大革命持肯定态度。如果克劳塞维茨生前出版此书，很可能会在封建保守的

普鲁士王国，引起守旧军官们对他的围攻呢！

在《战争论》中，克劳塞维茨第一次提出了"战争无非是政治通过另一种手段的继续"这一著名论断。这本未完成的著作由于从战例实际出发考察、总结战争理论，终于成为流传后世的军事学经典理论名著。——

129

在哲学大道上散步的人——康德

你要是去欧洲旅游，有关名胜古迹的介绍中就会提起哥尼斯堡（在今俄罗斯加里宁格勒）的一条著名的路——"哲学大道"。它的出名与一位哲学家有关。

那是十八世纪中叶。每天暮色初起时分，这条路的尽头就会出现一个个头不高、相貌清秀的男子。他衣着整洁，步履悠闲，若有所思地从这儿一直走向弗里德里希炮垒。当然，快到达炮垒时他就转身往回走了，天天如此，年年如此。有时走着走着，他会在路旁的椅子上坐一会，随手记下一点正在思考的内容；有时候他也会和一个朋友，或是一个学生一起完成这一趟散步。最主要的是，他每天必定准时出现在这一条路上，从不迟到或早退。周围的居民几十年来对这一情景已经司空见惯了，甚至可以根据他的出现来核对家里的钟表。

这个人就是后来闻名于世的德国大哲学家伊曼努尔·康德。他1724年生于德国的哥尼斯堡。少年时在神学院中受教育，十六岁进入哥尼斯堡大学攻读哲学。毕业后他先做家庭教师，后来成为哥尼斯堡大学的教授，还短期担任过哲学院院长和大学校长。

康德是欧洲启蒙运动时期著名的思想家。在自然科学方面，他提出了著名的"星云说"，即认为太阳和一切行星都是由旋转的星云产生的。"星云说"第一次动摇了自然界在时间上没有历史的概念，被认为是自哥白尼以来天文学取得的最大进步。他的三部名著

《纯粹理性批判》、《实践理性批判》和《判断力批判》，则是世界哲学史上的重要文献。

康德在《纯粹理性批判》中，宣称自己在哲学上完成了一场哥白尼式的革命。因为他第一次提出了思维与存在有没有同一性的问题；他鲜明地提出了思维对客体的作用，即主观能动性的问题；他冲破了形式逻辑的局限，提出了辩证逻辑问题。尽管由于他的局限性，他在思维与存在的关系上，只承认在我们的思维之外存在"自在之物"，但不承认"自在之物"能被认识，有"不可知论"的倾向，但已经包含了唯物论与辩证法的合理成分。革命导师恩格斯对康德的评价是：在法国发生政治革命的同时，德国发生了哲学革命，这个革命是从康德开始的。

康德身后所有的哲学家和伟大的科学家都或多或少地受到他的影响，在人类思想史上他具有很高的地位。当年康德发表了他的哲学著作后，他的思想成为许多德语学校中讲课的内容，哥尼斯堡更成了当时的哲学圣地，成群的年轻人赶到那里去听他的讲课。

哲学是一门高深的学问，但哲学家康德却丝毫没有学究气。他为人幽默机智，学识广博，交友极广，甚至从不单独吃午饭，饭桌上总是高朋满座。他有很多知心朋友，一些医生、商人、银行家等等，都和他保持着终生的友谊，连哥尼斯堡守卫队的许多高级军官都很仰慕他。当地的骑兵队长不但醉心于他的演讲，而且还经常用马车接送他去为部下讲解数学和自然地理学。

康德终身未婚，原因之一是他的经济状况不太好。在当家庭教师时，他的收入菲薄，即使后来在大学任教也十分清贫。但他却并不贪图钱财。那时先后有几所大学以高薪聘请他去任教。康德考虑到那里的环境对自己专心学术研究不利，因而不为所动，甘心寂寞，放弃了这些机会。康德后来被任命为柏林科学院的院士，但他在自己的著作中从没有使用过这一显赫的头衔，只是谦虚地署上

"教授"。

1786 年，普鲁士国王弗里德里希大帝逝世，新国王登基。以学识渊博闻名的哥尼斯堡大学校长康德受命组织朝见新国王的典礼。按照当时惯例，将有十分豪华盛大的场面，花费很大。康德却上书新国王，要求严格禁止铺张浪费，不得举办各种耗费巨资的欢迎会。以一个大学校长的身份提出这种倡议，是要有一点勇气的。幸好新国王比较开明，欣然同意了康德的建议。于是，康德在朝见仪式的前一天，率领评议会成员进宫，对新国王表示祝贺。整个仪式简单而又隆重，国王非常满意，第二天破例送了六百张观礼券给康德，供全体学生列队进宫观礼。这对于重兵把守的王宫来说，是天大的例外，也是康德人格的胜利。

康德以八十高龄在 1804 年 2 月去世。28 日，哥尼斯堡为他举行了盛大庄严的出殡仪式。他的棺木由二十五名大学生抬着，送往大教堂。大学生的队伍后面是驻军军官的队伍，再后面是几千同胞的送殡行列。灵柩上题着："康德永垂不朽！"道路两旁挤满了自发赶来的人群，黑压压地排了好几条街道。在阵阵哀乐和回荡天际的钟声里，人们不禁想起康德的名言：

"有两种东西占据我的心灵。要是不断地对它们进行思考，就会给我时时翻新、有增无止的赞叹和敬畏。那就是繁星密布的苍穹和我内心的道德法则。"

130

辩证法大师黑格尔

德国的符腾贝格有座斯图加特文科中学。1787 年的一天，学校照例又举行即将毕业的一届学生演讲。走向讲坛的中学生个个表情肃穆。毕业演讲的评分，在很大程度上决定他们能否顺利进入大学校园。演讲的题目由学生自己决定，便于发挥自己的长处。

一位神色拘谨、似乎还有几分谦恭的学生在众人面前念出自己演讲的篇名《土耳其统治下的应用艺术与科学之衰落》时，在座的一位教师不由吃惊地扬起了眉毛。这个名为黑格尔的学生写过两篇作文《论希腊和罗马人的宗教》、《论古代诗人的若干特征》，给那位教师留下深刻印象。看起来黑格尔对古典文学及希腊、罗马的文化知识有比较深入的了解，一般中学生可是做不到的呵。然而那位教师从未听说黑格尔对土耳其文化也有研究呀。

黑格尔在演讲开头，历数奥斯曼帝国不重视科学文化的种种弊病，然后话题立即转向赞扬符腾贝格如何重视文学、科学和艺术，婉转又巧妙地对自己的国家、故乡及学校极力讴歌。

果然，黑格尔的这篇演讲获得在座的校长、学监与教师的一致好评，也由此获得了政府提供的奖学金。他顺利地进入图宾根神学院读大学。

图宾根神学院是培养未来教师与牧师的一座古老学府，有强烈的修道院色彩，学生们不但一律要穿黑色袍服，而且要求学生每天早起就自修，连散步都有时间规定及专门规则约束。图宾根神学院

也有体育活动——击剑与骑马，这是当时进入上流社会的人物所必须具备的技能。

从此，图宾根神学院出现了一名用功读书，却不太参加击剑与骑马活动的学生黑格尔。一些同学对黑格尔的埋头苦读颇有看法，就私下里画了幅漫画嘲笑他。

一天，黑格尔看到了这幅画。画中的他是一个驼背、撑拐杖的小老头。他宽容地笑了笑没作计较。他比较成熟，既然能够巧妙地用毕业演讲迎合中学校长、学监们爱被奉承的心态，当然也会老练地处理同学之间的矛盾。在图宾根神学院，黑格尔只用两年时间就完成了哲学硕士论文。1793 年通过神学博士论文后，黑格尔放弃了成为一名收入高、生活稳定的牧师的机会，宁可当家庭教师，因为他可以充分运用那些主人家的丰富藏书，研究学问。

从 1801 年起，黑格尔凭扎实的学问进入耶拿大学当教师。经过多年的努力，黑格尔写出了《精神现象学》。当时，拿破仑的军队在欧洲攻城略地，摧毁各国封建王朝。法军攻入耶拿的 1806 年 10 月 29 日这天，对黑格尔来说极不平常。这天他亲眼目睹拿破仑骑马进耶拿巡视的情景。第二天他写信给朋友说道：看到这个"掌握着世界，主宰着世界的人骑在马上，令人有一种奇异的感觉"。同时他又担心自己几天前寄出的《精神现象学》书稿，会不会在这场战火中损坏。《精神现象学》是他数年钻研完成的哲学著作，铸就了他唯心主义哲学体系和辩证法的基础。

黑格尔专注于学术研究，却不是一个只埋头于书斋的老学究。他对生活中的美有着非凡的敏感。在美因兹城，他漫步在莱茵河畔，注视着田野里牧羊人住宿的茅屋，静静欣赏田园风光；同时，回想历史上莱茵河孕育的欧洲文化渊源，又感叹战争对平静生活的破坏。看到两边田园中村庄的废墟、被战争炮火削去尖顶的教堂钟楼，黑格尔陷入了沉思中。

在法兰克福，黑格尔每星期总要去一次剧院。他欣赏莫扎特的歌剧《魔笛》、《唐璜》，对音乐和演员的艺术水准有独到评价。同时他对生活中的美给予理性的思考，提炼后形成自己的美学观念。黑格尔的欣赏总是伴随着深沉的思索，似乎成为一种习惯。他在1797 年给妹妹的女友的一封信中，自嘲地说自己"一度是个教师，并把这个称号和他的随身行李一块带着到处奔走，正如背着一个不断用拳头捶打他的魔鬼使者一样"。

黑格尔执着地追求真理，同时又不被生活中的一些假象所迷惑，"我不能满足于开始了人类低级需要的科学教育，我必须攀登科学的高峰"。1807 年，他的好朋友谢林告诉他，当时人们对用一根线系上一个金属物体，在水或其他金属上方摆动的磁学实验，十分着迷。黑格尔回信中就友善地提出，实验必须摆脱偶然因素或人为的干扰，才能得出科学的结果。

黑格尔批判地继承了康德等前辈哲学家的研究成果，吸取了他们哲学思想中的辩证法因素，建立起自己客观唯心主义的哲学体系。他认为世界上的一切事物都是从"绝对精神"中派生出来的。艺术是绝对精神对自身的直观，宗教是对绝对精神的伟大的崇拜，哲学则是通过概念来表现绝对精神。自然界和人类社会历史都被他认定是观念和精神的体现。

他在《逻辑学》一书中提出了辩证法中的三大法则：对立统一规律、质量互变规律与否定之否定规律。从他提出的否定之否定的规律，可以看出他已研究出人类的认识，是一个沿着螺旋式上升的不断前进运动的辩证发展过程。他是欧洲哲学史上第一个全面系统地表述了辩证法的唯心主义哲学家。

黑格尔的著作《精神现象学》、《逻辑学》、《哲学全书》、《法哲学原理》、《历史哲学》和《美学讲演集》等，是人类思想史的宝贵财富。他取得的成就来自他孜孜不倦地追求真理的努力。在图

宾根神学院那枯燥的学习生活期间，他常在同学中朗诵诗人希坡尔的一首诗《生命旅程》：

> 朋友们，向太阳，
> 让人类的幸福之果快快成熟！
> 几茎残枝、几片碎叶，
> 怎能把太阳的光辉遮住？
> 要穿过这些残枝碎叶，
> 奔向太阳边去，
> 吸吮着他的热和光，不要顾虑……

黑格尔以此自勉，也激励同学，共同去探索真理。

131

喜剧家的悲剧

在法国，谁要是被人称呼"阿巴贡"，就会明白人们嘲笑他为人吝啬；要是人们背后说某人是个"达尔杜弗"，那个人就很可能是个假仁假义的家伙！阿巴贡和达尔杜弗，都是法国著名喜剧家莫里哀创作的喜剧中的人物。

1673 年 2 月 17 日，巴黎的一所剧院正在上演莫里哀又一部新喜剧《无病呻吟》。舞台上出现一个富人阿尔冈，他怀疑自己有病，顽固地要在自己身边安排一位医生，随时伺候自己，因此居然强迫女儿去嫁一个她根本不爱的医生。这出戏的对白写得很生动，演员的表演又出神入化，赢得观众笑声不绝。当剧情进入高潮时，演阿尔冈的演员动作逐渐僵硬起来，仿佛被病痛折磨似的，表情也越来越古怪了。

"怎么搞的？今天这个阿尔冈好像有些不对劲啊？"有位观众小声对邻座说。

"不可能啊，你知道扮演阿尔冈的演员是谁？就是写这出戏的莫里哀本人呀！他亲自演自己剧中的人物，一直是最逗人发笑的。有时他还会临场发挥，做一些剧本中没有的夸张动作，获得满堂喝彩声呢！"那个邻座，看来是个喜爱莫里哀喜剧的老资格观众了。

今天的莫里哀确实有些支撑不住了。自从八年前他患肺病以来，从没好好休息治病。他忙于创作，赚钱养家糊口，同时他又得经常上台演出，就这样，身体越来越虚弱。刚才开演之前，莫里哀

的脸色惨白，他的学生劝他："今天您就别自己上台了！"

"不行啊，剧团里五十多人家中的面包，全凭这演戏的收入去买呢！"他吃力地回答。

好不容易，莫里哀坚持到戏落幕，立即跌跌撞撞回家，一进门就躺下了。他在床上不停地咳嗽，然后，大量的血从口中涌出。

人们急忙去找医生，找神父。医生赶来了，可病入膏肓的莫里哀已气息奄奄，无法抢救。神父也来了，可神父的表情看来很不想为莫里哀做临终前的祈祷。莫里哀终于死了，教会却不允许他的灵柩埋在公墓，后来总算允许把他埋入夭折的儿童和自杀者的专用坟区，而且还得在日落黄昏时落葬。十七世纪的法国，死者的安葬仪式都由天主教会说了算。

这是为什么？原来莫里哀创作的喜剧，用笑声对法国天主教教会某些教士的伪善和教会的封建权利，进行了深刻的揭露和讽刺。

达尔杜弗在喜剧《伪君子》中，就是一个以伪善者形象出现的角色。戏一开幕，破落贵族达尔杜弗从外省流落到巴黎。他在教堂装做一个十分虔诚的信徒，由此获得贵族奥尔恭的信任，住进奥尔恭的家里。达尔杜弗在奥尔恭家的女仆面前装成苦苦修行的模样，要女仆不能在自己面前衣着略为暴露，口口声声说自己抗拒欲念。背地里他却勾引、调戏奥尔恭的妻子，甚至掌握了奥尔恭的把柄，去告密，企图将奥尔恭的家产妻室全部霸占过来。最终由于国王英明，达尔杜弗的伪君子嘴脸被揭露，他的阴谋才没得逞。达尔杜弗用宗教修士虔诚的外衣，掩盖了他卑劣凶狠的本性。

莫里哀这个戏写完后，先在宫中只演了其中几幕，立即遭到贵族和教会的攻击。由于《伪君子》的结尾巧妙地歌颂国王英明，洞察一切，国王路易十四用沉默的态度庇护了莫里哀。但他也不准《伪君子》全剧公演。莫里哀花了五年时间，修改剧本，与封建贵族、教会巧妙地周旋，终于获得《伪君子》公演的许可。1669 年 2

月5日正式演出前，为了争购《伪君子》首次公演的票，人们拥挤得几乎出了人命。

在十七世纪的法国，天主教是国教，教会具有传统的强大势力。教会的力量支持着封建王室和贵族政权，然而教会的强大也使国王时时感到威胁。莫里哀写的喜剧，用夸张的艺术手法，逗人取乐，能给宫廷王公贵妇解闷。戏中剧情又揭了教会的丑，可削弱教会的影响，抬高国王的威望。这才是路易十四庇护莫里哀的原因。

阿巴贡是莫里哀创作的另一个成功的人物形象。在《吝啬鬼》里，阿巴贡是个嗜钱如命的老财主。他在花园里埋藏钱币，时时担心被人挖去。他在自己儿子和女儿的婚姻大事安排上，也处处想着省钱，毫不考虑他们是否有爱情，今后是否会生活得幸福。金钱就是这个守财奴的灵魂。莫里哀用阿巴贡的形象，将守财奴爱钱如命、贪得无厌的本性表现得入木三分。

莫里哀的喜剧《太太学堂》、《唐璜》、《屈打成医》、《可笑女才子》、《贵人迷》等等，都用生动的角色形象和夸张的语言，辛辣地嘲讽了封建贵族的荒淫无耻和资产阶级的趋炎附势，让人们在笑声中认识当时社会的黑暗。他的喜剧歌颂了爱情，赞扬了平民的智慧。

莫里哀自小聪敏好学。他热爱戏剧，不愿走他父亲安排的经商之道。他宁可放弃财产继承权，与几个朋友组成剧团演戏。莫里哀这个名字是他演戏取的艺名。剧团经营不善欠债，莫里哀因此受牵连两次坐牢。可是他太爱戏剧了，出狱后又当了一名剧团演员，跟着剧团流浪演出，在法国南部过了十三年居无定所的生活。这段经历使他体会了巴黎繁华都市与外省民众贫苦生活的差距。他对民间艺人的苦难生活、民间艺术的表现手法和民众的欣赏口味有切身体验。

莫里哀创作的喜剧人物形象生动，嘲讽一针见血，而且又能巧

妙周旋在国王、观众、剧团事务中。然而，正如他自叹："听蠢人评判，仿佛对牛弹琴，犹如在服苦役。"把自己一生融化在喜剧写作中的这位杰出戏剧家，末了的结尾却是悲剧。他是受尽困扰却尽职的经理，用笑声掩饰自己心中悲苦的剧作家，至死都与顽固、守旧、虚伪作战的艺术家。

132

巴尔扎克的《人间喜剧》

"请那位申请去彼得堡的先生进来吧。"俄国驻巴黎大使馆的秘书巴拉宾先生这样吩咐侍者道。于是，他看到一个身材矮胖的人出现在面前：此人有面包师的相貌，鞋匠的身段，箍桶匠的个头，针织商人的举止，酒店老板的打扮。更令人吃惊的是这位先生的姓名居然是奥诺雷·德·巴尔扎克，一位法国著名作家。

这是 1843 年 7 月初的一天发生的事。秘书巴拉宾光注意巴尔扎克的体态衣饰，却没看到巴尔扎克脸上长期熬夜写作而深陷的眼窝里，眼眸炭火般熠熠放光。这双眼睛似乎看透了人间的冷暖，美德与伪善被他分辨得丁是丁、卯是卯，所以他能用笔构建一座大厦。在这所大厦里，两千余位身份不同的人物在九十多部小说、戏剧中上演着一幕幕围绕金钱、权势而勾心斗角的精彩活剧。这就是巴尔扎克创作的由九十多部小说组成的《人间喜剧》。

当巴尔扎克十七岁中学毕业后，攻读法学院时，曾在巴黎的律师事务所见习，从此事务所中笑声不断。这个见习生的逗人发笑甚至干扰了正常工作，以至事务繁忙时，事务所会派人给他送来一张便条："巴尔扎克先生今天不用来了，因为今天工作很多。"

就在这个事务所里，巴尔扎克从法典和案例中渐渐了解了法国当时社会的人间百态。因为民间官司，真实反映了家庭中和人们相互间为财产的争夺而暴露的种种丑恶。

中学时代，巴尔扎克就对自然科学中的生物分类很感兴趣，

"社会现象也能这么划分吗?"这个念头曾多次出现在他的脑海。这天在咖啡馆,巴尔扎克与一些医生、化学家交谈时,一个老医师神秘兮兮地对他说:"我要告诉你一个秘密。那就是思维比肉体更有力,它可以吞噬、吮吸、消融掉肉体……"

这席话让巴尔扎克联想到日常生活中那些恶棍是如何用刻毒的语言,摧残黑暗的心灵的。

这种种见闻和思索,到了巴尔扎克必须用写作来谋生时,才产生了作用。因为经商不善,成年的巴尔扎克负债累累。走投无路的商人的苦恼,金钱世界的黑幕,他都亲身体验到了。人生的苦难在某种程度上造就了这位伟大的作家,但是更重要的是勤奋和自信。

"我像鸡一样,每天傍晚六七点钟上床睡觉,清晨一点钟被唤醒,写到八点,再睡一个半小时,吃些东西和浓咖啡,再写到四点……"巴尔扎克每天就这样写作十五六个小时。出版商称他为"小说的火山",六个星期就可以"喷"出一部小说。

他写字桌边的乌木文件柜柜顶上,放着一尊拿破仑石膏像。拿破仑像的剑鞘上挂着块卡片,上面写着一行字:"他用剑没有完成的事业,我将用笔来完成——奥诺雷·德·巴尔扎克。"

1835年初,巴尔扎克的新作《高老头》风靡巴黎,书商们张贴海报来告知读者。第一批印出的书未投入市场就被书商预购一空。然而没有人知道,几个月前,在巴黎的卡西尼街那间书房里,有个人几乎是发狂似的在书稿上奋笔疾书,他几乎每天写作十八个小时。咖啡气息和烟味使这个房间如同即将失火的厨房。最后一天,房间竟然爆发出一阵阵哭声。因为那个人——巴尔扎克写到高老头被两个好虚荣的女儿将钱财索要一空,孤独地病死在小阁楼时,禁不住伤心至极,嚎啕大哭。他把自己的整个身心投入到他小说中的人物里去了。

从《高老头》起,巴尔扎克让他的人物在一部部作品里多次出

现。读者看到的人物更生动，血肉丰满。巴尔扎克从自己熟悉的人中选出模特儿，再加以提炼，把别人的生活经历加上去。这些人物组成了他心中的世界，这个世界反映了法国历史上政治变动起伏最剧烈的十九世纪中叶。那个时代，今日的爱国者明日就成为叛徒。人们只去咖啡馆阅读党派的报刊，却从不订阅，这样就避免所订的报刊成为日后被人控告犯罪的证据。

《舒昂党人》、《欧也妮·葛朗台》、《驴皮记》、《贝姨》、《幻灭》、《夏倍上校》，法国的贵族、资本家、银行家、官吏和军人等等，都一一出现在人们眼前。巴尔扎克不加评论，他只是描绘，逼真地描绘，描绘法国资本主义的兴起，封建贵族的没落，金钱和贪欲如何让人们疯狂。他的小说似乎没有情节，只有被欲望激情鼓动着的各种类型的人物。历史是各种人物的活动组成的，"我只是法国历史的书记员"。巴尔扎克说得很坦率。

这个"书记员"有个可怕的习惯。

书商收到巴尔扎克的书稿很高兴，但印刷厂工人却好比苦役犯开始服刑。字迹难认，如同天书，改过去又改回来的符号像一堆古埃及法老时代的象形文字。当排字工好不容易靠猜测辨认，将书稿排成清晰的校样，巴尔扎克又开始横七竖八地涂改增删。这位追求完美的作家就是这样使他的小说成为了杰作。

"我每天喝三杯浓咖啡、胃在痉挛、血在燃烧、脸色焦黄……"到了1850年8月的一个夜晚，这位三十年来日夜辛劳写作的小说家终于病倒了。

在昏迷中，躺在病榻上的巴尔扎克说："我的病，只有毕安训医生能救我……"

在场的人无不叹息，因为毕安训是巴尔扎克《高老头》中的人物。巴尔扎克至死也没有离开自己的《人间喜剧》，那是他写下的一百三十七个书目，最终写完了九十一部的小说世界。

为他送葬的行列延续了好几条大街，有政府内政部长，作家雨果、大仲马等著名人士，更多的是为他的作品排字的印刷厂工人等普通民众。

雨果在墓前发表演说时，太阳逐渐西斜，巴黎沉浸在落日的余晖中。只有埋棺柩泥土的低沉响声，打断了雨果的讲话声。来拉雪兹神父墓地悼念巴尔扎克的人们，都肃穆地站着。那时刻，是如此寂静。埋葬棺柩的泥土声，仿佛是悼念这个文学巨匠去世的一声声叹息。

133

大文豪雨果

历史悠久的巴黎城，保留着不少年代久远的街道、楼房、教堂。1830 年时，这些场所经常出现一位栗色头发的先生，他仔细观察，甚至用手抚摸那些建筑的石墙，然后，眼神迷惘地若有所思。这天，那位先生在一座古老的教堂塔楼转角处，看到墙上刻着"'ΑΝΑΓΚΗ"一行字母，这是希腊文"命运"的意思。顿时，他的精神极其振奋，仿佛发现了宝库的入门字诀一样。

一年后，小说《巴黎圣母院》出版了。作者就是那个阅读了大量史料，又从实地探访古建筑，获取写作灵感的人——作家维克多·雨果。

《巴黎圣母院》中，美貌善良的吉普赛姑娘爱丝美拉达爱上了相貌俊秀、内心丑恶的卫队长菲比斯。圣母院副主教孚罗洛滋生邪念，命令外貌丑陋的圣母院撞钟人卡西莫多劫持爱丝美拉达。由于得不到爱丝美拉达的爱，孚罗洛阴险地陷害并杀害了爱丝美拉达。卡西莫多因为蒙孚罗洛收养而一直对他唯命是从。当他看清孚罗洛的邪恶本性，忍无可忍，惩罚了孚罗洛。然后卡西莫多钻到坟墓内，躺在死去的爱丝美拉达身边。尽管自己天生形象丑陋，但卡西莫多也爱美，爱这美貌的姑娘，但他却不会去占有、伤害她。现在他可以永远守护他爱的人了……

《巴黎圣母院》强烈的传奇色彩和对真、美、善的歌颂，赢得人们的许多赞美声。但也有不少批评意见，著名诗人拉马丁说小说

"缺乏对宗教的虔诚"。大文豪歌德也认为作者"描绘一些丑陋不堪的事物，我要花很大耐心，才能忍受阅读中感到的恐怖"。

雨果听到这些并不做解释。他用美丑、善恶强烈对比的手法写小说，是当时罕见的。回忆起自己写的剧本《欧拿尼》一年前演出时，支持他的朋友和反对他的文人也不是吵得不可开交吗？但是随着演出进入高潮，反对他的人们也被剧情的悲壮所打动。闭幕时，庄重的法兰西剧院中只听到一片人们呼喊"雨果"的声音。

雨果最早以写诗成名，不到四十岁就因作品流露的才华而成为法国权威学术机构——法兰西研究院的院士。有了名声和社会地位的雨果却时时想到法国社会的黑暗和劳苦民众的苦难。

一天夜里，雨果在回家途中，看到一个衣衫单薄的女子在雪地中行走。突然一个无聊青年抓起一把雪塞进那姑娘的衣领里，她气恼地抓住那青年，两人扭打起来。警察把他俩抓进警察局，警察局长看到那女子衣着破旧，势利地要关押女子六个月。那女子说："我是无罪的，你们太不公平了。"

跟在后面的雨果挺身而出："她说的是事实。"

"你是谁？谁知道你是不是与她相识？"警察局长邪恶地问。

"我是维克多·雨果。"

这下，警察局长狼狈万分。著名作家、上流社会人物可不能得罪。他马上让座，命令释放那无辜姑娘。

"先生，您是好人，我永不会忘记您！"那姑娘拜谢雨果后，又孤零零地走上积雪的街道离去。

"公平！贫穷！苦难！"当雨果提笔写作一部揭露当时社会黑暗的小说时，那夜遇姑娘的一幕就出现在他眼前。这部小说的女主人公芳汀就是以那一幕记忆生发出来的。小说写了初稿，却被法国爆发的二月革命打断了，这时刻，他无法安静地在书房里写书了。然后国王退位，六月巴黎爆发起义，拿破仑三世上台后共和派议员

被捕，守卫街垒的市民遭到军队屠杀。主张民主的雨果也被当局列入暗杀名单中。

1851 年 12 月，巴黎火车站。一位穿黑大衣、鸭舌帽檐下露出栗色头发的先生，登上了去比利时布鲁塞尔的火车。雨果被迫乔装改扮，离开了祖国。

在比利时，雨果写的《小拿破仑》，愤怒谴责拿破仑三世，印数逼近百万册。在英国泽西岛，雨果用诗《惩罚集》，猛烈鞭笞扼杀共和国的历史罪人。流亡他国的雨果始终用笔关注着祖国的命运。他提笔继续写那部揭露法国社会黑暗的小说。巴黎街垒、民众唱着《马赛曲》游行、子弹横飞、起义者中枪身亡，那些亲身经历的场面，都被雨果写进了小说。他还去了滑铁卢战场，将这次战役作为书中一个重要场面，艺术地表现出来。

1862 年，这部名为《悲惨世界》的小说第一部出版，立即引起轰动，人们争相购买。巴黎城中，会做生意的商人乘机印制了《悲惨世界》中人物的画像和海报，人们在街头看到后立即停下来，七嘴八舌地评论："芳汀画得不像！""让·瓦让还差不多！"

让·瓦让是《悲惨世界》中的一个重要人物。好多年前，雨果有个好朋友米奥利斯教士曾经收留、帮助过一个刑满释放的犯人。雨果将这件往事艺术化地构成了《悲惨世界》的第一部的开头。贫苦的汉子让·瓦让由于不忍心看孩子挨饿，偷了块面包而被抓捕入狱服苦役，出狱后没人愿收留他。仁慈的米里哀主教帮助他树立了生活的信心。让·瓦让后来隐姓改名经商致富，又经常做善事，被市民推选为市长。但让·瓦让无意中不公平地对待女工芳汀，使被骗失身、生下私生女的芳汀失去工作。她不得不靠卖身为娼的钱养活女儿。当让·瓦让得知真相后，万分惭愧，决心要帮助芳汀。可是，警探沙威识破了让·瓦让的苦役犯身份。

雨果用这个关于"一个圣徒、一个男人、一个女人和一个孩子

的故事"，对法国拿破仑帝国后期到七月王朝初期的社会历史作了细致入微的描绘，深刻揭露了资本主义社会的黑暗和贫苦民众受压迫、歧视的状况。他呼吁用博爱、仁慈，来拯救在悲惨世界里受苦的人们。

当《悲惨世界》五部四十八卷写完后，雨果终于舒了口气。他在书的序言中写道："只要本世纪三个问题——贫穷使男子潦倒、饥馑逼妇女堕落、黑暗让孩子瘦弱——没有解决；只要在某些地方还会发生社会对人的毒害……只要在这世界上还有愚昧和困苦，那么这本书以及与这本书相似的作品，都不会是没有意义的。"

写完《悲惨世界》，近六十岁的雨果头发斑白，但他的笔仍书写着谴责黑暗、呼吁人道主义的一部又一部小说，如《笑面人》、《九三年》等。

1870年9月5日，雨果登上回巴黎的列车。十九年前他被逼得离开故土，如今在普鲁士军队打败法军、战火即将燃到巴黎时，他回来捍卫祖国了。火车到达巴黎已是晚上九时多，得知消息的民众仍然涌到车站来迎接他。《马赛曲》的歌声和热情的人们包围了他的马车，从火车站到雨果寓所这段路，马车竟然走了足足两个小时。

普法战争之后，巴黎公社诞生了。尽管对巴黎公社专政的某些做法，雨果从人道主义角度出发不赞成，但他用诗歌颂公社成员的起义壮举。在巴黎公社失败后，他又勇敢地为起义战士辩护。

当1885年八十三岁的雨果去世时，有两百万人参加他的送葬仪式。仪式极其隆重，但是运送雨果灵柩的马车极其简陋，甚至还有斑驳的锈迹。因为这位呼吁人道主义的伟大作家生前留下遗言："要用穷人的马车把我送到公墓。"

134

歌德与席勒

　　1779 年 11 月里的一天，德国符腾堡军校的大厅里正举行一个隆重的仪式：魏玛公国的大公在这里给优秀的学生颁奖、赠书。

　　当一国之君的大公登上主席台时，几乎所有军校生的眼睛都仰慕地朝大公望去，只有一名青年除外。那青年相貌英俊，略显苍白消瘦。他的眼睛紧盯在大公身旁的那位身材修长、温文儒雅的宫廷枢密顾问歌德身上，看得发了呆，以至于大公叫他的名字，他都没有听到。

　　他为什么对歌德那样感兴趣呢？

　　这位叫弗里德里希·席勒的青年是当时德国反封建的"狂飙突进"思想运动的热烈拥护者。那时席勒虽然才二十岁，却早已阅读了大量的反封建文学作品，其中特别欣赏歌德的《少年维特的烦恼》。现在有机会见到作家本人，他当然要倍加注目了。

　　约翰·沃尔夫冈·冯·歌德当时也不过三十岁。他 1749 年 8 月生于法兰克福。歌德的天赋极高，受的教育又相当好，因此从小聪慧过人。1773 年，年仅二十四岁的歌德发表了剧本《葛茨·冯·伯利欣根》，表达了德国人民反抗暴政、渴望自由和统一的愿望，上演后便引起轰动。

　　第二年，歌德创作的书信体小说《少年维特的烦恼》，不仅轰动了德国文坛，而且迅速被译成二十多种文字走向欧洲。书中通过维特、绿蒂和阿尔伯特的倾心恋爱，讴歌了真诚的友谊和爱情，鞭

挞了上流社会的虚伪、腐朽与没落，从而激发起那些对封建制度不满的青年的强烈共鸣。尽管此书被一些地方列为禁书，遭到销毁，但成群的年轻人还是争相传阅，并纷纷穿起书中维特爱穿的蓝色燕尾服和黄色背心、裤子，甚至相互模仿维特的语言和举止，掀起了一阵"维特热"，有力地推动了"狂飙突进"运动。

席勒比歌德小十岁。还在军校期间，他就偷偷地创作了剧本《强盗》，在扉页上写下了"打倒暴君"等字样。1782年，《强盗》上演，好评如潮。接下来他先后创作了剧本《唐·卡洛斯》、《阴谋与爱情》以及诗歌《欢乐颂》等，广受欢迎。不过他在历史上的最大贡献，还是创办杂志《季候女神》，和歌德并肩作战，使德国文学从此崛起于世界文坛。

歌德和席勒两个人个性截然不同，从家庭背景、生活习惯、思想方法、哲学观点到性格脾气甚至完全相反，但两人都正直善良，而且富有人格魅力，因此保持了终生的友谊。两人共同创作了近千首诗发表在《季候女神》杂志上，很多诗歌甚至无法分清到底谁是作者。歌德把自己精心收集的创作素材转让给席勒，使他写出了著名的剧本《威廉·退尔》；歌德也在席勒的催促下完成了《赫尔曼和窦绿苔》、《威廉·迈斯特的学生时代》等；不久席勒也写出了《华伦斯坦》。人们把他俩比喻为德国文坛上的"双子星"，魏玛成了德国的文学圣地。

繁忙的创作损害了席勒的健康，他得了肺结核，而且病情很快恶化。1805年他去世时只有四十六岁。席勒的死使歌德非常悲痛，感到"失去了我的一半"，久久回不过神来。但是歌德没有被悲痛淹没，而是发出了"越过坟墓，前进"的誓言。作为对亡友最好的悼念，歌德将全部精力贯注在大型史诗《浮士德》的创作中。

浮士德是德国民间传说中的形象。但歌德在《浮士德》中赋予他全新的意义，即对人生价值的探索。剧本开始于"知识的悲剧"，

开卷就叙述身为博士、已进入老年的浮士德感到人生没有意义而准备自杀。继而魔鬼摩菲斯特显身，与他订约，什么时候浮士德真正满足了，灵魂即归魔鬼所有；而魔鬼则设法满足浮士德所有的愿望。接下来是"爱情的悲剧"、"政治的悲剧"和"美的悲剧"。

在魔鬼的魔法下，浮士德忽然变成英俊的青年。他经历了爱情、家庭、亲子之爱、君臣之忠等不同的场景，始终没有感到满足。直到最后在"理想的悲剧"中，浮士德率领千百万人移山填海、改造自然时，才发出了"真美啊，请你停一下"的感叹。全剧上至天堂，下到地狱，气势恢弘，规模浩大，是人类文学长廊中的瑰宝，歌德因此与荷马、但丁、莎士比亚齐名，成为世界文坛的四大巨匠之一。

《浮士德》从歌德青年时代写初稿算起，前后共花了六十年的时间，才得以完成。它是世界文学史上罕见的艺术巨作。

席勒死后，一直没有安置在合适的墓地。这成了歌德的一件心事。

1829 年，歌德亲自主持了席勒的敛尸重葬仪式。这天，八十高龄的歌德双手颤抖地捧起席勒的遗骨，老泪纵横。二十多年前两人并肩战斗，在文坛共同创作、相互勉励的情景似乎就在眼前。席勒的墓地和墓穴都是歌德亲自设计的，位于一座新落成的教堂旁边。席勒墓穴旁，留着一方空地。

歌德深情地说："日后，我将在这里安息。"让一边的友人深深地为之动容。三年后，歌德谢世。按照他的遗愿，他被安葬在席勒墓边上。一双好友生死相依的真挚情谊，成为千古美谈。

歌德给人们留下了极为丰富的文学遗产，上千首诗歌，上百部小说、戏剧和论文，几十年的日记及一万五千多封书信，成为世界文坛的宝贵财富。

135

拜伦与雪莱

1812 年，英国伦敦的文人聚会时，都会谈论最新发表的一部叙事长诗。诗中描绘了西班牙南部橄榄林的葱郁、希腊帕特农神庙的壮丽、君士坦丁堡的神秘、博斯普鲁斯海峡的迷人；同时，诗里又描写了如此秀美的风光正遭鲜血染红，被硝烟熏黑，当地人民正在反抗土耳其、法国、英国等强权暴政的奴役，为自由、独立而战，而达官贵人却沉醉于灯红酒绿之中。这部以异国风光为背景，记述民众反抗暴政、争取自由的长诗名为《恰尔德·哈罗尔游记》，作者署名拜伦。

谁是拜伦？

就在这一年的 2 月，伦敦议会大厅里，上院正审议一项关于对破坏机器者处以绞刑的法案。英国工业革命的初期，工厂主用机器取代工人，曾经用自己的劳动为工厂赚了许多金钱的大量工人被无情解雇。他们失业后，有些人就捣毁机器，进行反抗。英国政府准备用这个法案，镇压那些工人的反抗行为。

此法案已在议会下院获得通过，上院的审议只是个法律形式而已。就在这懒洋洋的气氛中，突然，有个贵族议员表示反对。他说那些捣毁机器的人大多因为失业、饥饿，极端贫困，无路可走才这样做的。政府理应想办法解决他们的生活难题。如果通过这个法案，用绞刑来"救济"他们，不但愚蠢、残忍，更是不公平的。

上院的陈腐空气被这一席演讲所冲破。贵族议员们好奇又鄙夷

地朝那人望去，只见他一头栗色卷发，白皙的脸上五官俊秀，嘴角挂着孤傲的微笑，年纪似乎二十多岁。要不是走下讲台时脚有些跛，这人倒是个标准美男子呢！

果然，他的反对无济于事。法案通过数天后，《晨报》刊出一首尖锐嘲讽制订这项法案者的诗，作者署名又是拜伦！五十多天后，议会上院里，那位青年贵族又发表了抨击英国对爱尔兰政策的演讲。他，就是拜伦！一个 1788 年生于贵族家庭，拥有世袭议员头衔，行为孤傲，狂放不羁，文才出众的年轻人。

拜伦自小喜爱读书，醉心于吟诗作文，崇拜历史上匡扶正义的英雄人物，生活不拘小节。他十九岁就出版了诗集《闲散的时光》。《恰尔德·哈罗尔游记》使他一夜成名。同时，他英俊的相貌，也让那些追求浪漫的贵族女性心醉神迷。

1816 年 4 月的一天，身披黑袍、脸色苍白的拜伦登上横渡英吉利海峡的船。他看似从容地向送别的好友挥手，心头却如海涛翻腾。由于拜伦过于浪漫的生活方式违背了贵族的礼教，更因为他的诗作屡次尖刻地讽刺英国政府，惹恼了权贵，针对他的离婚风波，社会上流传的种种闲话犹如毒雾，在伦敦迅速弥漫，导致他名声被毁，财产遭封。拜伦只得远走他乡，从此再也没有回到英国。

在湖光山色如画一般的瑞士日内瓦，拜伦见到了与他同样具有强烈的反叛封建礼教精神，追求自由正义的另一位诗人雪莱。他读过《麦布女王》，异常赏识写《麦布女王》的雪莱的才华，可没有想到雪莱的相貌同样出众，原来他是一位身材修长、风度翩翩的金发青年。雪莱也很高兴，他见到了仰慕已久的拜伦。可是，他无法忘却拜伦那双眼睛里的忧郁、伤感居然是如此浓重。

自小聪慧的雪莱 1792 年生于贵族家庭。童年时代，他就酷爱民间传说故事，上学以后又对启蒙运动的思想家伏尔泰、狄德罗等人的著作着了迷，他期望用这些先进思想改造社会，让现实生活与

传说故事一样美好。

在培养贵族子弟的牛津大学读书时，雪莱写了一本宣扬无神论的小册子，被学校开除。他父亲见他不肯改悔，便拒绝支付他的生活费。但是雪莱在窘困的环境里仍坚持自己的信念。他用优美的文笔写了《麦布女王》，借用民间故事，表达了他对人类历史和未来的看法。他谴责封建专制制度对人的精神奴役，预言未来世界应该充满自由、幸福和爱。想象绮丽的《麦布女王》使雪莱一举成名。

雪莱曾经去爱尔兰宣传他的理想，却遭到失败。于是，他全身心地进行文学创作，用饱含激情的语言描绘他理想中的未来世界。1817 年，他在长诗《伊斯兰起义》中，以象征手法描述了男女主人公莱昂和茜丝娜为争取自由进行斗争的故事，歌颂了反抗暴政英勇献身的崇高精神。

三年后，雪莱又写了诗剧《解放的普罗米修斯》。这部诗剧取材于希腊神话，讴歌了因为取智慧之火给予人类而饱受苦难的英雄普罗米修斯，预言压迫人类的暴政终将灭亡。

在《西风颂》、《自由颂》等大量诗篇里，雪莱同样强烈表达了为了争取人类的理想和自由，甘愿献身而不悔的情感。《西风颂》中的"既然冬天来了，春天还会远吗？"成了脍炙人口的名句。

1821 年 8 月里的一天，在意大利古城拉韦纳的拜伦住所，雪莱听拜伦朗读了他正在写作的长诗《唐璜》最初的几章。雪莱非常敬佩。这一夜，两人谈论、交流，几乎彻夜不眠。雪莱由此将自己新订制的小船命名为"唐璜"。第二年的 7 月 8 日，雪莱与朋友登"唐璜"号渡海，途中遇暴风雨失事，雪莱失踪。几天后，一具被海浪拍击、鱼类噬咬已面目不清的尸体漂流到海滩，凭尸体服装口袋里遗留的诗集，人们判断出那正是雪莱的遗骸。

拜伦赶来了。人们用松木焚化了雪莱的遗体。拜伦痛惜雪莱三十岁的早亡，他似乎只有继续投入到《唐璜》的写作中，才能暂时

忘却好友去世带给他的悲伤。

唐璜原先是西班牙民间传说里一个玩弄女性的纨绔子弟。拜伦在长诗《唐璜》里却将他写成一个天性纯真、勇敢的贵族青年，他有海上漂泊，痛失爱情，从被卖为奴到成为女皇宠臣，在政坛上逢场作戏的复杂经历。诗人影射唐璜从忠于爱情到玩世不恭，是欧洲王公贵族骄奢淫逸的生活环境诱惑和教唆造成的。拜伦继承了英国十八世纪作家蒲伯、斯威夫特以嘲讽批判黑暗现实的文学传统，在《唐璜》这部情节曲折、场面宏大，如同描绘当时欧洲社会生活的百科全书般的杰出诗篇里，无情嘲讽土耳其、俄罗斯、希腊、英国等欧洲封建王朝的黑暗与残暴。

《唐璜》没写完，拜伦就放下笔，改用剑投身于反抗暴政的现实斗争中。

拜伦曾经支持意大利烧炭党人争取独立的斗争。1823 年，他又变卖庄园，将全部家产捐助希腊反抗土耳其的民族解放运动。他被推举为希腊独立军总司令，与士兵同甘共苦，即使患病也顶风冒雨坚持出巡。1824 年 4 月 19 日，发高烧昏迷了多日的拜伦，逝世于异国他乡的希腊。

为拜伦举行葬礼那天，只见街头站立着希腊的政府官员和士兵。他们神情肃穆，一律行军礼向拜伦致哀。拜伦灵枢上盖着他披过的黑色斗篷，安放着他生前使用过的宝剑、盔甲，他生前骑过的战马也随着灵枢徐徐俯首而行，马蹄沉重地敲击街石，似乎在击出哀乐的节拍。希腊举国哀悼三天，悼念这位狂放不羁，不但用笔，而且用剑争取自由、反抗专制暴政的斗士。拜伦的好友甘巴跟着灵车缓缓而行，耳边却好似听到拜伦慷慨激昂的诗句：

> 你悔恨等闲把青春度过，那为何还苟活图存？
> 快奔赴战场——光荣地死去，在那儿献身！

136

俄罗斯文学的太阳——普希金

夏天的乌克兰敖德萨海滨风光秀丽，黑海的浪花和自由飞翔的海鸥在夕阳下显得诗意盎然。一个肤色微黑、一头鬈发的青年人面对大海，漫不经心地走走停停。这个看起来有满腹心事的青年，就是又将面临流放生涯的诗人普希金。

海岸炮台驻军看到这个陌生青年人身份不明，有名军官立即上前盘问："你是什么人?"

"我是普希金。"听到青年人如此回答，军官一惊，立即恭恭敬敬地向他敬礼，快步离去。没多久时间，炮台上突然响起了迎宾礼炮声。

普希金被炮声吓了一跳，他看到炮台边士兵军官列队齐整。刚才那名军官兴奋得满脸通红地向他走来说："礼炮是我们表示对著名的俄罗斯诗人普希金的崇高敬意。"

普希金顿时激动万分，原先的忧愁与孤独感一扫而光。是的，沙皇和那些贵族可以敌视我，孤立我，流放我，但是俄罗斯民众却是这样热爱我呀！泪水渗出普希金的眼眶，回忆也在他脑海中展开。十六岁那年，他作为皇村中学学生在升级考试中朗诵自己写的诗《皇村的回忆》，获得彼得堡贵族文人的齐声赞美。十八岁时，他带着自己创作的三十六首诗汇集的诗集毕业，成为首都外交部译员文官。两年半后，因为写《自由颂》等诗嘲讽沙皇，被"体面"地撵出彼得堡，以调离为名，流放到俄国南部。尽管得到朋友相

助，他以诗人身份在流放城市也能出入上层社会，可行动却要时时向当地总督汇报。幸运的是高加索的绮丽风光、第聂伯河的波澜、吉普赛人的夜营篝火，孕育、诱发了他的诗情。童话诗《渔夫与金鱼的故事》、《鲁斯兰与柳德米拉》、《高加索的俘虏》和《泪泉》等优美动人的叙事诗，在他笔下一一诞生。他有什么错？不就是酷爱自由，想自由地写自己的诗吗！但沙皇亚历山大一世就是要禁止这种自由。如今，流放南俄四年后，沙皇又命令将他从外交部除名，从敖德萨押送到米哈伊洛夫斯克村继续流放，交当地政府严加看管。这种被流放的日子什么时候能结束呢？

敖德萨海滨官兵自发的迎宾礼炮，消除了普希金的孤独与烦恼。正因为才华出众的普希金写的那些动人的诗歌不胫而走，流传俄罗斯大地，沙俄政府才不敢将这位声望卓著的诗人流放西伯利亚，将他流放到米哈伊洛夫斯克村已经是大大减轻的处罚了。因为那是贵族出身的普希金家族的领地。

寒冬的雪花在窗外飞舞，陈旧的家族住宅里，普希金在灯下写诗。他只是用写作打发心中的孤独。夏季，米哈伊洛夫斯克村的乡村集市里，也可以看到普希金的身影。他倾听民间艺人的琴声，俄罗斯民歌给了他创作的灵感。在这里他还听到农民起义领袖普加乔夫的传说故事。

回想起自己在彼得堡、敖德萨等城市出席贵族舞会，想起灯红酒绿的俄国上层社会生活，普希金似乎看到一些有见识和才华，但玩世不恭，在俄国当时黑暗环境中找不到出路而痛苦彷徨的贵族青年，在自己眼前出现。他开始构思《叶甫盖尼·奥涅金》，动笔写出了历史剧《鲍里斯·戈都诺夫》。

1825 年 11 月，沙皇亚历山大一世去世。一些对沙俄黑暗社会现状早就不满的俄国贵族军官组织的秘密团体发动了十二月党人起义。起义被新沙皇尼古拉一世迅速镇压下去的消息传到米哈伊洛夫

斯克村，普希金非常震惊。原来他有一些好朋友参加了这次起义，如今都被抓了起来，流放西伯利亚。为了显示自己开明君主的形象，尼古拉一世接见了普希金，批准他回彼得堡。

看起来普希金的流放生活结束了，但事实上，新沙皇及他的爪牙们从没有放松过对普希金的监视。

这天，普希金在朋友家的聚会中见到了当年流放俄国南部时结识的女友玛丽亚。如今，她的丈夫参加了十二月党人的起义，被流放西伯利亚。听说玛丽亚决心放弃彼得堡舒适的生活，赶到西伯利亚与丈夫共度艰难岁月时，普希金既感慨又激动。他回到寓所，写下了著名的诗篇《致西伯利亚的囚徒》，表达了自己对为推翻沙皇黑暗统治而不惜牺牲的朋友的深切怀念。

沙皇的接见，居然使普希金又被彼得堡的贵族们视作上宾。出席各种聚会时，一些偶然见到的特殊人物，会突然触发普希金的创作灵感。一位十八世纪宫廷女官的趣闻，促使普希金写出神秘色彩浓重的中篇小说《黑桃皇后》。构思已久的诗体小说《叶甫盖尼·奥涅金》经过长达八年的时间，也终于在 1830 年写成。

《叶甫盖尼·奥涅金》讲述了一个聪明、有才华，不甘沉沦却又无所作为的贵族青年奥涅金，在黑暗的沙俄统治下找不到生活目标的生活经历。为了寻找无聊的刺激，他在自己挑起的决斗中杀死了好朋友，又后悔莫及。他先玩世不恭地拒绝纯洁的姑娘塔吉亚娜的爱，然后又向已成为贵妇人的塔吉亚娜乞求爱情。奥涅金的形象是当时俄国贵族青年中的一个典型。这部诗体小说广泛地反映了当时俄国社会生活的方方面面。

普希金还在中篇小说《上尉的女儿》中，把农民起义的首领普加乔夫写成一个作战英勇、恩怨分明的人。在当时沙皇统治下，这样写农民起义领袖是非常难能可贵的。

沙皇政府当然不会放过一个大胆歌颂自由的诗人。经过精心策

划,一场阴谋开始实施了。

这天,普希金接到一封侮辱他的言辞恶毒的匿名信。这封信同时又寄给普希金的朋友们。被激怒的普希金为了捍卫自己及妻子的名誉,与制造谣言的坏蛋进行决斗。决斗中普希金不幸中枪,因伤势过重而去世。沙皇政府害怕民众悼念普希金,连消息都不准报纸刊出;还命令宪兵将普希金的灵柩押送出彼得堡。

1837 年 2 月里的一天,北风呼啸,普希金被安葬在米哈伊洛夫斯克村的坟地中。除了孤零零的十字架,连墓碑都没有。但是,俄罗斯人民,乃至世界上爱好自由的人们都将记住他。俄国作家高尔基将他誉为"俄罗斯文学的太阳"。正如他在去世前一年写下的《纪念碑》中自咏的那样:

> 我将世世代代被人民喜爱,
> 因为我的诗唤起善良的情感。
> 在冷酷的时代,我歌颂自由,
> 并且为那些受苦难的人,呼吁同情。

137

近代音乐之父巴赫

深夜，月光如洗。德国小城埃森纳赫一片寂静，整个城市进入了甜美的梦乡。

但是，一个小男孩却没有入睡。他轻手轻脚地从床上爬起来，轻轻地在窗下铺开一本乐谱，认认真真地抄写起来。他时而搓搓僵硬的手指，时而揉揉沉重的眼皮，忍受着寒冷和疲倦，聚精会神地抄着，抄着……

这个有着一双大眼睛和高鼻梁的小男孩，就是约翰·塞巴斯蒂安·巴赫，那一年，也就是 1695 年，他刚满十岁。

巴赫出身于音乐世家，幼年父母双亡，由当管风琴师的大哥抚养长大。大哥很尽责，并教他音乐和作曲，但却不让他接近自己的宝藏——他悉心收藏的一些优秀乐曲的曲谱。求知若渴的巴赫不得不夜间偷偷起来抄写乐谱。

十四岁那年，巴赫依靠唱诗班合唱团员的菲薄收入，一边在学校读书，一边学习音乐，接触了大量的曲谱和音乐理论。1702 年，他先在魏玛当宫廷演奏师，后来又先后去了德国许多地方，从演奏师一直升到宫廷乐长。巴赫有着日耳曼人固有的质朴和严谨，同时又虚心好学。当时的欧洲流行巴洛克艺术，法兰西、意大利等都已建立了自己的音乐流派，但日耳曼却还差一个台阶。巴赫利用到各地演奏的机会，不但认真吸取了各派的精华，而且融入了日耳曼民间音乐的风格，形成了自己的艺术特色，因此很快就声名远扬了。

他的管风琴演奏得尤其出色。据说有一次他演奏结束，在场的弗里德里希亲王极为赞赏，当场摘下手上镶着宝石的戒指赏给巴赫，倒弄得他有点不好意思。

1717 年，著名法国音乐家路易·马尔尚来德国演出。由于当时的法兰西是音乐强国，而德国还排不上号，因此东道主德累斯顿市不敢怠慢，为他举行了音乐会。

作为法国人，马尔尚并不看好德国音乐，所以尽管彬彬有礼，温文尔雅，举手投足之间却有一股隐隐的傲气。马尔尚随手弹奏了一支法国歌曲，的确演奏得非常动听，并加上了十分美妙的变奏。一曲终了，掌声四起，大家觉得法国人到底是法国人。

巴赫应邀出场演奏作为答谢，只见他谦恭有礼地致辞、鞠躬，然后迎着法国人傲慢的目光微微一笑，胸有成竹地坐在琴前。他略一沉思，忽然间如同银瓶乍破，指尖顿时流出一段轻快优美的旋律，犹如夏日的小溪淙淙，在林间欢快地嬉戏跳跃。听众还来不及叫好，忽然调子一转，马尔尚刚才演奏过的曲子竟然被从头至尾演奏了出来。不过不是照搬，而是加上了巴赫自己的理解。大家正为巴赫那过人的记忆所折服时，音乐又变了。主题还是原来的，但加上变奏，轻快、明朗，然后是再次变奏，高亢、激越，接下来还是那曲子的变奏，豪华、壮丽……这变奏竟魔术般地展开了十二次之多！巴赫融合了法兰西的典雅精致、意大利的热情奔放和日耳曼的质朴严谨，使全场听众如痴如醉，不能自已。乃至乐曲终止，全场竟然寂静无声，然后，回过神来的人们掌声如雷。

这一下子客人脸上有点挂不住了，主人也颇有歉意。于是商定：各自回去准备一下，几天后举行互出主题的即兴演奏比赛。

那一天很快就来到了。场面当然更为热烈，座无虚席。巴赫倒一点也不紧张，一如既往地向那些绅士淑女们问好致礼。可是眼看时间已到，还不见马尔尚先生露面，于是赶紧派人到旅馆去请，大

家更是翘首以盼。好不容易盼到人来，却只有听差一人。原来这位法国人为了避免当场出丑，已于前一天晚上打道回府了。全场一片欢腾，对抗赛成了巴赫的独奏音乐会。

巴赫创作了许多器乐曲，如将意大利协奏曲体裁与德国传统复调音乐艺术融合的《勃兰登堡协奏曲》和《平均律钢琴曲集》。巴赫还创作了大量声乐作品，如《小调弥撒》、清唱剧《马太受难曲》。在《马太受难曲》中，他将世俗的民歌旋律、舞蹈曲调、标题音乐的技法、音画式的描绘，与传统的圣经宗教题材融为一体，深沉地刻画出一个普通人为了争取善良、正义而经受的苦难，反映出人类对理想世界的追求。1729 年该曲首次演奏，当时的莱比锡圣托马斯大教堂建筑结构特殊，又有两台管风琴、两个廊台和两组纵向排列的长椅，巴赫灵机一动，创造了一种全新的"立体声"效果。他让两台管风琴、两支合唱队、两支乐队交互演奏，即有时相互对答，有时又站起来齐唱、合奏。那场面的宏大、音乐的壮丽是空前的。据说演出的共鸣效果是如此的惊人，结果当时墙上的粉饰竟纷纷龟裂！

晚年的巴赫虽双目失明，但仍坚持创作，由学生记下曲谱。1750 年 5 月，巴赫中风，死于贫病交迫中。

巴赫是一位出色的管风琴演奏家，更是一位使音乐从巴洛克风格向古典主义过渡，开创近代音乐的乐坛泰斗。一些乐曲体裁，如托卡塔、赋格曲、圣咏与幻想曲、圣咏与前奏曲，都是经过他的努力，才被改进、定型，汇入今天气势宏大、流传广泛的交响乐篇章之中。

巴赫一词的德语意为"小溪"，但贝多芬说："他不是小溪，是大海。"的确，巴赫的音乐就是大海。他是当之无愧的近代音乐之父。

138

音乐神童莫扎特

英国伦敦的皇家协会收到了一份报告：

"我请尊贵的大人拨冗阅读的这份报告，是关于一个八岁孩童的。他只有一米五高，可具有非凡的音乐才华……那天他坐在琴前，应我要求，即兴弹奏一曲以爱为主题的歌剧的序曲，然后，我又要求他再作一首歌剧中的狂欢乐曲。他调皮地朝四周看了看，马上又弹奏出与爱的序曲长度相同的狂欢乐曲。他激情奔放，着魔似的拍打键盘，不时从椅子上站起来。他的演奏使众人惊异——他的小手还只能够得到键盘上五个键。即使用一块布盖住键盘，他仍能准确弹奏出每个音符……我怀疑他父亲隐瞒他的真实年龄，但看起来他的模样与举止明显带有孩童的特征。当他为我即兴演奏时，突然溜进来一只他喜欢的猫，他马上停止弹琴，去玩猫了。我们费了不少时间才使他重新回到琴前……"

报告中提到的孩童，就是当时被称为音乐神童的莫扎特。写这份报告的是英国考古与博物学家，曾出任法官，为人一贯严谨的巴林顿先生。

出生于奥地利萨尔茨堡的莫扎特，从小就表现出超人的音乐天赋。1762 年，担任宫廷音乐师的父亲就带着六岁的莫扎特与他的姐姐，在慕尼黑、维也纳、巴黎、伦敦、米兰、罗马等地旅行演奏。巴林顿由此从科学考察的角度，向英国皇家协会报告这个天才儿童具有的非凡的音乐才华。

几乎十年的连续旅行演奏，使莫扎特广泛接触、了解到法国、德国、奥地利、英国、意大利等欧洲各国音乐的状况，好学的他广泛吸取了各家之长。每次听众要求他即兴演奏，又逼得年幼体弱的莫扎特不得不将他的演奏与作曲的才能发挥到极致，往往只有他过度劳累患病后才能得到休息；同时也逼得他花功夫学习，熟练地掌握作曲的规律。他为此曾说："没有人能像我一样，对作曲的研究下过如此苦功夫。"

罗马的西斯廷教堂有首《圣咏曲》，乐谱从不外传。一天下午，西斯廷教堂举行宗教典礼，教堂的唱诗歌咏队齐声咏唱《圣咏曲》。有名十多岁的少年跟着一个中年绅士进入教堂。那少年全神贯注地聆听《圣咏曲》美妙、庄严的旋律，却没有仰头看一眼西斯廷教堂穹顶米开朗琪罗所绘的世界名画。

几天以后，唱诗歌咏队成员之一的克里斯托弗先生出席一次聚会，居然听到有人完整地弹奏《圣咏曲》。他不由得大为吃惊。他知道谁要是私下将《圣咏曲》曲谱外传，将遭到教会开除教籍的严厉惩罚。他询问后得知，那天的那个少年在西斯廷教堂听完乐曲，回家后居然就能完整地凭记忆写出了全部的《圣咏曲》。也许记忆是没法惩罚的吧，这个天才少年莫扎特离开罗马时，不但没有被教堂追查，反而得到了教皇颁发的奖章。《圣咏曲》从此也流传开来了。

少年莫扎特成名以后，有一段时间出任奥地利皇帝约瑟夫的宫廷乐师。1784 年 4 月，著名的小提琴演奏家施格林娜萨齐夫人来维也纳。她与莫扎特同台演出的那天晚上，音乐厅内坐满了衣冠楚楚的王公贵族。皇帝约瑟夫也在自己的包厢内安坐着。

施格林娜萨齐夫人与莫扎特彬彬有礼地向听众们施礼。然后，施格林娜萨齐夫人翻开乐谱，心中却一阵埋怨，说是今夜她与莫扎特合奏，但是莫扎特直到昨夜，才派人将他新作的乐谱送到。两人

的合奏根本没时间排演一遍。她不得不用白天时间多看几遍乐谱，又独自准备。但愿今夜演出不要出差错。

可是，莫扎特似乎成竹在胸，果然，两人的合奏极其成功。在阵阵掌声中，皇帝约瑟夫传话，让莫扎特带着他新作的乐谱晋见。

"把你今晚的乐谱呈上来。"

莫扎特恭恭敬敬地递上乐谱，皇帝一看，居然是一叠空白的五线谱："这是怎么回事？"

原来，莫扎特匆匆忙忙作完曲，已经没时间再抄一份了。他就派人把曲谱送给施格林娜萨齐夫人，而自己上台演奏时，完全凭作曲的记忆弹奏，竟然配合得天衣无缝。"陛下，幸运的是，我一个音符也没漏掉。"

莫扎特写了许多乐曲，最著名的有《第三十九交响曲》、《第四十交响曲》、《第四十一交响曲》（《朱庇特》），五部小提琴协奏曲，第十九到二十七钢琴协奏曲，《单簧管协奏曲》等。他谱曲的歌剧《唐璜》、《魔笛》和《费加罗的婚礼》成为传世经典。在《费加罗的婚礼》中，乐曲表现剧中的女仆苏珊娜和理发师费加罗的形象，要比伯爵与伯爵夫人更丰富、生动。这可是以往歌剧中所少见的。它巧妙宣扬了普通平民比贵族老爷更聪明的思想，在某种程度上反映了莫扎特心中对封建制度的不满。在那个时代，王公贵族对音乐家的赏识，只是为了炫耀自己地位的高贵、艺术品位的高雅。他们对音乐家的劳动极不尊重，对他们的艺术创作只支付很少的报酬。即使莫扎特这样才华出众、写了那么多杰出乐曲的音乐家，也常常生活在贫困中。有个时期，莫扎特作为萨尔茨堡的宫廷乐师，其实只是随从，一个能作曲的仆人而已，气得莫扎特愤然递上辞职书。

1791 年 12 月，贫病交加的莫扎特逝世。他的遗体在风雪中被埋入一个贫民公墓，连一般死者的墓碑或十字架都没人给他竖一个。但是这位三十五岁就匆匆去世的音乐家以他无数优秀的乐曲流传后世。只要有音乐的地方，就有莫扎特。他，就是音乐。

139

"乐圣"贝多芬

"专制的铁链斩断了……"波恩大学教师施奈德先生正在讲坛上慷慨激昂地朗诵着。这是 1789 年 7 月里的一天，他听到法国巴黎民众攻下巴士底狱的消息后，就情不自禁地在讲解德国文学的课堂上讴歌法国大革命。听讲的学生中，一位个头不高、额头宽广、披着一头浓密黑发的青年，用灰蓝色的眼睛兴奋地盯着思想激进的教师施奈德。这个相貌不凡的学生就是音乐天分极高的路德维希·凡·贝多芬。

贝多芬从童年时起，就被他当乐师的父亲带着，频频进入王公贵族的府邸里弹奏乐曲。贵族们只是用猎奇的眼光看待贝多芬出众的才华，却从没把他当做一位音乐家平等相待。贝多芬在亲王府中当了两年宫廷乐师，却没得到半文钱。贝多芬的教师劝他在自己作曲的曲谱前写几行语气谦卑的话，献给亲王："孩子，上流社会的事情就是如此……你要想捡钱，就得弯腰低头。"

"不行，绝对不行。"贝多芬倔强地拒绝道。尽管他拗不过教师，写了几句违心的恭维话，但还是坚持说："我希望亲王打开钱包，而不需要他垂下目光。"

好学的贝多芬读过荷马、莎士比亚、歌德、席勒等人的著作，童年的经历又使他憎恶封建专制，倾向共和，站在法国大革命一边。他对法国大革命中崛起的拿破仑非常崇拜。

在维也纳，贝多芬开始创作他的《第三交响曲》。他要用音符

与旋律表现他理想中的英雄形象。这部交响曲具有宏伟的气势。特别是第一乐章，贝多芬让激昂的乐曲表现革命斗争的热潮，塑造了一个具有坚强毅力，冲破一切障碍的英雄人物。他在用音符为拿破仑画像。

贝多芬在刚写完的交响曲总谱上题上"献给拿破仑·波拿巴"。但不久，他却听到从巴黎传来的拿破仑称帝的消息。

"原来拿破仑也只不过是一个凡夫俗子！"贝多芬气恼地涂擦自己的题词，甚至擦破了总谱的扉页。

1804年10月，贝多芬的《第三交响曲》乐谱出版时，标题已改为《英雄交响曲》。当人们惊叹《英雄交响曲》的雄伟气势时，没人会想到创作它的贝多芬因为中耳炎没及时治疗，引发的听力障碍越来越严重，即将失聪。

一个音乐家是聋子，而且他只有二十五岁，这是多么残酷的打击啊！贝多芬坚强地挺住了。"在戏院里，我得坐在贴近乐队的地方。假如座位稍远，我听不见乐器和歌唱的高音。人家高声叫喊时，我简直痛苦难忍……我要和我的命运挑战，决不要苦恼，这是我无法忍受的，我要扼住命运的咽喉，它绝不能使我完全屈服。"贝多芬在给他朋友的信中这样写道。他创作的《第五交响曲》，就是以人与命运的抗争为主题的。

在这部被称为《命运交响曲》的乐曲里，贝多芬用几个沉重的音符，形象地表达了"命运在叩门"的严峻主题。然后，乐曲又表达了意志坚强的人与命运的反复搏斗，最终意志战胜了命运。

贝多芬大部分重要作品都是在他耳疾日益严重，甚至完全失聪的情况下写出来的。他在悲苦的深渊里用音乐讴歌欢乐，将欢乐赠给人们。美妙动人的《月光奏鸣曲》、洋溢着莎士比亚《暴风雨》气息的《热情奏鸣曲》，讴歌田园自然美景的《第六交响曲》（《田园》）等大量乐曲，都强烈地表达了人们追求自由、幸福和理想，

热爱生活，奋斗不息的精神。特别是他创作的《第九交响曲》，达到了他音乐生涯的顶峰。

1824年5月4日晚上，维也纳的帝国剧院举行贝多芬的《第九交响曲》首场演出。

剧院里挤满了听众。可是王公贵族的包厢却空着，皇帝自然更不屑出席了。

乐曲开始，最初响起的音符如同远方传来的呻吟，有几分神秘。随着乐曲的展开，音乐的形象时而悲伤，时而热情，时而凝重，但始终体现了刚毅不屈的气质。第二乐章开始，欢畅和喜悦逐渐出现。第三乐章里，似乎是号角呼唤人们去战斗。音乐进入了最后一个乐章，大提琴声导引着乐队的合唱，接着讴歌友谊与博爱的歌声响起，这是贝多芬根据德国诗人席勒《欢乐颂》谱写的乐曲："弟兄们，请你们欢欢喜喜，在人生的旅程上前进，像行星在天空里运行，像英雄一样快乐地走向胜利……"

当歌颂人类团结友爱的乐曲奏完后，背对观众、耳聋的贝多芬还不知道观众席上爆发惊雷似的掌声。领唱的女演员拉着他转过身去，他才看到那热烈的场面，掌声似乎要把剧院的顶都掀翻了，贝多芬缓缓向听众鞠躬致谢，又赢得一次掌声，第三次，第四次，第五次。按照维也纳当时的礼仪，对皇族成员的欢迎和敬意，最多只能用四次掌声表示。贝多芬的《第九交响曲》却获得了五次掌声。

音乐获得了空前的成功。《第九交响曲》第一次在交响乐中引进了合唱，因此又被称为《合唱交响曲》。但这没有给贝多芬带来财富，他仍然在贫困和疾病的折磨下生活。

三年以后，贝多芬在维也纳辞世，下葬时当地所有的学校都停课志哀。两万民众护送着他的灵柩。

在贝多芬的墓碑上，铭刻着的碑文是："当你站在他的墓前时，笼罩着你的并不是志颓气丧，而是一种崇高的感情；我们只有对他

这样一个人才可以说：他完成了伟大的事业……"奥地利诗人格利尔巴来所题的词，讴歌了不仅是音乐家，而且是"乐圣"的贝多芬一生的精神——"用痛苦换来的欢乐"。

140

歌曲之王舒伯特

1814 年金秋时节，在世界音乐之都维也纳，流传着一首歌曲《纺车旁的甘泪卿》。歌曲取材于德国大文豪歌德的长诗《浮士德》的片段，描写一位名叫甘泪卿的姑娘因思念情人而难以自拔的情景。乐曲以在低音区反复的钢琴伴奏，象征纺车的转动，伴以深情忧伤的女声独唱。乐曲的高潮处，甘泪卿因伤感至深而暂停纺纱，音乐突然中断；然后随着她心情的逐渐平静，音乐也渐渐恢复。乐曲具有强烈的艺术感染力，一经传唱，不胫而走。人们根本没有想到，这首杰作出自一位年仅十七岁的少年之手，这位少年就是舒伯特。

弗兰茨·舒伯特，1797 年 1 月生于奥地利首都维也纳附近。他从小受到音乐的熏陶，十一岁进音乐学院附小学习，十三岁就开始创作。写出了《第一交响曲》等各种不同音乐体裁的作品，但最负盛名的是歌曲。他从丰富多彩的德意志民间音乐中吸取养料，经过他的天才劳动，创造了艺术歌曲这一近代音乐史上的全新艺术形式。

舒伯特的艺术歌曲多以钢琴伴奏，然而他创作时却从不使用钢琴。他似乎完全用想象力来谱写心中的乐曲。同时，因为一生贫困，他买不起钢琴，以致演唱时还要到处借钢琴。他创作生涯的艰苦由此可见一斑。

歌曲当然是要唱的，如果有一位演员来演唱，将有利于扩大作

品的影响。但那时舒伯特的名气不大，因此找一位演员并不容易。他的朋友们费尽心机，宫廷演唱家弗格才勉强答应试一试。

试唱那天，舒伯特的朋友们都很紧张，因为弗格是一位"大人物"，他的评价在当时可以说是举足轻重。倒是舒伯特很镇静，一副气定神闲的模样。

弗格准时到了。不过一见面，双方都大吃一惊。舒伯特看到的是一位高大魁伟、仪表堂堂的美男子，举手投足间有一股令人心醉的魅力；而弗格看到的是一个又矮又胖的不起眼男人，一头执拗的栗色头发，一副深度近视眼镜，毫无艺术家的气质，弗格不由得倒抽了一口冷气。

舒伯特笨手笨脚地给弗格鞠了一躬，结结巴巴地讲了几句欢迎的话，反倒把场面弄得更紧张了。弗格一副爱理不理的样子，不但傲慢，而且冷淡。朋友们不敢出声，这种场合说什么好呢？

弗格想早一点结束这不愉快的会面，于是顺手拿起一叠曲谱，骄傲地说："好吧，让我们来看看你的大作吧。给我伴奏！"

第一首选中的是《泪歌》。这不是舒伯特最好的歌曲。舒伯特认真地弹着，而弗格只是出于礼貌而勉强地哼着。一曲终了，弗格心中一动，但只说了两个字："不坏！"

第二首是《酒神甘尼美》。这次弗格有些感觉了。他仿佛闻到那芬芳的酒香，呼吸到田园新鲜的空气，顿时忘记了要保持自己的高贵和矜持，轻轻地唱了起来。

第三首是《牧羊人之悲叹》。钢琴声一起，弗格的精神为之一振，竟然忘情地放声歌唱起来。这首歌曲的旋律优美，如同春风逐渐融化了弗格内心那矜持的坚冰。

几曲之后，弗格已与进门时判若两人了。告别时，他忍不住亲热地拍着舒伯特的肩膀，称赞他的作品有引人入胜的创意。

《魔王》是舒伯特创作的又一首优秀歌曲，同样取材于歌德的

诗，讲的是一位父亲抱着生病的儿子赶回家去，孩子受到魔王诱惑的故事。这首歌的伴奏难度极大，甚至连舒伯特自己也难以演奏好。但歌曲极为传神、深刻地表现了父亲的慈爱、孩子的惊恐和魔王的阴险。歌德听到歌曲后赞叹道："歌曲以这种方式演唱出来后，整部作品像画面一样清晰可见。"

《魔王》印成小册子出版后，热销一时。不久弗格听到了它，便给予热烈的赞扬，说这是千古绝唱，并向公众推荐。舒伯特的歌曲经过弗格的演唱而流传德国各地，走向世界。弗格和舒伯特也因此成为一对好朋友。弗格请舒伯特到他家中做客，一起出去旅行。他俩保持了长久的友谊。

舒伯特由于染上伤寒，在1828年11月不幸去世，年仅三十一岁。人们为这位英年早逝的作曲家举行了盛大的葬礼。按照他生前的遗愿，将他安葬在"乐圣"贝多芬墓的附近。朋友们在他墓上立了一座半身铜像。铜像上的舒伯特双眼凝视着前方，好像为他没来得及创作更多的作品而抱憾终生。

一位诗人在他的墓碑上写了这样两句话："死亡在这里埋葬了一份巨大的财产，还埋葬了更为巨大的希望。"

舒伯特在他短暂的一生中创作了一千多首音乐作品，其中最著名的有《未完成交响曲》、《伟大交响曲》、《鳟鱼五重奏》、弦乐四重奏《死神与少女》等。作为歌曲之王，他创作的五百六十多首歌曲、一百多首合唱曲，尤其是三部声乐套曲《美丽的磨坊姑娘》、《冬之旅》、《天鹅之歌》，更是使他闻名天下，并传唱至今。

141

藏在鲜花中的大炮

波兰华沙，三月里的一个春夜，国家剧院正举行钢琴音乐会。一位身材瘦削、脸色苍白的青年钢琴家在舞台上的钢琴前坐下。他先在乐队的伴奏下弹奏了他自己创作的《第二钢琴协奏曲》，赢得台下一片掌声。然后他抚琴独奏，洋溢着波兰民歌气息的乐曲徐徐展开，音符滚动，跳跃。随着琴声，人们仿佛看到乡村庆贺丰收之夜的篝火边，青年男女在欢笑、嬉闹。

当音乐会的高潮——《大调波兰曲调大幻想曲》随着这青年钢琴家手指的按抚，在整个剧院里回荡时，那旋律让人们感受到灿烂明媚的春天气息，在波兰大地升腾，于是热爱祖国的激情撞击着人们的胸膛。琴声袅袅而止，掌声如雷，久久不能平息。

次日，不少报纸都刊发文章，纷纷称赞这位年仅二十岁的青年钢琴家肖邦的才华。音乐会上的乐曲都是肖邦所写的。"肖邦先生将民间音乐的质朴糅进他的精妙构思中。他细腻演奏出的每个音符，美妙到极致，渗透进人们的灵魂深处……"

这篇评论中提到的"灵魂深处"，明眼人一看就明白，是指涌动在波兰民众心头的爱国激情。当时是1830年3月，波兰还被沙皇俄国残暴地统治着，报刊是无法用文字明确表达爱国主义激情的。

五天后，应华沙民众的强烈要求，肖邦的音乐会在国家剧院又演出了一场。演奏前一天，肖邦特地设法搬来一台音色洪亮的钢

琴。他敏锐地察觉到上次演奏的钢琴音色柔美、细腻，可他作曲的这些旋律，似乎用富于阳刚气息的钢琴表达更合适。他生活的华沙，被沙俄占领当局霸占着，连空气都变得压抑、沉闷。

音乐会结束时同样是掌声如雷，不同的是有人送上一个银杯。肖邦颇有些意外地打开一看，银杯中装的居然是普通的泥土。呵，是波兰的泥土！肖邦顿时明白赠送者的苦心。是啊，自己音乐创作的根，何曾离得开波兰的土地呢？从此，无论他走到哪里，都将这盛有泥土的银杯带在身边。

两年前，肖邦曾去过柏林。在柏林皇家图书馆，肖邦看到领导1794 年波兰人民反抗沙俄起义的民族英雄柯斯丘什科的手稿。在异国他乡见到此物，肖邦的感受如同烈火在胸。直到返回华沙的途中，那种感觉仍在肖邦胸中激荡。黄昏时分，马车在离法兰克福不远的一个驿站停了下来，让马儿休息片刻。肖邦下了车，焦躁不安地走向驿站边的旅店。他突然从窗户里看到旅店中有架旧钢琴。肖邦几乎不假思索地闯进旅店，未经店主同意就打开钢琴，瞬间，他胸中激荡着的爱国之情，化做一连串音符滚滚流泻。旅店的客人、同车的旅伴，都沉醉在肖邦的琴声中。当肖邦创作广受人们欢迎的《A 大调波兰曲调大幻想曲》时，旅店弹琴时的激情又一次在他胸中炽热如火。

1831 年 9 月 8 日，华沙民众的起义惨遭沙俄军队血腥镇压。听到这一消息时，肖邦正在德国斯图加特。悲愤交加、坐立不安的他走到琴前，用琴键诉说自己的痛苦、忧愁、愤怒和对祖国波兰的深切怀念。他记下了这些音符，谱写出《C 小调练习曲》。这首节奏激昂的乐曲因此又被人们称为《革命练习曲》。

肖邦在维也纳、柏林、巴黎等地演奏，结识了不少音乐家，有的成为他的好朋友，其中就有匈牙利著名音乐家李斯特和钢琴家希勒。他们常在一起探讨音乐。在一次音乐家聚会时，这三个人谈到

了波兰民族乐曲。

"只有波兰人才能完美地演奏出波兰民族乐曲的音乐味。"肖邦用肯定的语气说。

"不一定吧?"李斯特和希勒并不赞同。

肖邦固执地坚持自己的观点,于是,三人当场进行比试。曲目选定为《波兰舞曲》。

先是李斯特,这位才华横溢的钢琴家的演奏让在座的音乐同行们点头称是。

然后是希勒,他也很出色。他的老师得到过莫扎特的指点,希勒也是音乐家中的著名人物。

最后是肖邦。肖邦按压琴键,思绪却飘向故乡,华沙民众在血战,抗击沙俄军队的场景,似乎就在他眼前。果然,他的弹奏激昂、奔放,气度非凡。

肖邦的演奏结束后,室内一片寂静,没有掌声。可是人们都把赞许的目光一齐投向肖邦,包括李斯特和希勒。

肖邦创作的许多钢琴曲,都蕴含着浓郁的波兰民间音乐的成分,特别是他谱写的波兰舞曲和玛祖卡舞曲。肖邦从 1831 年离开华沙后,直到因病去世,十八年都没有回到故乡。但他用音乐歌颂祖国波兰,用音乐表现自己的爱国热忱,唤起人们的革命激情。肖邦成熟的演奏技巧,又让更多的人感受到波兰民众反抗沙俄统治的抗争。

"……倘若北方强国的专制暴君知道,在肖邦谱写的玛祖卡舞曲质朴的旋律里,蕴藏着多么危险的敌人,专制暴君一定会禁止这些音乐。肖邦的音乐乃是藏在鲜花中的大炮。"著名音乐家和乐评家舒曼在这段评论中提到的专制暴君,其实是指沙皇俄国。让美妙的音乐发挥大炮的作用,只有肖邦才能做到。

1849 年 10 月,肖邦在巴黎病逝,他被安葬在巴黎的拉雪兹神

父公墓。根据他的遗愿，他的心脏被送回波兰，放置在华沙的一所教堂里。二战中，法西斯德国占领了波兰。波兰人民冒着生命危险，把盛有肖邦心脏的匣子珍藏起来。1949 年 10 月 17 日，肖邦逝世一百周年纪念日那天，他的心脏又被隆重、庄严地迎回到那座古老的教堂里。

142

"紫金色的黑暗"——伦勃朗

1626年4月里，一个西方复活节的清晨。阿姆斯特丹市天气晴朗，阳光给这座荷兰繁华的都市带来了明媚的春意。

虔诚的天主教徒去了教堂。街头却发生了一场骚乱。一些人与一批宗教改革派信徒爆发了冲突，开始打斗。警卫队士兵闻讯赶来，在一名军官指挥下驱散打斗者。突然，有名歹徒嘴里咬着刀，手握石头，凶狠地逼近军官。看来那军官是没时间拔刀自卫了。一名士兵见长官有难，举枪射击，当场击毙了那个歹徒。没想到这样却使骚乱的局面更难控制。一瞬间，石头与棍棒乱飞，有人开始流血、受伤。路过的市民、流浪街头的乞丐纷纷躲进店铺或墙角，谁都不愿无辜受伤。奇怪的是，街头混战中，有个青年却倚在一棵树下，他看看一名躲在墙角的乞丐，就用笔在自己手中的纸上勾画，全神贯注地画速写。他是那么地专注于绘画，似乎压根儿没想到身边正发生的斗殴与流血，随时可能危及他的生命。

躲在一边的市民里有位医生。他看到这小伙子的衣着像个大学生，按当时的风尚留着长发。这个如此入神投入绘画的年轻人，给医生留下了深刻印象。

十五年后的11月冬季，阿姆斯特丹市一个又湿又冷的夜晚，那位医生被请去出诊。病人家位于阿姆斯特丹最好的街道。打开门，屋里很黑，在烛光下医生看到到处都是画稿及一幅幅油画。看来主人是位画家。

医生给患者——画家的妻子诊疗后，画家挪开椅子上的画稿请医生坐下，询问妻子的病情。医生看到画家前额宽阔，下巴似乎时时向人挑战似的倔强地昂起，神色忧郁又烦恼。只有眼光扫及室内油画时，他的眼睛才流露出专注的目光。那目光，医生似曾相识。十五年前在街头斗殴中画速写的那个青年的形象，瞬间重现在医生眼前。经过询问，他果然是当年画画的那个年轻人，他如今已经成为阿姆斯特丹著名的肖像画家。他的名字叫伦勃朗。

伦勃朗1606年生于荷兰莱顿的一个磨坊主家庭。从小他表现出过人的聪颖，十四岁就成为莱顿大学法律系的学生。然而伦勃朗喜爱绘画，不想读死板的法学课程。他半年后退学，投师学画。三年以后，他又离开莱顿到阿姆斯特丹，在画家拉斯特曼指点下继续学画。伦勃朗极为努力，很快就娴熟地掌握了意大利古典画的技法。

十七世纪的欧洲艺术绘画崇尚宗教神话题材。1626年，伦勃朗画出了取材于犹太教典故的《多比与抱羊的安娜》，通过这幅公开出售的处女作，伦勃朗显示出成熟的古典画技法。但他并没有满足，而是将古典画技法从描绘宗教人物转向平民百姓，他先后以家中亲人母亲、哥哥等人为模特，苦心研习。

当时，荷兰是资本主义新兴力量的代表国家，荷兰商人通过航海经商，从非洲、亚洲等殖民地获得大量当地物产，转手贸易，获得高额盈利。阿姆斯特丹市民，特别是商人为了炫耀生活日渐富裕，纷纷请画家为自己画肖像，张挂起来成为时尚。社会上各行业人士又成立各种行业协会。画肖像画，特别是为行业协会画团体肖像逐渐成为当时画家的经济来源。

1632年，阿姆斯特丹的外科医师协会委托伦勃朗画他们的团体肖像。那年代，团体肖像画上出现的所有的人都并肩排列，画家要依次画出他们每个人的面貌、服饰，并在画上一一写明每个人的

名字，随后，上面的人物各自掏钱，平摊画家的酬金。然而，伦勃朗却冥思苦想，他要有所创新。

这天，伦勃朗将医师协会的八位先生，包括协会的头领尼古拉·丢尔普请来。他揭开蒙在画上的布，人们瞬间都震住了。他们看到画面上人物有层次地错落排开：丢尔普指着解剖人体，头头是道地讲解着；其余的人神情专注，或聆听、或观察，若有所得。至于每人的名字，都出现在画中一名医师手中的纸上。尽管某位医师在画中有个侧面头像，可这侧面却传神地酷似他本人，又正那么专注地在探求科学。他又能挑剔什么呢？

这幅《丢尔普教授的解剖课》，巧妙地突破了多年来团体肖像画的陈旧模式，呆板的人物经过伦勃朗的苦心构思后犹如获得"灵魂"，神态变得鲜活生动。此画的成功轰动了阿姆斯特丹，从此，伦勃朗成为当时最受欢迎的肖像画家，收入丰裕。可是他同样的一幅追求艺术创新的画，又使他名声一落千丈。

那是 1642 年，阿姆斯特丹市自卫队向伦勃朗订购他们的团体肖像画。伦勃朗已经领悟绘画不仅要用色彩对比，更应该画出光线的明暗、对比，人物才能神态逼真。他将这个艺术创意运用进这幅团体肖像里，终于完成了这幅画。自卫队员看到画幅中，自卫队的大尉神色严峻地向少castle布置任务，队员们或扛旗、或举枪，神情不一，即将出发。画家还画了个报警的老人和看热闹的小女孩。这幅画突出了自卫队闻警出动、保卫家园的强烈责任心。画面上用光的明暗扩展了人物的主体纵深感，有些队员的面貌就不可能清晰，然而却可让人们产生联想。

沉默片刻后，是自卫队员七嘴八舌的责难声。

"我在哪里？为什么我的脸看不清！我不付钱！"

"对呀，我的脸也在暗影里。哼！我也不会付款的！"

"那个女孩子是哪里来的？她的脸倒是很清楚嘛。看来这幅画

的酬金应该让她来支付！"

　　这幅题为《夜巡》的画，由此成为阿姆斯特丹人嘲笑的对象。原先说好的酬金只支付了三分之一。而且还有某些评论者写文章对伦勃朗的艺术创新进行攻击，嘲笑他是"黑暗王子"。

　　面对指责，执着地追求艺术的伦勃朗没有退却。他在一幅又一幅的肖像画里仍旧坚持用光线的明暗来描绘人物形象。但是找他画肖像的人越来越少，他又不善理财，过去的稿酬都被他花得差不多了，只得借债度日。

　　1696 年 10 月 4 日，破产又穷困潦倒的伦勃朗去世了。他要求与自己心爱的妻子并列埋葬的唯一遗愿都无法实现。为了还债，他在爱妻坟前为自己预留的墓穴，在他活着时已被迫卖出。然而他留下了数以千件的油画、铜版画、速写，包括《参孙被弄瞎眼睛》、《凭窗的亨德丽吉》、《戴金盔的男子》、《鞭笞》与当年遭到责难的《夜巡》等，都成为博物馆的珍贵藏品。他用光线明暗、对比方式创作的肖像画技法，被欧洲的美术史家称作"紫金色的黑暗"，创造了十七世纪荷兰画派的辉煌。

143

大卫和《马拉之死》

巴黎的夏天是炎热的，画家大卫却冒着暑热，直奔《人民之友报》主编马拉的寓所。他得知消息，两个小时前马拉被刺身亡。这天是 1793 年 7 月 13 日。

马拉是物理学家，又是法国大革命中激进革命力量雅各宾派的首领之一。同是雅各宾派的大卫昨天还来拜访过马拉，现在看到被敌对势力派出的女刺客杀害的战友遗体，大卫强抑心中悲痛，取出随身的画具，画下了马拉的遗容。

第二天，法国国民公会召集会议，人们纷纷谴责敌人的卑劣罪行。有个叫希罗的慷慨激昂地说："大卫，你在哪里？拿起你的画笔，要让敌人在马拉被刺的情景前发抖。这是人民的要求！"

"我一定会画的。"大卫坚定地回答。三个月后，油画《马拉之死》被挂在国民公会会议厅里。这幅画生动地再现了马拉被刺的场面。因患有严重的皮肤病，夏天，马拉不得不泡在浴缸里一边水疗，一边处理公务。女刺客假惺惺送上一张纸条请求他帮助，趁他不备用匕首刺他，死去的马拉手里还拿着那纸条。他胸前伤口的鲜血染红了池水，右手手臂无力下垂，可他手中的笔仍没放松。浴缸边的一个木墩上放着墨水瓶，这个悲壮的英雄至死都没放弃为共和体制而工作⋯⋯

在《马拉之死》中，大卫突破了当时绘画所崇尚的古典主义传统。古典主义要求绘画的题材取自古希腊罗马的神话、典故、人

物，以服饰细腻、人物庄重来表现古代的英雄人物。可是大卫在《马拉之死》中却表现出法国大革命时代的英雄气概。即使在他过去所绘的古代人物画中，他也表现出谴责专制暴政、讴歌共和体制的激情，因为他向往艺术创新，对扼杀自由思想的法国封建专制政权充满憎恨。1780 年，三十二岁的大卫画了《乞食的贝利采尔》。画中的人物贝利采尔原来是东罗马帝国一员功勋卓著的大将，后遭人诬陷，被专制君王下令弄瞎双目。这幅描绘贝利采尔流浪乞食，似乎影射法国专制王朝的昏庸的画，赢得了许多赞扬声，其中就有启蒙运动的代表人物之一狄德罗的赞赏。

大卫 1785 年画的《荷拉斯兄弟的宣誓》，讴歌了为捍卫共和体制而不惜牺牲的英雄精神。这幅画取材于悲剧《荷拉斯》。为了建立共和制，罗马人与反对共和制的阿尔勃人，决定各派三名战士进行比武，由比武取胜的一方决定战败一方的政治体制。罗马人派出了荷拉斯三兄弟出战。画中央，是年迈的父亲号召荷拉斯三兄弟为国而战，将剑交给他们三人的场景。画右侧，他们三人的母亲、妻子与妹妹为他们生死未卜的命运而暗中担心。在这幅画中，大卫突出了国家利益与家庭利益的矛盾，歌颂了为国捐躯的英雄主义精神。《荷拉斯兄弟的宣誓》在巴黎展出时，广获赞扬。因为它似乎号召法国人民为共和制而奋斗。有趣的是这幅画最初竟然是法王路易十六向大卫定购的。大卫为此特别去罗马，花了十一个月才绘成。

四年后，法国大革命爆发了，大卫成为国民公会的议员，又出任教育委员会委员。为了鼓舞民众的革命热情，1791 年《荷拉斯兄弟的宣誓》与大卫的另两幅画《勃鲁斯特》、《网球场的誓言》（素描稿）一起展出。

《勃鲁斯特》是大卫在法国大革命前夕画的。画中赞颂了古罗马第一个推翻帝制建立共和政体的执政官勃鲁斯特，宣扬的正是法

国资产阶级革命的精神。而说到《网球场的誓言》的诞生，就不能不提起 1790 年 7 月里的一天。

这天，雅各宾派在国民公会开会。差不多一年前的 6 月 20 日，路易十六阻挠代表资产阶级利益的第三等级议员出席，甚至动用军队封锁大门。代表们冒着大雨在附近的网球场集会，宣誓要废除专制王权。回忆起当时同仇敌忾的情景，有位议员大声说："先生们，让画笔与雕塑刀去告诉我们的后代，法兰西在千年压迫之后做了些什么，让我们的思想活跃在画中，我们应选择《勃鲁斯特》和《荷拉斯兄弟的宣誓》的作者……"他的建议引起了一阵热情的掌声。于是，大卫在《网球场的誓言》中，再现了法国大革命中这个具有重大历史意义的事件。这是他又一次用画笔直接描绘现实生活中的英雄。

后来保守政治势力发动政变，当政的雅各宾派被推翻。雅各宾派的大卫也被捕入狱。他出狱后没几年，拿破仑·波拿巴通过政变成为法国统治者。拿破仑很赏识大卫的绘画艺术。大卫又创作了不少歌颂拿破仑的大型油画。这些画成功地描绘出拿破仑英勇作战的气概和当上皇帝时得意洋洋的神情，艺术技巧圆熟，气势宏大，但大卫早年作品中的英雄主义激情却消失了。

尽管如此，大卫突破古典主义陈旧规范后所创作的大量精美作品，被后人称为新古典主义的典范，对法国乃至欧洲绘画艺术产生了深远的影响。

144

德拉克洛瓦的浪漫主义绘画

1822年，法国美术展览会开展的第一天。早晨，爱好艺术的人们在罗浮宫门口排着队，等候进去一饱眼福。队伍前列有个浓眉黑发的青年，神色焦躁不安。开展时间一到，宫门打开，那青年立即奔了进去。

他来到罗浮宫大厅，猛然止住脚步，迎面挂着一幅油画《但丁渡冥河》。人们跟着他进来后，也不约而同在这幅画前驻足，看着画中那些在地狱的冥河中抓着但丁与维吉尔乘坐的小船，想逃离地狱的灵魂形象。人们若有所思地品味着。那青年人暗暗兴奋，因为他就是这画的作者德拉克洛瓦。他又有些疑虑，因为他没钱购置画框，那天他送此画来时，只请木匠用四根木条钉了个简陋的边框代替画框。可今天，自己的画分明妥帖地装在了一个华丽精美的画框里，这是怎么回事呢？

一个罗浮宫看守员走了过来，德拉克洛瓦常来这里临摹，许多看守员都认识这个勤奋的年轻人。他对德拉克洛瓦说："那么好的画你却把它装进粗糙的木架！格罗男爵在展出前看到它，很是赞赏。他掏钱让我们给你的画配了个精美的画框呢！"

第一次送画参加展览，就能展出，德拉克洛瓦已喜出望外了。作品又得到著名画家格罗先生的赞赏，他心头一热，不禁回想起自己画完这幅按照但丁《神曲·地狱篇》内容创作的画，被导师盖兰先生挑剔批评的话语："那几个在冥河里的人手臂姿态不对啊，怎

么像脱了臼似的？眼神也不协调，唔，但丁和维吉尔的脸倒是画得还可以，但是还不够庄严呢……"

德拉克洛瓦出了展厅，朝格罗男爵居住的巴黎老喜剧院街走去。

进了门，德拉克洛瓦结结巴巴地向格罗先生道谢。不料一抬头，看到格罗身后，客厅里陈列着三幅格罗的油画，他马上又被它们吸引住了。格罗赞赏这个青年的才华，允许他可以留下来观看。三个小时过去了，德拉克洛瓦还是如痴如醉地站在画前看啊看，挪不开脚步。

经过格罗等人推荐，法国政府出资两千法郎，收藏了《但丁渡冥河》。

生于1798年的德拉克洛瓦，从九岁起就学习素描。他研习米开朗琪罗、提香、鲁本斯、席里柯等大师的画作；对文学、音乐也极感兴趣，他喜爱但丁、莎士比亚等人作品，还时常站在"钢琴诗人"肖邦门外，静听窗口流淌出的优美的钢琴曲，为之陶醉。他的绘画水平也提高得很快。

1824年的法国美术展览会上，德拉克洛瓦送去一幅画《希阿岛的屠杀》参展。格罗又来到罗浮宫，画布上那惨烈的气氛让他呆住了。

画面左侧，一名土耳其士兵监视着几个衣衫褴褛、正痛哭惜别的希腊平民；画的右侧一名土耳其骑兵粗暴地要将一个几乎全裸的希腊女子掠上马去；画下方一个老妇人用绝望的眼神望着天空，似乎祈求上苍阻止眼前的暴行；画面右下角则是一个看上去刚咽气的母亲躺倒在地，她的孩子却饥饿地爬在她尸体上寻找乳房。这一部分初稿是母亲抱着死去的孩子，定稿改成孩子爬在死去的母亲身上嗷嗷待哺的模样。远处焚烧村落的烟火及被士兵驱赶的人群依稀可辨，天空云彩看似宁静却有压抑、沉重的感觉。画里阴影中，暗褐

色的士兵与被掠上马的希腊女子裸体的苍白互为对照。鲜艳的色彩也染上了血腥的气息。

德拉克洛瓦这幅画取材于 1822 年土耳其纵兵屠杀希腊希阿岛平民，镇压希腊独立解放斗争的事件。格罗看后却摇摇头说："这哪是《希阿岛的屠杀》，不，简直是绘画的屠杀！"抽身便走。

原来当时法国艺坛是古典主义一统天下。古典主义要求画家只能从宗教神话中找寻题材，表现时要讲究造型美，画面和谐、庄重、匀称，不得流露激情。可是，德拉克洛瓦的这幅画不但反映现实生活，而且色彩对比强烈，激情四溢，冲破了古典主义的创作规范，自然被认为是离经叛道，可由此也成为西方艺坛上浪漫主义画风的开端。

面对古典主义画派的猛烈批评，德拉克洛瓦不改初衷，坚持创新。他其实是广泛吸取各种流派艺术包括古典主义的长处，融会贯通，进行创作的。如这幅《希阿岛的屠杀》中的某些技法，他还是从格罗的画中获得参照借鉴的。1826 年他在画《马利诺·法列罗》时，为了画上衣衫的颜色，专程驱车去罗浮宫观摩鲁本斯的作品。他还特别注意观察日常生活里，光线是怎样改变色彩的明暗，终于成为公认的色彩大师。

1830 年，法国发生了七月革命。白天，德拉克洛瓦亲眼目睹巴黎工人、学生、民众联合起义，战胜国王军队的壮烈场面。夜里，他想用画表现这个场面，却为找不到画的"灵魂"而苦恼。他无意中翻着书，书中作家巴比埃的几句诗引起他的注意："这是一个胸部丰满的强壮妇女……坚定地走着。"他一遍又一遍地朗读着。

第二天，他在画稿中央添加了一个健美的自由女神形象。她一手持枪，一手高扬三色旗，号召民众冲破战火硝烟、奋勇前进，四周跟着她的有工人、学生，甚至有受伤的妇女与挥舞手枪的男孩。这就是传世名画《自由领导着人民》。这幅画数次被收藏、展出，

当法国发生工人起义时，又数次被取下，还给画家本人。原因是它洋溢着强烈的革命激情，当政者生怕公开陈列展出，会鼓动更多的革命者起义。

1863 年，德拉克洛瓦在巴黎去世。他的九千多件作品留存后世。他开创的浪漫主义画风，深刻地影响了后代画家的艺术创作。如今他的许多作品被收藏在罗浮宫。其中一幅《自画像》中，德拉克洛瓦浓眉下双目有神，充满激情，鼻梁挺直；一头黑发披拂，如同雄狮般威猛。难怪八十年后，印象派大师凡·高会作如此评价："德拉克洛瓦画画时，就像狮子吞食战利品一样。"凡·高的成就，特别是对色彩的非凡感悟，恐怕从德拉克洛瓦的色彩对比中获益匪浅吧。

145

库尔贝的现实主义美术

1853 年，法国巴黎。这天是美术沙龙展览会开幕前夕，一切展品都已布置就绪。突然，一阵急促的马蹄声如急雨般传来，然后一队骑兵在展馆前下马，迅速进入大厅。各个出口都被他们分头把守，除了当值的人，展览馆其他人员均被命令离去，原来皇帝拿破仑三世突发雅兴，想先来这里看看。

在戒备森严的卫兵、随从簇拥下，皇帝傲慢地走进展馆大厅。他走马观花浏览一幅幅油画，脸上毫无表情，谁也不知道他此刻的真正心思。他走到一幅题为《浴女》的画前，猛然停住了。画中，深绿的林中湖边，两个女子正宽衣入浴，女子的形体粗硕、健美，与平时油画里那些柔美的裸女形象完全是两种类型。皇帝突然伸手从随从手中夺过马鞭，拍击画中浴女的臀部，斥责道："粗俗!"转身快步离去。

皇帝的恼怒，让分管文艺的大臣吃惊不小。他喝令下属查明谁是画《浴女》的画家，如此粗俗的画竟然也能参加法国最高规格的艺术展览？

《浴女》是画家库尔贝画的。库尔贝 1819 年生于法国南部小城奥南，二十岁那年来巴黎学习法律，可却被艺术博物馆里的美术作品吸引得如同着了魔，从此改学绘画。他勤奋临摹名家名画，自学成才。他结交一些具有民主思想的进步人士，如普鲁东等人，所以他常常以日常生活中的贫苦民众为模特儿画画，《浴女》就是以

农妇的实际形体为模特儿的，当然不可能像安格尔等当时流行作品中的贵族女子那样娇美、细腻。

1849 年 11 月里的一天，两个在巴黎圣·但尼宫路边修路的石匠，又意外地成为库尔贝的模特儿。当时，这一老一少正忙着干活，突然一辆四轮马车停在他们身后。过了一会儿，他们就听到有人问："我想请你们去我的画室，做我画画的模特儿，当然我会支付酬金的。可好？"

他们看到发问的是一位留着漂亮连鬓胡、双目有神的绅士，他就是库尔贝。库尔贝几乎原式原样地，将生活中这两个衣衫破旧、为生计辛苦的贫困工人，浮雕似的搬进他的画《石工》中。

在另一幅《奥南的葬礼》里，库尔贝又真实细致地描绘了他家乡农村的生活习俗，画中出席葬礼的人一个接一个紧紧排列，看上去平铺直叙，似乎没有重点，但那些人的神态，无论是真诚哀悼，还是虚伪敷衍，都描摹得栩栩如生。

库尔贝将平民生活搬上历来被贵族人士占踞的美术作品里，不仅因为他受民主思想启蒙，对劳苦大众贫困、无助的悲惨遭遇寄予同情，更因为他主张"艺术要如实表现时代的风俗、思想和它的面貌"。他坚持这样做，使官方人士，以及习惯于在艺术中表现达官贵人的学院派艺术家大为恼火。有人评论库尔贝是："用农民的眼睛观看自然，用教授的画笔描绘自然。"巴黎的美术理事会为此拒绝他的画参加世界博览会的展览。

那是 1855 年 5 月，法国举办的世界博览会在巴黎如期开幕。世界各地的人们都赶来了。可是他们却惊奇地看到美术展览馆前广场上，有个孤零零的小木棚，仿佛是临时搭建的，木棚上写着"现实主义者库尔贝作品展览会"一行字。参观这个小木棚也要掏钱，一个法郎，附赠一份目录，目录中列出库尔贝的几十幅作品的画名，包括他花了六个月时间赶画的《我的画室》。库尔贝为了抗议

官方美术机构拒绝他的作品参展，就用这种方式向社会各界展示自己，同时公开表明自己现实主义的艺术主张。

两个多月后的一天，一个胡须斑白、衣着得体的绅士缓步来到广场上的小木棚。这些天几乎没什么人来参观，入场券只要十个苏。那个绅士模样的男人从容地掏钱、取目录走进去，一直走到那幅《我的画室》前才停了下来，仔细地观赏着。

这幅画高达三点六米，宽近七米，画上的人与生活中的真人差不多大小。画面的中心人物是一位坐在一幅风景画前，仰着头，仿佛很得意，想再修改几笔的画家。那正是库尔贝本人的模样。画家身后，是一个形体柔美的裸体女模特。画家对面，是个乡村儿童，他昂着头，认认真真在观看着风景画。儿童脚下，画着一只小白猫。画面分成三部分。右边部分画面上出现的是一些衣冠楚楚的社会知名人士。那个绅士模样的男子从他们的相貌上一一辨认出，这个是诗人波特莱尔，那个是文艺评论家尚弗勒里，还有普鲁东，还有一对情意绵绵的情侣，一个披着肩巾的妇女。左边部分的人物看上去明显是日常生活中的普通人，有乞丐、妓女、商人，还有神父。画的中部，画家画的风景画上方有片用玫瑰色、青色、棕色柔和涂抹的空间。那个绅士模样的人仔细地一一看着，他看到女模特前面地上的一件粉色衣服，暗暗低头称是，满脸是赞赏的神情。他独自一人在这木棚里足足待了一个小时。

这个绅士模样的人，就是著名画家德拉克洛瓦，当时他已是五十七岁了。原先他也不赞同库尔贝，可这次认真地观赏后，才明白库尔贝的艺术技法确实值得赞扬。在当天的日记里，德拉克洛瓦写道："我看到了当代杰出的作品之一……唯一缺点就是有些地方意义比较含混……"

库尔贝这幅《我的画室》确实不好懂，他是用寓言的方式表示他的艺术创作主张。画中右侧是他描绘的现实世界。中间是他与他

正在描绘的作品，寓意他在朋友与热爱艺术的人们支持下，以现实生活为摹本进行现实主义的创作。由于这幅画引发的争议，使世界各国的人们了解了库尔贝的绘画以及他的现实主义风格。

1869 年在德国慕尼黑的世界博览会上，库尔贝的参展作品获得了广泛好评。当年用马鞭击打他《浴女》的法国皇帝，这时装模作样要给他颁发荣誉勋章。库尔贝拒绝了。他给法国分管文艺的大臣写了封公开信："我已经五十岁了，我一直是自由地生活着……当我死后，人们应该说除了自由制度外，他从未从属过任何其他制度……荣誉不在于一枚勋章。"

146

空想的实践家

英国格拉斯哥的小镇新拉纳克，坐落在树木苍翠的克莱德山谷里。这天，当地开纺纱厂的戴尔先生，在自己的总管理处接待了一位不速之客。

来客看上去不到三十岁，相貌并不英俊，鼻子似乎长了些，可是风度优雅。来客自称是从曼彻斯特来的罗伯特·欧文，他提出一个投资戴尔先生工厂，并自荐担任工厂经理的计划。

戴尔先是有几分不快。欧文太年轻了，似乎缺乏管理经验，而且计划又过于大胆。可是他很快就被欧文的解释吸引住了。更不可思议的是，戴尔工厂的合伙人也同样对欧文的计划极感兴趣。他们达成了协议。

欧文当经理后，没过多少时间，戴尔先生发现自己的女儿对欧文一往情深。他很快就允诺这门亲事，因为欧文在管理工厂方面，确实有非凡的才干。他事后知道，欧文的冒昧来访，是自己女儿充当的向导。那时她已与欧文从偶然相识到相爱。这姑娘让欧文去见自己的父亲时，满心以为欧文会去当面求亲呢！没想到欧文却先去求一个经理的职位！

欧文将有两千多名工人的新拉纳克厂，经营得兴旺发达，然后又与几位朋友集资买下了这个工厂。欧文自小出身贫苦，却奋发上进。他边打工边读书，勤奋好学；后来当过店员，又办了家小纺织厂，开始了企业经营之路。他善于在实践中总结经验，自己办小

厂，办得红红火火。然后他又被邀去大厂当经理，从中积累了丰富的管理经验。自从买下新拉纳克厂成为工厂主后，欧文就开始进行实验。

十多年后，新拉纳克棉纺厂成为一个效益持续增长、工人素质良好的模范工厂。这里的工人不酗酒，没有刑事犯罪，不需要贫困救济。工人的子女在这里可以进幼儿园，上学，受到教育。工人居住在宽敞的公寓房里，有公用餐厅，有医院，有互助储金会。于是不仅英国各地，连欧洲各国的达官贵人和社会名流，都来参观新拉纳克厂这个奇迹发生的地方。

要知道，欧文十多年前刚出任经理时，这里的工人成分复杂，其中有流浪汉、失去土地的农民和破产的手工业者，甚至还有当过乞丐的人、从孤儿院出来的孤儿，他们大都沾染酗酒、赌博、偷盗工厂财物的恶习，警察和法庭对这些人很熟悉。欧文用什么魔法使他们改掉了恶习，使工厂面貌产生巨变呢？

这就是欧文的实验。他认为人犯罪的原因在于有碍于人良好性格发展的恶劣环境。他要在新拉纳克厂废除这种环境。于是，当时工人一般每天工作十三四个小时，他改为十个半小时，同时增加工资；当工厂因为一时缺乏棉花原料，停工四个月，他不解雇工人，反而照发工资；他设立工厂内部商店，以批发价买来日用品，优惠卖给工人；他开办幼儿园、学校，建立性格陶冶馆等提倡文明生活习惯的机构。就这样，欧文创造了奇迹，也获得了慈善家的名声。

1815年，格拉斯哥市市长召集棉纺厂主开会，出席的都是当地棉纺业的大企业家。会议即将结束时，有位先生的发言却令与会者皱起眉头。他说："我们英国政治的主要支柱，是一种现在正在经营的，对广大从业人员的健康、精神和社会物质生活起摧残作用的工业。"

　　他就是欧文。当时为了取得更多利润，工厂主大量使用童工，欧文看到棉纺织业普遍恶劣的生产环境对童工的摧残，便提议政府应拟订法案，禁止工厂使用十二岁以下的童工。当然，欧文的提议遭到了冷遇，后来又被篡改、歪曲得面目全非。可是欧文已进一步思考工人贫困生活的原因了。

　　作为一个精明的企业家，欧文计算过，由于英国完成了产业革命，机器提高了生产力。如今，新拉纳克厂两千五百名工人每日生产的棉纱的价值，在五十年前要六十万人才能干出来，但是如今工厂主只需支付两千五百名工人的工资。其中的差额如此巨大，这笔财富给谁拿去了？他也计算过，一家工厂经营三十年获得的利润，扣除工人工资等生产费用和资金的利息，有三十万英镑的钱分给了各位股东。股东借钱已收到了利息，还可分钱。这钱是怎么来的，是工人劳动创造出来的啊！

　　他明白了，是当前的这种社会制度让企业主，包括他自己，无偿占有了工人创造的财富。他是花了些钱，改善了工人生活。可这钱原本就是工人应该拿的！自己怎样能把这些钱来为更多的工人谋取福利，创造一个比新拉纳克范围更大的，适应人良好性格发展的环境，成为欧文思考的问题。

　　作为一个成功的企业家、慈善家，三年以后欧文去欧洲大陆各国旅行。在法兰克福，欧文出席了一次盛大而又奢侈的宴会，出席宴会的有德意志的国会议员，奥地利的大臣，包括奥地利首相梅特涅的顾问、外交官根茨等欧洲政治名人。宴会上，欧文说，用科学方法，推行合理的教育制度，全社会的人们都能富裕起来。

　　他说得如此投入，全然没想到与会者根本不感兴趣。有个声音不客气地打断了他的谈论："不错，这点我们也很清楚，可是我们并不希望民众们富裕起来，而不受我们的约束。倘若他们富了，我们怎么能够治理他们呢？"

欧文一看，打断自己讲话的正是根茨。他用不耐烦的眼光傲慢地看着自己。

这次宴会使欧文明白，在欧洲的社会体制中，自己的想法是无法实现的。

1824年，五十三岁的欧文卖掉了在英国的产业，辞去了新拉纳克厂的经理职位，带着儿子来到美洲。他用自己的全部财产在美国的印第安纳州买下了三万英亩土地和房产，建立了一个"新和谐公社"。他要在地广人稀的美洲，试着建立自己理想中的社会，让世人看到后，推广开去。欧文为"新和谐公社"制定了法规。法规看上去很合理，也有一千名社员自愿参加，成为"新和谐公社"的成员。然而五年后，"新和谐公社"就维持不下去了，欧文被迫将它的土地、房产低价卖出，几乎把自己带到美国的全部财产都赔了进去。

"新和谐公社"失败的原因，最主要是当时生产力还不高，公社社员劳动产生的财富不多，可每人消费水平却都不低，入不敷出。还有，公社成员之间有宗教、民族的差异，公社又没产生一种统一的思想，让这些成员能消除这些差异；再说公社领导成员私心日益严重，光想指挥社员，不愿与社员共同劳动等等。欧文的实验，证明他"空想社会主义"的思想在实际生活中是行不通的，而且他的"公社"在世界资本主义的汪洋大海里，只是一个小小的孤岛，怎么可能与世隔绝，不受影响呢？

出于良好的愿望，提出"空想社会主义"的著名思想家还有法国的圣西门和傅立叶，付诸实践的却只有欧文。欧文的失败为后世科学社会主义理论的产生，提供了宝贵的经验教训。

147

宪章运动

缀满乌云的夜空是那样的压抑，压抑中又透出丝丝激动与不安。一支上千人的矿工队伍正行走在英国南威尔士的蒙摩斯河谷边上。他们带着木棍、长矛和短枪等简陋武器，要在天亮前赶到纽波特；攻下这座城后，再向南约克郡进发。

突然，一声响雷，霎时间就下起了倾盆大雨。人们淋得浑身湿透，路浇得泥泞难行，队伍行走的速度明显减慢了。这时，队伍中不知是谁哼起了歌："电光闪过天空，雷声咆哮。呵，要把压迫者烧焦，因为他们扣压了宪章。小伙子们，起来攻击敌人。真理与理性就是你们的武器……"

越来越多的人唱起这支歌，雄壮的歌声振奋了矿工们的斗志，他们的脚步也不由自主加快了。

第二天黎明时分，也就是1839年11月4日清晨，矿工队伍赶到纽波特，才发觉早有提防的政府军队已在西门饭店布置了防线，军队用密集的枪弹迎击矿工。不少人中弹倒下，但是勇敢的矿工仍然无所畏惧，沉着应战。在装备精良、训练有素的士兵攻击下，矿工队伍坚持战斗了二十多分钟，终因伤亡过重而被击溃。除了战死的以外，矿工队伍中有不少人遭到了逮捕和判刑。

这次发生在南威尔士的起义，是由于英国政府镇压工人递交"人民宪章"请愿书而引发的。

"人民宪章"是怎么回事呢？原来十九世纪三十年代，由于工

业革命的完成，英国资产阶级富上加富，工人阶级则越来越贫困，而且毫无政治权利。英国国会 1834 年通过的"新贫民法"，居然还逼迫贫苦民众进工厂接受剥削，激起了民众的强烈不满。两年后，技术工匠洛维特在伦敦发起成立伦敦工人协会，散发小册子鼓动工人争取选举权，进入国会，以合法的政治身份代表工人阶级讲话。出身海员家庭的哈尼，也积极参与其中的活动。曾经担任过国会下院议员的律师欧康诺在 1837 年创办了《北极星报》，呼吁工人们团结起来，为争取自身的政治权利而斗争。

1838 年，伦敦工人协会提出名为"人民宪章"的六点政纲，其中包括"凡年满二十一岁、身体健康、无刑事犯罪的男子均有选举权；全国划分人数相等的三百个选区；取消候选人的财产资格限制；实行秘密投票"等现代选举制度的基本内容。

"人民宪章"一公布，立即受到广大工人的热烈拥护。有一百二十八万人签名要求实现"人民宪章"的请愿书被送到国会，却被国会冷冷地断然否决。政府又派出军警镇压，于是激起工人与民众的反抗，示威、演讲、集会等抗议活动在英国各地此起彼伏、不断出现，南威尔士起义就是其中唯一的一次武装斗争。政府却以此为借口悍然将欧康诺等宪章派领导人抓捕判刑。世界近代史上称为"宪章运动"的第一次高潮就这样被镇压了。

三年以后，在出狱的欧康纳等人领导下，拥护"人民宪章"的工人们已成立了有严密组织的全国宪章派协会，入会者已达到五万人。他们再次向国会递交请愿书，内容还增加了废除"新贫民法"和教会的什一税等，签名拥护的工人多达三百多万。可是由于宪章派领导成员间意见分歧，面对政府再次进行的否决与武力镇压，宪章运动第二次高潮又被强行平息。

1848 年法国爆发了二月革命。宪章运动的报刊《北极星报》等抓住有利时机，宣传宪章派政治主张。这一来，代表资产阶级利

益的英国政府官员们紧张万分。

这年4月初的一天，伦敦警察当局的官员们开会商议对策。会议桌上，放着一份2月26日出版的《北极星报》，其中的一篇文章里写道："如果英国人不是最可厌的奴隶的话，他们就会立刻开始——和平地、合法地——争取宪章的实现……"

警察厅混入宪章派内部的密探报告：4月10日在伦敦坎宁顿草场将有数万工人集会，集会后这数万名宪章派成员将再次向国会递交请愿书。"据说这次有五百万人在请愿书上签名！"一名官员补充道。

"五百万人！！！这时候，与工人发生面对面冲突是不明智的。"一个官员老成持重地说。

谁都知道，差不多一个月前的3月6日，伦敦有近万人参加了宪章派大会。散会时警察跟与会民众发生冲突，引发了一场大规模骚乱。同一天，格拉斯哥的失业工人愤怒地捣毁了食品店与武器库！

官员们面面相觑。在此非常时期，内阁大臣已训令除非发生暴动等特殊情况，警察当局不得干涉宪章派集会，并且不许抓人。如此多的工人，力量不可小看。众怒难犯哪！

"有了！"一个官员面露奸笑，他指着《北极星报》上那篇文章中"合法地"那个词……

4月9日深夜，一队警卫森严的车队从英国王宫急驶而出，护送女王去怀特岛的行宫暂住。当局生怕明天工人集会时发生意外，会危及女王安全。

第二天，数万名民众陆续来到坎宁顿草场。欧康诺照例是坐马车来到集会处，他将替民众去威斯敏斯特国会大厦递交请愿书。但是马车被警察拦下，一名警官神色严厉地对他说，自己受伦敦警察厅之命转告，集会是允许的，但率众去国会大厦，将被视作游行，

是威胁政府的非法行为，必须承担一切后果。

欧康诺又看到大批军警正整队往肯宁顿草场而去。面对威胁，欧康诺屈服了。他来到集会处，面色苍白，神色惶恐，流着泪向民众讲话。原先他讲演时口若悬河的风采不知哪去了。他居然还说游行去国会大厦是愚蠢的。这番演讲使集会的民众对欧康诺失去了信心，数万名集会的民众就这样逐渐散去。然后，欧康诺又规规矩矩地上车，自个去国会大厦递交请愿书。结局是可想而知的，请愿书再次被国会否决，宪章运动第三次高潮就这样因领导成员的临阵动摇而被当局再次压服。

宪章运动尽管没取得胜利，但它标志着在人类历史上，无产阶级第一次作为独立的政治力量登上了历史舞台。它推崇的普选制和政党组织方式，成为现代政治活动中的基本模式。宪章运动的领导成员哈尼和琼斯，后来也得到过马克思的指点。尽管宪章运动中除了南威尔士武装暴动外，始终在当时英国法律许可的范围内，用大规模的群众集会、游行、签名请愿等形式，争取自身的政治权利，可是英国政府还是动用暴力手段加以镇压。

当然慑于工人阶级团结起来的强大威力，英国政府也不得不相继颁布了一些有利于改善工人劳动状况的法令，终于或多或少地缓解了英国社会阶级矛盾冲突的尖锐程度。

148

马克思与恩格斯的青年时代

在德国莱茵河畔的科隆市，1842 年 1 月新出版了一份报纸《莱茵报》。当时德国还没统一，科隆那时是属于普鲁士的一个城市。从这年 10 月起，《莱茵报》连续刊出不少尖锐揭露普鲁士黑暗社会现实状况的报道，观点激进，引人注目。

这年 11 月，有位二十出头、身材高大的青年，来《莱茵报》编辑部想见报纸主编卡尔·马克思。这青年一个月前就来过了，可当时马克思外出了，所以没有见到他。他对马克思很倾慕，曾根据别人的评价和读马克思的文章，用想象写出了一首描写马克思的诗：

>……鹰隼般的眸子，大胆无畏地闪烁，
>紧攥拳头的双手，愤怒地向上伸，
>好像要把苍穹扯下埃尘。
>不知疲倦的大力士一味猛冲……

马克思确实以学识渊博，见解敏锐，成为当时同龄人中的佼佼者。有位哲学家赫斯给他的朋友信中这么写道："他十分冷静严肃又非常敏锐机智。请你想象一下，假如把卢梭、伏尔泰、费尔巴哈、莱辛、海涅和黑格尔结合成为一个人，我着重说一下，是结合，而不是混杂在一堆，那你面前就会出现马克思博士。"

正因为马克思在 1842 年 10 月起出任《莱茵报》主编，报纸才变得生气勃勃。

马克思冷淡地接待了这个比他小两岁的青年，原因是他发现这青年与一些"青年黑格尔派"的人很熟。他是不是个爱讲空话的人呢？

"青年黑格尔派"由当时德国一些热爱黑格尔哲学的学者所组成。马克思最初与他们相识，共同语言也是黑格尔哲学，但他逐渐察觉这些人崇尚空谈理论而不注重现实，便与他们分手了，《莱茵报》也不刊用他们的文章。可是听到那青年将去英国曼彻斯特，马克思就约他写些反映英国实情的文章。

这青年就是弗里德里希·恩格斯。他爱写诗，喜欢历史、古典文学，因为有一个富有的工厂主的父亲，恩格斯受到了良好的教育。因为同样的原因，他后来又不得不跟着父亲去经商，但是他没有放弃广泛阅读、独立思考的习惯。恩格斯读了费尔巴哈的唯物主义著作，已逐渐与"青年黑格尔派"分道扬镳。

恩格斯注意观察社会，又非常关心平民的生活，不到二十岁时他就写过一篇《乌培河谷来信》，尖锐揭露了当地工厂主在周四虔诚地去教堂，可平时雇佣大量童工，少付工资，进行残忍剥削的伪善嘴脸。刊出他这篇文章的《德意志电讯》由此畅销，被揭露的工厂主急忙出来否认，一时引起了不大不小的轰动。

离开科隆，恩格斯渡海到了英国曼彻斯特。他这次是奉父命，来父亲开办在这里的棉纺厂工作。

曼彻斯特是当时欧洲典型的工业城市，有高达七层的厂房，蒸汽机等机器已广泛使用。工人在资本家剥削下艰苦地劳动着，每天要工作十六个小时，而且又要连续干两天多才休息。

由于在安全条件很差的工厂里高强度地干活，造成工人工伤事故频繁发生。看到那些伤残工人为了少得可怜的工资还来厂上班，

恩格斯感到自己仿佛生活在一批从战争中归来的残废者中间，很是悲愤。

这天，恩格斯与一位工厂主一起在街上行走。他忍不住谈起曼彻斯特工人区的简陋和工厂环境的恶劣，说："我从来就没看到比曼彻斯特建设得更差的城市了！"

那人默不作声地听着，走到街角，那人说："可是，在这里毕竟可以赚到很多钱。再见！先生。"

他有礼貌地与恩格斯告辞分手。恩格斯这才明白什么叫资产阶级。

"我从来没看到一个阶级像英国资产阶级那样堕落、那样自私自利、那样腐朽……"恩格斯给《莱茵报》的稿件中写道，"只有通过暴力消灭现有的反常关系，根本推翻门阀贵族和工业贵族，才能改善无产者的物质状况……"

在英国的日子里，恩格斯放弃了符合他工厂主身份的社交活动，与工人交往，结识了不少工人运动的首领，在实践中研究科学社会主义。

恩格斯将自己的研究文章《政治经济学批判大纲》和由他执笔的《英国状况》，寄往巴黎；1844年2月发表在《德法年鉴》上。这一年的年底，他从英国回德国，途经巴黎时又去拜访旅居巴黎的马克思。

这一次，马克思极为高兴地与恩格斯相聚，他已经读了《德法年鉴》上恩格斯的文章。他兴奋地看到恩格斯与自己在扬弃陈旧的理论方面，观点是如此相似，而且都共同思考人类社会发展的未来，都认为人类未来的希望在无产阶级身上。

在巴黎，马克思把自己的战友介绍给恩格斯，他俩一起参加工人们的聚会，并且商量共同撰写《神圣家族》。这是一部批判"青年黑格尔派"错误思潮的著作，从此他俩建立了终生的友谊。

《莱茵报》在马克思任主编期间，刊出维护农民利益等许多把矛头指向普鲁士反动制度的文章，引起当局的强烈不满，《莱茵报》从 1843 年 4 月被勒令停刊。马克思辞去这份工作，才来到巴黎的。马克思自小勤奋好学，而且树立了自己生活的远大目标。十六岁时，马克思就在一篇作文中写道："如果我们选择为人类的幸福而工作，工作的重负就不会把我们压倒。因为这是为全人类而作出的牺牲，那时，我们感到的就不是可怜、有限、自私的乐趣。我们的幸福将属于千百万人，我们的事业并不是显赫一时，但将永远存在……"

中学毕业后，马克思先后在波恩大学、柏林大学读书。他博览群书，吸取了黑格尔辩证法的合理内容，抛弃了黑格尔的唯心主义，吸取了费尔巴哈的唯物主义思想，发展成马克思主义的唯物辩证法，然后又撰写了《资本论》。

这次恩格斯在巴黎与马克思相聚，一起呆了十天。从此，马克思和恩格斯开始并肩战斗，为科学社会主义学说的创立共同奋斗，成为无产阶级解放事业的伟大导师。

列宁在评价这两位伟人的友谊时说："古老的传说中有各种非常动人的友谊故事，欧洲的无产阶级可以说，它的科学是由两位学者和战士创造的，他们的关系超过了古人关于人类友谊的一切最动人的传说。"

149

第一次伟大战斗

巴黎市区东部的巴士底广场，曾矗立着法国封建专制王朝的象征巴士底狱。1789 年 7 月 14 日，巴黎市民在法国大革命的风暴中攻占了巴士底狱，并且拆毁了它。五十九年后，在巴士底广场上，又出现了情绪激昂的巴黎革命民众，只见他们点燃火堆，将一只精致的座椅投入熊熊烈火中烧毁，并且拍手叫好。这是怎么回事呢？

原来，拿破仑在滑铁卢之战后下台，法国进入封建王朝复辟时代。从 1830 年起，法国国王是路易·菲利浦。也是差不多从这年开始，法国为占领阿尔及利亚，耗费了大量军费和动员十多万军队，用了近二十年时间，残酷镇压了阿尔及利亚的民族独立运动。法国国内，工人在资本家的剥削下，每天要劳动十二三个小时，还有大量工人失业。农民生活也日益贫困，还得交各种苛捐杂税。于是，忍无可忍的民众以罢工、起义等各种方式反抗。1848 年 2 月 22 日，巴黎爆发了武装起义。路易·菲利浦眼看局面无法控制，仓皇逃往英国。民众冲进王宫，把国王的座椅搬出来，这就有了在巴士底广场烧毁座椅，成千上万民众拍手称快的一幕。

在起义民众的强烈要求下，法兰西第二共和国成立了。但在关于共和国国旗的颜色问题上，出现了重大分歧。革命民众认为应该用红旗。临时政府中占多数的资产阶级代表认为必须保留三色旗，但可以在旗杆上系一条红色绶带。

二月起义推翻了帝制后，共和国政权实际掌握在代表资产阶级

的临时政府官员手中，所以国旗最终还是采用三色旗，而且旗杆上的红色绶带后来也被去掉了，同时又几乎原封不动地保留了封建王朝的军队和警察队伍。

迫于革命民众的压力，临时政府开始在巴黎以及另一些城市开办"国家工厂"，解决大量失业工人的生计问题。这些工人进"国家工厂"，就是在修筑道路、开挖运河、开辟公共绿地时干一些挖掘土方等工作，每月工资只有两个法郎。临时政府用这个办法，搪塞大量失业工人提出的"劳动权"的要求。

临时政府接着又召开制宪会议，企图通过选举这个合法的手段，将议会牢牢控制在资产阶级手中。这时举行制宪会议对工人等广大民众非常不利。当时，法国已有不少革命民众组成的社团，他们号召人民抗议，要求延迟召开制宪会议。可是政权掌握在资产阶级手里，临时政府还是按期进行选举，召开了制宪会议。果然一切按照资产阶级的筹划顺利进行，议会八百八十席中，只有十八个席位是工人代表。

愤怒的民众不愿再受资产阶级临时政府的愚弄。1848 年 5 月 15 日，十五万工人举行示威游行。游行队伍进入制宪会议所在地的波旁宫。示威群众控制了会场，那些议员纷纷溜之大吉。

"我宣布：解散制宪会议！成立一个新政府，新政府成员应该由代表我们革命民众的人担任。"一个示威游行的领导人神情激昂地宣布。示威者齐声赞同。

这次自发的示威游行，正好被执政的资产阶级政府利用，成为他们调动军队、发布禁令、抓捕革命运动领袖的借口。新任军政部长的卡芬雅克，是凶残镇压阿尔及利亚民族独立斗争的将领。这时，他秘密调动大批军队进入巴黎，准备对革命民众下手了。

6 月 22 日，资产阶级政府突然宣布：解散"国家工厂"，十八至二十五岁未婚男子一律编入军队，二十五岁以上男子全部送到巴

黎以外的省区开荒或修建工程。于是，巴黎工人除了起义，别无选择。

巴黎筑起了街垒。街垒上红旗飘扬，挂着"没有面包，就要斗争"、"民主的共和国万岁"等标语。起义工人发表宣言，提出解散制宪会议；军队撤出巴黎；将起草宪法的权利归还人民；保留"国家工厂"；保证劳动权等要求。但资产阶级政府根本不予理睬，他们调集了二十多万军队，准备镇压。当时，工人武装只有四万多人。

巴黎被街垒分成东西两部分，工人们据守东面。6月23日，占据西部的反动政府指挥军队向东攻击。战斗整整进行了四天。

工人武装由当过军官的克尔索斯指挥，他说："我计划，从东区集中四个纵队，进攻市政厅、波旁宫和杜勒里宫。"虽然这次起义工人没作充分准备，缺乏统一领导和组织，但是他们的正义感和勇气势不可挡。到了第四天上午，巴黎城郊全部由起义工人控制。在市区，工人的队伍击退反动军队，进攻到离市政厅只有几十步远的地方了。

卡芬雅克突然下令，用大炮轰，发射榴弹、燃烧弹。工人街垒顿时一片火海。工人们不屈不挠，前面的倒下了，后面的接着冲。"我的士兵被子弹射中，倒下了。可那些工人都像雄狮一样抵抗着，我们进攻了二十次，就被打退了二十次……"一名政府军官这样向上级汇报。

最后，作好充分准备的政府军，兵力强大，攻势猛烈。工人寡不敌众，6月26日，起义终于被残酷镇压了。

巴黎六月起义是无产阶级第一次与资产阶级面对面进行的武装斗争，由于缺乏无产阶级政党的组织和领导，没有得到农民等其他革命力量的支持等众多原因，最终失败了。但是这四天的激烈战斗，展示了工人阶级武装斗争的力量，令资产阶级胆战心惊。

150

光辉的宣言

1851 年 5 月，柏林的普鲁士政府在莱比锡抓住了一个所谓的"共产主义阴谋"分子，因为从他随身带的衣物中，搜出了一本《共产党宣言》。一年半后，普鲁士政府又伪造证据，对与这事件有关的十一人提出起诉，其中七人被判处三至六年徒刑。为什么一本《共产党宣言》，让普鲁士当局如此敏感，大动干戈，甚至不惜伪造证据呢？

原来，《共产党宣言》是马克思、恩格斯共同起草的一份文件。它号召全世界无产者，联合起来，为实现共产主义理想而奋斗。《共产党宣言》中的理论，指导着欧洲建立了世界上第一个无产阶级的共产主义政党——"共产主义者同盟"，以后又成为全世界共产主义政党的建党方针。

早在 1834 年，巴黎就出现了一个在欧洲影响较大的激进团体"流亡者同盟"。它是个秘密组织，等级森严，而且每个成员都有化名。两年后，这一组织中的无产者分裂出来，成立新的组织"正义者同盟"。"正义者同盟"主张民主共和，提出财产公有的口号，但还是个半秘密性的团体。

"正义者同盟"主要成员集中在英国伦敦，法、英、美、荷兰和瑞典都有工人参加，渐渐地，它成了一个有多国成员的国际性工人革命组织。

可是这些成员政治观点混乱，他们受空想共产主义思潮的影响

较大。例如其中有个叫魏特林的工人革命家，竟然从基督教教义引申出共产主义的观点。他认为只要依靠社会中的乞丐、流浪汉、刑事犯和窃贼这些流浪无产者——"最贫困最凶狠阶层"的自发行动，就能实现共产主义。还有一种所谓"真正的社会主义"思潮也在"正义者同盟"中广为流行。"真正的社会主义"鼓吹以"普通的爱"代替阶级斗争。

假如不清除这些错误观点，有众多无产者参加的"正义者同盟"，就不可能成为真正的无产阶级革命组织。

1846 年，马克思、恩格斯在比利时的布鲁塞尔建立了共产主义通讯委员会。他俩想通过共产主义通讯委员会，向世界各地的工人组织传播无产阶级革命理论，传播科学社会主义思想。他俩周围已经聚集着一些当时的优秀工人革命家和研究共产主义的知识分子。

这天，布鲁塞尔的共产主义者集会。马克思在会上批判了魏特林的错误理论。"他发言时声如洪钟，充满着自豪感、果断和自信，他讲话的语气具有强烈的穿透力，直逼听讲者，洋溢着一种掌握自己命运的使命感。"一个当年与会者这样形容马克思的风采，认为他是一个集活力、毅力、不屈不挠的信念于一身的典型。

经过多次会议及不断的通信联系，"正义者同盟"大多数成员逐渐认识到马克思、恩格斯的见解正确，决定抛弃魏特林等错误的思想。

1847 年 1 月里的一天，马克思在布鲁塞尔的住所来了位英国客人，他是"正义者同盟"伦敦委员会的代表约瑟夫·莫尔。他说"正义者同盟"正式邀请马克思、恩格斯加入同盟，帮助同盟改组，摆脱陈旧的宗派主义和一切助长迷信权威的东西。马克思、恩格斯同意了。

五个月后，恩格斯出席了在伦敦举行的"正义者同盟"第一次

代表大会。尽管马克思因为经济困难未到场出席，大会还是根据马克思、恩格斯的提议，将"正义者同盟"改组为"共产主义者同盟"。用"全世界无产者，联合起来"的号召，代替原来"人人皆兄弟"内容陈旧的口号。"共产主义者同盟"还明确了奋斗目标：推翻资产阶级统治，建立无产阶级政权。

第二年的 11 月底，"共产主义者同盟"在伦敦举行会议。马克思、恩格斯参加了会议，并且受大会委托，起草"同盟"的新纲领。

恩格斯已经把马克思与他多年来思考成熟的关于建立无产阶级政党的思想和观点，写成一篇草稿，作为"同盟"的新纲领。当时为了向工人进行启蒙教育，宣传文章常用问答式的体裁，宣传科学社会主义的理论。恩格斯最初的草稿也是这种表达形式。可是恩格斯考虑后，给马克思写了封信，信中说："我请你考虑一下。我想我们最好是抛弃那种问答体，而把这篇东西叫做《共产党宣言》，由于其中必须或多或少谈到历史，因此还用现有这种体裁是根本不合适的……"

就这样，"共产主义者同盟"的纲领——《共产党宣言》诞生了。这部科学社会主义的经典文献，于 1848 年 2 月在伦敦出版。

《共产党宣言》以磅礴的气势、具有震撼力的语言，宣告资产阶级的灭亡和无产阶级的胜利是不可避免的。它通俗地阐述了科学社会主义的基本原理，痛斥了资产阶级对共产主义的种种诬蔑，批判了各种非无产阶级社会主义流派的错误。《共产党宣言》的光辉照亮了无产阶级夺取政权的斗争道路，它宣告："无产者在这个革命中失去的只是锁链，他们获得的将是整个世界。"

151

第一国际的建立

恩格斯对马克思的贡献有一个形象的评价："摩尔（指马克思）的一生，要是没有国际，便成了挖去了钻石的钻戒。"

这个评价中的"国际"，就是指国际工人协会，它是世界各国工人之间加强团结、建立紧密联系、相互支援的一个国际组织。马克思为了国际工人协会的建立和发展，耗费了许多心血。

说到国际工人协会，就要从波兰起义说起。

1863 年，波兰爆发了反对沙俄专制统治的民族独立起义，起义民众遭到俄国军队的血腥镇压。英国、法国等工人掀起了声援波兰人民的运动，英国全国工人组织——"工联"举行群众集会，要求英国政府对俄国镇压波兰的无耻行为施加压力。英国首相帕麦斯顿借口要法国也赞同才行，拒绝了工人的要求。于是英国工人就产生了与法国工人联合行动的想法，而且通过与法国工人的几次联系，起草了一份《英国工人致法国工人书》。起草者是英国工联的首领，制鞋工人奥哲尔。

同情工人运动的激进派知识分子、伦敦大学教授比斯利将《英国工人致法国工人书》译成法文，寄到了巴黎。法国工人对这封信非常重视，由工人托伦代表法国工人写了《法国工人致英国兄弟》的回信。同时，英国工联又与一些流亡在英国伦敦的德国、意大利、波兰、爱尔兰的工人运动组织加强了联系，筹备建立一个各国工人联合行动的组织——国际工人协会，最后决定在 1864 年 9 月

28 日召开国际工人协会成立大会，地点是伦敦的圣马丁堂。

到了 9 月 28 日那天，圣马丁堂内挤满了各国工人代表，洋溢着节日气氛。德国工人特意组成合唱队，唱着工人歌曲。大会执行主席比斯利教授宣布开会："全世界劳动民众联合起来，反对各国政府的侵略政策，为实现正义而团结奋斗。"

然后是英国工联首领奥哲尔宣读《英国工人致法国工人书》："法兰西、意大利、德意志、英格兰、波兰和所有愿为争取人类幸福决心团结合作的国家的代表们，聚在了一起……我们坚信暴君的势力终将被削弱……让我们首先为争取波兰的自由而联合，共同奋斗。"

在掌声和欢呼声后，法国工人代表宣读了《法国工人致英国兄弟》的回信："全世界工人们，我们必须团结起来，筑成一道坚不可摧的堤坝，抗拒把人类分成两个阶级——愚昧饥饿的平民和脑满肠肥的官吏——的害人制度。我们要团结起来自己救自己……"

又是一阵掌声和欢呼声。

在参加会议的德国工人代表中，有位一头浓密黑发，络腮胡须，看上去神色庄重又精力充沛的壮年男子，他就是马克思。马克思是特地被邀请来参加大会的，而且原先还想让他代表德国工人发言。但马克思推荐他的战友，在伦敦的制衣工人埃卡留斯发言，并帮他准备了发言稿。埃卡留斯一直积极参加工人运动。他曾拿着一把磨得锋利的剪刀，准备在参加宪章运动游行时，做反击警察的武器。他因流亡生活的折磨，患了肺病，如今大病初愈，身体虚弱，可对工人运动仍忠诚无比。

大会顺利地进行着。法国工人吕贝在会上宣读了法国工人代表提出的国际工人协会组织方案，英、意、法、德等国工人代表均发言赞同。于是，代表们选举产生了临时中央委员会，包括马克思在内的三十多人当选为委员；然后又成立了国际工人协会的成立宣言

和章程的起草小组，马克思被推举为这个小组成员之一。

起草小组先后写的两篇成立宣言和章程的草案，都不符合要求。因此，第三次决定由马克思动笔写。因为患病，马克思没参加前两次讨论。第三次他也是抱病参加的。

这个成立宣言和章程并不好写，因为参加国际工人协会的各国工人组织，对科学社会主义认识不一，受各种激进思潮影响较深，要他们立即接受马克思、恩格斯写的《共产党宣言》是不现实的。为此，马克思带病花了七天时间，终于用委婉的语言，写出了成立宣言和章程，既从当时欧洲工人组织实际水平出发，同时又坚持了原则。它用文字表明了国际工人协会要在国际主义原则指导下，成为真正的工人阶级战斗组织，引导工人从经济斗争走向政治斗争，最后夺取政权，通过消灭阶级统治和实现劳动资料归社会支配，达到工人阶级的彻底解放。在成立宣言最后，马克思同样用了"全世界无产者，联合起来"这句《共产党宣言》的口号。

国际工人协会顺利通过了马克思写的成立宣言和章程。国际工人协会后来又被称为第一国际，马克思尽管只是第一国际的总委员会的一个委员，却是第一国际事实上的灵魂。他团结周围的第一国际的领导成员，在建立第一国际各国支部，把各国工人组织起来，支援世界各民族独立解放事业和克服许多非无产阶级的社会主义派别影响等方面，做了大量的工作。第一国际的宣言、决议和文件，几乎都是马克思撰写的。第一国际对当时世界发生的重大问题作出的决策和措施，差不多也都是由马克思所倡议的。

由于马克思含辛茹苦的努力，第一国际发现和培养了不少无产阶级的优秀战士，后来这些人成为世界各国无产阶级政党建设中的骨干力量。

152

约翰·布朗起义

1859 年 12 月 2 日，天色阴沉，寒风阵阵。美国北方各州的政府大厦一律降半旗，建筑物上张挂着志哀的黑布或黑色装饰，全无平日宁静祥和的气氛。突然，所有的教堂里钟声齐鸣，人们成群走进教堂去祈祷。教徒和非教徒，黑人和白人，个个都神情肃穆、凝重而无奈。因为在这一天，废奴英雄约翰·布朗英勇就义；也正是在这一天，南方各州爆发了多起奴隶的反抗斗争事件。

约翰·布朗是一名富有正义感的穷苦白人。他生长在康涅狄格州一个有着废奴主义传统的家庭。他的家实际上是"地下铁路"的一个中转站。所谓"地下铁路"，就是帮助南方蓄奴州的黑奴逃往北方自由州废奴地区去的秘密通道。布朗从年轻时候起，就非常同情黑奴的悲惨生活，对蓄奴制深恶痛绝，很早就积极参加了"地下铁路"的工作。

那时候，美国南北方的黑人分别生活在两种制度——废奴制和蓄奴制下。在南方各蓄奴州中，黑人每天要干十八到二十小时的活，还经常遭受庄园主的毒打，被戴上镣铐甚至当做牲口任意贩卖，而且奴隶制越演越烈。美国建国初期国内仅有黑奴六十万，到 1859 年已增加到近四百万。布朗在长期的"地下铁路"行动中，逐渐认识到帮助个别黑奴逃到北方是杯水车薪，只有拿起武器进行斗争，才可能争取到黑奴的解放。他于 1850 年组织了一个黑人武装组织——基列人同盟，为武装斗争做好了准备。

1854 年，美利坚合众国国会通过了"堪萨斯—内布拉斯加法案"。这一法案规定这两个州可以自由选择成为蓄奴州或自由州。消息一传开，邻州的蓄奴派和废奴派力量都派人迅速进入堪萨斯州，以控制选举，结果引起了大规模的械斗，造成废奴派人员不少伤亡。布朗听到这个消息，不顾自己已年过半百，还在生病，马上带着儿子、女婿与其他几名勇士来到堪萨斯州。

1854 年 5 月 24 日夜里，他们直捣蓄奴派势力的据点，当场处死了五名杀害废奴派人士的凶手。随后，布朗他们的小分队就出没于该州的荒山野地，神出鬼没地袭击蓄奴的庄园主，使他们提心吊胆，惶惶不可终日。经过约翰·布朗等废奴主义者的奋勇斗争，堪萨斯州终于成为自由州。

在南方庄园主施加的压力下，1857 年，美国法院宣布了"斯考特案件"判决结果，居然认定，即使南方黑奴逃到北方，他们仍然是奴隶主的私有财产。而私有财产是神圣不可侵犯的。这一案件中的黑人斯考特，虽然被主人带往自由州住过几年，但法院的判决仍不能使他摆脱主人的私有财产的地位，无法改变自己被奴役的命运。

黑奴实际上根本没有任何获得自由的可能，于是布朗决定举行武装起义。

起义的地点被选在弗吉尼亚州的哈波斯渡口。这里是弗吉尼亚和马里兰两州的交界处，又是两条河流的汇合处，地势险要、轭南守北；附近有很多庄园和一个大的军火库，便于起义者发动群众和取得军火武器。

1859 年 10 月 16 日，布朗率领一支仅二十一人的武装，以迅雷不及掩耳之势扑向哈波斯渡口，仅几个小时就俘虏了那里的全部驻军，控制了全镇，还捕获了几个蓄奴的庄园主，解放了庄园里的奴隶。但是，闻讯赶来的军队将他们困在了军火库里。

面对着极为强大的敌人，这二十二个斗士无所畏惧，英勇奋战。但是双方力量相差太大，起义军损失惨重。坚持了两天一夜后，布朗的两个儿子先后战死。最后，第三个儿子也中弹了。布朗脚下是死去儿子的尸体，手上抱着即将断气的儿子。儿子的血汩汩地流在他身上，他的泪水滴落在儿子那曾经充满活力的身躯上。但是他坚强地挺立着，放下儿子还温热的躯体，开枪还击，射出一颗又一颗子弹，勇敢地进行最后的抗争。终因寡不敌众，约翰·布朗受伤被捕。

弗吉尼亚州的州长亲自审问布朗："谁指使你这么做的？"

"是上帝和正义。我要解放黑奴。在上帝面前，他们和白人一样，同样是人。"布朗满身是血，但他仍然不屈地昂起了头。

12月2日，布朗在赴刑前，留下最后遗言："我，约翰·布朗，现在坚信只有用鲜血才能清洗这个有罪恶的国土的罪恶。过去我以为不需要留很多血就可以做到这一点。现在我认为这种想法是不现实的。"

写完之后，他抬起头，挺起胸，从容地走向绞架。

布朗虽然牺牲了，但却鼓舞着更多的主张自由的人们起来战斗。不久，南北战争爆发了，北方各州的人民唱着《约翰·布朗之歌》，热血沸腾地奔向战场。

153

林肯与南北战争

美国华盛顿市，一个薄雾初起的夜晚，福特剧院上演的滑稽剧逐渐进入高潮。剧场包厢里，林肯总统与他的夫人一起欣赏着，他忙于政务的神经，只有在此刻才能得到调节。这时，一个行踪诡秘的人走过二楼走廊，突然进入总统包厢。那人掏出手枪对准林肯头部扣动扳机，"砰"的一声，林肯倒下了。这天是1865年4月14日。

总统被刺，剧院顿时大乱。趁医生赶来抢救林肯之机，凶手逃离剧院。警卫赶去追捕，刺客被击毙了，事后查明他是出生在美国南方马里兰州的一名狂热的蓄奴制拥护者。他的行刺，正是南方蓄奴的庄园主策划的政治暗杀行动。

为什么这些庄园主如此仇恨林肯呢？

原来独立后的美国，最初分为北方的自由州和南方的蓄奴州。北方主要发展工业，主张废奴制，南部以农业庄园种植为主。种植业特别是种棉花需要大量劳动力，庄园主为了赚更多的钱，顽固地坚持蓄奴制，大量使用黑奴。黑奴是北美殖民地开拓时期，被西方奴隶贩子从非洲大量贩卖到北美大陆的黑人。他们被关押在庄园里，不仅每天要干十八九个小时的工作，而且还被庄园主任意毒打、杀害，甚至如同牲畜一样被出售。他们终生没有人身自由，连他们的孩子生下来也是奴隶。

南方各州庄园主对黑奴惨无人道的残酷迫害，不但激起黑奴的

反抗，也使美国民众，特别是北方各州的白人工人、农民、知识分子和市民深感不满。这些有正义感的白人掀起了废奴运动，主张解放黑奴。在报刊书籍，及通过演讲，废奴人士抨击蓄奴制的残忍和不文明；他们还帮助一些黑奴逃到主张解放黑奴的北方自由州去。林肯就是主张废奴的一位政治家。

1861 年，林肯作为反对蓄奴制的共和党候选人，竞选成功，当上美国总统。南方庄园主深感害怕，南方十一个州居然联合起来，宣布脱离美国联邦，自己成立"南部同盟"政府，也抬出了一位"总统"，顽固坚持蓄奴制。1861 年 4 月，"南部同盟"组织的军队炮击联邦军守卫的萨姆特要塞，挑起了分裂美国的南北战争。

为了维护美国联邦的统一，林肯立即发布征兵动员令，决心镇压分裂美国的"南部同盟"叛乱势力。

尽管北方军得到人民的广泛拥护，但组建仓促，而南方军因为庄园主蓄谋已久，准备充分，从 1861 年起一年半里双方多次交战，北方军屡屡战败，连华盛顿也数次告急。

林肯万分焦急。他及时发现了问题的症结：北方军缺乏善于指挥的将领。而且他认为动员广大黑人，投入到解放自身的战斗中去，才是这场战争取胜的关键。

于是，林肯主持通过了《宅地法》和《解放宣言》。1863 年 1 月 1 日正式实施的《解放宣言》宣告：南方各州的黑奴，从现在起永远获得人身自由。他们的人身权利将得到政府和军队的保证，条件合适的黑人自由后可以参加北方军。

《解放宣言》一公布，立即有十八万黑人拿起武器，参加解放自己同胞的战斗。从此南北战争不仅是维护美国统一的战争，更有解放黑奴、维护人权的深远意义。同时，林肯又起用了格兰特将军任北方军总司令，颁布《征兵法》，保证部队士兵的充足来源。北方军逐渐在战争中占了上风。

1863 年 7 月 3 日，盖特茨堡一战，北方军取得了决定性的胜利，南方军伤亡三万六千多人。第二天，维克斯堡也传来捷报，被围的近三万南方军士兵投降。从此南方军走上了被动挨打的下坡路。

南方反动的庄园主仍垂死挣扎，他们派出间谍，筹划政治暗杀，孤注一掷，妄图挽回南方军全面失败的危局。林肯被刺的事件就是这样发生的。

因为伤及要害，林肯抢救无效，在次日早晨逝世。他的助手面对林肯的遗体，无限悲痛。他们清楚记得二十几个小时前，林肯还在忙于政务：

早晨七时，林肯就出现在白宫总统办公室，他安排助手，提醒国务卿西沃德十一时要召开内阁会议。

用完早餐，内阁会议开会。林肯特别邀请的格兰特将军也出席。因为五天前，也就是 1865 年的 4 月 9 日，北方军的主要对手、南方军总司令罗伯特·李在阿波马托克率两万八千士兵投降。胜利的日子已在眼前。林肯却再三表示不要报复，不要迫害南方军的将领士兵："血已经流得太多了……即使是那些顽固的分裂者，也让他们逃往外国吧。打开门，搬掉栅栏，吓得他们逃走就是了……"林肯边说，边做出放羊出栏的动作。

午饭后，林肯又签署公文。在一个提议宽恕逃兵的文件上，他批示道："好吧，我认为这个人留在世间比在地下更合适……"

就是这样一位维护国家统一，主张解放黑奴，才动员民众拿起武器的总统，在战争即将全面取胜时，还对他的政敌主张宽容。凶恶的杀手残害了他。当然，罪恶的阴谋并不能阻挡历史的车轮。四十天后，最后一支南方军缴枪投降，南北战争以北方军全面胜利而结束，惨无人道的黑奴制也宣告消亡。美国历史上最为重要的宣言《独立宣言》中宣称的"在上帝面前，人人生而平等"的权利，

当时黑人还被排除在外而无权享受。林肯却通过努力，终于以法律的形式将这合法权利还给了美国的黑人民众。

诗人惠特曼在《哦，船长，我的船长》一诗中，将美国比喻为"船"，"船长"就是为率领美国争取统一、加快民主进程而牺牲的林肯总统。

> 哦，船长，我的船长。
> 苦难的航程已经完成。
> 历尽惊涛骇浪，
> 才赢得今天胜利的歌声……
> 他已浑身冰凉，
> 停止了呼吸。

如此悲壮的诗句，让美国乃至世界人民，都无法忘却林肯的功绩。

154

红 衫 军

1843 年，南美洲各国燃起争取独立、自由的战火。乌拉圭共和国成立不久，首都蒙得维的亚城就被阿根廷军队包围。围城军队发出通令，要求城中所有外国侨民必须出城投降，不然的话，将被视为持武器对抗者，成为阿根廷军队攻击的目标。

这个通令却使阿根廷军队倒了大霉。几天后，蒙得维的亚城杀出一支穿红衫、打黑旗的军队。尽管这支军队人数不多，作战却异常勇猛，并灵活地袭击阿根廷军队。奇怪的是他们的黑旗上绣的是一座正在喷发的火山。

原来组成这支军队的正是城中的外国侨民，他们绝大部分是为争取意大利统一而斗争的爱国志士，因为斗争失败而流亡南美的。旗帜的黑色表达了他们因祖国被异族控制、遭受苦难的悲愤；绣的火山就是意大利维苏威火山，火山的喷发象征他们为自由而奋斗的激情。这些爱国志士怎么能忍受出城投降的羞辱呢，就组织起自己的武装与城内居民共同战斗。因为时间匆促，找不到合适的布料，他们用原本提供给屠宰场工人专用的红布做服装，红布溅上屠宰的血渍也不显眼嘛。

这支军队的首领是一个模样精悍、三十多岁的硬汉。他十六岁当海员，二十六岁参加意大利统一斗争，因筹划海军起义未成功，当局将他列为"头号暴徒"缺席判处死刑。这个叫加里波第的汉子不得不被迫流亡南美，可他坚持正义、追求自由的信念从未动

摇过。

从此，加里波第的这支"红衫军"，成为南美各国独立解放战争中一支能征善战的著名武装。1848 年，欧洲各国相继爆发革命，加里波第率领红衫军赶回祖国。

当时，意大利全境分成七八个小国，分别被法国、西班牙、奥地利控制。在争取意大利统一的战斗中，加里波第的红衫军与奥地利、法国等军队多次交手，常常是以少胜多。

经过一场激烈的保卫战后，意大利独立运动中建立的罗马共和国无法抵抗法国等重兵围攻，1849 年 7 月 1 日，罗马共和国宣布停止战斗，全体政府官员辞职。第二天中午，竭尽全力参加罗马多次保卫战的加里波第出现在罗马圣彼得广场："我绝不会放下武器，跪倒在法军士兵脚下。"

他宣布："我要离开罗马，谁要是愿意跟着我继续同外国入侵者战斗，请跟我走。"广场上聚集着近万人，大家都静静地听他发出激昂、悲壮的语调。加里波第高昂着头，回顾广场，他帽子上的黑色羽翎微微颤动着。

"我没有金钱、住房和粮食。我能给你们的只能是饥饿、强行军、战斗甚至死亡，谁要是把意大利不只放在嘴上，而是放在心里，请跟我走吧！"

有近四千名战士，跟着加里波第撤离罗马，八万余名法国、奥地利、西班牙国军队跟着追击。加里波第为了保存实力，最终只得解散自己的军队，他的妻子也死在行军途中。

再度流亡美洲的加里波第，六年后又返回祖国。当时意大利的撒丁王国愿意挑头，领导意大利统一事业。加里波第把个人利益置之度外，凭自己的名声帮助撒丁王国招募军队，却没有指挥作战的权利。后来，撒丁王国首相加富尔勉强调了一支三千人的"阿尔卑斯山猎人团"给他指挥。加里波第指挥着这支不是他招募的军队，

在 1856 年 6 月两次战胜奥地利军队。他夺回的土地被加富尔并入撒丁王国。

四年后，西西里岛爆发了起义，封建割据的西西里王国统治者在西班牙王室支持下镇压起义。加里波第征召红衫军一千战士，渡海支援起义。1860 年 5 月 11 日凌晨，加里波第的船在西西里马尔萨港登陆。在民众的配合下，他只用七百红衫军就击溃了三千多当地守军。首战告捷，但红衫军武器装备差，弹药也缺乏。有人提出等待援兵。加里波第这时已五十多岁了，仍然英气勃勃地说："我们只有用速度来战胜敌军。下一个攻击目标是南部西西里首府巴勒摩。"

红衫军快速行军，直奔巴勒摩西南城郊。巴勒摩守军司令听说千余名红衫军来攻，毫不在意，自己可是有两万多士兵呢。他想不到红衫军行军途中，不断有起义者踊跃加入。但尽管这时加里波第的人马已发展到五六千了，但武器装备简陋，凭军事实力确实难以取胜。

入夜，巴勒摩守军司令远望城西南的红衫军军营，只见营火点点，散落四周，全无进攻动静。他心想只要加强防守阵地，谅他们红衫军也攻不上来。

天色微明，驻军城东南的士兵猛然发现，大批红衫军出现在眼前，吓得大叫："红衫军来了，快放炮！"原来足智多谋的加里波第在城西南虚设营火，迷惑敌军，声东击西，命主力强攻东南。城内的民众也配合红衫军，当守军急匆匆将西南守军调往东南时，在街道上遇到从天而降的袭击，子弹、花盆、沸水从居民窗口飞出，甚至钢琴也从窗口被扔下，砸得巴勒摩守军狼狈不堪。红衫军不畏炮火，冒死猛攻。攻进城后，他们在居民配合下展开巷战，终于夺取了巴勒摩。

从马尔萨港登陆，只用二十天，加里波第率领武器简陋的红衫

军，在当地起义者支持下，迅速占领了南部西西里王国。随后，加里波第又率军渡海攻下那不勒斯。除了威尼斯和罗马，意大利全境基本上都统一收归撒丁王国。

　　加里波第和红衫军为统一意大利所做的贡献，功不可没，流芳后世。

155

俄国农奴制改革

"是谁给这可怕的权力，让一些人奴役另一些与他同样生活的人的意志，剥夺了他们的自由？……主人为了排解愁闷，随意将他当做一头牛卖出，换进来一匹马，或者一条狗，而他却从此再也见不到自己的爹娘、兄弟姐妹……"

俄国著名作家、评论家别林斯基在剧本《德米特里·卡列宁》里，愤怒谴责当时还在俄国盛行的农奴制。赫尔岑、车尔尼雪夫斯基和杜勃罗留波夫等俄国进步思想家、作家那时也纷纷撰文，抨击俄国农奴制的惨无人道和残忍。这是发生在十九世纪五十年代的事。

十九世纪中叶，俄国还顽固保存着野蛮愚昧落后的农奴制。农奴制将农民视同牲畜，农民的人格和自尊心被无情摧残。他们整天无偿地为封建地主劳动，甚至被作为物品抵押债务；他们机械、麻木地活着，一个个成为愚昧的文盲、愚钝的苦力。大量农民被束缚在农业庄园里，资本主义工业发展必需的劳动力由此缺乏来源，俄国的经济和社会发展因此也大大落后于西欧诸国。当然有压迫就有反抗，俄罗斯各地的农民起义、暴动此起彼伏，社会动荡不安，连警卫森严的皇宫也感受到局势的动荡。

一天，金碧辉煌的宫廷里，沙皇亚历山大二世正面对桌面上那份字迹清晰的呈文，眉头紧锁。自从1855年3月他作为登基的新皇帝以来，这一年多时间，大臣们呈报上来的几乎没有一件好

消息。

两年前他还是皇太子时，俄国与土耳其在巴尔干地区交战，俄海军歼灭了土海军。但英、法马上与土结盟，还加上个撒丁王国，组成联军与俄交战。英法联军的蒸汽动力铁甲舰将俄海军的风帆战船逼得退守克里米亚；在黑海边的俄军要塞塞瓦斯托波尔，被围的八万俄军面对六万余联军，苦守三百四十九天后，兵败而退。说起来不是俄军官兵不勇敢，无奈俄军步枪的射程只是英法士兵步枪的三分之一。克里米亚缺乏铁路，俄军粮草军火供应，因为靠笨重的大车装运，只好艰难地行驶在泥泞的土路上……

1856 年 3 月，俄国在停战的《巴黎和约》上签字，俄国在黑海的控制权屈辱地丧失殆尽。当年让拿破仑损兵折将、大败而归的俄罗斯的荣耀哪里去了？沙皇亚历山大二世真是脸面丢尽哪！

克里米亚兵败的消息，激起俄国朝野一片哗然。越来越多的人意识到，是落后的农奴制阻碍了俄国的强盛与发展，结果造成今日的兵败。一些明智的大臣也呈文赞成这种观点。眼下这份让亚历山大二世迟迟难以落笔批示的呈文，正是内务部副大臣米留金所写的请求废除农奴制的方案。米留金主张农民应当获得解放，得到土地；同时，地主也应得到出让土地的赎金。

亚历山大二世并不是个只知吃喝玩乐的昏君，他近来不断得到农民骚乱日益增加的报告；如果他不废除农奴制，自己的皇位很可能坐不稳，而且俄国与英法相比较，国力差距越来越大。父皇尼古拉一世就是忍受不了克里米亚战败的屈辱而自杀的。

但是，废除农奴制必然要触犯封建贵族领主的利益。这些世袭贵族在宫廷中极有势力，听说前朝的沙皇彼得三世和保罗一世，就因违背贵族利益被他们制造宫廷内乱而丧命……想着想着，亚历山大二世没有批准米留金的方案。然而，如何妥善解决废除农奴制的问题，时时如同一个摆脱不了的阴影，缠绕在他心头。

几天之后，亚历山大二世给他的姑妈写信，信中谈到贵族地主与农奴的冲突时，他信手写下了如下的几句："我期待着，众多领地上那些有头脑的领主自己来表示，他们打算在多大程度上可能改善自己农民的命运。"

用延缓渐进的方式逐步争取贵族对废除农奴制的支持，是亚历山大二世的唯一选择。

几天后，亚历山大二世在莫斯科向贵族代表发表演说时，第一次公开谈及废除农奴制的问题："农民和他们的地主之间存在着敌对情绪，不幸的是由于这种敌对情绪，发生了一些不服地主管束的事情。我深信，我们迟早会解决这个问题。我想，诸位是同意我的意见的。因为从上面解决要比由下面解决好得多。"

然后，政府开始允许报刊公开谈论俄国的农民生活问题；再成立一个专门研究拟定废除农奴制方案的政府机构"秘密委员会"，后改名"农民事务总委员会"，米留金等官员进入这个机构。1857年，当维尔诺省的地方贵族表示愿意"不带土地解放农民"时，亚历山大二世正中下怀，立即下诏书发往俄国各省，又让报刊公布。于是，各省的贵族委员会相继成立，各种"农奴解放"方案也被陆续送到俄国首都，供米留金等人参照、协调、平衡，从中草拟出俄国废除农奴制的合适方案。

然而，俄国各地农奴反抗暴政的斗争不断增多，农奴反抗暴动的事件激增到九百多次。为了防止爆发农民革命，沙俄政府弃卒保车，拒绝一些贵族的过于贪婪要求，加快拟定关于农民脱离农奴依附关系的总法令的速度。1861年3月3日，亚历山大二世在他登基六周年的日子签署了废奴法令，俄国几千万农奴终于获得了解放。

废奴法令将大量优质土地和水源、森林、牧场留给地主。农民通过长达四十九年分期还贷方式向政府贷款，支付给地主赎金，才能获得属于自己的"份地"。这对农民仍然是不公平的，但是毕竟

他们有了人身自由和土地。

俄国废除农奴制后，政府又颁布了一些有利于资本主义发展的法令，推动了俄国社会经济的发展。到了十九世纪八十年代，俄国完成了工业革命，成为欧洲强国之一。

156

日本明治维新

大久保利通手里紧紧攥着明治天皇的《讨幕密诏》，反复看着上面写着的"不讨此贼，何以上谢光帝之神，下报万民之深仇"的字句，心中暗喜："有天皇的诏书在手，可以说是师出有名啊！"

大久保利通是萨摩藩的武士，并掌握着藩政大权。天皇的密诏给他想要发动的武装倒幕行动披上了"圣衣"，他怎么能不欣喜若狂呢！

当时的日本由德川幕府把持着国家大权。幕府的将军根本不把天皇放在眼里，不仅占有全国四分之一耕地，还掌握着全国的商业城市和矿山，垄断着对外贸易，控制了国家的经济命脉。

德川幕府为了加强自己的统治，分封了二百七十家封建领主，叫做"大名"。大名必须宣誓效忠将军，听从调遣。大名的领地和统治机构叫做"藩"，意即幕府的屏障。

大名又把自己的领地分赐给自己的家臣——"武士"。武士是职业军人，拥有佩刀的特权。杀死平民可以不受惩罚，是幕府将军统治人民的主要工具。百姓在武士的欺压之下，过着悲惨的生活。

德川幕府推行闭关自守的"锁国"政策，不同其他国家建立任何关系，以为把整个日本严密地封闭起来就可以长治久安了。

十八世纪后期，新兴的地主阶级和商业资本家，为了争得政治上的地位，摆脱封建统治，对幕府制度产生强烈的不满。而广大的人民群众不堪忍受苦难的生活，反抗情绪也日趋高涨，接连爆发无

数次农民起义和市民暴动，幕府的统治开始动摇。

正当此时，西方殖民主义列强纷至沓来。1853 年，美国海军将领柏利，率领舰队两次闯进江户湾，迫使日本开港通商。幕府无可奈何，被迫与列强签订了很多不平等条约和关税协定，使大批农民和手工业者纷纷破产，一场推翻封建幕府、争取民族独立的斗争迫在眉睫。

1865 年 12 月，长州藩讨幕派领袖高杉晋作率先发难，率领以农民为主体的"奇兵队"夺取了藩政权。随后，萨摩藩讨幕派西乡隆盛、大久保利通等人也控制了藩政权。不久，这两股力量结成讨幕联盟，成为全国讨幕运动的核心。他们一方面实行藩政改革，吸引农民、商人和中下级武士投身倒幕；另一方面大量购置西方先进的武器，与幕府军队抗衡。

差不多同时，孝明天皇去世，不满十五岁的明治天皇即位。1867 年 10 月，萨摩、长州、安艺三藩讨幕派在京都召开秘密会议，决定打着明治天皇的旗号武装倒幕。他们秘密地与天皇进行联系，准备发动宫廷政变，把德川将军赶下台去。

明治天皇虽然年幼，可颇有见识，对幕府把持朝政也十分不满，当即答应与讨幕派联合起来，推翻幕府统治。于是，他写了一份《讨幕密诏》，交到大久保利通他们手里。

"对！有这份诏书，看德川庆喜还有什么招数！"站在大久保利通背后的一个武士信心十足地应和着。

这时，门外突然闯进一个宫廷侍卫，气喘吁吁地说道："诸位大人，德川庆喜刚刚见过天皇，主动请求辞去将军的职位，把政权交还给天皇了！"

"这是缓兵之计。"大久保利通一眼就看穿了德川幕府的第十五代将军德川庆喜的诡计。大家讨论一番，一致同意以武力解决问题，给德川庆喜一个措手不及。

1868 年 1 月 3 日，京都的皇宫周围突然出现了大批的军队，空气显得异常紧张。德川幕府驻后宫警卫队，被秘密调集到京都的倒幕军解除了武装。年少的明治天皇在大久保利通、西乡隆盛、木户孝允等人的簇拥下，昂首进入大殿，召开御前会议，宣布"王政复古"，大权全归天皇掌握。明治天皇随即颁布诏书，决定建立由他领导的新的中央政府，并委派西乡隆盛和大久保利通这些改革派主管政事。

德川庆喜连夜逃出京都，退居大阪。他打起"解救天皇，清除奸臣"的旗号，集中了全部兵力，兵分两路，杀气腾腾地向京都进犯。大久保利通、西乡隆盛、木户孝允等人指挥倒幕军，在京都附近迎击幕府军。

冬天的夜晚寒气逼人。五千名装备了西方先进武器的倒幕军，占据有利地形，架起了大炮，静等幕府军的到来。事关重大，明治天皇也亲自到阵前督战。

夜半时分，幕府军进入了射程。倒幕军的大炮发威了，只听炮声隆隆，杀声震天。幕府军虽然人数众多，但军心涣散，士气很低，装备也远不及倒幕军。刚一接触，幕府军便无心恋战，虽然在德川庆喜的威逼下勉强进攻，却节节败退。

倒幕军斗志旺盛，以一当十，越战越勇。京都的市民不仅将各种军用物资源源不断地运送到前线，而且许多市民找出土枪、土炮直接参战。面对铺天盖地而来的倒幕军和百姓，幕府军吓得魂不附体，纷纷投降。德川庆喜看到大势已去，只得长叹一声，率领亲信仓皇撤退，逃到江户。

倒幕军不给对方以喘息之机，追击幕府残军，随即包围江户。德川庆喜看到自己的军队已经瓦解，江户的居民又不拥护自己，再战只有死路一条，于是决定放下武器，向天皇投降。统治日本长达二百多年的德川幕府垮台了。

1868 年 3 ~ 4 月间，明治政府先后颁布了《五条誓文》和《政体书》，提出推行资本主义新政的基本方针，开展了大刀阔斧的维新运动。明治天皇将首都迁到江户，改名为东京。

明治政府首先削除了诸侯的割据势力，加强了中央集权。取消封建身份等级制，扶植资本主义工商业，破除封建主义旧文化。这些有利于发展资本主义的改革措施，使日本走上了资本主义道路，摆脱了沦为殖民地的危机，由一个落后的封建社会，逐步转变为独立的资本主义强国。这就是日本近代史上著名的明治维新运动。

为了同欧美国家谈判修改条约，也为了学习治国本领，1871年年底，以岩仓为特命全权大使、大久保等人为副使的由新政府主要官员组成的大型使节团开始巡访欧美，这在当时的世界上是个空前的壮举。

但是由于当时日本资本主义的发展水平不高，资产阶级的力量较为软弱，尚未形成独立的政治力量，因而国家的领导权落在中下级武士手中。他们虽然接受了资产阶级思想，但仍保留着浓厚的封建主义因素，最终使日本走上了军国主义道路，成为亚洲和太平洋地区的祸根。

157

第一个黑人独立国家

十九世纪初，拿破仑指挥的法国军队战无不胜，横扫欧洲大陆。但就在这时，传来了一个让他十分震惊的消息，法国殖民地海地爆发了大规模的奴隶暴动，殖民者快撑不下去了。这不等于是对雄心勃勃的拿破仑建立的法兰西帝国扇去的一记响亮的耳光吗？

海地位于中美洲加勒比海海地岛的西部，十六世纪初沦为西班牙的殖民地，十七世纪末被割让给法国。法国人称海地岛为圣多明各岛，所以海地那时又称法属圣多明各。岛上原有二十五万印第安人，在西班牙占领时几乎全被杀害。后来，大批的非洲黑奴被贩卖到了海地，因此，海地人大多是非洲黑奴的后代。

黑人为开发海地作出了巨大的贡献，但他们世世代代受着殖民者的残酷剥削和压迫。到了十八世纪末，受到美国独立战争胜利和法国大革命的鼓舞，海地人民掀起了争取自由独立的斗争高潮。1790 年，海地的混血种人和自由黑人（赎了身的黑人奴隶，表面上"自由"，实际上与奴隶差不多）发动武装起义，要求获得与白人完全平等的选举权。然而，由于没有提出废除奴隶制的口号，未能得到广大黑人奴隶的响应和支持，起义被法国殖民者镇压下去了。

一年之后的 1791 年 8 月，海地人民又一次举起了为自由和独立而战的旗帜。黑人奴隶们高呼着"宁死不当奴隶"、"争取自由"的口号，捣毁殖民者的豪华别墅，杀死了两千多名残暴的殖民官员和白人奴隶主，烧毁了一千多个种植园。起义军深受广大黑人奴隶

的拥护，队伍像滚雪球一样越来越壮大。

在这次声势浩大的海地革命中，涌现出了一批起义英雄，其中最著名的就是杜桑·卢维杜尔。

杜桑是非洲黑奴的后代，从小受够了殖民者和奴隶主的欺辱，后来当了种植园的马车夫。好强的杜桑自学了法语，阅读了卢梭、孟德斯鸠等启蒙思想家的著作，萌发了为自由平等而战斗的思想。

海地革命爆发后，杜桑以他杰出的组织才能和军事知识，很快赢得广大起义黑奴的拥戴，成为起义军的领袖。他率领起义军打垮了法国和西班牙的殖民军，赶走了入侵的英国干涉军。1801 年 1 月，杜桑与另一支起义军密切配合，攻下了西属圣多明各（位于海地岛的东部，今多米尼加共和国），整个海地岛获得解放。这时候，起义军已发展到近六万人。

1801 年，海地的第一部宪法诞生了。它宣布永远废除奴隶制，所有的海地人，不分肤色，不论种族，一律平等。杜桑当选为海地终身总督。

拿破仑闻讯，异常恼怒，他立刻任命他的妹夫勒克莱尔为远征军总司令，命令他领兵远征，剿灭海地革命。

1801 年 12 月，勒克莱尔率领五十五艘战舰，三万名法军，向海地岛进发了。

杜桑得到法军入侵的情报后，马上召开军事会议，制订防御计划。1802 年 1 月 29 日，法国远征军到达海地岛东部的萨马纳湾。杜桑及时赶到这里视察阵地，充满激情地向起义军发出号召："朋友们，我们要做好牺牲的准备。整个法兰西向圣多明各袭来，要对我们进行报复，要使我们重新沦为奴隶。我们至少要以行动来表明，我们不愧为自由而战的战士。"

起义军响应杜桑的号召，使用一切办法抗击法军的入侵。他们在法军登陆的地方燃起大火，烧毁粮食；在法军经过的河流中撒下

毒药，切断侵略军饮水的水源；还神出鬼没地袭扰侵略者。法军饥渴难忍，人困马乏，狼狈不堪。

勒克莱尔不甘心失败，想出了恶毒的一招。杜桑的两个儿子那时正在法国留学，勒克莱尔让杜桑儿子的老师柯斯诺带上他们作为人质，去见杜桑。柯斯诺以法国任命杜桑为圣多明各副总督和放还他的儿子作为条件，逼迫杜桑屈服。

杜桑凝视着两个风华正茂的儿子，心如刀绞。但是，海地人民为了自由独立付出的流血牺牲也一幕幕地出现在他的脑海里。"不，我绝不能以牺牲黑人同胞来解救自己的两个儿子。"他毅然拒绝了柯斯诺的条件。

威胁利诱，都不能使杜桑就范，勒克莱尔绞尽脑汁，又想出了一个坏主意。

几天后，杜桑收到勒克莱尔的一封信，信中言辞恳切地邀请杜桑去法军军营和平谈判。勒克莱尔信誓旦旦地说，一定保证杜桑的生命安全，"您到来之后，就会发现，没有谁是比我更诚实的朋友了"。

杜桑相信了。但是，6月7日，杜桑单枪匹马一踏进法军的军营，就被逮捕了，随即被押上军舰送往法国。

杜桑怒火中烧，他正气凛然地斥责法国军官："你们毁灭我，只能使圣多明各的黑人自由之树得到浇灌。这棵树会重新成长起来的，因为它已根深蒂固。"

杜桑被押到法国后，拿破仑将他关进阿尔卑斯山的一个城堡里。这位杰出的黑人领袖受尽折磨，于1803年4月7日死在狱中。

法军的残暴激起了海地人民的愤慨和斗志，全国各地的起义风起云涌，法军陷入了四面楚歌的困境中，加上瘟疫流行，被杀死的、病死的，占了远征军的一大半。连总司令勒克莱尔也患黄热病死在了岛上。

拿破仑知道后，破口大骂："该死的糖！该死的咖啡！该死的殖民地！"

1803 年 10 月，起义军攻克了法军占领的海地最大的海港——太子港。法国远征舰队载着残余的八千官兵仓皇而逃，回国途中全被英国海军俘虏。法国远征军最终全军覆没。

这一年的 11 月 29 日，海地公布了《独立宣言》。1804 年 1 月 1 日，海地正式宣布独立，并恢复了印第安人的传统名称——海地，意思是"多山的地方"。

海地是拉丁美洲，也是世界上第一个赢得独立的黑人国家，它在拉美人民推翻殖民统治、争取自由解放的历史上写下了光辉的篇章。

158

"解放者" 玻利瓦尔

南美洲的好几个国家，都矗立着一个共同的人物雕像——玻利瓦尔。有座城市原名特鲁希略城，后来改名为玻利瓦尔城。有块面积一百多万平方公里的土地，摆脱西班牙殖民统治，独立后国名定为玻利维亚。这个玻利瓦尔是什么人？为什么有那么大的影响呢？

那是发生在十九世纪初的事。如今南美洲的委内瑞拉、哥伦比亚、乌拉圭、巴拉圭、秘鲁、智利等国的土地，那时都是西班牙殖民地。殖民政府镇压南美人民的反抗，掠夺占有南美的资源和当地人民的劳动成果。不但当地的印第安人和黑人被欺压剥削，连出生在南美洲的白种人，也受到西班牙殖民政府的歧视和欺压。

玻利瓦尔生于委内瑞拉的加拉加斯城。作为一个家境富裕的白种人，他受到了良好教育，也目睹了家乡人民遭到西班牙殖民者欺压凌辱的惨状。在老师罗德里格斯的引导下，玻利瓦尔读卢梭、孟德斯鸠等人的书。法国大革命、美国独立的史料不断激荡着他争取民主、自由的激情。

1805 年 8 月，玻利瓦尔到了罗马，在郊外蒙特萨克罗圣山游览。这里是古罗马平民为争取自己的权利与贵族斗争的古迹。玻利瓦尔触景生情，想起西班牙殖民者的罪行，不禁热血沸腾。他毅然双膝下跪，宣誓："为了我父母的在天之灵，为了我本人的荣誉，为了我祖辈生活的故乡土地，我起誓，不砸碎西班牙压迫的锁链，我绝不停止斗争。"

　　三年后拿破仑法军攻打西班牙。西班牙忙于与法国交战，无力派兵镇压南美殖民地人民的独立斗争。1811 年 7 月 14 日，当地民众推翻了西班牙殖民统治，加拉加斯城升起了共和国的三色旗，委内瑞拉宣告独立。玻利瓦尔积极投身故乡的独立斗争，为了这一天的到来，他曾经自己掏钱组成代表团出访伦敦，想方设法寻求英国政府的支持。

　　很快，西班牙的殖民地军队集结起来，围剿新生的委内瑞拉共和国。由于共和国领导层缺乏经验，指挥失误，一年后，西班牙殖民军攻陷了加拉加斯。玻利瓦尔不得不流亡他乡。这天，紧挨着委内瑞拉的新格拉纳达（现哥伦比亚），出现一位中等个头的先生。他满脸风尘，一双黑眼睛炯炯有神。这位先生向新格拉纳达议会递交了一份文件。

　　新格拉纳达议会，也是当地民众反对西班牙殖民统治，争取独立时刚刚成立的。加拉加斯的失陷使他们深感震惊。他们打开这份文件，读了开头就放不下了。它这么写道："……为了使新格拉纳达免遭委内瑞拉的厄运，并解救委内瑞拉，我才写这份材料……"

　　这份文件理智地总结了委内瑞拉共和国失败的三个主要原因：在战争状态时实行联邦制软弱无力；执政者仁爱、宽大无边的政策；没有建立一支纪律严明、训练有素的军队。文件又建议新格拉纳达议会从中吸取教训，采用积极进攻而不是消极防御的战略，攻击西班牙殖民军，就可以出兵收复加拉加斯。文件名字为《卡塔赫纳宣言——致新格拉纳达的公民们》，它的作者就是那位满脸风尘的先生玻利瓦尔。他在流亡途中，认真分析，总结失败的教训，向为独立而奋斗的南美兄弟送了一份用鲜血换来的礼物。

　　新格拉纳达给这位带来珍贵礼物者第一个职务，是一个小镇驻军指挥，手下有七十名士兵。半个月后，玻利瓦尔招募的士兵增加到五百人。又过了两个月，英勇无畏的玻利瓦尔率领军队越过安第

斯山，渡过苏利亚河，攻占库库塔城，并缴获敌军大量物资。他被提升为准将旅长。再过三个月，玻利瓦尔又攻下了两座城，手下集结的一千五百名将士都经历过寒冷酷暑考验，具有丰富的作战经验。下一步就是收复加拉加斯了。

怎样动员更多的当地民众、参加反对西班牙殖民军的斗争呢？玻利瓦尔在行军途中反复思考着。他想起加拉加斯失陷后，西班牙殖民军疯狂残杀当地民众的凶恶模样，他们像土匪一样杀害无辜平民；老人孩子都一律杀光，有人竟然还将被害者的耳朵割下来，装箱子寄回西班牙，炫耀自己的战功。必须以牙还牙，于是玻利瓦尔写下了《决战宣言》："我们来这里是为了消灭西班牙人，保护美洲人，重建委内瑞拉联邦政府。对于野蛮的西班牙人对人民的折磨，正义要求我们以牙还牙，进行复仇。我们要向世界各国表明，侮辱美洲儿女的人不能逍遥法外……"

1813年8月7日，玻利瓦尔带领独立运动战士的队伍，打败了殖民军，收复了加拉加斯城。10月14日，加拉加斯市议会代表委内瑞拉政府，授予玻利瓦尔"解放者"的光荣称号。

南美的民族独立战争局面错综复杂。玻利瓦尔几度胜利又屡遭挫折。拿破仑被打败后，西班牙王国派出一万名军队，远征南美洲，率军将领是莫里略中将。他是在西班牙军队与法军作战中，从士兵逐步提升上来，具有丰富作战经验的一员名将。莫里略将手下万名士兵与南美的西班牙殖民地驻军组合起来，率领这支南美有史以来最强大的西班牙军队，很快"平定"了南美一个个刚独立的共和国。

这时，玻利瓦尔却受人排挤，独自在牙买加的金斯敦租房居住。一天晚上，玻利瓦尔外出未归。有位独立运动战士来找他。进屋后那人就躺在吊床上边休息，边等待玻利瓦尔，因旅途劳累那人迷迷糊糊竟然睡着了。夜深了，玻利瓦尔迟迟没回来，有条黑影却

闪了进来。那黑影走近吊床，不由分说拔刀猛刺吊床上睡着的人。那名战士被误认为是玻利瓦尔而遭杀害了。这名刺客就是莫里略手下花钱雇的。

莫里略如此害怕玻利瓦尔不是没有原因的。几年后，玻利瓦尔重振雄风，越来越多的独立战士聚集到他手下，独立军越战越强。哥伦比亚共和国独立了。战败的莫里略奉命代表西班牙政府与独立军签署停战协议时，玻利瓦尔说："签署协议的前提是西班牙必须承认哥伦比亚共和国！"

于是，在协议书上的第一段文字就是："哥伦比亚政府与西班牙政府希望解决两国人民之间的不和……"从此，哥伦比亚与西班牙成为平等的两个国家。为了这一刻，玻利瓦尔和他的战友们克服了多少艰难困苦啊！

莫里略签署完协议，带着敬佩的心情要求见一见他的对手玻利瓦尔。打了五年仗，这位战胜拿破仑军队的西班牙将领居然败在一个南美人手下。

南美独立战争以西班牙殖民军的全面失败告终。委内瑞拉、厄瓜多尔等地在玻利瓦尔率领的独立武装力量攻击下，相继获得解放。南美另一位民族解放英雄圣马丁解放了智利、阿根廷。然后玻利瓦尔又率军解放了秘鲁，以及上秘鲁。为了表彰"解放者"玻利瓦尔的杰出功绩，上秘鲁改名为玻利维亚。

玻利瓦尔在南美独立运动中南征北战、不怕挫折、越战越勇的气概将永载史册。

159

墨西哥多洛雷斯呼声

深夜，墨西哥多克雷塔罗城郊外一片沉寂。突然，一阵急促的马蹄声传来，两位剽悍的骑手策马向小镇多洛雷斯飞奔而去。他们神情严峻，还不时地环顾四周，他们的衣服因汗湿而紧贴着背脊，马儿喘着粗气，呼出大团大团的水汽，但他们还是策马飞跑。

终于，他们赶到了镇上的教堂。门开了，一位中等身材、微微驼背的神父迎了出来。他谨慎地朝四周打量了一下，然后把他们领了进去。这位神父就是以后被称为"墨西哥独立之父"的伊达尔戈。

这一天，1810 年 9 月 15 日，注定将载入墨西哥独立运动的史册。而墨西哥独立运动的领袖米盖尔·伊达尔戈·柯斯蒂亚生于1753 年 5 月，曾在神学院和墨西哥大学读书，毕业后担任神学院的教师、司库和院长。他深受欧洲启蒙思想的影响，痛恨西班牙殖民者对墨西哥人民的欺压，很早就参加了以"文学社"为名的秘密集会。他的博学多才、机敏善辩很快引起大家的注意，并成为秘密集会的核心人物。1803 年，他被派往印第安人聚居的多洛雷斯教区，任教区神父。他热心地向印第安人传授农业和手工业知识，深受当地人民的爱戴。

那时，西班牙正和法国打得不可开交，对美洲殖民地一时顾不上。因此争取墨西哥独立的志士们准备在 10 月 1 日武装起义，各项工作正在紧张秘密地组织之中。

这两位骑手就是独立志士——军官阿连德和佩雷斯。他俩给伊达尔戈带来了坏消息：不知谁走漏了风声，城里正在大搜捕；起义者准备的部分武器已被发现，一些起义组织者已不幸被捕。

在这危急时刻，伊达尔戈异常地冷静。他分析了形势，得出一个结论：与其坐以待毙，不如马上行动；并立即决定，明天起义。大家立刻分头准备。有人通知附近的独立运动斗士；有人组织攻打殖民军据点的战斗；有人负责逮捕镇上的西班牙人；阿连德立即赶到圣米盖尔镇去召集人马；伊达尔戈带人去打开监狱，释放被关押的独立运动志士。这时，天已亮了。

9 月 16 日是星期天。像以往无数个星期天一样，一大早教堂的钟声就响了，村民们从四面八方赶来。但是，今天他们所敬爱的伊达尔戈神父却没有像往常那样穿上祭服举行宗教仪式，他沉着而坚定地登上了讲经台。

今天伊达尔戈讲的不是圣经，望着台下那些与他朝夕相处、视同亲人的人们，他激动地说："孩子们，你们要成为自由人吗？三百年前，可恶的西班牙人从我们祖先的手中夺走了土地，你们愿意夺回来吗？……解放的时刻来到了，自由的钟声敲响了，你们有勇气的话，就和我们一起干吧！"

顿时，人们群情激愤，台下响起一片惊天动地的口号声："美洲万岁！""独立万岁！""打倒坏政府！"

一支起义的队伍很快就聚集起来了。这就是历史上有名的"多洛雷斯呼声"，它标志着墨西哥独立运动的开始。后来，每年的 9 月 16 日，就成为墨西哥的国庆纪念日。

起义军很快和阿连德召集的人马会合，然后向塞拉亚前进。在途中的一所教堂里，起义军发现了一幅瓜达罗贝圣母画像。瓜达罗贝圣母被认为是印第安人的保护神，伊达尔戈把这幅画像做成起义军的旗帜，于是很多穷苦的印第安人也加入了起义队伍。迅速壮大

的起义军相继攻占了塞拉亚、瓜那华托、阿多利德等城市，直逼首都墨西哥城。起义队伍迅速发展到八万人，伊达尔戈被推选为大元帅。

墨西哥城内的西班牙殖民者一片惊慌。

然而在这关键之际，起义军内部在战略决策上产生严重分歧，使士气受挫，一部分人甚至离开了队伍，错失了攻占墨西哥城的机会。但这时在墨西哥各地纷纷爆发了起义，革命已呈现星火燎原之势，伊达尔戈率领的队伍赶到瓜达拉哈拉与当地起义军会合。在部队休整期间，伊达尔戈颁布了《土地法》、《废奴法》、《废苛捐杂税法》等法令，并任命了司法部长和国防部长，还创办了《美洲觉醒者报》，使起义的思想基础得到了巩固。

但是，喘息过来的西班牙殖民军很快组织了反扑。起义军在几次重要的战斗中连遭重挫。战略上的分歧再次瓦解了起义军，伊达尔戈也被撤了职。后来，殖民军诱捕了起义军的首领，阿连德、伊达尔戈先后被处死了。

尽管如此，墨西哥独立运动的烈火却再也无法扑灭了，各地的起义连续不断。到 1821 年 9 月，墨西哥终于摆脱了西班牙人三百余年的殖民统治，宣告独立。

160

苏伊士运河

看着手中的《勒伯尔备忘录》，费迪南·德·勒赛普浮想联翩。

自从十五世纪葡萄牙航海家达·伽马绕过非洲最南端的好望角，开辟了大西洋与印度洋的航线后，繁荣了两千多年的地中海航海业日见萧条。十七世纪后，英国成为世界上最强大的海上殖民帝国，霸占了好望角，垄断了大西洋到印度洋的远洋航道。

为了挑战英国的海上霸权，法国从十七世纪起，就计划开凿苏伊士地峡运河。进入十九世纪，欧洲资本主义迅猛发展，急需开辟一条从地中海到印度洋的海上航线，来满足商品和原料的运输。有一个叫勒伯尔的工程师就提出了开凿运河的具体设想。

费迪南·德·勒赛普可不是一个简单的工程师，他还有着狡猾的商业头脑和敏锐的政治嗅觉。在《勒伯尔备忘录》中，他读到了有关开凿苏伊士运河的构想和计划。他马上意识到，自己的命运将发生重大的改变。现成的计划，仅仅需要小小的改动；法国政府对开凿运河热情很高；新上任的土耳其驻埃及总督赛德·帕夏（当时埃及是土耳其的殖民地）是他的朋友，新总督也想通过开挖运河名垂青史。一切形势都对他太有利了，机不可失，时不再来，名扬天下，在此一举。

一番奔波之后，1854 年，埃及接受了勒赛普的计划，他获得了开挖运河的特许权。在法国政府极力推动下，土耳其政府也批准了运河计划和使用、租让运河的合同。合同规定："国际运河苏伊

士公司"租借运河九十九年，之后运河归埃及所有；埃及无偿提供开凿运河的一切土地、石块和劳动力。

1859 年 4 月 25 日，苏伊士运河正式开工。

茫茫的热带沙漠上，骄阳似火。空气是如此的干燥，卷过地面的风中只有扬起的灰沙，嗅不到一丝潮气。工地上近六万名埃及劳工，裹着全身的衣服抵挡烈日的煎熬，在法国监工的呵斥声中，一下又一下地挥动手中的铁镐、锄头，一步又一步地拽动沉重的拖车，拼尽最后一丝力气。稍有停顿，监工的皮鞭就会在耳边响起。不时，一个埃及劳工倒了下去，周围的人们却没有太多的骚动，因为这种情况已经司空见惯了。同伴会走过去，看一看他断气了没有，然后一个人拖着头，一个人提着脚，运到工地的一边，自有人将尸体草草掩埋了事。

那时的埃及不满四百万人口，却每个月要向运河工地派遣六万名服役的劳工。按人口比例推算，每一个成年男子每年最起码有一个月要在工地上服苦役。运河修了十年，有十二万埃及劳工不堪重负，永远倒在了运河的工地上。所以，筑成运河的不是沙子和石块，而是埃及劳工累累的白骨；运河里流淌的不是蔚蓝的海水，而是埃及劳工的血与汗。已故的埃及总统纳赛尔曾说过："这条运河是用我们的生命、我们的血汗、我们的尸骨换来的。"

1869 年 11 月 17 日，运河正式竣工通航。它穿越了不毛的沙漠，连通起一串咸水湖泊和洼地，北起塞德港，南抵苏伊士城陶菲克港，连同延伸至红海、地中海的部分，全长一百七十三公里。船舶以每小时十四公里的航速，约需十五小时可以通过运河。运河通航时，深八米，宽二十二到六十米，后加深到十二米，加宽至六十到一百五十米。从西欧经地中海，通过运河与红海进入印度洋和太平洋，可缩短航程六千公里以上；从北美到印度洋也可缩短六千多公里。

由于苏伊士运河的战略地位极其重要，所以从它诞生之日起，就成为列强争夺的对象。最早由法国控制的国际苏伊士运河公司操纵。1875 年，英国利用埃及政府陷入严重的财政危机，低价收购了埃及手中的全部运河股票，占股票总额的百分之四十四。尽管法国仍有百分之五十五的股票，但分散在个人手里，因此英国逐渐取得了控制权。

1882 年英国悍然出兵埃及，强占苏伊士运河地区，把法国也赶了出去。1936 年，又强迫埃及签订为期二十年的不平等条约，获得在运河区驻军的权利。更有甚者，英军营房建筑费用还要由埃及全部承担。

埃及人民展开了要求收回运河主权的斗争。1952 年，埃及建立了共和国。1956 年，纳赛尔总统宣布将苏伊士运河收归国有。英国、法国、以色列发动第二次中东战争，企图重新控制运河区。埃及人民在全世界正义力量的支持下，确保了运河的主权。在以后的两次中东战争中，运河再次成为争夺的焦点，但埃及的国旗最终还是飘扬在苏伊士运河的上空。

现在，苏伊士运河是世界上最繁忙的水道，远远超过巴拿马运河和基尔运河，被称为"东方伟大的航道"。

161

印度土兵起义

十九世纪五十年代，印度爆发了反抗英国殖民统治的民族大起义。

起义的导火线是涂油子弹问题。1857 年年初，英国殖民当局发下了一种用涂有牛脂和猪油的纸包装的新子弹，使用时必须用牙咬开。当时，驻印度的英国军队中有大量的印度土著雇佣兵，简称"土兵"。这些印度土兵不是印度教徒，就是伊斯兰教徒。印度教徒视牛为神圣，伊斯兰教徒则忌食猪肉，现在，殖民当局发下这种新子弹，显然是对他们宗教信仰的侮辱。他们愤慨万分，印度教士兵手捧恒河水，伊斯兰教士兵面对《古兰经》，发誓要向英国殖民者报仇雪耻。

一波未平，一波又起。3 月 29 日，第三十四步兵团举行阅兵式。青年土兵曼加尔·潘迪满怀对殖民者的仇恨，高呼："起来，兄弟们，为了我们的自由，向阴险的敌人进攻吧！"喊罢，他端起枪，"砰！砰！砰！"打死了三个英国军官。闻迅赶来的英军逮捕了潘迪，潘迪被活活绞死。

这接连发生的两件事，使得印度土兵的愤怒情绪越来越激烈。他们开始暗中联络，秘密集会，酝酿武装暴动。而不久又发生的土兵拒绝使用新子弹事件，则加速了民族大起义的到来。

5 月 9 日，德里附近密拉特第三骑兵连的八十五名印度土兵，拒绝使用新发的子弹。英国军官立刻召集全旅官兵集会，当众剥去

这些士兵的军服，缴下他们的武器，接着给他们戴上手铐脚镣押往监狱。印度士兵忍无可忍，决定在次日动手。

5月10日是星期天。教堂钟声回响在黄昏的天际，英军官兵走进教堂，做起了祷告。突然，外面传来一阵"杀"的吼声，第三骑兵连的印度土兵冲进教堂，杀死了英军官兵。随后，起义士兵分头行动，有的打开牢房，释放了被捕者；有的控制军火库和交通要道。"杀死英国人"的呐喊声响彻密拉特的上空，起义官兵一把火，烧毁了殖民者的住宅、军营和官署，然后连夜向德里进军。

经过一昼夜的急行军，第二天清晨，起义部队开到德里城下。英国上校慌忙率军迎战。双方正要交火，密拉特的印度土兵忽然发现守城的士兵都是印度人，急中生智，高呼："打倒英国殖民统治！"

"打倒英国殖民统治！"德里的印度土兵立刻作出反应，掉转枪口，只听"砰！砰"几声枪响，英国上校倒地而死。土兵打开城门，欢呼着把起义部队迎进城内。

没过几天，起义部队就占领了整座德里城。起义者拥立已经名存实亡的莫卧儿王朝皇帝为国家元首，组织了起义领导机构。他们发表文告，号召全体印度人不论贫富贵贱，不分印度教徒和伊斯兰教徒，团结一致，有钱出钱，有力出力，为驱逐英国殖民者战斗到底。

全国各地的土兵纷纷响应，起义的烽火迅速燃遍了印度北方和中部的大部分地区。殖民当局顾此失彼，惊慌失措。总督坎宁坐立不安，在寄回英国的一封信中哀叹道："目前是危急存亡的关头，事态将如何演变，很难预料。"

但是，殖民当局很快缓过神来，立即调集兵力，准备围攻德里。侵略中国的英军调回来了，入侵伊朗的英军也调回来了，殖民当局还到阿富汗与尼泊尔招募雇佣军。几路英军气势汹汹抵达德里

城下，形成了夹击之势。

9月14日，英军对德里发起总攻。猛烈的炮火将城墙炸开了一个缺口，英军蜂拥冲进城内。突然，屋顶上传来一阵密集的枪声，几名英军惨叫着应声倒地。一队英军趾高气扬地跑到一座清真寺前，只见一千多名手握大刀的穆斯林突然从清真寺里冲了出来，怒目冷对，挡住侵略军的去路。英军慌忙举枪射击，两百多名穆斯林倒在了血泊中。可是，就在侵略者装填子弹的时候，几百把寒光闪闪的大刀迎面劈来，转眼之间，英军丢下了几百具尸体，落荒而逃。

德里起义军与英军激战六天，打死了英军五千余人，击毙两名英军指挥官。最后，由于孤立无援，寡不敌众，被迫退出德里。莫卧儿的末代皇帝向英军投降，莫卧儿王朝走到了尽头。

德里陷落后，各地转移到奥德省首府勒克瑙的起义军达到了二十万，勒克瑙成为起义军新的指挥中心，也成了英军下一步重点攻击的目标。1858年3月，四万装备精良的英军，在一百八十门大炮的配合下，开始猛攻勒克瑙。起义军大部分战士的武器只是马刀，但他们不畏强敌，顽强抵抗。英军打了两个多星期，才打下了勒克瑙。这时，印度的抗英力量发生了分化。由于印度总督公布了英国维多利亚女王的诏书，允诺保护印度封建主的利益和特权，以此收买封建主。大部分封建主叛变降英，反过来帮助殖民者镇压起义军。这场轰轰烈烈的印度民族起义最终失败了。

162

章西女王

在轰轰烈烈的印度民族大起义中，印度中部的小城章西涌现出了一位誓死抗英的民族英雄——章西女王拉克希米·拜依。

拉克希米·拜依小时候练就了一身好武艺，七岁就学会了骑马。1852年，十七岁的拜依嫁给了岁数比她大两三倍的章西王公，成了章西王后。

王公后来死了，他没有儿子。按照英国殖民当局的规定，印度各邦的王公死后，如果没有儿子继承王位，那么他的领地和财产都要被殖民当局收归所有。拜依领养了一个儿子，并以养子监护人的身份登上王位。但是，英国殖民当局仍然出动军队，强行没收了章西的全部领土和财产。拜依被赶出了章西城。

性格刚烈的拜依当着英国官员的面，愤怒地说道："我绝不放弃我的章西，谁敢占领章西，就让他来试试！"

1857年5月，印度民族大起义爆发，起义的烈火燃遍了全国各地。章西人民在拜依的率领下，也向殖民者发起了进攻。6月4日，她指挥起义军占领了军火库，打死了章西的英军最高指挥官邓洛普，最后收复了章西。

7月8日，章西城人山人海，洋溢着节日般的欢乐。拜依在万众欢呼声中重登王位。起义军庄严宣布："世界属于上帝，印度属于德里莫卧儿皇帝，章西属于拉克希米·拜依！"

但是，这年9月，德里被英军攻陷；第二年3月，勒克瑙也失

守了。英军腾出兵力，恶狠狠地扑向章西。章西女王得到情报，预先在城中储存了粮食，在城墙上修筑了工事，架起大炮，做好了迎击侵略军的准备。

1858 年 3 月 25 日，英军开始进攻章西城。女王亲临前线指挥。她一声令下，一发发炮弹愤怒地射向英军阵地，炸得英军鬼哭狼嚎。

可是，英军的炮火也越来越猛烈，起义军的伤亡惨重。但在女王的指挥下，战士们个个奋不顾身，殊死作战，连续多天，章西城岿然不动。

由于叛徒的出卖，4 月 4 日，英军集中炮火猛轰防守薄弱的南门，终于将南门炸开了一道缺口。面对着潮水般杀进城来的英军，女王挥舞钢刀，亲自带着一千名战士冲了上去，与敌军展开了白刃战。双方正杀得难分难解，北门也陷落了。起义军寡不敌众，只好撤出了章西。

女王拜依率领起义军撤出章西后，与另一位起义军领袖托比带领的一支队伍，于 6 月 1 日在印度中部的另一个重镇瓜辽尔会合。这时，莫卧儿王朝已经彻底灭亡，全印反英起义武装群龙无首，拜依和托比推举另一位起义领导人萨希布为领袖，托比任起义军总司令，拜依则负责守卫瓜辽尔城。

围剿瓜辽尔的多路英军在 6 月 17 日开始攻城。气壮山河的瓜辽尔保卫战开始了！章西女王身穿战衣，手握钢刀，骑在一匹白色的战马上，亲自指挥战斗。哪里最危险，她那骁勇矫健的身影就出现在哪里。战士们士气高昂，打退了英军一次又一次的进攻。

"轰！轰！轰！"英军连续不断的炮击，到底将城墙轰开了一个大口子，成群的英军冲了进来。

"跟我上，攻击敌人炮兵阵地！"千钧一发之际，女王挥刀振臂高喊。起义军骑兵风驰电掣般地冲了过去，英军炮兵慌忙丢下大

炮，去拿步枪。说时迟，那时快，女王的钢刀一闪，一个英军的头颅骨碌碌地滚到地上。

一大半英军炮兵成了起义军骑兵的刀下之鬼。

就在拜依杀散敌人炮兵，重新集合队伍时，英军从四面八方围了上来。女王果断地举起战刀：“冲出去，快！”

起义军奋力突出重围。突然，一名英军军官认出了骑在白马上的拜依，便发疯般地喊道：“她就是章西女王，快，活捉她！”

女王身边的英军越围越多，但她毫无惧色，左砍右劈，勇不可挡。忽然，她觉得头部被什么东西重重地撞了一下，顿时血流满面。原来，一个英军骑兵从女王的侧面挥刀猛劈，将女王的右眼都劈掉了。

拜依忍住剧痛，转过身体，纵马一跃，向那个英国骑兵冲过去。突然，又一个英军杀到女王面前，一刺刀捅向她的胸脯。女王全身摇晃，疼痛难忍，但她咬紧牙关，使尽浑身力气，劈死了敌军。

拜依从马上摔了下来，贴身的女兵赶紧把她背进路旁的一间小屋里。主人一看是他们敬爱的章西女王，不顾生命危险立刻抢救她。但是，因为流血过多，伤势太重，女王停止了呼吸。

章西女王牺牲时只有二十二岁，震惊全球的印度民族大起义也失败了。但印度人民永远怀念这位宁死不屈的民族英雄，她的精神鼓舞着印度人民，为民族独立和自由继续奋斗。

163

祖鲁战争

　　十九世纪三十年代到八十年代，南非的祖鲁人为了捍卫独立、保卫家园，与荷兰及英国殖民者进行了英勇的斗争，在非洲人民反抗殖民侵略的历史上写下了可歌可泣的篇章。

　　祖鲁人是南非土著居民南班图人的一支，居住在南非的纳塔尔、斯威士兰和莫桑比克的一些地区。1817 年，恰卡成为这支南班图人部落联盟的首领。他意识到，为了对付殖民者的侵略威胁，必须团结各个部落，建立强大的军队。

　　恰卡把三千多个分散部落的约五十万人统一了起来，还进行了军事改革。他规定儿童从十二岁起必须接受半军事训练，十八岁起接受正式军事训练，三十五岁前不得结婚。祖鲁人传统的战术，是使用长矛、斧头与敌人单兵格斗，恰卡大胆改革，以长矛、盾牌为武器，采用密集队形的方阵、两面包抄等战术，大大提高了祖鲁人的战斗力。经过努力，恰卡建立了一支十万人的军队。

　　恰卡成了年轻的祖鲁王国的国王。但他执政只有十年左右，就被同父异母兄弟丁干杀害了。据说，恰卡遇害前说了最后一句告诫同胞的话："白人就要来了。"

　　不过，丁干也是位有才干、有作为的国王。1838 年，荷兰殖民者的后裔布尔人（意为农民）入侵祖鲁，企图夺取祖鲁人的土地。丁干率领祖鲁军民英勇抵抗，打了些胜仗。但布尔人带着大炮和牛车卷土重来，祖鲁人被打败了。丁干不得不割让大片土地给布尔

人，还交了一千头牲口、一万公斤象牙给布尔人。

但是，布尔殖民者并不满足，他们勾结、收买了丁干的弟弟姆潘达，姆潘达在敌人的扶植下，于 1840 年爬上了祖鲁国王王位。

姆潘达的长子开芝瓦约，非常反感父亲卑躬屈膝的卖国政策，他发誓要维护祖鲁人的独立和尊严。1856 年 11 月，祖鲁人大会决定由开芝瓦约掌管国政；1872 年姆潘达死后，开芝瓦约正式登基，掌握政权。

开芝瓦约恢复了恰卡和丁干时代实行的在适龄男子中普遍征兵的制度，对青少年进行严格的军事训练。他深知用长矛和盾牌无法抵挡侵略者的枪炮，便派人带着大批牲畜去换来几百条枪和大量弹药。他让祖鲁青年去国外的钻石矿做工，用挣来的钱买回枪支。他还雇用英国人训练军队，教祖鲁人射击、骑马。开芝瓦约用了几年时间，重建了一支四万人的军队，战士们既能使用传统的长矛盾牌，又掌握了先进的火器。

祖鲁王国的重新崛起，让殖民者非常仇视。这时，英国殖民者的势力已经取代了布尔人。1878 年 12 月，英国殖民地总督向开芝瓦约发出了一份最后通牒，勒令祖鲁王国在三十天内解散军队，并接受英国总督的统治。

开芝瓦约严辞拒绝。他号召祖鲁人起来抗击英国人的侵略。第二年 1 月，一万三千名英国殖民军兵分三路，向祖鲁王国大举进攻。开芝瓦约悄悄地将主力部队调集到伊桑德卢瓦纳附近的山中，几千人的部队秘密集结，不露声色。当英军主力开到伊桑德卢瓦纳山南坡的时候，已经十分疲惫，又骄横轻敌，因此未作防备就扎下了营寨。

开芝瓦约采取调虎离山的战术。1 月 21 日，他派出一支部队伪装成主力，去引诱英军。英军果然上当，派出主力追击，营地里只

剩下了六个连和仅剩两门炮的一个炮兵营，加上一个土著营，大约只有两千人守卫。

开芝瓦约见英军营地空虚了，便在第二天晚上发出攻击的命令。只听一声锐利而长长的口哨"嘘——"，划破了夜色的静寂，几千名祖鲁战士呐喊着，突然从附近的山谷中跳了出来，扑向英军的营地。英军从睡梦中惊醒，慌忙迎战。祖鲁战士已经闪电般地冲到英军面前，挥舞着长矛奋不顾身地刺杀。他们异常勇猛，有的紧紧地拽住英军的刺刀不放，直到中弹倒下为止；而后面的战士又毫无惧色地冲上去，奋力刺死敌人。英军阵脚大乱，许多人慌乱中跳进湍急的河流中，被活活淹死。

这场激烈的战斗持续了两个小时，英军伤亡一千六百多人，祖鲁军缴获大炮两门，步枪一千多支，子弹五十万发，战果辉煌。

不甘心失败的英军将兵力增加到两万人，配备了几十门火炮，向祖鲁王国进行报复。在6月1日的战斗中，祖鲁人再次挫败了英军的进攻，并打死了拿破仑三世的儿子路易。

但是，7月4日的决战却异常地惨烈。英军在平原上摆开一个五千人的方阵，以密集的步枪火力和猛烈的炮火轰击祖鲁军。祖鲁军避开正面攻击，想绕到英军的右翼猛攻，但根本无法接近火力强大的英军方阵，他们所擅长的白刃战更无法施展。祖鲁战士一批批地冲上去，又一批批地倒在血泊中。

这一战祖鲁军队伤亡两千三百多人，遭到惨败。英军占领了祖鲁王国的首府，肆无忌惮地烧杀抢掠。8月28日，开芝瓦约不幸被俘，后来被流放到英国。

祖鲁王国从此一蹶不振，英国殖民者把它划分为十三个小酋长国，使它陷入了四分五裂之中。1887年，它被并入英国的纳塔尔殖民地。

　　祖鲁王国虽然只存在了七十年，但它为捍卫独立和自由，不怕流血牺牲，与外国殖民者进行的不屈不挠的斗争，将永垂史册。

164

"铁血首相" 俾斯麦

柏林的普鲁士王宫。威廉一世在此单独召见普鲁士驻法大使俾斯麦。

威廉一世登基一年多来遇到了最困难的局面。他雄心勃勃要增加军费，改变兵役制年限的主张被议会下院否决。因为议会担心国王这样做会扩张权力，危及他们代表的资产阶级利益。威廉一世倔强地拒绝让步，并准备以退位相威胁。俾斯麦朝见时，看到桌上放着威廉一世的退位书。

"陆军大臣罗昂向我举荐了你。"国王说。

"陛下，如蒙您恩准，我将不理睬那些议员的反对意见，坚持执行您改革军队、建立新兵役制等强兵富国的决定。"俾斯麦表示了他的效忠决心。

两个小时的谈话后，威廉一世撕掉了退位书，说："我任命你为国务大臣，代理首相职务组织新内阁。"这天是 1862 年 9 月 22 日。

"由俾斯麦出来当首相，就如同一个不会游泳的人跳进水里一样。"普鲁士王太子妃听到任命后，轻蔑地说道。同样，政府里不少官员对俾斯麦毫无信心。俾斯麦组织的内阁成员，除了陆军大臣罗昂，也没有什么政坛名流。一个星期后，议会讨论军费预算。一位议员振振有词，另一位议员侃侃而谈。俾斯麦即席发表一通讲话，斥责他们的空谈无济于事："当前种种重大问题，不是说空话

和多数派表决能解决的，必须用铁与血来解决。"

这位新任代理首相那头金红头发下的眼睛，严峻地逼视四周，真有股杀气腾腾的气势。

铁与血！如此赤裸裸地鼓吹武力与战争，立即遭到政府官员的议论与抨击。在赶回柏林途中的威廉一世得到报告也深深忧虑。他与议员、官员一样，担心俾斯麦的强硬言论会激起民众反对，引发革命。

威廉一世的专列在距柏林七十公里的小站暂停时，俾斯麦已恭候在此。他要赶在威廉一世未回柏林前提前晋见。

"我已预见到将会出现的场面，在歌剧院广场、我的窗前，你先被砍头，然后过些时间再砍我的头。"国王想起十四年前，在1848年欧洲革命风暴影响下发生的群情激奋的场面，至今还胆战心惊。尽管他那时的身份只是军事总督。

"我们不能有更好一点的死法吗？"俾斯麦用幽默的口吻，消除国王的忧虑。然后他表示自己有能力控制政治局势："陛下，我为我的国家利益和陛下您而奋斗。您为捍卫上帝授予的权利而奋斗。"他的提前晋见取得了效果，威廉一世回到柏林后正式任命俾斯麦为首相兼外交大臣。

得到国王的信任后，俾斯麦大刀阔斧推行他的强硬政策。他下令查禁鼓吹资产阶级自由思想的报刊，罢免倾向资产阶级自由思想的官员。四年中被他免职的政府官员竟有一千余名。他甚至宣布议会无限期休会，不让议员干扰他的执政。俾斯麦坚持改革兵役制、扩编军队、更新军队武器装备，任命名将毛奇任军队总参谋长，强化军队训练。增加的军费开支议会拒绝批准没法支付，怎么办？俾斯麦命令出售国家控制的铁路股票筹得款项使用。

"阁下，您这个决定将被人指责违背宪法。"他的下属提醒他说。

"我们没有其他路可走了，只有奋斗……冲突是无法避免的。但是，冲突中最有力量的一方一定会胜利。"这位"铁血宰相"认定的胜利，就是普鲁士用武力统一德国。

原来在十九世纪中期，德国分成大小三十多个邦国，每个邦国都有自己的君王或首脑、自己的政府，维护各自的经济、政治利益。它们共同组成德意志邦联议会，由奥地利控制。奥地利和普鲁士是众多邦国中实力最强的。普鲁士强悍地用武力统一各邦国，奥地利将受到威胁，必然要阻挠。同时，法、俄、英等国家也不希望看到有个与他们实力相当的统一德国的出现。

俾斯麦 1815 年出生于德意志封建庄园地主家庭。原先他拥护奥地利和德意志邦联，认为他们能阻挡民众革命运动，维护自己封建庄园地主的利益。1851 年他被任命为普鲁士驻邦联公使。这一时期的政治活动使他转而认识到，只有建立以德意志民族主义为目标的统一的德国，才能维护封建庄园主利益，同时也能满足资产阶级的要求，阻止革命的发生。俾斯麦说："这是一种不舒服的有利政策。"当了首相，有了先进武器装备的普鲁士军队，俾斯麦信心百倍，将先打败奥地利作为目标。

1864 年，丹麦和德意志邦联之间为两个小国的领土归属发生纠纷。普鲁士与奥地利联合出兵战胜丹麦，两个小国一个归普鲁士，一个归奥地利。随后，俾斯麦又在外交上讨好英、法、俄，造成孤立奥地利的局面，再借口指责奥地利对新占领的小国管理不善，惹得奥地利对普鲁士宣战。一开仗，训练有素的普鲁士军队就取得胜利。当普军完全可以乘胜直捣维也纳时，俾斯麦又果断决定停战。他的方法是逐步统一德国，生怕紧逼奥地利会招来法国出兵干涉。

战败的奥地利只得让步，听任普鲁士吞并北部小国，成立以普鲁士为首的北德意志联邦。

普鲁士的议会和资产阶级从此对俾斯麦大唱赞歌，有人在文章里把俾斯麦比喻成神奇的纺织工，"此人多么神奇地纺出了那样光彩夺目的织物的全部经纬，结实、牢固，似乎一根线都没断过。他对所有的手段都那么熟悉，使用起来那么得心应手……"

这两次战争，特别是普鲁士战胜奥地利，使英国、俄国、意大利和法国都感到不安。

"一个在政治中按照原则行事的人，好比一个嘴里横着木杆想穿过树林的人……政治是量力而行的艺术。"俾斯麦自我总结的这两点，是他发动第三次战争的外交方针。为了统一德意志南部，普鲁士必须打败法国。但为了不致引起其他欧洲各国的干涉，又必须让法国先向普鲁士宣战。俾斯麦苦苦寻找的这个机会，在1868年普法之间为西班牙王位继承人问题发生争议时出现了。

当时，西班牙议会决定将王位交给普鲁士王室的利奥波德亲王，引起法国强烈不满。威廉一世劝说利奥波德亲王放弃了王位。但法皇拿破仑三世还是强横地命令法驻柏林大使赶到威廉一世度假的温泉，要求普鲁士国王保证永远不支持利奥波德亲王家族染指西班牙王位。这强横的要求遭到国王威廉一世拒绝。国王随即又将此事用电报告知首相俾斯麦。俾斯麦读了电文，心中一阵狂喜。他立即命人巧妙地编排电文词句，使人读后产生法国大使对普王无礼，普王被逼无奈粗暴回敬的感觉。

次日，被改编的电报在报上刊出，如同俾斯麦所料，"像红布刺激公牛一样"，法国感觉脸面丢尽而向普宣战。毛奇率领精心准备的普鲁士军队在法国色当彻底击败法军。南部德意志四个小邦国宣布归顺普鲁士。1871年1月在法国凡尔赛宫，威廉一世傲然加冕，成为统一的德意志帝国的皇帝。

"您，罗昂将军磨亮了宝剑；您，毛奇将军使用了宝剑；您，俾斯麦伯爵，多年来出色地执行了我的政策。我感激你们三位。"

威廉一世这样赞美俾斯麦。确实，俾斯麦运用"铁血政策"和灵活的外交手腕，不到十年统一了德国，是有利于德国发展的功臣。但是他的政策的成功，在某种程度上也为德国当政者以后的穷兵黩武留下了祸根。

165

兵败色当

　　色当是法国与比利时交界处的一个小城，建有法军的军事要塞。1870 年 9 月 2 日，普鲁士军队的七百门大炮对色当要塞的法军一阵轰击，拉开了普法战争中色当决战的序幕。

　　普法战争是普鲁士表面上不想打，事实上很想打的一场战争。普鲁士想通过战争打败法国，控制德意志南部的几个小国，最终统一德国。为了实现这个野心勃勃的计划，又不至于引起欧洲俄、奥、英等国的注意和干扰，普鲁士首相俾斯麦精心设下圈套，使中计的法国首先对普宣战，造成普不得不自卫的假象。

　　普法战争是法国很想打，事实上又打不赢的一场战争。当时的法国皇帝拿破仑三世，是曾威震欧洲的拿破仑·波拿巴的侄子路易·波拿巴。他具有与他叔叔相似的权力欲望，却根本不具备他叔叔的军事才干。他冲动地中计，首先宣战，而且又自以为是地认为打进德意志的地域，不在话下。

　　拿破仑三世的上台，也是沾了他叔叔的光。1848 年 12 月，法国选举共和国总统，这个叫路易·波拿巴的家伙得到了法国保王势力的支持，更有许多农民都投票支持他。农民们这么做是怀念他叔叔拿破仑当政时曾制订的《民法典》，这部法令使大革命时期共和派分给农民的土地没有让贵族们重新侵占。农民们轻信拿破仑的侄子当总统，也会像他的叔叔一样给农民实惠。他们当然想不到路易·波拿巴当上总统后，就宣布征收新税，搜刮民众的钱。然后又

在 1851 年 12 月，发动政变，推翻共和国当上皇帝，成为法兰西第二帝国的拿破仑三世。

对普宣战后，拿破仑三世花了一周时间，才集结了二十五万法军。他自任前线总指挥，带兵到了边境，却又不敢马上进攻。因为部下报告，法军根本没有做好作战准备，弹药和粮草缺乏，大炮数量比普军少而且性能也差。普军却是精心组织、有备而来。全国五十万军队有四十万已集结在边境，军队内建立了情报组织，指挥联络迅速有效。参谋总长毛奇是一位富有经验的老将，普鲁士国王威廉一世也亲临前线坐镇。

在色当决战前一个月的 8 月 2 日，拿破仑三世犹犹豫豫地发兵进入德意志境内，立即遭到普军的迎头痛击。法军慌忙撤退。两天后普军展开追击，很快攻进法国。在维尔特普法交战，法军麦克马洪元帅的六个师被普军击溃，撤退到巴黎东面的夏龙。拿破仑三世见势不妙，赶快让巴赞元帅代理指挥，自己逃往麦克马洪元帅处躲藏。

巴赞元帅集中十四万法军，与二十万普军在马尔斯又一次展开激战。法军士兵全力拼杀，可兵力少于对手，再次战败，撤退到麦茨要塞。普军派出十五万军队将麦茨的部队包围起来。就这样，从 8 月 2 日交战起半个月后，法军就被普军分割成两块，一块困在麦茨要塞，另一块就是麦克马洪元帅和拿破仑三世的部队。

逃到夏龙的法军有十三万人，可都是上次被击溃后临时组合的，其中许多士兵刚学会开枪射击。当时法军的武器中，火枪性能比普军好，火炮性能比普军差。士兵不熟练掌握自己占优势的武器，优势就丧失了。率领这么一支仓促组合的军队，麦克马洪元帅只得保护拿破仑三世撤退到与比利时接壤的色当要塞了。

普鲁士军队赶到了。普军用七百门大炮的火力，集中轰击色当要塞，发起了总攻。法军只有六百多门炮，射程也没有普军的炮

远，完全成了挨打的目标，半天就伤亡了二万多人，麦克马洪元帅也被炮弹片击中。尽管陷于混乱挨打的被动局面，还有不少法军将士准备坚决抗击："我们还有十万士兵。要塞的防守工事坚固，可以组织反击。"

"但是，粮食弹药供给却有问题。就说面包吧，巴黎曾派出一列火车专门送来面包等食物，但遭到普军途中阻击，没法运过来。"

几位将军在要塞指挥部正七嘴八舌商议。卫兵却赶来报告：法军已经投降了。

"什么！谁下的命令?"

"是皇帝陛下。他在下午三点就下令在要塞中央塔楼挂起了白旗。"果然，普军停止了攻击。

气壮如牛、胆小如鼠的拿破仑三世写了一封信，并解下自己的佩剑。

当天黄昏，普王威廉一世接到卫兵报告，法军派人送来法国皇帝给普王的信。

只见那人身穿法军将军服，态度恭敬地走到普王前面，脱下军帽。他自称是法军将军莱里，奉命向普王呈上一封信。

威廉一世展开信纸，看见上面写的是：

"我亲爱的兄弟，因为我未能死在我的军中，所以只得把自己的佩剑献给陛下。我继续做陛下的好兄弟。"下面是拿破仑三世的签名。

拿破仑三世与三十九名法军将帅、十万士兵，就这样成为普军俘房。还有六百多门大炮也被普军缴获。

兵败色当，宣告了普法战争的结束。法军战败的原因除了拿破仑三世的骄横自大、指挥失误、准备不足等之外，武器的劣势也是其中之一。普军配备后膛装弹的大炮，从射程到射速都远远胜过法军的大炮。一位经历此战的被俘法军军官感叹道："他们是靠五里

路长的炮兵部队，才打胜的。"

　　色当战败的消息传到巴黎，市民们愤怒了，因为政府还想封锁战败的消息。9 月 4 日，民众们涌进巴黎市政厅。在人民的压力下，法国组成了由资产阶级共和派人士组成的"国防政府"，宣布成立新的法兰西第三共和国。国防政府与从色当向巴黎推进的普军谈判，但普军继续前进，半个月后已包围了巴黎。1871 年 1 月，国防政府宣布向普鲁士投降；三个多月后，又在法兰克福签订了和约。法国割让阿尔萨斯的土地和洛林的一部分土地，赔款五十亿法郎。

　　但是，富有大革命光荣传统的巴黎人民决不投降普军。普鲁士军队就用饥饿威逼巴黎民众屈服。法国保皇势力控制的国民议会开会，解散国防政府，乘机成立了由反对共和派的人士为主的新一届政府。梯也尔被议会推举为法兰西共和国行政权力首脑。梯也尔代表法国政府在和约上签字。然后，他就全力以赴，卑劣地镇压巴黎人民的爱国斗争运动。

166

巴黎公社

　　巴黎东部的拉雪兹神父公墓，埋葬着许多世界名人的灵柩。在墓园东北角，保留着一截年代久远的围墙，上面有清晰可见的一个个弹痕，有被炮弹炸出的缺口。这截围墙，无声地见证了十九世纪七十年代，人类历史上第一个工人阶级政府——巴黎公社的诞生。

　　普法战争中，普军攻下色当后继续进军包围巴黎。不愿屈服的巴黎人民成立了武装的国民自卫军，又筹集资金购置了一百多门大炮，安置在巴黎北面的蒙马特尔高地，准备随时反击侵入法国的普鲁士军队。1871 年 3 月 18 日凌晨，一支法国政府军队偷偷地来到蒙马特尔高地，他们袭击国民自卫军，夺走大炮。这是法国政府首脑梯也尔解除巴黎民众武装的第一步。

　　清晨 5 时，巴黎城中响起了警钟。因为早起的妇女发现了政府军夺大炮的行动，便立即报警。各区的国民自卫军和民众纷纷赶来。愤怒的人们责问政府军："你们胆怯地投降普军不算，还要与侵略者一起抢夺我们保卫巴黎的武器，你们还是法国人吗？"

　　政府军军官被问得无言可说，急忙命令士兵开枪，国民自卫军被迫还击。巴黎就这样爆发了起义。许多政府军士兵想到自己枪口对着的是自己的同胞，要自己打死这些保卫自己国家的民众，怎能忍心呢？就调转枪口，与民众站在一起。政府军就这样纷纷溃散，巴黎逐渐被国民自卫军控制。

　　巴黎市中心的外交部大楼里，一个个头矮胖、衣着华贵的人，

正神色紧张地听下属官员汇报城内民众与政府军交战的情况，他就是梯也尔。最初，他听到的是在蒙马特尔高地顺利地夺到大炮，马上又听到了响彻巴黎的警钟，脸上尚未绽开的得意表情立即凝固了。后来，政府军司令部、市政厅、警察局相继报告起义民众和国民自卫军陆续控制了巴黎各街区。这时已是上午十点多钟了。梯也尔慌忙说："快走，赶快去凡尔赛！"

"不行呀！"卫兵报告说。有大约三个营的国民自卫队，全副武装，正朝外交部冲过来。"我们警卫士兵还不到半个营呢！"

梯也尔吓得胆战心惊。这可是大祸临头了，平时伶牙俐齿、能言善辩的梯也尔，此刻全无半点政治家的风度。

侥幸的是，三个营的国民自卫队不知道梯也尔躲在外交部内，他们直奔市政厅去了。梯也尔和手下官员赶快溜出外交部大楼，仓皇逃离巴黎。

3月18日，巴黎人民起义。十天后，巴黎公社成立了。当时随梯也尔等逃往凡尔赛的政府官员和将领们能指挥的军队只有一万五千多人，而巴黎的武装国民自卫军就有二十万。遗憾的是，巴黎公社毕竟是人类历史上的第一个工人阶级政权，缺乏执政经验，没及时派兵追击梯也尔，丧失了有利时机。而梯也尔却抓住了时机，在凡尔赛调兵遣将，反攻巴黎。

4月16日，在色当打败仗的麦克马洪被梯也尔任命为总司令，然后反动政府又在外省招募许多不知道巴黎革命内情的农民入伍，组织军队。梯也尔甚至乞求普鲁士将十万被俘法军放回，供他进攻巴黎。就这样，梯也尔终于拼凑了一支十三万人的军队，有一百多门大炮，对巴黎公社反扑过来。同时，他又命手下派奸细混入巴黎，充当内应。梯也尔的凡尔赛军队于5月9日攻下伊西炮台，从西南方向开始轰击巴黎。

巴黎公社成立了救国委员会，动员全城民众抗击敌人。大批国

民自卫队战士被调到城西南，与攻城的凡尔赛军队对垒。

5月21日下午，巴黎的圣克鲁门城墙上出现一个人。他挥动白手帕，向凡尔赛军示意：这里无人防守。这个被收买的奸细杜卡捷尔，就这样将凡尔赛军队引入巴黎。

当天黄昏，三万多反动的凡尔赛军队如蝗虫般涌入城内，当夜就占领了巴黎城区的四分之一。从5月22日起，巴黎公社战士和市民在一道道街垒掩护下，与攻入城内的反动军队拼死搏杀。

反动军队相继占领了香榭丽舍、圣拉扎尔车站、蒙巴那斯车站，然后，罗浮宫、市政厅、卢森堡宫和先贤祠等也被反动军队攻占。

5月27日下午，在拉雪兹神父公墓墓地，近两百名公社战士抗击五千敌军。最后毕竟兵力相差太多，未战死的公社战士被集体枪杀在这座墓地东南角的围墙下。这围墙就是保留至今的"公社战士墙"。

第二天下午二时，在巴黎朗庞诺街与杜尔蒂伊街汇合处的街垒，一个没留下姓名的公社战士，单独与敌军枪战近十五分钟，当这里的枪声消失后，巴黎沉寂了。这是梯也尔残杀巴黎公社战士、巴黎市民前的可怕的沉寂。

梯也尔下令大批枪杀公社战士，连伤员、医护人员也不放过。当5月22日攻入巴黎城的消息传到凡尔赛时，梯也尔就杀气腾腾地宣布："惩办将是严厉的。"

大屠杀延续了一个多月，连同妇女、儿童在内，三万多巴黎人在血泊中丧生。加上战场上牺牲的，被流放、监禁的公社战士和群众，有十万人惨遭梯也尔反动政府的残害。

"一条血渠从一个兵营注入塞纳河，几百米的河水都被污染，河面上出现一道狭长的血流……"当时的法国报纸这样报道。

梯也尔反动政府还在巴黎搜捕公社战士。穿国民自卫军带红条

军裤的，杀！两手粗糙像劳苦民众的，杀！右肩上有背枪带痕迹的，杀！

巴黎公社的女英雄米歇尔被抓捕后，在狱中把自己的红围巾撕碎，精心制作成象征共和国标志的红色石竹花，并写上诗句："转瞬光阴，一切属于未来；脸色苍白的战胜者，比战败者更有死亡的可能。"

米歇尔将它秘密传给狱中的战友，相互勉励。她在凡尔赛反动政府的军事法庭上慷慨陈词："我的身心都属于社会革命……要是你们不杀我，我将号召我的弟兄们向那些杀害我战友的刽子手报仇，为我的战友雪耻。我们所有这些 1871 年的人都视死如归。"

米歇尔掷地有声的话语，使心虚理亏的法庭庭长脸面尽失，不得不声嘶力竭地吼叫："停止你的发言！"

在普鲁士军队的帮助下，梯也尔政府镇压了巴黎公社。但巴黎公社战士的英勇无畏，气贯长虹，永载青史。

167

鲍狄埃和《国际歌》

巴黎公社战士与梯也尔的凡尔赛军队拼杀的那些日子，最艰难的是 1871 年 5 月 22 日起的一个星期，后来被称为"五月流血周"。缺乏作战经验的公社战士在巴黎临时堆起的街垒后顽强地抗击着。随着一名名公社战士的牺牲，反动军队凶恶地占领一个个街区，巴黎的枪声稀疏了。5 月 27 日，当拉雪兹神父墓地被反动军队攻占后，除了偶然几声枪响，巴黎逐渐陷于可怕的寂静中，大屠杀阴沉沉地即将来临。

这时有个身影，踉跄地出现在巴黎第十一区的街头，那是个年过半百的公社战士。他手中武器的枪膛还是热的，他身边的战友都已阵亡。一时，他不知道在哪里能找到公社委员会的组织。或许，眼下最痛快的，是去找那些凡尔赛反动军队，临死前杀他几个。但他的右手疲软，仿佛行动不便，他疲乏、痛苦又惘然地走着。

一个他熟悉的院子使他停住了脚步。对了，这里是他一个好友的住处。他迟疑地推门，门竟然随手而开，然后一双手把他连拉带拖地拽了进去。

"快！到我这儿先躲一躲！欧仁·鲍狄埃。"

朋友帮助这个叫欧仁·鲍狄埃的公社战士，避开了凡尔赛军队的搜捕。但是，占领巴黎的凡尔赛反动势力组织的第四军事法庭，仍缺席宣判这个欧仁·鲍狄埃死刑。然后，报纸居然有消息说，已执行了对他的死刑判决。

梯也尔反动政府当然不可能放过他。欧仁·鲍狄埃是个著名的工人诗人。二十三年前,巴黎爆发六月起义,与反动政府军队战斗的工人队伍中,就有欧仁·鲍狄埃。那时他是个激情似火的青年。后来他又参加了国际工人协会,成为协会巴黎支部的领导成员。法军兵败色当,普军包围巴黎时,他是巴黎国民自卫军第二团的一名副连长。巴黎公社成立后,他出任国民自卫军中央委员会委员,然后又当选为公社社会服务委员会委员,行使巴黎第二区区长的职责。尽管这时鲍狄埃是个因中风而右手行动不便的残疾人,但仍热情地为巴黎公社的革命事业奔忙。他带领公社武装战士,在维克多雅尔圣母院拘捕了反对巴黎公社的教士。

梯也尔反动政府更害怕的,是鲍狄埃的诗。那些诗歌颂法国革命人民的战斗精神。在 1848 年法国二月革命时,他写了《人民》:

……脚踏泥泞,面对枪林,

几支旧枪作武器,

任凭饥肠辘辘,

……这战斗的巨人又挺身而起,

……在暴君的官殿上,

他用瘦削的手,

刻下这样的字迹:不自由,毋宁死。

在巴黎六月起义期间,鲍狄埃又写了《分娩》、《一八四八年六月》等许多诗歌,纪念那些为革命而牺牲的烈士英灵。

如今,鲍狄埃在朋友掩护下,藏身巴黎。每天都有公社战士遭到凡尔赛反动军队屠杀的消息传来,使他悲愤交加。作为一名诗人,鲍狄埃极其敏感。1848 年巴黎六月起义的惨遭镇压,曾沉重地打击了他,以致他患上神经官能症和血栓塞病,引起中风,导致

右手行动不便。但如今，作为一名工人阶级的战士，他的神经已不再那么脆弱了。他要写诗，用诗歌打击反动势力。

他拿起笔，二月革命、六月起义、五月流血周，工人民众为争取自由，夺回被贵族、资产者剥夺的权利前赴后继，在街垒用简陋的武器与反动军队战斗，不惜流尽自己最后一滴血的情景，历历在目。激情化做诗句，在他笔下一泻而出：

> 起来，饥寒交迫的奴隶！
> 起来，全世界受苦的人！
> 满腔的热血已经沸腾！
> 要为真理而斗争！
> 旧世界打个落花流水！
> 奴隶们起来，起来！
> ……
> 这是最后的斗争，
> 团结起来、到明天，
> 英特纳雄耐尔，
> 就一定要实现。

就在凡尔赛反动军队在巴黎屠杀革命民众的恐怖气氛中，欧仁·鲍狄埃写下了这首诗。诗的题目，他写了《国际》。因为他从参加世界各国工人的组织——国际工人协会起，已经明白，全世界受苦的人要齐心协力，才能争取无产阶级的最后解放。

后来，鲍狄埃设法离开巴黎，流亡英国、美国，又写了大量歌颂无产阶级的诗篇。1887年他逝世后，他的诗集《革命歌集》出版。法国工人作曲家比尔·狄盖特看到了《革命歌集》，他是法国里尔地区的工人合唱团指挥。

　　"你看看这本诗选，从中你选首歌谱曲吧。"交给他诗集的，是一个当地工人运动组织的领导人。

　　比尔·狄盖特翻着，读着，都不错，可最打动他的，就是这首《国际》。狄盖特连夜谱曲，在自己简陋的风琴上试弹着、演奏着，彻夜未眠，直到东方出现晨曦。

　　狄盖特终于用雄伟的曲调，抒发高昂激越的激情，让这首诗变成了旋律悲壮高昂的歌曲——《国际歌》。从此，《国际歌》走向世界，成为全世界无产者的共同心声。

168

红十字会的创始人

巴黎的杜伊勒里宫。这天，五十多岁的拿破仑三世正命令几个学者修改、润色自己的书稿。这个野心不亚于他叔叔的皇帝，居然要写一部《恺撒生平》的历史著作。当然真正忙碌的是这些有才华的文人。拿破仑三世一贯喜爱沽名钓誉，写《恺撒生平》是他附庸风雅、自命不凡的又一次表演罢了。

"陛下，有人写了一封信给您。信中建议成立一个国际性组织，目的是救护和帮助作战时在战场上负伤的交战双方士兵。负伤的士兵是奉军令作战，不管战胜战败，他们本人没有任何过错，让这些受伤的人在战场荒野里等待死亡来临，太残忍了……他说这个建议盼望得到陛下的恩准。"

"是谁写的信？"拿破仑三世这些年已患了痛风病，人又肥胖，步履蹒跚。可今天看到《恺撒生平》即将完稿，心情不错，就随口问道。

"为首的是一个叫杜南的人。他说他们写同样内容的信寄给英、俄、奥等各国元首和君王，希望这些政治家能开明地支持这个组织的建立。"

"陛下，我知道这个杜南，他是瑞士人，几年前写过一本《索费林诺记事》，在日内瓦出版。书中详细叙述了他在索费林诺战役结束后，见到战场上陈尸遍地的惨状。这本书引起很多国际著名人物的注意呢！"有位学者殷勤地补充道。

"索费林诺？嗯……好，就说我也支持吧。"拿破仑三世很痛快地表态。那是他在意大利指挥过的一仗啊，说起来是几年前的事了。

那是 1859 年 4 月。当时拿破仑三世野心勃勃，与意大利的小国联合对奥地利开战。法军与那小国的联军对奥军宣战的两个月后，双方在索费林诺进行了激战。决战当天，天气炎热，又下了场暴雨，使略处下风的奥军从容后撤，可法军也伤亡极大。据说战后的荒野上，有四万士兵死伤。

索费林诺之战的结果是法、奥各作让步，签订了和约，但是拿破仑三世却把这一仗当做他打的胜仗来庆贺。1859 年 7 月 3 日，拿破仑三世的皇后欧仁妮与儿子在庆贺的乐曲声中，来到巴黎圣母院。这里正为索费林诺之战举行一场感恩赞美诗的宗教仪式。但在意大利的索费林诺荒野，许多负伤的士兵却在酷热中奄奄待毙。

瑞士人杜南正巧在这时路过索费林诺。他听说仗已打完，双方已撤军，可他途经战场，却看到陈尸遍野，还有许多身负重伤的士兵在泥泞中挣扎。杜南是个经营有方的商人，平时就经常慷慨帮助别人，见到这幕惨状，他马上组织附近小镇的教士、居民全力救助。杜南听说这么多伤兵却只有几个军医，惊讶得几乎不相信这是事实。

杜南后来离开了意大利的索费林诺，但那些伤兵无人相助的一幕却时刻出现在他眼前。

两年后，他写了记述这次战场见闻的一本小书《索费林诺记事》。书中呼吁对战俘和战场伤兵要实行人道主义救护，并且提出建议，各国成立志愿救护协会，聚集一些经过医护训练的志愿者，一旦需要就自愿上前线帮助救护伤兵。这些志愿者不分国籍、种族和宗教信仰，以自愿参加为原则，成立一个国际性质的协会。

日内瓦的瑞士国防军司令杜福读到了《索费林诺记事》，极为

赞叹。这本小书又很快被译成多种文字流传欧洲各国。在杜福的支持下，与杜南志同道合的一些慈善人士又联名写信给欧洲各国元首，盼望得到他们的表态支持。

1863 年 10 月，在瑞士的日内瓦召开了协会的筹备会议，有十六个国家的代表出席了这次会议。为了表示对发起国瑞士和杜南的敬意，该会以瑞士国旗为蓝本制作会旗。瑞士的国旗是红底白十字，因此该协会会旗为白底红十字，白色表示平安，红色代表救助伤员。定下来之后，该会的名称最初是"伤兵救护国际委员会"，后改名为"国际红十字会"。1864 年 8 月 22 日，国际红十字会在瑞士正式成立。各国签订了国际红十字会公约，杜南任秘书，瑞士的国防军总司令杜福任首任主席。

国际红十字会虽然成立了，但要做的工作还很多。杜南投入了大量的时间和精力，竟然忽视了自己的事业。1867 年，他赖以谋生的银行破产了，使他失去了经济来源。他的生活一下子非常困难，不得不住进了巴黎的贫民窟（当时他正在法国），有时甚至在火车站过夜。即使是在这种情况下，杜南也从未停止过救护工作。1870 年的普法战争、1871 年的巴黎公社，他都出现在救死扶伤的第一线。

由于杜南生活困难又居无定所，人们很难找到他，世界渐渐把他遗忘了。一直到 1895 年，有位记者打听到国际红十字会的创始人还活着，赶紧去采访了他，并报告了他窘迫的近况，才让世界再次发现了他。于是荣誉、地位、财富再次向杜南微笑。1901 年，诺贝尔奖首次颁发和平奖，就给了杜南。但杜南把奖金全数捐给了瑞士和挪威的慈善机构，自己依然过着平凡的生活，一直到 1910 年去世。

当我们看到国际红十字会的旗帜，不要忘了它的创始人——琼·亨利·杜南！

169

国际劳动节的由来

人们都知道每年的 5 月 1 日是国际劳动节。但也许并不知道这个全世界劳动者节日的诞生，是起始于美国工人的大罢工，命名却在法国。

1886 年 5 月 1 日，美国全国有三十五万工人进行罢工，芝加哥、纽约、波士顿、匹兹堡等大都市的许多工厂、铁路交通都陷于瘫痪。其中芝加哥的罢工最激烈，有八万工人走上街头游行，交通中断，仓库关门，工厂的烟囱看不到一缕青烟。

罢工工人提出的要求是每天工作八小时。原来那时资本家为了榨取高额利润，强迫工人每天要干十四五个小时的活，而且劳动强度又很大。但就这样干，工人得到的工资却只能勉强糊口。

"任何一个身强力壮的十八岁小伙子，在我这里随便哪一架机器上干活，我保证他在二十二岁时头发就变得灰白。"这是美国马萨诸塞州一个鞋厂监工恬不知耻的夸口，却说明了当时美国工人劳动的悲惨境况。

美国工人多次提出缩短劳动时间，改善生产环境，希望政府应该对八小时工作制以立法形式作出规定。这些合理要求却被政府当局否定了。1882 年，美国总统就傲慢地宣布："我并不认为制订八小时工作制的法规是符合宪法的，世界上没有任何力量能让我实施一项不符合宪法的法律。"

工人们忍无可忍，只得用罢工进行抗议。罢工的浪潮使美国资

本家经济受损，工人团结的力量也让美国政府感到可怕。芝加哥当地政府下令调动警察进行干涉，策划一系列破坏罢工的阴谋。5 月 3 日，芝加哥麦可米克收割机制造厂的门口，拥来一群当地警署找来的罢工破坏者，他们要进工厂干活。这些罢工破坏者与罢工工人立即发生了冲突。早有准备的大批警察赶来，警察在混乱中毒打罢工工人，有几名工人被当场打死。

第二天，许多工人赶到广场举行集会，声讨警察打死工人的暴行。这天是阴天，天空阴沉沉的。工人们满腔愤怒，但仍然秩序井然，一个个上台演讲。突然，又有大批武装警察冲进会场，命令工人立即离开，不许继续开会。会场秩序被警察搅得大乱。

"轰隆"一声，一个别有用心者朝混乱的会场扔进一个爆炸物，造成多人死伤，其中也有警察。这下，警方有了镇压工人的借口，立即向集会群众开枪。鲜血染红了广场，被打死打伤的工人有两百多人。大批警察又抓了不少工人。那些罢工运动的领导人，警察当然也一个没有放过。

一个半月后，芝加哥当地法院开庭，起诉八名组织罢工斗争的工人领导人。八名被告神情自若地走上被告席。法官刚要装模作样地开始审问，门被人推开了，一个工人挥手摆脱法警的阻拦："我是你们要通缉的派生斯。我赶来此地，是要与我的伙伴站在一起！"

原来，派生斯是广场集会的组织者之一，他设法躲过了警方的抓捕。可听说同伴受审，他决不愿独自避难，所以特地赶来。派生斯这种大义凛然的气概，震惊着所有在场的人。

工人领袖之一的斯庇思更是慷慨陈词："如果你们以为杀死我们，就能摧毁工人们的反抗，就可以平息在贫困和悲惨的生活环境中劳动着的千百万工人心中的怒火，那就杀死我们吧……你们可以踩灭这里那里的一个火苗，但是你们前面、后面还会燃起火苗，这是来自地底的热火，你们是无法扑灭的！"

这些工人领袖洋溢着浩然正气的语句，掷地有声。法官几次想打断他的讲话，但都没胆量宣布。

美国政府当然不会允许工人运动如此发展。最终，九名工人领袖有七名被判处死刑，包括派生斯和斯庇思。

美国残酷迫害工人运动的消息激起全世界工人的强烈义愤，各国正义人士也纷纷表示抗议。美国工人不屈不挠，继续开展斗争，最终，美国工人争取到了八小时工作制的劳动权利。

1889 年 7 月，法国巴黎召开了各国社会主义者代表大会。会上，法国代表提议：为了纪念美国芝加哥工人争取八小时工作制的流血斗争，应该把每年的 5 月 1 日作为全世界劳动者的节日。这一提议被通过了。从此，国际劳动节就诞生了。这是在工人流血牺牲中产生的节日。每年这天，各国工人都会上街游行，纪念劳动者用斗争取得的胜利。

170

擅长表演的大作家狄更斯

英国伦敦在十九世纪初是个雾气浓重的城市。河水浑浊的泰晤士河畔，码头边上有间阴暗的小屋，充满了霉味的空气中又夹杂着刺鼻的鞋油气味，腐烂的地板吱吱作响，硕大的老鼠肆无忌惮地成群出没。这时，一个长着一头棕色头发、皮肤白净的少年坐在堆得小山一样高的鞋油罐堆里，不停地给每一罐鞋油盖上封盖。如此糟糕的工作环境并没有吓倒这个小童工查尔斯·狄更斯，他倒反而有点高兴，因为下班时间快到了，他又可以看到他的爸爸了。这是1823 年某天的黄昏时光。

狄更斯的爸爸这会儿正在马夏西债务监狱的窗口望眼欲穿呢！等到少年狄更斯穿过几个街区来看他时，父子俩不禁抱头痛哭，久久不能止住！

狄更斯 1812 年生于英国朴茨茅斯，父亲是海军军需处的管家，却不善理财。狄更斯十一岁那年，父亲因欠债而入狱，全家不得不搬到了伦敦的贫民区，狄更斯也不得不辍学，去做童工维持生计。生活环境的突变给了他很大的打击，但是他接触到了伦敦底层的生活。好奇的小狄更斯在干活之余，会去那些阴暗的小巷、脏乱的庭院游荡，偷听夫妻吵架，观看居民斗殴。他那善于观察的眼睛像照相机那样，摄下了小偷、无赖、贫民、乞丐、骗子、妓女等不同社会人物的形象。他那时并没有想到，这实际上是一笔巨大的财富，可以帮助他日后成为世界闻名的大作家。

1838 年，狄更斯写出了小说《奥列佛·特维斯特》，显示出他擅长刻画伦敦底层社会生活气氛的高超才能。人们甚至觉得，狄更斯把伦敦景物表现得这么生动，以至于狄更斯本人似乎成了伦敦的代名词；或者伦敦应该改名为狄更斯城。

狄更斯在 1850 年完成的《大卫·科伯菲尔》，某种程度上形象地再现了狄更斯当年的生活。小说中的人物大卫也经历过鞋油作坊的工作，有出入债务监狱的体验。狄更斯父亲不善理财的缺点，成为小说中的密考伯先生的个性之一，而密考伯太太则和他的母亲很相似。由于小说最初以长篇连载形式刊发在刊物上，很多人便迫不及待地打听下一集什么时候出版，而更多的人在小说中认出了自己的影子。

比如，有一位叫希尔夫人的，发现书中的毛奇尔小姐就像她自己。毛奇尔小姐心狠手辣，形象丑陋。她就写信给狄更斯抱怨。狄更斯回信说，小说形象是多个人物的综合。不过他的确修改了结局，把毛奇尔小姐写成社会的模范成员，使希尔夫人多多少少得到了一点安慰。

狄更斯的成名作是《匹克威克外传》，发表于 1837 年，狄更斯的名字也因此传遍全国，甚至比当时英国首相更有知名度。人们见面时互相用这部幽默、风趣的小说里的人物取绰号，给宠物命名，有些商家还不失时机地推出了"匹克威克式"帽子、外套、手杖等，形成一股"匹克威克热"。

狄更斯小说中的人物之所以栩栩如生，和他本人的性格特点有关。他具有出色的演员气质和表演才能，甚至受过相当好的舞台训练。狄更斯构思小说人物性格时极为投入，有时他在行走时，突然想起小说中的人物形象，就不由自主地设想那些人物的表情，会突然尖声大叫或高声狂笑，把周围的人吓得大惊失色。他写作时会突然扔下纸笔，走到镜子旁边，对着镜子说上一段书中人的话，并挤

眉弄眼地模仿着说话人的表情，然后再回去写作。

经过这样长期反复的操练，狄更斯能表演无数的角色，从土财主到贵妇人，从妓女到军官，从喜气洋洋的大学生到嗜钱如命的吝啬鬼。他的嗓音、神态、表情和言谈举止顷刻间可以做到变换自如。

从 1858 年起，狄更斯在全国各地举行作品朗诵会。他有一副充满磁性的好嗓子，能发出各种丰富多彩的声音，加上极为逼真的模仿天才，他的作品朗诵常常一下子就能抓住听众的心。满场观众屏息静听，时而一起痛哭流泪，时而一起高声大笑，真像给他催眠了一样。人们甚至从其他城市赶来听他朗诵，还常常因为买不到坐票而买站票。

演出结束，人们仍不愿离去，渴望有机会碰一下他的手或者大衣。有一次他演出时不慎碰落了自己衣服钮扣里的花，一群女士竟然你争我夺地去抢那花瓣。狄更斯的魅力由此可见一斑。

善于观察和善于模仿使狄更斯得到了极大的成功，但这不是他成功的全部因素。狄更斯通过小说《大卫·科伯菲尔》中主人公大卫的口，透露了自己成功的秘诀：

"无论我在生活中试图做什么事情，我都全力以赴地做好它……无论我献身于什么事业，我都毫无保留地献身于它……无论做大事还是做小事，我总是一丝不苟，兢兢业业。我始终认为，任何天生的或后生的才干，若不与坚忍不拔、谦逊踏实和埋头苦干的品质相结合，就不可能有所成就。"

1870 年 6 月，狄更斯与世长辞。他在小说中创造的成百个人物形象，惟妙惟肖地展现了英国十九世纪社会众生相，所以《老古玩店》、《尼古拉斯·尼古拉贝》、《董贝父子》、《双城记》、《艰难时世》等作品流传世界各地，他也成为英国文坛上继莎士比亚之后最著名的文学家。

革命诗人裴多菲

生命诚可贵，
爱情价更高。
若为自由故，
二者皆可抛。

这首由中国诗人白莽翻译的《自由与爱情》诗，是匈牙利爱国诗人裴多菲写的。为了适应中国读者的阅读习惯，白莽用中国古体五言诗的语句和明快节奏翻译表达。其实，裴多菲在写这首诗时，心情是复杂的。那是 1847 年 1 月 1 日，他正好二十四岁。

这天，在匈牙利首都布达佩斯的一间简朴的小屋内，裴多菲汇集自己写的几十首诗，准备交给出版商出版诗集，他在诗集扉页上写下这首《自由与爱情》时，内心百感交集。

在上一年的秋天，裴多菲认识了姑娘尤丽亚。他立即热烈地爱上了她。尤丽亚应允裴多菲的求婚，尤丽亚的庄园主父亲却极力反对这门亲事。他认为自己美丽的女儿不应该嫁给一个出生于平民家庭的流浪诗人。门不当户不对嘛！

裴多菲的更大苦恼，是他深切感受到在奥地利统治下匈牙利人民的痛苦。裴多菲在学校读书时，对拜伦、雪莱、海涅等人的诗歌极其喜欢，又爱上了匈牙利的戏剧。他曾经参加一个民间流浪剧团，扮个小角色，在舞台上演出。随着这个剧团，他有时步行，有

时乘驿车，游历了半个匈牙利的土地。在小客栈和帐篷里，在多瑙河桥下，他体会到在奥地利皇室和匈牙利贵族双重压迫、剥削下，匈牙利广大民众生活的贫困。他也学会了用民歌的通俗语言写诗。他逐渐明白，自己的笔应该抒写为争取自由而奋起反抗的精神。

> 我梦见流血的日子，
> 它将世界全部毁灭，
> 在旧世界的废墟上，
> 建设起崭新的世界。

……裴多菲走到窗口。窗外，布达佩斯这个古老都市横跨着多瑙河。当地贵族过着灯红酒绿的奢侈生活，贫民却用饥饿的目光，盼望有块黑面包。他心潮起伏，难以平静。

一个月后，裴多菲给他的朋友、匈牙利诗人阿兰尼写信，信中说："一旦人民在诗歌领域中成为统治者，那就意味着他们在政治上成为统治者的日子已经不远，这就是本世纪的任务。实现这个任务，是每一个具有崇高心灵的人的目标。具备这样心灵的人决不能袖手旁观，眼睁睁看几千人过着舒服的日子，作威作福。而千百万民众却在受苦受难。让人民上天堂，让贵族下地狱！"

裴多菲就这样写下了大量讴歌自由的诗篇，而且作为组织者之一领导了民众起义，要求废除封建制度，将匈牙利从奥地利皇室的魔爪中解放出来。

1848 年 3 月 15 日清晨，在蒙蒙春雨中，上万名革命民众集合在布达佩斯的民族博物馆前，裴多菲当众朗诵两天前写的《民族之歌》：

> 起来，匈牙利人，祖国正在召唤！

是时候了，现在动手，还不算太晚！

愿意做自由人，还是做奴隶？

你们选择吧，就是这个问题！

在慷慨激昂的诗歌鼓舞下，人民大众涌向印刷厂，将《民族之歌》和要求实现资产阶级改革、反对封建统治的《十二条》文稿印刷出来，然后又冲向监狱，将被囚禁的政治犯谭启奇·米哈依解救出来。

布达佩斯的 3 月 15 日起义，鼓舞了匈牙利人民的革命热情。匈牙利各地相继爆发了农民暴动，他们占领了欺压他们的贵族老爷的庄园，烧毁了地契，平分土地。到了这年秋天，匈牙利全境掀起了民族解放运动，人民大众在爱国将领的指挥下，拿起武器，参加争取匈牙利独立的战争。裴多菲告别妻子——不顾父亲反对，毅然嫁给他的尤丽亚，参加了民族自卫军。在战斗间隙，他写了许多革命诗篇。

但是，奥地利皇帝在沙皇尼古拉一世支持下，组织军队残酷镇压。沙俄政府派出十四万军队，带着五百多门大炮，其中有装备精良的哥萨克骑兵，也对匈牙利民族自卫军发动凶猛的进攻。

面对强大的敌军，匈牙利民族自卫军奋力拼杀，一场又一场的血战，仍无法取胜。沙俄军队的铁蹄践踏着匈牙利土地，许多爱国志士被残杀。

为了冲破沙俄军队的包围，匈牙利民族自卫军再次反击。当时任少校副官的裴多菲遵照规定，是应该留在后备部队中，但他仍赶往战斗前线。在这次激战的前夜，他给妻子尤丽亚写信，信中说："战斗非常激烈，我准备为祖国牺牲！惟有这样才是我最光荣的前途……我的妻子啊，我们的孩子卓尔坦会走路了吗……要教他说话，逗他笑！"

1849 年 7 月 31 日，裴多菲勇敢地出现在子弹横飞的战场，他身边的民族自卫军骑兵打退了沙俄军队的进攻，使他热血沸腾，却忽略了自己的安全。敌人已经发现独自站在一条小溪桥头的这个匈牙利人，便朝他开枪射击。裴多菲灵活地躲过枪弹，奔进玉米地。两名哥萨克骑兵策马冲了过来，第一个挥起军刀狠狠劈下，裴多菲一个闪身避开了。第二个哥萨克骑兵投出的长矛，却正刺入他的胸膛。爱国诗人裴多菲就这样倒在了自己热爱的土地上。他只有二十六岁。

裴多菲的遗体与一千多名为争取祖国的独立而战死的民族自卫军战士一起，被安葬在一个大坟茔里。他所写的大量诗歌，不仅仅属于为匈牙利独立斗争的战士们，也广泛流传于那些被压迫、被侵略的弱小民族、国家中，鼓舞着他们奋起。

172

童话大师安徒生

深秋的一天傍晚，丹麦哥本哈根街头，有个体形瘦高、衣着破旧的少年，漫无目标地走着。他走过那幢文艺复兴时期风格的建筑物皇家剧院时，眼光里有羡慕，又有失望。看到街灯被一盏盏点燃，一幢幢楼房升起炊烟，少年的脚步更迟缓了。寒意与孤独一齐涌上他心头。

他来自海港小城欧登塞。为了圆一个进剧院当演员的梦，他辞别母亲，独自带着简陋的行李与十三元钱，来到哥本哈根。几天来他去过剧院，找过剧院经理、女舞蹈家，却没人肯帮助他。眼看钱花光了，下一步该怎么办？

此时，这位生于 1805 年、才十四岁的少年汉斯·克里斯蒂·安徒生，不禁想起数年前故世的父亲。父亲是个收入微薄的鞋匠，可他识字，喜欢读书。童年时安徒生最快乐的时光，就是父亲给他讲民间故事，与他一起读家中的藏书。他还喜欢摆弄父亲为他制作的一个个小木偶，演出一幕幕他用想象构思的戏剧，也铸就了他想登上舞台的美丽的梦……

安徒生走过一家气派的旅店，突然听到一个门童说："皇家剧院的指挥西博尼今晚在家又与朋友欢聚……"他心中一动。

华灯初上。西博尼在客厅与作曲家韦斯等朋友谈笑正欢。女管家通报说有个热爱艺术的少年执意要求见西博尼先生。他就是安徒生。

看到进来的少年又高又尖的鼻子、小眼睛，西博尼摇摇头。可

那少年眼睛里流露的真诚目光打动了在场的人，少年说："我能唱歌。"韦斯打开钢琴盖："唱一个吧，孩子……"

安徒生清亮的童声给客厅带来了蓬勃生机。他接着又表情生动地朗诵起来。西博尼慨然同意帮助他进剧院当名小演员。

半年后，成人的安徒生失去了童声歌喉，也失去了上舞台的机会。他转而努力学习剧本创作。尽管他从没有得到进正规学校读书的机会，可他写的剧本还是显露出文学才华。读了安徒生写的剧本《阿莫索尔》后，皇家剧院著名导演柯林先生破例约他见面。柯林告诉安徒生，剧本不符合演出要求，但他愿意出面申请皇家资金资助，帮助安徒生进入正规中学读书。安徒生喜出望外。

安徒生发奋努力，克服了一些别有用心者的干扰，在柯林先生帮助下，他不仅读完中学，而且在 1828 年考进哥本哈根大学。1829 年，安徒生写的《从霍尔姆运河到阿马格岛徒步旅行记》出版；1833 年，他写的长篇小说《即兴诗人》出版后不久，就被译成德文和英文。成了作家的安徒生多次出国，与雨果、狄更斯、海涅、大仲马、巴尔扎克等人结识。他写的剧本在皇家剧院上演。然而他却没法忘记他家乡的童年生活。父亲、祖母、他童年时接触到的济贫院里纺纱的妇人们，都曾讲给他听过许多美妙的民间传说；自从离开家乡后，他又遇到许多人，有的善良，有的虚伪，有的漂亮，有的傲慢；哥本哈根的北欧城堡和塔楼，意大利、法国的异国风光，这些故事、人物和景色逐渐融合起来，成为安徒生写作童话故事的素材。1835 年他写了《打火匣》、《小克劳斯和大克劳斯》、《豌豆上的公主》和《小意达的花儿》，合成一集出版。然后他又写出了《拇指姑娘》、《海的女儿》、《皇帝的新装》、《坚定的锡兵》、《丑小鸭》、《卖火柴的小女孩》等等。

在这些童话里，安徒生真实地描绘了社会存在的贫富差别。例如《卖火柴的小女孩》里那个小姑娘，只能在美丽的梦中得到幸

福；他揭露了谎言的虚伪，如《皇帝的新装》；他主张不要以社会地位和财富，而应该按照人们的品格高下，来重新安排他们的社会生活，例如他在童话《各得其所》里，用魔笛召来狂风，让横行霸道的贵族栽进淤泥沟里，使勤劳的牧鹅姑娘住进新公馆。特别是他写的《丑小鸭》，形象地反映了人生会遇到各种磨难，同时又鼓励人们不要灰心，不要放弃努力，"只要你是天鹅蛋，就是生在养鸡场里也没有关系"。《丑小鸭》在很大程度上，如实写出了安徒生在被人嘲笑中奋发努力，终于成为著名作家的人生经历。

安徒生的童话使他享誉世界，他成为丹麦、瑞典、希腊、德国等国国王的座上宾。他七十岁时，为庆祝他的生日，丹麦哥本哈根市要为他建造一座纪念碑。纪念碑的草图设计初稿画面，是安徒生在众多孩子的簇拥下讲故事。安徒生看后直摇头："我的童话不仅是给孩子写的，更是为成年人写的。""我在挖掘全部的思想和情感来写童话，想给成年人一点可以深思的东西。当我写一个讲给孩子听的故事时，我永远记住他们的父母会在一边听。"

安徒生生前写的最后一篇童话《园丁与主人》，塑造了一位勤劳又具有智慧的园丁拉尔森。拉尔森种植的苹果、梨和西瓜鲜甜可口，他培育的各种鲜花更是美丽非凡，名贵的睡莲、普通的朝鲜蓟在他的园里都盛开得与众不同，连那些一般人不放在眼里的凤尾草、铃兰、牛蒡，经过他的精心培育都生长得又茂盛又好看。原因是他根据各种植物的生长特点，分别在阳光里或树阴下培育它们。安徒生与他的童话，正好比这故事里的园丁与花果。他终生未婚，将自己毕生精力完全贯注在文学创作中。他用优美的语言、丰富的想象力，叙述了一个个来自生活的故事，巧妙地嘲讽了生活中的假恶丑，讴歌了真善美。

1875 年 8 月，安徒生因病逝世。他留下的一百八十六篇童话饱含着生活哲理，成为不仅是孩子，也是成年人喜爱的文学佳作。

173

戴过镣铐的作家

风雪交加的俄国圣彼得堡，郊外军事要塞里驶出三辆马车，这是宪兵押解囚犯去西伯利亚服苦役。这天是 1849 年的 12 月 24 日，在人们合家团聚，欢度圣诞节的日子里，马车行驶在白雪与寒风中，显得分外凄凉和孤单。

二十多天后，裹着寒气的马车来到西伯利亚的鄂木斯克军事监狱，苦役犯被一一验明正身。虎着脸的监狱长打开名单，他先看到的是西伯利亚总督对这些流放犯的手谕："戴上镣铐，严加看管……"

这时，一个脸色苍白、形体消瘦、眼神忧郁，脸颊上有着深红色斑点的犯人，拖着沉重的脚镣走了过来。押送的狱警指着名单上第七行："这就是他。"

监狱长看到这第七号囚徒的名字叫费道尔·陀思妥耶夫斯基；在"有何特长，是否识字"一栏里，填写着"做粗活的工人，识字"。

其实，这个人受过大学教育，懂法文、德文，三年前还写过一部引起俄国文坛瞩目的小说《穷人》。因为参加在圣彼得堡的彼得拉斯夫斯基家中的多次聚会，抨击时政的黑暗，陀思妥耶夫斯基被沙俄警方判处叛国罪。在执行死刑的刑场上，为了显示"皇恩浩荡"，当场改判他服苦役流放西伯利亚。这年他才二十八岁。

酷寒的气候、恶劣的饮食、凶恶的狱警，囚徒生活摧残着陀思

妥耶夫斯基的精神与肉体。失去自由的他，时常回忆起三年前那个圣彼得堡的白夜。那天清晨四点钟，诗人涅克拉索夫与另一位朋友突然来访，说是连夜读了陀思妥耶夫斯基的《穷人》，彻夜未眠，激动万分，特地赶来当面祝贺他文学创作的成功。几天后，涅克拉索夫又把他与《穷人》一起推荐给别林斯基。别林斯基是俄罗斯文学评论界的泰斗，他热情地赞扬了写出《穷人》的陀思妥耶夫斯基："真实启示了您，昭示了作为艺术家的您，珍惜您的才能吧，您将成为一个伟大的作家……"

回忆起那个时刻、那些话，陀思妥耶夫斯基在苦难中就有了勇气和力量。面对那些不但剥夺他肉体自由，还严密监控他精神自由的卑劣狱警，陀思妥耶夫斯基以沉默积蓄着反抗的力量。

一天，监狱官员又摆出一副审讯的嘴脸问："你在这里写过什么东西吗？"

"没有，但是我在为将来的写作准备材料。"

"什么？哼，说吧，这些材料你放在哪里？"

"在我的脑子里。"陀思妥耶夫斯基坚定地回答。

十年后，被批准恢复贵族身份、服完苦役以及兵役的陀思妥耶夫斯基终于回到了圣彼得堡。新登基的沙皇亚历山大二世迫于欧洲革命民主浪潮的冲击和影响，装出开明君主的形象，对书刊审查制度的尺度有所放松。从 1861 年到 1864 年，陀思妥耶夫斯基的《死屋手记》、《地下室手记》等相继出版。

在这些作品中，陀思妥耶夫斯基用艺术的形式再现了他在西伯利亚流放生活中的见闻和思索。他用文学的形象控诉了沙皇专制政府的凶恶和腐朽。他说俄罗斯的天空辽阔无边，封建专制却如同沉闷、压抑的阴霾，窒息着人民的自由、民主权利，使人们如同生活在西伯利亚关押苦役犯的窄小、低矮的顶棚下。那是无边的锁链，束缚着活生生的人，造成人们心灵的畸形，那是一种精神的苦难。

解脱了苦役生涯的陀思妥耶夫斯基努力吸取俄罗斯文学前辈普希金、果戈理等人的艺术精华。由于他亲身体验、接触了流放西伯利亚的罪犯，观察了解了他们的内心世界，便酝酿写一部从罪犯心理反映当时沙皇俄国社会现实的小说。

1866年夏天，陀思妥耶夫斯基在他妹夫住所附近租了个房间，独自居住、写作。为了防止患先天性癫痫的陀思妥耶夫斯基突然发病，妹夫让一名仆人每天夜里睡在他房间的隔壁。

几天后，那名仆人突然死活不愿去那里住了。经过再三询问，仆人才说出实话："老爷，您不知道，睡在那里的我从未睡过安稳觉。那幢房空旷，夜里像死一样寂静。可隔壁那位先生夜里老是不停走动、叹息，有时还自言自语，我都听得清清楚楚。昨夜更可怕了，他竟然不停地说如何去杀害一个老妇人……"

原来，陀思妥耶夫斯基正全神贯注地写作从罪犯心理反映黑暗现实的长篇小说《罪与罚》。《罪与罚》的主人公大学生拉斯科尔尼柯夫把人分成"非凡的人"和"普通的人"两类。他认为前者比后者更能推进世界的变革，为了达到自己的目的可以不择手段；而后者无足轻重。他为了尝试成为"非凡的人"，杀死了一个放高利贷的老太婆。他杀人前认为夺取她的钱财，用于社会，解救贫困的人，是有益于社会的事；然而他杀人后，却无法忍受良心的谴责，在后悔中彷徨、痛苦，惶惶不安。小说生动描绘了金钱对各类人物个性的毁灭性影响，从细腻刻画这个大学生杀人前后的心态复杂变化，挖掘人性的深邃内涵；从人物心理分析角度，揭露了沙俄时代的民众苦难生活，是犯罪产生的根源。

《罪与罚》出版后震动了俄国文坛。陀思妥耶夫斯基接着又写了《白痴》、《群魔》、《卡拉马佐夫兄弟》等一部又一部作品。尽管《群魔》引起争议，但陀思妥耶夫斯基作为心理描写文学大师的地位已经确立。他的作品赢得了广大文学爱好者的喜爱。1880年6

月 5 日，在莫斯科举行的普希金雕像揭幕庆贺典礼上，陀思妥耶夫斯基发表了演讲，获得满堂喝彩。于是，密探就密报警察机关，提醒应该提防、控制他在民众中的影响。

第二年 1 月，陀思妥耶夫斯基去世。莫斯科成千上万人走上街头，参加他的送葬仪式。有些大学生还弄来一副镣铐，举着跟在他的棺木后面走，以这种方式纪念这位曾被沙皇政府的镣铐禁锢的杰出作家。

陀思妥耶夫斯基以他的创作，实践了"我描绘的是人类灵魂深处的一切"的艺术追求。

174

托尔斯泰

1862 年的一天，《莫斯科消息报》刊出了一个奇怪的广告："现本人愿出价两千卢布，收购《莫斯科消息报》创刊以来的全套报纸及副刊。"

当时，两千卢布不是笔小数目的钱。用这么笔款来收集一套陈年旧报，这个人莫不是钱多得没处花了吧?

三年后的一个秋日，距离莫斯科不远的波罗金诺来了风尘仆仆的两位贵族先生。他俩先赶到郊野。五十年前，俄军为抗击拿破仑法军入侵，在这里举行过会战。其中一个前额宽广、眼神严峻、三十五六岁模样的贵族先生，仔细打量那片旷野，仿佛在寻找五十年前古战场可能遗留下的任何东西。当夜，他俩就留宿在波罗金诺的教堂中，这教堂是为纪念俄法会战中为国捐躯的俄军将士而修建的。

又过了四年，长篇小说《战争与和平》出版了。小说展示了1805 年到 1820 年俄国社会面貌的历史画卷。沙皇亚历山大一世，名将库图佐夫、巴格拉齐昂和法皇拿破仑等历史人物，特别是俄国1812 年抗击拿破仑入侵的卫国战争，包括波罗金诺会战等宏大场面，都被写得栩栩如生。小说中的主人公安德烈、彼埃尔，女主人公娜塔莎等尽管是虚构的，却形象丰满。这些人物及其家族的命运变化，反映了俄国民众同仇敌忾的爱国主义气概。《战争与和平》的作者，正是那个花两千卢布收购《莫斯科消息报》，从中收集

1812 年卫国战争的真实史料，又在波罗金诺古战场进行实地考察的人——列夫·托尔斯泰。

托尔斯泰在自己的故乡，离莫斯科南面不远的雅斯亚纳·波良纳庄园，花七年时间写作这部史诗作品。他的妻子索妮娅誊写这部书稿达七遍之多，因为托尔斯泰文思涌来就会立即修改。托尔斯泰写 1812 年的战争时，他脑海中就会出现自己 1855 年的战场经历，他当时作为一名青年军官在克里米亚战争前线——塞瓦斯托波尔要塞。那些俄军士兵为国作战的勇敢和爱国热情曾令他激动万分。托尔斯泰将这些发生在自己身边的事和人，艺术地再现在《战争与和平》中，小说由此获得了国内外文坛的一致好评。屠格涅夫、冈察洛夫、柯罗连科、福楼拜、罗曼·罗兰等著名作家都赞美不已。

也是在波良纳庄园。这天傍晚，托尔斯泰有几分倦意地躺在沙发上，似睡非睡。他突然看到一个身穿华丽的夜礼服、面貌非常美丽的女人幻影。更令托尔斯泰难忘的，是她那忧郁、痛苦的眼神。

"我脑海里出现了这么一个出身上流社会、被认为是堕落的已婚妇女形象，我想把她写得可怜但并没有过错。其他的所有的人物将围绕她，产生各自的故事……"托尔斯泰的妻子索妮娅听到丈夫对她平静地道出自己另一部长篇小说的构思。以家庭题材深刻反映俄国社会变化的小说《安娜·卡列尼娜》的写作，就是这样开始的。

小说主人公安娜为了追求爱情，离开了没有爱的包办婚姻组成的家庭，与伪善的丈夫卡列宁决裂。但她大胆反抗虚伪道德的行动，必然被贵族上层社会视为叛逆而扼杀，最后她不得不自尽。

小说在用一个爱情悲剧揭露沙俄社会黑暗的同时，又写了一个贵族列文与妻子吉提拥有爱情的家庭，却同样遇到了"不幸"，从而揭露了家庭、婚姻中的不幸，是社会的不幸造成的。青年贵族、庄园主列文不满封建农奴制度，又怀念留恋贵族生活。他企图通过

农事改革，找到一条地主与农民共同富裕的道路，却处处碰壁。列文的遭遇在很大程度上反映了作家托尔斯泰自己的现实生活，也体现了他在俄国发生激烈变革的历史时期，试着寻找答案的努力。

在《安娜·卡列尼娜》中，托尔斯泰用宗教帮助列文避开了不幸。在现实生活中，托尔斯泰用各种方式寻找人生的哲理。他积极投入农村教育事业，办学校、编写课本、研究宗教，甚至多次拜访修道院。因为托尔斯泰广泛接触各地民众、交友面广，他的住宅经常被宪兵暗中监视。

一次，一位宪兵军官登门，要求托尔斯泰提供几个与他相识的人的情况。

"你自己没有良心，不知廉耻，就认为别人也同你一样吗？"托尔斯泰愤怒地责问他。军官只得灰溜溜地自行离去。

一个6月的夏日，有位美国记者慕名来到波良纳庄园拜访。他吃惊地看到这个《安娜·卡列尼娜》的作者居然穿着粗布农民服装。晚饭后，托尔斯泰还在客厅里当着记者的面钉鞋后跟，缝皮靴。这位出身贵族家庭的农民伯爵以自食其力的体力劳动为荣，他对贵族上流社会的腐朽生活习惯和道德腐败深感耻辱。

托尔斯泰在七十一岁发表的小说《复活》，是他经过长时期思考后，对俄国国家制度、教会制度、社会制度和经济制度进行激烈批判的又一部杰出作品。

《复活》写作的起因是朋友柯尼一次来波良纳庄园拜访，闲谈时说起一件法庭审理中的事件：一个贵族要求娶一名因偷盗而被判刑的妓女为妻。因为最初是这个贵族青年的诱惑，才使这个农家姑娘走上堕落的犯罪道路，成为妓女的。柯尼说的这件生活中的真人真事，引起托尔斯泰的强烈兴趣。他先建议柯尼将此事写成小说发表。当发现柯尼半年多后仍没有写作的想法，托尔斯泰又写信征得柯尼同意，将这个题材转让给自己。于是从六十岁到七十一岁，托

尔斯泰足足花了十一年时间，才写完了《复活》。其中几度中断，几次重写。

《复活》以贵族地主聂赫留道夫以法院陪审员身份参加刑事审判时，看到一名被诬告投毒杀人的妓女玛丝洛娃，引发起他的回忆为开端。聂赫留道夫认出了玛丝洛娃原本是他姑妈家的女仆，是自己的诱惑使她失身，是自己的抛弃使她沦落风尘，才有今天。他良心发现，决定帮助她解除或减轻刑罚，以表示自己的赎罪，请求她的宽恕，甚至准备同她结婚。聂赫留道夫在帮玛丝洛娃申请减刑的过程中，不但认识到自己的罪孽深重，而且对沙俄法律的虚伪不公、官场的腐败丑恶有了越来越深刻的了解。

小说揭露了沙俄国家机器的罪恶；同时也对沙俄教会的伪善和欺骗性作了辛辣的讽刺。尽管《复活》提供的战胜罪恶势力的答案是"勿以暴力抗恶"，"宽恕一切"那种宗教道德观念和自我道德完善，仅是托尔斯泰式的理想化出路，但是这部小说仍是世界文学中的一部影响巨大的名作。

除了《战争与和平》、《安娜·卡列尼娜》和《复活》三部长篇小说，托尔斯泰还写了中短篇小说《童年》、《琉森》、《哥萨克》、《哈泽·穆拉特》、《克莱尔奏鸣曲》和剧本、论文等许多具有艺术造诣的作品。由于他极力主张放弃贵族生活方式和财产，与家人特别是妻子产生了激烈矛盾，托尔斯泰在 1910 年八十二岁高龄时独自离家出走。途中，深秋的寒意使他着凉发烧，他不治而逝。

临终前，托尔斯泰以微弱的声音说："我爱真理……非常地……爱真理。"

175

现代戏剧之父易卜生

挪威首都奥斯陆南边的小城斯基思，是个保留着北欧中世纪建筑的城市。城中，那座塔楼高耸、气势雄伟的大教堂，更让人们惊叹不已。

一天，有个满头鬈发、相貌俊秀的孩子路过教堂时，突然吵着要陪伴他的女仆带他一起登上塔楼看风景。当孩子从高空看到自己家的房子、广场的车马、只有玩具一般大小的行人时，兴奋得拍手欢呼起来。这一刻，他从高空看世界的感觉，似乎影响到这孩子的一生。

几十年后，这个名叫易卜生的孩子成为著名的剧作家。他写出了好几部剧情紧凑，用人物遭遇生动反映社会现实问题的剧本，剖析了人世间的虚伪和罪恶，突破了戏剧多年来以历史传说故事为题材的传统，不但震动了挪威，还影响了欧美。这些戏剧深刻揭露了假、恶、丑，正如他在《在高原》一诗中所说："我从高处看人群，看清了他们的真正本性……"

1874 年夏天，在丹麦哥本哈根，写了多部戏剧、已经成名的易卜生与朋友劳拉交谈时，劳拉告诉他，她因为一时筹不到钱支付丈夫治病的费用，只得伪造签名借钱。她万万没想到丈夫后来得知此事后，居然拒绝原谅她百般无奈之际的行为。她的家庭就此破裂。这个男人气量太小了，易卜生当时这么想，可他又想起前些日子读到的挪威女作家科莱特的小说《职业的女儿们》，书中流露出争取妇女自由解放的激情……

四年后，暂居罗马的易卜生开始用笔写下他的思索，那是一篇题为《关于一出现代悲剧的札记》的文章："世界上有两种精神的法律，两种良心。一种是男人的，一种是妇女的……这个社会纯粹是男权社会，一切法律都由男人制定……"

他放下笔，又想到现在的家庭，几乎与封建时代一样，妇女没有独立的人格，仍然是男人的玩偶。易卜生思考着。又过一年，他写出了剧本《玩偶之家》。

《玩偶之家》剧本出版两个星期后，就在丹麦的哥本哈根皇家剧院首次公演。

大幕拉开，观众们看到舞台上出现的是奥斯陆一个银行经理海尔茂的家。快到圣诞节了，这个家庭多么温馨啊，圣诞树送来了。海尔茂温情地称呼妻子娜拉"小宝贝"、"小鸽子"。他爱自己的妻子，从不在外寻花问柳、酗酒闹事。娜拉好像也挺幸福，她结婚八年，成了三个孩子的母亲。好几年前，因为海尔茂患病要去疗养，娜拉手头没钱支付，百般无奈只得背着海尔茂假冒自己父亲的签字，向银行借债送丈夫去看病。这些年来，她省吃俭用存钱还了这笔债。

眼下，升任经理的海尔茂要解雇职员柯洛克斯泰。柯洛克斯泰是当年娜拉冒名借款的知情者，他不愿失业，写信向海尔茂告发此事，威胁他。海尔茂看信后居然对娜拉大发雷霆。当柯洛克斯泰听人劝说后，写信表示绝不再提此事时，海尔茂又对娜拉亲热起来。这番周折让娜拉终于看清丈夫海尔茂的虚伪本质，也明白自己在家中只是海尔茂的玩偶和消遣的东西。她愤然离开了这个家。

《玩偶之家》形象生动地批判了资产阶级的市侩气和虚伪，揭露了男权社会对妇女的压迫。它的上演引起了轩然大波。

"此戏鼓励妇女不顾家庭、丈夫和女儿，独自出走。简直是伤风败俗……"

"这出话剧的结局，应该改成娜拉放弃出走的念头才对……"

这种种用"道德"来否定《玩偶之家》意义的言论，使易卜生面临巨大的压力。但易卜生坚持自己的立场，继续写出《群鬼》、《人民公敌》等戏剧，用作品反击那些披着道德外衣的伪君子的恶毒攻击。在《人民公敌》中，那位坚持揭露有毒水质污染环境真相，而被竭力掩饰真相、制造虚假繁荣的官员、绅士们宣布为"人民公敌"的人物——斯多克芒医生，在舞台上大声说："难道我就心甘情愿地让舆论、让这些多数派和这些牛鬼蛇神把我打败吗？对不起，办不到！""靠着欺骗过日子的人都应该像害虫似的被消灭干净！"

这些台词正是易卜生的心声。

《玩偶之家》的结尾，娜拉出走之后向何处去？是个问号。《人民公敌》的结尾，坚持真理的斯多克芒医生成为孤独的少数派，不但自己失去了工作，连同情他的女儿、朋友也都失去了工作。他今后怎么办？也是个问号。易卜生这类揭露现实的戏剧，没有走传统戏剧在剧情高潮中解决问题的老套路，而是提出问题，激发观众去思考。因此他被称为"伟大的问号"。

易卜生在一些取材历史故事、民间传说的戏剧中，同样注入他对人生意义的思考。在《培尔·金特》中，他写了一个富于幻想、终日懒散生活的青年培尔·金特流浪闯世界的经历。培尔·金特遇到过妖魔，后来又贩卖黑奴发财致富，干了不少坏事，最终破产潦倒，回到了家乡。《培尔·金特》公演时，观众看到戏临近结尾，舞台上的培尔·金特在剥一只洋葱，他剥去一层又一层，剥完了所有的皮，什么也没有找到。易卜生通过这个具有强烈象征性的情节，突出了全剧的哲理：自私、专横地向生活索取的人，最终是一无所有。

易卜生七十八岁时在奥斯陆逝世。他留下的《玩偶之家》、《人民公敌》等剧本成为世界各国戏剧舞台上的经典作品，他的创作对十九世纪末到二十世纪初的欧美戏剧产生深远影响，因而被称为"现代戏剧之父"。

176

达尔文环球考察

在海风的吹拂下，英国海军勘探舰"贝格尔"号于 1831 年 12 月 27 日驶离英国德文港，途经非洲海岸朝南美进发，进行为期五年的环球考察。当时谁也没有想到，这次航行将促使一本具有伟大历史意义著作的诞生。

船离开码头不久，狂风大作，巨浪滔天。军舰一会升至浪顶，一会又跌到谷底，一船的人都东倒西歪，呕吐不止。其中一个相貌文弱的年轻人，更是手按腹部，呕吐得厉害。海员们都担心他难以完成航行，因为他是一名博物学家，没有海员强健的体魄。不过那年轻人却下了决心说："如果我在这次航行中半途而废，我想我在坟墓中也不会安心休息的。"的确，他梦想这次航行，已经十几年了。

风浪略为平息，他就开始工作，不是忙于为标本贴标签，就是去检查渔网中的海洋生物，甚至爬到桅杆的顶部去采集海风吹来的灰沙。每次军舰靠岸，他都要上岸进行当地自然资源的考察。

这位年轻人名叫查理·罗伯特·达尔文，1809 年生于英国的施鲁斯伯里。达尔文从小就喜欢搜集各种矿石和动植物标本，甚至把家里的顶楼布置成一个标本博物馆。中学毕业后，他先后进过医学院和神学院，可是都没能好好地学习，却对地理、自然等学科非常感兴趣。除了打猎，达尔文还迷上了甲虫。据说他有一次去抓甲虫，双手各抓住一只甲虫，却发现又爬出来一个更为新奇的第三只甲虫，就毫不犹豫地把一只甲虫咬在口中，腾出手来抓第三只，结

果他的嘴被甲虫放出来的毒汁灼得又麻又痛。那一种甲虫后来就被命名为"达尔文甲虫"——当然这是在他成名之后的事了。学生时代的达尔文的理想是进行野外考察，成为一名分类学的自然科学家。正巧，"贝格尔"号需要一名博物学家，经过植物学家亨斯洛的推荐，达尔文实现了他的梦想。

在漫长的航行中，达尔文不满足于仅仅采集一些标本，而是虚心地向当地人请教。譬如有人告诉他，当地的鸵鸟很奇怪，就是几只雌鸵鸟把蛋下在同一个巢里，每当蛋积累到三十只左右，雌鸵鸟就集体离开，到另一处去下蛋，而雄鸵鸟就会去孵蛋。达尔文听了之后，认真作了观察和分析。原来这是鸵鸟对当地高温条件的反应。因为雌鸵鸟隔三天才能下一个蛋，如果等它把十几个蛋一齐下完再去孵化，第一个蛋早就变坏了，所以一些雌鸵鸟就采用这个办法，保证鸵鸟的繁殖。

又比如有一个岛上生长着一种海龟，那海龟极大，七八个人才能抬得动，但海龟却生活在干旱缺水的地方，甚至在一年只落几滴雨的地方它也能生存。这是什么原因呢？原来，海龟有一种寻找水源的本领。当年西班牙人就是找到了海龟的脚印，才找到了水源的。而一旦找到水源，海龟会把整个头部伸进水源，喝得饱饱的，不但胃里储存了大量的水分，连膀胱和心囊里面都灌满了水，这样可以抵抗长期的干旱。而当地的居民如遇到干旱，实在渴得难以忍受时，就想法去找海龟，喝海龟体内的存水。据说海龟心囊里的水滋味很美。这些当地生物的奇事趣闻，达尔文都一一加以记录，并尽可能地加以观察和验证。

当然达尔文最重要的工作还是采集各种标本，这绝不是一件容易的事。世界各地的地形气候差别极大，暴雨狂风，烈日暴晒，毒虫猛兽，还有疾病的考验，使他的环球之行充满了艰辛。但达尔文却陶醉在宏伟壮丽的大自然中，为找到的每一种新的标本而欣喜若

狂。1835 年 9 月，"贝格尔"号到达了被称为"全世界最大的自然博物馆"的加拉帕戈斯群岛（又叫科隆群岛，厄瓜多尔至太平洋东部的火山群岛），岛上的动植物种类比英国本土要丰富好多倍，让达尔文心花怒放。全岛共有植物二百多种，他采集到的标本就有一百九十三种，其中有近百种是该岛特有的物种。在采集之余，达尔文开始思考：这么多的物种是怎么来的呢？相互间为什么又很相像但又明显不同呢？他决定从一种叫"反舌鸟"的小鸟开始研究，寻找答案。

他考察了加拉帕戈斯群岛中的每一个岛屿，抓来了许多不同的反舌鸟，长嘴的、短嘴的、粗嘴的、细嘴的，一个个加以仔细分类和考察。

他的研究引起了舰长的好奇，问他要养这么多相同的鸟干什么。达尔文告诉他，这些鸟看起来都不一样，但他分析后认为，很可能它们是从同一个种类里变化出来的。

当时在欧洲，人们信奉的是基督教的"神创论"。"神创论"认为，世上任何物种都是上帝一下子创造出来的，而且一经造出，永远不变。达尔文的论点与"神创论"不符合，舰长听后吓了一跳，劝他千万不能这么说。

但是经过认真思考和分析，达尔文心中的疑虑已渐渐消除了。他已经找到了生物发生、发展和变化的规律。1836 年 10 月，五年的环球考察结束了，他采集的上百箱标本也运回了英国，但是达尔文的研究才开了个头。他进行了二十多年的研究，包括大量的实验和阅读。

1859 年，达尔文撰写的震惊世界的巨著《物种起源》出版了。这本书最初只印了一千二百五十册，但书中提出的自然选择的基本原理，逐渐被后来的科学研究一一证实。十二年后，达尔文又写了《人类起源》一书，进一步明确了进化论的思想，为近代生物学和人类学打下了坚实的基础。达尔文的科研成果——进化论，与能量守恒和转换定律、细胞学说被认为是十九世纪世界自然科学的三大发现。

病菌和病毒的发现

　　1865 年，法国的养蚕业忽然面临着一场怪病的侵袭，好端端的蚕儿身上出现了胡椒般的粉末，然后一个个伸出有钩的脚，仰起头，痛苦地挣扎着，不吃桑叶而死掉。一个晚上蚕儿就能死掉一大批。蚕农们心急如焚，联名写信给巴黎师范大学的生物学教授路易斯·巴斯德，请他千万想个办法。

　　巴斯德听到消息，马上来到了养蚕业的中心阿莱做起了实验研究。他把病蚕磨成浆，然后在显微镜下观察这些浆液。他发现浆液中有一些棕色的小颗粒，而正常的蚕磨成浆后就没有这些颗粒。经过分析，他断定这些颗粒就是致病的元凶。他把这种微生物称之为"病菌"。他进一步进行研究，发现病蚕的分泌物、病蚕吃的桑叶都有致病性，也就是所谓的"传染性"。因此他提出了具体的解决方法：把病蚕的卵销毁掉，严格管理桑叶和病蚕的粪便，等等。

　　这场席卷法国及欧洲的蚕病被很快制止了，法国养蚕业免于破产。巴斯德并由此得到启发，提出了高温消毒法，避免医院等场所的感染。巴斯德也由此走上了专门研究病菌的道路。

　　高温消毒法虽然很有效，但对于不能煮沸的东西如动物，怎么办呢？能不能有一种制剂，深入体内可以防病呢？巴斯德开始了长期的研究。经过反复试验，巴斯德研制出了一种被称为"疫苗"的制剂。这种制剂竟然有抗病的效力！消息传开，人们十分兴奋。1881 年 5 月 5 日这天，成群结队的农药师、药剂师、内科医师、兽医等一起来到一

个叫普伊福特的农场，看巴斯德展示他的疫苗效能。

巴斯德把五十只羊分成两部分：其中二十五只羊接种了疫苗，二十五只羊不进行接种，并分别在它们耳朵上做了相应的标记。

然后在 5 月 31 日，巴斯德给五十只羊全部接种了炭疽杆菌。

两天后，那些观众又一次赶来观看实验效果。只见那接种过疫苗的二十五只羊个个若无其事地平静地吃草，而没有接种过疫苗的羊一只只低着头，气喘吁吁走不动路。这些羊死亡后尸体迅速膨胀，把皮肤胀破，流出黑色的血液。这就是可怕的炭疽病。

炭疽疫苗的问世，使流行于欧洲的可怕的炭疽病终于有了克星，整个法国为之轰动。法国政府为此给巴斯德颁发了荣誉勋章，法国的最高学术机关法兰西学院吸收他为会员。

获得荣誉后，巴斯德又投入防治人、畜传染病的研究。

人、畜传染病中就有狂犬病。

狂犬病由疯狗传染。人被疯狗咬伤后，会呼吸困难，口渴异常，但一看到水却又会引起痉挛，因此也称为"恐水症"。由于该病症状怪异，人们一直对这种病十分恐慌，没有进行过深入研究。

有一次，两条疯狗被送进巴斯德的实验室。这时巴斯德刚大病初愈，尚未完全恢复，体质相当弱。研究这种病又十分危险，万一被咬伤根本无药可救。而且那时巴斯德也已经功成名就，完全可以不去研究这种疾病。但他想到那些感染了狂犬病病人的痛苦模样，便不顾身体虚弱，冒着极大的危险，从疯狗的口中采集到几滴唾液，然后把唾液接种到其他的小动物身上，可是小动物没有明显反应。巴斯德由此猜测，引发狂犬病的微生物和病菌不一样。

为了证实这种猜测，巴斯德不断进行观察。他发现狂犬病的症状都和神经系统有关。那么，会不会病变产生在脑部呢？

巴斯德和助手们将疯狗的脑壳打开，取出脑脊液，再接种到其他动物的大脑表层。结果，被接种的动物全部感染了狂犬病！

巴斯德把这种比病菌更小的致病微生物称之为"病毒"。他用兔脑来培养狂犬病病毒。

经过一次又一次的试验，巴斯德终于研究出狂犬病病毒的疫苗。消息传开后，一天，一位母亲抱着九岁的孩子来找巴斯德，她的儿子被疯狗咬了好几口！

巴斯德很为难，他只做了动物试验，还没在活人身上用过这种疫苗。但是一旦延误了时机，孩子就没有救了。他如实将这些告诉孩子母亲，又征得她的同意，就为孩子接种了疫苗，开始了两个星期的治疗周期。

日子一天天过去了，孩子看来什么都很好。到了第十四天，又给孩子注射了最新的狂犬病脑脊液。孩子很快就睡着了，可是，巴斯德却无法入睡。"这是含病毒量很高的毒液。万一孩子死了怎么办？"他紧张地守了一整夜。

天亮了。孩子醒了，高高兴兴地玩了起来。

"成功了！"巴斯德救了这名叫迈斯特尔的孩子。迈斯特尔成人之后，自愿做了巴斯德实验室的看门人。他忠实地守卫了这个研究所半个多世纪。

二战期间，德国侵略者妄图破坏巴斯德的墓地。已是老人的迈斯特尔挺身而出，最后为保卫巴斯德墓献出了自己宝贵的生命。

178

诺 贝 尔

提起诺贝尔奖，恐怕没有人不知道。但讲起这个大奖的来历，恐怕知道的人就为数不多了。那么，诺贝尔是怎样一个人呢？为什么诺贝尔奖要以他的名字命名呢？

诺贝尔是一位伟大的发明家，也是一位成功的企业家。

阿尔弗雷德·诺贝尔，1833 年 10 月出生在瑞典的斯德哥尔摩。他从小体质很弱，甚至不能坚持上学，全靠他开小店的母亲帮助，才读了点书。诺贝尔长大成人后离开瑞典，到俄国他父亲开的小工厂里工作。

有一天，两位客人来访。他们小心翼翼地拿着一个装着黏稠液体的小瓶。天资过人的诺贝尔一看就叫道："那不是硝酸甘油吗？"

"不简单，现在知道硝酸甘油的人还寥寥无几呢！"客人称赞道。接着他们就开始"表演"了。

客人在一块钢板上滴上一滴硝酸甘油，用火一点，只听"轰"的一声，硝酸甘油马上燃烧起来了。客人又在钢板上滴上一滴硝酸甘油，用锤子敲了一下，马上响起了劈劈啪啪的爆炸声。这两位实际上是化学家的客人说，硝酸甘油威力极强，只是非常危险。最初的发明者因爆炸后受重伤，实验室全部被炸毁，现在再也没有人敢试验下去了。不知道世界上有谁还敢冒这个险。

诺贝尔想了想说："先生，这项研究我来试试吧！"

化学家高兴地将这小瓶硝酸甘油送给了他。

　　硝酸甘油可广泛应用于采矿、筑路等方面。但因它威力极大，没有办法靠近它去点火，要不然去点火的人一定会被炸死。唯一的方法是用一种不那么强烈的火药作为媒介，让火药先烧起来，产生足够的温度成为冲击力，然后再使硝酸甘油爆炸。

　　经过反复考虑，诺贝尔决定用黑色火药做引爆物，开始效果不错。但在使用中，却发现引爆物的强度不够。换用什么材料好呢？诺贝尔冥思苦想了整整两年，终于发现一种叫雷酸汞的晶状粉末。

　　1867年，诺贝尔改用雷酸汞做引爆剂，失败了几百次。终于有一次，"轰"的一声巨响，实验成功了。同时实验室被炸翻了天，他本人也被炸得鲜血直流。诺贝尔冒着生命危险取得了这次成功。后来他改用金属来装雷酸汞，这就是以后"雷管"一词的来历。

　　雷管试验的成功使硝酸甘油从实验走向应用。国内外的订单源源不断地涌来。诺贝尔忙于扩大厂房、组织生产，大批产品运向欧洲。由于当时人们对这种炸药的认识还非常有限，因此在产品的包装和运输过程中出了不少问题。

　　最初，人们用金属箱装硝酸甘油，金属罐会被蚀穿。硝酸甘油那浓稠的液体看上去一点没有什么可怕，因此有人把它当润滑油注入车轴，甚至有人把它当鞋油用，涂在皮鞋上使劲摩擦，其后果是可想而知的。到了冬天，硝酸甘油凝固成块状，人们用铁棍去砸它，甚至把它掺到灯油里来取暖。因此，各地相继发生爆炸的惨案。不久，瑞典政府发布了禁止运输硝酸甘油的法令，法国、葡萄牙、比利时等国也明确表示禁用。

　　面对这种不利局面，诺贝尔没有退缩。他坚持只要解决运输的安全问题，硝酸甘油的效力就能充分发挥。他想出了利用吸附剂来吸收硝酸甘油的方法。他试用多孔的硅藻土吸收硝酸甘油，解决了运输过程中的震动问题，这就是所谓的"黄色炸药"。很快，成批的订单又来了。但是硅藻土本身不会燃烧，还吸走气体和热量，使

炸药的威力降低，因此，还得寻找新的吸附剂。

有一天，诺贝尔的手不慎划破了。助手给了他一种叫硝棉胶的护创膏。他躺在床上，因手痛而难以入睡。突然，一个念头从他脑海中闪过：手痛得这么厉害，是否有什么东西通过硝棉胶进入了伤口？难道说硝棉胶里有孔隙？

他马上翻身下床，走进实验室。他把硝棉胶同硝酸甘油按不同的比例混合着，试了一次又一次……

天亮了，助手走进实验室，看到还穿着睡衣的诺贝尔，大吃一惊，忙问出了什么事了。诺贝尔笑着告诉他，实验成功了！那是一种糨糊状的胶质炸药。它不怕震动，点火也不会燃烧，威力却大大强于黄色炸药。这个发明很快在瑞典、英国、美国等国获得了专利。

炸药的广泛使用大大地扩展了人类移山填海的能力，在采矿、筑路、开运河等方面得到了极为广泛的应用。诺贝尔也在几十个国家办起了炸药生产厂，成为著名的国际企业家。

但是，炸药既可以造福人类，也可以变成杀人的武器。面对欧美列强拼命地扩军备战，军火工业迅速发展，诺贝尔深感不安。他研究炸药的初衷是为人类造福，而不是杀人。能做些什么事来弥补呢？

从 1857 年诺贝尔取得第一项专利起，他一生中取得的专利达三百五十多项，有一大笔专利费。除了开炸药厂，诺贝尔投资于石油工业，积聚了约三千三百多万瑞典法郎的财富。

1896 年诺贝尔去世。他在晚年做了一件名垂青史的大事：设立诺贝尔奖。他立遗嘱如下："请把我的全部财产作为基金，以其利息作为奖金。把奖金分为五等份，作为五种奖金。其中四份分别给在物理、化学、生理或医学、文学方面有重要发明、发现或有重要作品的人，一份奖给为促进和平事业做出卓越贡献的人……"

　　诺贝尔在科学的道路上勤奋地探索，百折不挠。他生前设立的诺贝尔奖，则为推动科技进步、造福人类的伟大事业，发挥了巨大的作用。

179

杆菌之父

　　1850 年，德国克劳斯台镇的教堂响起了低沉、阴郁的钟声，人们从四面八方赶来，为刚死去的教区牧师祈祷。这位牧师是一个大好人。人们想起他平时的为人，都非常悲痛。祈祷结束之后，人们还都沉浸在哀痛之中，默默散去，却有一个小孩打破了沉寂，他问妈妈："妈妈，牧师是怎样死的？"

　　"他得了病。"妈妈回答说。

　　"这种病一定要死吗？为什么全城的医生都治不好他的病呢？"小孩问道。

　　"牧师得的是绝症。绝症是一般医生没法治好的。"母亲无可奈何地回答。

　　"绝症？为什么绝症就治不好呢？"小孩追问道。

　　妈妈没词了。她只好摸摸小孩的头，继续赶路了。但小孩心里却萌发了一个想法：将来我要治好绝症。

　　这个小孩就是后来被称为"杆菌之父"的罗伯特·科赫。

　　科赫成年后进了医学院，毕业后成了一名乡村医生。他真诚地为人们治病，到后来农民的家畜生了病，也要去找他。当时，已经有人提出，所谓的传染病是由微生物引起的。但到底是什么微生物，又是怎样引起的，并没有什么证据。年轻的科赫对这个问题极感兴趣。他经常在想，怎样才能亲眼看到这些微生物呢？

　　一天，一个农民气喘吁吁地走进了科赫的诊所，恳求科赫到他

家里去一次。他有三头肥羊，突然死了一头，第二头也有点不对劲了。第三头羊有救吗？他急切地问科赫。

科赫匆匆赶去，在死羊和活羊身上都抽了点血，然后放在显微镜下观察。他看到死羊和活羊的血里都有浮动着的枝条样的小东西。他把这种小东西称为"杆菌"。他已经发现凡是血里有杆菌的羊，都不会存活。也就是说，这第三头羊不久也会死掉的。

然而，怎样证明这些小东西是活的呢？除非亲自看到它们的生长、繁殖、致病，但是又怎样能做到这一点呢？有了，科赫灵机一动，央求妻子给他做一碗肉汤。

第二天，他又要求妻子做一碗肉汤。

第三天，他还要求妻子做肉汤。

他天天要肉汤引起了妻子的好奇。丈夫怎么会突然变得那么爱吃肉汤了呢？妻子满心疑虑地走进了实验室，只见那些瓶瓶罐罐都装满了肉汤，一切都明白了。不是丈夫要吃肉汤，而是那些"小东西"要吃肉汤。那些肉汤里面长满了细菌！

细菌在肉汤里虽然长得很好，但是很多细菌都混杂在一起，怎样才能使它们分离出来呢？科赫陷入了沉思。他吃不香，睡不好，天天像丢了魂似的。

"做一点可口的饭菜也许能提高他的胃口。"妻子想。马上，一盘漂亮的果子冻摆到了科赫的面前。

科赫呆滞的双眼盯着果子冻看了一会，突然双眼大放异彩。他激动地一把抱住妻子说："亲爱的，多谢你帮了我一个大忙。快给我弄一点带肉汤的果冻来！"

什么？用肉汤做果子冻？有没有搞错？

不，没有搞错。科赫这一次仍然不是自己要吃，他还是要让这些"小东西"吃。科赫首创了用肉汤琼脂培养细菌的方法。他把这种液体倒入小的玻璃盘内，等它们凝固后，小心地用接种器把细菌

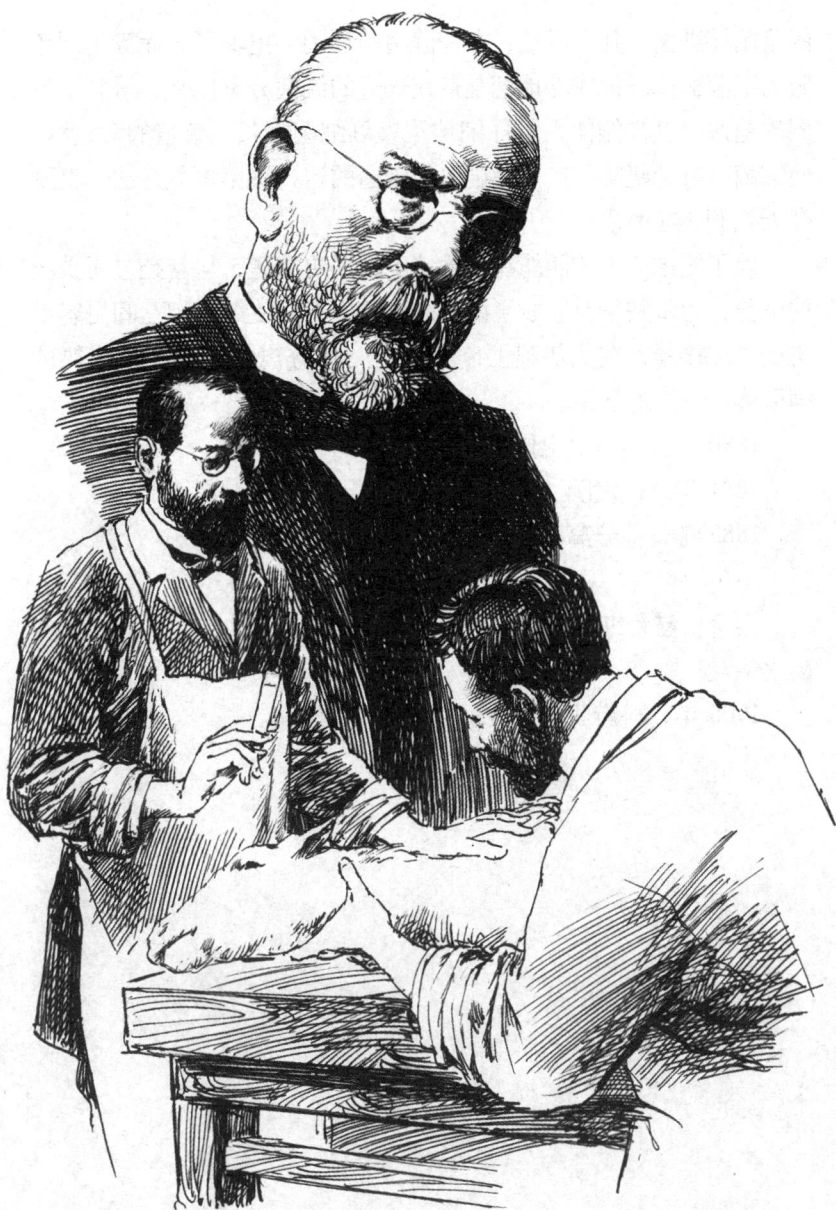

的菌苗移进去。几天以后，在细菌菌苗周围，出现了一簇簇不同色彩的细菌群体。他成功地把混杂在一起的细菌分离出来，得到了不同的菌株，这样能使人们仔细地观察到细菌生长、繁殖的全过程，使细菌学有了坚实的实验基础。他创造的这种细菌培养方法，直到今天我们还在使用。

为了使这些小东西能在显微镜下看得更清楚，科赫经过无数次的试验，用苯胺染料完成了细菌的染色任务，使细菌相互间更容易辨认了。接着，在此基础上，1876 年，他分离并证明了炭疽热的病原体——炭疽杆菌。

1880 年，他分离出伤寒杆菌。

1881 年，他发明了蒸汽灭菌法。

1882 年，他分离出结核杆菌。

……

由于科赫为细菌学的发展做出了巨大贡献，他被人们誉为"杆菌之父"。

1905 年，科赫获得诺贝尔生理学和医学奖。

180

周期律的三次胜利

1869 年 2 月里的一天，俄罗斯彼得堡大学物理教授德米特里·伊凡诺维奇·门捷列夫像往常一样，一清早就钻进办公室忙碌起来了。可是今天有点不一样的是，到了吃饭的时间也没见他出来。下午，秘书走进他的办公室，只见这位头发花白、背部微驼、蓄着一蓬银灰色大胡子的科学家正在聚精会神地玩纸牌。他把桌上的纸牌不停地排来排去，平时炯炯有神的两眼今天却非常迷惘。

老教授迷上了纸牌，是怎么回事？

门捷列夫摆弄的不是一副普通的纸牌，是他将六十三张卡片制成的化学元素牌。每一张牌上写着一个元素符号和相应的原子量，代表着当时发现的全部化学元素。

门捷列夫这学期讲授无机化学。可是他发现无机化学的教科书已经陈旧不堪，便决定自己动手编写教材。旧教材的缺点是知识凌乱孤立，没有系统性，教师教得辛苦，学生听得困难。可是，怎样才能把那些看起来互不相关的元素按照某种规则排列起来，使大家易学易记呢？

门捷列夫早就注意到，有些有着相同原子价的元素性质很相似；也注意到有些原子量相差很大的元素却有着很相近的原子价。他推测这背后一定有某种规律性的东西。他一定要把它找出来。门捷列夫于是就"玩起"了这副"元素牌"，以通过不同的排列来找出其背后的规律。

他先把元素按原子量来排，又把元素按性质来排，但都有让人不够满意的地方。"锌应该挨着镁，那么砷应该排在哪里呢？挨着铝吗？不行，两者不相似；那么挨着硅呢？也不行，两者也不相似；再往上怎样？挨着磷怎样？对了，磷酸盐和砷酸盐都有同晶现象，砷应该紧挨着磷。但是这样一来，砷和锌之间将留下两个空格了……会不会暗示着还有未发现的元素呢？……"门捷列夫想到这里，不由激动起来。

"未发现的元素！"这个想法使得门捷列夫兴奋不已，"那到底应该是怎样的一种元素呢？"

夜以继日的思考使门捷列夫有点昏昏欲睡了。"未发现的元素，未发现的元素……"恍惚间，他迷迷糊糊地看到一张"元素表"，每一行、每一列都那么有规律；原子量依次递增，元素性质相互类似，中间没有任何的空缺……

"对！周期性的规律！"门捷列夫揉揉眼睛，赶紧把似梦非梦中思考的那张表记录下来。他将已知的六十三种元素全部排列在表上，并觉得还应该有三种尚未发现的元素，门捷列夫把它们命名为"类硼"、"类铝"和"类硅"。依照邻近元素的性质，他还大胆地预测了这三种元素的原子量、物理性质和化学性质。

就这样，1870年，门捷列夫发表了他的"元素周期表"，可不但没有引起人们重视，甚至还招来不少讥笑。"真是胡闹！还没发现的元素，居然能知道它的比重、原子量！""真是想入非非！"

但是，门捷列夫没有动摇，他相信时间会证明一切的。

1875年，门捷列夫看到《法国科学院院报》上关于发现新元素镓的消息。他读完报道，发现元素镓就是他曾经预言过的"类铝"，除了比重不对，其他与他预言的相似。他激动极了，一方面给《法国科学院院报》写信，另一方面又写信给发现镓的法国科学家布瓦博德朗，告诉他镓的比重应该在 5.9 ~ 6.0 之间，而不是像

他所测得的 4.7！

　　收到门捷列夫的来信，布瓦博德朗真是哭笑不得。那时全世界所有的镓才提炼出来一克多一点，这是一种放在手心里就会融化的奇妙金属。远在千里之外的这位俄国科学家手头根本没有镓，他是如何测知它的比重的？但出于一位科学家的严谨，他复测了镓的比重。出乎他的意料之外，比重真的如门捷列夫预言的为 5.94。他赶紧补读了这位俄国科学家的论文，心悦诚服地承认元素镓就是门捷列夫所预言的"类铝"。于是布瓦博德朗马上写信告诉门捷列夫，向他致意，并向他赠照留念。这的确是元素周期律的伟大胜利。

　　这一消息很快传遍了欧洲。几十个实验室都开动起来，寻找门捷列夫所预言的新元素。不久就传来振奋人心的消息，1879 年，瑞典化学家尼尔森从镱土中分离出一种新元素，他把它命名为钪。瑞典化学家克利夫开始研究这个新元素，后来他报告法国科学院，这个新元素就是门捷列夫所预言的"类硼"。然后，他写信告诉门捷列夫，"类硼"已找到，这就是新发现的元素钪。这是周期律的第二次胜利。这一来，以前曾经反对门捷列夫的人也开始向他表示祝贺了。

　　第三次胜利来得稍微迟一点。那是 1885 年，德国化学家文克勒发现了新元素锗，并认为这就是门捷列夫所预言的"类硅"，也得到了门捷列夫的承认。至此，元素周期律得到了全世界的公认。

　　1894 年，英国化学家莱姆塞发现了惰性气体氩和氦、氖和氪。因此，在周期表上补上了零族元素。1913 年，英国物理学家莫塞莱发现了原子序数，进一步解决了元素周期表上部分元素的原子量差异问题，使该表得到了最终的完善。

　　元素周期表的诞生与完善，有力地推动了现代化学的发展。

181

电灯的发明

世界闻名的大发明家爱迪生，1847 年 2 月生于美国俄亥俄州的米兰镇。他从小就爱思考，"为什么?""你为什么不知道?"这两个问题是他平常最喜欢说的，这常常使周围的大人们极为尴尬，甚至他的小学老师因被他问得狼狈不堪而不愿意教他。因此他的正式学历只是读了三个月的小学一年级。

幸好他的妈妈是小镇上有名的好教师，母亲良好的启蒙教育，使爱迪生养成了在实践中学习的好习惯。他坚持边干边学，干什么学什么。在实践中不怕失败，善于总结经验，是爱迪生能成为大发明家的重要原因。

爱迪生一生的发明光登记在册的专利就有三千多项。他完成和改进了电报机、电话机、留声机、中央配电系统等一系列重大发明，彻底改变了人类生活，其中影响最大的就是电灯了。

在爱迪生发明电灯之前，人们曾用煤气灯和电弧灯照明。但这些东西价格高，寿命短，安全性差，平民百姓无法使用。为了让一般老百姓也能使用照明灯，爱迪生开始了对普通电灯的研究。

从理论上讲，制作电灯并不难。在一个抽成真空的灯泡里装上一根灯丝，让电流通过灯丝就能发光。可是要选择合适的灯泡和灯丝却并不容易。

第一个环节是灯泡形状和容积的设计，这个问题爱迪生很快就解决了。他设计了不同形状的灯泡。由于有自己的玻璃工场，他根

本不用繁复的数学公式来计算容积。他在一只空灯泡里灌满了水，随手把水倒进量杯，然后读出量杯的刻度，一下子就解决了灯泡容积的问题。

接下来的问题当然就是选什么材料做灯丝了。爱迪生最初选用的是炭，但是炭丝很快就断裂了。这是什么原因呢？爱迪生拿起灯泡反复察看。

"对了！灯泡里面有空气，而空气中的氧有助燃作用。如果没有氧，会不会好一点呢？"爱迪生思索着。他马上把灯泡里面的空气抽掉，采用了新型的气泵。

在1879年8月，他已经可以使灯泡的真空保持在十万分之一个大气压了，这在当时的条件下是很不容易的。在这种真空度下面，再用炭做灯丝，电灯一下子就亮了。成功了吗？不，八分钟后，电灯就熄了。

看来炭丝不是理想的材料，必须找另外的材料。用金属怎样？爱迪生先后试用了铬、铱、钛等金属。只有铂的效果还可以，但最后铂丝还是烧断了。他试着在铂丝上面涂上其他材料，电灯发光的时间明显地延长了，但电灯却会不时地自动熄掉，继而又自动地再亮起来。看来还得想别的办法。

一个月后，爱迪生制造出新的抽真空设备，使灯泡内的真空达到了百万分之一个大气压，电灯的寿命也因此延长到两个小时了。这不能不说是朝成功又迈近了一步，但在实用性方面还是远远不够的。况且铂的价格昂贵，一般人负担不起，还得寻找其他的方法。

爱迪生向有机材料打起了主意。他开始试用麻绳、稻草、硬橡胶、马鬃，甚至用人的头发、胡须，能想到的似乎都想到了。有一天他清点了一下，选用过的材料已达一千六百种之多！但成功还是遥遥无期。

一天晚上，爱迪生一边思考问题，一边随手拿起一块被压榨过

的混有树脂的碳黑，不经意地搓弄着，无意中把碳黑搓成了一条细线。他突然心中一动，为什么不试试纤维化的碳黑呢？

他马上精选了一段棉线，把它弯成马蹄形，放进一只金属盒去进行碳化处理。几个小时以后，世界上第一根正式的电灯灯丝做成了。"助手巴切勒极为小心地拿着这根宝贝向吹制车间走去，而我则像护送着无价之宝的护卫。"爱迪生事后回忆道。他们小心翼翼地把灯丝装入灯泡，然后抽真空、封口、通电，刹那间，金色的光芒洒遍了车间，灯泡点亮了好几个小时！接着再换上一个新灯泡，居然连续亮了四十个小时！成功了！这一天是 1879 年 10 月 21 日。

然而，点燃四十个小时的灯泡和爱迪生的设想相比还是远远不够的。他又开始考虑新的材料。他受扇子的启发，选用了碳化的竹丝；在全世界六千个竹子品种中一一筛选，最后选用了一种日本竹子做灯丝。又过了许多年，竹丝才为钨丝所取代，渐渐演变成今天我们使用的电灯泡。后来，爱迪生又发明了中央配电系统，才使电灯走进千家万户，走遍了全世界。

爱迪生曾经说过："天才就是九十九分血汗加一分灵感。"电灯的发明不正是这样的吗！

182

摩尔根创立基因学说

　　一个冬天的黄昏，美国纽约的谢默霍恩大楼旁的体育馆突然起火。火借着风势，很快烧穿了屋顶，并向大楼逼近。救火车的水泵不停地喷着水，但大楼还是烟雾腾腾，一些窗框甚至都融化了。警察远远地拉起了警戒线，不允许任何人靠近大楼。

　　但是，有个男子却苦苦哀求警察让他进到大楼里去。那男子声称自己是教授，而自己最宝贵的实验材料都在大楼里面。警察上下打量着这位穿着没有扣子的外套、腰里系着一根绳子、留着大胡子的人，很难相信这个像看门人一样打扮的人，竟然是教授。

　　大概是他的蓝眼睛流露的真诚和言辞中透露的高雅气度感动了警察，最后他竟然被放行了。那男子飞快地一口气冲上六楼，抢出一大堆脏兮兮的牛奶瓶，把它们移到大楼的另一头。这样一次次地跑着，直到所有的牛奶瓶都搬了出来，才喘着气冲出浓烟滚滚的大楼，回到人行道上观望。

　　这位像看门人一样打扮的大胡子，就是举世闻名的遗传学家托马斯·亨特·摩尔根。被抢出来的牛奶瓶中装着他的宝贝——果蝇。

　　摩尔根对果蝇情有独钟，因为果蝇的染色体数目特别少，一共只有四条；而且果蝇繁殖极快，特征明显，饲养又极为方便，是检验遗传理论的理想材料。

　　1865 年，远在摩尔根之前，奥地利的孟德尔就用豌豆做过试

验，初步提出了遗传理论。但是三十多年过去了，孟德尔的理论没有得到大家重视。摩尔根原先是一位胚胎学家，他是在研究性别决定因素的过程中才对遗传学感兴趣的。当时，决定性别的染色体已经发现，但是除了性别之外，其他的生物学性状是通过什么遗传下去的，则还是一个疑问。摩尔根敏锐地意识到，不决定性别的一般染色体，在其他生物学性状的遗传中一定扮演着重要角色。

摩尔根从 1906 年开始做果蝇的遗传实验。到 1912 年，他已经分离出了具有不同特征的四十多种果蝇了。这些果蝇是那么地来之不易，难怪他要冒死去救果蝇了。他对研究非常入迷。有一次，有人问摩尔根的孩子："你爸爸是干什么的？"

孩子不无得意地回答："我爸爸是替哥伦比亚大学数苍蝇的！"

实验最初进行得很不顺利，开头几年甚至一无所获。譬如为了研究果蝇后天产生的视力缺损是否能遗传下去，摩尔根的一位学生使果蝇连续六十九代不见光线，一直生活在黑暗之中。到了第七十代果蝇出生后，果然个个视力昏花，不辨方向。学生赶紧叫来摩尔根：实验成功了！可是这些视力缺损是暂时的，这些果蝇很快在成群的科学家们的眼皮底下恢复了视力，若无其事地向光亮处飞去，就好像什么事也没发生过那样！

直到 1910 年，摩尔根的一位学生在洗瓶子时，无意中发现了一只红眼睛的果蝇。这是一种非常少见的现象，从中可以推断出有一对染色体没有分离。摩尔根立即做了进一步的试验。

摩尔根让红眼果蝇和白眼果蝇交配，结果第二代全是红眼果蝇。再让红眼果蝇自相交配，下一代中红眼和白眼果蝇都有，而白眼果蝇全都是雄性。这实际上触及了后来所谓的"性连遗传"，即和性别有关的性状的遗传问题。他当时称之为"性连环"，也就是有关眼睛颜色的遗传单位是在性别染色体上。他把这个遗传单位称之为"基因"。

一大批发现接踵而来。摩尔根和他的学生们先后发现了染色体交换时会产生相互干扰的现象、致死因子和性染色体相连的现象和染色体在某种条件下会不分离等现象，开始认识到染色体上基因有一定的位置，并由基因的交换频率而推测出所有突变基因彼此间的距离，绘制了人类历史上第一张基因排列图。

1911 年，摩尔根开始在《科学》杂志上公开自己的发现。接下来的几年中，他先后撰写了《遗传与性》、《孟德尔遗传原理》、《果蝇遗传学》等现代遗传学的经典著作，全面、系统地提出了现代遗传学的基本原理，使人类对遗传的研究从染色体水平进入到基因水平，他的学说渐渐得到了全世界的公认。许多世界著名的大学争先恐后地授予他种种荣誉头衔和学位。1924 年，他得到了达尔文奖章。1933 年，他获得了诺贝尔生理学和医学奖。

摩尔根并没有在荣誉面前止步，继续着手研究基因和进化的关系这一新课题。他于六十一岁从哥伦比亚大学退休，第二年却在加利福尼亚大学建立了生物学院，开始研究细胞分化问题。他整整工作了一生，于 1945 年去世。

183

X 射线的发现者

人们都知道诺贝尔物理学奖是世界科学界的最高奖项。可你知道世界上第一位获得诺贝尔物理学奖的人是谁吗？他就是德国物理学家伦琴。

威廉·康拉德·伦琴于 1845 年生于德国累内普。和其他物理学大师不一样，他最初只是技校毕业生。由于努力学习，伦琴十九岁那年又读上大学专科，然后当上物理学助教，继而成为编外讲师。在讲资力、文凭的学术界，他没有因自己学历不高而妄自菲薄，反而更努力地学习和突破。伦琴在温差电、光化学、压电现象、热传导和偏振光传导等领域做出了不少贡献而受到重视，被破格聘为物理学教授。当然，他的最大贡献在于发现了 X 射线。

1895 年，五十岁的伦琴已是德国维尔茨堡大学教授。一天夜晚，他做阴极射线的实验。伦琴把阴极射线管用黑纸严密地围起来，然后关闭窗门，接通电源，想检查黑纸是否漏光。室内一片漆黑，黑纸没有漏光，使他很满意。他正要做进一步的实验时，却发现涂着铂氰化钡的屏幕上，闪烁着黄绿色的荧光。这使他很惊讶，立即切断了电源，那荧光也就消失了。可是当射线管一通电，那荧光也就又出现了。

是什么东西使得铂氰化钡发光呢？射线管里有什么东西放出来呢？伦琴试着用一本书放在射线管和屏幕之间。一通电，屏幕照样发荧光。他又试着用木头、玻璃、硬橡胶等作为阻挡物，但都无法

阻断屏幕上的荧光。

那时候，全世界的科学家都认为，原子是构成物质最基本的单位，根本不知道原子内部还有结构，可以发出射线。伦琴当然也不例外。可眼前的实验却提示原子内部有某种未知的射线放出，而且一般物质无法阻挡这种射线。这是什么射线呢？伦琴陷入了沉思之中。

夜深了，伦琴疲乏地跌跌撞撞回到家中。为了不惊动妻子，他一个人悄悄地坐下吃饭。当他拿起一片面包时，无意中看见面包在桌布上的投影。

"好极了，原来是这样！"他大喊了一声，把面包扔下，马上走出家门，奔向实验室。

伦琴的喊声惊醒了他的妻子别鲁塔。她匆匆忙忙从卧室里出来，看到桌上的晚餐似乎没有动过，而丈夫已经走远了。别鲁塔轻轻地叹了口气，包上一些食物，走向实验室。她知道他肯定在那里。

伦琴看到妻子来了，很高兴。他告诉她自己发现了一种不知名的射线，并让妻子做助手，来测定一下射线能射多远。

别鲁塔拿着涂着铂氰化钡的屏幕慢慢地后退着。突然，她"啊"地叫了一声。

"怎么啦？怎么啦？"伦琴忙问。

"快来看我的手！"别鲁塔说。

"手怎么啦？被射线刺伤了？"

"不，在荧光屏上……"

他们俩看到在荧光屏上有一只非常清晰的手的骨骼的影像！

这是人类第一次看见自己的骨骼影像。两人目瞪口呆地看着那影像，在吃惊之余的同时，有一种毛骨悚然的恐怖感。伦琴意识到事情的重要性，他马上用感光胶片为他妻子的手做了摄影。

"这真是一种神奇的射线。这到底是什么射线呢?"

"这是一种未知的射线。这是 X。"

"对,就叫它 X 射线吧。"

一个多月后,伦琴的论文《一种新的射线》发表了。1896 年,在柏林的物理学年会上,伦琴展示了这张照片,并当场进行了表演,立刻引起了参加会议的学者的重视。消息迅速传遍了全世界,美国有一家医院就用伦琴发现的 X 射线为一位受枪伤的病人作子弹定位,顺利地取出了体内的子弹。三个月后,在维也纳,医生开始用 X 射线拍片。很快,全世界刮起了一股 X 射线热。后来,X 射线被进一步应用到金属探伤、晶体研究等方面。

X 射线的发现,不仅只有实用方面的功能,还提示了在原子内部有着复杂的结构。卢瑟福、居里夫人等科学家的研究也从中获得了启示,伦琴的发现可以说开创了原子物理学的新时代。

1901 年 12 月 10 日,瑞典皇家学院把世界上第一枚诺贝尔物理学奖章、证书和奖金,授予伦琴这位杰出的科学家。

表面上看来,伦琴的发现纯粹是出于好运气。到底是不是这样呢?

柏林科学院在给伦琴的贺信中说:"科学史告诉我们,在每一项发现中,辛劳和幸运是结合在一起的。许多外行也许会认为幸运是主要因素。但是,了解您特点的人都懂得,只有您才有资格获得这样一个伟大的发现。"

184

心灵之窗的卫士

一天下午，瑞典滨海城市朗茨克鲁纳的玛尔孟勋爵在屋子里走来走去，坐立不安。他刚派人去请眼科大夫格尔斯特兰德为他的女儿治病，大夫能来吗？

勋爵本人是当地医院的董事。医院里有不少有名的医生，但都没法治好他女儿的病。不仅如此，最近一年里，他还邀请了北欧不少名医来他家，但他们对他女儿的眼疾都束手无策。他女儿的双眼长了层白翳，已经什么都看不见了。除了动手术，没有别的办法。但这手术很危险，弄不好就会终身失明。大家都说，除了当地的名医格尔斯特兰德，没有人能治好他女儿的病。

那为什么不从一开始就请格尔斯特兰德来治病呢？原来这里面有一段故事。

格尔斯特兰德于 1862 年生于当地一个医生之家。他的父亲以善治眼疾出名，在长期的医疗实践中，他积累了丰富的经验。但他没有受过正规的医学院教育，因而受到当地其他医生的排挤。也正因为这一点，勋爵本人也看不起他。当他的医院开张时，没有邀请他去主持眼科，勋爵认为他的方法不科学。

格尔斯特兰德从小就做他父亲的助手，耳濡目染，也积累了不少治病的经验。他一心想继承父业，把家传的医术整理出来并发扬光大。为了提高自己的理论水平，他中学毕业后考进了瑞典著名的乌普萨拉大学医学院学习，后来又到奥地利的维也纳专攻生理光

学。毕业之后，他回到了当地的诊所，继续当眼科医生。

当时，人们对眼睛的视物机理并不清楚，因此对眼病的治疗没有很好的效果。格尔斯特兰德首先提出了系统的屈光理论，发现了散光的角膜病理性构造，创造了用柱状镜片治疗散光的矫治方法，引起了医学界的高度重视。到 1892 年，他已经是当地最好的眼科医生了。

格尔斯特兰德受到勋爵的邀请，二话没说就出诊了。在他心目中，病人永远是第一位的。实际上，他早已听说勋爵的女儿患眼疾，并根据传闻大体上推测了病情。到了勋爵家，经过检查，他很快地就为勋爵的女儿做了手术。虽然手术的风险很大，但这类手术他已经做过多次。经过他的治疗，小姐的视力得到了完全恢复。

在一个乡下小镇进行这种高难度的手术，而且取得了成功，这消息不胫而走，格尔斯特兰德名声大噪，勋爵本人也感激不尽。他不仅改变了对格尔斯特兰德父子的偏见，而且亲自邀请格尔斯特兰德去担任自己医院的眼科主任大夫，但格尔斯特兰德却婉言谢绝了。他还是在他父亲的诊所里，安安心心地做他的本分工作。

乌普萨拉大学医学院得知了这一消息，特聘格尔斯特兰德为该院的眼科教授。考虑到医学院有更好的研究条件，也能带出更多合格的眼科医生，格尔斯特兰德才恋恋不舍地离开了故乡而来到乌普萨拉。果然，在那里他很快有了新的研究成果。

1892 年，格尔斯特兰德提出了斜视的机理和治疗办法，接着又提出了"近视调节理论"。他认为眼睛视物类似照相机摄影，有一个调节焦距的过程，即"屈光效果"。其中三分之二的调节是囊外调节——由晶状体鼓起而完成；三分之一是囊内调节——由晶状体内部成分重新安排而完成；并弄清了光线通过几种不同的介质如角膜、晶状体等，最后在视网膜上成像的原理，阐明了近视调节机理和光学成像的基本原理。

眼睛的角膜是透明的，眼睛的中心是一个小孔——瞳孔。如果能透过透明的角膜和瞳孔，看到眼睛内部的情况，对治疗将会是有意义的。能不能发明一种仪器来达到这种效果呢？格尔斯特兰德发明了一种叫做裂隙灯的仪器，能射出明亮的光束。它与显微镜配合起来，就能检查出眼球内部以及眼底的变化。这种仪器我们今天还在广泛使用。

由于格尔斯特兰德在几何光学、生理光学及眼科学方面做出的划时代的贡献，1911 年的诺贝尔医学奖授予了他。人们称他为"心灵之窗的卫士"。

185

心理学无冕之王

早晨九点整，俄国科学家伊凡·彼德洛维奇·巴甫洛夫教授像往常一样，准时走进实验室。他今天要做一个特殊的实验。

巴甫洛夫的爱犬德鲁若克被牵了过来。教授拍拍它的头，随即命助手送来一大盘牛肉。德鲁若克马上狼吞虎咽地吃起牛肉来。一大盘牛肉很快就吃完了，但与此同时，牛肉却不断地从狗的肚子下面掉落到预先放在地上的盘子中。这是怎么回事呢？原来德鲁若克早已被动了手术，食管的根部已被切断，断口缝在腹部的皮肤上；而胃也已被动过手术，胃液用一根小管连到一只瓶子上。这盘肉反复地给狗吃着，而科学家们反复地观察着胃液的分泌情况，并做了详细的记录。

巴甫洛夫创造性地把外科手术引进了实验室，在活的动物身上观察到了食物对消化液以及神经间的相互作用，得出了"消化液受食物刺激的影响，而神经调节消化液的分泌"的结论。这个著名的"假饲"实验使巴甫洛夫名扬四海，于1904年获得了诺贝尔生理学奖。据说为了颁奖时能亲自向巴甫洛夫问候，瑞典国王还特意去学了一句俄语："您身体好吗？伊凡·彼德洛维奇？"

当时已经五十五岁的巴甫洛夫，身体壮实，精力充沛，加上对科学的钻研态度，使他在得了诺贝尔奖之后，居然很快地放弃了功成名就的生理学专业，转而去探求心理学的秘密。这在世界诺贝尔奖获得者中是少有的。

　　这一次巴甫洛夫还是从狗的实验开始。可怜的德鲁若克又被动了手术。这次分离的是唾液腺。腺体用导管和瓶子连接，以观察唾液腺的分泌的情况。实验同样开始于喂食，但每次喂食之前，先有一阵短暂的铃声，接着让狗吃肉。巴甫洛夫很快发现，这样重复多次之后，只要狗听到铃声，唾液就会分泌，而不管是否紧接着马上喂食。当然，如果多次只有铃声而没有喂食，以后狗听到铃声渐渐就不再分泌唾液了。

　　以前人们普遍认为，舌头尝到了食物，唾液才会分泌。而现在为什么只听到铃声，狗也会分泌唾液呢？这说明除了食物之外，其他与食物紧密联系的物理刺激也有引起唾液分泌的作用。这种作用，巴甫洛夫称它为"条件反射"；而把由食物引起的唾液分泌称之为"非条件反射"。在这个基础上，巴甫洛夫还进一步提出了"信号系统"的学说，为现代实验心理学和行为主义心理学打下了基础。他对心理学的贡献是如此之大，以至于今天我们提到巴甫洛夫，首先会以为他是心理学家呢！

　　有趣的是巴甫洛夫少年时钟情的并非是科学，而是神学。巴甫洛夫的父亲是一位教士，巴甫洛夫从小就经常看到父亲举行给新生儿童的洗礼或为死者超度的宗教仪式。他的父亲正直善良，尽力帮助别人，深受人们的尊敬。巴甫洛夫觉得父亲从事的事业是崇高、伟大和神圣的，他跟着父亲去为一位濒死的妇女做临终祈祷的宗教仪式。那妇女患的是消化系统的疾病，巴甫洛夫永远忘不了那妇女渴望生命的眼神。巴甫洛夫问父亲："爸爸，你救不了她的生命吗？"

　　"孩子，我救不了她的生命。但愿我能拯救她的灵魂。"父亲回答道。

　　年幼的巴甫洛夫那时想不明白，生命都不存在了，拯救灵魂还有什么意义呢？巴甫洛夫走上了学习神学之路，而且学得还很不

错。然而年幼时见到的那位妇女的眼神一直困惑着他。在神学院，巴甫洛夫接触到不少宣扬现代科学的书籍。一天，他在《现代人》杂志上读到了这样一句话："人类有一种邪恶，那就是愚昧。对于这种邪恶只有一种疗法——科学。"巴甫洛夫陷入了深深的思索中。终于，他放弃了学了多年的神学，走上了研究科学的道路。

巴甫洛夫的个人生活充满了坎坷，但他始终保持着乐观、豁达的个性。人们形容他"像一团火"。他讲课时很少坐在椅子上，总是站着，手舞足蹈地比划着，有时好像随时要扑向他的学生们似的。他每天准时进实验室，做完一个实验后，又像一阵风一样扑向另一个实验室。

巴甫洛夫在学术上十分严谨，生活中却穿着随和，不拘小节。当人们尊敬地称他为"阁下"时，他会立即风趣地说："叫我名字吧。要不叫教授也行。你说的那个什么阁下，是我们那里一条狗的绰号呢！"

他经历了俄国几次革命、第一次世界大战和十月革命风云变幻、动荡不定的岁月。革命和战争时，俄国生活条件困难，但巴甫洛夫从未停止过科学研究，也从未想过避到国外去，在安逸条件下搞研究。

巴甫洛夫逝世前不久，他提出了对青年人的三点希望：要循序渐进，要谦虚，要有热情。这就是这位心理学的无冕之王对青年的最后赠言。

186

俄罗斯音乐之魂柴可夫斯基

　　深蓝色的天幕像梦幻一样遥远，竖琴的拨动让人们仿佛看到湖水涟漪，听到少女的叹息。在清澈、明丽的乐曲声中，白天鹅亭亭玉立，舒展双臂。她双臂缓缓地起伏、抖动，然后是旋转、腾跃，随着乐曲时而表现出她的倾诉，她的祈求，时而表达出她的忧伤，她的热恋。那充满俄罗斯风味的乐曲是如此流畅、细腻而又凄美、哀怨，整个剧场的观众都深深沉醉在梦幻之中。直到大幕落下，人们才惊醒过来，报以热烈的掌声。

　　此刻，坐在包厢后排的一位身材修长、气质优雅、留着棕色须发的绅士，才轻轻地舒了口气，眼睛有点湿润了。他就是舞剧《天鹅湖》的作者彼得·伊里奇·柴可夫斯基。在他生活的那个年代，音乐只是舞剧的伴娘，根本得不到应有的重视，是柴可夫斯基的《天鹅湖》，以及他后来创作的《睡美人》、《胡桃夹子》，才使舞剧音乐登上了大雅之堂，成为与歌剧、交响乐齐名的音乐形式。

　　柴可夫斯基 1840 年生于俄国乌拉尔的一位工程师家庭中。他从小文弱纤细，多愁善感，却喜欢音乐。由于家里的反对，直到二十二岁，他才以一个大龄学生的身份进入莫斯科音乐学院。不过他一进音乐学院，就如鱼得水，才华横溢，很快地免修钢琴，顺利地毕了业，并当上了和声学的教授；也很快地创作出一批优秀的作品，如交响幻想序曲《罗密欧与朱丽叶》、芭蕾舞剧《天鹅湖》等。他的作品散发出纯朴浓郁的俄罗斯气息，又糅合了近代欧洲音

乐的作曲技法，在当时盲目崇拜西欧音乐而又保守落后的俄国，一时赏识者不多。但柴可夫斯基坚持认为，俄罗斯人应该有俄罗斯特色的交响音乐。

1869 年夏天，柴可夫斯基在他妹妹的庄园里度假。一天下午，他正埋头谱写一首乐曲。一个又一个旋律在他脑中掠过，但都不能使他感到满意。突然，窗外飘过一阵歌声，悠长缓慢，委婉动听。柴可夫斯基认真地听了一会，又马上快步走入院子里，只见一个个子高大、身材匀称的青年正在刷墙。那人穿着白色亚麻布上衣，头戴便帽，裤子上溅满了泥浆，汗湿的胸膛在烈日下闪闪发光。

经过柴可夫斯基的询问，那汉子回答说自己刚才唱的歌叫《孤寂的凡尼亚》，柴可夫斯基要求他再唱一遍。

于是从那汉子宽厚的胸膛里，再次流淌出这支古老的民歌，深沉悠远，让人想起艰苦的劳动和生活的重担。它由纯正的男中音唱出来，显得格外真挚动人。

柴可夫斯基认认真真地把这支歌记了下来，也认认真真地向那汉子道了谢。

不久以后的一天，大文豪托尔斯泰前来拜访柴可夫斯基。柴可夫斯基和朋友们举行音乐会来欢迎他。演出的节目中有一部室内乐作品《第一弦乐四重奏》，其中的第二乐章就是经过柴可夫斯基改编的《孤寂的凡尼亚》——现在叫《如歌的行板》。深沉忧伤、如诉如泣的旋律，使人联想起缓缓流动的伏尔加河，辽阔无边的顿涅茨草原，辽阔的俄罗斯大地，人民生活的苦难艰辛，让听者心灵深处产生了震颤。柴可夫斯基听着乐曲，自己也被深深感动了。他无意中一抬头，发现托尔斯泰的脸上竟流淌着两行热泪。

一曲终了，托尔斯泰深情地对他说：“我已接触到忍受苦难的人民的灵魂深处了。”

柴可夫斯基的知音渐渐多起来了，其中有一位富孀冯·梅克夫

人，与他通信长达十三年之久，并每年给他六千卢布的资助。这样，柴可夫斯基可以全力以赴地投入创作，并到柏林、布拉格、日内瓦、巴黎等地旅行，结交欧洲各国的音乐家，并逐渐走向事业的顶峰。他根据普希金的同名长诗和小说写了歌剧《叶甫盖尼·奥涅金》、《黑桃皇后》，后来还创作了《1812 年庄严序曲》等，歌颂了俄罗斯人民在抗法卫国战争中表现出的爱国主义精神。

但柴可夫斯基真正为世人所知的是他 1891 年的美国之行。这年 5 月，当时堪称世界最现代化的卡内基音乐厅在纽约落成，柴可夫斯基应邀前往，亲自指挥他的《G 大调第三组曲》。音乐声里，他把观众带到一个遥远而美丽的世界，那里有一望无际的冻土，宽阔的河流，成片的白桦林，轻盈的雪橇，人们仿佛听到了哥萨克骑士们迅疾的马蹄声，看到了俄罗斯姑娘们优美的舞步，观众们深深地陶醉了。当乐曲在雄伟的轰鸣中终止后，观众全体起立，如雷的掌声几乎要把新落成的音乐厅掀翻。

第二天，纽约所有的大报争先恐后地发表评论，认为柴可夫斯基的音乐无与伦比，是时代的杰作。有一位美国人对他说："我们在您的音乐中读懂了俄罗斯，读到了您对祖国深切的爱。"柴可夫斯基的眼睛湿润了，他在遥远的异国他乡找到了更多的知音，他使世界了解了俄国，也让俄罗斯音乐走向了世界。

柴可夫斯基最后一部著名乐曲是《第六交响曲》。乐曲的基调非常阴郁，虽然其中有对美好生活的眷恋和向往，但最终还是滑向了黑暗的深渊。作曲家又把这部作品称为《悲怆交响曲》，并于 1893 年 10 月在彼得堡首演。不知是否这部作品发出了不祥的预兆，八天之后柴可夫斯基就去世了，年仅五十三岁。

187

印象派音乐家德彪西

冬日里的一个黄昏，巴黎达考尔音乐厅座无虚席。作曲家德彪西的第一部管弦乐作品《牧神的午后》将在这里演出。

乐曲以长笛的半音演奏开始，悠远而飘渺，接着是木管精致的和弦，然后，竖琴像彩虹一样滑奏，在法国号轻柔的呼应之后是一个小小的停顿，乐曲就是这样传神地勾勒出午后洒满阳光的草地上温暖慵懒的气氛，以及半人半怪的牧神恹恹欲睡的情景。接着主题开始变奏反复，然而，这个变奏超越了当时人们的欣赏习惯，使人一时难以适从：节拍完全不固定，旋律也不对称。最后加了弱音器的法国号和小提琴演奏出基本旋律的片断，音乐声渐渐微弱，消失。乐曲奏完，全场听众沉寂了好一会儿，然后报以热烈的掌声，并要求将这新奇的作品再演奏一遍。

第二天，《牧神的午后》再次上演，奏完后又是听众的热烈鼓掌，又要求重演一遍。几天后，有人在报刊上评论说，德彪西这部"不到十分钟的乐曲推倒了一座大厦"——古典主义音乐几十年来苦心经营的音乐大厦。

这个德彪西怎么会有这么大的能耐？

克劳德·德彪西，1862 年出生在巴黎附近一个并不富裕的家庭里。这个长着一个特大脑袋的小男孩，从小就表现出极强的音乐天赋。十岁那年，他就考进了音乐学院，并获得奖学金。在学校里，德彪西的钢琴演奏具有出众的技巧，同时又表现出强烈的创新

精神。他大胆地对刻板的传统音乐模式提出怀疑和挑战，这使得他的老师们大伤脑筋。

1884 年，德彪西以大合唱《浪子》赢得了罗马大奖，得以前往意大利进修；然后又去俄国做了几年家庭音乐教师。他广泛接触了不同的音乐风格和流派，不过，对他影响最大的不是音乐家，却是印象派诗人和印象派画家。《牧神的午后》就是根据法国象征派诗人马拉美同名田园诗创作的。马拉美听了《牧神的午后》的演奏后，赞赏不已："它记录的景色比色彩所能做到的还要生动得多。"

德彪西从文学和绘画中吸收艺术养料，逐渐形成了自己的印象派音乐风格。他的著名歌剧《佩里亚斯与梅丽桑德》，直接取材于比利时诗人梅特林克的诗。这部歌剧充满了神秘主义色彩，剧情隐晦得让观众不得不以自己的方式去理解，结构上则充满了印象主义的味道，标新立异，甚至女主人公临死之前常要出现的咏叹调都没唱。因此当时演出的场面非常有戏剧性，一半观众非常兴奋地拍手叫好；而另一半观众发出嘘声，喝倒彩。

随着时间的推移，德彪西的音乐作品渐渐地被广大观众接受。《佩里亚斯与梅丽桑德》很快演满一百场，他本人也被法国政府授予"骑士勋章"。

德彪西的交响素描《大海》，其构思深受英国画家特纳、法国画家莫奈作品的启发，是德彪西最杰出的管弦乐作品之一。乐曲由《海——从黎明到正午》、《浪的游戏》、《风与海的对话》三部分组成，充满了光感与动感，颇具视觉效应，生动地描绘了海的不同风貌。从夜雾蒙蒙黎明的海到红日高照通体透明的海；从微风吹拂、浪花嬉戏的海到狂风怒号、惊涛拍岸的海，乐曲充满了紧张激荡与优美宁静的对比，融诗、情、画、乐于一体。难怪人们说，在德彪西之前，还没有一个人能把海浪的蓝色和绿色，那变幻闪烁的光泽、海水的律动和清澈可见的深度，还有海涛那神秘、令人难忘的

声响及其威力，表现得如此淋漓尽致！

德彪西还创作了交响诗三部曲《夜曲》、钢琴套曲《意象集》等以及儿童钢琴组曲《儿童乐园》、芭蕾舞曲《玩具盒》等。他死于 1918 年 3 月，那时正是第一次世界大战期间，因此葬礼非常低调。但这并不影响他的伟大。事实上，二十世纪几乎所有的作曲家或多或少地都受到过德彪西的影响，这就是大胆创新，走自己的路。

德彪西的死在一战期间引起世界各地人们的关注。有一名叫欣德米特的德国军官在报上发表文章说：

"我是军队弦乐四重奏的成员。我们经常练习德彪西的《弦乐四重奏》。在一次私人音乐会上，我们演奏了这首乐曲。当徐缓的音乐即将终了的时候，传令兵进来报告说：'收音机里报道德彪西去世了。'我们没能把作品演奏完。因为我们演奏的生命刚刚停止了呼吸。我初次感觉到，音乐实在是超越个人感情、政治界线、国民间憎恶和战争恐怖的伟大艺术。"

欣德米特是一位德国军人。当时德法两国正在激烈交战，他是敌国的士兵，却热爱德彪西的音乐，由此可见德彪西确实是享誉世界的大音乐家。

188

印象画派大师凡·高

1884 年，荷兰埃因霍温市的制革工匠安东偶然认识了一个与他同样喜欢美术的年轻人，那青年体形瘦弱，个头不高，长着一头火红色的头发。他那双看上去似乎有几分斜视的眼睛，一旦看到美的景色、人物或画就痴痴迷迷的。他就是文森特·凡·高。

这天，他俩去阿姆斯特丹国家博物馆，凡·高在伦勃朗的《犹太新娘》前站着看了好长时间后，才恋恋不舍地离开。还有一次，在比利时安特卫普博物馆馆藏的西班牙名画家委拉斯开兹作品面前，凡·高竟然双手合十捧在胸前，如同祈祷一般虔诚，"上帝啊……"片刻后他才对安东说，"多美啊，这才是画呢！"

那天傍晚安东与凡·高散步，正值夕阳西斜。凡·高猛然停住脚步，用手指构成了取景框，朝落日的景色比画着，又喃喃自语说："我的上帝！他怎么能造出如此美的东西呢？我们什么时候也能这样学学呢？"

凡·高生于 1853 年。成人后，他干过画店伙计、教师、传道士等多项职业，都是没多长时间就被解雇了，原因是他过于真诚。例如在画店，他竟然直言评判顾客艺术品位不高，生意搅黄了，他当然也被解雇。在个人情感上，他两次失恋。直到他从荷兰来到巴黎，看到米勒、毕沙罗、雷诺阿等人的画作后，才明白自己该怎么追求艺术。从此，他全身心学习绘画，那年他二十七岁了。

1886 年，凡·高在巴黎的科尔蒙画室学习。这天面对一个坐

在平台小凳子上的女模特，当学画者都仔细地勾勒模特体形时，从没受过规范素描训练的凡·高却已经开始涂色了。在画里，女模特被他画成躺在躺椅上的模样，并且自作主张将女模特的皮肤涂上金黄金黄的颜色，又让她穿一件深蓝色的衣服。金黄与深蓝，对比是多么刺目啊！他画的油画，用色不是一笔一笔涂，而是一块块往上抹，就像用奶油在制作糕点似的。

一同学画的人中，凡·高看上去有些古怪，但大家又察觉他对艺术的感觉很敏锐。例如一说到他崇拜的画家德拉克洛瓦，他就激动得说话也结结巴巴了。看到别人在读巴尔扎克的书，他就如同遇见知音，说："我们都会记住这个了不起的人。"有人偶然去凡·高住处，回来后吃惊地告诉大家："我们画静物写生，画的不是水果蔬菜，就是花卉瓦罐，可凡·高呢，他却画了一双旧皮鞋！"

凡·高从米勒的画得到感悟。米勒对劳苦民众的深厚感情与凡·高内心的真诚、善良息息相通。他当传道士时曾热忱相助过的那些穷困的平民、矿工，时时出现在他眼前。他终于画出了《吃土豆的人》，画面上粗犷的笔触、阴暗的色块，形象地表现了一个农民家庭的日常生活。由于得到弟弟提奥在物质生活上的全力资助，凡·高不用为日常开支发愁，他成为巴黎当时追求艺术创新的青年艺术家中的一员，并结识了后来也是印象派大师之一的高更，还喜爱上了日本近代版画。

凡·高的画与众不同处，是他爱用绚丽的色彩，对比强烈。他听说法国南部小城阿尔的太阳光特别强烈，在这阳光下自然景色又特别鲜明，于是放弃了巴黎舒适的生活环境，独自去了阿尔。他要去追求阳光下的美。

阿尔的街道是用石块铺成的，红瓦白墙的小屋，暗绿色的杨树，在蓝天艳阳下，那亮丽的色彩给凡·高强烈的印象。他将这感受告诉了高更。

高更赶到阿尔已是深夜。他走进一家通宵营业的咖啡馆，打算在这儿待到天亮才去找凡·高。见到来了位客人，咖啡馆老板打消倦意上前接待。他一见高更，惊呼道："啊，是你呀，我认识你！你是他的伙伴。"

高更有几分吃惊，他自忖在阿尔没有熟人。原来凡·高将高更送给他的自画像给咖啡店老板看过，说他是自己的朋友，这几天将会来此地。

艺术家朝夕相处，并不如同人们想象的那般美好，他们对美的感觉有时截然相反，而且都特别固执地坚持自己的观点，绝不相让。高更与凡·高谈论、讨论、争论。对于凡·高画的《向日葵》，以及凡·高在一边的题词："我是圣灵，我有健康的心灵"，高更冷冷一笑……

艺术的情感过于投入、激烈、敏感，导致悲剧的发生。凡·高突然精神失常，甚至割下了自己的一只耳朵。

经过治疗，凡·高的病情明显好转，他又全力投入绘画之中。在圣雷米医院后边的花园里，他画鸢尾花、常春藤、银白色的橄榄树叶，画墨绿得近乎黑色的柏树。他似乎将生命全部倾注于绘画。

现实世界在凡·高看来，完全是阳光下色彩的聚合、排列、对比、互补。在《加歇医生像》、《汤基大爷》、《向日葵》、《星月夜》、《阿尔女郎》、《夜咖啡店》等画里，凡·高用色彩倾诉他对人世间善良的爱，罪恶的恨。他曾给一直支持他创作的弟弟提奥写信说：自己画的《夜咖啡店》里，"我探索以红绿色表现人类的强烈情感，这是一种色彩暗示狂纵的情欲，我设法表现咖啡馆是使人败坏、使人发疯、使人犯罪的地方"。

1890 年，凡·高画了《麦田上的群鸦》。画中，他又用深蓝与金黄两种颜色涂抹出天空与麦田。可是，那深蓝沉重地压抑着金黄，让人有喘不过气来的感觉，画上一群低飞的黑乌鸦与深绿得似

乎浑浊的小路，仿佛是不祥的预兆。几天后，用绘画抗御病魔的凡·高，终于支持不住了，他选择用自杀方式结束了自己才三十七岁的生命。

凡·高的一生是痛苦的，但他留下了色彩鲜丽的许多绘画，歌颂了生活中的美。他在艺术上借鉴了前辈画家的长处，甚至东方艺术如日本的版画色彩都被他融入自己的艺术创造里。他留下的《向日葵》上，那金黄的色彩正是他向往幸福的炽烈情感的喷发。

凡·高的画成为印象派中的珍贵作品，被私人和博物馆高价收藏。后人们从中领悟到，痛苦的生活并不能扼杀对美的追求和艺术的创造。

189

列宾的绘画艺术

深秋里的一天，一个风尘仆仆的青年赶到圣彼得堡的皇家美术学院，他怯生生地送上几幅自己的绘画，希望进入这座俄国著名艺术院校学习绘画。

神态傲慢的教师看了看青年的画，又从头到脚鄙夷地打量着这个满身乡土气的青年，挑剔地说："线条不行！"冷冷拒绝了青年人的入学要求。

青年只得失望地离去。他是来自外省哈尔科夫农村的列宾。列宾自小喜爱绘画，在农村他只能跟当地画宗教画的画匠学习。如今眼看入学无望，带的钱原本就少得可怜，难道还是回家乡，再去画那些题材陈旧的画吗？苦恼的列宾徘徊在涅瓦河畔，远处几个拉纤的纤夫无意间进入列宾的眼帘，似乎让列宾想起了什么。

得到好心人指点，列宾半工半读留在彼得堡。一年后，自强不息的列宾凭自己的作品考进了皇家美术学院。他学习艺术，又阅读了不少俄国优秀作家的文学作品。1871 年，二十七岁的列宾凭毕业作品《伊阿依尔女儿的复活》获得金奖，还得到了作为美术学院留学生出国学习的机会。

能去维也纳、威尼斯、佛罗伦萨等城市观摹艺术大师的原作，是学习艺术的青年梦寐以求的啊。可是列宾却迟迟没有动身出国，因为他还有一幅画没有画完。是什么画那么重要呢？

原来，那天在涅瓦河看到的纤夫身影，这些年来一直留存在列

宾的脑海中。后来考进皇家美术学院后，列宾又与风景画家瓦西里耶夫一起去伏尔加河写生。伏尔加河上的纤夫形象更触动了他，让他想起家乡和乡亲们。他在一年前开始用画笔描绘这一切。又过了两年，他终于完成了《伏尔加河上的纤夫》，然后筹备出国行程。

这幅画画着十一个衣着破旧的纤夫，在强烈的阳光下背着纤索，艰难地行走在荒芜的沙滩上。打头的那个看上去年纪较老了，包着破布的额头下眼眶深陷，似乎蕴藏着岁月的沧桑。他右边的魁梧大汉头发蓬乱，胡须浓密。后边那个瘦高个，叼着烟斗，仿佛趁机喘口气，他的纤索也不如前两个绷得那么紧。瘦高个边上的纤夫弓着背，拼命使劲，直直地瞪着眼，估计是个脾气倔强的汉子。画面上部用淡紫、浅绿、暗棕的色调，渲染出烈日当空。

看着这些脸色黝黑的纤夫，人们似乎听到《伏尔加船夫曲》低沉、压抑的曲调，让人们联想起背负着生活重担、坚韧前行的众多俄罗斯平民百姓。这幅画后来成为列宾享誉世界的名作。

从国外学习回来后，列宾不但画俄罗斯民间故事和古代叙事诗中的内容，而且还用画笔描摹那些反抗封建专制压迫的民众。一些因关心民众疾苦而遭受沙俄政府迫害的革命知识分子形象，也出现在列宾的画中，其中著名的画是《拒绝忏悔》和《意外归来》。

《拒绝忏悔》画面表现的是一个被打入死牢的革命知识分子，拒绝神父的劝说，视死如归的场面。

新沙皇登基时，为了显示自己的"皇恩浩荡"，下令大赦，一些被流放、服苦役的政治犯因此被释放回家。列宾由此构思了一位被拘多年的革命知识分子突然回家进门时的画作《意外归来》，家中他的妻子、儿女以及女仆等人见到他时惊愕、疑惑、喜出望外的多种神态，被列宾在画中描绘得栩栩如生。

十九世纪七十年代，俄国一些进步画家主张让艺术走出学院，走近民众，组织美术作品在全国各地巡回展览，因而被称为"巡回

画派"。列宾是巡回画派的画家之一，但他这幅《意外归来》在展览中，却激起了来自不同政治派别的两种反对意见。

在《意外归来》的初稿中，那个革命知识分子是位女性流放犯。列宾后来按照生活的真实定稿时，改画成一个饱受折磨的中年男子，他满脸胡须、形容憔悴，消瘦的身躯还穿着没及时更换的囚服。

这天，列宾看到官方报纸上对《意外归来》的否定文章，对此他不屑一顾。但是另一张进步报刊上评论文章的批评却让列宾有些意外。文章说："归来者的脸上浮现的笑容，如同半个白痴。看来列宾这个画家对革命事业缺乏同情心。"

原来当时一些进步的批评家们认为，对革命者应描绘他们的正面形象，要完美、高大而不能画成其貌不扬。列宾读完此文，陷入了沉思中。

1884年，列宾还是修改了这幅画。但他没有接受让革命者形象更高大、表情应完美无缺的批评，只是对画中房内细节进行修改，他认为要如实反映，要画出与众不同的人物个性形象。

不仅在《意外归来》中，在列宾以宗教、历史、风俗为题材的其他作品，例如《索菲亚公主》、《伊凡雷帝杀子》、《库尔斯克省的宗教行列》、《查波罗什人写信给苏丹王》，以及包括《托尔斯泰》、《音乐家穆索尔斯基》等出色的肖像画中，都洋溢着列宾强烈的写实风格。他说："在绘画上我的主要原则是按原样画素材。对我来说，色彩、笔法技巧都不是问题。我所执着追求的，是事物的本质和对象的本来面貌。"

190

雕塑巨匠罗丹

比利时布鲁塞尔的艺术展览会上，有具与真人一般大小的男子形体雕塑《青铜时代》很是引人注目。它的形体与真人的肌肉结构非常相似。于是有人在上面挂了块牌子，上面涂写着"本铜像按模特肉体浇铸而成"的字，嘲笑它的作者罗丹不是艺术家而是浇铸工匠。

罗丹当然不能忍受这种侮辱。他提出书面抗议，可没人相信他能塑造如此逼真的人体塑像。

两年后，巴黎第十五区的炉窑街一间雕塑工作室里，来了五位神情严峻的绅士。他们奉命当场考查罗丹的雕塑水准。因为罗丹的《青铜时代》要求参加法国艺术展览，展览主办者以同样理由拒绝了。

被考察的罗丹留着胡须，三十多岁模样，眼睛或许是因为近视，看上去并不很有神，但那对眉头却聚敛如弓，似乎他的意志全部集结在此。罗丹在五位考官的不相信神色中，轻松地随手抓起一团黏土。室内没有任何模特儿，可没过多久，一具正在大步走的男性形体塑像就被罗丹完成了，只是没来得及雕塑头部。那塑像的肌肉感同样是逼真得惊人。五位巴黎有声望的艺术家考官先是惊讶，然后赞赏，甚至敬佩地相互用眼光交换一下意见。谎言不攻自破。

终于，《青铜时代》1880 年在巴黎展出，罗丹也由此一举成名。为了补偿他被损害的名誉，法国政府委托他雕塑即将动工建造

的法国装饰美术馆的青铜大门。从此直到1917年，罗丹二十七年的时间和精力，绝大部分都花在这项艺术的创作中。

罗丹自小喜爱美术，曾花很大功夫临摹大师名画。只因为贫穷买不起油画颜料他才改学雕塑。他画过许多裸体人物习作，因此对人体肌肉骨架结构了如指掌，同时他又读了维吉尔、但丁等人的经典著作，从中得到艺术创作的灵感。他决定将装饰美术馆青铜大门的雕塑，用但丁《神曲》中的《地狱篇》为主题，命名为《地狱之门》。那些文学作品中的人物遭遇，被他精心构思的一组组雕塑形象地表现出来，反映生活在情感痛苦与欢乐中的人间百态。那每一组人物雕塑，又都是一个个独立的、寓意深邃的故事，如《三个影子》、《痛苦》、《逃逸的爱神》、《夏娃》、《亚当》、《当年的美人奥尔米爱》、《思想者》等。

此外，罗丹又完成了《加来义民》、《雨果》、《巴尔扎克》等雕像。

罗丹的雕塑艺术，已超越了形似阶段，追求用神态与形体表达思想。他敏锐的艺术感悟与非凡的表现方式，时常超越常规，因此成为那些墨守陈规、缺乏创新思想的艺术保守人士横加攻击的目标。

《思想者》是一具比一般人体大的男性形体像。这个裸体的男性托着腮，显出沉思的模样，却被一些人攻击说是"妖怪"、"猿人"。为了支持罗丹的艺术创造，罗丹的朋友们凑钱购下《思想者》，赠送给巴黎，要求将它陈列在巴黎市内的公共广场。谁知《思想者》的石膏像陈列的第二天夜里，就被一些人砸碎了。于是当浇铸的《思想者》铜像正式陈列时，法国政府不得不动用宪兵保护它免遭破坏。

罗丹非常敬仰巴尔扎克和《人间喜剧》，他说："《人间喜剧》是我的《圣经》，巴尔扎克教会了我如何观察和描绘。"为了创作

《巴尔扎克》雕像，罗丹先后雕塑了二十来个巴尔扎克像，甚至特地找了个形体与巴尔扎克相似的人做模特儿。在不断比较、思索后，罗丹才正式动手塑造一个比一般人体大一倍的《巴尔扎克》。最初完成的《巴尔扎克》像有一双生动的手，罗丹对此很满意，他召集几个自己赏识的学生到场，听听他们的意见。罗丹问："你满意这双手吗？"

他的学生布尔德尔说："不。老师，我感到这双手过分有力，过于生动……"

罗丹猛然明白了。他毅然砸掉自己花不少时间精心雕塑的这双手。因为它喧宾夺主，阻碍人们去观察、感悟《巴尔扎克》整体的涵义。

但是，一具高扬着蓬散的头发，形象粗犷，披着长袍，却没有手的巴尔扎克像，在那时让很多人难以接受。

巴黎的文学家协会主席皮斯内对此大发雷霆："这叫我感到恶心！巴尔扎克连手都没有，他难道用脚趾写书吗？"

有人附和说："这不是巴尔扎克，是麻袋里装着的癞蛤蟆！"

保守的人们拒绝接受《巴尔扎克》，巴黎市政府同样拒绝在市内任何地方安置《巴尔扎克》。

罗丹退还了文学家协会的一万法郎预付制作费，也拒绝一些支持他的艺术家们筹集三万法郎买下《巴尔扎克》的好意安排，他将塑像拉到巴黎城郊自己别墅的花园里。

1914 年，第一次世界大战爆发。当德军进攻到离罗丹别墅不远的地方，奉政府公告不得不撤离的罗丹在离家前夕，特地赶到别墅来看《巴尔扎克》，他深情地说："这具雕像太大了，眼下根本不可能运走。但愿战火后它还能完整地保存下来……"

罗丹的《巴尔扎克》一反传统的将文学家塑成温文尔雅绅士的习惯。他认为粗犷、不修边幅的巴尔扎克，才是目光犀利、精神强

健、毫不畏惧地敢于在《人间喜剧》中解剖社会丑恶病态的文学大师。他说："我的《巴尔扎克》，他的动态和他的模样，使人联想到他的生活、思想和社会环境……"

罗丹死于 1917 年 11 月。他的墓前，按照他的遗嘱，竖着《思想者》塑像。

《巴尔扎克》后来被日本神奈川雕刻美术馆珍藏。而罗丹的思想，给石膏、黏土、青铜等材料铸造的雕塑注入了灵魂。这些作品都已成为价值连城的艺术珍品，人们从中可以思索和品味生活的丰富内涵。

191

马赫迪起义

马赫迪是十九世纪苏丹的民族英雄。他的原名叫穆罕默德·艾哈迈德·伊本·阿卜杜拉，1844 年 8 月出生在苏丹栋古拉省拉巴卜岛，父亲是一个造船工。造船工家庭的生活既贫苦，又不安定，哪里有茂密的林木，哪里需要造船，父亲就带着全家迁移到哪里。艾哈迈德的童年和少年时代就是在四处漂泊中度过的，这也让他从小目睹了劳苦大众所遭受的苦难和压迫，丰富了他的阅历。

艾哈迈德青少年时代就胸怀大志。修完神学课程后，他以教士身份来到苏丹北部和西部传教。此时的苏丹实际上已沦为英国的殖民地，只见田野荒芜，百业凋敝，百姓在官府和教会的双重盘剥下卖儿鬻女，背井离乡，而首都喀土穆城里的英国殖民者与封建官吏、教会权贵却过着花天酒地的生活。

艾哈迈德的心中愤愤不平，一种拯救民众脱离苦难的使命感油然而生，他发誓："我对我的宗教，我的民族负有责任。我应该净化我的宗教，拯救我的民族。"

1878 年，三十四岁的艾哈迈德来到阿巴岛定居。从此，他以这里为中心，开始宣传和发动群众。他告诉贫苦的百姓，穆斯林一旦遭受苦难，上天就会降下一个伟大的救世主"马赫迪"，主持公正，铲除邪恶。他宣称自己就是马赫迪，号召人民起来赶走侵略者，建立一个平等美好的社会。

艾哈迈德的宣传让苏丹总督非常恼怒，他立即命令艾哈迈德到

喀土穆解释自己的行为，遭到了他的断然拒绝。苏丹总督怒不可遏，马上派出两百多人的讨伐队前去阿巴岛抓捕马赫迪。

马赫迪沉着机智，当即带着一支由农民、渔民和手工业者组成的三百多人的起义队伍撤出村庄，在村外的一片树林里隐蔽起来。1881 年 8 月 12 日，当讨伐队大摇大摆地进入伏击圈，马赫迪一声令下，手持棍棒、石头的起义者勇猛出击，打得讨伐队溃不成军，丢下一百多具尸体，残余的敌人落荒而逃。

马赫迪首战告捷，揭开了全国武装起义的序幕。但是，他的头脑非常冷静，他深知起义军的力量还很弱小，要避免与强敌过早地交锋，因此，他果断地指挥起义队伍，向西部的卡迪尔山区转移。那里群山连绵，地形险要，周围的穷苦百姓纷纷前来投奔起义军。

马赫迪成功地在卡迪尔山区建立起了根据地，并打退了政府军接二连三的围剿。起义军缴获敌人的枪炮，迅速发展成几万人的武装。

1883 年年初，马赫迪指挥起义军攻占了科尔多凡省的省会、苏丹的第二大城市乌拜伊德。英国殖民当局为了夺回乌拜伊德，剿灭越来越强大的马赫迪起义军，调集了一支一万两千人组成的装备精良的远征军，由英国上校希克斯指挥，于 1883 年 9 月气势汹汹地开向科尔多凡省。

马赫迪决定采取坚壁清野、诱敌深入的战术，消灭这支侵略军。他派出一部分起义军，主动与敌军交手，然后佯装败退，引诱敌人孤军深入。他还派出另一支部队去截断敌军的退路，还在敌军经过的地方填平所有的水井，切断水源，散发瓦解敌人士气的传单。

11 月 5 日凌晨，当精疲力竭的远征军来到乌拜伊德以南的希甘，早已埋伏在四周丛林里的四万起义军，在马赫迪的指挥下突然杀出，霎时间刀剑飞舞，枪声震耳，短兵相接。经过一上午的鏖

战，敌军除了二百五十人逃生外，其余全被歼灭，希克斯上校和所有的军官都被当场打死。

面对马赫迪起义军的日益壮大，英国政府明白武力镇压已经毫无用处，于是改变策略，使用软的一手来对付起义军，"苏丹通"戈登因此被重新起用，再次出任苏丹总督。

戈登曾经组织洋枪队，充当清政府的帮凶镇压中国的太平天国起义，是个双手沾满中国人民鲜血的刽子手。1874 年他曾担任苏丹赤道省的省长。这次，他踌躇满志地重返苏丹后，一面紧急动员，挖掘战壕，加强喀土穆的城防工事；一面拉拢当地的封建贵族和教会上层人士。他还企图用高官厚禄收买马赫迪和他的将领们。1884 年 2 月，戈登给马赫迪写了封信，允诺委任马赫迪为科尔多凡省的统治者，假惺惺地表示要跟马赫迪化干戈为玉帛，共谋苏丹的和平。他还随信送去了一份委任状和一套华贵的长袍。

马赫迪给戈登回了封信，毫不留情地痛斥他的伪善面目和卑劣行径，要求他交出喀土穆。马赫迪针锋相对，也派人送去了一件"苦修僧"的长袍，要戈登弃恶从善，向起义军投降。

马赫迪针对喀土穆城池坚固、防守严密的特点，调兵遣将，对喀土穆层层包围，实行长期围困。眼看起义军的包围圈越缩越小，而援军迟迟未到，戈登度日如年。这年 12 月 14 日，他在给家人的信中哀叹道："这或许是我写给你的最后一封信了。由于援军迟迟不来，我们的末日快要降临。"

1885 年 1 月 26 日凌晨，马赫迪亲临前线，指挥起义军对喀土穆发起总攻。成千上万的起义军战士以排山倒海之势，冲破敌军的防线，杀进城里。

朝霞初升，起义军的战旗在喀土穆城头迎风招展。战士们呐喊着冲向总督府，戈登慌慌张张，从办公室跑到楼梯口，正想逃走，一群起义军战士突然出现，拦住了他的逃路。一名战士大喝一声：

"该死的家伙，你的末日到了！"

话音刚落，一杆长矛猛地刺进了戈登的胸口，结束了他罪恶的一生。

攻占喀土穆，宣告了英国对苏丹殖民统治的终结。马赫迪再接再厉，指挥起义军向苏丹其他地区进军，他要完成苏丹的统一大业，建立一个崭新的马赫迪国家。不幸，马赫迪在这年6月22日因病去世。他的助手和忠实战友阿卜杜拉继承他的遗志，指挥起义军在9月解放了苏丹全国。

在欧洲列强疯狂瓜分非洲大陆的时候，苏丹人民赢得了民族独立，谱写了光辉的篇章。但是十四年后的1899年，它又重新沦为英国的殖民地。

192

献身自由的马蒂

瞧吧，暴君，
你的专横引起了反抗的风暴。
你的挣扎亦将徒劳。
被你处死者的歌声滔滔。
……

这是古巴独立运动的领导人、民族英雄、诗人何塞·马蒂的诗句。早在十六世纪初，古巴就变成了西班牙的殖民地。到了十九世纪，随着拉丁美洲民族独立运动浪潮的汹涌澎湃，古巴人民争独立、求解放的斗争也进入了新的阶段。马蒂的这首诗就表现了古巴人民血战侵略者，誓死争独立的战斗豪情。

马蒂生于古巴的哈瓦那。父亲是西班牙农民，当过驻古巴的炮兵联队的上士，退伍后就在哈瓦那定居。母亲是当地出生的白人。马蒂有五个妹妹，全家八人只靠父亲一人挣钱糊口，日子过得很苦。马蒂很小就到小酒馆干活挣钱，分担家庭的生活重担。直到1865年十二岁时，他才进了当地的一所小学念书。

这所小学的校长是古巴著名诗人、教育家门迪维。聪明好学、成绩优异的马蒂深得他的钟爱。他经常给马蒂讲爱国故事，抨击西班牙罪恶的殖民统治，宣传古巴独立的思想。他还带马蒂去家中参加爱国者们的集会。马蒂受门迪维的影响很深，立下了为祖国的独

立而奋斗的雄心壮志。

1868 年 10 月，古巴爱国者塞斯佩德斯在东部发动了反抗西班牙殖民统治的武装起义，独立斗争的烈火迅速蔓延全国。不满十六岁的马蒂热血沸腾，写文章，办杂志，发传单，号召人民起来与西班牙殖民者坚决斗争。他在自己创办的杂志《自由祖国》上发表了诗歌《阿布达拉》，激昂地唱道：

> 捍卫祖国，
> 英勇顽强，
> 死得其所，
> 芳名万代传扬。

马蒂的爱国宣传引起了西班牙殖民当局的仇视，这年 10 月，马蒂被捕了，被判处六年徒刑，送到采石场服苦役。残酷的牢狱生活磨炼了他的意志，他向难友们宣扬祖国解放的理想。他在日记中写道："为祖国而死，比活着更强。"

1871 年年初，殖民当局把马蒂放逐到西班牙。马蒂抓住这一机会，在马德里的中央大学选修法学、政治经济学等课程；1873年 5 月，他又转入萨拉戈萨大学学习，第二年秋天就获得了哲学、文学和法学博士学位。

身处异乡的马蒂时刻思念着仍在殖民者奴役下的祖国。1874年年底，他回到古巴，但殖民当局禁止他上岸。马蒂只好转往墨西哥，在《宇宙》杂志社找到了一份校对员的工作；同时，他开始为报刊写文章，宣扬古巴独立。他那犀利的笔锋、进步的思想使墨西哥当局如坐针毡。马蒂见这里呆不下去了，便在 1877 年来到危地马拉，在危地马拉大学等学校教书，讲授欧洲文学、拉丁文及历史。

随着古巴革命形势出现的变化，1878 年 7 月，二十五岁的马蒂回到了祖国，以火一般的热情投入到独立斗争的洪流中。他在群众集会上发表演说，振臂高呼："同胞们起来，为自由而战！"他为起义军募集资金，运送弹药。殖民当局把他视为眼中钉，在 9 月又一次逮捕了他；并要他宣誓效忠西班牙。马蒂坚决不答应，铿锵有力地回答："马蒂不是孬种！"

殖民当局无可奈何，只好将马蒂再次流放西班牙。不久，他逃往法国；1880 年年初，马蒂辗转来到美国。他一到纽约，就撰写了许多文章，向侨居此地的古巴侨民发表演说，激励同胞们为民族独立而奋斗。他总结了以往古巴多次武装起义失败的血的教训，号召不分肤色、种族，白人和黑人团结起来，共同战斗。

1892 年 4 月，马蒂把在纽约的古巴侨民各爱国团体召集起来，举行代表大会，宣布成立统一的古巴革命党，马蒂当选为党代表。

古巴革命党的成立是独立战争的里程碑。随后，马蒂全身心地投入到武装起义的筹备工作中，筹集资金，组织爱国武装，购买武器弹药。他亲自跑到多米尼加共和国，请出爱国将领戈麦斯担任解放军总司令；并与在哥斯达黎加的另一位爱国将领马塞奥联络，请他配合行动。他还派专人回国，与国内的各个爱国团体取得联系，准备到时候里应外合，共同行动。

1894 年年底，马蒂弄到两只游艇、一艘轮船，装上武器弹药，计划与战友们从美国的佛罗里达州出发，攻入古巴岛。谁料临行前，叛徒告密，使得船只和武器弹药被美国海军扣留。这时古巴国内的武装起义形势迫在眉睫，马蒂当机立断，改变行动计划，在 1895 年 1 月 28 日给国内下达了全国总起义的命令。

在古巴革命党的领导下，2 月 24 日，古巴的独立战争打响了。马蒂很快接到国内的电报，异常高兴。3 月 25 日，他与戈麦斯共同签署了一份宣言，宣布这次战争是 1868 年爆发的古巴独立革命战

争的继续，起义军决不伤害和平的西班牙人，号召所有的古巴人紧密团结，拿起武器，战斗到底。

4月1日凌晨，马蒂与戈麦斯登上一艘小船，从多米尼加渡海回国，经过十天的海上颠簸，4月11日深夜，他们在奥连特省的普拉伊斯塔登陆，与起义部队会合。马蒂激动万分，说："今天我才觉得自己像个人。"

5月19日，起义军与西班牙军队遭遇，展开激战。总司令戈麦斯劝马蒂撤退，马蒂不肯，他跃上战马，与战士们一起冲向敌阵，不料，敌人的一排子弹射来，马蒂胸部不幸中弹，英勇牺牲。

马蒂为祖国的独立而献身。他的精神激励着古巴人民前赴后继，继续战斗。在戈麦斯等人的率领下，到1898年，古巴解放军已经解放了三分之二的国土。殖民统治的垮台为期不远了。

193

德雷福斯案件

1894 年 10 月 15 日上午，法国陆军总参谋部上尉参谋德雷福斯应召来到陆军参谋长的大办公室，情报处副处长迪帕蒂少校已在此等他。迪帕蒂少校说自己的右手手指受了伤，请上尉代他起草一份文件。

德雷福斯上尉坐到桌前，拿起了笔。少校开始口述：

"先生，请您以最大的关注，暂时收回我去参加演习前让人送给您的文件，我请您刻不容缓地让送此信的人把那些文件交给我，送信人是可靠的。

"我提醒您交出如下文件：

"一、关于一百二十毫米大炮液压制动器的结构以及……"

讲到这里，迪帕蒂突然停下，大声喝道："您发抖了，上尉！"

德雷福斯以为少校在嘲弄他，生气地抬起头看了他一眼。但是，迪帕蒂又口述了，德雷福斯便继续平静地听写。

就在德雷福斯专心听写时，迪帕蒂忽然将一只手重重地压在他的肩上，厉声喊道："德雷福斯上尉，我以法律的名义逮捕您！您被指控犯了叛国罪！"

旁边一直站着不动的三条大汉立刻扑了过来。德雷福斯被捕了。

这到底是怎么回事呢？原来，1894 年 9 月，在德国驻巴黎大使馆当女仆的法国侦探巴斯蒂安，从德国武官施瓦茨科本上校办公室

的废纸篓里，发现了一张已撕成碎片的便笺，上面开列了有关一百二十毫米大炮液压制动器等五项法国国防部绝密文件的清单，但没有署名，也没有日期。

总参谋部情报处副处长亨利少校看到这张便笺后，不由大吃一惊，这不是他的老朋友埃斯特拉齐少校的笔迹吗！埃斯特拉齐也是情报处的一名军官，精通德语，但生活放荡，嗜赌如命，欠了一屁股赌债，于是干起了向施瓦茨科本出卖情报的勾当。亨利非常害怕，此事万一暴露必将连累自己。于是，他和情报处的几个军官密谋，以笔迹相似为由，推定这份清单是德雷福斯上尉出卖给德国人的。

德雷福斯出生在一个富有的犹太血统纺织厂主家庭中，1892年三十三岁时，以优异的成绩从法国著名的圣西尔陆军学校毕业，随后进入陆军总参谋部实习。这时，法国全国上下弥漫着要为普法战争的失败复仇雪耻的气氛，反犹思潮也很有市场。尽管亨利等人逐级上报的德雷福斯犯有叛国罪的报告遭到了军方一部分人的怀疑，陆军部特地请了笔迹鉴定专家对便笺上的字迹进行鉴定，专家得出了证据不足的结论，但陆军部长还是在 10 月 15 日下令逮捕德雷福斯。

11 月中旬，军事法庭开始审理德雷福斯案件，到 11 月 29 日共提审了十二次。每一次庭审，德雷福斯都严正声明自己清白无罪，并准确无误地回答了法庭提出的所有问题。但军事法庭还是在 12 月 19 日对德雷福斯进行秘密审判，亨利少校到庭作证，一口咬定德雷福斯就是奸细。

德雷福斯的辩护律师德芒据理反驳，表示没有证据不能定罪。庭长傲慢地打断了德芒的话："他不需要任何证据。"

眼看着因为证据不足而可能无法对德雷福斯定罪，陆军部抛出了一份"密档"，把过去几桩没能破案的泄密案件，全部推到德雷福斯头上。军事法庭就根据这些莫须有的罪名，判处德雷福斯终身

流放，革除军职。

1895 年 1 月 5 日，德雷福斯被正式革掉军职。面对这天大的冤案，他大声抗争："我对我的妻子和孩子起誓，我是无罪的。法兰西万岁！"

德雷福斯被押送到法属圭亚那附近的魔鬼岛，关在一间简陋的石屋里服刑。

这年 7 月，皮卡尔上校升任情报处处长。他曾代表陆军部参加对德雷福斯案件的审理，提出过不同的看法。上任后，皮卡尔更加关注案情的发展。说来也巧，第二年 3 月，他截获了施瓦茨科本上校给埃斯特拉齐的一份信。按惯例，皮卡尔调阅了埃斯特拉齐的档案。他发现，档案中埃斯特拉齐写的一份报告上的笔迹，与德雷福斯案件中那张便笺中的字迹非常像。

于是，皮卡尔又调来德雷福斯的案卷，抽出那张便笺，一对照，果然笔迹完全一样。因此，他断定，真正的罪犯是埃斯特拉齐，而德雷福斯是冤枉的。

皮卡尔立即向副总参谋长报告了这一重要情况，请求重审此案。谁知副总参谋长在一帮右翼军官的鼓动下，借口维护军队荣誉，拒绝审问埃斯特拉齐；还要求皮卡尔严守真相。皮卡尔坚持要求调查，澄清事实。但军方就是不同意。不久，皮卡尔被调离法国，到国外去服役，由亨利接替他的职务。

"我一定要让事实大白于天下！"皮卡尔暗暗发誓。临行前，他通过一位律师，将案情真相告诉了议会中关心此案的议员。不久，德雷福斯的太太也发表了一封公开信，揭露埃斯特拉齐才是真正的罪犯，要求重审德雷福斯案件。

但是，1898 年 1 月 11 日，军事法庭宣布埃斯特拉齐无罪，而主持公道的皮卡尔却被逮捕。这一颠倒是非的判决激起了社会各界的公愤。1 月 13 日，著名作家左拉在激进派领袖克列孟梭主编的

《震旦报》上，发表了致共和国总统富尔的公开信《我控诉》。他激愤地写道："至于我所控告的那些人，我并不认识他们，也从未见过他们，我对他们既无冤又无仇。在我看来，他们只不过是心怀社会邪恶灵魂的几个实体罢了。而我在这里所做的工作，仅仅是促使真理和正义早日大白于天下的一种革命手段……"

为了声援德雷福斯，捍卫民主，法国的进步力量掀起了声势浩大的抗议浪潮。但陆军部长宣称，又掌握了新的证据——几封德国间谍机关的密码信，可以证明德雷福斯是叛国者。其实，这其中的一份材料是亨利伪造的，另几份材料与德雷福斯也没关系。很快，亨利伪造证据诬陷德雷福斯的事被查了出来。罪证确凿，亨利只得承认，被立即逮捕。第二天早晨，他就在狱中畏罪自杀。消息一公布，震动了法国，总参谋长与陆军部长被迫辞职。埃斯特拉齐则潜逃到英国避风头去了。

1899 年 8 月，军事法庭重新开庭审理德雷福斯案件。但是，出乎人们的意料，德雷福斯依然被判有罪，但改判十年徒刑。

这一判决，立刻引起了法国社会各界的强烈义愤，世界各国的抗议函电像雪片一样飞来，许多国家还发生了反法示威游行。新上任的法国总统卢贝生怕局面不可收拾，不得不在 9 月 19 日宣布赦免德雷福斯。

但是，斗争远未结束。德雷福斯在广大进步人士的支持下，为彻底恢复名誉继续抗争着。七年后的 1906 年 6 月，一直坚决支持德雷福斯的克列孟梭出任总理；7 月，最高法院重审此案，宣判德雷福斯无罪，撤销原判。含冤受辱十二年的德雷福斯终于平反昭雪。

德雷福斯的军籍被恢复，晋升为少校，获得了荣誉军团勋章。皮卡尔上校也同时平反，回到军队，晋升为准将，不久担任陆军部长。

在德雷福斯案件中，法国人民崇尚的民主传统经受了一次严峻的考验。

194

朝鲜东学党起义

"金樽美酒千人血，玉盘佳肴万姓膏。烛泪落时民泪落，歌声高处怨声高。"

这首在朝鲜广泛传诵的歌谣，是十九世纪末期朝鲜统治阶级横征暴敛，人民贫苦不堪，在水深火热之中挣扎的生活写照。连俄国驻华公使喀西尼也向沙皇预报："全朝鲜陷于沉重而日益增长的激愤情绪已有相当时日，这种激愤情绪极易转变为公开的暴乱。"

果然，1894 年东学党武装起义在全罗道古阜郡爆发了。

这次起义的领导者是东学道首领全琫准。全琫准的父亲为人正直，秉性刚强，因为不满郡守横征暴敛，率众袭击郡衙，不幸被捕牺牲。全琫准以父亲为榜样，立志拯救苦难的民众。1874 年，他拜见东学道道主崔时亨，成为东学道信徒。东学道的意思是提倡东方之学，与西方的天主教相抗衡。它以宣传宗教为名义，提出"惩办贪官污吏"、"斥倭斥洋"的口号，在贫苦的农民中很有影响。

到 1894 年领导起义时，全琫准已是古阜郡东学道的首领。他领导的起义虽以东学道徒为核心，并继续沿用东学道的旗号，但已经没有太多宗教含义，所以历史上一般称之为东学党起义。

东学党起义爆发于全罗道古阜郡事出有因。郡守赵秉甲是个有名的贪官，巧取豪夺，农民对他恨之入骨。到 1894 年，万石洑水税事件激发了这次起义。古阜郡是朝鲜的主要产米区，水利灌溉至关重要。朝鲜有一种特有的水利设施，以木石或土沙筑成，用来截

水灌溉农田，叫做洑。洑分国有和民有两种。万石洑是国有洑，农民从国有洑引水浇地，要缴纳一定的水税。此项水税收入，按惯例只用于洑的管理及其他有关事业，并不上缴国库。赵秉甲上任后，征发数万农民修洑。完工后，赵秉甲不但增加水税，还将水税中饱私囊。百姓不服，找他论理，赵秉甲闭门不见。百姓向全罗道观察使金文铉申述，反遭逮捕。百姓忍无可忍，便揭竿而起了。

2月15日，成百上千名百姓在全琫准率领下，向郡衙冲去。群情激愤的人们高举着鸟枪、长矛、大刀、铁叉、锄头、木棍，有人把平时供在厅堂里的祖传宝剑也拿了出来。赵秉甲闻讯，吓得屁滚尿流，赶紧逃走。起义军占领郡衙后，打开仓库，将粮食和钱财分给农民。

全罗道观察使金文铉立即派两百名官兵前去镇压。起义军大败官军，领兵官李庚镐被击毙。起义军初战告捷，士气高涨，乘胜追击，直指全罗道首府全州。沿途参加起义军的农民很多，武器也大有改善。

不久，全琫准被推为总督，金德明为军师，两个大将孙和中与金开男各领一军。起义军纪律异常严明，规定不准吸烟，不得奸淫妇女，不能损坏良田，违者严厉惩处。

朝鲜政府接到官军被起义军打败的报告，惊恐万状，急派京军壮卫营正领官洪启薰为招讨使，率军分水陆两路开赴全州。洪启薰先向起义军发出招降书，威胁利诱。但全琫准不但拒绝投降，而且率军偷袭灵光县，生擒守城军官黄万基。洪启薰一看招降不成，决心用武力镇压。他的部队经过新式训练，是当时朝鲜唯一配备西方新式武器的军队。但洪启薰感到起义军声势浩大，便密奏朝廷，建议借外兵镇压。朝鲜国王害怕引狼入室，不敢轻易借兵，只加派四百人增援。

援兵还未到达，两军已在长城郡月坪洞交火了。全琫准采取避

实就虚的战术，不与敌人正面交锋，拖着敌人从灵光到兴德，从兴德到咸平，然后转进长城郡。起义军在城南月坪洞扎营。敌人长途追击，疲于奔命，士气低落。

5月24日，洪启薰率军追至月坪洞，只见丛林密布，郁郁葱葱。洪启薰害怕埋伏，便先派小部队试探虚实，自己躲在后面观察动静。官军哆哆嗦嗦地走进树林，只听喊杀声起，吓得回头就跑。洪启薰一看，从林中冲出的起义军老的老、小的小，大多拿着大刀、长矛。他顿时壮起胆来，跳起来大叫："冲上去！"

官军无奈，只得掉头冲锋。起义军却仿佛不堪一击，纷纷逃散。这一下洪启薰意气风发，指挥官军全力追击。不料，追入树林后，无数的起义军从四面八方冲了出来，顿时杀声震天。官军猝不及防，大败而逃，武器扔得满地都是。官军伤亡两百余名，洪启薰抱头鼠窜。

起义军乘胜进军全罗道首府全州。31日，起义军逼近全州，占领完山，以缴获的野炮向全州城内轰击。此时，全州的军队全部被洪启薰调走，城内无兵驻守。观察使金文铉弃城而逃。6月1日，全琫准率军入城，没收官衙及土豪财富分给贫民，并严禁伤害百姓，受到百姓的热烈欢迎。

全琫准占领全州后，忠清、庆尚两道的东学道徒群起响应，起义军控制了朝鲜南部三道，并建立了自己的政权机构。

朝鲜政府无力镇压，只得向清政府求援。日本政府早就密切注视朝鲜局势的发展，等待出兵朝鲜的时机，然后制造挑起中日战端的借口。如今，这样的时机终于来到了。当清政府应邀出兵朝鲜镇压东学党起义的时候，日军不请自来，在朝鲜南部登陆，在扑灭了起义烈火后，又挑起了中日甲午战争。

195

"缅因"号爆炸之后

历史上，有些事件发生后，当时却查不明白原因。例如，美国军舰"缅因"号的爆炸就是这样的。

那是 1898 年的 2 月 15 日。当天晚上七时许，美国军舰"缅因"号，在古巴哈瓦那港附近的海面上突然发生爆炸。在港口散步、眺望夜景的人们听到一声巨响，只见夜空中火光冲天而起，浓烟滚滚，这艘有二十四门大炮的军舰被烧坏，两百多名美军官兵当即被炸死，一百多人受伤。

这么大一艘军舰，怎么会突然爆炸呢？美国的报纸很快就刊出消息，说这次事件是西班牙精心策划的，是西班牙人用水雷偷袭。"记住'缅因'号，报仇"，"与西班牙人决战"的字句，在美国报纸和新闻舆论中频繁出现。在华盛顿，有几十名国会议员要求总统麦金莱立即对西班牙宣战。西班牙政府随即发表声明，宣称本国政府与"缅因"号爆炸毫无关系。为了查清"缅因"号爆炸原因，美西两国决定成立调查团。

但是，美方不让西班牙调查人员登上"缅因"号。接着，美国海军调查委员会宣布，"缅因"号因为触发水雷爆炸，并派出船将炸得面目全非的"缅因"号从哈瓦那海面拖走，沉到大西洋海底。紧接着，在"缅因"号爆炸的两个月后，美国蛮横地要求西班牙必须从古巴撤离。西班牙政府当然拒绝。五天后，美国向西班牙宣战。

　　"缅因"号爆炸的地点是大西洋和墨西哥湾的古巴。美军首先攻击的地点，却是太平洋的西班牙殖民地菲律宾。

　　当时，美国已建立了一支号称世界第三的海军。美国军事理论家马汉的"海权论"——只要建立强大的海上力量，就能称雄世界的理论，已在美国政界军界产生了广泛影响。经过精心准备，1898年5月1日清晨，由六艘军舰组成的美国亚洲舰队气势汹汹地驶向马尼拉湾。驻菲律宾的西班牙海军自以为舰船数量多于对方，根本不把美海军放在眼里，率先开炮。但双方交战不久，西班牙军舰就大吃苦头。原来美军有备而来，六艘战舰全是以蒸汽作动力，速度快，火力猛，战舰所有的炮一起开火，将三千多磅炮弹砸向敌舰。

　　西班牙军舰都是年代久远的老舰，所有的炮一齐还击，只能发射一千多磅炮弹。在美国海军占优势的炮火攻击下，西班牙驻菲律宾海军很快就败下阵来。被击中的西班牙舰船上熊熊燃烧，一艘艘舰船顿时成为烈火的地狱。西班牙士兵只得跳海逃命。不到中午，美国海军就取胜了，并且从海上封锁了马尼拉湾，稳稳当当等待美国陆军的兵力增援。

　　马尼拉的驻菲律宾西班牙军，当时正全力对付当地民族独立武装的攻击。美国陆军第八远征军一万五千名将士，在7月底从美国赶到菲律宾，马尼拉的西班牙军队已被两万多菲律宾独立战士围困。

　　狡猾的美军先与菲律宾独立武装力量首领联系，许诺共同对付西班牙殖民军。然后美军只发动一场轻松的进攻，西班牙驻军就投降缴械了。但是，美军进入马尼拉后立即变了脸，以武力相逼，不许菲律宾独立武装力量进入马尼拉。

　　原来美军攻城前已与西班牙驻军的总督达成秘密协议：美军佯攻，西军佯守，交火后西军就投降。美国总统早有密令：不能让当地武装人员进入马尼拉。这个命令，美国海军指挥官杜威和陆军指

挥官麦里特进攻马尼拉前都早已知道。西班牙军队投降后，美军很快又用优势兵力攻击菲律宾独立武装力量，相继攻占了菲律宾其他岛屿。

驻在古巴的西班牙殖民军有二十万人，但是与菲律宾一样，这些西班牙官兵同样忙于镇压古巴民族独立武装运动，根本没有充分的兵力与美军交战。西班牙政府从佛得角群岛调来一支舰队，赶到古巴。如果用这些军舰攻击美国沿海城市，或者切断美军供给线，美国仅两万五千名攻击古巴的军队必将军心动摇。但是这支西班牙舰队的作战方针却是进驻古巴圣地亚哥湾，就地固守。

这一错误的决策让美国海军抓住了机会，美军两支舰队共二十四艘舰艇包围、封锁了西班牙舰队停驻的圣地亚哥湾。然后，美军第五军一万七千名士兵在海军炮火支持下，在圣地亚哥东面登陆。

攻击古巴的美军与攻击菲律宾的美军一样，先与当地民族武装力量联系，达成联合对付西班牙军队的协议。1898 年 7 月 1 日，美国陆军向驻古巴西班牙军发动猛攻，这一仗打得非常激烈。

两天后，美国海军又与被包围在圣地亚哥湾、企图突围的西班牙舰队展开激战。

在舰只数量上占优势、在炮火上更占优势的美海军，用二十四艘舰船，花了四个小时，就击败了只有九艘舰船的西班牙舰队。

7 月 16 日，被美军和古巴独立武装包围的西班牙军队宣布投降。美军故伎重演，又一次用优势武力阻止古巴独立武装队伍进入圣地亚哥城，美军单独接受西班牙军队的缴械投降。

在这场美西战争中，美军还先后占领了关岛、波多黎各等地。1898 年 12 月 18 日，在巴黎，美西两国签订和约，西班牙被迫放弃古巴、波多黎各、关岛和西印度群岛，还有菲律宾的占领权。而美国支付两千万美元，"补偿"给西班牙。

"缅因"号的爆炸究竟是什么原因已经无法查明了。它被美国

沉入大西洋底。有人认为是触水雷，有人认为是船上大量的备用煤炭引起了自燃，也有人认为是美国精心策划、制造的，因为美国需要一个对西班牙开战的理由。这个猜测无从证实，但推测得有几分道理。当时，美国的经济已得到充分发展，急于向世界扩张。但它没有海外殖民地。西班牙却国力渐衰，它的殖民地菲律宾、古巴、中美洲和加勒比地区就成为美国夺取的目标。菲律宾和古巴的民族独立运动，又正巧被美国利用，实现了它扩张的野心。

"我将要制订的美国对外政策，最终目标就是把欧洲列强从美洲全赶出去，我首先从西班牙开刀……"这是西奥多·罗斯福在给他好友的信中写的一句话。他在 1898 年任美国海军部次长，没多少时间后，他就当选为美国总统。

美西战争的结果是，美国将加勒比海变成了自己控制的内海，占领了菲律宾、关岛，又在太平洋获得了建立海军基地的据点，开始了逐步施行它称霸世界的战略。

196

争夺"肥肉"的厮杀

早春二月，中国黄海北部海面出现一支日本舰队，悄悄向旅顺港驶去。午夜时分，这支舰队向驻旅顺的俄国太平洋分舰队发射鱼雷，俄军两艘铁甲舰和一艘巡洋舰被击中。三天后，日俄相互宣战。一场争夺"肥肉"的战争，就这样在 1904 年 2 月爆发了。

日本海军旗舰"三笠"号上，一个中等身材、酱红色脸膛的将军，白胡茬下嘴角紧抿，一副冥思苦想的模样。他就是这支海军舰队的司令官东乡平八郎，一个顽固推行日本帝国称霸世界计划的海军将领。八年前，他还不到五十岁，就在中日甲午海战中诡秘地用炮舰击沉中国运兵商船"高升"号。中国战败后，清政府被迫向日本割地求和，日本就一口吞占了中国辽东半岛。

沙俄不甘日本独占辽东半岛这块"肥肉"，联合法、德向日施加压力，逼得日本退还辽东半岛，改为中国政府向日本赔款三千万两白银。到嘴的"肥肉"硬生生吐出来，日本当然不甘心。沙俄却乘机强行"租借"旅顺口和大连，扩大自己在中国东北的势力。从此，歼灭沙俄海军驻旅顺港的舰队，就成为企图侵占朝鲜、中国东北，进而向亚洲扩张的日本的首要目标。

东乡平八郎夜发鱼雷，偷袭俄舰，然后又发动攻击，击毁俄三艘战舰。可俄军就是龟缩在旅顺港内不出来。东乡平八郎一时无可奈何。"在港口沉船封锁，使俄军舰难以顺利航行！"他暂时只得使出这一招了。

这时，从圣彼得堡到西伯利亚的铁路上，一列火车拉着汽笛，飞快地直奔远东而来。车厢里，一位灰发稀疏、凹目隆鼻的俄国将军，神情得意地端坐着。他是奉沙皇尼古拉二世之命，新任俄太平洋舰队司令的马卡洛夫中将。他的海军学校同学斯塔里克在旅顺口当司令，麻痹轻敌，使日军偷袭得手，被撤职，即将由他取代。

斯塔里克看起来忠实执行了沙俄政府制定的日俄开战"先防御后决战"的政策。马卡洛夫却认为斯塔里克执行得过于机械。他认为，防御，应该积极防御，就是在港口炮火支援下，俄舰队要进退自如。进，游动作战，要机动攻击日舰；退，则以密集炮火轰击来犯之敌，时时保持警觉，并攻击日舰海上运输线。

马卡洛夫曾参与俄国破冰船的设计，二十七年前，他在俄土战争中，曾驾水雷艇重创了土耳其海军，是俄国海军中一位战功赫赫的老将。

马卡洛夫到旅顺后，果然周密布置，改变了俄海军龟缩军港被动挨打的局面。东乡平八郎遇上了劲敌，日俄海军几次交战，互有损伤。不巧的是 3 月 26 日那天，马卡洛夫乘坐的装甲舰被日军布置的水雷炸毁，马卡洛夫当场丧命。

日本这次对俄作战，力争速战速决。除了用海军封锁旅顺港，又调动陆军在朝鲜、中国辽东半岛登陆。陆军的统帅是乃木希典大将。此人也是一个忠于日本天皇、武士道精神十足的死硬派战将。他强攻旅顺，相继用四次攻击，付出日军士兵死伤万余名的代价，花了五个月时间，占领了旅顺，然后日军又攻占沈阳。

沙俄政府见势不妙，先命令旅顺港海军舰队突围。东乡平八郎立即全力阻击。俄海军一度占上风，以猛烈炮火击毁东乡平八郎旗舰"三笠"号的炮塔，东乡平八郎的参谋长岛村也被炸伤。可是俄军舰队指挥无方，忙于逃遁，反被日军抓住战机，重新占据主动。这时，沙俄组建的太平洋第二舰队才刚刚出发，前来增援。

1905 年 5 月 27 日，由俄国波罗的海舰队与黑海舰队调集、组成的太平洋第二舰队，经过长达半年多的航行，终于赶到日本海的对马海峡。

这支舰队有五十余艘舰船，气势不小。可是其中只有战列舰"苏沃洛夫"号、"波罗金诺"号、"亚历山大三世"号等几艘是新舰，其他大多是陈年旧舰，炮火不强，速度较慢。

下午一时许，东乡平八郎的舰队突然出现在海面上。日本舰队旗舰"三笠"号那修缮一新的指挥塔上，桅杆升起了"Z"字旗。

"帝国兴旺，在此一战。"东乡平八郎杀气腾腾地指挥日本舰队，直扑俄军。为了与俄舰队平行，用舰侧的密集炮火猛攻俄舰，东乡平八郎居然下令全舰队立即作一百八十度 U 字形转向。

这是一个风险极大的决定！因为转向时，每艘日舰都暴露在俄军面前，成为挨打的目标，后面的日舰又不能发炮支援。俄国舰队司令罗热斯特文斯基将军也是位经验丰富的老将，他立即下令各舰集中火力，猛轰日舰。

可惜俄国舰队长途奇袭，士气不振，队形混乱，火炮陈旧，攻击力和命中率都不佳。十多分钟的有利时机，只有十多发炮弹击中"三笠"号，日舰"八云"号、"线间"号也被炮击，遭到重创。

东乡平八郎以赌徒般的疯狂劲头付出这些代价后，立即转为主动。他命令各舰用侧舷的火炮集中攻击俄舰，自己的"三笠"号直逼俄旗舰"苏沃洛夫"号而去。直到离"苏沃洛夫"号六千余米时，他才命令："齐射！"

瞬间，日舰的炮弹如急雨暴雷砸了过去。"苏沃洛夫"号前甲板烟囱被轰掉，通讯调度机械被炸毁，全舰混乱不堪。罗热斯特文斯基和舰长当即被炸伤。"苏沃洛夫"号遭到重创后，俄舰队立即失去了指挥，乱成一团。

日舰炮弹装有立即爆炸的引信，而俄军炮弹只有穿甲后才会爆

炸。先进的武器在战场上运用得当，就是制胜的因素。在日舰猛烈攻击下，俄舰相继被一一重创。"苏沃洛夫"号、"亚历山大三世"号、"波罗金诺"号在日本海的夜色中被炸得歪歪斜斜，渐渐下沉。

入夜，东乡平八郎又下令撤出日本主力舰只，用鱼雷艇和驱逐舰在海面巡视、游动，发现俄舰，就赶上去一阵死缠猛轰。

第二日上午，东乡平八郎的日舰向俄舰队残存的舰只包围过去，只见对方已无力抗击，舰头挂出了白色餐桌布，表示投降。

对马海战，俄国惨败。这场争夺"肥肉"的厮杀，日本战胜了，从而占领了中国东北南部和朝鲜。由于战争发生在中国土地上，大量无辜的中国平民也在战火中丧命。日本军国主义就是这样以无数生命为代价，残暴地向外扩张。

197

青年时代的列宁

伏尔加河畔的辛比尔斯克（现俄罗斯乌里扬诺夫州）在十九世纪的俄国是政治犯的流放地，经济落后，交通闭塞。

1887 年 5 月 17 日，辛比尔斯克中学举行一届学生的毕业考试。有个个头不高、宽脸，高额头下眼睛流露出几分悲伤神色的学生，全神贯注在做试卷。6 月，考试成绩公布。这个名叫弗拉基米尔·乌里扬诺夫的学生以优异的成绩毕业，并获得金质奖章。校长评价说："他是全年级最优秀的学生。"

其他同学都不知道，这名学生当时用极大的毅力和意志控制自己的情绪，忍住内心的悲痛，考出了好成绩。因为就在考试前几天，他最崇拜的哥哥因为参与密谋暗杀沙皇亚历山大三世的秘密组织活动，而被处死。

沙皇多年来用封建专制手段压迫百姓，俄国广大人民生活在贫苦交加中。一些迫切希望改变社会现状的激进分子，组成秘密团体。他们认为用个人恐怖手段，例如暗杀、行刺，除去那些掌权的帝王官吏，就能解救民众。弗拉基米尔的哥哥就是这个组织的成员之一。

中学毕业后，弗拉基米尔全家迁往喀山。喀山大学是俄国历史最悠久的大学之一，弗拉基米尔进喀山大学读书。哥哥的突然被害使他内心受到极大震动，他在学校参加激进学生组织的集会，抨击沙皇的黑暗统治。因为他的哥哥行刺沙皇，他的行动早就被警方监

视着。警察将他抓了起来。

警官威吓这个大学生："年轻人，你怎么敢造反呢，要知道你前面矗着的是一堵墙！"

"是的，但它是一堵腐朽的墙，只要一推它就会倒塌的。"弗拉基米尔平静地回敬道。

他已逐渐认识到，自己要推翻的不仅仅是沙皇，而是沙皇政府代表的整个旧世界。警察将这名学生驱逐出喀山市。在流放生活中，他设法读了很多书，苦苦寻求真理。弗拉基米尔日后成为俄国布尔什维克党的领袖，列宁是他的笔名。

列宁是从读俄国早期社会主义革命家车尔尼雪夫斯基的《怎么办？》等书后，走上革命道路的。他认为用他哥哥这种个人行刺手段不能拯救俄国。他读马克思的《资本论》，又在俄国农村生活，对俄罗斯的社会现状有了深刻了解。他坚定地认定用马克思主义理论指导俄国革命，是唯一正确的道路。

结束流放生活回到喀山，列宁又迁到萨马拉（今俄罗斯古比雪夫）。警察严密监视着他，所以列宁申请再读大学，或出国学习的任何愿望，都被沙俄当局粗暴拒绝。直到他二十岁时才允许他以校外生的身份，参加圣彼得堡大学的国家考试。一年后，列宁就顺利地通过了圣彼得堡大学法律系的第一次考试。1892 年 1 月，列宁获得了圣彼得堡教育局颁发的大学毕业证书，在一家律师事务所担任律师助手。可实际上他却在暗中宣传、传播马克思主义。后来，列宁出国去看病。

1895 年 9 月，在德国驶往俄国的火车上，出现一个矮小结实的旅客，他提着手提箱，以警惕的目光扫视四周，然后神态平静地坐了下来。他就是列宁。在四个月的国外旅行中，他与流亡国外的俄国革命者和德国、法国的马克思主义者建立了联系，与马克思的女婿保尔·拉法格见了面。眼下，他手中的手提箱夹层里，就藏匿着

马克思主义的文件。

就在这一年年底，列宁因组织"彼得堡工人阶级斗争协会"革命活动被捕。他被关入寒冷的牢房里。奉命看管列宁的狱警对这位犯人特别注意。因为上级告诫这人是名要犯，只是没找到他犯法的重要证据而无法重判他，狱警不得不经常在窥视孔里监视列宁的一举一动。一段日子以后，他发现列宁每天都要朝地面磕头，而且一磕就是五十个。"奇怪！这个犯人从没出现在去监狱教堂祈祷的犯人行列里。可天天又这么虔诚地磕头！"狱警百思不得其解。

原来，牢房中很冷。列宁就用每天坚持做体操等方式，锻炼自己，以保持身体健康，出狱后能继续与沙俄政府斗争。磕头是列宁自己创造的一种锻炼办法。列宁用这办法使自己全身出汗，热乎乎地在冰冷的牢房中安然入睡。

凭借坚定的革命信念和坚强的意志，列宁熬过了十四个月的狱中生活。随后，他被判处流放西伯利亚。无论是流放还是流亡，列宁始终宣传马克思主义，动员人民起来推翻沙俄反动专制统治。后来，列宁创办了《火星报》，建立了俄国布尔什维克党，向沙俄反动政府展开了长期的斗争。

198

"流血星期日"

1905 年的 1 月，俄国圣彼得堡寒意正浓，首都警察局却是忙乱异常。混入民众里的密探急急报告：工人们即将举行一次声势浩大的请愿游行活动，发动这次请愿活动的组织者是一名叫加邦的神父。

"加邦？这个名字很熟悉啊。"警方找出了加邦的资料。

格奥尔基·加邦，生于乌克兰富裕的农家，现是彼得堡工人区的神父。多年来他一直与家乡保持联系。他能言善辩，讲演在工农平民中较受欢迎。

"这个加邦，去年经过批准，建立了一个由我们警方监控的彼得堡俄国产业工人协会……"警察局另一材料似乎说明加邦与警察部门关系密切。

不管加邦的真实政治意图如何，他在这个时刻发起如此规模的请愿活动，与俄国布尔什维克党的政治立场是背道而驰的。

当时的俄国社会动荡，沙俄反动政府支持下的地主、资产阶级加紧剥削无产阶级，激起工人农民的剧烈反抗，工人罢工遭到沙俄军警的镇压，各地农民多次起义同样被沙俄政府镇压；与日本作战的沙俄军队又屡屡失利。这一切都表明，推翻沙俄反动政府的全国革命风暴正在酝酿中。拿起武器进行战斗，改变俄国的现状，使贫苦民众挣脱被压迫被剥削的锁链，是俄国工人及广大民众的唯一道路。

就在 1 月 16 日，圣彼得堡的普梯洛夫工厂工人举行罢工，在布尔什维克号召下，其他行业的工人也罢工支援普梯洛夫工人。这样，圣彼得堡就爆发了有二十五万人参加的总罢工。但是加邦牧师却说沙皇陛下对人民遭受的苦难并不知情："我们去冬宫请愿，把我们的请愿书呈给沙皇。他会给我们公道和保护的……"

加邦的劝说迷惑了不少人，那些善良的工人天真地认为跟着加邦神父去请愿是合法的。他们怎么也不会想到沙俄政府对彼得堡的工人总罢工恨之入骨，正准备调集军队武力镇压呢。

加邦发动的请愿游行定在 1 月 22 日。圣彼得堡的布尔什维克分发传单，想劝阻工人放弃幻想，不要参加。传单上这么写道："用一纸请愿书，哪怕由神父代为呈送的请愿书，是乞求不到自由的。自由是要用血来换取的，自由是要在残酷的战斗中拿起武器来争取的……"

可是还有很多人追随加邦。

沙皇尼古拉二世阴沉着脸，在宫中焦躁不安。他不爱用秘书，他的助手往往是他信任的侍从武官或值班军官。彼得堡的工人总罢工惹得他心头火起，现在又将发生游行请愿。"为了帝国的利益，我将不遗余力，坚定不移地维护统治，像我难忘的、已故的父亲那样……"

想到自己登基时的誓言，尼古拉二世便下令由首都卫戍司令部负责解决游行请愿活动；由近卫军担任主要镇压力量。圣彼得堡被划分成八个区，经过充实的近卫军分批预先进入指定区域。圣彼得堡附近的皇村、捷尔戈夫、普斯科夫等地区的军队也被调来，协助近卫军对付工人。

尼古拉二世似乎很自负，可骨子里却很自卑。他总感到自己这个皇帝会遇到些意外的事。在他的登基庆典上，他勋章上的银链从肩头滑落到地上，真是不吉利。也许神经质的猜疑使他变得轻率，

他决定用刺刀和子弹对付请愿的工人。

圣彼得堡一些社会名人，包括作家高尔基等人，也敏感地察觉沙俄政府有可能会出动军队镇压工人请愿。他们连夜去见有关当局，要求政府善待和平请愿的工人。可是军队已经集结，屠刀已经举起，反动政府不可能改变镇压的计划。

1月22日是星期日。早晨，十几万请愿的工人举着沙皇肖像、宗教圣像和俄国三色旗，在严寒气温中唱着宗教圣歌，缓慢地走到冬宫广场前，大批军警，还有骑兵突然从各个街道路口蜂拥而出。他们开枪射击请愿工人，骑兵挥刀冲进请愿队伍中胡乱砍杀，请愿队伍顿时大乱，工人们向附近街道逃离，军警继续追杀。连爬在树上看热闹的儿童，也成为他们射击的目标。鲜血染红了白雪覆盖的冬宫广场。

当天，沙俄军警杀死了一千多工人，受伤的多达五千余人。直接指挥这次屠杀的是沙皇的教父弗拉基米尔大公。

这就是被后人称为"流血星期日"的圣彼得堡惨案。

动用军队向手无寸铁的请愿工人开枪，连儿童都成为屠杀的目标，激起了圣彼得堡工人更强烈的反抗。1月22日当天，圣彼得堡就有工人占领兵工厂和武器库，筑起街垒与军警发生战斗。

消息传开后，俄国各地相继发生了罢工、抗议活动，民众还与当地军警发生流血冲突。光1905年1月，参加罢工的工人人数比过去十年还多。各地农民捣毁、焚烧地主庄园的暴动也此起彼伏，沙俄社会更动荡不安。这年夏天，黑海舰队的"波将金"号巡洋舰水兵举行起义。到了10月，全俄爆发大罢工，仅铁路工人和工厂工人参加罢工的就有一百七十多万人。沙皇尼古拉二世的统治，陷于风雨飘摇之中。

199

巴拿马运河

当今世界两条最重要的运河，是沟通地中海与红海的苏伊士运河，以及沟通大西洋与太平洋的巴拿马运河。

巴拿马运河以及运河所在的运河区原来是哥伦比亚的领土。哥伦比亚位于南美洲的最北端。十九世纪末，一家法国公司和哥伦比亚签定了一个合同，打算在哥伦比亚的巴拿马省境内挖掘一条连通大西洋、太平洋的运河。

法国公司请来了开凿苏伊士运河的总工程师勒赛普。勒赛普以为有了苏伊士运河的经验，开凿巴拿马运河不在话下。但不久，他发现开挖巴拿马运河的难度要高许多，苏伊士运河是在平坦的沙漠上挖一条大型沟渠；巴拿马既有潮湿的低地，又有几百英尺高的山地，而且，太平洋与大西洋之间海平面有较大的落差。勒赛普骄傲自大，管理不善，公司上下又贪污成风，工程结束的日子遥遥无期，法国国内的投资者渐渐丧失了信心，不愿继续投资，公司陷入了财政窘境。

法国公司的代理人瓦里略想到了财大气粗的美国人，于是他出访美国，游说美国政府收购巴拿马运河公司，索价一亿美元。

美国是一个两洋国家，水路航运从大西洋的东海岸到太平洋的西海岸要穿越赤道，从北半球到南半球，绕过南美洲的最南端麦哲伦海峡，再从南半球到北半球，单程就要三个月以上，不但商务运输费事费力，军事调动更加捉襟见肘。

十九世纪八十年代，美国国会就开始讨论开挖一条连通两洋的运河。1901 年 12 月，美国海峡运河委员会认为在尼加拉瓜开凿运河较省钱，约需一点九亿美元；在巴拿马开凿运河只需一点四四亿美元，但加上购买法国运河公司的一亿美元，就达二点五亿美元了。

瓦里略一听慌了手脚，赶紧宣称愿意削价，只要四千万美元就行了。

当时，美国的总统是西奥多·罗斯福。他有一句名言："说话要温存，手中握大棒。"知道瓦里略急于将运河公司出手，西奥多·罗斯福计上心来。他授意国会通过一项法案，声称如果哥伦比亚政府能与美国达成协议的话，就在巴拿马开运河；协议不成，就在尼加拉瓜开运河。

哥伦比亚政府得罪不起美国，哥伦比亚驻华盛顿大使艾兰马上与美国国务卿约翰·海协商决定：以一千万美元的代价长期租给美国一条两岸各宽三英里的运河区，美国另外每年支付十万美元。

条约的内容传回哥伦比亚后引起轩然大波。哥伦比亚首都波哥大的人民举行了声势浩大的示威游行，大学生们更是热血沸腾。他们把哥伦比亚国会团团围住，在外面高呼："哪个议员投赞成票，就不让他活着回家。"

在人民的巨大压力下，哥伦比亚国会否决了这个条约。

西奥多·罗斯福怒从心头起，恶向胆边生。他在给朋友艾尔伯脱·萧的信中暗示，要艾尔伯脱·萧鼓动巴拿马独立，还假惺惺地说："由我说出这样一句话是不行的，人们会说我煽动叛乱，所以我不能说。"

艾尔伯脱·萧是杂志《评论的评论》的总编辑，他的杂志马上发表了名为《如果巴拿马要独立，怎么办?》的文章，公开挑唆巴拿马独立，说什么"巴拿马人长久以来就盼望着巴拿马运河，因为

这会给他们带来繁荣、带来财富、带来文明、带来生活之改善……当他们听到美国不辞辛苦，愿意继法国人来完成运河工程，他们的希望又燃起来了。但波哥大政府却说'不行'……听说巴拿马的爱国志士已决心要独立了，我们美国，作为西半球上的第一个独立的国家，深切了解独立的珍贵，我们当然不会吝惜去帮助一个要求独立的国家。"

瓦里略对美国的信号心领神会，马上在运河公司内物色了一个名叫马努埃尔·阿马多的巴拿马人，充当所谓"巴拿马的华盛顿"。

这个"巴拿马的华盛顿"在美国得到保证：美国派军舰协助他发动"起义"。他又与哥伦比亚驻巴拿马司令伍艾尔塔将军约定：由伍艾尔塔将军担任巴拿马共和国军总司令，当场送给将军八万美元，手下军官每人三千至五千美元不等，士兵每人一百美元。

1903年11月2日，三艘美国军舰抵达巴拿马地区。西奥多·罗斯福宣称："不许任何军队在离巴拿马五十英里内登陆，不管它是什么军队。据说波哥大政府军已在前往巴拿马途中，必须阻止他们登陆。"

就这样，巴拿马共和国"独立"了。新政府马上与美国政府签订《巴美运河条约》，以一千万美元的价格把运河区租让给美国，美国还在运河两岸各宽五英里的地区内享有管辖权，只需每年交纳二十五万美元的租金。

从1904年起，运河工地又重新热闹了起来。几十万劳工在烈日和暴雨下挥洒着血汗。到运河开通时，共有七万多名劳工丧生。至今，运河沿岸仍有一个小村庄名叫"马塔秦"。马塔是杀死的意思，秦是中国人的意思，马塔秦就是杀死中国人的意思。

原来，运河开挖前先要筑一条运输物资器材的铁路。三千多名华工被招来筑路。又热又湿的气候，瘟疫肆虐的丛林，缺医少药的条件，日夜开工的进度使一千多名华工染上了黄热病和病毒性痢

疾，悲惨地倒在巴拿马运河的工地上。运河公司连一口棺木也不给，在运河边上挖了一个大坑，把尸体一起扔进去草草掩埋了事。更令人发指的是，公司的官员怕被传染，硬生生地把一些还没有断气的华工一齐扔进大坑活埋了。为了纪念死难的华工，当地人民就把这个地方起名为马塔秦。

运河于 1914 年开通，1920 年投入使用。从此，巴拿马运河成为一条重要的国际航道，它使大西洋和太平洋沿岸航程缩短了五千到一万多公里。美国通过运河得到了巨大的经济和军事利益，而巴拿马人民却长期生活在贫困当中。据统计，美国经营运河六十年，获利四百五十亿美元，而巴拿马仅收入十一亿美元。巴拿马人民为了国家主权和民族利益，开始了长期的、艰苦的收回运河及运河区主权的斗争。

200

第一辆四轮汽车

在西方，新年来临前的除夕夜，人们往往合家团聚，品尝着家宴的美味，期待着新年钟声的敲响。有的还打开香槟酒，举杯互祝新年给大家带来好运。

1880 年最后一天的除夕夜，在德国科隆，多伊茨发动机厂的技术总管戈特利布·戴姆勒先生却过得极为恼火。厂长奥托动不动就要求他与厂商务顾问郎根先生"交流看法"，实际上是要他必须听从不懂技术的郎根指挥。脾气火爆的戴姆勒决定立即辞职："我完全有能力独自开厂，研究出一种新颖的发动机的！"

戴姆勒对当时工厂生产的用城市煤气驱动的发动机的缺陷了如指掌：转速慢，又大又笨，而且必须固定在一个地方不能移动。他想制造出体积小、转速快，能任意安装在任何地方，用汽油驱动的发动机。

戴姆勒心灵手巧。十四岁那年，当面包师的父亲送他去给修理枪械的工匠当学徒。四年后，戴姆勒居然独自制造出一支富有艺术品位的手枪！回想往事，戴姆勒充满了信心，自己进过正规的职业学校学习机械制造，后来又在法国的巴黎、阿尔萨斯，英国的利兹、曼彻斯特和考文垂等地工厂干过技术工作。当然，自己研究汽油发动机，必须拉上在工厂里结识的好朋友威廉·迈巴赫一起干。那可是个有满脑袋好主意的合作伙伴呢！

同样是这个除夕夜里，同样在德国，离科隆不太远的曼海姆还

有一位热衷于研究汽油发动机的人，是在工场里度过除夕夜的。他是三十六岁的钳工卡尔·本茨。本茨吃完简单的晚餐，就与妻子贝尔塔一起去工场，开动他正在研制的汽油发动机。那部两冲程、不到一匹马力的机器，运转时单调的声响在他听来，却如同美妙的歌曲。他对妻子说："世界上任何魔笛所不能创造出来的东西，这个双节拍的家伙或许可以创造出来。它唱的时间越长，就越能像具有魔力似的消除我们心头的忧愁。"

卡尔·本茨十二年前办了个小铸铁厂和一家工场。可如今资金周转不灵，他只好把贝尔塔的嫁妆也赔了进去。听到自己试制的汽油发动机均匀的运转声，他的希望似乎有了着落。或许试验成功后，靠卖发动机的钱能补上经济的亏空。然后，他要实现他在曼海姆城施魏策尔公司学习车辆制造技术后，立下的成为一名设计师的心愿。他渴望制造出一种不用马拉，像火车一样，却不用铁轨，在平地上飞快行驶的车辆。

突然，实验中的发动机声响有些古怪，本茨仔细检查后发觉是汽油输送的管道不畅通。贝尔塔顺手拔下帽子上的发针，捅了捅说："试试看！"果然正常了。本茨感激地凝视着妻子。她是他生活的伴侣，也是事业的伙伴。上次那发动机的点火装置失灵，本茨检查后认为是绝缘材料问题，贝尔塔居然想出了用长统袜上的松紧带代替。她不光用爱，更用行动帮助丈夫克服了一个又一个困难。

两个德国人不约而同，各自试制汽油发动机。1885年夏天，戴姆勒将他试制的汽油发动机驱动一辆两个轮子的车，世界上第一辆摩托车诞生了！同年的7月3日，本茨试制成功了汽油发动机驱动的，有三个车轮的车。随后，戴姆勒将汽油发动机装在有四个轮子的马车车厢下面。他还想把汽油发动机装在船上、飞艇上。而本茨钻研陆地上行驶的车辆，他认为光有发动机和四个轮子，没有合适的方向操纵器是不行的。从1892年到1893年，本茨研究出"转

向节转舵"，解决了车辆导向装置问题，又申请了专利。他还相继解决了电点火装置、汽化器、冷却装置等汽车制造的一系列问题。1886 年 1 月 26 日，本茨申请到以汽油驱动的内燃机动力车辆专利那天，被后人公认为是以内燃机为动力的汽车的诞生日。

戴姆勒和本茨试制汽油驱动的内燃发动机成功后，他们开设的工厂中，各种形式的汽车相继诞生了：公共汽车、载重车、跑车、轿车。1900 年，奥匈帝国驻德国的外交官埃米尔·耶利内克向戴姆勒订购了三十六辆新式豪华轿车，条件是这些轿车以埃米尔女儿的名字"梅塞德斯"为商标。于是德国汽车中的高级轿车"梅塞德斯"也诞生了。

在研制、发明汽车的过程中，戴姆勒和本茨都遇到过困难，遭到嘲笑、控告，但他们不灰心，坚持实践，动手改进不足之处，终于迎来了成功。所以他俩都从不说自己是幸运的人。

一天，有位母亲带着她的儿子来拜访戴姆勒，她要求他传授给自己那个据说有创造天赋的儿子一些发明的窍门。戴姆勒说："好吧，但是他必须跟我一样干活，我这辈子都是从早上五点一直干到晚上八点。中午吃饭是休息半小时。"

五十多岁才制造出内燃发动机的发明家戴姆勒，就是这样走他的人生之路的。本茨成功后，念念不忘的是创造过程中，战胜一个个困难的快乐。晚年时，他跟一位朋友说："我多么想重新开始啊！请相信我，发明的过程要比发明的成功美好得多！"

1926 年，戴姆勒和本茨的两家汽车公司合并成一家戴姆勒—本茨公司，德国的汽车巨头从此成为世界汽车生产企业中赫赫有名的领头羊。

201

电影发明家卢米埃尔兄弟

　　1895 年 12 月 28 日晚上，法国巴黎罗尔乌丹剧院的老板梅里埃受朋友安托万·卢米埃尔的邀请，到大咖啡屋去看"一件意想不到的事"。

　　晚上九点，他走进大咖啡屋的地下室，发现墙上挂着一条白色床单，地下摆着一百多把椅子，稀稀拉拉地坐着一些人。他刚坐下，灯光就熄灭了，墙上张挂的白色床单上出现巴黎科德里埃广场的画面，画面静静地凝固在那里。

　　"让我来看的居然就是它呀！"梅里埃愤愤地叫道，"这种东西我十年前就会做了！"要知道梅里埃本人是一名魔术师。

　　但是，他话音刚落，科德里埃广场突然动了起来。一匹马拉着一辆车经过广场，后面还有其他车辆、行人，大街上车水马龙。这一切都在那白布上显示出来，让这位魔术师惊得目瞪口呆。

　　这就是世界上第一场营业性电影演播时的情况。那天的生意并不好，才来了三十三人。但是这惊人的消息很快就传了出去，第二天足足来了两千人！当放映到火车出站的场面时，惊慌失措的观众们尖叫着，纷纷离座躲避火车，生怕会压到他们，以致每次放映前要再三声明："火车不会跑出来的！"由于观众拥挤，警察不得不前来维持秩序。每天放映十八场，还满足不了人们的好奇心。

　　安托万·卢米埃尔其实是个开照相馆的。他那能使剧院老板大为吃惊的发明——电影，应归功于他的两个值得骄傲的儿子——奥

古斯特·卢米埃尔和路易·卢米埃尔，他们分别生于 1864 年和 1866 年。卢米埃尔兄弟是当时巴黎最好的技工学校的学生，他们在物理和化学方面极有天赋。那时氯化银的摄影干片已经问世，但是质量不稳定，价格也非常昂贵。安托万一直想自己制作，可没成功。聪明的路易发现了问题：爸爸居然用妈妈称面粉的秤来称化学试剂！他改用精确的天平秤，结果做出了非常好的摄影胶片，不但质量稳定，而且适合大批量生产。于是，安托万干脆关了照相馆而开起胶片厂来。十年之内，卢米埃尔工厂从十名工人发展到三百名工人，日产胶片五万张，行销世界各地。路易年仅十七岁就当上了厂长。

卢米埃尔兄弟并没有就此满足，下一步创造的源泉还是来自父亲。1894 年 9 月，安托万买回一台由美国科学家爱迪生发明的机器。这台机器体积如同一台五斗橱那么大，重五十公斤，人们可以通过一个孔朝里看，里面的景物看上去会动。这是一种原始的"西洋镜"，只能供一个人观看；而且画面会不时地跳动，令人大为扫兴，价格也很昂贵，要六千法郎一台。

路易又一次着迷了，茶饭不思。后来他从缝纫机的脚踏升压板上得到启发，解决了画面跳动的问题，形象变得清晰与稳定了。但他的雄心是要让大家一起观看，这就是说必须把画面投射在墙上！

路易和奥古斯特昼思夜想，用了一年多的时间，终于设计和制造出了世界上第一台电影放映机。这种机器不但可以放映，而且可以拍摄；画面可以放大，重量只有五公斤。

机器很快投入了生产，并在法国各地流传开来，也很快走向全世界。1896 年 2 月，伦敦报界以大标题欢呼卢米埃尔兄弟的成功。卢米埃尔兄弟的放映机在美国也大受欢迎，纽约人把放映员高高抬起，欢呼："卢米埃尔兄弟！"电影放映员在美国供不应求，卢米埃尔工厂不得不赶紧培训大批放映员，随后让他们分别赶往波士顿、

费城、芝加哥等地。

不过，那时的放映员工作十分辛苦，晚上放电影，白天拍电影，不仅要自己冲胶卷，还要到处赶场。自然，放映员分布世界各地，也留下了很多趣闻。

在德国不来梅，一个放映员一时找不到暗房装胶卷，急得团团转，最后他灵机一动，跑到殡仪馆，央求工作人员把他装进棺材。他在棺材中装好了胶卷。

在俄国诺夫哥罗德，当银幕上出现已故的沙皇形象时，观众惊恐万状，以为是魔鬼显身，一致要求把放映员烧死。经过警察奋力营救，放映员才得以脱险。但观众仍不罢休，第二天放火烧了放映室，以此驱逐"魔鬼"。

1900 年，万国博览会在巴黎举行。会上，电影正式走向世界。那时的银幕已有十八米高、二十一米宽了，放映厅长四百米、宽一百十四米；在半年的时间里，放映了一百五十场电影，观众达八百万人。

卢米埃尔兄弟工作了一生。在晚年，奥古斯特醉心于医学与生物学，路易则发明了彩色胶片制作法。然而他俩对人类文化的最大贡献，还是电影的发明。

202

飞机的诞生

父亲给孩子一件小礼物，却点燃了孩子科学发明的火苗。飞机的诞生就是这样不可思议。

美国俄亥俄州但顿市的牧师莱特每次出差回家，总要给他的两个爱子——十一岁的威尔伯·莱特和七岁的奥维尔·莱特带一点小礼物。"今天他们一定会很高兴，"牧师想着，"这个礼物是他们意想不到的。"

莱特两兄弟像往常一样，高高兴兴地向父亲扑过来。牧师赶紧把蒙着手帕的礼物向兄弟俩扔过去。他们没有接住礼物，手帕滑落了，礼物却腾空而起，直向天花板飞去。两兄弟目瞪口呆地看着那礼物在空中飞翔，一圈，两圈……终于，它掉到了地下。他们赶紧把它捡起来，原来那是一只用纸和软木、竹丝做成的玩具蝙蝠。父亲告诉他们，只要把玩具蝙蝠腹部的橡皮筋绕上几十圈，它就能飞起来。兄弟俩兴致勃勃地试了又试，看着蝙蝠一次次地腾空而起，他们兴奋地欢呼。突然，他们的小脑袋里闪过这样一个念头：人能不能飞起来呢？

从此，两兄弟对飞行器产生了浓厚的兴趣，成年后也时刻观注着有关的报道。1895 年，德国人李林塔尔成功地驾驶着滑翔机飞上了天的新闻，使兄弟俩兴奋不已。但是第二年，却传来了李林塔尔在飞行中失事的消息。兄弟俩在痛惜之余，自己动手制造飞机的念头却越来越强烈了。尽管他俩知道，这可能要付出生命的代价。

当时莱特兄弟开着一家自行车厂。从造自行车到造飞机，这中间的差距是可想而知的。况且因为从小经常搬家，莱特兄弟没有上过固定的学校，连中学毕业文凭都没拿到，更不要说读大学了。但他们都有极强的动手能力和自学能力。他们找到了当时可能找到的所有资料，经过仔细分析研究，认为前人的失败在于没有找到有效的控制飞机的手段和没有足够的飞行时间。滑翔机的机器是"死"的，完全不能动，因此一上天只能任凭狂风吹抛。那么，怎样才能控制机器呢？

一天，客人来买轮胎。奥维尔把轮胎从纸箱中取出来时，纸箱盖被卡住了，扭成一个曲面。"有了！"这一下子使他想到，为什么不把机翼从平面变成曲面呢？只要增加一个机械操纵杆，就可以使机翼的一端翘起，形成一个"仰角"，这样马上可以改变机翼上下面的气压而获得升力！太棒了！奥维尔心花怒放，冲着客人笑出声来。客人倒被他笑得莫名其妙。客人走后，莱特兄弟就给飞机装上了操纵杆。后来他们又给机身装上了升降舵，并把两个操纵系统联合起来，解决了飞机的操纵控制问题。

他们没有幻想一次成功，而是在实践中不断完善。从 1900 年开始，每年造出一架飞机并进行试飞。到 1903 年为止，他们已积累了上千小时的飞行经验，还附带发明了一种名为"风洞"的空气动力检测工具，这种工具我们今天还在用。1903 年，他们自己动手造了一架飞机用发动机，定于 12 月进行动力飞机试飞。

1903 年 12 月 17 日，他们在北卡罗莱纳州海岸边开始试飞。兄弟俩争着首航，不肯相让，只得用投币法决定人选，结果威尔伯胸有成竹地进入了机舱。但他求胜心切，机头拉得太高，飞机虽然起飞了，却很快坠地，还碰坏了飞机，使大家很扫兴。幸而损坏不严重，他们修好了飞机，三天后进行第二次试飞。

这次轮到奥维尔上天了。为了减轻重量，他不顾刺骨的寒风，

甚至把大衣都脱了。发动机启动后，飞机沿滑轨向前滑动，"呼"的一声腾空而起，飞行了三十七米，在空中飞了十二秒，随后安全地着陆了。接着，当天又试飞了三次，其中有一次持续了五十九秒，飞行距离为二百六十米。然而消息传出，却根本没人相信，许多人把莱特兄弟当做骗子。两兄弟不管这些，只是埋头改进飞机的性能。

1908 年 5 月，莱特兄弟的飞机试飞场附近出现了几个身份不明的人。他们带着食物、水、望远镜和照相机，隐蔽在树丛里，不顾蚊叮虫咬，坚持天天观察机场附近的天空，为的是要"揭穿飞行的真相"。他们实际上是《先驱报》、《美国人报》等报纸的记者。11日那天，他们看到了在阳光下闪闪发光的螺旋桨叶在转动。接着，飞机腾空而起，向他们头上飞来。这些训练有素的记者又惊又喜，完全忘了拍照，忘了看表，直到飞机轰鸣，掠过他们的头顶后，才如梦初醒。14 日，他们两次看到了载人飞行，这些记者们彻底地信服了。

1908 年 9 月，美国迈尔堡阅兵场举行公开的飞行表演，奥维尔胸有成竹地登上了飞机。发动，起飞，转圈，下降，着落，飞机在空中仅飞了三十一分十一秒，可到场的那些军官们激动得像发了疯，惊喜的欢呼声充满了整个机场：人类千百年来飞上天的梦想终于实现了！

203

极地探险

严冬时节，挪威的首都奥斯陆像往常一样，变成了一片冰雪世界。夜半时分，天更冷了，寒风吹起满地雪花，扑向一扇扇紧闭的窗户。但是奇怪得很，近郊的一个小镇上，却有一间屋子的窗户大开，任凭寒风自由进出。屋子里没有人吗？不。床上睡着一个身体强壮的少年。他虽然穿着较厚的衣服，盖得也不少，可是在如此酷寒的气温中还是冻得直打颤。他不止一次地想爬起来把窗户关上，然后美美地睡上一觉，但是不，他告诉自己：一定要坚持下去，这点冷是小意思，我一定能克服过去的。过了好久、好久，气温依然寒冷，但他终于平静地睡着了。

他叫罗尔德·阿蒙森，从小就对探险感兴趣。他最喜欢的书就是《富兰克林探险记》。富兰克林是英国著名探险家，他想征服北极，然而却失败了。阿蒙森的愿望也像富兰克林一样，渴望有朝一日征服北极。他知道极地探险必须有非常强壮的身体，因此从小就热衷于锻炼，不仅经常去滑雪、踢球、划船、跑步，而且常年坚持在冬天开窗睡觉，以锻炼自己的抗冻能力。

阿蒙森成年之后到船上去当水手，努力学习航海知识。他还常常放弃船上的美食而去吃生的鱼等海洋生物，来锻炼自己的野外生存能力。勤学好问的阿蒙森很快地掌握了航海的知识，从水手升至大副、代理船长，后来又顺利地通过了考试，取得了领航员和船长的资格。

1900 年，阿蒙森开始准备他的北极之旅。他总结了前人北极探险失败的三个原因：人太多、船太大、航线选择欠佳。因此他只准备了一条四十七吨重的小船"约阿"号，只雇了六名水手。为了准备这次航行，他事先还专门去德国汉堡观象台学习了地磁和气象观察。

1903 年 6 月，阿蒙森开始了他的北极航行。起先，他沿着当年富兰克林的航线走，可是进入了兰卡斯特海峡后，遇到了狂风。浮冰从四处拥来，狂风把小船举起来，又狠狠摔下。整条船被海浪淹没了，发出吱吱咯咯的响声。可是还没等大家从惊恐中回过神来，狂风卷起的浪涛又把"约阿"号向一个浅滩飞快地送去。整条船都在颤抖，眼看就要粉身碎骨了。

在这个关键时刻，阿蒙森果断地下达命令：减轻船的重量，把食品柜抛入海中！好几个两百多公斤重的食品柜抛出之后，船身顿时升了起来，但这时离浅滩也越来越近了，这七条汉子难过地闭上了眼睛。但由于小船已经减重，"约阿"号竟轻快地闯过了浅滩而进入了前方的海洋中。总算可以松一口气了，但是，前面又出现了无数的暗缝和岩石。

正在这时候，船身一震，舵失灵了。舵手大叫一声："舵坏了！"在暗礁丛中航行，再也没有比这更坏的消息了。然后船身又强烈一震，舵手又大叫："舵好用了！"原来强震又把舵复了位。就这样整整五天五夜，大家都没敢好好休息，终于闯过了险滩。

经过千辛万苦，三年之后，即 1906 年夏天，他们终于通过了白令海峡，人类第一次驾船通过北极。

这条航线的打通使阿蒙森成了名人。他探险的下一个目标是向北极极心进发。几年后，眼看一切准备工作就绪时，却传来一个对他极为不利的消息：美国探险家皮里已经到达了北极极心！

阿蒙森陷入了进退两难的处境。不过 1910 年 6 月，他还是驾

船出海了。但是船驶到了大西洋上时，他召集了船上的全体人员，向他们宣布：我们去征服南极！

这次航行，阿蒙森做了极为精心的准备。他带了大量的北极狗，既可以拉雪橇，必要时也可以成为口粮。他还带了大量的肉食和蔬菜，甚至连作息时间也作了安排，每周工作五天，经常进行文体活动，保证足够的休息时间，等等。这样，远征队始终保持着高昂的士气和充沛的体力。

1911 年 1 月 14 日，他们到达了罗斯冰障东部的鲸湾。他把全体队员分成三组：一组建立大本营，第二组猎取海豹、增加食物储备，第三组去寻找通向极心的道路。

经过九个月的休整和适应当地环境，探险队向南极极心挺进，每隔十五公里建一个休息站。10 月 20 日，他们开始冲刺了。11 月 21 日，天气突然变了，暴风雪使能见度几乎为零，他们只得休息了几天。然后天气转好，他们就攀登了"魔鬼冰川"，这里有很多深坑和深谷，极为危险。

终于，在 12 月 14 日下午三时，他们到达了南极极心。探险的勇士互相拥抱，然后拿着挪威国旗合影留念；接着举行"庆功宴"——每人吃一块煎海狗肉。

阿蒙森探险队在极心支起帐篷，待了三十六小时，留下一块刻着到达者姓名的木板；然后脱帽向国旗致敬，恋恋不舍地离开了南极。

返程途中，阿蒙森的南极探险队每隔几天就杀一条狗充饥，精力充沛地回到了基地。那是 1912 年 1 月 25 日。

人类将永远记得这一次开创性的探险。

204

居里夫人

　　巴黎郊外有一间极为简陋的玻璃棚屋，屋顶已有不少破损。夏天，屋里像烘箱一样烤人；冬天，屋里像冰箱一样冷。下雨，屋里滴滴答答地漏个不停；刮风，屋里能充分感到风的威力。在这样破旧的屋子里，却有一对夫妇，站在一堆瓶瓶罐罐之间做着实验。他们搅拌着煮着的沥青糊，刺鼻的臭味使人呛咳。他俩过滤、蒸发、称量、提炼着什么。日复一日，年复一年。累了，他们对视一笑；困了，相互鼓励，一干就是四年！

　　这对夫妇为什么这么干？难道说这刺鼻的沥青糊能熬出什么宝贝吗？

　　原来这是正在巴黎大学攻读博士学位的女科学家居里夫人和她的丈夫比埃尔·居里，他俩正用这简陋的设备来证实一项科研成果。

　　1896 年，法国物理学家报告了铀盐能使照相底片感光的消息，引起了居里夫人的极大兴趣。她称这种现象为"放射现象"，并准备将对放射现象的研究作为她的论文课题。在研究放射性元素铀和钍的过程中，居里夫人惊异地发现，沥青铀矿的放射性远远超过元素铀的放射性标准值。这是什么原因呢？经反复核对和测量，居里夫人认为很可能沥青铀矿里存在着未知的、新的、放射性很强的元素。这个新发现太重要了，它将完全改变人们对原子结构的根本看法。居里夫妇花了很大努力来提纯和测定这种未知的元素。到了

1898 年 12 月，他们向法国科学院报告发现了新元素钋和镭，但是没有得到科学院承认。理由很简单：他们必须提供新元素的样品，以供其他科学家作鉴定。

就这样，居里夫妇不得不极为辛苦地开始熬沥青糊。要是从沥青铀矿中提炼这新元素就方便得多了，可是沥青铀矿石很贵，他们根本买不起。因此四年里，居里夫妇熬了八吨沥青糊，才提炼出零点一克镭盐，同时也精确地测定了镭的原子量：二百二十五点九三。这四年为了购买沥青糊和仪器设备，他们耗尽了全部积蓄，节衣缩食，而且天天暴露在强烈的放射线中！

1902 年 3 月的一个晚上，居里夫妇在夜里来到了那间简陋的棚屋。他俩故意不开灯，在黑暗中，他们看到玻璃瓶中的镭盐散发出蓝色的光，那光彩是如此清丽、纯洁。居里夫人不由得流下了喜悦的眼泪。为了这零点一克镭盐，他们付出了沉重的代价，那就是健康。比埃尔很快得了放射性关节炎，晚上经常因疼痛而难以入睡；居里夫人也得了严重贫血。

一天晚上，比埃尔又没法睡觉。居里夫人极为担心地守在一旁，"比埃尔，如果我俩中死了一个……剩下的一个也活不了。我们是不能分开的。是不是？"她问道。

"不，"比埃尔注视着夫人忧伤的脸，坚定而缓慢地说道，"你错了。无论发生了什么事，即使一个人成了没有灵魂的身体，另一个人还是应该照常地工作。"

这句话深深地印在居里夫人的心里。

居里夫人担心的事终于发生了。1904 年 4 月 19 日，比埃尔死了。不过，他不是死于放射病，而是死于车祸。

居里夫人听到这个噩耗，不相信是真的。这怎么可能？相濡以沫、同甘共苦的丈夫竟突然就没了呢？她像一个木头人那样呆呆地僵在那里，好久、好久，痛心至极，甚至流不出一滴眼泪。她的心碎了。

但是她没有给严酷的现实所击倒。她要继承丈夫的遗志，坚强地活下去，工作下去。

1906 年 11 月 5 日，著名的巴黎大学汇集了当时社会各界名流，包括艺术家和摄影师，他们是来听气体电离课的。更准确地说，他们是来看居里夫人的。因为一位妇女走上大学讲坛，这在巴黎大学是破天荒的第一次。

下午一点三十分，三十九岁的居里夫人出现了。她消瘦、苍白，金色的头发高高挽起，纤细的身躯裹在一袭黑色的连衣裙里。她缓慢而又镇静地走上讲坛，灰色的大眼睛是那么忧伤，又那么坚毅。她翻开书本，翻到她丈夫病故而中断的那页，继续讲："当人们考察十余年来物理学所得到的进展时……"

整个教室里安静极了，人们在屏息听她的演讲，分担着她对亡夫的哀痛，赞叹着她坚强的毅力。讲课完了，教室里响起的掌声，久久不能平息。

居里夫人不仅是第一个走上巴黎大学讲坛的女性，而且也是世界上第一位获得物理学博士学位的女性，更是世界上唯一的一位两次获得诺贝尔奖的女性（1903 年和 1911 年）。镭的发现不仅仅是一种新元素的发现，而且打开了原子世界的大门，开创了一门全新的科学——放射学。

镭在肿瘤治疗等方面有着巨大的实用价值。当时一克镭的价格是十万美元，远远超过黄金的价格。很多国家都想提取镭，他们要求居里夫人提供详细资料。如果居里夫人申请专利，她马上可以变成亿万富翁，从而成为科学界最富有的女性。

但是，不，她放弃了申请专利。她平静地说："镭不应该使任何人发财致富。镭是化学元素，应该属于整个世界。"

居里夫人终身过着俭朴的生活。爱因斯坦后来评论说："在所有的著名人物中，居里夫人是唯一不为荣誉所腐蚀的人。"

205

爱因斯坦和相对论

1884 年的一天，德国南部小城乌尔姆的一个犹太家庭中，一个五岁的男孩躺在病床上摆弄着一个罗盘。他把罗盘旋转九十度，指针很快地回到了原位。他把罗盘旋转一百八十度，指针又颤颤巍巍地回到了原位。"好吧，来个猛烈一点的！"小男孩把罗盘捧在胸前，猛地旋转身子，又猛地旋回，"这一下看你怎么办！"小男孩得意地想着。谁知指针经过一番挣扎，又稳稳当当地回到原位，忠实地指向北极。

小男孩迷惘了，他放下罗盘，向四周张望着，谁在暗中操纵着这根小小的指针呢？他当时并不知道，这个名为"场"的力量，将和他打一辈子的交道。

这个小男孩就是以后闻名世界的大科学家阿尔伯特·爱因斯坦。

爱因斯坦一开始在学校的成绩并不出色，但他有他自己的学习方法。有一次，有人送他一本《欧几里得几何学》，引起了他对数学的极大兴趣，以至他十一岁就学完了微积分。数学成绩一跃而成为全班第一。爱因斯坦提出的一些数学问题使老师非常难堪，不得不明确地对他说："如果你不在班上，我会觉得自在好多。"

然而，爱因斯坦终生保持了自由思考的学习特点。他后来进入了瑞士的苏黎世工业大学，毕业后进入专利局工作，工作之余还坚持学习，从来没有停止学习和思考的习惯。那时候在瑞士伯尔尼的

街头，人们经常会看到一个年轻的父亲顶着一头乱发，穿着随随便便的衣服，推着一辆婴儿车在街上走——看那模样是去买家用杂物的。那人一边走着，一边若有所思地想着什么，然后会很快地掏出笔与纸记下点东西，接着又开始似乎是毫无目的地闲逛了。其实他那时思考的问题已是非常深奥的物理科学了。

爱因斯坦最有名的研究成果就是相对论了。那么，什么是相对论呢？据说有人就此问题请教爱因斯坦，他说："很简单，当你和一位美丽的姑娘坐在一起时，一小时就像一分钟那么快。而当你坐在热的炉子上，那一分钟却又像一个小时那么长了。"

当然，相对论并非那么简单。爱因斯坦 1905 年提出的狭义相对论，阐明了物质、运动与时间、空间的相互关系，当物体运动速度接近光速时，标尺会收缩，时间会延缓，质量会增加，而光速不变。这些观点与人们所熟悉的牛顿力学是完全不同的。爱因斯坦曾预料他的论点会引起激烈的批评或争议，但论文发表后，学术界却一片平静。原因很简单：太深奥了。据说当时全世界能看懂相对论的人不超过八个。然而科学家们还没悟出其中的全部奥妙，1916年，爱因斯坦又提出了广义相对论，进一步提出了诸如"光线弯曲"等当时人们听后感到简直荒谬绝伦的观点，令人更难以置信。不过，爱因斯坦对此满怀信心。

果然，四年以后的 11 月 6 日，伦敦皇家学会总部的会议厅里，克罗姆林博士和埃丁顿教授叙述了他们分别在巴西和西非海岸天文台拍摄某些星星照片时，观察到那些星星没有出现在人们认为应该出现的位置上。在场的欧洲著名的物理学家、天文学家几乎都听得目瞪口呆。那是在日全蚀的时刻，所以平时看不见的星星此时能拍摄下来。对星星移位的唯一解释就是它们并没有移位，而是它们射出的光线经过太阳时，发生了弯曲。爱因斯坦的理论就这样得到了证明。

爱因斯坦又全力研究统一场论和量子力学，也许他五岁时那个罗盘的指针触发的灵感使他无法忘却吧。

1939 年 8 月。爱因斯坦了解到纳粹德国已经运用他们掌握的科学技术研究制造原子弹，他和一些了解这一情况的科学家极为担心。为此，爱因斯坦致信美国总统罗斯福，建议加快原子弹的研制。可是到了 1945 年，德国的原子弹还没造出来，这些正义的科学家们反倒担心美国运用原子弹伤害其他国家了。爱因斯坦于当年 4 月再次写信给罗斯福，建议不要使用原子弹。信件已经送到了总统的办公桌上，可是罗斯福突然逝世，他没有来得及处理这封信！于是发生了人类历史上第一次原子弹爆炸事件，伤害了二十万平民。这使爱因斯坦极为后悔。1950 年，美国决定制造杀伤力更大的氢弹，爱因斯坦表示强烈抗议。1955 年 4 月，就在他逝世前两个星期，他还与英国著名思想家罗素联名发表了《罗素—爱因斯坦宣言》，警告战争的危险，呼吁世界和平。

爱因斯坦死后，按照他的遗愿，尸体火化后骨灰撒于大地。因为他在活着时，就感到社会盲目崇拜名人是毫无意义的。

也许这位改变了人类宇宙观的伟人想让人们记住，特别是让那些有志于科学研究的大学生记住的，是这么一段话："绝不要把你们的研究当成一种义务，而应把它看做一种难得的机遇。这种机遇能让你们逐渐认识到在追求个人快乐的精神领域中释放出来的美的影响力，将有益于你们日后的工作所属的社团。"

206

高 尔 基

三月早春，俄国的萨马拉城寒意未消。清晨，路边水洼还结着薄薄的冰。

这天，城内《萨马拉报》编辑部来了个身穿廉价黑上衣的陌生青年。他脸色苍白，体形消瘦。这青年人是由当时著名作家柯罗连科介绍，来《萨马拉报》当编辑的。

几天后，《萨马拉报》上出现了一个时事评述专栏。其中评述的文章虽然经过沙俄新闻检查官的删改，但仍巧妙地披露政府官员的飞扬跋扈，工厂主对工人的野蛮欺压，妇女遭任意毒打等社会上种种黑暗丑陋现象。这些文章都是这个新来报社的青年写的。

两年前，1892 年 9 月的《高加索报》曾经发表过这位青年人的第一篇短篇小说《马卡尔·楚德拉》，作者署名是高尔基。

著名作家柯罗连科曾经看过高尔基写的诗，高尔基希望柯罗连科给他些指点。柯罗连科只是细心地指出他文字上的错漏，对内容却不多说什么。高尔基很纳闷，不由得回想起自己二十年来的经历。

高尔基的俄文原意是"苦命的人"，他的生活经历确实艰辛坎坷。这个原名阿列克塞·马克西姆维奇·别什柯夫的青年人因为家境贫困，连小学都没钱读完，就不得不从童年时代开始当学徒、打工谋生。他喜欢读书，千方百计找书读，果戈理、普希金、巴尔扎克、福楼拜的作品使他着迷。边读书边识字，高尔基的文化水平就

这样在读书中逐渐提高。当他离开书本中丰富多彩的内容时，就感到现实生活的平庸乏味。他厌恶自己生活的环境，他看到四周那些陷于贫困的民众，大多数只是怯懦地面对有钱人的欺压，没有勇气抗争。他们用庸俗、自私的小市民习气麻醉自己，同时又伤害别人。高尔基认为应该有更好的生活，他要去寻找，就在十六岁那年离开家乡去了喀山。他想去喀山读大学。

在沙皇专制统治下的俄国，天下乌鸦一般黑。高尔基的大学梦未能实现，却从伏尔加河畔的一个城市流浪到另一个城市，作坊伙计、码头工人、捕鱼工、守夜人，他干过各种各样的活；也广泛接触到形形色色的人，政治流放犯、感叹生活不如意的知识分子、街头的流浪汉和艺人等等。当他与列宁领导的布尔什维克接触后，才得到启发，渐渐明确了生活的目标。就在这所"社会大学"里，高尔基学着用笔写出他对生活中庸俗的憎恶与对美好事物的歌颂。

一个初夏日的黎明，回到故乡的高尔基与柯罗连科经过彻夜长谈后，并肩漫步在田野上，郊野的空气是那么清新。

"你试试写一点篇幅更大的文章，在刊物上发表吧，是时候了。"这时，柯罗连科才热情地与高尔基谈写作的内容，对他作品提出修改意见，又引荐他去《萨马拉报》。

从此，高尔基的文学创作逐渐成熟了。他的文章激情澎湃，歌颂在黑暗中争取光明、自由的英雄："勇敢的鹰啊，你在跟仇敌的战斗中流尽了血……将有一天——你那一点一滴的热血会像火花一样，在人生的黑暗里燃烧。在许多勇敢的心里燃起对自由、对光明狂热的渴望……"

高尔基的这篇《鹰之歌》和《海燕》，被俄国民众广泛传颂，鼓舞着人们推翻沙皇的黑暗专制统治。《海燕》用散文诗的象征手法，巧妙地避开了沙俄新闻检查官的删改，这篇预告革命即将来临的作品出版后，在俄国大地上以打字本、油印本等多种形式流传，

如同革命的传单。

一天黄昏，正在伏尔加河畔散步的高尔基遭到一个迎面走来的刺客袭击，刺客的匕首扎向他的心脏，幸运的是刀尖刺穿了大衣和外套，被烟盒挡住了。除了行刺，沙俄警察还监视高尔基，多次抓捕、关押他，但最后找不到高尔基犯罪的证据，又不得不释放他。

俄国革命风暴来临的日子越来越近了。1902年在索尔莫沃爆发的五一节示威游行，1905年在圣彼得堡，沙皇军警向手无寸铁的请愿群众开枪，镇压、屠杀民众的情景，一幕幕无法忘却的记忆都烙入高尔基的脑海中。那天游行后，为了避免军警可能的搜查，一些参加游行的朋友在他家中壁炉里，无奈地烧毁了游行的红旗。当他看到火苗将红旗燃成灰烬时，不禁悲愤交加。后来，高尔基用他的笔，艺术化地在《母亲》这部长篇小说中再现了这些，在世界文学史上第一次将参加无产阶级革命的工人作为英雄歌颂。《母亲》在俄国被列为禁书而遭查封，只能在外国出版。

当高尔基在伦敦与列宁见面时，他吃惊地发觉列宁居然是《母亲》最早的读者之一。原来，列宁是向国外出版商借来高尔基《母亲》手稿进行阅读的。《母亲》在德国、法国、意大利等欧洲各国工人中广泛传播，在世界各国无产者中广受喜爱。

列宁领导的十月革命取得胜利后，高尔基又努力创作《阿尔达莫诺夫家的事业》和《克里姆·萨姆金的一生》两部长篇小说。

早在1910年时，高尔基就想创作一部通过一个家族的兴衰，反映从农奴制度改革起俄国社会变化的小说。他把自己的构思告诉列宁。列宁听后，启发他说："我想，你是能够胜任的，但是，现实生活还没给它提供结尾，您应该在革命以后写……"

高尔基又曾把自己的创作构想讲给托尔斯泰听。托尔斯泰也很赞赏："嗯，这倒是真的，我知道这个，在图拉城有两家人是像这样的。应当把它写出来，可以写成一部大的长篇小说，你明白我的

意思吗?"

他们的鼓励和指点,促成了高尔基最终完成这部反映俄国资产阶级兴衰过程的长篇小说《阿尔达莫诺夫家的事业》。然后,他又把精力投入描写俄国资产阶级知识分子历史命运的《克里姆·萨姆金的一生》的创作中。在这部作品中,高尔基写了一个经历俄国暴风骤雨历史变革年代的知识分子,故事情节从1877年写到1917年,俄国社会四十年风云变幻、历史事件都一一在书中再现。高尔基为此甚至每天写作十二个小时,但最终因病去世,还是没能完成这部巨著。

除了《母亲》等长篇小说,高尔基还写了剧本《底层》,自传三部曲《童年》、《在人间》和《我的大学》等大量文学作品。这些作品生动反映了俄国十月革命前后的社会面貌,揭露沙俄皇朝的黑暗野蛮,抨击了庸俗、市侩气等人性的弱点,鼓舞人们追求新生活。

高尔基是无产阶级革命文学的杰出代表。

207

诗神泰戈尔

七月的伦敦之夜，诗人庞德来到叶芝寓所。他看到在诗人叶芝客厅里参加今晚聚会的，都是当时英国文坛名声显赫的人物：画家罗森斯理、文艺评论家布拉德利，等等。

"罗森斯理向我推荐一位诗人，我现在就来朗读他的诗。"叶芝以主人的口吻说罢，就打开诗页，念了起来：

> 你已经使我臻于无穷无尽的境界，你乐于如此。这薄而脆的酒杯，你再三地饮尽，总是重新斟满新的生命……
>
> 到达离你最近的地方，路途最为遥远；达到音调单纯朴素的极境，经过的训练最为复杂艰巨……

诗的美与哲理表达浑然天成，在座的人都被它打动了。

"是谁写的？"

"是一个印度的诗人泰戈尔，原文是孟加拉语，他自己将它译成英文，诗集名是《吉檀迦利》。"叶芝放下诗集，激动地说，"一个伟大的诗人，比我们中间任何一个都要伟大的诗人出现了！"

聚会结束时，庞德要求带上《吉檀迦利》回去再仔细阅读。他将它带在自己身边，坐火车时、在公共汽车上、在餐馆用餐前，他都读。但他很快又把诗稿合上，因为他不愿意让边上的陌生人看到自己被诗的美而感动不已的模样。

《吉檀迦利》英文译本在英国出版后，成为英国文化界轰动一时的盛事。《泰晤士报》文学副刊刊出有关评论文章。然后泰戈尔的其他几本诗集《园丁集》、《新月集》英文译本也相继在英国出版。1913 年 11 月，瑞典皇家学院宣布这届诺贝尔文学奖颁给泰戈尔。两年之后，英国又宣布授予泰戈尔爵士称号。一个用孟加拉语写作的印度诗人，怎么会在当时普遍轻视东方的世界文坛，引起如此轰动？

《吉檀迦利》是孟加拉语"献词"的意思，它收有一百多首散文诗，文笔清丽流畅。自然的美，鲜花与果实、草木、暴雨、海洋、天空和河流，都被泰戈尔用富于音韵和节奏的语言咏唱着，同时，又富有哲理地以境寓意，表达了对生命、生活、死亡等命题的深邃思考。

1861 年生于印度西孟加拉邦加尔各答的泰戈尔，自小就受到印度优秀文学、哲学的熏陶。他的父亲是位很有造诣的研究哲学、神学的著名大学者，印度当时已成为英国殖民地，泰戈尔因此也熟练掌握了英语。他较早就能用诗体文字表达自己的思考，但真正感悟他的，是十九岁那年一个黄昏的景色。

那天傍晚，泰戈尔在小屋里看着窗外天空中的落日余晖，他突然明白自己应该如何写诗。因为这一刻他看到了从未见过的自然之美，他领悟了自然界的博大、广阔。以往提起笔时心中的迷惘，如同雾气瞬间消退了："我明白自己的写作宗旨，那就是尽善尽美地抒写生活的丰富多彩。"

印度人民掀起反抗英国殖民统治的民族独立运动，泰戈尔也热情参加。他讲演，写文章，抗议异族入侵，维护印度的民族尊严。但是他更多的是关注印度民族自身的弱点，他要求注重民族教育事业，身体力行办起了学校；他要求发展印度民族工业。他不是仅仅谴责英国殖民主义，也反省自己民族的落后之处：贫穷、无知、生

活习惯不卫生等。他特别谴责印度的封建种姓制度——那种把人民分成天生高贵和卑贱的制度的罪恶。他以文学的形式，思考着民族的未来，同时也探索善良和美等人性的问题。

他写的散文诗《古檀迦利》是献给神的。泰戈尔的"神"，不是一般宗教教义中的"神"，而是指蕴含在天地万物之间的和谐的美，是他对这种美的炽烈又无限深沉的情感投入，是他对自然的热爱。他用诗的语言、赤诚的心、低回婉转的音律，歌颂着。难怪他的诗会引起西方文坛的惊讶与赞美。在物欲至上的现代社会，泰戈尔的诗清新脱俗，有益于净化人的精神。

成名之后的泰戈尔多次出国访问，讲演。欧洲各国，美国、日本，还有中国，他都到过。他在访问讲演中，对受强国欺侮的弱小民族表示同情，更多的是谴责英国的殖民主义。

1919 年 4 月 13 日，英国殖民军队在印度旁遮普邦阿姆利则，镇压民众的抗议运动，开枪屠杀印度平民，造成死伤一千五百多人的"阿姆利则"惨案。尽管占领印度的英殖民政府用新闻审查制度，竭力延缓关于殖民者暴行的消息向外传播。但是泰戈尔还是知道了，他非常气愤。

5 月，英国驻印度总督收到泰戈尔的一封信。信中说：为了对印度同胞所受的凌辱和苦难表示愤怒和抗议，泰戈尔声明自己放弃英国授予他的爵士称号。一年后，泰戈尔又去英国访问，朋友们还是欢迎他，但是过去颂扬他作品的上流社会却明显冷淡他。原因就是他放弃了爵士称号，可泰戈尔毫不在意。他用诗，也用行动表达自己对祖国的热爱。

1921 年 12 月，泰戈尔创办的和平之院举行落成仪式。他在《古檀迦利》中曾用散文诗的形式表达了"在印度的土地上，各个种族和教派的人们应该团结起来"的思想。为了建立和平之院这样一座吸取东西方优秀文化的大学，泰戈尔六十高龄还不断四处讲

演，多次出国募捐，请求经济资助。他想吸收东西方先进文化知识，培植和发展印度文化。当印度人民反抗英国殖民统治，有人提倡妇女不要学习英语时，泰戈尔非常痛苦："我看到了一种要把自己的房子变成监狱，并在四周垒起高墙，遮住外面阳光照射进来的企图；我反对生活的饥饿化，并不反对机器；我期望机器受人驱使而不是反过来支配人，所以我不能接受对手工纺车的崇拜……"

泰戈尔反对任何走捷径获得印度自治的方法。因为他深沉地爱自己民族，也就深切了解印度民族存在不少落后的地方必须改进，特别是种姓制度。

用孟加拉语写诗的印度诗人泰戈尔，也写戏剧、小说，在小说《沉船》和《戈拉》等作品中，他用人物的爱情波折，暴露封建包办婚姻的腐朽，抨击种姓制度的黑暗，反映了他身处的那个时代印度社会复杂的生活状况。

泰戈尔得到过许多颂扬，甚至是他所谴责的奉行殖民政策的国家，也给他许多甜言蜜语。当他七十九岁高龄时，英国牛津大学还特地赶到印度来授与他名誉文学博士学位。但是他坚持自己的观点，用诗的语言追求仁爱、自由与和谐的理想。

1941 年泰戈尔逝世，他的诗却广泛传诵至今。正如他生前所说："我不能说自己是一个纯粹的诗人……诗人在我的中间已变换了式样，同时取得了传道者的性格。我创立了一种人生哲学，而且又含有强烈的情绪因素。所以我的哲学能歌咏，也能说教。我的哲学像天际的云，能化成一阵时雨，同时也能染成五色彩霞，以装点天上的筵宴。"

208

将帅摇篮——西点军校

看过电影《巴顿将军》的人，都知道巴顿是毕业于西点军校、骁勇善战的猛将。那么，西点军校是什么时候建立的呢？

1775 年 5 月，美洲费城召开了第二届大陆会议。美国独立战争已经开始，如何战胜英军是大会的重要议题之一。

打开地图，蜿蜒流淌的哈得逊河成为代表们的目光集中点。只要控制哈得逊河，就能切断英军兵员和弹药粮食的供给线。在地图上，那条河在纽约东南的山区突然转向，拐了个弯，才恢复向南流去。

"在这里，扼守住这里，就能控制哈得逊河。"一名代表指着地图上哈得逊河转向处——那个注明地名西点的地方。众人都点头称是。

西点是锲入哈得逊河心的一个三角形岩石坡地，比河面高出约五十米，面积约有六十五平方公里。西点对面，有座巨大的岩石——马特勒（今名宪法岛）。于是，从 1776 年起，美军在西点与马特勒相继修建起数个堡垒。1777 年 4 月，美军又拉起一条一百五十吨重的大铁链，从西点到马特勒，横跨哈得逊河，锁住河面。英军果然发兵争夺西点。几番争夺后美军终于控制西点，直到独立战争胜利。

首任美国总统华盛顿深知训练有素的军事将领对国家和军队的重要价值，他多次提议成立军事学校。直到 1802 年，国会在总统

杰弗逊坚持下，终于同意在西点建立美国陆军军官学校。

时光流逝。1807 年 3 月 22 日，一名青年人从哈得逊河畔的简陋码头下船，沿着山间小道走向西点军校。这天风很大，他顶着风费力地前进，当他看到西点军校的灰色校舍在数个堡垒后出现时，不由满心欢喜。

这个不到二十二岁的青年人西尔韦纳斯·塞耶，热爱军人生活。是当时拿破仑在欧洲的辉煌战绩，燃起了他对军事学的强烈兴趣。

然而，西点军校给塞耶的最初印象并不好，发给他的数学、哲学教科书内容陈旧，睡觉是躺在空旷的寝室里粗糙的松木地板上。唯一令他满意的是军校服装，蓝色的军服一排八个镀金钮扣，钮扣和帽徽上都有鹰的图案。

当时西点军校的校长乔纳森·威廉斯中校，在校内创办美国军事哲学协会，倡导学员研究军事科学。四个月后，勤勉好学的塞耶第一次参加协会会议，他听到威廉斯中校的一篇野战炮兵的论文，以及学校的数学教授哈斯勒的关于测绘地图的计划。

1808 年，获得工程兵少尉军衔的塞耶毕业离开西点。第二年塞耶奉命调入西点任教官，两年后他又奉命调离。这次调开西点军校时，塞耶心中有些不安，尽管他在任教官的日子里，尽心执教，可总感到真正的军官学校不应该是眼下西点这个模样。

后来塞耶写信向美军领导层建议，应该派人去欧洲考察，用先进的军事教学方法，彻底改变美军军事教学陈旧、落后的现状，并且自荐担当这个重任。

1817 年 7 月 28 日下午，夕阳西斜，一艘帆船驶向哈得逊河西点的码头。又是个有风的日子。船头上是新任西点军校校长的塞耶少校。这风，让他想起十年前，他作为学员来西点报到的那一天，不禁感慨万千。由于得到美国政界与军方高层的赞许，塞耶成为美

国派往欧洲考察军事的两人成员中的一名。在巴黎，他花了近两年时间，对拿破仑的军事指挥艺术、法国梅兹军校的教学方法，以及富歇的警校训练方式，都作了深入学习和研究。如今，他踌躇满志归来，准备在西点军校的教学实践中，实施他的理想。

塞耶一上任，首先制定了西点军校以土木工程技术为主的四年制教育计划，还扩建了图书馆，在学员中创建"荣誉制度"，在学校教员与学生间倡导公平竞争、共同协作的"拱顶石"精神；而且不讲情面，果断开除了某些违背军校纪律制度的学员，哪怕是美国政界军界要员的亲属、子弟也毫不留情。

西点军校面貌一新。可是塞耶由此也惹恼了那些高层人士。1833 年 1 月，他被迫辞职。

这天，塞耶正在自己书房里处理准备离去的事务时，有三名西点教员进来了。他们受全校教职员工之托，送给他一幅他们绘制的塞耶画像，还说已发起挽留塞耶的签名活动。

"我对各位的盛情感激于心。可是我不能接受，因为西点军校的规章制度要求上级不能接受部属的任何礼物。同时，我要求你们立即停止签名活动，这将被认为是对政府的反抗……"

说完这席话，善于控制自己情感的塞耶已是热泪盈眶。

塞耶离开了西点，但他对西点军校的建设所做的贡献，使他获得了"西点军校之父"的美誉。他培养的学员马汉（提出著名的海权理论），以及教出的西点学员米基，日后都成为美国享誉世界的军事理论家。西点军校毕业生麦克阿瑟在建立卓著军功后，也曾出任西点军校校长。

西点军校严格的军事训练和现代知识教育，例如"野兽营"严酷的战时生存训练，不但有特色，而且造就了美国军事人才的源源不断。西点军校学员中有许多日后成为著名军事将领，如南北战争时期的罗伯特·李、格兰特（后出任总统），第一次世界大战期间的

潘兴，第二次世界大战时的巴顿、布莱德雷、麦克阿瑟、艾森豪威尔（曾任西点校长、后出任总统）；还有前些年在海湾战争中大展身手的施瓦茨科普夫等人。据统计，第二次世界大战中美军师长以上的陆军高级将领一百五十五人中，有百分之五十七点四出自西点军校。其中最高司令、集团军群司令和集团军司令共三十二人，就有二十一人毕业自西点军校，占百分之六十五以上。

209

哈佛大学

二十世纪四十年代末，美国参议员麦卡锡煽动的反共浪潮，使美国政界陷于所谓的"被共产党人混入政府机构"的无端恐慌中。有两百多名政府官员被指认为是共产党。这天，国会召开听证会，调查的被怀疑对象是希斯先生。当时的议员之一，日后出任美国总统的尼克松也加入了对希斯的指责者行列。希斯极为愤怒。他高傲地答复道："我懂法律，我上的是哈佛法学院。可你呢？"

希斯继续嘲讽道："我相信你的学校是魏特耶吧？"

尼克松被当众奚落，竟然一时无言以对。

一个哈佛大学的学历居然让人能有如此实力和傲气！

原来，哈佛的建校历史比美国建国历史还要悠久。十七世纪初，一批英国清教徒乘"五月花"号远涉重洋，在美洲东海岸登陆，开始创业。这些人里有不少曾受过英国牛津、剑桥的大学教育，对故土的强烈怀恋，使他们在创办学校、教育下一代移民时，将学校名定为剑桥学院，学校所在地波士顿的小镇坎布里奇的一条街也被他们命名为牛津街。1636年，马萨诸塞海湾殖民地的文字记载这么写着："为新大陆培养饱学的神父和识字的民众，议会同意拨款四百英镑……"

两年以后的一个秋日，在剑桥学校任教的牧师约翰·哈佛因病逝世。临终前，他将自己一半积蓄的七百二十英镑及二百六十册图

书捐赠学校，因为当时剑桥学院规模太小，一共才有九名学生。

政府的拨款总共四百英镑，哈佛牧师的捐赠超过其近一倍！他的义举感动了许多人。人们效仿他的精神，也纷纷捐款捐物。有人牵来一头绵羊，有人送上一匹价值九先令的棉布，还有人捐的是一把锡制酒壶，更慷慨的一位捐了三百英镑。有了资金，最初只有一名教师、九名学生的剑桥学院开始兴旺起来。为了纪念哈佛牧师，1638 年学校改名为哈佛学院。

1640 年，毕业于英国剑桥大学的亨利·邓斯特牧师出任哈佛学院院长，他把剑桥的语法、修辞、逻辑"三科"和算术、几何、音乐、天文等"四艺"课程照搬进哈佛学院。哈佛的最初几任校长都是牧师。1708 年，莱佛里特成为第一位非牧师身份的校长，从此哈佛学院的宗教色彩逐渐淡化。1780 年，哈佛学院改名哈佛大学。

1807 年上任的校长柯克兰在哈佛继第一个研究生院哈佛医学院后，又建立了神学院和法学院；1869 年出任校长的艾略特引进了德国的教育体制，强调教育研究的重要意义，改革了陈旧的教学体制，终于使哈佛大学成为如今拥有十大研究生院、超一流规模的综合性研究型大学。

哈佛大学的教授均是世界范围招聘的各学科著名学者，他们的年薪是美国各大学中最高的。优质的师资是学校教学研究高水准的重要因素之一。哈佛历任校长都极端重视学术研究的独立性，坚持三 A 原则，即学术自由、学术自治和学术中立（这三个原则英文词第一个字母均是 A）。

时间的车轮驶入二十世纪，1909 年，哈佛大学新校长洛厄尔上任不久，就遇到一个难题。

这时，一战战火已燃遍欧洲。那天，他被告知在心理学系任教的穆斯特伯格有可能是德国间谍。一些有权势的人提出哈佛应该解

聘穆斯特伯格。在自己的办公室里，洛厄尔面有难色，苦苦思索，解聘穆斯特伯格只要一张解聘通知书就可以了，但这么做有悖于三A中的学术自由原则呀。

秘书敲门进入，送上一封注明哈佛大学校长亲启的信。洛厄尔打开信，来信者说明自己是毕业于哈佛的校友，愿捐款一千万美元，条件是校方必须立即解聘穆斯特伯格。

一千万美元，可不是个小数目！然而想到自己作为校长的责任，更想到自己祖辈中五代都是毕业于哈佛的家世，洛厄尔毅然不为所动。他认为必须坚持哈佛传统的三A原则，便断然拒绝了一些人提出的解聘穆斯特伯格的要求。

十几年后，又有人提出，已查明在哈佛政治系讲课的教师拉斯基，是一名布尔什维克。为了防止"赤色"分子在学校讲课中损害美国政治秩序，应立即解聘拉斯基。

洛厄尔依然坚持不能解聘拉斯基。他了解拉斯基，此人讲课颇受学生欢迎，尽管言谈激进，但哈佛三A原则中强调的正是学术自由。洛厄尔坚定地表示："如果谁一定要解聘他，那么我先向他送上我的辞职书。"

面对当时美国反共浪潮波及大学校园的势头，洛厄尔决定以身抗击。哈佛的校园就这样坚持维护了学术研究的自由。

由于哈佛良好的教学体制和研究环境，建校数百年来，哈佛学生中人才辈出。最初的那九名学生中，有七人名载史册。其中最著名的是乔治·唐宁，英国首相官邸所在的伦敦唐宁街就是以他的名字命名的。美国建国后第二任总统约翰·亚当斯毕业于哈佛。此外还有六位总统也都是哈佛学生，包括西奥多·罗斯福和富兰克林·罗斯福，被刺身亡的肯尼迪。著名政治家、外交家基辛格也是哈佛学生。哈佛有三十八位教授获得诺贝尔奖。中国许多著名学者、科学家，如赵元任、陈寅恪、林语堂、梁实秋、竺可桢、陈岱孙、梁

思成等也是哈佛学生。

哈佛校徽的标志是一个贵族色彩的盾形徽章，上面由三本翻开的书组成一个倒"品"字形，依次写着拉丁文 VERITAS，意思是真理。在哈佛占地面积三百八十英亩的校园那古朴的红砖建筑群里，一座约翰·哈佛纪念塑像左侧，也刻着哈佛校徽。

这样的标志图案反映了哈佛的教学传统，激励青年人为追求知识和真理而奋斗。

210

美国的象征——自由女神像

到过美国纽约的人，一定会对纽约港入口处的自由女神像留下深刻的印象。清晨，晨光熹微，自由女神像气宇轩昂。她头戴桂冠，身披长袍，一手捧着著名的"独立宣言"，一手擎着代表自由的火炬，脚上还戴着刚挣断的镣铐。夜晚，在辉煌的灯光照耀下，自由女神像又显得高贵典雅，美丽端庄，犹如一尊巨大的玉雕，通体射出淡青色的光芒，与火炬那橙色的灯光互相辉映，显出一种难以形容的高贵的美。

自由女神像是美国的象征。但是，她其实不是美国人自己制作的，而是法国人民送给美国人民的礼物。

1776 年，美国人民争取独立的战争得到了同样热爱自由的法国人民的大力支持；而美国独立战争的胜利，又深深地鼓舞了法国人民，推动了法国大革命的爆发。因此，到了 1865 年，美国南北战争结束那一年，法国著名的史学家、自由主义者德拉布莱等人发起建立了法美协会，以增进两国人民的友谊。法美协会还决定，到 1876 年美国独立一百周年时，送给美国人民一件特别的礼物，以此表达法国人民对美国人民的敬意，同时也纪念独立战争期间的美法联盟。这件特别的礼物，就是后来举世闻名的自由女神像。

法美协会的成员、著名的青年雕塑家巴托尔弟荣幸地接受了创作这一雕像的重任。

这当然不是一件轻而易举的差使。但巴托尔弟胸有成竹，原来

雕像的原型他早就有了。

那还是巴托尔弟十七岁时的事了。1851年12月，拿破仑的侄子路易·波拿巴发动了政变，推翻了法兰西第二共和国，激起了酷爱自由的法国人民的愤怒，巴黎民众纷纷上街游行。这天，巴托尔弟正在街上走，看到一支民众的游行队伍无所畏惧地走向荷枪实弹的军警，行进在队伍最前头的竟是一位美丽的姑娘。她高举着火炬，正气凛然，毫无惧色，勇敢地越过路障向前行进。突然，枪声响了，鲜血染红了姑娘的衣衫，她终于倒在血泊之中，为民主、自由献出了年轻的生命。这悲壮的场面给了巴托尔弟强烈的震撼，从此，那年轻姑娘美丽而英勇的形象一直留存在他的心中。如今，他决定用这个形象寄寓人们对自由、民主理想的渴望。

但是这毕竟是多年以前的事了。要认真做起来，必须得有一个模特。到哪里去找呢？巧得很，在一次朋友的婚礼上，巴托尔弟无意中看见一位丰盈端庄、气质高雅的姑娘，活脱脱的一位古希腊女神的模样，使巴托尔弟的眼睛为之一亮。他打听到她叫让娜，也顾不得多想，当下就急切地请她帮忙做自由女神像的模特。

姑娘大大方方地答应了巴托尔弟的请求。这样，举世闻名的自由女神雕像的创作终于开始了。有意思的是，在雕像的创作过程中，艺术家和女模特的感情慢慢得到了升华，让娜后来成为巴托尔弟的妻子，双方谱写了艺术史上的一段佳话。

自由女神像的草图在1869年就完成了，但雕像的正式制作却开始于五年之后的1874年。因为雕像非常巨大，高达四十六米，连基座共达一百米。其中的钢架重一百二十吨，外面的钢皮重八十吨，因此工期很长。

遗憾的是，在美国国庆一百周年时，雕像未能如期完成。于是，巴托尔弟只得带了雕像的一部分——一只高举火炬的手臂的模型去参加美国国庆纪念典礼。尽管这只是一只手臂的模型，但它优

美的造型还是引起美国民众极大的兴趣。他们高兴地接受了这件礼物，并准备把它安顿在纽约港入口处的小岛上。

1885 年 6 月，巨大的自由女神雕像被分为两百多块，在法国的里昂上船，运到了纽约。在纽约，一大群工人日夜奋战，用了一年多的时间才把它拼装起来。其中光铆钉就用了三十万只，工程量之浩大可想而知。

第二年的 10 月 28 日，成千上万的美国民众簇拥到雕像脚下，观看落成典礼。当美国总统富兰克林宣布自由女神像揭幕时，顿时响起了惊雷般的掌声，人们敬仰地凝视着自由女神那刚毅、端庄的面容和丰盈、婀娜的体态。1916 年，女神像安装了昼夜不灭的照明设备系统。从此，无论是白天还是黑夜，从大西洋那边过来的人一踏上美国的土地，第一眼的视觉冲击就是自由女神像。

自由女神像象征了美国人民对民主、自由的追求。事实上她也形象地表达了世界各国人民对和平、民主、幸福生活的憧憬。

211

艾菲尔铁塔

1887 年 1 月。这时节，冬日的寒意还笼罩着巴黎。可是，塞纳河南岸却新出现一个钢铁部件加工场。一件件长达五米的镰刀形钢梁，在这里被一个个铆钉准确地连接着。要是有人经常路过此地，他准会看到，在忙碌工作的人群中，有个五十余岁模样的中年绅士频繁进出的身影。

两年以后，一座高达三百余米的铁塔，以优美的曲线从这里拔地而起，巍峨耸立，直指巴黎的蓝天白云。

这座铁塔，就是为纪念法国大革命一百周年及在巴黎举办世界博览会，法国政府建造的一座具有纪念碑意义的永久性标志建筑。

"这是一头钢铁的怪物！"不少人惊讶地仰望铁塔，横加指责，其中有著名的文学家小仲马、莫泊桑和音乐家古诺。

想想也是。多少年来，欧洲的纪念性建筑不是华贵气派的罗马式凯旋门，就是镶刻精美浮雕的纪功柱。建筑材料除了石头和土，还有木料，哪有用金属的？在古色古香的巴黎街头，造一座钢铁建筑，简直是对法兰西古老文明的亵渎！

"当艺术还沉醉在旧日的梦中，维持着以往的阵式，徘徊、迟疑，时常回顾过去时，我们的工业却大步往前，探索未知的境界……现代工业反而距离现实的美更近一些。工业比艺术更加现代。"这是当时一位不到四十岁的文学家米尔博在一片反对声中，赞扬铁塔时说的一番话。尽管他远没有小仲马、莫泊桑的显赫名望，然而

对于巴黎的这座铁塔，他的眼光却非常敏锐，具有预见性。

果然，1889年3月31日，在《马赛曲》的雄壮旋律中，一面巨大的法国国旗升上铁塔顶端。那个铁塔落成揭幕仪式后至今，它就成了巴黎乃至法国的象征。它坐落在四个水泥塔墩上，宽大的底座有三万平方英尺，优美的跨度曲线巧妙地收缩。镂空的钢铁结构中到达塔顶有一千多级阶梯，铁塔有四层平台可眺望巴黎市容。平台上设有餐厅、酒吧、礼品店、休息厅等。最高的第四层平台上有气象台，顶部从1918年起先后成为法国广播电台中心和电视发射塔。至今已有两亿多人次登铁塔观光。而建塔的投资在落成后一年内就全部收回。铁塔简直是巴黎的"摇钱树"啊！

铁塔落成仪式上，出席的贵宾除了法国政府首脑，还有那位两年多来一直忙碌工作的中年绅士，他就是铁塔的设计师居斯塔夫·艾菲尔。在二十响礼炮轰鸣声中，也许，他会回忆起远非两年多，而是自己半辈子的坎坷生涯。

他会想起自己的母亲，一位在法国经济一片萧条中，毅然独自开一爿煤栈，挑起家庭生活重担的坚强女性；他会想起细心、慈祥，抚养他成人的外婆。1832年生于法国第戎城的艾菲尔，中学时学业平平，报考巴黎理工大学并未如愿。但他不灰心，发愤苦读，后来考进了中央工艺与制造学院，读了化学专业。尽管他学习刻苦，顺利地毕了业，但又因就业困难而改进了铁路公司，当了一名桥梁工程师。

要胜任桥梁工程师，就必须再花费时间学习。艾菲尔在生活的砥砺中，勤于思考、敢于创新的才华得到了充分发挥。1884年，他的铁塔设计方案在法国征集纪念性建筑的七百多份方案中脱颖而出，就在于大胆创新。而且，他又具有丰富的实际工作经验。

艾菲尔在1860年完成了法国著名的波尔多大桥工程。八年后，巴黎博览会的拱式机器展览馆也出自他的设计。葡萄牙杜罗河上跨

度一百六十米的钢拱桥、法国特吕耶尔河高出水面一百二十米的铁路桥都是他设计的。如此骄人的业绩，让决定评选方案的官员们不得不在反复评审中，倾向于艾菲尔。

经过了多年实践，年过半百的艾菲尔的脑海里，坚硬的钢铁构件如同柔软的面团一样具有可塑性。但是，他要建造的铁塔毕竟是当时世界上最高的建筑，风力影响、温度变形等等必须充分考虑。他就在巴黎郊外专门建造一个空气动力实验室研究这类问题，光设计图纸他就画了五百余张！

完美的设计有待于完善的施工方能落实。一万八千多块钢构件，两万多个铆钉构成的铁塔，全部重量约为一万吨，其中金属结构件重量就达七千多吨。可是艾菲尔巧妙地让四个巨大的基座分担了这个重量，使地面承重每平方厘米仅四公斤！

由于热胀冷缩的原因，白天在阳光下，铁塔是座"斜塔"。清晨塔向西偏斜；白天，塔又向北偏斜。只有夜晚它才是笔直的。当然这些偏斜程度，都在艾菲尔的安全计算之内。

铁塔在风雨阳光下很容易生锈。铁塔涂了多层油漆，而且每七年重新漆一遍，每次要用掉五十多吨油漆。一百多年来，油漆已换过好几种颜色。最初是红棕色，后来改用黄赭色，随后又改为栗褐色，现在是青铜色。

为纪念艾菲尔的卓越设计，这座巴黎铁塔被称为艾菲尔铁塔。世界上第一座钢铁结构的艾菲尔铁塔，不仅是人类建筑史上的杰作，而且让人们的审美对象从多年传统的花草、景色、人物等，跃升到对视觉元素本身——直线、曲线、结构和色彩的欣赏。形体同样让人感到美的崇高、和谐。这是艾菲尔这位杰出的建筑师，用钢铁构件体现出来的现代美学观念，是他对人类艺术史的卓越贡献。

212

世界三大博物馆

巴黎塞纳河北岸的罗浮宫，庄重典雅。路易十四时代的昔日繁荣仿佛从未随岁月流逝而消退，那一百多根文艺复兴时代风格的立柱，骄傲地托起长长的走廊。自从 1793 年法国大革命后，这里从法国皇家收藏艺术珍宝的宝库，改为向公民开放的美术博物馆，从此来这里参观的艺术爱好者和普通民众络绎不绝。

1832 年的一天，有位青年来到罗浮宫。他多半时光就是流连于艺术大师的绘画前。鲁本斯画面那激情洋溢的华美色调，委拉斯开兹笔下人物的高雅气度，戈雅用粗犷奔放的笔触涂抹出人体的美妙，都是他久久观摩的对象。连着六年，这个青年成为罗浮宫的常客。连门卫都已熟悉他飘逸的身影。

二十五年后的 1863 年，有两幅油画《草地上的午餐》和《奥林匹亚》引发了法兰西艺坛的广泛争议。画面上女性的裸体同样柔美，但竟然冷嘲似的流露出对传统艺术的反叛气息。那两幅画的作者，就是那个曾连续六年在罗浮宫观摩大师名作的青年马奈，如今他已成为敢于创新的画家。又过了十多年，马奈的那幅《奥林匹亚》，竟然也被作为珍藏品收入罗浮宫，公开陈列，供人欣赏。

罗浮宫就是这样，哺育出不少世界艺坛名家。当然更多的普通游客是把这里当做观赏世界艺术精品的殿堂。它占地面积三公顷，馆藏艺术品四十万余件，既包括从十六世纪法国国王法兰西斯一世就开始搜集的文艺复兴时期的绘画、雕塑等，也有拿破仑一世东征

西伐时，从世界各地掠夺来的艺术珍品。如记载两河流域文明的雕塑"汉穆拉比法典"、古希腊时代的雕塑"胜利女神尼卡"等等。绘画中除了法国名家名画，还有意大利、荷兰、西班牙等国艺术大师的惊世名作，如达·芬奇的《蒙娜·丽莎》、拉斐尔的《花园中的圣母》、米开朗琪罗的《奴隶》等等。罗浮宫博物馆分为古代埃及、古代希腊、罗马、古代东方等六个部分。一些著名画派、画家的作品则设专门画室陈列。二战时期，纳粹德国入侵法国巴黎前，罗浮宫许多名作分散藏于法国民间各地，希特勒法西斯曾多次想寻找夺走，最终却一无所获。

1981年，法国实行了"大罗浮宫"计划，著名建筑设计师贝聿铭设计了一个玻璃金字塔作为罗浮宫的总入口，它与古典式的宫殿形成特殊的对比。目前每年来这里的游客达一百五十万。

欧洲著名的艺术博物馆还有俄罗斯圣彼得堡的艾尔米塔日博物馆。

圣彼得堡的涅瓦河畔，坐落着一幢绿色与白色相辉映的皇宫，也称冬宫。它呈长方形，四角凸出，长达两千米的飞檐、精致的浮雕，衬托出它的高贵典雅。这皇宫建成后不久，俄国女皇叶卡捷琳娜就开始把它当做自己的私人博物馆，名为"艾尔米塔日"。因为在十八世纪末，建造宫廷博物馆一度成为欧洲各国王室的时尚。

艾尔米塔日是法语"幽静的地方"之意。尽管俄国筹集王室珍藏起步不如欧洲各国早，但是，女皇为了炫耀自己的身份，命俄国各驻外使节在拍卖行里不惜重金收购成套藏品，因此短时间内女皇的藏品就在欧洲首屈一指了。由于收藏品日益增多，原先的面积很快不够使用，于是在冬宫旁又造了小艾尔米塔日、老艾尔米塔日、新艾尔米塔日等多幢建筑。

艾尔米塔日博物馆光房间就有一千多间。许多大厅用宝石作装饰，如孔雀石厅，光宝石就用了两吨多。而小金銮殿墙上的丝绒挂

毯全用银线绣成。在艾尔米塔日的原始文化馆中，有五十万年前的石斧。西欧艺术馆有一百二十个大厅，收藏了文艺复兴时期许多艺术大师的一流作品。东方馆最大，有十六万件展品，包括古埃及的纸莎草文献。古代世界馆里有公元前四世纪的组雕《赫拉克勒斯勇战猛狮》。而远东各国艺术馆中有大量的中国和日本文物。俄国文化厅中有涅夫斯基公爵的巨型银棺和俄国工匠库里宾的著名钟表。

尽管艾尔米塔日博物馆已有展厅四百多个，但大部分馆藏还是无法展出。目前正在建造新馆。

与这两座博物馆并肩而立的，还有纽约的大都会博物馆。

美国纽约的大都会博物馆创办于 1870 年。该馆与纽约中央公园相邻。1880 年以后又多次扩建。如今展馆已长达三百米，饱藏珍品三百三十万件。馆分三层，陈列室约三百间。

博物馆分为古希腊罗马、东方、伊斯兰、西欧和美国艺术几个部分。陈列形式多样，分别以展品内容、地域或收藏者来划分。

比如莱曼藏品馆，是美国金融巨头罗伯特·莱曼的藏品。藏品包括绘画、素描、青铜器、陶器等，价值连城。该馆完全按照莱曼的住宅式样建造，使观众能体会到当时纽约豪宅的风格。

丹都尔神殿，这是埃及政府送给美国的礼物。它是埃及唯一的一座建在境外的神殿。整个神殿被安置在一个高大宽敞的玻璃大厅里，采光极好，是镇馆之宝。

明轩，这所小巧的室内庭院仿造了中国苏州的网师园。园中楼阁相望，曲径通幽，一派东方风格。

美国艺术馆，入口处叫恩格尔哈特庭院。天窗和墙都是巨大的玻璃，把馆旁中央公园绿树成阴、绿草如茵的美景借入博物馆内，充分体现了美式现代建筑风格。院内另一端立着新古典式造型的大理石门面，那原本是 1822 年华尔街一家银行的正面建筑，也被原物搬迁进来。

除此以外，很多人都不知道，在博物馆的地下八米外，有一条长三百米、宽十米的地道。这里收藏的珍宝竟与地上部分的藏品数量相差无几！

世界上的博物馆不计其数，但上述三大博物馆的收藏品却是千百年来人类文化宝库中最灿烂、最杰出的瑰宝，是人类文明发展里程的形象缩影。

213

萨拉热窝事件

　　1914 年 6 月 28 日，奥匈帝国皇储斐迪南大公和妻子索菲娅检阅了奥军在波斯尼亚举行的军事演习后，来到了波斯尼亚首府萨拉热窝。

　　奥匈帝国在欧洲的地位并不显赫，普鲁士在统一德国、建立德意志第二帝国时，把原来在神圣罗马帝国中居核心地位的奥地利排除到帝国之外。打击接踵而来，被奥地利统治的匈牙利人又闹起了独立，好不容易才摆平匈牙利，和奥地利一起组成了奥匈二元帝国。为了摆脱颓势、重整雄风，奥匈帝国把目光对准了急于摆脱奥斯曼土耳其帝国控制的巴尔干地区，那时，奥斯曼土耳其已是日薄西山，气息奄奄了。

　　奥匈帝国在巴尔干的扩张，引起了塞尔维亚的极大不满。1912 年和 1913 年两次巴尔干战争后，塞尔维亚获得了马其顿的大片土地，许多斯拉夫民族将它视为民族的救星。塞尔维亚也想借机摆脱大国的控制，把巴尔干半岛上所有的斯拉夫人团结在一起，组建一个统一的南斯拉夫人国家。俄国为了夺得巴尔干地区的控制权，便以同是斯拉夫人为理由，支持塞尔维亚与奥匈帝国抗衡，巴尔干成了欧洲的"火药桶"。

　　斐迪南心里明白，虽然这次演习是以塞尔维亚为假想敌进行的，但塞尔维亚只不过是一个小卒子，真正的对手是俄国，以及与俄国结成三国协约的法国、英国。由于奥匈帝国的皇帝，他的叔叔

弗兰茨已年过八十，作为皇储，他不得不对帝国的未来有所考虑，并承担一定的责任。他十分清楚当前的形势：德国经济发展迅速，已经超过英、法，居世界第二位。实力座次的变更，必然导致新一轮争夺殖民地和世界霸权活动的开始。英国和德国是欧洲和世界霸权最有力的一对竞争对手，他们在一系列问题上针锋相对、互不相让，造舰竞赛、殖民扩张，斗得不可开交。

奥匈帝国因为历史、民族的原因，以及在争夺巴尔干问题上需要德国的支持，所以和意大利一起，与德国结成了三国同盟，与英、法、俄组成的三国协约全面对抗。斐迪南深信，有强大的德国作为靠山，整个巴尔干一定是奥匈帝国的。小小的塞尔维亚仗着俄国撑腰，竟敢公然向奥匈帝国叫板，真是活得有点不耐烦了，不给它点厉害看看，它还真不知道天高地厚。

车队驶进了闹市区，路边欢迎的人逐渐多了起来。斐迪南虽然有些累，但精神却十分亢奋，他坐直了身子，想对波斯尼亚人显示一下奥匈帝国皇储的风范。

车队到了亚帕尔大街的肯麦雅桥，开始放慢速度，一辆接着一辆驶过大桥。突然一名青年从人群中跃了出来，一挥手，把一颗自制炸弹扔了过来。扔炸弹的人是视奥匈帝国为不共戴天之敌的塞尔维亚民族主义组织"青年波斯尼亚"的成员。斐迪南眼看着炸弹落到头顶的车篷上，一跳，又弹到地上，骨碌碌滚了几下，"嘭"的一声炸响了。斐迪南眼睛一闭，心想："完了！"

但一片硝烟散去，斐迪南惊喜地发现自己居然毫发未伤。身边的侍卫和警察一阵忙乱，把吞了毒药、跳到河里准备逃跑的刺客抓了起来，河水很浅，几个警察蹚着河水死死地拽住刺客，把他拖上河岸。

车队又上路了，一路直达市政厅。波斯尼亚是约六年前被奥匈帝国吞并的，本想借这次帝国皇储巡视之际，讨好他一番，不料斐

迪南险遭刺杀，幸好转危为安，但也让市长和总督吓出了满头大汗。

惊魂未定的萨拉热窝市长刚准备致欢迎辞，恼怒万分的斐迪南抓住他的胳膊，叫道："市长先生，我到这里是来访问的，却被以炸弹相待！"

萨拉热窝市长吓得不知所措。过了片刻，斐迪南平静了下来，说要按原路线继续完成在萨拉热窝的行程，又把他们都吓坏了。皇家的体面、尊严固然重要，但再出什么麻烦谁能承担责任？他们围住斐迪南再三地恳求，就差给他跪下了，斐迪南总算答应改变行车路线。

从市政厅出来的时候，市长坐在第一辆车上开路，斐迪南夫妇和总督坐在第二辆敞篷车上，警察局长奋不顾身地站在敞篷车左面踏板上，担任贴身保镖。一路上，他左右张望，就怕从哪里又窜出刺客来。

担心的事还是发生了。当车队行进到亚帕尔大街拉丁桥附近时，第一辆车的司机不知道行车路线已经改变，仍按原定路线向右驶入一条小街，第二辆车的司机习惯性地跟着也向右转弯，跟了上去。总督一看，马上叫了起来："走错了！沿亚帕尔大街一直走！"

司机醒悟了过来，一踏刹车，然后向后张望了一下，准备倒车。这时，埋伏在小街转角处的"青年波斯尼亚"成员、十九岁的普林西普冲了上来，拔出自动手枪，连开两枪。一颗子弹准确地射入了斐迪南的喉咙，打断了颈部静脉，深深地嵌入颈椎；另一颗子弹钻进了索菲娅的腹部。随行的警察一拥而上，将普林西普当场抓获。

司机一见不妙，猛踏油门，车子迅速调头，向市政厅开去。还没有到市政厅，斐迪南夫妇就咽了气。看着他们的尸体，总督和市长觉得自己的头"嗡"的一声像要炸了，两个人你看着我，我看着

你，不知道如何将这件事汇报给年迈的皇帝。

奥匈帝国皇帝弗兰茨闻讯悲痛欲绝，但下一步该怎么办却一时拿不定主意。德国皇帝威廉二世得到消息后却是喜出望外，认为这是再好也没有的战争借口。他马上致电弗兰茨，鼓动他对塞尔维亚发出最后通牒，并保证德国将全力支持奥匈帝国。弗兰茨听从了他的建议，7月23日向塞尔维亚发出了最后通牒，并于7月28日向塞尔维亚宣战。接着，德、法、英、俄等国都进行了战争动员，互相宣战，两大军事集团蓄谋已久的第一次世界大战就这样爆发了。

214

史里芬计划

1905 年的一天，德国总参谋部巨大的作战室里，三个人站在一张铺着欧洲地图的桌前，地图的比例尺很大，一些不起眼的小城镇也清晰地出现在上面。

看着地图上红蓝两色的箭头，德军总参谋长史里芬低声问毛奇和瓦德西："你们还有什么意见吗？"两人摇了摇头，但目光中却没有了以往的坚定和自信。

这两个将领在德国可以说是家喻户晓。毛奇是普法战争时的总参谋长，为德国的统一作出了巨大贡献；瓦德西是侵略中国的八国联军总司令，在欧洲有些名气。史里芬把他们请来，是因为看重他们的经验。他们讨论的计划太重要了，关系到德国能不能在一场争夺欧洲和世界霸权的战争中获胜。不过，这样的重任由三个人来承担，确实沉重了些。

事实明摆着，十九世纪七十年代德国统一后，正赶上第二次工业革命的浪潮，迅速发展的德国已经超过法国和英国，仅仅落后于美国，国力跃居世界第二。经济的高速增长必然引起国际格局的变化，德国在争夺殖民地问题上与英国发生了激烈的冲突，在争夺欧洲霸权的问题上与法国矛盾尖锐，在争夺巴尔干问题上又支持奥匈帝国与俄国抗衡。德国、奥匈帝国和意大利结成三国同盟，英国、法国和俄国形成三国协约，所以德国与英、法、俄的战争不可避免，迟早要发生。

　　德国在地理位置上不幸地夹在三个协约国中间，一旦战争爆发，就将面临一个任何军事家都极为头痛的问题——两线作战。有什么办法呢，谁是敌人由皇帝决定，仗却要靠将领来打。皇帝既然已经选择好了敌人，他们的责任就是考虑如何获得胜利。

　　要避免两线作战，就必须集中力量先打掉一头，然后调转头来对付另一头。英国暂时不用考虑，隔着海峡，估计它不能迅速参战；俄国也不能列为首要目标，尽管它交通落后、军备不整，但广阔的腹地和充足的兵源却十分可怕，拿破仑都在俄国一败涂地，所以不能先去捅这个马蜂窝；只有法国是一个好目标，面积不大，部队比较集中，有利于打大规模的歼灭战。而且普法战争后，德国对法国有一种心理上的优势。以德国人严谨、务实的性格来衡量，法国人都是夸夸其谈、外强中干的家伙。再说进攻法国后，估计效率极低的俄国来不及在短时间内完成动员，即使动员了，俄国落后的铁路运输也来不及把部队快速送上前线。

　　"只能这样了，"史里芬扬起了略显苍老的脸，用军人特有的坚定、果断的语气说，"我们先击败法国，然后回师东进，击败俄国。用八个师组成左纵队，布置在阿尔萨斯—洛林地区，以七十个师的兵力组成右纵队，从比利时、荷兰冲入没有设防的法国北部。"

　　史里芬的语气亢奋了起来："渡过塞纳河，绕过巴黎，把法国军队的主力逼到摩泽尔河一线，我左右纵队同时压进，一举予以歼灭。整个战役的时间大约需四至六个星期。"

　　史里芬停了一下，将目光转向地图的另一侧："在东线部署九个师，监视、牵制俄国，估计到西线的战事结束，俄国还来不及完成战争的动员。这时，我军的主力将快速调到东线，争取在两到三个月内赢得整个战争。即使出现意外，奥匈帝国的军队也能配合那九个师抵挡一阵。先生们，还有补充意见吗？"说完，史里芬喘了一口气，坐了下来。

毛奇和瓦德西互相看了一眼，默默无语。这是最可能摆脱两线作战的计划了，以德国当时的军事实力和地理位置，计划已经物尽其用、人尽其力了。战略的本身是正确的，设计也是合理的，但成功的关键还要看比利时的抗击时间、法国的应变能力和俄国的动员速度，所以这是一个冒险的计划。史里芬心里很清楚计划的弱点，所以后来临终时还念念不忘地叮嘱接替他担任总参谋长的小毛奇："千万不要削弱我的右纵队！"

历史证明了他们的担心不是多余的。第一次世界大战爆发后，毛奇的侄子，时任德军总参谋长的小毛奇调整了史里芬计划。将西线右翼的兵力从七十个师减到五十二个步兵师和七个骑兵师，少了十一个师，而左翼纵队增至十五个师。

战争打响后，德军在进攻比利时的列日要塞时花了十二天，给了法军调整兵力的时间。法军总司令霞飞将军火速调集七个军赶到马恩河一线，与溃退的法军会合，加强了防御的力量。俄国在宣战后，不顾战争总动员没有完成，迅速出动布置在边境地区的两个集团军，六十万大军兵分两路杀向东普鲁士。小毛奇则被西线右翼初期的胜利冲昏了头脑，又抽调了两个军救援东普鲁士。法军和英国远征军顶住了开战后的混乱和损失，终于在马恩河会战中挫败了德军速战速决的战略。

当马恩河前线德军全面退却的消息传到小毛奇那里后，这位德军总参谋长知道一切都完了，速战速决战略的失败意味着德国不得不陷入两线作战的陷阱。他垂头丧气地向皇帝威廉二世报告："陛下，我们输掉了这场战争！"

史里芬计划终因过高估计了自己力量，错误地估计了对方而失败。

215

法德血战凡尔登

第一次世界大战进入第二个年头，交战的双方都感到疲惫不堪。两线作战的德国，上一年在东线大举进攻，终于重挫了俄军主力。但是英法在西线发动的局部进攻牵制了德军的兵力，使德军在东线始终无法得到足够的部队给俄国致命的打击。俄国虽然遭到重创，暂时没有了反扑的力气，却凭借广阔的腹地与德军周旋。

接替小毛奇担任总参谋长的法尔根汉向德皇威廉二世递交了一份备忘录，建议集中力量进攻法国。他认为：只要迫使英、法军队投降，俄国就失去了西方财政援助和军火工业的支持，从而走向失败。英、法之间，英国是德国的主要敌人，但隔着大海无法直接进攻。法国是英国手里的"利剑"，因此，打击英国就必须先打击法国。他还鼓动德皇说，现在的法国在军事上已经达到了力量的极限，只要在要害处给予强有力的一击，法军就会崩溃。

法尔根汉仔细研究了西部战线，想出了一个大胆而隐藏阴谋的作战计划：攻击凡尔登。

凡尔登像一只伸出的拳头，深深地打入德军战线，对德军构成了很大的威胁。它自古以来就是法国著名的军事重镇，是通向巴黎的大门。如果攻占此地，将从军力、士气及心理上给法国致命一击。而且，将凡尔登视为神圣不可侵犯的法国人会不惜一切代价死守，凡尔登将吸引法军的主力到这里战斗，所以攻击凡尔登而不急于攻占，战术上的效果将更加突出。但是德国第五集团军司令皇太

子威廉，没有体会到他的意图，只想快快拿下凡尔登，一味蛮攻，结果使德国损失惨重。

为了进攻凡尔登，法尔根汉抽调了装备最好、久经沙场的二十七万部队，装备了大量重炮，包括四百二十毫米攻城炮，在进攻前沿还安置了五百四十二个掷雷器。这种掷雷器可以发射装有一百多磅高爆炸药和金属碎片的榴霰弹，杀伤人员的效果极好。与它媲美的是一百三十毫米小口径高速炮，它能以步枪子弹的速度发射一百三十二毫米榴霰弹。

1916 年 2 月 21 日清晨七时十五分，德国的大炮在十五公里长的攻击正面开始怒吼，以每小时十万发炮弹的密度把一百多万发炮弹和燃烧弹倾泻到凡尔登，企图将法军前沿炸平、炸光，炸成死亡地带。炮弹的爆炸声仿佛惊雷滚过大地，连绵不断，只有重磅炮弹惊天动地的巨响才能够区分出来。

"那里将不会有任何活的东西留下来。"德军指挥官们煽动着士兵。黄昏时，德军开始延伸炮击。地面进攻开始了，密密麻麻的德军士兵像蚂蚁一样涌向凡尔登，步枪上的刺刀发出道道寒光。

"不许他们过去！"法军阵地上响起一浪高过一浪的怒吼，士兵们用步枪、机枪拼命地射击，一些勇敢的战士甚至站直了身子向德军扫射。德军一批接着一批地倒下，但更多的德军不顾死活地冲了上来。

"不许他们过去！"怒吼声中，法军跳出战壕，与冲上阵地的德军展开白刃格斗，一时间刀光剑影，血流满地。

兵力占优势的德军当天占领了第一道阵地，四天后又攻占了两道阵地和都蒙高地，将法军的阵地切成几段，并切断了法军与后方的交通线，凡尔登岌岌可危。

法军总司令霞飞派总参谋长卡斯得诺亲赴凡尔登传达命令："在目前情况下，下令退却的任何指挥官将受到军事法庭的审判。"

法军前线指挥官埃尔还派出了督战队，将临阵脱逃的士兵就地正法，才稳定住战线。剩余的法军牢牢地扎根在主要阵地上，死战不退，固守待援。

在这个紧要关头，2月25日，霞飞任命第二集团军司令官贝当将军为凡尔登要塞总指挥，并急调预备队开赴前线。

贝当风尘仆仆赶到凡尔登，望着眼前的情形，他马上意识到，要保住凡尔登，补给是关键，所以必须先恢复与后方的交通联系。通往凡尔登的两条铁路经常被德军的炮火切断，于是从巴勒杜克到凡尔登一条三十五公里的二等公路成为法军的生命线。

这条公路只有六米宽，远远不能满足大规模运输的需要。于是贝当立即组织了道路抢修队进行修复，大批巴黎的市民赶到这里，以高涨的爱国热情投入抢修，把被德军炸得坑坑洼洼、面目全非的巴勒杜克——凡尔登公路修通了。

快！战友们等着我们。快！凡尔登等着我们。快！法兰西等着我们。

一辆辆满载士兵和弹药的汽车风驰电掣地奔向凡尔登，司机一路上把油门踩到底，车子在高低不平的公路上颠簸、跳跃。没有人埋怨司机，只是不停地催促他："快！快！快！"三千九百辆汽车一周内把十九万军队和两万五千吨军用物资运到凡尔登，平均每昼夜有六千辆次汽车到达前方，公路上一分钟不到就有一辆汽车通过。后来，这条公路被法国人称为"神圣之路"。

得到了增援的法军士气大振，顶住了德军的猛攻，守住了阵地。到4月，双方的兵力已经相差不多，战斗变成了拉锯战、消耗战，凡尔登就像一台巨大的"绞肉机"，把双方不断投入的军队变成一堆堆血肉模糊的尸体。

战场十分地凄惨、恐怖。各种炮弹将泥土掀到高空，硝烟和尘土弥漫在空中久久不散，太阳的光芒都难以穿透；凡尔登地区的树

林，被整片整片地削平，像割去了谷穗的田地；地上的浮土堆得很高，能陷进半条腿去；到处是弹痕，到处是残骸，士兵的残肢断臂挂在光秃秃的树枝上随风晃动；破碎的汽车、碎成一块一块的尸体、散了架的大炮随处可见，空气中弥漫着刺鼻的硝烟味和尸体散发的恶臭。

从 2 月到 6 月，德军一次次强攻都没有成功。德皇向部队发出了命令，务必在 6 月 15 日之前攻占凡尔登。但德军的进攻仍然没有成功。6 月 22 日，孤注一掷的德军发动了全力猛攻，还发射了十一万发光气炮弹。

这是一种新型的毒气弹，从每颗炮弹中散发出的毒气汇合成巨大的毒气云团，贴着地面在法军阵地中滚动、蔓延。法军阵地里惨不忍睹，大量的士兵中毒死亡，尸体横七竖八地铺满了前沿，连后方的炮兵阵地和预备队都被毒气肆虐了一番，直到下午六时，毒气团才随风飘散。

德军乘机占领了不少法军阵地，但在法军后续部队的还击下，终于筋疲力尽，无力继续大举进攻。7 月，英军在索姆河发起进攻，8 月，法军也开始反攻，东线的俄军缓过劲来后，乘德军主力在西线，也大举进攻了。德军四面受敌，兵力捉襟见肘，精疲力竭，终于放弃凡尔登败退了。恼羞成怒的德皇撤掉了法尔根汉的职务，任命兴登堡接任德军总参谋长。

凡尔登战役不仅使德军迫使法国在 1916 年退出战争的希望破灭了，而且伤亡了五十多万精锐部队，军力开始走向衰落。法国为了守住凡尔登，也付出了几十万伤亡的代价。由于凡尔登战役空前的血腥和残酷，后人称之为"凡尔登绞肉机"。

216

日德兰大海战

有时事情就是这样凑巧，两个敌对的将领在同一时间制订了几乎同样的作战计划，欧洲大炮巨舰时代第一次国家与国家之间的海上决战就是在这种巧合中爆发的。

1916 年，德国新上任的大洋舰队司令冯·舍尔海军上将，带着一个艰巨的使命，开始了他的工作。第一次世界大战进行两年了，形势还是不明朗，战争的消耗使德国越来越感到吃力，皇帝威廉二世命令舍尔必须打破英国的海上封锁，确保殖民地的物资运到德国。舍尔想出了一条妙计：派出一支诱敌舰队，引诱英国主力舰队出击，他亲率德国大洋舰队的全部主力秘密跟进，把英国主力舰队引入伏击圈加以围歼。

令人惊奇的是，英国海军上将杰利科也作出了同样的战术设想：诱使舍尔攻击一支较弱的英国舰队，然后主力舰队从后杀出，予以夹击。

5 月 30 日夜晚，英国诱敌舰队在贝蒂将军指挥下，划破海面的波涛，悄悄地出发了，第一、第二战列巡洋舰队冲在前面，由四艘"伊丽莎白女王"级战列舰组成第五战列舰队在五海里后紧随，这种海上巨无霸上安装的八门三百八十一毫米大炮，能在两万五千米远的距离将敌舰炸得粉碎。与此同时，杰利科指挥的主力舰队也起锚开向伏击地点。

同一个夜晚，清一色"无畏"级和"超无畏"级战列巡洋舰

组成的德国诱敌舰队，在希佩尔将军的率领下，乘风破浪地驶向波罗的海通向大西洋的狭窄通道——丹麦的日德兰半岛附近，舍尔的大洋舰队也自信地随后出发了。

贝蒂的舰队刚出港，就被一艘潜伏在港外的德国潜艇发现了，它向上级报告英舰动向的电报又被英国主力舰队截获，并马上破译了出来。杰利科和舍尔都以为对方上当了，兴奋地催促部下加快行动速度。

5月31日下午两点十五分，双方的诱敌舰队几乎同时发现了敌舰。三时四十八分，英舰和德舰几乎同时开炮了，巨大的轰鸣声响彻云霄，炮口吐出的浓烟将舰身笼罩在烟幕里。三分钟后，德舰先进的全舰统一方位射击指挥系统显示了威力，"吕措夫"号高精度、高密集的炮弹将贝蒂的旗舰"雄狮"号的副炮塔炸上了天，两个后主炮塔跟着也哑了火。九分钟后，"卢瑟福"号发射的穿甲弹准确地钻进了"雄狮"号中部炮塔内爆炸了，堆在塔内的发射药被引燃，熊熊的火焰瞬时吞噬了炮塔。

炮塔内，指挥官哈维少校被炸断了双腿，从指挥座位上摔下来。最初的麻痹过去了，他的双腿开始剧烈地疼痛。他抬起眼，想找个人过来帮忙包扎一下，却一眼看到了烈火在发射药上吐着火舌。不好，如果大火顺着升弹机烧下去，就会引燃下层的弹药舱，军舰就会在大爆炸中沉入海底。

哈维咬紧牙关，用双手拉着烧得滚烫的扶手，爬到炮弹舱的大钢门口，努力站起身来，用断腿支撑着身子，将大钢门死死地关紧；然后又艰难地爬到进水阀前，用最后一丝力气打开了阀门。海水哗地涌进炮塔，哈维被水托起来，浮到了炮塔的最高处。他与大火同归于尽了，而"雄狮"号因为一个勇敢无畏的军官侥幸逃过一劫。

英舰"坚决"号的运气就没有这么好了，德舰的交叉火力击中

了它，在震天动地的大爆炸中军舰被炸散了架，上千吨的炮塔被抛到六十多米高，一千零十七名官兵连同一万九千吨的舰艇沉入了海底，仅有两人生还。英舰"玛丽女王"号也被穿甲弹击中，穿甲弹一直落到底舱才爆炸，把它粗壮的龙骨炸断，两万七千吨的巨舰像被一双无形的大手一折为二，很快在水面上消失了，一千六百多名官兵全部遇难。

第一、第二战列巡洋舰队眼看要支持不住了，在这千钧一发的时刻，英国第五战列舰队赶到战场，三百八十一毫米的大炮终于找到了发泄的对象，德舰"冯·德·塔恩"号吃水线以下被炸开了直径数米的大洞，"塞德利茨"号被炸穿了炮塔，但德舰加强了防水结构和采取了严密保管发射药的措施，使遭到重创的两舰到底没有沉没。希佩尔一看形势不妙，立即率领舰队在冰雹一样炮弹的追击下撤退。

这时，舍尔在远处已经看到了希佩尔的窘境，只是距离太远，英舰不在射击范围内，所以只能干着急。他下令七十多艘战列舰、巡洋舰全速前进，尽快加入战斗。

十六点三十分，德国大洋舰队的巨炮开火了，密集的炮弹遮天蔽日，大有投鞭断流的气势。贝蒂顶不住了，一面缠住德舰，一面拼命地用无线电向杰利科求救。

北海恶劣的天气把杰利科的手脚拉住了，英国主力舰队未能按原计划赶到现场。不过主力舰队的前锋，第三战列巡洋舰队还是在贝蒂差不多绝望的时候赶到了，舰队司令胡德把指挥权交给了贝蒂，自己乘旗舰"无敌"号奋不顾身地杀入了战场，与德舰苦苦地厮杀。十八时十五分，英国诱敌舰队终于盼到了主力舰队出现在东北方向。

海面波涛汹涌，但风浪被炮弹爆炸的巨响完全淹没了，二百五十多艘巨型的军舰南北对峙，用激烈的炮战讨论着国家的命运。这

时，一阵滚雷般的巨响过后，被击中燃烧的军舰将渐渐暗下来的天空照得火红，连艳丽的落日都失去了光芒。

舍尔看一时难以歼灭数量占优势的英国舰队，便在十八时四十五分令德国舰队向南方边打边撤。立功心切的胡德率"无敌"号冲得离德舰太近，被一阵暴风雨般的炮弹击中，他和他的舰艇一齐被炸上了天，紧跟着"无敌"号的"防御"号巡洋舰也遭到灭顶之灾，被彻底摧毁。

在旗舰"铁公爵"号上密切观察战况的杰利科意识到，在入夜前无法全歼德国大洋舰队，便命令英舰利用航速优势，截断舍尔回港的航路，将敌人包围了起来。

舍尔立即判断出杰利科的意图。入夜，他发出突围的命令。德舰关闭了所有的灯光，摸黑前进，一些驱逐舰和护卫舰绕着自己的主力舰行动，勇敢地用自己的躯体抵挡英舰发射的鱼雷，但是鱼雷太多了，德国两艘战列舰中雷沉没。"吕措夫"号受了重创，为了不被俘获，舰长命令水兵打开了船底阀门自沉。在密集的炮火、鱼雷袭击下，大洋舰队终于杀开一条血路，向威廉军港狂奔。杰利科岂肯罢休，率英国舰队紧追不放。

德国海军在通向威廉军港的必经之路——赫尔戈兰湾一带布下的无数颗水雷发挥了作用，舍尔在水雷阵中东转西弯，将舰队带回了军港。杰利科气得暴跳如雷，却不敢冒险进入水雷区，无奈地调头返航。

整个海战，德军损失了两艘战列巡洋舰、四艘巡洋舰和四艘驱逐舰，但击沉了英国三艘第一流的战列巡洋舰、三艘巡洋舰和八艘驱逐舰，阵亡的官兵和损失的实际吨位都比英国少，应该说略占上风。但德国大洋舰队从此龟缩不出，制海权被英国牢牢控制，威廉二世从海上打破僵局的企图破灭了。

217

"怪物"冲向索姆河

1916 年，一战已进入了第二个年头。9 月 15 日凌晨，位于法国北部的索姆河地区浓雾笼罩，大地还沉浸在黎明前的酣睡中。然而，就在两个多月前，这里爆发过一场惨烈的战斗。7 月 1 日那天，隐蔽在防御工事里的德军以机枪大炮的强大火力，迎头痛击排着密集队形冲锋的英军，结果英军一天就伤亡了六万人，真是尸横遍野，血流成河。如今德军也许还沉醉在几次击败英军的喜悦中，根本没把对手放在眼里，正在拂晓前最静寂的时刻蒙头大睡。

然而，就在这宁静的背后，一个巨大的危险正在向毫无察觉的德国人悄悄逼近。一种像汽车引擎那样的声音由远而近地传来，越来越响，一个德国哨兵被这沉闷的轰鸣惊醒，立刻瞪大眼睛四处寻找声音的方向，但由于能见度太低，他什么都没有看见。哨兵急忙叫醒了指挥官。指挥官估计是英国人要发动进攻了，马上命令部队进入阵地，严阵以待。

突然，一个眼尖的德军士兵惊叫起来："上尉先生，你快看，那是什么？"

德军上尉顺着部下手指的方向一看，不由愣住了，只见一个个从未见过的黑乎乎的大家伙穿破晨雾，身披钢甲，绕着铁制的履带，口吐火舌，吼叫着，摇摇晃晃地向堑壕密布、铁丝网交织的德军阵地压来。"这是什么怪物？"还没等上尉反应过来，"怪物"上的机枪就把他和一排士兵打倒在地。

德军官兵如梦方醒，慌忙操枪还击，但子弹打到"怪物"上，不是弹掉，就是滑落。霎时间，"怪物"已经碾平铁丝网，跨过壕沟，冲上了德军阵地。德军士兵吓得哇哇乱叫，纷纷丢下武器，爬出工事，抱头就逃。

这种让德军失魂落魄的"钢铁怪物"，就是第一次出现在人类战争舞台上的陆战"巨无霸"——坦克。它的问世，促使战争理论发生了一次深刻的革命。

坦克的发明，与两位英国人的名字密不可分——斯温顿上校与后来的二战战时首相丘吉尔。斯温顿是一名战地记者，一战爆发后被派往西线的法国战场采访。他耳闻目睹了德军的机枪、攻城榴弹炮与毒气战给协约国士兵造成的巨大杀伤，于是萌生了研制"机枪破坏器"的想法。他设想，这种"机枪破坏器"可以仿照美国的履带式拖拉机，有自动推进器和包裹车轮的履带，集防护装甲与进攻火力于一身，能越野，跨壕沟，压垮铁丝网，突破敌人的防御工事。

但是，斯温顿这一极有创意的构想遭到了英国陆军大臣基切纳的断然否定，他嘲笑它是"一个美妙的机械化玩具，但价值非常有限"。

眼看斯温顿的方案就要胎死腹中，当时担任海军大臣的丘吉尔目光敏锐，立即指示海军部成立一个"陆地巡洋舰制造委员会"。他认为它应该像海军的巡洋舰那样，具有猛烈的火力、坚固的装甲和优良的机动性能。不久，丘吉尔又秘密筹集了一笔资金，指导海军部生产出了一个操作模型。

根据斯温顿的设计方案生产出来的这种"钢铁怪物"，外形像一个斜方形的铁箱子，于是，设计师们开玩笑地称它为"Tank"，意思是运水的大水柜。音译过来就是坦克。

转眼到了 1916 年 8 月，英国已经秘密生产出了四十九辆坦克，

但它们还处于试验阶段，坦克驾驶人员的训练也没有完成。但是，为了打破阵地战的僵局，出奇制胜，英军总司令黑格将军急不可待地下令把坦克投入索姆河战场。

由于机械故障较多，四十九辆坦克中只有十八辆到达了前线。然而，战斗打响后，当大约十辆坦克隆隆冲向德军阵地，德军吓得抱头鼠窜。其中的一辆坦克攻克了一个村庄，另一辆坦克占领了一条堑壕，俘虏了三百多名德军官兵。

虽然初露锋芒的坦克时速只有六公里，也无法越过沼泽地，越野的性能还比较差，因此战果有限，但英军毕竟尝到了甜头。所以，当第二年，英军统帅部决定发动一次大规模的攻势，以打破西线长时间胶着的对峙局面，从而牵制其他战线的德国兵力，掌握战场的主动权时，总参谋部的一名上校军官、后来成为英国著名军事理论家的富勒，提出了一个大胆的设想：选择合适的时机和有利的战场，集中坦克部队发起攻击，一举冲垮德军的防线。

这可是战争史上从未有过的冒险行动！面对总参谋部里的同僚和上司怀疑的目光，富勒早已胸有成竹。他认为，法国北部的小镇康布雷就是理想的坦克战战场。该镇的南面和西面有一大片被小溪和狭窄的堤坝割裂开的土地，结实平整，非常适合坦克的机动作战。英军总参谋部最终采纳了富勒上校的建议。

为了达到出敌不意的效果，英军做了精心准备。大批的坦克被隐蔽在英军阵地后面茂密的森林里；英军指挥部严令，开战之前坦克不得驶近德军前哨阵地一英里之内，以免被敌人发现；英军还请来了一批美术师，用最新的彩色颜料在坦克上涂上斑纹，巧妙地与周围的景色浑然一体。

在战斗即将打响前，英军的飞机飞到了德军阵地的上空，然后降低高度，一圈又一圈地低飞，"嗡嗡嗡"的巨大轰鸣盖住了坦克发动机的声响。

1917 年 11 月 20 日凌晨，天刚蒙蒙亮，康布雷地区英军的三百八十一辆坦克同时启动，沿着夜里用线带标志好的车道驶向前方。紧跟坦克冲锋的是英国第三集团军的步兵。

英军坦克与步兵排山倒海般地冲向德军阵地，德军用来阻挡英军的铁丝网和障碍物，一眨眼就被英军坦克压平了。当又宽又深的壕沟出现在坦克面前时，英军就使出富勒上校早已想好的对付办法：步兵从坦克的链条上取下长长的柴捆，迅速扔到壕沟里填平，坦克便顺利地通过，大摇大摆继续前进了。

英军这次打破了惯例，没有经过进攻前的炮火准备，就由坦克引导直接发起冲锋，打得德军措手不及。只听马达嘶吼，大地颤抖，睡眼蒙眬的德军士兵惊得目瞪口呆。还是经历过索姆河战场的德军老兵醒悟得快，大声尖叫："'钢铁怪物'来了！敌人的坦克来了！"

但是，一切都太晚了。英军坦克在进攻当天就显示出了强大的威力，一举突破德军的三道防线，把战线向前推进了八到十公里，歼灭德军七千五百人，缴获火炮一百多门；英军只付出了六十五辆坦克被击毁、伤亡四千人的代价。

这是一战开战以来英军最成功的一次突破。但是，由于英军的预备兵力不足，缓过气来的德军调集重兵，大举反扑，又夺回了大部分阵地。双方很快又转入了相持拉锯的阵地战。一直到 12 月的第一周，一场暴风雪使双方不得不暂停所有的军事行动，这时，英军已伤亡了四万五千人，德军的损失也大致相当。

然而，康布雷之战毕竟开了二十世纪世界战争史上的坦克战先河。它的价值和意义，在若干年后的二战中会体现得越来越清晰和重要。

218

末代沙皇

尼古拉二世是俄国的末代沙皇，他的血液中流淌着历代沙皇热衷于侵略扩张的遗传因子。第一次世界大战中，俄国与英国、法国结成三国协约后，他便盼望着能在这场世界大战中打败德国、奥匈帝国，彻底击溃奥斯曼土耳其的势力，报上世纪五十年代俄国兵败克里米亚的一箭之仇；进而夺取在巴尔干地区的控制权，保证连接黑海与地中海的博斯普鲁斯海峡、达达尼尔海峡牢牢掌握在沙俄手中，让他的舰队能够畅通无阻地出入地中海。

自然，尼古拉二世还想通过这场大战转移国内人民的斗争视线，平息俄国各地风起云涌的革命浪潮，从而稳固自己摇摇欲坠的统治。

尼古拉二世野心勃勃，亲自担任俄军总司令。但是，由于工业落后，交通运输极其混乱，造成前线的补给跟不上，缺枪少炮，结果开战第一年，俄军就在东线战场伤亡了两百万人，远远超过对手德国，也超过了盟友英法两国。

有一次，英国的一位历史学家来到俄军的前线采访，一位俄国士兵满面忧愁地对他说："先生，你知道，我们除了士兵的胸膛外，没有武器。"

旁边的另一位士兵忿忿地补充道："这不是战争，这是屠杀！"

可是，尼古拉二世依然沉浸在战争的美梦中。其实，他的残暴贪婪已经被他过去的斑斑劣迹所证明。是他，借中国在甲午战争战

败后，趁火打劫，攫取了在中国东北修筑中东铁路的特权；是他，向腐败无能的清政府软硬兼施，强行租借了大连和旅顺；也是他，趁八国联军侵略中国之际，霸占了东北。

尼古拉二世对自己的臣民也毫不手软。1905 年，他下令枪杀游行请愿的圣彼得堡工人，酿成了血淋淋的惨案。他怂恿黑帮集团迫害国内的犹太人。他还公开咒骂俄罗斯最伟大的作家、思想家托尔斯泰是"俄国可恶的天才"。他也极端仇视在俄国革命浪潮中冲在前列的进步知识分子，咬牙切齿地说："我多么讨厌这个词啊！我能下令国家学院从俄国字典中删去就好了。"

东线战场的形势没有好转，俄国国内的经济、政治局面却在不断恶化。沙俄政府征集了一千五百万壮丁去打仗，农村里的男劳力丧失了近一半，大片大片的土地因为无人耕种而荒芜，结果粮食产量大幅度下降，粮价飞涨。

城里的居民在挨饿，前线的士兵也吃不饱饭。有的伤兵几天领不到食物和纱布。武器弹药的补给也没有丝毫改善，甚至出现了俄军士兵把刺刀绑在棍棒上去冲锋的笑话；有的只好赤手空拳去折断敌军带刺的铁丝网。

军队的士气越来越低落，开小差的士兵人数竟然达到一百万以上。俄军的节节败退，国内经济的几乎崩溃，使得广大民众的不满和反抗之火终于爆发了。工人们在布尔什维克党的领导下，掀起了罢工的怒潮。"打倒战争！""打倒沙皇！"愤怒的口号在示威游行的队伍中此起彼伏，响彻阴霾沉沉的俄罗斯天空。

暴风雨即将来临！但尼古拉二世仍然无动于衷。当杜马（议会）议长罗德江科发出警告，"叛乱"正在席卷这个国家时，尼古拉二世居然在给皇后的信中说："这个大腹便便的罗德江科，又给我写了一篇胡话，我甚至不愿回答。"

然而，内外交困、日益严重的局面，终于让尼古拉二世感到大

事不妙。他苦思良策，最后决定瞒着英、法单独与德国讲和；还准备解散议会。他想，这样一来，就可以从东线战场抽出身来，腾出兵力把国内的革命浪潮镇压下去。

杜马中代表英、法利益的资产阶级议员不答应了。他们已经看出，跟着这位刚愎自用的皇帝走下去就是死路一条！现在他居然要解散议会！社会革命党议员克伦斯基扬言，"必要时用恐怖分子的手段"发动一场反沙皇的政变，逼迫他退位。军队中也有人密谋策划逮捕皇后，迫使沙皇改变政策。

但是，没等资产阶级动手，布尔什维克党领导广大人民群众起来推翻沙皇的专制统治了！1917 年 3 月 8 日（俄历 2 月 23 日），布尔什维克党中央和彼得格勒（即圣彼得堡，一战后改为彼得格勒）委员会举行集会，庆祝国际妇女节，号召广大妇女立即开展反对饥饿、反对战争、反对沙皇制度的革命运动。散会后，女工们纷纷上街示威游行，男工们也潮水般地加入她们的行列。这一天参加罢工的人数达到了九万人。

布尔什维克抓住时机，在 3 月 10 日转变为声势更为浩大的总罢工。尼古拉二世狗急跳墙，当天晚上就命令彼得格勒军区司令："着令于明日将京都中的骚乱悉行制止。"沙皇军队连夜出动，逮捕了彼得格勒布尔什维克党的五名领导人；首都市中心和各个交通要道迅速布满了军警，密密麻麻的屋顶上和角楼里架起的机枪，无情地射杀了不少游行示威的工人。

然而，星星之火，已经燎原。3 月 11 日，布尔什维克党决定发动广大工人和同情革命的士兵举行起义，对沙皇政府展开最后的决战。第二天，成千上万的工人浩浩荡荡涌向市中心，士兵们纷纷倒戈，与工人们并肩战斗。他们迅速占领了克里姆林宫、兵工厂、火车站、警察局、电报局等；打开监狱，释放了大批无辜的政治犯。

平时专横跋扈的皇后慌忙收拾金银财宝，从冬宫逃走了。逃跑

前，她让侍从给在前线的尼古拉二世发了一封十万火急的电报："城里掀起了一场流氓运动……望速派员来京平叛。"

沙皇收到急电，赶紧从前线调回一支部队，妄图把起义镇压下去。但这支部队刚跑到首都郊区，就与当地士兵搞起了联欢，吓得指挥官掉头就逃。尼古拉二世在返回彼得格勒的路上，铁路工人故意扳错道岔，逼得沙皇的专车开到了备用线上，停止不前了。他无奈地改乘马车，蹿回彼得格勒。

3月12日晚上，布尔什维克党中央向全国发表《告全体俄国公民书》，庄严宣告沙皇制度已经推翻，工人阶级和革命军队将建立民主共和国，没收地主土地，实行八小时工作制，联合各国人民制止帝国主义战争。

尼古拉二世见大势已去，被迫在3月15日宣布退位。统治俄国长达三百七十年的罗曼诺夫王朝终于垮台。由布尔什维克党领导的这场推翻沙皇的革命，发生在俄历2月，所以史称二月革命。

至于那位残暴昏聩的末代沙皇尼古拉二世，则在十月革命后被苏维埃政权处决。

219

"阿芙乐尔"的炮声

涅瓦河从俄国首都彼得格勒（今改回原称圣彼得堡）城中滔滔流过。1917 年 11 月 7 日（俄历 10 月 25 日），它见证了世界现代史上一个具有划时代意义时刻的到来。

那天上午十一点左右，行驶在涅瓦河上的"阿芙乐尔"号巡洋舰的布尔什维克党的代表别雷舍夫，接到了革命军事委员会送来的命令，要求舰上的无线电台向全国广播：资产阶级临时政府已被推翻，全部政权归苏维埃，布尔什维克党号召全国各地举行武装起义。

很快，他又接到一份指示：已向盘踞在冬宫的临时政府成员发出最后通牒；如果他们拒绝投降，"阿芙乐尔"只要一看到彼得保罗要塞发出的红色火光，就向冬宫开炮。这将是向起义队伍发出的攻打冬宫的信号。

别雷舍夫立刻命令舰上的炮手各就各位。他自己则紧张地注视着要塞上空，一会儿又看看表。时间似乎在这难熬的等待中凝固了。

等啊等，一直等到晚上九点多，红色火光还是没有出现。突然，舰上有人叫了起来："火光，火光！"别雷舍夫精神一振，下意识地看了看表：九点四十分。他果断地下令："前主炮，准备——"

"喀嚓"一声，水兵们干净利落地推弹上膛。别雷舍夫挥手一劈："放！"

"轰!"随着炮口一声巨响,一股炽红的火焰穿破浓重的夜幕,震撼了俄罗斯大地,也震撼了全世界。它宣告了人类历史上一个新纪元的降临!

由布尔什维克党领导的二月革命,推翻了沙皇的专制统治,但俄国随即出现了两个政权并存的奇怪局面:一个是占据实权的资产阶级临时政府;另一个则是彼得格勒工兵代表苏维埃。临时政府一上台就宣布:继续忠于协约国,把世界大战进行到底。而广大贫困的民众依然挣扎在饥饿和死亡线上。

俄国向何处去?为躲避沙皇政府的迫害,在国外流亡了十五年之久的布尔什维克党的领袖列宁,心急如焚,设法从瑞士回到了祖国。第二天,也就是 4 月 17 日,列宁就在党的会议上发表了著名的《四月提纲》,明确指出应该将资产阶级革命过渡到社会主义革命,并提出了"全部政权归苏维埃"的口号。

列宁的主张引起了激烈的争论。在不久前召开的第一次全俄苏维埃代表大会上,有人宣称必须同资产阶级保持联盟;还说俄国没有一个党准备夺取政权。

话音未落,会场上便响起一个洪亮的声音:"有这样的党!"只见列宁大步流星走上讲台,庄严宣布:"有的!任何一个政党都不会放弃这样做,我们的党也一样,它随时准备夺取全部政权。"

为了加快革命的进程,7 月,布尔什维克党组织了一次有五十万工人和士兵参加的示威游行。他们举着"要和平!要面包!要自由!"的标语和旗帜,走上了首都的街头。

但是,大游行遭到了临时政府的残酷镇压,有四百多名工人和士兵倒在了血泊中。资产阶级通过这次大屠杀结束了两个政权并存的局面,社会革命党头目克伦斯基爬上了临时政府总理的宝座。

冷酷的现实促使列宁和布尔什维克党彻底认清了临时政府的狰狞面目。他们认识到,革命和平发展的可能性并不等于现实性,必

须使用暴力，才能推翻资产阶级，建立无产阶级政权。党中央决定，改变斗争方式，准备武装起义。

起义原定的日子是 11 月 7 日。但由于泄露了消息，11 月 6 日（俄历 10 月 24 日）清晨，临时政府的士官生部队突然袭击了布尔什维克党中央机关报《工人之路》和印刷厂。布尔什维克党立即指挥工人赤卫队和革命士兵夺回了印刷厂，并当机立断，提前举行武装起义。

首都大部分部队的官兵已站到了革命一边，加上工人赤卫队，起义者如虎添翼，势如破竹，在 11 月 6 日上午就夺取了涅瓦河上的桥梁，占领了中央电报局、彼得格勒电讯社。一眨眼到了晚上，列宁不顾生命危险，没有卫兵，走出自己的秘密住所，步行来到布尔什维克党中央、彼得格勒苏维埃、革命军事委员会、武装起义总指挥部的所在地——斯莫尔尼宫。

列宁的亲临指挥，大大鼓舞了同志们的热情和斗志。斯莫尔尼宫的灯火彻夜通明，胜利的捷报一个接一个地传来——火车站、发电厂、邮政总局以及许多重要的军事据点、国家机关等先后被占领。到第二天中午，只剩下龟缩在冬宫里的临时政府成员，企图负隅顽抗。

随着"阿芙乐尔"巡洋舰的隆隆炮响，最后的决战——攻打冬宫开始了。

起义部队的领导人安东诺夫等人，指挥战士们向冬宫发起了勇猛的攻击。一阵激战之后，战士们冲上了冬宫门前的大理石台阶。但是，一扇巨大的铜门紧闭，挡住了去路。只见几十个战士奋不顾身地攀上大门前的铜杆，奋力爬上顶端，然后攀下大门的背面。终于，沉重的铜门缓缓打开了。

"乌拉！乌拉！"（俄语"万岁"之意）上千名战士呐喊着冲进了冬宫。安东诺夫亲自率领一支队伍直扑三楼。

穿过一个又一个房间，安东诺夫和他的战士们最后推开了一扇大门，房间里是一群西装革履、神色慌张的人，他们是临时政府的副总理和部长们。

"举起手来！"安东诺夫大声宣告，"先生们，我以革命军事委员会的名义宣布：你们被逮捕了！"

大伙突然发现，临时政府的首脑克伦斯基不见了，便愤怒地喊道："克伦斯基逃到哪儿去了？快说！快说！"

原来，狡猾的克伦斯基明白大势已去，便借口去迎接援军，乘上美国大使馆的汽车，溜之大吉了。大伙怒吼道："毙了这些坏蛋，省得他们也逃了！"

安东诺夫迅速稳定了战士们的情绪。然后他找出一张纸，在上面飞快地写了几行字，交给传令兵嘱咐道："马上送到斯莫尔尼宫，直接交给列宁同志。"

斯莫尔尼宫接到攻占冬宫的胜利消息，已经是 11 月 8 日凌晨两点多了。列宁和他的战友们高兴极了。已经两天一夜没有睡觉的列宁，顾不上休息，又起草了两个非常重要的文件，一直工作到东方破晓。

当天晚上九点钟，出席第二次全俄苏维埃代表大会的代表们，以雷鸣般的掌声热烈欢迎列宁的到来。大会通过了列宁起草的要求结束帝国主义战争的《和平法令》；接着又通过了列宁签署的《土地法令》。它宣告，废除地主资本家私有制，所有土地归农民无偿使用。

大会宣布成立第一届人民委员会，列宁当选为主席。它标志着，十月革命取得了伟大的胜利，人类历史上的第一个社会主义国家诞生了！

220

布列斯特和约

布列斯特是位于白俄罗斯的一个小城。十月革命前后，它又叫布列斯特—里托夫斯克，属于俄国的领土。如果它不是记录了一段重要的历史，也许布列斯特今天仍然默默无闻。

十月革命刚胜利不久，苏维埃政府就颁布了列宁起草的《和平法令》，并多次向参加第一次世界大战的协约国英、法等国政府发出倡议，立即停火，展开和平谈判，实现不割地、不赔款、公正民主的和平。

但是，苏维埃俄国的这一和平倡议遭到英、法等协约国的断然拒绝。英、法等国对世界上出现的这第一个社会主义国家恨之入骨，他们要求苏俄在东线继续与德军作战，这样既能牵制住一部分德军，又可以让新生的苏维埃俄国与德国杀个两败俱伤，从而将苏维埃政权扼杀在摇篮之中，一箭双雕。

列宁和布尔什维克党中央决定，不受英、法等国的摆布，立即单独与德国进行和平谈判。德国竟然同意了。原来，它迫切希望摆脱两线作战的不利局面，以便集中兵力与英、法等国决战；另一方面，德国抓住苏维埃政权渴望和平、重建经济的心理，打定主意狠狠地敲一竹杠，从中捞取最大的好处。

于是，从 1917 年 12 月 3 日起，两国在当时俄德边境的小城、德军东方战线司令部所在地布列斯特—里托夫斯克开始了和平谈判。经过两个多月的唇枪舌剑，德国在第二年的 2 月 9 日向苏维埃

代表团发出最后通牒：俄国必须割让给德国十五万平方公里土地，外加三十亿卢布的赔款；否则就继续打下去，别无出路。

这哪里是谈判，简直就是强盗的敲诈勒索！

布尔什维克党中央和苏维埃政府内部爆发了激烈的争论。许多人强烈反对在屈辱苛刻的和约上签字。他们发誓，要将同德国的这场"革命战争"坚决地打下去；还说对帝国主义的战争必将点燃德国与其他国家内部的革命烈火。

但是，列宁却主张在和约上签字。他的考虑非常实际，由于连年的战争，国民经济遭到了严重破坏，人民的生活困苦不堪，非常需要和平；士兵也已筋疲力尽，再硬打下去，新生的苏维埃政权就会迅速垮台。为了赢得喘息的时间，恢复经济，建设一支新的军队，捍卫十月革命的成果，就必须先退一步，哪怕德国人提的条件再苛刻，暂时也得接受。他深沉地告诫战友们："现在，对社会主义事业来说，再没有也不可能有比俄国苏维埃政权的崩溃更大的打击了。"

与德国谈判的苏维埃政府代表团团长、外交人民委员托洛茨基，却不顾列宁一旦德国发出最后通牒就立即在和约上签字的指示，自作主张，向德国方面宣布：苏维埃共和国决定退出战争，继续复员军队，但是拒绝签署和约。

德国政府勃然大怒，宣布，从 2 月 18 日起全线恢复对俄国的军事行动。

列宁心急如焚，在他的反复劝说和强烈要求下，布尔什维克党中央委员会在德军恢复军事行动前的两小时，进行了一次表决。不幸的是，列宁关于重开谈判、与德国人签订和约的提议，只差一票被否决了。

然而，残酷的现实无情地粉碎了党中央内一些人的幻想。德军在 2 月 18 日果然发起了对俄军的全线攻击。由于旧军队正在复员，

红军刚开始组建，许多阵地无人防守，德军夺取了大量的装备和弹药，进展迅速。

那天晚上，党中央的紧急会议一直开到深夜。列宁提出的一项新提议——立即按照德国人的全部条件签订和约，经过激烈的辩论后终于以一票的微弱多数获得通过。第二天，人民委员会立刻打电报给德国政府，同意签订和约。

但是，贪婪狡猾的德国政府故意拖着不答复。德军集中优势兵力，日夜猛攻，眼看就要兵临彼得格勒城下了。

"苏维埃社会主义共和国处在万分危急中！俄国工农的神圣义务，就是要……奋不顾身地保卫苏维埃共和国，抗击资产阶级帝国主义德国的匪军。"以列宁为首的人民委员会，迅速发布了告全国人民书。

在列宁的号召下，全国人民迅速动员起来，纷纷拿起武器，投入到保卫祖国的斗争中。一支支刚组建的、崭新的红军部队火速开往前线，顽强地挡住了德军对彼得格勒的进攻。德国最高统帅部妄图用闪击战一举打垮苏俄、夺取苏维埃首都的计划宣告破产。从此，红军开始还击德军入侵的那一天——2月23日，作为红军的建军节而载入史册。

也就在同一天，苏维埃政府收到了德国政府故意拖延多日的电报。可是，复电提出的和谈条件更加苛刻：割让土地的面积必须扩大，赔款增加一倍为六十亿卢布；而且限令在四十八小时内作出答复。

党中央内部又一次炸开了锅。许多中央委员情绪异常激动，强烈反对跟德国人签字，扬言与其这样屈辱求和，不如决一死战。列宁为已经失去了一次和平机会而痛心疾首，眼看局面可能再次失控，他焦急万分，大声地说："这完全是一种必要的退却！如果继续这样搞革命空谈，我将退出政府和党中央委员会！"

"但是，"列宁坚定地转换语调，"我将向党呼吁，党是会支持我的！"

列宁的执著与诚挚到底感动了多数同志。他的提案最终通过，按照德国政府提出的新条件签订和约。1918年3月15日，第四次全俄苏维埃非常代表大会正式批准了布列斯特和约；会议还决定，把首都从彼得格勒迁到莫斯科。

布列斯特和约的签订，标志着苏维埃俄国正式退出了第一次世界大战。苏维埃政府赢得了宝贵的喘息时间，从而能够恢复经济，建设红军，巩固政权，为夺取国内战争的胜利和粉碎帝国主义的武装干涉，奠定了基础。

布列斯特和约的签订也让德国人暗暗得意。他们认为俄国人的退出战争，意味着从此同盟国的兵力比起协约国占据了优势。因此，和约签订后一周不到，德军就从3月21日起连续发动了三次西线攻势，企图一举击败英、法军队。但是，事与愿违，德军连连受挫。打到9月间，协约国军队全线反击，掌握了战争主动权。美国军队的加入协约国作战，更是让德国雪上加霜。而从9月底到11月初，同盟国的保加利亚、土耳其、奥匈帝国先后战败投降，又让德国更加孤立。

战争引发了德国国内的革命，声势浩大的工人总罢工和士兵武装起义，逼得不可一世的德皇威廉二世被迫在11月9日宣布退位，逃往荷兰。德国无力再战，两天后签订停战协定，宣布投降。

第一次世界大战是人类历史上一次空前的灾难。它长达四年多，卷入战争的有三十三个国家，人数超过十五亿，占当时世界总人口的四分之三以上。直接上战场的约有七千万人，死伤三千多万。各交战国的经济损失约两千七百亿美元。

一战停战协定签订后的第二天，苏维埃政府宣布，废除不平等的布列斯特和约。

221

肮脏的巴黎和会

旷日持久的第一次世界大战终于收场了。1918 年 11 月 11 日，德国代表乘车来到巴黎东北贡比涅森林的协约国联军总部，痛苦而无奈地在条件苛刻的停战书上签了字。

德国投降的消息传来，已经七十七岁高龄的法国总理克列孟梭欣喜若狂，老泪纵横，他高喊道：“我总算等到了这个复仇的日子！”

克列孟梭当然有理由宣泄他压抑了四十多年的愤懑。1870 年普法战争法国战败时，他三十岁还不到。从那时起，他就发誓，有朝一日一定要为法兰西雪此奇耻大辱。因此，当一战爆发，法、德这两个老冤家为了争夺欧洲的霸权又一次大打出手，克列孟梭便以强硬的主战派的角色再度出任法国总理兼陆军部长。他在议会上那番声嘶力竭的演讲曾震撼了整个法国与欧洲：

“我的座右铭是：到处都是战争，对内政策是为了战争，对外政策是为了战争。我要继续进行战争并将它继续进行到我生命的最后一分钟。”

克列孟梭这种强烈的仇德情绪，在法国人中间有相当的代表性，并被带到了 1919 年 1 月在巴黎开始的协约国对德缔结和约会议上。和会在巴黎近郊的凡尔赛宫镜厅进行，这是法国人刻意安排的。1871 年 1 月 18 日，作为普法战争战胜国的普鲁士国王，趾高气扬地走进凡尔赛宫镜厅，当着法国人的面宣告自己已成为德意志

帝国的皇帝。现在,轮到法国人来雪耻复仇了。

四十八年后的同一天,即 1 月 18 日的巴黎和会开幕式上,法国总统傲慢地说:"四十八年前的今天,德意志帝国就出生在这个大厅里。由于它生于不义,自当死于耻辱!"

巴黎和会时间长达近半年,参加会议的是战胜国协约集团的二十七个国家,但在会上唱主角的是英、美、法、意、日五个大国,从头到底操纵会议的则是法、英、美三家。新生的苏维埃俄国被排斥在和会之外。列强各怀鬼胎,都企图按自己的意愿重新瓜分世界,攫取最多的赃物。

法国通过一战变成了欧洲最大的陆上军事强国。为了确保自己的欧洲霸主地位,报复德国,防止它东山再起,以克列孟梭为团长的法国代表团提出,必须严厉制裁德国,把德国的西部边界推进到莱茵河,在莱茵河左岸地区建立一个独立的莱茵共和国,作为法德两国之间的缓冲地带。

法国这一带有分裂德国意图的方案遭到了英、美的反对。虽然一战使英国损失惨重,但它的海军依然是傲视全球的海上霸主;它不愿法国独霸欧洲,所以不希望过分地削弱德国。它想的是最大程度地掠夺德国原有的海外殖民地。

美国是后来居上的资本主义大国。它在战争期间大发横财,实力猛增。它也不赞成使德国彻底缴械,而是想让法、英、德几个欧洲大国之间互相牵制,它可以从中渔利,从而实现夺取世界领导权、成为全球霸主的勃勃野心。

经过五个多月的激烈争吵与讨价还价,列强最后达成妥协,于 6 月 28 日在凡尔赛宫镜厅签订了《协约和参战各国对德和约》,史称凡尔赛和约。

凡尔赛和约规定,法国收回在普法战争后被德国夺走的阿尔萨斯—洛林地区,获得德国最大的萨尔煤矿十五年的开采权;莱茵河

左岸的德国领土由协约国占领十五年，原有的许多边境地区分别割让给丹麦、比利时以及战后独立的波兰、捷克斯洛伐克、南斯拉夫等国家；德国必须向法、英、美等国家支付巨额战争赔款，解散总参谋部，禁止拥有和生产坦克、装甲车、潜艇、重炮和军用飞机等重型武器，只允许保留十万军队。

德国就这样失去了八分之一的领土、百分之十二的人口。德国军国主义为自己的好战付出了惨痛的代价，但协约国的无情掠夺使德国人民背上了沉重的包袱。

策划封锁与扼杀苏维埃俄国，是巴黎和会的另一项重要议程。会议批准了法国元帅、协约国联军总司令福煦提出的扩大武装干涉的反苏计划；决定对苏俄实行经济封锁。美国总统威尔逊在反对法国大幅度裁减德国军队的提议、主张保留部分德军时说得非常露骨，就是"维持国内秩序和压制布尔什维克主义"。法国与英国干脆在和会前就签订了武装侵略苏俄、划分在俄国的势力范围的协定。

难怪列宁讽刺道："熊还没有打死，甚至还没有动手打，就要分熊皮，并且为这只熊闹起纠纷来了。"

巴黎和会期间，还产生了一个国际性的组织——国际联盟。威尔逊曾提出了包含公开外交、公海航行自由、贸易自由、裁减军备、民族自决、建立国际联盟等在内的十四点"世界和平纲领"，并竭力主张将它们作为巴黎和会谈判的基础。克列孟梭与英国首相劳合—乔治自然明白这其中的奥妙，是美国这个后起的资本主义国家要与英法等老牌资本主义国家分庭抗礼，争夺世界霸权。但在威尔逊的威胁利诱下，还是勉强同意了。

巴黎和会通过的《国际联盟盟约》就是凡尔赛和约的第一部分。虽然《国际联盟盟约》标榜增进国际合作，维护世界和平，实际上却变成了维护帝国主义利益的工具。它规定了"委任统治"制

度，把原属德国、土耳其的殖民地分别"委任"英、法、比、日等国统治，等于是对殖民地进行了一次重新瓜分。

中国也是协约国的成员之一。一战期间，中国派出了十七万五千名劳工，飘洋过海，来到欧洲为协约国军队担任战地勤务，其中有两千人死亡，可以说为协约国的胜利做出了巨大的牺牲和贡献。中国作为战胜国之一，理应收回战前被德国强行"租借"的胶州湾和德国在山东的一切特权。

但是，阴险贪婪的日本早就盯上了中国山东这块富饶的土地，居然提出要继承德国在山东的一切权益，并以不达目的就退出和会加以威胁。英、法、美为了满足日本的侵略野心，竟然答应了这一无理荒唐的要求，并写进了凡尔赛和约中。威尔逊由此彻底撕下了爱好和平、为弱小民族伸张正义的虚伪面纱。

中国这个"战胜国"变成了任人宰割的羔羊。消息传回国内，举国哗然。全国人民群情激愤，为了捍卫神圣的主权，掀起了轰轰烈烈的"五四"爱国运动。在全国人民与海外同胞的支持、压力之下，中国代表团终于拒绝在和约上签字。

巴黎和会，是不折不扣的帝国主义分赃会议。

222

华盛顿会议

一战结束后，帝国主义列强为了角逐海上霸权，掀起了一场如火如荼的海军军备竞赛。尤以美、英、日三国表现最为突出。

美国仰仗自己急速膨胀的工业和金融实力，向世界头号海军强国英国发出了挑战。美国海军部长丹尼尔斯宣称将在五年内建造一百三十七艘军舰，"建设一支世界上最强大、最优秀的海军"。

英国不甘示弱，首相劳合—乔治表示："大不列颠宁愿花尽最后一分钱，也要保持海军对美国或其他任何一个国家的优势。"

日本为了与美英一争高下，雄心勃勃地制定了八·八舰队计划，即拥有两支强大的舰队，每支舰队有主力舰八艘，每八年更新一次。

紧接着，法国和意大利也兴冲冲地加入了这场竞赛。就这样，列强们你造一艘我造两艘，从大西洋、地中海到太平洋，一场看不见硝烟的军备大战越演越烈。

但是时隔不久，列强们开始尝到了军备竞赛的苦头。伴随着一艘艘战舰的下水，军费开支陡然大增，各国的财政纷纷捉襟见肘。

英国首先奉陪不起。它早已被战争弄得财力匮乏，现在硬撑着加入军备竞赛，真是苦不堪言。日本也力不从心，为了实施八·八舰队计划，海军拨款已占整个国家预算的三分之一。美国虽然财大气粗，但要真正压倒英、日也非易事。

这时，蔓延资本主义各国的经济危机爆发了，各国人民要求裁军的呼声也越来越高。列强们的海军军备竞赛陷入了困境。

正是在这一背景下，美国开始倡议召开限制海军军备的会议。这样美国既可以博得"爱好和平"的美名，又可以在谈判中尽量限制对方，争夺自己的优势。

1921 年 11 月 12 日，来自美、英、法、意、日、比、荷、葡和中国的代表齐聚美国华盛顿的独立纪念馆，举行了华盛顿会议。为了渲染和平气氛，会场内装饰了许多棕榈叶，摆设了"U"字形的会议桌，桌上覆盖着绿色台布。十点三十分，等各国代表全部落座，东道主美国总统哈定走上讲坛，开始致开幕词："我们希望建立一个良好的秩序，恢复全世界的安宁……"

这次会议的主要议题是限制军备问题和处理有关远东和太平洋问题。前者由美、英、日、法、意五国组成限制军备委员会进行磋商，后者则由与会九国组成远东及太平洋委员会共同商议。

会议开幕第一天，美国先发制人，迫不及待地抛出了一个有利于美国的限制海军军备方案：一、停止建造主力舰；二、拆毁一部分旧军舰；三、以主力舰总吨位为标准计算海军实力，确定各国的比例，美英两国的主力舰各为五十万吨，日本三十万吨，即5：5：3，辅助舰则参照主力舰的规定比例。美国想用这个方案，确立对日本的海军优势，分享英国的海上霸主地位。

这个方案立刻引起了日本的强烈反对，坚决要求美、英、日主力舰之比为 10：10：7。于是列强大会争小会吵，僵持了一个月。最后美国使出了撒手锏，威胁说，要是日本坚持下去，那么日本每造一艘军舰，美国就造四艘军舰。日本知道自己实力不济，只好被迫同意美国提出的主力舰比例。但是日本的软磨硬泡，也争得了美英的重大让步。美英向日本保证不在太平洋西部兴建或加强海军基地。

美、英、日三强的主力舰比例刚搞定，法国和意大利又漫天要价起来，要求拥有三十五万吨的主力舰。美英哪肯答应，经过一番讨价还价，硬是给他们打了个对折：十七万五千吨。

摆平了主力舰，五国又在限制潜艇问题上吵得不可开交。英国最忌别人的潜艇，因为在一战期间，神出鬼没的德国潜艇让英国的舰艇和商船吃够了苦头，成了英国刻骨铭心的记忆。所以英国主张完全禁止潜艇。法国针锋相对，提出了截然不同的建议，声称如果不准海军弱国使用潜艇，就等于是把它们交给海军强国任意宰割，因此根本不应对潜艇作任何限制。

于是双方展开了唇枪舌剑般的争吵。英国代表气势汹汹地说："英国决不能允许拥有八十万陆军的法国再拥有头等的潜艇舰队！"

法国代表反将一军："如果英国愿意取消主力舰，那我们就立即取消潜艇。"

英国代表立即回击："基地遍布各地的法国，如果再拥有大量的潜艇，那对英国的威胁可能要比德国对英国的威胁大许多倍。"

法国代表反唇相讥："英国建造主力舰想必是为了打捞沙丁鱼？那么，何不让可怜的法国也造几艘潜艇来研究研究海底植物呢？"

美国见英、法的"潜艇战"陷入僵局，赶紧出来打圆场，可是由于大家分歧太大，限制潜水艇问题最终没有达成任何协议，只好不了了之。

经过近三个月的明争暗斗，1922 年 2 月 6 日华盛顿会议终于宣告闭幕。这天，美、英、法、意、日五国签订了《限制海军军备条约》(简称《五国公约》)，确定了五国海军主力舰和航空母舰的吨位比例为 5：5：3：1.75：1.75。接着，与会的九国代表还签署了关于中国问题的《九国公约》。这个公约名义上宣称尊重中国的独立和领土、主权的完整，实际上是为各列强，特别是为美国在中国的扩张提供了条件。

华盛顿会议只是暂时缓和了帝国主义列强在远东和太平洋地区的利益冲突，而列强们口口声声宣扬的限制军备，不过是一个骗人的五彩肥皂泡而已。

223

带毒子弹射向列宁

1917 年 11 月 7 日，在"阿芙乐尔"号巡洋舰隆隆的炮声中，世界上第一个社会主义国家诞生了。

各种仇视、反对苏维埃的力量不甘心失败，积极地行动起来，阴谋推翻新生的政权。1918 年初，苏维埃俄国面临的形势十分严峻：德国占领着芬兰、波罗的海各国和乌克兰及克里米亚的大部分地区；罗马尼亚强占着比萨拉比亚；日本在海参崴登陆，向西伯利亚进军；伏尔加河和西伯利亚铁路沿线有捷克军团的暴动。国内，因为富农煽动中农拒交粮食，出现了严重的粮荒。莫斯科等大城市工人每天的口粮，已经减少到四分之一磅面包，后来又减到八分之一磅。

面对极其严峻的局面，以列宁为首的布尔什维克党果断地实行战时共产主义政策，将大中小企业收归国有，取消自由贸易，实行供给制，同时派武装工作队下乡征粮，贯彻余粮征集制。

极左的社会革命党处处与布尔什维克作对，他们反对布列斯特和约，反对列宁的粮食政策；在苏维埃代表大会上，攻击布尔什维克和列宁本人，还几次阻挠列宁发言。甚至在会议进行的同时，他们还发动了一次暴动。为了激怒德国，他们暗杀了驻莫斯科的德国大使米尔巴赫；同时占领了电报局，发出了反政府通电。列宁当即下令逮捕了社会革命党代表，平定了暴动，并挫败了社会革命党在其他二十四个城市的叛乱。

一次又一次颠覆活动失败以后，残存的社会革命党党徒竟丧心病狂地想用暗杀列宁的办法来达到推翻政府的目的。

他们注意到，列宁为了团结广大的工人、农民支持苏维埃政权，经常到工厂、农村的集会上进行演讲。每次演讲列宁都很认真，仔细地研究工人在集会上的情绪，听取工人的建议和问题，有时一天要参加好几个集会。集会时人员混杂，是行刺的好机会。

1918 年 8 月 30 日，列宁按计划来到米赫里逊工厂演讲。这天，社会革命党人在彼得格勒暗杀了布尔什维克党的领导人之一乌里茨基。消息传到莫斯科的时候，同志们想劝列宁不要外出，但来不及了，列宁已经在工厂慷慨激昂地演讲开了。

同志们的担心不是多余的，工厂门口，黑洞洞的枪口正等着列宁。

刺客名叫卡普兰。此时，她躲在工厂大门的对面，手伸在口袋里，紧紧攥着手枪，枪柄上沾上了一层黏黏的汗水。枪里装的不是普通的子弹。临行前，卡普兰仔细地挑选了每一颗子弹，并在弹头上刻了几条纹路，然后在纹路里填满了剧烈的毒药。她详细地研究过列宁的行动规律，决定在大门口动手，这样自己逃跑也方便一些。

列宁结束了演讲，在热烈的掌声中挥手向工人们告别，并在工人们的簇拥下走向大门。卡普兰的一个助手假扮成水兵，走到列宁身后，张开手臂拦住周围的工人，嘴里大声嚷嚷着："让列宁同志先走！"

不明就里的工人们上当了，以为他是列宁身边的警卫，便自觉地和列宁隔开了一段距离。临近门口时，假扮的水兵故意摔了一跤，躺在地上哼哼唧唧半天站不起来，于是欢送的人群离列宁更远了。

独自走向汽车的列宁又遇到几个向他询问粮食供应问题的妇

女，他一面回答着问题，一面准备上车，一只脚已经踏上汽车的踏板。等了好久的卡普兰目露凶光，快步走上前来，掏出手枪，对准列宁开了三枪。列宁当场就倒了下来，鲜血汩汩地冒出来。另一个手放在口袋里的人快步走近车子，列宁的司机一看情形不对，大声喝道："不准走近，不然我就开枪！"

那人吓得一愣，一转身就逃走了。卡普兰可没有那么好运，被愤怒的工人当场擒获。

列宁被搀扶着上了汽车，脸色惨白，侧着身半躺半坐在座位上，紧咬牙关，一声不吭。护送的人将他的外套和上衣脱了检查伤口，发现衣服上沾满了血，胸前和手臂上的伤口还在不停地流血。陪伴左右的同志想马上找一个就近的医院包扎伤口，但列宁不肯，他用微弱的声音嘱咐大家："我不要在任何地方停留，我要直接到克里姆林宫。"

车子到了克里姆林宫他的住所后，列宁在几个工人的搀扶下，艰难地从车里出来，上身只穿着一件白衬衣。工人们要将他抬进去，又被他拒绝了。他担心会吓坏妻子克鲁普斯卡娅和妹妹玛丽娅，就这样，他被左右两面搀扶着，沿着陡峭的楼梯走上了三楼。

莫斯科最好的医生闻讯赶来了。经过检查，一颗子弹射进了列宁的手臂，两颗子弹射进了胸膛，而且失血过多。医生们马上进行手术，取出了两颗子弹；另一颗离心脏太近，医生们实在不敢动手，只好听天由命了。

整整一个晚上，整整一个令人心焦的晚上，列宁无力地躺在床上，没有血色的嘴唇微微张开，不时发出低低的呻吟。但有人进来探望时，他总是要努力地微笑一下，使战友们不至于太担心。

第二天早上，列宁终于挺过了最初的难关，情况开始好转。但医生们仍然十分紧张，如果弹头上的毒药使列宁的血液中毒，麻烦就大了。直到几天后，排除了血液中毒的可能，他们悬在嗓子眼里

的心才放了下来。

苏维埃政权立即展开反击。捷尔任斯基领导的肃反委员会逮捕并处决了一大批受帝国主义指使的反革命分子,粉碎了叛乱阴谋。

列宁又顽强地站了起来。9 月 17 日,没有完全康复的列宁出席了全俄中央执行委员会的大会,并主持了人民委员会的工作;还重新掌握了红军的组织和指挥。

红军战士们决心用行动来鼓舞列宁战胜伤痛的信心。他们勇往直前,一举收复了喀山和辛比尔斯克。收复辛比尔斯克的部队给列宁发去了电报:"亲爱的伊里奇,我们夺取你的故乡辛比尔斯克,是对你受的一处伤的回报。我们将夺取萨马拉作为对你受的另外一处伤的回报。"

224

面包会有的，牛奶会有的

十月革命的胜利使帝国主义列强惊恐万分，他们一面出兵进行武装干涉，一面实行经济封锁，还支持俄国残余的反动势力发动叛乱，企图扼杀苏维埃政权。

战争的烽火蔓延到全国。许多铁路被切断了，城市里得不到粮食，发生了饥荒。工人们每天只能分配到八分之一磅的面包，只有巴掌大小。

为了把仅有的人力物力集中起来，战胜敌人，苏维埃政府制定了战时共产主义政策，规定大、中、小企业一律收归国有，一切生活必需品由国家集中分配，并实行余粮收集制，要求农民必须把多余的粮食交给国家。这一系列强硬的经济政策，对于战胜国内外敌人和保卫苏维埃政权发挥了积极作用。

1920 年，国内战争虽然取得了胜利，可是连年战争却使苏俄的经济遭到了重创。许多桥梁和铁路被毁坏，矿井里灌满了水，工厂停止了生产，城市经济萧条，农村破败衰落。1920 年，苏俄的工业总产值只有 1913 年的百分之十五，粮食产量只有 1913 年的一半，全国陷于饥荒。

苏维埃政府没有及时调整政策来促进经济发展，而是继续执行战时共产主义政策，终于酿成了严重的经济危机和政治危机。因为在战争年代，工人和农民为了民族和国家，愿意节衣缩食，支援前线。可是到了和平时期，人们就不愿勒紧裤带过日子了。城市里，市场上消费品奇缺，人们只能过上半饥半饱的生活，平均主义的实

物分配制引起了人们的反感。在农村，农民强烈反对余粮收集制，因为政府低价强行收购粮食和农副产品的措施，严重损害了他们的利益。一些地区陆续出现了工人罢工、农民闹事的事件。更糟糕的是，这种不满情绪影响到了军队，军队也开始人心不稳。波罗的海舰队的重要基地喀琅施塔得甚至发生了兵变，兵变的士兵发表宣言，要求立即取消粮食征购队，恢复农民自行处理农产品的权利，指责："统治祖国的共产党完全脱离群众，没有力量把群众从全面崩溃的现状中拯救出来……"

苏维埃政府意识到了事态的严重性，列宁更是心急如焚，于是对现行的政策进行了深刻的反思：为什么在和平年代我们失去了人民的拥护？我们的政策究竟错在哪里？

面包在哪里？牛奶在哪里？列宁决心到人民群众中去寻找解决问题的办法。他深入农村进行社会调查，了解农民的疾苦，商量解决的办法。他接待各地来访的工人和农民，同他们亲切交谈，倾听他们的意见和要求。

有一天，列宁在办公室里接待了一位农民，他是个农民理论家，经常写文章探讨农村的社会和经济问题。列宁热情地请他坐下，然后用亲切的话语说："你叫切库诺夫，是吗？听说你跑了许多地方，了解到很多情况。"

切库诺夫见列宁这么和蔼可亲，紧张的情绪顿时少了许多，他说："列宁同志，现在农民真是苦啊！他们连基本的口粮都没有，有的地方征收的不只是余粮，连种子都没给留下。最要命的是农民们不知道这余粮收集制还要搞多久？"

列宁问："依你看，现在农村里主要的问题在哪里呢？"

切库诺夫说："我看现在主要的问题是农民失去了干活的兴趣。政府拿走的太多了。农民干得多干得少，干得好干得差都一样，反正都给拿走了。"

列宁继续问："有什么办法能唤起大家干活的兴趣呢？"

切库诺夫说："为什么不采用我们农民早已习惯，而且认为最合理公平的办法呢？我说的是政府按农田的亩数，规定固定的上缴税收，而且要事先公布，不随便改变。"

列宁忙说："你的意思是说：政府应该制定一个征税的标准，然后允许农民按规定交税后，自己可以支配剩下来的产品。"

切库诺夫说："不错，正是这样。"

列宁对切库诺夫的建议十分重视，不仅详尽地做了记录，还写信推荐他到农业人民委员部工作，让他对征税方案作进一步研究。

在经过全面的调查研究后，列宁决心调整经济政策的思路进一步成熟了。1921年3月中旬，俄共（布）第十次代表大会在莫斯科举行。列宁在会上作了关于以实物税代替余粮收集制的报告。他说："现在，我们除了和农民达成协议，没有别的办法可以拯救我们的社会主义共和国。"

列宁还对战时共产主义政策作了历史评价，并指出如果继续执行该政策，等来的只能是失败。经过热烈的讨论，大会通过了《关于以粮食税代替余粮收集制的决议》，同时作出了从战时共产主义政策向新经济政策转变的决定。

不久，新经济政策陆续出台：在农业领域，废除余粮收集制，改行实物税。农民交粮食税后，余粮完全由自己支配，可以销售，也可以兑换工业品，这大大减轻了农民的负担，调动了他们的生产积极性。在工业领域，除了涉及国家经济命脉的重要厂矿企业仍归国家所有，由国家经营，允许私人和外国资本家经营中小企业。在商业领域，允许农民和手工业者把自己的劳动产品拿到市场上自由买卖，恢复国内的自由贸易，结果活跃了流通，刺激了生产。

新经济政策的实施受到广大农民工人的欢迎，全国经济状况迅速好转，粮食和农产品的产量大幅增加，工业生产得到全面恢复。

225

元帅之死

1937 年 6 月 11 日，苏联塔斯社突然公布了一条轰动世界的消息：苏联副国防人民委员、苏联元帅图哈切夫斯基及其他七位红军高级将领因犯间谍和叛国罪，已被特别军事法庭判处死刑。

图哈切夫斯基是一位才华横溢、功勋卓著的年轻将领，人称"红色拿破仑"。人们震惊之余，不禁会问：难道这位深受红军战士和苏联人民尊敬的元帅真是外国间谍吗？

其实，这是法西斯德国一手策划的离间计。

1936 年圣诞节前夕，德国盖世太保头目海德里希得到一份绝密情报。情报里说，苏联的肃反运动弄得人心惶惶，图哈切夫斯基等将领正在策划政变，企图推翻苏联领导人斯大林的统治。

海德里希起初认为这份情报纯属无稽之谈，可长年的谍海生涯却使他敏锐地觉察出这里面也许大有文章可做。他沉思许久，一个灵感在他脑海中闪过：这是实施借刀杀人的好机会。不论图哈切夫斯基的政变是真是假，但苏联国内的这种肃反运动的确值得好好利用，如果伪造图哈切夫斯基阴谋叛变的证据，然后设法把它透露给斯大林，或许就可以借斯大林之手将图哈切夫斯基干掉。

想到这儿，海德里希觉得自己简直是个天才，竟然从毫无价值的情报中琢磨出了极有价值的主意。但此事事关重大，海德里希不敢擅自做主，于是赶紧去请示希特勒。

希特勒听完海德里希的汇报，兴奋得如获至宝。他早就意识到

图哈切夫斯基是未来德苏交战时的劲敌，更让他心神不安的是图哈切夫斯基去年发表了一篇文章《当前德国的军事计划》，一针见血地道破了德国企图入侵苏联、称霸欧洲的野心。不难想象，一旦苏联高层接受了他的战略思想，积极备战，那对德国进攻苏联将是多么不利。

而借刀杀人计划不仅可以扫除心腹大患，而且可以搅乱红军军心。希特勒夸奖了海德里希几句，随即批准了这项计划。于是，一场罪恶的阴谋就这样开始了。

狡诈的海德里希深知凭空伪造证据是困难的，而且也不能令人信服，于是他没日没夜地查阅档案文献，希望能从中找到下手的地方。经过几周的努力，他终于发现了线索。在二十年代，苏联政府为了对付西方强国的封锁，曾与德国结盟，在经济和军事领域进行合作。当时两国将领来往频繁，留下了许多亲笔书信和谈话记录，其中自然包括红军的创造人之一图哈切夫斯基。

海德里希决定利用这些资料来伪造证据。为了保密，生性多疑的他没有公开派人到德国最高统帅部的档案室去取，而是命令手下间谍把有关图哈切夫斯基的 R 号档案秘密地"偷"了回来。

接着，海德里希在盖世太保（秘密警察）总部的地下室里设了一个造假中心，挑了一批技术骨干，什么语言学专家、逻辑学专家、心理学专家、印章专家、笔迹摹仿专家，命令他们对偷来的文件进行加工、篡改，伪造图哈切夫斯基谋反的证据。

没多久，一份份以假乱真的证据源源不断从这里制造出来：图哈切夫斯基及其同事们和德国最高统帅部将军秘密来往的信件；图哈切夫斯基向德国出卖情报所获巨款的收款凭据；图哈切夫斯基不满斯大林的谈话记录；图哈切夫斯基反对肃反的言论；图哈切夫斯基准备政变的计划；盖世太保为感谢图哈切夫斯基提供情报所写的感谢信……

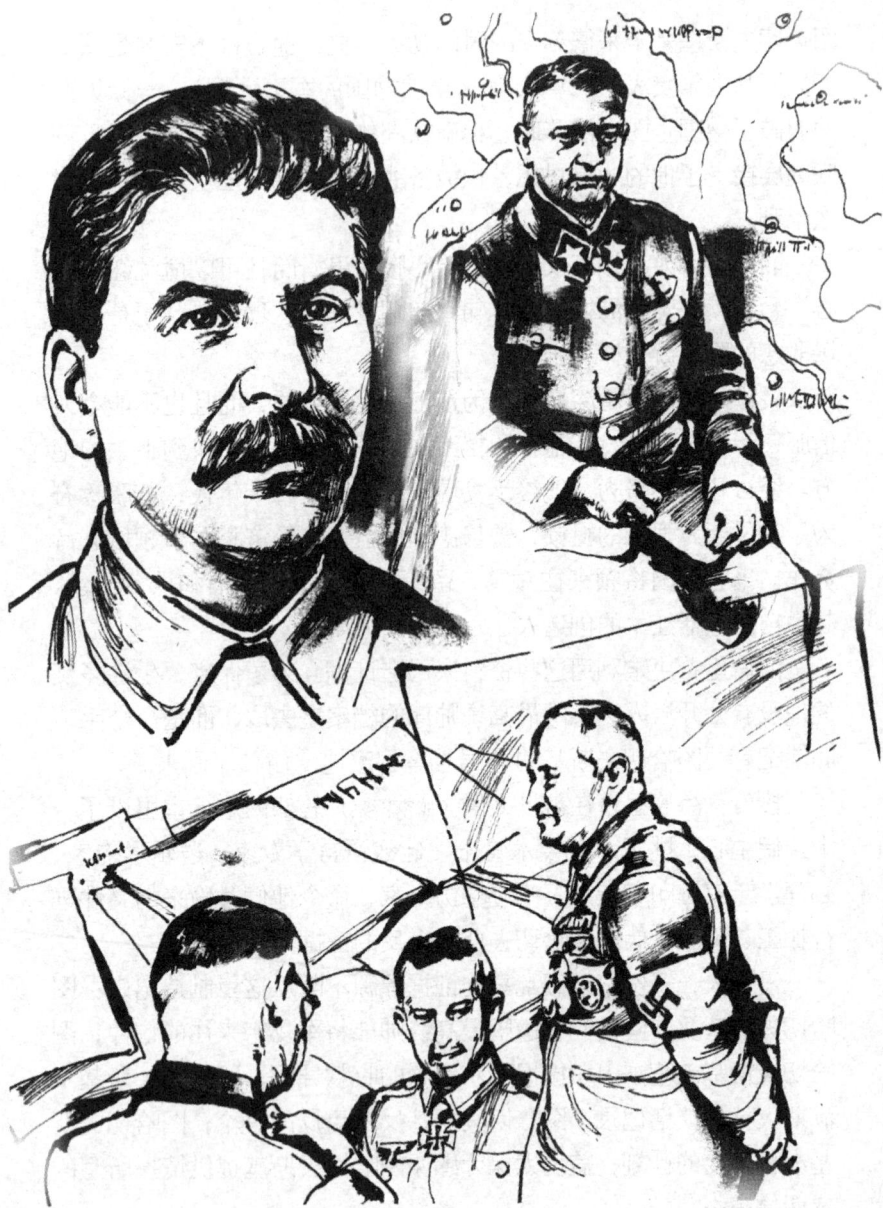

图哈切夫斯基是未来德苏交战时的劲敌，更让他心神不安的是图哈切夫斯基去年发表了一篇文章《当前德国的军事计划》，一针见血地道破了德国企图入侵苏联、称霸欧洲的野心。不难想象，一旦苏联高层接受了他的战略思想，积极备战，那对德国进攻苏联将是多么不利。

而借刀杀人计划不仅可以扫除心腹大患，而且可以搅乱红军军心。希特勒夸奖了海德里希几句，随即批准了这项计划。于是，一场罪恶的阴谋就这样开始了。

狡诈的海德里希深知凭空伪造证据是困难的，而且也不能令人信服，于是他没日没夜地查阅档案文献，希望能从中找到下手的地方。经过几周的努力，他终于发现了线索。在二十年代，苏联政府为了对付西方强国的封锁，曾与德国结盟，在经济和军事领域进行合作。当时两国将领来往频繁，留下了许多亲笔书信和谈话记录，其中自然包括红军的创造人之一图哈切夫斯基。

海德里希决定利用这些资料来伪造证据。为了保密，生性多疑的他没有公开派人到德国最高统帅部的档案室去取，而是命令手下间谍把有关图哈切夫斯基的 R 号档案秘密地"偷"了回来。

接着，海德里希在盖世太保（秘密警察）总部的地下室里设了一个造假中心，挑了一批技术骨干，什么语言学专家、逻辑学专家、心理学专家、印章专家、笔迹摹仿专家，命令他们对偷来的文件进行加工、篡改，伪造图哈切夫斯基谋反的证据。

没多久，一份份以假乱真的证据源源不断从这里制造出来：图哈切夫斯基及其同事们和德国最高统帅部将军秘密来往的信件；图哈切夫斯基向德国出卖情报所获巨款的收款凭据；图哈切夫斯基不满斯大林的谈话记录；图哈切夫斯基反对肃反的言论；图哈切夫斯基准备政变的计划；盖世太保为感谢图哈切夫斯基提供情报所写的感谢信……

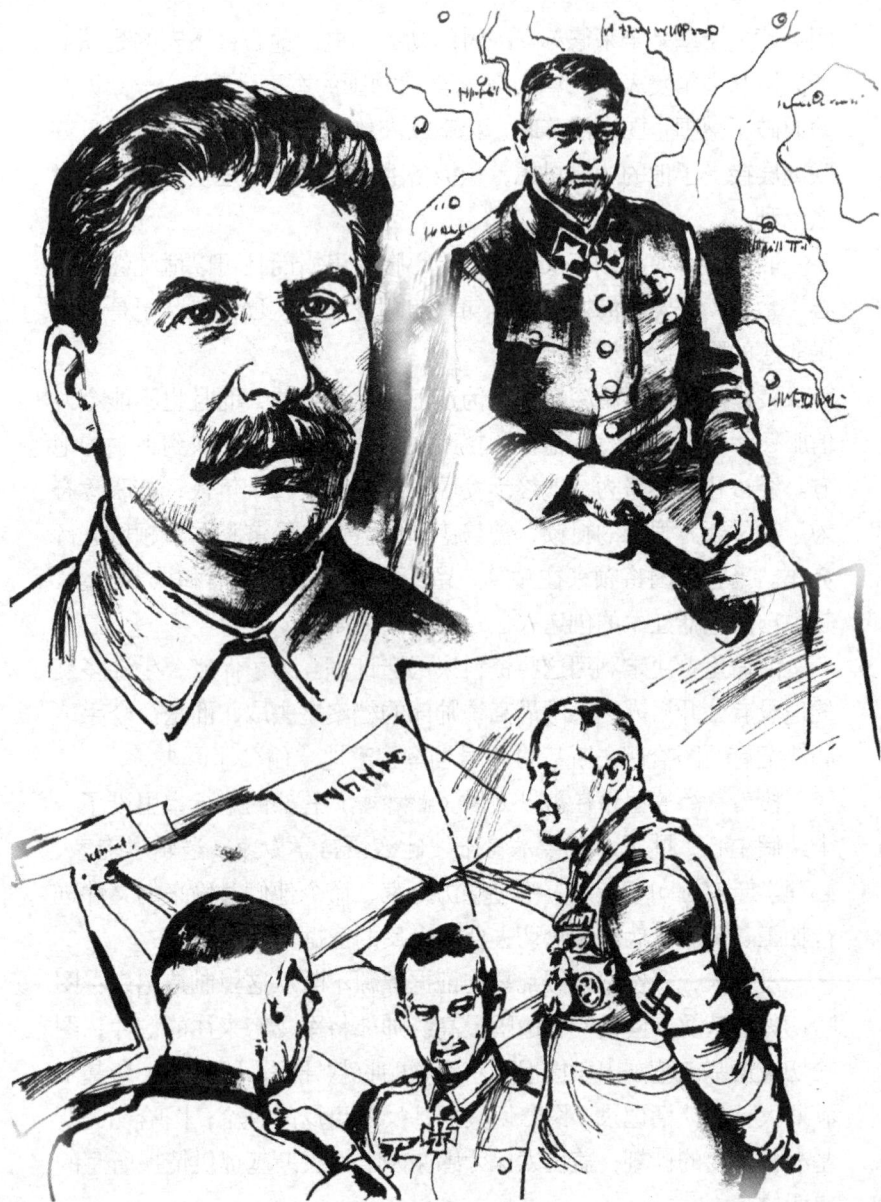

为了让苏联得到并相信这些伪造的证据，海德里希又设下了一个圈套。他派遣自己的亲信、老牌间谍贝伦茨，悄悄来到布拉格，向捷克总统贝奈斯透露了几份关于图哈切夫斯基的谋反材料，并装出贪财的样子，索要巨额赏金。

贝奈斯大吃一惊，立即电告莫斯科。斯大林本来就对同自己地位、威望差不多的人很不放心，听到这一消息后，立刻下令：不惜一切代价，一定要搞到这份情报。

几经反复，苏联间谍与贝伦茨在柏林进行了短暂的交易。他匆匆地翻了翻文件，开口就问："什么价格？"

贝伦茨答道："一口价，三百万卢布。"

实际上贝伦茨是在漫天要价，无非是想证明情报的真实。不料，苏联间谍没有还价，点点头算是成交了。在间谍史上，花如此高昂的代价购买一个惊天大阴谋，这是绝无仅有的。

由于这些文件、信件伪造得那么逼真，斯大林深信不疑，立刻下达了逮捕令。就这样，希特勒和海德里希的阴谋得逞了。

1937 年 6 月 12 日，图哈切夫斯基和其他七名著名将领被枪决。图哈切夫斯基在法庭上最后说了一句话："我好像做了一场梦。"

这的确是一场噩梦，但被卷进去的，远不止图哈切夫斯基一人。紧接着，斯大林开始了对红军的大清洗。从 1937 年至 1938 年，共有三万五千名军官成了这场阴谋的牺牲品，差不多占全军军官的半数。

226

"土耳其之父"凯末尔

希腊军队从边境打进了土耳其安纳托利亚地区，正在向内地推进！土耳其又一次陷入了民族灾难之中，全国上下群情激愤。

这天，大国民议会召开紧急会议。只见一位英武的中年男子大步走上讲台，大声说道："先生们！假如被破坏的国土不是五十分之一，而是全部，假如全国都处在一片火海之中，我们就上山去，在那里继续战斗！"

他一番慷慨激昂的演讲让全场的议员热血沸腾，顿生誓死保卫祖国的万千豪情。他不是别人，正是诞生才两个多月的国民政府领袖，土耳其最杰出的资产阶级革命家、军事家穆斯塔法·凯末尔。

凯末尔 1881 年出生在巴尔干半岛南端的爱琴海城市萨洛尼卡(今属希腊)。母亲是个虔诚的穆斯林，父亲原先是个海关小官员，儿子出生时已经弃官经商，做木材生意。开明的父亲将凯末尔送进了一所刚创办的新式小学，但是凯末尔小学还没有毕业，父亲就因为生意破产，忧郁过度病死了。凯末尔只好跟着母亲去投奔乡下的舅舅，放羊看田，吃了不少苦，也磨炼了他坚韧不拔的意志。

幸亏姨妈资助，凯末尔才继续在萨洛尼卡上学。1893 年，十二岁的他背着母亲考入了萨洛尼卡预备军事学校，开始了他向往已久的军旅生涯。他聪慧勤奋，为人正派，很受老师的喜欢。有一位数学老师干脆不叫他的本名穆斯塔法，而是称呼他"凯末尔"(土耳其语"正义"的意思)。十八岁时，他又考进伊斯坦布尔军事学院

深造。

十九世纪末二十世纪初，土耳其奥斯曼帝国已经日薄西山，沦落为西方列强欺凌争夺的半殖民地。青年凯末尔的爱国主义意识被唤醒。在军校里，他如饥似渴地阅读伏尔泰、卢梭、孟德斯鸠等法国启蒙学者的著作和土耳其大诗人凯马尔的爱国诗篇，进一步认识到封建领主的贪婪残暴、民族压迫的深重与苏丹（奥斯曼君主）专制制度的野蛮落后。于是，他和几个志同道合的同学组织了一个秘密革命小组，办了一份手抄小报，写文章揭露苏丹的黑暗专制统治。

1905 年，凯末尔以上尉军衔从军事学院毕业。一战爆发时，凯末尔已是土耳其驻保加利亚大使馆的武官，他敏锐地指出，土耳其加入同盟国参战将是一场"可怕的灾难"。但作为军人，他还是毫不犹豫地奔赴前线。在 1915 年的达达尼尔海峡保卫战中，他两次率领土军成功地阻击了协约国的登陆，赢得了"伊斯坦布尔救星"的美誉。由于战功卓著，第二年 4 月，他被晋升为准将军衔。

这年的 8 月，凯末尔再露锋芒，指挥土军打退了沙俄军队对安纳托利亚东部的猛攻，收复了大片失地。俄军总参谋部心服口服，承认他是土耳其"最负盛名、最勇敢、最有才能、精力充沛、最富独创性"的将军。

然而，凯末尔的军事天才并不能挽救土耳其战败投降的命运。1918 年 10 月底，奥斯曼帝国被迫签订丧权辱国的停战协定，昔日的殖民地被协约国瓜分得干干净净。老谋深算的英国还鼓动土耳其的周边国家，妄图将它肢解分裂。

国难当头，凯末尔挺身而出，着手把全国各地分散的爱国组织统一起来，他向战友们发出呐喊："祖国的领土完整和民族独立正处在危机中"；他号召战友们："只有民族的意志和毅力才能拯救民族的独立"。

不久，凯末尔毅然辞去军职，全身心地投入到拯救祖国的斗争

中。在他的推动下，议会在 1920 年 1 月通过了庄严的土耳其独立宣言《国民公约》。

但是，协约国很快正式占领了伊斯坦布尔，驱散议会。凯末尔抓住时机，于 4 月 23 日在安卡拉发起召开大国民会议，成立了以他为首脑的国民政府。他开始组建正规军，并与列宁领导的苏维埃俄国建交，缔结了友好条约；争取尽可能多的国家的同情与支持，为独立战争的胜利打下了基础。

黑云压城城欲摧。1920 年 6 月，希腊军队在英国的支持下，大举进攻，企图扼杀土耳其的独立运动。希军攻势猛烈，第二年 8 月，九万希军向安纳托利亚内地发起总攻，企图一举攻克安卡拉。危难时刻，凯末尔出任国民军总司令，他果断地下令土军撤退到萨卡利亚河（土耳其西部的一条河流），重新修筑防线。希军进攻的炮声已经传到安卡拉市区，市民、政府机关纷纷撤离，但是，凯末尔镇定自若，给全军下达了一道充满必胜信念的命令："祖国的每一寸土地，在浸透同胞们的鲜血之前决不丢弃"。

凯末尔日夜在前线巡视。一天，他不小心从马上摔下来，折断了肋骨，将士们恳求他治伤休息，他坚决不同意，带伤指挥战斗。全军士气高涨，经过二十二天的血战，终于赢得了萨卡利亚河战役的大捷。土军从此由守转攻，以秋风扫落叶之势突破希军防线，把希军赶下了地中海，活捉了敌军总司令。

凯末尔领导土耳其人民最终赶跑了外国侵略者，协约国不得不于 1923 年 7 月 24 日在瑞士签订了洛桑协定，正式承认土耳其的独立和主权。

土耳其全国沉浸在民族解放的喜悦之中。在国民军举行的一次庆祝胜利晚会上，酷爱摔跤的凯末尔与军中的一位摔跤大王进行了一场比赛，观看的士兵与群众人山人海。只见那个摔跤大王紧紧抱住凯末尔的双腿，猛地一发力，把他高高地举了起来。全场鸦雀无

声，他却把凯末尔又慢慢地放了下来。

凯末尔站了起来，笑着问道："你为什么不摔倒我，因为我是指挥官吗？"

"您是土耳其民族的首脑，七个国家都没能把您打倒，我怎么打得倒您呢？"

摔跤大王的回答，激起了全场的欢笑和热烈的掌声。土耳其军民对自己统帅与领袖的由衷爱戴都包含在其中了。

1923 年 10 月 29 日，土耳其共和国正式宣告成立，凯末尔当选为共和国首任总统，安卡拉被确定为首都。两天后，大国民议会根据凯末尔的提议，废除了封建的苏丹制。

"这个国家无论如何也要成为现代文明的国家。对我们来说，这是个生死存亡的问题。"凯末尔曾经这样告诫土耳其人民。他上任后采取了一系列改革措施，粉碎封建势力，推广新式教育和文字改革，实行资产阶级司法制度，废除一夫多妻制，给予妇女受教育权、遗产继承权，大力发展经济，领导土耳其摆脱了中世纪封建专制的束缚，逐步跨入资产阶级民主国家的行列。

为了表彰他为土耳其人民建立的不朽功勋，1934 年，大国民议会授予他"阿塔图尔克"为姓，意为"土耳其之父"。由于积劳成疾，四年后，年仅五十七岁的凯末尔就告别了人世。但是，土耳其人民永远记住了他深情的话语：

"我的微小的躯体总有一天要埋于地下，但土耳其共和国却要永远屹立于世。"

227

"黑色星期四" 与 "饥饿总统"

美国纽约, 闻名全球的大都会。1929 年 10 月 24 日上午十点, 华尔街证券交易所开盘的锣声响了。不知为什么, 今天开盘的大锣听上去敲得有气无力, 仿佛是一种不祥的预兆。果然, 交易所的股票指数开盘后便一路狂跌, 连股票行情自动收录器都来不及记录; 挤满交易大厅的经纪人惊慌失色, 发疯般地抛售各种股票。一天之内, 几千个经纪人和几十万小投资者便破产了。

股市大崩盘终于引发了席卷美国等资本主义国家的经济危机。10 月 24 日这一天因而被人们称为 "黑色星期四"。它的来势之猛, 对就任新一届美国总统才一年多的胡佛, 犹如是一记响亮的耳光。因为不久前, 他还在津津乐道地谈论美国的经济制度是如何如何 "完美无缺"; 甚至得意洋洋地预言: "美国比以往任何国家的历史上都更接近于最后战胜贫困。" 但他万万没有想到, 在他说这些大话的时候, 美国的经济已经危机四伏, 快要大难临头了。

自然, 胡佛当初的乐观和自信并不是没有一点道理的。进入二十世纪二十年代, 美国利用它在一战中牟取的暴利, 并向战后的欧洲大量出口它所紧缺的农产品和工业制成品, 刺激了经济的快速发展。美利坚大地到处呈现出一派繁荣兴旺的景象。一幢幢摩天大楼拔地而起, 一辆辆被命名为 "新女神" 的福特 A 型汽车在大街上骄傲地飞驰。洗衣机、电冰箱、吸尘器、无线电广播、有声电影等, 也是在那时相继问世的。纽约取代伦敦成了新的世界金融

中心。

到 1928 年，美国的国内生产总值已经超过了欧洲资本主义国家的总和，成为令人羡慕的世界头号强国。胡佛就是在这一片歌舞升平的气氛中去竞选第三十一届美国总统的。他的个人奋斗史似乎也是"美国梦"梦想成真的典范。

胡佛出身贫寒，父亲是乡村铁匠，母亲是教师。很小的时候，他不幸父母双亡，只得靠着舅舅的抚养，逐渐长大。后来，他去打杂役、送报纸、打字、经营学生洗衣房，才完成了学业，成为斯坦福大学的高材生；然后，又通过自己的奋斗，一步步成为一名优秀的地质工程师，并完成了从一名工程师到矿业巨富的成功转变。

真正让胡佛闻名美国的是在一战爆发后，他成功地主持了一个在伦敦的美国救济会，帮助十二万贫困的美国侨民脱离战火，回到祖国；随后，他又负责一个规模更加庞大的救济会，它使用的运粮轮船就有七十艘、救济费高达十五亿美元，从而援助了饱尝战火与饥饿之苦的一千万比利时和法国北部的平民。

胡佛的才干得到了威尔逊总统的青睐，被召回国内担任粮食总署的署长。后来，他又在哈定与柯立芝政府中当过商业部长，领导修筑了著名的胡佛水坝和连接美国大湖地区与大西洋的圣·劳伦斯海道。这些，都使他在共和党内与美国民众中赢得了很高的威望。1928 年 6 月，他被推选为共和党的总统候选人。

胡佛对当选充满了信心，他踌躇满志地向选民们保证："不久就可以使每个工人家庭的菜锅里有一只嫩鸡，每间车库里有一辆汽车。"

在美国将保持"永久繁荣"的一片沾沾自喜声中，胡佛没费什么气力，就击败民主党的竞争对手，接替柯立芝，登上了第三十一届美国总统的宝座。

然而，无情的现实给了胡佛当头一棒。从华尔街的"黑色星期

四"股票狂跌开始，历史上最大的经济危机很快席卷美国与资本主义世界。生产急剧下降，工厂、银行大量倒闭，无数农民破产。由于大量的农产品卖不出去，价格低于成本，光 1933 年，美国就有一千余万亩棉花被铲掉，几百万头猪被抛入密西西比河；最严重的时候，失业工人的人数达到一千七百万。

经济大萧条导致人民的生活水平降到了最低点。许多人食不果腹，流浪街头。有一天，西部一个旅馆的厨师把一些剩饭冷菜随手倒在厨房外的小巷里，想不到立刻冲出十几个人抢食了个精光。一些地方甚至出现了孩子与野狗争抢烂水果蔬菜，农民靠吃草根、野菜、蒲公英、紫罗兰过日子的悲惨景象。

胡佛不甘心美国的经济一蹶不振，更不愿就此葬送自己的政治前途。他想起了一件往事。年轻时，一位爱才的工程师将他推荐给一家英国矿业公司的老板，这位老板要求被推荐者的年龄必须在三十五岁以上。但是，胡佛那时只有二十三岁，他急中生智，粘了撮八字胡子，好让自己显得苍老些，然后才去见雇主。不料这位英国老板看见胡佛后惊叹道："你们美国人真有妙法使人长青不老，你的样子简直看不出会在三十五岁以上，你究竟有何秘诀？"

胡佛自信，他虽然拿不出拯救美国经济的"秘诀"，但招数还是有几下的。他的招数是什么呢？发放低息贷款给大农场主，由政府收购他们的农产品；为大银行建立复兴金融的基金，等等。但是，这些"招数"根本遏制不了企业、银行的倒闭狂潮；对于千百万饥寒交迫的民众来说，则起不了任何作用。

更要命的是，信奉自由经济政策的胡佛不懂灵活应变，不顾广大民众要求增加救济的强烈呼声，几次否决了在全国实行普遍救济的议案。而他过去正是以善于组织救济享誉欧美的。1932 年，当退伍军人聚集到国会前请愿，要求政府发还拖欠他们的补助金时，胡佛竟然下令军队镇压，造成了五十多人伤亡。这是他永远都难以

洗刷的政治污点。

美国的经济在不断地恶化。昔日繁华的大街上出现了用破铁皮、纸板和粗麻布搭起的棚户区，老百姓把它叫做"胡佛村"，即使以富豪如云出名的纽约曼哈顿区，这样的"胡佛村"也有两个。人们还把流浪者手里拎的装破烂的口袋叫做"胡佛袋"；把无家可归的人夜里包在身上聊以取暖的旧报纸叫做"胡佛毯"；把抓来充饥的长耳朵野兔叫做"胡佛猪"；把身无分文而翻转过来的衣袋叫做"胡佛旗"。最有趣的是，有人把锯掉车头的破汽车套上骨瘦如柴的骡子，称为"胡佛车"；还"嘚、嘚、嘚"地赶着这种"胡佛车"，去迎接前来"访贫问苦"的胡佛总统。

敢爱敢恨而又天性幽默的美国人，把经济大萧条产生的一切怪现象都与总统胡佛挂起了钩。后来，人们不叫他的名字了，干脆就叫他"饥饿总统"。

等待这位"饥饿总统"的，只能是黯然下台的结局。

最新版

世界五千年

陈增爵 沈宪旦 孙晓文等 编著

下

少年儿童出版社

228

炉边谈话

1933 年 3 月 4 日，美国首都华盛顿乌云低垂，冷雨潇潇。正午十二点，两亿美国人从收音机和高音喇叭里，听到了一个充满自信和激情的声音："首先让我表明我的坚定信念：我们唯一恐惧的只是恐惧本身，一种丧失理智的、毫无道理的恐惧心理。它能把我们搞瘫痪，什么事也办不成，使我们无法由退却转为进攻……我将要求国会授予我一件唯一可以应付目前危机的武器，这就是，让我拥有足以对紧急事态发动一场大战的广泛的行政权力。这种权力之大，要如同我们正在遭受外敌入侵时一样！"

这是美国第三十二届总统富兰克林·罗斯福的就职演讲。罗斯福是美国政坛的传奇人物，三十一岁出任美国海军部的助理部长，三十八岁被提名为民主党副总统候选人。正当他准备在政坛大显身手的时候，命运作弄了他，竟然让他在不惑之年患上了小儿麻痹症，从此下肢瘫痪，成了一个残疾人。可是罗斯福没有被残酷的命运吓倒，他用意志与不治之症斗争，拄双拐出席集会，坐轮椅发表演说，继续其政治生涯。凭着这种身残志不残的意志，他赢得了大多数美国人的心，十一年后，他终于击败了竞争对手、第三十一届总统胡佛，坐着轮椅进入白宫，成为新一届的美国总统。

罗斯福是在国家危难之时出任总统的，因为 1929 年开始的经济危机，正使美国处在历史上最严重的萧条之中。危机期间，纽约股市暴跌，许多投资者倾家荡产；银行大量倒闭，很多人的存款一

夜之间就化为乌有；外贸锐减三分之二；工业生产狂减一半，钢铁工业开工率只有百分之十五，汽车工业开工率只有百分之五。美国最大的机车公司，1932年一年只卖出一台机车。几十万家企业纷纷倒闭，成千上万的工人被赶出工厂。1933年失业人数达到一千七百万，大约是美国劳动人口的四分之一。持续几年的危机使失业者饱受饥寒之苦，他们在全国四处流浪，有时露宿在丛林、公园、街头、车站，有时住在用木板、旧铁皮、油布甚至牛皮纸搭起的破屋里，靠少得可怜的救济活命。农民们仍然在田地里艰苦劳作，可是农产品的价格降到了最低点，卖价还抵不上成本。于是危机中最令人惊奇的事发生了，有些农场主干脆把成桶成桶的牛奶倒入河中，或者用枪屠杀成群成群的牛羊，或者把成吨成吨的粮食和棉花替代煤炭作为燃料……越来越多的美国人感到他们对国家对前途失去了信心。

面对这种形势，罗斯福没有畏惧。早在总统竞选时，他提出了"为美国人民实行新政"的口号，决心领导美国人民冲出危机死谷。"新政"这个词，犹如茫茫黑夜中的一盏明灯，给很多美国人带来希望。罗斯福深知美国现在最需要的不是口号，而是行动，果断而有力的行动。

3月5日早晨，罗斯福自己滚动轮椅来到白宫的椭圆形办公室，一边吸着烟斗，一边起草文件。从此，一场震撼美国的新政运动开始了。

由于大危机是由金融危机引发的，所以罗斯福首先对金融下了两剂猛药，3月6日他发布了两条总统令：一是要求国会于3月9日举行特别会议审议《紧急银行法》，二是宣布全国银行一律休假四天。

3月8日，为了争取全国人民对这关键的开头两步棋的理解和支持，罗斯福举行了白宫第一次记者招待会，达到了政府通过传媒

以稳定民心的功效。在轻松和谐的家庭气氛中，罗斯福就金融形势等问题回答了记者们的提问。他的直率和随和让记者们感到陶醉，招待会一结束，记者们顿时掌声雷动。

第二天，国会在欢呼声中通过了《紧急银行法》，它的通过之迅速，意见之一致前所未有。该法案授权总统对银行进行个别审理，让有偿付能力的银行尽快开业，对缺乏偿付能力的银行进行改组。

3月12日，也就是银行重新开业的前一天，罗斯福决定通过广播向全国人民谈谈银行暂停营业的问题，打消他们的忧虑，说服他们把钱重新存入银行。美国几大广播公司接到通知，赶紧在白宫外宾接待室的壁炉前安置了扩音器，约有六千万人守在收音机旁收听。罗斯福希望这次讲话讲得亲切一些，就像坐在自己家里同邻居或朋友聊天那样。一位工作人员顺口说道：既然如此，那就叫"炉边谈话"好了，从此，这个名称就叫开了。

罗斯福坐在壁炉边的一张沙发上，点着香烟，对准话筒，用亲切而又热情的语调说："朋友们，我想告诉大家，过去这几天我们干了些什么，为什么要这样干，下一步又打算怎么干。"

他用人人懂得的词语和比喻，把银行危机这样复杂的问题讲得一清二楚，人人理解。罗斯福敦促听众把他们节余的钱存回银行，他说："把钱存入重新开业的银行比放在床垫下更保险。"最后，他强调说，"归根结底，在我们调整金融体制时，有一个因素要比货币更为重要，比黄金更宝贵，这就是人民的信心。让我们团结起来消除恐惧。"

新总统这些平易近人的话语使人们看到了盼望已久的希望。第二天，人们不再拥挤在银行门口挤兑，纷纷把藏在家中的黄金和货币拿出来存入银行，金融恐慌过去了。

从3月9日制定《紧急银行法》至6月16日出台《全国工业

复兴法》，在这短短的一百天当中，罗斯福显示出他无穷的智慧和魅力。他发表了十次重要演说，制定了一系列振兴经济的重要法案。在工业部门，政府颁布公平竞争法规，规定协定价格以减少企业之间的竞争，防止企业倒闭；并推行蓝鹰标准，依法经营的企业允许悬挂蓝鹰标志。在农业部门，政府与全国数以百万计的农场主签订减耕合同，限制农作物种植面积和农产品产量，维持农产品价格，避免农场主破产。为了消灭失业和保障百姓生活，政府把失业者组成各种工程队，以工代赈，参加植树造林、防火救灾、筑路护路、市政工程以及大规模水电建设，并对老弱病残人员进行救济，保障他们的基本生活。

这一系列极有魄力的行动让人眼花缭乱，也使人们心中感到温暖。新政的成效渐渐显现出来。工人有了工作，农民收入增加，越来越多的银行重新开业，纽约股价也开始上扬。美国经济果然冲出经济大危机大萧条的死谷，忧愁的美国人又露出了自信的笑容。为了感谢罗斯福的领导，美国人民纷纷投票支持罗斯福竞选连任，竟使他成为美国历史上第一个连任四届总统的奇人。

229

魏玛共和国

1918 年秋，第一次世界大战已接近尾声，可战场上的战斗仍继续着。面对协约国的反攻，德国节节溃退。

德国政府感到败局已定，开始向协约国求和。可是，德国海军司令部却决心把战争进行到底，命令停泊在基尔港的远洋舰队出海与英国海军决战，如果不能取胜，就"光荣地沉没"。这种冒险行径引起了水兵的不满，他们拒绝出港作战，并发动了起义。11 月 3 日，起义水兵在工人的支持下，迅速控制全城，并建立起全国第一个工兵代表苏维埃。

基尔起义吹响了德国十一月革命的号角，革命迅速向全国传播。11 月 9 日，柏林数十万工人和士兵举行了罢工和起义。德皇威廉二世被迫宣布退位，逃往国外。仅仅一星期，德意志帝国便化为乌有。

同一天，帝国总理马克斯亲王辞职，把职位和权力移交给马鞍工人出身的社会民主党右派领导人艾伯特。正当艾伯特在帝国议会大厦商议如何组建临时政府时，卡尔·李卜克内西和罗莎·卢森堡领导的社会民主党左派——斯巴达克团夺取了帝国皇宫。李卜克内西在工人和士兵的簇拥下走上皇宫阳台，发表了慷慨激昂的演说，并宣布成立德意志苏维埃共和国。

这个消息传到议会大厦，社会党人大吃一惊。艾伯特觉得应该马上对斯巴达克团进行回击。社会民主党右派的另一个领导人谢德

曼灵机一动，他也顾不得与他的同伴商量，冲向议会大厦的阳台。当时下面正聚集着许多群众，他伸出脑袋，向人群大声宣布德意志共和国成立了。

突然间，德国一下出现了两个共和国。于是两个初生的政权展开了控制柏林，乃至整个德国的斗争。

艾伯特虽然是社会党人的领袖，却十分惧怕社会革命。他有一次曾经说过，对社会革命，"我恨之入骨"。11 月 9 日晚上，艾伯特决定采取行动制止斯巴达克团的革命，他拿起电话，拨通了德军最高统帅部的电话，与总参谋长格罗纳将军达成了秘密协议。艾伯特答应按照原有传统保留德国军队，格罗纳将军则保证德国军队将效忠艾伯特的新政府。

11 月 10 日，艾伯特成立了临时政府，下令解散工人武装，以阻止革命继续发展。第二天，艾伯特政府与协约国签署了停战协定，结束了一次大战。

革命者不愿半途而废，他们积极行动起来。11 月 11 日，斯巴达克团进行了改组，更名为斯巴达克同盟。12 月 29 日，斯巴达克同盟举行全国代表大会，决定脱离社会民主党，成立德国共产党。12 月 30 日，德国共产党正式宣告成立。

德国共产党的成立引起了艾伯特的不安。1919 年 1 月 4 日，艾伯特政府突然罢免了同情革命的柏林警察局长。这一挑衅行为激起革命者的极大愤慨。1 月 6 日，在德国共产党的号召下，柏林二十万工人涌上街头，发动罢工和起义。背着武器、打着红旗的工人占领了火车站、警察局、电报局等战略要地。总理府也被愤怒的人群包围了，艾伯特就惊恐不安地躲在里边。

艾伯特向德国军队求救，命令他们镇压德国共产党领导的起义，声称"总清算的时刻到了"。1 月 11 日，革命者在柏林的街道上受到了大炮和机枪的攻击，由于力量对比悬殊，起义失败。1 月

15 日，李卜克内西和卢森堡被敌人俘获并杀害。敌人把卢森堡的尸体还扔进了市中心的河里。在那些血腥的日子里，柏林共有一千多名革命者被屠杀。

1 月 19 日，在白色恐怖的气氛下，德国全国举行了国民议会而非苏维埃代表大会的选举。当选的代表绝大多数为社会民主党成员。

2 月 6 日，国民议会在德国小城魏玛召开，一方面是为了避开柏林的骚乱，一方面是因为这里是德国文化名人歌德、席勒的故乡。

国民议会制定了《魏玛宪法》，宣布成立德意志共和国，即魏玛共和国。宪法规定人民是一国之主，"政治权利来自人民"，凡年满二十岁，不分男女，都享有选举权。宪法中还有"法律面前人人平等"、"私有财产不可侵犯"等内容。

2 月 11 日，艾伯特当选为共和国第一任总统，谢德曼为第一任总理。

然而魏玛共和国注定是短命的。1933 年，独裁者希特勒上台，共和国被第三帝国取代。德国再次滑向战争的边缘。

230

希特勒成为纳粹党魁

  1889 年 4 月 20 日，希特勒出生在奥地利一个海关职员的家里。少年时期的他只对绘画和历史感兴趣，尤其是历史老师利奥波德·帕奇，一个狂热的日耳曼民族主义者，用慷慨激昂的词句讲述恺撒、拿破仑、俾斯麦的传奇经历时，希特勒仿佛穿越了时空，融入了那些令他神往的年代，狂热的民族主义倾向在他的胸中孳生、膨胀。

  1907 年，十八岁的希特勒来到奥地利的首都维也纳。他既无一技之长，又蔑视体力劳动，所以一事无成，有时只得靠施粥站的粥汤维持生命。维也纳美丽的风景和他窘迫的生活形成了鲜明的对照。后来希特勒自己承认，在维也纳的四年是他一生中最黑暗的时期。不过，穷困潦倒的希特勒竭力克制着自己，不抽烟，不喝酒，不和不三不四的女人来往，将大量时间用在读书上，知识倒是长进了不少。

  1914 年第一次世界大战爆发，在德国对法国宣战的同一天，8 月 3 日，他向德国巴伐利亚国王路德维希三世上书，请求加入巴伐利亚军队。如愿以偿的希特勒在战场上全力拼杀，1914 年 12 月获得一枚二级铁十字奖章，升为下士；1918 年 8 月又获得一枚一级铁十字奖章，这使希特勒感到无比的荣耀，因为在德军中，将一级铁十字奖章授予一名普通的士兵是极其罕见的。

  获得一级铁十字奖章后不久，希特勒在战场上被毒气熏得双目

暂时失明，只得住进了医院。在医院中，他得到了德国战败的消息。

噩耗传来，躺在医院病床上的希特勒感到是那样的无依无靠。1918 年冬天对他来讲是一生中最寒冷的冬天，头上缠着厚厚的绷带，双目不知道能否复明，他如此忠诚、热爱和崇拜的德意志帝国战败了，虚弱的身体仿佛再也担负不起生活和命运的沉重，他面容憔悴，形同僵尸。

终于等到了揭开眼睛上的纱布、走出医院的日子，希特勒仍然穿着军装，来到慕尼黑，返回了他原先的部队。这段日子他自己认为已经把一切都想通了：那些在后方发国难财的犹太人，以及通过犹太知识分子搞国际阴谋的布尔什维克党人，在背后捅了德国一刀，并把它按倒在地。否则，如此优秀的德国人怎么会输掉这场战争呢？他狂热地认为自己的责任，是要把德国从这场灾难中拯救出来。

团里的一些军官对他十分赏识，认为他是一个有思想的人，于是让他当了一名专门为部队收集地方上政党活动情报的特务。听了许多他认为毫无见解的政治言论后，1919 年 9 月，希特勒却发现了新大陆。

德国工人党是一个不起眼的小党。有一次，希特勒在该党的一次集会会场里听演讲时，他还没有怎么激动，但离开的时候，党的领袖之一安东·德莱克斯勒塞给他一本名为《我的政治觉悟》的小册子。第二天清晨，他仔细阅读小册子时突然发现，这个只有不到一百名党员的小党，其主张与他自己的观点惊人地吻合，同样是反对犹太人，同样是反对使德国堕入深渊的"十一月罪犯"（共产党）。

希特勒像苍蝇找到了臭肉，马上加入这个政党，成为党的第七名委员，并担任了该党的宣传工作。

1920 年 2 月，德国工人党在慕尼黑举行了第一次大会，希特勒

当仁不让，前审后跳地操纵了这次大会。他提出了《二十五点纲领》，提出全体德意志人民联合起来，建立一个幅员更广大的"德意志国家"，收回德国原有的殖民地，废除凡尔赛条约等主张。他的长篇大论受到了多数代表的极力赞扬，会场不时爆发出惊天动地的狂呼声。这次会议后，德国工人党名声大震，希特勒也被同党视若神明。希特勒自己也得意洋洋地认为，德国工人党从此"摆脱了小俱乐部的狭隘束缚，第一次对我们时代的最有力的因素——舆论发生了决定性的影响"。

这次大会是希特勒竭力显示自己的舞台，他俨然成为党的重要人物。会议结束后，他全身心投入到他的"事业"之中，拼命地拉拢、诱使一切对社会不满、对前途渺茫的人加入德国工人党，组织退伍军人和盲流人员加入该党的准军事组织——冲锋队，用极富煽动性的演讲和天才的组织能力，把一些所谓的"志同道合"者聚集到自己的周围，用疯狂的热情感染他们，使他们心甘情愿接受他的独裁统治，戈林、赫斯、罗森堡、罗姆，这些后来的法西斯魔王这时聚拢到他的身边。

同年 4 月 1 日，德国工人党正式改名为"德国国家社会主义工人党"，将德文 National（民族的，国家的）Sozialistisch（社会主义的）两词缩写成 Nazi，这个令全世界人们胆寒的"纳粹党"名称便出现了。

纳粹党的党旗也是希特勒的杰作，红底白圆心，中间一个卐字。它在古代的东方被用做符咒或宗教标志，视为火或太阳的象征，如来佛胸前就有一个金色的卐字，希特勒赋予这个卐字新的含义。后来，在他臭名昭著的斗争纲领《我的奋斗》中，他是这样解释的："红色象征我们这个运动的社会意义，白色象征民族主义思想，卐字象征争取雅利安人胜利的斗争的使命。"

他还用党的经费购买了一家快要倒闭的报纸——《人民观察家

报》，作为纳粹党的机关报，使纳粹党的影响扩大到整个巴伐利亚（在今德国南部）。

希特勒在党内的独断专行于 1921 年达到了新的高峰，7 月 11 日，希特勒宣布退党并提出最后通牒：让他入党的条件是让他担任党的第一主席，并享有指挥一切的权力。党的委员们认输了，他们知道，希特勒是党内最好的演说家，最出色的组织家，活动经费最主要的募集者。没有他，政府和军队就不会支持纳粹党，没有他，也就没有纳粹党。

希特勒回来了，同时带回"领袖原则"作为党纪。从此，任命取代了选举，希特勒也自称"元首"，成为纳粹党唯一的领袖。这个专制魔王开始给世界带来无穷的灾难。

231

啤酒馆暴动

一条惊人的消息把第一次世界大战后原本已经一片混乱的德国炸开了锅：法国和比利时借口德国不按时交纳赔款，出兵占领德国最大的重工业区鲁尔。

德国人牢牢记住了，这事发生在 1923 年 1 月。

战败的痛苦和对凡尔赛和约的仇恨，已经使德国人的生活充满了绝望。外国军队占领鲁尔，在德国设立关卡、征收关税，无疑更是火上浇油。德国的工业产值猛烈下降，失业工人超过五百万，通货膨胀达到了惊人的程度，一磅牛奶从三千四百马克涨到二百八十亿马克，马克形同废纸。人民的生活极端困苦，饥饿的群众掀起了声势浩大的罢工浪潮，汉堡等地还发生了工人起义，魏玛共和国在内忧外患中摇摇欲坠。

纳粹党领袖希特勒这时却十分兴奋。他的职业政客生涯已经有两年了，尽管他巧舌如簧，到处拉拢拼凑，纳粹党仍然只是慕尼黑市和巴伐利亚地区众多政党中略有影响力的一个，与他心目中担负整个国家命运的大党存在巨大的差异。鲁尔危机给了纳粹党一个极好的机会。由于马克的崩溃，使一大批中产阶级破产。于是希特勒喜出望外地发现，他的政党人数开始激增，当然了，失业的工人、退伍的军人也是新党员的主要构成部分。

希特勒开始"理直气壮"了，魏玛共和国政府更是被他骂得一钱不值。他公开在党的大会上叫嚣："要夺取政治权力，就要从激

烈反对和打击由战败耻辱而产生的魏玛共和政府入手"。他的观点得到了戈林、赫斯、罗森堡等人狂热的拥护。他们一致认为，夺取巴伐利亚政权的时机已经到来。

这年的 11 月 8 日，慕尼黑贝格勃劳凯勒啤酒馆比往常热闹了许多。巴伐利亚州州长卡尔在这里发表施政纲领的演说，驻巴伐利亚国防军司令奥托·冯·洛索夫将军和州警察局长汉斯·冯·赛塞尔上校，以及州政府的部长和其他一些高级文武官员出席聚会。

正当卡尔唾沫横飞地进行演讲时，大门被"砰"地推开了，一队纳粹冲锋队队员冲进了大厅。他们头戴钢盔，几个手拿机枪的队员把机枪架到高处，枪口对准大厅里的人群。在座的一些官员认识他们是纳粹党的打手，平时就耀武扬威制造了不少麻烦，看在他们起劲地打击共产党的份上，一直睁一只眼闭一只眼，没有取缔他们。今天又不知道他们要发什么神经了。

一辆红色的梅赛德斯—奔驰赛车冲到门口，穿一件军用胶布雨衣的希特勒下了车，他摸了摸口袋里的手枪，用力挤进人群，一下子跳到大厅中央的一张桌子上。看着他歇斯底里的模样，座位中的官员们不住地摇头："这哪像一个政党的领袖，简直就是一个无赖、暴徒。"

希特勒兴奋地环顾四周，拔出手枪对天花板开了一枪，在一片惊愕声中，他跳下桌子，快步走上讲台，大声叫道："全国革命已经开始了，""巴伐利亚政府和全国政府已被推翻，全国临时政府已经成立。"

大厅顿时安静了，人们一下子搞不清他说的是真是假。

希特勒用更大的声音叫嚣着："这个新政府的成员是希特勒、鲁登道夫、波纳！万岁！"

说完，他用期待的目光看着台下，希望看到听众热烈地向他鼓掌、欢呼，不料台下一片寂静。恼羞成怒的希特勒命令冲锋队员把

卡尔、洛索夫和赛塞尔"请"进后面的一间密室，苦口婆心地劝说他们参加他的"革命"。

任希特勒费尽唾沫，三个人就是不同意。希特勒又拔出手枪指着他们说："我的枪里有四颗子弹，如果你们不肯跟我合作，三颗留给你们，最后一颗留给我自己！"

威胁还是不奏效。希特勒又突发奇想，他冲到大厅里，对人群宣布三名长官已经同他一起组成新的全国政府，由他接管政策指导工作，鲁登道夫将军担任国防军长官工作。然后，希特勒把德国著名的将领鲁登道夫请到啤酒馆，劝说三位州长官。三个人一看，不答应是脱不了身了，互递了个眼色，半推半就地答应了。

希特勒喜出望外，沉浸到"革命"胜利的幻想当中。可是当他离开啤酒馆后，卡尔等三人就变卦了，并脱身逃走了。洛索夫将军马上赶到陆军第十九师师部，把军队调进了市区；卡尔回到州政府，做的第一件事就是发出取缔纳粹党的命令。

希特勒从美梦中惊醒，一下子怒火中烧，一种被欺骗愚弄的耻辱煎熬着他。"游行，明天就上街游行，我们会得到更多的支持！"他对着手下狂叫。

第二天，慕尼黑的街头出现了三千多人的纳粹党游行队伍，希特勒和鲁登道夫走在了最前面，身后是戈林、罗森堡以及臭名昭著的冲锋队，一路向陆军部走去，解救被扣押在那里的罗姆及其部下。在一条狭窄的街道上，一百多名荷枪实弹的警察拦住了他们的去路。队伍冲过警察的封锁线时，警察开枪了。

鲁登道夫迈着军人的步伐笔直地向前走。从枪林弹雨中都过来了，他根本不把警察放在眼里。况且，在德国谁不知道他的身份，他坚信在这个崇尚英雄的国家里，警察是不会向他这个一战的名将开枪的。果然，警察的子弹避开了他，在他走过警察面前时，还受到了敬礼的礼遇。

希特勒在一战战场上是一个下士，尽管因为作战勇敢得过两次铁十字勋章，但他十分明白，下士的身份不会使警察有任何保全他性命的念头。枪声一响，他就马上扑倒在地，然后登上一辆等候在附近的汽车，逃到一个乡间别墅去了。只有那些狂热的傻头傻脑的冲锋队员还在一个劲地表现他们的忠诚和勇敢，直着腰向前冲，并向警察还击，直到十六个同伴被打死后，他们才一哄而散。

两天后，希特勒在乡间别墅被捕，这场由他一手策划的"革命"闹剧就此结束了。纳粹党被解散，希特勒也被送进了监狱。但是，从狱中出来后的希特勒变得更狡猾，他重建了纳粹党，并利用经济危机对德国的打击，终于当上了德国总理，开始了纳粹在全国的独裁统治。

232

"向罗马进军"

1918 年 11 月，第一次世界大战以协约国的胜利而告结束。作为协约国的成员，牺牲了七十万人的意大利军队也风风光光地回来了。

可是等待士兵的不是安居乐业的生活，而是动荡不安的局势。由于连年战火，意大利的经济濒临崩溃，百业凋零，民不聊生，革命运动风起云涌，工人占领了工厂，农民夺取了土地……

面对这种大变革，有人悲观失望，有人愤世嫉俗，当然也有人兴奋不已，退伍军人墨索里尼就是其中一个。他凭着自己敏锐的政治嗅觉，在动荡与混乱中发现了机会，看到了夺取政权的希望。

1919 年 3 月，墨索里尼在米兰纠集了一百五十名青年，成立了一个名叫"战斗的法西斯"的组织。

"法西斯"一词原来是指古罗马官员出巡时所执的权利标志棒，这根权利标志棒非常奇特，它不是孤零零的一根棍棒，而是一束棍棒，中间插着一把亮闪闪的斧头。巧的是，墨索里尼为该党设计的党徽，就是斧头加棍棒。

墨索里尼为党员制定了极其严格的纪律，要求他们绝对服从领袖，不惜牺牲自己的生命，提出了"信仰、服从、战斗"的口号。而他们的任务就是铲除"赤化势力"，拯救意大利。

1920 年 8 月 30 日，意大利北部的钢铁工人发动大罢工，占领了工厂。就在政府束手无策的情况下，墨索里尼的法西斯党徒出场

了，他们身穿统一的黑色衬衫，手提铁棒，明目张胆地袭击、捣毁工会，殴打、暗杀工人领袖，没过多久，就用暴力和恐怖把罢工镇压了下去。工人们憎恶地称他们是"黑衫党"。

被革命风暴搞得惊魂不定的政府官员、资本家把墨索里尼当成了救星，纷纷称赞他的行动维护了国家安定，还向他的组织提供了大量经费。

随着法西斯势力日益壮大，墨索里尼的野心也越来越大。1921年11月，他把"战斗的法西斯"改组为"国家法西斯党"，并成为法西斯党的领袖。为了获得更多意大利人的支持，墨索里尼四处演说，用甜言蜜语诱惑民众。他向工人许诺，将给他们工作；他向农民许诺，将平均分配土地；他向军队许诺，将增加军费；他向资本家许诺，将夺取更多殖民地。

墨索里尼极具煽动性的演说产生了效果，很快，法西斯武装党徒发展到了五十万人，普通党员一百万。此时，墨索里尼再也按捺不住自己急于夺取政权的欲望，狂妄地叫嚣道："假使我们不能和平接受国家政权，我们就到罗马去，用武力夺取政权。"

墨索里尼开始行动了。他趁全国各地爆发大罢工，打着恢复社会秩序的幌子，指挥法西斯党徒，乘乱夺取了米兰等城市的控制权，建立了向罗马进军的基地。接着，他把各地法西斯党徒按军队编制，组成四个建制完整的军团，并成立了最高司令部，统一指挥法西斯武装。

1922年10月20日，墨索里尼坐镇米兰，发出了向进军罗马的命令："决战的时候到了！我们一定要胜利！我们肯定能胜利！"同时，他告诫军队严守中立；告诫警察不要干涉；告诫政府官员老实听话；告诫百姓不要惧怕。

成千上万身着黑衫、全副武装的法西斯党徒分成四路，浩浩荡荡地徒步进军罗马。一路上，他们占领了许多城镇以及邮电局、火

车站等重要设施，几乎没有受到军队和警察的任何抵抗。

仅过了八天，也就是 10 月 28 日，黑色大军没费一枪一弹，兵临罗马，并在罗马城内举行了声势浩大的示威游行，黑压压的游行队伍一眼望不到头，口号声惊天动地，似乎整个罗马已经成了法西斯的天下。

面对法西斯的嚣张气焰，意大利政府吓得要死，不知所措。意大利国王见事不妙，赶紧下令解散意大利政府，邀请墨索里尼出任政府总理。

墨索里尼接到国王的电报，喜出望外，连他自己都没有料到，"向罗马进军"的夺权行动会这么轻而易举地得逞。10 月 30 日，墨索里尼在法西斯党徒的欢呼声中，抵达罗马，实现了梦寐以求的愿望，登上了决定意大利命运的总理宝座。他得意洋洋地宣称："意大利新的历史曙光将慢慢升起。"

正当人们期待"新的历史曙光"出现的时候，墨索里尼撕下了面具，露出了穷凶极恶的真相。他取缔了除国家法西斯党之外的所有政党，抛弃了所有的承诺，取消了一切民主自由，在世界上建立了第一个法西斯独裁统治。

从此，法西斯成了专制独裁和暴力恐怖的代名词，墨索里尼成了法西斯的创始人。

233

国会纵火案

希特勒爬上德国总理的宝座不到一个月，也就是 1933 年 2 月 27 日晚上，他来到柏林郊外戈培尔的家中吃饭。今天他似乎是难得的悠闲，吃完饭后没有谈任何公事，只是和戈培尔听听音乐，聊聊天。这时，电话铃响了，戈培尔拿起电话，有人焦急地向他报告："国会起火了。"

戈培尔放下电话，没有马上向希特勒汇报。可过了不一会，他的神色变了，脸上露出一丝诡异的微笑。他跟希特勒说了几句话，两人随即跳上汽车，飞速驶往出事地点。

他们一赶到国会大厦失火的地点，就向聚集在那里的记者宣称，这是一桩罪行，是共产党犯下的罪行。戈林比他们早到一步，这位臃肿肥胖的德国普鲁士邦总理、国会议长气喘吁吁，脸放红光，头上还冒着汗，他显然兴奋得有点过头了。他对秘密警察头子鲁道夫·狄尔斯大声嚷道："共产党的革命开始了！我们一分钟也不能坐待。我们要毫不留情地对付他们。共产党干部一经查获，当场格杀勿论，今天晚上就把共产党议员统统吊死。"

第二天，希特勒就诱使总统兴登堡签署了一项"保护人民和国家"法令，以"防止共产党危害国家的暴力行为"为幌子，大肆限制公民的出版、结社、集会等人身自由。全国上下立刻笼罩在冲锋队横冲直撞、到处抓人的白色恐怖中。

戈林、戈培尔一伙根据事先制定好的名单，一下子抓捕了四千

名共产党员和许多左派进步人士。自然，那个"纵火犯"当场就被抓住，他叫范·德·卢勃，是个二十四岁的荷兰人，自称是荷兰共产党的党员。

保加利亚共产党与共产国际西欧局的领导人季米特洛夫那时正在柏林，他也没有逃过纳粹的魔掌。3 月 9 日，纳粹警察以"参与纵火"的莫须有罪名，把季米特洛夫与另两位保共活动家一起抓进监狱。

经过半年的阴谋策划与精心准备，纳粹宣布 9 月 21 日在莱比锡公开审理这个案子。消息一传出，法国、美国、保加利亚、德国等国的二十五名律师挺身而出，愿意为季米特洛夫辩护。但是，德国法庭剥夺了被告自由选择辩护人的权利。季米特洛夫毅然决定，自己为自己进行辩护。

审讯开始了，头两天审讯卢勃。第三天，轮到季米特洛夫出场。既是被告又是辩护人的季米特洛夫坦然坚定地声明，他是信仰马克思主义的革命者，他的奋斗目标就是共产主义的最终胜利；正因为如此，他反对任何个人恐怖活动，纵火这种行为与共产党的群众斗争原则丝毫不相容。

季米特洛夫出身贫寒，当过印刷工人，是在工人运动中锻炼成长起来的杰出革命家。听着他正气凛然的演讲，法庭庭长慌了神，急忙打断他的话，问道："你回答，你跟纵火犯卢勃是什么时候认识的？你们是怎样密谋的？"

"我倒要问卢勃，"季米特洛夫平静地盯着卢勃，"你应该当众说明，你什么时候见过我？什么时候认识我的？"

"我不认识你，也从未见过你。"卢勃不假思索地回答。

"现在问题已经很清楚，在这场审判中，卢勃只不过是国会纵火案中的浮士德而已。"浮士德是德国著名诗人歌德的长诗《浮士德》中，向魔鬼摩菲斯特出卖灵魂的主人公。季米特洛夫借用这一

典故，一针见血地戳穿了纳粹的谎言，"无疑地，站在他背后的还有摩菲斯特。可怜的浮士德被送交帝国法庭，而摩菲斯特已逃之夭夭。作为一个无辜的被告，尤其是作为一个共产党员和共产国际的成员，我对于立即彻底清查国会纵火案，同时把销声匿迹的摩菲斯特捉拿归案，是很感兴趣的。"

法庭招架不住，对季米特洛夫的第一次庭审草草收场。

"国会纵火案"发生后，在世界上激起了强烈反响。许多国家的工人和进步人士纷纷举行示威游行，强烈谴责纳粹希特勒诬陷共产党人的卑劣行径。英国伦敦出版了一本专门揭露"国会纵火案"真相的书。由欧美许多新闻工作者与律师组成的国际调查委员会，在巴黎组织了与莱比锡审讯针锋相对的反审判运动，公布了大量的人证物证，证明被控告的共产党人清白无辜。

纳粹一计不成，又生一计。11月4日，法庭再次开庭，纳粹的两个重量级人物戈林、戈培尔赤膊上阵，企图一举击垮季米特洛夫。但是，季米特洛夫凭着他的冷静、勇敢和机智，严正驳斥了他们对共产党人的恶毒攻击；而季米特洛夫反问的一个个问题，使得戈林、戈培尔矛盾百出，狼狈不堪。戈林气急败坏地吼道："滚出去，你这个混蛋！"

庭长慌忙命警察把季米特洛夫押下去。季米特洛夫转过身来，轻蔑地笑道："你害怕我提的问题吗？总理先生！"

原来，在戈林的国会议长办公室下面，有一条地下暖气管通道通到国会大厦，2月27日晚上，冲锋队长卡尔·恩斯特受戈林、戈培尔的指使，带着一伙冲锋队员经过这条地下通道，偷偷潜入国会大厦，洒下汽油等易燃物，点了火，然后溜了回去。说来也巧，精神不太正常的卢勃，那晚也鬼使神差般地溜进国会大厦，放了几把火，让冲锋队逮个正着。希特勒一伙喜出望外，立刻把他变成替罪羊，同时嫁祸于人，妄图一举搞垮在民众中影响越来越大的德国共

产党。

最后较量的时刻终于到了。12 月 23 日，莱比锡法庭进行最后一次审判。季米特洛夫列举大量的事实，有力揭露了纳粹策划这次审判的阴谋与险恶目的。他庄严宣告："伽利略被惩处时，他宣布：地球仍然转动着！具有与老伽利略同样决心的我们共产党人今天宣布：地球仍然转动着！历史的车轮向着共产主义这个不可避免的、不可压倒的最终目标转动着。"

季米特洛夫的果敢无畏，国际舆论的强大压力，迫使莱比锡法庭最后不得不宣布，无罪释放季米特洛夫和另两个无辜的保共活动家。

季米特洛夫出狱后，于 1934 年前往苏联，出任第三国际执委会总书记，为人类的进步事业与伟大的反法西斯战争，继续贡献他的才干与智慧。

234

英勇的埃塞俄比亚

意大利法西斯头目墨索里尼上台后，一心想着侵略扩张，重温古罗马时代的辉煌和荣耀。他指使法西斯的宣传工具大造舆论，宣称意大利拥有传承于古罗马的"历史"权利，叫嚷地中海是"我们的海"。然而，遥看地中海对岸，北非的突尼斯是法国的殖民地，埃及则属于英国的势力范围，根本不容他插手。

墨索里尼实在不甘心，便把目光投向了东非北部的埃塞俄比亚。埃塞俄比亚扼守红海的南大门，历来是兵家必争之地；而且地广人稀，盛产黄金、白金（铂）、钾盐、石油、天然气等。它北面的厄立特里亚、东边的索马里已是意大利的囊中之物，如果能占领埃塞俄比亚，既能向意大利国内源源不断地提供侵略扩张所需的战略资源和原料，又能将埃、厄、索三国联成一片，把住红海通向印度洋的咽喉要道，增加与英、法抗衡的底气，进而实现控制地中海地区的野心。

这实在是个一石三鸟的绝妙计划！自然，墨索里尼算计埃塞俄比亚还有一个目的。三十九年前，意大利突然入侵埃塞俄比亚，遭到埃塞俄比亚军民的奋勇抵抗，结果大败而归。这次，墨索里尼发誓一定要为他的前辈出这口恶气！

1935 年 10 月 3 日，三十七万意大利侵略军，兵分三路，恶狠狠地扑向埃塞俄比亚。埃塞俄比亚皇帝海尔·塞拉西立即向全国发出抵抗侵略者的动员令。

"士兵们，集结到你们的首领周围，一心一意服从他们的命令，打退侵略者。"在塞拉西皇帝的号召下，富于反侵略传统的埃塞俄比亚军民，开始向敌人挥起仇恨的刀剑，射出复仇的子弹。

埃塞俄比亚军队由塞拉西皇帝的一万禁卫军与三十五万各省、各部族的地方军队组成，与拥有飞机、坦克、大炮与数千辆载重汽车的意军相比，武器装备简陋落后，缺乏训练。但是，埃军士气高昂，他们主动后撤，避开意军的正面攻击，利用山区的险要地形，灵活机动地打击敌人。老百姓勒紧裤带，把省下的粮食和肉类去送给战士们吃；东部沙漠地带淡水很少，当地的牧民用皮袋子去很远的地方装水，然后用驴子驮着送到埃军的营地，供战士们饮用。

由于埃塞俄比亚军民同仇敌忾，顽强抵抗，法西斯意军损失惨重，进展缓慢，到开战后的第五个月，即 1936 年 2 月，北部战线的意军推了只有一百公里不到。墨索里尼大发雷霆，严令加快速度。而面对骁勇善战、不断打死打伤意军的埃军战士与游击队员，南部战线的意军司令格拉乔夫将军恨之入骨，下令："能够烧毁的全部烧毁；能够消灭的彻底消灭。"

也许是埃军的成功抗击让塞拉西皇帝变得太乐观了，这年的 3 月，他亲自指挥三路大军对意军展开反击，但是，这种死打硬拼的战术正中火力强大的意军的圈套，结果，埃军几乎全军覆没，通向首都亚的斯亚贝巴的大道顿时敞开，意军长驱直入，在 5 月 5 日攻陷了亚的斯亚贝巴。塞拉西皇帝只好流亡国外。

意大利侵略古老弱小的埃塞俄比亚，激起了全世界人民的谴责。塞拉西一世登上日内瓦国际会议的讲台，愤怒地质问纵容法西斯侵略的国际联盟："是否要开创一个向强权低头的可悲范例……我是在捍卫所有正在受到侵略威胁的弱小民族的事业，曾经对我作的诺言到哪里去了？"

然而，英勇的埃塞俄比亚人民是征服不了的。首都沦陷后，残

存下来的埃军正规军化整为零，分散到各地，与当地的百姓组成游击队，广泛开展游击战争。游击队神出鬼没地袭击意军兵营，炸仓库，拆电线，毁交通，打得意军顾此失彼，心惊肉跳。有一天晚上，一支游击队悄悄摸近意军的兵营，神不知鬼不觉地把一筐蜜蜂扔进意军的帐篷，只听呼啦一声，成群的蜜蜂到处飞舞，蜇得敌人哇哇乱叫，抱头就逃。游击队员们乘机溜进帐篷，偷走了侵略者的全部武器。

一次次的围剿，一次次的狂轰滥炸，意军都摧毁不了埃塞俄比亚军民的抵抗意志。法西斯恼羞成怒，居然违反国际公约，派空军轰炸红十字医院；甚至对毫无防护办法的埃塞俄比亚军民使用起了化学武器。意军飞机丧心病狂地投下化学毒剂，中毒的埃军战士丢下枪支，痛苦地捂住眼睛，不少人倒在地上，难受得满地打滚，纷纷死去。曾经赤手空拳缴获过敌军坦克的埃塞俄比亚军民，竟被这种毫无人性的法西斯手段，夺走了大量的生命。

在长达六年的艰苦抗战中，埃塞俄比亚被杀死、炸死、饿死、病死、毒死的军民达到七十六万。但是，他们不屈不挠的抵抗终于汇入了二战的洪流中，迎来了胜利的曙光。转眼到了 1941 年 1 月，英国盟军向侵占厄立特里亚、埃塞俄比亚、索马里的法西斯意军发起攻击；1 月 25 日，塞拉西皇帝率领一支两千人的部队从苏丹打回埃塞俄比亚，全国各地的游击队纷纷响应，四处打击敌人。4 月 6 日，携手作战的盟军与游击队收复了亚的斯亚贝巴。5 月 5 日，塞拉西回到首都复位，标志着埃塞俄比亚人民取得了抗击意大利法西斯战争的彻底胜利。

埃塞俄比亚人民的英勇斗争，不仅是埃塞俄比亚反侵略史，也是世界反法西斯史上的又一光辉篇章。

235

保卫马德里

二十世纪三十年代西班牙内战爆发。

1929 年，席卷资本主义世界的经济危机，使得政治、经济远远落后于欧美列强的西班牙雪上加霜。通货急剧膨胀，工农业生产陷入困境，引起人民群众的强烈不满。结果在 1931 年 4 月，顺应时代潮流的资产阶级民主革命推翻了西班牙的封建王朝，建立了共和国。但是，西班牙的国内政局依然激烈动荡，不甘心失败的封建法西斯势力蠢蠢欲动，严重威胁着新生的民主共和政体。

在风云变幻的关键时刻，西班牙共产党、左翼社会党、共和联盟、工人联合总会等进步力量联合组成人民阵线，赢得了 1935 年 2 月的议会选举，新的共和政府宣告诞生。新政府实行了一系列进步的社会改革，如社会保险；养老金和工人休假制度；宣布西班牙各族人民拥有自决权；进行部分土地改革，禁止强迫农民迁离所承租的土地。

新政府的改革措施得到了人民群众的热烈拥护，而封建法西斯势力恨得咬牙切齿。1936 年 7 月 17 日，西班牙殖民地摩洛哥的军队带头发动叛乱，很快便在西班牙北部的各大城市蔓延开来。叛军中由驻摩洛哥殖民军司令佛朗哥指挥的摩洛哥军团从南向北进攻，另一个叛军将领莫拉率领一支队伍由北向南，企图南北夹击，迅速攻占首都马德里，夺取政权。

然而，痛恨封建君主制度和法西斯主义的广大民众，响应人民

阵线的号召，纷纷武装起来，成千上万的男子和妇女报名参加志愿军，工厂和矿山迅速组建了工人营，人们拿起旧式步枪、猎枪、手枪、刀、手榴弹等一切可以作战的武器，与忠于共和政府的军队共同浴血奋战，终于挡住了叛军对马德里的进攻。巴塞罗那、巴伦西亚等大城市的叛乱也被遏制住了。眼看叛乱就要破产，德、意法西斯便彻底撕下伪装，在这年的十一月，先是意大利墨索里尼政府与佛朗哥签订协定，向叛乱者提供一千架飞机、两千门大炮、九百辆坦克、二十四万支步枪等大量武器和十五万军队的支援。紧接着，1937年3月，德国又与佛朗哥缔结了提供军事援助的协定。纳粹德国不仅出动"舌尔上将"号、"德意志"号两艘战列舰、三艘巡洋舰及大批驱逐舰帮助佛朗哥将大批叛军运送到西班牙海岸，还派五万德军直接加入叛军作战。

纳粹德国的十多架轰炸机飞得很高很高；而在低空，六架德制的容克52战斗机呼啸着掠过树梢。它们一反常态、肆无忌惮的编组飞行，似乎在向英勇作战但却没有制空权的西班牙共和军得意地炫耀和挑衅。

德军的猖狂轰炸终于得逞。4月26日晚上9点，共和军的罗伯特上尉正在陪几位外国战地记者吃饭，一位政府官员冲进餐厅，泪流满面地喊道："格尔尼卡完了！德国人没完没了地狂轰滥炸，格尔尼卡被炸成了一片废墟。"

罗伯特上尉顿时怒火中烧，一拳砸在桌子上，吼道："这些嗜血成性的猪猡！"

西班牙著名画家毕加索满怀义愤，用画笔记录了西班牙内战中北部小城格尔尼卡被炸成瓦砾这一真实的事件。世界美术宝库中从此多了一幅名作——《格尔尼卡》；而画面上扭曲残碎的肢体，是对德、意勾结西班牙法西斯势力屠杀无辜平民的有力控诉。

得到希特勒、墨索里尼公开支持的叛军重整旗鼓，在1936年8

月 13 日攻占了西班牙西南重镇巴达霍斯，南北两支叛军汇合后再次杀向马德里。叛乱的首领们以为打下马德里指日可待，于是迫不及待地在 9 月底召开了会议，推举佛朗哥为国家元首和叛军最高统帅。佛朗哥粉墨登场，在 10 月 1 日发表广播演说，叫嚣必须建立专制独裁的极权主义国家；他威胁道："所有西班牙人，毫无例外，必须工作，新的国家不能养活寄生虫。"

西班牙内战从反对法西斯主义的国内战争演变成了一场国际性的反法西斯民族战争，奋勇抵抗的西班牙人民得到了全世界进步力量的同情和支持。世界各地纷纷举行集会，谴责德、意法西斯的武装干涉，要求英、美、法等国放弃纵容侵略者的"不干涉"政策。来自苏联、中国、法国、波兰、加拿大等五十四个国家的志愿者组成国际纵队，奔赴西班牙，与西班牙人民并肩战斗。其中就有后来不远万里来到中国、支援中国人民的抗日战争直到献出生命的白求恩大夫；有以后成为卫国战争苏军名将的马利诺夫斯基、梅列茨科夫元帅。

叛军气势汹汹，在这年的 9 月开始轰炸马德里，11 月初已经打到了马德里城郊。但是，共和军的顽强抵抗，让叛军每前进一步都要付出惨重的伤亡，始终无法攻进马德里市区。不甘心失败的叛军在德、意侵略军的配合下，又在第二年，即 1937 年 2 月和 3 月，先后发起了两次强大的攻势，但都无法得逞。

在紧靠马德里以北的瓜达拉哈拉阻击战中，国际纵队与共和军的战士们同心协力，给了叛军迎头痛击。仗已经打了一个多月了，国际纵队的战士们没有在掩体里睡过一觉，浑身污泥，手指被枪栓磨出了厚厚的茧子，而且伤亡很大，活下来的人也一个个衣衫褴褛，嘴唇干裂，面容憔悴，但大家依然斗志高昂，像钉子一样牢牢地守住了阵地。

几番激烈的较量后，法西斯叛军和侵略军只好无奈地放弃占领

马德里的计划，把攻击的重点转向北方。

英勇的马德里岿然不动。但是，英、法等国却在背后捅了一刀。出于反共利益的考虑，1939 年 2 月 27 日，英、法两国宣布承认佛朗哥政权，并与共和政府断绝外交关系。不久，共和军内部的卡萨多上校和右翼社会党分子与叛军里应外合，在马德里发动政变，夺取了政权，开始实行白色恐怖。佛朗哥乘机指挥叛军全线出击，最终在这年的 3 月 28 日攻进马德里。4 月初，叛军控制了西班牙全国。新生的共和国在经历了两年八个月战火的洗礼后，终于被扼杀了。

古老美丽的西班牙从此陷入了漫长黑暗的佛朗哥独裁统治的岁月。但是，西班牙人民的英勇斗争，谱写了二十世纪三十年代世界反法西斯历史上悲壮的一页。与西班牙人民并肩战斗过的苏联著名作家爱伦堡后来深情地写道：

"西班牙人知道，我们并不是用空话，而是用鲜血来证明我们对他们的热爱，有功绩也有坟墓，这些都将感动和鼓舞一代一代的西班牙人。"

236

慕尼黑阴谋

站在慕尼黑这幢外号"领袖巢穴"的建筑宽大的办公室窗前，希特勒低头俯视着柯尼希广场上来来往往的人群，他注意到官邸前聚集了大批的群众，准备欢迎英、法两国的领导人。"这当然又是宣传部长戈培尔的杰作，"希特勒动了动眉头，"是该好好地欢迎他们，他们将给德国带来多重的礼物。"

官邸很大，特别适合于召开国际会议，有许多房间可以供每个代表团单独活动，宽阔的走廊和楼梯过道可以让代表团随行人员等候会议结束。三天前，也就是 1938 年 9 月 28 日，他收到英国首相张伯伦一封愿意参加英、法、意、德关于捷克斯洛伐克新国界问题会议信件时，希特勒就选中了他在慕尼黑的这个官邸。

外面一阵热闹，张伯伦和法国总理达拉第一起到了，有组织的、热烈的欢迎声把他俩捧得晕晕乎乎的。希特勒亲自出来迎接，在客人面前，他显得镇定自若，彬彬有礼，把无情榨取他国领土的面目掩盖得非常巧妙。

其实，这次会议前希特勒刚刚经历了难耐的煎熬。在纳粹德国吞并奥地利后，他又公开要求捷克斯洛伐克将日耳曼人聚居的苏台德地区割让给他，并发出了战争的叫嚣。半个月前，在奥地利的贝希特斯加登，他看出张伯伦和英国政府的大部分人对战争的恐惧远远超过对盟国的义务，便决定加码。9 月 22 日，张伯伦再次到德国与他会谈时，他改口了，不仅仅是苏台德，而是对整个捷克斯洛伐

克提出了领土要求。张伯伦沉默了。英国、法国决定不能让步，9月26日发布了措辞强硬的公报，表示如果德国进攻捷克，英国将支持法国对德国开战。

希特勒一下子陷到了一个进退两难的泥潭里，打吧，没有获胜的把握；不打吧，领袖的威信将在德国人前丢尽。还是张伯伦救了他，发表了一篇和战两可、四平八稳的演说，并写了封个人信件给他，表示愿意到德国谈判。希特勒赶紧下台阶，邀请张伯伦、达拉第和墨索里尼到慕尼黑开会。

张伯伦的心情也好不到哪里去。捷克斯洛伐克意味着什么？他心里清清楚楚。海军大臣丘吉尔曾在议会发言，强烈反对屈从于德国的压力，破坏捷克斯洛伐克的独立和安全，他同时指出，捷克斯洛伐克这个国家不仅地理位置重要，而且其军火工业的实力也相当雄厚。只是因为和张伯伦一样想不惜代价避免战争的人数较多，张伯伦向德国妥协的方案在议会里才得以通过。经过这半个月的折腾，张伯伦对原来认为希特勒是一个诚实守信的人的观点发生了一些变化。

"这次要他签一个书面的协议，保证他的承诺。"张伯伦在心里提醒着自己。

走在一边的达拉第给人不幸和可怜的感觉。捷克斯洛伐克同法国订有互助条约，为了避免卷入战争，法国只得可耻地出卖朋友。想到二十年来，捷克总统贝奈斯始终那么地信任法国，在一切场合支持法国，达拉第的脸都要红了。想到自己还郑重其事地发表声明，称"如果世界上还有所谓神圣庄严的义务的话，那么现在的法捷关系就是了"，达拉第的头都要抬不起来了。周围的笑容仿佛都在嘲笑他和他的国家背信弃义，自食其言。他不自然地笑着，快步走进了会议厅。

墨索里尼在会场里不是很活跃，一副漠不关心的样子。他提醒

自己今天的主角不是他，不要抢了希特勒的戏。他不时讲几句，表示他对希特勒的支持。三年前，他还不把这个法西斯世界的后生晚辈放在眼里，现在情况大不相同了，没有希特勒的支持，他重建古罗马帝国的美梦就没有实现的可能。

会议在中午正式开始。四个首脑各怀心事，关起门来一直商量到次日凌晨两点，中间休息过几次，但时间不长。他们谈妥了协定，规定苏台德区归德国，其他民族杂居地区将举行公民投票，还提到了波兰和匈牙利日耳曼人的问题。

过了午夜，四人开始在慕尼黑协定上签字。希特勒第一个签，张伯伦第二个，随后的墨索里尼字签得过于潇洒，以至于达拉第只好签在最下面的角上。签字以后，大家还举起了香槟，戈林咧着大嘴，兴奋地搓着双手，围着希特勒转，要希特勒意识到他的高兴和对领袖的崇拜。

在布拉格，没有被邀请参加会议的捷克斯洛伐克总统贝奈斯不敢相信这是真的。他有六十万军队，有发达的军事工业，有热血沸腾的爱国青年，只要他愿意，苏联的军队时刻愿意帮助他抗击侵略。但他没有那样做，他把全部的希望寄托在英、法身上，最后却被出卖了。甚至一个决定他祖国命运的国际会议都不让他参加！他绝望了，辞去了总统的职务，离开了捷克斯洛伐克。

张伯伦没有忘记索取希特勒的承诺。在等待最后文件拟出的时候，他悄悄问希特勒是否愿意同他进行一次私人谈话，希特勒当然"欣然同意"。

在希特勒的房间里，张伯伦拿出了事先预备好的一个声明，内容是英德两国将用协商的办法处理任何问题，彼此间保证不发生战争。希特勒读完后毫不犹豫地签了字。

张伯伦回到英国，飞机刚刚停稳，他就迫不及待地站在舷梯上，向迎接的人群挥舞着这个声明，并高声朗读。回到唐宁街首相

官邸后，他又站到窗前，对窗外密集的人群挥动这张纸条，不无得意地说："在我国历史上这是第二次把光荣的和平从德国带回到唐宁街来，我相信这是我们时代的和平。"

张伯伦太天真了。英、法两国采取的妥协、姑息的绥靖主义政策，只会进一步刺激希特勒的侵略胃口。慕尼黑协定的墨迹未干，希特勒就侵占了苏台德区，然后一口吞下了整个捷克斯洛伐克。他就像一只永远喂不饱的狼，最终还会向英国、法国扑来。

237

恐怖的"水晶之夜"

太阳早早地下了山，柏林的街道上刮着阵阵的寒风，行道树的叶子差不多都掉光了，残存的几片也在萧瑟的秋风中挣扎着，仿佛不甘心自己的命运。行人不由自主地缩紧了脖子，披紧衣服快步回家，谁也没有漫步街头的雅兴。

忽然，一辆辆满载着纳粹党的特务组织——党卫队的卡车，横冲直撞地冲入各条街道。车上的党卫队员们身穿黑色制服，手臂上套着镶黑边的"卐"袖章，头戴饰有银骷髅的黑色帽子，满脸的狰狞，活像一群刚从地狱里逃出来的恶鬼。更可怕的是，他们还用低沉的嗓音，咬牙切齿地唱着几乎所有德国人都知道的党卫队队歌："即使人人背叛，我们也忠贞不贰；大地上永远存在一支为你战斗的小分队。"

看着他们杀气腾腾的架势，所有犹太人不由自主地心里发毛，脚底打颤，一股凉意直透心头："这群魔王今天又要拿谁开刀，他们可是杀人不眨眼，连收拾冲锋队这样的同伙也毫不留情。"

受尽了惊吓的犹太人赶紧关上了门窗，熄掉了灯火，从门缝中注视着街道上的党卫队员。年纪大一点的犹太人，已经开始向上帝祷告，恳求耶和华保佑他可怜的子民。

犹太人的恐惧并不是空穴来风。1933年希特勒掌权之后，就开始迫害犹太人。希特勒宣扬种族优越论，竭力鼓吹：要保持雅利安人（欧洲日耳曼人）种族的纯洁性，就必须排斥和征服劣等的犹太

民族。1938 年，纳粹政府颁布《纽伦堡法》，禁止犹太人与雅利安人通婚，剥夺犹太人担任公职的权利，犹太人不能担任公务员，不能从事新闻传播、农业、教学、戏剧和电影工作。纳粹还把犹太人从证券交易所开除出去，禁止他们做律师、医生，说到底，不让犹太人从事任何一种职业。又强令犹太人向政府登记全部财产，公开大量侵吞犹太人的财产。

犹太人的孩子在学校里，被勒令站在讲台边上，听他们德国的同学讲述雅利安人与犹太人的不同，讲述日耳曼文化的优秀与犹太文化的卑劣。孩子们鹦鹉学舌地重复着纳粹向他们灌输的观点：犹太人不是剥削德国人的资本家，就是颠覆社会秩序的共产党人。

在纳粹希特勒的严酷统治下，犹太人甚至很难维持基本的生活。除了在犹太人自己的商店里，他们很难买到衣服和食物，许多德国人开的商店张挂着"犹太人不得入内"的告示。生了病就更麻烦了，因为药店不许向犹太人出售卫生用品和药物。外出的犹太人可要当心，德国人经营的旅馆是不让他们留宿的。

在纳粹的宣传鼓动下，几乎整个德国都对犹太人充满敌意，许多城市的郊外都树着"严禁犹太人进入本市"或"犹太人进入本市自担风险"的牌子。一些告示牌上，写着虐待狂一样残忍的字句："小心行驶！急转弯！犹太人每小时七十五英里！"似乎犹太人的死亡能带给他们快乐。即使犹太人是世界上最善于委曲求全、忍气吞声的民族，想在当时的德国生存，也是一件困难万分的事。

1938 年 11 月 9 日那天，月亮特别地亮。惨白的月光洒在大街上，仿佛想把世界照得亮一点，让人们可以看清即将发生的一幕人间惨剧。党卫队在分配好任务后，开始动手。他们像一群群摆脱了羁绊的野兽，冲向一家家犹太人的商店，肆无忌惮地挥舞棍棒，猛敲猛打，发泄着心中的仇恨。由于长期受到纳粹思想的灌输，他们就像瘾君子一样，完全丧失了人性。看到砸碎的玻璃在地面上映衬

着月光，发出水晶一样的光芒，他们居然兴致盎然地把商店里每一块玻璃都砸碎，欣赏起满地的"水晶"来。街道上，玻璃的碎裂声，犹太人的惊叫声，党卫队员的狂笑和怒骂声交织成一片。这一丧心病狂地迫害犹太人的事件，历史上就称之为"水晶之夜"。在破坏的同时，党卫队员有计划地进行抢劫，不过他们并没有将钱财装入自己的腰包，事后如数上交。这些钱被纳粹用来制造杀人的武器，其中的一部分被用来屠杀犹太人。当时，全世界最有名的犹太人科学家是爱因斯坦。由于恰好在美国讲学，所以他没有受到直接的冲击。但在柏林的街道上，时常可以看到以五万马克高价悬赏"爱因斯坦的头颅"的告示，他在柏林郊区的卡普特别墅被盖世太保捣毁，五千马克存款也被没收。

短短的三天，纳粹分子在全国兴起反犹高潮。他们丧心病狂地焚烧犹太教堂，亵渎犹太公墓，捣毁犹太人商店，有七千多家商店被毁。除此以外，还在犹太人身上烙上或让他们佩戴六角星标记，并把他们全部赶入隔离区。许多犹太人倾家荡产，几十亿马克的财产落入了纳粹的腰包。犹太人遭受了一场浩劫，但这只是悲惨的开始，更大的苦难还在等待着他们。

238

魔鬼的闪电

格莱维茨，是靠近波兰边境的一座德国小城。1939 年 8 月 31 晚八点，夜色如墨，一队身穿波兰陆军制服的人冲进格莱维茨电台，操枪与德国警察对射了一阵，"占领"了电台；紧接着，一个军官模样的人走到麦克风前，用波兰语宣读了事先拟好的广播稿："波兰反德战争的时刻来到了！"

话音刚落，一群凶神恶煞般的党卫军闯了进来，干脆利落地击毙了这些"波兰军人"，并且把他们的尸体示众，叫嚷这是波兰进攻德国的证据。

其实，这是纳粹精心策划的一个阴谋。那些"波兰军人"是由党卫军从监狱里挑选出的一批刑事犯人充当的。希特勒抓住这一借口，命令早已集结在德波边界的一百六十万德军越过边境线，对波兰发起了全面攻击的闪电战。第二次世界大战就这样爆发了。

波兰位于欧洲中部，北临波罗的海，东与苏联接壤，西与德国相邻。夹在苏德两强之间的特殊地理位置，注定了它是欧洲最不幸的国家。尽管波兰有过辉煌的历史，中世纪时，它是北起波罗的海、南抵黑海，疆域辽阔、傲视群雄的欧洲强国。然而，由于国力的日益衰落，到十七、十八世纪时，波兰一蹶不振，竟然被普鲁士、沙皇俄国、奥地利三个强邻三度瓜分，从此从欧洲的版图上消失了。

直到 1918 年 11 月，波兰人民重建主权国家的世纪之梦才得以

实现。在一战结束后的凡尔赛和会上，波德边界重新划定，波兰获得了原属德意志帝国的西普鲁士、下西里西亚；考虑到波兰没有出海口，英、法划出了"波兰走廊"——但泽（今波兰格但斯克）。传统的德国波罗的海城市但泽变成自由市，但它的铁路、公路和港口归波兰管辖。这样德国与普鲁士的发祥地——东普鲁士的陆上联系被割断，德国人的愤怒可想而知；由于波兰境内，特别是但泽自由市生活着大量的日耳曼人，便让战争狂人希特勒找到了向波兰开战、吞并波兰的理由。

在格莱维茨电台事件的第二天，即 1939 年 9 月 1 日拂晓四点四十五分，根据希特勒事先制订好的"白色方案"，一百六十万德军、六千门大炮、两千架飞机、两千八百辆坦克与自行火炮，从南北两个方向快速攻进波兰。

密密麻麻的德军战斗机、轰炸机发出凄厉的呼啸，将全部的子弹和炸弹狂风暴雨般地倾泻在波兰全国各地的要塞、桥梁、公路上，波兰空军的五百架飞机还没起飞，就被炸成了碎片，全军覆没。

通向波兰腹地的每条道路上，马达轰鸣，尘土飞扬。无数的德军坦克横冲直撞，长驱直入。第十九装甲军军长古德里安将军的半履带式指挥车也夹杂其间。他的任务是率领一个装甲师和两个摩托化步兵师一直向东，切断波兰走廊，围歼走廊上的三个波军步兵师和一个骑兵旅。作为一个坦克兵专家，古德里安第一次有了实践自己"集中、快速、机动"的坦克战理论的机会。然而，装甲部队的推进速度太快了，使踌躇满志的古德里安反而觉得有些不对劲。

果然，快速推进的装甲部队遭到了后方德军重炮的误击，"轰！轰！"古德里安的指挥车被掀翻在路旁的深沟里。惊魂未定的部下手忙脚乱地把军长从车内拉了出来，还好，没有受伤。古德里安怒气冲冲地跳上一辆新的指挥车，抓起话筒对着炮群指挥官就是一顿

臭骂:"白痴!因为你们,第十九军差点失去指挥官。今后再有类似事情发生,我就命令我的坦克碾平你们的阵地!"

古德里安发泄完怒火,又驱动指挥车去追赶前面的部队了。

德波开战后不久,上午九点多钟,希特勒穿上一战时穿过的褐色下士军服,驱车前往国会,对着那些兴高采烈的国会议员歇斯底里道:"从现在起我只是德意志帝国的第一名军人。我又穿上了这身对我来说最为神圣、最为宝贵的军服。在取得胜利之前,我决不脱下这身军服,要不然就以身殉国。"

德军的装甲利剑锐不可当。开战后的第三天,古德里安的第十九装甲军就与向西攻击的另一支德军会师,形成了对波兰走廊上波军的合围之势。

被围的波军困兽犹斗,把最精锐的波莫尔斯基骑兵旅摆在突围的前锋,企图杀开一条血路,使全军绝境求生。

"出击!"随着指挥官一声令下,波莫尔斯基骑兵旅如洪水决堤般冲出森林,直扑在旷野里开进的德军装甲部队。波军骑兵们一声不发,只是把身子低低地俯在马背上冲锋,手中的马刀在阳光的照耀下闪出复仇的寒光。也许是几百只马蹄撞击大地发出的巨大声响把德国人惊呆了,德军竟然忘了开炮还击。

"混蛋!快开炮!"不知是谁突然醒悟吼了一声,引发德军坦克上的所有火器发威了。密集的弹雨犹如一把硕大的镰刀,将勇敢的骑兵一排排割倒在茫茫的原野上。少数骑兵冲破火网闯进坦克阵,却发现没有劈杀的对象。战士们狂怒而无奈地挥舞战刀,猛砍坦克装甲,却被坦克无情地撞倒或打死。

富于古代波兰武士传统的波莫尔斯基骑兵旅伤亡殆尽。

陈旧的战术与落后的装备,导致波军在德军的闪电战与装甲铁流的凌厉攻势下,兵败如山倒。9月7日,德军占领了波兰走廊,然后强渡维斯瓦河,打开了通向波兰首都华沙的通道。16日,德

军完成了对华沙地区的包围。

希特勒侵略波兰后，英国、法国先后向德国宣战，但未出动一兵一卒，给危难中的盟友以任何帮助。

9月17日，德军发出最后通牒，勒令华沙当局在十二小时内投降，遭到华沙军民的拒绝。这时，波兰政府及波军总参谋部已逃往罗马尼亚。法西斯德军出动一千一百多架飞机，对华沙狂轰滥炸，把这座美丽的古城炸成了一堆废墟。华沙军民孤军奋战，顽强抵抗，终于弹尽粮绝，不得不放下武器。9月28日，华沙城防司令签字投降。

德波战争只打了一个月不到，波军伤亡二十万，被俘四十二万，波兰又一次沦亡了。但英勇的波兰人民没有屈服，伟大的反法西斯战争拉开了序幕。

239

敦刻尔克大撤退

1940 年 5 月 10 日，当法军总司令甘默林听到德军向比利时和卢森堡交界的阿登山脉地区突进的消息时，他一下子瘫坐在椅子里。"这不可能！"脸色惨白的甘默林喃喃自语。

阿登地区被甘默林认为是天然屏障，山路狭窄，树木茂盛，不利于大部队行进。连一战时的英雄贝当元帅也说过："这一扇形地区没有危险。"因此，他只派了战斗力不强的部队在那里防守。阿登地区的背后是通向巴黎的捷径，一旦从这里突破……想到这里，甘默林已经满头冷汗了。

德军将领克莱斯特这几天可是春风得意、踌躇满志，他指挥的坦克部队从阿登地区茂密的森林里钻出来后如入无人之境，在飞机掩护下，上千辆坦克的履带卷起条条黄龙，一路向海岸杀去。

眼看在法国的英国远征军有被切断退路的危险，接替张伯伦担任战时内阁首相的丘吉尔在 5 月 20 日晨召开战时内阁会议，决定集结大量船只，随时准备接应部队回国。当天下午英国海运部召开会议，讨论"紧急撤退大量军队渡过海峡"的问题。这个方案被称作"发电机"计划。

就在当天晚上，克莱斯特攻占了军事重镇阿布维尔，并沿着法国北部海岸向敦刻尔克前进。十多天来，克莱斯特已经杀红了眼，尽管士兵们已经十分疲惫，英法军队的抵抗越来越顽强，但除了吃饭和给坦克加油，他命令部下不能停顿，进攻、进攻，不停地进

攻。25 日，占领阿拉斯，炮口直指敦刻尔克。与此同时，北方的德军大举进攻，全面突破比利时军队防线，距敦刻尔克不过四十八公里，英法军队逃生的唯一指望只剩敦刻尔克了。

伦敦唐宁街十号是英国首相官邸。临危受命、出任英国首相的丘吉尔坐在沙发上抽着雪茄烟，宽大的办公室里只亮着一盏台灯。从外表上看不出丘吉尔内心有多么焦急，含在嘴角的雪茄烟不时飘出袅袅青烟，可他的脑海中却像英吉利海峡一样波涛翻涌：在法国的英国远征军对英国至关重要，他们是英国战斗力最强的部队，保卫英国的希望全在他们身上。虽然匆忙地从海上撤退会损失所有的重装备，但和人相比装备又算什么，只要他们回到英国，重建军队就有了核心和基础。想到这里，丘吉尔把抽到一半的雪茄烟狠狠地按在烟缸里，下定了决心：不管付出多大代价，一定要把他们撤回来！

26 日，英国远征军有秩序有掩护地撤向敦刻尔克，部分法军跟随行动。当晚，"发电机"计划开始实行。5 月 20 日以来就开始向多佛尔集结的舰艇和小型船只终于开始大显身手了，第一批到达敦刻尔克的部队当夜就撤回了英国。考虑到德国可能炸毁码头设施，27 日，英国未雨绸缪，采取紧急措施，搜寻更多的小型船只，以备在海滩上摆渡士兵。

整个英国行动了起来，每一秒的迟疑都可能是致命的。"兄弟们在等着我们！"伦敦各码头上的救生艇，泰晤士河上的拖船、快艇、驳船、平底船和游艇，只要可以在海滩使用的运输工具，都开向敦刻尔克。

"兄弟们在等着我们！"英国南方和东南沿海一带的船民自发加入救援行动，他们驾驶着自己的汽船、帆船驶向敦刻尔克，丝毫不把自身的安危和损失放在心上，只有一个念头："把战士们救回来！""兄弟们在等着我们！"

非但是英国，其他盟国的船只也涌向敦刻尔克。一时间，英吉利海峡上万船竞渡，蔚为壮观。

眼看煮熟的鸭子要飞走了，希特勒暴跳如雷，他命令德国空军司令戈林出动能调动的所有飞机对敦刻尔克进行猛烈轰炸。顿时，敦刻尔克的上空，德国的飞机就像一群群令人恶心的苍蝇，一刻不停地向码头、栈桥、海滩、大小船只以及密集的人员进行俯冲轰炸，到处浓烟滚滚，火光冲天，第一天就把敦刻尔克的码头、栈桥炸得面目全非。由于大型船只无法靠岸，大量士兵只能涉水到齐腰深的海水中，然后由小船摆渡到大船上。炸毁了码头后，德国飞机又集中力量对海岸边集结的大部队进行轰炸。但是炸弹投到松软的沙滩上，爆炸的弹片被沙子包住，散不开，造成的伤亡很轻微。

"不能让德国鬼子如此猖狂！"义愤填膺的英国飞行员驾驶着战斗机一次又一次地飞过海峡，对德国轰炸机群进行了顽强的不间断的袭击，打下了几百架德军飞机，大大压制了德军轰炸的力度。

天公又十分作美，撤退期间英吉利海峡像一个善解人意的小姑娘，海面上风平浪静，英国的军舰和民用船只得以冒着德军的轰炸将军队送回国内。

在猛烈的空袭下，英法军队并没有惊慌失措。士兵们不停地卧倒、爬起、继续前进，听从调度，一批批地登上返回英国的船只。值得一提的是法国军队在敦刻尔克表现出勇敢的斗志和荣誉感，达尔朗海军上将命令在敦刻尔克的法军："让英国军队先上船。"

狡猾的德国空军不甘心失败，当英国飞机回去加油时，德国飞机趁机狂轰滥炸，使密集的船只遭到严重的损失。6月1日一天，沉没的船只就有三十一艘，其中不少都满载着士兵。6月2日晚上，英国把所有可以利用的船只开往敦刻尔克，把英国后卫部队全部撤上了船，然后法军开始上船。6月4日，德军攻入了敦刻尔克，四万多名担任后卫的法军被俘。当天下午，英国海军部宣布"发电

机"计划已完成。

整个"发电机"计划，从 5 月 26 日到 6 月 4 日，共撤出三十三万八千多人。从德军重重包围和猛烈进攻中撤出如此数量的军队简直是一个奇迹。造成这个奇迹的主要原因是坚定的决心、人民的支持和空军的关键性作用。

敦刻尔克的胜利大大鼓舞了英国抗战的信心和士气。正如丘吉尔 6 月 4 日在议会中讲的那样："尽管欧洲的大片土地和许多古老的有名的国家已经陷入或可能陷入秘密警察和纳粹统治的种种罪恶机关的魔掌，我们也毫不动摇、毫不气馁……我们将战斗到底……我们决不投降。"

240

伦敦上空的鹰

在希特勒的闪电战战术打击下，法军节节败退，最后投降了。

法国投降之后，德国空军就开始打击英国。在欧洲，英国已经没有盟友了。连一向自信、好强的首相丘吉尔也只好面对现实，深沉地表示："就目前情况来说，我们正在单独作战，也在进入长期作战。"

希特勒被一连串的地面作战胜利冲昏头脑。1940 年 7 月 16 日，他下达了针对英国的"海狮计划"作战命令：以二十五个师的兵力在航空兵的掩护下，在英国登陆并完成占领。

希特勒自己对计划很认真，但他手下有头脑的将领却认为这是胡来，是虚张声势，用来吓唬英国人主动求和的。因为没有一艘登陆舰的德国海军，根本不足以承担运输部队渡过海峡、进行登陆的任务。当陆军方面看到海军居然还准备部队实施计划时，终于忍不住了，抗议说："这简直是自杀，是把优秀的德国步兵往绞肉机里扔。"

丘吉尔对德国海军嗤之以鼻，他担心的是法国那支几乎完整的舰队被德国利用。为了海峡的制海权，英国忍痛下手，袭击了法国舰队，打碎了希特勒借鸡生蛋的美梦。

"海狮计划"搁浅后，希特勒转而实行"鹰计划"，计划依靠优势的空军，从空中炸毁英国舰队、消灭英国空军、炸毁英国的造船厂和飞机厂，最后由陆军完成实质性占领。

从 1940 年 8 月 12 日起，"鹰计划"开始实施。德国空军元帅戈林狂妄地宣称："仅凭德国空军，就可以叫英国人跪下来舔德国人的靴子。"用来袭击英国的三个航空队有近一千架战斗机和一千五百架轰炸机，可以使用挪威、丹麦、荷兰、比利时和法国北部的所有机场。而英国用来保卫国家的战斗机不足一千架。

原以为稳操胜券的戈林，被初期战斗的结果吓了一跳：德国飞机的损失几乎比英国多一倍。经过研究，他发现几乎每次轰炸，总有一个或两个编队的飞机被伏击和围歼，而且每次轰炸的首要目标总是被英国飞机严密保护着。这是为什么？摸着大大的肚子，戈林就是想不出原因。

德国飞行员首先发现了其中的秘密。他们在空战中发现英国空军地面指挥的命令十分准确，对德机的行程了如指掌，于是猜到了英国是用某种电子设备进行侦察和指挥的。他们猜对了，是英国人发明的雷达系统在要他们的命。德国飞机一起飞，英国人就在雷达上发现了它的踪迹，德机的行程和数量被精确地算出，英国空军可以在最佳的时间、地点，集中优势兵力，打击德机，确保重要目标的安全。德军终于了解到雷达站的重要性，8 月下旬，便集中对雷达站进行攻击，七个主要的雷达站中，有六个遭到毁灭性打击。英国开始指挥不灵，疲于应战，飞机损失大大增加，并有四分之一的飞行员丧生。

在这个危难的时刻，一件偶然的事情改变了英国的命运。德机在空袭伦敦时，误炸了伦敦的居民区。英国举国上下群情激愤，决定报复。8 月 31 日，英国飞机在夜间轰炸了柏林，整个德国目瞪口呆。戈林曾狂妄地宣布，只有德国能轰炸英国，而英国无法报复德国，柏林是安全的。轰炸的当天，恰逢苏联外交代表团访问柏林，里宾特洛甫劝说莫洛托夫认清形势，倒向德国。轰炸进行时，会谈临时改到防空洞进行。隆隆的爆炸声中，里宾特洛甫还在喋喋不休

地说英国已经完了。不料莫洛托夫冷冷地回答他："英国完了，那我们为什么在这儿谈判？头顶上的飞机又是谁的？"

轰炸激怒了希特勒，他决定改变轰炸目标。9月4日，戈林宣称要将伦敦等大城市炸平，把英国人炸回到穴居时代。9月7日，大规模的空袭开始了。9月15日，德机第一次在白天轰炸伦敦，并同时轰炸其他城市。凄厉的防空警报长久地回响在伦敦的上空，受过防空训练的伦敦居民不慌不忙地走进防空掩体，地铁成为最安全的地方。消防队员成为最勇敢、最繁忙的人，爆炸声就是命令，熊熊的烈火和滚滚的浓烟就是目标，哪里中了炸弹，他们就冲向哪里奋不顾身地灭火，对头顶上呼啸而过的德国飞机根本不予理睬。

到11月3日，伦敦已连续五十七天遭受轰炸，伦敦的军民并没有像希特勒希望的那样惊慌失措。相反，几乎每天晚上，英国军民都在严格的灯火管制下举行舞会，戴着钢盔在广场上跳舞成为伦敦的时尚，显示了英国人民蔑视纳粹德国的无畏气概。

由于德国将主要力量放在对平民的屠杀上，英国的雷达站、飞机厂终于缓过劲来，扭转了战场上的劣势。丘吉尔知道，空军力量的缓慢恢复，是以城市平民的牺牲为代价的。伦敦南部贫民区受炸后，他马上赶去视察。到场后，面对冒着黑烟的废墟和满身尘土的人们，他流下了眼泪。一个妇女大声叫着："他哭了，他真的关心我们！"丘吉尔后来在回忆录中特意更正了这一说法，深情地写道："那不是关心，是感激。"

1941年5月10日，德国飞机在最后一次轰炸了伦敦后终于认输了。当八个月的空战结束后，始终留在伦敦的英国国王爱德华七世，在巡视千疮百孔的伦敦街道时，神态安详地对人民说："英国度过了最黑暗的时期。"

241

撼不动的红都

第二次世界大战进入到了 1941 年，纳粹德国撕毁了《苏德互不侵犯条约》，在这一年的 6 月 22 日向苏联发起了蓄谋已久的入侵。

苏德战争爆发不久，希特勒就制订了意在一举摧毁苏联首都莫斯科的"台风"计划，妄图从精神和意志上彻底打垮俄罗斯民族。德军中央集团军群的七十八个师、一百八十万人、一千七百辆坦克、一万四千门火炮、一千三百九十架飞机，投入到了规模浩大的莫斯科战役中。

为了抗击德军"台风"的肆虐，苏军最高统帅部部署了西方方面军、预备队方面军、布良斯克方面军三个方面军的兵力，总共有一百二十五万人、九百辆坦克、七千六百门火炮、六百七十架飞机。显然，德军在兵力和武器装备上占有优势。

1941 年 9 月 30 日，德军"闪击英雄"古德里安指挥的第二装甲集群从南翼向莫斯科发起进攻，率先刮起了狂野的"台风"风暴。德军攻势凶猛，很快就将苏军的四个集团军南北合围，苏军第十九集团军等四个集团军的将士顽强抵抗，但除了一小部分突围外，大部分牺牲和被俘，被俘的人数达六十五万人。但正是被围部队的浴血奋战，牵制了德军的二十几个师，使临危受命、接任西方方面军司令员的朱可夫大将在莫扎伊斯克组织起了保卫莫斯科的第二道防线。

　　"台风"行动只进行了两天，希特勒就得意洋洋地向全国宣布："今天我宣布，我毫无保留地宣布，东方的敌人已被打垮，再也不能站起来了……在我们部队的后边，已经有了相当于我在1933年执政时德意志国家幅员两倍的土地。"

　　形势日益严峻。10月14日德军第三装甲集团军突入加里宁市；差不多同时，德军第四装甲集团军从西面猛攻莫扎伊斯克，在波罗金诺——当年远征的拿破仑法军与库图佐夫率领的俄军进行生死决战的古战场上，苏军第五集团军与德军血战五昼夜，击退了敌人无数次的疯狂进攻。10月18日，在德军坦克猛攻之下，苏军不得不放弃莫扎伊斯克。

　　莫斯科危在旦夕！但是，英勇的苏联军民没有被吓倒。11月6日，苏联人民在马雅可夫斯基地铁车站举行了纪念伟大的十月革命二十四周年大会。第二天，庄严宏伟的莫斯科红场白雪飘飘，盛大的阅兵式照例举行，斯大林巍然屹立在列宁墓上，向受阅的苏军发表了激情昂扬的演说："全世界都注视着你们，处在侵略者压迫下的欧洲各国人民都注视着你们。伟大的解放使命已经落在你们身上，你们不要辜负这个使命！……让伟大的列宁的胜利旗帜引导我们！"

　　接受检阅的苏军部队，士气高昂地从红场直接开往战火纷飞的前线。

　　希特勒得知斯大林在红场阅兵，气得暴跳如雷："简直令人难以置信，斯大林竟然能在德国空军机翼底下检阅部队！这是对帝国空军的公然蔑视，蔑视！"他歇斯底里地下令空军报复，但苏军严阵以待，没有让德军的空袭得逞。

　　11月15日，经过半个月休整的德军中央集团军群重整旗鼓，向莫斯科发起了更加疯狂的第二轮进攻。扼守在沃洛科拉姆斯克地区"鲍雪契沃"农场的五连几天来挡住了德军坦克、装甲车的几十

次猛烈进攻，没有后退一步，尽管全连仅剩下二十八人，但仍然在指导员克洛奇科夫上尉的带领下顽强地战斗着。

就在双方激战之时，通信员奔过来喊道："指导员，师长的电话……"话音未落，一颗炮弹爆炸，通信员一下子倒在了血泊中，一只手还紧紧地握着连着导线的听筒，听筒的上半截早不知炸飞到哪里去了。克洛奇科夫双眼冒血，此时，又一辆德军坦克肆无忌惮地向他轧来，克洛奇科夫一把扔掉滑到前额的皮帽，顺手抄起两颗手雷，咬住导火线狠狠一拉，只见一股青烟丝丝冒出，他"刷"地挺直了身体，双目圆睁，大声吼道："法西斯混蛋，来，来吧！俄罗斯大地辽阔，可我们已无退路了，后面就是莫斯科！混蛋，来吧，送死来吧！"

克洛奇科夫生命中这最后的壮烈一呼，通过牺牲的通信员手中紧握的那半截听筒，忠实地传到了师长潘菲洛夫的耳中。天崩地裂的巨响过后，耳机中一片沉寂。潘菲洛夫缓缓放下听筒，然后默默地摘下军帽，闭上了眼睛。他周围的人看见，他们的师长，平常刚毅如铁的师长，眼里淌下了两行热泪。许久，潘菲洛夫睁开眼睛，正视前方，低声说："把克洛奇科夫上尉的这句话告诉全师，不，告诉莫斯科的每一位保卫者，'俄罗斯大地辽阔，可我们已无退路了，后面就是莫斯科！'"

在苏军官兵视死如归、气壮山河的抗击面前，德军寸步难行，死伤惨重。俄罗斯严冬的降临更使德军雪上加霜，战斗力锐减。虽然有一支部队攻到了离莫斯科仅二十七公里的红波利亚纳，中央集团军群司令官波克元帅通过望远镜已看到克里姆林宫顶上的红星和瓦西里大教堂的圆顶，但这是德军第一次也是最后一次看到克里姆林宫，战役的主动权已开始转入苏军手中。

1941 年 12 月 5 日，苏军加里宁方面军在科涅夫上将指挥下首先转入反攻，第二天，朱可夫大将指挥的西方方面军、西南方面军

也展开全线反击。苏军士气高涨，将德军向西击退一百五十至三百公里，歼敌五十余万人，消除了德军对莫斯科的直接威胁。

这是苏军在卫国战争中赢得的第一个大规模战役的辉煌胜利。在莫斯科保卫战中，有一百一十名战功卓著的军人被授予"苏联英雄"称号，一百多万人荣获"保卫莫斯科"奖章。

庄严的克里姆林宫旁，有一座莫斯科保卫战的无名烈士墓，长明的火炬燃烧不熄，照耀着墓碑上刻着的两行字：

你的名字无人知晓，
你的功绩永垂不朽！

242

列宁格勒——不屈的九百天

　　法西斯德国军队发动了对苏联的闪电战后，兵分三路：中路德军扑向莫斯科；南路德军杀向基辅；在北方战线上，近七十万德军在冯·莱布元帅指挥下向列宁格勒地区发起了强攻。

　　7月1日，苏联加盟共和国拉脱维亚首都里加失守；7月9日，德军踏上了列宁格勒州的地界，与列宁格勒市只隔着一条卢加河了。德军第四装甲集团军司令赫普纳上将狂妄地叫嚷，现在只要一举突破卢加河，他就拿到了打开通往列宁格勒大门的钥匙。

　　英勇的苏联军民同仇敌忾，众志成城。7月10日，伏罗希洛夫元帅和日丹诺夫成为列宁格勒地区两个方面军的最高指挥。在他们的组织下，上百万列宁格勒居民昼夜奋战，沿着卢加河畔，抢修了一条长三百公里的卢加防线；然后，在卢加防线背后，又修起了两道防线。

　　7月11日，德军坦克恶狠狠地扑了上来，但在卢加防线上撞了个头破血流，损失了四百架飞机，一百二十辆坦克和一万多人，被迫停止进攻，等待后援。卢加防线为列宁格勒城赢得了一个月宝贵的备战时间。

　　德军怎肯罢休，从8月8日起又卷土重来，在连续几天的猛攻后，终于突破卢加防线。随后，德军步步紧逼。9月17日，德军离市中心的皇宫广场只有十七公里了。

　　"列宁格勒面临着危险，法西斯匪军正向我们光荣的城市——

无产阶级革命的摇篮逼近。我们的神圣职责是：在列宁格勒大门口，用我们的胸膛挡住敌人前进的道路！"

伏罗希洛夫的号召传遍了列宁格勒前沿每一条战壕，传遍了城市的每一条街道，苏联军民浴血奋战，用步枪、机枪、手榴弹、刺刀等一切可以找到的武器杀死侵略者。一些无畏的战士身上绑满炸药，高喊着"祖国万岁！""为了斯大林！"冲入敌群与德军同归于尽；一些战士埋伏在战壕里，当德国坦克碾过战壕时，拉响了反坦克手雷的导火线，与敌人同归于尽。

危难之际，又是朱可夫大将临危受命。9 月 13 日，他被任命为列宁格勒方面军司令员。他立即采取一系列手段加强防御。在危险地段集中高射炮，对来势凶猛的德军坦克进行平射；波罗的海舰队全力支持四十二集团军防区，在重要地段加强防御纵深；把波罗的海舰队的部分水兵，组成步兵旅填补缺口。到 9 月底，苏军终于稳住了战线，德军损失惨重，无力发动进攻，只得就地转入防御。

希特勒恨得咬牙切齿，在地图上看到列宁格勒这个城市的名字就发火，他狂怒地命令莱布元帅："要把列宁格勒从地球上抹掉，即使列宁格勒要求投降，也绝不接受。应对列宁格勒实施大规模的空袭，特别是要炸毁那里的自来水厂。"

于是，德军的飞机和大炮开始对列宁格勒狂轰滥炸。仅 10 月 4 日一天，整整九个多小时，一批接着一批德军飞机在盘旋、俯冲、投弹，城市和周围的交通线烈焰冲天。希特勒的这一招可真够毒的，11 月 8 日，苏联内地向列宁格勒运送粮食的运输线完全被切断，三百多万军民陷入前所未有的大饥饿之中。

列宁格勒居民的面包定量一减再减，最低时职工和儿童每天仅一百二十五克一天。这一块面包，哪里抵挡得住俄罗斯的寒冬啊！到处可见饿死的人倒在风雪肆虐的街道上。母亲把自己的面包塞给年幼的儿女，自己却饿死在床上。儿女还不知道，只以为她睡着

了，让邻居轻一些不要吵醒了妈妈。正在生产武器的工人一头栽倒在转动的机床上，饿死在工作岗位上。指挥交通的民警饿死在岗亭里，正在抢救伤员的医生饿死在手术台前……整个城市笼罩在死亡的气息之中。

希特勒高兴极了，他兴高采烈地向部下预言："列宁格勒不久将会出现人吃人！"

但他的预言再次破灭了。苏联人民决心全力支持列宁格勒。11月18日，列宁格勒与内地的水上通道拉多加湖，在寒冷刺骨的西北风吹拂下，湖面冰层达到了勉强可以通行的一百八十毫米厚度。一辆辆马拉雪橇出现在德军炮火够不到的中间湖面上，把一包包面粉送到饥饿的列宁格勒。

21日，一条冰上汽车运输线开通了。在列宁格勒最艰难的时候，它成了被围的城市从外界获得支持的唯一通道，因而，这条冰面公路被誉为"生命之路"。

刚通车的时候，冰层只有二百四十毫米厚，时刻有被压裂的可能。德军的轰炸和呼啸的狂风经常使冰层断裂，从裂口涌出的湖水马上又冻住，使湖面如玻璃一样又光又滑，汽车的轮子时常在这种冰面上空转打滑，方向也极难控制。11月23日到12月1日，不到十天时间内，司机们费尽力气把八百吨面粉运到列宁格勒，尽管这只够两天分配，但四十多位司机牺牲在冰窟窿之中。

困难没有吓倒苏联军民。隆冬季节，他们冒着零下四十度的严寒和十级以上的狂风，日日夜夜地行驶在光滑如镜的湖面上，伴随他们的是德军飞机的追逐和高爆炸弹的轰鸣。他们一面把粮食、燃料和其他急需物资送进城，一面把妇女、儿童、伤员及最重要的设备和宝贵的文化珍品送出城。

大多数司机一天坚持工作十六到十八个小时，跑两个来回。"司机同志们！加油！快跑！你每天多跑一个来回，一万多列宁格

勒居民的生活就有了保障！"路边宣传站的高喊使他们精神更加振奋。

城内情况开始好转。1942 年 4 月，日丹诺夫有一次开玩笑说："好啦！现在我成为一个富人了，因为我已有十二天的粮食啦！"

拉多加湖的"生命之路"就这样奇迹般地把生命带给了列宁格勒军民，把失望和失败送给了希特勒。

和列宁格勒的军民一样，英勇的苏联军民在整个苏德战场上顽强地抗击着法西斯德军。他们熬过了战争初期的艰难时刻，承受住了巨大损失，终于在莫斯科城下击退了德军疯狂的进攻，打破了德军不可战胜的神话。接着，在斯大林格勒歼灭了德军精锐主力，使苏德战场发生了历史性的转折。

随着整个苏德战场形势的逆转，1944 年 1 月，对列宁格勒长达九百天的围困终于打破了。当莫斯科电台的播音员用激动的语调将这个消息向全国播送后，列宁格勒沸腾了。人们冲上飘着鹅毛大雪的街道和广场，庆祝这个伟大的时刻，"红军会师了！""乌拉！列宁格勒！"的欢呼声响彻云霄。列宁格勒终于用胜利告慰了六十多万冻死、饿死、炸死、战死的军民，用胜利敲响了德国法西斯的丧钟。

243

偷袭珍珠港

太阳升起不久，在东面的天空上挂得不高，将椰树的影子拖得长长的。微风吹拂着海面，海浪轻轻拍打着珍珠港里停泊着的大大小小的军舰，灰白色的舰身在阳光下闪着光芒。除了出海的三艘航空母舰和随行的护航军舰，美国太平洋舰队八十六艘军舰都在军港内。

珍珠港位于太平洋中的夏威夷群岛瓦胡岛，是美国太平洋舰队的主要军港。1941 年 12 月 7 日的早晨和以往每个星期天的早晨一样，一切是那样的平静。军港内显得悠闲，甚至有些懒散。不少军官休假了，当兵的正好睡个懒觉。然而，谁也没有想到一场灾难马上就要降临了。

天刚蒙蒙亮，两名雷达兵突然发现有一庞大的机群正向珍珠港接近，便马上向基地的值班军官报告。值班军官一口咬定是新调来的 B-25 轰炸机群，开玩笑似的对雷达兵说："把这件事给忘了吧！"

七点五十五分，战列舰"内华达"号上每天例行的升旗仪式开始了。全体官兵在舰首集合，军乐队演奏着国歌，两位水兵拉着绳子升旗，官兵们的目光随着星条旗缓缓地上升，却意外地发现密密麻麻的飞机正向他们俯冲下来。

天空上的机群是日本偷袭珍珠港的第一攻击波一百八十三架飞机，前线指挥官渊田美津雄中佐坐在三菱重轰炸机的后座上，仔细观察着下面的港湾。"太像了！"他心中感叹着。珍珠港的地形和他

们进行反复俯冲投弹训练的鹿儿岛基地简直一模一样，港内停泊的舰只数量、位置也与派到珍珠港侦察的日本特务森村少佐汇报的相同。

日本在悍然发动了全面侵华战争后，又确立了进攻东南亚和太平洋地区的"南进"战略。联合舰队司令长官山本五十六海军大将开始盘算，怎样在战争一开始的时候就赢得主动。想来想去，只有偷袭珍珠港，一举歼灭美国太平洋舰队，才能在一段时间内确保日军在东南亚的行动安全。

山本五十六把制订偷袭计划的任务交给了海军航空参谋源田实。源田实没有辜负他的期望，制订了以航母编队运载的作战飞机为主要攻击力量、海上补给、长途奔袭的作战方案。根据作战要求，联合舰队进行了周密的准备，现在开始实施了。

渊田抬头环顾了四周，整个珍珠港的上空晴空万里，没有一架美国的巡逻机。渊田欣喜若狂，举起信号枪向机窗外打了一枪。信号弹拖着长长的黑烟，提示他身后的机群，攻击开始了。看到一架架水平轰炸机、鱼雷机、俯冲轰炸机和制空战斗机饿虎扑食般俯冲下去，渊田忍耐不住激动的心情，把偷袭成功后报捷的电报提前发了回去："虎！虎！虎！"

日机发出刺耳的尖啸声向美舰俯冲。飞行员们早就等着这一刻了，长期的仿真训练，十二天海上的颠簸，北太平洋航线上的狂风巨浪让他们吃足了苦头。他们早已将每一艘美国太平洋舰队军舰的形状特征背得滚瓜烂熟，就等着向已经选定好的目标发起致命的攻击。

日机越飞越低，离水面只有十二米，机头快要栽进海水的时候，鱼雷发射了，在水面下拖着一条条白线，冲向美舰。飞行员赶紧拉起机头，转身观察效果。只听中弹后的美舰发出"轰隆隆"的巨响，舰身剧烈地摇晃，弹片激起的粗大的水柱直冲云天，烈焰升

腾，浓烟滚滚。

挨了鱼雷和炸弹的美舰上，美军束手无策，有的惊慌失措，有的跳海逃生，有些人直到此刻还认为这是演习，抱怨司令部怎么会挑星期天进行突然演习。基地瞭望哨的军官看到日机发起俯冲时，还认为是美国飞行员冒险玩花样，扬言要报告司令部给这些飞行员记大过。不过，他要找的舰队司令金梅尔海军上将正准备去打高尔夫球，直到珍珠港一片火海时，金梅尔才赶到作战司令部，发出了"珍珠港遭空袭，这不是演习"的战斗警报。

与舰队同时遭到袭击的还有美军的三个主要机场，美机来不及起飞就被炸成一堆堆残骸。日本飞行员喜出望外，感到任务完成得太容易了，因为美机整整齐齐地停放在跑道两侧，炸中了其中的一架就会引起连环爆炸。兴犹未尽的日机开始用机枪扫射地面上四散奔逃的人员和车辆，机场上浓烟四起，到处是熊熊燃烧的飞机和炸裂的汽油桶，以及横七竖八的美军尸体。

日机的第一攻击波整整轰炸了四十五分钟才离开。五分钟后，第二冲击波一百七十一架飞机又开始了持续一小时的轰炸。美军全没了还手之力，勉强起飞的二十五架飞机不是被日机击落，就是被自己的高炮击毁。岛上三十二个高炮连只有四个连开火，而四千门崭新的高射炮还躺在仓库里睡大觉。

统计了两次突击的战果后，日本特遣航母舰队的指挥官南云忠一中将喜出望外：炸沉、炸伤美国战列舰八艘，巡洋舰、驱逐舰十余艘，击毁、击伤美机一百八十架。珍珠港美国空军几乎全军覆没。日本只损失了二十九架飞机和六艘潜艇。

为人谨慎的南云认为战果已经超过了预期，所以决定见好就收，拒绝了作战参谋源田实发动第三攻击波轰炸的建议。况且，美国的三艘航空母舰不在港内，时刻可能对特遣舰队构成威胁。南云指挥着由六艘航空母舰、二艘战列舰、两艘巡洋舰、十一艘驱逐舰

和其他辅助舰只组成的特遣舰队，匆匆驶回日本报功领赏去了。

偷袭珍珠港的同时，日军对东南亚美、英、荷的殖民地发动进攻，太平洋战争全面爆发了。

在日机第二突击波开始肆虐的时候，日本谈判代表野村才姗姗来迟地将日本政府向美国宣战的《对美通牒》交到美国国务卿赫尔手里。已经得到珍珠港遭袭消息的赫尔强忍着怒火，听野村说完来意，然后一字一顿愤怒地说："在我整个五十年的公职生活中，从未见过这样厚颜无耻的政府和这样厚颜无耻的文件！"

他盯着野村，选择了他当时能说出的最礼貌的词句："出去！"

珍珠港遭袭，美国举国愤怒。第二天，美国对日宣战。英、澳、荷等二十多个国家也相继对日宣战。11日，德、意对美国宣战。第二次世界大战的规模和范围进一步扩大了。

244

中途岛海战

偷袭珍珠港，日本高兴了没多久，1942 年 4 月 18 日，让日本联合舰队司令长官山本五十六大将意想不到的事发生了：十六架美国的 B-25 轰炸机，从距日本四百海里的"大黄蜂"号航空母舰上起飞，空袭了东京、横滨等日本重要城市。

仅仅四个月前，日军在偷袭了珍珠港后，便利用优势的海空军力量，横扫太平洋西部，控制了北起阿留申群岛，南至澳大利亚北岸，西起印度洋，东至中途岛的广大地区。日本举国上下都沉浸在喜悦和美梦之中，认为美国差不多已经被打败了。现在东京挨了炸弹，叫他这个司令官如何向天皇和国民交代。

山本一面再三地向天皇请罪，一面制定了中途岛作战计划。中途岛是太平洋北面的一个珊瑚岛，地处太平洋东西两岸的中间，战略地位非常重要。山本想通过占领中途岛，向中太平洋和西南太平洋扩张，并诱出美国太平洋舰队进行决战。为此，他派遣近藤中将指挥中途岛进攻编队，运载五万八千人的登陆部队进占中途岛；派南云忠一中将率由四艘航空母舰为骨干的第一机动编队，攻击中途岛，掩护陆军登陆，并配合主力舰队，歼灭美舰队；自己则率由七艘战列舰、三艘巡洋舰、一艘航空母舰组成的主力编队，寻找美国太平洋舰队进行决战，并一举歼灭；为了分散美军的注意力，他还派出第二机动编队进攻阿留申群岛。

山本的构思不能说不好，但美军破译了日军的密码，掌握了他

的作战计划。受命于危难之际的美国太平洋舰队司令尼米兹加强了中途岛的守备力量，把在珍珠港事件中幸存的"大黄蜂"号、"企业"号、"约克敦"号航空母舰全部隐蔽在中途岛东北二百海里的海域，伺机从侧翼打击日本的舰队。

"约克敦"号航母在不久前进行的珊瑚海海战中受伤，还没有修复。为了增强作战兵力，美军调集了一千四百名技师和工人，在"约克敦"号开赴战场的途中进行抢修，仅三天时间就奇迹般的修复成功。6月2日，美舰全部到达了指定位置。

6月4日凌晨，一百零八架日本飞机从"赤城"、"加贺"、"飞龙"、"苍龙"四艘航母上起飞，气势汹汹直扑中途岛。机群离岛二百海里时，被美军巡逻机发现。霎时间中途岛战斗警报大作，士兵们冲进掩体，准备应战；岛上的飞机全部升空，战斗机抢占高空有利位置，准备与来袭的日机搏斗，轰炸机、鱼雷机则扑向了日本的航母编队。

"赤城"号航母的指挥室里，南云一动不动地站在舷窗前，面色凝重。前方传来的消息使他很不高兴。由于没有达到偷袭的意图，所以对中途岛的第一波轰炸效果不好。当然，谨慎持重的他把最好的飞行员全部留在舰上，准备攻击美军的航母，也是攻击中途岛未达预期效果的一个原因。在他看来，美国的航母才是真正的对手。

站在一旁的参谋长草鹿神情激动，不停地催促他对中途岛发动第二波轰炸，吵得他心烦意乱。八架从巡洋舰上弹射出去的侦察机至今没有发回发现美舰队的电报，犹豫再三，南云终于命令将四艘航母飞行甲板上等待出发的飞机降到舰舱内，将悬挂的鱼雷换成炸弹。

各舰上的装卸兵一阵忙乱，好不容易改装完毕，擦着满头的大汗直喘粗气，但喇叭里传来了新的命令："将炸弹全部换成鱼雷。"

原来，这时南云得到了侦察机发现美军航母的消息；同时，正在返航的第一波飞机也发回电报，报告他大多数飞机的油料已给耗尽，请求马上登舰。

南云心里焦急万分，正在犹豫是先让返航的飞机登舰还是先让舰上的飞机起飞，一群美军的飞机突然出现在他的视野里。这是从中途岛飞来的美机，它们发现了日军的航母，立即发起了攻击。在航母群上空护航的日本三十六架零式战斗机一个俯冲，把美机群冲得七零八落，大多数飞机来不及投弹就被击落，只有两架美机投了弹，但远远地落在海面上，自己也没有逃过日机的追杀。

南云松了一口气，命令四艘航母开放甲板，先让燃油耗尽的返航飞机登舰，在甲板上紧急补充燃料和弹药，然后飞往中途岛进行第二次轰炸。待它们出发后，舰舱里的飞机升空，迎击美军的航母，只要熬过这个艰难的时刻，他就又掌握了主动。

但是事与愿违，正当日军手忙脚乱地改变部署时，从美国三艘航母上起飞的机群分批赶到了。日军的零式战斗机拼命地阻挠美机对自己航母的攻击，军舰上指挥官挥舞着指挥刀，指挥防空火炮进行射击，最先赶到的美军鱼雷机全部被击毁。但是顾了这头，顾不了那头，"约克敦"号的十七架轰炸机突破密集的防空火炮，将四颗重磅炸弹扔到了"加贺"号上。甲板上的飞机和舰舱内的炸弹、鱼雷被相继引爆，顷刻间"加贺"号就烈火熊熊、粉身碎骨了。"企业"号上起飞的三十三架轰炸机，分别盯住了"赤城"号和"苍龙"号，炸弹钻入了舰舱，引起了连续爆炸，两舰拖着浓浓的黑烟沉入了海底。

"飞龙"号见势不妙，高速逃到一块雷雨云下，侥幸逃过美机的轰炸。从雨云中出来后，舰上的飞机全部升空，跟随返航的美机找到了"约克敦"号。刚刚修复的"约克敦"号又遭重创，被炸得遍体鳞伤，航速降到四节。为了不让可能赶到的日舰俘虏，美军

忍痛自己施放了鱼雷，将它击沉了。

　　然而"飞龙"号不久就受到美机的围攻，四枚炸弹击中了它的要害，日军被迫弃舰，舰长自杀，漂浮在海面上的"飞龙"号千疮百孔，被日本自己的驱逐舰击沉。

　　这时，山本的主力编队全力追赶美国航母，但美舰队高速向东撤退，山本扑了一个空。考虑到没有了主力航母的掩护，自己也处于一个危险的境地，山本不得不悻悻地调头返航。他精心设计的中途岛海战以日本四艘主力航母沉没、二百五十三架飞机被击毁而告终。

　　美国损失了一艘航母，一艘驱逐舰和一百五十架飞机，但夺取了太平洋中部的制海权和制空权，从此，太平洋战争的转折到来了，日本在太平洋地区的力量一蹶不振，被迫从战略进攻转入战略防御。

245

斯大林格勒保卫战

　　莫斯科会战，使德军遭到前所未有的重创。希特勒一怒之下，把波克元帅、古德里安上将等进攻莫斯科的将领全部撤职，同时积极地筹划在 1942 年夏天，打一个决定意义的战役，妄图一举打败苏联。

　　斯大林格勒，这个有着令希特勒痛恨的名字的城市，成为 1942 年夏天德军的主攻目标。斯大林格勒的战略地位非常突出，伏尔加河和连接苏联南北的铁路穿城而过，占领了它，就切断了苏联南方宝贵的战争资源运向北方的动脉。德军则可以进而夺取巴库的油田、乌克兰的小麦和顿巴斯的煤矿，然后向北可以包抄莫斯科，向南可以进军波斯湾。

　　7 月 17 日，担任主攻任务的德军第六集团军开始强渡斯大林格勒正西面的顿河，斯大林格勒战役开始了。

　　斯大林格勒的军民早已严阵以待，他们在顿河与伏尔加河之间修了四道防御工事，纵深达六十公里，总长二千二百五十公里，并挖了一千一百七十公里的野战战壕。在叶廖缅科上将和罗科索夫斯基中将领导下，全城军民士气高昂，决心将法西斯歼灭于城下。

　　德军在付出惨重伤亡后，在 8 月 23 日才渡过顿河，直扑斯大林格勒。

　　战斗在激烈地进行，纳粹空军出动了十万架次的飞机，对斯大林格勒进行了"地毯式"轰炸，一百多万颗炸弹炸得整个城市没有

一幢完好的建筑。希特勒还不解气，命令德国空军"将斯大林格勒这个城市从地图上抹掉"。

9月15日，斯大林格勒迎来了最紧张、最艰苦的阶段。德军第六集团军司令官鲍卢斯上将驱使着德军整师整团发起冲锋，冲进了城市的中部地区，向北推进到"红十月"工厂区附近，向南占领了萨多瓦亚车站。两天后，柏林各报奉命预备刊出"斯大林格勒已陷落"的特大新闻。

德国法西斯的美梦做得太早了，苏联军民可不答应他们的胡说八道。防御该地区的六十二集团军战士利用下水道和坍塌的楼房，在废墟中不断地反击。每一条街道，每一幢楼房，甚至每一层楼的每一个房间，都变成了坚不可摧的堡垒；每一个墙角，每一个窗口，甚至每一堆瓦砾后面，都会出现复仇的枪口。德军士兵往往还没有看到子弹从哪里飞来，已经丧命倒地。

鲍卢斯气极了，想集中兵力扫清这种抵抗。进攻"红十月"拖拉机厂时，他在五公里的宽度上布置了两个坦克师和三个步兵师，出动两千架次飞机狂轰滥炸，德军在进攻的途中几乎将每一块砖头都翻过来看了一遍。

苏军浴血奋战，寸土必争。"红十月"拖拉机厂的工人们在敌人距厂五百多米的时候，仍然毫无惧色，冒着炮火坚持生产。在战斗激烈的9月份，他们竟生产了两百辆坦克和一百五十辆牵引车。敌人越来越近了，工人们装配好最后一批坦克，然后自己钻进坦克，亲自驾驶着冲出厂门，直接投入战斗。

德军往往用一整天的时间，用大量士兵的生命作为代价，才肃清了两百米左右的残垣断壁。但一到夜里，苏军战士在夜幕的掩护下又杀了回来。他们灵活机敏，在德军的阵地中游来窜去，大量杀死敌人，重占阵地。德军官兵士气大挫，哀叹是在和苏军打一场"老鼠战争"。

废墟的争夺战这样日复一日地进行着，斯大林格勒像一只巨大的碾子，把不断投入战场的德国士兵碾成粉末。到 11 月中旬，德军已伤亡了近七十万人，损失火炮、迫击炮两千多门，坦克和强击火炮一千多辆。眼看寒冬快到了，德军士气越发低落，一名德国老兵在日记里写道："想想斯大林格勒大战八十个昼夜的肉搏拼杀的情景吧：街道不再是用米来计算，而是用身体作单位来丈量的；斯大林格勒不再像座城，白天它淹没在一大片漫无边际的浓烟烈火之中，简直成了一座炉火映红的巨大熔炉。"

就这样，苏军战士牢牢地扎根在伏尔加河的西岸，即使斯大林格勒三十三个区中被德军占领了三十个，他们仍在剩余的三个区内拼死血战，并不断地向敌占区突击、偷袭。战斗始终遍布全城，德军找不到一个安全的角落。苏军的勇敢战斗，不但消耗了德国的力量，还为后方聚集力量进行反攻赢得了时间。

11 月 19 日清晨七时三十分，苏军一万五千门大炮昂首指向德军，喷出了复仇的炮弹，整整八十分钟的急射，把炮管都打得滚烫、发红。苏联西南方面军、顿河方面军和斯大林格勒方面军一百一十万大军展开了猛烈的反攻，仅仅四天，就把德国第六集团军和第四坦克集团军的一部共三十三万人包围在斯大林格勒地区。

希特勒气得暴跳如雷，命令鲍卢斯坚守待援；同时，组织了三十个师的兵力，由德军中处理危局的高手曼施坦因元帅指挥，杀向包围圈，最近的时候离鲍卢斯只有四十公里距离了。但苏军展开了强大的反攻，到 12 月底歼灭了曼施坦因的主力，把战线推到距被围德军二百至二百五十公里之外。

包围圈中的鲍卢斯已经绝望，要求分散突围的请求一再被希特勒拒绝。在苏军的不断猛攻下，包围圈中德军的粮食、弹药极度缺乏，空中的补给在苏军飞机和高射炮的阻击下也几乎停止。每个士兵每天只能得到一两片面包，大量的伤兵缺衣少药，不断发出痛苦

的呻吟。鲍卢斯实在不忍心看着部下就这样一天天地走向死亡，但长期的法西斯思想熏陶和普鲁士军官传统，又让他不能违抗希特勒的命令。

1943年1月10日，在鲍卢斯拒绝投降后，苏军发动了总攻。很快就把包围圈中的德军分割为南北两个集团。1月30日，鲍卢斯龟缩在城内已成废墟的"万有"百货公司地下室里，向希特勒发出了"部队将于二十四小时内最后崩溃"的哀鸣。这一天，正好是希特勒上台十周年的日子。希特勒赶快回电，给包围圈里的一百一十七名军官各升一级，晋升鲍卢斯为元帅，想借此刺激一下士气。

但是，在柏林庆贺希特勒上台十周年的仪式还没有结束的时候，前线的鲍卢斯已经撑不住了。苏军的喊杀声渐渐地逼近，他命令部下对天扫射，表示进行了最后抵抗，然后就平平静静做了苏军的俘虏。2月2日，另一集团的德军也停止抵抗，枪声终于停止了。

在斯大林格勒会战中，德军共损失了一百五十万人，占其在苏德战场兵力的四分之一，损失的武器和物资更是不计其数。希特勒丧魂落魄地下令全国为在斯大林格勒覆灭的德军哀悼四天。

斯大林格勒战役不仅成为苏德战场的转折点，也成为世界反法西斯战争的转折点。从此德军转入战略防御，直至最后灭亡。

246

击溃"沙漠之狐"

"我们马上要打的战役将是决定性的一仗。它将是战争的转折点……要求每个官兵怀着只要一息尚存就必须坚持到底的决心投入战斗。在未受重伤尚能作战的情况下,决不允许任何人投降。"

英国第八集团军司令蒙哥马利对集团军全体官兵私人文告中的这番话,久久地在战场上空回荡,阿拉曼前线英军的一侧,士兵们沉浸在回忆和憧憬之中。许多士兵在写着家信,准备和亲人永别;随军的牧师为他们举行布道,这可能是他们的最后一次,因为战斗结束后,不知道有多少人能活着回来。但每个人都士气高昂,期待着投入战斗。

英国在北非的第八集团军的官兵,没有一个不知道德国北非军团指挥官隆美尔的。有些人来北非之前,已经知道了这个狂热的德国装甲师师长,在敦刻尔克,他驱使着德军坦克,差一点就把英国远征军赶下了大海;那种在海边等着救援船只,心里希望德国坦克慢一点到来的可怕心情至今记忆犹新。

大多数的官兵对隆美尔的认识来自于酷热的北非。1941年,正当他们高奏凯歌,把意大利军队打得屁滚尿流的时候,隆美尔率两个德国师从利比亚踏上了北非大地。令他们惊奇的是,隆美尔仅仅用两个德国师和一个意大利师,就发起了反攻,打了他们一个措手不及,军事要地昔兰尼加失陷了,英军在北非最大的军需补充基地托卜鲁克被围了。只差几英里,隆美尔就要横穿利比亚到达埃

及了。

噩梦还没有结束。1941 年冬天第八集团军发动了"十字军战士"战役，向前推进了八百公里。脚跟还没有站稳，隆美尔又反攻了。1942 年 1 月和 6 月的两次进攻，德国装甲部队向东猛扑了一千多公里，迅雷不及掩耳地推进到埃及的阿拉曼地区。托卜鲁克落到了隆美尔手里，不计其数的军用物资和三万三千名英军成为他的战利品。

第八集团军的官兵搞不明白，隆美尔为什么总能以劣势的兵力打败他们？为什么每次出击总打在他们最软弱的地区？为什么每次的行动总是那么飘忽不定？所以，不知谁把隆美尔称为"沙漠之狐"，这一绰号不胫而走，广为传播。隆美尔被罩上了一层神秘的光环。

直到蒙哥马利担任了第八集团军的司令，情况才发生了变化。这个自信、坚强的"硬汉"领导第八集团军成功地阻止了 1942 年 8 月底隆美尔发动的进攻，重创了德国北非军团。狐狸再狡猾，总有优秀的猎人去抓捕它。官兵们相信，这个猎人就是蒙哥马利，而现在，他要带领他们去抓"狐狸"了。

1942 年 10 月 23 日晚上，代替因病回德国治疗的隆美尔指挥德、意军队的施登姆将军，给德军最高统帅部发出了敌情通报："敌情无变化。"他哪里知道，第八集团军一千多门大炮的炮口已经昂起，指向了德军的阵地。

晚上九时四十分，阿拉曼战役打响了。复仇的炮弹雨点般倾泻到德军的炮兵阵地上。刹那间，地动山摇，沙尘满天，德军炮兵阵地一片通红，千疮百孔。借助探照灯光和轻高射炮发射的曳光弹，一排排头戴钢盔、端着步枪的英国士兵，在苏格兰风笛凄厉高昂的声调中，向德军的前沿猛扑过去。

隆美尔是第二天从电话里得知这一消息的，他正在国内休养。

他同时得知代替他指挥的施登姆将军在赶到前沿阵地的时候，碰上猛烈炮击，从车子里摔了出来，心脏病突然发作，已经一命呜呼了。

电话铃声又响了，传来希特勒焦急的声音："隆美尔，你的身体支撑得住吗？"

"我的身体可以坚持，我的元首，"隆美尔恭敬地说，"请安排飞机，让我马上飞往阿拉曼。"

10 月 25 日夜里，隆美尔回到了北非军团的司令部。为了稳定军心，他第一件事就是向全体官兵发出告示："我再次担任全军总指挥。隆美尔。"

可是，战场上越来越不妙的形势已经超过了他的预计：两昼夜多一点时间里，前沿阵地已经被英军占领，五十万颗地雷组成的雷区被全面突破。隆美尔带着不解的神态责问部下："当敌人集结进攻的时候，为什么不用炮火轰击？"

"施登姆将军严禁进行炮击，以免浪费宝贵的炮弹。"部下喃喃低语。

"这简直是在犯罪！"隆美尔怒不可遏地大声责骂着已经丧命的施登姆。

天放亮了，隆美尔钻入指挥车，直趋前线，用双筒高倍望远镜仔细观察着英军的动态，视野里英军正在高地上急修工事。他敏锐地估计到德军的北部战线将成为英军下一轮攻击的主要目标。

"命令，第二十一装甲师和炮兵部队迅速从南部调到北部。"参谋带着隆美尔的命令一溜小跑离开了。

果然，重新进攻的英军陷入了伏击圈，大规模展开的坦克部队遭到德军反坦克炮交叉火力的猛烈反击，在沙漠里一辆接着一辆变成废铁。英军一支支部队继续投入进攻，战场上人山人海，数以千计的炮弹和炸弹不断地掀起巨大的沙尘，低飞俯冲的飞机几乎把士

兵的帽子卷走。激战一天，英军损失惨重。

战局出现了短暂的僵局。29日，蒙哥马利得到了一份至关重要的情报：一支部队发现前一天与他们交战的是德军第九十轻装甲师的第一百五十五战斗群。这不仅表明隆美尔的全部精锐部队已经投入了北部战场，而且表明隆美尔已经没有预备队了。蒙哥马利马上调整了进攻部署，重点打击意大利军队。

几天的消耗战使隆美尔捉襟见肘，坦克越来越少，炮弹和油料几乎耗尽。装载油料的"路易斯安娜"号油轮在托卜鲁克港外沉没的消息，使他又一次遭到重击。他开始瞒着上司，准备把部队撤到一百公里外的预备阵地去。

11月1日夜十点，英军总攻前的火力准备开始了。英军的大炮不停地怒吼了三个小时，成群的重型轰炸机潮水一样漫过德军阵地，投下雨点般的炸弹。地面上，英军的坦克拖起沙尘，轰隆隆地碾了过来；步兵在坦克的后面，端着上了刺刀的步枪冲向德军。

德军仍在死命抵抗，但他们发现八十八毫米的高射炮对新投入战斗的美制谢尔曼坦克没有什么作用，而谢尔曼坦克却可以在一千米的距离外向他们开火。德军的坦克与英军的坦克混成一堆，互相厮杀，这样至少可以躲过一群群英国轰炸机的攻击。隆美尔在他的最后一次沙漠坦克战中费尽了心机，总算坚持到了11月2日太阳下山，手里只剩下三十辆坦克，两个装甲师共剩下两千人。

撤退，只有撤退才能保住残余的部队。隆美尔决心后撤了，但希特勒的电报帮了蒙哥马利一个大忙，把北非军团彻底葬送了："我，你们的元首……注视着在埃及进行的英勇的防御战……只有坚守阵地，绝不后退一步，把每一支步枪和每一名士兵都投入战斗……不胜利，毋宁死，别无其他道路。"

隆美尔沉默了，他只得执行命令，他把自己所有的积蓄——两万五千意大利里拉（约合六十美元）塞进了给妻子的告别信后，又开

始指挥部下死守阵地了。11月4日，赶到战场的凯塞林元帅一看隆美尔手中只有二十二辆坦克了，马上改变了原来的看法，劝他撤退。隆美尔又向希特勒发出了要求撤退的电报。

不等回电，德军就撤退了。英军的飞机在空中追逐着北非军团。为了加快速度，隆美尔抛弃了步兵和用完了燃料的部分坦克、汽车。一场沙漠中罕见的大雨使路面变得十分泥泞，延缓了英军装甲部队的追击。隆美尔一直逃到利比亚的阿盖拉地区才停下来喘了口气。昔日横扫北非的"非洲军团"灰飞烟灭，隆美尔一气之下又回德国养病了。

阿拉曼战役成为北非战场的转折点。此后，蒙哥马利率领英军乘胜前进，与在北非登陆的美军胜利会师。英美军队携手进攻，最后在突尼斯全歼了法西斯军队，为直接进攻欧洲大陆打开了大门。

247

山本五十六葬身记

山本五十六一身白色的海军礼服，在周围一片蓝色和草绿色军服中显得十分耀眼。近来，他常常穿着这一身礼服，使他的部下时常感到一种莫名的不安。

此时的山本，端坐在位于南太平洋的腊包尔岛上日本联合舰队司令部办公室里，面色祥和地看着特地从前线赶回来的城岛少将。城岛满头大汗，领子上的扣子没有松开，把脖子勒得有点紧，脸上因为激动涨得通红。他是特意前来阻止山本按原计划视察前线的。

山本对日本和日本海军意味着什么，是每一个日本海军人员和全体国民都知道的。正是他策划了著名的偷袭珍珠港行动，一举重创了美国太平洋舰队主力，才使得日本海军在太平洋和印度洋上所向披靡，才使得日本在短短半年内建立起一个东到中途岛，北至阿留申群岛，南接澳洲近海，西临印度洋的"大东亚共荣圈"。日本的国土和势力范围从未如此宏大过，日本的侵略野心也膨胀到了极点。率领联合舰队东征西杀的山本被日本国民奉若神明。

但战局的发展实在出乎日本的意料，美国迅速地反击了。珊瑚海、中途岛、瓜达尔卡纳尔岛、俾斯麦海，一个个令日军胆战心惊的战役吞没了日本海空军的精锐主力，太平洋已经成了埋葬天皇武士的巨大的坟墓。特别是美军改变了原来逐岛进攻的战略，开始跳岛进攻，大大加速了日军的灭亡，一个接着一个群岛和驻防的日本军队从日本的势力范围里消失了。为了鼓舞前线士兵的士气，山本

决定亲自出巡，到前线去视察战况。城岛闻讯大惊失色，匆匆忙忙前来劝阻。

城岛坐在山本的面前，头垂得低低的，泪水滑下了脸颊，一滴一滴流到军服的前襟上。他嘶哑着喉咙再次恳求山本："如果密码被对方解读可就麻烦了。长官，这太危险了，请不要去了。"

山本心里也有些激动，看着忠心耿耿的部下，他知道城岛的担心不是多余的。近来的一些迹象表明，美军有可能掌握了日军的密码，他按计划视察布干维尔等地的确是一个冒险的行动。但他是一个不轻易改变主意的人，只要是决定了的事，就一定要坚持到底。这种作风使他在一系列的作战中屡建战功，再说前线的将士正盼望着他的到来，因为怕死就不去了，日本武士的脸面又何在？

沉默了一会儿，山本很坚决地看着城岛，略带安慰地说："不，已经通知各基地了，怎么能反悔呢？请您等着吧，回来后，咱们一块儿吃晚饭。"

机群按时起飞了，时间是 1943 年 4 月 18 日清晨，星期天。

山本从飞机的窗口向外望去，参谋长宇垣和其他参谋人员乘坐的三菱重型轰炸机紧紧地跟在身后，六架零式战斗机在周围护航。战斗机飞行员们都很年轻，山本起飞前接见了他们。在接受他们敬礼的时候，山本回想起偷袭珍珠港前的那几百名海军航空兵。那是多么优秀的飞行员啊，平均一千五百飞行小时的纪录可谓举世无双，可惜，他们随着日本多艘航空母舰永远沉入了中途岛附近的太平洋深处了。山本感慨着，在三菱重型轰炸机的座舱里调整了一下坐姿，双手扶着武士刀，腰挺得笔直，又陷入了沉思。

太平洋西南部所罗门群岛布干维尔岛的上空，十八架美军 P-38 "闪电"式战斗机在云层中徘徊，它们是从瓜达尔卡纳尔岛起飞，执行一项特殊任务的机群。美军从截获的电报中得知山本的行踪后喜出望外：剪除这个联合舰队司令，就可以沉重地打击日本人的士

气；从另一个角度说，等于消灭了半支日本联合舰队。美国太平洋舰队司令尼米兹将军决定派飞机伏击山本，制订了代号为"复仇行动"的作战计划。

七点三十四分，美机发现了山本的机群。担任掩护的十二架美机迅速爬上六千米高空，并将机群暴露在日本机群的视野里；六架担任狙击的飞机低空飞行，尽量避免日机发现。

日本的护航战斗机上当了，年轻气盛、缺乏经验和耐心的飞机员们忘记了他们的主要职责，把山本的座机扔在一边，像一群看到了肉骨头的小狗，一窝蜂地扑向高空的美机。两架三菱重型轰炸机形单影只、相依为命，降低高度向一边逃去。

在山本座机右下方五百米处的六架美机，迅速地从隐蔽位置拉起爬高，咬住了山本的座机全力追逐，一串串炮弹射向了山本的座机。山本的座机猛地一抖，机翼和座舱同时冒出黑烟，发出长长的怪啸声，向地面摔了下去。发现上当的零式战斗机这时赶了回来，但已经于事无补了，山本座机坠毁在一片树林之中。美机达到了目的，迅速地撤出战场，只留下几架日机，在树林中大火燃起地方的上空久久盘旋。

具体负责伏击行动的米切尔海军少将，马上将情况向哈尔西海军上将汇报，哈尔西不无幽默地回电："祝贺你们成功！在猎获的家鸭中，似乎夹着一只孔雀。"

日本得到山本丧生的消息后举国大悲。山本的遗体被送回国内，日本为他举行了国葬，东京几十万居民为他送葬，日本全国也进行了隆重的哀悼。法西斯军人更是如丧考妣，仿佛并不是送走了山本，而是为大日本帝国举行葬礼。接替山本担任联合舰队司令长官的古贺峰一海军大将一语道出天机："山本只有一个，无人能够代替得了他。他的死对我们是个难以忍受的打击。"

248

库尔斯克坦克大战

凌晨，天空特别地黑暗。朱可夫元帅趴在战壕里，一点睡意都没有，他使劲地睁大双眼，想从对面模模糊糊的德军阵地中发现一些情况。战局十分复杂，1943年3月以来，苏德两军沿莫斯科到里海的铁路，东西对峙。苏军的中央方面军和沃罗涅日方面军的防区，孤立于铁路的西面，成为战线上的突出部，这一地区被称为库尔斯克弧形地带。弧形地带中的两个方面军，实际上已经三面受敌。如果德军沿着铁路北上和南下，两个方面军就被包围了。

斯大林派朱可夫元帅前往库尔斯克，加强指挥。两小时前，朱可夫派了一支精锐的侦察部队，悄悄地越过了战线，侦察德军的情况。"最好抓一个德国军官回来审问一下。"刚想到这里，朱可夫的眼睛突然一亮，在薄薄的晨曦中，一小队人弯着腰，快速地向苏军阵地运动过来。

朱可夫不由自主地站直了身子，近了，更近了，是他们回来了，其中四个战士还押着一个德国军官。"太好了！"朱可夫长长地出了一口气。

被抓住的是德军"骷髅"装甲师的一名参谋军官，从他口中得知，德军将进攻库尔斯克。朱可夫立即报告了斯大林。苏军最高统帅部经过周密的研究，决定在库尔斯克与德国进行一场决战。

随着决战的临近，双方都认识到装甲部队将决定战役的命运，都在大量调集坦克。1943年，苏联的坦克生产能力已经超过德国，

仅上半年就生产了坦克和自行火炮一万一千一百八十九辆，不但及时补充了战场损失，而且能大量装备新组建的部队。苏军在库尔斯克结集了三个方面军，中央和沃罗涅日方面军编制内有一百三十三万人，坦克、自行火炮三千四百辆，草原方面军为总预备队。在主攻方向上，德军集中了五十个师，两千七百辆坦克，投入了最新的虎式和豹式坦克，并配置了大量费迪南重型火炮。

斯大林担心苏军顶不住德军发动的猛攻。回想起 1941 年苏德战争爆发初期，德国发动的闪电战的情景历历在目。他惟恐苏军顶不住德军发动的猛攻，重演战争初期的一幕。为了削弱德军的攻势，他要求朱可夫在敌人发动进攻的当口进行炮火打击，打乱德军的进攻计划和节奏。

"这一招高明！"放下电话，朱可夫发出由衷的赞叹。他马上又拿起电话："给我接罗科索夫斯基同志。"他在电话中向中央方面军司令员罗科索夫斯基布置了侦察任务。

7 月 5 日凌晨两点，朱可夫桌子上的电话突然铃声大作。正趴在桌子上打瞌睡的朱可夫伸手拿起听筒，里面传来罗科索夫斯基激动的声音："元帅同志，据可靠情报，德军将在凌晨三时发动进攻，我们是不是进行打击？"

朱可夫马上坐直了身子，眼神中没有了一丝睡意，他拉了一拉滑落的大衣，一字一顿地说："罗科索夫斯基同志，你是前线指挥官，你有权决定何时进行打击，你决定吧。"

"是！我马上命令进行炮火打击。"

朱可夫精神抖擞地走出房门，走上一个小山坡，向远处德军阵地瞭望。突然，苏军的大炮开火了。榴弹炮、加农炮高昂着炮口，吐出道道火光，后坐力把大地震得微微地晃动。"喀秋莎"火箭炮密集的火光划破夜空，飞向敌阵，把天空都照亮了。三千多门各类火炮，共进行了两次各三十分钟的炮火袭击。德军被炸得晕头转

向，乱作一团。他们没有料到处于守势的苏军会先发动打击，炮兵阵地和通讯联络设施遭到沉重打击，第一批进攻部队被严重削弱。

辽阔的原野静悄悄的，这是决战前特有的宁静。低缓起伏的大地上，太阳还没有升起，树林、草原蒙上一层薄薄的白雾，鸟儿欢快地鸣唱着，仿佛战争并没有发生。经过匆忙的准备，早上六时，德军还是发动了全面进攻。德军主力沿铁路从南北两个方向向苏军猛扑而来。冲在前面的是虎式重型坦克和费迪南重型火炮，随后是中型坦克，后面是摩托化部队。

第一天德军就发动了五次猛攻，突入苏军防线六十八公里。在突出部南面，德军投入一千辆坦克，在铁路沿线主攻方向上就有七百辆。德军指挥官是曼斯坦因元帅，他是苏军的老对手，谋略过人。他在主攻方向连续投入新的坦克部队，连续突破沃罗涅日方面军的两条防线，方面军把所有预备队投入危险地带，才勉强顶住德军的突击。

7月10日，曼斯坦因决定缩小进攻的正面，实施重点突破。普罗霍罗夫卡村正在德军进攻的轴心上。朱可夫洞察了曼斯坦因的意图，紧急调动了八百辆坦克，于7月12日赶到普罗霍罗夫卡村，与隆隆开进的德国坦克正面相遇，第二次世界大战中最大的一场坦克战爆发了，共有一千二百辆坦克在战场上相互厮杀。

苏军的T-34坦克排着密集的队形，冲进德军的坦克群内，进行近距离炮击。德军的虎式重型坦克无法发挥装甲厚、射程远的优势，在混战中一辆接着一辆被炸成废铁。苏军还组织力量，专门打击德军的指挥坦克。

逐渐失去有效指挥的德国坦克，像闻到了杀虫剂的蟑螂，在战场上跌跌撞撞地到处乱窜。战斗进行了一整天，德军的六百辆坦克非毁即伤，曼斯坦因的老本在这一天几乎拼光了，只得垂头丧气地转入防御。

就在这一天，苏军五个方面军在八百公里正面上转入反攻。三个方面军从三个方向向奥廖尔突破，并解放了奥廖尔，另两个方面军解放了别尔格罗德。库尔斯克战役彻底改变了苏德战场的形势，苏军完全掌握了战场主动权，从此，苏军再也没有停止过前进的步伐。

8 月 5 日晚上，莫斯科鸣响了卫国战争以来的第一次礼炮，向这两个城市的解放祝捷，向勇敢的苏军战士致敬。

249

西西里岛战役

地中海，马耳他岛附近，一阵接着一阵的巨浪排山倒海地涌来，几百艘军舰像醉汉一样东倒西歪。这是盟军准备进攻意大利西西里岛的部队，已经完成了集结，等候出发的命令。

一个美军士兵跌跌撞撞地冲向舷边，途中结结实实地撞到了集团军司令巴顿的身上，他紧捂着嘴，也没有来得及道歉，便急急忙忙地加入到船舷边呕吐的"大军"中间去了。

巴顿一咧嘴，骂了句粗话。尽管没有晕船，他的心情也非常的糟糕。满船萎靡不振的士兵，令人作呕的空气，已经使他恼火，更令他生气的是进攻西西里岛的作战计划。

德国北非军团在突尼斯覆灭后，在丘吉尔再三坚持下，盟国决定进攻意大利西西里岛，计划代号"哈斯基"。西西里岛是地中海中最大的岛，位于亚平宁半岛和北非之间，与北非的突尼斯海峡只隔一百四十五公里；与意大利最大的亚平宁半岛仅隔宽两到五公里的墨西拿海峡。攻占西西里岛，既可以扫清地中海航线，又可以作为进攻意大利的基地，还可以为登陆诺曼底的"霸王行动"积累宝贵的经验。对此，巴顿倒没有太大的意见，他耿耿于怀的是作战任务的分配方案。

西西里岛战役盟军总司令艾森豪威尔，任命英国的亚历山大将军指挥地面作战部队，包括巴顿指挥的美国第七集团军和蒙哥马利指挥的英国第八集团军。按计划，蒙哥马利率第八集团军袭击波尔

科蒙罗角和波扎洛之间的地区，夺取锡腊库扎和帕基诺的飞机场，建立强大的桥头堡，然后向北进攻；巴顿率第七集团军，在斯卡拉亚角和利卡塔之间的地区登陆，保护第八集团军的侧翼，最后两军在西西里岛北部的墨西拿会师。

对这样的安排，脾气暴躁的巴顿窝了一肚子的火。进攻路线上，蒙哥马利走的是弓弦，他走的是弓背，而且尽是山路。在巴顿看来，整个西西里岛作战计划好像是为了成就蒙哥马利的业绩而度身定做的。当惯了先锋的巴顿可没有胃口给别人打掩护。经过艾森豪威尔的劝解和命令，他闷闷不乐地踏上征程，心里暗暗地与蒙哥马利较劲：别得意，谁先到墨西拿，谁才是真正的先锋。

舰船又是一阵摇晃，巴顿抬头看了看天空，乌云仍在不停地翻滚。这鬼天气，能登陆吗？巴顿无奈地摇了摇头。

天助我也！亚历山大从气象军官那里得知，大风将在午夜停止。他高兴得差一点跳起来。大风肯定会迷惑敌军，正是偷袭的好时机。为了转移敌军的视线，他曾故意将一具尸体抛在西班牙海岸附近，尸体身上带着一些"重要"的文件，记录着盟军进攻意大利撒丁岛的计划。西班牙当局发现后，马上通报了德国，德国信以为真，果然加强对撒丁岛的防御，放松了对西西里岛的警惕。

对西西里岛和撒丁岛的轰炸已经进行一个星期了，四千架盟军的飞机把一千八百架敌军的飞机赶出了战场。时不我待，"行动！"亚历山大发出了进攻的命令。

1943年7月10日早晨，海岸边的意大利士兵被震耳的飞机声从睡梦中惊醒。看着低空掠过的密密麻麻的飞机，他们打着哈欠不以为然，反正几天来都是如此。当目光转到海面上时，他们张大的嘴再也合不拢了：海面上大大小小的军舰冲向岸边，多得数也数不清。军舰的炮口红光一闪，飘出一股浓烟，不久闷雷一样的巨响就在他们的头顶连成了一片。

更令他们吃惊的是，一些方头方脑的舰艇一直冲上了海滩，然后舰首的舱门徐徐放下，两列士兵跟着中间的坦克直接冲上滩头，向他们逼近过来。守军的心理防线崩溃了。盟军当天就站稳了脚跟，建立起强大的登陆场。

只有空投向一些重要地区的伞兵吃足了苦头。英国第一空降旅的滑翔机，有三分之一以上被美国的拖带飞机过早地甩脱，许多士兵坠海丧生。其余着陆的伞兵由于过于分散，被敌人各个击破，只有少数战士生还。

7 月 16 日，分别登陆的英美军队打通了战线，取得联络。亚历山大命令蒙哥马利进攻埃特纳火山的两侧，巴顿在英军的西侧掩护，并向西北方向进攻。

如果说墨西拿是意大利的大门，那么具有许多丘陵和山峰的埃特纳火山则是这扇大门的门槛。它耸立在卡塔尼亚平原的北面，俯视着西西里岛的东南角。如果想从南面和西面接近或占领墨西拿，就必须经过埃特纳火山。

德军和意军当然也知道这点，他们在埃特纳周围组织了严密的防守，构筑了层层的工事。崎岖的地形使盟军的轰炸起不了太大的作用，蒙哥马利费尽心机也一筹莫展，只能眼睁睁地看着英军一寸一寸地争夺阵地，几乎每一寸阵地上都染上了战士的鲜血。

由于德意军队把主力放在了埃特纳，一旁的巴顿倒是捡了一个便宜。进攻途中，他遇到的抵抗大大弱于英军，主要的困难是翻越崎岖的山谷和险峻的山峰。为了先到墨西拿，他发了疯似的催促部下不停地前进、前进、前进！甚至不顾自己司令官的身份，亲自登上第一辆坦克为全军开路，好几次差一点翻落悬崖，车毁人亡。可他一点也不在乎，依然挥舞着手杖，斜叼着雪茄，大声吼叫着让士兵向前冲。

7 月 25 日，战局突变。墨索里尼垮台，新的意大利政府向盟军

投降。德国迅速作出了反应，德军接管了意大利北部的防御。这个巨大的变化使西西里岛的情况完全改观。尽管德军仍在拼死地抵抗，但意军无心恋战，开始成批地投降。

巴顿的速度更快了，先头部队已经绕过了西西里岛的西北角转向东北，直指墨西拿。8月13日，德军全线后撤，没命地逃往墨西拿，渡海北逃。美军于16日进入墨西拿。

蒙哥马利简直气疯了，德军撤退时破坏了所有的公路，造成了英军和德军主力激战一个多月，伤亡惨重，结果被美军夺了头功。想到胜利的荣誉和丰富的战利品都被巴顿夺走，还要去看巴顿那张骄横的、充满嘲笑和讥讽的脸，蒙哥马利实在咽不下这口气。

为了向世人表明，攻克西西里岛的主要功绩是英军的，英军在进入墨西拿时举行了盛大的入城式，蒙哥马利走在穿着苏格兰短裙的仪仗队的最前列，大摇大摆地进了城，仿佛是毫不客气地向巴顿示威：我才是真正的胜利者！

250

开罗宣言

1943 年底，盟国的领袖们终于可以松一口气了。太平洋战场上，经过血战，美军占领了瓜达尔卡纳尔和其他一些岛屿，完全掌握了战场的主动权；北非和西西里岛已在盟军的控制之中，意大利退出了轴心国，加入对德作战；苏德战场上，强大的苏联红军在库尔斯克歼灭了德军主力，正向白俄罗斯和乌克兰大踏步前进。

到了盟国的领袖们坐到一起，商量一下加快战争步伐、早日消灭法西斯的时候了。经过再三协商，决定在埃及的开罗举行这次重要的会议。但是，斯大林却无论如何不肯与美、英、中这三个日本的敌国一起开会，担心会影响到与日本的中立关系，因此坚决不肯到开罗开会，也不允许任何苏联官员以正式身份参加会议，原来的四国会议变成了三国会议。

11 月 23 日，开罗会议的第一次会议在罗斯福的住处召开。大客厅里，围成三面的长桌后面，分别坐着罗斯福、丘吉尔、蒋介石和各自的参谋人员。会场内唯一的女性是蒋介石的夫人宋美龄，她是作为蒋介石的翻译参加会议的。会议进行时，她不断地将别人的发言小声地告诉丈夫。蒋介石则略略歪着头，认真地听着，并仔细地观察各人的神态。

罗斯福不时看他们一眼。蒋介石参加这次会议，是在他再三坚持下实现的。在哪些人能作为反法西斯主要领袖参加会议这个问题上，罗斯福与丘吉尔、斯大林的看法不同。他认为，除了美、英、

苏是反法西斯主要力量之外，中国的作用也十分突出。由于在太平洋战场上，美军正日夜与日军进行着殊死战斗，所以他深深体会到中国正在进行的抗日战争的重要性。他神态严肃地对儿子说过："假如没有中国，假如中国被打垮了，你想一想有多少日本师团的日本兵可以因此调到其他方面作战？他们可以马上打下澳洲，打下印度——他们可以毫不费力气地把这些地方打下来。他们并且可以一直冲向中东，和德国配合起来，举行一次大规模的夹攻，在中东会师，把我们完全隔离起来，吞并埃及，切断通过地中海的一切交通线。"

对此，当时的日本陆军大臣，战后日本头号战犯东条英机与罗斯福有同感，他说："如果没有中国事变，事情就简单了。"

11 月 21 日，罗斯福到了亚历山大港，随即转机来到离金字塔不远的卡塞特森林，住进美国大使柯克的别墅。开会前，他和蒋介石夫妇进行了几次长时间的密谈，罗斯福答应在未来几个月内，在孟加拉湾举行一次大规模的两栖作战行动。

会场上，英美向中国通报了有关盟军在东南亚作战计划的草案。蒋介石建议，在缅甸战场的作战上，要将海军的行动和陆军的行动结合起来，配合行动。丘吉尔毫不客气地指出这种配合没有必要，并认为这次行动会严重影响他主张的在土耳其或爱琴海的进攻计划，也会大大削弱正在酝酿的"霸王行动"——在法国开辟第二战场的力量。

说完话，丘吉尔瞥了一眼蒋介石，心想，这里还轮不到你指手划脚。对罗斯福坚持要求蒋介石参加会议，他本来就不以为然。但碍于美国的情面，不便过于反对。其实，丘吉尔与蒋介石也是第一次见面。他对蒋介石本人的评价不高，尽管对蒋介石"沉着、谨严而有作为"的性格赞赏有加，但对他的能力抱有怀疑。在知道罗斯福对中国的承诺后，他已经大为不满。他首先竭力邀请蒋介石夫妇

到金字塔去游玩，想减少他们与罗斯福接触的时间，后来则公开反对罗斯福对中国的承诺。

不过，丘吉尔对宋美龄十分欣赏，认为她是一个"非常出色而又富于魅力的人物"。的确，在美国度过童年和少年时代，接受贵族教育的宋美龄，除了一口比汉语还要流利的英语外，她的社交礼仪和大家闺秀的风范也倾倒了无数西方人士。会议期间，宋美龄精湛的英语和卓越的社交能力得到了充分发挥，她在开罗的作用绝不是礼节性陪同丈夫出访那样简单。

蒋介石气得脸色发白，一声不吭，不过他没有当场发作。会前，他已经预计到有类似的事情发生，知道斯大林坚决反对与他一起开会时，他就明白了这一点。但是蒋介石并不太在意。虽然斯大林没有来，但只要他和罗斯福、丘吉尔一起出现在开罗，他中国抗战领袖和世界反法西斯主要国家领袖的地位已经得到确认。所以，接到邀请后，他兴高采烈地携夫人宋美龄飞赴开罗，在卡塞特森林中一座豪华的别墅里住下，优哉游哉，在茂密的森林里散步，呼吸着清新的空气，不时眺望远处巍峨的金字塔和无垠的沙漠，等待罗斯福和丘吉尔的到来。

"你说了也不算，"蒋介石心里宽慰着自己，"你也得听罗斯福的！"

会议的第三天恰逢感恩节，这是美国人生活中的一件大事。罗斯福邀请丘吉尔和一些朋友到别墅晚餐。他亲自操刀，用非常高明的技巧，将两只大火鸡的肉平均地分派给每一个客人。晚餐后，在召开会议的大厅里，伴随着留声机中唱片悠悠地转动，人们翩翩起舞。丘吉尔的夫人是舞会中唯一的女性，被不断地"抢来抢去"，引起阵阵哄笑。丘吉尔自己只好搂着罗斯福的副官沃森在舞池里转来转去，引得罗斯福哈哈大笑。

11 月 26 日，会议进入最后一天，集中讨论了对日作战问题，

盟国作出了在滇缅公路对日作战的决定，还讨论了日本战败后的处理问题。

12月1日，发表了《中、美、英三国开罗宣言》。宣言规定："三国的宗旨在剥夺日本自1914年第一次世界大战以后在太平洋上所夺得或占领之一切岛屿。在使日本所窃取于中国的领土，例如满洲、台湾、澎湖群岛等，归还中国。"同时还声明，"我三大盟国轸念朝鲜人民所受之奴隶待遇，决定在相当时间，使朝鲜自由独立。"宣言最后声称，"将坚持进行为获得日本无条件投降所必要之重大的长期作战。"

开罗会议，确立了中国反法西斯大国的地位，使世界人民认识到中国抗日战争的重要性，也为美英加强对中国抗战的支持奠定了基础。漫长的抗日战争终于得到了广泛的认可和急需的援助，长期被日本奴役的台湾、澎湖、东三省人民也盼到了重获自由的曙光。

251

诺曼底登陆

隆美尔兵败阿拉曼之后，希特勒非但没有处罚他，反而晋升他为元帅，并把他调到西线，委以 B 集团军群司令的重任。这天，隆美尔在他德国的住所起得特别早。今天，1944 年 6 月 6 日，是他深爱的夫人的生日，他一大早起来要忙碌许多事。为了这一天，他特意在巴黎买了双精巧的手工女鞋作为送给夫人的生日礼物，并请假在 4 日那天专程驱车赶回德国。

"叮铃铃——"一阵急促的电话铃声搅乱了隆美尔的好心情，身着睡衣、趿拉着拖鞋的他有些不满地拿起电话，却听见听筒中传来让他目瞪口呆的报告："司令官，盟军在诺曼底登陆。"他手中的一束鲜花不禁掉在地毯上，双脚不由自主踏过艳丽的花瓣；迅速更衣后，隆美尔简要地与希特勒通了电话，然后便跳上汽车，像北非阿拉曼战役爆发时那样，再次心急火燎地赶回前线。

此时的英吉利海峡，依然狂风怒号，波涛汹涌，然而，运载着美国、英国、加拿大官兵的成千上万艘盟军舰艇、商船劈波斩浪，在护航的战斗机群的掩护下，势不可挡地冲向对岸法国的诺曼底海滩。

其实，盟军的诺曼底登陆战，是以美军的王牌劲旅第八十二、一零一空降师，英军第六空降师的十三万官兵凌晨一点三十分的大规模伞降拉开序幕的。他们迅速占领了登陆地点附近的交通要道、桥梁、渡口和军事要地，切断诺曼底地区的德军与后续增援部队的

联系，为盟军的登陆解除了后顾之忧。

而后，美、英空军的两千多架轰炸机从五点开始，一波又一波地对德军的海岸碉堡、铁丝网、炮兵阵地、地雷场展开狂轰滥炸，为盟军登陆扫清了障碍。

诺曼底登陆标志着盟军正式开辟了反法西斯战争的第二战场，从此纳粹希特勒陷入东西两线作战、顾此失彼的困境中，直到灭亡。

诺曼底登陆战的酝酿成熟经历了一个复杂的过程。早在苏德战争爆发后不久，英国人就主动提出要在德国西部和法国北部开辟第二战场，以减轻苏联红军的压力。但是，以后很长的一段时间里，丘吉尔首相始终在是先开辟西线第二战场还是先在北非登陆之间摇摆不定，弄得斯大林很不高兴。

转眼到了 1943 年，经过斯大林格勒大会战与北非阿拉曼战役，盟军终于扭转战局，掌握了二战的主动权。于是，在这年 11 月底举行的德黑兰苏、美、英三国首脑会议上，开辟欧洲第二战场被重新提上了议事日程。

斯大林明白美国总统罗斯福在这一问题上基本站在苏联一边，他还了解到美、英已将开辟第二战场的行动命名为"霸王行动"，但丘吉尔仍然态度暧昧，于是他单刀直入，问丘吉尔："我想问问英国人，你们对'霸王行动'究竟有没有信心？还是只不过为了安慰苏联人说说而已？"

丘吉尔只好尴尬地表示，他将和罗斯福总统协调一下观点，明天回答苏方。

第二天复会时，罗斯福满面春风地宣布，他要告诉斯大林大元帅一个好消息，"'霸王行动'定于 1944 年 5 月间进行"。

斯大林喜上心头，当即向罗斯福和丘吉尔保证："在法国登陆战役开始时，苏联将对德寇实施沉重的打击。"

斯大林回到莫斯科后不久，便同时收到罗斯福和丘吉尔的信。罗斯福在信中通知斯大林，艾森豪威尔将军已被任命为"霸王行动"的盟军总司令。

刚刚晋升为五星上将的艾森豪威尔在 1944 年 1 月到达英国伦敦，以他特有的既坚持原则、又善于协调，高效而和善的工作作风，迅速组建起"霸王行动"战役司令部。盟军陆、海、空三军的参战总兵力为二百八十八万人，有三十六个地面师，九千余艘舰艇，一万三千余架飞机，与德军相比占有压倒性的优势。

但是，让艾森豪威尔将军伤脑筋的是，为如此大规模的登陆行动所做的准备工作，肯定瞒不了德国间谍的眼睛，怎样才能声东击西、让敌人上当呢？他指示下属制定了一个代号为"刚毅行动"的欺骗计划。它的要点归纳起来就是，隐蔽盟军将在法国西北海岸诺曼底地区登陆的真实作战意图，让德军相信盟军会在法国东北的加来地区登陆。

为了实施"刚毅行动"欺骗计划，盟军特意在加来海峡附近虚设了一个美军第一集团军司令部，艾森豪威尔调来大名鼎鼎的巴顿将军担任这个无中生有的集团军司令；还让巴顿带着一辆广播车招摇过市，到处发表讲话。

盟军还请来了英国的一批电影布景师，让他们制作了大量逼真的假坦克、登陆艇、飞机、大炮、弹药库、军营，布置在加来海峡地区；一个巨大的假油船码头、发电厂等被放置在十分显眼的地方；一辆辆军用卡车在加来海峡地区来回穿梭，扬起漫天烟尘，仿佛是大部队在调动；盟军的情报人员像豆子一样被撒出去，虚张声势地大量收购加来地区的地图；盟军的通讯部门则频繁地拍发能让德军破译的假电报，造成盟军将在加来地区登陆的声势。

"刚毅行动"成功地迷惑了希特勒与德军的将帅们。由德军西线总司令伦德斯泰特元帅统率的部队加上德军 B 集团军群的总共六

十个师，绝大部分被部署在加来地区；而诺曼底地区只有六个师又三个团，七十五公里的防线上只配备了四个炮兵连共三十门大炮。在法国北部海岸的德国空军只有五百架飞机与少量的舰艇，根本不是盟军的对手。因此，当隆美尔火烧眉毛地赶回诺曼底前线，德军阵地与兵力已经被盟军铺天盖地的炸弹和炮火摧毁得差不多了，隆美尔本事再大，也难以挽回败局了。

6日早晨六点三十分，美军的第一支部队登上了诺曼底海滩。一个小时后，英军的第一批登陆部队也成功地登上海岸。当天，盟军的五个师突击登陆成功。

诺曼底登陆战的第二天晚上，英军空降兵的一支前锋小分队敲开法国乡村的一户农家的门，想休息一会。带队的布兰姆威尔礼貌地对开门的中年农妇说："对不起，夫人。我们是盟军登陆部队的英国伞兵。"

那位农妇愣了片刻，然后紧紧地拥抱住布兰姆威尔，眼泪从她脸上簌簌地流下。厨房的蜡烛很快点起来了，农妇的丈夫与孩子们将一瓶瓶白兰地和苹果酒摆上餐桌，一边看着这些口渴异常的英军战士们畅饮，一边忍不住摸摸他们的身体，向他们诉说被纳粹德国占领的痛苦与仇恨。

布兰姆威尔与同伴依依不舍地与农妇全家告别了，因为前面的战斗在召唤他们。

到七月初，在诺曼底地区登陆的盟军已有二十五个师，一百万人；7月24日，盟军胜利完成诺曼底登陆。盟军歼灭了十一万三千德军，自己也付出了十二万两千人伤亡的代价。但是，已经没有任何力量能够阻挡盟军势如破竹，铁流滚滚，全速向巴黎挺进。

252

戴高乐跨过凯旋门

1940 年 6 月 7 日清晨，法国南方城市波尔多。

机场上，送英国特使斯皮尔斯返回英国的飞机引擎已经发动，发出震耳的轰鸣声。欢送的英国外交官员们都知道法国就要投降了，所以怎么也高兴不出来，出于礼貌，大多数官员勉强挤出一丝苦恼的微笑，向斯皮尔斯挥舞着手臂。斯皮尔斯缓步走上飞机，又转过身来，注视着他熟悉的法兰西大地，心里默默地呢喃着：什么时候才能重回这片美丽的土地？

突然，送行人群中一个身材瘦长的将军，飞奔上飞机，簇拥着斯皮尔斯一起进入机舱。飞机冲上了蓝天，同行的法国官员无不瞠目结舌，茫然不知所措。叛逃吗？在外交场合公然外逃，可是很少见的。

跃上飞机的是夏尔·戴高乐，法国国防部副部长。他参加过第一次世界大战，1939 年 9 月第二次世界大战爆发时担任坦克旅旅长，1940 年 6 月升任为法国国防部次长。在雷诺内阁中，他竭力主张抵抗到底，多次奔波于英法之间，与英国协商共同抗击德军的方案。雷诺内阁垮台后，6 月 16 日，一战时法国的老英雄贝当组阁。正当法国人认为出现了一丝曙光时，贝当却宣布停止抵抗，准备向德国投降。戴高乐不愿与投降派同流合污，但又无力回天，便决定出逃英国，演出了上述离奇惊险的一幕。

英国首相丘吉尔马上接见了戴高乐，答应资助他组织抵抗运

动，并让他在电台发表讲话。6 月 18 日下午，戴高乐在英国广播电台发表了演讲，他坚定、浑厚、充满自信的声音，通过电波送到了法兰西的每一个角落："我要告诉你们，法兰西并未落败。总有一天，我们会用目前战胜我们的同样的手段使自己转败为胜。我，戴高乐将军，现在在伦敦发表广播讲话。我吁请目前或将来来到英国国土的法国官兵，不论是否还持有武器，都和我联系；我吁请具有制造武器技术的技师或技术工人，不论目前或将来来到英国国土，都和我联系。无论出现什么情况，我们都不容许法兰西抗战的烽火被扑灭，法兰西抗战的烽火也永远不会被扑灭！"

戴高乐的讲话像拨开层层乌云的一道闪电，照亮了法西斯阴霾笼罩下的法国大地。高傲的法国人终于记起了他们光荣的历史，记起了拿破仑怎样统率法兰西大军，横扫封建统治下的欧洲大地；记起了他们的先辈是怎样唱着《马赛曲》，一次次击退强敌对祖国的侵犯。在戴高乐的号召和组织下，"自由法国运动"诞生了。法国国内许多爱国人士，冒着被德军打死的危险，冒着被大海吞噬的危险，乘小艇偷渡英吉利海峡，奔赴英国参加"自由法国运动"；另外一部分人不畏艰险，攀越比利牛斯山，绕道西班牙到英国参加抗战。

戴高乐不仅着眼于抗德救国的当务之急，而且也考虑到战后恢复法国的大国地位。组织"自由法国"的目的，是让法国作为一个主权国家，回到反法西斯战争的行列之中。"建立一支军队比什么都重要"，他从敦刻尔克的残军中招集人马，建立起一支七千人的队伍，到 1942 年发展到七万多人，并建有小规模的空军和海军。

在北非的作战中，这支"自由法国"的部队与隆美尔的非洲军团在托卜鲁克进行激战，坚守阵地半个月，屹立不动，与战争初期法军的懦弱无能形成鲜明的对比，全世界为之瞩目。"自由法国运动"的胜利，也大大鼓舞了法国国内人民抵抗的决心，地下抵抗组

织积极响应，发动了一次又一次对德军的袭击，参加各个地下抵抗运动的人数也大大增加，总人数将近五十万。

1941年9月，戴高乐宣布正式建立"自由法国"的政府机构——法兰西民族委员会。国内各地的抵抗组织纷纷承认它的权威。为表明与国内外反法西斯力量的团结，戴高乐1942年7月将"自由法国"改名为"战斗法国"。次年，戴高乐与另一位抵抗运动领袖吉罗将军达成协议，成立了法兰西民族解放委员会，共同指挥抵抗运动。

在诺曼底登陆前，戴高乐把国内武装抵抗力量改组为内地军，将民族解放委员会改为法兰西共和国临时政府。6月，他的部队随英美军队返回法国，与德军作战，迅速解放大片国土。8月19日，巴黎人民举行武装起义，赶走了德国鬼子，解放了巴黎，蓝白红三色旗又重新飘扬在巴黎的上空。"战斗法国"的第二装甲师，排着整齐的方阵，雄赳赳、气昂昂地开进城区，成为第一支进入巴黎的盟军队伍。

8月25日，戴高乐返回巴黎。与几年前匆忙地逃离法国相比，返回巴黎的戴高乐是如此的从容不迫、雍容大度。他的脸上洋溢着胜利的微笑，频频地向夹道欢迎的巴黎人民挥手致意。想到几年来法国人民遭受的苦难和抵抗运动的艰辛，他的眼眶里充满了泪水。

香榭丽舍大街两旁，巴黎人民挥舞着鲜花，拼命地挤向前排，他们想看一看几年来只闻其声、不见其人的民族英雄，看一看在黑暗中带给他们光明的民族领袖。在人们的欢呼声中，戴高乐的敞篷汽车缓缓地驶过凯旋门。戴高乐不由自主地站起身来，在埃菲尔铁塔的映衬下，他的身影显得如此的高大。

经过磨难，戴高乐率领法国终于又站了起来。

253

雅尔塔会议

1945 年 2 月 4 日，苏联克里米亚半岛，雅尔塔。

冬日的太阳懒洋洋地挂在西面的天空上，照到雅尔塔错落有致的宫殿的金顶上，映衬出一片金光。在这个苏联气候最宜人的城市中，聚集着盟国最重要的领袖们，他们将在这里决定世界的命运。

一队汽车缓缓地驶入利瓦吉亚宫，站在宫门口的苏军战士整齐地"咔"一声，将立正姿势换成持枪礼，同时用警惕的目光扫视着四周。

汽车停稳后，英国首相丘吉尔、苏联最高统帅斯大林先后从车子上走下来。丘吉尔手中的雪茄和斯大林手中的烟斗相映成趣。两人尽管心里始终保持着对对方的高度警惕，但脸上却洋溢着微笑。一阵寒暄之后，他们一齐步入大厅。美国总统罗斯福因为行动不便，没有出门迎接，在大厅门口迎候着两位领袖的到来。

下午五时，雅尔塔会议正式召开。

斯大林舒坦地坐在靠椅里，身子向后微微靠着，用缓慢、沉静的语调发言了："我建议，由美国总统罗斯福阁下担任大会的主席。"提议赢得了一片掌声。在掌声中，罗斯福挥手向大家致意，然后宣布会议开始。

会议现场的气氛很活跃，战场上的胜利使每个人的心情都很兴奋。西面，盟军挫败了德军一个月前在阿登发动的反扑，正大踏步地向德国的莱茵河防线进攻，空军正对德国全境的军事目标进行轰

炸，重点是交通运输枢纽和鲁尔工业区，缺少燃料的德军甚至组织不起像样的撤退；东面，苏军发动维斯瓦河—奥得河战役，快速兵团的前进速度达到每天七十五公里，步兵也达到每天四十五公里的惊人速度，过去德国引以为豪的坦克集团突破的速度，现在被苏军打破了。1月25日，苏军占领波兰波兹南，打开通向柏林的大门，距柏林只有七十公里。与此同时进行的东普鲁士战役，七十多个师的德军被苏军包围，他们再也没有以士兵的身份回到德国。

战争到了这个时期，盟军将最终获得胜利是不言而喻的。如何彻底铲除法西斯，如何处理战后的国际关系，盟国的领袖们该坐下来谈一谈了。因为斯大林亲自指挥作战，不便出国，所以丘吉尔和罗斯福应邀来到了雅尔塔。

胜利者总是比较容易赢得尊重。尽管对共产主义充满敌视，丘吉尔还是代表英国国王将一把嵌满宝石的宝剑赠给斯大林。在会议上，丘吉尔与斯大林之间的唇枪舌剑也没有德黑兰会议时那样咄咄逼人了。

会议首先讨论了如何惩罚德国的问题。为了彻底铲除法西斯主义，三国原则上同意分割德国。丘吉尔这时从嘴角拿下了雪茄，用若无其事的神态突然提出："我建议，在对德国的分割占领中，法国人应该占领其中的一个部分。"

斯大林听了不禁一愣，心想丘吉尔又在玩制约苏联的老把戏了。他压制着心中的怒火，语气平缓地对罗斯福说："主席阁下，我们苏联认为，在打败法西斯德国的战争中，法国并没有起什么作用，不应该单独占领一块德国土地。"然后挑战性地看了丘吉尔一眼。

罗斯福对两人的言外之意当然心知肚明，他也明白丘吉尔的提议是符合美国利益的，于是赶紧出来打圆场："大元帅阁下，考虑到美国不会在欧洲长久地驻军，所以让法国协助英国压制德国还是

可行的，请您再考虑一下丘吉尔首相的提议。"

看到罗斯福同意了丘吉尔的提议，斯大林悻悻地表示可以再考虑这个问题。他话锋一转，提出了德国的赔偿问题："在反法西斯的战争中，苏联军民做出了巨大的贡献，他们消灭了德国法西斯的主力，单独抗击德军达两年之久。在战争中，苏联人民付出了沉重的代价。据不完全统计，死亡人数在两千万以上，几乎每个苏联家庭都在战争中失去了亲人，所以战后德国必须进行赔偿，我们认为只有这样才能对死难者的家属做个交代。我们认为总数应该在两百亿美元左右，而苏联则要一百亿美元。德国可以用实物抵偿，包括粮食、工厂和矿山设备等。"

罗斯福刚在分区占领的问题上占了便宜，又知道苏联的要求并不过分，所以痛快地答应了，以苏联的赔偿方案为基础，在莫斯科组成一个三国委员会，具体解决细节问题。

雅尔塔会议期间，这种三巨头出席的正式会议共进行了八次，除一次是讨论军事问题外，其余都是讨论战后德国问题和国际问题。由于本身的实力和打败法西斯中的作用，美苏成为大会的主宰，英国则不得不处于陪衬地位。甚至在讨论苏联对日作战问题时，斯大林和罗斯福用了两个下午的时间，用私人讨论的形式完成了，没有邀请丘吉尔参加。

罗斯福知道，在太平洋战场上，美军受到日军的顽强抵抗，不少法西斯分子用自杀的形式向美军发动"神风特攻"。美国军方预计，要彻底打败日军，完成占领日本本土，至少还要牺牲一百万人。他想让苏联去啃日本这块硬骨头。

但是日本与苏联之间签有中立条约。怎样才能使苏联进攻日本呢？罗斯福的目光在世界地图上巡视，终于，停留在中国的旅顺、大连和东北地区。这可是历代沙皇梦寐以求的地方，斯大林肯定也经不住它的诱惑，反正是中国的领土，美国没有什么损失，蒋介石

也不敢违抗美国的意愿。

坐在舒适的沙发里，沐浴着冬日温暖的阳光，关系着中国、日本、朝鲜、苏联、美国的大事以闲聊的方式进行着。罗斯福悠闲地抱着手，在阳光的照射下惬意地眯着眼睛，对斯大林提出了苏军对日作战的问题。斯大林同样胸有成竹，用悠闲的声音对罗斯福说："总统阁下，我用什么理由来说服苏联人民，在刚完成对德国如此损失重大的战争后，再对中立的日本宣战？"

罗斯福淡淡一笑："您认为旅顺、大连、中长铁路作为理由够不够呢？"

斯大林吐出一口轻烟："我认为加上外蒙和库页岛南部大概差不多了。"两人相视，都笑了起来。

雅尔塔会议结束了，它基本解决了战后德国的处理问题，基本划定了波兰的领土疆界，讨论了联合国的原则性问题；但背着中国政府，以出卖中国主权作为交换，达成了苏联对日作战的秘密协议。战后世界的格局基本定型了。

离开雅尔塔的时候，丘吉尔对协定不是很放心，毕竟它是在中国代表不在场的情况下签订的。斯大林微笑着目送丘吉尔登机离去，他倒是一点也不担心，对蒋介石的国民政府，他很了解。他心中喃喃自语道："就是他们知道了，又能怎么样呢？"

254

墨索里尼的下场

1943 年 3 月，意大利掀起了全国性的罢工浪潮，7 月，英、美盟军成功地登陆西西里岛，意大利军队士气低落，连吃败仗，墨索里尼内外交困，法西斯统治集团对他彻底失去了信心，便发动了一场政变，将他赶下了台。7 月 25 日，国王下令将他囚禁起来，于是，他被关进了山区一座悬崖绝壁的监狱里。

还好，希特勒没有忘记这位难兄难弟。9 月 12 日，一支党卫军突击队乘坐滑翔机，突然飞到墨索里尼的囚禁处，把他救了出来。墨索里尼自然对希特勒感激涕零，在希特勒的扶植下，他第二天就回到被德军占领的意大利北部，宣布成立"意大利社会共和国"。他一上台，就下令枪毙了几个月前推翻他的人，其中包括他的女婿齐亚诺；还对全国各地的反法西斯运动展开了疯狂的反扑。但是，墨索里尼的傀儡政权苟延残喘了不到一年，就土崩瓦解了。

1945 年 4 月 26 日，一支车队正沿着意大利瑞士边境公路疾驶，墨索里尼身穿军大衣、头戴德军钢盔，萎靡不振地坐在前面的一辆阿尔法·罗米欧牌轿车里。就在昨天，意大利的反法西斯抵抗运动举行了全国总起义，抵抗运动的最高领导机构——北意大利民族解放委员会命令他必须在两小时之内无条件投降。墨索里尼害怕正义的审判，于是化装成德国士兵，如丧家之犬一样逃往瑞士边境。到达意大利北部靠近意瑞边境的科摩湖畔后，他要等候护送他的五千名士兵，便下令停下休息。

在美丽的科摩湖畔的一家旅馆里，墨索里尼预感到自己的末日就要到了，对妻子儿女的思念和愧疚之情油然而生，于是给妻子雷切尔写了封诀别信，关照她带上孩子逃到瑞士去。他叮嘱她："如果他们拒绝你的要求，那你就向同盟国投降，他们也许会比意大利人更宽宏大量，你要照顾好安娜和罗马诺，特别是安娜，她才十六岁，很需要照顾……"

墨索里尼没有等来他的五千名救兵，他们早已被盟军和游击队的进攻吓得顾不上自己的领袖，像鸟兽一样四散逃跑了。只有十二名士兵和一辆装甲车来到了科摩。墨索里尼无奈地在第二天拂晓时上了路，碰巧遇到一支由二十多辆卡车组成的德军车队，他一打听，附近到处都是游击队，便慌忙钻进那辆装甲车，跟着德军车队继续逃跑。

但是，这支德军车队没有走出多远，还是被附近的一支游击队截住了。游击队队长是一位二十二岁的英俊青年，叫贝里尼，佛罗伦萨大学法律系的毕业生。他正在盘问带队的德军军官，一个留着大胡子的人疾步跑过来，低声说："小伙子，墨索里尼就在这个车队里。"贝里尼大吃一惊，急忙走到装甲车前，朝里面探头一看，一个人也没有。他又检查了其他车辆，还是没有墨索里尼的影子。贝里尼不禁心中嘀咕："难道是那个大胡子骗了我？"

突然，他恍然大悟，墨索里尼肯定是混在德国人中溜走了。他立即叫游击队副队长拉扎罗带着几名游击队员迅速追赶，终于在东戈市广场追上了德军车队。拉扎罗吩咐大伙仔细检查每辆车子。这时，当地的一名鞋匠、因帮助游击队而蹲过监狱的内格里兴冲冲地跑来，找到拉扎罗说："我们可抓住那个大坏蛋了！"

"你在做梦！"拉扎罗将信将疑。

"不，不，是墨索里尼。我亲眼看见了他。"

内格里绘声绘色地告诉拉扎罗，他们在检查一辆卡车上的德国

人证件时，发现一个人蜷缩在驾驶室里，竖起的军大衣领子和压在头上的德军钢盔，让人看不清他的脸庞。内格里走过去要他出示证件，旁边的德军慌忙拦住说："酒鬼，酒鬼。"内格里不动声色地拉下他的领子，虽然只看到他的侧影，但立刻认出了，此人就是墨索里尼。于是，马上来找拉扎罗报告这一重大的情报。

拉扎罗拉着内格里迅速找到了那辆卡车。他跳进车里，摘掉那人的钢盔，一个亮晃晃的秃脑袋露了出来；拉扎罗又拿掉他的墨镜，翻下他的大衣领子，果然，他正是法西斯头子墨索里尼。

由于激动，拉扎罗一下子说不出话来。他努力使自己平静下来，随后对墨索里尼宣布道："我以意大利人民的名义逮捕你！"

"悉听尊便。"脸色蜡黄的墨索里尼有气无力地回答。

墨索里尼的情妇佩塔奇也被抓住了。4 月 28 日傍晚，抵抗运动的瓦莱里奥上校奉命带着一队游击队员来到东戈，将墨索里尼和佩塔奇押上汽车，驶到一幢叫贝尔蒙蒂的公馆大门前。瓦莱里奥让墨索里尼和佩塔奇下车走到铁栅栏大门前，冷冷地向他们宣布，他代表意大利人民对他们处以死刑。

墨索里尼呆呆地转过身，佩塔奇一下子什么都明白了，一边尖叫道："不！不！你们不能打死他！"一边不顾一切地扑过去，搂住了墨索里尼的脖子。

"闪开，你这个婊子！"瓦莱里奥怒吼道。

"哒！哒！哒！"一阵密集的枪响，墨索里尼与佩塔奇双双倒毙。

第二天，墨索里尼与佩塔奇的尸体被拉到了米兰一个加油站旁边的空地上，两人的尸体被倒挂在柱子上示众。

墨索里尼曾经表白："希望到我整个一生的长戏演完，最后落幕的时候，人类将为之心碎。我的墓碑上应该刻上这样的墓志铭：'在这里躺着有史以来最聪明的动物。'"但他根本想不到，他的死激起的是千百万人的唾骂，这个法西斯头目的下场只能是遗臭万年。

255

攻克柏林

苏联红军攻打柏林的战役进入了最后关头。1945 年 4 月 29 日，苏军攻入柏林市中心。白俄罗斯第一方面军下令由步兵第七十九军攻打国会大厦。战斗非常艰苦，夺取每一个房间、每一条走廊都要经过血战。直到第二天，西亚诺夫连长才带着几十名战士，冒着炮火首先冲进国会大厦。

西亚诺夫把两名战士叶戈诺夫和坎塔里亚叫到身边："现在我交给你俩一个光荣任务，瞧，这是集团军发给我们的一面红旗，编号五号。现在，由你们把它插上国会大厦。去吧，我掩护你们。"

说完，他把一个皮包交给这两名战士。叶戈诺夫和坎塔里亚郑重地接过装红旗的皮包，激动地说了声："等着瞧吧，连长！"转身就向楼上冲去。

4 月 30 日下午两点二十五分，红旗终于在国会大厦楼顶高高升起。

1945 年的柏林早已失去了往日的辉煌与荣耀，变成了人间地狱。盟军的狂轰滥炸使柏林到处布满瓦砾和废墟。但纳粹不允许任何人撤离，街头的灯柱和行道树上挂着违令士兵的尸体，穷凶极恶的党卫军在尸体的脖子上吊上写有"我是胆小鬼"、"逃兵"等字样的木牌，一派恐怖凄惨的景象。

穷途末路的希特勒梦想着与英、美单独媾和，因此将残存的绝大部分兵力投入苏德战场。在柏林方向上，德军统帅部部署了维斯

瓦集团军群的全部和中央集团军群的大部分兵力，共一百万人。此外，柏林城内还有二十万守备部队。德军利用柏林地区河流纵横、湖泊众多、森林密布的特点，构筑了三道环城防线，并在柏林以东修筑了三条针对苏军的坚固防线，企图固守柏林，负隅顽抗。

但是，经过近四年的战火锤炼，苏军已是兵强马壮，猛将如云，没有任何力量能够阻挡他们直捣法西斯德国的老巢。苏联最高统帅部决定，从 1945 年 4 月中旬发起柏林战役。

斯大林将实施柏林战役的这一历史性重任交给了三位最杰出的苏军统帅领导的三支最强大的方面军：朱可夫元帅统率的白俄罗斯第一方面军，科涅夫元帅领导的乌克兰第一方面军，罗科索夫斯基元帅指挥的白俄罗斯第二方面军。三大方面军拥有二百五十万兵力，火炮四万两千门，坦克和自行火炮六千二百辆，作战飞机七千五百架。苏军在兵力和武器装备上占有压倒性优势。

4 月 16 日凌晨 5 点，白俄罗斯第一方面军的几千门大炮、迫击炮与"喀秋莎"火箭炮齐声咆哮。黑压压的轰炸机群宛如滚滚惊雷，穿过夜幕和火光，掠过奥得河（今波兰与德国界河），将雨点般的炸弹扔向德军阵地。密集的炮火持续了三十分钟后，天空中突然升起几千发彩色信号弹，地面上间距二百米的一百四十部探照灯骤然打开，将德军阵地照得亮如白昼，没有在刚才苏军炮火下丧命的德军官兵，被这突如其来的刺眼亮光照得头晕目眩，阵脚大乱。

朱可夫元帅精心设计的用探照灯配合进攻的战术成功了！在满天雪亮的光芒引导下，苏军的坦克与步兵迅速突破了德军的前沿阵地。

进攻的第一天，白俄罗斯第一方面军向东顺利撕开了德军的第一道防线。但在进抵德军第二道防线的核心阵地泽劳弗高地时，遇到了不小的麻烦。

泽劳弗高地的上部地势平坦，突然间拔地而起，居高临下，像

一道高大厚实的墙堵住了通往柏林的道路，因而有"柏林之锁"之称。德军利用这天然屏障重兵设防，在高地顶部放置了几百门大炮，几千名德军死守。苏军坦克与步兵的几次强攻都被打退，伤亡惨重。

斯大林得知白俄罗斯第一方面军进攻受阻，在电话中生气地批评了朱可夫，他说："科涅夫那儿，敌人防御要弱些，我们打算命令他手下的两个坦克集团军，掉头向南，从南面突击柏林。"

朱可夫没有多说什么。但他毕竟久经沙场，能够处惊不乱，立刻调整了部署。4月17日早晨，朱可夫命令方面军炮兵集中炮火，猛烈轰击了半个小时。紧接着，苏军发起了波浪般的轮番冲锋。战士左罗达连科高呼："斯大林格勒的战士来了！"踏过密密麻麻的弹坑与尸体，第一个冲上了泽劳弗高地。卡特阔夫中士奋勇向前，首先把红旗插到了高地上。经过四十八小时的血战，苏军终于攻占了泽劳弗高地，打开了通向柏林的大门。

罗科索夫斯基元帅指挥的白俄罗斯第二方面军是在打完另一场战役后，于4月18日发起进攻的。他们利用两天时间强渡奥得河，牵制了柏林以北德军维斯瓦集团军群的兵力，有力地支援了白俄罗斯第一方面军的攻势。

战争狂人希特勒在风雨飘摇中迎来了4月20日他的五十六岁生日。他早已失去了往日不可一世的气焰，背部佝偻，双目失神，手臂不时地颤抖。他颤颤巍巍地走进五十米深的总理府地下室的会议室，主持例行的局势讨论会。

突然，"轰！""轰！"两声巨响，苏军远程火炮发射的两枚五百公斤炮弹落在地下室入口附近，震得地下室里的纳粹头目们大惊失色。心怀鬼胎的空军总司令戈林、党卫军首脑希姆莱、外长里宾特洛甫等人纷纷借故离去。

众叛亲离的希特勒脸色苍白，先是一阵茫然，突然脖子涨得通

红，大喊大叫道："我绝不投降！投降！那是懦夫、骗子、劣等人的勾当！不，谁都没权力让我投降，也不能让我离开柏林一步！"

就在科涅夫麾下的第四坦克集团军与朱可夫的近卫第二坦克集团军在柏林以西会合，完成对柏林合围的4月25日，乌克兰第一方面军近卫第五集团军已经向西推进到易北河，与美军第一集团军的部队会师。一名美军中尉与一名苏军少校的手握在了一起，随后两人紧紧地拥抱。

苏军攻进柏林市区后，与德军展开了异常惨烈的巷战。守城的德国士兵大都是白发苍苍的老人与十三四岁的孩子，他们深受纳粹宣传的毒害，流着泪，用机枪、步枪、反坦克火箭筒，从窗口、街角、下水道疯狂地袭击苏军坦克和步兵。苏军不得不一幢屋、一条街地争夺，在遍地瓦砾的柏林市区缓缓推进。但是，最终的胜利必定属于越战越强的苏联红军。

希特勒自知末日已到，在苏军攻占国会大厦的同一天自杀。5月2日下午3时，德军停止抵抗，柏林城防司令率残部投降，柏林战役胜利结束。5月7日，德国宣布无条件投降。5月9日凌晨，朱可夫元帅代表盟军主持了德国的投降仪式，凯特尔元帅代表德军最高统帅部，无奈地在无条件投降书上签了字。

苏军攻克柏林，标志着德国纳粹政权的彻底垮台，希特勒苦心经营的第三帝国的彻底灭亡；同时标志着第二次世界大战欧洲战场的战事落幕，伟大的反法西斯战争取得了决定性的胜利。日本法西斯的彻底失败也为期不远了。

256

死亡工厂

火车停了下来，像沙丁鱼一样挤在车厢里的犹太人被赶下了车。他们瞪大惊恐的眼睛四处探望着，见巨大的标示牌上写着"奥斯威辛"的字样，站台上忙忙碌碌的，还有一个乐队在演奏着轻快的音乐。从站台向远处望去，一片修剪得很好的草地上鲜花盛开，一排排整齐的房子鳞次栉比。已经受尽了惊吓的犹太人终于把提在喉咙口的心略略放了一点下来。

很快，佩戴着党卫队标记的德国军官把下车的犹太人分成两群：看上去强壮的和看上去瘦弱的。犹太人的心又开始抽紧了。

来这儿之前，纳粹告诉他们，在波兰的奥斯威辛建立了一个类似耶路撒冷的犹太人居留区。犹太人信以为真，带上所有值钱的东西上了火车，却不知自己走上了死亡之路。

比较强壮的一群先被带离了站台送进消毒站。他们被剃光头发，脱光衣服洒了一身药粉之后，换上一套破旧的囚衣，每个人的左臂都编上号码。

其余的犹太人被领到一座巨大的房子前，门口挂着"浴室"的牌子。纳粹军官用友善的口吻告诉他们在门外脱光衣服，排队进入浴室洗澡消毒。犹太人开始还真的相信只是把他们带来消灭身上的虱子，一走进"淋浴间"，他们发现上当了，哪有两千多人像沙丁鱼似的挤着淋浴呢？

厚重的大门关上了，并加了锁，"淋浴间"被密封起来。德国

兵从屋顶上蘑菇形的通气孔倒下紫蓝色的毒药，倒完后立即把气孔封上。浴室里马上响起一片尖叫声，人群发疯般地涌向大门想逃出去，可大门关得死死的，很快门口的人就堆成了一座小山。不一会儿，人们身上发青，血迹斑斑，直到痛苦地死去。

过半小时左右，抽气机把毒气抽掉，大门打开了。尸体被一个个严格检查。在纳粹眼里，尸体上有许多宝贵的战略物资：嘴里镶的金牙可以敲下来熔成金块，头发可以编织成地毯，脂肪做成肥皂，人皮剥下来可以做灯罩……最后，尸体被运往焚尸炉焚烧，烧剩的骨渣运到工厂磨成粉末，可以当做肥料。

侥幸暂时逃过毒气室的"犯人"住进了一排排平房里。房内阴暗潮湿，钉满三层木板通铺，一个二百平方米的房间最多时住了一千名"犯人"。整个集中营用带刺的铁丝网围住，每隔二十米就有一座岗楼。为了便于监视，偌大营区内没有一株树木。

犹太"犯人"们被逼从事繁重的劳动，还时常受到各种残酷的刑罚。纳粹们手里时刻攥着皮鞭或钢索，把"偷懒"的"犯人"抽打得血肉横飞；企图反抗的"犯人"被关进狭小的笼子里不见天日；有时，仅仅因为取乐，纳粹就强迫"犯人"趴在地上，跳起来匍匐前进，再双膝行走。企图逃跑的"犯人"，更会受到最残酷的惩罚，直至死刑。

纳粹的军官为了加快"犯人"的"工作效率"，有时会在高处，用装在狙击步枪上的瞄准镜巡视工地，看到哪一个"犯人"慢了下来，扣动扳机就是一枪，用飞溅的脑浆和鲜血来提醒周围的"犯人"加快速度。

集中营里还定期检查"犯人"的身体情况是否能够继续进行工作。"犯人"们当然知道不能工作就意味着进毒气室。所以，每次检查时，他们总会咬破手指，将鲜血涂在嘴唇上，显得气色很好；赤身裸体地在广场上绕圈跑步时，他们尽量挺起胸膛，坚持到

最后。

奥斯威辛原是一片宁静而美丽的乡村，1939 年波兰被德国侵占后，一个高效率的杀人工厂建立起来了。奥斯威辛集中营由三个部分组成。一号营，也被称作母营。二号营，也就是比克瑙集中营。三号集中营由大约四十个下属集中营组成，其中最大的一个在莫诺维茨，被称作莫诺维茨集中营。奥斯威辛是希特勒种族灭绝政策的执行地，是第三帝国——纳粹德国最大的死亡工厂。

奥斯威辛集中营有五座配有毒气室的焚尸炉、两间内置焚尸沟的毒气室。它的毒气室有时一天竟毒死六千多人。从 1940 年 6 月开始，成批的战俘和无辜的百姓每天从欧洲各地被运到这里，到苏军解放这里之前约有四百万人，其中绝大部分是犹太人。他们被送往集中营的唯一理由是他们的民族出身，他们不是被饿死、病死、被拷打折磨而死，就是被毒气杀死。

奥斯威辛集中营里也有一家"医院"。这家医院并不是给"犯人"们看病的，法西斯医生经常用活人进行细菌武器的研究和其他"科学"试验。门格勒是集中营的主任医生，他因为在"犯人"的身上进行疯狂和野蛮的实验而被称为"死亡天使"。他还专门进行双生子的生物学"研究"。来到集中营的孩子，一般送到毒气室毒死，而双胞胎则被送到门格勒处接受试验。一对双胞胎之一死于某种异常病症，另一个双胞胎马上被门格勒用手枪击中脑部，并立即解剖，目的是为了确定他的器官上是否有他同胞兄弟姐妹的类似的病症。

罗马尼亚的犹太人珀拉·奥维奇是一个侏儒。他的九个哥哥姐姐中有六个是侏儒，是世界上最大的侏儒家庭。1944 年 5 月，珀拉一家到了奥斯威辛后，门格勒如获至宝。

"太好了，在他们身上可以工作二十年。"门格勒想要解开人类生长之谜，六个侏儒和他们两个发育正常的姐妹，还有一个周岁

大的小孩就成了残酷的实验品。

他们和一群双胞胎一起，接受门格勒的试验。他从他们的血管里抽血；从脊柱里抽骨髓；拔下他们的头发和臼齿；往他们的眼睛里滴溶液使他们短暂失明；往他们的耳朵里灌热水和冷水；往不同的神经中枢里插针；在头上贴电极……

在奥斯威辛集中营，即使婴儿也不能幸免，也要受相同的试验。有一次，珀拉家的一个婴儿蹒跚地走到门格勒面前叫他"爸爸"，然后等着他来抱。门格勒笑了，摸着他的头告诉他："我不是你的爸爸，是你的伯伯。"然后就把婴儿放上了实验台。

珀拉一家害怕极了，一旦实验全部结束，他们就会被装进灌满福尔马林的瓶子里。可怜的一家人只能盼望残酷的实验不要结束。万幸的是，他们熬到了战争结束，成为进了集中营后全家再活着出来的唯一的家庭。

1945 年 1 月，苏联红军解放了奥斯威辛，七千名剩余的囚犯获得了解放。苏军战士进入集中营后，发现纳粹来不及毁灭的旧皮鞋、日常用品、眼镜、皮箱等堆积如山，来不及被纳粹运回的犹太人的头发有七吨。被解放的囚犯骨瘦如柴，几个星期后还习惯性地把面包藏起来。他们不相信能天天吃上饭。由于担心送死，一些人始终拒绝去洗澡和打针。

战后，波兰政府将奥斯威辛建成展览馆，为的是让全世界的人们永远记住在这里被纳粹残杀的四百多万犹太人，永远记住这段血腥的历史。

257

"曼哈顿计划"

二十世纪三十年代，以原子科学为基础的核技术取得了一系列突破性的进展。1939 年 3 月，诺贝尔奖获得者、杰出的美籍意大利科学家费米提出了用中子轰击原子核产生链式反应的大胆设想；依据这一理论，他向美国海军提出建议，利用铀的裂变释放巨大能量的原理制造原子弹。差不多与此同时，纳粹德国也正在利用核物理科学的最新成果，秘密进行一项巨大的工程，企图制造出一种空前绝后的毁灭性武器。

这一惊人的消息传到美国，让许多正直的科学家十分震惊，尤其是那些曾遭受纳粹迫害，从德国逃到美国的科学家，如匈牙利科学家西拉德、犹太女科学家迈特纳等人，更是忧心如焚。当时，欧洲正处在二战爆发的前夜，气氛非常紧张，这些科学家担心，一旦纳粹德国抢先制造出原子弹，将是人类的可怕灾难。

在这种情况下，西拉德等人找到爱因斯坦，请他出面给罗斯福总统写一封信，请求美国务必赶在纳粹德国之前造出原子弹。因为他们知道，作为相对论的发明者，爱因斯坦对科学超凡的理解力和强烈的正义感，使他成为德高望重的伟大科学家，他也是从纳粹的魔爪下逃到美国的。

就这样，一封由别人起草、爱因斯坦签名的信，在这年 10 月 11 日由罗斯福的科学顾问萨克斯带进了白宫的椭圆形办公室。萨克斯给总统读了这封信，信中说明了德国正加紧制造原子弹的严峻

形势，请求总统马上设置相应的权威机构，由专人负责，加速研制工作的进行。

"……就我所知，目前德国已停止出售它侵占的捷克铀矿的矿石。如果注意到德国外交部次长的儿子在柏林威廉皇帝研究所工作，该所目前正在进行和美国相同的对铀的研究，就不难理解德国何以会有此举了。"

罗斯福默默地听萨克斯念完这封信，也许他的心思正集中在刚刚爆发的欧陆战事上，也许他还没有领会爱因斯坦信中的深意，他只是淡淡地说了一句："这些都是很有趣的，不过现在由政府出面组织，是不是为时过早？"

萨克斯十分失望，怎样才能说服总统呢？他陷入了沉思。第二天早上，罗斯福邀请萨克斯共进早餐。他似乎知道萨克斯想说什么，一边把刀叉递给萨克斯，一边说："今天不许再谈爱因斯坦的信，一句话也不许谈。知道吗？"

聪明的萨克斯只字不提爱因斯坦的信，而是给罗斯福讲了一个历史故事。

当年，拿破仑几次三番想征服英伦三岛，但都由于英吉利海峡这一天堑而望洋兴叹。就在他一筹莫展之际，美国发明家富尔顿给他出了个主意，只要建造一支动力强大的蒸汽舰队，就定能一举跨越海峡，打败英国。但是，曾经横扫欧洲大陆、并在军事理论上锐意创新的拿破仑，这时却显得非常保守，拒绝了富尔顿的建议。假如当初拿破仑采纳了富尔顿的建议，十九世纪的欧洲历史就得改写。

萨克斯的迂回战术终于打动了罗斯福总统。10 月 19 日，罗斯福果断拍板，成立一个代号为"S—11"的特别委员会，专门负责核武器的研制工作。

珍珠港事件爆发的前一天，即 1941 年 12 月 6 日，美国成立了

一个庞大的工程机构——曼哈顿工程管理区，它的使命就是负责设计制造原子弹。第二年8月，美国陆军工程兵团建筑部副主任格罗夫斯将军走马上任，主持了"S—11"委员会的科学家、高级管理人员会议，决定实施"曼哈顿计划"。这一计划规定，原子弹研制工作的所有指挥权都集中在曼哈顿工程管理区，由格罗夫斯将军坐镇指挥，著名物理学家奥本海默教授领导新墨西哥州原野中的洛斯阿拉莫斯实验室，具体负责原子弹的研制工作。奥本海默教授在这项工程中显示了卓越的组织才能与人格魅力，他后来被誉为美国的"原子弹之父"。

由于格罗夫斯将军的前任马歇尔上校的办公室最初设在纽约，纽约有个著名的曼哈顿区，美国研制原子弹的计划就被命名为"曼哈顿计划"。这项计划高度保密，直接受总统控制。连副总统杜鲁门也是在罗斯福总统1945年4月去世之后，接任总统时才知道的。

在紧张秘密地研制原子弹的同时，美国与英国密切合作，严密监视纳粹德国的核计划。1943年2月17日，英军的一支特种小分队神不知鬼不觉地在挪威空降，成功地炸毁了设在山谷中的纳粹的重水工厂。这使得纳粹至少在一年内生产不出控制核反应堆必不可少的重水，对希特勒是个致命的打击。

经过十万人三年的努力，耗资二十亿美元的"曼哈顿计划"终于到了收获的时刻。1945年7月16日清晨五点三十分，世界上第一颗原子弹在美国新墨西哥州阿拉莫戈多沙漠中爆炸成功。震天动地的爆炸巨响传到了一百六十公里之外，燃烧的高温达到了太阳表面温度的一万倍，三十米高的铁塔眨眼间化为乌有。

正在德国参加波茨坦会议的美国总统杜鲁门，收到第一颗原子弹爆炸成功的绝密报告，异常高兴。7月24日会议结束那天，他走到斯大林的翻译面前，故作轻松地说："请你告诉大元帅，我们已经完善地制造出了威力很大的爆炸物，准备用来打日本，我们想它

将使战争结束。"

斯大林不卑不亢地回答，他希望总统很好地利用它来对付日本。

杜鲁门也许不知道，神通广大的苏联情报机关早已掌握了"曼哈顿计划"。斯大林一离开会场，就向国内发回指示，加紧发展苏联自己的原子弹。

258

广岛上空的蘑菇云

太平洋西北部的马里亚纳群岛中，有一个提尼安岛。美军攻占马里亚纳群岛后，就把一个秘密空军基地驻扎到提尼安岛。1945年8月6日凌晨两点四十五分，美军第五百零九特种大队的三架B-29"空中堡垒"轰炸机奉命起飞，震耳欲聋的引擎声打破了长夜的静寂。其中的一架"伊诺拉·盖伊"号B-29轰炸机上装着一枚绰号"小男孩"的原子弹，蓝色的弹壳上涂着嘲笑、辱骂日本天皇的字句，还有美艳照人的好莱坞女明星海沃丝的照片。

亲自驾驶这架轰炸机的大队长蒂贝茨上校也许太紧张了，也许是飞机的负荷太重，眼看就要滑到跑道尽头，机头还是没有拉起来，蒂贝茨浑身已被汗水湿透。说时迟，那时快，他用足全力把操纵杆朝后猛拉，在离跑道尽头只差几厘米的地方，机头猛地抬起来了，然后呼啸着直冲繁星闪烁的茫茫夜空。

蒂贝茨上校的紧张情有可原，因为他们去执行的将是一项震惊全球的使命。

珍珠港事件爆发后，美军经过中途岛大海战，给予日本联合舰队毁灭性的打击，从此牢牢抓住了太平洋战争的战略主动权。瓜达尔卡纳尔岛争夺战、马里亚纳群岛战役、塞班岛战役、莱特湾海战，美军连战告捷。但是，越是逼近日本本土，日本人的抵抗就越是死硬顽强。在攻打硫磺岛的战役中，美军付出了伤亡三万一千多人的代价；随后美军在攻打日本的门户冲绳岛的"冰山行动"战役

中，更是吃足苦头，为夺下冲绳岛，美军的伤亡达到了空前的四万四千多人。

美军虽然打下了硫磺岛和冲绳岛，但是惨重的伤亡却让陆军参谋长马歇尔将军心情沉重；一想到假如攻打日本本岛，可能要伤亡一百万官兵，更是让他不寒而栗。有什么办法既能减少美军的伤亡，又能逼迫日本尽快投降呢？

马歇尔将军与陆军部长史汀生都想到了刚刚在美国新墨西哥州阿拉默戈多沙漠里爆炸成功的第一颗原子弹。但是，他们的设想遭到了不少科学家的反对，其中就有"曼哈顿计划"的参与者、丹麦著名物理学家丹尼斯·玻尔。他认为使用破坏力异常巨大的原子弹，后果不堪设想；他甚至准备为此事警告丘吉尔首相。另一位从德国移居美国的科学家、诺贝尔奖获得者弗兰克博士也是忧心忡忡，特意起草了一份报告，告诫美国如果使用这种毁灭性的武器，可能会失去全世界公众的支持；而且会"促进武器竞赛，损害达成今后控制这种武器的国际协议"。

尽管这样，投掷原子弹镇住日本、尽快结束战争的意见还是占了上风。杜鲁门总统在 7 月 22 日批准对日本使用原子弹。经过反复论证，最终选定原子弹的轰炸目标为四个：小仓、广岛、新潟和长崎。

杜鲁门决定使用原子弹，还有更深的含义。他很清楚，战后妨碍美国称霸全球的唯一对手将是强大的社会主义苏联，必须敲山震虎，给苏联一个下马威。正如他后来说得再明白不过了："炸弹投在日本，正是为了在苏联收到效果。"

另一方面，死到临头的日本法西斯依然执迷不悟。他们像输红了眼的疯狗，狂喊乱叫不惜"一亿玉碎"、"本土决战"，准备把日本领向彻底灭亡的死路。日本法西斯当局进行了大规模的战争动员，一再降低征兵年龄，规定从十五岁到六十岁的男人、十七岁到

四十五岁的女人都必须参加"义勇兵"。农民拿起农具当长矛，小孩举起竹棍练拼刺。甚至夜总会里的舞女，也被军国主义的狂热鼓动得拿起步枪去练射击。

针对中、美、英三国在7月26日发表的敦促日本无条件投降的《波茨坦公告》，日本首相铃木竟然狂妄地宣称不予理睬，要把战争进行到底。

从7月27日到8月1日，美军飞机连续六天在日本各城市空投了一百五十万张传单和三百万份《波茨坦公告》，警告日本只有无条件投降，否则将面临更加猛烈的空袭。每次散发传单后，就是一顿狂轰滥炸。但日本当局还是无动于衷。

美国决定，按照原计划投掷原子弹。于是，8月6日凌晨，美军的三架气象侦察机首先飞往日本。在接到气象侦察机传来的日本天气晴朗的报告后，蒂贝茨上校便率领三架"空中堡垒"向广岛方向飞去。

早上八点零九分，三架"空中堡垒"飞到了广岛上空。街上的人们对每天都要"光临"的美军轰炸机已经习以为常了，却不知一场可怕的灾难就要掉到他们的头上。八点十四分，蒂贝茨上校下令机上的人员戴上护目镜。投弹手费雷比少校将轰炸瞄准器的十字线牢牢地对准了广岛那座著名的相生桥。

"投弹！"随着蒂贝茨上校一声令下，八点十五分十七秒，"伊诺拉·盖伊"号炸弹仓的门自动打开，装着原子弹"小男孩"的降落伞从九千六百米高空迅速落下，五十秒之后，"小男孩"在离地面六百米的空中爆炸，先是出现一道刺眼的带白色的粉红色闪光，随即一团蘑菇状的烟云腾空而起。

"我的上帝！"蒂贝茨听到机上有人惊叫了起来。他以一个强劲的俯冲，将轰炸机向右转去，以尽力避开爆炸点。

刹那间，广岛化成了一片熊熊的火海。只见岩石被熔化，工

厂、民房、花园及其他建筑物随着大爆炸的气浪炸得四分五裂，碎片被旋转的热风卷到空中；许多人被当场活活烧死，被核反应的强光击中或被烈焰灼伤的人痛苦地在地上打滚，发出撕心裂肺的惨叫。当场死亡以及患上放射病在二十天后慢慢死去的人数达到十三万。

正在美军"奥古斯塔"号巡洋舰上与水兵们共进午餐的杜鲁门总统，接到广岛被炸的电文后兴奋地喊道："这是有史以来最伟大的事情！"

十六个小时后，日本收听到了杜鲁门向全世界广播的声明："这是一枚原子弹，它驾驭的是宇宙间的基本力量，太阳从之获得能量的那种力量，我们把它释放出来对付那些在远东发动战争的人。"

杜鲁门总统警告日本，假如不投降，更大的毁灭性打击将从天而降。但是，日本法西斯仍然负隅顽抗。8月8日，苏联正式对日本宣战，苏联红军出兵中国东北，号称日本"皇军之花"的关东军土崩瓦解；8月9日，美国在长崎扔下第二颗原子弹。日本天皇终于撑不住了，8月15日，他用颤抖的声音在广播中向中、美、英、苏等同盟国宣布，日本战败，无条件投降。

259

关东军的末日

　　红旗飘扬，军歌嘹亮，1945 年 6 月 24 日，苏联军民在著名的莫斯科红场举行了庆祝卫国战争胜利大型阅兵式。在威武整齐的白俄罗斯第三方面军的千人方阵里，司令员华西列夫斯基元帅昂首阔步地走在最前面。只有很少人知道，他已经被苏联最高统帅部任命为远东苏军总司令，正紧张秘密地准备远东战事；同样，也只有很少人知道，根据雅尔塔秘密协定，苏军将在对德战争结束后三个月对日宣战。

　　据情报部门提供的情报：日军当时在本土和沿海岛屿上有二百三十万军队；在中国内地沿海有八十万军队；在中国东北三省有一百万军队。当然，进攻日本本土是最快速有效的手段，但苏联的海军尚不具备大规模登陆作战的能力；中国内地的日军兵力分散，不容易速战速决；只有号称精锐的关东军，人数多，布置密集，比较容易形成大规模的歼灭战。

　　由山田乙三大将指挥的日本关东军拥有近一百万的作战兵力，在滨海地区苏军进攻的正面，依靠天然地形屏障，构筑了大纵深的坚固防御阵地体系。日本一直宣称关东军是日本最精锐的部队，装备好，训练精，叫嚣"宁可放弃本土，也不放弃满洲"，摆出一副顽抗到底的架势。

　　但是，外强中干的日本法西斯已经无法阻挡苏军的滚滚铁流。连接苏联欧洲和远东地区的唯一大动脉——长达七千四百公里的西

伯利亚大铁路，从 1945 年 5 月起，经受了它有史以来最大的一次考验：苏军历史上最大的一次兵力调动在它身上展开了。一百五十万士兵，两万门各种火炮，五千辆坦克，四千架飞机，共需大约十三万六千节车厢、车皮来运输；铁路上民用运输几乎完全停止了，一辆辆军事专列日夜奔驰在铁轨上，有时列车首尾相接，长达几公里。

1945 年 8 月 8 日，苏联驻日大使马立克向日本政府递交宣战书。此后，国民政府外交部长王世杰在同意苏军出兵的条约上签字。尽管条约太屈辱了，特别是同意外蒙古独立，那是二百三十万平方公里土地呀，连腐朽的清政府也没敢答应，但蒋介石为了换取美国支持他发动内战，一咬牙，认了。

第二天零点十分，华西列夫斯基元帅一声令下，一百五十万苏军发起了排山倒海般的进攻。五千辆坦克轰鸣着碾过了国境线，上千架满载炸弹的轰炸机，在歼击机的掩护下，冲进大雨瓢泼的夜空。许多日本边境守备队的士兵，被枪炮声从睡梦中惊醒时，已经稀里糊涂地当了俘虏。在大多数地区，日军根本无法阻挡苏军的进攻，甚至连逃跑也来不及。苏军的坦克已经深入敌后，切断了他们的退路。

但是，长期受法西斯思想和武士道精神灌输的中下级军官，驱使着士兵进行毫无希望的抵抗。他们丧心病狂地组织了陆上神风特攻队，全身挂满手榴弹，口中狂喊着"万岁"、"为天皇尽忠"的口号，冒着密集的子弹，冲向苏军的坦克同归于尽。不少地区的日军还派大量士兵，身上捆着炸药，分散潜伏在苏军进攻的地区，组成所谓的"流动雷场"，企图阻止苏军的坦克部队。

在绥芬河，日军筑有密密麻麻的碉堡群，配备五十多个炮兵阵地。苏军第五集团军用三千五百门大炮、四百多门"喀秋莎"火箭炮、一千六百架次飞机，进行了四个小时的毁灭性轰炸，十几米厚

的土层、三米多厚的钢筋水泥地堡被一层层地剥去。日军的炮火终于哑了，苏军战士高喊着"乌拉"发起冲锋，但日军阵地上又响起密集的枪声。原来，狡猾的日军躲在二十几米深的地下，苏军摧毁了第一层地堡，他们从第二层、第三层地堡里钻上来，用轻重机枪向苏军进行疯狂的扫射。经过血战，表面阵地被苏军占领，残余的日军又全部转入地下永久工事。

"放下武器投降吧，你们已经没有出路了！"苏军战士在外面喊话。

"我们投降，我们投降。"日军在里面回话。

苏军停止了射击，等待日军出来投降。一队日军高举着双手走了出来，走到苏军跟前的时候，突然一下子散了开来，一个个往苏军人多的地方扑去，紧接着爆炸声四起，一大片苏军倒在血泊之中。他们就是神风特攻队员，事先在身上绑满了炸药，以投降为名，出来跟苏军同归于尽的。愤怒的苏军在地堡上安装了成吨的炸药，把地堡一层层地炸开，直到最后一层，所有负隅顽抗的日军都被炸死在了地堡中。

8月10日，中共中央决定向关内的日军展开大反攻。八路军、新四军各部向华北各地铁路沿线的日军发动全面猛攻，牵制华北日军向东北增援，有力地支援了苏军的行动。

两天后，在苏军强大的攻势之下，日本关东军的指挥部被迫从长春转移到通化，关东军一下子失去了统一的指挥，更加不堪一击。仅仅四天不到，关东军的主力已经被歼灭了。

经受了原子弹袭击的日本，原想继续抵抗，但关东军的灭亡，促使日本天皇从侵略者的迷梦中惊醒，8月14日，日本天皇发表文告，宣布战败。

19日清晨，苏军特命全权代表阿尔乔缅科上校一行十一人飞抵长春，他只身一人闯进了关东军司令官山田大将的办公室，使山

田大将成为苏军的俘虏，在此开会的日军高级将领被惊得目瞪口呆。

就在这一天的十三点十五分，苏军普里图拉少将率一支二百二十五人的伞兵分队飞抵奉天（今沈阳）机场，苏军刚刚占领了机场，还没有完成对机场四周的兵力戒备，突然，一架身上涂满了绿绿黄黄伪装花纹的日本军用飞机，傻头傻脑地降落在跑道上，根本不知道机场已经落到了苏军手里。苏军战士迅速地冲上跑道，把尚未停稳的飞机团团围住，俘虏了这架飞机。

过了一会，从飞机上走下来一大溜人，有中国人，也有日本人。一个高高的、瘦瘦的、戴着金丝眼镜的人引起了苏军的注意，从周围人看他的目光中，普里图拉感到，这是这群人的头。经过查问，他才惊讶地发现自己在无意中立了大功，被俘虏的正是伪满洲国的皇帝爱新觉罗·溥仪和他的随行高级官员，伪满洲国的头面人物几乎被一网打尽。普里图拉兴奋得合不拢嘴，只顾押送溥仪走向候机楼。只听身后一阵喧哗，他一问，才知道随行的"御用挂"吉刚（日本高级顾问）悄悄地溜回机舱，剖腹自杀了。苏军战士只是听说过日本的武士会有这种"壮举"，但亲眼看到了血淋淋的剖腹现场，饱经战火的战士们还是禁不住发出了惊呼。苏军军官懊悔地一摆手："算了，反正大鱼已经捕到了，小虾就不考虑了。"

苏军乘胜向前，消灭一切继续顽抗的日军，迅速占领了内蒙古东部、东北全境、库页岛、千岛群岛和朝鲜三八线以北地区。到8月31日，战斗全部结束，至此，华西列夫斯基元帅指挥的远东战役以击毙日军八万四千人、俘敌五十九万四千人的胜利而告终。

人类终于从二战的苦难中彻底摆脱出来了。

260

联合国的成立

在纽约繁华的曼哈顿区，有一块人类共有的"国际领土"，它就是联合国的总部。

创建联合国的想法，是在反法西斯战争最艰苦的岁月中开始酝酿的。1941 年，罗斯福和丘吉尔发表了《大西洋宪章》，提出要在战胜法西斯之后，建立一个"广泛而永久的普遍安全制度"。

第二年 1 月 1 日，二十六国代表在华盛顿签署了共同抗击法西斯的《联合国家宣言》，一致赞同《大西洋宪章》所规定的宗旨和原则。同时，战后"广泛而永久的普遍安全制度"的设想，被反法西斯的中、美、苏、英等同盟国家所接受，宣言首次使用了"联合国家"一词，作为反法西斯国家的总称。

1943 年，反法西斯战争的胜利已现曙光，建立战后世界新秩序被提上议事日程。这年 10 月底，在苏联莫斯科签订的《中、苏、美、英四国关于普遍安全的宣言》，首次呼吁建立一个国际安全机构。

1944 年 8 月 28 日至 10 月 7 日，在华盛顿附近的敦巴顿橡树园，先后举行了美苏英和中美英三国会议。敦巴顿橡树园是一个古老的庄园，以前属于富有的美国外交官罗伯特·伍兹·布利斯的家族所有，后来成了哈佛大学的产业，这次被美国国务院临时租用作为会场。

庄园高雅而幽静。入口处的大铁门上饰有精美的花纹，进入庄

园后，映入眼帘的是一片精心设计的园林，草地修剪得整整齐齐，夹竹桃正在怒放。园林尽头的高坡上，大树环抱之中掩映着一栋三层楼别墅，墙上爬满了长春藤。会议大厅就设在这栋别墅的底楼。

会议建议未来的国际组织名称为"联合国"，规定了联合国的宗旨和原则，以及联合国大会、安全理事会、秘书处等主要机构的组织和职权。

苏联担心自己在联合国大会和安理会内遭到孤立，尤其是战时"三巨头"在美英两国的坚持下增加了中国和法国，逐渐扩大成"五大国"之后，这种担忧更为强烈，因此断然拒绝对否决权施加任何限制。在第二年的雅尔塔会议上，就安理会表决程序适用"大国一致原则"达成协议，史称"雅尔塔公式"。

英国拥有世界上最多的殖民地，所以丘吉尔对托管殖民地的问题也最为敏感。雅尔塔会议期间，美国国务卿斯退丁纽斯说，未来的安理会常任理事国应该在联合国成立以前，就殖民地和附属国的托管问题进行磋商。

这时，丘吉尔非常激动地打断了他的话头，极为愤慨地说："英国为维护不列颠联邦和不列颠帝国的完整，进行了多少年的艰苦斗争，我相信这个斗争将获得完全的胜利，只要不列颠的旗帜飘扬在不列颠帝国的领土上空，我绝不肯让哪怕是一小块不列颠帝国的土地由四十至五十个国家实行拍卖。"

他表示英国决不会同意自己因为此事而被置于国际法庭的被告席上。

罗斯福赶紧出来打圆场，劝说丘吉尔听完斯退丁纽斯的讲话再作评论。

丘吉尔仍然怒气冲冲，不肯罢休地说："假如我们被一脚踢开，我自然无话可说。只要飘扬着不列颠国旗的每一块土地被人们拖到被告席上，只要我还活着，我就要反对。"

斯退丁纽斯对丘吉尔的发作毫无准备，弄得一脸尴尬，忙不迭地解释托管机构仅仅负责处置敌国的附属地区，比如日本在太平洋上的岛屿，他反复强调这一安排无意涉及英帝国。

丘吉尔听清了美国的意图，马上口风一转，大言不惭地表示："大不列颠并不想扩大自己的领土，但也不反对托管一些敌人的领地，不过最好还是在文件上写明，托管并不涉及英帝国。"

在雅尔塔会议上，由于斯大林的强烈要求，英、美同意不拥有主权国家地位的乌克兰和白俄罗斯以主权国家身份加入联合国，这样，苏联拥有三个投票权。

1945年4月25日下午四点三十分，联合国制宪会议在旧金山市中心的歌剧院举行。楼下大厅是主会场，主席台上设四个座位，是大会临时主席、加利福尼亚州州长、旧金山市市长和大会秘书长的专席。主席台的后方悬挂着四十六个国家的国旗。阿根廷、丹麦等四个国家被邀请参加会议。

会议临时主席、美国代表团首席代表斯退丁纽斯首先发表了简短的讲话，大会收听了美国新任总统杜鲁门的讲话及其他一些要人的贺词。

联合国的主要缔造者之一罗斯福在会议开幕前十余天逝世了，继任总统杜鲁门同样十分重视这次会议，他在讲话中重点强调了联合国对世界和平与人类发展的意义："你们是美好世界的建筑师，我们的未来就掌握在你们的手里。由于你们在这次会议上的努力，我们将知道在苦难中的人类可能得到公正和持久的和平。"

6月26日举行《联合国宪章》签字仪式。签字仪式在旧金山退伍军人纪念堂举行，大礼堂的讲台上插着数十面会员国国旗，大圆桌上放着五种文本的宪章，它们分别用中、法、英、俄和西班牙文写成。

大会指导委员会以中国抵抗侵略最先，特准为签署《联合国宪

章》的第一签字国。中国代表团团长宋子文和胡适因故不在，所以没有在《联合国宪章》上签字。其他八名代表，包括中国共产党的代表董必武在宪章上庄严地签上了自己的名字。这一宝贵历史记录至今还保存在纽约联合国总部。

接着是苏联、英国、法国三个常任理事国的代表依次走向了签字台，其他国家依照各自国名的英文字母顺序签字。美国作为东道国，最后一个签字。杜鲁门总统率领美国代表团参加签字仪式。签字仪式是庄严而隆重的，来不得半点儿草率和仓促，花了整整八个小时。

1945 年 10 月 24 日，联合国宪章正式生效。这一天后来被定为"联合国日"。

第二年的 1 月 10 日至 2 月 14 日，在伦敦举行联合国大会第一届会议，联合国正式开始工作。第一次世界大战后建立的国际联盟早已名存实亡，于 1946 年正式宣告解散，其财产和档案材料全部移交联合国。

261

纽伦堡大审判

二战的硝烟在欧洲刚刚散去，欧洲国际军事法庭在德国南方城市纽伦堡，对第一批二十一名首要战犯进行了审判。

1945 年 11 月 20 日，纽伦堡，欧洲国际军事法庭。

审判大厅里，人声嘈杂。来自英、法、美、苏，以及德国和其他国家的工作人员、辩护律师及听众把大厅挤得满满的，战犯们也已坐在被告席上。他们衣着敝旧，以前那种颐指气使的神气一扫而光，看着他们那副无辜的神情，很难想象他们曾经使整个欧洲暗无天日。

当各国法官走上法官席时，大厅里安静了下来。英国的劳伦斯法官主持审判，主起诉人宣读了五万多字的总起诉书，战犯们被起诉的罪名有：策划阴谋罪、破坏和平罪、战争罪以及破坏人道罪。赫尔曼·戈林、鲁道夫·赫斯、冯·里宾特洛甫、卡尔腾·布隆那、罗森伯格、邓尼茨、沙赫特等战犯无一例外地否认有罪，戈林甚至准备了长篇的书面发言为自己辩护，被法官制止后，还悻悻地声明他是无罪的。

大厅里开始不安地骚动起来。这时，苏联主起诉人走上了讲台，他准备好了用事实进行回击。应他的要求，法庭播放了一部影片，它是用缴获的德军拍摄的影片剪辑而成的。由于没有倒片，所以放出的影像是倒立的。战犯们当然不肯放过任何一个嘲笑苏联的机会，在被告席上笑得前仰后合。不过，他们很快就笑不出来了，

影片中德军的暴行震撼了在场的每一个人。战犯们开始默不作声，竭力装出一副与己无关的样子，只有与苏德战场没有多大关系的赫斯在座位上不安地扭动起来，不久就中途退场了。

重挫了战犯们的气焰后，苏联主起诉人指出：这次审判具有深远的历史意义。这是有史以来第一次，将那些把国家作为犯罪工具的罪犯们送上了法庭，这也是有史以来第一次，不仅将对这些罪犯本人，还将同时对犯罪机构和组织进行审判，对用来欺骗民众的思想和理论做出审判。

在纽伦堡审判期间，战犯们对犯下的罪行百般抵赖。

戈林，希特勒最重要的帮凶之一。这个一战时德国的空军英雄，挺着肥大的肚子，脸上堆满微笑，在公众场合总是摆出和蔼的面容倾听他人讲话，具有极大的欺骗性，被德国人称为赫尔曼大叔。但实际上他是一个城府很深、内心狠毒的家伙。正是他帮助希特勒建立了冲锋队和秘密警察，对德国乃至整个欧洲进行特务统治；正是他在担任经济部长期间，无视凡尔赛和约，推行四年计划，将德国资源的一半用于军事目的，使德国转入整体战经济轨道；正是他指挥德国空军对华沙、敦刻尔克、伦敦、列宁格勒和许多城市进行了狂轰滥炸；正是他与希特勒一起制定了进攻苏联的"巴巴罗萨"计划；正是他自认为居功至伟，要求希特勒指定他为元首继承人。此时却装出满脸的无辜，对任何问题的答复总是闪烁其词，把责任推得一干二净。

里宾特洛甫，纳粹外交部长。他平生最得意的是亲手签署了《苏德互不侵犯条约》，又亲手向苏联大使递交了宣战书。1941年6月22日上午，当苏联大使来到他的办公室时，他像一头被囚禁在笼子里的野兽，大步地走来走去，神情亢奋、目露凶光。交谈刚进行不久，他打断了苏联大使的讲话，大声叫嚣今天不谈这个，今天的话题是战争！

卡尔腾·布隆那，秘密警察的头子。在他领导下，杀人居然实行了流水线化。成千上万的犹太人被火车运到集中营，在挑出需要的技术人员后，其他人被赤身裸体地送入所谓的淋浴室。不幸的犹太人从水管中得到的不是清水，而是毒气。他们痛苦地尖叫着，手指在身上抓出一条条血痕，到处寻找可以逃命的出口，可是纳粹怎么会留一丝缝隙给他们呢。毒气室的门口，青肿的尸体一层又一层地堆成小山。死后尸体还不得安宁，焚烧前要拔下牙齿、剪去头发，因为在纳粹看来这也是战略物资。尸体则用轨道车运到大型焚尸炉焚毁，高高的烟囱始终冒着浓浓的黑烟，集中营周围的恶臭终年不散。据苏联调查，仅在奥斯维辛集中营，纳粹就屠杀了四百万犹太人。当法官问卡尔腾·布隆那对集中营中的屠杀应负什么责任时，他恬不知耻地说没有责任，直到法官向他出示他亲笔签字的屠杀命令时，他才哑口无言。

对战犯们的这种无赖行径，美国首席起诉人罗伯特·杰克逊愤怒地指出：被告们拼凑出来的图画荒谬得令人难以置信，如果他们的话还可信的话，那么上帝就不可信了，因为这等于说根本就没有发生过战争，没有发生过屠杀，也没有发生过罪恶。

经过大量的调查和取证，1946 年 9 月 30 日进行了总宣判。纳粹党组织、党卫军和秘密警察（盖世太保）被宣判为犯罪组织。10 月 1 日，戈林、里宾特洛甫、卡尔腾·布隆那等十一人以及缺席的鲍曼被判处绞刑；赫斯等三人被判处无期徒刑；施佩尔、邓尼茨等四人被判处有期徒刑；沙赫特、巴本和弗里茨被判无罪，当庭释放。对此，苏联依基琴科法官表示了不同意见，他不同意无期徒刑、有期徒刑和无罪释放的判决，要求战犯们偿命。10 月 16 日，对里宾特洛甫等人执行死刑。除了戈林在向他宣布死刑命令前服毒自杀外，其他战犯一个个被吊死在绞架上，他们也永远被钉在历史的耻辱柱上。

　　在纽伦堡大审判还没有结束的时候，经同盟国授权，中国等十一个国家在日本东京开始审判日本战犯。1948 年 12 月 23 日，东条英机、松井石根等法西斯元凶也被送上绞刑架。

　　纽伦堡大审判是历史上第一次对侵略战争的元凶们进行审判，它开创了将战犯送上国际法庭接受惩处的先河。尽管它对某些纳粹分子和机构过于宽大，但是一批恶贯满盈的首要战犯受到严厉惩罚，法西斯侵略战争的罪行受到揭露，是对法西斯力量的一次全面打击，是和平对战争的胜利，是正义对邪恶的胜利。它将永垂史册。

262

远东国际大审判

1945 年 9 月 2 日上午 9 点，是世界现代史上一个历史性的时刻。在停泊于东京湾的美国战列舰"密苏里号"上，举行了日本无条件投降的签字仪式。九天之后，即 9 月 11 日，盟军最高司令官、美国陆军五星上将道格拉斯·麦克阿瑟发布命令："逮捕日本战犯！"

下午一点多，三十多名美国宪兵奉命包围了日本前首相东条英机的寓所，大批记者闻风而动，纷纷赶来，将东条的住所围了个水泄不通。其实，早在 8 月 15 日，东条英机收听了裕仁天皇的无条件投降广播后，就彻底绝望了。他预感到自己的末日即将来临，已经做好了自杀的准备。

傍晚，美军宪兵少校保罗·克劳斯乘车来到东条英机家门口，他将负责执行逮捕任务。少校用不容置疑的口气对把守门口的宪兵命令道："告诉这个狗杂种，我们等的时间够长了，把他带出来！"

话音刚落，屋内传出一声沉闷的枪响，克劳斯立刻带领宪兵冲了进去，只见东条脸色苍白地倒在沙发上，手里拿着手枪，胸部流血的伤口十分刺眼。

盟军总部得知东条英机自杀，立即下令抢救。因为他是远东军事审判最重要的对象，不能让他轻易死掉。还好子弹没有击中心脏，很快就被救活了。

那些罪恶滔天的日本战犯为了逃避正义的审判，一个个地自绝

于世。12 月 16 日凌晨，对日本法西斯挑起战争罪责难逃的前首相近卫文麿公爵服毒自尽。在这之前，前侵华关东军司令官本庄繁、前华北方面军司令官杉山元、前台湾总督安腾利吉等人先后畏罪自杀。

经过半年多的准备，1946 年 5 月 3 日，由中、美、苏、英、法等十一国代表组成的远东国际军事法庭开庭。法庭设在原日本陆军士官学校礼堂内。审判长韦伯代表法庭致辞，他那清晰庄严的话语在法庭内回荡。

"我们完全了解我们担负的重大责任，历史上没有哪一次审判比这次审判更为重要。"

下午两点三十分，法庭重新开庭。当检察官以破坏和平罪、违反人道罪及共谋罪宣读完对日本战犯的起诉书时，甲级战犯、日本法西斯著名理论家大川周明突然发起疯来，他嬉皮笑脸地走到东条英机身后，故意把木屐踢向一边，随后脱下西服，解开衬衣扣子，怪叫道："我有精神分裂症，申请住院治疗！"

"没有医院证明，被告本人单方申请无效！"韦伯审判长厉声制止。他让宪兵把大川周明押下去，法庭恢复了安静。

但是，当庭审判的第一批二十八名甲级战犯，除了已经死亡的松冈洋右、永野修身，以及大川周明外，其余的二十五人，从东条英机、土肥原贤二，到板垣征四郎、松井石根，全都声明自己无罪。东条英机，这个"七七"事变的罪魁祸首、太平洋战争的阴谋策划者，要么百般抵赖，要么装聋作哑；"九一八"事变的主谋之一、大特务土肥原贤二针对对他的指控，狡诈地辩解道："一切指控都需要证据调查。"

远东国际军事法庭的中国检察官向哲濬心情异常沉重，他深感要彻底制服那些顽固奸猾的法西斯战犯，必须迅速找到大量切实的证据。于是，他特意赶回南京，向国民政府司法部求援。刚从英美

两国考察司法制度归来的著名法学家倪征燠博士，因此被任命为中国检察处的首席顾问。倪征燠沉着应战，组织中国检察处的成员奔赴全国各地，多方寻找能够提供证据的重要证人；到了日本后，倪征燠他们设法征得盟军总部的同意，让军事法庭的中国组成员进入已被封闭的日本前陆军省档案库，果然找到了土肥原贤二、板垣征四郎等被告在中国策划"九一八"事变、制造伪满洲国等大量罪证。

重新开庭后，倪征燠面对土肥原、板垣使出的各种抗辩伎俩和不光彩手法，义正词严、依法据理，与这些侵华战犯展开了针锋相对的交锋。他抓住时机给土肥原贤二以致命的打击："被告曾多次吹嘘日本要用刺刀、鸦片、特务'三大法宝'来灭亡中国。他首先利用鸦片作为征服中国计划的一部分。土肥原贤二走到哪里，就把哪里变成以鸦片通往军事侵占的坦途。"

倪征燠当庭展示了多份证据，有力揭露了土肥原在中国犯下的累累罪行。

一天，盟军总部法务处处长卡本德上校来找军事法庭的中国法官梅汝璈，对他说："贵国国防部已两次来电，请求东京盟军总部将战犯谷寿夫引渡到贵国去受审。我想知道您对这件事的个人见解。"

谷寿夫是侵华日军的中将师团长，一手制造了震惊中外的南京大屠杀。梅汝璈明白此人双手沾满了中国人民的鲜血，立刻坚决地表示："根据国际法则和远东委员会处理日本战犯的决议，对乙、丙级战犯，如对直接受害国，也就是暴行实施地国家的要求，盟军总部是不能拒绝引渡的！"

梅汝璈了解到盟军总部对这件事的态度还不明朗，生怕夜长梦多，立即找来罗集谊、唐铭等中国律师，商量如何促使盟军总部早日将谷寿夫引渡到中国。

唐铭略思片刻，出了个点子："既然卡本德上校已大体同意引渡方案，我看可以在报上披露你们的谈话内容。"

第二天清晨，有关盟军总部同意将日本战犯谷寿夫引渡给中国政府审判的特大新闻，出现在一家家中、英、日文报纸的头版显要位置，激起了巨大反响。盟军总部终于同意了中方的引渡要求。谷寿夫，这个大肆残害中国人民的刽子手，最终在南京雨花台伏法。观看行刑的无数百姓当场燃放爆竹，以示庆祝。

经过两年九个多月的审讯，1948 年 11 月 12 日，远东国际军事法庭最后一次开庭，当庭宣判日本前首相东条英机、侵华派遣军总参谋长板垣征四郎、"九一八"事变的策划与组织者土肥原贤二、南京大屠杀的首犯松井石根、前首相广田弘毅、前关东军参谋长木村兵太郎、前陆军军务局局长武藤章等七人死刑。12 月 23 日，东条英机等七名甲级战犯被送上绞刑架，结束了他们罪恶的一生。其余法西斯战犯也受到了应有的惩罚。

但是，世界各国人民在二战中付出的惨痛代价，却是空前的。光是苏联，死亡的军民人数就达到约两千万人；在中国，仅平民就死亡了一千八百万。

二战也彻底改变了世界格局。美、苏两个超级大国开始争夺世界霸权；一大批亚、非、拉美国家在战后纷纷独立，民族解放运动风起云涌，空前高涨。

263

“圣雄”甘地

1893 年，二十四岁的青年律师甘地接受了一个印度富商的聘请，来到那位富商开在南非纳塔尔的公司任职，负责处理公司的债务纠纷。

一天，甘地乘火车去首都比勒陀利亚。他买了一张头等车票，可还未在头等车厢坐定，一个殖民当局的官员就跟了进来，盛气凌人地对他说：“这儿不接待有色人种，你应该到货车车厢里去。”

“可是我有一张头等车票。”甘地理直气壮地回答。

“那不算数。如果你不走，那只能让警察来把你‘请’走。”那个官员蛮横地警告甘地。

甘地不理他，端坐不动。但是，一会儿，警察果然来了，不由分说便把甘地推出了车厢，并把他的行李扔到了月台上。

这件事对甘地触动很大。他满怀希望来到也是英国殖民地的南非，原以为凭着自己留学英国、在英国考取的律师执照，在这里可以干一番事业，但仅仅因为自己是有色人种，是一个印度人，就遭到这般歧视，这是哪家的道理？

那时南非有十余万印度劳工，他们干的是当地人不愿干的苦活累活，收入却非常微薄，还遭到种种歧视和压迫。印度人不能坐头等和二等车厢，几乎没有一家旅馆肯接待他们；印度人必须住在特别划定的“专区”里，晚上九点以后禁止出门；印度人必须缴纳人头税，南非殖民当局甚至要剥夺他们的选举权。

甘地越来越为印度人在南非的遭遇而不平。于是，他在 1894 年 5 月组织了南非印度侨民的第一个政治团体——纳塔尔印度人大会，为争取印度人的权益而奔走。1901 年，为了支持印度劳工掀起的罢工浪潮，他在南非创办了《印度舆论》周刊，宣传印度侨民的正义主张。甘地还花一千英镑在德班附近买了一百英亩土地，建立了一座专门帮助同胞的"凤凰新村"，他带着妻子和友人住了进去，也让失业的印度劳工入住，让他们自食其力，维持简朴的生活。

不过，真正让甘地名声大噪的是 1907 到 1908 年、1913 年，他两次领导南非的印度人举行非暴力抵抗运动，要求殖民当局废除禁止印度向南非移民的"黑色法案"、废除人头税，虽然甘地几次被捕，但印度人罢工的浪潮愈演愈烈，迫使殖民当局最终释放了甘地，不得不取消人头税，允许印度人进入南非。

因此，当 1915 年 1 月甘地回到祖国时，他已是威望相当高的社会活动家了，很快就成了印度国民大会党（简称"国大党"）的实际领袖。

甘地原先对英国当局还抱有幻想。无论是 1899 年爆发的英国对南非荷兰移民后裔布尔人的英布战争，还是 1906 年南非纳塔尔人的反英起义，他都组织了印侨救护队去支援英国；一战期间，他更是站在英国一边，希望以此换取英国人的好感，让印度在战后获得自治。但是，战后英国对印度人民的统治和镇压变本加厉。1919 年，英国当局公布了"罗拉特法案"，规定警察可以随意逮捕嫌疑分子，不经公开审讯就可以长期监禁。这激起了印度人民更加强烈的反抗。这年的 4 月 13 日，旁遮普邦阿姆利则市的群众在市政广场举行了大规模的和平集会，警察开枪镇压，当场打死一千二百人，打伤三千六百人，酿成了印度历史上著名的"阿姆利则"惨案。

血淋淋的事实让天性善良的甘地心潮难平，他决定回击英国殖民者。1920年9月，国大党在加尔各答的特别会议一开幕，甘地就作了发言。

"首先，我已经给印度总督李定勋爵写信，要求他收回我为英帝国服务而获得的三枚勋章，"甘地说，"以前，我曾经把它们看做是荣耀，现在，我认为这恰恰是我们的耻辱。因而，我提议诸位，辞去你们在殖民当局担任的职务，退还你们的勋章，不要去参加殖民政府的集会，我们决不同殖民政府合作。"

大会通过了甘地提出的"非暴力不合作"决议，号召印度人把子女从英国学校中领走，让他们进印度人办的学校；不同殖民者的法院打交道；抵制英国货，使用土布；不买英国公债；不纳税；不到英国人的银行里存钱，等等。

为什么面对强盗般的殖民者，甘地的不用暴力抵抗的思想会被印度人民广泛接受呢？这与印度的宗教有关。印度人大都信奉印度教，印度教最基本的教义就是"戒杀"，提倡以爱对恨，以德报怨。因此，他们接受了甘地的理念，相信只要坚持和平斗争，就一定能从精神上战胜殖民者。

甘地领导印度人民展开了轰轰烈烈的非暴力不合作运动。1921年7月，他在孟买带头焚毁英国布，全国各地纷纷响应，并有五十万工人举行罢工，使不合作运动达到了高潮。但是，当第二年2月2日，联合省（今印度北方邦）乔里乔拉的农民举行示威游行时，警察公然开枪射击，激怒了示威的群众。他们一把火烧毁了警察局，烧死了困在里面的一名警官与二十一名警察。

"乔里乔拉事件"发生后不到十天，甘地突然宣布停止非暴力不合作运动。因为他认为群众使用了武力，超出了他规定的范围，必须停止。

当时，英国纺织品在印度的倾销铺天盖地，既损害了印度民族经济的发展，也造成了人民对英国货的盲目崇拜。因此，甘地发起了一个"提倡纺织和用土布"运动。他找出一架旧式的纺车，经过

学生的改造后，带头使用，一根一根地纺出纱线，织成土布。从此，他无论去哪里，都随身带着这架木质纺车，一有空就纺纱。一个剃光头发，裸露上身，光脚盘腿坐在纺车前认真纺纱的老人形象，成为印度人民争取民族独立的象征。

在印度人民反英斗争不断高涨的压力下，1930年年初，印度总督欧文被迫与甘地进行谈判，不久签订了"甘地—欧文协定"（又称"德里协定"），规定殖民当局停止镇压，但国大党必须停止不合作运动。由于这个协议没有达到国大党提出的印度自治的要求，引起了党内外与民众的强烈不满。

二战爆发后的1942年4月，甘地提出了英国"退出印度"的口号，领导印度人民掀起了新一轮民族独立运动的高潮，从声势浩大的全国大罢工到英国皇家海军中印度士兵的武装起义，此起彼伏，汹涌澎湃，迫使英国不得不同意印度独立。但是，印度最后一任总督蒙巴顿少将利用印度教徒与伊斯兰教徒的严重对立，制定出了分而治之的《蒙巴顿方案》，宣布在印度半岛建立两个国家：以伊斯兰教徒为主的巴基斯坦（包括今天的巴基斯坦与孟加拉国），以印度教徒为主的印度（即现在的印度共和国）。1947年8月14日，巴基斯坦自治领成立；第二天，印度联邦宣告诞生。印度举国欢庆，但甘地却在加尔各答的寓所中静静地绝食一天，因为他认为自己未能使印度人民团结起来，这是终身的遗憾！

传说"圣雄"——玛哈拉是印度教三大主神之一毗湿奴的第十一个化身，与第十个化身佛祖释迦牟尼可以相提并论。"圣雄"的意思就是"伟大的灵魂"。甘地被尊称为"圣雄"，可见他在印度人民心中至高无上的地位。1948年1月30日，甘地在赴祷告场的途中，被一个狂热的青年刺杀身亡。但正如印度联邦制宪会议上对他的高度评价，他无愧于"过去三十年来的向导和哲学家，印度自由的灯塔"。

264

巴基斯坦国父真纳

巴基斯坦与印度原来属于一个国家，是英国的殖民地。经过长期的民族斗争，1947 年 8 月，印度获得了独立；同月，独立的巴基斯坦国也宣告诞生。

8 月 7 日，巴基斯坦制宪会议在北部的卡拉奇召开，会议主席、巴基斯坦国的奠基者真纳激动地向代表们宣布："你们自由了，你们可以自由地到庙宇去，到清真寺去，或者到这个巴基斯坦国家任何其他做礼拜的地方去。不论你们属于什么宗教、种姓或信仰，都毫不妨碍我们都是同一个国家的公民，而且是平等的公民的这一基本原则。"

全场代表爆发出雷鸣般的掌声和欢呼声。想到新生的祖国从此屹立在南亚次大陆，作为民族独立运动的领袖，真纳感到无比的欣慰。

1876 年 12 月 25 日，穆罕默德·阿里·真纳出生在卡拉奇。他的父亲是一个皮革商人，共养育了七个子女，真纳是老大。他六岁开始在卡拉奇念书，十岁时转到孟买的一所小学上学，十一岁又回到故乡读中学。真纳从小聪颖好学，十六岁中学毕业后，有个非常喜欢他的英国商人说服了真纳的父亲，将真纳送到英国伦敦攻读法律。

真纳只用了两年时间就读完了全部课程，以优异的成绩从伦敦林肯律师学院毕业。1896 年，取得高级律师资格的真纳回到了卡

拉奇。第二年，他踌躇满志地前往孟买创办了自己的律师事务所。但是，起初的几年，律师事务所的业务开展得并不顺利，这让年轻的真纳尝到了创业艰难的滋味。

但是，真纳通过不懈的努力，到底在法律界站住了脚。他的反应敏捷，口才雄辩而犀利。有一次，他在法庭上将法官彻底驳倒了，恼怒的法官叫道："真纳先生，请您记住您不是在对一个三等推事（法院中受理案件的官吏）讲话。"

真纳毫不客气地回答："法官先生，请允许我警告您，我也不是一名三等律师！"

真纳是从 1906 年起参加政治活动的，他加入了印度国大党，做了党的主席纳奥罗治的秘书。就在这一年的年底，全印穆斯林联盟宣告成立。穆盟提出按照宗教信仰划分选区的主张；要求实行立法机关的选举，并在立法机关中给予伊斯兰教徒独立的代表权。

为了平息印度人民的反抗，维持殖民统治，英国不得不在 1909 年颁布印度议会法，成立法议会，增加议员的名额。穆盟的要求得到了一定程度的满足。还未加入穆盟的真纳被孟买的伊斯兰教徒选为印度中央立法议会的议员。

由于历史形成的原因，印度的民族与宗教问题错综复杂。伊斯兰教徒主要居住在东孟加拉，印度教徒则主要住在西孟加拉。他们之间经常爆发大规模的宗教冲突与仇杀。为了达到分化打击的目的，印度总督寇松曾经在 1905 年颁布分割孟加拉的法律。但是，到了 1911 年年底，新任印度总督哈丁又废除了这项法律，从而激起伊斯兰教徒的强烈不满，反英斗争此起彼伏。

现实的斗争让穆盟领导人意识到，伊斯兰教徒需要同印度教徒联合起来。在 1912 年召开的穆盟会议上，真纳第一次应邀出席。第二年，穆盟通过新的章程，提出"同其他教派合作，以建成一个适合印度的政治制度"。这一年，真纳正式加入穆盟。

第一次世界大战以后，印度人民的反英斗争更加高涨。如何适应新的斗争形势呢？在 1920 年 9 月召开的国大党非常会议上，甘地提出对英国殖民当局的不合作纲领，12 月，这一纲领获得通过。但是，真纳不同意不合作纲领，认为这是在宣扬无政府主义，于是在第二年退出了国大党。

然而，真纳在伊斯兰教徒中的威望日益提高，1924 年他当选为穆盟主席。他在穆盟大会上呼吁："外国统治印度并且继续维持统治，主要是因为印度人民，尤其是印度教徒与伊斯兰教徒不能团结一致，缺乏互相信任……我几乎可以说，印度教徒与伊斯兰教徒团结之日，就是印度实现自治领责任政府之时。"

不过，真纳的主张没有得到积极的响应。心灰意冷的他便在 1930 年跑到英国，重操律师职业。1933 年，穆盟派代表来到伦敦，恳切地劝说真纳："你必须回去，人民需要你，只有你才能挽救穆斯林联盟，使它获得新生。"

真纳被感动了，此后便奔走于英国与印度之间。1934 年，他当选为穆盟终身主席。第二年，英国国王在印度人民的斗争压力下，批准了印度政府法，印度有十一个省获得了自治权。真纳深受鼓舞，在这一年离开伦敦，回到印度。

不久发生的一件事，却改变了真纳原来的想法。1936 年到 1937 年，印度举行大选，国大党获得了多数票，该党的领导人拒绝与穆盟合作，坚持由国大党一党组织政权。真纳深切地感受到，在这种形势下，再提伊斯兰教徒与印度教徒的合作，已经不切合实际了。

伊斯兰教徒对真纳的爱戴越来越热切，他们称呼真纳为"卡伊德—卡—阿扎姆"，意思是"最伟大的领导者"，他成为伊斯兰世界当之无愧的领袖。在他的主持下，1940 年 3 月，穆盟在拉合尔（在今巴基斯坦东北部）召开了具有划时代意义的年会，通过了著名的

《巴基斯坦决议》，决定伊斯兰教徒聚集的省份脱离印度，建立一个独立的伊斯兰国家。真纳接着创办了《黎明报》，积极宣传这一决议和巴基斯坦建国的思想，为独立事业而呐喊。

然而，真纳的建国努力也遭到了重重阻力，甚至反对他的集团下毒手要杀害他。但是，真纳毫不动摇，继续为独立事业不辞辛苦地奔走。他语重心长地说："在作出决定之前要思考百遍，一旦决定以后，就要万众一心，坚持到底。"

1944 年 4 月，真纳与甘地在孟买举行会晤。甘地坚持印度是一个民族的观点；真纳则坚定地认为，伊斯兰教徒与印度教徒分属两个不同的民族，国大党应该同意建立巴基斯坦国。双方各执己见，结果不欢而散。

在印度人民的不断斗争下，英国政府不得不同意印度自治。但是，在 1945 年 8 月国大党与穆盟的谈判中，国大党依然坚持必须由它领导统一的印度，不承认伊斯兰教徒的自决权。真纳领导的穆盟坚决反对，谈判又破裂了。

很快到了 1947 年 2 月，英国宣布将给予印度完全独立。6 月，最后一任印度总督、海军少将蒙巴顿公布《印度独立法》，也就是著名的《蒙巴顿方案》，实行印、巴分治。真纳为之奋斗的建立巴基斯坦国的理想终于实现了。

这年 8 月 17 日，真纳在他的故乡卡拉奇宣誓就任巴基斯坦自治领首任总督。巴基斯坦建国后百废待兴，真纳日理万机，呕心沥血，不幸染上了肺结核，于 1948 年 9 月 11 日病逝。但是，他是活在巴基斯坦人民心中的永远的国父。

265

巴勒斯坦问题的由来

二战结束后的第三年，即 1948 年 5 月 14 下午四点，在特拉维夫博物馆，犹太人要宣布成立自己的国家，成千上万的犹太人拥向博物馆，来亲眼目睹这个梦寐以求的仪式。

戴维·本—古里安，犹太复国主义运动的领袖之一，矮小的身材上穿着白衬衣，打着领带，一身深色西服，稀疏的花白头发向后梳得一丝不乱。四时整，他用小木槌敲了敲桌面，示意大家安静，然后用粗哑的嗓音向在场的全体观众，并通过收音机向全国宣布：犹太人梦想了两千年的国家成立了，名称叫以色列。

会场内外一片欢呼，直到夜色深了，尽情欢庆独立的人们才渐渐散去。但在海边一幢低矮的粉红色建筑——"红宫"里，灯火彻夜通明。犹太人秘密军事组织"哈加纳"的领导人和本—古里安商议了整整一夜。根据情报，他们已经确定，黎明时分，阿拉伯军队就会向以色列发起进攻。

果然，伴随着初升的太阳，三架埃及的喷火式战斗机，袭击了特拉维夫的里丁发电站。同时，一些犹太人的居民点也遭到袭击和轰炸。从此，一场似乎无穷无尽的恶斗拉开了序幕。第一次中东战争爆发了。

人们不禁要问，犹太人与阿拉伯人是如何结怨的？为什么要在巴勒斯坦建立以色列国？谁是巴勒斯坦人？他们原先的家园在哪？他们后来又是怎样沦为难民的？

　　这得从公元前 1010 年说起，大卫登基，统一了犹太人各部落，并征服了耶路撒冷，将其定为首都，称为大卫城。以后，他的儿子所罗门在耶路撒冷建立了犹太教第一圣殿，保存犹太教圣经的约柜就安置在这里。从此，耶路撒冷就成为犹太民族的中心。

　　所罗门王死后，王国分裂成以色列国和犹太王国。公元前 721 到前 715 年，亚述灭掉了北面的以色列国。一百多年后，犹太王国被新巴比伦所灭，耶路撒冷遭到洗劫，所罗门圣殿被毁，犹太人遭驱逐，数万人作为俘虏被流放到巴比伦，开始了犹太史上的"巴比伦之囚"时代，犹太人开始了第一次大离散。

　　在其后的时间中，巴勒斯坦地区先后被波斯、马其顿、罗马、阿拉伯、奥斯曼土耳其等统治。在一次次的战火中，巴勒斯坦的犹太人流离失所，最后在世界各地，主要是欧洲定居下来。到十二世纪中叶，整个巴勒斯坦只有一千四百多名犹太人了。

　　在七世纪的时候，伊斯兰教在阿拉伯半岛兴起，穆罕默德和他的子孙建立起阿拉伯帝国。公元 637 年，巴勒斯坦成为阿拉伯帝国的一部分。阿拉伯人不断移入，逐渐形成现代的巴勒斯坦阿拉伯人。他们一直在这里生活，巴勒斯坦作为阿拉伯人的家园得到开发。

　　然而，长期流落他乡的犹太人，遭到各国统治阶级的种族歧视和迫害。甚至莎士比亚在文艺作品中都将犹太人描绘成贪婪、刻薄、阴险的人物。十二世纪时，西欧有一百五十万犹太人，到十五世纪，只有三十万人了。劫后余生的犹太人也只能住在经过划定的"隔都"（犹太人居住区）里，并被限制从事很多职业。

　　悲惨的处境，使广大犹太人一直想回到他们祖先曾经生活过的地方——巴勒斯坦，重建犹太国。他们认为这是摆脱苦难的唯一出路。在近两千年的时间中，返回耶路撒冷的梦想成为支撑犹太人的精神力量。在家庭聚会上，他们经常为"来年回到耶路撒冷"干

杯，祈祷时总是面对故乡。到十九世纪后期，犹太复国主义运动诞生了。1897 年，犹太复国主义第一届代表大会在瑞士巴塞尔召开。会议大厅正面高悬"犹太复国主义者代表大会"的横标和一面饰有两条蓝条子、一颗大卫星的白旗，大会宣布成立了世界犹太复国主义者协会，号召犹太人向巴勒斯坦移居。

一战爆发后，英国借口支持犹太复国主义运动，把自己的势力渗入巴勒斯坦。1917 年，英国外交大臣贝尔福代表政府向犹太人社团递交了一份文件，史称贝尔福宣言，对犹太人建立民族之家表示支持。战后，英国以委任统治的方式占有了巴勒斯坦，犹太人向巴勒斯坦移民的速度加快了。

巴勒斯坦阿拉伯人忧心忡忡，担心犹太人数量将超过阿拉伯人。此时，中东的其他阿拉伯国家已经或正在成为独立的主权国家，唯独巴勒斯坦的阿拉伯人不仅被剥夺了民族自决权，就连在本国生存的基本条件也受到侵犯，终于在 1936 年至 1939 年爆发了起义。

法西斯意大利和纳粹德国看到有机可乘，一面大造舆论，一面向阿拉伯人提供金钱和武器。阿拉伯人宣称，如果英国不改变政策，"就将与执行敌对英国政策的其他欧洲大国联合起来"。

英国吓坏了。一旦阿拉伯与法西斯轴心国相勾结，对英国绝对是个严重威胁。为了确保阿拉伯地区的石油并维护大英帝国交通线的中东环节，英国在阿以问题上改变态度，否认贝尔福宣言的权威性，犹太人差不多绝望了。

这时，美国迫于国内犹太人社团的压力和自身利益的考虑，开始支持犹太复国运动。纳粹德国大肆残杀犹太人的暴行，也使全世界人民同情犹太人的遭遇，犹太复国主义开始被越来越多的人所接受。

二战的硝烟散去，英国依然无法解决巴勒斯坦问题，被迫将此

问题提交联合国表决。

1947 年 11 月 29 日，纽约时间下午三点钟，联合国大会就巴勒斯坦分治方案进行表决。这时，在耶路撒冷，一位中年妇女和所有的犹太人一样，守在收音机旁等待投票结果。她叫戈尔黛·马波维奇，狂热的犹太复国主义者；为了犹太复国主义运动，她不顾家庭，不顾孩子，甚至与丈夫离了婚，改名果尔达·梅厄。

她紧张地等待着，用手中颤抖的铅笔记录着票数。表决结果终于出来了，三十三票赞成，犹太人可以建立自己的国家。她长舒了一口气，悬着的心放回肚里。

嘶哑的羊角号划破了耶路撒冷宁静的夜空，欢腾的人群涌上街头，一齐向灯火辉煌的犹太人代办处大楼汇集。人们在大楼的院子里手挽手唱歌跳舞，尽情欢呼，沸腾的人群有节奏地喊着他们所熟悉的领袖的名字。当果尔达·梅厄出现在宽敞的阳台上时，人们静了下来，聚光灯照亮了她泪流满面的脸，她把双手放在阳台栏杆上，喘了口气，努力使自己平静下来，然后高声说道："我们盼望解放已经盼了两千年了。我们一直相信，这一天终究会来的。现在，这一天到来了，犹太人同胞们，祝大家幸福！"

联合国的这个决议，无论是在分治原则方面，还是在划分方法上，对阿拉伯人来说，都是一个不公正的决议。这一决议将百分之六十的土地划归人口不到三分之一的犹太人，而且都是肥沃的沿海地带。而占巴勒斯坦地区百分之六十人口的阿拉伯人仅得到百分之四十的土地，被赶离世代生活的家园，挤入贫瘠的丘陵与沙漠地区。阿拉伯世界愤怒了，他们团结了起来，从决议通过时起，就不停地袭击犹太人，而以色列国宣告成立，则成了阿以冲突大规模爆发的信号弹。

266

"铁幕" 演说

富尔敦是美国密苏里州的一座小城，是为纪念轮船的发明人富尔敦而命名的。1946 年 3 月 5 日，城里的威斯敏斯特学院热闹非凡，学院门口车水马龙，各种名贵、时髦的轿车鱼贯而入，就像在举行汽车展览会。

学院的草坪上，密密地排列着座椅，三千多名听众正陆陆续续进场。有的老朋友见面大声寒暄，有的新朋友初次相见互相介绍，有的政敌邂逅冷言冷语。不过，大多数人在议论将要进行的演讲。演讲者是鼎鼎大名的丘吉尔，他的演讲可是举世闻名的，今天会讲些什么呢？

不久，听众差不多都到齐了。喧闹的人群忽然安静了下来，因为美利坚合众国总统杜鲁门出现在演讲台上。"女士们、先生们，欢迎我们的老朋友，伟大的温斯顿·丘吉尔进行演讲，题目是《和平砥柱》。"

在掌声中，丘吉尔挪动着水桶一样肥胖的身躯，满脸微笑，走向演讲台，一手轻轻挥舞着白色的礼帽，一手的中指和食指摆出他那著名的象征胜利的 V 字形，频频向听众致意。

今天的演讲他准备了很久。有一些话他藏在心里，如骨鲠在喉，不吐不快。在他心里，法西斯主义和共产主义，希特勒和斯大林并没有什么两样，都是洪水猛兽。只不过纳粹的打击来得快一些。为遏制法西斯对西方民主制度的肆意践踏，他不得不与社会主

义苏联结成反法西斯联盟。战后，共同的敌人消失，双方在一系列国际问题上，尤其是战后世界秩序的构想上分歧扩大，互不相让，矛盾日趋尖锐。他深知，英国在二战中损失惨重，根本无力阻挡苏联在欧洲的扩张，他又在竞选中失败，一个在野党的领袖左右不了英国的政坛。幸好，美国有足够的实力遏止苏联，杜鲁门对苏联的观点又和他一样，他才有了今天这样的机会。

坐到台下的杜鲁门心中也有些紧张。罗斯福病逝后，他从副总统继任了总统。上台后，他就表示要对苏联采取强硬政策。日本投降后，他公开宣称："我已厌倦了笼络苏联人"，开始推行一种以苏联为主要对手，以欧洲为重点，以谋求世界霸权为目标的战略。他依仗有原子弹，在东欧、伊朗、土耳其问题上，直接向苏联发难。

苏联也不是好惹的，二战使它的军事实力和国际影响与日俱增。在追击德军的过程中，苏军进入东欧和中欧地区，波兰、罗马尼亚、匈牙利、保加利亚、捷克斯洛伐克等国都建立了人民民主政权，同美国处于直接对峙的局面。

1946 年 2 月 9 日，斯大林发表演说，指出战争是现代垄断资本主义发展的必然结果。杜鲁门像是被踩住了尾巴，立刻跳了出来，把这篇演说污蔑为"第三次世界大战的宣言"。美国驻苏联大使馆代办乔治·凯南，向国内发回长达八千字的电文，提出必须对苏联采取"遏制"政策。

但是，当时国际国内舆论对苏联普遍持有好感，于是杜鲁门决定邀请反共斗士丘吉尔访美，打响反苏反共的信号枪。丘吉尔一拍即合，搭乘"伊丽莎白号"客轮前往美国。杜鲁门亲自赶到迈阿密海滩，与丘吉尔商量了演说的基本内容，又亲赴富尔敦，为丘吉尔助阵，还通过无线电台向全国转播。

台上，丘吉尔开始了他的演说。首先，他将美国吹捧为"正高踞世界权力的顶峰"，听得台下的人群点头晃脑、得意洋洋。随即

话锋一转，貌似关心地提醒美国人民不要高枕无忧，因为新的战争和暴政日益威胁着世界，而根源就是苏联和国际共产主义运动。

丘吉尔用他那特有的富于感染力的声音说道："从波罗的海斯德丁到亚德里亚海边的里雅斯特，一幅横贯欧洲大陆的铁幕已经降落下来了。在这条线的后面……华沙、柏林、维也纳、布达佩斯、贝尔格莱德、布加勒斯特和索非亚——所有这些名城及其居民无一不在苏联的势力范围之内，不仅以这种或那种形式屈服于苏联的势力影响，而且还受到莫斯科日益增强的高压控制。"

"不久刚被盟国的胜利照亮的大地，已经罩上了阴影。没有人知道，苏俄和它的共产主义国际组织打算在最近的将来干些什么，以及他们扩张和传教倾向的止境在哪里，如果还有止境的话。"

"如果我们不趁现在还来得及的时候正视这些事实，那就不太明智了"，"现在需要的是做出解决问题的安排。拖得越久，就越困难，对我们的危险也就越大"。

他建议："必须马上着手给联合国配备一支国际武装力量"，要对制造原子弹的秘密知识和经验"加强保密工作"，"各英语民族要像情同手足一样的联合"。更重要的是在军事上"继续保持密切的联系，以便共同研究潜在的危险"，用"实力"反对苏联。

演说震动了台下的听众，那些一直把苏联看成盟友的人惊得张大了嘴巴，甚至忘了礼节性的鼓掌，一些敏感的记者马上嗅出演讲中透露的信号，立即冲向电话局、电报局，发出爆炸性的头条新闻。美国朝野哗然，报刊纷纷发表评论。美国政府立即大造舆论，《纽约时报》载文宣称"两国为同一命运所支配"，应"同情和支持"丘吉尔的建议，掀起"冷战"的浪潮。

丘吉尔的演说遭到了世界爱好和平人民的反对。美国《芝加哥太阳报》说："紧接着这位伟大而盲目的贵族所高举的大旗，就会使我们投入这个世界最恐怖的战争中去。"斯大林在《真理报》上

指出：丘吉尔的演讲是"危险的行动"，"是站在战争挑拨的立场上"，是"号召同苏联战争"。

杜鲁门一看时机尚未成熟，慌忙召开记者招待会，否认自己与丘吉尔的演说有关系，否认事先知道了内容。美国政府不得不有所收敛，一年后，才正式形成了冷战计划。

267

马歇尔计划

1947 年 6 月 5 日，是这一年哈佛大学举行毕业典礼的日子。毕业生们身穿学士服，头戴学士帽，帽子一角的流苏随着兴奋的脑袋不停地晃动。他们三三两两地走向大草坪，有的在畅谈事业和理想，有的依偎在前来参加典礼的父母身边，像小孩子一样撒着娇。阳光灿烂的大草坪上搭好了临时主席台，校徽放在中间最显眼的地方，仿佛时刻在提醒大家，哈佛是美国乃至世界最著名的学府之一。

每年的毕业典礼都会邀请一位社会知名人士来发表演讲，或是政界显要，或是工商巨子。今天受邀请的是现任国务卿乔治·马歇尔，在美国，不知道他的人恐怕不多。在学子们的眼里，马歇尔是二战英雄，又是杰出的政治家，是一位高山仰止的人物，今天他要给学子们讲些什么呢？

毕业典礼开始了。一个个心情激动的学子走上舞台，从校长手里接过毕业证书，有的双手颤动，有的嘴唇哆嗦，有的满含泪水，但每人脸上都洋溢着幸福的笑容。台下掌声、欢呼声连成一片，真是欢声笑语、喜气洋洋。

坐在贵宾席上等待演讲的马歇尔心中另有一番感慨。这里的景象和他刚访问过的欧洲是多么不同。二战后的欧洲满目疮痍，到处是残垣断壁。过去威风凛凛的英法两国，现在已是奄奄一息，战争的伤口尚未抚平，罕见的严寒和暴风雪又在伤口上撒了一把盐。战

败的德国更是惨不忍睹，农业歉收，物价飞涨，货币贬值，1947年的生产总值仅为 1936 年的百分之二十九，许多工人一个月的工资只够买一条香烟。欧洲各国的罢工此起彼伏，就像冰封的河面下涌动的春潮，时刻可能天翻地覆。

令马歇尔担心的还不止这些，苏联在欧洲的影响正不断扩大，东欧、中欧相继出现了一批人民民主国家。为了控制黑海的出海口，苏联在土耳其边境集结了大量军队，真是山雨欲来风满楼。

必须立即采取行动，来挽救苟延残喘的欧洲，这是他访欧归国后强烈的感受。

当时的美国，正处在历史上从未有过的经济、军事实力的顶峰。1948 年，美国工业生产占资本主义世界的百分之五十四点六，世界外贸出口总额的百分之三十三，黄金储备的百分之七十五。阻止苏联或英国控制欧洲，由美国充当复兴欧洲的救世主，与苏联全面抗衡，是美国当时的秘密国策。况且，美国大批的剩余物资和过剩资本，急需寻找销售市场和投资场所，所以援助欧洲也是一个双赢的设想。

掌声打断了他的沉思，他抬头一看，全场的目光都热切地注视着他，在校长的带领下，人们用热烈的掌声欢迎他进行演讲。他站起身来，微笑着向大家点头致意，然后迈着沉着的步伐走上演讲台。掌声依然，他摆了摆手，人群逐渐安静了。

马歇尔首先对毕业生表示真诚的祝贺，希望他们鹏程万里，当然，又赢得热烈的掌声，然后他马上引入了演讲的主题——美国对欧洲进行援助的计划。

他向人们描绘了欧洲面临的困难局面："事实真相是，欧洲在今后三到四年内……必须获得大量的额外援助，不然就得面临性质非常严重的经济、社会和政治的恶化。"

继而他又阐述了援助欧洲的政治意义："美国应当尽其所能

……否则，就不可能有稳定的政治与有保障的和平……我们的政策的目的应该是恢复世界上行之有效的经济制度，从而使自由制度赖以生存的政治和社会条件能够出现……"

演讲的内容迅速传遍了全世界，尤其是在欧洲，就像溺水者看到有人拿着竹竿跑过来，人人翘首以待。

1948年4月2日，美国国会通过了《1948年对外援助法》，次日由杜鲁门总统签署生效，马歇尔计划开始实施。提供给欧洲的不是现金而是信贷，主要用来在美国购买设备、机床以及生活用品，到1952年6月30日，计划结束时美国实际拨款一百三十一点五亿美元。

欧洲经济出现奇迹般的恢复，非但英、法等国赶超了战前水平，就连战败的德国也加入快速增长的行列，强大的法国和意大利共产党由于没有什么经济上的不满可以利用，影响力大大下降。

马歇尔计划是杜鲁门主义的演化和延伸，正如杜鲁门讲的，两者是"一个胡桃的两半"。它回避了杜鲁门主义的挑战性论调，糅合了美国传统的人道主义精神，和美国关于战后贸易和投资的门户开放的想法，它有促进国内工业生产的念头，也有针对苏联进行遏制的动机。

苏联对马歇尔计划的反应是多方面的。它指责该计划是反苏的，强迫波兰和捷克斯洛伐克放弃加入马歇尔计划的权利，加强了对两国的控制，并提出了莫洛托夫计划进行反击。因此，马歇尔计划并未遏制住苏联，反而进一步加剧了冷战分化。

令美国始料不及的是，复兴后的欧洲走上了联合自强的道路，随着欧洲一体化的推进，欧洲成为一支不完全受美国控制的政治力量。

268

"D记"马克和"B记"马克

二战结束，德国投降。1945 年 5 月，苏、美、英、法四国根据波茨坦公告对德国实行了分区占领：东区由苏联占领，西区由法国占领，英国占领西北区，美国占领西南区作为第四个占领国。德国首都柏林虽然位于苏占区内，可它也由四国共管，苏联占领柏林东部，由美、英、法三国占领柏林西部。

随着冷战的不断升级，苏美两国围绕德国未来前途的争斗也越来越激烈。1948 年 2 月，美国拉拢英国、法国、荷兰、比利时和卢森堡等国，在伦敦举行了六国会议，提出了成立独立的西德政府的设想。这样一来，德国的四个占领区实际就变成了以美国为首的西方和苏联两大占领区。而柏林也相应地分成了东柏林和西柏林。

面对美国咄咄逼人的攻势，苏联毫不手软。1948 年 3 月 30 日，苏联通知美国，从 4 月 1 日起，苏方将对通过苏占区的西方人员、车辆实施检查，并实行交通限制。美、英、法三国没有理会苏联的反应，加紧推行分裂德国的计划。6 月 18 日，他们宣布在西占区实行货币改革，发行印有特别标记"B"的货币——"B记"马克。

苏联针锋相对，几天后，发行了加上特别印记"D"的新马克——"D记"马克，作为苏占区和整个柏林的流通货币，以保护苏占区的经济利益免遭"B记"马克的破坏。这下可难坏了柏林市政当局，他们知道双方都不好惹，只好采取折衷方案，决定在东柏林流通"D记"马克，在西柏林流通"B记"马克。

柏林市政当局的这个决定惹恼了斯大林。他感到德国的分裂已经势在必行，一旦分裂，西柏林就会成为西方的前哨阵地，如鲠在喉。他认为这是绝对不能容忍的，必须拔掉这根刺，把西方势力挤出西柏林。

于是，6月24日，斯大林下令全面封锁西柏林，切断了所有西占区通往西柏林的水陆交通，还停止向西柏林供应电力和煤炭，只有从西占区通往西柏林的三条空中走廊仍然敞开着。

当时西柏林还是一片废墟，可那里却居住着二百五十万居民，还驻扎着许多美英部队。然而这座城市根本不生产食物或其他生活必需品，它的生存完全依赖陆路、水路的运输。苏联这一招使西柏林顿时变成了一座"孤岛"，被封锁、被孤立的柏林居民和美英官兵胆战心惊，度日如年。

消息传到华盛顿，杜鲁门大吃一惊。经过深思熟虑，杜鲁门宣布，西方不仅要留在柏林，而且要通过空运冲破苏联对柏林的封锁。

这是一个冒险的决定，因为谁都没有用过空运方式去供给一个大城市。光是维持柏林人活命，每天就要运去四千吨生活必需品；想要维持整个城市正常运转，每天需要的物资高达八千吨。可是空运是破解苏联绝招的最理想的办法，其他对抗手段极有可能把世界再次拖入世界大战的深渊。

驻德美军总司令克莱将军接到杜鲁门的指示，立刻出动当时所能动用的全部运输机，在西占区和西柏林之间架起"空中桥梁"，开始了人类史上前所未有的空运壮举。26日，第一批空运的生活物资运抵西柏林，重新点燃了"孤岛"民众的希望。

从此，西柏林上空，飞机的轰鸣声昼夜不断。在运输高峰期，平均每一分钟，就有一架飞机降落。食物、衣物、药品、燃料以及一切所需的生活物资源源不断送到西柏林。

　　美、英空军的空运计划越来越周密、精确，使空运的总量从每天的两千吨，增加到四千吨，以后又增加到八千吨，最后增加到一万二千吨。这个运输量比封锁前的地面运输量还要大。

　　在不知疲倦的飞行员的努力下，西柏林不但可以维持生存，而且正在变成欧洲最富裕的城市之一，仓库里、空地上到处都堆满了空运来的物品。

　　为了安抚西柏林的孩子，美国飞行员哈弗森用手绢做成降落伞向孩子们空投糖果、巧克力，引起了轰动。飞行员们纷纷效仿，每天数以千计的小降落伞从空中飘落，给孩子们送去玩具、糖果。许多国家的孩子们也展开了为西柏林儿童捐赠糖果的活动。

　　斯大林本来以为封锁能迫使西方从柏林撤军，万万没有料到，西方会用令人难以置信的空中补给打破封锁，他明白封锁已经失败，如果继续封锁，反倒成了西方攻击性宣传的口实和把柄。1949年5月，苏联解除了地面封锁，延续了十一个月的柏林危机终于结束了。

　　虽然"柏林危机"缓和了，但是德国分裂的局面却已无可挽回了。不久，德意志联邦共和国和德意志民主共和国相继宣告成立。

269

北约和华约

冷战开始以后，西欧虽然在美国的经济援助之下，渐渐恢复了元气，可是面对苏联信誓旦旦要在全球实现共产主义的宣传，不免忧心忡忡。

1948 年初，捷克斯洛伐克的政权变更，加入了社会主义阵营，希腊、土耳其的局势也岌岌可危。西欧如同惊弓之鸟，惶惶不可终日。英国外交大臣贝文心急如焚，禁不住大声疾呼：西欧正面临被苏联颠覆的危险。为保卫西欧的安全，各国应该联合起来，建立西欧联盟。

贝文的呼吁立马得到了法国、比利时、荷兰、卢森堡四国的响应。3 月 17 日，五国经过协商，在比利时首都布鲁塞尔签署了《经济、社会、文化合作和集体防御条约》，又称《布鲁塞尔条约》。条约规定，当任何成员国遭到侵略时，其他成员国必须给予一切援助。条约虽然宣称旨在防止德国可能的侵略，可是当时的德国已是手无缚鸡之力，所以该条约显然是把苏联当做了假想敌。紧接着，五国成立了西方联盟防御委员会和以英国元帅蒙哥马利为首的作战司令部，并且着手加强装备，进行各种军事演习。

《布鲁塞尔条约》的签订并没有完全消除西欧各国心头的不安全感。当时整个西欧只有十四个师的兵力，其中还包括了美国的两个师。而苏联与东欧连成了一片，拥有二百一十个师的大军。他们感到依靠自己这点单薄的力量难以抵御苏联，还得寻找一个能和苏

联抗衡的有实力的伙伴，而这个理想伙伴非美国莫属。

同年6月爆发的"柏林危机"，更加坚定了西欧联合美国的决心。而美国早就想把军事触角伸向欧洲，这样既可加强对西欧的控制，又能遏制苏联势力的扩张，实现自己称霸世界的野心。如今西欧亲自登门来寻求自己的军事保护，美国哪肯放弃这千载难逢的机会。于是，双方一拍即合。

1948年7月6日，美国、加拿大与《布鲁塞尔条约》的五个缔约国在华盛顿举行会议，讨论建立北大西洋安全体系问题。为了防止苏联间谍窃取情报，会议采取英国外交部的保密制度，分发的文件减少到最低限度，由特别信使传送，讨论的议题绝对禁止在电话中交谈。在长达八个月的会议上，西欧和美国讨价还价，争吵不断，最终达成了一个包括序言和十四项条款的《北大西洋公约》。

1949年4月4日，美国、比利时、加拿大、丹麦、法国、意大利、卢森堡、挪威、荷兰、葡萄牙、英国、冰岛等十二国代表聚首华盛顿，在美国国务院签订了《北大西洋公约》，宣布成立北大西洋公约组织，英文缩写NATO。条约声明北约将联合一切力量"进行集体防御及维持和平与安全"，矛头直指苏联及东欧各国。条约规定，"对一个或数个成员国的武装攻击，应视为对全体成员国的攻击"，每一成员国应采取必要的行动，包括使用武力，援助被攻击国，"以恢复并维持北大西洋区域的安全"。美国总统杜鲁门出席仪式并讲话，盛赞这个公约是"真正的睦邻措施"，并把十二个国家比作十二家户主，还说"这个公约是一个反侵略的盾牌……我们希望用它来防止第三次世界大战，如果在1914年和1939年有这样的公约存在，那么曾把世界推入两次战争浩劫的侵略行为就不会发生了"。

北约是一个政治、军事联盟，总部设在巴黎。北约的最高权力机构是北约理事会，第一任秘书长——北约的最高领导是英国的伊

斯梅勋爵。北约的主要作战机构是欧洲盟军最高司令部，第一任总司令是美国的二战英雄艾森豪威尔将军。伊斯梅勋爵有一句名言，非常形象地说明了北约最早的作用："赶走苏联人，请来美国人，压制德国人"。

北约的成立立刻遭到了苏联的强烈谴责，苏联认为北约的建立是为新战争做准备，而且与《联合国宪章》背道而驰。西方国家不顾苏联的反对，不断加强北约的军事实力和扩充北约的组织成员。到 1951 年底，北约组织的军事力量已增加到三十五个师，三千架飞机，七百艘舰艇。1952 年希腊和土耳其加入北约。1955 年 5 月 9 日北约又接纳了联邦德国，并允许它重新拥有军队。1982 年，西班牙也正式加入北约。从而在欧洲大陆形成了一个遏制苏联的包围圈。北约咄咄逼人的气势令苏联深感不安。苏联意识到：只有建立实力强大的军事集团，才能和北约分庭抗礼。于是苏联针锋相对，联合阿尔巴尼亚、保加利亚、匈牙利、民主德国、波兰、罗马尼亚和捷克斯洛伐克等七国，于 1955 年 5 月 14 日在波兰首都华沙签署了《友好合作互助条约》，简称《华沙条约》。华约组织的总部设在莫斯科，建立了华约最高决策机构——政治协商委员会以及武装部队联合司令部。

北约和华约的成立，标志着欧洲从此进入两大阵营、两种社会制度、两大军事集团对峙的时代，美苏冷战全面铺开，欧洲彻底分裂，东西方彻底分裂。

270

美军的"伤心岭"

二战结束前夕，美苏两国划分了在朝鲜半岛对日军事行动和受降范围的临时分界线，由于在北纬三十八度线上，所以这条分界线被称为三八线。三八线以北，是苏联红军受降区；三八线以南，则为美军受降区。

1950 年 6 月 25 日拂晓，三八线上突然枪声大作，朝鲜战争爆发了。朝鲜民主主义人民共和国人民军仅用三天时间就攻克了南朝鲜的首都汉城，然后像秋风扫落叶一样席卷朝鲜半岛南部，把南朝鲜军队和已经参战的美军压缩到半岛南端的大邱、釜山地区。

美国马上纠集英、法等国，组成十五个国家军队参加的"联合国军"侵略朝鲜。"联合国军"总司令麦克阿瑟率军在朝鲜半岛腰部的仁川登陆，一举切断人民军的后路。弹尽粮绝的人民军遭到重大损失，被迫分散突围。"联合国军"一路向北，先后攻陷汉城和朝鲜民主主义人民共和国的首都平壤，将战火燃向中朝边境的鸭绿江边。

为了保家卫国，在朝鲜民主主义人民共和国的反复请求下，中国组建了中国人民志愿军赴朝作战。在司令员兼政委彭德怀的指挥下，志愿军于 10 月 19 日秘密入朝，连续进行五次大规模战役，将战线稳定在三八线附近。

以美国为首的"联合国军"无法在战场上获胜，只得坐到谈判桌上。但他们不甘心失败，朝鲜战争在谈谈打打中进入了 1952 年

夏天。

志愿军预感到敌人为了在谈判桌上掌握主动，有可能再度发起秋季攻势，地点就在五圣山地区。五圣山是朝鲜中部的天然屏障，也是我军中部战线的战略要地。尤其是五圣山南麓的上甘岭，山高坡陡，地形复杂，居高临下，直接威胁着敌人的金化防线。敌军一旦突破五圣山，就可以进入平原地区，不但可以充分发挥坦克的优势，还可以进一步攻占平康、金城以北地区。

10 月 14 日凌晨五时，"联合国军"的"金化攻势"作战计划的地面进攻果然开始了。美军、南朝鲜军共七个营的兵力，在三百门大炮、三十多辆坦克和四十余架飞机的支援下，对上甘岭地区仅三点七平方公里的两个山头发起连续不断的猛攻。

防守上甘岭两个高地的志愿军十五军某团九连和一连，在只有十五门山、野、榴弹炮和十二门迫击炮支援作战的情况下，主要依靠步兵火器，依托坑道和野战工事，顽强地击退了敌人的三十多次冲锋。到下午一时，表面阵地全部被摧毁，人员伤亡较大，弹药消耗殆尽，战士们被迫转入坑道作战。

当晚，志愿军趁敌立足未稳，用四个连反击，恢复了表面阵地，第二天，又投入了三个营的兵力，加强高地的防御。敌人也不断增兵，从 15 日到 18 日，先后投入两个团又四个营的兵力，在飞机和大炮掩护下向我两个高地连续猛攻。

志愿军部队与敌反复争夺，表面阵地昼失夜复，战斗异常残酷。19 日夜，志愿军在炮火支持下，分别以四个连和三个连的兵力向两高地反击。

在反击 597.9 高地的战斗中，二营通信员黄继光，跟随营副参谋长张广生来到六连参加战斗。从黄昏到深夜，六连已连续五次冲击，都因为敌人的一个中心火力点未被摧毁，部队被阻止在山梁前面不能前进，伤亡惨重。

六连组织了九名立过战功的战士编成"功臣第六班"，分三个小组对敌人的中心火力点进行爆破，但都未成功。离天亮只有四十分钟了，眼看着天明前反击的任务无法完成了。

"参谋长，让我去。我地形熟，保证完成任务！"黄继光恳求着张广生。张广生看看黄继光尚带稚气的脸，又看看手表，"去吧，注意安全！"

黄继光带领连部通信员吴洋、肖登良，以灵活巧妙的动作迅速向敌火力点接近，当运动到距敌人三十多米时被发现了，一阵密集的子弹扫了过来，吴洋牺牲，肖登良身负重伤，黄继光的左臂也被子弹打穿。黄继光忍着剧痛，冒着密集的火力，继续匍匐前进。在距火力点八到九米时，他挺身连投数枚手雷，火力点内枪声哑了一会儿，但马上又开始了疯狂射击。此时，他身边没有弹药，身体又多处负伤。

"坚决完成任务！"黄继光默念着，顽强地一寸一寸地爬着，鲜血在地上留下了宽宽的拖痕。爬到火力点前，他拼尽最后的力气，用胸膛堵住了敌人机枪的射击，为反击部队开辟了前进道路。

战友们高喊"为黄继光报仇！"满含着热泪冲上前去，迅速消灭敌人，全歼美军第七师五个连，夺回了阵地。

黄继光被十五军党委追认为中国共产党党员，志愿军总部追记特等功，追授特级战斗英雄称号；朝鲜最高人民会议授予他"朝鲜民主主义人民共和国英雄"称号和一级国旗勋章、金星勋章。

敌军第二天又以三个营的兵力疯狂反扑。志愿军与敌人激战了一整天，终因伤亡过大，弹药缺乏，除597.9高地北山脊外，表面阵地全部被敌占领。为此，敌军付出了七千余人伤亡的代价，志愿军也伤亡三千余人。

在敌军的围攻和轰炸下，坚守坑道的部队缺粮、缺水、缺少弹药，空气浑浊，呼吸困难，但战士们不畏艰难，不怕牺牲，在志愿

军后方炮火支援下，顽强地坚守着。

除坚守坑道外，志愿军还采用冷枪狙击和夜摸偷袭战术，杀伤敌人。八连坚守597.9高地坑道时，三天时间以冷枪狙击歼敌一百一十五名，20日到29日，坑道部队夜摸偷袭一百五十余次，歼敌两千余人。这两种作战方式虽然投入兵力不多，活动范围也小，却能不断杀伤消耗敌人，使敌人日夜不得安宁。

11月11日，志愿军将反击重点移到537.7高地，在猛烈的炮火支援下，两个营的兵力发动反击，当晚全部收复失地，全歼守敌。第二天，敌人反扑，占领高地。第三天，志愿军又夺回阵地。第四天，志愿军坚守高地，击退敌人一百三十多次反扑，歼敌两千余人。志愿军激战一星期，巩固了537.7高地北山阵地。敌人伤亡惨重，被迫将南朝鲜二师和美七师撤出战斗。"金化攻势"在惨重的失败下不得不到此结束，上甘岭战役以志愿军的胜利而告结束。

上甘岭战役持续四十三昼夜，歼敌二万五千余人，击落击伤敌机二百七十余架，给"联合国军"以沉重打击。最终美国无奈地坐到谈判桌前，不得不在《朝鲜停战协定》上签字。1953年7月27日22时起，抗美援朝战争胜利结束，上甘岭永远成为美军可望而不可及的"伤心岭"。

"联合国军"总司令克拉克在回忆录中异常沮丧地说："在执行我国政府的训令中，我获得了一项不值得羡慕的荣誉，那就是我成了历史上签订没有胜利的停战协定的第一任美国陆军司令官。我感到一种失望的痛苦，我想我的前任麦克阿瑟与李奇微两位将军一定具有同感。"

271

万隆会议

第二次世界大战以后，帝国主义势力大打折扣，根本无暇顾及海外的殖民地。于是亚洲、非洲的民族解放运动蓬勃发展起来，许多殖民地、半殖民地国家，取得了民族独立。

由于国际形势纷纭复杂，刚刚独立的亚非国家迫切希望加强团结和合作，一起维护国家主权和世界和平。因此印度尼西亚、缅甸、锡兰（今斯里兰卡）、印度和巴基斯坦五国总理决定邀请一些新兴的亚非国家，召开一次没有西方国家参加的亚非会议，讨论亚非各国共同关心的问题。邀请一发出，立刻得到了被邀请国的热烈响应。

1955年4月18日，印度尼西亚的山城万隆春意盎然，繁花似锦，到处洋溢着喜庆的气氛。来自二十九个亚非国家的三百四十名代表齐聚万隆的独立大厦，准备出席亚非会议。

在众多首脑中，最引人注目的当数中国的周恩来。这不仅是因为周恩来是亚非国家中最大一个国家的总理兼外长，更因为此前发生的"克什米尔公主号"事件使周恩来在来万隆之前已经成为"传奇人物"。

4月11日，中国代表团租用印度航空公司的"克什米尔公主号"客机飞往印尼首都雅加达。不料，飞机在飞临印尼附近海域上空时突然爆炸，坠入海中，中国代表团工作人员和中外记者十一人罹难。

"克什米尔公主号"事件震惊了世界。后来查明，这是美国和台湾当局为了阻挠中国参加亚非会议，蓄意策划的炸机行动。他们获悉中国代表团准备取道香港前往印尼的情报后，立刻派遣特务把定时炸弹由台湾秘密运到香港，并重金收买了一名机场清洁工，让他利用打扫卫生的机会，将定时炸弹放在"克什米尔公主号"客机上。他们本来的目标是周恩来一行，所幸的是由于周恩来临时改变了行程计划，没有乘坐这架飞机，才幸免于难。

周恩来没有被敌人的卑鄙伎俩吓倒。他不顾个人安危，亲自率领代表团，按时来到万隆赴会，并受到了明星般的欢迎。他出现在哪里，哪里就有欢呼和掌声。一位记者感叹道："人们为他发疯了！"

4月18日上午九点十五分，亚非会议隆重开幕。印尼总统苏加诺精神抖擞地登上讲台，以《让新亚洲和新非洲诞生吧》为题，激情洋溢地致开幕词："这是人类有史以来第一次有色人种的洲际会议……殖民主义并没有死亡，必须予以铲除！让我们记住，为了这一切，我们亚洲人和非洲人必须团结起来！"

接着，与会各国代表纷纷上台发言，大多数国家的代表都谴责了殖民主义和种族主义，表示要加强亚非国家之间的团结，会场里的气氛显得融洽而热烈。

但是随着会议的深入，由于各国不同的社会制度和意识形态，彼此之间产生了一些隔阂和误解。有的国家代表硬说亚非国家当前面临的任务不是反对殖民主义，而是"反对共产主义"，有的干脆对中国作了公开或影射的诋毁性指责。

这些火药味十足的言论顿时使会议气氛紧张起来。各国代表不由自主地将目光射向中国代表团，只见周恩来镇定自若，一边听着发言，一边伏案疾书。人们猜测周恩来一定是在起草驳斥这些言论的发言，不禁担心会议是否会陷入无休无止的争吵，最终导致会议

不欢而散。

终于轮到周恩来发言了。人们原以为，这回中国这头雄狮要发怒了，要反击了。可周恩来仍是那样彬彬有礼、不卑不亢，他走上讲台，环顾了一下会场，坚定而诚恳地说道："中国代表团是来求团结而不是来吵架的。"这句出人意料的话语如同一阵清风，吹散了笼罩在会场上的乌云，同时换来了暴风雨般的掌声。苏加诺暗自庆幸：有周恩来在，亚非会议就砸不了！

接着周总理巧妙地引导亚非会议走上正路，他说："中国代表团是来求同而不是来立异的。我们中间有无求同的基础呢？有的，那就是亚非绝大多数国家和人民自近代以来都曾经受过，而且现在仍在受着殖民主义所造成的灾难和痛苦。这是我们大家都承认的。从解除殖民主义痛苦和灾难中去找共同基础，我们就很容易互相了解和尊重、互相同情和支持，而不是相互疑虑和恐惧、互相排斥和对立……"

周恩来的讲话入情入理，打动了所有人的心。整个会场鸦雀无声，人们聚精会神地聆听着他的发言。

最后，周恩来真诚地欢迎各国代表到中国参观访问，并热忱地呼吁："让我们亚非国家团结起来，为亚非会议的成功努力吧！"

这时，全场响起经久不息的热烈掌声。当周恩来走下讲台，代表们纷纷站了起来，前来同周总理握手、拥抱。一些在会上攻击过中国的代表主动与周总理握手，表示歉意和懊悔。

4月24日，举世瞩目的亚非会议胜利闭幕。大会通过了《亚非会议最后公报》，提出指导国际关系的十项原则，其核心内容便是一年前由中国和印度首先倡导的"互相尊重主权和领土完整、互不侵犯、互不干涉内政、平等互利、和平共处"五项原则，为亚非国家之间友好合作的发展奠定了基础。

272

苏伊士运河战争

苏伊士运河是埃及境内一条国际航道，全长一百七十五公里，它沟通了地中海和红海，大大缩短了欧洲到亚洲的航程，战略位置十分重要。埃及为了开凿运河，花了整整十年的时间，付出了十二万人生命的代价。可是运河开通后，它的主权一直被英国和法国所控制着。埃及人民多么希望政府能收回运河，维护国家的主权和尊严。

1956 年 7 月 26 日下午，在埃及亚历山大港，人们冒着盛夏炎热，像潮水一样从四面八方涌向解放广场，载歌载舞欢庆"七月革命"胜利四周年。四年前的今天，"埃及雄狮"纳赛尔领导人民发动起义，推翻了殖民统治，建立了新政权。

傍晚时分，当纳赛尔总统神采飞扬地走上主席台，广场上欢声雷动，久久难以平息。

"同胞们……同胞们……"纳赛尔挥了挥手，等欢呼声渐渐平息下来，开始向全国人民发表演说。他首先强烈谴责英、美、法帝国主义企图扼杀埃及和阿拉伯民族的阴谋。接着他说："苏伊士运河是埃及的运河，是由埃及人民的灵魂、头颅、鲜血和尸骨筑成的，可是它却被英法掌握的国际苏伊士运河公司控制着。这种现状再也不能继续下去了……"

这时，远在苏伊士运河中部伊斯梅利亚市的运河公司门前，一个名叫尤尼斯的工程师正坐在一辆汽车内，通过收音机聚精会神地

收听总统的演说。他可不是普通的工程师，而是纳赛尔总统特别委任的负责接管运河的指挥官。为了防止电话传达命令走漏消息，纳赛尔与尤尼斯约定，当演说一提到法国殖民者勒赛普的名字，立刻展开接管运河的行动。

当"勒赛普"四个字从收音机里传来，尤尼斯知道一个伟大的时刻到来了。他关掉收音机，跳下车，带领全副武装的特种兵和接管运河的埃及员工，冲进运河公司。正在公司里工作的英法殖民者被弄了个措手不及，面对埃及士兵手中的武器，只得乖乖地撤走了。埃及员工迅速各司其职，保证了运河航运的正常进行。接管运河的行动一举成功。

正在演讲的纳赛尔几乎在同一时刻得到了这个令人鼓舞的消息，在演讲结束前，他宣读了《共和国总统关于国际苏伊士公司国有化的命令》，并大声宣布："现在，埃及人民的儿子，正在采取行动接管苏伊士运河公司。我们做出这项决定是要恢复埃及失去的光荣，维护国家的尊严和民族的自豪感……从今天起，运河属于埃及人民！"

收复苏伊士运河的壮举使埃及全国沸腾了，使阿拉伯世界沸腾了。可这对英国和法国无疑是一个沉重的打击。英国首相艾登气急败坏地说："他怎么能干出这种事来……他怎么能干出这种事来……"

为了夺回运河的控制权，英法不仅冻结了埃及在英法的存款，实行经济制裁，而且调兵遣将，准备通过战争使埃及屈服。

1956年10月29日，在英法两国的怂恿下，以色列军队对埃及发动了突然袭击，直逼苏伊士运河，打响了第二次中东战争，即苏伊士运河战争。

纳赛尔毫不示弱，下令全国总动员，反击以军的入侵。埃及空军在两天之内，击落以色列飞机十八架。在西奈东北部，埃军一个

步兵连浴血奋战，连续打退了以色列装甲部队的多次进攻。埃及海军也英勇出击，派驱逐舰北上炮击以色列的海法港。

正当埃及军队准备对以色列大举反攻时，英法出动十六万军队，一百多艘军舰，二千多架飞机，开始了赤裸裸的武装侵犯。10月31日至11月4日，英法战机对开罗、亚历山大、塞得港、伊斯梅利亚和苏伊士等城市和机场狂轰滥炸，让埃及空军遭受了毁灭性的损失。紧接着，英法联军向埃及重要城市空降大批伞兵，企图和以军呼应，两面夹击埃及。

埃及腹背受敌，危在旦夕。有些官员害怕了，劝纳赛尔放弃抵抗，向英法联军投降。纳赛尔怒斥道："我宁愿在战斗中牺牲，也不会去投降！"并号召人民"为保卫埃及的荣誉、自由和尊严而战斗"。

纳赛尔的气魄和勇气极大地鼓舞了埃及军民的斗志。11月6日，八万名英法联军在塞得港登陆，企图在战舰和飞机的掩护下一举占领塞得港。英勇的塞得港军民在敌人疯狂的进攻面前，寸土不让，与侵略军展开肉搏和巷战。埃及士兵化整为零，变成了一支支神出鬼没的游击队，年轻人组成狙击小组，打得敌人晕头转向，连十三四岁的孩子也拿起武器参加战斗。侵略军碰上了硬钉子，原先设想的侵略计划全部落空了。

英法以的侵略行径遭到了全世界人民的谴责，苏联和美国也从各自的战略利益出发表示反对战争。在各方面强大压力下，英、法不得不在11月6日宣布停火，随后英、法、以军队先后撤出埃及领土。

埃及尽管经受了战争的洗礼，但终于收回了苏伊士运河的主权，在争取独立和维护主权的斗争中写下了光辉的篇章。

273

加纳独立领袖恩克鲁玛

加纳位于西非中南部，矿产资源比较丰富，主要有：黄金、钻石、铝矾土。钻石开采量居世界第四位，锰矿产量在非洲名列前茅。优越的气候和土壤条件，使它的可可产量曾长期居世界之首。丰富的自然资源引来了一批批贪婪的殖民者，葡萄牙、荷兰、英国、法国先后来到这一地区。1897 年，英国独占了加纳，改称"黄金海岸"，把加纳当成一只聚宝盆，拼命掠夺宝贵的资源。阿克拉是英国在加纳的统治中心。

其实，自从成为殖民地以后，加纳人民从来没有停止过要求独立的斗争。但由于英国殖民当局的血腥镇压，一直没有获得成功。二战后，亚非拉民族解放运动高涨，苦难深重的非洲有许多国家摆脱了宗主国的控制，1960 年，有十七个国家获得独立，这一年因而被称为"非洲年"。加纳则走在了整个黑非洲民族独立的最前列。

加纳独立运动的领袖是恩克鲁玛。他早年赴美留学，后前往英国从事法律研究。1946 年，他提出争取非洲统一和完全独立的口号。

迫于殖民地普遍要求独立的呼声，1946 年，英国在加纳进行"宪制改革"。考虑到战后的国际环境、英国殖民政策的改变以及英属西非的社会实际状况，恩克鲁玛主张采用非暴力方式来达到独立的目的。1947 年他回到阿克拉，提出争取自治和民族独立的纲领，进行组织和发动工作，开展示威游行和抵制、罢工运动。

1948 年 2 月 28 日，和煦的阳光洒在阿克拉的大街上。在城市东南角海滨，耸立着一座白色古城堡——克里斯琴博堡，塔顶的米字旗在微风中轻轻拂动，提醒人们这里是殖民总督府。

在克里斯琴博堡附近，还有葡萄牙人和荷兰人修建的专门用来关押奴隶的"奴隶城堡"。城堡背靠大海，面对大陆，城墙很厚，堡内有巨大的地下室，地下室里有出海的通道。

在奴隶贸易盛行的两百多年时间里，不知有多少贫苦的非洲人从这里被运到美洲大陆，沦为奴隶，也不知有多少人因不堪折磨而惨死在城堡里。这里曾经多次发生奴隶暴动事件，都被血腥地镇压下去了。可以说，城堡的每一块砖、每一块石头上都沾满了非洲人的鲜血。

街头一阵骚动，数百名复员军人举着各种各样的标语牌，聚集到殖民总督府门前。他们是第二次世界大战期间，七万多名被英国人征去服役的加纳士兵的一部分。战争结束后，英国殖民当局没有实现战前的诺言——保证复员军人的生活和工作，愤怒的他们来讨回公道，举行游行示威。

意想不到的事发生了，一队总督府的卫队全副武装、荷枪实弹地出现在窗口、墙角、花坛和廊柱后面，不等人群反应过来，子弹已经像暴雨一样劈头盖脑地砸来，惊呼、惨叫连成一片，游行和旁观的人群四散奔逃。

消息传开，阿克拉全城群情激愤，又举行了空前的群众示威，殖民军警又一次实行镇压，打死二十九人，打伤二百三十七人。殖民当局的暴行，激起了加纳全国的斗争怒潮，从城市到乡村，到处是游行的队伍，人们散发传单，发表演说，捣毁英国人的商店，袭击警察署和监狱，前后持续一个多月。

加纳独立后，为了让子孙后代永远记住这个为争取独立与自由而付出鲜血的日子，发生血案的这条大街被命名为"2 月 28

日路"。

2月28日事件后，恩克鲁玛等大批民族主义领导人被捕。这时，以丹夸为首的老一代民族主义者打算与殖民当局妥协，但恩克鲁玛却主张进行更坚决的斗争。他宣布与丹夸派分手，建立黄金海岸人民大会党，提出要以"非暴力的积极行动"立即实现完全自治，受到广大群众的热烈拥护。

从1950年1月8日起，人民大会党发动了全国规模的积极行动。工人总罢工、商店罢市、交通瘫痪、政府机关停止办公，到处举行示威游行，整个社会经济生活陷于停顿。殖民当局再次逮捕了恩克鲁玛和所有人民大会党领导人。

恩克鲁玛的人民大会党赢得了加纳人民的信任。1951年，加纳历史上的第一次大选开始了，人民大会党获得了百分之九十以上的选票。这一大选结果虽不符合英国的愿望，但英国总督不得不释放恩克鲁玛，并任命他为政府事务领导人，不久改任内阁总理。

1954年和1956年的全国大选，人民大会党继续获胜，建立了非洲人的自治政府，控制了议会中的多数。议会授权恩克鲁玛与英国交涉加纳独立事宜。经过艰苦的谈判，1956年9月，英国殖民大臣代表英政府宣布，同意加纳于1957年3月6日在英联邦内独立。

3月6日终于来到，阿克拉万人空巷，人们穿上最好的衣服，带着满心的喜悦，涌向"2月28日路"，去见证这个伟大的时刻。盼望了几个世纪的自由终于降临了，他们唱啊，跳啊，几乎没有人是走到那里的。

英国当然没有那么高兴，殖民主义者像煮熟的鸭子——肉烂嘴不烂，英国驻加纳总督克拉克竟然大言不惭地说："我自以能身为一个大不列颠王国的殖民主义者而感到骄傲。"此种论调当场招来一片嘘声。是啊，殖民主义为所欲为的日子一去不复返了。

三年后，即1960年7月1日，加纳正式宣布成立共和国，恩

克鲁玛当选为总统。1964 年，加纳举行全民投票，恩克鲁玛成为终身总统。1966 年 2 月加纳发生政变，恩克鲁玛领导的政府被推翻。此后他寄居几内亚。几内亚总统塞古·杜尔授予他几内亚共和国两总统之一的头衔。

1972 年，恩克鲁玛病逝。他著有《殖民地走向自由之路》、《非洲必须统一》等书。

274

击落"黑色幽灵"

1960 年 5 月 1 日，在苏联莫斯科的红场上，正举行着盛大的阅兵式，只见各式各样的坦克、装甲车、火炮和导弹排着整齐的方队缓缓通过检阅台。检阅台上，站满了苏联党政军首脑。忽然，苏联防空部队司令比留佐夫元帅急匆匆登上检阅台，走到苏共中央第一书记赫鲁晓夫身边，在他耳旁轻轻说道："'黑色幽灵'已被击落，并活捉了飞行员。"

赫鲁晓夫立刻露出满意的笑容，向受阅士兵挥动的手舞得更有力了。

"黑色幽灵"究竟是什么东西呢？原来，"黑色幽灵"是美国 U-2 高空侦察机的绰号。U-2 飞机全身乌黑，样子很像滑翔机，它不仅飞得快，而且飞得高。更令人叫绝的是它的侦察本领，它从高空拍摄的照片，经过放大，能清楚地辨认出地面上极小的东西，比如地上的香烟头或者报纸上的标题。

从 1956 年到 1960 年，U-2 飞机不断地侵犯苏联领空，大肆搜集军事情报。面对它两万多米的飞行高度，苏联的战机和导弹鞭长莫及，只好眼巴巴地看着它在高空嚣张。赫鲁晓夫大为恼火，下令无论如何也要击落一架 U-2 飞机，可是望着一脸无奈的防空司令，他知道要完成这项任务，光靠战机和导弹肯定不行。他灵机一动，决定用地上的间谍去对付天上的间谍。神通广大的克格勃（苏联国家安全委员会的简称）得到最高指示，立刻策划出一个既能让 U-2 飞机

落地、又能让苏联导弹扬名的计划。

一天夜晚，一个克格勃间谍利用夜色的掩护，秘密潜入巴基斯坦境内的白沙瓦美军空军基地，这儿正是 U-2 飞机的老巢。瞄准换班哨兵相互聊天的间隙，克格勃间谍悄无声息地钻进一架 U-2 飞机的驾驶舱。他先用一把小巧的螺丝刀拧开飞机高度仪上的一颗螺丝，然后从自己衣袋里取出另外一颗螺丝，把它换了上去。这颗螺丝是经过特殊处理的，具有很强的磁性。当飞机升到一万米高空后，它能让高度仪的指针直接指向两万米，这既不容易被驾驶员察觉，又使 U-2 飞机留在了苏联导弹的射程之内。做完这小小的手脚后，克格勃间谍一动不动地蹲在驾驶舱里，一直等到又传来哨兵相互换班的声音，他才敏捷地溜下飞机，消失在茫茫夜幕里。

5 月 1 日凌晨，美国飞行员鲍尔斯像往常一样，驾驶这架 U-2 飞机从白沙瓦起飞去执行侦察任务。飞机进入苏联领空后，鲍尔斯一拉操纵杆，开始爬升。当他看到高度仪的指针指向两万一千米时，便不再上升，放心地沿着既定路线，一边飞行，一边侦察、照相。他哪里想到，飞机的实际高度只有一万多米。

苏联防空部队这段时间早已进入紧急战备状态。雷达很快发现 U-2 飞机踪影，三架米格战机迅速升空截击。这回高度是够了，可是速度却追不上。

轻松摆脱米格战机的追逐后，鲍尔斯仍然没有察觉出异常，依旧保持原来的高度，毫无顾忌地飞行。当飞到苏联斯维尔德洛夫斯克上空时，U-2 飞机被苏联导弹盯上了。突然，几道耀眼的亮光刺向 U-2 飞机，并猛烈爆炸。尽管导弹没有直接击中 U-2 飞机，可是爆炸产生的强大冲击波使机翼折断脱落，飞机顿时失去控制，直线坠落。惊慌失措之中，鲍尔斯没有按动美国中央情报局特意设置的自动引爆按钮，而是选择了弃机跳伞。因为生命只有一次，鲍尔斯不想献给祖国而想留给自己。鲍尔斯一落地，立刻被抓了起来，押

解到莫斯科的克格勃总部。U-2 飞机的残骸也落在那个农场里，飞机上的侦察设备几乎完好无缺。

得知"黑色幽灵"人赃俱获的消息后，赫鲁晓夫决定跟美国人玩一次心理游戏。他故意对苏联击落 U-2 飞机一事秘而不宣，只等美国编造弥天大谎来否认 U-2 飞机进行间谍勾当的真相，到时再用铁证加以戳穿，让美国出尽洋相。

U-2 飞机失踪的消息让美国总统艾森豪威尔吃惊不小，生怕苏联捉住了美国搞间谍活动的把柄。可是等了一两天，苏联方面什么动静也没有，艾森豪威尔和手下以为鲍尔斯和 U-2 飞机早已机毁人亡，于是立刻发表了一个掩人耳目的声明，声称 U-2 飞机是在研究高空的气象状况时失事的，当时飞机正在土耳其的上空。

赫鲁晓夫见艾森豪威尔中了圈套，欣喜若狂，立刻报之以有力的还击。5 月 7 日，赫鲁晓夫向全国、向全世界披露了一个令人震惊的消息：苏联防空部队用最新式的导弹击落了美国的 U-2 飞机，飞行员鲍尔斯已被活捉。而且鲍尔斯已经招认，他是奉命按预定的航线飞行，在苏联领空进行间谍侦察活动的。赫鲁晓夫还下令将 U-2 飞机的残骸放在莫斯科的公园里，向公众展出。

U-2 事件搞得美国狼狈不堪，在全世界人民面前丢尽了脸。在这场间谍与反间谍的斗争中，美国彻底地失败了。

275

"柏林墙"的危机

西柏林作为西方冷战的前哨阵地，一直被苏联视作长在德意志民主共和国（东德）心脏上的一个"毒瘤"。

1958 年，苏联成功发射洲际导弹后，赫鲁晓夫认为自己有了谈判的筹码，要求西方就西柏林问题进行谈判，企图逼迫美、英、法退出西柏林，并扬言要以"外科手术"割掉这个"毒瘤"。西方毫不示弱，决心留在柏林。

双方调兵遣将，战争一触即发。骑虎难下的美苏首脑赶紧在戴维营举行了磋商，柏林危机才得以缓解。

1961 年 6 月，上任不久的美国总统肯尼迪与赫鲁晓夫在维也纳举行了会晤。当谈到柏林问题时，赫鲁晓夫决定给这位年轻的美国总统一个下马威，再次发出最后通牒，要求西方必须在六个月内从西柏林撤军。肯尼迪竭力劝说赫鲁晓夫不要采取这样莽撞的行动。赫鲁晓夫断然拒绝，说："我希望和平，可如果你要战争，我会奉陪到底！"

肯尼迪冷冷地回答说："如果真是那样的话，那将是一个寒冷的冬天。"

维也纳会谈后，赫鲁晓夫立刻磨刀霍霍，又是征召士兵，又是增加军费，还宣称如果爆发核战，苏联只需六颗氢弹就可以消灭英国，九颗氢弹就可以灭亡法国，肯尼迪也将成为美国最后一任总统。

肯尼迪立刻给予回敬，宣布追加国防预算，购置新式武器。他还说西柏林现在已经成为"考验西方勇气和意志的伟大场所"，西方应该敢于承担保卫柏林的"庄严的义务"。

双方剑拔弩张，柏林危机达到高潮。全世界人民似乎听到了第三次世界大战的脚步声。

随着柏林局势日趋紧张，成群结队的东德公民从东柏林逃亡西柏林。因为东柏林与西柏林的边界是开放的，既无安全措施，也不进行检查，边界线就蜿蜒在街道、住宅区、树林或河道中。这种逃亡从1949年就开始了，到了1961年夏，已有二百七十万人逃到了西方，几乎占了当时东德人口的三分之一。其中不少人员是东德经济建设急需的科学家、工程师和其他专家。由于逃亡愈演愈烈，直接威胁到了东德的生存，引起东德领导人的恐慌。

1961年8月13日凌晨，全副武装的东德军队封锁了整个边界，并在短短几小时内，修筑了一道带刺的铁丝网，把西柏林隔离了起来。第二天，建筑队开始施工，用一堵高高的水泥墙取代了铁丝网。这堵墙就是被西方称为"铁幕"的柏林墙，总长度一百五十四公里，设立九个边境站。从此，柏林城被活生生地一分为二，东西柏林民众再不能自由往来。

在柏林墙旁，东德修筑了许多瞭望塔和碉堡，军警牵着警犬日夜巡逻，把柏林墙变成了令人无法逾越的"死亡地带"。任何试图翻越柏林墙的逃亡者，将在没有任何警告的情况下遭到枪击。

为了冲破柏林墙的阻隔，逃亡者想出了五花八门的办法，留下了许许多多生与死、悲与喜的传奇故事。

柏林墙的出现震惊了全世界。赫鲁晓夫称赞柏林墙是"阻止西方帝国主义侵略的篱笆"。肯尼迪则反唇相讥，认为"这是人类历史上第一堵不是防范外敌，而是防范自己人民的墙"。

为了表示坚守西柏林的决心，肯尼迪一面派遣副总统约翰逊访

问西柏林，鼓舞市民的信心，一面命令一支一千五百人的部队，从德意志联邦共和国（西德）乘坐装甲车，沿着高速公路通过东德检查站开往西柏林。出乎意料，这支美军没有受到苏军的干扰，畅通无阻地进入了西柏林。

就在肯尼迪松了口气的时候，赫鲁晓夫又给战争浇了一桶油。9月1日，苏联宣布恢复核试验，在随后的一个月里，苏联一共引爆了三十多枚超级核弹。华约部队也举行了第一次大规模联合军事演习。肯尼迪不甘落后，也下令进行地下核试验，还不断向西欧运送军队和武器。双方你来我往地相互谴责，相互警告，唇枪舌剑，战争的气氛越来越浓。

10月27日，十几辆美国的坦克和装甲车正要通过柏林墙的一个交通检查站，前往西德，突然早已等候在附近的十几辆苏军坦克从隐蔽处冲了出来，挡住了美军的去路。双方的坦克在检查站旁的柏林墙两侧，相距一百多米，炮口对着炮口，谁也不肯后退一步，不过谁也不敢先开第一炮，因为这一炮可能成为世界核大战的导火索。战争从来没有像现在这样迫近过……

在双方虎视眈眈地对峙了十六个小时后，苏联坦克接到命令，率先从战争边缘缩了回去。二十分钟后，美军坦克也撤离了现场。

赫鲁晓夫和肯尼迪慑于可能引发的核战的灾难性后果，都没有大打出手的决心。经过各种形式的秘密接触，双方都做了一些让步，纷纷表示西柏林问题没有最后期限，问题什么时候成熟，就什么时候解决。

就这样，一场惊心动魄的对抗终于结束了。

276

不结盟运动的诞生

在亚得里亚海北部，有十几个风景秀丽的小岛，犹如一串璀璨的珍珠，点缀在蔚蓝的大海中。那就是南斯拉夫的旅游胜地——布里俄尼岛。

1956 年 7 月，宁静的布里俄尼岛成了全世界关注的焦点，因为一场不结盟运动的浪潮将从这里兴起。

众所周知，北约与华约两大军事集团的建立加剧了国际紧张局势，也威胁着二战后新独立国家的安全。这些新兴国家为维护独立和发展经济，既需要国际合作与团结，又不愿介入美苏的争霸斗争，在这种情形下，它们采取不与任何大国结盟的外交政策，希望在两极格局中保持和平的中立地位，把命运掌握在自己手中。

万隆会议后，民族解放运动蓬勃高涨，奉行独立自主、和平中立和不结盟政策的新兴国家日益增多，因此一些有声望的民族独立运动的领袖萌发了建立不结盟国家组织的想法。

1956 年 7 月 18 日至 19 日，南斯拉夫总统铁托、埃及总统纳赛尔和印度总理尼赫鲁在布里俄尼岛的一幢别墅里举行了一次具有历史意义的会谈，就发起不结盟运动进行了磋商，迈出了不结盟国家开展国际合作的第一步。

会谈结束后，铁托、纳赛尔和尼赫鲁发表了联合声明，表示拥护万隆会议提出的和平共处原则，坚持民族独立，反对加入军事集团，主张各国之间应该进行经济、文化合作。

经过几年的酝酿，铁托、纳赛尔、尼赫鲁又与加纳总统恩克鲁玛、印度尼西亚总统苏加诺在纽约举行了会晤，倡议召开不结盟国家首脑会议。

在这些领导人的共同努力下，1961年6月在埃及首都开罗召开了不结盟国家首脑会议的筹备会议，有二十个国家的代表参加。会议规定了参加不结盟国家首脑会议的五项标准：（1）它的政策应当是在和平共处和不结盟基础上的独立政策，至少应当采取符合这种政策的态度；（2）它应当支持民族解放运动；（3）它不应当是任何会使卷入大国冲突的集体军事联盟的成员国；（4）它不应当是同某个大国缔结的双边联盟的参加国；（5）它的国家领土不应当有在它的同意下建立的外国军事基地。

1961年9月1日，第一届不结盟国家元首和政府首脑会议在南斯拉夫首都贝尔格莱德隆重开幕。出席会议的有二十五个国家，其中十五个国家出席过万隆会议。这次会议的召开，宣告不结盟运动正式形成。铁托声称："不结盟运动的目的，是要使大国认识到，世界命运不能掌握在它们的手里。"

会议结束时，与会各国通过了《不结盟国家元首和政府首脑会议宣言》。宣言表示全力支持各国人民争取和维护民族独立的正义斗争，指出只有根除帝国主义和殖民主义才能实现永久和平，呼吁各大国签订全面彻底的裁军条约，以缓和国际紧张形势。宣言反对把世界分裂成集团，主张用和平共处来代替冷战的政策，认为"不结盟国家应该参与有关世界和平与安全"的国际问题的解决。宣言还强调要消除发达国家和发展中国家之间不断扩大的鸿沟，加强各国之间的经济合作。

不结盟运动的组织形式与北约、华约不同，没有总部，也没有成文的章程。除每三年一次的首脑会议、外长会议以外，还设有不结盟部长级委员会、不结盟国家协调局、不结盟国家通讯社联盟等

机构。

　　不结盟运动得到了亚非拉国家的积极响应，规模不断扩大。到 1997 年，不结盟运动的成员国已发展到一百一十三个，包括了世界上三分之二的国家和五分之二的人口。中国于 1992 年正式成为不结盟运动观察员国。

　　不结盟运动的兴起标志着一支独立的政治力量——第三世界的崛起，改变了以超级大国为中心的国际关系格局，提高了发展中国家的政治地位和经济地位，维护了世界的和平与稳定。

277

加勒比海的阴云

1959 年古巴革命的胜利，动摇了美国在拉丁美洲的统治。美国一直把拉丁美洲看成自己的后院，如今后院起火，不由惊恐万分，把古巴共和国视作眼中钉、肉中刺，想方设法企图推翻卡斯特罗政权。

1961 年春天，美国中情局招募了一千四百名古巴流亡分子，组成"古巴旅"。在美国飞机和战舰的掩护下，"古巴旅"在猪湾登陆，对古巴发动了攻击。然而，在古巴革命领袖卡斯特罗的沉着指挥下，古巴军民只用七十二个小时，就粉碎了这次入侵。

美国一计不成又生一计，他们多次派遣间谍潜入古巴，试图暗杀卡斯特罗，制造混乱。可是他们的暗杀计划也纷纷落空。

为了对付美国的威胁，卡斯特罗不得不向苏联求援。1962 年 7 月，古巴国防部长前往莫斯科请求军事援助。要求一提出，赫鲁晓夫爽快地答应了。然后他故意问道："就凭这点飞机、坦克、大炮，你们真能抵抗住美国的入侵？"

古巴国防部长说："我们当然不是他们的对手！可是我们有了你们苏联这个强大的朋友，他们总会有所顾虑吧！"

赫鲁晓夫意味深长地说："我们相隔太远了，只怕到时候远水救不了近火啊！要不这样吧，把我们威力巨大的进攻性武器搬点儿到古巴，比如，装上核弹头的中程导弹、中远程导弹。有了它们，以后就没有人敢威胁你们了！"

赫鲁晓夫的冒险计划得到了卡斯特罗的认同。两国秘密达成协议：苏联提供的军事援助中，常规武器归古巴所有，导弹、核弹由苏联掌握。于是，在极其保密的情况下，苏联偷偷把导弹运到了古巴，导弹基地也进入了紧张的建设中。

世上没有不透风的墙。美国很快得到了风声，于是加强了对古巴的空中侦察。10 月 14 日，一架美国 U-2 高空侦察机对古巴西部的军事基地进行了侦察。军事专家们分析了 U-2 拍摄的照片后，得出了一个令人震惊的结论：二十几个中远程导弹发射场已经粗具规模，用不了多久，美国人就要生活在古巴核导弹的阴影之下了。

美国总统肯尼迪意识到了问题的严重性，立刻召开紧急会议。惊恐的气氛笼罩了整个会议室，谁也没想到苏联的核导弹竟然出现在家门口，只需一两分钟就能落到自己的头上。大家议论纷纷，有的主张实行海上封锁，禁止苏联舰船驶往古巴；有的主张采取军事打击，摧毁苏联设在古巴的导弹基地。

肯尼迪权衡再三，认为海上封锁是一个进可攻、退可守的上策。因为这样既可以避免立即爆发战争的危险，又使赫鲁晓夫有时间重新考虑他的行动。如果封锁发生作用，苏联将撤走导弹，反之，美国仍然可以进一步采取军事行动。不过，他觉得"海上封锁"这个词火药味太浓，就改成了"海上隔离"。

10 月 22 日晚上七点，肯尼迪神情严肃地出现在电视荧屏上，向美国人民披露了苏联正在古巴修建进攻性导弹发射场的消息。他宣布，为了消除这一核威胁，美国将实施"海上隔离"，对一切正在运往古巴的进攻性军事装备进行严格的检查。他同时表示，"海上隔离"仅仅是第一步，在必要时还将采取更有力的行动，"没有谁能正确地预料事态将如何发展，或者将要付出怎样的代价或伤亡"。

苏联马上做出反应，态度是同样的强硬，威胁要击沉阻止苏联

船只向古巴航行的美国军舰。

一时间，山雨欲来风满楼。苏军和美军都进入了最高戒备状态，战略轰炸机满载核武器在空中盘旋，核潜艇进入了作战倒计时……核大战似乎一触即发。

10 月 24 日上午十点，一百八十多艘美国军舰驶向加勒比海，"海上隔离"正式展开。与此同时，一支由二十五条商船和战舰组成的苏联船队，毫无畏惧地直冲美国海军的封锁线驶来。双方的距离越来越近，人类的末日也似乎越来越近。

就连一向沉着的肯尼迪也难以承受这种压力，他把手伸向扭曲的脸，捂住了嘴，眼里露出痛苦的神色。他知道，如果苏联船队再向前一步，美国军舰就要对其开火，那意味着核战争的爆发，一小时内，苏联和美国将各有一亿人死亡，这是一个多么令人毛骨悚然的可怕情景！

然而，十点二十三分，局势突然有了转机，苏联船只在封锁线外停了下来，接着，部分船只开始掉头返航。危机顿时缓和下来。

赫鲁晓夫在对抗中看到了美国决不后退的决心，深深感到对峙的唯一结局就是死亡和毁灭，于是他决定妥协，当然这种妥协是有条件的。

两天后，赫鲁晓夫亲自致信肯尼迪，在信中，他一再强调把导弹运进古巴只是为了防卫美国对古巴的入侵。如果美国能作出不入侵古巴的保证，那么苏联愿意在联合国的监督下，从古巴撤走导弹。肯尼迪见好就收，赶紧回复赫鲁晓夫说：只要苏联先从古巴撤走所有进攻性武器，美国将随时解除对古巴的封锁，并不再入侵古巴。10 月 28 日，莫斯科电台广播了赫鲁晓夫的决定：苏联将从古巴撤走全部导弹。

不久，苏联不顾古巴反对，拆除了导弹设施，并装箱运回国内。美国随即也解除了封锁。笼罩在世界上空的核大战阴云终于散去了。

278

达拉斯城的冷枪

1963 年 11 月 22 日，美国总统约翰·肯尼迪来到得克萨斯州的达拉斯。这是他得克萨斯巡回演讲的一部分，按计划，中午要在此发表午餐讲话。

长长的汽车队伍在达拉斯的大街上缓缓行进。肯尼迪夫妇坐在敞篷车里，肯尼迪西装笔挺，头发一丝不乱，身边的夫人杰奎琳一身洁白的礼服。夫妇俩显得那么年轻、英俊，生气勃勃。

肯尼迪向街道两旁的人群频频地点头致意，对这种场面他很习惯，也很喜欢。他很善于在公众面前演讲，善于引导公众的情绪，善于利用公众的力量达到自己的政治目的。事实上，他就是利用新颖的电视讲话，击败了竞争对手尼克松入主白宫。由于国会中反对的力量很强大，所以他十分注重舆论和公众的支持，经常对全国发表政策性讲话。巡回演讲和盛大的欢迎仪式已成为他政治生活中的家常便饭。

突然，他的头猛地向后一昂，身子连带微微地一跳，然后就无力地歪倒在妻子杰奎琳的肩上。鲜血从肯尼迪的头上、脖子上汩汩地流出，在杰奎琳的胸前汇成鲜红的一大片。杰奎琳惊呆了，抱住丈夫，不知所措，甚至忘记了惊叫。坐在同一辆车子前排的得克萨斯州州长康纳利也被子弹击中，无力地瘫倒在座位上。

肯尼迪微睁着眼睛，仰望着天空。天空是那样的晴朗，那样的湛蓝。但是，几分钟后，壮志未酬的肯尼迪便黯然逝去。

命运的安排好像刻意使肯尼迪成为一名政治家。童年时代，因为父母都是政界要人，所以家中巨大的客厅里经常人头攒动，衣着华贵的客人们三五成群地大声争论着什么，看他们一个个面红耳赤的样子，躲在沙发后面的小肯尼迪感到很好笑，他就是这样被带进政治生活的。

步入青年的肯尼迪在普林斯顿、哈佛和斯坦福三所大学念过书，毕业时已是畅销书作者。二战爆发后，他参加了海军，因为工作勤勉，很快升任海军上尉。他曾指挥一艘鱼雷艇，在南太平洋上追逐着日舰。一次，他的鱼雷艇被炮弹击中了，在剧烈震颤中，鱼雷艇急速下沉。他和十名水兵顽强地坚持在残骸上，在海中游啊，游啊，眼前是一望无垠的大海，漫无边际。不知道过了多少时间，不知漂过了多少个无人的小岛，终于看到了穿着草裙的土著人向他走来。事后才知道，上司早已将他列入了阵亡名单。

战争中锻炼出来的坚强和不屈的性格，帮助他在以后的政治活动里一再击败强敌，终于当选美国总统。在就职演说里，他意气风发地说："……从此时此地开始……火炬已传到了美国新一代的手中。接过火炬的这一代新人出身在本世纪，经过战争的锻炼，经过和平时期艰难困苦的锻炼，有祖先留下的值得骄傲的遗产，不愿目睹或允许国家一直保证的这些人权慢慢地被毁灭，对此，我们今天在国内以至在全世界都承担着义务……"

当美国的高空侦察机发现苏联在古巴布置了装有核弹头的导弹时，年轻的肯尼迪面临严峻的挑战。美苏紧张地对峙，核大战一触即发。

肯尼迪没有后退。他命令封锁古巴，并暗示苏联必须拆除布置在古巴的导弹基地，否则将轰炸这个基地。美国海军对苏联军舰进行了肉眼检查，赫鲁晓夫在战争爆发的一刹那终于退了回去。

以强悍和霸气闻名于世界政坛的肯尼迪，对国内的黑人却十分

关心。他给国会送去了人权立法，十分动情地说："自从林肯总统解放奴隶以来，这个方案已拖了一百年了，他们的子孙后代现在还没有享受到充分的自由。他们还没有从不公正的限制中获得自由，他们还没有从社会和经济的压迫下获得自由。国家所有的希望和可以夸耀的东西就是自由，但在其所有公民都自由之前，是不能说他有充分的自由的……"

年轻、勇敢、富于想象力和冲击力的肯尼迪，赢得了多数美国民众的爱戴，也使一些人如坐针毡。于是，黑洞洞的枪口瞄向了肯尼迪。

警方宣称凶手是缅因州人奥斯瓦尔德，他曾放弃美国国籍在苏联生活过。在一个仓库的楼上，他向总统开了枪。当警察进行追捕时，他又打死了一名警察，逃到一个剧院时被抓住。两天后，在数百万电视观众和现场群众面前，达拉斯夜总会的老板杰克·鲁比在奥斯瓦尔德被押送监狱的时候，公然枪杀了奥斯瓦尔德。他说他是出于义愤才这么做的，但事实上他掐断了进一步调查的线索。

十个月后，以首席法官厄尔·沃伦为首的一个委员会确认奥斯瓦尔德就是凶手，但除了"根深蒂固的感情根据"外，没有找出别的动机，所以许多美国人认为案子还有更大的隐情。

林登·约翰逊在肯尼迪遇刺的当天晚上接任美国总统。11月27日，他在国会参众两院的联席会议上强调，要继续执行肯尼迪的政策，让所有的孩子都接受教育，所有的老人都得到照顾，所有的美国人一律平等。

然而，建立一个美好世界的梦想，还有很长的路要走。

279

中东"六五"战争

1967 年 6 月 5 日拂晓，天色微明。

以色列空军司令部里异常地紧张，大批的参谋人员进进出出，几乎都是一路小跑，但谁也不敢弄出太大的声响。以色列国防部长达扬正襟危坐在巨大的沙盘前，纹丝不动。七时十分，"起飞！"以色列空军司令霍德将军向早已做好战斗准备的突击机群发出了命令。

顿时，一百八十三架战斗机、轰炸机、战斗轰炸机、截击机呼啸而起。为了确保战斗的威力，以空军几乎倾巢而出。这不是作战，简直是赌博。万一袭击失败，天晓得留在后方的十二架飞机能干什么。

天空上，"兀鹰"、"天鹰"、"飓风"、"神秘"、"超级神秘"、"幻影 CS"等英法美各国生产的主力战机，正在急速地完成战斗编队，它们四架一组，迅速地向埃及十七个飞机场扑去。低空飞行的机群保持着无线电沉默，成功地躲过了雷达侦察，七时四十五分（开罗时间八时四十五分），各突击机群已经各就各位。

保持了一个早晨警惕的埃及空军，此时正好结束了戒备状态。值勤飞行员关闭了米格战斗机的引擎，伸着懒腰，准备到军官食堂去喝一杯咖啡。值夜班的军官刚吃完早餐，正走向宿舍。日班的军官刚刚上班，正在整理着办公桌，互相打着招呼，聊几句家常。机场上，一排排苏制的米格战斗机昂首挺胸，密密地停放着，既没有

隐蔽，也没有做好升空准备。

突然，天空轰鸣一片，一枚枚火箭弹、导弹和炮弹雨点般倾泻下来，落到机场的跑道和机群上。顷刻间，埃军机场被炸得千疮百孔，停放的飞机一架接一架炸开了花。

以色列飞行员轮番上阵，飞机不停地穿梭进攻。埃及人一下子还没有清醒过来，担任掩护的高炮手瞪大眼睛，张大嘴巴，看着这一切发生，却忘了开炮还击。

以色列取得了几乎完美的开局，战争爆发的头三个小时，甚至在头二十分钟，以色列实际上已获得了胜利，阿拉伯世界中实力最强的埃及空军已经全军覆灭了。

消息马上传遍了全世界：第三次中东战争，也就是著名的"六五"战争爆发了。

其实，自第二次中东战争以来，以色列就把埃及作为它的头号敌人。为了使埃及上当，以色列一方面公开发出战争叫嚣，一方面故意让一些所谓的绝密情报被苏联截获。果然，1967 年 5 月 13 日，埃及总统纳赛尔收到一份由苏联驻开罗大使馆转来的紧急情报，称以色列在叙利亚边境集结了十二至十五个旅的步兵和装甲部队，将于 5 月 17 日凌晨发动战争。

纳赛尔决定接受挑战。他一方面要求联合国维和部队撤出军事分界线，一方面命令埃及军队进入前线，向以色列的南方边境西奈半岛大量增兵，同时，封锁蒂朗海峡，关闭亚喀巴湾。

纳赛尔封锁蒂朗海峡的行动几乎断绝了以色列的生路。这真是一个绝妙的战争借口！战争在强硬派代表贝京、重新出任国防部长的达扬的精心策划下，突然爆发了。

6 月 5 日早上，纳赛尔听到了"以色列之声"电台播送的战争公告。他不慌不忙地穿好衣服，乘车到司令部了解战况。在司令部门口，苏联大使的汽车已经到了，他感到有些奇怪。埃军总司令阿

密尔元帅站在办公室里，神情呆滞，周围的军官也是一语不发。纳赛尔突然感到心里像被绳子抽紧了，瞪大了眼睛，注视着阿密尔，等待他的汇报。

阿密尔迟疑了片刻，终于低声说："我们的飞机……已经全部被摧毁了，当时都还在地面上。"

纳赛尔克制住愤怒的心情，问阿密尔："那么空袭的时候，你在做什么？"

阿密尔吞吞吐吐地说："我和一些指挥官正乘飞机前去巡视西奈半岛，没想到飞机刚起飞，就……"

纳赛尔全明白了，冷笑道："哦，是啊，当总司令满天飞的时候，部队当然接到命令不能使用导弹，不得向空中开炮。以色列的空军这才在我们埃及总司令的掩护下，一举摧毁我们所有的机场和飞机……奇怪，以色列的飞机怎么没有把你打下来！"

总统转身离开，走到门口，又回头问："苏联大使的车，怎么回事？"

"哦，我派人把他找来，为的是向他要求停火。"

"停火？战争刚打了不到三个小时……这简直是玩笑。我还有强大的陆军，希望他们在没有空军掩护的情况下，创造奇迹吧。"纳赛尔在心中对自己喃喃自语。

奇迹没有出现。当晚，十二点十五分，以空军又掉头扑向约旦、叙利亚和伊拉克的空军基地。约旦两个基地，二十八架飞机被毁；叙利亚五个基地，一半飞机报废；伊拉克损失十架飞机。

布置在西奈沙漠里的埃军七个师，尽管进行了顽强的抵抗，但是以军装甲部队在空军掩护下，还是占领了重镇阿里什，并且切断了加沙地带与埃及的联系。

战争爆发不到六小时，连接莫斯科与华盛顿的"热线电话"接通了。这是它自安装以来第一次使用。美国和苏联的领导人出于各

自的利益考虑，一致同意马上促成停火。但在联合国安理会正式讨论停火时，双方又因为实际的利益争论起来。

以色列人可不会浪费时间。6月6日凌晨，以色列内阁决定进攻约旦，征服约旦河西岸；夺取沙姆沙伊赫，消灭西奈的埃及军队。第二天上午十时，以色列人在付出沉重代价后终于到达了耶路撒冷旧城的"哭墙"。经过两千年的时间，圣殿区又回到犹太人手中。

当联合国安理会的停火决议被双方接受时，阿拉伯世界静下心来，才发现自己的损失有多么惨重。四十四万军队仅剩二十六万，六百三十一架飞机剩二百三十三架，一千七百五十辆坦克剩七百五十辆，加沙地带和西奈半岛没有了，耶路撒冷旧城和戈兰高地也没有了。以色列的国土则是战前的三倍，并成为中东最强的军事大国。

阿拉伯人沉默了，但并不放弃。他们卧薪尝胆，等待着复仇的时机。

280

格瓦拉的传奇

二十五岁的格瓦拉从布宜诺斯艾利斯大学毕业了，拿到了医学博士学位。今后的人生道路怎么走呢？他已经打定主意，去寻求正义和真理。虽然父母很不赞成，女友也柔情相劝，都不能改变他踏上征途的决心。但在布宜诺斯艾利斯火车站，面对前来送别的双亲那衰老的容颜和莹莹的泪光，他的心抽紧了。

沉默良久，格瓦拉终于深情而坚定地对双亲说道："一个美洲战士同你们告别了！"

埃内斯托·切·格瓦拉·塞尔纳，1928 年 6 月 14 日出生在阿根廷罗萨里奥省的一个中产阶级家庭中。父亲是土木工程师，经营过一家建筑公司；母亲生于名门望族之家。格瓦拉自幼就在慈母的抚爱与教育下成长，四岁开始读书识字，学习被阿根廷上流社会奉为时尚的法语。他如痴如醉地阅读大仲马、雨果和杰克·伦敦的小说，对具有惊险、探险内容的那些文艺作品爱不释手。

1946 年，格瓦拉考入布宜诺斯艾利斯大学医学院。在大学期间，他实现了在心底酝酿很久的漫游拉丁美洲的计划。他与好友结伴而行，从阿根廷首都布宜诺斯艾利斯出发，绕过安第斯山，穿过智利，游历了秘鲁、哥伦比亚和委内瑞拉。一路上，拉美富饶的土地、壮丽的风光让他心旷神怡，但他广泛接触到的底层民众，他们的贫穷与苦难，又让他触目惊心，成为促使他毕业后踏上革命道路的重要因素。

大学毕业后的第二年，即 1954 年 1 月，格瓦拉来到危地马拉，参加危地马拉总统阿本斯领导的抵抗美国干涉的斗争。阿本斯的民主政权被美国扼杀了，年轻的格瓦拉受到了一次深刻的教育。他后来在一篇文章中写道："我认识到一个根本问题，要成为一个革命的医生或革命者，首先必须要发动一次革命。"

如果说在危地马拉的经历促使格瓦拉成为革命者，那么，1955 年 7 月的一个夜晚，在墨西哥城埃姆帕朗街的一间屋子里，格瓦拉与古巴革命领导人菲德尔·卡斯特罗的历史性会见，则是他走上武装革命之路的转折点。

这年的 11 月 25 日，格瓦拉、卡斯特罗与另外八十名战友登上"格拉玛号"游艇，横渡墨西哥湾。海上狂风大作，巨浪滔天，他们与惊涛骇浪整整搏斗了七天七夜，终于到达了古巴东部的奥连特省南端的海岸。但是，他们一在海滩登陆，就遭到了敌人的凶猛阻击，伤亡惨重。当这支古巴远征军冒着滂沱大雨，经过二十多天的艰难跋涉，最终转移到马埃斯特腊山区的丛林中时，原先的八十二人只剩下了十二人。可他们没有在饥饿、死亡和敌人的追捕面前屈服，卡斯特罗神情刚毅地宣布："现在一支真正的起义军诞生了，胜利属于我们!"

格瓦拉肩背医药箱，手握步枪，忍着哮喘病的折磨，与战友们一起翻山越岭，出生入死，发动群众，开展游击战争。在推翻巴蒂斯塔独裁政权的战斗中，他迅速地从一名随军医生成长为起义军最杰出的指挥员，屡建战功，使敌军闻风丧胆。1959 年 1 月 1 日，格瓦拉率领一支起义部队攻克了古巴中部的交通枢纽圣克拉拉市。1 月 4 日，又是他指挥部队解放了首都哈瓦那。古巴革命胜利后，2 月 9 日，古巴政府通过特别法令，授予他古巴荣誉公民的称号。

格瓦拉在古巴革命政权中先后担任过国家银行行长、工业部长等重要职务，是新政权中仅次于卡斯特罗兄弟的第三号人物。

然而，和平的岁月也许不适合格瓦拉，拉美劳苦大众的生活更无法让他忘怀，他的胸中始终燃烧着战斗的激情。于是，1965 年 4 月，他给卡斯特罗写了一封信，请求辞去自己所担任的古巴党和政府中的一切职务、军衔和古巴荣誉公民的国籍；他坚定地表示："我将走向新的战场……哪里有帝国主义，就到哪里去战斗。"

格瓦拉从热爱他的古巴人民的视线中消失了，从风云变幻的政坛上消失了，带着一支一百多人的古巴游击队，奔赴非洲的刚果（利）。虽然这次远征很快就失败了，六个月后格瓦拉不得不撤回古巴，但他毫不气馁，1966 年 11 月又秘密进入玻利维亚丛林。他要将安第斯山中的这片丛林变成"马埃斯特腊山区"，点燃拉美地区的革命烈火。

格瓦拉率领着来自古巴、阿根廷、秘鲁和玻利维亚的五十多名游击队员，在孤立无援和极其恶劣的环境下，转战丛林，打了许多胜仗，使得美国中央情报局惊恐万分。一支美国的特种部队和专家立即来到玻利维亚，帮助玻利维亚当局训练专门对付格瓦拉游击队的特工营，并重金悬赏捉拿这位拉美反帝斗士。

格瓦拉的游击队处境越来越艰难。1967 年 10 月 8 日清晨，游击队被重兵包围在尤罗峡谷中，格瓦拉指挥战士们且战且退，不幸中弹被俘。

玻利维亚总统在收到格瓦拉被俘的报告后，竟然不知道怎么办才好，在征求了美国驻玻利维亚大使的意见后，才作出了尽快就地处决的决定。

10 月 9 日，最后的时刻就要来到了！格瓦拉往常那浓密的胡须已变得蓬乱不堪，但他的双眼依然炯炯有神、正气凛然。行刑的枪手双手发抖，格瓦拉逼视着他，厉声喊道："开枪吧，懦夫！你要杀死的是一个堂堂正正的男子汉！"

三十年后的 1997 年 8 月，当年参与杀害格瓦拉的恶魔之一、

曾亲自监督剁下格瓦拉双手的情报中校罗伯特，摇身一变，成了驻德国汉堡的总领事。这一天，他企图在自己的官邸奸污前来领取签证的女郎莫尼卡，但他万万没有想到，他的末日到了。莫尼卡就是当年格瓦拉游击队中的女战士，只见她以迅雷不及掩耳之势从手提包里掏出消音手枪，对着罗伯特连射四枪，罗伯特一命呜呼。莫尼卡深沉地说道："切，我们终于为你报了仇！"

这年的 10 月 17 日，古巴政府在格瓦拉当年战斗过的圣克拉拉市，为他举行了遗骨安放仪式。十万群众扶老携幼，拥向专门修建的格瓦拉陵墓，怀念这位伟大的美洲战士。10 月 8 日，拉丁美洲最有影响的墨西哥《至上报》，头版刊登了格瓦拉被害后怒目圆睁的照片；图片的说明是："希望的目光永不泯灭！"

281

"布拉格之春"的凋落

二十世纪六十年代中期，捷克斯洛伐克的经济陷入了困境，通货膨胀加剧，市场供应不足，人民不满情绪日益增长，要求改革的呼声也越来越高。

1968 年 1 月，杜布切克出任捷共第一书记，他顺应民情，积极倡导改革。不久，捷共中央全会通过了《行动纲领》，提出了建设"富有人性的社会主义"的口号。一场广泛而深刻的政治经济改革在国内展开了。

由于政府放松了新闻检查，报纸和电台很快活跃起来，人民参与政治的热情也迅速高涨，特别是广大知识分子，他们对社会各个方面的问题进行了热烈讨论，提出了许多批评和建议。一时间，全国出现了一种思想解放、舆论自由的激动人心的局面。这就是深得人心的"布拉格之春"。

就在捷克人民陶醉在改革的春风之中时，一场来自克里姆林宫的严寒悄悄向他们袭来。

"布拉格之春"引起了世界的极大关注。但苏联则忧心忡忡，生怕捷克的离经叛道之举会导致整个华约集团的崩溃。

苏联领导人勃列日涅夫企图逼迫杜布切克终止捷克民主改革进程。可是，杜布切克坚决顶住压力，不愿屈服。恼羞成怒的勃列日涅夫决定冒天下之大不韪，用武力平息"布拉格之春"，扑灭人们对民主自由的追求和向往。

1968 年 8 月 20 日晚十一时。距捷克斯洛伐克首都布拉格市中心仅六公里的鲁津机场上空，飞来一架苏联民航客机。机场值班人员突然接收到苏联客机发来的信号：由于飞机发生机械故障，要求允许紧急降落。情况紧急，机场的值班人员没有犹豫，立即发出信号：同意迫降。并采取措施，引导苏联客机在机场降落。

奇怪的是，客机安全降落后，没有停在跑道上，而是直接开到机场指挥塔附近。更让值班人员惊讶的是，从飞机上下来的不是被事故吓坏了的旅客，而是几十名荷枪实弹的苏军突击队员。他们以迅雷不及掩耳之势制服了值班人员，控制了机场的指挥系统。

几分钟之后，一架架装载着坦克和士兵的苏联安东诺夫式巨型运输机，在突击队员的指挥下，以每分钟一架的速度降落在鲁津机场。大量的坦克、装甲车和士兵，从飞机的肚子里爬了出来。

这支空降坦克部队，在苏联驻捷大使馆小车的引导下，高速冲向布拉格，迅速控制了全市各个战略要地，并包围了捷共中央大厦和总统府。

与此同时，苏联、东德、保加利亚、波兰和匈牙利五个国家出动了二十四个师，在无数飞机、坦克的簇拥下，从四面八方越过捷克斯洛伐克边界，占领了捷克斯洛伐克的各个战略要地。不到二十四小时，整个捷克斯洛伐克就沦陷了。

当入侵的消息传进捷共中央大厦时，捷共中央主席团正在开会。大家又震惊又愤怒。杜布切克立刻起草了一份《告全国人民书》，谴责了苏联的侵略行径，号召全国人民保持平静，不要抵抗前进中的外国军队。没过多久，手持冲锋枪的苏军士兵冲进捷共中央大厦，扣押了杜布切克和他的战友们。

面对苏军的侵略，捷克斯洛伐克人民在各地展开了各种斗争。布拉格的市民涌上街头，举行游行示威，并高呼"我们不愿屈膝求生"、"你们有坦克，我们有真理"等口号，还组成人墙阻挡苏军

坦克前进。青年们把讽刺苏军的漫画和标语贴满了首都布拉格的大街小巷，还在苏军坦克上画上法西斯标志。为了让苏军迷路，布拉格市民纷纷摘下路标门牌，使布拉格成为全世界唯一一个没有路标和门牌号的首都。

在黑洞洞的枪口下，杜布切克等党政主要领导人被带到了苏联"会谈"。由于杜布切克拒不放弃改革主张，谈判一度陷入僵局。最后，捷方在苏方的威胁和分化下，签署了一个妥协性文件，使苏联的武装入侵有了冠冕堂皇的理由。

仅仅活跃了八个月的"布拉格之春"终于在严寒中夭折了！

282

中国回到联合国

1949 年 10 月 1 日，中华人民共和国正式宣告成立，成为全中国人民的唯一合法政府。按照国际惯例，新旧中国虽在社会制度上截然不同，但中国的主权和国家地位并没有改变。可是，美国顽固地执行敌视和孤立新中国的政策，千方百计地操纵联合国，把新中国排斥在联合国之外长达二十多年之久，并让国民党集团非法占据了联合国席位。

为了恢复新中国在联合国的合法席位，周恩来总理多次致电联合国秘书长和联大主席，郑重申明：中华人民共和国政府是代表中国人民的唯一合法政府，国民党集团已经根本不能代表中国人民，要求联合国立即取消"中国国民党政府代表团继续代表中国人民参加联合国的一切权利"。

进入二十世纪七十年代，随着中国国际影响的日益扩大和亚非拉国家的不断崛起，支持新中国的国家不断增多，美国想再阻挠中国恢复在联合国的合法席位已力不从心。1970 年 10 月，美国的近邻加拿大与中国建立了外交关系，在世界上引起强烈的反响。紧接着，在第二十五届联合国大会上，由阿尔巴尼亚等国提出的"关于恢复中国合法权利"的提案，支持的国家有五十一个，反对的国家有四十七个，这是二十年来赞成票首次超过反对票。尽管因为票数不足三分之二，这个提案没有通过，但它表明大多数国家已经站到了中国一边，预示着美国操纵联合国的指挥棒开始失灵了。

　　而此时，美国为了制约咄咄逼人的苏联，也急于改善与中国的关系。1971 年年初，中美双方通过"乒乓外交"打开了中美交往的大门。随后，美国特使基辛格秘密访问中国，与周恩来总理举行了会谈，然后向全世界宣布了尼克松总统即将访问中国的消息。这个消息的宣布震撼了世界，并引起了连锁反应。以前，美国的一些盟国由于担心得罪美国，不敢对中国表示友好，而现在连美国总统也要访问中国，他们自然不甘落后，纷纷调整对华政策。

　　1971 年 9 月 21 日，第二十六届联合国大会在纽约召开。阿尔巴尼亚、阿尔及利亚、古巴等二十三个国家向大会提交了"恢复中华人民共和国在联合国一切合法权利和立即把国民党集团的代表从联合国及一切机构中驱逐出去"的提案。

　　经过激烈的辩论，10 月 25 日，大会就恢复中国合法席位的提案进行最后表决，结果以七十六票赞成、三十五票反对、十七票弃权的压倒性多数通过了该项提案。当电子记数牌上显示出表决结果时，会议大厅里顿时爆发出热烈的欢呼声和经久不息的掌声。亚非拉国家的代表欣喜若狂，相互握手、拥抱，以示庆祝。坦桑尼亚代表还情不自禁地在会场上跳起了民族舞蹈。美国代表懊丧不已，哀叹这是美国"最丢脸的时刻"。至此，从 1949 年开始的恢复中国联合国席位之争终于尘埃落定。

　　喜讯传到北京，毛主席高兴地说："今年有两大胜利，一个是林彪覆灭，一个是联合国，这两大胜利我都没有想到。这次英国、法国、荷兰、比利时、加拿大都造了美国的反，在联合国投我们的票。投赞成票的，亚洲国家十九个，非洲国家二十六个。拉丁美洲是美国的'后院'，这次居然有七个国家投我们的票，美国的'后院'起火，这可是一件大事。"

　　他还风趣地说："这次是非洲黑人兄弟把我们抬进联合国去的。"

毛主席决定立刻组团出席第二十六届联大，还亲自点将，要外交界才子、外交部副部长乔冠华当代表团团长。

在大洋彼岸，联合国总部的官员们也正在为中华人民共和国进入联合国而紧张地忙碌着。11月1日，中华人民共和国的五星红旗第一次飘扬在联合国总部的上空。

11月11日，引人注目的中国代表团抵达纽约肯尼迪机场，受到了热烈的欢迎。有近四百名记者前往机场采访。中国代表团团长乔冠华以其潇洒的微笑一下赢得了人们的好感。

11月15日上午10时，被大会主席马利克称之为"历史性的时刻"到来了。风度翩翩、面带微笑的乔冠华团长率领中国代表团从容走进大会会议厅。偌大的会议厅座无虚席，后面的听众席上坐满了来自美国各地的侨胞。当中国代表团成员走过时，他们伸出手来同代表们握手，激动地说：等了你们多少年了，你们终于来了。

这是新中国代表团首次出席联大，因此欢迎仪式盛况空前。大会主席致欢迎词后，五十七个国家的代表相继登台致欢迎词，欢迎仪式进行了整整一天。这在联合国的历史上是极为罕见的。

最后，乔冠华在暴风雨般的掌声中登上了联合国大会讲坛，发表了精心准备的演说。他首先表达了对亚非拉国家的敬意，然后入情入理地分析了国际形势，淋漓尽致地抨击了美国和苏联的霸权主义。他的演讲不仅震动了整个会场，而且震撼了全世界，新中国终于可以在国际舞台上扬眉吐气了。

从此以后，新中国出席了联合国的历届会议，与其他会员国一起为联合国的发展做出了积极的努力。

283

小球推动大球

1971 年春，第三十一届世界乒乓球锦标赛在樱花盛开的日本举行。比赛期间的一天，中国运动员登上巴士，准备从宾馆去体育馆参加比赛，就在车门关闭的一刹那，一个留着长发的外国运动员突然跳上车。巴士缓缓开动了，中国运动员猛地发现那个外国人的运动服上印有 "USA" 的字样，心里咯噔一下，糟糕，这是一个美国人！

要知道，新中国成立后，美国一直对中国采取极端敌视的政策，不仅拒绝承认新中国，阻挠中国参加联合国，而且庇护逃往台湾的国民党政权，阻挠中国的统一。朝鲜战争时，中美又兵戎相见。从此，两国人民长时间处于相互敌对与互不来往的状态。

此时那位美国运动员，也认出了车上的运动员是中国人。在最初的几分钟，双方十分尴尬。世界冠军庄则栋想起了周恩来总理提出的 "友谊第一，比赛第二" 的方针，大着胆子走上前，热情地同他握手、交谈。原来这位不速之客名叫科恩，是美国乒乓球队的主力球员，他急于赶往赛场，匆忙之中上错了巴士。很快，巴士到达了体育馆。下车前，庄则栋还送给科恩一块中国杭州织锦留作纪念。这件事被敏锐的记者捕捉到了，第二天，日本的各大媒体在显著位置上刊登了庄则栋与科恩交谈、握手的照片，并加了醒目的标题 "中美接近"，立刻引起了轰动。

几天后，美国乒乓球队的领队突然登门拜访中国队，他说：

"你们的球打得实在太好了！听说，你们邀请了一些国家的乒乓球队在世乒赛后访问中国。你们能不能也邀请我们美国乒乓球队访问中国呢？"

面对美国人的请求，中国乒乓球队做不了主，只好赶紧向国内请示。4月3日，外交部和国家体委经过研究，向国务院递交了一份《关于不邀请美国乒乓球队访华的报告》。4月5日，周恩来总理在报告上写了"拟同意"三个字，然后将它送交毛泽东主席审阅。看完报告后，毛主席点燃了一支香烟，陷入了沉思。

虽然中美已经对峙了近二十年，可是随着世界形势的不断变化，近几年中美关系出现了一丝缓和的迹象。

美国由于陷入了越南战争的泥潭，使它在与苏联争霸世界的较量中落了下风。为了集中精力对付苏联，美国总统尼克松一上台，开始调整对华政策，试探"重新同中国人接触的可能性"，并通过各种公开的和秘密的渠道不断向中国发出和解信号。1969年8月，尼克松环球旅行时，请巴基斯坦总统叶海亚和罗马尼亚共产党总书记齐奥塞斯库向中国领导人传话：希望同中国对话。10月，美国宣布将停止派驱逐舰到台湾海峡巡逻。12月，美国又宣布部分取消对中国的贸易禁运。1970年，尼克松在接受《时代》周刊的采访时说："如果我死之前有什么事情可做的话，那就是到中国去。如果我去不了，我要我的孩子们去。"明确表达了他想访问中国的愿望。10月，尼克松在为来访的齐奥塞斯库举行的欢迎晚宴上，意味深长地使用了"中华人民共和国"的名称，这是新中国成立以来，美国总统首次在公开场合使用这个正式名称。

而此时中国与苏联的关系急剧降温，从好朋友变成了死对头，甚至还在珍宝岛发生了武装冲突。这样一来，中国就不得不承受来自苏美两个超级大国的压力。为了摆脱两面受敌的孤立被动局面，中国也希望能在中美关系上有所突破，打破僵局，并对尼克松的这

些举动做出了巧妙的、含蓄的响应。

1970年10月1日，美国作家埃德加·斯诺和夫人应邀来到天安门城楼，成为首个登上城楼观看国庆大典的美国人。《人民日报》还在头版的显著位置刊登了毛主席和斯诺夫妇亲切交谈的照片。11月，周总理通过巴基斯坦和罗马尼亚向尼克松总统转达了中国政府欢迎尼克松来华访问的口信。

这一连串事件不断在毛主席的脑海中浮现，毛主席感到，中美关系正处在一个转折关头。既然我们欢迎美国总统来访问，为什么不能打开大门，邀请美国乒乓球队来做客呢？经过三天的反复思考，毛主席终于做出了历史性的决定：立即邀请美国乒乓球队访华。

顿时，中国邀请美国乒乓球队访华的消息轰动了全世界。美国总统尼克松又惊又喜，立即下达指示：美国队务必去北京！

4月10日，美国乒乓球队如愿以偿，来到了中国，来到了北京，不仅与中国队进行了友谊比赛，还参观了长城、故宫、天安门。周总理在接见这支二十多年来第一支访问中国的美国代表团时，用"有朋自远方来，不亦乐乎"这句话表达了欢迎之情，还风趣地说是乒乓球"打开了两国人民友好交往的大门"。

乒乓外交的成功激发了中美两国改善关系的信心，乒乓小球居然推动了世界大球的转动。不久，周总理乘着乒乓外交的东风，通过巴基斯坦给美国白宫传去口信，表示中国愿在北京接待美国总统特使或者美国总统。尼克松接到口信，立刻制定了"波罗"计划，期盼自己能像马可·波罗一样创造新的世界历史。

7月9日，美国总统特使基辛格巧施小计，躲开世人的耳目，秘密进行了第一次北京之行。在北京，他同周总理会谈了十七个小时，商定了尼克松访华事宜。

7月15日，中美双方同时发表了只有两百字的公告，宣布了尼

克松即将应邀访问中国的消息。这个消息震惊了全世界。

　　1972 年 2 月 21 日，尼克松来到中国访问。在机场，尼克松微笑着走向前来迎接自己的周总理，两双手紧紧地握在了一起，足足有一分多钟。他们感到，一个时代结束了，另一个时代开始了。当天，毛主席会见了尼克松，两人兴致勃勃地交谈了一个多小时。

　　2 月 28 日，经过双方反复协商，中美在上海公布了著名的联合公报，也称上海公报。中美关系终于走向了正常化，而且大大缓和了亚洲以及世界的紧张局势。正如尼克松说的，这一周"是改变世界的一周"。

284

第三次印巴战争

1947 年，巴基斯坦独立时，巴基斯坦的领土由东巴基斯坦和西巴基斯坦两部分组成。东巴与西巴相距两千多公里，中间还隔着一个印度，而且两地居民的文化和民族也不尽相同。虽然东巴的面积比西巴小得多，可人口却比西巴多。由于中央政府的大权长期控制在西巴人手中，东巴人愤愤不平，东巴与西巴之间的隔阂日渐加深。

1970 年 12 月，巴基斯坦举行首次全国大选。以拉赫曼为首的人民联盟主张东西巴完全平等，得到大多数东巴人的拥护。仰仗东巴人口上的优势，人民联盟在选举中获得了国民议会的多数席位，成为议会第一大党。面对大选结果，东巴人欣喜若狂，西巴人则忧心忡忡。拉赫曼与巴基斯坦总统叶海亚商讨东巴自治问题，以期改变东巴长期遭受的不平等的对待。可是双方分歧太大，会谈最终破裂。

第二年的 3 月初，东巴各地掀起罢工和示威的浪潮，纷纷要求实行东巴自治，局势一片混乱。3 月 25 日，驻守吉大港的军队哗变，占领了全城。3 月 26 日，人民联盟宣布东巴基斯坦脱离巴基斯坦，成为独立的孟加拉人民共和国。

为了阻止分裂，叶海亚总统急忙宣布取缔人民联盟，并且派遣大批军队开赴东巴，镇压人民联盟的独立运动。一时间，东巴火光冲天，枪声震耳，拉赫曼和其他独立运动领导人纷纷被捕。从此，

东巴基斯坦的民族自治运动变为争取民族独立的武装斗争。经过几个月的战斗，西巴军队虽然控制了东巴的局势，但造成一百万孟加拉人丧生，一千万孟加拉难民逃往印度。

印度与巴基斯坦为了争夺克什米尔的领土主权，已经在 1947年、1965 年两次刀兵相见。现在削弱和分裂巴基斯坦的机会来了，印度哪肯放过。就在此时，印度与苏联签订了合作友好条约，得到了大批先进的武器装备，更助长了印度对巴基斯坦大动干戈的决心。印度总理英迪拉·甘地夫人宣布全力支持孟加拉独立，好让"不断逃亡印度的难民重返家园"。

经过几个月的精心策划，11 月 21 日，印度军队向东巴发动了海陆空全方位的攻击，一辆辆印军坦克越过国界，旋风般杀向巴军阵地；一架架印军战机腾空而起，呼啸着扑向预定目标。印度陆军迅速向前推进，直逼东巴首府达卡。12 月 3 日，印军又越过克什米尔军事分界线，猛攻西巴，试图牵制巴军主力，不让他们腾出手来支援东巴战场。第三次印巴战争爆发了。巴基斯坦总统叶海亚立刻宣布全国处于紧急状态，全力抗击印军的入侵。

印巴两军出动战机你轰我炸，并发生了激烈的空战。12 月 8 日，印度的两架苏-7 战斗轰炸机企图偷袭西巴的空军基地，不料，被高度戒备的巴军发现了。随着三颗信号弹腾空升起，两架中国制造的歼-6 战斗机冲入天空朝敌机扑去。驾驶歼-6 的哈斯米中校是一个经验丰富的巴军飞行员，当飞机爬升到两千米的高空时，根据地面通报的情况，他立刻在机头左方发现了敌机。哈斯米随即来了个大坡度转弯，绕到敌机后方，占据了有利的攻击位置。印军飞行员猛地发现自己被歼-6 盯上了，慌乱之下，企图加速甩掉歼-6。哈斯米十分沉着，死死咬住苏-7，随后按下导弹发射按钮，一枚响尾蛇导弹直冲敌机而去，苏-7 躲闪不及，顿时凌空炸得四分五裂。另一架苏-7 见势不妙，刚想掉头逃走，这时另一架歼-6 赶到，做了几个

漂亮的空中动作，迅速把敌机锁定在射击光环中。炮弹像雨点一样射向敌机，第二架苏-7战斗轰炸机应声落地。

虽然巴空军的表现十分出色，但是巴陆军却不争气，在印军的猛攻下，接连败下阵来。叶海亚总统心烦意乱，赶紧派外交部长布托前往联合国，要求安理会制止印度对巴基斯坦的侵略。12月7日，联合国大会以一百零四票的压倒优势通过了要求印巴双方停火和撤军的决议。可是印度在苏联的支持下，拒不执行联合国的决议，宣布印度将"打到孟加拉国获得解放为止"。

孤军奋战的东巴守军虽然从战争一开始就在数量上和武器上处于劣势，但是他们顽强地抵抗着。印军速战速决的意图受到了挫折后，立刻使出了撒手锏，出动无数飞机，在达卡周围空投了大批伞兵，使东巴守军首尾不能相顾，顺利完成了对达卡的合围。与此同时，印度的海军和空军则从海上和空中实施严密封锁，完全卡断了东巴与西巴的任何联系。

决战在即，巴基斯坦总统叶海亚十分清楚，失败是不可避免了，他授权东巴指挥官尼亚兹中将"有权最后决定是否向印军投降"。12月16日，印军向达卡发起总攻。尼亚兹见大势已去，决定无条件投降。他在达卡的赛马场向印军递交了投降书，然后交出了军旗和手枪。

印军攻占达卡的消息传来，印度总理英迪拉·甘地欣喜若狂，她赶到新德里的议会大厅，激动地宣布："现在达卡已是一个自由国家的自由首都了。"

12月17日，印度在西线宣布停火。叶海亚总统无可奈何，只得接受印度的停火建议。第三次印巴战争以巴基斯坦的失败而告终。

1972年1月，孟加拉人民共和国正式宣告成立，得到释放的拉赫曼就任孟加拉国第一任总统。

285

水门事件

1972 年 6 月 17 日晚上，美国民主党总部的一位工作人员离开水门大厦后，偶然回头看了看自己的办公室，他惊异地发现，已经熄了灯的办公室里有几条光柱在晃动。不对呀，同事们都已经走了，谁又进了办公室，不开灯，却打着手电筒到处乱照。他马上回到水门大厦，把疑点告诉了保安人员。保安人员立即搜查了有关的房间，抓到五个戴着医用外科手套、形迹可疑的男子，其中一人名字叫詹姆斯·麦科德，自称是前中央情报局雇员。其实，他是尼克松总统竞选连任委员会负责安全工作的头头，奉命到水门大厦民主党总部安装窃听设备。

第二天，《华盛顿邮报》在头版显著位置报道了这一事件。正在佛罗里达州比斯坎岛度假的尼克松总统闻讯后，心里不由咯噔一下：如果民主党抓住水门事件追查下去，他不但连任无望，而且马上就会名声扫地，有可能立即下台。他哪里还有心情度假，第二天就返回了华盛顿。

白宫，总统办公室。已经是深夜了，尼克松还在与几个最亲密的助手们紧急商讨应对措施。经过长时间的讨论，大家都沉默了下来，有的猛抽着雪茄，有的端着咖啡杯却久久不送到嘴边，目光都集中到尼克松身上。尼克松思考再三，终于发话了："不是有三个古巴人吗，麦科德以前也参与过'猪湾事件'，那么就把水门事件解释成古巴人为了自己的民族利益而进行的窃听活动。霍尔德曼，

你去见一见中央情报局局长，叫他出面，以国家安全为理由，不要让联邦调查局插手。叫那几个被抓的人不要开口，多花一点钱没关系。还有，白宫里的人在大陪审团那里不要再胡言乱语了，这事由迪安负责。"

助手们分头行动，尼克松自己也赤膊上阵，在第一次竞选连任的记者招待会上，信誓旦旦地向美国公众表示："白宫班子和本届政府中，没有一个现在受雇用的人卷入这一荒唐事件。"他还故作镇定地表示，"令人痛心的不在于发生了这类事，因为在竞选中一些过于热心的人总会做些错事。如果你企图把这类事掩盖起来，那才是令人痛心的。"

一系列的活动，特别是总统的表演，暂时欺骗了公众。大选结果，尼克松以少有的压倒性优势击败了民主党候选人麦戈文，获得连任。正当尼克松和助手们弹冠相庆、得意忘形的时候，一封又一封匿名信寄到法院，密告水门事件还有隐情。

民主党占优势的国会，决定成立一个特别调查委员会，对总统竞选活动进行彻底调查。果然，1973 年 3 月 23 日，麦科德在法庭上将白宫法律顾问迪安暴露了出来。尼克松决定弃车保帅，让迪安当替罪羊。

迪安可不是任人宰割的角色，他不甘心束手就擒。在得知他的罪行可判四十年徒刑时，他主动向检察官做了三小时的交待和揭露，想将功赎罪，换取赦免。

为了挽回局面，尼克松再次发表声明，表示事先不知道水门事件，事后也没有任何阻挠调查的行为，并为窃听活动辩护，说这些都是为了国家安全，是合法的、必要的，从罗斯福总统时开始，每一个总统都这么干。他企图再次利用美国人民对他的信任来蒙混过关。

不幸的是，一枚更大的定时炸弹爆炸了。水门事件委员会掌握了一个新的情况：尼克松从 1971 年年初起，为了记录与手下的谈话和电话内容，下令在白宫办公室里安装窃听系统。委员会要求尼

克松交出有关的录音带和文件资料。尼克松以行政特权为理由拒绝交出，并将事情闹到上诉法院。不料，在经过三星期的考虑后，多数法官认为总统也要受法律的约束，必须交出录音带和文件资料。

尼克松恼羞成怒，下令免去调查水门事件的特别检察官考克斯的职务。这一下可捅了马蜂窝，美国各电视网立即中断正常节目，向美国公众报告这一爆炸性新闻。公众的反应就像火山开始喷发，抗议电报像雪片一样铺天盖地，舆论将尼克松与希特勒相提并论。连宗教界和原先支持尼克松的出版物，都愤怒地指责尼克松。血气方刚的大学生则组织了大规模的示威游行。整个美国像开了锅一样，群情激愤。在民意的推动下，众议院决定对总统进行弹劾。

尼克松决心顽抗到底，他一面销毁录音带上对他不利的内容，一面继续强调行政特权，表示"将遵循从华盛顿到约翰逊历届总统所遵循与捍卫的先例，决不做任何削弱美国总统职位的事情"。他交出的电话记录千疮百孔，大量重要的内容被诸如听不见、无情报价值等字眼代替。尼克松的行为进一步激怒了公众，最高法院首席大法官裁决尼克松必须交出有关的录音带。

新任命的特别检察官在白宫被迫交出的录音带中找到了新证据，有一盘录音带上清楚地记录着水门事件发生后六天，尼克松指示他的助手，让中央情报局阻挠联邦调查局调查水门事件，这是尼克松掩盖事实真相的铁证。整个白宫被惊得目瞪口呆，他们一直相信总统的清白，一直超出自己的职权范围来保护总统，而总统却从一开始就掩盖真相，并欺骗他的顾问、公众、国会甚至自己的家庭达两年之久，每个人都感到被出卖了，就连共和党的一批参议员、众议员也建议他辞职，尼克松终于到了众叛亲离的地步。

1974年8月8日晚上，尼克松不得不向全国发表电视演说，宣布辞去总统职务，成为美国历史上第一位，也是迄今唯一一位因丑闻而中途下台的总统。

286

喋血赎罪日

1967 年 6 月 5 日，以色列对埃及等阿拉伯国家发动闪电战，一举占领了苏伊士运河东岸的埃及领土——西奈半岛。惨遭失败的埃及军队只好退守运河西岸，使运河成了双方对峙的前线。

为了达到长期霸占西奈半岛的目的，以色列花费巨资，在苏伊士运河东岸兴建了一条长达一百二十三公里的"巴列夫防线"。这条用以色列军队总参谋长巴列夫中将的名字命名的防线，筑有高达二十米的陡峭沙堤，这无论对人还是对坦克，都是一道难以逾越的障碍。

以军还在坡上设置了铁丝网和地雷区，并在运河里设置了凝固汽油管，点燃后可在运河上形成一道火网。以军沿着运河修筑了三十一个核心堡垒，形成交叉火力网；在西奈半岛腹地，还配置了各种火炮、坦克、飞机和导弹，能随时支援前线。以军把这条苦心经营多年的防线吹嘘为"坚不可摧，万无一失"的防线。

埃及总统萨达特和将领们决心攻破巴列夫防线，从以色列手中夺回丧失的国土。为了这个复仇计划，埃及军队卧薪尝胆，酝酿和准备了好几年。

1973 年 10 月 6 日，这天是伊斯兰教的斋戒日，也是犹太教的赎罪日。苏伊士运河东岸巴列夫防御工事里，几辆坦克静静地停在那里，车内空无一人，以军士兵有的在闲聊，有的在营房里祈祷，有的正在洗衣服。他们做梦也想不到一场大战即将来临。

　　下午两点，埃军的几千门火炮突然发出复仇的怒吼，铺天盖地的炮弹不断倾泻到苏伊士运河东岸，第四次中东战争打响了！

　　刹那间，巴列夫防线上浓烟滚滚，沙尘满天，如同沙漠上刮起了风暴一样。还没等以军反应过来，几百架埃军战机呼啸着掠过运河上空，对西奈半岛上的以军军事目标进行猛烈的轰炸，摧毁了以军许多炮兵阵地、导弹阵地和机场。紧接着，八千名埃军突击队员乘着橡皮舟和竹筏开始强渡运河，数十架直升机也不断往返飞越运河，把一批批突击队员运过河去。

　　登岸后的突击队员勇猛地冲进以军战壕，摧毁了以军一个又一个火力点，以掩护后续部队过河。针对以军构筑的难以逾越的沙堤，埃军早已想好了破解的办法。埃军工兵启用了几百台秘密武器——水泵，然后手持高压水枪对准沙堤猛冲。松软的沙堤在高压水龙的冲击下，很快就坍塌了。埃军仅用了五个小时，就在沙堤上打开了六十多个通道。埃军大部队趁势渡过运河，向以军发动猛攻。以军被打得节节败退，只好向西奈半岛腹地逃窜。不到二十四小时，以色列这条号称"不可逾越的"的巴列夫防线就土崩瓦解了。

　　以色列仓促应战。为了抑止埃军势如破竹的攻势，他们派出了装备精良、训练有素的王牌部队第一百九十装甲旅。一百二十辆最先进的坦克在旅长亚古里的指挥下，气势汹汹开往前线，想趁埃军先头部队立足未稳，将其歼灭，没想到却遭到埃军迎头痛击，以军先后有三十五辆坦克被击毁或击伤。

　　骄横狂妄的亚古里哪里吃过这种亏，顿时恼羞成怒，将剩下的八十五辆坦克全部投入了战斗，准备跟埃军拼个你死我活。埃军决定采用诱敌深入的战术，伏击围歼这支强敌。埃军的先头部队假装抵抗不住以军的进攻，撤出阵地，且战且退，慢慢将敌人引到了伏击地点。等敌人的坦克全部进入伏击圈后，早已等候多时的埃军用反坦克导弹、反坦克地雷、火箭筒等反坦克武器，打得以军坦克丢

盔弃甲，狼狈不堪。短短三分钟内，以军的八十五辆坦克就全部报销了，亚古里也乖乖地当了埃军的俘虏。

　　以军王牌装甲旅的全军覆没终于粉碎了以色列不可战胜的神话。

　　与此同时，叙利亚军队也分兵三路，在戈兰高地对以军阵地发起了猛攻，给以军以重大打击。

　　以军失利的消息不断从前线传来，急得以色列总理梅厄夫人一面下达全线死守的特急命令，一面连连向美国呼救："以色列快完了！救救以色列吧！"

　　以军经过一番调整，出动十万大军猛攻叙利亚军队，将战线一口气推进到叙利亚境内三十公里处。以军在戈兰高地取得主动后，随即挥师西进，与埃及军队在西奈半岛展开了坦克大会战，双方共出动了近两千辆坦克。经过数小时的激战，埃军遭到了重创，被迫转入了防守。

　　10 月 15 日黄昏，一支坦克部队径直向苏伊士运河渡口开来。渡口的不远处就是大苦湖，越过大苦湖就是埃及本土。守卫渡口的埃及士兵发现开来的都是苏制坦克，坦克兵也都穿着棕黄色的埃军制服，以为是自己的部队，就放松了警惕。他们哪里知道这是化了装的以军士兵，坦克全是上次战争中以军缴获来的。埃及士兵还没缓过神来，整个渡口就被以军控制了。

　　紧接着，被称为"以色列的巴顿"的沙龙少将指挥着他的装甲师源源不断地开来，趁着夜色渡过大苦湖，直插埃及后方。兴奋不已的沙龙赶紧向大本营报告："以色列人第一次踏上了非洲的土地！"沙龙装甲师打得埃军措手不及，不仅摧毁了埃军许多导弹基地和炮兵阵地，还截断了埃及军队的退路，使埃军陷入了以军的重围之中。

　　以军抓住埃军两支部队的结合部大苦湖防守薄弱的致命弱点，

精心谋划，一举突破，成了这次战争的转折点。战争的主动权又落到了以军手中。埃军虽然陷入了困境，可是他们英勇作战，粉碎了以军全歼埃军的企图。

战争引起了世界各国的关注。10 月 22 日，联合国安理会通过《三百三十八号决议案》，呼吁埃以双方"就地停火"。10 月 27 日，埃、以军队交战的枪炮声完全沉寂了，历时二十一天的战争终于结束了。

287

南打北轰陷泥潭

越南原是法国的殖民地，第二次世界大战期间又被日本占领。日本投降后，越南人民在领袖胡志明的领导下，于 1945 年 9 月建立了越南民主共和国。没想到，法国又卷土重来，试图重温往日旧梦。越南人民只好重新拿起武器，与法国侵略者展开了艰苦卓绝的斗争。

1954 年，越南人民军攻克了法军重兵把守的奠边府（位于越南西北部），法军一败涂地，狼狈而逃。奠边府的惨败震醒了法国殖民者的美梦，迫使他们坐到谈判桌前，持续了八年的越法战争终告结束。双方在日内瓦达成和平协议：法国承认越南独立；双方以北纬十七度线为军事分界线，将越南临时分为南北两部分，胡志明控制北方，法国暂留南方，为撤军做准备。

法国的溃败引起了美国极大的忧虑。他们认为如果整个越南落入共产党手中，其他东南亚国家就会像多米诺骨牌一样接二连三地倒掉，造成难以估量的后果。美国已经"失掉"了中国，现在决不能再"失掉"印度支那了。作为世界头号强国的美国决心亲自出马，把越南变成跟共产党进行较量的第一块阵地。

1955 年，法国撤军后，为了阻止越共势力的南下，美国迫不及待地扶植起吴庭艳傀儡政权，在南方成立了越南共和国。越南一下子分裂成两个势不两立的国家。

吴庭艳政权不仅贪婪腐败，而且借口剿共灭共，大肆屠杀、迫

害反对者。为了争取自由民主，实现祖国统一，南越人民展开了野火春风般的武装斗争，成立了越南南方民族解放阵线。南越人民的斗争得到了北越人民的支持，大批枪支弹药通过"胡志明小道"送到了南越游击队手中。面对南越游击队神出鬼没的攻势，南越军队穷于招架，节节败退。

1961 年 5 月，为了挽救摇摇欲坠的吴庭艳政权，美国总统肯尼迪派遣一支特种部队进入南越，一场不宣而战的"特种战争"开始了。"特种战争"就是美国通过出钱、出枪、出顾问的方式，装备、训练、指挥南越军队，提高南越军队的作战能力，然后驱使他们去扑灭南越人民的斗争烈火。

南越军队在美国军事顾问的指挥下，对游击队展开了大规模的"清剿"。他们还在游击队经常出没的地区建立"战略村"，把老百姓统统赶进这些由南越士兵把守、用铁丝网圈起来的村庄里，妄图孤立游击队。随着战斗的日趋激烈，美国设立了特种战争指挥部"美国军事援助司令部"，派往越南的军事人员也从 1961 年的八百多人激增至 1962 年年底的一万二千人。

1963 年 11 月 22 日肯尼迪遇刺身亡。他一手策划的"特种战争"也遭到了重大的挫折。南越游击队不仅没有被消灭，反而更加壮大了，已有二十多万人，并解放了南越五分之四的土地和三分之二的人口。而在肯尼迪遇刺前三星期，南越首都西贡上演了一出闹剧。由于对吴庭艳的无能深感失望，美国竟然唆使一批南越军官发动政变，杀死了自己的走狗吴庭艳，另外扶植了一个新傀儡。

约翰逊继任美国总统后，决心不惜一切代价保住南越。1964 年 8 月 5 日，约翰逊政府制造了"北部湾事件"，以美国军舰在北部湾遭到越南北方鱼雷艇攻击为借口，出动大批飞机空袭了越南北方，把战火从南越扩大到北越。美国国会也通过决议案，授权总统扩大战争规模。

1965 年 3 月，美国开始了代号为"滚雷行动"的空袭，成群结队的飞机几乎日夜不停地轰炸北越。与此同时，美国海军陆战队在岘港登陆，与南越游击队在丛林之中展开了较量。美国终于将"特种战争"升级为以"南打北炸"为特点的"局部战争"。

美国希望凭借天下无敌的军事力量速战速决，压垮北越，征服南越。一时间，越南北方硝烟弥漫，越南南方战火纷飞。越南军民没有屈服，他们用步枪、卡宾枪、轻重机枪与美国飞机展开了较量。

一天，南方新兴西乡的游击队接到消息，美军要来这个地区扫荡。游击队小队长阮越凯提着卡宾枪，带领自己的战斗小组，飞也似的跑到一片番薯地里隐蔽起来。不一会，六架美军战机低空飞来，差不多快碰到树梢了，接着，又飞来了二十三架满载美军的直升机。不久，美军战机开始轮番扫射轰炸，一颗颗炸弹在阮越凯和他的战友们的周围爆炸开来。阮越凯没有慌张，沉着地等待着最佳的出击时机。

美军的直升机飞到番薯地上空，见地面没有什么动静，便放心大胆地降低高度，准备降落。阮越凯一看时机来了，举起卡宾枪，对准一架正在下降的直升机就是一阵扫射，敌机被击中了，摇晃了几下，一头栽进附近的水沟里。另一架直升机发现有人偷袭，一边射击一边朝阮越凯冲来。阮越凯毫不示弱，端起枪猛扣扳机，把这架敌机打得直冒黑烟，在空中炸了个粉碎。

这时一部分美军士兵已经着陆，纷纷涌向番薯地。阮越凯一声令下，战友们同时开火，打得美军手忙脚乱。阮越凯见一架直升机趁机准备强行降落，赶紧调转枪口，一阵猛射，敌机猛地颤动了一下，轰隆一声，坠落在地。阮越凯打得兴起，索性端起枪向空中慌作一团的敌机射击，又击落了第四架直升机，创造了一个战争史上的奇迹。

美国在付出三千多架飞机被击落的代价后，并未取得任何预期的效果。相反美国的一些王牌部队却被越战越勇的越南军民打得落花流水，第一〇一空降师在安溪惨败，绿色贝雷帽特种部队在波来梅惨败，第一骑兵师在德浪河谷惨败……

1968年，南越游击队和北越人民军联手发动了"新春攻势"。战斗遍及南越一百多个城市，游击队甚至潜入南越首府西贡，攻击了美国大使馆、西贡机场、总统府和美国军援司令部。这次攻势规模之大，战斗之激烈，前所未有。

最惨烈的生死搏斗发生在溪山。两万名北越人民军把美军的溪山要塞围得水泄不通，猛攻猛打，决心全歼守卫要塞的六千名美军，让溪山成为第二个奠边府。为了保住溪山，美军每天用三百次空袭来支援溪山的守军，投下的炸弹相当于广岛原子弹爆炸力的五倍。在历时七十七天的战斗中，溪山成了一个令美国人胆战心惊的名字。为了避免太多的牺牲，北越人民军主动撤离了溪山。

美军和南越军队发动了反攻，逐步夺回了被占领的所有城镇。疯狂的美军还把怒气发泄到手无寸铁的平民身上，制造了震惊世界的梅莱村屠杀惨案。

虽然美国在"新春攻势"中占了上风，但是它给美国民众带来的不是喜悦，而是震撼。通过电视，大多数美国人惊讶地发现被美军清剿了三年的游击队不仅没有消亡，反而钻出丛林开始攻击城市，甚至攻进了固若金汤的美国大使馆。他们更看到了越南人民不可征服的气势。

美国人开始反思：在这场残酷的战争中，我们得到了什么？这场丛林战争何时才是尽头？美国各地的反战运动达到了空前激烈的程度，光华盛顿，就有几十万民众走上街头，参加反战示威游行。而前线美军的士气也降到了最低点。焦头烂额的约翰逊被迫退出了下届总统的竞选。

1969 年 1 月，尼克松当选美国总统。面对国内要求结束战争的巨大呼声，他提出了"结束战争，赢得和平"的主张。不过为了维护美国的形象，"体面"地结束越战，尼克松时而向北越挥舞橄榄枝，时而对北越狂轰滥炸，边打边谈，边谈边打。一直到四年后的 1973 年 1 月 26 日，美国才无奈地在巴黎签署了《关于在越南结束战争、恢复和平的协定》，宣布美国从越南撤军。

1975 年春，越南军民对南越西贡政权发起了总攻。4 月 30 日中午，西贡获得解放，一面越南民主共和国的旗帜在西贡总统府升起。5 月 1 日，越南南方全境宣告解放，标志着越南实现了统一。也就是十几个小时前，最后一批美军士兵登上直升机，在北越军队的隆隆炮声中，灰溜溜地撤离了西贡，告别了让美国损失了五万八千个生命的越南。越南战争成了美国人心中永远的噩梦！

288

苏联入侵阿富汗

阿富汗是中亚一个不起眼的小国。可是进入二十世纪七十年代，随着阿富汗局势的日益动荡、政权的不断更替，它渐渐成了世界的焦点。

1973 年 7 月，阿富汗前首相达乌德在苏联的支持下，发动政变，推翻查希尔王朝，建立了阿富汗共和国。后来，达乌德不愿再听从苏联的摆布，试图改善同西方的关系，触怒了莫斯科。

1977 年 4 月，苏联策动一批阿富汗青年军官发动政变。苏制坦克碾过了总统府的台阶，也碾碎了达乌德的总统梦，达乌德被冲锋枪打得像个马蜂窝。随即，亲苏的塔拉基成立了阿富汗民主共和国，自任总统。塔拉基上台后，对苏联言听计从，赢得了莫斯科的欢心。可是他与总理阿明的权力争斗却不断激化，闹到了你死我活的地步。

1979 年 9 月，塔拉基与苏联驻阿大使密谋准备除掉阿明。没有想到走漏了风声，阿明先发制人，指挥自己的部队冲进总统府，干掉了塔拉基，自己当上了总统。

出乎意料的结局使苏联非常尴尬，他们只好虚情假意地向阿明表示"祝贺"，还称阿明是"苏联的一个忠实的朋友"。可是阿明毫不领情，不仅指责苏联插手帮助塔拉基策划阴谋，迫使苏联撤换了驻阿大使，而且要求苏联撤回在阿富汗的三千名军事顾问。他还拒绝了苏联向其发出的访苏邀请，并向美国暗送秋波，甚至要求美

国恢复对阿的援助。

阿明的强硬态度激怒了莫斯科。苏联领导人勃列日涅夫明白一旦阿明倒向美国，苏联在阿富汗多年的苦心经营就会付诸东流。当部下问他怎样处置阿明，他立刻恶狠狠地回答道："我决定，干掉他！"

于是，苏联一面摆出友好的姿态，迷惑阿明；一面却在暗地里调兵遣将，为入侵阿富汗做准备。

1979 年 12 月初，苏联借口帮助阿明镇压反政府武装，将一支特种部队空运到阿富汗。但这支部队并没有开赴前线，而是分头占据了阿富汗首都喀布尔周围的巴格拉姆空军基地和另外几个战略要地。由于这些特种士兵都来自苏联的中亚地区，长相跟阿富汗人十分相似，没有引起人们的怀疑。

12 月 24 日至 27 日，苏联又打着军事援助的旗号，开始了紧急空运。一架架巨大的运输机川流不息地降落在巴格拉姆空军基地和喀布尔机场，不仅运来了武器装备，也运来了大批全副武装的苏军士兵。机场上摆满了坦克、装甲车、大炮和弹药，几乎成了一座军营。

同时，在苏联的精心策划下，驻守首都的阿富汗四个师"奉命"调往外地，留守的部队也接到了"清点弹药"的命令，纷纷上缴弹药，失去了作战能力。更绝的是，苏联的顾问和专家以保养武器为名，把阿军的坦克、大炮拆得七零八落，根本无法使用。喀布尔成了一座不设防的城市。

12 月 27 日夜晚，苏军动手了。集结在机场的苏军士兵登上"援助"阿军的坦克、装甲车，杀气腾腾地驶向喀布尔。这时，喀布尔方向传来几声惊天动地的爆炸声，原来早已埋伏城内的苏联特种部队炸毁了电信大楼，切断了首都与外界的一切联系。紧接着，市区里响起了坦克的轰鸣声以及各种轻重武器的射击声。政府

机关、电视台、广播电台、桥梁、交通要道的控制权一一落入了苏军手中。

与此同时，一支精干神勇的特种部队风驰电掣般冲向阿明的住所——达鲁拉曼宫。经过短暂的交火，阿明的卫队被击溃了，突击队员攻入了达鲁拉曼宫，随着一阵阵枪声，阿明和他的四个妻子、二十四个子女以及一些政府官员纷纷倒在了血泊之中。苏军仅用了三个多小时就控制了整个喀布尔。一时间，喀布尔街头全是手持武器、头戴皮帽的苏军士兵，路口停着一辆辆虎视眈眈的苏军坦克。

早已集结在苏阿边境上的苏联十万大军，在两千辆坦克、一千辆步兵战车、三千辆装甲输送车、几千门火炮、数百架飞机的支援下，以迅雷不及掩耳之势长驱直入，控制了阿富汗的交通要道和重要城市。短短七天，阿富汗就沦陷了。不久，卡尔迈勒粉墨登场，在苏联扶植之下成立了傀儡政权。可是阿富汗人民没有被飞机、坦克、大炮所征服，风起云涌的抵抗斗争使苏联陷入了战争的泥沼之中。

硬撑了九年之后，苏联认输了。1989 年 2 月 15 日，最后一批苏联军队撤出阿富汗。当最后一辆坦克驶过苏阿边境，驻阿苏军司令格罗莫夫中将跳下战车，感慨地说："我是最后一名撤出阿富汗国土的苏联军人。在我的身后，再也找不到一名苏联士兵了。"

289

两伊战争

二十世纪七十年代末的 1979 年，在国外流亡十四年的霍梅尼终于回到了伊朗。他开始以伊斯兰教义治理国家，并号召其他伊斯兰国家进行革命。

同年，萨达姆当选为伊拉克总统。他自诩为巴比伦的尼布甲尼撒二世，鼓吹阿拉伯世界必须统一。

1980 年 9 月 22 日拂晓，两伊边境笼罩着浓浓的大雾，司空见惯的冷枪声没有了，显得非常寂静。一些敏锐的伊朗军官已经感到形势不妙，灾难即将来临。

果然，在中午，八十多架伊拉克飞机向伊朗境内扑去，对十五个城市和七个空军基地及雷达站实施突然袭击，战争在飞机的轰鸣和炸弹的爆炸声中开始了。

伊拉克最精锐的部队——共和国卫队，分四路攻入伊朗。重型装甲车在前边开路，重炮在后面支持，步兵实施快速进攻。密集的炮弹飞向油库、储油罐和输油管道，浓烟滚滚，将伊朗的天空烧得通红，仿佛地狱之火在灼烧着大地。

在霍拉姆沙赫尔，伊朗军队利用每一条壕沟、每一栋建筑甚至每一个窗口进行殊死抵抗，伊拉克军队每前进一步都要付出惨重的代价。因此，占领该城后，伊拉克将霍拉姆沙赫尔改名为胡尼恩沙赫尔，意思是血城。

伊朗也不是好惹的，熬过最初的难关后，它开始反击了。

伊朗总统巴尼萨德尔，亲临战线最前沿指挥反击。炮弹呼啸着撕裂长空；坦克和装甲车轰鸣着，碾过一切敢于阻挡的东西；伊朗士兵杀红了眼，只要够得着，他们宁可用更残酷的白刃战来杀死敌人。一时间，血肉横飞，惨叫声不绝，伊拉克军队节节败退。

在霍梅尼的号召下，一支准备在"圣战"中献身的，由正规军、民兵、革命卫队、毛拉（神职人员）和少年人组成的大军发起了总攻。毛拉和少年人冲在最前面，成百上千的"勇士"不顾死活地扑向雷区。让人胆寒的人海战术终于使伊拉克的防线和斗志都崩溃了，伊朗收复了失陷一年多的霍拉姆沙赫尔，基本上将伊拉克赶出了西南部的产油区。只是在前进的道路上，四万多具伊朗士兵的尸体，向世人诉说着战争的残酷。

萨达姆无法相信眼前的事实，无法相信伊朗军队会打败他装备精良、训练有素的共和国卫队。6月16日，伊拉克军队全部撤离伊朗，停止一切军事行动，要求谈判。正在兴头上的伊朗拒绝停火，还要求伊拉克赔偿一千五百亿美元。

和谈不成，战火又起。"斋月行动"打响了，伊朗革命卫队的毛拉们，在夜幕的掩护下，越过乱石满地的边境，潮水般冲入伊拉克的国土。革命卫队的第七师在狂呼声中滚过地雷区，越过堑壕，撕开铁丝网向前猛扑。伊拉克军队则是瞪着血红的双眼，将大量的炮弹倾泻在伊朗人头上，惨叫、惊呼连成一片，人像联合收割机下的小麦一样成排成排地倒下。

进展不大的伊朗孤注一掷，全线出击。革命卫队中的少年队也拖着枪冲入了战场，他们中最小的士兵才九岁，连枪都端不平，子弹的后坐力有时会震得他们枪支落地。一个稚气未脱的小孩被地雷炸飞了右腿，他一手捂着伤口，一手在地上爬着，凄厉地哭叫着："妈啊！妈妈……"向故乡的方向爬去。

这一仗双方共有两万七千人丧生，六万人受伤，仅伊朗革命卫

队就死亡了一万二千人，军械装备更是损失惨重。但是谁也没有打垮对方。

伊拉克人口只有伊朗的一半，兵源不如伊朗充足，于是萨达姆动用现代化的武器来消耗伊朗的有生力量。伊朗则拼命扩充军队，人数发展到近百万，用士兵的人数来弥补武器的不足。萨达姆一计不成又生一计，开始袭击伊朗的油轮。伊朗针锋相对，一面袭击油轮，一面封锁霍尔木兹海峡。到1985年2月，已有一百零八艘船只成为波斯湾上的冤魂。

双方的拉锯战并没有因为油轮战而停下来，萨达姆转而把轰炸目标对准了伊朗的石油企业，伊朗的石油工业差一点瘫痪。当然，伊朗马上还以颜色，伊拉克的油田也开始浓烟滚滚。

战争在僵持中进一步恶化，萨达姆惨无人道地下令轰炸伊朗的主要城市，想通过残杀伊朗平民来引起对方厌战的情绪。德黑兰等三十多个城市遭到大规模的轰炸，平民区、市政大楼、学校、工厂、医院无一幸免。伊朗则以血还血，以牙还牙，轰炸了伊拉克首都巴格达。半个月的袭城战，双方数万无辜平民伤亡，十多万人无家可归。

出乎萨达姆预料的是，对平民的轰炸相反使伊朗人更加团结，他们用疯狂的地面进攻来回击伊拉克。面对伊朗来势汹汹的进攻，萨达姆丧心病狂地下令，将大量芥子气弹、光气炮弹、沙林榴弹等杀伤力极大的化学毒剂射向伊朗士兵。战场上，成千上万伊朗士兵痛苦地挣扎着，有人双手将喉管抓破，有的脸色乌黑，有的皮肤溃烂，流着浓黑的血，有的牙关紧锁口吐白沫。惨无人道的化学武器终于将伊朗军队的攻势遏止住了。

经过长期的消耗战，伊朗终于筋疲力尽。伊拉克乘机集中全部精锐部队发起猛攻，夺回大批失地，使战线基本回复到战争初期的状况。

　　1988 年 7 月 20 日，伊朗宣布无条件接受联合国要求两伊实现停火的五百九十八号决议，战争终于结束了。两伊战争中，双方死亡约六十万人，伤九十五万人，因战争引起的直接经济损失高达九千亿美元，相当于第一次世界大战全部经济损失的五倍。世界经济也因石油的涨价而放慢增长速度，海湾地区的生态污染更是达到惊人的程度。

　　这是一场没有胜利者的战争，也是一场持续了八年的灾难。

290

阅兵式上的枪声

埃及发动的第四次中东战争，又称赎罪日战争。它虽然粉碎了以色列不可战胜的神话，但是埃及自己也蒙受了巨大的损失。

面对战争还是和平这个艰难的抉择，埃及总统萨达特认识到，双方再打下去是没有意义的。在以往的几次中东战争中，埃及牺牲了成千上万人的生命，庞大的军费已让政府债台高筑。如果继续与以色列对峙下去，埃及的国力将消耗殆尽。他决定与以色列化干戈为玉帛，用和平换取发展埃及经济的机会。他坚信："思想僵化的人，永远无法改变现实，因而也就永远不会有所进步。"

1977 年 11 月，萨达特在埃及人民议会宣布了一个令人震惊的决定：他准备出访耶路撒冷。这个消息如同一枚炸弹落在会场上，顷刻间，全场一片哗然。所有在场的议员都惊呆了，没有一个人相信这话竟会出自他们的总统萨达特之口。

主持议会的议长当时首先想到的是防止这个消息扩散出去，他迅速跑到毗邻会场的总理府与全国各报纸的总编们联系，要求他们不要发这条消息。萨达特得知后，马上找到议长对他说："我不是在演戏，要知道这是非常严肃认真的事，这条消息一定要发！"

萨达特准备出访以色列的消息，对于阿拉伯世界也无疑是一个晴天霹雳！阿拉伯联盟的盟主埃及，居然背叛他们共同立下的与以色列不共戴天的誓言，单独与以色列讲和。

整个阿拉伯世界愤怒了。叙利亚大马士革电台威胁说："谁敢

去以色列就要谁的脑袋"；巴勒斯坦的游击队扬言要刺杀萨达特；利比亚领导人卡扎菲认为萨达特是"叛徒"，声称要对埃及发动进攻；连埃及副总统也以辞职表示反对。

冒着人们的非难，甚至下台的危险，萨达特义无反顾地踏上了寻求和平的征途。"如果埃以会谈结果能避免一场新的战争，那我们还犹豫什么？我不能计较个人得失，必须考虑国家的利益和人民的安危。"

1977 年 11 月 19 日傍晚，一架来自埃及的波音 737 飞机降落在特拉维夫机场。舱门徐徐打开之后，萨达特出现了。一个历史性的时刻到来了！

前往耶路撒冷途中，萨达特受到了以色列民众的热烈欢迎，他们有的高举着要求和平的标语牌，有的挥舞着两国的国旗，用欢呼声表达对这位和平勇士的敬意。

第二天下午，萨达特总统在以色列议会发表了演说："我在这个讲台上向你们，向全世界宣告，我向你们提出的是全面的和平……有些时候，一个国家的人民必须忘记过去，朝着新的未来迈出勇敢的步伐……我不希望我们的人民和你们的人民处于导弹的包围之中……"

萨达特的演说震撼了每一个人，毕竟人民是渴望和平的。

经过艰难曲折的谈判，1978 年 9 月，埃以在美国签署了《戴维营协议》，打开了中东和平的大门。1979 年 3 月，《埃以和约》签订，双方建立了正常的外交关系，从而结束了埃以之间持续了三十多年的战争状态。人们期盼已久的和平终于回来了！

正当萨达特踌躇满志，准备振兴埃及经济的时候，埃及的穆斯林极端分子策划了一个惊天大阴谋，矛头直指被他们视作叛徒的萨达特。

1981 年 10 月 6 日，是赎罪日战争八周年纪念日。一个盛大的

阅兵典礼正在埃及首都开罗的胜利广场隆重举行。检阅台上人头济济，萨达特身着灰蓝色的最高统帅制服，佩戴着勋章和绶带，显得格外引人注目。他含着烟斗，面带微笑，不断地向士兵们挥手致意。

步兵、伞兵、坦克、装甲车、导弹，依次从检阅台前经过，金戈铁马，威风凛凛。紧跟着的是炮兵方队，尘埃中，一辆辆军用卡车牵引着大炮隆隆驶来。这时，六架战斗机从远处呼啸而来，低空掠过检阅台，突然拉升，然后不断喷出红白蓝三色的彩烟，情景十分壮观。惊险、刺激的飞行表演吸引了大家的视线。连萨达特也仰起了脸，聚精会神地观看着。

就在这时，一辆接受检阅的炮车在检阅台前停了下来，三个士兵从车上飞身而下，端着枪向检阅台冲来。萨达特以为他们要过来敬礼，就站了起来，可是他怎么也没想到，他迎来的竟是一枚手榴弹。

"轰隆"一声，手榴弹在检阅台前爆炸了，顿时检阅台上下硝烟弥漫。这突如其来的猛烈袭击，搞得在场的人们目瞪口呆。萨达特的秘书哈菲兹最先反应过来。他大叫一声："刺客！"便奋不顾身地向萨达特扑去。

与此同时，三个士兵端起枪对准总统疯狂扫射，卡车上的机枪也向检阅台喷出了火舌。哈菲兹一边疾呼："卧倒！总统！"一边操起一把椅子想护住总统，可是已经晚了。一连串的子弹击中了萨达特，他直挺挺地倒了下去。

"轰隆！"又有一颗手榴弹爆炸了。两个士兵冲上检阅台，向总统席乱射一通。检阅台上乱作一团，哭喊声、求救声此起彼伏。保安们终于回过神来，开始开枪还击。混战中，副总统穆巴拉克也受了伤，鲜血直流。

很快，行凶士兵被制服了。整个袭击过程从开始到结束不到三

十秒钟。直升机紧急升空，载着萨达特飞向开罗最好的医院⋯⋯

七个小时后，受了轻伤的穆巴拉克出现在电视屏幕上，沉痛地向埃及人民宣布：我们爱戴的领袖，战争与和平的英雄逝世了。

10月10日，萨达特被安葬在胜利广场的无名战士墓旁边。墓前，竖了一块黑色大理石墓碑，上面写着："穆罕默德·安瓦尔·萨达特总统，战争与和平的英雄。他为和平而生，他为原则而死。"

291

马岛战争

在烟波浩淼的南太平洋上，有一个叫马尔维纳斯的群岛，它扼守着大西洋和太平洋航道，与南极大陆遥遥相对，战略地位非常重要。这个荒无人烟的群岛与阿根廷海岸线相距五百公里，而与英国则相隔万里之遥。由于历史原因，长期以来该岛一直由英国占领着，但是围绕着该岛的主权问题，英国和阿根廷已争论了一个半世纪。

1982 年 4 月 2 日，阿根廷海陆空三军采取突然行动，出动四千多名士兵在马岛强行登陆，经过短暂的战斗，守岛的两百多名英国士兵只好乖乖投降。阿根廷国旗在阿根廷士兵的欢呼声中，又一次在马岛上空冉冉升起。

马岛胜利收复的消息传来，阿根廷举国欢腾。在首都布宜诺斯艾利斯，人们举着国旗，纵情高呼："马尔维纳斯属于阿根廷！"像潮水一样涌向五月广场，庆贺这个等了一个半世纪的喜讯。总统加尔铁里更是难以抑止激动的心情，他表示阿根廷将誓死保卫马尔维纳斯群岛。

与此同时，英国朝野上下无不感到震惊和愤怒。首相撒切尔夫人决定召开议会紧急会议，研究对策。

在议会大厅门口，有位记者大声问撒切尔夫人："阿根廷报纸说过这样一句话：'女人不会走入战争'。你对这话怎么看？"

有着"铁娘子"之称的撒切尔夫人用坚定的声音回答："请你

提醒他们注意，梅厄夫人和甘地夫人都曾毫不迟疑地走入战争，而且都赢了。"

经过一番紧张的商议，英国议会以前所未有的全票通过了对阿根廷宣战的决议。撒切尔夫人随即向世界宣布：英国将出兵远征，收复失地。

4月5日，也就是距阿根廷收复马岛仅隔了三天，一支庞大的英国海军特混舰队驶离英格兰的朴茨茅斯港，杀气腾腾地冲向南大西洋。这支舰队几乎集中了英国三分之二的海军力量，包括两艘航空母舰和一百多艘舰船，拥有现代化的作战手段，可以从天空、地面、海面和水下发动全方位的攻击。

特混舰队一抵达战区，立刻凭借先进的武器装备，对马岛实行了立体的海空封锁。阿军没料到英军的行动会这么神速，急忙向马岛增兵，结果遭到了英军的猛烈攻击，"圣菲号"潜艇被英军的反潜直升机击毁了，"贝尔格拉诺将军号"巡洋舰也被英军的导弹核潜艇击沉了。增援的失败使马岛上的阿军陷入了孤立无援的窘境。

接连的失利使阿根廷举国群情激愤，阿军上下发誓要以牙还牙，报仇雪恨。

5月4日，英军"谢菲尔德号"导弹驱逐舰驶向马岛附近海域执行警戒任务。它哪里知道，阿根廷人正把复仇的目光瞄向它。三架阿根廷"超级军旗"战斗轰炸机接到攻击命令，立刻从基地紧急起飞，直扑"谢菲尔德号"。机智的阿军飞行员利用低空飞行，躲避了敌人的雷达，悄悄逼近了英舰。目标越来越近，阿军飞行员凭借高超的飞行技巧，再次降低了高度，几乎是贴着海面飞行。

当飞机进入导弹发射区域时，雷达荧光屏上清晰地显示出了"谢菲尔德号"的身影。这时，第一架"超级军旗"突然跃起，将"谢菲尔德号"的精确方位发给了后面的攻击飞机。英国舰队的雷达马上发现了可疑战机，可是未等英国舰队的警报拉响，后面两架

"超级军旗"的飞行员迅速按下发射按钮,两枚"飞鱼"反舰导弹似离弦之箭呼啸而出。发射后,三架飞机立即掉头高速返航,一下从英军的雷达屏幕上消失了。

两枚"飞鱼"像两道闪电,擦着浪尖对准"谢菲尔德号"飞速而去。"谢菲尔德号"丝毫没有发觉危险在降临,等雷达发现了高速袭来的导弹,已经来不及了。就在舰长大声叫喊"注意隐蔽"的同时,导弹钻进了舰体中央,"轰"的一声爆炸了。刹那间,舰上火焰熊熊,浓烟冲天,舰上水兵赶紧纷纷逃命。这艘号称"英国舰队的骄傲"、价值两亿美元的战舰渐渐沉没在南大西洋的波涛之中。

这次胜利使阿根廷人信心倍增,他们似乎看到了最终胜利的希望。阿根廷的战机轮番出动,频频"光顾"英国舰队上空,炸得英军胆战心惊。5 月 25 日是阿根廷国庆日,为了庆祝这个节日,阿根廷空军的飞机倾巢出动,向英军发动了最猛烈的空袭。英勇的阿军飞行员冲破了英军战机的拦截,不顾敌人导弹和火炮的攻击,从空中猛扑下来,把雨点般的炮弹和炸弹射向英舰,"考文垂号"导弹驱逐舰沉没了,"大西洋运送者号"运输舰沉没了,"大刀号"导弹护卫舰中弹起火……这一天成了英国特混舰队"黑色的一天"。

为了尽早结束战争,英军决定立刻登陆,占领马岛。5 月 21 日深夜,英军趁着夜幕,悄悄从圣卡洛斯港登上了马岛,接着装甲车辆、防空导弹和其他的装备也源源不断地运上了马岛。紧接着,英军分兵两路向马岛首府斯坦利港挺进。由于采用了"蛙跳"战术,使用直升机分段运载部队与装备,英军的行军速度快得出奇。等守岛阿军缓过神来,整个斯坦利港已经被包围了。虽然守岛阿军在人数上占有优势,可是面对英军无休无止的舰炮轰击和飞机轰炸,孤立无援的阿军士兵逐渐失去了斗志。

6 月 14 日,阿军守军投降,马岛重回英国人手中。激战了七十四天的马岛战争也落下了帷幕。

292

"星球大战"计划

"很久很久以前,在一个非常遥远的星系中……"一场正义与邪恶的较量开始了:各式各样的飞船在星球与星球之间追逐交战,缤纷耀眼的能量射束在太空中交织闪烁;一个星球遭到毁灭性的打击,在一瞬间化做宇宙的尘埃;武士挥舞威力无比的激光剑奋力厮杀,不时将对手劈为两半……

1977 年上映的美国科幻电影《星球大战》,用令人眼花缭乱的电影特技向现代人展示了一个奇幻的未来世界,让亿万影迷为之着迷,并在全球掀起了一股"科幻热"。

谁也没有想到,几年后,电影中的"星球大战"竟被搬到了现实中。1983 年 3 月 23 日,在美国电视节目的黄金时间里,美国总统里根神采飞扬地出现在电视屏幕上。面对亿万观众,这位当过好莱坞电影明星的总统以他所特有的魅力和口才,发表了电视演讲:"让我和你们一起来对有希望的未来做个展望,就是制定一项计划,用防御性措施来对付可怕的苏联导弹的威胁……我呼吁诸位科学家们:过去,你们给我们带来了核武器,但是今天,希望你们能把自己伟大的才能用于和平,给我们找出使这些核武器丧失威力、成为落后于时代的废物的办法来……如果我们能够制造出可以拦截和摧毁飞行中的战略核武器的高级防御武器,就可以对未来抱有更加光明的希望……"

里根宣布:"我已决定为实现这个目标迈出重要的一步,下令

制定一个全面深入的研究计划，这将是一项可以改变人类历史进程的伟大事业。"

这项如此美妙的计划究竟是什么呢？这项计划就是"战略防御倡议"，简称"SDI"。其核心是用二十五年左右的时间、花费一万亿美元，以宇宙空间为主要基地，部署各种尖端武器，用以拦截并摧毁一切袭击美国的导弹。

里根的演说轰动了美国，也轰动了世界。人们在震惊的同时，不禁联想起二十世纪七十年代的科幻电影《星球大战》里那些光怪陆离的太空战，因此新闻界把这一颇具想象力的计划形象地称为"星球大战"计划。

"星球大战"计划的出笼，是美苏核军备竞赛加剧的结果。二十世纪六十年代末，美苏战略核武器在数量上大体相当，但在技术方面，美国处于领先地位。从二十世纪七十年代开始，苏联急起直追，不仅在战略核武器的数量上遥遥领先，而且在质量上也与美国不分上下。美国一方面感受到来自苏联的核威胁，一方面认识到核战争是打不赢的，只能是两败俱伤或者世界末日，因此绝不能打核战争，应当寻找一种更好的方法来消除战略核武器的威胁，确保自身的安全。

二十世纪八十年代初，美国三十多位著名科学家、经济学家、空间工程师和军事战略家经过精心研究，提出了"高边疆"战略，就是把太空当做战场，发展太空武器，用来拦截和摧毁来袭的苏联导弹，使美国免遭其核打击。

里根总统对这个战略十分赞赏，因为在太空技术方面，美国占绝对优势，可以重振美国国威；另外美国还能凭借强大的经济实力，通过旷日持久的、耗资巨大的太空武器竞争，把苏联的经济拖垮。于是，"星球大战"计划应运而生。

1985 年 1 月 3 日，美国正式公布了"星球大战"计划，主要

内容为：美国将在太空和地面部署反弹道导弹、高速炮弹等动能武器以及激光、粒子束、微波等定向能武器，形成一个多层次的天衣无缝的"宇宙盾牌"。整个防御体系分为三层：第一层，用卫星携带的定向能武器和动能武器对刚发射出的导弹进行拦截，把进攻的导弹消灭在敌方的领空内；第二层，用卫星或地面上配备的激光武器对穿过第一层防线的来袭导弹进行拦截，把它们击毁在宇宙空间；第三层，用地面发射的导弹拦截并全部摧毁在前两层防线中漏网的导弹。

美国声称，"星球大战"系统在高空出击，对来袭导弹的总拦截率可高达百分之九十九点九，地球任何一个地方的军队和武器，都不是它的对手。这样，美国就好像装进了保险箱，不用担心在核大战中与对手同归于尽了。其实，美国想要实现"星球大战"计划谈何容易，而且也不可能绝对阻止核大战的爆发。

苏联被美国的"星球大战"计划深深地刺痛了，谴责它是"宇宙之剑"，将导致地球的毁灭，竭力要求美国放弃这项计划。一些国家的政府也认为，"星球大战"计划会导致军备竞赛的升级，所以也反对这项计划。

进入二十世纪九十年代，随着苏联的解体，世界上能与美国平起平坐的超级军事大国已不复存在。1993年，美国政府宣布全面取消"星球大战"计划，宣称"星球大战"时代已经结束。

293

刺杀英·甘地

10 月的印度北方，芳草如茵，绿树婆娑，鸟语花香。在这个美丽凉爽的季节，1984 年 10 月 31 日的上午，印度总理英迪拉·甘地像往常一样早早地起床了。今天她没有安排过多的国务活动，因为她的孙子、孙女在前一天的一次交通事故中受了点惊吓，而他们的父亲、她的长子拉吉夫·甘地正在外地参加竞选活动，所以甘地夫人想呆在家里陪陪孙儿们。

不过，英国著名影星乌斯季诺夫带了一个电视小组，准备在今天上午十点采访这位印度女总理，拍摄一部二十分钟的电视纪录片。她犹豫再三，还是答应了。

英迪拉出生在印度北方邦的一个名门望族中，祖父莫提拉尔·尼赫鲁是与"圣雄"甘地同时代的、著名的印度民族独立运动领袖，父亲贾瓦哈拉尔·尼赫鲁是印度独立后的第一任总理。1917 年 11 月 19 日，当英迪拉呱呱坠地时，她的祖母脱口而出："哎呀，可惜不是一个男孩！"

"你要知道，贾瓦哈拉尔的这个女儿可能会胜过一千个儿子呢。"祖父风趣地反驳道。

英迪拉天资聪颖，是尼赫鲁的掌上明珠。但因为祖父与父母都追随甘地，献身于印度民族独立运动，因此很少有时间来照料她，养成了她孤独而坚强的性格。小英迪拉曾帮助与殖民者斗争的长辈们写通知，开信封，做旗帜，送情报；去监狱中探望被关押的祖父

与父亲。身陷牢狱的父亲给她写了两百多封信，慈爱地回答爱女提出的各种问题，给她推荐阅读书目，深情地关怀她的成长。

1939 年，二十二岁的英迪拉考取了英国牛津大学，在那儿深造的两年间，她不但刻苦学习、博览群书，还见到了罗曼·罗兰、萧伯纳、爱因斯坦等伟人。二战爆发，她来不及毕业，便在 1941 年 3 月回到印度，投入到民族解放运动的洪流中。第二年，英迪拉与苦苦追求她多年的费罗兹·甘地结了婚。

母亲很早就因病离开了人世，因此，印度独立之后，英迪拉·甘地毅然挑起了尼赫鲁的私人秘书与女管家的重担。她常常跟随着父亲出国访问，列席许多重要会议，到过美国、苏联、中国、法国、南斯拉夫等国家，见到了丘吉尔、杜鲁门、周恩来、铁托、纳赛尔等国际政坛的风云人物，极大地扩展了她的视野，积累了政治和外交经验，为她在 1966 年登上印度第三任总理的宝座打下了基础。

由于精明强干、政绩卓著，1971 年，英·甘地获得连任。1980 年，她东山再起，第三次当选为印度总理。

接受采访的时间就要到了。九点三十分，六十七岁的英·甘地告别孙儿，在贴身卫士、锡克族警官本特·辛格的护卫下，前往总理办公室。英迪拉的住所位于总理府的东半部，办公室在西半部，相距只有几十米，由一丛丛修剪得整整齐齐的矮灌木林与草坪隔开，灌木林中央是一座长满葛藤的拱门。

走到拱门前，本特·辛格一声口令，拱门边的锡克卫兵萨特万特·辛格托起冲锋枪，向总理行举枪礼。英迪拉双手合十，习惯地微笑还礼。忽然，本特·辛格快步走到了她前面，随即急转身，从头巾里掏出一支左轮手枪；萨特万特·辛格也把竖起的冲锋枪端平，刹那间，两支黑洞洞的枪口对准了英迪拉。

"哒哒哒哒……"急促刺耳的枪声骤然打破了周围的宁静，

英·甘地应声倒下，仰面躺在铺满鹅卵石的小道上，鲜血洒满了她那橙黄色的莎丽。

其他卫兵闻声火速赶来，本特·辛格与萨特万特·辛格扔下枪支，若无其事地对他们说："我们做了我们想做的，现在你们可以做你们想做的了。"

两个凶手被押到警卫室，本特·辛格突然扑向一个警卫，想夺下冲锋枪抵抗，被当场击毙；萨特万特·辛格也从头巾中抓出暗藏的匕首，刺向警卫，警卫立即开枪还击，萨特万特·辛格受重伤，后来因谋杀罪被处绞刑。

一辆印度产的白色"大使"牌防弹轿车载着奄奄一息的英·甘地，飞也似的驶向附近的全印医学研究院。这所印度最现代化、医术最高超的医院，已经接到紧急电话，组成了一个十二位专家的医疗小组，他们希望能够创造奇迹。

医生们全力以赴，从英迪拉身上取出十六颗子弹。但是，由于失血太多，伤势过重，下午两点三十分，医疗小组正式宣布，甘地夫人已经死亡。

事后调查表明，这起震惊全球的刺杀事件，起因于这年的上半年，甘地夫人下令军队血洗锡克教的圣地——金庙。

锡克族是起源于十六世纪的印度的一个少数民族，约占全印人口的百分之二。从二十世纪八十年代起，锡克人为了争取在旁遮普邦更大的自治权，不断地与政府发生冲突。1982 年 10 月，锡克教教主宾德兰瓦勒在旁遮普邦阿姆利则市的金庙设立了反政府的总部，储藏大量军火，训练了大批锡克族武装分子。宾德兰瓦勒公开扬言，要在神的保佑下，建立独立的"卡利斯坦国"。

1984 年 1 月到 3 月间，旁遮普邦接连发生纵火、恐怖暗杀和抢劫事件，占据金庙的锡克武装教徒多次与警察与政府军交火。在谈判无效的情况下，4 月 4 日，印度政府宣布旁遮普邦为"骚乱地

区"，并调集大批军队进驻。

6月2日到7日，英·甘地一声令下，几万名全副武装的军警在坦克大炮的掩护下，向金庙发起了猛烈的进攻，几百名锡克教徒战死，宾德兰瓦勒也中弹身亡。

金庙事件后，锡克教徒发誓要杀死英·甘地，报仇雪恨。本特·辛格与萨特万特·辛格被选中执行这一任务。印度情报部门曾提醒英·甘地，把这两个锡克卫士留在身边不太安全，但她非常信任他们，没有同意调离他们。

英迪拉死后，印度教徒与锡克教徒又爆发了大规模的教派仇杀。接替母亲担任印度总理的拉吉夫·甘地挺身而出，在向全国的第一次讲话中呼吁道："我们不能让我们的感情冲动起来，因为愤怒只会导致犯错误。在我国任何地方发生骚动，都会极大地伤害我们敬爱的英迪拉·甘地的灵魂。我们行动的每一个步骤都必须遵循正确的方向。"

拉吉夫·甘地勇敢而稳健地为印度人民承担起了他的责任。可是，七年之后，他也惨遭暗杀，走上了她母亲的不归路……

294

二月风暴掀翻马科斯

二十世纪八十年代初，菲律宾局势风雨飘摇。反对党领袖阿基诺的遇刺引发了人民对独裁统治的不满，群众的集会、游行、示威络绎不绝，反政府武装的活动也风起云涌，搞得总统马科斯焦头烂额。

迫于各方的压力，马科斯只好摆出准备推行改革和民主的姿态，宣布将总统大选提前到 1986 年 2 月 7 日举行。

马科斯虽然依靠军事管制，在总统宝座上稳稳地坐了二十年，可他觉得还没过足瘾，想通过大选，名正言顺地再坐六年。他认为自己手里攥着大把大把的美金，还掌握着报纸、电台、电视台等竞选法宝，而反对党只会喊喊口号、发发传单，根本无法和他较量，因此自己一定会轻而易举地连任总统。

当得知反对党推出阿基诺夫人（科拉松·阿基诺）作为总统候选人，他更不把反对党放在眼里了，还嘲笑说："我和家庭主妇对话一向感到愉快。"

阿基诺夫人在阿基诺遇刺之后，围绕扑朔迷离的案件真相，同马科斯政府进行了不懈的斗争，赢得了大批的同情者和支持者，从一名普通的家庭主妇一跃成为出色的政治家，曾有一百二十万人在一份请愿书上签名，要求她出来竞选总统。

阿基诺夫人全力以赴地投入了竞选活动。她走遍了菲律宾的大小城镇，向选民们发表充满号召力的演讲，呼吁他们在"贪婪和腐

朽的政权"和"自由和诚信的政府"之间做出选择。

面对马科斯的人身攻击,她坦率地说:"对政治我是外行,但作为围着锅台转的家庭主妇,我精通日常经济。他们说我没有能力和经验来管理这个处于危难之中的国家,那么请大家看看,在自称有丰富经验的那个人的统治下,这个国家被搞成了什么样子!"

随着竞选活动的深入展开,阿基诺夫人在菲律宾的声望越来越高,而马科斯的独裁形象却是一落千丈。

2月7日,大选正式开始。菲律宾人民踊跃参加投票选举,创造了菲律宾选举史上投票率的最高纪录。

马科斯有些慌了,意识到如果实行真正的公正选举,自己的政权必然垮台。为了赢得大选的胜利,他决定铤而走险,搞选举舞弊。

马科斯的竞选人员时而用金钱贿赂选民投马科斯的票,时而用武力威胁选民投马科斯的票,舞弊手段真是无奇不有。具有讽刺意味的是,有些选民在愉快地收下马科斯贿赂他们的钱后,仍然选阿基诺夫人,一点儿也不领马科斯的情。

投票选举结束后,全国选举委员会本该立刻开始计票,并公布选举结果,然而他们却迟迟不肯开始统计选票,原来马科斯为了确保自己的选票领先,正派人忙着"做手脚"。

2月15日,电台和电视台开始向全国播报菲律宾国民议会宣布的大选结果:马科斯以多得一百五十万张选票的优势击败了克拉松·阿基诺,总统就职仪式将于2月25日举行。消息传来,国内外舆论一片哗然,纷纷谴责大选中的舞弊行为。

第二天,反对党在马尼拉举行了有上百万人参加的集会,会上阿基诺夫人宣布拒绝承认选举结果,表示要发动声势浩大的非暴力抗议运动,迫使马科斯下台。

天主教会的八十多名主教也联合发表了声明,谴责"一个通过

欺骗手段取得或维持权力的政府是没有道德基础的",表示全力支持阿基诺夫人。由于百分之八十五的菲律宾人都是天主教徒,所以这项声明无疑使马科斯人心尽失。

就在马科斯庆幸自己的胜利时,他最信赖的军队倒戈了。

2月22日晚,菲律宾国防部长恩里莱和副总参谋长拉莫斯,在国防部大楼举行记者招待会,宣布与马科斯决裂,支持阿基诺夫人。

兵变的消息震撼了马尼拉,轰动了全世界。马科斯火冒三丈,立刻通过电视和电台命令兵变将士停止这种愚蠢的举动,主动投降,否则格杀勿论。

支持兵变的军人携带枪支弹药,源源不断地赶往国防部大楼。至23日凌晨,兵变部队已经有了近千人,其中包括十几名将军。

恩里莱和拉莫斯十分清楚,马科斯的部队正迅速向马尼拉集结,双方实力又相差悬殊,于是决定转移到克拉梅兵营。

到了中午,马科斯命令远道赶来的海军陆战队出动坦克,去攻打克拉梅军营。眼看战火就要燃烧,成千上万的群众闻讯从四面八方赶来,他们手拉手,高呼反对马科斯政府的口号,把兵营团团围住,用人墙阻止坦克前进。

面对手无寸铁、热血沸腾的人群,全副武装的士兵目瞪口呆,纷纷垂下了枪口。望着急速撤离的坦克,拉莫斯感慨地说,在菲律宾历史上,人民用自己的身体来阻止军队,这还是第一次。

24日清晨,伴随着隆隆的轰鸣声,五架战斗直升机出现在兵营上空。人们紧张万分,以为马科斯要轰炸军营。这几架直升机在天空盘旋了几圈,纷纷降落在兵营的操场上,机舱里伸出一面白旗,原来他们是来投诚的。士兵和群众禁不住欢呼起来。

傍晚,兵变军人驾驶两架直升机以极快的速度、极低的高度掠过总统府。震耳欲聋的轰鸣声使马科斯第一次感到他居住了二十年

的马拉卡南宫不安全了。

就在马科斯政权岌岌可危的时候，他的靠山——美国也立刻丢弃了他。美国白宫发表了一份要求马科斯辞职的声明："试图通过暴力来延长垂死政权的寿命是枉费心机，解决危机的唯一办法是向新政府和平移交权力。"

马科斯绝望了。25 日中午，他匆匆忙忙地在马拉卡南宫搞了一个冷冷清清的总统就职仪式，然后像丧家之犬一样，登上美国前来接应的直升机，飞往美国驻菲律宾最大的克拉克空军基地。

马科斯逃走的消息传开后，马尼拉沸腾了，菲律宾沸腾了。人们像潮水般涌向街头，欢庆马科斯王朝的覆灭。

295

切尔诺贝利核电站的悲剧

对于苏联乌克兰首府基辅以北一百三十公里的小镇切尔诺贝利来说，1986 年 4 月 25 日的夜晚，原本是一个春意融融、月光明媚的安宁之夜，人们像往常一样进入了甜蜜的梦乡。

但是，第二天凌晨一时许，一场可怕的灾难降临到了人们的头上。随着"轰！轰"两声巨响，切尔诺贝利核电站的四号反应堆突然爆炸，霎时间，喷出的火柱犹如一条挣脱束缚的巨龙，掀开反应堆的外壳，直冲云霄。高达两千摄氏度的熊熊烈焰吞噬着机房，转瞬间就熔化了粗大的钢架。大量的放射性物质随着升腾的浓烟，在天空中弥漫开去，相当于日本原子弹爆炸时释放的放射性物质的五十倍，造成大面积的核污染。

爆炸发生六分钟后，驻切尔诺贝利核电站的苏联第二军事消防部队与驻扎在普里皮亚特市的第六军事消防部队，就赶到了事故现场。消防官兵们面对灼热的烈火和呛得人呼吸困难的浓烟无所畏惧，高温使不少人的靴子粘住了熔化的沥青，但他们毫不犹豫地架起云梯，爬上屋顶，奋力扑灭反应堆以及四周建筑物的火舌。

但由于对爆炸的性质、严重性甚至真相缺乏了解，仍然像处理普通火灾那样冲进火场，而辐射强度极高的爆炸物到处散落，核反应堆被炸裂的水管到处泄漏，一千七百吨石墨还在熊熊燃烧，整个核电站周围的辐射强度严重超标，结果使所有在场的人员受到了巨大的核辐射，有多人在事故后丧生。

地面扑救遇到重重困难，进展缓慢。为了控制反应堆废墟的温度，阻止放射性物质的继续泄漏，从 4 月 27 日起，苏联空军奉命派出了许多不同型号的直升机，不断地从空中投放含有铅与硼的沙袋，形成重达四千吨的保护层，总算初步控制了放射性物质的外泄。然后，抢救人员奋战了好几个月，直到秋天，才用混凝土封闭完了出事的反应堆。

由于当局封锁了消息，高度保密，出事当天，居民照常上班，商店照常营业，学生照常上学，孩子们依然在外面玩耍，人们根本没有意识到大难已经临头。直到晚上十一点，第一批伤员才被转移到了安全区，第二天，即 4 月 27 日凌晨，切尔诺贝利核电站附近的普里皮亚特市才组织居民疏散，无线电广播发布了一个简单的通知："同志们，鉴于切尔诺贝利核电站发生了事故，谨宣告全城疏散。请大家带上身份证、必需品和三天的食品。疏散将于十四点开始。"

就是到了这时，人们还是没弄明白这里究竟出了什么事，离开家乡究竟要多长时间？但是，居民们没有吵闹，没有喧哗，只是默默地整理行装，准备食品，在成千辆汽车的帮助下，默默地踏上了流落他乡的旅途。

人们原以为三天后就能够重返家园，所以只带着少量的衣物和食品，但是，谁能想到，这是一次永久的撤离。人们恍然大悟，家里那些最重要的财产，最必需的东西，连同房屋，甚至世代相传、苦心经营的老家，都要放弃了。人们开始咒骂当局不负责任、隐瞒事实的欺骗行为，一些家庭妇女伤心地哭了起来。

切尔诺贝利核电站的事故发生后，苏联政府没有及时公布消息，采取果断有力的措施，从而造成了极其严重的后果。4 月 26 日早晨，大量的放射性物质已经泄漏，但苏联共产党基辅州委的领导人居然要求想方设法维持正常的生活秩序，不得向老百姓公布核泄

漏真相的任何消息。

在疏散前的一天，普里皮亚特市政府也没有发布任何消息。当核电站的工人打电话质问为什么不下达有关指示时，他们得到的是冷冰冰的回答："这不关你们的事，决定应由莫斯科做出。"

可是，这些官僚早已把自己的家人送到远离危险区域的黑海克里米亚疗养区。照理说，切尔诺贝利核电站站长最清楚发生了什么事，以及事故的严重性，但他也没有将真实的情况加以公布，导致不明真相的人们深受其害。

与此同时，瑞典等四个苏联邻国已经检测到当地的核辐射物上升到正常水平的一到五倍，瑞典的有关机构判定核辐射来自苏联，便向苏联政府提出了疑问。但是，在 4 月 28 日塔斯社发表公告前的两个小时，苏联外交部仍然矢口否认切尔诺贝利核电站发生了事故。欧洲共同体与其他西欧国家对此纷纷发表声明，强烈抗议苏联封锁消息，危害邻国的安全。苏联的形象受到了严重损害。

由于官僚体制的僵化和迟钝，刚上任一年的苏共中央总书记戈尔巴乔夫本人也没有及时获得充分、准确的信息，但是随着真相的越来越清晰，以及外国舆论的强大压力，他意识到了问题的极端严重性。在紧急召开的苏共中央政治局会议上，有人提出，应该继续严密封锁信息，这样可以防止国外反对势力的幸灾乐祸和恶毒攻击，也可以避免国内人民的恐慌，避免对党的权威的破坏。

戈尔巴乔夫坚决不同意这种论调，他慷慨陈词："现在，我们是在全国人民和全世界众目睽睽之下工作的。谁要想敷衍塞责、玩弄花招，那是不能容忍的。必须提供有关事故的全部消息。胆怯的立场——这是不光彩的政策。"

戈尔巴乔夫迅速采取补救措施。他亲自发表电视讲话，向受害者表示慰问，撤换了大批在事故中渎职的官僚；他批准西方记者深入现场进行采访，指示政府机构接受外国的援助；他鼓励公众和媒

体就核电站问题展开讨论，等等。

　　然而，切尔诺贝利核电站的大爆炸，毕竟造成了巨大的后果。据统计，有三十一人在这次事故中死亡，二百三十三人受到严重的放射性损伤，附近的十三万居民被迫疏散，直接经济损失高达三十五亿美元。在以后的七年中，有七千名救援人员死亡，其中三分之一是自杀；参加医疗救护的人员中，有百分之四十患了精神疾病或永久性记忆丧失。在以后长达半个世纪的时间里，切尔诺贝利核电站方圆十公里范围内不能耕作、放牧，十年内一百公里范围内禁止生产牛奶。邻近国家的生态环境也遭到了严重破坏。

　　更严重的是，在俄罗斯与前苏联的其他国家，还有不少类似切尔诺贝利核电站那样的石墨反应堆，由于设计落后，技术陈旧，隐藏着极大的事故风险。

　　人类和平利用核能，是一条利益与危险并存的艰巨而漫长的道路。

296

美苏签订中导条约

1988 年 8 月 1 日，昔日宁静而神秘的苏联导弹基地萨雷奥泽克突然热闹起来，大批外国新闻记者纷至沓来。基地里的一片沙地上矗立着四枚巨大的导弹。难道是苏联要展示新式武器？

下午三时，喇叭里传来了倒数计时声："十秒，九秒，八秒……二秒，一秒，炸!"

随着"轰隆"一声巨响，沙地上的四枚导弹顿时化为灰烬，一团浓烟冲向高空，如同一朵蘑菇，越变越大，然后迅速扩散开去。

原来，苏联不是在展示导弹，而是在销毁核武器。这可是破天荒的大事，当然成了全世界关注的焦点。那么，苏联为什么要销毁这些花费了巨大的人力、财力、物力研制出来的尖端武器呢？这里面有着深刻的背景。

二战以后，苏联与美国为了争霸世界，展开了一轮又一轮军备竞赛，特别是核武器竞赛，他们拥有的各种核武器已经足够把人类毁灭数十次。可是古巴导弹危机的爆发使苏、美深切地感受到：核战争不会有胜者，核战争绝对不能打。

于是苏、美开始寻求限制和终止核武器竞赛的办法。经过反复的讨价还价，双方签署了一些限制核武器的协定和条约。可是由于双方的目的都是保持和发展自己的优势，限制和削弱对方，所以这些协定和条约只限制核武器的数量，对质量没有实际意义上的限制，反而促使双方加紧研制更先进的核武器。

1977 年，苏联开始在本土部署最新研制、威力巨大的 SS-20 中程导弹，这让北约大为不安。1979 年 12 月，北约通过了著名的"双轨"决议，一方面决定使北约的战区核力量现代化，另一方面建议美国尽快就限制欧洲中程核导弹问题与苏联展开谈判。如果到 1983 年年底美、苏未能达成协议，那么美国将花五年时间在西欧部署一百零八枚潘兴 II 型导弹和四百六十四枚巡航导弹。

消息一传出，西欧的反核和平运动顿时风起云涌。各地群众纷纷举行反核示威游行，高呼"不要核武器"、"要和平，要中立"、"美国佬滚回去"等口号。

1981 年 11 月，美、苏在日内瓦开始了限制中程导弹的正式谈判。双方你来我往，抛出了一个又一个方案和建议，斗争十分激烈。

美国总统里根提出了"零点方案"：如果苏联拆除它在欧洲和亚洲的 SS4、SS5 短程导弹和 SS20 中程导弹，那么美方将撤销在西欧部署中程导弹的计划，从而使双方在欧洲的中程导弹均为零。这样，美国不用吹灰之力，就能全数摧毁对手千百枚已经实战部署的导弹。

苏联领导人勃列日涅夫哪肯吃亏，立马抛出"冻结现状方案"和"分阶段裁减方案"相抗衡，力图阻止美国部署新式导弹，并把对方进一步推向劣势。

在六轮谈判中，尽管双方方案不断翻新，但由于立场不同，分歧严重，谈判最终不欢而散。

1983 年年底，美国不顾大西洋两岸的反核呼声，把一枚枚中程导弹运到了西欧。苏联也以牙还牙，加快了在东欧部署中短程导弹的步伐。核战的阴影再一次笼罩在欧洲上空。

1985 年，苏联领导人戈尔巴乔夫上台后，面对严峻的形势，调整了外交政策，强调在核时代"全人类利益高于一切"，试图缓

和美、苏之间的对抗。

这年 11 月，戈尔巴乔夫打破僵局，飞往日内瓦，和里根举行了第一次首脑会晤。双方在友好的交谈中，找到了缓和与合作的基础，表示要改善美、苏关系，加快中导谈判。

经过旷日持久的谈判，苏、美终于在相互让步的基础上，达成了"全球双零点方案"，同意销毁各自拥有的所有中程核导弹（射程一千到五千公里）和中短程核导弹（射程五百到一千公里）。

1987 年 12 月 8 日，戈尔巴乔夫和里根在美国白宫的东厅正式签署了《消除美苏中程和中短程导弹条约》（简称《中导条约》）。根据条约，苏、美双方要在三年内销毁全球二千六百十一枚已经部署和尚未部署的中短程导弹，其中美国八百五十九枚，苏联一千七百五十二枚。签约仪式上，两位领导人兴高采烈。里根得意地宣布，这是一个"历史性条约"，将"化干戈为玉帛"。戈尔巴乔夫则自豪地声称："我们现在种下这株幼苗，将来它一定能够长成粗壮的和平大树！"

尽管这个条约销毁的导弹数量只占苏、美两国核武库的极小一部分，但它终究是自出现核武器以来达成的第一个真正削减核武器的协议，给世界带来了和平与稳定的希望。

297

洛克比大空难

华灯初上的时分，英国伦敦的希思罗国际机场依然是一派繁忙的景象。

1988 年 12 月 21 日十八点二十五分，一架美国泛美航空公司的波音 747 客机正点起飞，伴随着震耳欲聋的引擎轰鸣声，这架航班号为 103 的宽体客机展开它那银色的翅膀，矫健地飞向夜幕初挂的天空。

泛美 103 航班是从联邦德国法兰克福起飞，途经伦敦飞往纽约的。机上包括机组人员共二百五十九人，其中有一百八十九名美国乘客。再过几天就是圣诞节了，因此他们都带了圣诞礼物，满心喜悦地准备回家与亲人团聚。

机舱内，旅客们有的在听音乐，有的喝着饮料轻声地聊天，有的在读书看报。前面就是浩瀚的大西洋了，越过大洋，彼岸温馨的家正期待着他们。他们早已归心似箭。

忽然，机长詹姆斯·麦克夸瑞的耳机中传来地面指挥站发出的气象信息与指令：北大西洋英格兰海岸的上空正有风暴形成，103 次航班应立即改变航线，向北经苏格兰上空绕过风暴区。

麦克夸瑞立即遵照地面的指令，熟练地改变航线。这在飞行中是常有的事。

"女士们，先生们，我们正在飞临苏格兰的洛克比上空，高度为九千六百五十四米，飞行正常……"播音小姐柔美的声音回响在

机舱中。空中小姐推着精巧的食品车，微笑着给乘客们送上一份份可口的晚餐与饮料。

此时，银色的机翼下面就是白雪皑皑的苏格兰大地，颜色深一些的是大片大片裹着银装的森林，在金黄色的落日映照下，闪耀出一抹柔和而迷人的玫瑰红的光晕。再往前就是洛克比小镇了，从近万米高空俯瞰，微小得犹如点点蚁穴。

洛克比镇上的一些居民，这时吃罢晚饭不久，正在悠闲地散步。这远离尘嚣的小镇，平时难得听到飞机的声响。当飞机的引擎声由远而近地传来，人们都不由自主地抬头仰望，只见一架客机披着夕阳的余晖，在冬日黄昏的天际中穿行，就像一只闪光的巨鸟翱翔长空，牢牢地牵住了人们的视线。

突然，人们看见那客机在已经灰暗的天空中火光一闪，飞机骤然间变成了一团炫目通红的火球，还没等目瞪口呆的人们回过神来，只听一声惊天动地的巨响，飞机凌空爆炸了……

时间定格在 1988 年 12 月 21 日的十九点十九分——苏格兰小镇洛克比目睹了一场世界历史上罕见的空难，泛美 103 航班的二百五十九名乘客与机组人员全部遇难；洛克比小镇也成了这场空难的受害者，飞机爆炸后的残骸与碎片借着下坠时巨大的冲击力，当即撞毁了地面上的一座加油站与七幢民房，镇上有十一人也被这飞来横祸夺走了生命。

惨剧发生后，六百多名英国警察火速赶来，封锁了现场。他们在飞机坠地的中心点，看见了一个七米深、三十米宽，还在熊熊燃烧的大凹坑；103 航班早已变成了上万块碎片，机尾掉在离洛克比镇二十五公里的地方，而最远的一块残骸离坠毁中心有六十五公里远。

洛克比空难震惊全球，英国警方立刻展开调查。没过多久，失事飞机的两个黑匣子找到了，由八名专家组成的小组开始对它们记

录的资料进行详细的分析和研究。一千多名科技人员紧张地对飞机残骸进行化验分析。

很快，警方又有了突破，他们在离失事中心几英里的地方，发现了一个毁坏的箱子；一周后，也就是 12 月 28 日，英国的一位洛克比空难调查负责人宣布，泛美航空公司 103 航班很可能是被恐怖分子放置的高爆可塑炸药炸毁的。这种高爆可塑炸药装有电子定时的双重起爆装置。

时光如箭。1991 年 11 月 14 日，美英两国公布了调查结果，根据破获的一名利比亚特工人员的日记，认定利比亚航空公司驻马耳他办事处经理拉明·哈利法·费希列和利比亚特工阿卜杜勒·巴塞特·阿里·迈格拉希涉嫌制造洛克比空难。美英两国要求利比亚政府逮捕这两人，并将他们引渡到美、英审讯。

第二天，法国总统密特朗也宣布了 1989 年法国航空公司 772 次航班爆炸事件的调查结果，有四名利比亚人涉嫌此案。法国政府向利比亚提出引渡要求。

一个月后，利比亚政府表态，已经拘留了被美英两国指控为嫌疑犯的两名利比亚人，并对他们开始审讯；但拒绝美英两国政府引渡嫌疑犯的要求。利比亚领导人卡扎菲强硬地表示，利比亚政府与洛克比空难案没有关系。

美、英、法三国不依不饶，1992 年 3 月，三国向联合国安理会提出一份决议草案，要求对利比亚实行武器禁运，禁止同利比亚进行空中商业航运。这年的 11 月，安理会通过决议，对利比亚实施全面制裁，以迫使它交出两名嫌疑犯。

双方僵持了好多年。后来，阿拉伯联盟和非洲统一组织提出一项建议，在美、英之外的第三国，对两名嫌疑犯进行公开、公正的审判。美英两国与利比亚都接受了这一斡旋。1999 年 4 月 5 日，两名利比亚嫌疑犯被押往设在荷兰的苏格兰特别法庭。同一天，联合

国宣布暂停对利比亚的制裁。

2000 年 5 月，苏格兰特别法庭在荷兰海牙开始正式审理洛克比空难案。第二年 1 月底，特别法庭宣布最后裁决，判决迈格拉希有罪，处以终身监禁；另一名嫌疑犯费希列无罪，并当庭释放。

转眼到了 2003 年，洛克比空难案又有了新的转机。8 月 12 日，利比亚与美英两国达成协议，向洛克比空难中的二百七十名死难者提供二十七亿美元的赔偿，平均每个死难者家属将得到一千万美元的赔偿。联合国不久举行投票，正式解除对利比亚的制裁。

298

东欧剧变

1989 年，东欧的社会主义国家接连发生了剧烈的"政治地震"，其中第一个激烈震荡的国家是波兰。

二十世纪八十年代初，由于政策的失误，波兰爆发了经济危机，政府不得不提高肉类的销售价格，从而激起了全国性的工人罢工、抗议浪潮。只有小学文化程度的格但斯克造船厂电工瓦文萨脱颖而出，以他极富煽动性的演说才能，成了罢工运动的领袖。他领导的团结工会得到西方国家的支持，迅速壮大。

1981 年 12 月 12 日，团结工会在格但斯克召开秘密会议，一位代表直言不讳地大声喊道："我们应该说，我们想夺权！我们想夺权！"

会议一直开到深夜零点。第二天清晨，电视屏幕上突然出现了一位戴深色眼镜、全身戎装的将军，他就是后来集波兰党政军大权于一身的雅鲁泽尔斯基大将。他以坚定有力的声音向全国宣布："我宣布从今天起成立救国军事委员会。"

波兰由此开始了为期两年的军管。瓦文萨等团结工会和其他反对派的领导人被拘捕，团结工会遭取缔。全国暂时恢复了秩序，但危机的根子扎得更深了。

1983 年 7 月，波兰政府取消军管。瓦文萨获释。1988 年，波兰再次出现财政危机，政府大幅度提高消费品和服务价格，又遭到工人群众的强烈反对，各地的罢工此起彼伏，一浪高过一浪。在西

方国家的干涉和压力下，加上苏联忙于应付内部的危机，放弃对东欧事务的干预，波兰统一工人党经过激烈的争论，在1989年初通过决议，宣布实行政治多元化和工会多元化。

这年的2月6日，波兰政府与瓦文萨为首的团结工会及其他反对派举行圆桌会议，达成了一揽子协议。政府同意团结工会重新登记后合法化；实行立法、行政、司法三权分立，实行总统制和议会制，进行议会和参议院的大选。

波兰议会和参议院的大选，分别在1989年6月4日和18日进行。统一工人党遭到惨败；团结工会则大获全胜，赢得了议会中百分之三十五的席位，并一举拿下参议院一百席中的九十九席。连瓦文萨也对此感到意外，惊叹道："真没想到！"

团结工会一跃变成控制两院的第一大党。7月19日，雅鲁泽尔斯基在两院联席会议上，仅以一票的微弱优势当选为波兰总统。一个月后的8月24日，瓦文萨的顾问马佐耶维茨基出任总理，以团结工会为主的新政府组成。

1989年12月，波兰修改宪法，将国名由波兰人民共和国改为波兰共和国，恢复红底戴王冠的白鹰为国徽。波兰国家的性质根本改变，成为一个实行西方议会民主和市场经济的国家。第二年的12月19日，瓦文萨当选为波兰总统。

东欧的其他国家也卷入了剧变的漩涡。1989年2月，匈牙利社会主义工人党中央对1956年的"匈牙利事件"作了重新评价，定性为"人民起义"；并通过了实施多党制的决定。6月16日，匈牙利政府为"匈牙利事件"的受难者、当时党和国家的领导人纳吉举行了重新安葬仪式，二十五万群众参加了这一活动。10月，社会主义工人党举行了最后一次代表大会，决定改组为匈牙利社会党。在第二年3月的大选中，反对党民主论坛获胜，原工人党彻底丧失了政权。

保加利亚的动荡是从 1989 年 5 月，国内的伊斯兰少数民族大量外逃开始的。随后，各地的罢工示威活动频频发生，迫使日夫科夫在年底辞去保共总书记的职务，由姆拉德诺夫接任。第二年 2 月，保共十四大决定改名为保加利亚社会党。6 月，保加利亚进行了第一次多党选举，保加利亚社会党赢得了执政地位。但在 1991 年 10 月的第二次大选中，社会党还是被赶下了台。

1968 年，以苏联为首的华约组织出兵镇压捷共领导人杜布切克发起的政治经济改革，成了捷克斯洛伐克人民心中难以愈合的伤口。转眼到了 1989 年，受到波兰、匈牙利等国发生剧变的鼓舞，捷克斯洛伐克国内要求重新评价 1968 年"布拉格之春"的呼声日益高涨，终于酿成"11 月事变"。11 月 7 日到 28 日，捷全国爆发了有二百五十万人参加的游行示威，要求取消一党制。11 月 19 日，以剧作家哈威尔为首的公民论坛成立，成为反对派的领导力量。

捷共失去了对局面的控制。11 月 24 日，以雅克什为总书记的捷共领导班子集体辞职。11 月 29 日，捷联邦议会修改宪法，取消了共产党的领导地位。12 月 6 日，胡萨克辞去总统职务。12 月 28 日，"布拉格之春"的领导者杜布切克当选联邦议会主席。第二天，联邦议会选举哈威尔为总统。捷共沦为在野党。

在东欧剧变中，罗马尼亚一样风云变幻，但充满了血腥味。

1989 年 3 月，六名前罗共领导人发表致罗共总书记齐奥塞斯库的公开信，批评他的内外政策，要求进行全面改革。但他不屑一顾。

12 月 16 日，在罗马尼亚西部的蒂米什瓦拉市，为了保护一名遭迫害的天主教神父，大批群众在他藏身的教堂外拉起了人链，并与警察发生了流血冲突。这事变成了导致罗马尼亚政局剧烈动荡的导火索。19 日，首都布加勒斯特也爆发了几万人参加的示威游行，示威者再次与警察发生冲突。齐奥塞斯库不得不在 20 日中断对伊

朗的访问，回到国内。

第二天，在首都市中心广场上举行的万人集会上，齐奥塞斯库严厉谴责蒂米什瓦拉发生的事件，集会的群众突然发出了嘘声，随后广场深处有人高喊："打倒齐奥塞斯库！"声音越来越响。集会只得草草收场，但广场上的人越聚越多。几万名群众开始声势浩大的示威游行。

气急败坏的齐奥塞斯库下令军队开枪镇压，但遭到拒绝。22日，军队倒戈，与忠于齐奥塞斯库的保安部队发生了激烈的枪战。齐奥塞斯库夫妇见大势已去，便在这天中午乘直升机仓皇出逃，当晚在埃列娜的家乡被捕。

25日，一个临时成立的军事法庭以屠杀、破坏国民经济等罪行，判处齐奥塞斯库夫妇死刑，立即执行。

在齐奥塞斯库夫妇被捕的同一天，以前罗共中央书记伊利埃斯库为主席的救国阵线委员会宣告成立，并接管了全国政权；罗马尼亚社会主义共和国被改名为罗马尼亚，实行三权分立、多党制政体。

299

两德统一

1989年5月2日，匈牙利拆除了与奥地利边界上的铁丝网和其他边防设施，东德人闻风而动，纷纷绕道匈奥边界逃往德意志联邦共和国。因为那时的苏联、东欧国家，虽然严格限制到西方国家旅游，但允许苏联和东欧各社会主义国家的公民彼此之间旅游度假。于是，东德人借助匈奥边界开放，刮起了涌向西德的"难民"潮。到7月底，已有上千名东德人经匈奥边界逃往西方国家。8到9月份，出走的人数还在急剧上升。

在风雨激荡的前夜，10月7日，民主德国迎来了国庆四十周年。苏共中央总书记戈尔巴乔夫作为首席贵宾，应邀前来参加庆典活动。他在庆祝典礼上说："民主德国也像任何别的国家一样，有它自己的发展问题，需要加以思考和解决。"

戈尔巴乔夫告诫东德领导人，不要误了"革新的最后一节火车"，"迟到者将会受到生活的惩罚"。

东德领导人本来希望戈尔巴乔夫来帮助他们稳定局势，没想到他的这些言论犹如火上浇油，当晚，东柏林就爆发了大规模的群众抗议活动，并与警察发生了冲突。10月9日，东德第二大城市莱比锡有七万多人走上街头示威游行。德国统一社会党的许多党员也加入到了游行的行列中。

愈演愈烈的群众示威活动，反对派的呼风唤雨，使东德党和政府陷入极大的被动之中。10月18日，在德国统一社会党的十一届

九中全会上，以倔强固执闻名的党的最高领导人昂纳克宣读了他的辞职声明，克伦茨当选为总书记。

东德领导人开始向反对派作出重大让步，强调合作、对话，进而承认反对派的合法性。但是，局面还是越来越难控制。无奈之下，东德政府在 11 月 9 日作出决定，开放东西德之间的全部边境，并实施拆除柏林墙。

当晚 8 点，这惊人的消息一公布，人们喜出望外，纷纷穿上大衣，披上围巾，甚至带上几瓶庆祝的香槟，就出门涌向就近的边境站。果然，只要出示一下身份证，就可以出境了，然后又能自由地回来。

一个青年工人犹豫片刻，又一次拿着身份证，忐忑不安地走近过境站，但这一次干脆连身份证都用不上了，因为人流如潮，拥挤不堪，警察手足无措，面对滚滚的人流，他们已经无法执行公务。站在一旁的安全部长米尔克一咬牙，算了，证件无法查验了。

柏林墙下，无数的东西德人、东西柏林人紧紧地拥抱亲吻，热泪盈眶，欢呼声与哭泣声交织回应，弥漫夜空。横亘在德意志人民心中几十年，分裂国家、阻隔同胞的冰冷的柏林墙，终于彻底倒塌了。

联邦德国总理科尔抓住东德剧变这一历史性的机遇，在 11 月 28 日提出了统一十点计划。外有西德政府的强大压力，内有剧烈的社会动荡，12 月 3 日，克伦茨只好辞去上任不到两个月的总书记职务。12 月 8 日、16 日，德国统一社会党举行特别代表大会，决定将党的名称改为德国统一社会党——民主社会主义党，四十一岁的律师居西当选为党的主席。

1990 年 2 月 1 日，东德部长会议主席莫德罗以《德国，统一的祖国》为题，提出了实现统一的四阶段方案，从而标志着两德都将统一大业提上了日程。

与此同时，2月13日，两德与苏、美、英、法四国的外长在加拿大首都渥太华制订了"二加四方案"，即首先由东西德商讨解决有关统一的内部问题，然后与四大国一起解决与统一有关的国际问题。两德统一的外部环境一片光明。

与两德统一历史进程密切相关的，还有这年3月的东德人民议院大选。这是民主德国历史上的第一次、也是最后一次大选。由东德基督教民主联盟、民主觉醒、德国社会联盟三党组成的德国联盟，大造声势，得到了西德执政的基督教民主联盟的公开支持。西德总理科尔六次亲临东德，为德国联盟加油助威。

高大强壮、不善言辞，却极有政治头脑的科尔总理明确告诉他的东部同胞，只有德国联盟上台，联邦德国政府才会大规模地援助民主德国。

他许下诺言，东部同胞不必担心统一后的社会福利保障，东德公民可以一比一的比例兑换西德马克。

科尔的声援果然灵验。德国联盟最终以百分之四十八点一五的得票率赢得大选，民主社会主义党在大选中惨败，沦为在野党。4月12日，东德基督教民主联盟议会党团主席德梅齐埃在人民议院第二次会议上当选为政府总理。

德国统一的列车驶上了快车道。5月18日，两德的财政部长签署了《关于建立货币、经济和社会联盟的国家条约》，标志着民主德国接受了联邦德国的法律与经济制度，正式向联邦德国的政治制度转变。随后，两德又在8月31日签署了《德国统一条约》。这份长达一千多页的条约规定，原民德地区的十四个专区改划为五个州，东西柏林合并成一个州；民主德国根据联邦德国《基本法》（宪法）加入联邦德国；统一后仍然使用联邦德国的国名、国旗与国歌。

10月1日，两德与苏、美、英、法四国外长在纽约签署了一项

联合宣言，宣布在 10 月 3 日两德统一之后，终止行使四大国对柏林和整个德国的权利和责任，德国将成为一个完全享有主权的国家。

德国统一的列车终于顺利驶向终点站。1990 年 10 月 3 日零点整，在柏林帝国大厦前的广场上，一面六十平方米的黑红黄德国国旗冉冉升起，直至四十米高的旗杆顶。顿时，火树银花，辉煌灿烂，辉映着在美丽的夜色中迎风飘扬的这面巨大的国旗；广场上人山人海，纵情欢呼分裂了四十多年的德国终于实现了统一。

1999 年 8 月，德国完成了将首都从波恩迁往柏林的任务，从而在新世纪来临之前，将民族分裂的最后一道伤痕彻底抹去了。统一后的德国拥有近八千万人口，国民生产总值仅次于美国、日本而居世界第三位。强大的政治经济实力既使它当之无愧地成为欧洲联合的火车头，又让人们多少有些忧虑。科尔总理对此公开表示："我们理解和尊重人们对德国统一的担心。但是，我们完全有理由相信，统一将有利于整个欧洲。"

300

沙漠风暴

1990 年 8 月 2 日，凌晨一点，微茫的星光洒在伊拉克和科威特边界浩瀚的沙漠上。伊拉克一侧，一排排火炮缓缓地扬起了炮口，炮身上的烤蓝发出片片幽光。苏制 T－72 重型坦克成扇形散开，像一群紧紧趴在地面上准备攻击的狮子。

科威特对伊拉克总统萨达姆来说充满了诱惑。狭小的国土，丰富的石油，弱不禁风的国防，就像一个满兜是钱的小孩走在大街上。况且，奥斯曼土耳其帝国时期，科威特是伊拉克巴士拉省的一部分。英国 1961 年结束了对科威特的托管后，伊拉克虽然承认了科威特的独立，但从未正式承认两国间的边界。1990 年，伊拉克指责科威特在鲁迈拉油田非法采油，该油田正好横跨在两国实际边界上。

两伊战争时期，伊拉克背上了高达七百亿美元的债务，其中欠科威特一百亿到一百二十亿美元。伊拉克不仅不还债，还一再要求科威特将沃尔拜和布比延岛租让和转让给它。在阿拉伯河因两伊战争关闭以后，阿卜杜拉水道便成为伊拉克唯一的出海口，这两个岛是水道的咽喉。

萨达姆并不幸福的青少年时代造就了他古怪粗暴的性格，他的自尊心和自信心极强，将自己视为巴比伦王国的尼布甲尼撒二世和十二世纪阿拉伯的英雄撒拉丁，狂妄地要成为阿拉伯世界的领袖。他毫不掩饰对科威特的领土野心。1990 年年初，萨达姆在"阿拉

伯合作委员会"会议上对科威特代表说过："我需要三百亿美元，如果不给，我就动手去拿。"现在，他自己动手拿了。

突然，坦克奉命启动了引擎，咆哮着冲向科威特。巨大的轰鸣声把科威特哨卡里的士兵惊醒了。一个士兵揉着惺忪的睡眼，跑到前沿观察。"坦克！"他刚惊叫了一声，一梭子弹就把他打成了马蜂窝。庞大的坦克集群像潮水一样涌过边境，枪声、炮声响彻云霄，天空被烧得通红，曳光弹划破黑暗的夜幕，一闪一闪地照在伊拉克士兵狰狞的脸上。

8月2日下午七时，伊军完全占领了科威特市，开始沿海岸推进，占领各个港口。几天后，萨达姆宣布兼并科威特，并将科威特称为伊拉克的"第十九个省，永远是伊拉克的一部分"。

伊拉克入侵科威特震惊世界，从地球的各个角落都传出了抗议和谴责声。联合国安理会召开了紧急会议，要求伊拉克立即无条件撤出科威特。华盛顿时间8月2日凌晨，美国国家安全委员会召开会议，决定立即做出军事反应。"独立号"和"艾森豪威尔号"航母战斗群开向海湾。

8月7日，美国总统布什正式签署"沙漠盾牌"行动计划，内容包括：提高海湾地区的防御能力；有效地保卫沙特阿拉伯；建立有效的军事联盟；强制执行联合国安理会有关决议。施瓦兹科普夫被任命为海湾地区美军总司令。

最早部署到海湾的是美军第八十二空降师。转眼到了8月下旬，"萨拉托加号"和"约翰·肯尼迪号"航母编队也万里迢迢赶到海湾。美国海军开始实行海上封锁，拦截伊拉克的船只出入波斯湾。

与此同时，埃及、叙利亚、英国、法国的部队也陆续到达，组成了多国联军。

1990年11月8日，布什宣布向海湾地区增兵，第八十二空降

师，第一〇一空降师，第二十四机械化师，陆战第一师，一时间美国的王牌部队云集海湾。

就在这个月的 29 日，联合国安理会以十二票对两票的优势，通过了授权使用武力将伊拉克军队赶出科威特的六百七十八号决议。同一天，萨达姆强硬地表示，他不怕同美国人打仗，伊拉克从科威特撤军必须同以色列从约旦河西岸和加沙地带撤军联系起来。联合国秘书长德奎利亚尔亲自飞往巴格达，也没有使萨达姆接受和平解决危机的方案。

海湾上空战云密布，双方都作好战争的准备，剑拔弩张，千钧一发，多国部队形成了对科威特三个梯队的包围阵势，仅美军就超过了三十万。他们在近百艘军舰、三千架战机的支持下，形成了优势兵力。伊拉克在科威特集结了五十万兵力、三千五百辆坦克、七百七十架飞机，企图顽抗。

1991 年 1 月 16 日晚上，施瓦兹科普夫接到了次日凌晨发动进攻的命令。他尽量使自己的心情平静下来，开始给妻子写信："战云已经笼罩整个地平线，而我也已下达那些恐怖的作战命令……身为曾经三次参战的老兵，我要你们知道我并不害怕。我知道自己也可能面对死亡，不过你们一定要了解，较之麾下那许多优秀的男女青年中大部分的人，我要安全得多……"

第二天凌晨两点四十五分，第一枚"战斧"巡航导弹飞向科威特，"沙漠风暴"终于在海湾上空刮起。代号"白雪"的电子战使伊拉克的指挥、控制和通讯系统刹那间变成瞎子、聋子。伊军的指挥官们只能无奈地瞪着一片雪花的荧光屏，完全不知多国部队在什么时间，什么地点，以多大规模打击自己。

美国有线电视新闻网驻巴格达的记者，在下榻的旅馆里首先听到了防空火炮的声响。敏感的记者急忙把电视摄像机镜头透过窗口对准巴格达的夜空：只见许多像萤火虫一样的导弹在空中飞来飞去，紧接

着的是一阵阵隆隆的爆炸声，大约每十五分钟就有一轮轰炸。

萨达姆还击了。1 月 18 日，伊拉克向以色列发射了八枚"飞毛腿"导弹，几十架以色列飞机腾空而起。但在美国的告诫和许诺下，以色列忍住了。如果它向伊拉克发起攻击，就会使多国部队中阿拉伯国家处于两难的境地，甚至导致多国部队的瓦解。在以后几天里，伊拉克继续向以色列和沙特发射"飞毛腿"导弹，美国的"爱国者"导弹大显神威，拦截了其中的绝大多数。

不到两个星期，多国部队出动了三万架次飞机，有效地摧毁了伊拉克的防空系统，伊空军主力只得飞到伊朗"避难"。

2 月 24 日凌晨四时，施瓦兹科普夫下令发起地面进攻。顿时，万炮齐鸣，炮弹像雨点一样落到伊军阵地上，大地一个劲地震颤。美国海军陆战队第一师打头阵，跟随不断延伸射击的炮火，在 M60 坦克和"眼镜蛇"直升机引导下，士兵们冒着冷冷的小雨攻入了科威特。

快到中午时，施瓦兹科普夫接到一个重要情报，伊军已炸毁科威特市的海水淡化厂。他马上断定伊军要逃跑，便马上与高级将领们商量了一下，决定下午三时各部队提前发动总攻。

多国部队紧紧缠住了伊军的精锐——共和国卫队，围歼了"光辉"师、"汉穆拉比"师、"麦地那"师，原先人们预计的有史以来最大的坦克决战并没有发生。等不到美军坦克"发言"，A-10 攻击机和阿帕奇直升机像打电脑游戏一样，把敢从掩蔽工事里爬出来的伊军坦克全部干掉了。

2 月 27 日中午十二点，多国部队结束了全部战斗任务，重新解放了科威特。整个地面战斗只打了一百个小时。

1991 年 3 月 3 日上午，伊拉克接受了全面停火的条件。施瓦兹科普夫乘飞机返回利雅得，他望着飞机下面因战争而被染成一片焦黑的科威特，一遍遍告诉自己："一切真的结束了。"

301

苏联解体

1991 年 12 月 25 日晚上，在圣诞钟声中，苏联第一任、也是最后一任总统戈尔巴乔夫神色黯然地宣布，辞去已经不存在的苏联总统职务。聚集在莫斯科红场上的人们默默地凝视着，飘扬了近七十年的苏联镰刀锤子国旗，从克里姆林宫上空降下；取而代之的，是一面蓝白红三色俄罗斯国旗缓缓升起。

凛冽刺骨的寒风中，红场上的圣瓦西里大教堂似乎失去了往日的威严与风采，著名的克里姆林宫红墙也仿佛暗淡无光了。从四面八方汇聚到红场的人们，表现出非常复杂的情感。有人拿着收音机，收听戈尔巴乔夫的辞职讲话；有人举着苏联国旗，高呼："苏联万岁！"

人群中，一对来自乌克兰的老年夫妇情绪激动地说："怎么能没有联盟呢？苏联分裂成十五个国家，就不再是一个大国了。"

"换旗是自然的，"几名女青年反驳道，"因为苏联已经不存在了。"

是的，不管愿不愿意，曾经威震全球的超级大国苏联，即将从世界地图上消失，这是无法改变的现实。

二十世纪七十年代末、八十年代初，在与另一个超级大国美国的全球争霸中，苏联的国力达到了顶峰。那时，苏联四面出击，咄咄逼人；而美国由于越南战争的失败而元气大伤，只好收缩战线。但是，盛极而衰，苏联社会长期积累的矛盾暴露得越来越厉害，严

重阻碍了这个超级大国的发展。

首先，从三十年代斯大林时期形成的高度集中的计划经济模式，已越来越不适应日新月异的科技革命，以及由此带来的经济结构大调整。苏联的经济增长速度一路下滑，从 1965 年到 1985 年的二十年间，由百分之七点四降到百分之六点四、百分之四点二，一直跌到百分之三点三。除了军事工业外，无论是高科技，还是轻工业，包括人民的生活水平，苏联与西方发达国家的差距越来越大。

但是，为了称霸全球的战略，苏联不得不以相当于美国三分之一的经济实力，维持着与美国不相上下的庞大军费开支。1979 年的侵略阿富汗战争，又让苏联陷入泥潭，付出了惨重的代价。而美国的"星球大战"计划，更使苏联进退两难，面临着在新一轮军备竞赛中被拖垮的危险。

另一方面，长期高度集权、没有监督的政治体制，造成日益严重的官僚主义，特权阶层的腐败现象让人民深恶痛绝，苏联共产党的威信越来越低。

在这种复杂困难的形势下，1985 年，五十四岁的戈尔巴乔夫出任苏共中央总书记。他一上台，就大幅度地调整苏联的内外政策。在苏共的第二十七次代表大会上，戈尔巴乔夫大声疾呼："加速国家社会主义经济发展是解决我们所有问题的关键，苏联社会的崭新状况只有通过这种途径才能达到。"

戈尔巴乔夫大力倡导以"新思维"、"公开性"为标志的改革，希望通过改革激发苏共的活力，振兴经济。但是，苏联的经济局面不但没有好转，反而越来越糟糕，社会生活也出现了混乱与动荡。

政治经济改革出现的偏差，使得苏联的民族矛盾激化和公开化。1990 年 3 月，波罗的海沿岸的立陶宛首先宣布独立，随后，另两个波罗的海国家爱沙尼亚、拉脱维亚与亚美尼亚、格鲁吉亚先后发表了独立宣言。

苏联面临解体与崩溃的危险。于是，苏联总统戈尔巴乔夫在1990年11月提出新联盟条约草案。它规定，除国防、外交和关系全国经济命脉的部门仍由联盟中央掌握外，其余主权均归各共和国所有；条约将苏维埃社会主义共和国联盟改名为苏维埃主权共和国联盟，仍然简称苏联。

1991年8月14日，塔斯社播发了经过修改的新联盟条约正式文本。条约规定："苏维埃主权共和国联盟是主权的联邦制的民主国家"。

然而，就在新联盟条约即将签署的前一天，即8月19日，苏联副总统亚纳耶夫突然发布命令：鉴于戈尔巴乔夫的健康原因已经不能履行总统职务，他本人即日起履行总统使命；同时宣布成立"国家紧急状态委员会"，由苏联代总统亚纳耶夫、总理帕夫洛夫、国防部长亚佐夫、内务部长普戈、国家安全委员会主席克留奇科夫等八人组成，立即接管国家权力，在莫斯科实行紧急状态。

"八·一九"事件三天之后就失败了。它没有挽救苏联，反而加速了苏共的瓦解与苏联的解体。8月22日，戈尔巴乔夫从黑海之滨的疗养地回到莫斯科。8月23日，俄罗斯联邦总统叶利钦宣布禁止俄共的活动。第二天，戈尔巴乔夫辞去苏共总书记的职务，并建议苏共中央自行解散。

与此同时，到12月1日，苏联的十五个加盟共和国全都宣布独立。戈尔巴乔夫被迫在9月6日宣布承认波罗的海三国独立。眼看大势已去，戈尔巴乔夫又试图把其他共和国组成一个松散的邦联制国家，但他的这一努力遭到实力位居苏联第二的乌克兰的反对，签署新联盟条约的计划最终破产。

12月7日，俄罗斯总统叶利钦、乌克兰总统克拉夫丘克、白俄罗斯最高苏维埃主席舒什克维奇，在白俄罗斯首府明斯克郊外的"别洛韦日森林"庄园举行会晤；第二天，三方签署《关于建立独

立国家联合体的协议》（又称《明斯克协议》），宣布苏联作为"国际法的主体和地缘政治现实"已不复存在，三国成立"独立国家联合体"。两周后的 12 月 21 日，除波罗的海沿岸三国与格鲁吉亚之外的十一个前苏联加盟共和国，在哈萨克首都阿拉木图举行首脑会议，正式宣告诞生于 1922 年 12 月 30 日的苏联解体，"独联体"正式成立。

302

为和平而献身的拉宾

1995 年的 11 月 4 日，是一个平常的星期六，也是以色列的法定假日。根据犹太教的规定，每周五太阳落山到星期六太阳落山为犹太人的"安息日"。"安息日"内不得从事任何公共活动，大部分交通工具也会停驶。但是，到了星期六的晚上，坐落于地中海东岸的特拉维夫却是灯火通明，流光溢彩，"安息"了一天的市民纷纷走出家门，沐浴着习习的海风，漫步在海滩边，徜徉在林荫路上。同时，有大约十万特拉维夫和来自周围城镇的市民涌向市中心的国王广场，参加由"支持和谈结束以阿争端总委员会"组织的一次和平集会。

广场上人山人海。以色列外交部长佩雷斯首先致辞。随后，晚上八点三十分左右，拉宾开始发表和平演说。他用充满激情的语言说道："我当了二十七年的军人，只要和平的机会还没有到来，我就会继续斗争下去。我相信现在有了这个机会，一个争取和平的伟大机会，为了今天站在这里的人，为了不在这里的人，我们必须把握住这个机会。"

演说结束后，拉宾从西服口袋里拿出一张歌词，与佩雷斯肩并肩，在以色列著名歌星阿隆尼领唱下，和全场群众一起高唱《和平之歌》：

唱一首和平之歌吧，别再低声祈祷。

　　不如高声呐喊，欢唱幸福的和平。

　　歌声、欢呼声此起彼伏、响彻夜空。

　　声势浩大的和平集会结束了。拉宾在众人的簇拥下健步走下主席台，他边走边与两旁的群众热情地握手，简单地说上几句话。佩雷斯有事提前走了。

　　拉宾与夫人莉赫一起向设在主席台下的停车场走去。当他抬起腿正要跨进座车时，一个犹太青年突然从阴影中窜了出来，一举手，"砰、砰"两枪，年过七旬的拉宾无力地倒了下去。两名保镖大惊失色，立刻扶起拉宾，将他塞向车内。谁知拉宾的背部正好对着杀手，他又毫不迟疑地向拉宾连开两枪，一颗子弹偏离但打中一名保镖的肩膀，另一颗命中，殷红的鲜血染透了拉宾的衣服，染红了他口袋中的《和平之歌》歌词。

　　现场一片混乱，保安人员迅速抓获了留着黑色短发的凶手。与此同时，司机帮助保镖把拉宾抬进汽车，然后风驰电掣般地驶向离事发地只有五百米的伊奇洛夫医院。但由于伤势过重，在被送入医院十九分钟后，拉宾的心脏就停止了跳动。凶手射出的是致命的、国际公约上禁用的达姆弹。

　　拉宾1922年生于耶路撒冷，曾经留学美国。第二次世界大战中，拉宾参加了盟军在叙利亚的作战。1948年第一次中东战争爆发时，他已是以军的旅长。1967年的第三次中东战争时，拉宾是以军的主要组织者和指挥者。他战功显赫，当过以军的总参谋长，军衔是以军中最高的中将。

　　1968年，拉宾退役，同年便出任驻美国大使。1973年，他回国任劳工部长，1974年当选为议员。1974年，拉宾当选为工党领袖，并出任内阁总理。1992年，拉宾再度出任工党主席，率领工党赢得大选，第二次担任总理兼国防部长。

　　拉宾虽然同阿拉伯人打了几十年仗，但他再次出任总理后，便清醒地意识到，只有同巴勒斯坦人、阿拉伯人实现和解，以色列才会拥有真正的安全。因此，1993 年 9 月 13 日，他与巴勒斯坦解放组织主席阿拉法特实现了历史性的握手，双方签署了巴以奥斯陆和平协议，迈出了中东和平进程的第一步。

　　拉宾的方针，符合以色列广大渴望和平的民众的愿望，也符合以色列的根本利益，但是，却遭到了国内右翼势力和宗教极端势力的抵制和反对。他们强烈反对政府归还被占领土，公开咒骂拉宾是出卖以色列利益的"叛徒"、"刽子手"。极右组织在耶路撒冷市中心锡安山广场举行的一次集会上，竟然把拉宾画像涂抹成纳粹形象。拉宾内阁的一些成员也受到了极右势力的威胁。

　　面对来自右翼和宗教极端势力的暗杀危险，拉宾不屑一顾，拒绝穿防弹衣。他不愿给人留下懦夫的印象，为了和平，他将义无反顾。而一直以严密和高效闻名的以色列安全情报部门，只把注意力集中在巴勒斯坦激进组织的恐怖活动上，压根没有料到犹太人会对自己的总理下毒手。拉宾成了以色列建国以后第一个遭恐怖暗杀的领导人。

　　杀害拉宾的凶手名叫伊加勒·阿米尔，二十五岁，是特拉维夫巴尔·伊兰大学法律系的学生。他出生在一个犹太人家庭。上大学前，阿米尔曾是以色列陆军精锐的"戈兰旅"的后备役军人，练得一手好枪法，有持枪许可证。

　　在极右势力的宣传和鼓动下，表面文静的阿米尔内心涌动着强烈的犹太极右主义情绪，极其仇视向巴勒斯坦伸出和平之手的拉宾总理。他曾经两次试图刺杀拉宾，都没有成功。但第三次终于得逞了。阿米尔被捕后在接受法庭审讯时狂妄地辩解道，他是根据犹太宗教法刺杀拉宾的，是"上帝的旨意"，因为犹太宗教法允许他杀害任何放弃以色列土地的人；同时，他一口咬定这完全是他个人的

行为。由于以色列没有死刑，阿米尔被判处终身监禁。

拉宾的遇刺震惊了整个以色列。从 11 月 5 日下午两点到 6 日上午十一点，全国一百多万群众来到特拉维夫议会大厦的广场上，排着长队向为和平而献身的拉宾的遗体默哀和告别。共有四十四位外国国家元首和政府首脑前来参加拉宾的葬礼。

6 日下午两点，赫茨尔山公墓。葬礼在凄厉悲壮的汽笛声中正式开始，以色列全国也同时鸣汽笛两分钟志哀。六千名来宾肃然而立。身穿黑色丧服的拉宾夫人莉赫女士强忍巨大的悲伤，紧紧握着儿子的手。

一名犹太教教士首先为亡者诵经祈祷。在以色列总统魏茨曼讲话之后，代总理佩雷斯致词，他坚定地表示："拉宾的身躯可以被打死，但他的思想和精神将永远活在人民心中。以色列人民将沿着他开辟的和平道路继续走下去，直到与邻邦巴勒斯坦和所有的国家实现和平。"

联合国秘书长加利、美国总统克林顿、埃及总统穆巴拉克、俄罗斯总理切尔诺梅尔金等也在葬礼上发言，他们高度评价了拉宾为中东和平作出的卓越贡献。

此时此刻，人们不由回想起了拉宾在奥斯陆协议签订后说的一番话："巴勒斯坦人民，我们注定要在这同一个地球同一块土地上生存。我们曾经和你们作战，但我现在要告诉你们——用清晰嘹亮的声音告诉你们——鲜血和泪水流得太多了，太多了！"

这是和平的呼唤，这是真诚的呼唤！拉宾用自己的智慧和生命为中东和平事业奠定了第一块基石，历史会永远铭记他的功绩和名字。

303

亚洲金融风暴

1997 年夏天，泰国的货币泰铢急剧贬值，引起了一场席卷整个东南亚的金融风暴，使这些国家的经济遭到巨大打击。这场金融风暴还连累了香港、台湾等地区，引发了韩国的金融危机，使得吃足泡沫经济苦头的日本雪上加霜。

泰国的经济在二十世纪九十年代走上了快车道。在首都曼谷，摩天大楼鳞次栉比，高速公路上汽车川流不息，由于轿车增长太快，塞车在曼谷成了家常便饭。然而，在表面的繁荣下，从 1996 年起，泰国经济出现了一些不祥的预兆。

由于增长速度减慢，导致出口大幅度下降，这对通过进出口贸易带动国民经济的泰国来说，实在不是一件好事；而国内的许多银行钻金融体制和监管上的漏洞，片面追求利润，在无抵押的情况下向房地产业大量地贷款，结果造成房地产畸形发展，楼市供过于求，银行的呆账、坏账激增，资金周转失灵。以美国金融大炒家索罗斯为首的国际金融投机商瞅准这一时机，在 1997 年 2 月大肆抛售泰铢，引起了泰铢对美元汇率的大幅波动。

泰国民众对此十分惊慌，蜂拥前往银行兑换美元，银行业遭到挤兑浪潮的剧烈冲击，金融秩序一片混乱。5 月中旬，国际金融投机商再次兴风作浪，联手冲击泰铢，泰国的股票市场、外汇市场又一次遭到重创，股票指数由年初的一千二百点跌到四百六十一点，泰铢对美元的汇率跌到了十年来的最低谷。

　　为了保护泰铢，稳定国内金融市场，7月2日，泰国中央银行宣布，放弃实行了十四年的泰铢与美元挂钩的汇率体制，转而由市场浮动决定汇率。这一政策一公布，泰铢汇率立即大幅度下降，当天就贬值了百分之二十。巨大的经济损失和市场压力使泰国政府难以承受，不得不在7月28日向国际货币基金组织申请资金援助。泰国的金融风暴就这样发生了。

　　金融风暴发源于泰国，但以迅雷不及掩耳之势迅速蔓延到东南亚各国。7月11日以后，菲律宾比索、印尼盾、马来西亚林吉特也先后实行浮动汇率制。到年底，菲律宾比索、印尼盾、马来西亚林吉特都跌了百分之四十以上，连一向坚挺的新加坡元也撑不住了，跌幅超过百分之十。与此同时，泰国、印尼、马来西亚、菲律宾、新加坡的股市分别下跌了百分之七十五点九、百分之七十三点七、百分之六十九点一、百分之六十一点七和百分之四十三点一。

　　国际金融投机家在东南亚得手之后，从8月份起登陆香港金融市场，翻云覆雨，香港恒生指数一度跌到六千多点。但出乎他们意料的是，香港特区政府动用了近一千亿港元的外汇储备，在8月下旬果断地入市干预，结果炒家们招架不住，抽身而逃。但是，10月22日，国际金融炒家再次猛烈狙击港元，在伦敦外汇市场抛售价值约三十亿美元的港元。香港金融管理局再度入市干预，终于使香港的联系汇率体制得以维持。但香港股市却付出了沉重的代价，10月23日那天，恒生指数大跌一千二百点，到27日，短短四天累计下跌三千一百点。

　　韩国经济从二十世纪七十年代开始起飞，到1996年，人均国民收入已突破一万美元，取得了举世瞩目的成就。但是，在经济飞速发展的同时，韩国也存在着大财团垄断市场及高额负债、银行不良贷款越来越多、金融监管不力等致命弱点，因此，在金融风暴的猛烈冲击下，韩国经济变得弱不禁风，韩宝、三美、真露、起亚等

大公司纷纷陷入经营危机或宣告破产。10 月以后，股票综合指数跌破六百点大关。11 月 19 日，韩元对美元的汇率下跌到一千零三十五比一；第二天，又跌到一千一百三十九韩元兑换一美元。韩国政府只好在 11 月 21 日向国际货币基金组织申请二百亿美元的援助。由于受金融危机的严重打击，1998 年，韩国的人均国民收入倒退为六千三百美元，比 1996 年锐减近四千美元。

创造了战后经济奇迹的日本，进入九十年代后，泡沫经济的负面效应越来越明显。当亚洲金融风暴刮到日本列岛，这种负面效应和经济结构的深层矛盾终于激化，1997 年 11 月以后，中小金融机构一个接一个地倒闭，金融业的核心也很快遭殃。11 月 3 日，负债累累的三洋证券公司宣布破产。日本大藏省立即指示几家大银行筹措补偿资金，并特别允许三洋证券公司在 4 日以后继续进行偿还资金和有价证券的业务。

消息一传出，4 日清晨，投资者纷纷赶来，在三洋证券公司的各个分店前排起了长蛇阵，公司职员不得不靠发号码来维持秩序。虽然公司一再保证全额退还投资金额，但拥挤在店门前的投资者还是非常紧张。

紧接着，日本第十大商业银行北海道拓殖银行、第四大证券公司山一证券公司等，如多米诺骨牌一个个地倒台破产。到年底，日经指数比上一年下跌了百分之二十五。到 1998 年，经济形势进一步恶化，全国共有两万多家企业倒闭，负债总额超过十三万亿日元。

1997 年的亚洲金融风暴是继 1994 年年底墨西哥金融危机以来，爆发的又一次世界性金融风波。它的来势之凶猛，蔓延之迅速，教训之深刻，让全世界难忘。1998 年，亚洲金融风暴又袭击俄罗斯，使俄罗斯再一次滑到经济崩溃的悬崖边；不久，拉丁美洲及欧洲也感受到了它的震荡，连世界头号经济强国美国也遭到冲击。

　　直到 1999 年年底，遭受金融风暴冲击的亚洲国家才走出低谷，经济开始复苏。

　　在亚洲金融风暴中，中国承受了巨大的压力，坚持人民币不贬值，为地区和世界经济的稳定发挥了重要作用，树立了一个负责任的大国的良好形象，博得了国际社会的高度评价。

304

科索沃上空的硝烟

冷战结束，东欧剧变，苏联解体，也给南斯拉夫带来了巨大的冲击。由于民族矛盾激化，政局动荡，从 1991 年 6 月起，斯洛文尼亚、克罗地亚、波黑、马其顿先后宣布独立。1992 年 4 月，塞尔维亚与黑山组成南斯拉夫联盟共和国。原来的南斯拉夫正式解体。

科索沃是南斯拉夫联盟塞尔维亚共和国的一个自治省，有着悠久的历史。公元前四到五世纪，阿尔巴尼亚人的祖先就在此定居。公元六到七世纪，大批斯拉夫人到达巴尔干；九世纪南斯拉夫人中的塞尔维亚族建立起自己的国家；十四世纪，塞尔维亚王国进入鼎盛时期，而科索沃正是王国的中心。

由于复杂的历史变迁，塞族和阿族都认为自己是科索沃地区的主人。早在铁托执政时代，阿族就开始要求自治。铁托去世后，科索沃独立的运动愈演愈烈。

塞尔维亚人认为，科索沃是塞尔维亚的圣地，是塞族文明的摇篮。出于民族和历史的原因，不能放弃科索沃。1989 年，米洛舍维奇（时任塞尔维亚共和国主席团主席，次年当选首任总统，并连任，1997 年出任南联盟总统）修改了 1974 年宪法，取消了科索沃的自治省地位。塞阿两族的冲突骤然加剧，南斯拉夫向科索沃派驻军队，并实行宵禁。

1992 年，科索沃的阿族人无视当局的禁令，选举成立了议会，选举易卜拉欣·鲁戈瓦为"科索沃共和国"总统，使科索沃出现了

双重政府。四年后，阿族激进分子成立了"科索沃解放军"，策划了一系列炸弹袭击和暗杀事件，使暴力冲突不断升级，并扬言要为独立战斗到底。

科索沃局势在不断恶化。1999 年，美国驻欧洲武装部队总司令克拉克表示，美国不能容忍塞尔维亚在科索沃"制造流血"。美国特使格尔巴德甚至威胁说，美国将"在必要时对科索沃进行军事干预"。北约秘书长索拉纳公开表示，从一开始"我们就是坚决站在科索沃一边的"。在一系列问题上，美国和北约不断向南联盟施压，最终造成和平谈判流产。

1999 年 3 月 23 日上午，比利时布鲁塞尔北约总部的新闻室里挤满了来自世界各地的记者，大家神色焦急，表情严肃。经过数小时的等待之后，北约秘书长索拉纳终于带着一脸的疲倦出现在记者面前。面对记者们连珠炮般的提问，他没有回答一个问题，而是直接走上主席台，发布了一条特大消息："所有通过谈判解决科索沃危机的办法均以失败告终，现在除了军事行动外别无选择。为此，我已经下达了轰炸南联盟的命令！北约十九个成员国一致同意我的这一决定！"

说完，索拉纳甩下惊得目瞪口呆的记者，扬长而去。

第二天晚上八点，游弋在亚得里亚海的美国导弹巡洋舰和 B52 轰炸机向南斯拉夫发射导弹。几乎在第一枚导弹炸响的同时，北约的七十余架飞机对南联盟进行了密集轰炸，一波接一波，不让对方有喘息的机会。B2 隐形轰炸机从美国本土起飞，经空中加油，也加入了空袭的行列。

这是北约成立五十年来首次未经联合国授权，对一个主权国家发动军事进攻。

25 日，26 日，28 日，北约又发动了对南联盟一轮又一轮更强劲的空袭……

　　面对北约咄咄逼人的军事威胁，南斯拉夫人毫无惧色。电视台一遍又一遍地播放激励人心的爱国歌曲和抗击法西斯的老电影。在全国各地，人们每天举行各种集会，他们大声朗诵南斯拉夫前总统铁托的名言："别人的我不要，自己的谁也不给！"他们也大声朗诵塞尔维亚民族英雄拉扎尔王子 1389 年与土耳其人决战前说的话："与其苟且偷生，不如战死沙场。与其向敌人低头，不如死于敌人的剑下。"

　　七十五岁的老游击队员普里比拉切维奇告诉记者，他十六岁加入游击队，打过法西斯。"难道我还怕美国佬不成？"他一激动还撩起裤腿，指着伤疤，"希特勒给我留下的也就是这点伤疤，可完蛋的是他。"

　　北约的空袭在全世界引起巨大反响，美国、英国、法国等国出现大规模的反战游行。俄罗斯反应尤为强烈，总统叶利钦咬牙切齿地说，北约轰炸南斯拉夫是美国人、美国外交和克林顿本人的严重错误，这个错误早晚要跟他们算账。为了得到国际货币基金组织贷款而出访美国的俄总理普里马科夫，在飞往美国途中做出了俄、美关系史上从未有过的重要决定：中断对美国的访问。返回莫斯科后，他在机场对记者们说，俄罗斯决不拿原则做交易。俄外长伊万诺夫在国家杜马表示，俄可能打破对南斯拉夫的武器禁运，向南提供武器援助，抵御北约的空袭。

　　3 月 28 日，贝尔格莱德举行了题为"歌声鼓舞我们"的音乐会。上午十时五十五分，当北约开始空袭的警报响起时，成千上万名市民从不同方向涌向共和国广场。有白发苍苍的老人，也有怀抱婴儿的妇女，他们举着南联盟和塞尔维亚的国旗，以及写有"克林顿是凶手"、"出售 F－117 飞机残骸"、"全世界同我们站在一起"字样的标语牌，集合在广场上，参加这场别开生面的音乐会。

　　南斯拉夫著名歌星楚基奇在演唱《我们的朋友遍天下》这首歌

之前，动情地说："这首歌献给全世界反对北约轰炸南联盟的朋友。"激动的人们在广场上当场点燃了美国国旗。

一轮又一轮的轰炸继续进行着，北约骑虎难下，不炸出一个结果实在无法收场。于是轰炸的规模越来越大，对平民的杀伤也越来越大，医院、学校、桥梁甚至公共汽车也遭到轰炸。

空袭持续了一个多月后，5月7日晚，贝尔格莱德遭到了空袭以来最为猛烈的一次轰炸。当地时间二十三点四十五分（北京时间5月8日早五点四十五分），至少三枚导弹从不同方位直接命中中国大使馆大楼。导弹从主楼五层楼顶一直穿入地下室，导弹引燃了汽油和煤气罐，整个使馆浓烟滚滚，大火熊熊，主楼附近的大使官邸的房顶也被掀落。

当时，大使馆内约有三十名使馆工作人员和驻南记者。新华社女记者邵云环、《光明日报》记者许杏虎和夫人朱颖不幸遇难。这是外国驻南外交机构第一次被炸。北约的暴行激起了中国人民极大的愤慨，全国各地抗议的浪潮风起云涌。

由于空袭吓不倒南联盟，北约开始积极地策划地面进攻计划。5月中旬，克拉克已经有了预选方案，计划动用十七万五千人，经过阿尔巴尼亚的一条公路，从南部对南联盟发起全面攻势，白宫称之为"魏斯计划"。

从战场的各种迹象中，米洛舍维奇敏感地意识到北约即将发动地面入侵。为了避免更大的损失，他决定接受俄罗斯和联合国的调停。6月8日，北约与俄罗斯就联合国和平草案达成一致，又过了两天，南斯拉夫在协议上签了字，科索沃战争终于画上了句号。

战争虽然结束了，但科索沃的难题仍然没有彻底解决。在新的世纪里，科索沃问题将依然困扰着有关的方方面面。

305

不屈的曼德拉

1994 年 4 月 26 日至 29 日，非洲最南端的南非举行了首次不分种族的全民选举，非洲人国民大会赢得大选，非国大主席、七十六岁的黑人传奇领袖纳尔逊·曼德拉当选为新南非的第一任总统。

5 月 10 日，南非行政首都比勒陀利亚的政府大楼广场上，新的六色国旗迎风飘扬。来自世界各地的政要和名流聚集在此，观看新总统的就职仪式。宣誓完毕，曼德拉向来宾们发表了就职演讲，他那洪亮坚定的声音在广场上空回荡：

"我们最终取得了政治解放。我们保证，把我们的人民从仍然束缚他们的贫困、被剥夺、苦难、性别和其他歧视中解放出来。

"在这块美丽的土地上，永远，永远，永远也不要再出现人压迫人……太阳将永远照耀人类所取得的这个如此辉煌的成就。"

是的，为了废除野蛮的种族隔离制度，为了新南非的诞生，曼德拉奋斗了一生。

1918 年 7 月，曼德拉出生在南非东南部特兰斯凯的一个部落酋长家庭中。九岁时，他的父亲病逝，好心的部落大酋长将他收为义子，让他受到了良好的教育。曼德拉先后就读于黑尔堡大学、威特沃特斯兰德大学，1952 年获得律师资格，并与好友合开了一家律师事务所。

但是，曼德拉从青少年时代起就饱尝种族主义给黑人造成的痛苦和灾难。那时，占南非人口百分之十四的白人处于统治和特权的

地位，而占百分之七十五的黑人则处在社会的最底层。尤其是 1948 年，以荷兰裔白人为主的国民党上台后，开始推行种族隔离政策，陆续通过了五十多项种族主义法律，对黑人的种族歧视与镇压不断强化，渗透到了生活的方方面面。比如，1953 年通过的《公用设施分别使用法》，鼓励对公用设施实行种族隔离。一时间，"白人专用"的告示牌挂满全国各地，就连公园里的长凳，黑人也不能随便坐。

曼德拉在约翰内斯堡威特沃特斯兰德大学法律系读书时，有一天，上课迟到了几分钟，进教室后便在一个白人学生旁边的座位上坐下，不料这个白人学生立刻起身换到了另一个位子上。

这种对黑人的歧视，那时在南非非常普遍。

曼德拉开始投身到反对种族主义的斗争中。1943 年，他加入黑人政治组织——非洲人国民大会。第二年，他参与创建了非国大青年联盟，为加强非国大的群众性和战斗力作出了贡献。二十世纪五十年代，随着黑人反抗种族歧视运动的高涨，南非政权加紧镇压，非国大被取缔，被迫转入地下。曼德拉在 1961 年担任了非国大军事组织"民族之矛"的总司令，走上了武装反抗的道路。

第二年，曼德拉被捕了，白人当局以"叛国罪"起诉他。在法庭上，曼德拉慷慨陈词："在我的一生中，我已经把自己献给了非洲人民争取生存权利的斗争。我与白人统治进行了斗争，也反对黑人统治。我珍视实现民主社会的理想。在那样的社会里，所有的人都和睦相处，具有平等的权利。我希望为这个理想而生活，并去实现它。但是如果需要，我也准备为这个理想献出生命。"

曼德拉和他的几位战友被关进了距开普敦七公里的罗本岛监狱里。在这个与世隔绝的小岛上，狱警牵着德国种狼狗，拿着枪，昼夜巡逻把守。关押曼德拉的单人牢房极其狭小恶劣，他在牢房中走三步，就会碰到墙壁；躺下来，头和脚都能碰到冰冷潮湿的水泥

墙；牢房里没有床，没有桌椅，发给曼德拉的只有三条破旧的、根本无法御寒的薄毛毯。

为了模糊犯人的时间概念，摧垮他们的意志，罗本岛监狱不允许犯人有手表或其他计时工具。曼德拉自己动手，在墙上做了一个日历表，以提醒自己保持清醒和理智。每天清晨，他在牢房内原地跑步；利用放风的时间在监狱院子里活动。他深知，必须锻炼身体，保持强健的体魄，才能经受住长期牢狱生活的考验，迎来自由的那一天。

由于南非人民反对种族主义斗争的蓬勃发展，要求释放曼德拉的呼声越来越高。南非政府迫于压力，几次表示将释放这位黑人领袖，但总是提出种种苛刻的条件，包括要求他公开宣布放弃武装斗争，但都遭到曼德拉的拒绝。他响亮地回答："只要南非人民还没有自由，我就决不接受任何自由。"

到了二十世纪八十年代末，黑人的武装反抗越来越激烈，在国际上，南非白人政权越来越孤立，经济一蹶不振。在这种形势下，1989 年出任总统的德克勒克顺应潮流，先是解除了对一些黑人解放组织的禁令；1990 年，被囚禁了二十七年的曼德拉终于获得了自由。

曼德拉出狱后，便带领非国大与南非政府展开艰苦曲折的多党谈判，开始了以谈判取代对抗的民族和解进程。1991 年年底，非国大与执政的国民党等十九个党派举行"民主南非大会"，签署《意向宣言》，同意建立一个没有种族隔离、歧视与压制的统一的新南非，和平自由的曙光出现在了南非的地平线上。

1994 年，曼德拉终于成为南非的第一位黑人总统。他执政五年，使广大黑人恢复了做人的尊严，实现了民族和解，提高了人民的生活水平。五年间，曼德拉政府为三百万人建造了七十五万套新居，为三百万人提供了饮用水，使二百万个家庭通了电，重新分配

了二十二万公顷土地，让一百五十万儿童走进了学校，新建了五百所医院，使六岁以下儿童和孕妇能够享受免费医疗。

由于曼德拉政府取得的卓越成就，1999 年，在南非第二次不分种族的全民选举中，非国大再次赢得大选。曼德拉谢绝了战友们的再三挽留，将总统职位交给了新一代的领导人姆贝基。

曼德拉结过三次婚，他的第一位夫人梅斯是 1944 年与他结的婚，生有四个孩子。他们非常相爱，但白人当局对曼德拉的迫害使她承受了巨大的压力，他们在 1958 年分了手。第二位夫人温妮，与曼德拉在反抗种族隔离的斗争中相识相爱，她曾是曼德拉的爱人与战友，是他精神上的依靠。但曼德拉获释后，他们思想上、感情上的裂痕越来越深，双方在 1996 年分道扬镳。1998 年 7 月，曼德拉与格拉萨·马谢尔喜结良缘。她是莫桑比克前总统萨莫拉·马谢尔的夫人，萨莫拉 1986 年在一次飞机失事中遇难。曼德拉与她走到了一起，安度晚年。

退休后的曼德拉最喜欢的事，就是在柴可夫斯基优美的音乐中观赏夕阳。与他的一大群孙辈在一起玩耍，也让他享受到了天伦之乐。但他没有忘记自己是个爱国的南非人。他说，只要国家需要，他随时服从国家和人民的召唤。

1993 年，曼德拉与德克勒克同获这一年度的诺贝尔和平奖。

306

欧洲的联合之路

自罗马帝国崩溃以来，欧洲人一直梦想能有一个统一与和平的欧洲。可是事与愿违，欧洲一直战火不断，不仅使欧洲不少国家和民族成了世仇宿敌，而且引发了人类历史上最血腥的两次世界大战。

二战结束以后，欧洲人意识到欧洲的分裂导致了太多的不幸和灾难，或许只有欧洲的联合才是消除历史痛苦、治愈战乱顽症的良方。而美国和苏联的崛起也提醒着欧洲人，欧洲不再是世界的中心，如果欧洲再不联合起来，将会沦为超级大国的附庸。

而要让欧洲真正地联合起来，欧洲各国不得不面对一个尴尬的选择：德国，这个昨天的敌人，今天却必须成为自己的朋友。特别是与之为邻的法国心有余悸，由于两国历史上的恩怨，法国特别担心德国一旦恢复元气，首先倒霉的就是自己。

怎样才能化解法、德间的宿怨呢？法国外交部长舒曼和经济学家莫内勾画了一个极富创造性的计划，把打开法、德和解之门的钥匙摆在了世人的面前。

1950 年 5 月 9 日，舒曼在巴黎举行了记者招待会，用平缓的语调向世界宣读了这个爆炸性的计划。舒曼说："问题不在于说废话，而在于采取一项大胆的行动，一项创造性的行动。"

舒曼建议把法、德两国全部的煤钢生产置于一个共同的高级机构的管理之下，通过这种联合，德国与法国之间就会重新树立起信

任，从而使战争变得"不仅是不可想象的，而且是不可能的"，因为钢铁与煤炭是发动战争所必需的物资。他还把这个计划看成是走向欧洲统一的第一步，呼吁其他欧洲国家加入进来，共同促进欧洲的经济繁荣，共同建立欧洲的永久和平。

"舒曼计划"震惊了世界，人们不仅看到了这个构想的伟大之处，而且看到了欧洲充满希望的未来。

法国政府的建议一公布，立刻得到德国方面的肯定反应。联邦德国总理阿登纳欣然表示："我们德国认为，法国的这项建议是个勇敢的创举，是法、德关系的一个非常重大的发展……它为今后消除法、德之间的一切争端创造了一个真正的前提……我们应该珍惜法国的建议……我把实现法国的建议看做是我一生最重要的任务。我觉得，如果能够顺利地实现它，便没有虚度一生。"

法、德的和解，揭开了欧洲联合的序幕。1951年4月18日，法国、联邦德国、意大利、荷兰、比利时和卢森堡根据"舒曼计划"，在法国外交部大厅签订了《巴黎公约》，欧洲煤钢共同体宣告诞生，迈出了欧洲联合的第一步。

很快，欧洲煤钢共同体就取得了卓越的成效。六国惊喜不已，决定把这个成功的经验推广到其他产品和部门，继续探索欧洲联合的道路，增强与美苏超级大国抗衡的实力。经过长期的艰苦谈判，1957年3月25日，六国在意大利首都罗马签订了《罗马条约》，宣布建立欧洲经济共同体和欧洲原子能共同体。

1967年，欧洲煤钢共同体、欧洲经济共同体和欧洲原子能共同体合并成欧洲共同体，简称欧共体。从此欧洲联合更加势不可挡，英国、丹麦、爱尔兰、希腊、西班牙和葡萄牙先后加入了欧共体，使欧共体成员国扩大到十二个。随着经济一体化的深入，成员国在政治领域的合作也有了突破性的进展，提出了欧洲"应该用一个声音说话"的口号。

人们形象地将欧洲一体化进程比喻成一枚三级火箭：第一级是关税同盟，第二级是经济联盟，第三级是政治联盟。

1992年，欧共体十二个成员国的首脑云集荷兰签署一项历史性的《欧洲联盟条约》，以建立欧洲经济货币联盟和欧洲政治联盟，这是欧洲一体化道路上的一个极为重要的里程碑。由于这项条约是在荷兰的一个平凡小镇马斯特里赫特签署的，因此人们通常称之为《马斯特里赫特条约》，简称《马约》。

1993年11月1日，欧洲共同体正式改名为欧洲联盟，成为世界上最大的经济贸易体。欧盟的总部设在布鲁塞尔，它也因此被称为欧洲首都。各成员国有统一的护照、汽车驾照，人们可以自由来往。1994年，芬兰和瑞典加入欧盟；1996年奥地利加入，欧盟的成员国扩大到十五个。此后欧盟又积极创造条件，准备向中欧、东欧地区进一步扩展。1999年1月1日，欧盟发行了统一的货币——欧元。

通过几十年的努力，欧洲联盟终于一步一步地发展起来，成为欧洲国家经济与政治的代言人，大大提高了欧洲的竞争实力。

307

车臣战争

2000 年 1 月 17 日，凌晨五点三十分，天色还未放亮，依然漆黑一片，俄罗斯高加索地区的隆冬又给这黎明前最黑暗的时刻平添了几分凛冽和肃杀之气。就当人们还在暖和的被窝里酣睡之时，俄罗斯空军的一批战斗机悄悄起飞了，它们利用夜幕的掩护，避开了车臣叛军的地空导弹和高射机枪的威胁，直扑车臣首府格罗兹尼市中心叛军盘踞的据点进行轰炸；与此同时，俄军的远程火炮也向同一个方向发出了怒吼，炮弹在夜空划出一道道耀眼的红光，震破了黎明前的沉寂。

这是第二次车臣战争中，俄军向格罗兹尼发起总攻前的炮火准备。

车臣共和国是俄罗斯联邦的自治共和国之一，位于高加索山脉北侧，面积约一万五千平方公里，人口约一百万，其中绝大多数是信奉伊斯兰教的穆斯林族。车臣虽然只是处于里海与黑海之间的弹丸之地，但地理位置非常重要，是进出高加索的咽喉要道。它的地下蕴藏着丰富的石油资源，从中亚向欧洲输送石油的管道也必须经过这里，一旦阻塞，俄罗斯的经济损失将相当严重。因此，长期以来，俄国一直把牢牢地控制住车臣作为它的重要国策。

偏偏车臣人以骁勇善战闻名。十九世纪，沙皇俄国经过五十多年的高加索战争，才将车臣征服，于 1859 年将它并入沙俄的版图。十月革命之后，苏维埃政权在 1922 年成立了车臣自治州。1934 年，

车臣与它西边的邻居印古什自治州合并，加入苏联；1936 年 12 月改为车臣—印古什自治共和国。1944 年，斯大林以车臣人与德国侵略者合作为理由，把车臣人强行赶出家园，迁往西伯利亚，给车臣人造成了巨大的心灵创伤。直到 1957 年，车臣—印古什自治共和国的建制才得以恢复。

1991 年苏联解体之后，车臣的分离主义势力趁着政局动荡、中央政府顾不到边远地区之际，开始谋求独立。这年的 10 月，在阿富汗战争中曾被授予苏联英雄称号的退役将军杜达耶夫，当上车臣共和国的总统。他一上台就公开宣布车臣独立，并建立了车臣的第一支正规部队国民卫队，人数最多时达到六万人。

眼看着车臣变成公然与中央政府唱对台戏的独立王国，成了俄罗斯联邦的心腹大患，1994 年 12 月，俄军兵分三路开进车臣境内，讨伐桀骜不驯的分裂势力。一开始，俄军把车臣叛军当成乌合之众，根本不放在眼里，国防部长格拉乔夫夸下海口："只需一个空降营，几天即可拿下车臣首府格罗兹尼。"

但是，万万没有料到，俄军会在小小的车臣损兵折将，碰了一鼻子灰。俄罗斯动用了四万人的陆军、空军、内务部队和特种兵，出动数百辆坦克、装甲车以及大炮、飞机、导弹等现代化武器，足足打了二十个月，虽然重创了车臣武装，杜达耶夫本人也被精确制导的导弹击中丧命，但俄军却付出了几千名官兵牺牲的惨痛代价，外加两万多平民丧生，到头来只得停战求和，黯然撤军。

相对于战场上的失利，第一次车臣战争后，俄罗斯在政治与战略上的损失更大。杜达耶夫之后的车臣当局，一方面利用和平协议不断地向联邦政府索要财政资助和能源，一方面纵容非法武装频频骚扰毗邻地区，制造各种恐怖事件，并且勾结国外宗教极端势力插手介入，在分裂的道路上越滑越远。

为了彻底解决车臣问题，在担任总理不久的普京的精心策划

下，1999 年 8 月，俄罗斯抓住车臣叛军入侵邻近的达吉斯坦共和国这根导火索，发动了第二次车臣战争。

在第二次车臣战争中，普京充分展示了他果敢坚毅的硬汉形象。叶利钦总统辞职，任命他为代总统之后，他做的第一件事，就是在 2000 年的元旦期间，前往前线视察。3 月 20 日，他亲自乘坐苏-27 战斗机飞过车臣战区。他下令，哪里有叛匪就在哪里消灭他，如果在厕所里发现匪徒，就直接把他塞进茅坑里。

俄军吸取了第一次车臣战争中失利的教训，一改上次冒进深入的打法，采取稳扎稳打、步步为营，配合空降兵、特种兵的奇袭、突击、围剿等战术，不断地歼灭和消耗敌军的有生力量。一支支精干的、富有实战经验的特种作战小分队，充分利用暗夜、浓雾的掩护，从天而降，钻地而出，神出鬼没地渗透到车臣恐怖分子的占领区，屡建奇功。1999 年 10 月 8 日那天，俄军的一支特种小分队秘密潜入敌人营地，一举擒获通缉了一年的恐怖分子头目哈奇拉耶夫。

在作战方法上，俄军借鉴了美军在科索沃战争中的经验，充分利用自己在制空权和高技术兵器上的绝对优势，出动苏-24M 轰炸机、苏-25 强击机、米-24 武装直升机和战术导弹，对车臣叛军的基地、雷达、电视台、匪首住所、机场、武器弹药库实行远程精确的打击。

由于准备充分，战略战术使用得当，俄军连战连胜，打得叛军伤亡累累，难以招架。9 月 26 日，车臣总统马斯哈多夫只好假惺惺地表示："车臣人民和俄罗斯人民都不希望再发生一场战争。"

马斯哈多夫呼吁通过外交手段解决俄车之间的问题。俄罗斯领导人没有上当，普京干脆地表示，俄罗斯愿意同车臣对话，但只能"在俄罗斯总统认为必须进行会见和会见对俄罗斯有利的情况下"才能进行。

2000 年 1 月 18 日清晨，俄军对格罗兹尼的总攻打响了！在警察部队和车臣民兵的配合下，俄军从三个方向攻进了市中心的广场。车臣叛军依托雷区、地面地下工事、楼与楼之间的地下通道，与俄军展开了激烈的巷战。在攻打罐头食品厂时，叛军用砖块砌死了窗口，布置了大量的狙击手，在一个个难以发现的射击孔后面向俄军疯狂地射击，并在炸断的楼梯通道里蹿上跳下，拼死顽抗。

经过一场血战，俄军终于打下了罐头厂和公路桥，彻底切断了河两岸叛军的联系。2 月 4 日，俄军战士将俄罗斯三色国旗插上了车臣"总统府"。到 2 月 28 日，俄军收复了车臣百分之九十九的土地，基本稳住了车臣的局势。

俄军总参谋部宣布，从第二次车臣战争打响到 2 月初，俄军以阵亡官兵一千一百七十三人的代价，击毙叛军约一万人，取得了战争的全面胜利。

但是，残余的车臣叛军化整为零，逃进山高林密的山区，与俄军转而进行游击战，并且不断地在俄罗斯各地制造自杀性恐怖袭击。要彻底铲除车臣叛军与恐怖主义势力，俄罗斯还要进行艰苦的努力。

308

现代音乐健将斯特拉文斯基

巴黎，世界艺术之都。1913 年 5 月 28 日夜晚，作曲家斯特拉文斯基的舞剧音乐《春之祭》，在巴黎的一家剧院首演。

这部舞剧描述的是俄罗斯的远古时代，春回大地、万物复苏，某个原始部落里将举行一个神秘的宗教仪式——一群纯洁的少女被作为祭品，献给太阳神阿波罗。巴黎的听众们饶有兴致地准备欣赏《春之祭》的音乐。

然而，乐曲开始不久，听众就愣住了。一向主要在低音区活动的木管乐器大管一反常态，溜到特别高的音区里独奏，显得很滑稽，听众们不由哄堂大笑。

随着乐曲的展开，那奇特怪诞的节奏、咆哮刺耳的音响，让听惯了和谐优美的古典音乐的听众如坐针毡。他们有的吹起尖厉的口哨表示抗议，有的恼怒地向舞台上挥舞拳头。一位侯爵夫人不顾上流社会人士矜持高贵的风度，从包厢的座位上霍地站起，一面不耐烦地拍打着精致的羽毛扇，一面愤愤地嚷道："这是我六十年来头一次被人捉弄。"

当演出结束时，剧场里发生了更大的骚乱，愤怒的观众摔起了座椅，剧院经理慌忙请来警察维持秩序。

不用说，《春之祭》首演惨败，让斯特拉文斯基感觉糟透了。他大病一场，在医院里住了六个星期。他万万没有想到，自己在艺术上的创新，人们竟然接受不了。而不拘一格，求变求新，似乎是

斯特拉文斯基与生俱来的个性。

1882 年 6 月 17 日，斯特拉文斯基生于俄国圣彼得堡近郊的奥拉宁鲍姆。他的父亲是圣彼得堡帝国歌剧院的首席男低音歌唱家；母亲也有很高的音乐修养。斯特拉文斯基自小喜欢音乐，农妇们锄地归来时唱的纯朴的民歌，流浪汉哄退孩童的诙谐的口哨，鸟儿在枝头的欢快鸣啭，都能让他听得入迷。

斯特拉文斯基九岁时，双亲给他请了一位钢琴女教师。他悟性极高，很快就把乐谱背得滚瓜烂熟。他不满足于照着乐谱按部就班地在钢琴上练习了，便常常自由发挥，即兴弹奏。为这他没少挨女教师的训斥。

学了钢琴后，小斯特拉文斯基最大的收获和乐趣，就是能跑到父亲的书房里，津津有味地阅读父亲收藏的大量歌剧总谱，从中熟悉了柴可夫斯基、里姆斯基·科萨可夫、格拉祖诺夫等俄罗斯著名作曲家的作品；他还到剧场观摩了俄罗斯"民族音乐之父"格林卡的歌剧名作《伊凡·苏萨宁》，那宏大的场面、美妙的音乐，让他激动不已，也坚定了他要当一名音乐家的信念。

不过，双亲希望他将来能当一名官吏，于是，便把他送进圣彼得堡大学学法律。充满艺术想象力的斯特拉文斯基，对枯燥乏味的学校生活实在厌倦。课余时间，他还是乐此不疲地去看歌剧，听交响乐，自学作曲知识。在大学里，他唯一感到庆幸的是结识了里姆斯基—科萨可夫的儿子弗拉迪米尔，因而能在二十岁时投到大师门下，在有"管弦乐色彩大师"美誉的里姆斯基·科萨可夫指导下学习配器，作曲技法有了长足的进步。

里姆斯基·科萨可夫逝世后，斯特拉文斯基创作了一首《悼念歌》怀念恩师。1909 年，斯特拉文斯基的管弦乐《焰火》在圣彼得堡演出，受到了著名的佳吉列夫芭蕾舞团负责人佳吉列夫的赏识。他邀请斯特拉文斯基写一部舞剧。

年仅二十八岁的斯特拉文斯基接受邀请后，很快就写出了舞剧《火鸟》。这部舞剧一经佳吉列夫芭蕾舞团公演，立刻引起轰动。斯特拉文斯基一举成名。

《火鸟》是根据俄罗斯古代神话传说谱写的两幕舞剧。它讲述了一个古代的王子在火鸟的帮助下消灭怪兽，与美丽的公主结成良缘的传奇故事。斯特拉文斯基将它的音乐写得栩栩如生，清新脱俗，楚楚动人。

接着，斯特拉文斯基写了第二部舞剧音乐《彼得鲁什卡》，同样获得成功。在这两次成功的鼓舞下，他一鼓作气，在1913年写出了第三部舞剧音乐《春之祭》，虽然首演失败，引起巨大的争议，甚至招来恶毒的讽刺、漫骂，但时间已经证明，这是世界现代音乐史上一部具有里程碑意义的优秀之作。从《火鸟》到《春之祭》，斯特拉文斯基一步步不断探索，在节奏、音色、旋律、和声等方面大胆创新，突破了传统的束缚，创作出了别开生面、格调独特的音乐。

一战爆发后，爵士音乐传入法国，这时在法国、瑞士两地来往、居住、疗养、演出的斯特拉文斯基，敏锐地捕捉到了爵士乐中的新鲜元素，将它们融入到了他的一部新作——两幕歌剧《士兵的故事》中，取得了成功。这一时期，他谱写的独幕舞剧《普尔钦内拉》，在1920年首演于巴黎，这是一部具有十八世纪音乐风格的作品，大画家毕加索特意为它的演出设计了布景和服装。

不过，战乱也让斯特拉文斯基备尝生活的动荡与艰辛。他居留在瑞士时，生活非常困难，幸好英国著名指挥家比彻姆慷慨解囊，才帮他渡过难关。1934年，他加入了法国籍，但在1938到1939年间，女儿、妻子、母亲的相继病死，又给了他精神上极大的打击；纳粹德国入侵法国，彻底打碎了他在巴黎的安乐窝。直到1940年，斯特拉文斯基在美国马萨诸塞州第二次结婚，并于1945年加入美

国籍后，他的生活总算安定了下来。

斯特拉文斯基的兴趣转到了具有新古典主义风格的交响曲、协奏曲、合唱、组曲等体裁的写作上，音乐变得清澈、简洁、单纯。自然，人们仍然喜欢他的舞剧、歌剧作品。1952 年，他的歌剧新作《浪子的历程》在意大利威尼斯演出时，票价从三十美元暴涨到二百美元，但还是一票难求。当美国与欧洲其他国家上演这部作品时，人们依然竞相前去观看。

晚年的斯特拉文斯基，作曲、指挥、周游世界，工作与生活得很有规律。1962 年 9 月，他出乎许多人的意料，回到阔别了近半个世纪的苏联，在莫斯科与列宁格勒（今改回原称圣彼得堡）举行了一系列异常轰动的音乐会，受到了英雄凯旋般的欢迎。离苏前，苏联领导人赫鲁晓夫还在克里姆林宫专门接见了他。

虽然功成名就，但斯特拉文斯基的勤奋一如既往。只要在美国好莱坞郊区的家中，每天清晨，他总是先到洒满阳光的大阳台上用早餐，然后就走进他那间狭小的工作室进行创作。这间小屋里没有什么装饰，墙上只贴着作曲计划和毕加索的肖像；室内并排放着三角大钢琴和立式钢琴，供他作曲时用。为了防止外界的干扰，他还在室内安装了隔音设备。

斯特拉文斯基是在 1971 年八十九岁高龄时与世长辞的，创作生涯近六十年。

309

毕加索与和平鸽

1949 年，巴黎召开的世界和平大会的海报上，画着一只形象生动的白鸽，那只白鸽随海报很快翱翔于欧洲各大城市。看到矫健飞翔的白鸽，人们祈愿它象征的和平也能平安地降临。二十世纪的前五十个年头，已出现了两次大战的硝烟，人民多么盼望和平的生活啊。

这只象征和平的白鸽，出自当时已六十八岁的西班牙美术大师毕加索的笔下。其实在他心里，这只白鸽至少已存在了近六十年。

在西班牙南部小城马拉加的梅塞德广场，茂密的绿树上停息着许多白鸽。它们在蓝天展翅的身影，是居住在广场边的画家唐何塞灵感的源泉之一。他画了不少鸽子。1890 年的一天，唐何塞惊喜地看到他九岁的孩子，也画了一幅鸽子，画得活灵活现。从此，艺术的天分如鸽子，闪动在这个孩子的内心。那孩子就是幼年的毕加索。

十年后，先后在巴塞罗那美术学院、马德里圣费尔南多美术学院读完专业美术课程的毕加索来到巴黎。蒙马特尔区的一幢旧楼"洗衣船"里，一间墙面斑驳的房间，成为毕加索的居室。他的画有个时期以蓝色色调为主，这种天空、海洋的色彩，在他笔下有深和冷、孤独和失望的感觉，被称为"蓝色时期"。

然后，毕加索的画又进入了以描绘马戏团生活为主的"粉红色时期"。要是这个时期有朋友来拜访毕加索，就得穿过天桥，如同

登船一般，再走上潮湿的楼梯，所以这幢旧楼称为"洗衣船"。在光线微弱的长廊中找毕加索的房间并不困难，那间有刺鼻的煤油味的就是。煤油可点灯，也是毕加索调颜料的油。进了门就能看到十几卷画布、散落在画架下的不少画作和画笔、颜料，还有凌乱的旧衣物和书籍堆放着。就在这间堆着杂物的房内，毕加索生活和创作着。

最初，罗浮宫和卢森堡美术馆是毕加索常去的地方。可是有一天，他却在巴黎的人类博物馆里久久逗留。馆内展品中的黑人雕刻、面具等非洲、大洋洲的民族艺术品，对毕加索产生了诱惑。那是一种无法用语言确切表达的强烈感觉，它们又用精简的几何形状表现，圆形表示眼睛，扁长方形代替嘴巴，是惊恐、惊怒？还是喜悦、欢乐？说不清。

毕加索思索着，并且从模仿走向创造。

1907 年的一个夏日，毕加索请几位画家好友走进自己封闭了好几个月的画室。他们惊讶地看到一幅六米见方的巨幅油画。

"你是想让我们吞下抹脚破布，喝下煤油吗？"画家布拉克直言不讳。

"看来，你改行画讽刺漫画倒是挺合适。"说这句话的画家与毕加索友谊深厚，平时为人和善。

野兽主义绘画运动的头领，敢于大胆创新的马蒂斯也皱起了眉头……

因为他们看到这幅画上，有四个神态怪异的裸女。她们的眼睛、耳朵，特别是鼻子被古怪地夸张；过去绘画中线条柔美的女性裸体，在画中的两个裸女身上竟然棱角凸现。

毕加索创作的这幅后来被称为《亚威农姑娘》的画，成为二十世纪艺术立体主义流派的开山之作。尽管毕加索的这种创新绘画，其抽象的立体风格难以为人们理解，可他用色彩与几何形态的强烈

夸张、对比，给视觉艺术带来了强大的冲击力。

1936年，在法国生活的毕加索听到祖国西班牙发生了内战的消息。佛朗哥法西斯独裁势力用战争镇压共和派民主政府。毕加索坚决支持共和派民主政府。第二年的5月1日，在佛朗哥势力纵容下，纳粹德国飞机轰炸了西班牙北部的格尔尼卡，无数平民在炮击中伤亡。这一震惊世界的暴行，使毕加索无法平静。他要用笔来表达心中的愤怒。一幅油画《格尔尼卡》在这年6月展出。

那是一幅三米半高，近八米长的巨画，画中有夸张与变形的人像，有马、公牛的变体形象，战争、暴力，孩子的死亡、母亲的悲伤，都被他用简洁的平面线条构成的图形一一勾勒。整幅画上只有黑、白、灰三种色彩，色彩的灰暗表明了民众的苦难。

在画这幅《格尔尼卡》前，毕加索先画了四十多幅草稿。他说："西班牙战争是一场反动势力对抗人民与自由的战争，我的艺术生涯也是对抗反动力量和艺术之死的不间歇奋斗……我正进行的《格尔尼卡》，甚至在我所有的近作中，都清楚地表达了我的厌恶与反感，因为那一小撮军人让西班牙沉溺于苦海及死亡深渊。"

第二次世界大战爆发后，德国法西斯军队入侵巴黎。德军大炮和坦克碾压法国大地的噪声，骚扰着毕加索的画室。这时早已成名的毕加索，在巴黎有专用工作室。在物资供应紧张、空袭警报频传的巴黎，毕加索仍在作画。但他的作品中，各种野兽头骨和尖锐的刀、变形的叉等餐具，在烛光中与大葱、香肠共处，象征着战争的野蛮、粗暴。他坚持自己的操守，顶住了德军的威胁。

德国盖世太保带着军警突然搜查毕加索的家。粗暴翻检他的衣物和画作。一个纳粹分子看到《格尔尼卡》的照片，问毕加索："这是你做的吗？"

"不，是你！"毕加索毫不客气地回答。

是的。制造《格尔尼卡》惨案的，正是法西斯德国的飞机和

炸弹。

当德军战败，仓皇撤离巴黎后，街上的欢庆鼓乐声震动着毕加索工作室的窗户，毕加索在欢庆的鼓乐声里边哼歌边作画。

毕加索创作时，如同梦游一样，全身心地投入。"他凝视着一个才出土的泥偶像，流露出诧异的神色。瞬间，脸上又转变成观看照片时的凝重……忽而又陷入莫名的忧伤和焦虑中……"法国著名作家马尔罗生动地记录下了他在画室里见到的那个毕加索。那天，毕加索告诉马尔罗：那些非洲、大洋洲等黑人面具的造型，并没有影响自己的创作，只是提醒自己绘画上想追寻的目标是什么。

"我不寻找，我只发现。"这位艺术大师九十二岁去世，留下了二万件油画、素描、雕塑、拼贴画和陶瓷艺术作品。他对艺术的发现和追求创新让世人惊叹。

310

喜剧大师卓别林

如果说世界上有一种不用学的国际通用语言，人们多半不会想到这种语言就是"笑"。如果说有一个人熟练掌握了这种语言，用它叙述的电影故事征服了世界，人们多半会知道这个人是著名的电影艺术家卓别林。

查理·斯宾塞·卓别林在银幕上扮演一个胆小怕事、身体单薄的流浪汉夏洛特。他藐视苦难，用含泪的笑拒绝失败。即使在希望破灭时，他也只是耸一耸肩，转身离去，让人们在笑声里感受人世间悲剧的无奈。

这个用笑声让观众开怀的电影喜剧大师，童年生活却是苦涩的。

1895 年，在英国伦敦的贫民窟兰贝斯东巷里，住着一个衣衫破旧的三十岁妇人。她独自带着两个孩子，艰难地生活着。她原先是杂耍场的歌舞演员，艺名莉莉·哈莱，可只能在舞台上演些小角色，而且很快就无角色可演。但是她却让自己两个孩子坐在窗前，观看街上的行人，从那些人衣着、走路、神态，来猜测他们的性格。两个孩子中那个六岁的弟弟就是童年时代的卓别林。母亲用这种方式，有意无意地将自己的戏剧天赋和观察能力传授给了卓别林。

父亲病逝，母亲后来又精神失常住进医院。卓别林的童年有一段时间是在孤儿院里度过的。后来为了生存，少年卓别林流落在街

头打工、理发店学徒、小店店员、医院杂工、印刷厂伙计他都干过，甚至卖过旧衣服和玩具。

这天，住在伦敦贝尔福特街的戏剧经纪人布莱克默看到有个衣着破旧的少年走进自己的办公室。少年声称自己十四岁，受过初步艺术训练，希望能得到他的帮助，在舞台上演个小角色。少年的自信态度，打动了这个著名的戏剧经纪人。

没多久，短剧《福尔摩斯》中出现了一个童仆毕利。演毕利的就是那个少年卓别林，他成功地展露了戏剧天赋。1903 年《福尔摩斯》在英国各地巡回演出，各地报刊的评论中都赞赏地提到童仆毕利的形象。

卓别林就这样开始了他的演员生涯，在伦敦西区小有名气。

三年后，一出滑稽短剧《凯西宫廷马戏团》在伦敦上演了。剧中人物中有个无赖，卓别林演那无赖时夸张地创造了一个动作：以左腿为支点，右腿外屈来个一百八十度转身，逗得观众乐不可支。这个动作日后就成为卓别林塑造的流浪汉夏洛特经典形象的元素之一。后来卓别林又参加了著名的滑稽短剧团——卡尔诺剧团。他同样成功地扮演了一个街头醉鬼。因为他在兰贝斯东巷度过了少年时代，那里经常有这种生活潦倒、借酒浇愁的人。卓别林善于观察生活，经过提炼、浓缩后，夸张地再现这类平民生活中的人物，所以他很快就成为卡尔诺剧团的台柱演员。

1910 年，卓别林随剧团去美国巡回演出，到过芝加哥、纽约、波特兰、旧金山和洛杉矶，近两年的美国之行使他大开眼界。费城的一家凯斯东影片公司也看中了卓别林的才华。

"这个脸色苍白、身材不高，有时看上去愁眉不展的英国人。一上舞台，就成了能逗人发笑的角色。我想他能使我的电影吸引人们的。"凯斯东影片公司的制片主任塞纳特的这个决定，使卓别林从舞台走上了银幕。

与凯斯东公司签订合同后，卓别林来到美国。他认定这是个前途似锦又充满活力的新大陆，可在拍摄电影的过程中，他马上感到当时的滑稽短片里，下层人物的形象粗俗又浅薄。"我要塑造一个全新的独特角色。"这个念头强烈地在卓别林心中跃动着。1914年1月里的一天。卓别林在拍片前，进入服装库房，呆了好长时间。等得不耐烦的剧组人员有些恼怒了，这时，他们看到服装库房的门开了。一个头戴小尺寸的礼帽，上衣紧紧裹着瘦弱的上身，穿一条肥大的裤子和一双又宽又长的旧皮鞋的人出现在眼前，他手中还拿了根竹子细手杖，鼻子下粘了撮小胡子。卓别林凭这一身不协调的古怪打扮，从此塑造成功了世界电影史中著名的流浪汉形象夏洛特；而且他在镜头前会别出心裁地制造笑料。

几部短片拍摄后，制片人马上就明白了，这类影片只能由卓别林自导自演才能取得最佳效果。从这时起，一系列以流浪汉夏洛特为主角的电影相继诞生了。

与一般逗人发笑的喜剧不同，卓别林电影的笑料中有着强烈的感情色彩。在《士兵夏洛特》中，他大胆地嘲弄战争的错误，反映了第一次世界大战给人们带来的灾难；在《淘金记》中，他用笑料突出饥饿对人的折磨；在《城市之光》里，他嘲讽为富不仁的资产阶级，他已经感受到当时欧洲资本主义的经济危机。

"失业是一个生死攸关的问题……人类应当利用机器，但是，利用机器不应当意味着悲剧和失业……"一天，卓别林在接受一名记者采访时表达了这一观点。在资本主义社会里，资本家为了获得高额利润，驱使机器疯狂转动，在机器边工作的工人也成为机器的一部分。在《摩登时代》里，卓别林用自己的表演，形象地表达了这个深刻的思想。他是用笑来进行思考，启发人们思索。

卓别林在五十岁那年，拍摄了一部深刻嘲弄德国法西斯元凶希特勒的影片《大独裁者》。那是第二次世界大战前夕，当时美国国

内有亲德国的政治力量，连总统罗斯福都担心《大独裁者》可能损害美国与德国外交关系。因为1938年美国对德国的侵略政策采取不介入的孤立主义政策。在好莱坞都不敢拍摄反对纳粹的影片时，卓别林的胆识是令人敬佩的。

尽管此后长达十多年，卓别林一直被美国联邦调查局列入暗中监视的对象，但是《大独裁者》却始终受到世界各国人民的热烈欢迎。几年后，卓别林又拍摄了一部尖锐嘲讽美国社会司法制度的影片《凡尔杜先生》，美国有关部门坚持要求卓别林删去其中一些台词。当时，美国国内有股反共浪潮，有些人借卓别林的离婚纠纷，要求他出庭作证，并制造卓别林的生活丑闻。

要求卓别林出庭的法庭调查三次延期，最后还是取消了。据说原因之一是，卓别林将穿着流浪汉夏洛特的那身打扮出庭。调查委员会害怕法庭调查会因此成为一场闹剧，逗得人们哈哈大笑，无法收场。

艺术大师居然能使"笑"也成为让反动人士害怕的一种利器！卓别林的艺术造诣确实非凡。

1972年，卓别林获得了奥斯卡特别奖。五年以后他平静去世。

"这个世界给过我许多最好的东西，而且使我几乎躲过了最坏的东西。尽管有过种种曲折，但我相信幸运和厄运就像头顶上的乌云，说来就来，说去就去……生活中我没有诀窍，也不懂什么哲理。不管是聪敏还是愚笨，我们都应当和生活斗争。"卓别林在他的自传中的这段话，颇能发人深省。

311

硬汉作家海明威

一个身材高大，圆脸，眼睛透过镶银丝镜架的镜片盯着人看，下巴那密密的络腮胡透出刚毅气质的汉子，出现在西班牙边防武装警察眼前。

"美国报业联盟记者欧内斯特·密勒·海明威?"警察看了这人的身份证明及护照，摇了摇头，"没有法国政府的特别签证，不能入境。"这是 1937 年 3 月里的一天。

这个侨居巴黎、身体壮实的记者海明威暗暗提醒自己不要发火。他是来这里采访、报道西班牙共和军战士如何抗击佛朗哥独裁者的啊！佛朗哥得到了意大利法西斯首脑墨索里尼一万二千名军队的支援，正用战争威胁着西班牙自由民众的生命。可法国政府却以貌似中立的态度，给他入境制造障碍。

对于墨索里尼，海明威比一般人更了解。十多年前，他以记者身份在意大利采访过墨索里尼。当时他已经感到，这个墨索里尼迟早有可能与意大利法西斯主义政治产生密切关联。因为那时墨索里尼已经煽动成立了"黑衣党"，据说有二十五万人。然后，海明威又在瑞士洛桑的记者招待会上，见到墨索里尼色迷迷地盯着一位漂亮女记者看。海明威看到他手中还拿着本书。记者的职业习惯使海明威轻手轻脚来到墨索里尼背后，他发现墨索里尼拿的是本法英词典，而且还倒着拿！

在有关人士帮助下，海明威终于进入了西班牙。战地采访的记

者都聚集在马德里。海明威又设法去了交火前线，结识了不少支援西班牙共和派的各国志愿者，又目睹了佛朗哥法西斯政权给西班牙人民带来的战争苦难。

一个半月后，海明威经巴黎回到美国。然后，他为他参与制作的纪录片《西班牙土地》做后期工作。这部电影将在美国上映，以取得美国民众支援，筹集资金，提供给西班牙共和军购买救护车。海明威在修改这部电影的主题说明词时，原先有六句话的文字，被他大刀阔斧删成了三句，可同样简明扼要表达了电影内容。

海明威一贯如此，所以他被人称为"拿斧子的人"。他主张文字的表达要简洁、明快。在他之前一百多年，英语文学作品中不乏浮华、啰嗦的陋习。一位著名英国小说家评价道："海明威一锤子捣烂了按照花俏图案描绘的所有作品……他剥下了句子长、形容词多得要命的华丽外衣，以谁也未曾有过的勇气把英语中附着于文学的乱毛剪了个干净。"

海明威的写作文体对后来者产生了很大影响。1926年他的长篇小说《太阳照样升起》，在反战的气氛中，叙述了第一次世界大战结束后，一些流亡在巴黎的英国、美国青年的日常生活，反映出当时欧美青年人心灵被战火灼伤后，丧失理想、陷于迷惘的社会现实。书中人物的一句话"你们都属于迷惘的一代"，成为概括当时这些人精神状态的名言。纽约史密斯学院的女学生、美国中西部的青年人，都纷纷模仿《太阳照样升起》中人物的举止。耶鲁大学的学生也喜爱读这本书。

《太阳照样升起》使海明威一举成名。之后三年，他又发表了《永别了，武器》。其中有海明威参加第一次世界大战经历的影子，小说同样也获得成功。海明威动笔写的第三部著名长篇小说是《丧钟为谁而鸣》。这部小说写了一个美国志愿者参加西班牙共和军战士反抗佛朗哥独裁政权的战斗，最终牺牲在异国土地上的故事。在

写这部长篇时，那些在西班牙采访时见到的人物、西班牙人民反抗暴政的生动场面，都涌进了海明威的脑海里。他无暇顾及妻子的情绪，不剪头发，不讲究衣饰仪表，整个人全部投入小说的写作里了。

这天，海明威写到小说里炸毁桥梁的一章时，全身乏力，如同将死去一样。整整一年五个月时间，他与小说中人物生活在一起，直到完稿，才走进理发店。

《丧钟为谁而鸣》歌颂了为反对法西斯而战斗的西班牙民众和国际志愿者。小说出版十三年后的一个夏日，有辆汽车出现在西班牙圣伊地弗索的一处山林中。车停了，车上下来一个头发花白的高个男人与一位少妇，那是五十四岁的海明威与他的新婚妻子玛丽。他带她来这里，是看一座山泉冲泻的桥，还有茂密的橡树和松树林。山林间，花岗石岩壁里有好几个深黑色的幽暗天然洞穴。这就是海明威《丧钟为谁而鸣》中写的西班牙共和军游击队的活动地点。这次，旧地重游，仿佛让海明威又回到 1937 年的时光。

1954 年，在医院治病的美国将军朗哈姆接到好友海明威的一个电话："我已经得到那个东西了。"

"什么东西？你是说诺贝尔奖吗？"

"是的，你是我第一个要告诉的人。"

海明威获诺贝尔文学奖的作品是《老人与海》——一部搁置十六年后，他重写的中篇小说。他删改完只有二万六千多字了。1935年有人告诉过他关于捕获一条大马林鱼的故事，还有一位古巴老渔夫的身世。海明威自己就酷爱在海上钓大鱼，与斗牛、拳击、打猎等活动一样，这都是海明威的生活必需内容。在古巴海面钓鱼时，海明威向一些老渔夫虚心请教，获得了许多关于马林鱼的知识，以至于后来有位到海上搜集标本的鱼类学家与海明威交谈后，修改了自己在书房里写的马林鱼活动规律及分布情况的专业资料。

　　在《老人与海》中，海明威叙述了一个老渔夫圣地亚哥在海上飘泊四天，捕获到一条大马林鱼，却在归途中遇到一群鲨鱼的故事。鲨鱼争食圣地亚哥捕获的马林鱼，圣地亚哥驾船与鲨鱼周旋，用桨、用鱼叉、用棍打鲨鱼，最终他的船平安靠岸，那条马林鱼却被鲨鱼吃得只剩下一副骨架。可圣地亚哥仍不服输。因为他不屈从命运，顽强地与命运争斗，即使明白争斗未必能取胜，他仍顽强地干。他坚信："人不是生来要给打败的，你尽可能把他消灭，但就是打不败他。"

　　这种悲壮雄浑的寓言式主题，使《老人与海》成为海明威最著名的作品。诺贝尔文学奖的颁奖评语中，也专门提及海明威作品中那些敢于搏斗、不怕困难的精神以及他"精通叙事艺术"，及"对当代文学风格的影响"。

　　海明威的许多作品中，都有一种强烈的面临危机而奋力搏斗的激情，他塑造了百折不挠的"硬汉"形象。就是在《老人与海》的结尾，他让那个老渔民圣地亚哥回到岸上，睡梦中还梦见了狮子。这是一种壮心不灭的精神。

　　六十二岁时，海明威因无法摆脱病痛的折磨，自杀身亡。也许这种不可取的方式，是这位作家与命运搏斗无法取胜后的一种无奈之举。然而海明威留下的是他的简洁叙事艺术，以及他作品中的"硬汉"精神。"如果一位散文作家对于他想写的东西心里很有数，那么他可以省略他所知道的东西。读者呢，只要作者写得真实，会强烈地感觉到他所省略的地方，好像作者已经写出来似的。冰山在海里移动很是庄严宏伟，这是因为它只有八分之一露在水面上。"海明威自述的这番话，让后人明白为什么他的作品能被人们长久喜爱，因为那正是用简洁语言凝聚的"冰山"。

312

拒绝诺贝尔奖的萨特

1964 年 10 月 22 日，瑞典文学院正式宣布，将本年度的诺贝尔文学奖授予法国作家让·保尔·萨特创作的《词语》。授奖的理由是因为他的"充满自由精神及探求真理的创作已对我们的时代产生了巨大的影响"。

然而，出乎人们意料的是，萨特对誉满全球、让世界各国作家心驰神往的诺贝尔文学奖根本不感兴趣。他早就从法国的《费加罗报》上得知，他有望获得今年的诺贝尔文学奖，于是在 10 月 14 日写信给瑞典文学院秘书长，礼貌地希望不要把他列入诺贝尔文学奖候选人名单。不巧，瑞典文学院秘书长度假去了，没有看到这封信，因此投票照常进行。

大奖结果公布那天，萨特有意避开了媒体的追踪采访，像往常一样带着女友波伏娃来到他经常去的那家餐馆用午餐。他点了他最喜欢吃的扁豆咸肉；在等上奶酪的时候，他抽起了烟斗，平静似水，没有一丁点兴奋得意的神色。

当萨特获得诺贝尔奖的消息传来，法国人欢欣鼓舞。萨特自己却很失望，下午还是在那家餐馆，他写了份拒绝领奖的声明："一切来自官方的荣誉我都不接受，我只接受不受任何限制的自由。"

全世界不得不对这位戴眼镜的小个子法国哲学家的铮铮傲骨刮目相看。

其实，萨特追求独立人格与崇尚自由的精神由来已久。早在

1945 年，他就拒绝了法国政府颁赠的荣誉勋章。1965 年，为抗议美国的侵略越南战争，他拒绝前往美国康奈尔大学讲学。1968 年，他又谴责苏联入侵捷克斯洛伐克，激愤地表示："今天，苏联的模式已不再有效，因为它已被官僚主义所窒息。"

自从 1938 年萨特发表体现他存在主义哲学思想的小说《厌恶》以后，他就从来没有把自己局限在书房里。他是个作家、哲学家，更是一个酷爱自由、仗义执言的斗士。二十世纪五十年代中期，他多次抗议法国政府发动的殖民地战争，坚决支持阿尔及利亚人民的民族独立斗争。须知，对于一个法国知识分子来说，这有可能背上"卖国"的罪名，需要极大的勇气。

果然，极右分子对他恨之入骨，在游行时喊出了"枪毙萨特"的威胁口号，并且两次用塑胶炸药炸毁他的寓所。但是，萨特毫不畏惧。有人干脆向戴高乐总统建议，将猛烈抨击政府的萨特关进监狱。戴高乐意味深长地回答，人们并没有把伏尔泰投进监狱。

1905 年，萨特出生在巴黎的一个海军军官家庭，但父亲在他两岁时就病死了。是慈爱的母亲、富于艺术修养的祖父祖母给了他良好的家庭教育。

不过，外祖父对萨特的影响更大。外祖父是一位学识渊博的语言学教授，在巴黎大学教德语。他非常喜爱这个外孙，萨特也没有让他失望，四岁时就能连猜带蒙地阅读法国著名作家福楼拜的长篇名著《包法利夫人》，以及雨果等大作家的作品；七八岁时模仿别人写起了小说。家人连连赞叹他是"神童"。

1924 年，萨特考入巴黎高等师范学校，攻读哲学。五年后，二十四岁的萨特毕业，并以第一名的优异成绩顺利通过全国哲学教师资格会考。也是在这次会考中，萨特结识了获得第二名的西蒙娜·德·波伏娃，两人结为终身伴侣。

在当了几年的中学哲学教师后，1933 年，萨特得到政府的奖

学金，前往德国柏林的法兰西学院留学，进修哲学。在这个浸透了深厚的哲学人文传统的国度里，萨特如鱼得水，他先后拜西方现代著名哲学家胡塞尔、海德格尔和雅斯贝尔斯为师，专心研读了德国古典哲学大师黑格尔、存在主义先驱克尔凯郭尔等人的著作。这些，为他以后形成自己的存在主义哲学体系奠定了基础。

萨特 1935 年回到巴黎后，继续在中学教哲学。业余时间，除了为一些杂志撰写文章，他最大的兴趣就是出入市民阶层和知识分子集中的咖啡馆、夜总会，悉心观察他们的言行，孕育创作灵感，以至咖啡馆老板对这位总是默默地喝咖啡、默默地写啊写的作家，熟悉极了，俏皮地称他是"一个裹着毛皮的小墨水瓶"。

1938 年，萨特的哲学小说《厌恶》问世，一举成名。这是一部日记体小说，主人公罗康丹生活在一个污秽龌龊的世界里，非常苦闷和彷徨，感到生活与存在毫无意义。法国的一位评论家说："如果你想了解一个人在盲目探索存在概念时会陷入什么样的痛苦和不幸深渊之中，那你就必须读一读《厌恶》。"

二战爆发后，萨特应征入伍，1940 年被俘，在集中营里度过了九个月的铁窗生涯，第二年被释放。回到巴黎后，他一面继续教书，一面从事戏剧创作，并参加法国共产党领导的地下抵抗活动。1943 年，他发表了他的哲学代表作《存在与虚无》，系统地阐述了他的存在主义思想。战后，他与人合作创办了激进的《现代》杂志。而四十年代，是萨特写作的黄金时期，他的长篇三部曲《自由之路》，剧本《苍蝇》、《此路不通》、《可尊敬的妓女》、《肮脏的手》，哲学著作《存在主义是一种人道主义》等，都是在这一时期发表的。

萨特把自己的存在主义哲学称之为"人学"，人是他的哲学研究的根本出发点。他认为，人首先存在着，然后通过一连串的自由选择，赋予虚无的人生以意义。没有任何准则可以约束人的行动和

自由。存在先于本质。人就是自由。

萨特强调人的自由发展对推动社会进步的巨大意义，这无疑是积极的。但他把个人自由夸大为一种超自然、超现实的主观想象的东西，因此，从本质上来说，他的存在主义属于主观唯心主义哲学。

然而，萨特一直充满强烈的社会责任感。尤其是在晚年，虽然由于眼病而处于半失明状态，不能像过去那样从事繁忙的写作和社会活动，但他对重大的社会政治事件仍然非常关心。六十年代末，当法国爆发大规模的学生运动时，他立即给予全力支持，并担任了左翼的《解放报》、《人民事业》两报的主编，还亲自上街卖报。苏联入侵阿富汗，萨特立刻严厉谴责，当欧洲一家电台的记者就此事采访他，问："依你看，今天谁家是肮脏的手？"

萨特斩钉截铁地回答："是苏联政府，我认为这是肯定无疑的。"

萨特去世前不久，在病房里与助手进行了几次长谈，回顾一生，他感慨道："我不以为，我单枪匹马，靠我的思想，就能改变世界。但是，我辨认出一些正在努力向前进的社会力量。我以为，我的位置是在它们中间的。"

法国人民没有忘记他。1980 年 4 月 15 日，萨特病逝于巴黎，几万群众自发地上街参加他的葬礼，表达了对他深切的悼念和崇高的敬意。

313

破解原子秘密的人

人们都知道世界上的物质都是由原子组成的。最早提出原子这个概念的，是公元前五世纪的一位希腊哲学家。可是原子是什么模样，谁也说不清，因为它太小了，一千多万个原子并列排着才有一毫米长，肉眼是无法看到它的。就说大科学家牛顿吧，他猜想原子形状如同一个个小台球。直到二十世纪初，原子之谜才被科学家破解。

1911 年 3 月 7 日这天，英国曼彻斯特市内，有着古老历史的曼彻斯特文学和哲学协会照例举行报告会。第一个登上讲坛的人，拿着条颜色古怪的蛇。他说自己是个水果商，这种从未看到过的蛇，是自己从牙买加进口的香蕉中发现的。

当他带着蛇，在人们惊异的目光里走下讲坛时。一个脸色红润、蓝眼睛、腹部微凸的绅士开始发言："从小，我想象的原子，似乎是个良好而坚硬的家伙，可能是红色或者灰色的……"

他继续说道："可是 1903 年，德国科学家莱纳德用实验证明原子不是坚硬的。而是个充满空洞的空间，其中有许多带电的粒子。这些粒子在原子的空间里，就像葡萄干在布丁里一样。前些日子，我通过实验终于明白了。原子内部有一个核，带电的粒子包围着这个核，就好比宇宙里各个行星围绕太阳一样……"

发言者是新西兰物理学家卢瑟福，他在 1908 年已获得了诺贝尔化学奖。

尽管下面的听众有的听得似懂非懂，有的根本听不明白，可从这天开始，人类可以说进入了原子时代。

发现原子核的实验是在专门的仪器中进行的。卢瑟福先前在研究铀和钍的放射性时，将其中一种辐射命名为 α 辐射，另一种命名为 β 辐射。然后他在助手帮助下，用仪器将一个强的 α 粒子束以四十五度角射向一张金箔。按照传统的理论，这些 α 粒子会顺利穿过金箔，因为原子中带电的粒子和空间是无法阻挡 α 粒子束辐射的。奇怪的是实验结果发现：竟然有某些 α 粒子被阻而反弹回来。

"这确实是我一生中所遇到的最难以置信的事件，几乎是像你把一颗十五英寸的炮弹射向一张棉纸，而它却反弹回来打中了你……"

卢瑟福回忆起那次实验的结果对他的震撼，他逐渐明白了，那些 α 粒子束可能撞在了一个微小的核上。这个核集中了原子中绝大多数的质量，坚硬得连强烈的 α 辐射都无法穿透。

卢瑟福最早是在科学家内部聚会时，原原本本将他的实验报告公布的。那是在"午茶聚会"上。"午茶聚会"通常在傍晚时分的实验室里进行。实验室的工作成员不分学位高低、资历深浅，都平和地围在桌边吃甜饼干、喝茶，边议论可以引起谈资的话题。这天"午茶聚会"时，卢瑟福向他的学生讲了实验的结果和他的理论推想，立即激起这些科学家的强烈兴趣。当时，有一位在场的科学家被这实验和卢瑟福的理论深深震动。直到二十七年后，他还以当时在场而自豪："我此生最值得庆贺的事件之一，就是当原子核诞生半个钟头时，我出现在现场！"

卢瑟福第一次发现了原子核，提出原子的结构是由带正电荷的原子核与核外电子组成的理论推测，不久被其他科学家的多次实验所证实。卢瑟福继续研究原子中的结构，三年后，他发现了质子。又过了六年，他预言存在着中子。他的学生查德威克的研究证实了

卢瑟福的预言，查德威克也由此走上了 1935 年的诺贝尔物理学奖的领奖台。

卢瑟福从新西兰大学读完硕士后，由于他研究电波的实验出色，而获得英国剑桥大学的奖学金。当时，出生于农家的卢瑟福还是靠借债才筹集到去英国的路费。好在在剑桥的卡文迪许实验室里，他的勤奋和才华得到了发挥，使他最终成为破解原子世界密码的开创者。

卢瑟福又是个爱才如命的科学家，成名后的他培养出了十一位诺贝尔奖获得者，这可是创纪录的。其中就有敢于坚持科学、用自己的科研成果弥补卢瑟福理论欠缺的丹麦科学家玻尔。

玻尔慕名来到剑桥的卡文迪许实验室，当时这个瘦小的、二十六岁的年轻人有一头蓬乱、向后梳理的头发，看上去有几分孩子气。可卢瑟福对他评价很高。当玻尔发现卢瑟福提出的原子理论的模型存在缺陷时，当面大胆地提出自己的看法。卢瑟福与他进行了辩论后，认识到玻尔观点正确，可以补充自己的理论，就热情鼓励玻尔写论文，然后推荐玻尔的论文在当时有名的《哲学杂志》上发表。1913 年，玻尔的论文《论原子结构和分子结构》发表。在这篇论文中，他将卢瑟福、另一位著名物理学家普朗克和爱因斯坦的理论研究结合起来，从而创造性地提出新的"量子法则"，突破了牛顿传统的经典定律，从而使原子物理研究跨上了一个新的高度。

剑桥的卡文迪许实验室看上去很陈旧：松木门上的油漆已失去了光泽，粉刷的墙壁也成灰白色，还有些污痕，天窗玻璃不怎么干净，以致光线透进来仿佛也是无精打采似的，地板上连地毯都没铺。卡文迪许的实验室负责人卢瑟福也貌不惊人，可是他待人热情、亲切，甚至使新来的科学家看到他，会想起自己童年时打过交道的小山村里开杂货店兼管理邮包的店主，所以与卢瑟福的交谈会毫无拘束。除了他不断用火柴点烟斗，产生大量的烟和灰以外，你

很难挑剔。

就是这样平凡朴素的实验室和科学家，打开了原子时代的大门，从此使原子能为人类服务。

卢瑟福曾强烈反对科学研究的商业化，用他的话说："你不能同时服务于上帝和财神。"

他把科学研究看做上帝一样神圣。他拒绝接受工业或私人捐赠，因为他担心金钱会使科研成果变味。他极力捍卫科学自由。

玻尔不仅在打开原子秘密上有卓越贡献，而且又极其重视原子核武器的国际管制问题，他以全人类的利益出发，呼吁和平利用原子能。

科学研究必须造福人类，就是这些科学家的高尚追求。

314

青霉素的发现

青霉素是人们生活中很熟悉的一种常用抗菌素。可要是有人告诉你，青霉素的发现者亚历克·弗莱明如果不是一个枪法出众的射手，他就不可能发现青霉素！你会信吗？

难道青霉素与射击也有什么联系吗？

说起来那是 1906 年夏天的事了。英国伦敦的圣玛丽医院附属医学院有个射击俱乐部。这一年俱乐部希望在全国性的射击比赛中取得好成绩，可惜的是俱乐部成员之一的亚历克·弗莱明要离开医学院了。少了这个好射手，比赛就毫无希望获胜。

弗莱明十九岁才学医。经过补习，他终于通过十六门学科考试，获得进医学院实习的资格。他来到圣玛丽医院，当时他的目标是通过实习、通过医学院的毕业考试，成为一个可独立开业的外科医生。他在圣玛丽医院实习时参加了射击俱乐部，成了俱乐部的明星队员。五年过去了，现在他已经通过最后考试，可以独立行医了。照理他是该离开医院了。当然他也想过留下来继续深造，可他无力支付这笔数目不小的学费。

圣玛丽医学院的病理学细菌学教授顿特，是一位出色的科学家。他的讲课深深吸引着弗莱明，尽管弗莱明的志向是外科而不是细菌学。

当时，医院的射击俱乐部中有个热心的成员弗里曼医生。他为了医院射击比赛的成绩，急急地想方设法要留下弗莱明，为此他使

出浑身解数，在医院里四处活动。他是顿特的下属，知道顿特正好要招聘一个初级助手，弗里曼就向顿特极力推荐弗莱明。就这样，好射手弗莱明成为顿特科室里的新成员，而且很快被顿特的研究所吸引，改变了当外科医生的初衷。他灵巧的动手能力和出色的观察力，也给科里同事留下深刻印象。

十五年过去了，弗莱明在顿特的指导下，成为一个出色的疫菌防治专家。这期间，一战爆发，他跟着顿特，还有弗里曼等医生一起去战地医院抢救伤兵。可是他们对伤口感染无能为力，因为当时没有任何一种抗菌素。大战结束，流行性感冒又席卷欧洲大陆，弗莱明他们又束手无策。有两千多万人死于流行性感冒！

伤口感染的细菌怎样才能杀死，而且又不会同时伤害患者的肌体组织？为什么流行性感冒看起来并不严重，转瞬间却会夺走人的生命？弗莱明一直想解决这些难题。

1921 年 11 月，弗莱明偶然观察到他要清洗的培养器皿中，金黄色的菌丛密布，可在一个角落里金黄色却变成透明了。是什么将这些菌溶化了？噢，想起来了，是几周前自己感冒时一滴鼻涕滴落在这里。弗莱明猛然明白，看来人的鼻涕里含有可以溶化细菌的物质。就这样，弗莱明经过实验，发现人的体液中含有天然抗菌物，他把它取名为"溶菌酶"。这是人类身体防御病菌的第一道防线。弗莱明对"溶菌酶"进行了七年研究。

又一天早上，弗莱明发现他的"溶菌酶"培养器皿里，一种金色的葡萄球菌的一角，又变成透明的了。那是一簇绒毛状的霉菌的"领地"，难道这霉菌也能溶化、杀死金色葡萄球菌吗？弗莱明兴奋地把这个培养器皿拍了张照片，这张照片后来就被大英博物馆收藏了。因为这是人类第一次发现这种霉菌——它含有的杀菌物质就是青霉素。这是值得纪念的 1928 年 9 月的一天。

弗莱明为了试验这种霉菌是否伤害人体，到底又能杀死多少种

病菌，做了大量实验。结果证明，青霉素不损害人体（除了一些对青霉素过敏者以外），而且菌液充分稀释后，仍能杀死金色葡萄球菌等许多过去医生对它们束手无策的危险病菌。

从此，有一段日子里，弗莱明的家人、朋友都感到弗莱明似乎有些古怪。他在各种旧衣服、破皮靴、烂鞋、陈年书画，还有各种会发霉的污物中，以及日常会生霉菌的奶酪、果酱等食品中，寻找各种各样的霉菌。他将它们一一收集起来，放入培养器皿，看这些霉菌能不能像青霉素一样，对病菌有杀灭能力。结果他发现只有青霉素是独一无二的，只有它能杀病菌，而且能杀死那些导致伤兵伤口腐烂的病菌！十四年前，他在战场病房里，就眼睁睁看着那些病菌，凶悍地将一名名伤兵送上死亡之路而无能为力。

弗莱明的发现让医学界欢欣鼓舞。但要把青霉素应用在实际治疗中，还有很长的路要走。

1938年，牛津大学的细菌学家弗洛里和钱恩也加入了对青霉素的研究工作之中。

那时，谁要是来到牛津大学的威廉·邓恩病理学院，就会大吃一惊。一个宽大的实验室里放满了油桶、食品罐头、饼干听、家用浴缸、牛奶搅拌器、冰箱、图书馆的书架，还有医院用的便盆和垃圾箱。它们都被用来培养青霉素，如果不作培养液的容器，它们就成了放置容器的架子。弗洛里和钱恩需要大量青霉素进行研究，并且解决青霉素的提纯难题。

两年后的8月，弗洛里和钱恩把他们在动物小白鼠身上进行青霉素实验的结果，发表在一本医学刊物《刺血针》上。9月，一个年近六十的学者来到牛津大学威廉·邓恩病理学院，他就是读了《刺血针》刊物后，来这里看看情况的弗莱明。弗洛里热情地接待了他，给他介绍。弗莱明不多说话，只是用他的眼睛看这看那，看起来似乎很平静。是否他不高兴了？弗洛里有些不明白。

　　过了一些日子，弗洛里收到从伦敦寄来的包裹，里面是弗莱明赠送的一些能取得高产量青霉素的青霉菌培养物，还附有一封弗莱明写的洋溢着激情的信："这些培养物是给你们的，我亲爱的同事们。你们可以从中提纯出活性要素，然后合成青霉素……"

　　过了一年，就是 1942 年 8 月，弗洛里同样热情地回报了弗莱明。

　　那时，弗莱明眼看圣玛丽医院收下的一个叫兰伯特的病人，由于链球菌感染而患脑膜炎，即将死亡，他想用青霉素试试。弗洛里将自己实验室的全部青霉素都寄了来，并且毫无保留地告诉弗莱明最佳的用药时间。这是弗洛里反复试验的成果呀！而且这些药用完后短时间就不再会有。要生产出这些青霉素光培养菌株就要几个月时间。

　　七天后，兰伯特转危为安。一个月后，兰伯特完全康复，自己走出了医院大门。弗莱明和医院的医生护士高兴得几乎要狂呼了。

　　正是弗莱明、弗洛里和钱恩共同协作，使青霉素成为人类攻克病菌的利器，他们三人在 1944 年共同获得诺贝尔医学奖。

　　人类将不会忘记三位不计私利、苦心研究、不怕失败、齐心协作的科学家。也许弗莱明的发现是出于偶然，当然他留在圣玛丽医院也是偶然，可他的敏锐观察，以及他和弗洛里、钱恩无私合作的高尚品质，必定使他们在追求人生远大目标的道路上，取得卓越的成就。

315

电视机的诞生

美国哥伦比亚电视台有个《我有一个秘密》节目，1957 年里的一天，有个五十岁的老人成为节目的嘉宾。这个名为法恩斯沃斯的老人声称："我的秘密是在 1922 年我十四岁时，我发明了电视机。"

老人得到了八十美元奖金和一纸箱"云斯顿"牌香烟，还有主持人一番空洞的赞扬话。离开节目录制现场时，老人脸上带着一丝笑容。或许，他回忆起自己还是美国爱达荷摩门农场一个十四岁男孩时的情景。

那个时候，法恩斯沃斯是在阅读报刊有关图像传送文章时，对此发生兴趣的。最早的图像传送理论认为：可以将一个图像分成许多小的像素，每个像素由一条单独电路传递，多条电路一起工作，传送的像素便聚合成整个图像。后来又有发明家提出对图像进行逐点扫描的理论。这样的话，只要一条电路就可以传送出去了。这就好比将一座房屋拆成许多砖瓦；而逐点扫描，就是用一辆车分层次地一次就运完砖瓦。

在实践这种理论时，德国发明家尼普科提出用一个转动的圆盘来分解图像的方法。圆盘上有一圈沿螺旋线排列的孔。转动圆盘，每个孔上呈现图像不同的部分，就产生明暗不同的光信号。这些光信号通过光电池转化为电脉冲，图像就转化成可传输的电信号发射出去。接收到的电信号通过光电调制，在接收端设置一个同样转速

的有孔圆盘，就可以再现图像。这个圆盘就被称为尼普科扫描圆盘。后来布劳恩又发明了阴极射线管。法恩斯沃斯对电视发明的贡献，是他提出采用磁化的电子束，但是他的实验进展不快。相比之下，移居美国的俄国发明家兹沃利金干得比他成功。然而第一个实现电视成功扫描、传递播出的，还是英国发明家贝尔德。

那是 1925 年 10 月 2 日，这天，房东威廉先生看到房客贝尔德激动地闯了进来。他对威廉先生说："请您马上到我租的房内来一下。"

威廉原先不想去，他弄不清楚这个头发乱蓬蓬的人又在干什么怪事。好多天了，这个房客不安生地搞了一个又一个圆盘，弄得他租的两个房内都杂乱不堪。

但是贝尔德非常固执，威廉只得跟他进了他的房，只见房内的椅子上放着个木偶。贝尔德抓起那木偶扔在一边，坚持要威廉先生坐在椅子上："请坐一会儿，我马上回来。"

见到贝尔德出了房门，威廉先生就离开那椅子，因为椅子面对几个大聚光灯，人坐一会就热得受不了。

贝尔德离开了这间房，又去另一间房。贝尔德是用自制的扫描圆盘和阴极射线管，试着扫描、传送和接收图像的。威廉先生眼下呆着的那间房是贝尔德的"扫描播放室"，另一间房是他的"接收室"。经过多次实验，今天早上，贝尔德已在"接收室"里，用机器调试后看到"扫描播放室"里那个安放在椅子上的木偶的图像了。他很兴奋，想用真人再试一试，就硬拉来房东威廉。可是他再怎么调试机器，在显像管上还是没见威廉，怎么回事？

贝尔德满腹疑虑地返回"扫描播放室"，一进门他就看到威廉根本没坐在椅子上。他明白了，一定是那聚光灯太强。贝尔德略为调整一下灯光与椅子的位置，又好说歹说地硬把威廉先生按在椅子上："您可千万别离开那椅子！"然后又回到"接收室"。果然，这

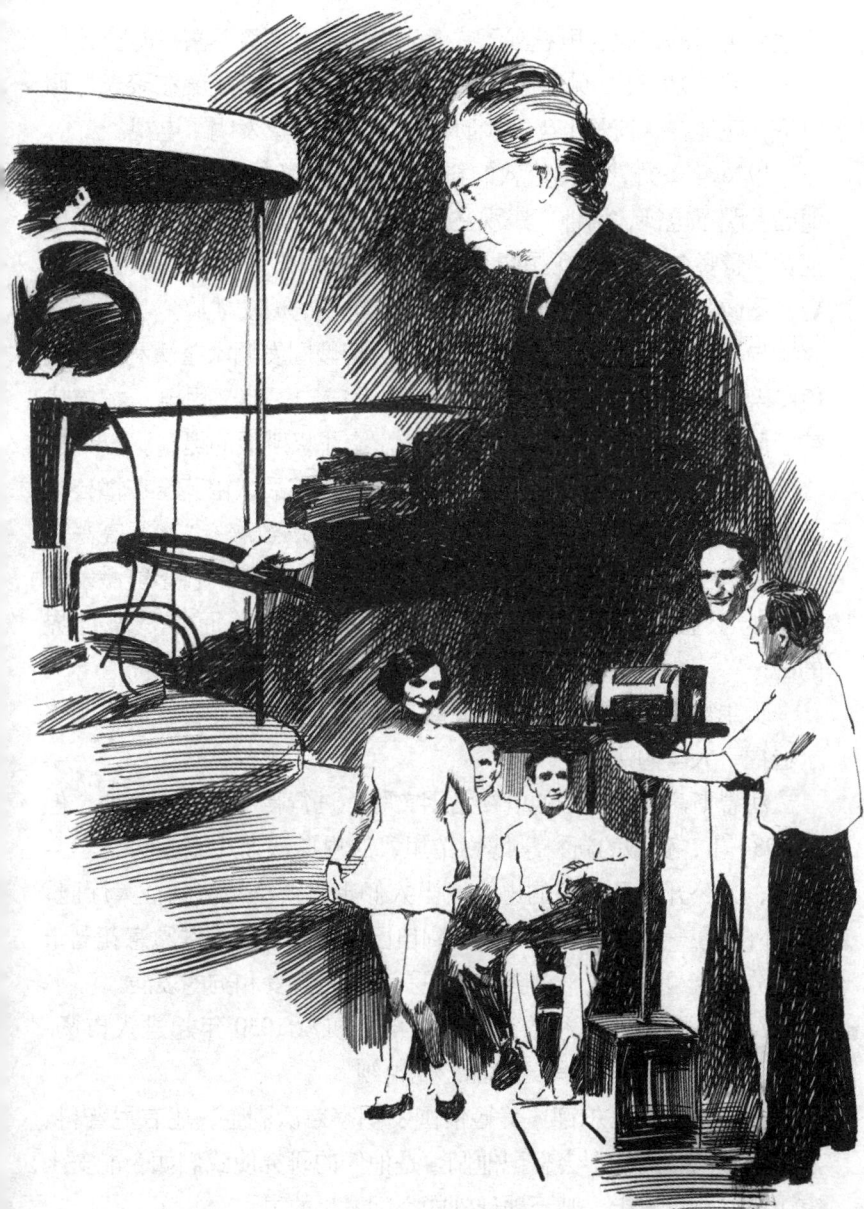

下他从机器的映像管里看到了威廉先生那张神情极不高兴的脸。

"我成功了!"贝尔德兴奋极了。他甚至忘了威廉在聚光灯照射下,还能在这椅子上坐多少时间,因为自己已发明了电视。

1926年1月,英国伦敦的科普协会收到贝尔德的信。信中说,他已发明了电视,请他们来观赏。这些专家到场后吃惊地看到了电视。尽管贝尔德的电视图像是机械扫描,由于当时的阴极管寿命短,图像不清晰,但是这毕竟是第一次电视的成功播放。

与贝尔德同样着迷于电视发明的美籍俄国发明家兹沃利金,在1923年也研制光电摄像管,五年后取得成功。他又用电子扫描代替了尼普科的机械扫描,使图像分辨率有了极明显的提高。

贝尔德的电视经过他的努力改进,在数年后,由英国广播公司举行首次常规性电视播出活动。一位官员当场致辞:"我很高兴来这里对电视试播的第一批观众讲话,我希望这种新的科学能激发一个新的工业的产生。它不仅是不列颠帝国的、而且是全世界的……"

贝尔德则在英国广播公司演播室的角落里,享受自己的发明终于造福于人类的快乐。

法恩斯沃斯在美国的电视发明实验,进行得不如贝尔德快。但是1934年,费城的新科学博物馆里,法恩斯沃斯应富兰克林学会邀请,也公开演示自己的电视。当人们走进博物馆的圆柱大厅时,会意外地在一个小电视屏幕上看到自己的形象。要是谁愿意花七十五美分,就可以进入一个会场,观看荧屏上舞女和狗的表演。

经过不断地研究和改进,黑白电视机从1930年起进入市场。后来,到了1953年,美国试播彩色电视。

英国发明家贝尔德、美籍俄国发明家兹沃利金,还有尼普科、法恩斯沃斯,人们不会忘记他们。是他们的研究使我们如今能安坐家中,看到世界上,甚至地球外的空间发生的事。

316

电子计算机的诞生

长久以来，一个悬念一直萦绕在科学家和发明家的脑海里：我们能够造出像大脑一样工作的机器吗？

十九世纪，英国数学家巴贝奇设计了一部能够自动进行数学或逻辑运算的机器——分析机。由于那个时代的机械工艺水平还不能使一个计算机设计者实现他的理想，所以，巴贝奇没有造出实际的计算机。然而他的想法都留在了精细的设计图上，而且确有惊人之处。他把数据记录在卡片上，在卡片的不同位置上打孔，代表不同的数字，然后把打孔卡送入分析机进行运算。要知道，现代计算机在磁碟软盘出现以前，一直使用在纸带上打孔的方式来输入、输出数据。正因为他设想中的计算机概念与现代计算机的特性极其相似，因此，他被后人视作"计算机之父"。

让人颇有些遗憾的是，在巴贝奇去世后，这个世界等了七十多年才等来了计算机时代的曙光。

二十世纪四十年代初，二战激战正酣。那时，军队的主要武器就是飞机和大炮，如果谁研制出新型大炮，就能赢得战争。因此，美国陆军在马里兰州的阿伯丁设立了"弹道研究实验室"。

美国军方要求该实验室每天为陆军炮兵部队提供六张火力表。千万别小瞧了这六张火力表，它们所需的工作量大得惊人！事实上，每张火力表都要计算几百门大炮炮弹轨迹。

使用当时的计算工具，即使实验室的二百多名计算人员加班加

点工作，也需要两个多月的时间才能算完一张火力表。在"时间就是胜利"的战争年代，这么慢的速度怎么能行呢？恐怕还没等先进的武器研制出来，就已经被人家打败了。

为了改变这种状况，宾夕法尼亚大学莫尔学院的物理学家莫希利于 1942 年提出了试制第一台电子计算机的设想。

美国军方得知后，马上拨款大力支持，成立了一个以莫希利、埃克特为首的研制小组开始研制工作。不久，著名数学家冯·诺依曼加入了研制小组。他对计算机的许多关键性问题的解决做出了重要贡献。

历时两年多，世界上第一台计算机"埃尼阿克"研制成功。1945 年春天，"埃尼阿克"首次试运行成功。1946 年 2 月 10 日，美国陆军军械部和宾夕法尼亚大学莫尔学院联合向世界宣布"埃尼阿克"的诞生，从此揭开了电子计算机发展和应用的序幕。

现在人们常打交道的绝大多数都是个人计算机，它体积小，重量轻，所以在许多人的心目中，可能会想当然地认为最初的计算机也有这么"苗条"。那就大错特错了！第一台计算机"埃尼阿克"可是不折不扣的庞然大物！它采用电子管作为基本电子元件。用了多少个呢？足足有一万八千八百个电子管，而每个电子管大约有一个普通家用二十五瓦灯泡那么大！所以，它和今天的计算机相比，实在是又大又笨——占地一百七十平方米，有好几个房间那么大，重量约三十吨。

"埃尼阿克"这个庞然大物能做什么呢？它每秒能进行五千次加法运算（据测算，人最快的运算速度每秒仅五次加法运算），每秒五百次乘法运算。它还能进行平方和立方运算，计算正弦和余弦等三角函数的值及其他一些更复杂的运算。

这种计算机的速度和今天的高速计算机相比，实在是微不足道。但在当时，它确实是一个奇迹般的创造：它比人工计算快几十

万倍，美国陆军上百名计算人员花几天都算不清楚的大炮炮弹轨迹，它只用三十秒钟就算出来了！

"埃尼阿克"体积庞大，耗电惊人，运算速度不过几千次，但它比当时已有的计算装置要快一千倍，而且还有按事先编好的程序自动执行算术运算、逻辑运算和存储数据的功能。"埃尼阿克"宣告了一个新时代的开始。

人类当然不会满足于此！自第一台计算机问世以后，随着科学技术的飞速发展，计算机的发展发生了日新月异的变化：体积越来越小；速度越来越快；价格越来越便宜；功能越来越强。如今，计算机发展到了第四代，目前正在向第五代、第六代智能化计算机发展。

计算机的广泛应用对人类社会产生了极其深远的影响，人们称它是一场翻天覆地的信息革命。

317

机器人走进人类生活

深夜，主人正在加班，机器人保姆罗伯特还不能休息。突然，它的手机响了。上面显示主人的留言："起风了，给孩子加一条杯子（被子）。"接到命令后，罗伯特轻手轻脚地走进小主人的房间，手里拿着一只杯子……

这虽然是某个电视广告中的情节，然而机器人其实离我们并不遥远，它正一步一步地走进我们的生活。

机器人诞生的历史并不长。1954 年，美国电子学家德沃尔获得了一项"可编程序机械手"的专利，这是一种像人手臂的机械手，它能够按程序进行工作。而程序则可以根据不同工作需要来编制。美国人英格伯格想到，如果能制造出这种机器，就可像人一样干活，从事简单的重复劳动。于是，在 1958 年，英格伯格和德沃尔联手制造出第一台工业机器人，并很快得到了应用。

随后，他们成立了世界上第一家机器人制造工厂——尤尼梅逊公司，并将第一批机器人称为"尤尼梅特"，意思是"万能自动"，英格伯格和德沃尔因此被称为"工业机器人之父"。

"尤尼梅特"的外形不太像人，倒有点像坦克炮塔。它的基座上有一个大机械臂，大臂可绕轴在基座上转动，大臂上又伸出一个小机械臂，可以伸出或缩回。这个机器人的功能和人的手臂功能相似。

以后的数十年，机器人技术的发展突飞猛进，大致经历了三个

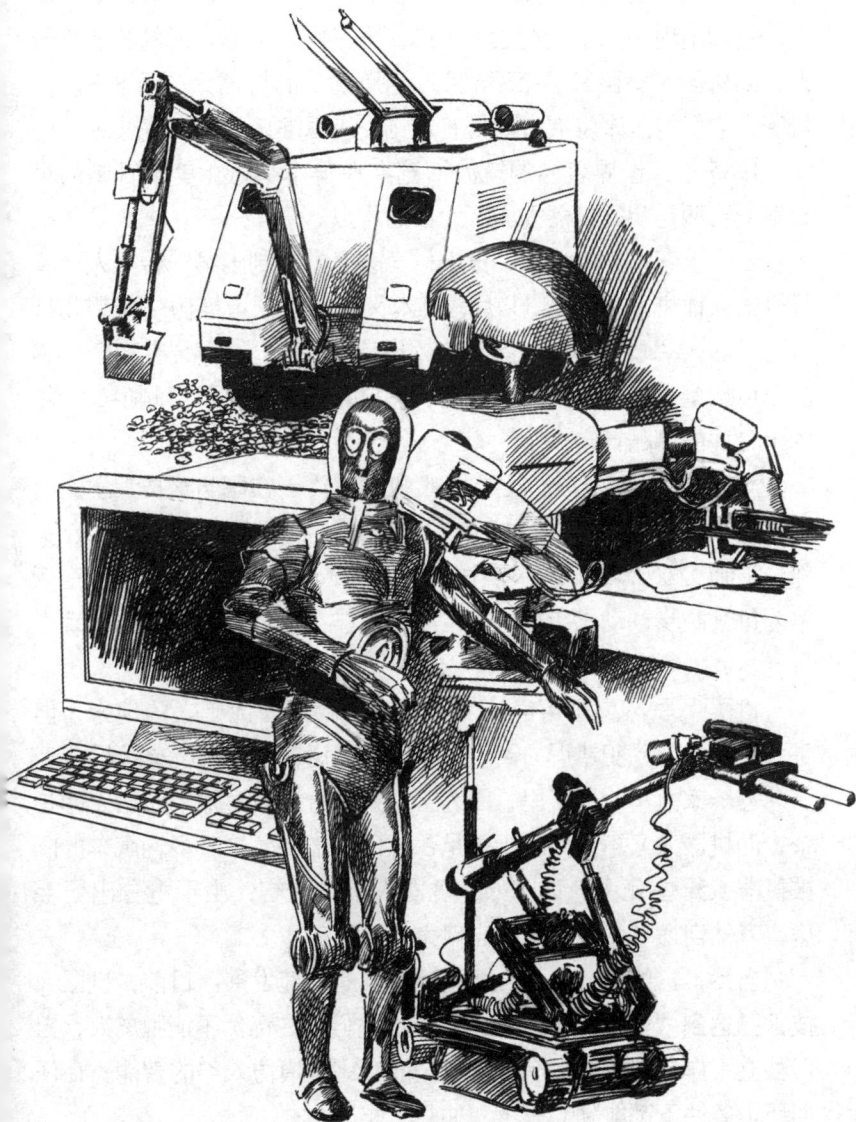

时代。第一代机器人是简单个体机器人；第二代是群体劳动机器人，它们出现在二十世纪七十年代；第三代是类似人形的智能机器人，如机器人女秘书"韦莱利"、会弹钢琴的机器人"瓦伯特"2号等，它们的未来发展方向是有知觉、有思维，并能与人对话。

1985年，世界著名的筑波博览会在日本举行。美国研制的世界第一台两足步行机器人成了大会的焦点。

二十世纪九十年代末，日本科学家率先研制出第一台类人型步行机器人样机。2000年11月，日本又开发成功可模仿一岁婴儿行走的机器人"皮诺"。它全身有二十六个关节，脚心装有一个传感器，可测量重心；眼睛可分辨红、蓝、黄等颜色，可自测距离；能挥手，并能蹒跚行走。

与此同时，中国第一台类人型机器人终于在国防科技大学实验室站起来，走起来。这台机器人具有和人相似的身躯、脖子、头部、眼睛、双臂与双足，而且还具备了一定的语言功能，其行走频率为每秒两步，动态步行快速自如，并能在小偏差、不确定环境中行走。

机器人虽然忠实可靠，工作严谨，有许多优于人的地方，但是，它们也容易犯错误。关于机器人的笑话，一直就没有间断过。

在一家汽车制造厂里，因为管理人员给机器人输入了错误的指令，而机器人又不能判断指令是否正确。结果，一千多辆汽车的门被机器人给焊死了。再比如，机器人踢足球赛，由于电脑出了毛病，竟然自摆乌龙，将球踢进自家大门。

当然，这些小插曲不会妨碍机器人的高速发展。目前，机器人技术已达到"上天入地"的水平，但它们现在仍然不能脱离人，自行独立工作。人们希望有一天它们能够完全模仿人类的智能，在任何环境条件下都能独立思考、独立工作。

318

加加林遨游太空

1961 年 4 月 12 日拂晓，二十七岁的苏联飞行员尤里·加加林准备开始历史上最冒险的一次旅行。几千年来，所有的人都在幻想太空旅行究竟会是什么样的。现在，在这个晴朗凉爽的清晨，加加林将用他的亲身经历去揭开谜底。

在拜科努尔航天发射场上，矗立着一枚巨大的白色火箭，火箭的顶端是"东方号"宇宙飞船。它是世界上第一艘载人宇宙飞船，由球形密封座舱和圆柱形设备舱组成，只能乘坐一名宇航员，总长七点三五米，重约四点七三吨。

一切准备工作全部就绪后，加加林身穿橙色宇航服，头戴白色宇航帽，乘坐汽车来到火箭脚下。他走下汽车，走向领导小组，举手敬礼并庄严地报告："国家委员会主席同志，宇航员加加林上尉准备乘世界上第一艘航天飞船飞行。"

加加林向为他送行的人们挥手致意，然后乘升降机登上了发射平台。在平台上，加加林仰望晴空，心潮澎湃。他想起昨天飞船的总设计师谢尔盖·科罗廖夫对他说的一番语重心长的话："尤里，你真幸运，将从无与伦比的高处观看我们美丽的地球。但是发射和飞行都不会很轻松，你要经受各种考验，还可能遇到未曾预料到的情况……总之，什么都可能发生。可是你要记住，不管发生什么事，我们将竭尽全力支援你。"

加加林定了定神，钻进飞船座舱，躺在一把特制的弹射椅上。

这时电视摄像机打开了，荧光屏上出现了加加林的影像。他面带笑容，满怀信心地向地面指挥中心报告："准备完毕！"

开始三十分钟准备！十分钟准备！！两分钟准备！！！所有的人都屏住了呼吸，发射现场一片寂静。科罗廖夫紧张得都快喘不过气来了，悄悄地吃下了一粒镇静药丸。

莫斯科时间九点零七分，随着"预备——点火"一声令下，火箭抖动着巨大的身躯，拖着耀眼的火柱，缓缓离开了发射架，直冲云霄。透过震耳欲聋的巨响，传来了加加林激动万分的道别声："我去了！"

不一会，第一级火箭停止工作，第二级火箭接着点火。随着火箭速度越飞越快，加加林经受了飞往太空道路上的第一个考验——超重。强大的超重如同一只无形的大手向加加林紧紧地压去、压去，加加林感到头晕眼花，便向地面汇报说："有些难受，但是可以忍耐。"

飞船终于顺利地穿越大气层，进入了环绕地球的飞行轨道。

透过飞船的舷窗，加加林看到了人类的摇篮——地球。他情不自禁地欢呼起来："真是太美了！我看见了陆地、森林、海洋和云彩……"这是太空里第一次响起人类的声音。

后来，加加林向人们描述道：地平线呈现出一片异常美丽的景色，淡蓝色的晕圈环抱着地球，与黑色的天空交融在一起。天空中，群星灿烂，轮廓分明。但是，当我离开地球的黑夜时，地平线变成了一条鲜橙色的窄带，这条窄带接着变成了蓝色，然后又变成了深黑色……

"东方号"以两万八千公里的时速在地球上空静静飘过。座舱里，加加林和所有的东西都处在了失重状态。加加林没有飘起来，他把自己绑在了弹射椅上，而他的笔记本飘了起来，悬在他前方的半空中。加加林想写日记，可是铅笔不知道飞到哪儿去了，只好把

本子放进了宇航服的口袋里。

"东方号"越过苏联、印度、澳大利亚和太平洋，完成了环绕地球飞行一圈的任务。十点二十五分，加加林发动飞船上的制动火箭，使飞船偏离轨道。在地球引力作用下，飞船再次闯入大气层，开始返回地球。加加林透过舷窗望去，飞船简直像一个燃烧的火球。

这时意外发生了。按照计划，设备舱将在十秒后与座舱分离，但是预定时间过后，由于一束电缆没有断开，设备舱并没有完全脱离座舱。飞船疯狂地飞速旋转起来，并以惊人的速度急速下坠。照这样下去，飞船将会像流星一样砸向地面，摔个粉碎。指挥中心的人们都束手无策，科罗廖夫甚至都已经不敢看飞行控制台的显示屏了。

也许是幸运之神总是站在强者一边。十时三十五分，座舱终于与设备舱在旋转中分离开了，但这时已比预定的时间整整晚了十分钟。危难中加加林显出英雄本色，他克服了超重的种种症状，及时向地面发出"一切正常"的信号。

当加加林在七千米的高度顺利跳伞后，科罗廖夫立即给苏联最高领导人赫鲁晓夫打电话报告说："降落伞已打开，正在着陆，飞船正常。"听到喜讯的赫鲁晓夫在电话那头兴奋地大喊起来。

惊心动魄的一百零八分钟太空旅行终于结束了。降落伞带着加加林轻轻飘落在伏尔加河畔的一个村落旁。不远处，一位中年农妇正在干活，她的身边站着一个女孩和一头牛犊。加加林身上稀奇古怪的宇航服把孩子吓坏了，加加林见了一边挥手一边叫喊："请不要怕，我是自己人，是苏联人，是从宇宙飞回来的……"

加加林的壮举使人类数千年的梦想成为现实，标志着人类从此进入了太空时代。为了纪念这个划时代的成就，4 月 12 日成了"航空航天国际纪念日"。

319

"阿波罗"登月

　　1957 年 10 月 4 日，世界上第一颗人造地球卫星由苏联发射成功。第二年的 1 月 3 日，苏联又发射了带着一条狗上天的第二颗人造卫星。

　　眼看苏联在太空科研领域领先，美国政界一片哗然。被称为美国氢弹之父的爱德华·特勒痛心疾首地说："美国输掉了比珍珠港更重要的战役。"

　　尽管美国加快了宇宙太空的科研步骤，在 1958 年 1 月 31 日，也将"探险者一号"人造卫星发射上天，但是在载人宇宙飞船方面仍落后于苏联。1961 年 4 月 12 日，苏联"东方一号"宇宙飞船载着加加林少校进入太空，成为世界第一个太空飞行员，而美国第一艘载人宇宙飞船上天，又比苏联晚了二十三天。

　　这天，美国航天科技界举行一次高级别的会议。会上有个人用带着德国口音的英语说："我们不能老跟在苏联人后面走，应该走自己的路，要抢在苏联人之前把人送上月球……"

　　此人就是入了美国籍的原德国科学家布劳恩。他曾是纳粹党卫军高级军官。1942 年，三十岁的他制造出射程达八十公里的 V－2 火箭，给反法西斯盟军制造了不少麻烦。德国战败后，美国如获至宝，将布劳恩收录为美国航天业科研专家。

　　事实上，从政治与军事因素考虑，美国已下决心在宇航方面超越苏联，于是，1961 年 5 月 25 日，美国总统肯尼迪宣布了在十年

中将美国宇航员送上月球的"阿波罗"计划。

八年过去了。1969 年 7 月 16 日清晨，美国佛罗里达州的肯尼迪航天中心。"阿波罗 11 号"宇宙飞船即将发射。三名宇航员并排躺在指令舱内，他们是飞船指令长阿姆斯特朗、指令舱驾驶员柯林斯、登月舱驾驶员奥尔德林。三个都是三十九岁的同龄人，这次将实现登上月球的使命。

高二十五米、直径十米、重四十五吨的"阿波罗 11 号"宇宙飞船分为指令舱、服务舱和登月舱三部分。指令舱是宇航员工作生活的地方。服务舱下面装着火箭发动机，修正飞船轨道、进入月球轨道及脱离月球轨道、返回地球等等，都得由它来实施。登月舱可以与指令舱对接，是宇航员从飞船到月球的"摆渡船"。

"阿波罗 11 号"将由长八十五米，如同一座三十六层高的大楼似的"土星五号"火箭发射上天。

美国东部时间九点三十二分，"土星五号"点火，火箭下橘红色的火焰与白色的水汽团一齐出现。它托着"阿波罗 11 号"上升，很快从地球上人们的视野中消失了。

美国的休斯顿航天控制中心与"阿波罗 11 号"始终密切联系着。从"土星五号"一、二级火箭的相继脱落，到第三级火箭点燃，"阿波罗 11 号"进入奔月轨道，一切都进行得十分正常。

这一次美国终于超过了苏联。"阿波罗 11 号"登月过程，按计划向地球进行电视转播。在指令舱内负责电视摄像的宇航员柯林斯，突然将摄像机颠倒过来："请大家把帽子抓牢，现在我要把你们翻一个个儿。"

坐在电视机前的地球人都听到了他这句幽默的话，也清晰地看到月球上大大小小的陨石坑、环形山。这时，"阿波罗 11 号"已在进行绕月球飞行，准备登上月球了。

经过七十六小时十六分钟飞行，阿姆斯特朗和奥尔德林已穿上

专用登月服装，打开通道，坐入登月舱。宇航员柯林斯留在"阿波罗11号"内。阿姆斯特朗按照原先计划的时间，启动登月舱的驱动火箭。登月舱与指令舱分离，逐渐降落月球。从这时起按照"阿波罗"登月计划，登月舱以"鹰"为代号，指令舱以"哥伦比亚"为代号，分别与地球上的休斯顿航天控制中心保持密切联系。

眼看离月球距离只有五百英尺，休斯顿航天控制中心提醒操纵"鹰"号登月舱的阿姆斯特朗：再有六十秒钟，燃料将用完！

阿姆斯特朗镇定地用人工操纵杆调整登月舱着陆地点。因为原计划着陆点是一堆巨石，"鹰"号决不能"以卵击石"呀！

燃料耗尽，休斯顿航天控制中心和阿姆斯特朗等人都紧张万分。庆幸的是登月舱终于越过巨石堆、火山口，四只支脚平稳地插入月球表面的尘粒中。登月成功了！

又花了几个小时，经过休息和调整体能、装备后，阿姆斯特朗倒退着钻出登月舱舱门。奥尔德林则用摄像机拍摄他踏上月球的每一刻。

"我现在站在登月舱舷梯的最下面一级板上，登月舱支脚的底盘已陷入月面三四厘米，月面上好像密布着细小的砂粒。景色真美。"阿姆斯特朗这么说道。地球上的人在电视机前也听到他的这番话。随后，人们又看到他小心地用穿着登月靴的左脚踏上月球；然后，右脚也踩在月球上了。这是美国东部时间1969年7月20日二十二点五十六分二十秒，人类第一次登上月球。

阿姆斯特朗用肉眼第一次清晰地看到月球是灰色的，有无数大大小小的陨石坑，还有远方荒凉的山脊。奥尔德林完成了规定的摄像任务和登月舱随时起飞的准备工作后，也走出登月舱，踏上月球。他们俩逐渐适应了在月球上行走，因为月球的引力只有地球的六分之一。

阿姆斯特朗和奥尔德林在月球上活动了两个小时二十分钟。他

们在月球上安置了月震仪、激光仪等专用仪器，在砸进月球表面的一根特制的金属旗杆上展开特制的美国国旗，收集了月球的岩石和土壤的标本。然后他们又将一块不锈钢牌立在月球表面上。这块牌上，是用黑色合成树脂塑料压出来的地球东、西两个半球的平面地图。上面还有一段英文："公元1969年7月，来自行星地球上的人类首次登上月球，我们谨代表人类来这里进行一次和平之旅。"下面署名的是阿姆斯特朗和奥尔德林等人。

1969年7月28日，"阿波罗11号"平安返回地球。这次登月计划的成功，是当代人类科技发展的结晶。尽管促使它实施的直接原因，是当时美苏两国的太空争霸，有强烈的政治、军事因素，但它确实是人类探索宇宙领域未知世界的一个有里程碑意义之举。正如阿姆斯特朗踏上月球时所说的：

"对于一个人来说，这一步是很小的，可对于人类来说，这却是巨大的一次飞跃。"

320

悲壮的"挑战者号"

1986 年 1 月 28 日早晨，美国肯尼迪航天中心的发射场上，"挑战者"号航天飞机迎着凛冽的寒风，昂首矗立在当年发射过"阿波罗"登月飞船的第三十九号发射台上。由于天气出奇的寒冷，加上处理几次意外故障，"挑战者号"已经连续几天推迟发射。然而，严冬的低温并没有降低美国民众的热情，成千上万来自全国各地的人们兴高采烈地站在发射场的看台上，准备现场感受"挑战者号"升空的磅礴壮丽；更多的美国人与世界各地的人们则早早地坐在电视机前，期待着收看"挑战者号"发射时的壮观情景。

自从苏联和美国在二十世纪六十年代先后把宇航员送入太空，美苏两国的太空竞赛你追我赶。

1972 年，美国领先一步，开始研制可以重复使用的航天飞机。

1981 年 4 月 12 日，美国的第一架航天飞机"哥伦比亚号"在肯尼迪航天中心发射成功。以后，美国又相继成功发射了"挑战者号"、"发现号"与"阿特兰蒂斯号"。这些航天飞机能把大量载荷送入地球轨道或带回，可以在轨道上检修卫星，又能像飞机那样在机场着陆。它的问世，是航天事业的一座里程碑。

发射场的扩音器里传来计时的声音："还有四分钟，计时继续进行。"

接着，指挥控制中心发出让宇航员戴上密封面罩的指令。

最后，发射指挥官开始倒计时："十，九，八……三，二，一，

发射!"

　　随着倒计时的结束,上午十一时三十八分,运载火箭的主发动机发出震耳欲聋的轰鸣声,"挑战者"号由火箭背负着,宛如一只巨大的金属鸟腾空而起,直上蓝天。航天中心的看台上顿时欢声雷动,掌声如潮。

　　这是"挑战者号"自 1983 年 4 月 4 日首飞后的第十次飞行,也是美国宇航局的第二十五次载人航天飞行。它还创下了把美国历史上第一位女宇航员赖德、第一位黑人宇航员布卢德、第一位美籍华人王赣骏博士送上太空的纪录。

　　"挑战者号"的机舱里,共有指令长弗朗西斯、驾驶员迈克尔等七名宇航员。其中两位并不是职业宇航员,一位是格利高里,他是专门从事卫星设计的空军工程师;另一位是麦考利夫,来自新罕布什尔州的一名中学教师,她是从全美一万多名应征教师中选拔出来,成为幸运地踏上这次太空之旅的普通公民。在"挑战者号"进入第四天飞行时,热情干练的麦考利夫将在太空通过电视,向全美的几百万中学生讲两堂太空课。

　　此时,麦考利夫的父亲科里根与老伴格蕾丝也在发射场的看台上,他们仰望着越飞越远的航天飞机,为女儿感到由衷的骄傲。

　　时间过去了三十五秒,火箭已经穿过了最危险的对流层,托负着"挑战者号"在空中划出一道清晰美丽的轨迹。它的飞行姿态看上去稳健而正常。在看台的不远处,竖立着一根黑色的圆筒,那是美国宇航局放置的长距离望远镜,它的镜头正随着"挑战者号"的行进轨迹慢慢移动。

　　然而,正当人们以为"挑战者号"发射成功时,灾难降临了。由于发射前连续多天的低温,"挑战者号"右侧火箭助推器连接处的一个环形橡胶密封圈,已经失去了弹性,不再密封。果然,火箭点火后,密封圈因为受热而破裂,造成燃料的不断外泄,到五十九

点八秒时，突然变成一股飘忽不定的火焰。

就在"挑战者号"升空仅仅七十三秒时，发射场看台上的人们眼前亮光一闪，"挑战者号"变成了一团橘红色的火球；两个固体火箭助推器一眨眼脱离火箭，似脱缰的野马，拖着烈火和浓烟直冲地面。就在人们目瞪口呆之余，一声惊天动地的巨响在人们头顶炸开，"挑战者号"航天飞机爆炸了！

指挥控制中心的内部通讯录音带上，记录下了宇航员迈克尔在爆炸前零点六秒发出的最后一声惊呼："哎哟！"接着，在控制中心的大屏幕上，"挑战者号"发来的数据骤然中断，在每个控制台屏幕的中间地带，出现了一个凝固不动的白色"S"，表明与"挑战者号"的通讯联系彻底断绝。

发射场看台上的人们和电视机前的全世界亿万观众，亲眼目睹了航天史上这一惨剧的全过程。片刻的惊愕之后，抽泣痛哭声顿时在看台上响成一片。麦考利夫的父亲颤抖着，紧紧搂住了他那神色悲凄、老泪纵横的妻子格蕾丝。

"挑战者号"的爆炸与七名宇航员的全部遇难，使美国人民陷入了自肯尼迪总统遇刺以来又一次巨大的悲痛中。全国各地纷纷下半旗志哀，教堂响起了哀悼死者的钟声；平时灯火辉煌的纽约帝国大厦当晚全部闭灯，一片漆黑；闻名全球的纽约证券交易所暂停交易；洛杉矶纪念运动场重新点燃了在第二十三届奥运会时燃烧过的火炬，以表达对七位宇航员的敬意和怀念。

在麦考利夫教书的新罕布什尔州康科德中学，刚才还在兴奋地观看电视实况的学生们，面对"挑战者号"突然爆炸的画面，不敢相信他们亲爱的老师就这样走了，忍不住放声痛哭……

美国总统里根宣布：1月28日为全国哀悼和纪念日。

在科学探索的道路上，人类所取得的每一点进步都伴随着艰难坎坷，甚至以牺牲为代价。在"挑战者号"失事之前，苏联和美国

的宇航员都曾由于意外事故而发生过伤亡，但这并不能中止人类探索太空的前进步伐。

在"挑战者号"失事后不久，美国宇航局启动了新一轮的空间探索计划，并招收、培训新的宇航员，全美各地立刻有成千上万的人报名。

321

玻璃金字塔

在法国巴黎市中心的塞纳河北岸，矗立着当今世界上规模最大的艺术博物馆——罗浮宫，人称"万宝之宫"。除了始建于十三世纪的博物馆建筑群本身就是伟大的艺术杰作外，博物馆内还珍藏着四十余万件各时代、各民族的艺术珍品，其中包括举世闻名的罗浮宫三宝：蒙娜丽莎、胜利女神和维纳斯。

长久以来，罗浮宫由于年久失修、设施陈旧，无法达到当今博物馆应该具备的水准，如何更新成为罗浮宫难解的大问题。1981年，法国总统密特朗在一次记者招待会上宣布，法国政府将对罗浮宫进行大规模的改造和扩建，使这个历史悠久的建筑成为真正的现代化博物馆。这就是著名的"大罗浮宫计划"。

消息一传开，立刻引起了世界建筑设计界的关注，全世界一流的设计师都跃跃欲试。谁将成为"大罗浮宫计划"的设计师成了热门话题。

而在法国总统密特朗心中，早已有了心仪的人选。他就是美籍华裔设计大师贝聿铭。

贝聿铭 1917 年生于中国的江南水乡——苏州，后来留学美国攻读建筑，毕业于麻省理工学院和哈佛大学。他的建筑作品没有华丽奇特的外表，以构思严密、设计精细著称。代表作有美国国家美术馆东馆、肯尼迪总统图书馆、北京香山饭店、香港中国银行等。

当时，由于贝聿铭在美国国家美术馆东馆设计中的突出成就，

使他赢得了法国总统密特朗的青睐。

密特朗对贝聿铭说："我想邀请你主持罗浮宫的重建设计。你看怎么样？"

贝聿铭顿时感到一种无形的压力，要知道，罗浮宫可是法国国宝，而且法兰西是世界上最有艺术品位的民族。他沉思片刻后，对密特朗说："给我半年时间，我想一下看看。"

于是贝聿铭将住所搬到了罗浮宫附近。清晨，他在晨曦中观看罗浮宫；中午，他顶着烈日巡游罗浮宫；黄昏，他在夕阳中品味罗浮宫；半夜，他面对繁星俯视罗浮宫。

最后，他对密特朗说："我相信，我可以做。"

1983 年 7 月 27 日，贝聿铭被法国政府任命为"大罗浮宫计划"的设计师。这个结果大大出乎法国人的意料，而更让法国人瞠目结舌的是，贝聿铭把罗浮宫拿破仑广场上的主入口设计成一座透明的玻璃金字塔。

一时间，抗议风潮如火如荼，席卷巴黎。法国民众高呼"巴黎不要金字塔"、"还我罗浮宫"；法国媒体讥讽贝聿铭为"贝法老"；法国文化部部长形容玻璃金字塔是劣质的钻石；法国建筑界认为贝聿铭的设计风格与法国文化格格不入；罗浮宫博物馆的馆长甚至愤而辞职了。用贝聿铭自己的话来说："这简直就像一场战争。"

但是，贝聿铭没有放弃自己的设计，他认为，以简约而富现代感的金字塔作为罗浮宫的主要入口，就像人们由古埃及文明开始，一直探索到近代艺术，具有象征意义。

为了说服高傲的法国人，贝聿铭在拿破仑广场上建造了一座一比一的实体模型，供法国民众评鉴。随着民众对玻璃金字塔的信心日增，反对声浪渐渐退去。

1989 年，玻璃金字塔屹立在拿破仑广场上，将古典与现代完美地结合起来。密特朗总统亲自主持了启用仪式。玻璃金字塔高二

十一点六米，各边长三十五米，采用不锈钢钢架支撑，上面镶满了晶莹透亮的玻璃。它的东、南、北面各有一个小金字塔，对着三个不同的展览馆。周围有三个水池，池面如镜，倒映着蓝天白云和建筑，把建筑与景观融为一体。步入玻璃金字塔，人们可以通过玻璃的自然折光对罗浮宫全貌一览无余。夜晚，灯光映照下的玻璃金字塔更加璀璨夺目，散发出神秘浪漫的气氛。

玻璃金字塔不仅成了二十世纪现代经典建筑之一，而且成为巴黎最具标志性的建筑。法国人称赞它是罗浮宫里飞来的巨大宝石，法国政府为此授予贝聿铭法国最高荣誉奖章。

神奇的因特网

因特网，又称国际互联网。它的出现和迅猛发展，是二十世纪最后三十年中发生在我们星球上的最重要的事件之一。有人甚至把它比喻成虚幻的"第七大洲"，每个人只需敲一下键盘就可进入这个无所不有的美妙世界。

因特网是怎么诞生的呢？因特网起源于美国二十世纪五十年代末用于军事目的的计算机网络。美国原先的军事指挥通信系统是一个中央控制式的网络。美国发现，苏联只需用远程核武器攻击中央控制中心，就能够使整个系统瘫痪。

为了避免出现这种情况，美国成立了国防部高级研究计划署（ARPA），着手研究建立一个分散的军事指挥系统，网络的一部分被摧毁，也不会导致整个指挥系统的瘫痪。为此，科学家巴兰提出一项名叫"分布式通信网络"的研究。

分布式通信网络的基本原理并不复杂，就是排除任何中央节点，而使每个节点都与相邻点连接，构成网状结构。这种军事网络，不设中央控制室，即使是任何一台电脑坏了，其他电脑不受影响。

1968 年盛夏的一天，博尔特·贝拉尼克·纽曼公司（BBN）收到了美国国防部研制阿帕网的标书，要求将不同地点的计算机用通信网络联系起来，以交换数据和文件。BBN 是马萨诸塞州坎布里奇市的一家小公司。有趣的是，BBN 这个小公司收到了标书后，通

过努力而成为因特网的始祖。

工程开始只是进行四台计算机的初步试验。组建阿帕网的重要原理，当然是巴兰的构想——"分布式通信网络"。

1969 年 9 月，第一台阿帕网的计算机——交互式信息处理器（IMP）问世了。首批 IMP 装在斯坦福研究院、加州大学和犹他大学里，阿帕网就此诞生了。

阿帕网的初衷是：让研究人员能通过电话线使用别的大学的计算机，以及那儿的专用软件。但是，很多学者对这种共享计算机资源的方式没有兴趣。

然而，在阿帕网上出现的新现象是系统策划者们始料不及的，科学家们更乐意用这个系统作为进入数据库和交换信息的手段。阿帕网的发展方向被广大用户改变了，原来没想到的事情变得更重要了——人们以交互式方式共同工作，并且方便地进行通信。

1972 年，阿帕网在国际计算机通信会议上进行了演示。工作人员将一台交互式信息处理器搬到华盛顿的一家宾馆，演示了遥控空中交通管制系统，并操纵机器人。从此，人们对计算机网络趋之若鹜，平均每二十天就有一台新计算机加入到各种网络之中。

1973 年，美国国防部开始了一个新的研究项目——INTERNET，也就是"网间互联"，从而导致了因特网的两个基本通信协议的产生和发展，这就是 IP 协议（网络互联协议）和 TCP 协议（传输控制协议）。卡恩等人用好几年时间精心制订的"网络通信协议"（TCP/IP）于 1974 年 5 月发表后，开辟了将全世界更广泛的网络互联的新天地。

八十年代中期，美国国家科学基金会（NSFNET）利用阿帕网技术，另行建立了主要供科研和教学使用的计算机网络——NSF，以这一科学网为主干的互联网络逐渐形成并迅速发展。

1989 年，它正式改名为因特网（Internet）。同年，因特网中最

重要、最受欢迎的领域——万维网（www）诞生，通过它全球各地的用户可以查到极其丰富的信息资料，从文字、图片到声音、影像等一应俱全。

从1991年起，联网的计算机数量每年翻一番。联网的用户越多，信息资源就越多；信息资源越多，凝聚的用户就更多。于是，量变引起质变。因特网终于突破国界，突破行业界限，突破所有的信息屏障，成为全球最大、最有影响的网络，引发了真正的信息革命。

随着因特网风靡全球，因特网的用途也越来越多，几乎深入到人们工作和生活的各个角落。人们只需轻点鼠标或者敲击键盘，就立刻领会到"信息就在指尖上"的神奇。

人们可以在网上通过电子邮件、电子布告栏和聊天室与别人交流、聊天；病人可以在网上接受远在万里之外的专家会诊；求职者可以在网上寻找就业机会；投资者可以在网上进行股票交易和外汇交易；美术爱好者可以在网上参观世界各地的博物馆；家庭主妇可以在网上购买食品、家电和服饰；文学爱好者可以在网上发表自己的作品，阅读各种书籍，还可以在网上购书；经商者可以在网上进行电子商务、网络销售；游戏爱好者可以在网上下棋、打牌、玩网络游戏；体育爱好者可以在网上观看比赛实况；学生可以在网上接受教师和专家的辅导……

因特网正让世界变得越来越小，它的影响遍及人类社会生活的方方面面，并将延续到二十一世纪。难怪有人说："因特网把全球一网打尽。"

323

克隆羊多利

1997 年 2 月，从英国苏格兰首府爱丁堡市郊十公里的罗斯林村庄的生物学研究中心里，传来了一头绵羊"咩咩"的叫声。这叫声吸引了全世界的注意，它的诞生给人们带来的震惊，不亚于第一颗原子弹的成功爆炸。

这头羊的名字叫多利，它看上去与其他的羊没有什么区别，可它是科学家用一颗普通的细胞孕育而成的，是一头没有爸爸和妈妈的羊。

多利的诞生告诉我们，人类可以利用动物身上的一个细胞生产出与这个动物完全相同的生命体。科学家把这种复制的技术叫克隆。

那么，到底什么是克隆呢？克隆就是无性繁殖。比如，每当春暖花开的时候，喜欢养花的人们就会进行植物的扦插。他们剪下一些花草枝条，然后插在泥土里。慢慢地，这些枝条就会成活，这个过程就是"克隆"。

但是，羊是较高等的哺乳动物，它竟然是由一个体细胞克隆而成的，这在自然界可是前所未有的！

培育出多利的"爸爸"，是胚胎学家威尔穆特先生。威尔穆特先生是英国爱丁堡罗斯林研究所的胚胎学家。他出生在英格兰中部城市沃里克，曾就读于诺丁汉大学。他的辅导老师是生殖学界的权威。在老师的带领下，他进入了胚胎学的研究领域。从此，他坚信

"动物的基因技术将是我生命中的追求"。威尔穆特是怎么会想到要克隆羊的呢？这还得从头说起。

科学家试图复制生命的理想，并不是近几年的事。很多年以前，美国康奈尔大学的斯特沃教授将成熟的胡萝卜高速搅拌，获得了单个胡萝卜细胞，将这些单个细胞置于生长培养基里，培育成功了性状完全一样的胡萝卜。以后，科学家又在青蛙、金鱼等较简单的动物身上，进行各种细胞遗传试验。

经历了相当长时间的坎坷的研究历程，到了二十世纪七十年代，从事生物遗传学研究的科学家，终于看到了曙光，克隆动物在实验室里诞生了。

1970 年，英国科学家约翰·格登用细胞核移植的方法，将青蛙的卵发育成了蝌蚪。1979 年，英国剑桥大学的威拉德森首次成功地把绵羊的细胞胚一分为四，分别培育出了四只羊羔。之后，世界上首例用细胞核技术移植成功的哺乳动物是由英国科学家威拉德森完成的。在实验中，他成功地克隆了一头牛。

这个消息传到了威尔穆特先生的耳朵里，他才毅然投入了克隆羊多利的实验。威尔穆特每天在实验室里至少工作九个小时，他率领了一支由十二人组成的科学研究小组，进行无性繁殖的研究，历经三百多次的失败后，终于成功地克隆出了多利。

多利是怎么诞生的呢？多利羊的诞生不是一帆风顺的，科学家克服了许多生物技术上的难题后，才将它"生"出来的。令人惊奇的是，多利竟然有三个妈妈。这是怎么一回事呢？

科学家首先从一只多塞特母羊的乳腺中取出一个乳腺细胞，很明显，它不是一颗卵细胞。这第一位"妈妈"只是多利的母体。因为多利身上的遗传物质是多塞特母绵羊给它的，多利的遗传基因和它完全一样。

多利的第二位妈妈是一只苏格兰的黑面母绵羊，它为多利提供

了一颗卵细胞。这只卵细胞被科学家用极细的吸管，吸出了其中含有遗传物质的细胞核。因此，它只能算是一颗卵细胞的空壳。

科学家把乳腺细胞与卵细胞壳融为一体，并且让它们发育形成具有三十二个细胞的胚胎。当胚胎发育到一定的程度，科学家便将它巧妙地移植到第三只母羊的子宫内，使其怀孕。实际上，科学家将这些胚胎分别转移到十三只待孕母羊的子宫内。

1996 年 7 月，在十三只"代理母亲"中只有一只绵羊经过一百四十八天的怀孕过程，终于生下了一只小绵羊，它就是多利。这第三位绵羊妈妈为多利提供了一个孕育胚胎的环境，多利还只是一个细胞的时候，就借住在这位妈妈的子宫里。

这三个妈妈为多利的诞生做出了贡献，却都不是多利真正意义上的妈妈。

为什么多利羊引起如此巨大的轰动？因为人们清楚地了解到：克隆是一座有待开发的宝库。科学家预言，他们将在不远的将来，借助于克隆技术，不但可以制造出皮肤，还可以制造出耳朵、肝脏等组织和器官，以满足医院医治病人的需要。这种人体换"零件"的情况，就像自行车换零件一样方便，真叫人啧啧称奇。

2003 年 2 月 14 日，世界上第一只克隆羊多利因肺部感染而死亡。它将被制成标本，存放在苏格兰国家博物馆内。

324

征服艾滋病

1981 年，美国洛杉矶的一家医院发现了一位奇怪的病人，他得的是一种罕见的肺炎：卡氏肺囊虫肺炎。这种病只有在免疫功能受抑制的人身上才会发生。后来又陆续有一些类似的患者出现，都是患了只有免疫抑制者才会得的疾病。经过研究发现，这些患者的病都是继发于一种新发现的疾病，因为这种病会抑制患者的免疫功能，所以被称为"获得性免疫缺陷综合征"，英文缩写为 AIDS，音译为"艾滋病"。由于这种病传播得比较快，又缺乏有效的治疗手段，因此造成了恐慌，一时间世人谈"艾"色变。

征服艾滋病之路从对病因的研究开始。1983 年，法国科学家吕克·蒙塔尼和弗朗索瓦丝·巴尔·西诺西找到了艾滋病的罪魁祸首——"人类免疫缺陷病毒"，简称为 HIV。他们因为这个成就而获得了 2008 年的诺贝尔医学生理学奖。

由于 HIV 是一种狡猾多变的病毒，经常产生突变，因此这种病毒对于抗病毒药物都是很快就产生了耐药性，任何一种单独的药物都奈何不了它。科学家们想到，如果把几种不同的药物结合起来用，也许可以减少病毒耐药的可能性。这种治疗方法果然生效了。因为这样做有点类似于用几种酒调成鸡尾酒，所以这种方法又被称为鸡尾酒疗法。这种方法出现以后，艾滋病患者的死亡率明显下降，患者的生命得到了明显的延长。

美籍华裔科学家何大一在鸡尾酒疗法的发明中做出了重要的贡

献。1981 年，不到三十岁的何大一在美国加利福尼亚州西达斯西奈医院当住院医生，在这里，他见到了最初的几位艾滋病患者，并对他们留下了很深的印象。几年后，他来到纽约从事艾滋病研究。虽然几年里相继有一些抗 HIV 的药物问世，但由于病毒变异和耐药的原因，这些药物都没能给治疗艾滋病带来突破性的进展。在临床中，何大一等医生将一种新药与其他的几种老药同时使用时，却发现效果非常好。何大一后来在一次采访中说，由于他本科时先后在麻省理工学院和加州理工学院学习物理，有着扎实的计算功底，这回在医学研究中派上了用场，计算出了不同药物的组合对病毒产生的效果。1996 年，美国《时代周刊》将他评为年度风云人物。

得益于这种疗法的感染者和患者很多，其中包括篮球明星"魔术师"约翰逊。1991 年 11 月 7 日，当时还在美国 NBA 的洛杉矶湖人队打球的约翰逊向世人宣布，他感染了 HIV。得知这个消息后，约翰逊的朋友和球迷们都有着同样的担心：他还能打球吗？他会死吗？

约翰逊暂时退出了 NBA，但他没有放弃训练和比赛，还于1992 年参加了 NBA 全明星赛，并与乔丹等明星组成美国"梦之队"出征巴塞罗那奥运会，获金牌而归。退役后，他开始从商，也取得了成功。1997 年，他体内的 HIV 被控制到了检测不出的水平。尽管医生认为检测不出病毒并不代表体内的病毒已被完全杀灭，但这已经是相当了不起的成就了。这是因为约翰逊从刚发现被感染起，就积极配合专业医生进行正规的药物治疗。另外值得指出的是，约翰逊只是感染了 HIV，而没有发病，这可能也是他治疗效果比较好的原因。

约翰逊的幸运还在于，他开始治疗的这段时间，正是抗 HIV 的药物治疗取得很大进步的时期。而他的医生也都是这个领域的顶级专家，比如何大一。从约翰逊的例子我们可以看出，HIV 感染或者

艾滋病并非无药可救。如果治疗得当的话，感染者或患者的生命可以得到延长，也可以获得很高的生活质量。

但毕竟不是人人都能享有约翰逊那样的医疗条件，因此，尤其在发展中国家，艾滋病的肆虐仍然是一个很大的问题。何况，即使对于约翰逊来说，也还是不能说他体内的病毒被完全清除了；因为，即使感染者体内的病毒已经被控制到检测不出的水平，但如果停止治疗的话，病毒仍然会卷土重来。

包括何大一在内的科学家们并不满足于已取得的成绩，他们从未停止征服艾滋病的努力。新的药物不断被研发出来，又不断地失败。既然单靠药物不能完全杀灭病毒，那么能不能换一个思路呢？比如接种疫苗？毕竟，人类对疾病的唯一一次彻底歼灭战——消灭天花——就是靠疫苗完成的。然而，许多制药企业、实验室、科学家进行了无数次尝试，至今仍然没有一种疫苗能取得令人满意的预防效果。归根结底，还是因为 HIV 的变异太快了。

2010 年，一位被称为"柏林病人"的美国患者引起了医学界的注意。他是一位不幸的患者，因为他身患艾滋病和白血病两大重症；他又是一位幸运的患者，因为他可能是世界上首位被治愈的艾滋病患者。他叫蒂莫西·雷·布朗。2007 年，他因白血病复发而接受了干细胞移植（俗称骨髓移植）。在给他移植的干细胞中，有一种能天然抵御 HIV 的变异基因。移植成功以后，医生惊喜地发现，他的免疫系统功能恢复了，HIV 感染的迹象消失了。医生们在血液病学的权威杂志《血液》上报告了这个成功的病例，认为这位患者的艾滋病被治愈了。

"柏林病人"的奇迹能不能被复制呢？难度很大。首先，干细胞移植仍是一种昂贵而高风险的技术，目前只有在白血病和淋巴瘤患者中使用比较广；其次，具有天然抵御 HIV 的变异基因者并不多，也就是说能提供这种干细胞的人很少。因此，这项技术目前还

不能广泛开展。但无论如何，这为进一步的科学研究和临床治疗提供了新的思路、新的方向。

三十年过去了，人类在与艾滋病的斗争中已经出现了反败为胜的转机。在等待更有效的杀灭病毒的新技术、新药物、新疫苗的时候，人类还在通过加强公共卫生策略、充分运用现有技术的方式来限制艾滋病的传播，比如让更多人能用上抗艾滋病的药物、切断艾滋病的传播途径等。也许，医学科学技术与公共卫生策略结合起来，会是征服艾滋病的可行手段。

325

现代奥运会

1892 年 11 月 25 日，法国教育家、现代奥运会之父顾拜旦在"法国体育运动联盟"成立三周年的纪念大会上，正式提出创办现代奥运会的设想。经过顾拜旦的努力，1894 年 6 月 16 日，七十九名来自法国、英国、美国、希腊、俄国、意大利、比利时、西班牙共九个国家的人士，四十七个团体，在巴黎索邦大学，召开国际体育会议。

6 月 23 号，会议通过了顾拜旦提出的复兴古代奥运会的建议，一致决定：以现代形式每四年举办一次奥运会；为奥运会的举办，建立一个长期存在的委员会，即国际奥委会。大会最后决议：1896 年在雅典召开第一届现代奥运会。这次会议，最后被与会者议定为第一次国际奥林匹克代表大会，而 6 月 23 日则被定为"奥林匹克日"。

中国作为世界大国，自现代奥运会诞生之日起，就与它结下了不解之缘。许多令人难忘的日日夜夜，被永远铭刻在了中国人的记忆中。1984 年 7 月 29 日，就是这众多难忘的日子里，非常值得纪念的一个。

1984 年 7 月 28 日，第二十三届奥运会在美国洛杉矶拉开帷幕。开幕式上，当由二百二十五人组成的中华人民共和国体育代表团，在《三大纪律八项注意》的乐曲声中，踏着整齐的步伐走进体育场时，九万名观众欢声雷动，起立鼓掌，这是新中国运动员第一次参

加奥运会。

圣火点燃，战幕拉开，谁能夺得洛杉矶奥运会的第一枚金牌，成了世界亿万民众关注的热点。

7月29日凌晨四点半，中国射击队的队员们起床，五点开饭，六点准时出发。经过一个半小时的行驶，于七点半到达普拉多奥林匹克射击场。

九点整。三十七个国家和地区的五十五名选手，提着放置手枪的箱子走进了靶棚。中国运动员许海峰沉着地步入自己的四十号靶位。

九点零五分，地线裁判长宣布："装子弹，放!"比赛开始，进行计时。

"砰!""砰!"枪声在靶场骤然响起，可许海峰还没有装子弹，别人都射击十分钟了，他还没有试射。连裁判都为他着急。

此时，许海峰心平如镜。他想，若不是达到最佳状态，绝不能随便射击。

"砰!"许海峰的枪终于响了。十环，开门见喜。

前两组许海峰打了一百九十四环，超过瑞典老枪手格罗纳·斯卡纳克尔五环。第三组前八发许海峰命中五个十环，两个九环，可是突然来了个八环，真是要命! 许海峰搁下枪，悄悄地走开，调整一下情绪。

四组射击，他都是九十三环，他两次离开赛场，进行心理调节。

第五组射击，许海峰心情平静了许多，这一组打了九十五环。前五组平均九十五环，对自选手枪选手来说，是个不坏的平均数。

最后一组射击时，许海峰身后的记者多了起来，他仍不慌不忙地打出十环，再打，九环，九环。这时，身后一片嘈杂，他一分心，连打两个八环! 他放下枪，坐下来，又进行心理调节。这时，

比赛时间所剩无几，其他靶位上的选手，大部分已经射击完毕。

好个许海峰，定神起身，"砰砰"两枪，两个九环。

还有三枪，这每一枪都花费了他全部心血，甚至六次举枪，五次放下，直到找好最佳的击发瞬间，"砰！""砰！"两个十环。

还剩最后一发子弹了。场外的人都知道，瑞典老将格罗纳·斯卡纳克尔已经打完，总环数为五百六十五环，而许海峰五十九发子弹打了五百五十七环。如果许海峰最后一枪是九环，冠军非他莫属。若打中八环以下，他将与金牌失之交臂。

许海峰放下枪，又举起，再放下，再举起。四起四落，把人们的心揪得紧紧的。

这一次，许海峰将枪又举了起来，人们以为他还有可能把枪放下，谁知，枪口骤然向上一跳，枪声响起，九环！经过靶壕裁判长用弹着测量器进行精确评定与核算，裁判长认定签字之后，许海峰的成绩是五百六十六环。他比格罗纳·斯卡纳克尔多出一环，夺得第二十三届奥运会的第一枚金牌！

当国际奥委会主席萨马兰奇亲自将第二十三届奥运会的第一枚金牌佩戴在许海峰胸前时，他激动地说："这是中国体育史上伟大的一天！"

在许海峰实现中国奥运会金牌"零"的突破之后，我国体育健儿们在奥运赛场上继续奋力拼搏，并屡创佳绩。随着改革开放的进一步深入和社会经济的持续发展，中国的综合国力大大增强，为了更好地弘扬奥林匹克精神，为奥林匹克运动在全世界的发展做出应有的贡献，北京于 1991 年向国际奥委会正式递交报告，申办 2000 年奥运会，这也是中国第一次申办奥运会。这次申奥虽然以两票之差惜败，却体现出中国人民对奥林匹克运动的追求和向往。2000 年，北京再次申办 2008 年奥运会。2001 年 7 月 13 日，国际奥委会主席萨马兰奇先生在莫斯科宣布：北京成功当选为 2008 年奥运会

主办城市。

2008 年 8 月 8 日，第二十九届奥运会在北京开幕。本届奥运会的口号为"同一个世界，同一个梦想"（One World, One Dream），设置了三大理念：绿色奥运、科技奥运、人文奥运。在十几天的赛程中，举行了二十八个大项的比赛，共产生三百零二枚金牌，中国获得五十一枚金牌，位列金牌榜第一位。8 月 24 日，北京奥运会圆满闭幕。

从 1896 年第一届奥运会到 2008 年第二十九届奥运会，现代奥运会已经走过了一个多世纪的风风雨雨。如今，它不仅是一项全球瞩目的体育盛会，也成为连接世界各国人民的纽带和桥梁，在维护和平、增进友谊、促进交流等方面发挥着独特的作用。

326

世界博览会

1851 年 5 月，英国伦敦的海德公园内矗立起了一座新颖独特的宏伟建筑。它的外墙和屋顶由三十万块玻璃拼装而成，没有任何多余的装饰，远远望去，整个建筑晶莹剔透、熠熠生辉，犹如梦境中的宫殿。人们无不为之赞叹，誉之为"水晶宫"。

这座水晶宫不是为英国王室新建的王宫，而是为国际博览会特意兴建的展览馆。当时，英国乃是世界的头号强国。为了显示工业革命的成果，为了炫耀大英帝国的实力，维多利亚女王决定在伦敦海德公园举行一次国际博览会。女王还通过外交途径邀请了欧美十多个国家参展。女王的丈夫阿尔伯特亲王亲自主持博览会的筹备工作，他动用了全国的经济力量，为国际博览会布展。在短短八个月内，高达三层的水晶宫拔地而起。

5 月 1 日，维多利亚女王和阿尔伯特亲王乘坐豪华的皇家马车来到水晶宫前，亲自为博览会开幕剪彩。展馆总面积达七万多平方米，里面还有花草树木、流水喷泉，十分气派。在宽敞明亮的水晶宫里集中展出了一万四千余件艺术珍品和工业产品，涵盖了当时工业文明的全部内容。其中，蒸汽机、火车头、水力印刷机、纺织机械代表了当时最高的工业成就。而最抢眼的展品是一块二十四吨重的煤块和一枚来自印度的大钻石。

在一百六十天的展期中，观者如潮，盛况空前，人数多达六百三十万，世界各地的工业巨子和社会名流也纷纷赶来参观。英国人

自豪地声称，这是一次"伟大的博览会"。

因为这一划时代的创举，伦敦水晶宫博览会被后人确认为首届世界博览会。随后，美国、法国等国家为了提升自己的国际威望，也争相举办世界博览会。

为了控制世博会的举办频率和保证世博会的水平，1928 年，一些国家在法国巴黎举行会议，成立了国际展览局，并制定《国际展览公约》，对世博会的举办方法做出了若干规定，如举办世博会要有主题、展示时间不超过六个月等。

世界博览会分作两类。一类是综合性世博会，另一类是专业性世博会。综合性世博会展出的内容包罗万象，一般五年举办一届，如 2000 年德国汉诺威世界博览会。专业性世博会展出的内容要单一些，它以某类专业性产品为主要展示内容，如 1999 年中国昆明世界园艺博览会。

正如"一切始于世博会"所宣扬的理念那样，世界博览会是新科技、新建筑、新发明等各种新事物的舞台。汽车、橡胶、电梯、电话、尼龙等，都是最先在世博会上露面，然后给人类生活带来了巨大的影响。

由于世界博览会具有无穷的魅力，能给主办国创造巨大的经济和社会效益，因此申办世博会的竞争十分激烈。而主办国更是不惜倾全国之力，力争办出与众不同、别具一格的世博会，以树立良好的国际形象，向世界展示本国的综合国力和文化传统。

中国与世博会的关系可谓源远流长。1851 年，徐荣村携"荣记湖丝"在伦敦首届世博会上获得了金奖。晚清时期，一些著名学者、作家和实业家，都不约而同地呼吁要在上海举办世界性的博览会。一百多年后，圆梦时刻终于到来。2002 年 12 月 3 日，经国际展览局大会投票表决，中国上海获得了 2010 年世博会的主办权！

从 2010 年 5 月 1 日开幕至 10 月 31 日闭幕，上海世博会历时一

EXPO
LONDON 1851

百八十四天，共计二百四十六个国家和国际组织前来参展。参观者人数超过七千三百零八万，创下了历届世博会之最。上海世博会以"城市，让生活更美好"（Better City，Better Life）为主题，首创"网上世博会"和"城市最佳实践区"。通过展览，弘扬了绿色、环保、低碳等发展新理念，有力证明了科技是推动社会进步的强大动力，生动展现了人类文明的多样性，充分表明了追求平等和谐是人类的共同愿望。

　　如今的世界博览会不再只是单纯的技术和商品的展示会，它已经成为经济、科技与文化领域内的全球盛会，既是对当下文明的真实记录，更有对未来前景的美好憧憬。

327

风靡全球的世界杯

四年一届的世界杯足球赛，让全世界球迷如痴如醉。

1929 年，经国际足联巴塞罗那会议批准，南美小国乌拉圭获得举办第一届世界杯的主办权。

热情的足球爱好者募捐四十万美元，并且以神奇的速度修建了当时世界上规模最大的可容纳十万名观众的"圣特纳里奥"体育场。

足球发源地欧洲没有急于接受乌拉圭的邀请。因为 1929 年纽约证券交易所倒闭，引起欧洲的经济危机；加上航空还未成为民用，所以欧洲球队要从水路通往拉丁美洲，可谓路途遥远。最后在国际足联主席雷米特的努力下，欧洲的法国、南斯拉夫、罗马尼亚、比利时四国参赛，加上阿根廷、玻利维亚、巴西、智利、墨西哥、巴拉圭、乌拉圭、秘鲁、美国，十三支队伍角逐第一届世界杯。

7 月 13 日比赛开始。比赛分四组进行。半决赛结果，乌拉圭队以六比一胜南斯拉夫队，阿根廷队也以六比一赢了美国队。决赛在阿根廷与乌拉圭队之间进行。这两支队伍碰到一起，真是冤家路窄。原来 1928 年在荷兰阿姆斯特丹举行的第九届奥运会足球决赛中，气势极盛的乌拉圭队以二比一战胜了阿根廷队，夺得金牌。这次双方又在第一届世界杯决赛中狭路相逢，分外眼红。阿根廷人决心雪耻，报两年前的一箭之仇；而乌拉圭队力争利用主办国的天

时、地利、人和之利夺魁，要把金光闪闪的"雷米特杯"抱在怀里。

7月30日清晨，巴拉那河的出海口突然人欢马叫，万众欢腾，阿根廷球迷掀起一股强大的渡河风暴。当薄雾刚从河面上消失，金色的阳光把滔滔河水照得金光粼粼，四万阿根廷球迷从全国各地涌向巴拉那河的入海口，因为从这个入海口到达乌拉圭首都蒙得维的亚的路程最近。他们有的高举横幅，有的手执彩旗，有的吹吹打打，有的乘着船只，纷纷跳下宽阔的大河，球迷在河面上高唱着《不战胜则死亡》的歌曲：

> 前进，阿根廷的战神，
> 安第斯山的女神保佑你，
> 你像一匹骏马，纵横驰骋。
> 用利剑劈杀敌人！
> 不战胜则死亡，
> 家乡的父老用美酒等待着你们胜利凯旋……

为了观看一场球赛，四万阿根廷球迷不顾生命安危，竟然跳下滔滔大河，集体横渡到乌拉圭为球队助威，其场面之宏大，真是天下奇观。

下午，烈日高照，激情澎湃的"圣特纳里奥"球场，纸片乱飞，歌声激昂。南美足坛的一对宿敌终于在蒙得维的亚聚首了。群情激昂的四万阿根廷球迷继续高唱《不战胜则死亡》的战歌，急匆匆赶去"圣特纳里奥"主赛场。而在游牧民居多的乌拉圭，持枪是合法行为。为防止暴力事件，乌拉圭政府加强了安全防范措施，警方出动了两千多名警察，对九百多名观众进行搜身检查，连主裁判约翰·朗格鲁斯也不例外。

　　银笛一响，第一届世界杯决赛在十万名激动若狂的观众面前展开。乌拉圭队虽然占据天时、地利、人和，却踢得不够理想。二十分钟之后，乌队首开纪录，由右边锋先射入一球，但没过几分钟，阿根廷队法国血统的左边锋卡洛斯·奔桑回敬一球，踢成平局。接着，阿根廷队著名中锋斯塔比尔在维布·吉尔穆的配合下，踢进第二个球。上半场阿根廷队以二比一领先，形势对乌拉圭队不利。

　　下半场易地再战，情况发生了变化。只见乌拉圭队如潮水般涌向阿根廷队的球门，发起了强攻。黑人球星安德拉德好像一头怒吼的猎豹，势如闪电，起脚射门，球应声入网，把场上的比分扳为二比二平。乌拉圭队一鼓作气，激情四射，又连进两球，以四比二反败为胜。他们终于没有辜负江东父老的厚望，荣获第一届世界杯的冠军。乌拉圭队队长、右后卫纳茨红光满面，代表全队领取了金光闪闪的"雷米特杯"，并带全队在观众铺天盖地的欢呼声中绕场一周。

　　中国是足球运动的发源地。而现代足球运动起源于英国，后来逐渐传播到世界各地。由于足球运动的迅速发展，国与国之间的比赛十分频繁，1896 年第一届奥运会在雅典举行时，足球已列为正式比赛项目。后来，由于奥运会不允许职业运动员参加，满足不了已经建立职业球队国家的需要，于是在 1928 年第九届奥运会后，国际足联召开代表会议，一致通过决议，举办四年一度的世界足球锦标赛。这不仅满足了人们的愿望，而且对世界足球的发展和提高也起着积极的推进作用。

　　1956 年，国际足联在卢森堡会议上，把锦标赛的名称改为"雷米特杯赛"，以表彰前国际足联主席、法国人雷米特为足球事业所作出的巨大贡献。后来，有人建议把两个名字联系起来，称为"世界足球锦标赛——雷米特杯"；最后，在赫尔辛基的代表会议上，又一次改名为"世界足球冠军赛——雷米特杯"，简称"世界

杯"。

四年一届的世界杯，自1930年举办以来，至2010年已举办了十九届。前十六届世界杯都是在欧洲、美洲国家举办的。2002年，世界杯首次落户亚洲，由日韩两国合办。中国在这次世界杯中首次杀入决赛阶段的比赛。2010年，第十九届世界杯在南非举办，这是非洲国家第一次主办世界杯。

截至目前，历届世界杯冠军皆由欧洲、南美洲国家夺得。其中，巴西队五次捧杯，是史上夺得世界杯次数最多的国家。巴西的"一代球王"贝利是二十世纪最伟大的球员之一，他辗转足坛二十余年，叱咤风云，获得无数荣誉。他四次参加世界杯，三次捧杯，是至今世界上唯一夺得过三届世界杯冠军的球员。

世界杯赛场上风云际会，明星荟萃，除了球王贝利，还有许多著名球星：巴西的"火箭鸟"加林查、德国的"足球皇帝"贝肯鲍尔、荷兰的"绿茵皇帝"克鲁伊夫、匈牙利的"左脚王"普斯卡斯、阿根廷的"球王"马拉多纳、意大利的"忧郁王子"罗伯特·巴乔、法国的齐达内、巴西的"外星人"罗纳尔多、英格兰的贝克汉姆……他们在世界杯的赛场上各领风骚、光芒闪耀，令全世界的球迷为其呐喊，为其疯狂。

328

震惊世界的"9·11"

2011 年 9 月 11 日,"9·11"十周年纪念活动在美国纽约世贸中心遗址、宾夕法尼亚州尚克斯维尔和华盛顿的五角大楼举行。

在纽约阴霾的天空下,遇难者家属含泪在纪念池畔伫立,抚摸着镌刻在纪念池边上的亲人的名字。悼念仪式上,伴随着大提琴声,遇难者家属逐一大声念出近三千名遇难者的名字以祭奠逝者。在五角大楼西南侧的"9·11"纪念园内,美军士兵逐一向代表遇难者的长凳献上花环。纪念园内共有一百八十四条呈机翼形状的长凳,每条长凳上面刻有一名遇难者的姓名。参加悼念活动的人们分别在八时四十六分、九时零三分、九时三十七分、九时五十九分、十时零三分、十时二十八分,向死难者肃立默哀。在十年前的这六个时刻中,数千无辜的生命离开了这个世界。自那一天起,911——这组与美国报警电话号码相同的数字——与灾难和恐怖联系在了一起。

2001 年 9 月 11 日,纽约曼哈顿——这个由无数现代派建筑组成的"钻石森林",在早晨的阳光下闪烁着耀眼的光辉,在作为曼哈顿标志的世贸中心双子楼中,人们也如往常一样专注于自己的工作,一切都是那样的平静有序……直到八时四十六分——随着一声巨响,一切都被改变了。街头的行人惊恐地发现一架巨大的波音飞机一头扎进了双子楼的北楼,浓烟滚滚,霎时间便笼罩住了这座纽约最高建筑的上空。很快,美国各大电视媒体突然中断了正在播放

的节目，转而播出了这幅令世人动容的场景。

然而事情远没有结束，九时零三分，又一架飞机撞上了双子楼南楼的中上部，飞机洞穿大楼，爆炸产生出夺目的火光，双楼摇摇欲坠。恐怖分子撞击世贸大厦时所劫持的两架飞机，分别是由波士顿飞往洛杉矶的美洲航空公司第 11 次航班波音 767 客机和从华盛顿飞往洛杉矶的美洲航空公司第 77 次航班波音 757 客机，两次航班上共一百五十七名乘客和机组人员全部遇难。

三十多分钟后（九时三十七分），在华盛顿，美国国防部所在地五角大楼也遭到一架飞机的撞击，五角大楼的一角立刻被毁。此后，美国总统府白宫附近发生大火，国务院大楼、国会山附近相继发生炸弹爆炸事件。美国的中枢核心遭到前所未有的威胁。恐怖袭击发生后，美国副总统切尼、第一夫人劳拉和国会要人旋即转移到安全地点，政府各部门、各大公司等机构的工作人员也都从办公地点紧急疏散。这架撞向五角大楼的飞机是从华盛顿杜勒斯机场起飞后不久的美国联合航空公司的第 175 次航班客机，机上六十五人全部遇难。

在宾夕法尼亚州，十时零三分，从新泽西州纽瓦克飞往旧金山的联合航空公司的第 93 次航班客机在距匹兹堡东南一百三十公里处坠毁，据事后调查，失事前机上乘客曾试图从劫机者手中重夺飞机控制权。这架被劫持的飞机攻击目标不明，但相信劫机者的撞击目标是美国国会或白宫，该航班四十五人全部遇难。

而在纽约，曾是世界第一建筑的世贸大厦，即那两座一百一十二层、高达四百一十一米的建筑，经一番"挣扎"后，先后于九时五十九分和十时二十八分轰然倒下，尘埃冲天，大地震颤，近三千人葬身于废墟之中，曼哈顿一片世界末日的景象。

这就是震惊世界的"9·11"恐怖袭击。

此次恐怖袭击对美国及全球产生了巨大的影响。这是继第二次

世界大战期间的珍珠港事件后，美国所遭受的伤亡最惨重的一次袭击，更是人类历史上迄今为止最严重的恐怖袭击事件。

在"9·11"事件发生后，美国政府宣布将会对发动袭击的恐怖分子以及保护他们的国家发动军事报复。第一个打击目标就是阿富汗塔利班政权，理由是他们拒绝交出头号嫌犯奥萨马·本·拉登。2001年10月7日，以美国为首的联军，发动了对阿富汗基地组织和塔利班的阿富汗战争，这同时也是世界反恐战争的开始。自2001年至今，美国一直在追捕基地组织成员，直至2011年，在"9·11"恐怖袭击事件过去近十年之后，美国总统奥巴马在当地时间5月1日发表全国电视演讲，宣布基地组织领导人本·拉登被击毙。但是"9·11"事件并未因此而完全结束，这一举世震惊的划时代事件还将在历史中继续产生影响。

329

伊拉克战争与萨达姆的被俘

2003 年 3 月，美国东部时间 19 日晚九时三十五分（伊拉克时间 20 日凌晨五时三十五分），美军战机在伊拉克首都巴格达投下第一枚炸弹。这是美国总统乔治·W·布什对伊拉克总统萨达姆·侯赛因所发出的要求他和他的儿子在四十八小时内离开伊拉克的最后通牒到期的时间。四十分钟后，美国东部时间晚十时十五分，在白宫的椭圆形办公室里，小布什总统面对镜头，发表讲话："我亲爱的美国国民：我们已经开始了对伊拉克的军事行动，我们要解除伊拉克的武装，解放伊拉克的人民，避免世界陷入危险……"美国因伊拉克拥有大规模杀伤性武器（疑似）而发动战争——这是美国正式对伊拉克宣战。而与此同时，白宫后花园的栅栏外已经聚集了十几名反战示威者。他们端着装有蜡烛的纸杯，举着"停止伊拉克战争"的标语牌，在寒风中瑟瑟发抖。

在美国发动旨在推翻萨达姆的战争三小时后，萨达姆身穿军装，头戴黑色贝雷帽对伊拉克全体国民发表电视讲话，痛斥布什是"罪恶的小布什"，并以"你们将战胜敌人"来号召伊拉克人民抗击美国侵略，击败美英联军。

3 月 20 日，以美国和英国为主的联合部队正式对伊拉克开战。澳大利亚和波兰的军队也参与了联合军事行动。美英联军向伊拉克发动了代号为"斩首行动"和"震慑行动"的大规模空袭和地面攻势。在开始阶段，美英联军先后向巴格达、巴士拉、纳杰夫、摩

苏尔、基尔库克、乌姆盖斯尔等十余座城市和港口投掷了各类精确制导炸弹两千多枚，其中战斧巡航导弹五百枚。

但是由于供给线太长和伊拉克方面的抵抗，美英联军"速战速决"的目标未能实现，战争进入了相持阶段。伊军在伊拉克中部的卡尔巴拉、希拉、欣迪耶等地与美英联军展开激战。不过，转机很快出现，美英联军凭借空中优势和机械化部队，兵分几路发起强大攻势，先后攻陷了伊拉克南部的巴士拉等重要城市和战略要地，并对巴格达形成合围。

2003 年 4 月 8 日，美军从北面和南面两个方向向巴格达推进，随后坦克开进巴格达，美军占领了萨达姆城。次日下午三时，随着萨达姆在巴格达的雕像被推倒，美军占领了巴格达，一个时代结束了。伊拉克的政权被摧毁，萨达姆·侯赛因结束了其长达二十四年的统治生涯，下落不明。4 月 15 日美军宣布，伊拉克战争的主要军事行动已结束，联军"已控制了伊拉克全境"。美军胜利了，但也付出了沉重的代价。据美国官方公布，在伊拉克战争中死亡的美军人数为一百二十八人，其中一百一十人阵亡，十八人死于事故。英军士兵死亡三十一人。战争消耗了美国大约两百亿美元。

随后，搜捕行动展开。7 月 22 日，伊拉克总统萨达姆·侯赛因的两个儿子乌代和库赛在住所中被美军击毙。12 月 13 日伊拉克当地时间晚上八时，萨达姆在家乡提克里特被捕。经过一次迅速的DNA 测试，确定是萨达姆·侯赛因本人。2004 年 1 月 10 日，美国正式宣布根据《日内瓦公约》确定萨达姆·侯赛因为战俘。经过多次审判，伊拉克高等法庭于 2006 年 11 月 5 日判处萨达姆绞刑。萨达姆提出上诉，但伊拉克上诉法庭 12 月 26 日宣布，维持萨达姆死刑判决。12 月 30 日，萨达姆被执行绞刑。这位自海湾战争以来就一直引起全世界注意的人物，在政坛上纵横捭阖几十载，历经战火之后，以这样的方式为他的人生画上了句号。

伊拉克战争的硝烟渐渐散去，"倒萨控伊"的目标似乎已经达到，但是美国政府很快发现，他们有可能被拖入了一场旷日持久的游击战中。2010年8月3日，美国总统贝拉克·奥巴马表示，8月底美国部队在伊拉克的作战行动将如约结束。

美国从2003年3月20日入侵伊拉克到2010年8月撤出全部战斗部队，历经七年零五个月。整个过程中，美方近四千五百名军人死亡、三万余名军人受伤、战争开支七千六百三十亿美元、重建费用五百亿美元，伊方同样有大量士兵、平民死亡，数以百万计的难民产生……这些到底意味着什么？这是留给世人的问题。伊拉克战争作为一场引发争议、遭到质疑和反对的战争，在整个世界引起了强烈的震动，产生了广泛而深远的影响，它将长久地给我们带来诸多启示和思考。

330

全球金融危机

华尔街——这条位于美国纽约曼哈顿区，只有五百米长、十一米宽的街道，长期以来被视作美国经济的心脏，一直是一个光芒四射的地方。在华尔街工作过，曾经是众多银行家和白领们引以为荣的资历。但这一切在 2008 年发生了改变。

2008 年 9 月 15 日到 20 日短短的六天，无疑是震撼世界的一周。近两百年来逐渐形成的华尔街金融版图，遭遇了天翻地覆的剧变。破产和另类并购是这一周华尔街的关键词。有着一百五十八年辉煌历史的雷曼兄弟公司轰然倒下，美林集团易主美利坚银行，大摩也传寻求合并，保险巨头美国国际集团不得不依靠政府援手，华盛顿互惠银行也在为避免破产苦寻买主……还有更多坏消息在路上。曾经春风得意、制造着财富繁荣和资本神话的华尔街金融机构，此时正向全球输出着恐慌。此后在投资银行领域，没有人能指望获得同情，人们惊恐地看着华尔街上发生的一切，极尽谴责之能事，声讨它种种劣迹。

这一切的根源是"次贷危机"。次贷即"次级按揭贷款"，"次"的意思是与"高"、"优"相对应的，指较差的一方，在"次贷危机"一词中指的是信用低，还债能力低。次级抵押贷款指一些贷款机构向信用程度较差和收入不高的借款人提供的贷款。与传统意义上的标准抵押贷款的区别在于，次级抵押贷款对贷款者的信用记录和还款能力要求不高，贷款利率相应地比一般抵押贷款高很

多。这是一个高风险、高收益的行业。

"次贷危机"的出现，一方面是美国消费观念的后果：几十年来，美国人不喜欢储蓄，热衷于过度消费，仰仗银行贷款过日子，美国发达、完善的信用体制使几乎所有人的消费都可以靠借钱来完成；另一方面则是房贷坏账的恶果：由于2006年以前，美国住房市场在长达五年的时间里保持繁荣，随着房价不断攀升，市场投机现象越来越严重，贪婪的本性让金融资本家们泥足深陷，不断演绎着"玩弄阴谋、点石成金"的离奇财富故事。在房价不断走高时，次级抵押贷款生意兴隆。即使贷款人现金流并不足以偿还贷款，他们也可以通过房产增值获得再贷款来填补缺口。但当房价持平或下跌时，就会出现资金缺口而形成坏账。

从这个溃点开始，崩塌逐渐蔓延开来。自次级房屋信贷危机爆发后，投资者开始对按揭证券的价值失去信心，从而引发了流动性危机。即使多国中央银行多次向金融市场注入巨额资金，也无法阻止这场金融危机的爆发。直到2008年，这场金融危机开始失控。最初，受影响的公司只限于那些直接涉足建屋及次级贷款业务的公司；然后，危机开始影响到那些与房地产无关的普通信贷，而且进而影响到那些与抵押贷款没有直接关系的大型金融机构。最终，形成了震惊全球的金融海啸。

次贷问题源于美国但冲击广泛，欧洲银行承担了几乎一半的损失。由此引发的银行间借贷的急剧收缩，影响也如海啸般瞬间席卷全球新兴市场。墨西哥比索和巴西雷亚尔剧烈贬值，印度尼西亚股市停市三天。香港和新加坡的投资者游行抗议雷曼迷你债券违约。许多国家都不得不对银行存款进行全面担保。油价一度狂跌至每桶四十美元以下。

自2008年9月金融危机全面爆发后，美国政府为应对危机、支持经济增长采取了一系列措施，无论是从力度还是广度来说，都

堪称二十世纪经济"大萧条"以来最大规模的政府救市行动。2008年10月4日，美国总统布什签署了总额达七千亿美元的金融救援方案。各种救市举措，如国有化、注资、降息以及改变监管措施等多管齐下。

世界各国也纷纷推出各自的经济刺激方案，同时强调要通力协作，共同对抗这场大萧条以来最严重的经济危机。2008年11月15日，来自世界各地的二十国集团领导人齐聚华盛顿，参加2008年金融市场和世界经济峰会，发表宣言，强调在世界经济和国际金融市场面临严重挑战之际，与会国家决心加强合作，努力恢复全球经济增长，实现世界金融体系的必要改革。

时至今日，这场自2008年开始全面爆发的全球金融危机虽然已经结束，但影响并未完全消退，经济修复仍然是一条漫长的道路，等待着世人去探索。

331

抗击 SARS 和禽流感

病毒与细菌一样，看不见，摸不着，但它却与人类如影随形。早在公元前四世纪，古希腊学者亚里士多德就曾记述过因狂犬病毒引发的病症，这可能是人类最早有关病毒的记载。中国南宋陈旉的《农书》里有过关于家蚕"高节"、"脚肿"等病症的记载，现在得知，那是一种叫家蚕核型多角体的病毒在作怪。现今荷兰阿姆斯特丹国立博物馆里，保存着 1619 年荷兰画家画的一幅得病的郁金香静物画，让我们知道了那时存在过一种能引发郁金香碎色病的植物病毒。埃及人在保存至今的木乃伊身上，发现过类似天花的痘痕，而牛痘接种术的出现，雄辩地证明人类在与天花病毒的较量中取得了压倒性的胜利。法国化学家巴斯德从一桶葡萄酒的酿造和变酸过程中，对细菌这种微生物有了切实的了解。从"细菌致病说"到"细菌可灭论"，"疫苗"这个人类的大救星诞生了！

荷兰有位细菌学家名叫贝杰林克，在前人研究的基础上，他将烟草花叶病株的汁液注射到健康烟草的叶脉中，证明了这种病毒具有传染性。他论证出这个病原是一种比细菌还要小的"有传染性的活的流质"，他给病毒起了个拉丁名叫"Virus"（威罗斯），从此病毒学研究开创了自己独立的学术进程。

简单地说，病毒就是一类个体极其微小，结构简单到只含单一核酸，必须在活细胞内寄生并以复制方式增殖的非细胞型的微生物。我国微生物学界的老前辈俞大绂先生将它翻译为"病毒"，即

能够致病的毒物。世界上的病毒千千万万，有的已被人类所认识并且战胜，有的则至今未被认识，有的虽被初步认识却仍旧叫人对它束手无策。

SARS 和禽流感，就是人类在二十一世纪初遭遇过的两种病毒。

SARS 的全称是"传染性非典型肺炎"或"严重急性呼吸综合症"，其病原体是一种"冠状病毒"。它在人与人之间进行传播和感染，导致以发热、干咳、胸闷为主的症状，严重者会出现快速进展的呼吸系统衰竭。

2003 年早春，SARS 病毒席卷全球三十二个国家和地区，中国更成为一个"重灾区"。当时，"非典"突袭北京城，顷刻间大大小小的医院人满为患，全城笼罩在一片恐怖和忧患气氛中。一开始，因为经验不足、防护不到位，进一步造成了严重的交叉感染，并发生了多起死亡事例，连医护人员也未能幸免。

3 月 27 日，世界卫生组织宣布北京为非典疫区。中共中央政治局常委会专门召开了会议，采取应对措施，做出了一系列重大部署，明确要求北京市政府建立防治非典工作的统一领导机制，统一收集、汇总、报告疫情，加强疫情监测，及时准确核实，如实上报。自 4 月 21 日开始，全国实施了每天一次的非典新增病例与疑似病例报告及公布制度。一场全国范围内的抗击非典的攻坚战全面打响了！

大批预防非典的医疗物资，源源不断运往首都。北京确定了六家医院为抗击非典的定点医院。在中央军委的批准下，官兵们又在北京郊区昌平县，仅用了七天七夜的时间，建造起了一座专门收治非典病人的医院——"小汤山非典定点医院"。4 月 26 日，从各大军区抽调的大批医务人员赶赴小汤山。5 月 1 日晚上十点至次日凌晨三点，首都十三家医院的一百五十六名非典病人在警车的护送下，被转移到了这里。据工作人员回忆：那天晚上，不得了呀！警车、救护车的鸣笛声可是整整响了一个晚上啊！

时任广州呼吸疾病研究所所长的中国工程院院士钟南山，最早察觉到了 SARS 病毒的踪迹。广博的医学知识与多年行医经验告诉他，这是一种非常值得关注的特殊传染病。他主动请缨，把最危重的病人往自己所在的医院里送。用他的话来说："我们已经踩到地雷了，还能往何处推？"他积极奔赴各疫区，与国际卫生组织密切合作，为抗击非典立下了汗马功劳。

中央电视台女记者柴静，是最早冒死深入抗击非典第一线采访的人之一。她身穿白色防护服穿行于病房与病房之间，采访者与非典患者的零距离接触，让谈"非典"色变的公众又鼓起了抗击病毒的巨大勇气。

全国人民在情感和心灵的煎熬之中，度过了几十个日日夜夜，直到北京疫情统计首次出现"新收治直接确诊病例为零、疑似转确诊病例为零、死亡人数为零"的三个零记录！

2003 年 6 月 5 日，北京最后一处工地被宣布解除隔离；6 月 19 日北京市大部分医院恢复了正常的医疗秩序；6 月 24 日，北京被世界卫生组织宣布从世界非典疫区的名单中排除；同时，中国其他省、市、自治区的非典疫情也得到了有效控制。

抗击 SARS 的战役虽然取得了决定性的胜利，但人类与病毒的对抗并不能偃旗息鼓。就在 SARS 风波平息后的两年，2005 年，全球又爆发了新型病毒的禽流感。这种新发的传染病，其病原体是一种叫做 H5N1 的病毒。它的传染源主要是病禽或带毒禽类，主要通过空气污染和环境污染对人类进行传播，严重者会出现肺部感染，乃至死亡。2009 年，在美国和墨西哥又发生了人感染甲型 H1N1 流感病毒（猪流感）的疫情。

大自然病毒的变异和发展速度远远超过了人类研制对应药物和疫苗的进程。与病毒的斗争，是全人类面临的一大科学难题。面对病毒的侵袭，对于全人类来说，战斗正未有穷期！

332

世纪灾难——海啸袭击印度洋

早晨的阳光和煦温暖，平静的海水清澈见底，松软的海滩美丽迷人，这是印度洋珊瑚岛国马尔代夫首都马累附近的一处风景名胜。国际影视明星李连杰与他四岁女儿正在临海酒店的外面嬉戏玩耍，尽享天伦之乐。此刻，海水骤然消退，仿佛神灵出现，一下子收走了所有的海水。快艇搁浅在坚硬的海礁石旁，受惊的鱼儿在礁石间乱蹦狂跳。李连杰父女以为是潮水的变化，还不断地为海浪的消失而忘情地欢呼雀跃。但是紧接着海水又突如其来地回涌过来，如同它在一瞬间消失般地突然涌现。一眨眼的工夫，海浪越来越湍急，并以漩涡的形状朝前翻滚。有经验的导游马上尖声高呼："海啸来了，大家快往山上跑！"李连杰见势不好，抱起女儿就往酒店里跑，没跑几步海水便已涌到他的颈部。他用单手将女儿举过头顶，多次失去平衡，栽进水里，拼尽了全身的力气才来到高一点的地方。旁人对他说："没有人知道海水涨到哪里才会停止，你唯一能做的，就是跑得越高越好！"

这段真实的场景，让我们直观地了解了印度洋大海啸的威力。这次海啸之前发生的地震，震中远在距离马尔代夫数千公里外的印度尼西亚苏门答腊岛以北的印度洋海底，震级为里氏9级，是有史以来的第二大引发海啸的特大地震，仅次于1960年在南美洲智利发生的9.5级大地震。

这一天是2004年12月26日。在浩瀚的印度洋上发生的这次

海啸，是世界近两百多年来死伤最为惨重的海啸灾难。海啸使亚洲、非洲的十多个国家遭受影响，其中包括印度尼西亚、印度、马来西亚、斯里兰卡、泰国、孟加拉国、马达加斯加、马尔代夫、索马里、坦桑尼亚、肯尼亚、南非、加纳及塞舌尔等。损失最惨重的当数印度尼西亚。印度洋大海啸共造成近三十万人不幸罹难，称得上是一次世纪灾难。

印度尼西亚苏门答腊群岛位于地球的三大地震板块——欧亚板块、印度—澳大利亚板块和太平洋板块的交界处，人称"太平洋火圈"，天生是一个强震的多发地区，地震和海啸往往不期而至。印度尼西亚的亚齐省省府班达亚齐，全城有三分之二的居民在这次海啸中丧生，因为它离这次地震震中距离最近。海啸来袭时，许多居民逃到城后的一座小山上躲避水魔，此山面积虽然只有一万多平方米，但是，幸运的灾民却依靠它的存在而活了下来。海啸发生三年以后，印度尼西亚政府出资七百五十万美元，在这座小山上建造起一座"海啸博物馆"，让后人永远铭记那儿曾经发生过的世纪灾难。博物馆的建筑外形是一个安放在立柱上的传统木屋，里面有一个有如烟囱般的塔墙，上面密密麻麻刻满了死难者的姓名，每一笔每一画，都如同沉痛悲悼的眼泪！博物馆内还展出了亚齐省在海啸前后截然不同的景象图片，一方面提醒人们不要忘记悲惨的过去，另一方面也是呼唤人们为创造美好明天而奋起。

有一部名为《默哀》的电视纪录片，片头上醒目地写着："献给海啸遇难者！"镜头中出现的许多世界级的旅游胜地，在地震和海啸来袭时，全都变成了死岛。在这百年不遇的"猛兽"来过以后，哀鸿遍野，满目疮痍。海水所到之处，生灵涂炭，物毁人亡，一切如同噩梦。一辆正在行进的火车，突遭汹涌的海浪侵袭，出轨倾覆，个别旅客击碎车窗才得以逃生，但大多数旅客却在拥挤的车厢里与世长辞，路基上留下了无数具尸体。一位名叫亨利的英国旅

客到名闻遐迩的普吉岛度假，刚刚还在与两个同伴说笑聊天，但是，眼睛一眨，便与他们阴阳相隔。亨利举着他与两个同伴先前拍的照片，悲伤地说："死亡可以随时进入我们生命的过程中，人要珍惜生命的每一天、每一分钟！"一对来自美国的夫妇，在海边旅馆遭遇这次海啸，他们亲眼目睹一辆轿车被冲进旅馆的大堂。还未等他们缓过神来，海水已经没到了旅馆二层楼的窗户底下。他们狂奔到旅馆的屋顶，第三波海浪又接踵而至，把他们吓得灵魂出窍！现实遭遇使他们认识到："没有什么比生命更重要的了，而最要紧的就是和家人在一起！"一位法国的服装设计师，在这次地震和海啸中失去了他的妻子和儿子，他在海啸过后，冒着危险到海滩上去仔细寻找，找到的只是满腹悲哀、一腔怨愁，他喃喃自语道："我不知道今后该怎么办……"生活留给他写满痛苦的一页。一对带着孩子的巴西夫妇，所有携带的物品统统葬身海底，但他们的孩子居然幸运地躲过了一劫。他们搂着自己年幼的孩子，欣喜而又悲怆地说道："上帝保留了我们的一切！"他们居住的旅馆无疑未能免受摧残，但在旅馆服务的一位当地人，在死里逃生之后，仍然负责任地给他们找回了两本护照，而这位当地人的家却已经被海水冲得无影无踪。这对巴西夫妇感动得久久说不出话来，他们把可以留下的全部财产全都交给了这位恩人，衷心地祝愿他："一切都会好起来的！"

印度洋大海啸过去之后，全世界的科学家们达成了一个共识，那就是一定要给印度洋沿岸国家研制出预报海啸发生时间、规模和范围的"高科技海啸预警系统"。三年后，这一套由德国牵头研制的"高科技海啸预警系统"终于问世了！它可以将海底发生地震的情况，以及地震是否会引起海啸、海啸的高度估计、到达时间等信息及早地传送到陆上的监测站。

人类无法阻止地震和海啸的发生，但是，终有一天，人类将有效地掌握地震和海啸的活动规律，减轻灾难的后果，尽管要达到这一目标，路途还很长，很长……

333

东日本大地震

日本东北部有一个物产富足、风景秀丽的宫城县，县政府所在地仙台市，曾留下我国大文豪鲁迅先生的足迹。他在弃医从文前，曾在仙台医学专门学校（现东北大学医学部）留过学，那里至今保留着让人感到温馨亲切的鲁迅故居。

就在这个秀美祥和的人居胜地，2011 年 3 月 11 日，日本当地时间下午二时四十六分，在宫城县以东的太平洋海域（北纬 38.1 度，东经 142.6 度），突然发生了一次里氏 9 级的地震，并引发了强烈的海啸！海啸影响到太平洋沿岸的大部分地区，并造成日本福岛第一核电站第一至第四号机组发生核泄漏事故。4 月 1 日，日本内阁会议将此次地震定名为"东日本大地震"。

3 月 11 日下午，对宫城县的居民来说，惊恐的记忆将永远无法抹去。强烈的地震瞬间把他们宁静的生活撕得粉碎，随后的海啸再次把他们的安定和幸福葬入深渊。一辆辆正在公路上行驶的汽车，身不由己地被四米多高的海浪冲向路边护栏，然后随着汹涌的水流向前奔窜。遇到房屋等巨大障碍时，这些汽车甚至停留在了屋顶。

地震发生时，一位三十四岁的司机正在由他操纵的四吨钻机内工作。他回忆道："海啸的速度快得令人难以置信！我眼看周围的小车被海浪冲得无影无踪，我什么事情都不能做，只能把门关死，抓住把柄，听任海浪摆布，随着海浪的翻卷而移动。在海浪深入内陆数公里后，才得以保住一条性命。"宫城县购物中心等许多商场、

会馆内，天花板大量坍塌、剥落，建筑物摇晃的摇晃，倾斜的倾斜，倒伏的倒伏，一片狼藉！

仙台市北面有个叫气仙沼的地方，在海岸上停留的船舶、民房和工厂的槽罐等物，像玩具一般被海浪卷走，夹杂着泥沙、碎石、瓦砾和木片，浩浩荡荡地在街区行进着，毫无阻拦。气仙沼市的名字中有个"沼"字，因为这里生产天然气。这个以轻工业和渔业为特色的小城镇只有七万四千多个居民，地震和海啸过后，此地顿时变成一片火海。海啸冲裂了这个城镇的天然气管道，撞翻了无以数计的油罐车，烈火燃烧不熄，延绵了几个昼夜，整个城镇的住宅区和商业区无一幸免！

东京迪士尼乐园建造在一片填海而成的陆地上，往日里游客熙熙攘攘，一派欢乐祥和之景。地震发生那天，这里共有两万余名来自世界各地的游客。灾祸突然袭来，"欢乐谷"变成了"哀号谷"，游人惊慌失措，四处躲避。近海的强风吹得园内沙尘飞扬，停在车库里的私家车因泥沙淤积而无法动弹。原先光滑如镜的柏油马路，因受强震影响，纷纷隆起；柏油马路被地下渗出的深黑色泥浆浸透，出现了"液化"现象。游客的脚踩在马路上，犹如踩在"果冻"上一般，略加挣扎，还会越陷越深。平时非常悦耳动听的游乐设施的声响已经销声匿迹，代之以因前来救援而盘旋上空的直升机的尖啸声。直升机的声响，虽然有点刺耳，但多少给惊魂未定的游客带来一丝安慰。游客们聚集在灰姑娘城堡前的广场上不能出园，只能靠饼干和凉水充饥度日，并被迫在景区里熬过一夜，直到第二天下午才被接走，逃离了这个伤心之地。一个迪士尼乐园的工作人员无奈地说："当今的日本，就像现在的迪士尼，其受伤的模样真让人痛心不已！"地震还使日本著名的地标性建筑东京塔于塔顶部三分之一处出现了倾斜。

据统计，这次东日本大地震在短短一个月内，就造成了一万四

千零六十三人死亡，一万三千六百九十一人失踪。

地震和海啸造成的灾难还不只是人员的伤亡和物质的毁坏。

同样濒临太平洋海岸、与宫城县毗邻的福岛县，建有世界排名第一的"福岛核电站"之第一站的"福岛县第一核电站"。它位于日本福岛工业区内，是东京电力公司第一座核能发电厂，共有六台机组，均为沸水堆。地震发生时，第一、二、三、四号发电机组，正处于工作状态，而第五、六号发电机组则处于停机状态。受地震影响，正在工作的四个机组，都及时地自动执行了停机程序，但海啸时出现的高达十五米的海浪，越过了核电站内厂区所建的 5.7 米高的堤坝，无情地将安置于地势较低处的柴油发电机组统统淹没，令自动冷却系统无法工作，致使第一至第四机组相继爆炸，造成了最令人担忧的核泄漏事故。核电站周围及相关地区，先后测出了核辐射的量超过正常情况的几十倍、几百倍甚至几千倍！铯－137、碘－131、锶、钌等含量远远超过了正常值。日本政府在核电站及周围设置了二百三十个测量点来测试核辐射的含量，制作了相应的"污染地图"。此次核泄漏事故被世界核能机构定性为危害程度最高的 7 级，等同于 1986 年发生在原苏联切尔诺贝利的核泄漏事故！日本政府采取了一系列抢救措施，每日向国民及周边国家通报防止核泄漏的进展情况。他们还把周边数十公里内的居民疏散到了临时的安置点，组织了数十名专业人士组成的"敢死队"在核电站里坚持冒死工作，使得这次因地震和海啸造成的核泄漏事故，没有演变成一个世界性的大灾难。

东日本大地震是 1900 年以来全球第四强震，它使日本本州岛向东移动了大约 3.6 米；使宫城县牡鹿半岛向东南方向移动了约 5.3 米，同时下沉约 1.2 米。从此以后，福岛第一核电站内的所有六个机组全部废弃，全世界在核能利用方面的思路也面临着新的调整和完善。

334

拉美文豪加西亚·马尔克斯

　　1982 年，"诺贝尔文学奖，授予拉美作家加西亚·马尔克斯"。这一消息瞬间传遍了世界，而中国读者尤其感到振奋，因为历史上的诺贝尔文学奖大多是被发达国家瓜分的，难得光顾发展中国家。于是，一股传播马尔克斯及其作品的热潮在中国迅速兴起。第二年，首届"魔幻现实主义及加西亚·马尔克斯学术研讨会"在中国召开。马尔克斯的代表作《百年孤独》出版了多个中译本，一时间成为畅销小说。

　　说起这位"魔幻现实主义大师"，他的出生时间都像着了魔，一直是众说纷纭。尽管马尔克斯曾在出国护照上自填是 1928 年 3 月 6 日，但他的二弟的生日是 1928 年 9 月 8 日，三妹又紧挨着在一年零两个月后出生。这表明马尔克斯的生年还是 1927 年说比较靠谱。可以确定的是，哥伦比亚阿拉卡塔卡的外祖父家是马尔克斯的出生地。在外祖父的引导下，马尔克斯八岁开始阅读《天方夜谭》，接受阿拉伯神话故事的熏陶。

　　1943 年，马尔克斯到哥伦比亚首都波哥大申请奖学金，就读西帕基拉国立男子中学，开始广泛涉猎文学作品。毕业后，他考入波哥大大学法学系，开始创作短篇小说，中途又辍学干起了新闻。正当校方要对他进行处分时，"波哥大事件"发生，全城一片骚乱进而发展到内战爆发，马尔克斯因此辍学，同时，这件事也促使他看破了政治，毅然选择了文学。离开象牙塔后，马尔克斯开始进入

报界谋生，业余继续短篇与中篇小说的创作。二十七岁时，他重返波哥大，在《观察家报》任记者，并主持影评专栏。翌年，他出版了短篇小说集《蓝宝石般的眼睛》，但因为在报上接连发文揭露被军政府美化的海难事故而被迫离开哥伦比亚，改任《观察家报》驻欧洲记者。

1959 年，古巴革命胜利，马尔克斯受邀前往参加公审古巴人民的敌人。翌年，他就出任了古巴拉丁通讯社记者。可是不久，古巴领导集团发生内讧。马尔克斯不得不在工作一年后辞去拉丁社记者之职，到墨西哥定居，从事文学、新闻和电影工作。这期间，他流亡欧洲时创作的中篇小说《恶时辰》使其获得了埃索文学奖。长年的文学坚持终于有了回报，马尔克斯的文学创作引起了文学研究者的关注。受此激励，马尔克斯再度燃起创作的热情。1965 年 10 月的一个周末，一个灵感清晰地浮现在他的脑海："多年以后，奥雷良诺上校面对行刑队，准会想起父亲带他去见识冰块的那个遥远的下午……"这正是酝酿了十几年的《百年孤独》的开头。

《百年孤独》的创作持续了一年半的时间，1967 年作品出版后，很快行销西班牙语世界，接着便震动了世界文坛。《百年孤独》被誉为"再现拉丁美洲历史社会图景的鸿篇巨著"。作品通过叙述布恩蒂亚家族七代人在马孔多的坎坷经历，构成了一幅反映哥伦比亚乃至拉丁美洲的历史演变和社会现实的缩影。作品充满神秘色彩，人物众多，故事繁复，交错运用夸张、荒诞、象征等多种文学手法，借助巧妙的构思，把现实、神话、幻想杂糅起来，变现实为幻想而又不失其真。作品寓言式地表现了拉丁美洲被排斥在现代文明世界进程之外的百年孤独主题，同时强烈地对应了现代人的内心孤独感。

《百年孤独》为马尔克斯带来了广泛的声誉，但他没有就此停下创作的笔，只有一次例外，那是为了抗议智利军人政权他一度宣

布罢写。1980 年，马尔克斯重返哥伦比亚，应聘《观察家报》。第二年，他因为同情并支持哥伦比亚游击队"M－19"运动而遭到政府的通缉，前往墨西哥避难。此后，他间或去欧洲等地，继续其文学创作，其作品中总是蕴含着挥之不去的"流亡情结"。

获得诺贝尔文学奖后，马尔克斯依旧保持了高涨的创作热情。长篇小说《霍乱时期的爱情》、《迷宫中的将军》、《绑架轶事》相继出版，另外他还创作了中篇小说《爱情和其他魔鬼》等作品，部分新旧创作被陆续改编后搬上银幕。1997 年，他开始着手撰写回忆录《活着为了讲述生活》。两年后，马尔克斯被发现得了淋巴癌，此后他的文学产量骤减。2006 年 1 月，他宣布封笔，一任想象力在心胸徘徊。

335

流行乐天王迈克尔·杰克逊

2009 年 6 月 26 日，噩耗传来，迈克尔·杰克逊因心脏病发作深度昏迷，被送入美国加州大学洛杉矶分校医疗中心，不久该中心正式宣布这位流行乐坛天王级人物不治身亡，时年五十岁。验尸官在尸检后指控迈克尔的私人医生过失杀人，那位私人医生也承认了罪名——过失杀人罪。

巨星陨落，迈克尔·杰克逊的死引发了全球性悲痛，超过十亿人收看了公众悼念告别式的电视直播。无以计数的"粉丝"经历了乐极生悲的巨大情感起伏。就在数月前，一个天大的好消息，曾经引发歌迷的狂喜与无限憧憬。迈克尔·杰克逊在遁世十二年后，宣布将在那年夏天于伦敦举行十场告别演唱会，为其四十多年的演艺生涯画上一个完美的句号。3 月 11 日，演唱会门票开始预售，短短两个小时内，十九万张门票在两百万歌迷网友的争抢下销售一空。主办方与迈克尔当即拍板，决定演出加场。为了尽量满足热情歌迷的需求，增加的场次一路攀升，最终增加到令人难以置信的五十场！就是这样，一百万张门票在四个半小时内也被抢购一空。随后，迈克尔投入了紧张有序的节目彩排活动中，跟随拍摄的影像素材在迈克尔去世后被高价售出，经剪辑播出后，让世人有幸目睹一代天王巨星在梦幻舞台的最后风采。

黑礼帽、惨白瘦脸、大墨镜，脚穿老土的白袜，与有型、亮眼的服饰混搭，迈克尔·杰克逊究竟凭什么让全球歌迷为之疯狂？

迈克尔出生于一个美国黑人家庭，在父亲的一手策划下，他与四位兄长组建了杰克逊五兄弟乐队，初次登台献艺时，他才五岁。那个圆脸庞、留着爆炸头、在台上蹦蹦跳跳卖力演唱的小迈克尔，每每成为舞台的焦点。经过无数次的摔打，小迈克尔的表演才艺突飞猛进，成为杰克逊五兄弟乐队的主唱。然而，父亲的打骂教育给幼小的他造成的心理阴影，却为其以后的怪诞行为埋下了祸根。

杰克逊五兄弟乐队日渐走红，1972 年该乐队到世界各地巡演，所到之处无不引起轰动。前一年的 10 月，迈克尔推出了他的首张个人单曲唱片《必定成功》，一跃成为排行榜上的热门歌曲。那时他才十三岁，这成为其单飞生涯的起点，尽管他并没有马上离开杰克逊五兄弟乐队。

迈克尔的单飞并非一帆风顺，直到 1979 年后他才迎来了属于自己的年代，在流行音乐演唱、舞蹈、作词作曲、唱片制作等方面表现出他全方位的天才。在二十世纪八十年代，迈克尔抓住 MTV开台的机遇，推出了一系列音乐录像带，使他的人气骤然飙升。迈克尔的 MV 高成本、大制作，有完整的故事情节，画面炫彩诡异。比如，《颤栗》MV，幽会的美女突然变身为青面獠牙的吸血鬼，在僵尸群魔乱舞的簇拥下，身穿红皮夹克的迈克尔·杰克逊也如鬼魂附体，且歌且舞，热力四射，唱出震撼心灵的歌词。《颤栗》专辑全球热卖超过了一亿张，创下了人类音乐史上销量最高唱片的纪录，被誉为全世界"最伟大的音乐录像带"。随后，迈克尔又独创了"月球漫步"舞蹈，仿佛挣脱了地球吸引力，看上去既像往前行又似向后退，后来，这也成为他的招牌舞步。从二十五岁起，迈克尔以他的音乐创作实力，一一打破全球乐坛所有的音乐销售和获奖纪录：十九次荣获格莱美奖，二十六次荣获全美音乐奖，三次被迎入摇滚名人堂……三十岁时，"流行音乐之王"的桂冠就戴上了他的头顶。

从 1987 年起，迈克尔开始举办声势浩大的全球巡演。此外，他还拍过电影，关心慈善公益事业。然而，公众对迈克尔的私生活似乎更有兴趣。他曾两次遭到起诉，这成为世人茶余饭后的谈资。尽管最后罪名均不能成立，但其承受的精神压力可想而知。这期间，迈克尔两次失败的婚姻也成为人们议论的话题。对迈克尔的最大误解是有关他整容、"漂白"皮肤的指责。迈克尔在自传中承认自己做过整形手术，那是为了修复演出时鼻骨受的伤，更因为身患白癜风和红斑狼疮，黑色素大量流失，而不得不采取化浓妆和植皮手术的方式来维持肤色的均匀。迈克尔并不想背叛种族，他其实只是一个长不大的孩子，藏身于他的"梦幻庄园"。

别说你没听过迈克尔·杰克逊的歌。1985 年，迈克尔为救济非洲饥民慈善募捐活动参与创作的《天下一家》，在二十年后被中国内地词曲作家申宝峰改编为《爱》，内地及港台上百位明星参与合唱，唱响了中国。

336

动漫大师宫崎骏

2003 年 3 月 23 日晚，第七十五届奥斯卡金像奖颁奖典礼在美国洛杉矶的好莱坞柯达剧院盛大举行。"《千与千寻》，获得奥斯卡金像奖最佳长篇动画片奖！"获奖结果一经宣布，全场响起了雷鸣般的掌声。第一部荣获奥斯卡最佳动画长片奖的日本动画片就此诞生了。《千与千寻》是日本动漫大师宫崎骏的力作，此前已在世界各地摘取了包括第五十二届柏林国际电影节金熊奖在内的多个大奖。这回赢回"小金人"，使宫崎骏的声名进一步盛传欧美，走向全世界。

宫崎骏，1941 年初生于日本东京一个经营飞机工厂的家族。为躲避第二次世界大战的战祸，他们举家移居乡下。童年虽遭遇战乱，但宫崎骏总体衣食无忧，他喜欢涂画军舰、飞机之类的东西。读高三时，他观看了日本首部长篇彩色动画片《白蛇传》，深受震撼，开始转画人物，立志要表现儿童的单纯和大气。怀揣这一梦想，宫崎骏在大学时代一直为当漫画家而努力。大学毕业后，他进入东映动画公司，开始接触动漫制作。然而，他耗时三年参与制作的《太阳王子霍尔斯的大冒险》，却创造了东映票房最差的纪录。

宫崎骏三十岁时离开东映动画，进 A – Pro 打拼，并因为参与电视系列片《鲁邦三世》而迅速蹿红。接着，他又在《熊猫家族》系列中身兼原案脚本、场面设计、原画等数职，初次展现了个人风格。到制作《未来少年柯南》时，宫崎骏已成为一位成熟的艺术家

了。此后，他又经过东京电影新社的历练。1982 年，宫崎骏创作的长篇漫画《风之谷》开始连载。同年底，他开始当自由作家。在一年半里，宫崎骏导演的动画版《风之谷》制作完成，上映后大获成功。

宫崎骏的人生由此发生转机，他和友人共同创办了吉卜力工作室。于是，从《天空之城》到《龙猫》，吉卜力工作室的影响在扩大，迪士尼获得了吉卜力影片的全球发行权。吉卜力趁热打铁，接连推出多部主题深刻的动漫大作。《魔女宅急便》一反传统意义上阴森恐怖的魔女形象，塑造了一个骑扫帚飞行，替人送包裹、帮困救急的可爱小魔女，成为年度最卖座电影。《红猪》里那只自由遨游于蓝天碧波间的活灵活现的红猪，分明是宫崎骏的精神写照，该片同样获得票房佳绩，连斯皮尔伯格的电影《虎克船长》和迪士尼动画《美女与野兽》都不是其对手。然而，岁月不饶人，连年的劳累让宫崎骏不堪重负。在休整了一段时间后，他又重新操刀制作了《幽灵公主》，但在最后半年里，他的右手出现了严重手疾。就在该片的首映式上，宫崎骏宣布从此封笔。

1999 年，年届六十的宫崎骏重出江湖，主持《千与千寻》的导演工作。《千与千寻》的主角是一个女孩千寻，她的父母被变成了猪，她从一个物质世界跌入了一个诡异的精灵世界，只能在神灵浴场打工为生。不同于以往宫崎骏创造的动漫女孩，千寻毫无过人之处，既不漂亮，性格又怯懦，无精打采的神态甚至有些惹人厌。但在劳动的锻炼下，千寻逐渐释放出自己的潜能，她独自出发，克服困境，前往女巫家解除了魔咒，最终展现出超凡的魅力。《千与千寻》于 2001 年中制作完成，然后便发起了强大的宣传攻势，甚至连日本首相都来到该片首映典礼上为其捧场。《千与千寻》超过了《泰坦尼克号》，再次拿下了总票房第一的佳绩，票房收入超过三百亿日元，占到日本动画年度票房总额的百分之六，是一般年度

票房首位作品的十倍。不仅如此，《千与千寻》还在美国、法国等地掀起了热潮，这为它最终角逐奥斯卡金像奖铺平了道路。

尽管在《千与千寻》后，宫崎骏又先后两次宣布退休，然而不久又重新燃起创作的激情。《哈尔的移动城堡》、《悬崖上的金鱼公主》，均受到动漫迷的大力追捧。宫崎骏在动漫电影制作中起到主导的作用，经常是同时担任编剧及导演。由于年事已高，他不能像早期那样亲自审阅每幅画面，但他坚持他的动漫电影采用手工绘制。当然，这并不意味着完全拒绝电脑绘制。对二维电影的坚守，以及大量使用水彩艺术，使宫崎骏的动漫作品明显区别于美国卡通片，呈现出不同的美学追求。

337

脱口秀女王奥普拉

2011 年 5 月 17 日，最后一期脱口秀节目和特别节目《奥普拉惊喜巨献》在芝加哥联合中心录制完毕。众多美国娱乐圈一线明星纷纷登场，向美国"脱口秀女王"奥普拉·温弗瑞表达敬意。奥普拉一袭紫色长裙拖地，向在场的一万三千名观众依依道别，含泪再三致谢："谢谢你们，谢谢你们成为这个不同寻常的夜晚的一部分……你们使我们能够坚持二十五年。"最后录制的节目在当月下旬播出，开播二十五年的《奥普拉·温弗瑞脱口秀》就此画上了完美的句号。

奥普拉·温弗瑞，非裔美国人，1954 年生于密西西比州的一个偏僻小镇。她是私生女，当初取名"奥帕"（Orpah），这原是《圣经·路得书》里一位摩阿布族女人的名字。然而，家人不知道"奥帕"的正确拼写，错将字母"p"放在了字母"r"的前面，于是她的名字最终成了"奥普拉"（Oprah）。

奥普拉的童年充满了艰辛与困顿。她生活在偏僻肮脏的农场，受尽打骂教育，贫民窟的坏风气也熏染了她，使她染上了酗酒、抽烟、吸毒的恶习。她甚至还曾遭到表兄的强暴，尝试过堕胎，最后还是生下了一名女婴，但孩子很快就夭折了。然而，遭遇如此不幸的奥普拉没有就此沉沦下去。她开始发奋学习，获得了田纳西大学的全额奖学金。十八岁那年，她一举摘得了"田纳西州黑人小姐"的桂冠。其实，奥普拉长得并不算美，是其与生俱来的口才让她这

样魅力四射。翌年，她也因此被当地一家电台聘为业余新闻播音员，从而涉足传媒界。

大学毕业后，奥普拉一度在巴尔的摩 WJZ 电视台做晚间六点新闻主持人。由于情感过于充沛，她被指责为"不够专业"。奥普拉的报道风格与外表都让制片人不满意，于是她被派往纽约进行形象包装。结果，对头发进行特殊处理和电烫导致她大量掉发。她失去了原有的工作，只能到另一家电视台与人共同主持早间节目《大家谈》。"A. M. 芝加哥"电视台经理丹尼斯·斯旺森慧眼识英才，1984 年聘奥普拉来主持早间脱口秀节目《早安，芝加哥》。这原是一档半死不活的节目，然而，仅仅一个月后，它的收视率就节节攀升，火了起来。于是，第二年，这档节目正式更名为《奥普拉·温弗瑞脱口秀》。该节目平均每周吸引三千三百万名观众，在一百一十二个国家播出，连续十七年排在美国同类节目之首，世界电视史上最高收视率的脱口秀节目诞生了，"脱口秀女王"诞生了！

"脱口秀"（Talk Show），原本是形容一个人的口才好，后来指称广播、电视的访谈节目。"脱口秀"节目在美国早已是有口皆碑的电视节目形式，并形成了男主持垄断，知识分子之间的报道式谈话的传统节目模式，与普通大众的生活相去日远。奥普拉打破既定成规，为"脱口秀"节目带来了更多率直和真诚。她平易近人，善于倾听，挖掘真情。她与嘉宾或一起抱头痛哭或笑得前仰后合；真情流露之下，奥普拉甚至不怕在镜头面前自揭伤疤。于是，受邀嘉宾的心理防线也自动瓦解了。美国著名影星汤姆·克鲁斯在奥普拉面前公开与新女友的恋情，兴奋得手舞足蹈；美国总统克林顿卸任后，将他与白宫实习生莫妮卡·莱温斯基的事在"奥普拉脱口秀"中和盘托出。

观众与奥普拉之间的心理距离也被拉近了，"奥普拉脱口秀"有时就像一次集体心理诊疗，不时有不良嗜好者在"奥普拉脱口

秀"的影响下改邪归正的例子。"9·11"事件后，奥普拉制作了很多不同形式的节目来讨论这一事件的影响，竭尽所能慰藉人们的心灵。

不断求新求变，维系了"奥普拉脱口秀"的巨大社会影响力。有一次，她在节目中听到有人谈起疯牛病的问题，当即表示自己以后不再吃牛肉汉堡。节目播出后，美国与牛相关的产品的消耗量立即出现了锐减，甚至有下滑了十个百分点之说。有此影响力，说奥普拉为奥巴马的总统竞选出过力，看来也绝非空言。

挟带"奥普拉脱口秀"所带来的人气，奥普拉演过电影，经营过读书俱乐部，又成功创办了《奥普拉杂志》，首期发行量就达到一百万册。四十八岁时，她已成为《福布斯》杂志亿万富翁排行榜上的第一位黑人妇女。2005年度"百位名人"的排行榜上，奥普拉又坐上了头把交椅。经过多年打拼，她已逐步建立起庞大的传媒帝国，与"探索频道"合资成立了"奥普拉·温弗瑞有线电视网"。奥普拉华丽转身，"脱口秀女王"成为了传媒大王。

338

3D 电影的风靡

2009 年末至 2010 年初，一部影片在全球影院震撼上映。观众争先恐后"排长龙"购票，非 3D 版的不看，一票难求之下，转又炒高价票。同时，"3D"一词也重新火了起来。你可以对《阿凡达》的艺术水准持不同看法，然而，不可否认的是，这是一部里程碑式的影片。正如《阿凡达》导演詹姆斯·卡梅隆所预言的那样："2009 年将是 3D 电影的元年，立体电影的时代即将到来。"

那么，什么是 3D 电影？它是怎么走过生命的冰河期，创造属于自己的时代的呢？

3D，是 3 Dimensions 的缩写，三维空间之意。3D 电影，也就是俗称的立体电影。根据"人类两只眼睛的成像是不同的"这一发现，电影科技工作者研究了立体电影摄制技术。其摄制原理是采用两个镜头像人眼那样的拍摄装置，拍摄下景物的双视点影像，再通过两台放映机，将两个视点的图像进行同步放映，从而使两幅略有差别的图像同时显示在银幕上。这时，如果用眼睛直接观看，看到的画面是重叠的，有些模糊不清。要看到立体影像，就必须想办法让左眼只看到左图像，右眼只看到右图像。

为解决这一难题，电影科研人员采取了两个措施：一是在左右两架电影机前各安装一块偏振片，使其产生的两束偏振光的偏振方向互相垂直；二是为 3D 电影观众配发特制的偏振眼镜，使左右两只眼睛只看到相应的偏振光图像。这样，左眼只看到左机映出的画

面，右眼只看到右机映出的画面，立体感由此产生。

世界上第一部 3D 电影《爱情的力量》，诞生于 1922 年。步入二十世纪五十年代，为了与新兴的电视争夺观众，涌现出了一批 3D 影片。《非洲历险记》、《恐怖蜡像馆》、《电话谋杀案》、《黑湖妖谭》等，吸引了大量观众进影院体验这崭新的视觉感受。然而，当时的 3D 技术尚存缺陷，会产生观影不适感；摄制档期又紧，难免粗制滥造；题材局限于恐怖惊悚类，缺乏艺术价值。这些因素叠加，最终使观众厌弃了 3D 电影。好莱坞五十年代的"3D 电影泡沫"终告破灭。

3D 电影由此进入了它漫长的冰河期。不过，在这几十年间，3D 电影科研人员并没有停止钻研与进取。在他们的努力下，3D 技术的"瓶颈"被一一突破，3D 电影科技更趋成熟。电影数字化和高清电影技术的成熟，使电影制作者更理性地看待 3D 技术，不再将它当做噱头与把戏，凡此为 3D 电影的东山再起铺平了道路。

从 1982 年迪士尼推出短片《魔法之旅》为新的起始，《13 号星期五》（第三部）、《大白鲨》（第三集）等片陆续跟进，3D 电影在慢慢复苏。1985 年出品的《魔晶战士》，是世界上首部 3D 动画长片。进入二十一世纪，3D 电影市场陡然升温。2003 年，《非常小特务 3》迅速攻占北美各影院，预示了 3D 电影的巨大市场潜力。2004 年，世界上第一部 IMAX 3D 长片《极地特快》上映，创下票房纪录。2005 年，电影史上第一部数字 3D 电影、迪士尼动画片《四眼天鸡》火爆上映，该片采用了新型投影技术，消除了以往观看 3D 电影容易产生的视觉疲劳。

此后，《贝奥武夫》、《U2 演唱会》、《地心历险记》、《闪电狗》、《大战外星人》、《月球大冒险》、《飞屋环游记》、《冰河世纪 3》等各类 3D 电影不断涌现，一次次冲击人们的眼球。在这种情况下，《阿凡达》的问世既非偶然，又以其极致之作将 3D 电影的复

兴推向了一个新高潮。此后，3D 电影大爆炸：《诸神之战》、《驯龙记》、《暮光之城 3》、《美女与野兽》等等，层出不穷。

中国在 1962 年就摄制了国内第一部 3D 电影《魔术师的奇遇》，后又陆续出品了《欢欢笑笑》、《快乐的动物园》、《靓女阿萍》、《侠女十三妹》等。在新时期，3D 电影在国内大范围的上映始于 2008 年的《地心历险记》。3D 电影的平均银幕票房数是普通影片的十倍，就是说，放映一部 3D 电影就能收回放映设备的投入，于是它大大刺激了国内影院的改扩建。《阿凡达》上映之际，中国已紧随美国成为全球第二大 3D 电影市场。与此同时，国内电影界也加快了 3D 电影的摄制步伐。2009 年，中国第一部真人实景拍摄的 3D 电影《乐火男孩》上映。随后，两部国产动画片《齐天大圣前传》和《麋鹿王》打着"首部国产 3D 动画片"的旗号同日上映。中国的 3D 电影也开始扎堆涌现。

339

太阳系的全新探索

1997 年 10 月 15 日，一枚大力神 IV 型/半人马座火箭从美国卡纳维拉尔角空军基地发射升空，将卡西尼—惠更斯探测器送上了前往土星的旅程。巧合的是，大力神系列火箭的英文名叫 Titan（泰坦），恰好与卡西尼—惠更斯探测器此行的重要目的地之一——土卫六 Titan 重名。

对太阳系的深空探测在经历了二十世纪六七十年代美苏两国太空竞赛的最初疯狂之后，于二十世纪八十年代陷入了一段低潮期，这对深空探测并不是一件坏事。科学家开始真正静下心来，更多地从科学意义的角度出发，认真规划每一次的深空探测任务。卡西尼－惠更斯探测器就是在这样的背景下，在美国航空航天局和欧洲空间局合作下诞生的一项大型探测计划。

土星是太阳系中仅次于木星的第二大行星，明亮的光环是土星最显著的特征，也使它成为太阳系中最迷人的行星之一。光环中最明显的环缝是以发现者——法国天文学家卡西尼的名字命名的，而同名的卡西尼探测器的任务就是对土星系统，包括行星、光环及其卫星，展开全面的探测。

惠更斯探测器则是搭载在卡西尼探测器上的一个小型着陆器，它的目标则更为具体，就是要在荷兰天文学家惠更斯发现的土卫六 Titan 上实现软着陆。土卫六可以说是太阳系中最奇特的天然卫星，从此前飞掠过土星的先驱者号和旅行者号探测器传回的照片上可以

看到，这颗卫星被一层深厚的大气层包裹，这在太阳系的诸多卫星中是绝无仅有的。

经过近七年的飞行之后，2004年7月1日，卡西尼—惠更斯号抵达土星，顺利进入环绕土星的探测轨道，成为有史以来首个人造的土星卫星。那一年的圣诞节，惠更斯号着陆探测器从卡西尼号上分离。2005年1月14日，惠更斯号以每小时2.2万千米的速度冲进土卫六浓厚的大气层中，先依靠与大气层的摩擦来减速，随后打开降落伞，徐徐降落在一片看上去满是鹅卵石的柔软地表上。在长达两个半小时的降落过程中，惠更斯号发回了大量有关土卫六的数据，向科学家揭示了一个与地球极为相似的世界。

在那个平均温度低到零下一百七十摄氏度的寒冷世界里，惠更斯号发现了液态物质在表面上流淌的证据。卡西尼探测器后来的发现更是证明，在土卫六上存在着与地球上一样的降雨过程，而且有江河湖海存在于这颗卫星的表面。当然，在如此寒冷的地方，水不可能仍然保持液态，那些"水"都是液态的甲烷。就像地球上的水通过水循环改造着地球上的地形、影响着地球上的气象一样，甲烷在土卫六上也通过类似的"水"循环，改造着那里的地貌，产生了多变的"气候"。

事实上，科学家对此早有预期。通过分析土卫六上的大气成分，他们之前就已经猜测，土卫六的表面可能会有液态甲烷。正因为如此，他们才专门针对土卫六制定了如此周密的考察计划，并最终证实了自己的猜测。不过，任何一项科学探索都有可能带来意外的发现，卡西尼探测器也不例外。在随后展开的探测过程中，卡西尼发现另一颗卫星的有趣程度丝毫不亚于土卫六。那颗卫星就是此前一直默默无闻的土卫二 Enceladus（恩克拉多斯）。

与直径超过五千千米、覆盖着浓厚大气层、表面还有江河湖海的土卫六相比，直径只有五百千米、看上去普普通通的土卫二，在

近距离考察它之前，实在是引不起科学家太多的关注。但 2005 年卡西尼探测器对它进行了几次近距离飞掠之后，科学家立即被一种神奇的现象吸引了——这颗冰质卫星正不断地从南极区域向外喷射着富含水分的羽状物。这样的喷射表明，尽管土卫二表面上看来并不起眼，它的内部却仍然有着活跃的地质活动。进一步的分析表明，土卫二南极冰层之下，很可能存在液态咸水构成的海洋，甚至有可能孕育出生命。可以说，土卫二是卡西尼—惠更斯探测任务带给我们的最大的意外发现。

时至今日，卡西尼探测器仍在环绕土星运转，并不断地给我们带来新的惊喜，任务期也一再延长，目前预计将继续服役到 2017 年。卡西尼—惠更斯探测任务，其实只是太阳系深空探测全面复苏的一个缩影。在经历了二十世纪八十年代的低谷之后，对太阳系各类天体的深空探测已经全面展开。

伽利略号探测器已经完成了对木星系统的详尽考察，并在前往木星的途中首次实现了对小行星的近距离飞掠，顺道还发现了第一颗小行星的卫星。NEAR—苏梅克探测器首次实现了环绕小行星探测。星尘号探测器首次实现了从彗星附近采样返回。起源号探测器首次实现了太阳风的采样返回。日本的隼鸟号探测器首次实现了小行星采样返回。深度撞击号探测器首次实现了对彗星的撞击。勇气号和机遇号火星车已经成了人类在火星探测历史上的标志性探测器。就连遥远的冥王星，新视野号探测器也正在全速向它靠近中。

人类对太阳系的全面探索已经吹响了号角。仍以土星系统为例，或许用不了多久，人类全新的探测器将再次造访，在土卫六的大气中释放气球长期飘浮考察，到土卫二南极的冰层上展开钻探，甚至潜入冰层下的海洋去找寻生命。

340

"以父之名"——基因技术的突破

孩子是父母生命的延续，对于子代来说，不论是需要有父母双方的有性生殖，还是自给自足的无性繁殖，子代的遗传信息都来自给予他们生命的亲代，所以说子女的生命中写着父母的名字并不为过。当然这个说法只是个比喻，我们并不是像名牌皮包一样满身都长着 LV 组成的小碎花。不过在 2010 年 5 月，这句话已不再仅仅是比喻：一位叫克雷格·文特尔的研究人员带领他的团队合成了"人工生命"——一种遗传信息由电脑设计后人工合成的支原体，并且在合成遗传信息时，将他们的名字签在了"人工生命"的遗传信息DNA 里。

要知道文特尔是怎样在生物体内签名的，还需要从遗传信息是什么说起。我们每个人的每一个细胞中都有本"生命之书"，书名叫做染色体。这本"书"记载着从古至今的遗传信息演化记录，其中真正表意的段落叫做"基因"。最初那属于原始生物的朴素的简洁短章，经过重重修改，层层增删，成为今日千万种飞禽走兽洋洋洒洒的长文；"书"中信息大相径庭，各有所长，但是万变不离其宗，成"书"的语言还是跟当年一样：执行各项生理功能的氨基酸蛋白质，在绝大部分的生物里 (除了线粒体和一些纤毛虫外)，其编码方式都是相同的，让熊猫细胞制造酪氨酸的密码子，在人类细胞里发出的也会是"去造酪氨酸"的指令。因此，对简单生物的研究，其结果可能对于了解人类自身有指导作用，通过研究不同生物之间遗

传信息的异同，也可以了解哪些信息是物种特异的，哪些是必不可少的，比如让熊猫产生伪拇指来握竹子的基因，人类并不需要，但是让熊猫进行能量代谢的基因，人类也不可缺少（虽然可能有细微的变化）。改变或替换这些遗传密码所编码的氨基酸就改变了遗传信息，这就是人工合成生命的基础。

虽然说到"人工生命"会让人联想到弗兰肯斯坦那样的科学怪人，但是文特尔的创造却远没有那么庞大凶猛又神秘诡异。文特尔的研究对象是支原体，支原体是一种非常小的单细胞原核生物，它们的遗传信息单以长度而论的话，只有人类的万分之二。文特尔着眼于这么简单的生物体，是想研究哪些基因决定了生命和非生命的界限。起初他以做减法入手，从支原体的生命之书中撕去一些章节，涂画掉一些段落，让其原本的一些基因不能发挥功能。如果破坏某基因的功能让支原体不能生存，说明这项被破坏的功能是必不可少的；如果支原体并不受影响或者未表现出影响，那么就说明这功能或许是可有可无的。

文特尔小组通过这样的办法，找到了一百多个他们认为是"没有用"的基因，但是这里有一个问题：生命之书的编辑——也即"自然选择压力"——是很偷懒的，它并不会逐字逐句、锱铢必较地推敲每个基因段落，所以在生命之书里，常常会有内容相同或者相近的重复段落（功能冗余的基因），如果一次仅仅去掉一个基因，它发挥的作用有时候可以由其他功能相近的基因补偿，所以并不会对支原体的生理功能造成太大影响，但是如果把所有单独看起来"没有用"的基因都去掉的话，支原体可能会左支右绌，不能存活。因此，单纯做减法有时候会造成误杀，所以，后来文特尔采取了做加法的方式：采用电脑设计多种基因组合方式，并将这些组合基因导入支原体中，看哪种最小组合能够维持支原体的生命。要达到这个目的，他们需要合成大量非常长的 DNA 序列，并且不能有错误，

因为有时候一个碱基出错，整个基因都会失去功能——就像书中一个重要的字出了错，整段文字的语义就都可能发生变化。

研究人员采用先合成五千到七千个碱基的小片段，然后再将这些片段连起来的方法，利用酵母作为合成工厂，成功地制造了含有五十多万碱基的生殖支原体的染色体，并且解决了酵母制造的染色体不能直接被支原体识别使用的问题，这在当时是一项很大的技术突破。

在合成长序列技术日益成熟的同时，文特尔小组在让人造染色体取代支原体自身染色体的工程上也取得了进展。

人造染色体需要这样迂回地"鸠占鹊巢"，是因为在技术上还没有办法从头造出一个细胞，即使是人造生命，也需要利用现成的细胞器。文特尔他们的思路是利用山羊支原体这种细菌作为容器，将人工合成的蕈状支原体的基因放进去，借用山羊支原体的细胞器合成细菌必要的成分以供分裂时使用，等到同时具有原来的自身染色体和加进去的人造染色体的这种细菌分裂后，就会得到一个山羊支原体和一个蕈状支原体。人造的蕈状支原体上有科学家加上去的抵抗四环素的序列，但是山羊支原体没有。当科学家对它们使用四环素时，山羊支原体就死了，人造的蕈状支原体却可以活下来。这样筛选后，文特尔就得到了染色体是由电脑设计且人工合成的蕈状支原体，这些蕈状支原体的生命之书不是传承自远古那绵绵不断的"原始汤"中漂荡着的氨基酸，而是出自洁净无垢的试管和烧杯。它们无父无母，又或者说，有一大群科学家父母。

文特尔合成的这个人工生物，并不是对自然的蔑视和挑衅，因为文特尔并没有制造新物种，人造蕈状支原体的基因组也是参照自然界的支原体的序列构建的。这项成功的意义在于，它推动了染色体长序列合成的进程，证明了即使是看起来不可能人工合成的全基因组，只要有心，其实也是可以实现的。虽然目前成功还局限在单

细胞生物中，但假以时日，一切皆有可能。

在文特尔等人给人造蕈状支原体的染色体中签下大名时，他们同时还写下了三段引语（每个氨基酸以一个英文字母表示），其中一句是"看事物不要只看表面，而要着眼于其可能性"——石油巨头埃克森美孚可能正是看中了人工生物的可能性，于是委托文特尔制造可以吸收二氧化碳并将其转化为燃料的水藻。而人造生物的可能性远不止吸收二氧化碳这么简单，随着各物种的基因秘密被进一步破解，终有一天，只要你敢想，你就可以插上翅膀飞越自然的局限。

341

温暖的困境

2011 年 3 月，一只北极熊的离世前所未有地吸引了人们的目光。

它叫克努特，是德国动物园三十年来第一只人工喂养成功的北极熊。生于 2006 年 12 月的克努特，甫一公开亮相即成为德国的宠儿，环境部长认养它，成为它的监护人，在欧盟成立五十周年之际，它甚至抢去了数国领导人的风头……在短暂的生命岁月中，它雪白的皮毛、粉红的舌头和无辜的眼神像温暖的故事一样安抚人心。

不过，在克努特终生未曾踏足的故土北极，它的兄弟姐妹正因为面临更加困窘的状况而唤起世人的关注：海冰，北极熊大多时候的栖息地以及连同其他北极生物赖以生存的基础，都在渐渐消失。

动物保护者和生物学者担忧，这些憨态可掬的动物的可栖息居所将变得越发局促，他们忧心这些大多数时间在海冰上度过的动物，将越来越难以在海冰上狩猎到足够的食物以便储存足够的脂肪来应对饥肠辘辘的无冰期。

而气象研究专家的担忧则更深一层：虽然海冰的增减并不会对海平面的变化构成直接影响，但与人们普遍忧虑的"冰盖融化引起海平面上升"相比，海冰消失更值得担心，因为这并不仅仅是对气候的一种响应，还会反过来影响气候——随着海冰融化，海水面积逐渐扩大。比起海冰，海水对太阳能的反射作用大大降低，原本可

以把百分之八十的太阳能反射回宇宙，现在却只能反射回百分之五，其余的则被海水吸收并存储。但最终这些热量将被释放到大气中，加剧大气变暖，进而又导致海冰变薄变少——如此往复，形成恶性循环。

对北极海冰的命运，大多数科学家都报以不乐观的态度。美国国家航空航天局（NASA）以及国家冰雪数据中心（NSIDC）的研究认为，北极夏季融冰期正在显著地变长，从 1979 年到 2007 年，北极的持续融冰期的天数平均每十年增加了 6.4 天。而根据卫星观测数据，1979 年以来，夏季依然存在的冰的数量在减少，过去十年减少的速度尤其快。来自计算机模型的预测结果显示，海冰将持续融化下去，对"何时会完全无冰"通常的预测结果是在 2040 年到 2100 年之间。

虽然科学家就具体的无冰时间尚未达成共识，但可以肯定的是，不同模式的研究结果都指向一个结论：造成二十世纪晚期全球气温上升的主要因素是人类活动的影响，而非单纯的自然因素。联合国政府间气候变化专门委员会（IPCC）于 2007 年发布的最新气候变化报告中提到："具有很高可信度的是，自 1750 年以来，人类活动的净影响已成为变暖的原因之一……过去三十年以来，人为变暖可能在全球尺度上已对在许多自然和生物系统中观测到的变化产生了可辨别的影响。"

大气中的温室气体含量增加，是引起升温的主要原因。除了最著名的二氧化碳，温室气体还包括甲烷、一氧化二氮、臭氧和氟利昂等等。它们的来源极其广泛，化石燃料的大量燃烧、饲养的反刍动物排泄的气体，或者废旧冰箱回收时的泄漏。

关于全球升温，已经有很多可见的变化在提醒人们：积雪消融，冰川湖泊面积在增大，冻土区的土地因为暖化而变得不稳定，春季在提前，树木出叶和鸟类迁徙的时间都在变化……还有很多变

化和人类生活密切相关：频繁的热浪导致死亡，冰川融化加快带来更大的山洪风险，一些地区传染病的传播媒介也有了变化，大多数都是负面的影响。

目光重新转回北极。研究者发现，北极熊的身躯不复往日的硕大，而且母熊的分娩次数和产崽数目也在减少，存活下来的幼熊也越来越少，北极熊的种群在减少，甚至由于食物的匮乏，上演着同类相残的悲剧……北极熊专家安迪德·罗契尔曾指出，如果人们再不正视全球暖化，北极熊绝种是早晚的事；"有人认为它们会变成陆上动物，但研究显示，如果栖息地消失，北极熊也会消失"。

如果将来我们为后代讲一个故事，会是"从前，有只叫克努特的北极熊"还是"从前，有一种动物叫北极熊"？听起来，还是前者令人欣慰得多。

342

全民互联网

谁能想到，一些毫不起眼的线缆组成的互联网，在短短数十年里其影响竟然席卷了整个世界：视频、音乐、书籍、银行……飞速发展的互联网已经渗入了生活的方方面面，强烈冲击甚至彻底改变了人类社会的一些传统生活方式。可以说，无处不在的互联网已经把原有的地球版图生生扯裂，将地球文明进行了一次大规模的重构。

互联网为世界带来了巨大的震撼。在现实社会之外，几乎每个人都有着一个或几个网络身份。但互联网的一些缺陷也广受人们诟病，比如网瘾。数据显示，越来越多的网民沉迷其中，全球各国网民人均每周挂在网上十多个小时，二十五岁以下的年轻人更是把大约百分之三十六的空闲时间都贡献给了网络。进入互联网时代的人类还遭遇到前所未有的道德困境，不绝于耳的虚假新闻、屡见不鲜的诋毁和谩骂、轻而易举的剽窃和抄袭……这些低成本的丑恶行为放大了现实中的人性缺陷，如何走出虚拟世界的道德真空，应该成为所有人重视的问题。此外，网络威胁也真实存在着，垃圾邮件、电脑病毒、银行账户被盗等现象无时不在提醒用户，隐藏在电脑屏幕背后的是怎样一个危机四伏的复杂世界。更严峻的是，我们除了担忧数据泄露，还要时刻防范恐怖袭击对公共安全造成的危害，而互联网全方位开放的运营方式，恰恰给破坏性网络攻击提供了足够的机会——只要有电脑和互联网，黑客就可以不费一兵一卒地进行

远程破坏。

但与此同时，互联网也为我们的生活创造了无数便利。在这个平台上，你可以搜索并存储信息、随时随地发表自己的言论、与熟识的朋友或陌生人交流思想、进行网上购物等等，它让我们充分享受到了足不出户的便利生活。很难想象，如果没有了互联网我们该怎么办？不计其数的数据也向我们表明，互联网的巅峰还未到来，其迅猛发展已是大势所趋。

事实上，在刚刚过去的二十一世纪的第一个十年中，互联网走上了一条全民化的道路，这主要得益于技术的飞速进步。计算机技术的快速发展使得互联网服务提供商与用户的硬件处理能力大幅提高，而成本则直线下降。在网络接入方面，随着光纤传输的普及和通信运营商们在网络基础建设上投注的巨大热情和资金，网络速度大大提高，上网成本直线下降。其次，那些成长于互联网新兴时代的孩子已经开始步入社会，他们对于互联网有着深厚的感情，其中一部分人更是将自己的职业生涯奉献给了这项令人激动的技术。

曾经被称为"虚拟世界"的网络不再是虚拟的了，它早已成为现实世界的一个重要部分。记得互联网兴起之初，常常有志愿者跳出来挑战一次网络生存，比如只依靠互联网生活三天。而在电子商务普及的今天，没有人再会把这种行为称为"挑战"，因为电子商务已经触及生活的各个角落，几乎将所有商品一网打尽，网购早成为很多人的日常生活习惯。

网站也出现了更多形式，比如更注重用户交互作用的 Web2.0。它的出现使用户在浏览网站之余，还能制造网站内容。用户不再仅仅是互联网的读者，同时也成为互联网的作者，由被动地接收互联网信息转而向主动创造互联网信息发展，更加人性化。

不经意间，当初那根凝聚了无数人期待的线缆正在逐渐淡出人们的视线。因为接入的主流转向了无线。无论是 WIFI 还是 3G 甚至

4G，人们开始习惯于拿着精巧的手持设备在任何时间、任何地点接入网络，而不再受网线的束缚。这种便利使得网络的媒体作用更加强大，依靠一个个普通用户之间的互动，一条新闻从上线到传遍世界只在分秒之间。这就好比在世界的任何角落都存在着一批自由记者，他们"报道"的新闻时效性无与伦比。

而创富精英们更是利用互联网技术创造了一个又一个财富神话。相信没有人会怀疑，在这个十年中成功成为世界第一 IT 科技企业的苹果公司将永远是个传奇。苹果公司本身算是家硬件厂商，但是它的成功与互联网技术密不可分。如果没有互联网，iPad 恐怕只能是个游戏机，让无数人欲罢不能的"苹果商店"也没有用武之地。

而日趋成熟的云计算、云存储技术无疑会让互联网技术成为人类的福音。它可以将全世界的计算机组成一个超级计算机。相信它的计算能力、存储能力会让每一个人兴奋不已。

不仅如此，互联网还改变了我们的大脑。为了处理网络上源源不绝的消息、声音和图像，大脑必须全力运行。因此，这种新的阅读方式是个很好的锻炼工具，甚至可以用来延缓衰老。只是，我们的大脑并不是多任务处理计算机，过度刺激也会使我们的记忆力变差，很难集中注意力，轻易就会走神。

更重要的是，互联网还实现了人类梦寐以求的平等。在这个世界里，信息至上，没有人拥有特权，阶级和出身的差别几乎都可以被忽略。但互联网这只巨大的魔兽在将一部分人迅速推向金字塔顶端的同时，又将另一部分不适应此类文化或表现方式的人迅速边缘化。互联网与现代人的生活早已密不可分，我们都被缚在这张"网"中了。